Klassiker-Lektüren

Band 7

Thomas Mann

Romane

von
Michael Neumann

ERICH SCHMIDT VERLAG

Die Deutsche Bibliothek – CIP-Einheitsaufnahme

Neumann, Michael:
Thomas Mann : Romane / Michael Neumann. – 1. Aufl.– Berlin : Erich Schmidt, 2001
(Klassiker-Lektüren ; Bd. 7)
ISBN 3-503-06118-5

ISBN 3 503 06118 5
ISSN 1438-965X

Alle Rechte vorbehalten
© Erich Schmidt Verlag GmbH & Co., Berlin 2001
www.erich-schmidt-verlag.de

Dieses Papier erfüllt die Frankfurter Forderungen der Deutschen Bibliothek
und der Gesellschaft für das Buch bezüglich der Alterungsbeständigkeit
und entspricht sowohl den strengen Bestimmungen der US Norm Ansi/Niso
Z 39.48-1992 als auch der ISO-Norm 9706

Druck: Difo-Druck, Bamberg

Inhalt

Vorwort 7

Buddenbrooks 9
   Ironie und Humor 9
   Aufbau und Erzählform 19
   Dekadenz 25
   Tradition und Religion 31
   Leitmotive: Poetisierung der Prosa 37
   Autor und Werk 43

Königliche Hoheit 48

Der Zauberberg 54
   Ironischer Stil 54
   Der parodierte Erzähler 59
   Märchen 62
   Gesellschaftsroman und Bildungsroman 66
   Körpermystik 73
   „Um der Güte und der Liebe willen" 82

Joseph und seine Brüder 89
   Eingeschmolzene Quellen – parodierte Muster 92
   Brunnenfahrt und rollende Sphäre 97
   Mythische Rollen 102
   Muster und Individualität 107
   Mythologie und Psychologie 115
   Das Fest der Erzählung 124

Lotte in Weimar 132
   Der Weg zu Goethe 132
   Roman eines Romans eines Romans 135
   Thomas Manns Goethe 139

Doktor Faustus 142
   Von der Anthropologie zur Pathologie 142
   In Spuren Gehen 146
   Deutschland-Buch 151
   Montage 158
   Epochen-Roman 163
   Kunstgeschichte als Tragödie 166

Leverkühn im Schnittpunkt der Geschichten	172
Der Künstler und sein Biograph	178
Der Erwählte	184
Lustspiel über ernsteste Themen	184
Spiel der Muster, Spiel der Sprache	186
Bekenntnisse des Hochstaplers Felix Krull	192
Parodie	193
Allsympathie	196
Lob der Vergänglichkeit	199
Bibliographische Einführung	205
Bibliographie	209

Vorwort

An Popularität bei den Lesern hat es Thomas Mann nie gefehlt, aber darf er auch zur literarischen Moderne gerechnet werden? Kritiker wie Forscher waren und sind sich da weniger einig als bei Kafka, Musil oder Döblin. Der vorliegende Band sucht Manns Ort im Feld des modernen Romans näher zu bestimmen. Dabei konzentriert sich die Untersuchung auf die formale Eigenart der Werke, wie Ironie und Humor, den Perspektivismus des Erzählens, die parodistische Quellenverarbeitung, die Musikalisierung der Prosa. Außerdem verfolgt sie den genetischen Zusammenhang aller Romane: in Entwicklung wie in Bruch und Verschiebung. Sie tritt damit bewußt in Gegensatz zu den biographistischen Tendenzen, die seit der Öffnung der Tagebücher in der Mann-Forschung allzu mächtigen Einfluß gewonnen haben.

Im Mittelpunkt stehen die vier großen Romanwerke: *Buddenbrooks*, *Der Zauberberg*, *Joseph und seine Brüder*, *Doktor Faustus*. Die kürzeren Romane werden vergleichsweise knapp und vor allem mit Blick auf die Kontinuität der erzählerischen und thematischen Entwicklungen berücksichtigt: *Königliche Hoheit*, *Lotte in Weimar*, *Der Erwählte* und *Bekenntnisse des Hochstaplers Felix Krull*. Ein detaillierter Überblick über die seit Jahrzehnten mit Hochkonjunktur wachsende Thomas Mann-Forschung war in dem von der Reihe vorgegebenen Umfang nicht möglich. So fällt vor allem den Fußnoten die Aufgabe zu, den Einstieg in diese Forschung zu erleichtern und wenigstens auf die wichtigsten Forschungsdiskussionen hinzuweisen. Eine 'Bibliographische Einführung' stellt Editionen und Hilfsmittel vor.

Beim Schreiben habe ich versucht, mir Studenten und ausdrücklich auch Studienanfänger vor Augen zu stellen, wie ich sie aus der Lehre seit vielen Jahren kenne. Nicht daß ich glaube, für solche Leser versimpeln zu müssen, was in seiner wahren Subtilität nur zum Magister oder zum Doktor gar gereifte Köpfe erfassen könnten – daß Thomas Mann vor allem für Germanisten geschrieben hätte, wird niemand glauben, der von ihm auch nur eine erste Ahnung gewonnen hat. Aber ich habe mich bemüht, all die spezifischen Begriffe und Vorstellungen zu erläutern, deren Bedeutung im „professionellen" Publikationsverkehr stillschweigend vorausgesetzt wird. Darüber ist, zumindest für meinen eigenen Eindruck, ausgerechnet das erste Kapitel besonders dicht, also konzentrationsfordernd, geraten; ein Zufall ist das nicht, mußten hier doch die meisten der literarhistorischen Fäden erst einmal aufgenommen und beschrieben werden, die in den folgenden Kapiteln vor allem fortzuspinnen waren. Grundsätzlich kann zwar jedes Kapitel für sich gelesen werden; zahlreiche Querverweise sollen dabei helfen. Was aber etwa unter 'Leitmotiv' oder unter 'Kontrafaktur' zu verstehen ist, wird nur einmal erklärt. Da zudem Thomas Manns einzelne Romane durchwegs Stationen einer mächtigen und komplexen Entwicklung darstellen, soll auch von einer zusammenhängenden Lektüre des ganzen Buches nicht abgeraten werden.

Und somit fangen wir an.

Buddenbrooks

Thomas Mann hat das 19. Jahrhundert immer als die große Zeit des europäischen Romans verehrt: Stendhal und Balzac, Dickens und George Eliot, Gogol und Gontscharow, Tolstoi, Turgenjew und Dostojewski, Thackeray und Hardy, Flaubert und Zola – an ihren gewaltigen Werken ermaß er mit staunendem Auge, was realistische und naturalistische Erzählkunst vermag. Doch kein einziger Berg dieses Massivs war aus deutscher Sprache geschichtet. Seit Goethe hatte kein deutscher Romancier mehr europäische Aufmerksamkeit erregt. Die Stifter, Keller und Raabe wurden nur innerhalb der deutschen Sprachgrenzen wahrgenommen, und den Rang Theodor Fontanes begann man selbst dort erst allmählich zu begreifen. Vor diesem Hintergrund konnte Thomas Mann später mit Recht behaupten, daß in *Buddenbrooks*, dem Buch eines gerade Fünfundzwanzigjährigen, „der deutsche Roman seine Ansprüche auf Weltfähigkeit anmeldete. Es war der Durchbruch in die Weltliteratur" (XIII 141[1]).

Der Anstoß kam von außen. Als der Verleger Samuel Fischer die Novellensammlung *Der kleine Herr Friedemann* (1898) zur Veröffentlichung annahm, Thomas Manns erstes Buch, schlug er als nächstes einen knappen Roman vor;[2] die um 250 Seiten langen Familienromane der Skandinavier Kielland und Lie verkauften sich gerade recht gut. Dem jungen Autor war das eine Ehre und Überraschung, hatte er sein Talent doch bisher auf die kleine Form konzentriert, die, wie das bei Maupassant und Turgenjew zu lernen war (XIII 127), psychologische Analyse mit objektiver, distanzierter Präzision des Stils verband. Ein Roman stellte neue Forderungen an die Kunst nicht nur des Aufbaus, sondern auch der Menschen- und Welterfassung, an Technik und Disposition des Erzählens.

Ironie und Humor

Die Psychologie der frühen Erzählungen zielt auf die Analyse einander unvermerkt ablösender Seelenzustände sowie auf die Entlarvung der treibenden Kräfte unter der Oberfläche bewußter Motive und ausgesprochener Absichten. *Gefallen* (1894) zeichnet das ganze Spektrum der „exaltierten états d'âme" (VIII 24) nach, durch welche seine erste Liebe den schüchternen Protagonisten jagt, um am Ende nicht nur die unschuldig-tugendhafte Geliebte als Kokotte zu enthüllen, sondern

---

[1] Klammern mit römischer und arabischer Ziffer im Haupttext verweisen auf Band und Seite in GW I-XIII. Im übrigen s. das Siglenverzeichnis zu Beginn der Bibliographie.
[2] Brief vom 29.5.1897: BrFischer 394. Zum Detail der Entstehungsgeschichte s. Scherrer in Scherrer & Wysling 1967, 7-22, Mendelssohn 1996: I 391-594, und Moulden (Hg.) 1988, 1-9; ferner DüD I 30-135 (Neudruck in SK *Buddenbrooks*).

auch unter der überlegenen Misogynie des Erzählers die alte, ungelöschte Kränkung eines allzu Empfindsamen aufzudecken. In *Der Bajazzo* (1897) zersetzen die jugendlichen Jahre das euphorische Selbstbild des Helden, bis die Willen- und Hoffnungslosigkeit eines Dilettanten bloßliegt. Die Mitleidsfähigkeit des Tobias Mindernickel wird in der gleichnamigen Novelle (1898) als Ausgeburt eines in Sadismus umschlagenden Ressentiments durchleuchtet: nur wenn er seinen Hund leiden läßt, vermag der allseits getretene und verachtete Mindernickel endlich ein Gefühl der Überlegenheit zu spüren.

Die französische Floskel „états d'âme" für Seelenzustände[3] weist auf die Quelle solch frühreifer Weisheit. Thomas Mann imitiert Paul Bourget, dessen psychologische Romane und Essays in Frankreich seit etwa 1884 den Naturalismus aufs Altenteil drängten und durch Hermann Bahr rasch auch im deutschsprachigen Raum propagiert wurden.[4] Vom Naturalismus übernimmt Bourget den wissenschaftlichen Gestus, doch gilt sein Interesse weniger der Gesellschaft und dem Milieu als den Nuancen der individuellen Seele. Im Mittelpunkt seiner Studien steht der dekadente Dilettant: offen für jede Perspektive, jeden Stil, jeden Erlebnismodus der Welt, aber unfähig und unwillig, sich für einen eigenen Standpunkt zu entscheiden. Zunächst wird er für seinen Reichtum des Erlebens und seine Freiheit der Toleranz gepriesen, doch allmählich mischt sich Kritik an der dilettantischen Willenlosigkeit mit ein und der alternde Bourget wird zum konservativen Moralisten. Seine Analysen von décadence und Dilettantismus aber haben europäischen Einfluß gewonnen, nicht zuletzt auf Friedrich Nietzsche, der den Begriff 'Dekadenz' von ihm bezog.

Ganz im Sinne Bourgets, seines „cher maître",[5] umriß Heinrich Mann 1891 die Aufgabe eines Schriftstellers:[6] „Die Seele eines Menschen wird mit Umständlichkeit und Sorgfalt zerlegt in einzelne Fasern; jede Nervenschwingung festgehalten. Das leitende Motiv des Dichters ist einzig Interesse für das, was dabei wohl zutage kommt. Es kümmert ihn einzig das Objekt seiner Sektion; welche Wirkung die Ergebnisse seiner Untersuchung auf die *Leser* machen, ist ihm gleichgültig." Der ältere Bruder war, auch wenn die Selbstbehauptung den Jüngeren schon früh zu Abgrenzung, Abwendung und Aggression drängte, in den Jahren vor *Buddenbrooks* zweifellos Vorbild und mächtigster Vermittler all jener Einflüsse, die gerade als die allerneuesten gelten konnten. Zwar besitzen

---

[3] Vgl. 8.1.1895: BrGrautoff 26; ferner BrMann 2.2.92. Zur zentralen Stellung des Begriffs bei Bourget s. Stoupy 1996, 51.
[4] Schröter 1964, 31-44; Stoupy 1996, Kap. VIII; Wieler 1996, Teil II B.
[5] So in der Widmung zu *In einer Familie* (1894), Heinrichs Manns erstem Roman.
[6] H. Mann 1980, S. 235. Er bezieht sich hier wohl vor allem auf Bourgets Vorworte zu *Le Disciple* (1889; dt. 1893) und *La Terre promise* (1892; dt. 1894). – In den ersten Jahren nach jenem Oktober 1889, in dem Heinrich Mann nach Dresden in die jugendliche Unabhängigkeit gezogen war, versorgte der in Lübeck zurückgebliebene Ludwig Ewers Thomas Mann reichlicher mit Nachrichten aus Dresden, als das dem älteren Bruder recht war.

wir zu Thomas Manns früher Lektüre nur wenige zeitgenössische Zeugnisse, und die späteren Äußerungen sind mit Vorsicht zu benutzen, da sie vielfach strategische und stilisierende Absichten verfolgen. Im Falle Bourgets aber gibt es frühe Indizien.[7]

Bourgets Lob der Vivisektion, wie Heinrich Mann es referiert, übernahm einen etablierten Topos der Flaubert-Kritik ins eigene Programm. „Flaubert führt die Feder wie andere das Skalpell", schrieb 1857 Sainte-Beuve,[8] und Flaubert, der mit Skalpell und Lupe Madame Bovary seziert, hat die Bosheit so manches Karikaturisten erfreut. Flauberts Romane bauen auf einen Wirklichkeitsbegriff nach realistischem Muster – Realität ist das, was übrigbleibt, nachdem man alle „Illusionen" gestrichen hat (vgl. Friedrich 1973, 104f.): Religion und Idealismus, Träume und Hoffnungen, kurz alles, was der Romantik wert und teuer war. Er bricht, wie seine ganze Generation, mit der Romantik seiner Jugend, behält jedoch die romantische Verwerfung der bürgerlichen Realität bei. Anders als Balzac oder Zola erfüllen Flaubert Verachtung, ja Haß gegenüber der Banalität, die zurückbleibt, wenn die Ideale getötet sind. Während die Naturalisten anklagen, ist ihm mit der Hoffnung auch die Absicht zu Kritik und Veränderung erstorben. Es bleiben zwei Dinge: der Heroismus der Erkenntnis, der in rücksichts-, aber auch leidenschaftsloser Objektivität analysiert, wie diese Wirklichkeit in Wahrheit beschaffen ist, und – ein romantisches Erbe – die Sehnsucht, etwas Vollkommenes jenseits dieser Wirklichkeit zu schaffen. Wie noch nie zuvor ein Roman enthalten die Werke seiner Reife keinen einzigen überflüssigen Satz, steht jedes Wort an seinem einzig richtigen Platz, wird die Prosa nüchterner Objektivität rhythmisch verflüssigt, wird die Klarheit der Analyse durch eine phantastische Metaphorik präzisiert. Flaubert verdankt seine singuläre Position in der Romanliteratur des 19. Jahrhunderts einer einzigartigen Verschmelzung von analytischer Radikalität und poetischer Dichte.

Thomas Mann muß der Hochschätzung des Franzosen an allen Ecken und Enden begegnet sein: bei Nietzsche, bei Bourget, bei Georg Brandes. Zola (1927, 107) hatte *Madame Bovary* als „le code de l'art nouveau" gepriesen, als das Grundgesetz der neuen Kunst; Heinrich Mann nannte das Buch im Rückblick die „Bibel junger Schriftsteller" (in: Werner 1976, 170). So dürfte auch Thomas Mann ihn früh zu lesen begonnen haben; zur Zeit der *Betrachtungen eines Unpolitischen* (1915-18) jedenfalls kennt er alle seine Hauptwerke (s. Neumann 1995). Anfang 1896 suchte er sich in französische Originaltexte einzulesen. Ein enthusiastischer Brief an den Freund Grautoff (17.1.96) nennt neben Bourget vor

---

[7] S. BrGrautoff 5.3.95 (*Le disciple*) u. 17.2.96 (*Physiologie de l'amour*); E I 18-20 (*Cosmopolis, Essais de psychologie contemporaine*); Nb I 51 (*La terre promise*).

[8] Rezension in 'Le Moniteur', 4.5.1857; Sainte-Beuve variierte freilich nur eine Formulierung Flauberts über die Figur eines Chirurgen: „Sein Blick war schärfer als seine Seziermesser und drang einem geradewegs tief in die Seele; er legte jede Lüge bloß, durch alle Ausflüchte, alle Scham hindurch." (*Madame Bovary*, dt.v. Walter Widmer, München 1980, S. 411)

allem den berühmtesten Schüler Flauberts: „ich kenne schon jetzt kaum einen feineren Genuß, als die Lektüre Maupassant'scher Novellen, dieser kleinen wagehalsigen Geschichten, die unübersetzt und unübersetzbar sind." Wie viele oder wenige davon Thomas Mann nun im Original gelesen hat – so manche dieser Novellen waren gegen Ende des Jahrhunderts durchaus schon übersetzt[9] –, er konnte auch in ihnen den unbestechlichen Blick auf die menschliche Wirklichkeit finden, verbunden mit der mustergültigen Ökonomie des Aufbaus, der Präzision des Stils und einer Objektivität der Darstellung, deren unbewegte Distanz durch eine so diskrete wie harte Ironie um nichts verringert wurde. An Maupassant und Flaubert dürfte er entdeckt haben, was Bourget abging: den Künstlerehrgeiz, der sich in der psychologischen Analyse nicht genügt, sondern höchste Ansprüche auch an Aufbau, Erzählhaltung, Dialogführung und Stil richtet. Sie mußten einen Autor beflügeln und herausfordern, den die Kritik später, ab *Tod in Venedig* und *Zauberberg*, den ersten Stilisten deutscher Sprache nennen würde.

Thomas Mann hat sich einige Jahre nach dem Erscheinen von *Buddenbrooks* ausdrücklich zu diesem Ethos von Erkenntnis und Stil bekannt, berief sich dabei allerdings auf einen deutschen Gewährsmann. Der „Anschein einer *Feindseligkeit* des Dichters gegenüber der Wirklichkeit," so schreibt er in *Bilse und Ich* (X 18f.)[10], werde bewirkt „durch die Rücksichtslosigkeit der beobachtenden Erkenntnis und die kritische Prägnanz des Ausdrucks": „Es gibt in Europa eine Schule von Geistern – der deutsche Erkenntnis-Lyriker Friedrich Nietzsche hat sie geschaffen –, in welcher man sich gewöhnt hat, den Begriff des Künstlers mit dem des Erkennenden zusammenfließen zu lassen. In dieser Schule ist die Grenze zwischen Kunst und Kritik viel unbestimmter, als sie ehemals war. Es finden sich in ihr Kritiker von durchaus dichterischem Temperament und Dichter von einer vollkommen kritischen Zucht des Geistes und Stiles. Dieser dichterische Kritizismus aber, die scheinbare Objektivität und Degagiertheit der Anschauung, die Kühle und Schärfe des bezeichnenden Ausdrucks ist es, was jenen Anschein von Feindseligkeit erweckt. / Der Künstler dieser Art nämlich – und es ist vielleicht keine schlechte Art – will erkennen und gestalten: tief erkennen und schön gestalten." Daß es sich bei der „Feindseligkeit" des Dichters gegen die Wirklichkeit um einen bloßen „Anschein" handle, wird scheinbar bestätigt durch einen Gedanken, der sich leitmotivisch durch die Briefe der jungen Thomas und Heinrich Mann zieht: „tout comprendre c'est tout pardonner".[11] Der Psychologe hat zu verstehen, nicht zu verurteilen.

---

[9] Die Faszination hielt wohl noch länger an: 1904 erwarb er die 20 Bände der deutschsprachigen Gesammelten Werke (Berlin 1898-1903; s. BrMartens 27.4.1904); und so trifft die späte Erinnerung von 1954 wohl zu, daß er zur Zeit der *Buddenbrooks* Maupassant „weit besser kannte" als etwa Tschechow (GW IX 843).

[10] 1905/06; ähnlich 1905 (GW XIII 246) und dann wieder in den *Betrachtungen* (GW XII 87f.).

[11] 8.1.95: BrGrautoff 26; vgl. ebd. 17.1.96, u. Nb I 69. Ähnlich Heinrich Mann 1980, 207 (23.1.91): Fontane „versteht alles und verzeiht alles. Er vertieft sich teilnahms-

Im Fortgang der Argumentation wendet der Autor dann aber die psychologische Analyse gegen sich selbst. Die dichterische Erkenntnis setze eine Verfeinerung der Reizbarkeit, eine „schmerzliche Sensibilität der Beobachtung" voraus, die „jedes Erleben zu einem Erleiden" mache.[12] Dem Dichter bleibe dagegen einzig jene „kritische Prägnanz" des Ausdrucks zur Gegenwehr, die psychologischer Radikalismus gar „eine sublime *Rache* des Künstlers an seinem Erlebnis" nennen könne (X 20).[13] Das ist so weit nicht mehr entfernt von Flauberts Haß auf die Wirklichkeit, und Wirklichkeit meint hier ja die Banalität der übrigen, der gewöhnlich-philiströsen, aber lebenskräftigen und weltlich erfolgreichen Menschen. Darin unterscheidet sich der junge Autor denn auch von dem Bourget' schen Programm, wie Heinrich Mann es formuliert hatte: Thomas Mann *will* mit seinem Schreiben „Wirkung" auf den Leser erzielen. Er sucht „das scharfe, gefiederte Wort, das schwirrt und trifft und bebend im Schwarzen sitzt [...] Der treffende Ausdruck wirkt immer gehässig. Das gute Wort verletzt." (X 21) Ähnlich rechtfertigte er sich schon 1900 (BrGrautoff 119): „Ausdrücke ein wenig aggressiver Natur sind in meinem Styl und meinem Wirksamkeitstrieb begründet [...] Ohne Zweifel, was ich schreibe, *soll* auch 'sitzen': nicht in persönlich zänkischem, sondern in sachlichem Sinne. Ich würde jedes Wort, das nicht 'säße' als unnütz und talentlos verloren geben."

Eine Schlüsselszene gegen Ende von *Buddenbrooks* demonstriert diese Genese der „kritischen Prägnanz" ad oculos. Das längste Kapitel des Buches (11.

---

voll in die grundverschiedensten Seelenzustände ('Seelenstände' würde Hermann Bahr sagen), zeigt überall die Notwendigkeit der einzelnen Entwicklung." Vgl. ebd. 27.3. u. 8.8.91. Die Brüder Mann haben diese Formulierung mit dem „Psychologen" à la Bourget verbunden (s. H. Mann 1980, 239), die Forschung führt sie auf Mme de Staël zurück (in H. Mann 1980, 530, u. Stoupy 1995, 50f.), doch findet sich Ähnliches auch bei Flaubert: „Laßt uns alles verstehen und nichts tadeln." (Brief vom 23. 2.1842, zit. nach Vargas Llosa 1980, S. 88; s.a. 12.12.57 an Mlle Leroyer de Chantepie: Flaubert 1977, 402). Zu den weiteren Schicksalen der Verknüpfung von „comprendre" und „pardonner" in Thomas Manns Schriften s. Reed 1987.

[12] Daß Thomas Mann hier früh eine Verwandtschaft entdeckte, bezeugt ein Brief an seine spätere Frau (Ende August 1904; Br I 53f.): „Einmal, ich war noch viel jünger, las ich in Flauberts Briefen und stieß auf einen unscheinbaren Satz, bei dem ich lange verweilte [...]: 'Mon livre me fait beaucoup de douleurs!' 'Beaucoup de douleurs!' Schon damals verstand ich das; und seither habe ich nichts gemacht, ohne daß ich mir diesen Satz hundert mal zum Trost wiederholt hätte..." – Daraus werden in der Folge dann zahlreiche Variationen der Künstler-Bürger-Problematik entworfen, die sich zu einem der Generalthemen von Manns Werk auswächst. Die Forschung hat diesem Thema besondere Aufmerksamkeit gezollt; genannt seien nur Haug 1969, Lehnert 1971, Vaget 1984 (hier weitere Literaturhinweise).

[13] Diese Idee findet sich oft bei Flaubert; so etwa am 15./16.5 1852 über die Kunst: „ich habe mich auf diese Weise oft am Dasein gerächt" (1977, 205). – Schon 1898 hatte Mann ein Gedicht geschrieben über den Satz 'Erkenntnis ist die tiefste Qual der Welt'; es endete (BrGrautoff, 109): „Denn Eines ist es, was in allem Leiden Uns stark erhält und aufrecht fort und fort [...]: Es ist das Wort."

Teil, 2. Kap.) führt einen aus Hannos Schultagen vor, einen Albtraum, dessen realistische Treue Thomas Mann später gegen jeden Verdacht satirischer Überzeichnung verteidigt hat (DüD I 46). Hanno ist dem Alb wehr- und hilflos ausgesetzt; sein Freund Kai Graf Mölln dagegen erfindet treffende Spitznamen für Lehrer und Direktor, reflektiert über den tieferen Sinn des sprachlichen Umstands, daß es wohl „Hilfslehrer" und „Oberlehrer", aber schlicht keinerlei „Lehrer" gibt, imaginiert sich den „Lehrkörper" als ein widerlich-phantastisches Unwesen von einem Körper und schreibt abgesehen davon unter dem Pult an seiner neuesten literarischen Arbeit weiter. „Das ergab gleichsam eine ablehnende und ironische Kälte, eine spöttische Distanz und Fremdheit." (I 723) Hanno bewundert und beneidet den Freund dafür (I 743): „Du gehst hier herum und lachst über das Ganze und hast ihnen etwas entgegenzuhalten." – „Das Ganze" von Leben und Welt: den schwachen Spätling Hanno preßt es, wie schon den Bajazzo (VIII 106), zu Tode. Der kleine Dichter Kai kann sich seiner kraft der Sprache erwehren, durch Präzision und Witz, durch Spott und Hohn.

Hier handelt Thomas Mann zweifellos von Eigenem.[14] Er, in dem Vater wie Schule nur schiere Untauglichkeit entdecken konnten;[15] er, dem der Vorsprung des ebenfalls schreibenden, aber vier Jahre älteren Bruders das Zutrauen in die eigenen Hervorbringungen bedrohte; er, den seine Homosexualität in die Einsamkeit trieb – man lese nur, welchen Kommißton selbst der „bohémien" Heinrich (1980, 106f. u. 195) dagegen anschlug –; er besaß tatsächlich nichts als die treffende Prägnanz seiner Sprache, um sich all diesen Andrangs zu erwehren (IX 56): „Ironie heißt fast immer, aus einer Not eine Überlegenheit machen." Die scharfe, kalte Ironie, mit der er Bürger wie décadents gleichermaßen bloßstellt, ist auch eine Sublimatform jener aggressiven Lust an Satire und Pamphlet, der er nur selten die Zügel frei ließ. Ihr ist das *Bilderbuch für artige Kinder* (1897) entsprungen, ein Gemeinschaftswerk mit seinem Bruder, das in Zeichnungen und Versen die Literatur parodierte und die Welt persiflierte – ein „überaus ordinärer Kerl" etwa, „nur mit einer rautenförmig gemusterten Hose bekleidet, die Hosenträger über dem nackten Oberkörper und eine Schnapsflasche in der übrigens verzeichneten Hand", stellte 'Das Läben' vor.[16] Ihr hat er gelegentlich auch publizistisch nachgegeben, so vor allem in der attackierenden Polemik gegen Theodor Lessing und in mancher Passage der *Betrachtungen eines Unpolitischen*.

In den frühen Erzählungen lebt diese Tendenz als ein Zug zum Grotesken, der gerade vor und während der Arbeit an *Buddenbrooks* auf seinen Höhepunkt

---

[14] S. GW XI 99. Schon Rothenburg (1969, 186-190) hat das, im Ton moralisierenden Tadels, herausgestellt; dieser Ton ist in der Forschung nicht mehr verstummt (s. etwa Wysling 1990, 364-366).

[15] „Faul, verstockt und voll liederlichen Hohns über das Ganze [!], verhaßt bei den Lehrern der altehrwürdigen Anstalt," – so beschrieb er sich selbst 1907 in einem Text voll fröhlicher Selbstironie: GW XI 330. Kurzke (1999, 33-37) hat die beredten Zeugnisse von Thomas Manns Schulerleben zusammengestellt.

[16] S. V. Mann 1976, Kap. 'Bilderbuch für artige Kinder'.

gelangt (vgl. Reed 1973, 30-36). Tobias Mindernickel, der seinen Hund zu Tode quält, Rechtsanwalt Jacoby, der in *Luischen* den sadistischen Phantasien seiner Frau bis zur tötenden öffentlichen Bloßstellung nachgibt, Lobgott Piepsam, der auf dem *Weg zum Friedhof* in einem jugendlich-kräftigen Radfahrer „das Leben" ersieht und sich vor Wut darüber krankenhausreif brüllt, – das sind Geschichten, deren grausame Exzentrizität noch Maupassants Gefallen am Extrem in den Schatten stellt. Thomas Mann wählt Vorfälle an der Grenze des Wahrscheinlichen, um dann das schauerliche Geschehen im nuancierten Ablauf der psychischen Zustandsänderungen dennoch plausibel vor den Augen des Lesers abzurollen. Die distanzierte Objektivität des Erzählers verhindert, daß irgendeine der dargestellten Figuren Anteilnahme erweckt.

Nietzsches Schriften wirkten hier früh als mächtige Anregung.[17] Exzerpte finden sich schon im Notizbuch von 1894/95. Die Formel vom „Pathos der Distanz" aus *Jenseits von Gut und Böse* (Nr. 257) zitiert *Der Wille zum Glück* (1896: VIII 44; vgl. Vaget 1984, 60); *Der kleine Herr Friedemann* (1897) folgt Nietzsches Analyse der „asketischen Ideale" (vgl. Frizen 1980, 54ff.), der auch der „Bajazzo" die Einsicht entnimmt, sein Haß auf die glücklichen Menschen sei nichts anderes als „vergiftete Liebe" (VIII 127). Die Analyse des „Ressentiments" aus der *Genealogie der Moral* stand, nebst der Wagner-Kritik, auf die ich später zurückkomme, offenkundig im Mittelpunkt von Thomas Manns Interesse. Ihr zufolge verstand man unter dem 'Guten' ursprünglich das Kräftige, Mächtige, Rücksichtslose: all das, wodurch der Mensch sich im Leben bewährt. 'Gut' in diesem Sinne war immer nur eine herrschende Minderheit der Vornehmen. Mit dem Erstarken der sozialen Organisation gewann aber die Mehrheit der Schwachen die Definitionshoheit über die Werte. Ihr Ressentiment log die eigene Unterlegenheit in Demut und Güte um und verdammte die Stärke der Gesunden als 'böse'. Führend in diesem Umwertungsprozeß wirkte die Kaste der „asketischen Priester", welche den Menschen als höchstes Ziel allen Strebens ein Jenseits vor Augen rückte, um dessentwillen alles Irdische, Gesunde, Kräftige abzutöten und zu überwinden sei. Auf diesem Umweg gelang den asketischen Priestern, wozu ihre Lebensschwäche sonst nie imstande gewesen wäre: die Reichen und Vornehmen unter ihre Macht zu beugen. Die Nächstenliebe des Christentums wie Schopenhauers Mitleidsethik entlarvt Nietzsche so als Ausgeburten des Ressentiments.

Diese Analyse ist, nebst Bourgets Theorien von Dilettantismus und décadence, das wichtigste Instrument für die ironische Vivisektion in Thomas Manns frühen Erzählungen. Ironie nennt die Rhetorik, wenn man etwas anderes sagt, als man meint, und das den Zuhörer auch wissen läßt. „Denn Brutus ist ein ehren-

---

[17] Zu Thomas Manns Nietzsche-Rezeption s. Pütz 1963 u. 1971a, Lehnert 1965, 25-35, Reed 1973, Heftrich 1975, 281-316, und Schmidt 1997. In vielen Details nützlich, in den großen Linien problematisch ist Joseph 1996. – Großen Einfluß auf Mann hatten auch die Nietzsche-Bilder, die Dmitri Mereschkowski und Ernst Bertram entwarfen (s. U. Heftrich 1995 und Böschenstein 1978 u. 1993).

werter Mann", ruft Shakespeares Antonius wieder und wieder (*Julius Caesar* 3. Akt, 2. Szene), und zerfetzt dazwischen das Argument, mit dem Brutus den Mord an Caesar gerechtfertigt hat, in immer kleinere Stücke. So wird die Ironie dieses Satzes unüberhörbar. Thomas Mann kontrastiert durch das ironische Verfahren die Gründe oder Motive, welche seine Figuren nach außen oder vor sich selbst angeben, mit den geheimen wahren Triebkräften.[18] So erscheint an Tobias Mindernickel als Mitleid, was doch Ausfluß seines Sadismus ist; an Friedemann als beherrschte Gelassenheit, was doch bei der ersten Bedrohung wehrlos zusammenbricht; an Dr. Selten in *Gefallen* als souveräne Weltläufigkeit, was bloß das Unvermögen ist, eine alte Verletzung vernarben zu lassen.

Die ironische Doppelbödigkeit von äußerem Anschein und innerem Wesen bildet ein darstellerisches System, das Thomas Manns Erzählungen und Romane von der Figurenkonzeption über den Szenenentwurf bis zur einzelnen sprachlichen Formulierung regiert. Morten, so heißt es in *Buddenbrooks* (I 135), „führte über alle Dinge ein strenges und gerechtes Urteil mit sich, das er mit Entschiedenheit hervorbrachte, obgleich er rot dabei wurde." Wenn ein Erzählstil, der sich sorgfältig allen Urteilens enthält, plötzlich etwas als „streng und gerecht" tituliert, darf man darin eine verdeckte Perspektivierung vermuten, hier also Mortens Selbsteinschätzung. Wenn Morten es jedoch nötig hat, so von sich selbst zu sprechen, bezeichnet er damit eher sein Ziel als seinen Zustand. Die ironische Relativierung des „streng und gerecht" wird bekräftigt durch den Ausdruck „mit sich führen": Morten trägt seine Meinungen mit sich herum, als wären es solide Gegenstände. Sein Erröten zeigt, daß er bei all dem noch mehr „erwachsen" spielt denn erwachsen ist. Das freilich entspricht seinem Alter. Die Ironie greift nicht die Substanz der Figur an.

Empfindlicher beschädigt sie die schöne Oberfläche, wenn Jean Buddenbrook über der Familienchronik präsentiert wird (I 53): „Die Feder eilte weiter, glatt, behende und indem sie hie und da einen kaufmännischen Schnörkel ausführte, und redete Zeile für Zeile zu Gott." Nicht nur stechen Glätte und Behendigkeit der Feder seltsam vom Ton der Inbrunst ab, den der Konsul in diesen Aufzeichnungen anschlägt; die „kaufmännischen Schnörkel", die der Schreibende, dächte er darüber nach, wohl nur für Gewohnheit hielte – ökonomische Abkürzung und ornamentaler Schmuck in einem –, enthüllen darüber hinaus, daß dieses schreibende Beten eine im Kern kaufmännische Tätigkeit ist: die Beschwörung von Gottes Hilfe für das Geschäft, zu dem der fromm-romantisch

---

[18] Vgl. Nietzsches *Götzen-Dämmerung* von 1889 (1980: VI 91): „Die 'innere Welt' ist voller Trugbilder und Irrlichter: der Wille ist eins von ihnen. Der Wille bewegt nichts mehr, erklärt folglich auch nichts mehr – er begleitet bloss Vorgänge, er kann auch fehlen. Das sogenannte 'Motiv': ein andrer Irrthum. Bloss ein Oberflächenphänomen des Bewusstseins, ein Nebenher der That, das eher noch die antecedentia einer That verdeckt, als dass es sie darstellt. Und gar das Ich! Das ist zur Fabel geworden, zur Fiktion, zum Wortspiel: das hat ganz und gar aufgehört, zu denken, zu fühlen und zu wollen!"

Ahnende sich alleine die Kräfte nicht mehr zutraut. Das wirft Licht auf Jean Buddenbrooks Religiosität wie auf seine Stellung als Kaufmann. – Wenn schließlich der Lagerarbeiter Carl Smolt auf des Konsuls Einwand, in Lübeck habe man doch schon eine republikanische Ordnung, antwortet (I 193): „denn wull wi noch een", entlarvt ein einziger Satz die ganze 48er Revolution in Lübeck als unverständiges Maskenspiel.

In all diesen Fällen dient die Ironie durch Enthüllen, Durchleuchten und Entblößen jener Erkenntnis, auf die Thomas Mann die neuere Literatur durch Friedrich Nietzsche verpflichtet sieht. Daneben trägt sie bei zu jener „impassibilité", die Flaubert vom Romancier gefordert hatte. Wie der Erzähler sich für seine Figuren weder Gefühle noch Wertungen erlaubt, so verwehrt er auch dem Leser die Anteilnahme. Mann hat sich dafür bei Gelegenheit auf Schiller berufen, für den nur die Distanz zu seinem Stoff den Dichter befähigt, diesen Stoff ganz durch die Form zu verzehren. Daß Thomas Mann die Namen von Flaubert und Maupassant so selten nennt, könnte der Rivalität mit dem Bruder geschuldet sein. Gegen dessen Frankophilie setzte er die „heilige" russische Literatur, mit der Heinrich Mann wenig anfangen konnte (s. Loose 1979, 69), die neu aufkommenden Skandinavier und die deutsche Tradition: Tolstoi und Turgenjew, Kielland und Lie, Ibsen und Hamsun, dazu Fritz Reuters Humor und Fontanes Gesprächsführung. Flaubert ziehen erst die *Betrachtungen eines Unpolitischen* heran; da hat Heinrich Mann sich von dessen „Ästhetizismus" bereits abgewandt.[19]

Es fällt nun auf, daß die rücksichtslos entlarvende Ironie der frühen Erzählungen die Figurengestaltung in *Buddenbrooks* nicht mehr dominiert. Zwar verschwindet sie nicht: die kleine Klothilde etwa „aß, ob es auch nicht anschlug und ob man sie verspottete, mit dem instinktmäßig ausbeutenden Appetit der armen Verwandten am reichen Freitische, lächelte unempfindlich und bedeckte ihren Teller mit guten Dingen, geduldig, zäh, hungrig und mager." (I 33) Aber sie wird zunehmend funktional in den poetischen Zusammenhang eingebunden. Wenn Herr Grünlich sich mit goldgelbem Backenbart, ridikülen Redensarten – „Diese Klatschrosen dort drüben putzen ganz ungemein" (I 97) – und pathetischen Auftritten der Lächerlichkeit preisgibt, dann birgt das einen Vorverweis: all diese Künstlichkeit wird sich als falscher Schein erweisen. Konsequent desavouierend wirkt die Ironie fast nur mehr, wenn sie sich gegen Gruppen, sozusagen gegen Verkörperungen des bedrohlichen „Ganzen", richtet: sei es herablassend in der Konfrontation des feigen Stadtrats und der ahnungslosen Arbeiter während der „Revolution", sei es aggressiv bei der Zeichnung von Hannos Lehrern und Mitschülern.

Dem stehen jedoch Personenbeschreibungen gegenüber, deren unumwunden positiver Ton bei Thomas Mann noch nie zu hören war: Johann Buddenbrook der Ältere hat ein „rundes, rosig überhauchtes und wohlmeinendes Gesicht, dem er

---

[19] S. vor allem H. Manns Essays *Eine Freundschaft. Gustave Flaubert und George Sand* (1905) und *Zola* (1915).

beim besten Willen keinen Ausdruck von Bosheit zu geben vermochte," seine Schwiegertochter Elisabeth gibt „mit ihrer hellen und besonnenen Stimme, ihren ruhigen, sicheren und sanften Bewegungen aller Welt ein Gefühl von Klarheit und Vertrauen." (I 10f.) So etwas hat es in den Erzählungen vor und neben *Buddenbrooks* nicht gegeben. Die Figurenzeichnung des Romans besetzt den gesamten Raum zwischen den Extremen des gewinnenden und des aggressiv ironischen Porträts.[20]

Wie ist dieser Wechsel zu erklären? Nach eigenem Bekunden hat Thomas Mann sich für den Schritt von der kleinen Erzählung zum Roman nach neuen Vorbildern umgesehen: statt Maupassant und Turgenjew nennt er nun Charles Dickens und Fritz Reuter.[21] Es mag also der Wechsel der Gattung hereingespielt haben. Wenn eine kurze Erzählung den Leser durch die Schärfe von Analyse und Stil bei der Stange halten kann, wird es über die Länge eines Romans doch gefährlich, jede Anteilnahme an den handelnden Figuren zu verweigern. Dazu kommt, daß *Buddenbrooks* den „Verfall einer Familie" vom Höhepunkt bis zum Verlöschen führt; es waren hier also auch die Gesunden und Kräftigen darzustellen. Freilich hätte Mann an ihnen, getreu dem seit Baudelaire geläufigen Kontrast von gesund und dekadent, das Unsensibel-Gewöhnliche so heraustreiben können wie später in *Tristan* am Großkaufmann Klöterjahn. Dem stand zweierlei entgegen.

Thomas Mann hat zwar lebenslang den romantischen Topos vom Künstler als Außenseiter gepflegt, sich selbst aber immer *auch* als Bürger empfunden. So böse er als Kind unter seiner wilhelminischen Gegenwart gelitten hat, sah er im Wilhelminismus offenbar doch nur die Grobianisierung einer älteren und besseren historischen Substanz: des deutschen Bürgertums, wie es sich seit der Entstehung der mittelalterlichen Städte kontinuierlich und traditionsbewußt entwickelt habe, geprägt von der Hanse wie vom Protestantismus und poetisiert von Tieck über E.T.A. Hoffmann bis zu Wagners *Meistersingern*. Daß der junge Thomas Mann, schon durch den Umzug nach München von seiner Herkunftswelt getrennt, seinen Roman in jenem Italien zu schreiben begann, in dem er sich nie so zu Hause fühlte wie sein Bruder, mag die sentimentalische Wendung noch verstärkt haben. Daß die Ambivalenz zu jenem Lübeck, dessen Name im Roman nie genannt wird, nicht zuletzt aus den komplexen Verhältnissen zu Vater und älte-

---

[20] Rothenberg (1969, 148-167) blendet die positiven Töne einfach aus und kann so für Manns Werk eine einheitliche Tendenz zu Verunstaltung und Groteske behaupten. Diese Einseitigkeit wurde von der Forschung widerspruchslos fortgetragen, bis hin zu W. Schneider (1999, 26-31), der ansonsten viele Klischees der Interpreten kritisch überprüft. Dabei widerspricht sie offenkundig dem primären Lektüreerlebnis: welcher der zahlreichen Leser empfand *Buddenbrooks* wohl als groteskes Gruselkabinett? Thomas Mann kann 1918 sogar zitieren, „man" halte die Menschen in seinen Büchern für „'liebevoll' beobachtet und dargestellt" (GW XII 448).

[21] Dickens in der Rezensionsanleitung an Otto Grautoff (26.11.01: BrGrautoff 139f.), Reuter in einem Brief an K. Martens (28.3.1906: Br I 62 / DüD I 44).

rem Bruder erwachsen ist, steht zu vermuten, braucht uns hier jedoch nicht weiter zu interessieren. Jedenfalls trat in dem Erzähler Thomas Mann, als er von der punktuellen Analyse individueller Seelenverletzungen und -zerstörungen zur epischen Beschwörung seiner eigenen Herkunftswelt voranschritt, neben Rache und Verachtung plötzlich die Sympathie.

Außerdem konnte einer, der seine Figuren Nietzsches Ressentiment-Analyse unterwarf, nur schwer der Entdeckung ausweichen, daß auch jene Ironie, mit der sich der Künstler an der Gewalt und Gemeinheit der Welt rächt, verdächtig nach Ressentiment riecht.[22] Nietzsche hatte das an Flaubert ja schon vorexerziert, hatte Flaubert als décadent und Nihilist, seine Objektivität als Haß auf das Leben, seine impassibilité als Haß gegen sich selbst decouvriert (s. Neumann 1995, 12). Wer da ein guter Psychologe bleiben wollte, mußte als Dichter über das hinauszugelangen suchen, was Hanno an Kai auf dem Schulhof bewundert.

So hat es guten Sinn, daß Thomas Mann für seinen Roman mit Dickens und Reuter zwei Humoristen als Vorbilder nannte. Beide kannte er übrigens aus dem häuslichen Vorlesen durch die Mutter;[23] sie gehörten mit zur „Herkunftswelt". In den Aufsätzen, Notizen und Briefen aus der Zeit vor 1900 deutet nichts darauf, daß er sich mit den Verfahren von Ironie und Humor theoretisch beschäftigt hätte; entscheidend waren also wohl die literarischen Muster. In *Buddenbrooks* jedenfalls verfügt er plötzlich über einen Humor, der bei allem Relativieren und Desavouieren dem Relativierten doch sein Lebensrecht beläßt. In der Praxis der Figurengestaltung findet sich damit bereits der Grundzug jener Doppelpoligkeit aus Vernichtung und Bejahung, als welche Thomas Mann später seine Ironie definiert hat.[24]

Aufbau und Erzählform

Hans Rudolf Vaget (1984, 27-31) hat einmal die kühne These aufgestellt, die kurze Erzählung sei Thomas Manns eigentliches Genre gewesen, von dem er sich nur immer wieder auf die Abwege dicker Romane habe verführen lassen. Mit besserem Recht könnte man wohl behaupten, daß gerade in den frühen Erzählungen ein eigentümlicher Zug zum Roman lebt. *Der Wille zum Glück, Enttäuschung, Der kleine Herr Friedemann* und *Der Bajazzo* sind kaum oder gar nicht um eine prägnante Begebenheit organisiert, sondern umfassen ganze Lebensläu-

---

[22] Vgl. Reed 1991, 58f. Nietzsche verurteilte deswegen auch die Ironie (s. 1980: II 259f. und V 146f.).
[23] S. GW XI 108 u. XIII 133 (Reuter) und Mendelssohn 1996: I 95 (Dickens).
[24] Thomas Manns „Ironie" hat vor allem die ältere Thomas Mann-Literatur beschäftigt (s. Weigand 1965: Kap. 'The Ironic Temper', Seidlin 1947, 195-207, Heller 1959, Baumgart 1964, Reiss 1970, 170-175, und Nündel 1972, 109-163). An der zentralen Bedeutung dieser poetischen Grundhaltung für das Gesamtwerk ist aber auch heute nicht vorbeizukommen (z.B. Karthaus 1988). Näheres unten S. 54-62.

fe, und diese Tendenz eignet auch den Erzählungen mit kürzerer Handlungszeit: *Gefallen* blickt zurück auf den Ursprung einer lebenbestimmenden Haltung, Mindernickel und Piepsam stolpern als Resultate eines trüben Lebensganges über die Szene, und auch *Gerächt* und *Luischen* bringen nur zum Ausbruch, was sich über lange Vorgeschichten zusammengeballt hat.

Dennoch forderte ein Roman nun andere Techniken der Disposition. Thomas Mann hat mehrfach erzählt, wie er in Rom durch die *Renée Mauperin* der Brüder Goncourt zu seinem eigenen Versuch im neuen Genre angeregt worden sei.[25] Die Goncourts halten, wie Flaubert, auf die strenge Objektivität des Erzählens und zielen nicht auf Anklage, sondern auf Analyse. Thomas Mann hebt besonders die Gliederung in zahlreiche, sehr kurze Kapitel hervor. Interessant ist nun zu sehen, wie er in seinem Roman diese Gliederungstechnik übernimmt, dabei aber den eigenen Bedürfnissen anpaßt. Auch *Buddenbrooks* besteht aus recht kurzen Kapiteln, mit der einen Ausnahme von Hannos monströsem Schultag. Die Brüder Goncourt jedoch gestalten jedes Kapitel zu einer abgeschlossenen Szene; dazwischen schieben sie gelegentlich, ebenfalls als eigene Kapitel, Rückblicke auf die Vorgeschichte, berichtet mit geradezu annalistischer Ordnungsliebe. Thomas Mann hebt diese klare Trennung von szenischem und berichtendem Erzählen auf. Hat er Vorgeschichten einzuholen, integriert er sie ins gegenwärtige Geschehen. So läuft im Tischgespräch bei der Hauseinweihung in der Mengstraße die Erinnerung an die Vorbesitzer Ratenkamp und eine Geschichte aus der napoleonischen Besatzungszeit mit unter, und die wichtigsten Daten der Familiengeschichte erfährt man, wenn Jean oder Tony Buddenbrook über der Familienchronik ins Grübeln geraten. Statt den Gestus wissenschaftlicher Nüchternheit und Systematik, wie die Goncourts, strebt Mann erzählerische Geschlossenheit an.

Das interessanteste Ergebnis erzielt dieser Ehrgeiz fürs Formale im Ersten Teil, der, als einziger im ganzen Buch, sich auch um die Einheit der Zeit bemüht: er umfaßt einen einzigen Abend. Freilich bleibt die Lesezeit dieser vierzig Seiten dennoch ungleich kürzer als die acht Stunden Handlungszeit von der Erwartung der Gäste bis zum letzten, nächtlichen Dialog zwischen Vater und Sohn. Thomas Mann löst die Diskrepanz auf originelle Weise. Von dem Anfang medias in res weg erzählt er strikt szenisch, verzichtet auf jegliche Überleitungen, läßt Erzählzeit und erzählte Zeit also zusammenfallen, markiert die dafür erforderlichen zeitlichen Sprünge aber, indem er die meisten der zehn Kapitel mit drei Pünktchen auslaufen läßt. Es handelt sich um eine Art weichen „Ausblendens", Jahre bevor der Film diese Technik neu erfindet. So kann er die Ablaufkontinuität des Abends und die notwendige Kompression von der Handlungs- zur Erzählzeit mit der szenischen Darstellung verbinden, der reinsten Form des objektiven Erzählens.

In der Folge muß er seine Ansprüche dann freilich herunterschrauben. Die Zahl der Figuren ist zu groß, der Zeitbedarf der einzelnen Szenen und die Ereig-

---

[25] S. GW X 185 (1925), XI 379f. (1926) u. XIII 137 (1940). Auf Punktuelles beschränkt sich der Vergleich bei Moulden (Hg.) 1988, 47-50.

nisdichte der zwischenein zu resümierenden Phasen zu unterschiedlich, als daß eine solche formale Strenge sich durchhalten ließe. Die übrigen zehn 'Teile' bilden keine geschlossenen Zeitinseln wie der erste und umfassen recht unterschiedliche Abschnitte der Handlungszeit. Ihre innere Einheit gewinnen sie nicht aus der Gliederung der Zeit, sondern von umgrenzbaren Etappen der nach Chronistenmanier kontinuierlich gereihten und datierten Handlung: (II) Thomas, Christian und Tony als Schüler; (III) Tonys Verlobung mit Grünlich; (IV) Tonys Ehe mit Grünlich und Scheidung; (V) Thomas übernimmt die Firma und heiratet; (VI) Tonys Ehe mit Permaneder und Scheidung; (VII) Peripetie: Thomas wird Vater, Senator, baut ein neues Haus – und verliert an Selbstvertrauen; (VIII) Thomas' Sorgen um Hanno und um das Geschäft / Tonys Fiasko mit dem Schwiegersohn Weinschenk; (IX) Tod der Elisabeth Buddenbrook und Verkauf des Hauses in der Mengstraße; (X) Thomas' Niedergang und Tod; (XI) Hannos Lebensschwäche und Tod. Von jeder neuen Generation wird ausführlicher erzählt als von der vorangegangenen.[26]

Das szenische Erzählen dominiert und es hat manche Mittel, die ihm auferlegten zeitlichen Beschränkungen zu umgehen. So werden Abläufe, die sich öfter ähnlich wiederholen, paradigmatisch vorgeführt wie Hannos nicht enden wollender Schultag: „Dies war also ein Tag aus dem Leben des kleinen Johann." (I 751); oder iterativ[27] zusammengefaßt wie Tonys Leben bei den Großeltern vor dem Burgtor: „Was man sagen mag, so ist es etwas Angenehmes, wenn beim Erwachen morgens in dem großen, mit hellem Stoff tapezierten Schlafzimmer die erste Bewegung der Hand eine schwere Atlassteppdecke trifft; und es ist nennenswert, wenn zum ersten Frühstück vorn im Terrassenzimmer, während durch die offene Glastür vom Garten die Morgenluft hereinstreicht, statt des Kaffees oder des Tees eine Tasse Schokolade verabreicht wird. [...]" (I 61) Daneben werden jedoch auch berichtende Resümees und Überleitungen unbefangen eingefügt, wo immer sie bequem erscheinen. Während der Arbeit wächst dem Autor eine freie Generosität im Umgang mit den erzählerischen Mitteln zu, wie sie zu jenem „behaglich-plastischen" (Br I 63) Charakter des Buches paßt, von dem er im nachhinein spricht. Schon der schiere Umfang des Werkes verschiebt es in jene Region des Epischen, für die er später vor allem Tolstoi als ermutigendes Vorbild genannt hat (X 592, XI 381). Die formale Strenge der Flaubert, Goncourt, Maupassant entsprach nicht der hierfür nötigen epischen Freiheit. Und die poetische Qualität seiner Prosa gewann Thomas Mann aus anderen Mitteln, nicht zuletzt aus der später zu besprechenden Leitmotivik.

Dem Muster der Franzosen folgt dagegen die objektive – mit Stanzels (1974, 39-52) Begriff: die personale – Erzählweise. In den frühen Erzählungen hatte Mann vielfach mit Rahmen, Ich-Erzähler und Rückblende experimentiert, wie er

---

[26] Vgl. Lämmert 1963, 199f. Dieser Aufbau lag schon früh fest: s. Scherrer 1958, 268.
[27] Zu den Begriffen 'paradigmatisch' und 'iterativ' s. Genette 1998, 81-91; vgl.a. Lämmert 1963, 226.

sie an Turgenjew (vgl. Reed 1963, 315) und Storm studieren konnte. In *Buddenbrooks* macht er den Erzähler unsichtbar. Die Wirklichkeit, so hatten das Flaubert in Frankreich und Fontane in Deutschland gefordert, soll unmittelbar zum Leser sprechen. Bei genauerem Hinsehen finden sich in Stil und Dialogführung freilich doch noch Spuren des Entschwundenen;[28] vor allem ist die allgegenwärtige Ironie ein allzu auffallendes Mittel der Rhetorik, als daß die Intuition des Lesers dahinter nicht den Ironiker spürte. Der verkörpert sich zwar nirgends bis zu einer Erzählerfigur, aber er sorgt im Blick des Lesers auf die Romanwirklichkeit für eine distanzierende Brechung. Mag die ironische Zerlegung von Schein und Sein auch das Wirkliche durchleuchten, die „Unmittelbarkeit", mit der sich diese Wirklichkeit präsentieren soll, wird dadurch irritiert. An diese ironische Brechung des Objektiven mag Thomas Mann gedacht haben, als er die „Verbindung eines stark dramatischen Elements mit dem epischen" hervorhob (BrGrautoff 26.11.01).

Der Tradition des naturalistischen Erzählens verbindet sich die sorgfältige Liebe zum Detail. Die Welt, die Mann beschreibt, ist seine eigene, seiner empfindlichen Beobachtungsgabe intim vertraut. Das war sicher nicht das geringste Motiv für die Stoffwahl. Wo die persönliche Kenntnis versagt, wird penibel recherchiert, von juristischen und kaufmännischen Fragen bis zum authentischen Rezept für Plettenpudding.[29] Die Exaktheit im Sachlichen ist nötig für die Präzision der naturalistischen Analyse, bietet ein zuverlässiges Fundament für Atmosphäre wie Psychologie und versieht die Beweglichkeit des fiktiven Spiels mit dem erforderlichen materiellen Schwergewicht.

So wird auch, wer immer neu auftritt, zunächst einmal ausführlich beschrieben. Daß bei aller naturalistischen Exaktheit kaum ein Detail nur um der Beschreibung willen genannt wird, läßt sich am ersten Auftritt von Johann und Jean Buddenbrook beobachten:
• Johann des Älteren „rundes, rosig überhauchtes und wohlmeinendes Gesicht, dem er beim besten Willen keinen Ausdruck von Bosheit zu geben vermochte, wurde von schneeweiß gepudertem Haar eingerahmt, und etwas wie ein ganz leise angedeutetes Zöpflein fiel auf den breiten Kragen seines mausgrauen Rockes hinab. Er war, mit seinen siebenzig Jahren, der Mode seiner Jugend nicht untreu geworden; nur auf den Tressenbesatz zwischen den Knöpfen und den großen Taschen hatte er verzichtet, aber niemals im Leben hatte er lange Beinkleider getragen. Sein Kinn ruhte breit, doppelt und mit einem Ausdruck von Behaglichkeit auf dem weißen Spitzenjabot." (I 10)
• Jean Buddenbrook „beugte sich mit einer etwas nervösen Bewegung im Sessel vornüber. Er trug einen zimmetfarbenen Rock mit breiten Aufschlägen und keu-

---

[28] Vgl. Lämmert 1963, 209f., und Neumann 1998, bes. 163-167.
[29] Zu diesen Materialien s. Nb I 93-96; ferner Scherrer 1959 und Dietzel 1965. Weitere Literatur bei Mendelssohn 1996: I 402-461, und Grawe 1988, 75-80. Bildvorlagen bei Wysling & Schmidlin 1975, 30-35, und Dräger 1993.

lenförmigen Ärmeln, die sich erst unterhalb des Gelenkes eng um die Hand schlossen. Seine anschließenden Beinkleider bestanden aus einem weißen, waschbaren Stoff und waren an den Außenseiten mit schwarzen Streifen versehen. Um die steifen Vatermörder, in die sich sein Kinn schmiegte, war die seidene Krawatte geschlungen, die dick und breit den ganzen Ausschnitt der buntfarbigen Weste ausfüllte ... Er hatte die ein wenig tiefliegenden, blauen und aufmerksamen Augen seines Vaters, wenn ihr Ausdruck auch vielleicht träumerischer war; aber seine Gesichtszüge waren ernster und schärfer, seine Nase sprang stark und gebogen hervor, und die Wangen, bis zu deren Mitte blonde, lockige Bartstreifen liefen, waren viel weniger voll als die des Alten." (I 11)

Zunächst veranschaulicht das Äußere auch das Innere der beiden Männer. Johanns wohlmeinendes Gesicht und behagliches Doppelkinn künden von einem Selbstbewußtsein, das mit sich und der Welt in entspanntem Einklang lebt. In Jeans ernsten Zügen, träumerischen Augen und nervöser Bewegung erscheint die Harmonie mit der Welt erschüttert, das Selbstvertrauen belastet. Zur Charakteristik tritt die Repräsentanz. Gepudertes Haar, Andeutung eines Zöpfleins, Tressen, Spitzen und Kniehosen ordnen Johann zu Aufklärung und 18. Jahrhundert. Jean gehört mit seiner Barttracht wie mit Farbenfreude und Schnitt seiner Kleidung ins Biedermeier. Schließlich sind die beiden Männer einander unübersehbar als Kontrast gegenübergesetzt: das runde Gesicht den weniger vollen Wangen, der bequeme Spitzenkragen dem steifen Vatermörder, die entspannte Haltung der nervösen Bewegung, die behagliche Gegenwärtigkeit der romantischen Bereitschaft zum Davonträumen; und da es sich bei diesem Kontrast um Firmenchef und Nachfolger handelt, wird darin auch schon eine Vorausdeutung ahnbar. Kein Detail ist nur um seiner selbst willen da. Jedes weist über sich hinaus. Die poetische Faktur ist schon in Thomas Manns erstem Roman staunenswert dicht.

Kontrastfiguren wie Johann und Jean Buddenbrook bieten willkommene Möglichkeiten der Strukturierung für ein Werk, das nicht nur, wie jeder Roman, der Akt-Ordnung einer klassischen Tragödie und der Strophen-Ordnung eines Sonetts entbehrt, sondern in seiner epischen Großzügigkeit sogar auf die strenge Klarheit von *Renée Mauperin* verzichten muß. Thomas Mann hat sie zu ungemein vielfältigen Reihen- und Kontrastbildungen[30] genutzt. Auf das Gegeneinander von abnehmender Lebenskraft und steigender Sensibilität in der Reihe der Firmenchefs wird noch zurückzukommen sein. Eine komplexe Reihe bilden auch die Ehen der Buddenbrooks. Johann der Ältere hat eine Liebes- und eine Vernunftehe geschlossen. Seine Söhne müssen diese Bandbreite bereits unter sich aufteilen: Gotthold, der Sohn aus der Liebesehe, heiratet ebenfalls aus Liebe, geht dabei aber unter seinen Stand und muß auf die Firma verzichten; Jean, der Sohn aus der Vernunftehe, schließt ganz selbstverständlich wieder eine solche und rückt damit in die Rolle des Erstgeborenen. Thomas, der älteste Enkel,

---

[30] Hinweise schon bei Lämmert 1963, 206-210, Rothenberg 1969, 13-64 u.pass., Grawe 1988, 102-105, und Karthaus 1994, 44f.

gedenkt das Schema von Liebe plus Vernunft auf seine Weise wiederzubeleben und nimmt sich vor der Ehe eine Geliebte, die Blumenverkäuferin Anna. Als er dann Gerda erobert, kann er sogar glauben, Liebe und Geschäft in einer einzigen Heirat zu vereinigen; am Ende wird er in beidem enttäuscht. Christian vereinigt Liebe und Vernunft auf andere Weise: er heiratet aus Liebe, seine Frau aus Geldgier. Tony schließlich geht wieder zwei Ehen ein, die erste wider Willen, die zweite aus eigenem Antrieb; beide scheitern. Das Nacheinander ihrer Liebe zu Morten und ihrer Heirat mit Grünlich variiert, in komischer Transposition, Thomas' Wechsel von Anna zu Gerda. In allen Ehen dieser Generation täuschen die Buddenbrooks sich über ihre Ehepartner. Das gilt auch für den Pastor Tiburtius: zwar hat Clara mit ihm wohl gefunden, was sie in der Ehe sucht, doch nach ihrem Tod muß die Familie in dem frommen Mann den Erbschleicher entdecken – eine weitere Variation von 'Liebes- und Vernunftheirat'.

Eine sich verdüsternde Reihe bilden die Sterbeszenen der Buddenbrooks, von Johann des Älteren kurzem und lakonischem Abschied über Elisabeths langen Todeskampf bis zu Thomas' gräßlichem Ende im Rinnstein (vgl. Lämmert 1963, 227f.). Den Leser, der sich für Hannos Tod aufs Entsetzlichste gefaßt macht, überrascht dann die kühle Sachlichkeit, mit der das Sterbekapitel den Ton eines medizinischen Handbuchs anschlägt. Überwiegend wörtlich wiederholt sich Tonys Einfahrt in Lübeck nach dem Travemünder Urlaub viele Jahre später in Hannos Rückkehr, und doch reicht, daß in dem am Weg gelegenen Gefängnis jetzt „Onkel Weinschenk" einsitzt, um die Atmosphäre vom Ehrfurchtgebietenden ins Bedrängende umschlagen zu lassen. Doppelt kommen auch die Störungen der Familienfeste einher: Gottholds Brief bei der Einweihung der Mengstraße, die Nachricht vom Pöppenrader Hagel beim Firmenjubiläum. Zweimal predigt Grobleben Memento mori, wo er gratulieren sollte: bei Hannos Taufe und ebenfalls beim Firmenjubiläum. Eine Reihe geradezu exotischer Einbrüche von außen bringen die politischen Unruhen, von denen jede Generation eine zu bestehen hat: die napoleonische Einquartierung, die 48er Revolution und die preußische Einquartierung 1865. Ökonomisch signifikant ist die Reihe von Auseinandersetzungen um einen Bedienten: Jean schlägt Elisabeth eine Neueinstellung ab, gibt dann aber nach (I 78/81), Grünlich verweigert sie Tony tatsächlich (I 200f.) und Thomas entläßt gegen Gerdas Protest sogar den alten Diener Anton (I 467f.).

Die Kontrastpaare sind zahlreich: Johann der Ältere und Jean, Gottlob und Jean, Thomas und Christian, der Bankrotteur Grünlich und der Privatier Permaneder. Der Mitgiftjäger und der Erbschleicher verhalten sich zueinander nach dem Prinzip der Umkehrung: Grünlich ist Kaufmann und Pastorensohn, Tiburtius Pastor und Kaufmannssohn; beide schlagen aus der Kombination Kapital. Manche Nebenfiguren gruppieren sich mit einer an Dickens gemahnenden Drolerie: die winzige, klug-energische Therese Weichbrodt neben ihrer langgewachsenen, ungelehrten und charakterschwachen Schwester Nelly oder die unverheirateten Schwestern Buddenbrook aus der Breiten Straße (I 75): „Friederike und Henriette, die beide sehr lang und hager waren, und Pfiffi, die achtzehnjährige Jüngste, die allzu klein und beleibt erschien." Und auch Personenkonstellationen können zueinander wieder in Gegensatz treten. Während die Brüder Thomas und Christian sich auseinanderentwickeln, weil Thomas seine heimliche Ähnlichkeit mit Christian als Gefahr empfindet, werden der ängstliche Hanno und der freche Kai gerade aus ihrer Gegensätzlichkeit heraus Freunde.

Die genannten Beispiele ziehen nur eine kleine Auswahl aus der enormen Fülle von spiegelnden, variierenden und kontrastierenden Gruppen und Reihen, die dem Roman Konsistenz und Prägnanz verleiht. Die dominierende Großgliederung aber stellt natürlich die Reihe der vier Generationen dar. Thomas Mann selbst hat sich dafür auf den „Generationenzug" in Wagners *Ring des Nibelungen* berufen.[31] Wie Siegfrieds Geschichte Wagner zum Rückgang in die Vorgeschichte gezwungen habe bis hin zur Weltentstehung in den Rheinestiefen, so habe der Eigenwille des Werkes auch ihn vom dekadenten Spätling Hanno Generation um Generation zurückgetrieben (XI 380f.). Manns Wagner-Leidenschaft beglaubigt diesen Hinweis, und er läßt sich durch verschiedene Parallelen noch erhärten. So hat Vaget gezeigt, wie das Gespräch zwischen Thomas und Tony im 6. Kapitel des Siebten Teiles mit seinem Charakter des reflexiven Einhaltens, seiner Motivbündelung, in der sich Rückblick und Zukunftsangst mischen, und seinem enthüllenden Gegeneinander aus Figurenreflexion und leitmotivischem Kommentar nach dem Muster der großen Unterredung zwischen Wotan und Brünnhilde im 2. Akt von *Walküre* gebildet ist.[32] Ähnliche reflexive Zwischenhalte mit leitmotivischer Engführung gibt es im *Ring* wie in *Buddenbrooks* noch öfter.

Dekadenz

Buddenbrooks setzt auf einer Ebene zwischen dem Ganzen und dem Individuum an: bei den Familien. Thomas Mann folgt darin nicht nur Wagner, sondern auch der realistischen und vor allem naturalistischen Praxis. Wenn eine Literatur vorführen will, wie das Individuum von überindividuellen Kräften wie Milieu und Vererbung bedingt wird, so liegt es nahe, den Fokus auf die Familie zu lenken, in welcher die großen Einflußlinien von Gesellschaft und Biologie an die Sichtbarkeit treten. Das berühmteste Beispiel dafür gab Zolas zwanzigbändiger Zyklus der *Rougon-Macquart*, der an fünf Generationen einer Familie sowohl ein Bild seiner Zeit entwerfen als auch die den Menschen bestimmenden Gesetzmäßigkeiten demonstrieren sollte. Thomas Mann hat Zola erst spät und andeutungsweise unter den Vorbildern seines Erstlingsromans genannt;[33] von ihm gehört haben

---

[31] GW X 838; vgl. BrGrautoff 140: 26.11.01.
[32] Vaget 1984a, 338-343. Als weitere Analogien nennt Vaget die Gestaltung der Exposition, also des Ersten Teils, die Kunst von Vorbereitung und Überleitung sowie die Elfteiligkeit.
[33] GW XII 82 (1918) u. XIII 134 (1940). 1926 bestritt er ausdrücklich, Zola während der Arbeit an *Buddenbrooks* schon gekannt zu haben (GW XI 380); 1955 meinte er

muß er aber schon während der Arbeit[34] – zu heftig wurde das Werk des naturalistischen Romanciers par excellence auch in Deutschland diskutiert. Mit Sicherheit gekannt hat er einen anderen Generationenroman: Alexander Kiellands *Schiffer Worse*.[35] Auf diesen nebst weitere skandinavische Kaufmannsromane hat er selbst wiederholt verwiesen (XI 123), und wie ein sensibler Knabe an den Erwartungen seines Vaters und Firmenchefs zerbricht, schildert bereits Charles Dickens in *Dombey and Son*, ebenfalls einem Kaufmannsroman.[36] Thomas Mann griff also zu einem Genre, das sich im letzten Halbjahrhundert europaweiter Beliebtheit erfreute.

Getreu diesen Vorbildern arbeitet er den Generationengang in die historische Gesamtentwicklung ein.[37] Wie erwähnt, ist Johann Buddenbrook noch am 18. Jahrhundert orientiert. Jean Buddenbrook repräsentiert ein romantisierendes Biedermeier: mit pietistischer Frömmigkeit, Ehrfurcht vor der Geschichte, träumerischen Neigungen beim Musikhören und dem aussichtslosen Versuch, christliche Moral und Geschäftsraison zur Deckung zu bringen. Seine Zuversicht, es zu einem Cäsar auch an der peripheren Ostseeküste bringen zu können, erweist Thomas Buddenbrook als einen Unternehmer der Gründerjahre, doch der Verfallszustand seiner Generation erlaubt ihm nur einen Heroismus der Schwäche mit tragischem Ausgang. Hanno Buddenbrook schließlich ist bloß mehr Kind der Dekadenz, lebensschwach, der Musik verfallen, bald erlöschend. So bezeugen die Zentralfiguren ihre jeweilige Epoche, anfangs noch repräsentativ, später, mit fortschreitendem Verfall, in sich verschärfender Disharmonie.

Gesellschaftsroman ist *Buddenbrooks* vor allem mit den Mitteln der Psychologie. Von den politischen Kämpfen, den sozialen Verschiebungen, den ökonomischen Umbrüchen der Zeit bekommt der Leser wenig zu sehen. Thomas Mann war der letzte, sein mangelndes Interesse daran zu bestreiten (XII 140), und er hätte für seine Konzentration auf die Subjekte und ihr Innenleben angesehene Autoritäten heranziehen können. Die Brüder Goncourt sahen im neuen Roman, „par l'analyse et par la recherche psychologique, L'Histoire morale contemporaine";[38] Paul Bourget würdigte den Romancier Flaubert und den Historiker Taine gleichermaßen als Psychologen;[39] Georg Brandes, der in der Literatur eines Vol-

---

sich zu erinnern, sein Vater habe am Travemünder Strand heimlich Zola gelesen (GW XI 536).

[34] 1896 verwies er auf einen Roman aus Zolas Zyklus: GW XIII 382.

[35] S. Ebel 1974, bes. Kap. IV, und Moulden (Hg.) 1988, 50-54.

[36] Vielsagend der vollständige Titel: *Dealings with the Firm of Dombey and Son, Wholesale, Retail and for Exportation.*

[37] Epochentypische Details bot ihm dabei vielfach Georg Brandes' *Die Hauptströmungen der Litteratur des neunzehnten Jahrhunderts*: s. Ebel 1974, Kap. III, und Sandberg 1977.

[38] Edmond et Jules de Goncourt: Vorwort zu *Germinie Lacerteux* [1864], hg.v. Hubert Juin, Paris 1979, S. 24.

[39] Im vierten Kapitel seiner *Essais de psychologie contemporaine*.

kes „die ganze Geschichte seiner Anschauungen und Gefühle" dargestellt fand (1897: I 2), beabsichtigte mit seiner großen Studie zur Literatur des 19. Jahrhunderts den „Grundriß zu einer Psychologie" zu geben (1897: I 1). Tatsächlich könnte man *Buddenbrooks* als ein Schlüsselwerk historischer Psychologie bezeichnen. Nicht zu Unrecht war Mann stolz darauf, die epochentypischen Züge des „Leistungsethikers" Thomas Buddenbrook präzise gezeichnet und durchleuchtet zu haben, bevor noch Soziologen wie Max Weber, Ernst Troeltsch oder Werner Sombart auf dieses Geschöpf aufmerksam wurden (XII 145f.). Die Entlarvungspsychologie der Bourget und Nietzsche wie der Flaubert und Maupassant hatte ihm den Weg gewiesen, doch sie hätte nicht ausgereicht ohne eine hohe Begabung zur Beobachtung, nicht zuletzt zur Selbstbeobachtung.

Der Untertitel, 'Verfall einer Familie', verweist auf die zur Entstehungszeit des Romans schon in die Jahre gekommene europäische Bewegung der décadence.[40] Bereits im 18. Jahrhundert hatten Montesquieu und Gibbon berühmte Werke der Frage nach den Gründen für Niedergang und Verfall des römischen Weltreichs gewidmet. Seit den dreißiger Jahren des 19. Jahrhunderts erhält „décadence" in Frankreich auch positive Konnotationen: die Rückseite des Verfalls verspricht Verfeinerung und Sensibilisierung, die Zersetzung des schlechten Bestehenden läßt auf die Neugeburt eines Besseren hoffen. Paul Bourget arbeitet das in den achtziger Jahren zu einer eigenen Theorie aus. Er versteht unter Dekadenz den Zerfall eines Ganzen durch die Emanzipation der Individuen. „Das raffinierte Verständnis für die Lust der Sinne, der zersetzende Skeptizismus," „das Übermaß der feinen Empfindungen und die Auserlesenheit seltener Gefühle" machen aus den décadents „unfruchtbare, aber raffinierte Virtuosen der Wollust und des Schmerzes" (1903, 23f.). Ähnlich begreift dann Nietzsche den Begriff, den er im Anschluß an Bourget oft französisch schreibt, im Sinne von „Verfeinerung" und „psychologischer Reizbarkeit", aber auch von „Zerfall des Ganzen" (1980: VI 27): „Anarchie der Atome, Disgregation des Willens, 'Freiheit des Individuums'", kurz „dass das Leben nicht mehr im Ganzen wohnt."

Den Grundlinien solcher Dekadenzanalyse folgt der Generationengang der Buddenbrooks. Johann der Ältere steht am Gipfel von Gesundheit, Erfolg und Selbstvertrauen. Dazu gehört freilich auch eine selbstverständliche Grausamkeit, mit der er beiseitestößt, was ihm zuwider ist; das trifft vor allem Gottlob, den Erstgeborenen, der seine Liebe der Firma vorzieht und dem schon früher ganz irrational zur Last gelegt wurde, daß an seiner Geburt Johanns geliebte erste Frau starb. Jeans Gesundheit hat bereits nicht mehr die Stärke des Vaters (I 174), vor allem aber ist seine Selbstsicherheit angeschlagen. Er fühlt ein Schicksal über sich walten und flieht zu Gott, von dessen providentia sich doch wenigstens Weisheit und Güte erhoffen lassen. Die Frömmigkeit aber schwächt seinen Wirklichkeitssinn. Zwar führt er die Firma erfolgreich durch schwere Zeiten, doch

---

[40] S. dazu Praz 1948, Bauer (Hg.) 1977, Fischer 1978, Rasch 1986, sowie Bauer 1993 u. 2001.

Grünlich und Tiburtius können vor ihm erfolgreich den Tartuffe spielen und dadurch den Ruf der Familie wie den Kredit der Firma beschädigen. Bei Thomas geraten geschäftlicher Ehrgeiz und gesundheitliche Schwäche (I 174, 211) von Jugend an in einen prekären Gegensatz. Bewußt will er die Firma ehren, hegen und pflegen (I 276); unbewußt hebt ihn seine Sehnsucht nach persönlicher Größe (I 277) aus der Familientradition heraus, vereinzelt ihn im Kreis seiner Kaufmannskollegen ein Gefühl individueller Besonderheit (I 292), kraft dessen er sich allen anderen überlegen weiß (I 303). Dieses Gefühl führt ihn zur schönen, reichen, extravaganten Gerda Arnoldsen, die den Verfall der Buddenbrooks in Untergang umschlagen läßt. Ihr einziges Kind Hanno wird zu schwach sein für dieses Leben.

Gerda ist ein rätselhafter Solitär in dem ansonsten so streng auf realistische Stringenz achtenden Roman.[41] Aus hellsichtiger Ahnung, nicht bloß aus Überschwang, preist Makler Gosch sie mythologisch: „Welch ein Weib, meine Herren! Here und Aphrodite, Brünnhilde und Melusine in einer Person..." (I 295), und Tony apostrophiert sie als „Fee" (I 427). Göttinnen, Götterkind, Naturwesen – etwas Außermenschliches webt auch um Gerda. Sie ist nicht nur überirdisch schön, sondern sie bleibt immun gegen den allgegenwärtigen Verfall, ja sie scheint außerhalb der Zeit zu stehen (I 646): noch achtzehn Jahre nach ihrer späten Hochzeit, vierzehn Jahre nach Geburt ihres Sohnes hat ihr dunkelrotes Haar „genau seine Farbe behalten, ihr schönes, weißes Gesicht genau sein Ebenmaß und die Gestalt ihre schlanke und hohe Vornehmheit." Selbst die bläulichen Schatten in den Winkeln ihrer Augen sind unverändert (I 644). „Here und Aphrodite" könnte man noch als konventionelles Lob à la Jean Jacques Hoffstede (I 35) verstehen, obzwar Gerda schon bei ihrem ersten Auftritt, versunken ins eigene Spiegelbild, ikonologisch als Verführerin Venus präsentiert wird (I 90).[42] Brünnhilde aber verweist in den Prätext des Nibelungenrings, auf jene Wotanstochter, die, obwohl für den Heroen Siegfried bestimmt, doch nur dem unzureichenden Menschen Gunther vermählt wurde. Ähnlich enthüllt sich die Feentochter Melusine dem Gatten, der ihr Geheimnis nicht erträgt, als Schlangenweib oder Nixe mit Fischschwanz. Gerda kommt aus Amsterdam, das nicht wie Lübeck an einem Binnenmeer liegt, sondern wirklich am Ozean, ja mit seinen Kanälen (I 288) fast wie Venedig ins Meer gebaut ist. Sie kommt also vom Meer, auf dessen unendlich zweckloser Bewegung Thomas' wissend gewordener Blick sich später fatalistisch beruhigen wird (I 671f.), und erscheint als ein Mischwesen aus menschlicher Frau und unsterblicher Fee wie Melusine oder Andersens kleine Seejungfrau. Wie diese ihre Menschwerdung mit stechenden Schmerzen in den Beinen,

---

[41] Vgl. Singer 1963; zur Verwandtschaft mit Gerda von Rinnlingen in *Der kleine Herr Friedemann* s. Runge 1998, 15-36.

[42] Die Verzauberung durch das Spiegelbild der eigenen Schönheit ist natürlich narzißtisch. Thomas Mann hat sie in *Der Tod in Venedig* ausdrücklich so benannt (GW VIII 498); auch Eichendorff, in der Mann wohlvertrauten Erzählung vom Marmorbild, hatte Venus so auftreten lassen.

so muß Gerda den Bruch der Ehelosigkeit (I 90, 289) mit Kopfschmerzen bezahlen; das begegnet dann bei Adrian Leverkühn wieder (VI 308). Abgesehen von ihrer Schönheit erfährt man über sie kaum mehr als ihre tiefe Leidenschaft zur Musik, der sie in Amsterdam ganz leben durfte und zu der sie am Ende wieder nach Amsterdam zurückkehren wird. Dies ist ein Reich, das Thomas verschlossen bleibt, in das sie jedoch den einzigen Erben der Buddenbrooks unwiederbringlich entführt (I 510). Der erotischen Verführungsgewalt von Wagners Musik hat der kleine Hanno nichts entgegenzusetzen. Gerda, Meerfrau und Dämon der Musik, ist eine mythische Figur jenseits des Realismus. Als Verkörperung des Schicksals kommt sie über Thomas Buddenbrook und seine Familie, als eine „Heimsuchung", wie Thomas Mann sie von *Der kleine Herr Friedemann* bis zu *Doktor Faustus* immer wieder dargestellt und im *Josephs*-Roman ausdrücklich benannt hat als den Einbruch „trunken zerstörerischer und vernichtender Mächte in ein gefaßtes und mit allen seinen Hoffnungen auf Würde und ein bedingtes Glück der Fassung verschworenes Leben." (V 1082f.[43])

Thomas Buddenbrook steht im Zentrum der Dekadenzanalyse des Romans. Seine „Nervosität" würde Nietzsche „psychologische Reizbarkeit" nennen; seine Besonderheit heißt bei Bourget „Auserlesenheit" der Empfindungen und Gefühle; seine Ansprüche an sein Äußeres sind die eines Dandy; sein Bedürfnis nach Größe wirkt innerhalb des Ganzen von Familie und bürgerlicher Hansestadt als Störung, als zentrifugale Kraft, als „Disgregation des Willens". Und dabei reichen Kraft und Glück nicht einmal mehr aus, um die persönlichen Ziele zu erreichen. Der Doppelcharakter der Dekadenz als Verfall und Verfeinerung tritt offen zutage. Daß die Abnahme an Gesundheit, Willenskraft und Geschäftserfolg ihre Kehrseite in einer Sensibilisierung und Entbanalisierung hat, gilt freilich schon für Jean Buddenbrook. Mit seiner Frömmigkeit hatte er als erster Buddenbrook „unalltägliche, unbürgerliche und differenzierte Gefühle gekannt und gepflegt" (I 259). Thomas ist dann in Reizbarkeit und psychischer Differenzierung bereits weit fortgeschritten. Bei Hanno wird die Reizbarkeit zur Wehrlosigkeit vor jedem Eindruck und die Verfeinerung läßt fast keine Lebenskraft mehr übrig. Schon an Christian zeigt die Sensibilisierung eine künstlerische Seite. Nicht nur haben seine Imitationen Schauspielerqualität, seine „Manie, die kleinsten und tiefsten [der inneren] Vorgänge ans Licht zu ziehen und auszusprechen", verbinden ihn mit den Psychologen à la Bourget und Nietzsche, und wenn er bei diesem Aussprechen mit den Worten kämpft, wenn er danach ringt, „etwas ausbündig Feines, Verborgenes und Seltsames zum Ausdruck zu bringen" (I 265), erweist er sich geradezu als Stilist. Wie Hanno, dessen ganze Liebe und einzige Begabung der Musik gehören, fehlt ihm allerdings die Willenskraft, diese Begabungen aktiv zu leben, gegen Widerstand und Ablenkung durchzuhalten. Christian und Hanno bleiben als Dilettanten in der Passivität ihrer Beeindruckbarkeit gefangen.

---

[43] Vgl. GW XIII 136; zur Schreibung von „gefaßtes" s. Kurzke 1999, 623, Anm. 40.

In Jean Buddenbrooks Horchen auf den Gang des Schicksals mußte sein Vater ein Zeichen des Verfalls lesen und als Geschäftsmann entzifferte er das durchaus richtig. Es öffnet sich darin jedoch auch der Sinn für eine tiefere Wirklichkeit. Die Ereignisse werden Jean vor dem Leser Recht geben: die Buddenbrooks unterstehen einem Schicksal, das sie unerbittlich durch Abstieg zu Untergang führt. Thomas hat wohl recht mit der Vermutung, daß es in Pöppenrad nicht gehagelt hätte, hätte nur Hermann Hagenström die Ernte auf dem Halm gekauft. Jeans Fatalismus ist schädlich für die Selbstsicherheit, die ein Kaufmann zum Erfolg braucht, aber er birgt die Erkenntnis einer größeren Wahrheit, von der Johann der Ältere nichts ahnt und vor der seine fröhliche Aufgeklärtheit oberflächlich dasteht. Auch den immer durchdringenderen Blick der Erkenntnis beschert die fortschreitende Dekadenz ihren Opfern und Zöglingen. Hanno bewährt ihn, wenn er die Maske durchschaut, unter der sein Vater seine Schwäche verbirgt (I 627); Gerda hat ihn, wenn sie Thomas und Christian beim Streiten zusieht (I 581). Er zeigt ihnen das unausweichliche Schicksal von Aufstieg und Verfall der Familien. Als Thomas Mann bei seinen Rezensionsempfehlungen an Freund Grautoff nach einem Kritikpunkt suchte, um dem erbetenen Loblied das Ansehen von Ernsthaftigkeit zu verschaffen, setzte er hier an (BrGrautoff 26.11. 01): „Tadle ein wenig (wenn es Dir recht ist) die Hoffnungslosigkeit und Melancholie des Ausganges. Eine gewisse *nihilistische* Neigung sei bei dem Verf. manchmal zu spüren. Aber das Positive und Starke an ihm sei sein *Humor.*"

Damit tritt eine weitere Aufgabe des Humors zutage: er soll dem Leser Distanz verschaffen zur Erkenntnis von der hoffnungslosen Ausgesetztheit des Menschen in Leben und Welt, die ihm der Roman eröffnet. Daß es dabei um mehr und anderes geht als bei „Hohn und Spott", der Rache des Schwächeren, führt die Figur des Kai Graf Mölln vor. Außerhalb der städtischen Gesellschaft aufgewachsen, außerhalb ihrer Stadtmauern wie ihrer Traditionen und Konventionen, „mutterlos" wie Wagners Siegfried, „wild wie ein Tier unter den Hühnern und Hunden" (I 517), verkörpert er den Außenseiter par excellence. Auch er ist ein Spätgeborener, der Sprößling eines längst verrotteten Adelsgeschlechts, aber er vereint seine Sensibilität und den scharfen Blick der Erkenntnis mit der Willenskraft zu Leben und Tat. Aus dieser Mischung erwächst der Künstler. Thomas Manns Künstlerfiguren von Tonio Kröger bis zu Adrian Leverkühn sind Personwerdungen jener Ambiguität, die Mann manchmal „Humor", manchmal „Ironie" genannt hat: das Ineinander von Kälte und Leidenschaft, von Negation und Bejahung. Schon Hanno zeigt diese Ambivalenz: die Kälte, wenn er des Vaters Maske durchschaut, die Bejahung, wenn er gerade den Schwachen und Leidenden liebt, den sein Vater dahinter verbergen will (I 650). Und Kai, an dessen Liebe zu Hanno doch kein Zweifel erlaubt ist, reagiert mit kühler Neugier statt mit solidarischer Empörung auf Hannos Erzählung von dem zynisch-pastoralen Wort: „man müsse mich aufgeben, ich stammte aus einer verrotteten Familie" (I 743). Eckhard Heftrich (1982, 102cf.) hat gezeigt, wie in dieser Neugier sich der Dichter rührt, wie aus Kais Begeisterung für Poes *Untergang des Hauses Usher* der stillschweigende Entschluß wächst, selbst den Roman vom Untergang der Familie Buddenbrook zu schreiben. Das unterscheidet Kai von Hanno. Er schreitet von der Erkenntnis zur Produktion. Er ist dem Gang des Schicksals nicht wehrlos ausgeliefert, sondern kann ihn darstellen. Indem er ihn zu seinem Gegenstand macht, wird er vom ausgesetzten Objekt zum schöpferischen Subjekt. In der Kunst, die die Erkenntnis der Wirklichkeit mit der Souveränität ihrer Schöpfung verbindet, gewinnt der Mensch seine Freiheit.

Tradition und Religion

Ungewöhnlich für einen Roman dieses Umfangs ist die Stringenz, mit der die Einheit des Ortes gewahrt wird. Ort der Erzählung ist Lübeck, einschließlich des nahegelegenen Travemünde. Entfernt die Handlung sich von dort, so folgt der Erzähler nicht nach; der Leser wird indirekt unterrichtet, durch Briefe – aus Hamburg, Amsterdam, München – oder durch Erzählungen, so etwa über Christians Tätigkeiten in London oder Valparaiso. Ein einziges Mal verläßt der Erzähler diesen Bannkreis, als Jean Buddenbrook seinen bankrottierenden Schwiegersohn Grünlich in Elmsbüttel bei Hamburg aufsucht, um Tochter und Enkelin nach Lübeck heimzuholen. Die Hansestadt an der Ostsee ist für den Roman die ganze Welt. Durch diese Konzentration gewinnt Thomas Mann nicht nur eine enorme Intensität der Atmosphäre, er bettet auch die Zeitlichkeit und Endlichkeit der Handlungslinien in eine unerschütterliche Stabilität und Kontinuität ihres Handlungsraumes ein. Länger als die Lebensspannen der Figuren, länger als die Blüte- und Verfallszeiten der Familien dauern die grauen Giebelhäuser aus, die gepflasterten, des Nachts matt beleuchteten Straßen und Plätze, die Stadttore und die feierlich-düsteren Kirchen. Der Konsul läßt gegen Ende des ersten Teils nachdenklich seinen Blick darüberwandern, nachdem alle Gäste gegangen sind (I 44). Tony Buddenbrook erkennt nach ihrem Travemünder Fluchtversuch darin „das Alte, Gewohnte und Überlieferte," und die ehrwürdige Unabänderlichkeit fängt sie wieder ein (I 157f.). Hanno dagegen, als er auf demselben Weg von Travemünde einfährt, fühlt sich in Gefangenschaft zurücksinken (I 637). Zu dieser ewig sich erneuernden Kontinuität gehören auch die Rollen und Institutionen, von verschiedenen Individuen ausgefüllt, von wechselnden Familien beansprucht, aber in all diesem Wechsel sich durchhaltend nach Funktion und öffentlicher Achtung: vom Bürgermeister über die Senatoren und die Ratsherren, die Kaufleute, Weinhändler und Makler, die Rektoren, Ärzte, Pastoren und Schullehrer bis zu den Trägern und Speicherarbeitern. Das alles zusammen bildet „das Ganze". Für Johann Buddenbrook ist es noch selbstverständlich; Jean Buddenbrook empfindet Ehrfurcht, Hanno ängstigt sich und Kai steht voll Spott und Hohn davor. Aber es wird sie alle überdauern.

Daß die Dekadenz während des 19. Jahrhunderts solches Interesse auf sich zog, kam wohl aus der nicht allgemein, aber doch gerade unter den Schreibenden sich ausbreitenden Empfindung, selbst in einer Spät-, ja Endzeit zu leben. Die Moralisten klagten die Dekadenz an, die Ästheten gewannen ihr verführerische, ja begrüßenswerte Seiten ab und nicht selten schmolzen Ästhetizismus und Moralismus zu seltsamen Amalgamen, verband sich die Lust an der Dekadenz mit der Sehnsucht nach ihrer Überwindung. Thomas Mann bezieht von der europäischen Bewegung psychologische Analysen und literarische Motive, aber nicht die historische Diagnose. Sein Roman schildert den Verfall einer Familie, nicht den einer Epoche.[44] Dieser Verfall gehört offenkundig zum Lebenszyklus jeder Familie. Vor den Buddenbrooks haben die Ratenkamps geblüht, und wenn die Hagenströms von den Buddenbrooks das unbequeme, aber altehrwürdige Haus in der Mengstraße übernehmen, liegt in solchem Traditionsbedürfnis bereits ein erstes Dekadenzsymptom. Moderne Historiker und Soziologen wird diese stillschweigende Übertragung biologischer Muster auf soziale Verhältnisse nicht überzeugen, doch übertrifft sie an wissenschaftlicher Untauglichkeit am Ende nicht die willkürliche Melange aus Physiologie und Vererbungslehre, die Zola offen als Wissenschaft ausgab. Das Hantieren mit vorgeblichen Gesetzmäßigkeiten des Sozialen ist selbst ein Symptom der Zeit.

Zola aber, Dickens und Kielland schrieben ihre Familienhistorien in kritischer Absicht. Da wurde die zerstörerische Macht des Geldes im nachrevolutionären Frankreich angeklagt, die Verarmung wachsender Bevölkerungsschichten und die Herzenshärte der Besitzenden in England, der Klerikalismus und die Bigotterie im zeitgenössischen Norwegen. Weil diese Darstellungen jeweils im Horizont ganzer Nationen, Staaten, Volkswirtschaften spielen, meint der Leser, und wohl bereits der Autor, Einblicke in „die" Gegenwart, Erkenntnisse über das ganze bedrängende Jahrhundert zu gewinnen. Demgegenüber beschränkt sich der zeitanalytische Geltungsbereich von *Buddenbrooks* auf eine Hansestadt mittlerer Größe. Diese ist nicht nur übersichtlich im Räumlichen, sie bleibt auch vertraut im Zeitlichen.[45] Soweit „Geschichte" spürbar wird im Gang der Ereignisse, tut sie zwar, was man von ihr spätestens seit der Aufklärung erwartet: sie zeitigt Veränderung, vielleicht sogar Fortschritt; aber daß sie dies mit einer neuen, gar bedrängenden Geschwindigkeit täte, wird kaum angedeutet. Von Industrialisierung, Verstädterung, Reichseinigung dringt wenig mehr als ein fernes Rauschen herein. Die Macht der Geschichte wird entkräftet durch die Macht des Kreislaufs, der das Leben der Familien beherrscht.

In *Buddenbrooks* behalten die Ordnungskräfte die Oberhand über die historische Dynamik. Zwar werden die Einzelnen durch ihre Verpflichtung auf die Familie immer wieder in Konflikte geführt, doch kaum einer zieht ernsthaft, ausdrücklich und aktiv in Zweifel, daß der Lebenssinn des Individuums von der Familie kommt. Mit Familie und Firma fallen natürliche und gesellschaftliche

---

[44] Das hat, gegen Lukács (1949), schon Hellmuth Petriconi betont: 1958, 154f.
[45] Thomas Mann folgt da einem deutschsprachigen „Sonderweg" in der Romanliteratur des 19. Jahrhunderts: s. Auerbach 1946, 478-481.

Ordnung ineins. Wenn der Erzähler die Firma einen „vergötterten Begriff" nennt (I 77), schwingt darin vielleicht Distanz zu einer Idolisierung mit, doch diese Idolisierung erschafft eine Transzendenz von einzigartiger Konkretion und Anschaulichkeit. Jede Zweifaltigkeit von Familie und Firma partizipiert an dem ehrfurchtgebietenden Fundament jahrhundertealter Bürgerlichkeit, das sich in Gestalt von Giebelhäusern und beleuchteten Straßen, von Ratsversammlungen und grüßenden Speicherarbeitern dem Gemüt mit der Unerschütterlichkeit des Ewigen einprägt. „Wir sind nicht lose, unabhängige und für sich bestehende Einzelwesen," so erklärt das Jean Buddenbrook seiner Tochter Tony (I 148f.), „sondern wie Glieder in einer Kette, und wir wären, so wie wir sind, nicht denkbar ohne die Reihe derjenigen, die uns vorangingen und uns die Wege wiesen, indem sie ihrerseits mit Strenge und ohne nach rechts oder links zu blicken einer erprobten und ehrwürdigen Überlieferung folgten." Indem sich das Individuum als ein Glied seiner Familie einfügt, verwurzelt es sich auch in der hanseatisch-protestantisch-bürgerlichen Tradition, der „erprobten und ehrwürdigen Überlieferung", die in *Buddenbrooks* die Aufgabe der Religion übernimmt. Außerhalb ist kein Existieren: mit „elementarer" Verzweiflung beteuert Tony, daß sie in München nur glücklich werden könnte, wenn „ich mich und meine Herkunft und meine Erziehung und alles in mir ganz und gar verleugnen" lernte – „oh, wir sollten niemals fortgehen, wir hier oben!" (I 385-387)

Johann der Ältere, auf dem Höhepunkt familialer Vitalität, kann noch glauben, daß er die Firma aus seiner eigenen, individuellen Kraft auf jenen Höhepunkt geführt hat, der bei der Einweihung in der Mengstraße auch gefeiert wird. Johann der Jüngere und Thomas müssen mit wachsender Ohnmacht begreifen lernen, daß sie ihr Maß an Kraft und Glück weniger erringen können denn zugeteilt erhalten. Über die Art der Macht, die da unsichtbar am Werke ist, hüllt der Erzähler sich in Schweigen. Jean benennt sie manchmal mit seinen christlichen Vätern als Vorsehung Gottes, manchmal anonym als „Schicksal". Thomas glaubt während seiner Schopenhauer-Lektüre in ihr den Welt-„Willen" zu erkennen. Es ist eine der mancherlei Gestalten, zu denen sich in der Literatur des 19. Jahrhunderts die heroisch-resignative Anerkenntnis verdichtet, daß der Mensch sich durch die radikale Säkularisierung der Welt doch nicht zum Herrn seines Geschicks und der Geschichte hat machen können. Letztlich wissen Jean wie Thomas nur, daß es Hagenströms einst gehen wird, wie es ihnen jetzt ergeht, wie es Ratenkamps früher ergangen ist und wie es eben schon immer gegangen ist. Auch das Schicksal, das die Familie blühen und verwelken läßt, gehört zur Tradition. In der Nacht nach dem Einweihungsfest erblickt Jean das Emblem dieser alles Zeitliche transzendierenden Macht (I 44): „an der grauen Giebelfassade des Hauses [...] in altertümlichen Lettern gemeißelt [...]: 'Dominus providebit.'" Auch Hagenström wird das nicht antasten, liegt darin doch „die historische Wiehe, sozusagen das Legitime" (I 600). Der Roman beginnt mit der Katechismus-Frage „Was ist das" und endet mit der Katechismus-Bekräftigung „*Es ist so!*" (s. Lämmert 1963, 190f.) Ob Johann der Ältere sich über Frage und Antwort lustig macht oder Sesemi Weichbrodt die Bekräftigung als „eine kleine, strafende, begeisterte Prophetin" gläubig hinausruft – sie geben nur oberflächliche, individuelle Schwankungen in der Wahrnehmung jener unerbittlichen ewigen Ordnung, die den Figuren- und Handlungsreichtum des Romanes trägt.

Die Zweischichtigkeit ist eine Grundfigur von Thomas Manns Weltauffassung. Daß die Realität aus einer Oberfläche von sichtbarem Geschehen und bewußten Motiven sowie aus einem Untergrund der in Wahrheit treibenden und bedingenden Kräfte besteht, das kam ihm nicht nur von der Entlarvungsstrategie der Bourget und Nietzsche zu, sondern auch von der narrativen Psychologie der Flaubert, Turgenjew, Maupassant, und der naturalistischen „Wissenschaft" der Zola, Gautier, Goncourt. Schopenhauers Trennung der Welt in 'Wille' und 'Vorstellung' dürfte dem jungen Autor auch deswegen eine so euphorische Lektüre beschert haben, weil sie dieser primordialen Weltwahrnehmung mit der Autorität des Philosophen ein suggestives metaphysisches Modell anbot.[46] So wird ihm später auch Freuds Topologie der Psyche spontan einleuchten. Daß er einer historischen Formation, dem deutschen Stadtbürgertum, eine ahistorische Transzendenz zusprach, trennte ihn freilich von all diesen möglichen Vorbildern; er hat daran später nicht festhalten können. Wie aber das Zeitenüberdauernde eines bedingenden Untergrundes anschaulich-einprägsam ins Sichtbare tritt und wirkt: nicht nur in Giebelhäusern und Institutionen, sondern vor allem auch als Selbstdisziplin und Arbeitsethik, kraft welcher der Einzelne sich der Tradition unterstellt, der „Haltung" (I 265), dem Wahren der „Dehors" (I 267, 276), – das wird ihn sein ganzes Leben hindurch beschäftigen. Es sind dies Elemente eines „Rahmens"[47], einer elementaren, vorbewußten Struktur der Weltauffassung – individuell, aber in den kollektiven „Rahmen"-Vorstellungen der Welt seiner Kindheit wurzelnd –, die der bewußten Reflexion und Gestaltung immer schon organisierend vorausliegen. „Metaphysik" (so Lehnert 1965 und Dierks 1972) sollte man dies nicht nennen, da der Begriff auf eine abstrahierende und systematisierende

---

[46] Ähnlich Lehnert 1965, 36-38. Dieser Zusammenhang macht es m.E. überflüssig, die erste Schopenhauer-Lektüre früher als im Herbst 1899 anzusetzen (so Frizen 1980, 43f. u. 47, und Wysling 1991), den Mann selbst im Rückblick genannt hat (GW IX, 559-562). Schopenhauer bietet nichts wesentlich Neues, sondern nur Bestätigung und legitimierende Autorität. – Das Ausmaß von Schopenhauers Einfluß auf Thomas Mann ist aber in der Forschung nach wie vor umstritten. Bahnbrechend waren die Forschungen von Dierks (1972) und Frizen (1980), die Schopenhauers metaphysische Grundannahmen zur Basis für Thomas Manns Denken und Schreiben erklären. Als überholt gilt inzwischen die totalisierende Rückbindung Manns an Schopenhauer durch Kristiansen (1978; ferner S. 276-283 u. 823-835 in: Koopmann 1990). An Schopenhauers fundierender Bedeutung hält Wysling (1983 u. 1995, bes. 67-151 u. 241-246) fest; skeptischer urteilen Koopmann (1983, 71-76), Reed (1990, 117-122), Wimmer (1997 u. 2000) und Schneider (1999, 115-198). Den derzeitigen Forschungsstand präsentiert, kritisiert und erweitert Reents (1998, bes. 391-454).

[47] Zum Begriff s. Halbwachs 1925 u. 1945 sowie Bateson 1955.

Ergründung der allgemeinen Voraussetzungen von Welt und Mensch zielt, die dem Erzähler Thomas Mann durchaus fern lag.

Seltsamerweise tritt in diesem bedingenden „Untergrund" von *Buddenbrooks* all das Triebhafte an den Rand, das in der Literatur der Epoche solch gewaltige Rollen spielte: die Leidenschaft, die zahllose Romane, Dramen und Opern mit ihrer Vernichtungsenergie füllte; die wilde Geldgier, die bei Balzac und Zola die Gesellschaft in ein Schlachtfeld verwandelte; die Sucht nach Illusionen, die Flauberts Figuren zerstörte. Selbst die von Nietzsche erlernte Findigkeit im Aufspüren des Willens zur Macht darf hier keine unumschränkte Herrschaft beanspruchen. Wenn Gotthold Buddenbrook um einer Mesalliance willen mit seinem Vater bricht, dann scheint ihn weniger Leidenschaft als ein rebellischer „Idealismus" (I 276) zu treiben, dem überdies bald die Luft ausgeht. Tonys Liebesgefühle für Morten Schwarzkopf wirken seltsam kühl. Das Geldverdienen gibt der Kaufmannswelt natürlich mit schöner Selbstverständlichkeit ihr hohes Ziel, doch von der triebhaften Gier, von der die kleinen und großen Helden der naturalistischen französischen Romane besessen sind, ist selbst bei Hermann Hagenström nichts zu spüren. Und wenn Thomas Buddenbrook von künftiger Größe träumt, dann nicht als ein Condottiere des Kapitalismus, sondern um „einen alten Namen, ein Firmenschild zu hegen, zu pflegen, zu verteidigen, zu Ehren und Macht und Glanz zu bringen." (I 276) Nur in Thomas' Schopenhauer-Rausch (I 654-659) und in Hannos wagnerisierenden Klavier-Improvisationen (I 747-750) schlägt Sexuelles durch – immer noch verdeckt und verschoben, aber doch deutlich genug.

Im europäischen Horizont mutet das anachronistisch an. Und doch ist Thomas Mann gerade so ein Stück „Seelengeschichte des deutschen Bürgertums" (XI 383) gelungen. Schon in der Rezensionsanleitung an Grautoff wird überraschend eindringlich auf den *„deutschen* Charakter des Buches" hingewiesen (BrGrautoff 26.11.01); überraschend, weil den Autor seine Deutschheit in früheren Jahren kaum zu bewegen schien.[48] Als dann der Roman nach einiger Verzögerung seinen gewaltigen Erfolgszug antrat, konnte Mann sich in seiner zeitdiagnostischen Porträtkunst bestätigt finden. Satire, Ironie und Entlarvung behalten freilich Raum und Kraft, und man hat das nicht nur in Lübeck mit Empörung vermerkt; aber mit dem humoristischen Verfahren entdeckt die schreibende Selbsterkundung des Autors am Grund der Ironie die Sympathie für das Ironisierte. 'Lübeck als geistige Lebensform' hat er das 1926 getauft und als die eigene geistig-ethische Grundlage bekannt. Zu dieser Zeit hat er den Glauben an die Unerschütterlichkeit des deutschen Bürgertums schon verloren. Aber wenn in den späteren Porträts – von Castorps Hamburg bis zu Leverkühns Kaisersaschern – ein immer schärferes Licht auf diese Welt fällt, haben sich die in *Buddenbrooks* entworfenen Grundlinien doch weiterhin als tauglich erwiesen für seine historische Psychologie. Daß sie ineinanderschichten, wie dieses Bürgertum sich selbst sehen

---

[48] S. etwa 20.8.97: BrGrautoff 99f.; dazu Vaget 1980, 67-71.

will und wie es vom analysierenden Psychologen gesehen wird, und daß die enthüllende Analyse wie die sympathisierende Anerkennung nebeneinander bestehen, das gibt dem Bild seine aufschließende Kraft.

Per negationem gehört zur historischen Psychologie der deutschen Bürgerwelt wesentlich auch eine Sphäre, von der im Roman nur zwei-, dreimal eine rauschhafte Ahnung aufsteigt. Es ist eine Sphäre, die Wirklichkeit und Tradition grundsätzlich in Frage stellt und in dieser Welt des Leidens von wahrem Glück kündet. Für Thomas Buddenbrook redet sie in Schopenhauerschen Bildern und Begriffen von einer Rückkehr in den ureinen Weltwillen (I 656): „Der Tod war ein Glück, so tief, daß es nur in begnadeten Augenblicken, wie dieser, ganz zu ermessen war. Er war die Rückkunft von einem unsäglich peinlichen Irrgang, die Korrektur eines schweren Fehlers, die Befreiung von den widrigsten Banden und Schranken – einen beklagenswerten Unglücksfall machte er wieder gut." Individualität (I 657) wie Tradition verblassen davor zu Schein (I 658): „Die Mauern seiner Vaterstadt, in denen er sich mit Willen und Bewußtsein eingeschlossen, taten sich auf und erschlossen seinem Blicke die Welt, die ganze Welt"; Raum, Zeit, Geschichte, Hoffnung auf ein Fortleben der eigenen Individualität oder der Nachkommen zerfallen als Trug. „Er fühlte sein ganzes Wesen auf ungeheuerliche Art geweitet und von einer schweren, dunklen Trunkenheit erfüllt", die „an erste, hoffende Liebessehnsucht gemahnte." (I 655) Ahnendes Erkennen, Eros und Transzendenz durchdringen sich zu einem nietzscheanisch dionysischen Rauschzustand, der Thomas Buddenbrook für die Zeit der Lektüre von den Qualen des Lebens erlöst. Was hier sich eröffnet, bietet ihm weder ein Fundament wie die Tradition noch hat es mit jenem ordnenden Schicksal zu tun, das im zyklischen Wechsel der Familien waltet, sondern ist ein Ganz Anderes der empirischen Realität, die einmalige, ekstatische Ahnung von einer Alternative zu dem, was er sonst für „das Ganze" (I 648) hält. Es liegt darin auch eine Ahnung von jenen Ekstasen der Musik, von denen er sonst ebenso ausgeschlossen bleibt wie von dem Wesenskern seiner musizierenden Gattin, die als die rätselhafte Botin dieses fremden Reiches durch die Realität der Hansestadt schwebt (I 646f.). Einen Nachklang entdeckt er später in jener „Einfachheit" des Meeres unter dem endlosen Wellengang, die ihm zeitweilig Ruhe schenkt (I 672).

Was Thomas als einmaliger Einbruch widerfährt, bedeutet für Hanno in Gestalt der Musik das einzige Ziel aller Sehnsucht in der Hoffnungslosigkeit seines Daseins. Thomas Mann hat Gehalt und Bedeutung dieser Musik an Hannos klavieristischem Phantasieren ausführlich dargestellt (I 747-750). In einem kunstvollen Geflecht motivischer Anspielungen auf Wagnersche Handlungsmomente überlagern sich Sehnsucht nach einer anderen Welt, erotische Erfüllung und Tod. Angelegt ist das schon in jenem Bruchstück, das als Thema dient und „im wesentlichen aus einer einzigen Auflösung bestand, einem sehnsüchtigen und schmerzlichen Hinsinken von einer Tonart in die andere", und es wird durchgeführt in einer einzigen mächtigen Steigerung zu jenem Höhepunkt hin, vor dem ein Vorhang zerreißt wie bei Christi Tod in der *Matthäus-Passion*, vor dem Tore aufspringen und Dornenhecken sich erschließen wie im Märchen, wenn der Held endlich die Prinzessin erobert, vor dem Flammenmauern in sich zusammenbrechen wie in Wagners *Walküre*, als Siegfried Wotans Bann um die schlafende Brünnhilde durchdringt, – zu jenem Höhepunkt, der „die Lösung, die Auflösung, die Erfüllung, die vollkommene Befriedigung" unersättlich auskostet bis zur Lasterhaftigkeit und bis zu jener letzten Ermattung, in der die Musik schließlich wehmütig zögernd erstirbt. Was Thomas in den philosophischen Begriffen Schopenhauers entgegentritt, kostet Hanno in der poetischen Bildern der Märchen und Mythen und in der Orgiastik einer Musik, die Wagners Harmonien-Zauber nachempfindet. Es ist jenes Ganz Andere, nach dem seit der Romantik (s. Neumann 1991) eine Kunst suchte, die sich der profanen Wirklichkeit feindlich entgegengesetzt fühlte. Im Rahmen bürgerlichen Verfalls muß es als Bedrohung erscheinen, als Verführung zum Eskapismus. In seinen Möglichkeiten ernstgenommen wird es nur in der Figur des Kai, der jedoch die Suche der Kunst mit der Arbeit an der Wirklichkeit ausdrücklich verbindet (I 520), – und in der Form des Romans *Buddenbrooks*, welche die Anforderungen von Realismus und Naturalismus mit denen von Romantik und l'art pour l'art verbindet.

Leitmotive: Poetisierung der Prosa

In der Renaissance begann der Roman das Epos abzulösen. Darin lag eine Nobilitierung der Prosa, die bislang nicht als kunstfähig gegolten hatte. Es bedeutete aber, so Octavio Paz (1983, 285-302), auch einen Pakt mit der geistigen Hauptmacht der europäischen Neuzeit: der kritischen Vernunft, die im Medium der Prosa spricht. Im Zusammenfließen von Dichtung und Erkenntnis, das Thomas Mann mit Berufung auf Nietzsche für seine Gegenwart konstatierte, käme demnach eine viel ältere Entwicklung zum Bewußtsein. Tatsächlich wird Mann später bereits im *Don Quijote*, der Erstgeburt des neuzeitlichen Romans, die distanzierende Freiheit von Humor und Selbstironie finden (X 438). Mit dem modernen Roman kehrt sich diese Bewegung um (Paz 1983, 299-302): der Roman will wieder Gedicht werden – in Joyce's Alchimie der Sprache, in Prousts Rhythmus erinnerungsgezeugter Bilder, in Kafkas halluzinatorischen Handlungsverläufen. Diese Tendenz setzt ein mit Flauberts Traum von einem „Buch über nichts", einem Buch ohne Sujet, „das sich selbst durch die innere Kraft seines Stils trägt" (16.1.1852 an Louise Colet: 1977, 181). Thomas Mann nahm an ihr Teil durch sein Bemühen, Romane in Analogie zur Musik zu komponieren.[49] Zum Vorbild

---

[49] Ähnlichen Überlegungen hat zeitweise auch James Joyce nachgehangen: „Writing a novel, he said, was like composing music, with the same elements involved. But how can chords or motifs be incorporated into writing? Joyce answered his own question, 'A man might eat kidneys in one chapter, suffer from a kidney disease in another, and one of his friends could be kicked in the kidney in another chapter.'" (Richard Ellmann: James Joyce, New York Oxford 1982, S. 436)

dafür wurden ihm die Werke Richard Wagners,[50] denen nicht nur er die stärksten Kunsterlebnisse verdankte, sondern die um die Jahrhundertwende weithin als der Inbegriff artistischer Modernität galten.[51] Schon 1901 wies er auf die „Wagnerische" Leitmotivik in Buddenbrooks hin, diese „wörtliche Rückbeziehung über weite Strecken".[52] Später wollte er seine Romane ausdrücklich als „Partituren" gewürdigt sehen.[53] Ähnlich wurde James Joyce zu seiner bahnbrechenden Verwendung des „stream of consciousness" durch Edouard Dujardin angeregt; dessen „monologue intérieur" aber sollte ausdrücklich Wagners „unendliche Melodie" nachbilden und so den Roman der Poesie öffnen:[54] Assoziation statt logischer Syntax, konstruktiv-musikalische Bedeutung der Elemente – kurze Sätze, Satzteile, manchmal Wörter sollten die Funktion von Leitmotiven übernehmen.

Wagner steht in der Geschichte der Künste als ein großer Revolutionär. Sein „Musikdrama" verstand er nicht etwa als Reform der traditionellen Oper, sondern als den Anbruch einer neuen Epoche.[55] Wie vorher nur die Tragödien des antiken Athen, sollte es alle Künste aus innerer Notwendigkeit zu einer Einheit schmelzen: Dichtung, Musik, bildende und darstellende Künste. Insbesondere wollte er die seit Jahrhunderten getrennten Entwicklungen des Sprechdramas und der Instrumentalmusik zu einer neuen Synthese führen. Den Kern der neuen Form bildet das Drama, als die in sich konsequente und geschlossene Abfolge der Handlung. Aus dem Drama leiten sich Dichtung und Musik gleichberechtigt ab; nach Betonung, Rhythmus und Bedeutung bleiben sie streng aufeinander bezogen. Um den Primat des Dramas zu sichern, löste Wagner die auffälligsten innermusikalischen Gliederungen auf: von der Unterteilung der Akte in Arien, Duette, Terzette, Ensemble- und Chorszenen bis hinunter zur Elementarform des Periodenbaus. Neue Grundbausteine seiner dramatischen Musik werden die „Leitmotive", einprägsame melodisch-rhythmische Formeln unterschiedlicher Länge, die bei ihrem ersten Auftreten jeweils durch Sprache oder Handlung eine bestimmte Ausgangsbedeutung gewinnen. Wagner sprach zwar lieber von „Grundthemen", doch hat sich der andere Begriff rasch durchgesetzt.

---

[50] S. dazu Vaget 1984a u. 1999. Die lebenslange Auseinandersetzung mit Wagner ist dokumentiert in: Im Schatten Wagners. Thomas Mann über Richard Wagner. Texte und Zeugnisse 1895-1955, hg.v. Hans Rudolf Vaget, Frankfurt am Main 1999.

[51] S. dazu Jäckel 1931, Blissett 1967, 96-181, Koppen 1973, DiGaetani 1978, Furness 1982, Kahane & Wild 1983, Martin 1991, Vaget 1998, 266-269, und Borchmeyer 1999.

[52] 26.11.01: BrGrautoff 140; vgl. *Über die Kunst Richard Wagners* (1922: GW X 840; noch nicht im Erstdruck 1911: E I 150). Zu Thomas Manns Leitmotivik s. Bulhof 1966 und vor allem Vaget 1984a.

[53] S. etwa GW XII 319, Br I 315, XI 610f., Widmungen Nr. 313.

[54] S. Dujardin: *Le monologue intérieur, son apparition, ses origines, sa place dans l' oeuvre de James Joyce et dans le roman contemporain*, Paris 1931; dazu Jäckel 1931: II 49-53.

[55] Zur Konzeption s. Dahlhaus 1971 und Kunze 1972; zum musikdramatischen Werk s. Dahlhaus 1985.

Ein Leitmotiv wird durch Wiederholung eingeschärft und durch Variation entwickelt. Es kann mit anderen Leitmotiven kombiniert werden oder durch Abwandlung neue Leitmotive aus sich entlassen. So wird seine „Ausgangsbedeutung" im Fortgang der Handlung ständig erweitert und differenziert. Dabei ist es grundsätzlich doppelgesichtig. Einerseits entwickelt sich aus den Leitmotiven der musikalische Zusammenhang der Partitur; insofern führen sie die Tradition der „thematischen Arbeit" in der klassisch-romantischen Instrumentalmusik fort. Andrerseits sind sie semantisiert, lassen also das romantische Konzept einer „absoluten", von allen musikexternen Bedeutungen und Verpflichtungen unabhängigen Musik hinter sich. Da jedes Leitmotiv seine handlungsmäßige Bedeutung trägt, deckt sich die „thematische Arbeit" im Idealfall mit der dramatischen Entwicklung.

Klavierauszüge und Taschenpartituren der Wagnerschen Werke enthalten meist auch sogenannte Motivverzeichnisse, welche die häufigsten der melodisch-rhythmischen Formeln im Notenbild vorstellen und mit einprägsamen Namen versehen. Da gibt es ein „Rheingold-Motiv", ein „Ring-Motiv", ein „Speer-" und ein „Schwert-Motiv", ein „Natur-Motiv (a)" und ein „Natur-Motiv (b)" und vieles andere mehr. Für die Erstbegegnung mit Wagner sind diese Register und für die knappe Verständigung sind auch diese Benennungen nützlich. Sie verleiten jedoch leicht zu Mißverständnissen. Erstens stammen all die schönen Namen nicht von Wagner selbst, sondern sind bereits Deutungsvorschläge von Interpreten; sie geben also eine Autorität vor, die sie gar nicht besitzen. Zweitens erhält ein Leitmotiv durch den sprachlichen und szenischen Kontext meist schon beim ersten Auftreten eine komplexere Bedeutung, als die Reduktion auf einen einzigen Begriff ahnen läßt. Drittens wird eine Stabilität der Leitmotive vorgespiegelt, die gerade deren Substanz abzublenden droht: die Fähigkeit zu Bedeutungserweiterungen und -verknüpfungen.

Durch ihre Entwicklung und Verknüpfung schaffen die Leitmotive also nicht nur musikalischen Zusammenhang, sondern erzeugen auch dramatische und symbolische Bedeutung auf eine Weise, die eigenständig neben Text und Bühnenhandlung tritt. Sie erinnern den Hörer an Vergangenes, deuten auf Künftiges, formulieren Unausgesprochenes. Wenn etwa Siegmund in *Die Walküre* erzählt, wie ihm sein Vater verschwand, erklingt im Orchester das „Walhall-Motiv": sein Vater ist Wotan, was Siegmund noch nicht weiß. Das Walhall-Motiv ist in *Rheingold* aus dem „Ring-Motiv" abgeleitet worden, und das hat mehrfachen dramatischen Sinn: den Ring hat Wotan mit dem Niblungerschatz geraubt, um die Riesen für den Bau von Walhall zu bezahlen; darüberhinaus schenkt erst der Ring jene höchste Macht, die Wotan mit der Götterburg Walhall demonstrieren will; Burg und Ring stehen für jene Machtgier, welche das Verhängnis in die Welt der Götter und Menschen bringt.

Nun verfügt Thomas Mann als Erzähler natürlich weder über ein Orchester noch über Musik zum Text. Er konnte aber in manchen Romanen des 19. Jahrhunderts bereits Ansätze dazu finden, wie man mit sprachlichen Mitteln leitmotivische Wirkungen erzielt. Wenn in Dickens' *Dombey and Son* Mr. Dombey jeden Raum erkältet, den er betritt, so charakterisiert das die Figur; wenn der undurchsichtige Mr. Carker ständig die Zähne raubtierhaft entblößt, läßt das ahnen, was unter seiner servilen Dienstbarkeit lange verborgen liegt; wenn Kapitän Cuttle mit seinen seemännischen Redensarten unermüdlich die menschlichen Verhältnisse mißbenennend mißversteht, ist das eine Quelle steter Komik. Und dem Leser von Tolstois *Krieg und Frieden* hilft die leitmotivische Verknüpfung zwischen Namen und bestimmten Eigenheiten wie zu Homers Zeiten, eine Figur im Meer der Gestalten wiederzuerkennen.

All diese Mittel benutzt auch Thomas Mann in *Buddenbrooks*. Er charakterisiert Grünlich durch lächerlich goldgelbe Favoris und eine schauspielerhafte Gestik, Thomas Buddenbrook durch das nervöse Hantieren mit der Zigarette, Tony Buddenbrook durch die Kindlichkeit ihrer Oberlippe wie durch eine ganze Serie von Redensarten, die sie als feste Klischees im Munde führt, und er hilft der Erinnerung des Lesers nach, wenn er die seltener auftretenden Figuren markiert: Anna Iwersen durch ihren malaiischen oder „südlichen" Gesichtstypus, Pfiffi Buddenbrook durch beleibte Kleinheit und die Feuchtigkeit, die das Sprechen ihr in die Mundwinkel treibt, Frau Stuht aus der Glockengießergasse als „dieselbe, die in den ersten Kreisen verkehrte" (I 314). Daß er diese leitmotivischen Kennzeichnungen mit einer die zeitgenössische Kritik irritierenden Häufigkeit wiederholt, mag zum Teil dem desavouierenden und distanzierenden Gestus seiner Ironie geschuldet sein, bis hin zur tragischen Ironie, mit der Therese Weichbrodts „Sei glöcklich, du gutes Kind!" unfehlbar das Unglück des jeweiligen „Kindes" ankündigt (vgl. 16.2.04: DüD I 39). Die Häufigkeit bildet jedoch auch die Voraussetzung für jenes komplexe System leitmotivischer Entwicklungen und Vernetzungen, wie es dann bis zum *Zauberberg* voll entfaltet wird. Anfänge dazu finden sich bereits in *Buddenbrooks*.[56]

Das berühmteste Beispiel sind wohl die blauen Adern, deren Sichtbarkeit unter der zarten Haut physische Schwäche und psychische Verfeinerung anschaulich symbolisiert. Dieses Motiv greift über einzelne Personen hinaus – es verbindet Thomas (I 236) mit Gerda (I 292) und Hanno (I 627) – und schlägt das Zentralthema der Dekadenz an. Zum selben Thema gehört das Leitmotiv der Zähne, das aber einseitiger auf den körperlichen Zustand verweist. Während Morten Schwarzkopfs „ungewöhnlich gutgeformte, engstehende Zähne" kräftige Gesundheit anzeigen (I 122), sind Thomas' Zähne „nicht besonders schön, sondern klein und gelblich" (I 18); er wird an den Folgen einer Zahnbehandlung sterben. Die Zähne seines Sohnes Hanno sind schon in früher Kindheit so schadhaft, wie man es von erschöpfter Lebenskraft nur erwarten kann (I 511). Daß hingegen Gerdas Schönheit sich auch auf ihre „breiten, schimmernden Zähne"

---

[56] Daß die Leitmotivik in seinem ersten Roman noch „bloß physiognomisch-naturalistisch gehandhabt" werde (GW XI 116), ist eine Übertreibung. Zahlreiche Gegenbeispiele bei Keller 1988.

erstreckt (I 292, 297), läßt ahnen, daß die Sensitivität der blauen Adern bei ihr nicht so mit physischem Verfall einhergeht, wie es dem Schema entspräche. Dies wird durch ein anderes Leitmotiv bestätigt, an dem sich ablesen läßt, mit welch unterschiedlicher Kraft das Altern die verschiedenen Personen erfaßt: Antoinette Buddenbrook trägt im Alter ihre weißen Locken ganz unbefangen (I 10). Ihre Schwiegertochter ergraut allzu früh, gibt daran ihrem blonden Typus die Schuld und bekämpft diese Unzeitigkeit mit einer Pariser Tinktur (I 179), später mit einer Perücke (I 251f.). Zwei anderen Frauen dagegen flechten weder Alter noch Schicksalsschläge ein einziges graues Haar in die Frisur: Gerda (I 644) steht in eigentümlicher Weise außerhalb des Menschlichen, Tony dagegen, obwohl dem Altern nicht durchwegs entrückt (I 390), erweist sich darin gefeit gegen die Dekadenz (I 756). Zwischen all den andren dem Verfall unerbittlich unterworfenen Familienmitgliedern wirkt sie wie eine Kontrollfigur im naturwissenschaftlichen Experiment.

So verbinden und kontrastieren bestimmte Leitmotive die verschiedenen Figuren. Innerhalb einzelner Figuren treten sie zu charakterisierenden Ensembles zusammen: blaues Geäder, schlechte Zähne, nervöses Zigarettenrauchen und disziplinierte Haltung bei Thomas zum Signum eines Heroismus der Schwäche; blaue Schatten um die Augen, schöne Zähne, Geigenspiel und die mythologischen Anspielungen des Maklers Gosch bei Gerda zum Bild einer halb menschlichen, halb mythischen Heroine. Wie im naturalismusanalogen Detailreichtum der Beschreibungen fast nichts nur Beschreibung ist, fast alles sich darüber hinaus zu charakterisierender und symbolisierender Bedeutung verdichtet, so gewinnt darin auch sehr vieles leitmotivische Bezüglichkeit. Diese erfaßt nicht nur physische Eigenheiten, persönliche Eigenschaften, Fähigkeiten wie das Instrumentenspiel – Johanns Flöte, Elisabeths Harmonium, Gerdas Geige, Hannos Klavier – und Redensarten, sondern geradezu die ganze Welt des Romans: von den von Zeit zu Zeit geheimnisvoll aus der Tapete tretenden weißen Götterbildern im Landschaftszimmer über die grauen Giebelhäuser der Stadt bis zur Unendlichkeit des rollenden Meeres.

Wenn das System auch noch nicht derart totalisiert ist wie später im *Zauberberg*, wird doch schon in *Buddenbrooks* ein staunenswerter Reichtum an leitmotivischen Verbindungen, Kontrasten und Verbindungen sichtbar. So gewinnt Thomas Mann die zwei Ebenen, die Wagner als Text und Musik gegeneinander setzt, alleine mit den Mitteln der Sprache: die Ebene der Handlung mit Beschreibung, Dialog und Bericht, und die Ebene der Leitmotive mit ihren Entwicklungen in der Zeit und ihren Verknüpfungen untereinander. Auf der Ebene der Figuren, Handlungen, Beschreibungen und übergreifenden Themen – wie Dekadenz und Tod, Bürgerlichkeit, Kunst, Religion – findet vor allem die mimetische Arbeit statt, die Darstellung von Wirklichkeit im Roman. Auf der Ebene der Leitmotivik erobert sich Thomas Mann die Möglichkeit, mit den Mitteln der Sprache zu „musizieren".[57] Wie in Wagners Leitmotivik auch die thematische Arbeit der klassisch-romantischen Sonaten und Symphonien fortlebte, so gewinnt Thomas Manns Leitmotivik Anteil an dem freien Spiel der absoluten Musik, die sich, jedenfalls im 19. Jahrhundert, wie keine andere Kunst von allen mimetischen Aufgaben und außer der Kunst gelegenen Ansprüchen zu lösen vermocht hatte. Nachdem ihm ein befreundeter Komponist am Klavier ein „Thema mit Variationen" vorgespielt hatte, notierte sich Thomas Mann (Tgb 4.4.20): „Erfuhr aufs Neue, wie sehr ich diese Form liebe und schätze [...]. Die Abwandlung, Vertiefung, Deutung, Steigerung des Gedankens: von hohem geistigen Reiz." Dasselbe hätte er auch von seiner eigenen leitmotivischen Arbeit schreiben können. In ihr wirkt ein Impetus, der verwandt ist mit Flauberts Traum vom absoluten Buch oder mit jener Vervieldeutigung des einzelnen Wortes, durch die Joyce die in sich schlüssige Ebene von Handlung und Mimesis aufsprengt. Daß die neue leitmotivische Technik mit Blick auf Wagner entwickelt wurde, nimmt ihr nicht die eigenständige Modernität. Musikdrama und Roman sind zu verschiedene Sphären, als daß Wagner mehr als Anregungen hätte geben können. Diesen Weg in die Moderne hat Thomas Mann sich selbst gebaut.

Theoretisch lassen sich die Ebenen von Handlung und Leitmotivik klar unterscheiden. In der Praxis freilich durchdringen sie sich im selben Medium: in der Sprache der Erzählung. Wenn Grünlich „mit raschen Schritten, die Arme ausgebreitet und den Kopf zur Seite geneigt," das Landschaftszimmer betritt (I 109), so ist das gleichzeitig realistische Beschreibung und dramaturgischer Vorverweis auf die spätere Enthüllung des schauspielernden Betrügers; „das bläuliche, allzu sichtbare Geäder" an Thomas' Schläfen (I 236) ist Dekadenzsymbol und realistisches Detail. Nichts ist nur Leitmotiv; und umgekehrt bleibt in der Entwicklung von Thomas Manns Erzählen immer weniger übrig, das nur realistisches Detail wäre. So sind Manns Werke weder realistische Romane noch absolute „Musik", sondern sie verknüpfen diese Gegenwelten konsequent. Jede leitmotivische Reihe gibt auch Aufschlüsse über die Wirklichkeit. Jeder Bezug auf der realistischen Ebene erweckt im Leser auch den „geistigen Reiz" des Themas mit Variationen. In dieser Verknüpfung liegt ihre raison d'être. Mit jedem seiner großen Romane dringt Thomas Mann in eine Sphäre der Wirklichkeit ein: in die hanseatisch-deutsche Welt seiner Kindheit mit *Buddenbrooks*, in die historischen Implikationen und die aktuelle Katastrophe der deutschen Gegenwart mit dem *Zauberberg*, in die anthropologischen Dimensionen des Religiösen mit den *Josephs*-Romanen,

---

[57] 30.12.45 an Th.W. Adorno (Br II 471). Als Musizieren, als das Komponieren von „guten Partituren" hat Thomas Mann sein Erzählen zeitlebens beschrieben: s. z.B. GW X 838 (1904), XII 319 (1918), 15.4.32 an B. Fucik (Br I 315), GW XI 610f. (1939), Widmungen Nr. 313 (13.9.43). – Dem Reichtum und der Komplexität der leitmotivischen Bezüge, der „Musik" also dieser Roman-Partituren, ist niemand mit solch ingeniöser Akribie und Ausdauer nachgegangen wie Eckhard Heftrich: 1975 (*Der Zauberberg*), 1982, 43-102 (*Buddenbrooks*) u. 173-288 (*Doktor Faustus*), 1993 (*Joseph und seine Brüder*).

in den intrikaten Zusammenhang von eigenem, modernem Künstlertum und politischer Zeitgenossenschaft mit *Doktor Faustus*. Die Mittel, mit denen er in diese Realitäten eindringt, die Wahrnehmungs- und Analyseformen, mit denen er „Erkenntnis" aufschließt, sind die originären seiner Kunst: die kritische Entlarvung, die ironische Distanzierung, die humoristische Zuwendung, das leitmotivische Spiel von „Abwandlung, Vertiefung, Deutung, Steigerung". Sie ermöglichen nicht nur, daß hier das Erkennen zur Lust wird, sondern daß es als romanspezifisches Erkennen überhaupt statthat.

Autor und Werk

Buddenbrooks entfachte eine Debatte über Thomas Manns Art, seine Umgebung als Steinbruch des eigenen Werkes auszubeuten, die im Lauf seines Schreibens mehrfach neue Nahrung erhielt – man denke nur an *Wälsungenblut* oder an Mynheer Peeperkorn – und letztlich noch heute anhält. Die skandalisierte Erregung zwar ist inzwischen abgeklungen, die Enthüllungsneugier aber speist sich aus offenkundig unerschöpflichen Energien. Im empörten Lübeck kursierten bald mehrere „Schlüssel", welche die „wahren" Personen hinter den Figuren des Romans entzifferten.[58] Onkel Friedrich Mann annoncierte sogar im 'Lübecker Generalanzeiger', wie gekränkt er sich von der Figur des Christian Buddenbrook fühlte (Wysling & Schmidlin 1997, 118). Ein Staatsanwalt qualifizierte das Buch als Schlüsselroman und provozierte den Romancier damit zu einer Verteidigungsschrift.[59] Ein neuer Enthüllungsschub kam, als man zwanzig Jahre nach Thomas Manns Tod seine Tagebücher aufschlagen durfte. Nun wurde plötzlich zum öffentlichen Ereignis, was keinen Leser hätte zu überraschen brauchen: daß der Autor zumindest weit überwiegend homoerotisch orientiert war. Der zuvor spärliche Bach literarpsychologischer Untersuchungen schwoll darüber zum reißenden Strom. Nun differieren diese Untersuchungen – von der Laienpsychoanalyse à la Hans Wysling bis zur postmortalen Familienberatung à la Marianne Krüll – nach Methode und Qualität beträchtlich. Auch steht außer Frage, daß das Nebeneinander von Werk und Tagebüchern für Forschungen zu psychohistoire, Geschichte der Homosexuellen, Psychologie des Künstlers und ähnlichem reiches Material bietet. Seltsamerweise aber scheint die Mehrheit der Studien von der Hoffnung getrieben, den Sinn und das Geheimnis dieses Werks nicht in den Romanen, Erzählungen und Essays, sondern in der Person Thomas Manns aufzufinden.

Demgegenüber wäre zunächst einmal zu erinnern, daß die Ausbeutung des eigenen Ichs wie der persönlichen Bekanntschaft weder Thomas Manns Erfindung noch sein Privileg war. Wenn er selbst in *Bilse und Ich* daran erinnert, „daß

---

[58] S. Mendelssohn 1996: I 717-719, und Wysling & Schmidlin 1997, 118.
[59] *Bilse und Ich* (Febr. 1906); zum Prozeß s. Mendelssohn 1996: II 1110f.

jeder echte Dichter sich bis zu einem gewissen Grade mit seinen Geschöpfen identifiziert", daß sogar angesichts des widrigen Shylock der Augenblick komme, „wo die Ahnung einer tiefen und furchtbaren Solidarität Shakespeare's mit Shylock sich auftut" (X 16), warnt er zu Recht davor, ihm individuell als Narzißmus anzurechnen,[60] was vielleicht eine allgemeine Arbeitsbedingung des Künstlers ist.[61] Die Allgegenwart einer anscheinend autobiographischen Substanz, die mit *Buddenbrooks* aktenkundig wurde, geht freilich über das hinaus, was derart Teil jeden Künstlerwerkes sein mag. Der Hinweis auf Goethes *Werther* trifft da schon genauer (X 13), doch bleibt dieser Roman ein literarhistorisch vereinzelter Fall: daß ein Autor eine Episode des eigenen Lebens als Sujet wählt, war immer möglich, aber nie zwingend. Blickt man dagegen auf die großen Werke der Generation Thomas Manns, stehen wir plötzlich vor einem Epochenphänomen. Marcel Proust hat sich auf der Suche nach der verlorenen Zeit derart intensiv der eigenen Erinnerungen, einschließlich der Erinnerungen an Freunde und Bekannte, bedient, daß seine Biographen sich des biographistischen Kurzschlusses vom erzählenden Ich der *Recherche* auf deren Autor kaum je erwehren konnten. Ähnliche Probleme plagen die Kafka-Philologie, und James Joyce hat für sein Werk bekanntlich weit mehr aus dem Stoff seiner selbst gewonnen als die Figur des Stephen Dedalus, dieses „Priesters der ewigen Imagination, der das tägliche Brot der Erfahrung in den strahlenden Leib des ewigwährenden Lebens verwandelte."[62] Wer solche Ballung der Indiskretion nicht aus allgemeinem Sittenverfall oder zufälliger Häufung individueller Narzißmen erklären will, muß sich nach anderen Gründen umsehen.

Auch dieses Phänomen wird wohl in Flauberts Briefen erstmals deutlich. Immer wieder beschwören sie, wie alle Figuren aus den eigenen Erfahrungen und Beobachtungen, Gefühlen und Gedanken, Instinkten und Leidenschaften herausgearbeitet werden müssen, bis hin zum vielzitierten Bonmot „Madame Bovary, c'ést moi".[63] Das aber zwingt den Autor, alles, was er für den Roman braucht, in sich selbst und seiner persönlichen Umgebung aufzusuchen. „Da man im übrigen *aus allem Nutzen ziehen muß*," geht er auch zur Beerdigung der Mutter eines Freundes in der Hoffnung, dort „etwas für meine Bovary" zu finden (6./7.6.1853: 1977, 257); mit einer Frau, die durch ähnliche Katastrophen gegangen ist, wie er

---

[60] In fragwürdigem Sinne bahnbrechend wirkte hier vor allem Hans Wyslings Hauptwerk *Narzißmus und illusionäre Existenzform* (1995, 92-107, 299-314 u.pass.). Bei Renner 1985 erhält der Biographismus zu den psychoanalytischen auch noch die diskurskritischen Weihen.

[61] „Dichter sind doch immer Narzisse", so hatte August Wilhelm Schlegel einst im 'Athenäum' geschrieben (1798; 132. Athenäums-Fragment).

[62] *Das Porträt des Künstlers als junger Mann*: Joyce 1972, S. 497.

[63] Der Widerspruch zwischen dieser Allgegenwart des Autors und dem ebenfalls von Flaubert geforderten radikalen Rückzug in die Unpersönlichkeit ist nur ein scheinbarer: unsichtbar zu machen hat sich der Erzähler, alles aus dem eigenen Geist und Blut zu schaffen hat der Autor (vgl. Vargas Llosa 1980, 182-186).

sie für Emma vorsieht, beginnt er eine Affäre.[64] Die Radikalität, mit der sich Flaubert auf seine eigene Wahrnehmung und Empfindung zurückgeworfen sieht, steht am Anfang eines tiefen literarhistorischen Einschnitts, der hier nur kurz angedeutet werden kann.

Realismus und Naturalismus verpflichteten die Autoren auf die „Wirklichkeit", und so trieben Balzac, Gautier, Goncourt, Zola und ihre Konsorten in ganz Europa ausführliche Studien, sammelten Materialien, besichtigten Handlungsorte, und hofften damit den Stoff für eine Erfassung dieser Wirklichkeit zu gewinnen, deren Gesetzmäßigkeiten und Typologien der poetische Zugriff dann in der Darstellung offenlegen könne. Währenddessen begann sich die Begreifbarkeit der sozialen Realität jedoch insgeheim aus dem Raum poetischer Darstellung zurückzuziehen. Man mag darüber streiten, ob beispielsweise die Analysen der Produktivkräfte, die Marx 1872 bis 1894 in seinem *Kapital* veröffentlichte, im Einzelnen wie im Grundsätzlichen zutreffen. Man wird jedoch kaum behaupten können, daß er den Grad der Abstraktion und der Komplexität seiner Modellbildung willkürlich zu hoch gewählt habe. Damit entrücken die das Menschenleben bestimmenden „Mächte", ihre Bedingungen, Zusammenhänge und Wirkungsweisen, ähnlich fast wie in den Naturwissenschaften, in eine Sphäre, die mit den Mitteln des Narrativen, also mit einem überschaubaren Geflecht handelnder Figuren, nicht mehr anschaulich zu machen ist.[65] Flauberts Radikalität antwortet auf eine Welt, die sich der konkreten Erfahrung als schiere Kontingenz darbietet. Er, wie später Thomas Mann, studiert, sammelt, besichtigt zwar ebenfalls in stupendem Ausmaß, aber daraus zu menschlicher Wirklichkeit erschaffen kann er nur noch, was er selbst spürt, denkt und fühlt; eine Wirkung auf den Leser traut er nur noch dem zu, was er selbst zunächst geschmeckt, was ihn selbst zunächst geschmerzt hat.

In diesem Sinne läßt sich auch der Satz verstehen, der Manns *Bilse und Ich* beschließt (X 22): „Nicht von euch ist die Rede, gar niemals, seid des nur getröstet, sondern von mir, von mir..." Er hätte auch lauten können: Christian Buddenbrook, c'est moi. So bildet die Schar der „ausgebeuteten" Verwandten und Bekannten[66] denn auch nur die äußere Schicht des Autobiographischen. Der innere Kern vieler Hauptfiguren kommt aus den Möglichkeiten, die Thomas Mann in sich selbst fand (s. Wysling 1990). Indem er dieses Eigene isolierend verselbständigte und mit Gestalten der Außenwelt amalgamierte, brachte er sie als Figuren auf ihren Weg. So zerlegte er Erfahrungen der eigenen Bürgerlichkeit in Thomas und Christian, Erfahrungen des eigenen Künstlertums in Hanno und Kai. Thomas Buddenbrook, so heißt es in den *Betrachtungen* (XII 72), sei eine „mir mystisch-

---

[64] Nach Vargas Llosa 1980, 93-97; weiteres Material ebd., 87-91 u. 105-119.
[65] Detering (1998) hat gezeigt, wie Ibsen – den Thomas Mann hoch bewunderte (GW X 227-229 u. IX 366-368) – und Strindberg noch diese Abstraktion dramatisch zu erfassen versuchen. Doch auch sie können mit den Mitteln des Dramas „nur" deren Wirkung auf das Agieren und die Selbstwahrnehmung der Personen darstellen.
[66] S. Mendelssohn 1996: Bd. I, III. Kap., und Wysling & Schmidlin 1997, 98-111.

dreifach verwandte Gestalt" als „Vater, Sprößling und Doppelgänger". Er, der Zwilling im Vornamen, lebt aus dem, was Thomas Mann als seine eigene bürgerliche Ethik verstanden hat: aus der Disziplinierung der eigenen Unbürgerlichkeit, der Hochschätzung der Arbeit, der verantwortungsvollen Achtung vor der Bürgertradition, dem Bewußtsein für Auftreten, Ästhetik, Repräsentation. In Christian setzt sich durch, was als Gefährdungen des Bürgerlichen empfunden wird: die hypochondrische Selbstbeobachtung, die Willensschwäche, die Hemmungslosigkeit in allem, was ihn gerade beschäftigt.

In Hanno wird die künstlerische Sensibilität verselbständigt, die keine gestalterische Kraft ausbalanciert. Natürlich exerziert Thomas Mann da, wie schon in der Figur des Christian, die zeitgenössischen Modefiguren des décadent und Dilettanten. Doch springen auch Quellen der eigenen Erfahrung: die Bedrängnisse durch „das Ganze", die Qualen des „Läbens", aber auch Ängste des zur Kunst desertierten Bürgers, die nicht enden werden, ehe er seine Desertion hat rechtfertigen können, frühestens also nach dem Gelingen von *Buddenbrooks*. Dazu objektiviert er in der Gestalt des Hanno erstmals das ihn selbst verstörende Gemenge aus Erotik, poetischer Kreativität und Wagner-Sucht. In Kai Graf Mölln dagegen werden Sensibilität und Talent von Kraft und Zähigkeit regiert. Dem bösen „Ganzen" begegnet er mit treffgenauem Spott und Hohn. Die Doppelung aus Liebe und scharfäugiger Neugier, mit der er Hanno gegenübertritt, verkörpert das Grundprinzip des Mannschen Erzählens. – Dazu haben die verschiedensten autobiographischen Konstellationen ins Figurenensemble gewirkt: eigene Sohnesgefühle und -erfahrungen mögen den Vätern mehrerer Generationen Buddenbrook unterschiedliche Farben geliehen haben, Spannungen mit dem Bruder Heinrich in Thomas' Reizbarkeit gegenüber Christian aufgetaucht, Kindheitserinnerungen an die eigene Mutter in Hannos „Naschen" an Gerdas Musizieren wiederbelebt worden sein.

Es kann nicht ausbleiben, daß eine solche Form des Schreibens sich auch zu einer Expedition ins eigene Ich auswächst: „Was ich erlebte und gestaltete – aber ich erlebte es wohl erst, *indem* ich es gestaltete [...]" (XII 140). Fragwürdig ist jedoch der deutende Kurzschluß nach dem Motto: „Es geht in diesem Roman zuerst und zuletzt um Selbsterkundung." (Wysling 1990, 367) Für einen Autor, der gegen Ende des 19. Jahrhunderts entschlossen war, psychologische Erzählungen und Romane auf der Höhe der Kunst zu schreiben, war es notwendig, „die diskreten Formen und Masken zu finden, in denen ich mit meinen Erlebnissen unter die Leute gehen kann" (BrGrautoff 6.4.97), denn er bedurfte der eigenen Erfahrung als Organ des Erzählens. Solche Voraussetzungen sind literarhistorisch interessant, dürfen aber nicht mit dem Werk verwechselt werden. Natürlich kann niemand daran gehindert werden, einen Roman als Mittel zur psychologischen Erkundung des Autors zu lesen. Wenigstens der Literaturwissenschaftler aber sollte wissen, daß er damit die Gattung und die Kunst verfehlt. Und der Biograph wie der Psychologe sollte sich bewußt halten, daß das Autobiographische, wenn es auch als Motiv und treibende Kraft am Schreiben mitwirkt, vor allem ein Ausgangsmaterial bietet, das, nebst anderem Material aus Beobachtungen und Studien, aus Literatur und Mythologie, zu freier Selbständigkeit komponiert wird. „Im Ganzen: Ich spreche viel weniger von mir, als von dem, was meine eigene Existenz mich *erraten* läßt..." (BrAmann 10.9.15/DüD I 407)

Königliche Hoheit

„Auf Größe war nämlich während der Arbeit fortwährend mein heimlicher und schmerzlicher Ehrgeiz gerichtet. Mit dem quantitativen ins Kraut Schießen des Buches wuchs beständig mein Respekt davor, sodaß ich einen immer höheren Stil von mir verlangte. Es ist gut, daß es so bescheiden anhebt und sich zum Schluß durchaus nicht als irgend ein Roman sondern als etwas ganz Anderes und vielleicht garnicht Häufiges entpuppt." So schrieb Thomas Mann im Frühjahr 1901 über *Buddenbrooks* an seinen Bruder Heinrich.[1]

Größe: das ist ein höchster Wert in der Rangordnung des 19. Jahrhunderts, Mensch geworden in der Titanengestalt Napoleons. Hölderlin und Beethoven haben dessen Auftritt in der Weltgeschichte begrüßt, Hegel und Goethe seinen Rang auch nach der Kaiserkrönung nicht antasten lassen, Byron und Heine selbst den Gestürzten besungen. An Stendhals Julien Sorel kann man ablesen, wie der Korse dem altersgemäßen Größenwahn begabter Jugend als Vorbild leuchtete; noch der junge Thomas Mann hat, von der Schulzeit bis über die Arbeit an *Buddenbrooks* hinaus, ein Napoleon-Bildnis auf dem Schreibtisch stehen (BrGrautoff 25.10.98): „und da giebt es mancherlei Hoffnung und Stolz und Ehrgeiz...". Johann Buddenbrook den Älteren, den Starken, Gesunden, läßt er die „persönliche Großheit" des Kaisers gegen Jeans moralisierende Anklagen verteidigen (I 29). Auch die Literatur dieser Epoche bot sich Thomas Mann unter dem Signum einer Größe, die Quantität in ein neues Format umschlagen ließ: in der Universalität von Balzacs *Comédie humaine*, in der Totalität von Zolas *Rougon-Macquart*, in Dostojewskis Plänen zu einer zyklischen Verbindung all seiner Romane, in Tolstois epischem *Krieg und Frieden*, in Wagners tetralogischem Weltgedicht vom *Ring des Nibelungen*. Und bei Nietzsche schließlich fand er die Größe nach der Elle der Sprachkunst gemessen: als „großen Stil", der das Chaos in Zusammenhang zwingt, das Ungeheure durchs Schöne überwindet, die Zerstreuung der Moderne durch die Ausdauer des langen Willens besiegt.[2] Es sei unter den Bedingungen der Gegenwart, so will der Autor denn auch in Grautoffs Rezension lesen, „ein Zeichen ungewöhnlicher künstlerischer Energie, ein solches Werk zu concipiren und zu Ende zu führen." (BrGrautoff 26.11.01)

---

[1] BrMann 27.3.01. Die Passage reagiert auf einen Brief des Schriftstellers Moritz Heimann, damals der zuständige Lektor bei S. Fischer (ebd.): „Ich bewundere es, daß der Zug zum Satirischen und Grottesken *die große epische Form nicht nur nicht stört, sondern sogar unterstützt.*" (Hervorhebung v. Th. Mann) – Zum Pathos der Größe vgl.a. die Erzählung *Schwere Stunde*: GW VIII 376.

[2] S. Nietzsche 1980: I 454, II 596, VI 246; dazu Neumann 1991, 556-561.

Nun hat die jugendübliche Hoffnung auf Größe, mit Hegel zu sprechen,[3] ihre Hörner gemeinhin an der „bestehenden Ordnung und Prosa der Wirklichkeit" abzustoßen. Für Thomas Mann aber brachte *Buddenbrooks* die Erfüllung. Zwar neben Tolstoi oder Wagner hätte er sich nie plaziert, aber noch bevor er dreißig Jahre alt wurde, durfte er sich unter die ersten Autoren deutscher Sprache rechnen. Das im vorangehenden Jahrhundert wurzelnde Gefühl für Größe gab noch einer anderen Empfindung einen fruchtbaren Boden: Er hatte geglaubt, von Persönlichem zu erzählen, und das lesende Publikum hatte seine eigene deutschbürgerliche Welt darin wiedererkannt (XI 385). Thomas Mann war sich sehr wohl bewußt, daß der Erfolg seines ersten Romans einer „günstigen Stunde" geschuldet war, in welcher der Verfasser die „Lebensstufe [...] mit seiner Nation gemeinsam hatte." (XI 777) Dem ewigen Außenseiter ist das eine süße Überraschung. Solche Koinzidenz, solch ein Gespür für das, was „in der Luft lag" (BrMeyer 30.5.38/DüD I 437), aber meinte er – teils beglückt, manchmal auch beängstigt – noch öfter zu erleben: im Rückblick auf den *Tod in Venedig* vor allem und auf den *Zauberberg*.[4] Die erfüllte Sehnsucht nach Größe verwandelt sich darüber in ein Gefühl der „Repräsentanz". Dieses festigte sich nicht zuletzt durch die politischen Rollen, die ihm in den folgenden Jahrzehnten zuwuchsen: als ein Sprecher der „unpolitischen" Nationalkonservativen zunächst, dann als Verteidiger der Weimarer Republik, schließlich als Feind Hitlers und primus inter pares der Emigration. Doch es war *Buddenbrooks* gewesen, was dieses Gefühl erzeugt hatte (X 10):[5] „Für viele zu stehen, indem man für sich steht, *repräsentativ* zu sein, auch das, scheint mir, ist eine kleine Art von Größe. Es ist das strenge Glück der Fürsten und Dichter."

Der letzte Satz formuliert bereits den Keim zu *Königliche Hoheit*.[6] Auch hier also steht Autobiographisches am Anfang: der Widerspruch zwischen der in seinem Wesen begründeten Einsamkeit und der in seiner Wirkung begründeten Repräsentativität des eigenen Künstlertums. Familiengeschichtliches greift er nur mehr nebenbei auf: die fragile Brüderlichkeit zwischen Klaus Heinrich und Albrecht spiegelt das eigne Verhältnis zu Heinrich (BrMann 1.4.09); Antagonismus von väterlichem und mütterlichem Einfluß hat er selbst erfahren; und natürlich ist Klaus Heinrichs bewundernde Liebe und unbeirrbare Werbung auch eine Hommage an die frisch eroberte „Prinzessin" (XI 331) Katia Pringsheim. Aber schon die „Kälte" der schönen Großherzogin Dorothea darf nicht ohne weiteres auf Thomas Manns Mutter zurückgerechnet werden;[7] zu karg sind entsprechende

---

[3] *Ästhetik*, 2. Teil, 3. Abschnitt, 3. Kapitel: 2c (Hegel 1970, Bd. XIV, S. 219f.).
[4] S. GW XII 850 u. 28.4.48: BrMeyer 702/DüD I 445.
[5] Februar 1906; Vgl. BrMann 27.2.04; dazu Vaget 1975, bes. 10-13, u. 1980.
[6] Erste Erwähnung des Plans am 5.12.1903 (Br I 39); Arbeitsbeginn wohl erst im Sommer 1906 (DüD I 238f.), Abschluß des Manuskripts am 13.2.1909 (Nb II 185), Publikation 1909. Zur Entstehung s. die Selbstzeugnisse in DüD I 238-280 (Neudruck in SK *Krull*, 7-56).
[7] So etwa Hermann Kurzke in seiner Biographie (1999, 26-28). Wenn Kurzke dann

Zeugnisse zu Frau Julia Mann.[8] Die Figuren und Konstellationen spinnen auch das weiter, was Thomas Mann bereits poetisch gelungen war. Die schöne, kalte Großherzogin, die in den Spiegel schaut, während sie lacht (II 59), verzerrt jene schöne, kühle Gerda Arnoldsen, die in den Spiegel schaut, wenn sie dem Leser erstmals präsentiert wird (I 90), zur Groteske.

Klaus Heinrich ist als Leistungsethiker Thomas Buddenbrook verwandt, doch während dieser zunächst als erfolgreicher Kaufmann antritt, versteht Klaus Heinrich sich auf gar nichts Sachliches. So gründet die Verwandtschaft in der Disziplin der Haltung und der Achtung fürs Äußere der Erscheinung; als „formale Existenz" (II 84) verweist er schon voraus auf den Peteprê der Josephsromane. Eine aufschlußreiche Parallele verbindet Klaus Heinrich mit Tony Buddenbrook: beide beherrschen die komische Kunst, für feste Redewendungen die falsche Gelegenheit zu finden. Bei Tony wird das besonders deutlich in den politischen Aussprüchen, die sie von Morten Schwarzkopf aufgeschnappt hat, und in ihrem Anspruch, „eine gereifte Frau" zu sein, „die das Leben kennengelernt" hat (I 281). Klaus Heinrich hat an seinem Lehrer Raoul Überbein den Mut bewundert, „sich den Wind um die Nase wehen zu lassen" (II 83, 252), und meint schon große „Einblicke" ins Leben getan zu haben, als man ihm von der Bestechlichkeit der großherzoglichen Lakaien berichtet (II 147, 257). An Imma Spöhlmanns Vorliebe für große Wörter wie „Laster" und „Leidenschaft" lernt er, was von solchen Redensarten zu halten ist (II 237): „Ja, so war es: dies scharfe und süße Geschöpf in seinem rotgoldenen Kleide, es lebte in Redensarten, es kannte vom Leben nicht mehr als die Worte, es spielte mit den ernstesten und furchtbarsten wie mit bunten Steinen und begriff nicht, wenn es Ärgernis damit erregte!"

Das wirft auch Licht auf Tony Buddenbrooks Vorliebe fürs Klischee, vor allem aber führt es zurück aufs Hauptthema des Künstlers. Diese Art Sprachkritik hat wenig gemein mit Nietzsches Sprachrelativismus oder Hofmannsthals Chandos-Brief. Nicht an der grundsätzlichen Bezeichnungskraft der Sprache wird hier philosophisch gezweifelt, sondern die Lebens-Kompetenz des Künstlers psychologisch beargwöhnt: weiß er, der als Außenseiter niemals dazugehört, überhaupt über das Bescheid, wovon er schreibt? Tatsächlich redet Tony redensartlich, wo sie nicht begreift. Tonio Kröger dagegen hat die Liebe genügend Qual bereitet, um davon zu schreiben. Klaus Heinrich jedoch ist das Geschöpf eines Künstlers, der mit der Heirat soeben den Versuch riskiert hat, die Kunst und das

---

aus Tonio Krögers leisem Vorwurf gegen die mangelnde Sittsamkeit seiner Mutter einen analogen Vorwurf des Sohnes Thomas Mann herausliest (1999, 26-30), wäre daran zu erinnern, daß Tonio Krögers Mutter nicht als „kalt", sondern ausdrücklich als „feurig" beschrieben wird (VIII 275) – es ist eben problematisch, aus dem Werk die Biographica entziffern zu wollen, welche die Zeugnisse nicht hergeben.

[8] Genau genommen gibt es nur eine einzige Andeutung: einen Brief vom 29.6.39 (BrMeyer 163); ihr stehen verschiedene gegenläufige Äußerungen gegenüber: GW XI 420-423. Und selbst in dem genannten Brief an Agnes E. Meyer schreibt Mann: „Ich glaube, daß ich, der Zweite, ihrem Herzen am nächsten war."

Leben, den Künstler und den Bürger in seiner eigenen Existenz zu vereinigen. Keine Ingeborg wird sich in Tonio Kröger verlieben. Aber Klaus Heinrich erobert seine Prinzessin; aus entgegengesetzten Einsamkeiten kommend, machen sie sich gemeinsam auf, Leben und Wirklichkeit zu erobern.

Hugo von Hofmannsthal hat den Roman eine „Allegorie" auf den Künstler genannt.[9] Thomas Mann sprach „von einer Idee, einer intellektuellen Formel, die sich überall spiegelt, sich überall in Erinnerung bringt" (XII 96). Tatsächlich kann man einen erstaunlichen Teil der Figuren als Variationen auf die Grundidee des Künstlers interpretieren: Klaus Heinrich in seiner Mischung aus weltfremder Einsamkeit und unwillkürlicher Popularität; Großherzog Albrecht in seiner aristokratischen Empfindlichkeit gegenüber dem Gemeinen (II 144); Großherzogin Dorothea als Parodie des Ästhetizismus; Klaus Heinrichs Schwester Ditlinde in ihrer Sehnsucht nach Menschwerdung, die die Geschichte von der kleinen Seejungfrau ins Optimistische umdeutet (II 140); Raoul Überbein in seiner Tonio Kröger noch überbietenden Herkunftsmischung aus liederlicher Kindesaussetzung und adoptierender Bankbeamtensphäre (II 81f.); der Dichter Axel Martini in seinem Kontrast aus Werkkraft und Lebenssparsamkeit; der Oberkirchenratspräsident Wislizenus in seiner Lust, die Predigten musikalisch-leitmotivisch zu arbeiten (II 49, 362); und mit dem Staatsminister Knobelsdorff betritt sogar der erste „Schalk" die Mannsche Bühne, der „eine Sache nicht einzig deshalb für unmöglich erachtete, weil sie sich bis dahin noch niemals ereignet hatte" (II 338) – eine Präfiguration Josephs also. Als eine theatralische Dauerfestivität parodiert die konstitutionelle Monarchie den Scheincharakter der Kunst. Und über diese Spiegelungen auf der Ebene der Figuren und Konstellationen hinaus hat Thomas Mann auch genug bewußte Kunst auf die leitmotivische Durchdringung seines Textes gewandt, um angesichts der kritischen Rezensionen rechtens über die Mißachtung seiner „Kunst" durch die Kritiker klagen zu können (BrAmann 1.10. 15/DüD I 260).

„Das Buch ist vielfach mißverstanden worden", schrieb er an den Verfasser einer freundlicheren Besprechung (11.1.16: DüD I 260). „Man hielt sich an die 'Fabel' und sagte: 'Gartenlaube!'" Diese Beschwerde sollte die Erzähltheoretiker interessieren: warum hat all die kaum bestreitbare erzählerische Kunst und all die psychologische Sensibilität nicht ausgereicht, um den trivialen Grundriß der Handlung aufzuwiegen? Zum einen ist die 'Fabel' für die Gestalt eines Romans wohl doch nicht so gleichgültig, wie eine an l'art pour l'art geschulte Ästhetik glauben machen könnte. Zum anderen steht es um die Psychologie nicht ganz so eindeutig: Selbstmitleid und Eitelkeit wirken in der Figur des Klaus Heinrich in dieselbe Richtung wie der Kitsch des Plot. Zum dritten aber fehlt diesem Ausgleiten ins Triviale durchaus nicht der Zusammenhang mit Thomas Manns dama-

---

[9] S. 25.7.09 an Hofmannsthal (BrAutoren 200) und 28.1.10. an Bertram (BrBertram 7). Welch lange Wurzeln diese Idee hat, Dichter und Aristokraten im „schönen Schein" zu verknüpfen, zeigt Borchmeyer 1983a.

ligen poetologischen Experimenten; das Lehrgeld, das er für *Königliche Hoheit* zahlen mußte, kam seinem ganzen künftigen Werk zugute.

Die Zeit nach *Buddenbrooks* war bei allem Erfolg doch schwierig. Was mit dem ersten großen Wurf wie traumwandlerisch, „naiv", gelungen war, mußte künftig mit bewußtem Einsatz der Mittel errungen werden. Dazu stieg allmählich der Verdacht auf, in dem Kaufmanns- und Generationenroman noch aus dem Geist des vergangenen Jahrhunderts reüssiert zu haben. Das Verlangen nach Größe und Repräsentanz wie die Empfindlichkeit des eigenen Geschmacks forderten aber, einen eigenen Weg in die Moderne zu suchen. Mann setzte sich mit ästhetischen und poetologischen Fragen auseinander, studierte die Zeitgenossen, dazu immer wieder Nietzsche, aber auch Schiller. Er stritt mit neuem Selbstbewußtsein gegen die Positionen des älteren Bruders. Er versuchte in *Fiorenza* kunsttheoretische Probleme mit den Mitteln der dramatischen Figurenrede zu bearbeiten. Und während er mit *Tristan* die satirisch-groteske Linie seiner Erzählungen fortführte, trieb er mit *Tonio Kröger* den von Tieck und Fontane geschaffenen Typus der Dialogerzählung zu einer Form, in der sich Novellistisches mit Essayistischem durchdrang. Allerdings gewann in dieser Novelle mit dem Zurücktreten von Kritik und Ironie das Leiden am Künstlerdasein eine etwas sentimentale Dominanz über die Darstellung dieses Daseins.

Was in *Tonio Kröger* nur Absicht und Versprechen blieb – die Verbindung der kritischen Bewußtheit der Kunst mit der Liebe zum unbewußt gewöhnlichen Leben –, das sollte mit der Allegorie von *Königliche Hoheit* im Handstreich erobert werden. Dabei ist das, was Klaus Heinrich im Laufe der Handlung gelingt, schon früh in ihm angelegt: im Gegensatz zu seinem Bruder vereinigt er mühelos die Ausgesetztheit des Auserwählten mit Volkstümlichkeit. Der Roman allerdings scheitert gerade aus dem Streben nach Volkstümlichkeit. In einem sehr aufschlußreichen Brief an Hermann Hesse sucht Thomas Mann sich darüber zu rechtfertigen (Br III 457/DüD I 255f.): „Die populären Elemente in *Königliche Hoheit* z.B. sind ebenso ehrlicher und instinktiver Herkunft wie die artistischen, soviel ich weiß. Oft glaube ich, daß das, was Sie 'Antrebereien des Publikums' nennen, ein Ergebnis meines langen leidenschaftlich-kritischen Enthusiamus für die Kunst Richard Wagners ist – diese ebenso exklusive wie demagogische Kunst, die mein Ideal, meine Bedürfnisse vielleicht auf immer beeinflußt, um nicht zu sagen, korrumpiert hat. Nietzsche spricht einmal von Wagners 'wechselnder Optik': bald in Hinsicht auf die gröbsten Bedürfnisse, bald in Hinsicht auf die raffiniertesten. Dies ist der Einfluß, den ich meine, und ich weiß nicht, ob ich je den Willen finden werde, mich seiner völlig zu entschlagen. Die Künstler, denen es nur um eine Coenakel-Wirkung zu thun ist, war ich stets geneigt, gering zu schätzen. Eine solche Wirkung würde mich nicht befriedigen. *Mich verlangt auch nach den Dummen.* Aber das ist nachträgliche Psychologie. Bei der Arbeit bin ich unschuldig und selbstgenügsam."

Ob das Verlangen nach dem breiten Publikum seine Wirkung beim Schreiben bewußt oder unbewußt-unschuldig tut, braucht uns nicht zu beschäftigen.

Die Rede vom „Korrumpieren" aber bezeichnet eine Ambivalenz, die Mann nie endgültig gelöst hat. Nietzsches Vorwurf der „doppelten Optik"[10] überzeugte ihn spätestens zur Zeit seiner Wagner-Krise um 1910[11] von einer gewissen Anrüchigkeit der Wirkungsmittel Wagners. Seither haben ihn die „demagogischen" Züge der Wagnerschen Kunst kritisch beschäftigt. Später belastete und peinigte ihn die Allianz der „offiziellen" Wagner-Jünger mit Hitler (vgl. unten S. 154-157). Andrerseits hat er die Überzeugung, daß große Kunst nicht nur kleine Zirkel von „Kennern", sondern ein breites Publikum überzeugen soll, nie in Frage gestellt.

Dies trennte ihn vom Elitarismus eines Stefan George ebenso wie vom Avantgardismus etwa des Carl Einsteinschen *Bebuquin*, der zwar beträchtliche Wirkung auf Expressionisten und Dadaisten übte, seine Leser jedoch fast nur unter Autoren fand. Die Romanciers der „klassischen" Moderne – die Kafka, Musil, Döblin, Broch und eben auch Thomas Mann – hielten bei aller Erweiterung der erzählerischen Mittel daran fest, daß Erzählen sich aus Figuren und Handlungen aufbaut, deren Zusammenhang der Leser mitvollziehen kann. Darin liegt auch eine stillschweigende Übereinkunft mit der Leserschaft, und kein avantgardistisches Bemühen, die Trennlinie zur Trivialität, zur bloßen „Unterhaltungsliteratur", an die Aufkündigung dieser Übereinkunft zu binden, hat das mächtige Fortleben einer derartigen modernen Erzählliteratur abschneiden können. In seinen *Josephs*-Romanen wird Thomas Mann dann sogar eine ausdrückliche Rechtfertigung der „Unterhaltung" wagen (s. unten S. 127-129). An *Königliche Hoheit* mußte er zunächst einmal erkennen, in welcher Richtung die Einheit von Modernität und Popularität nicht zu finden war.

---

[10] Der Begriff meint die Wirkungsabsicht, die sich gleichzeitig auf Kenner und breites Publikum richtet (s.a. GW XII 109f.). Das ist etwas völlig anderes als der erkenntniskritische „Perspektivismus" (zu diesem s. unten S. 60-62), mit dem er immer wieder verwechselt wird (z.B. von Jendreiek 1977, 19, dessen Ausführungen auch sonst durch die Oberflächlichkeit und Konfusion ihres Begriffsgebrauchs auffallen).
[11] S. *Versuch über das Theater* (1907; E I 84-93. 1922 überarbeitet: GW X 54-62); *Geist und Kunst*, Nr. 17, 85 u. 119 (Scherrer & Wysling 1967, 161, 196f. u. 216); *Auseinandersetzung mit Wagner* (1911: E I 150-153; 1922:GW X 840-842); *Leiden und Größe Richard Wagners* (1933; IX 363-426, hier 403-407).

Der Zauberberg

Als Georg Lukács einer als „dekadent" denunzierten Moderne einst Thomas Manns Werk als vorgeblich „realistisch" entgegensetzte,[1] beschädigte er dessen kritische Wahrnehmung nachhaltig – noch Susan Sontag (1961, 85) und Arno Schmidt (1985) beteten die Mär von dem epigonalen Autor nach, der mitten im 20. Jahrhundert unbeirrt im Trott des 19. Jahrhunderts weiterschrieb. Das ist nicht immer so gewesen. In den Rezensionen nach Erscheinen des *Zauberberg* dominiert neben den pflichtbewußten Verbeugungen vor handwerklicher Kunst und stilistischer Bravour ein eigentümliches Unbehagen an der Modernität des Romans: am Zurücktreten der äußeren Handlung; am Eindringen umfänglich reflexiver, ja essayistischer Passagen; an der Ironie, die die rückhaltlose Einfühlung verwehrt; an der perspektivischen Relativierung aller geistigen Positionen; an den Kompositionstechniken der Leitmotivik wie des Zitierens und Anspielens.[2] Zu einer Zeit, in der den Kritikern offenkundig weder der *Ulysses* noch die *Suche nach der verlorenen Zeit* schon näher bekannt war, in der Kafkas Romane noch unveröffentlicht lagen, in der *Berlin Alexanderplatz* und *Der Mann ohne Eigenschaften* noch Jahre in der Zukunft standen, wuchs dem *Zauberberg* die Aufgabe zu, im deutschen Sprachraum der Wahrnehmung des modernen Romans überhaupt erst die Bahn zu brechen.

Ironischer Stil

Die für den *Zauberberg* spezifische Modernität gründet vor allem in der Totalisierung des ironischen Verfahrens, das Thomas Mann mit voller Bewußtheit zu vollendeter Konsequenz getrieben hat. Eine vieljährige Entwicklung gelangt hier zur Reife. Nach der entlarvend-analytischen Ironie der frühen Erzählungen und der Erweiterung zum Humor in *Buddenbrooks* erzwangen die Krisenjahre des beginnenden Jahrhunderts eine grundsätzliche poetologische Reflexion. Wenn Thomas Mann auch der große kunsttheoretische Essay nicht gelungen ist, so lassen sich die Folgen doch an den Werken ablesen. Der erste Meilenstein auf seinem Weg zum modernen Erzähler heißt *Der Tod in Venedig*. Hier nutzt der Psychologe bereits die Möglichkeiten der Mythologie und die Leitmotive sind zu einem dichten Netz verwoben, zu einer eigenen Ebene, die für das Verständnis des Werkes gleiches Recht mit der Ebene der Handlung und der Figuren behauptet. Die Ironie aber hat sich in Gestalt der Parodie des Stils bemächtigt (VIII 444):

---

[1] Z.B. Lukács 1955, 284-288; dazu Vaget 1977.
[2] S. das Kap. 'Rezeption' im Kommentar von GKFA, Bd. V.

"Gustav Aschenbach oder von Aschenbach, wie seit seinem fünfzigsten Geburtstag amtlich sein Name lautete, hatte an einem Frühlingsnachmittag des Jahres 19.., das unserem Kontinent monatelang eine so gefahrdrohende Miene zeigte, von seiner Wohnung in der Prinzregentenstraße zu München aus allein einen weiteren Spaziergang unternommen. Überreizt von der schwierigen und gefährlichen, eben jetzt eine höchste Behutsamkeit, Umsicht, Eindringlichkeit und Genauigkeit des Willens erfordernden Arbeit der Vormittagsstunden, hatte der Schriftsteller dem Fortschwingen des produzierenden Triebwerkes in seinem Innern, jenem 'motus animi continuus', worin nach Cicero das Wesen der Beredsamkeit besteht, auch nach der Mittagsmahlzeit nicht Einhalt zu tun vermocht und den entlastenden Schlummer nicht gefunden, der ihm, bei zunehmender Abnutzbarkeit seiner Kräfte, einmal untertags so nötig war. So hatte er bald nach dem Tee das Freie gesucht, in der Hoffnung, daß Luft und Bewegung ihn wiederherstellen und ihm zu einem ersprießlichen Abend verhelfen würden."

In diesem Eröffnungabsatz der Erzählung ist jener Thomas Mann-Stil ganz da,[3] der bis heute seine Leser beglückt und seinen Gegnern die Nerven strapaziert. Unbestreitbar, und von der zeitgenössischen Kritik stets hervorgehoben, ist die schiere Virtuosität der Sprachbeherrschung und Satzerfindung. Nichtsdestoweniger scheint doch eine Atmosphäre des Anachronistischen, des Heute-nichtmehr-Möglichen daraus aufzusteigen: aus der rhythmischen Anmut und Balance dieser vielgliedrig ausschwingenden Perioden, die jedem Glied durch Adjektiv, Parenthese oder Relativsatz zu klarer Bestimmtheit verhelfen; aus der leisen Vorliebe für adjektivisierte Partizipien; aus der Pedanterie, mit der gleich zu Anfang umständlich „Aschenbach" zu „von Aschenbach" korrigiert wird; aus dem Festhalten an Wendungen, die – wie „Einhalt zu tun vermocht", „entlastender Schlummer", „ersprießlicher Abend" – aus dem aktiven Sprachgebrauch schon weitgehend versunken sind; aus dem altmodischen Griff in eine humanistisch gefüllte Zitatenkiste.

Man hat sich darüber gewundert, daß Thomas Mann seine Geschichte in einem klassizistischen Gestus erzählt, wie man ihn eher von Aschenbach selbst erwarten sollte. Wollte er in dem zu nationaler Klassizität gelangten Dichter sich selbst porträtieren? Wollte er gar in Aschenbachs Zusammenbruch das Ende der eigenen Kunst offenbaren? Das Rätsel löst sich, wenn man in dem Stil dieselbe ironische Grundhaltung erkennt, der Thomas Mann seit dieser Zeit fast alle erzählerischen Mittel unterstellt hat. Dieser Stil ist parodistisch im Sinne der „hohen Parodie". Die hergebrachte Parodie zitiert eine vergangene Sprechweise, verwendet sie aber in anderem, meist gegenläufigem Sinn. Wenn August Wilhelm Schlegel Schillers *Würde der Frauen* nimmt: „Ehret die Frauen! sie flechten und weben / Himmlische Rosen ins irdische Leben, / Flechten der Liebe beglückendes Band, [...]" und daraus macht: „Ehret die Frauen! sie stricken die

---

[3] Die wohl nach wie vor beste Untersuchung von Thomas Manns Stil gab 1947 Oskar Seidlin (1969, 148-161).

Strümpfe, / Wollig und warm, zu durchwaten die Sümpfe, / Flicken zerrissene Pantalons aus [...]", so verspottet er Schillers konventionelles Frauenbild, indem er Versmaß und erhabenen Ton durch den derb realen Inhalt zum parodistischen Gegenbild verzerrt.

Thomas Manns „hohe Parodie" ist ein komplexeres Verfahren (vgl. unten S. 92-97). Auch sie distanziert sich vom Zitierten, wenn auch meist weniger um des offenen Spotts als um entlarvender Erkenntnis oder historischer Distanzierung willen. Aber der Gestus der Distanz ermöglicht neue Zuwendung. Man hat am *Tod in Venedig*, vor allem im Vokabular und in der gelegentlichen Ausartung der Beweglichkeit zur Umständlichkeit, einen Rückgriff auf den Prosastil des „klassischen" Goethe erkennen wollen. Dem mag so sein, doch darf man das nicht vordergründig verengen. An manchen Stellen sind auch Farben Nietzsches sichtbar, an andren mag einer Fontane oder sogar Gottfried Keller hören. Thomas Mann zitiert nicht einen bestimmten Autor, und sei es Goethe höchstselbst, oder eine bestimmte Epoche der deutschen Literatur, sondern er hebt den ganzen Schatz an Differenzierung und Präzision, an Verknüpfungs- und Wirkungsmöglichkeiten, der der deutschen Literatursprache in mehreren Jahrhunderten einer bewußten und überschaubar kontinuierlichen Ausarbeitung zugewachsen ist, – aber er nutzt diesen Schatz im Gestus des Zitats und demonstriert damit, daß die alte, von Aufklärung bis Naturalismus selbstverständliche Sicherheit abhanden gekommen ist, mit der Beherrschung der Sprache bereits die zur Sprache gebrachte Welt zu überblicken.

Ironie ist für Thomas Mann „immer Ironie nach beiden Seiten hin" (XII 573). Der parodistische Gestus des Stils distanziert nicht nur die Tradition, er impliziert auch Skepsis in der Gegenrichtung: gegen die Hoffnung, wenn nicht gar das Vertrauen einer avantgardistischen Poesie, zu neuen Ufern der Referenz und des Ausdrucks zu gelangen, sobald nur alle Bande zur Vergangenheit rigoros abgeschnitten wurden. Im Horizont einer Moderne, in der die Stellung des Werkes zwischen Mensch und Welt immer fragwürdiger und der Weg vom Autor zum Leser im steiniger wird, stehen Thomas Manns Romane für eine Literatur, die an der Denkmöglichkeit eines radikalen Bruchs in Sprach- und Literaturgeschichte zweifelt und also keinen Grund sieht, auf den Reichtum wie auf den Erfahrungsgehalt der überkommenen erzählerischen Möglichkeiten leichthin zu verzichten. Es könnte sein, daß heute der Rückblick aus dem Abstand einer sich bereits wieder ihrem Ende zuneigenden Postmoderne in solch zweigesichtiger Skepsis einen Vorsprung an Illusionslosigkeit entdeckt und darin eine eigenständige Radikalität.

Thomas Mann hat diesen ironischen Gestus des Stils nie wieder aufgegeben, wenn er ihn auch für jeden Roman neu justiert hat. In der *Josephs*-Tetralogie erscheint er ins Humoristische zurückgenommen, im *Doktor Faustus* für Zeitbloms Erzählernot ins Manieristische gesteigert; in *Lotte in Weimar* wird ein ganzes Spektrum historischer Sprechweisen zu offenkundigem Zitieren aufgefächert, *Der Erwählte* unterzieht solch ironische Historisierung selbst noch einmal der

Parodie. *Der Zauberberg* stellt die Ironie seines Stils ganz auf das Wechselspiel zwischen analytischer Erkenntnis und verstehender Sympathie ab. Als Beispiel mag der Absatz nach Joachim Ziemßens Tod dienen, den mehrere zeitgenössische Rezensenten als zynisch moniert haben (III 743f.): „Da Luise Ziemßen sich schluchzend abgewandt hatte, war es Hans Castorp, der dem Regungs- und Hauchlosen mit der Spitze des Ringfingers die Lider schloß, ihm die Hände behutsam auf der Decke zusammenlegte. Dann stand auch er und weinte, ließ über seine Wangen die Tränen laufen, die den englischen Marineoffizier dort so gebrannt hatten, – dies klare Naß, so reichlich-bitterlich fließend überall in der Welt und zu jeder Stunde, daß man das Tal der Erden poetisch nach ihm benannt hat; dies alkalisch-salzige Drüsenprodukt, das die Nervenerschütterung durchdringenden Schmerzes, physischen wie seelischen Schmerzes, unserem Körper entpreßt. Er wußte, es sei auch etwas Muzin und Eiweiß darin."

Es ist eine der gefühlbeladensten Stellen des Romans. Der Autor hat besondere Sorgfalt daran gewendet, daß Joachims schlichte Menschlichkeit dem Leser ans Herz wächst. Hans Castorp hing an seinem Cousin nicht nur wie an einem Zwillingsbruder, sondern fühlte sich während der ersten Monate bloß durch Joachims bedingungslose Treue zum „Flachland" noch mit jenem Leben verbunden, dem er selbst rasch abhanden kam; in den Monaten seiner letzten Krankheit aber war Joachim zunehmend ins Zentrum von Castorps sorgender Liebe gerückt. Das alles liegt voraus und ist im Verein mit der eindringlichen Beschreibung des Sterbens durchaus geeignet, den Leser zu erschüttern. Thomas Mann hat mit ausdrücklicher Freude jede Reaktion vermerkt, die ihm solche Erschütterung bestätigte. Dennoch „erkältet" er die Gefühlsreaktion durch eine allgemeine Reflexion über Tränen, bis hin zum chemisch-physiologischen Hinweis. Wozu diese ironische Entgegensetzung?

Wie dicht er diese Passage ins Leitmotivnetz gewoben hat, muß hier ebenso beiseite bleiben wie die zitathafte Anspielung[4] auf Bibel und Richard Wagner. Die ironische Abkühlung aber setzt auf den ersten Blick die entlarvende Psychologie der frühen Texte fort, nun freilich mit anderem Ziel. Nicht daß Hans Castorps Tränen – wie einst bei Tobias Mindernickel – aus falschen Quellen fließen, wird aufgedeckt, sondern daß hier als individuell Persönliches nur erscheint, was doch als ein naturgegebener Prozeß nach zwingenden Gesetzen in allen Menschen abläuft. Hans Castorps Kenntnisse in den Wissenschaften vom Menschen reichen aus, um das zu wissen, ja er kennt physiologische Details des Vorgangs und ist sich dessen sogar innerhalb der schmerzlichen Situation bewußt. Nicht wie einst auf psychologische Entlarvung läuft diese Ironie also hinaus, sondern auf anthropologische Aufklärung.

Nicht daß die moralistische Enthüllungspsychologie damit aufgegeben wäre; sie lebt auch im *Zauberberg* munter und vielfältig fort. Aber das anthropologische Beispiel macht eine Eigentümlichkeit der neuen Ironie besonders deutlich.

---

[4] S. den Stellenkommentar in GKFA, Bd. V.

Auch diese Ironie muß ja nach beiden Seiten gelesen werden. Einerseits werden individueller Schmerz und persönliche Trauer als Ausgeburten der körperlichen Physiko-Chemie durchleuchtet. Andrerseits erhält der Körper mit seinen allgemein-unwillkürlichen Abläufen Wert erst durch die besondere Bedeutung, die der individuelle Mensch damit verknüpft. Hans Castorps Trauer um Joachim erhebt ein alkalisch-salziges Drüsenprodukt zum Ausdrucksmittel seines persönlichen Schmerzes. Die ironische Skepsis hält das moderne, hier das medizinische, Wissen davon fest, worum es sich bei der Oberflächenerscheinung des Weinens „in Wirklichkeit" handle; aber sie relativiert auch umgekehrt dieses Wissen mit der Erkenntnis, daß die physische Wirklichkeit am Menschen zu ihrer Wahrheit erst an jener Oberfläche kommt, an der sie – poetisch – Bedeutung gewinnt. Im Mikrokosmos des Stils wiederholt sich so, was im Handlungsablauf des Romans als mikroskopierende Zerlegung des Körpers durch medizinische Studien ('Humaniora' und 'Forschungen') und als poetischer Lobpreis des Körpers aus erotischer Inspiration (Schlußpassage von 'Walpurgisnacht') auseinandergelegt wird.

Es geht der Ironie also nicht nur um die raffiniert-umwegige Bewahrung vergangenen erzählerischen Reichtums angesichts einer Moderne, in der die Goldpreise fallen. Es geht ihr auch nicht nur um die erkenntnistheoretische Ahnung, daß in der Literaturgeschichte ein wahrhaft radikaler Bruch mit allem Herkommen in Sprachlosigkeit münden könnte. Thomas Manns Doppelformeln für die ironische Kunst: gehässig und positiv (BrMann 5.12.05), Skepsis und Leidenschaft (Br III 459), Kritik und Passion (XII 74), Zweifel und Ehrfurcht (XII 230), Lebensverneinung und Lebensbejahung (XII 570), absolute Vernichtung und absolute Liebe (II 439f.), enthüllen im *Zauberberg* einen ethischen Kern. Als kritische, skeptische, vernichtende vollzieht die Ironie jene große Desillusionierung mit, die Thomas Mann bei Nietzsche als die Diagnose der Moderne fand und die er auch im Gang der Wissenschaften am Werke sah. Als Ironie nach beiden Seiten entdeckt sie auch in der Reduktion des Menschen aufs Naturgesetzliche und unbewußt Körperhafte durch die Wissenschaften das Werk einer perspektivischen Beschränkung; darin hätte sie sich ebenfalls durch Nietzsche bestätigt fühlen können. So erwachsen aus der ironischen Durchdringung der Kritik im Gegenzug Bejahung, Liebe und Ehrfurcht gegen jene menschlichen Lebewesen, die, wie Hans Castorp bei seinen „Forschungen" auf nächtlichem Balkon erkennt, eine so prekäre und bedrohte, eine so staunenswerte und wunderbare Existenz führen vor den mächtigen Hintergründen und Untergründen des Unmenschlichen, des Leblosen und des Nichts. Es ist eine Liebe, der die Ironie immer die Erkenntnisse gegenwärtig hält, denen sie abgerungen wurde, die sich also nie wieder der Naivität hingeben darf. Aber ebenso darf die Kritik sich nie wieder begnügen mit bloßer Entlarvung und Vernichtung, sich also nie wieder ihrer eigenen ironischen Relativierung entziehen. So entspringt aus dem ironischen Wechselspiel, also aus der poetischen Form, eine spezifische Humanität jenseits aller auf der Handlungsebene formulierten Lehren.

Der parodierte Erzähler

Stand die Erzählhaltung in *Buddenbrooks* noch unter dem Bann Flauberts, dessen objektives Erzählen jede Andeutung auktorialer Stellungnahme streng verboten hatte, so agiert im *Zauberberg* wieder ein Erzähler, der mit dem Leser so unbefangen konversiert, als lebte er noch in den Zeiten von Wieland und Goethe. Tatsächlich ist der Anachronismus jedoch Schein: das ironische Spiel mit einer demonstrativ zitierten Erzählweise. Zugrunde liegt die Einsicht, daß es sich bei der Objektivität der Realisten von der strengen, Flaubert'schen Observanz um eine Illusion handelt. Der unsichtbar gewordene Autor, der den Leser vordergründig unmittelbar und unzensiert vor die Wirklichkeit seiner Romanfiguren stellt, bleibt insgeheim ja unverändert der Regisseur des Geschehens und der Manipulator der Leserreaktionen. Der scheinbar ganz neutrale Schlußsatz von *Madame Bovary* etwa: „Vor kurzem hat er das Kreuz der Ehrenlegion erhalten", kann in seinem Kontext gar nicht anders aufgefaßt werden denn als scharfer, verachtungsvoller Hohn über den dekorierten Apotheker Homais wie über die Gesellschaft, in der er für dekorierenswert gehalten wird. Es gibt kein Erzählen, das den Autor tatsächlich ausschalten und den Leser dadurch in eine reine Unmittelbarkeit zum Romangeschehen bringen könnte.

Thomas Mann zollt dem Tribut, indem er wieder einen Erzähler einführt. Auch dabei ist er später geblieben: vom ironischen Oszillieren zwischen kritischem Philologen und epischem Rhapsoden im *Joseph* über den Ich-Erzähler in *Doktor Faustus* bis zum „Geist der Erzählung" im *Erwählten*; *Lotte in Weimar* kommt gar als eine spielerische Enzyklopädie der Erzählhaltungen daher. Freilich sind die Voraussetzungen für einen allwissenden und allwertenden Erzähler nach Art des 18. Jahrhunderts nicht mehr gegeben. Auch wenn man all die psychologischen Erkenntnismöglichkeiten zugibt, die Thomas Mann mit Nietzsche der Literatur vermacht, reichen sie doch bei weitem nicht aus, den Autor eines Gesellschaftsromans noch einmal in die Position auktorialer Gottähnlichkeit zu befördern. Der Autor des *Zauberberg* präsentiert seinen Erzähler daher im Gestus der Ironie (vgl. Eichner 1952). Der Vorgang des Erzählens wird zu einem ständig beiherspielenden Thema der Erzählung.

Die Ironie trifft zunächst den Erzähler selbst. Das gewohnte „wir" des Pluralis narrationis scheint eine Erzählerfigur nach altbekanntem Muster anzuzeigen (III 9f.), die denn auch in gewohnt auktorialer Weise agiert: sie entlarvt Hans Castorps Behauptungen, indem sie den Leser hinter die Kulissen blicken läßt (III 227); sie reflektiert über ihr Erzählen (III 9f., 750), bewertet ihren Helden (III 49) und gibt Hinweise zum Verständnis seiner Geschichte (III 321, 831); sie zeigt dem Leser unterschiedliche „Mienen" (III 331), verstrickt ihn in Dialoge (III 479, 795f., 905f.), entwirft sogar, wie einst Laurence Sterne,[5] die Fiktion einer geselligen Runde aus Erzähler und Zuhörern (III 509, 750, 766) und schwingt sich

---

[5] *The Life and Opinions of Tristram Shandy, Gentleman*, VII. Buch, XXVI. Kap.

schließlich zu eigenen Gefühlen auf (III 994). Doch bei näherer Betrachtung verschwimmen die klaren Konturen dieser Figur. Einmal meinen wir tatsächlich ein mit dem Leser plauderndes Individuum zu hören; ein andermal erweist sich, was wir für Erzählerrede hielten, nachträglich als ein Gedankengang Hans Castorps (III 149, 187, 361, 479);[6] einmal begegnet uns der vertraute Gestus des allwissenden Blicks (III 197, 450, 872), ja die Allmacht des Auktors, der souverän über seinen Stoff disponiert (III 832, 960), ein andermal werden wir mit bloßen Vermutungen von außen konfrontiert (III 510); einmal trifft das narratorische „wir" die Gesamtheit derer „hier oben" (III 695): Hans Castorp also und Joachim und all die anderen Patienten – aber unter die Patienten ist der Erzähler doch sicherlich nicht zu rechnen? –; ein andermal umfaßt sein „wir" ausdrücklich „Erzähler, Held und Leser" (III 770), andernorts ersichtlich nur Erzähler und Leser (III 55). Die vertraute Fiktion einer Konversation zwischen persönlichem Erzähler und implizitem Leser gerät so zunehmend aus den Fugen.

Dazu wird klargestellt, daß dieser Erzähler, wen immer er darstellt, in einer Hinsicht jedenfalls nicht allwissend ist. Ob Hans Castorp den Weltkrieg überleben wird, weiß er nicht (III 994) – und er darf das auch gar nicht wissen, denn er ist ein Bestandteil jener zeitlos-märchenhaften Zauberberg-Welt, die Castorp am Ende des Romans verlassen muß. Gegenüber der romanexternen Wirklichkeit des Schlachtfeldes aber sinken Erzähler wie Leser zur Irrealität von Schattenexistenzen (III 990-993) herab.

Diese nachhaltige Ironisierung des Erzählers als Figur entspricht der Funktion, die er zu erfüllen hat. In gewissem Sinne will Thomas Mann durch die ironische Reanimation des Erzählers genau das verwirklichen, was Flaubert durch die Verbannung des Erzählers beabsichtigt hatte: den Leser in Urteil und Wertung vom Autor zu emanzipieren. Zwar wird beständig beurteilt und bewertet in diesem Buch, aber Erzähler wie übrigens auch Protagonist wahren gegenüber all diesen Urteilen und Wertungen ihren ironischen Vorbehalt. Die Ironie mit ihrem ständigen „sowohl – als auch" beherrscht das gesamte Gefüge des Romans, von der Ironisierung der Erzählerfigur bis zur einzelnen stilistischen Wendung. Sie regiert auch die Komposition des Figurengefüges: Was Settembrini behauptet, wird von Naphta widerlegt und vice versa. Daß es auf dialektische Entscheidungen überhaupt ankommt, wird von Clawdia Chauchats erotischer und Peeperkorns persönlichkeitshafter Ausstrahlung in Frage gestellt. Peeperkorns Persönlichkeitswirkung ihrerseits wird durch die ihr anhaftenden unmenschlich-elementarischen Züge ins Zwielicht gerückt.

In den *Betrachtungen eines Unpolitischen* (XII 222-230) hatte Thomas Mann Schiller, Flaubert, Schopenhauer, Tolstoi, Strindberg und Turgenjew als Eideshelfer für die Überzeugung angerufen, daß der Dichter immer den ins Recht setzen müsse, der gerade rede, – womit natürlich niemand endgültig rechtbehal-

---

[6] Und bei Gelegenheit bleibt die Zuordnung offen (III 415): „Übrigens kommt dieser Ausdruck auf unsere Rechnung oder allenfalls auf die Hans Castorps".

ten kann, da ja jeder anders redet. Als scharfäugig analysierende Psychologie wie als antithetische Figurenkomposition sorgt die Ironie dafür, daß der Leser niemandem einfachhin glauben kann, und sei es dem Erzähler selbst. Als Humor befähigt sie den Leser, den Figuren trotz ihrer analytischen Entlarvung Achtung, unter Umständen sogar Sympathie entgegenzubringen, sind ihre Einseitigkeiten doch nicht nur logische Beschränkungen, sondern beglaubigt durch ihr Schicksal und durch eine konkrete, durchlebte und durchlittene Existenz zu Notwendigkeit und eigener Würde erhoben. Die neue, komplexere Ironie entlarvt nicht nur, sie läßt den Figuren auch Gerechtigkeit widerfahren.

Dem Leser eröffnet sie so eine neue Freiheit. Die *Betrachtungen* zitieren dafür Strindberg (XII 228): „Als Dichter hast du ein Recht, *mit Gedanken zu spielen, mit Standpunkten Versuche anzustellen,* aber ohne dich an etwas zu binden, denn Freiheit ist die Lebensluft des Dichters." So verstanden, gerät Thomas Manns Ironie bis zur Verwechslung nahe an das, was bei Nietzsche „Perspektivismus" heißt. Jeder, so Nietzsche, ist – sei es als Betrachtender, als Urteilender oder als Handelnder – an die Perspektive gebunden, als welche sich der Wille zur Macht in ihm formiert. Die „reife Freiheit des Geistes" aber erlangt, wer „die Wege zu vielen und entgegengesetzten Denkweisen" findet.[7] „Du solltest Gewalt über dein Für und Wider bekommen und es verstehn lernen, sie aus- und wieder einzuhängen," so heißt es in *Menschliches, Allzumenschliches*:[8] „Du solltest das Perspektivische in jeder Werthschätzung begreifen lernen – die Verschiebung, Verzerrung und scheinbare Teleologie der Horizonte und was Alles zum Perspektivischen gehört; auch das Stück Dummheit in Bezug auf entgegengesetzte Werthe [...]. Du solltest die *nothwendige* Ungerechtigkeit in jedem Für und Wider begreifen lernen, die Ungerechtigkeit als unablösbar vom Leben, das Leben selbst als *bedingt* durch das Perspektivische und seine Ungerechtigkeit."

Der unausweichlichen Ungerechtigkeit des Lebens stellt die Literatur einen Freiraum gegenüber, in dem der Leser das Aushängen seiner Perspektive erproben, mit Standpunkten experimentieren, sich in andere Perspektiven versenken kann. Der ironische Autor erzählt „nicht als Prophet, nicht als Propagandist, sondern [...] experimentell und ohne letzte Verbindlichkeit." (XII 517)

Die Ironie steht damit in der Logik der Moderne. Die großen, von Religion und Philosophie formulierten Orientierungsrahmen des kollektiven Bewußtseins sind zusammengebrochen, wie nicht zuletzt Nietzsche zu demonstrieren nicht müde wurde. Für Thomas Mann war dieser Zusammenbruch durch den Ersten Weltkrieg, den er damals als den endgültigen Untergang seiner eigenen bürgerlichen Welt auffaßte, zu eigener, quälender Erfahrung geworden. Der einzelne Mensch aber mußte erkennen, daß er mit seinem Bewußtsein noch nicht einmal

---

[7] *Menschliches, Allzumenschliches* I 4 (Nietzsche 1980: II 17f.). Andeutungen in dieser Richtung schon bei Pütz 1963, 8f. u. 53-58, Lehnert 1965, 31f., Pütz 1971a, 245-249, Wysling 1995, 31f., Stern 1995, 116f., und Karthaus 1995, 45f.
[8] Ebd., S. 20; ähnlich in *Zur Genealogie der Moral* III 12: ebd., Bd. V, S. 364f.

Herr im eigenen Selbst war. Das hatte Thomas Mann bei Schopenhauer und Nietzsche ebenso lernen können wie bei Flaubert und Bourget. Die ironische Weigerung, sich festzulegen, zieht also die Konsequenz aus der Einsicht, daß es in der Moderne festen Boden nirgends mehr gibt. Das weist sie als eine genuin moderne Form des Erzählens aus.

Sie wirft den Leser endgültig aus der auktorialen Behaustheit, die noch Flaubert nicht ganz losgeworden war, und zwingt ihn zur Freiheit jenes „placet experiri" (dazu Völker 1973), das Settembrini dem Novizen Castorp nur mit leisem Widerstreben zugesteht. Gleichzeitig eröffnet sie ihm aber die spezifische Freiheit der Kunst. Das erprobende Spiel mit unterschiedlichen Standpunkten und Lebensperspektiven verheißt Befreiung wenigstens von der *blinden* Gebundenheit an die eigene Perspektive samt all ihren unkontrollierbaren Voraussetzungen. Dazu besitzt der Roman von altersher die Kraft, den Leser mit Verstand und Gefühl in andere Personen hineinzuversetzen, „sich das Fremde vertraut zu machen, und das Vertraute zum Rätsel" (so Toni Morrison 1994, 37). Indem diese Fähigkeit bei Thomas Mann mit der Ironie verschmilzt, verschafft sie eine unter den Bedingungen der Moderne singuläre Erfahrung von der Beschaffenheit des Menschen. Der Leser, der sich für die vielen Stunden der Lektüre von dem Roman verzaubern läßt wie Hans Castorp von der Sanatoriumswelt, vollzieht mit einer einzigartigen, nur übers Narrative realisierbaren Mischung aus Identifikation und Vorbehalt die Lebensperspektiven verschiedener Figuren nach. In einer Welt, in der die Werte nicht mehr fest am Himmel hängen, wird er dazu verführt, sich von der eigenen Perspektive zu distanzieren, andere Perspektiven zu erproben, zu begreifen, zu prüfen, und – die Vielfalt menschlicher Perspektiven auszuhalten.[9]

Märchen

Parodie regiert auch den Griff nach der Gattung. Die Komplexität zwar, mit der die gegenläufigen Vorgaben von Gesellschafts- und Bildungsroman ineinander verschränkt werden, ist die Frucht vieljähriger Arbeit und Entdeckungen,[10] aber eine parodistische Absicht hatte schon den harmlos scheinenden Nukleus der ersten Konzeption hervorgebracht: „eine Art von humoristischem Gegenstück zum

---

[9] Vgl. etwa *Geist und Kunst* Nr. 20 (Scherrer & Wysling 1967, 164). – Zu diesen Leistungen des neueren Romans im Allgemeinen und der Ironie bzw. des Perspektivismus im Besonderen vgl. etwa Booth 1988, 451-457, Nussbaum 1995 und Rorty 1993.

[10] Zur langwierigen Entstehungsgeschichte und wendungsreichen Konzeptionsentwicklung des Romans s. Reed 1973, 226-274 (dt. Reed 1985), Rieckmann 1977 und Einblicke 1993; ferner DüD I 450-593 (ergänzter Neudruck in SK *Zbg*) und die Tagebücher 1918-1921. Aufschlußreich sind auch die ausgeschiedenen Manuskriptblätter, die sich in Yale erhalten haben (publiziert von James F. White).

Tod in Venedig" plante Thomas Mann zunächst; auch von einem „grotesken Gegenstück" ist die Rede.[11] „Die Faszination durch den Tod, der Sieg höchster Unordnung über ein auf Ordnung gegründetes und der Ordnung geweihtes Leben sollte hier verkleinert und ins Komische herabgesetzt werden. Ein schlichter Held, ein kurioser Konflikt von bürgerlicher Pflicht und makabrem Abenteuer – der Ausgang war vorderhand ungewiß, würde sich aber finden, und unbedingt würde, was ich da vorhatte, bequem, lustig und auf mäßigem Raume zu machen sein."

So hat er die Vorstellung vom „Gegenstück" später skizziert,[12] und plausibel ist auch die nachträgliche Erinnerung, derzufolge sich ihm die „Hörselbergidee" schon im Sommer 1912 bei seinem Besuch in Davos aufgedrängt habe (XI 125), wo seine Frau sich wegen Tuberkulose-Verdachts einer Kur unterzog. Die irreal wirkende Abgeschlossenheit und vielleicht auch die erotisierte Atmosphäre der Sanatoriumswelt[13] hätte demnach recht umgehend die Assoziation zu Wagners *Tannhäuser* gezeugt, der den Venusberg der mittelalterlichen Sage im Hörselberg nahe dem sächsischen Eisenach lokalisiert. *Tannhäuser* sollte mit den ins Satirische getriebenen Mitteln der Entlarvungspsychologie ähnlich in eine moderne Novelle übersetzt werden, wie Thomas Mann das schon mit seinem *Tristan*, ebenfalls einer Sanatoriumserzählung, der Liebestragödie von *Tristan und Isolde* und mit seinem *Wälsungenblut* der ekstatischen Dreiecksgeschichte aus der *Walküre* erstem Akt angetan hatte. Der zündende Funken zur Konzeption des *Zauberberg* ist also dort zu vermuten, wo die Ideen von Wagner-Parodie und Satyrspiel zum *Tod in Venedig* aufeinanderschlugen.

Zur Urkonzeption gehört, daß „der Tod geliebt wird" (9 9.13: DüD I 451). In zeitlicher Nachbarschaft liegt ein Zeugnis (8.11.13: DüD I 451), in dem Thomas Mann an sich selbst „eine wachsende Sympathie mit dem Tode, mir tief eingeboren", diagnostiziert: „mein ganzes Interesse galt immer dem Verfall". Die Formel von der 'Sympathie mit dem Tode' begegnet im Roman erst spät (III 906), dann aber in demselben Zusammenhang, in dem sie im essayistischen Werk seit 1913 häufig und ausschließlich verwendet wird: als die „Formel und Grundbestimmung aller Romantik" (XII 424). Tod und Romantik sind für Thomas Mann innig verschlungen. Den psychologischen Kern dieser Einheit hat er immer wie-

---

[11] Briefe an Ernst Bertram vom 24.7.1913 (BrBertram 18/DüD I 451) und an Ida Boy-Ed vom 4.11.1913 (BrGrautoff 175f./SK *Zbg* 7).
[12] *Lebensabriß* (1930): GW XI 125; vgl. ferner 1934 den Brief an George C. Pratt: GW XIII 106f., 1939 die *Einführung in den 'Zauberberg'*: GW XI 604ff. und 1940 *On myself*: GW XIII 152ff.
[13] Wichtige Quellen für Thomas Mann waren die ausführlichen Briefe, die seine Frau Katia ihm, in dem Bewußtsein, „Stoff" zu liefern, aus Davos schrieb. Sie verbrannten während des Krieges wohl mit dem Roman-Manuskript. S. dazu auch ihre Erinnerungen (K. Mann 1974), die allerdings aus weitem Rückblick entstanden und durch die Kenntnis des *Zauberberg* überformt sind. Zu Davos und seinen Sanatorien als Muster des *Zauberberg* ferner Sprecher 1996.

der mit den Worten von Platens *Tristan*-Gedicht zitiert:[14] „Wer die Schönheit angeschaut mit Augen, / Ist dem Tode schon anheimgegeben, / Wird für keinen Dienst auf Erden taugen, [...]." Die romantische Abwendung vom bürgerlichen, philiströsen, alltäglichen Leben[15] überlagert sich für ihn wie für Platen mit der Erfahrung der Homoerotik, die aus dem Kreis der „gewöhnlichen" Menschen ausschließt. Was derart als Heimsuchung erlebt wird, kann im Zeichen der romantischen Sehnsucht nach der Ferne als Auszeichnung interpretiert werden, als Berufung zu Höherem. Die romantische Tradition von Tieck über Novalis, Hoffmann, Eichendorff und Heine bis zu Wagner stellte dafür den Mythos vom Zauberberg bereit. Im Berg warten auf den Helden Einweihung, Verführung und höchste Erfüllung jenseits der gewöhnlichen Welt, bis hin zum Tod als der äußersten Trennung von allem Diesseits. Daß Thomas Mann das Patientenvölkchen in Davos als Bergverzauberte ins Auge faßte, bahnte der humoristischen Novelle derart den Weg ins Innerste seiner Existenz, daß sie beim Schreiben bald die Dimensionen einer Novelle sprengte. Die Bergentrückungsgeschichte seines mittelmäßigen Helden bot Gelegenheit, eine Analyse jenes mächtigen Komplexes zu liefern, den er mit „Romantik" bezeichnete.

Derartige „Romantik" hatte schon in dem ekstatischen Zerbrechen aller Wirklichkeit gelegen, das für Thomas Buddenbrook aus der Schopenhauer-Lektüre aufstieg und für Hanno Buddenbrook aus der Musik, aus Wagners Musik vor allem und aus dem eigenen, von Wagner motivisch und harmonisch abgeleiteten Phantasieren am Klavier. Im *Tod in Venedig* hatte Thomas Mann den Gegensatz zwischen der festen, vernünftigen, oberflächlichen Welt-Wirklichkeit und der tiefverborgenen, verschlingend-gebärenden, ewig werdenden Welt-Wahrheit mit Nietzsche auf „apollinisch" kontra „dionysisch" getauft. In beiden Fällen eröffnete das Zerbrechen der festen, „apollinischen" Oberfläche die Sicht auf einen transzendenten Urgrund. Doch in *Buddenbrooks* waren die Zusammenhänge nicht ganz klar geworden: einerseits strahlte die ewig währende Stabilität der bürgerlichen Welt mitsamt des Kreislaufs vom Aufstieg und Verfall ihrer Familien religiöse Dignität aus; andrerseits ließ jenes Ganz Andere, das Thomas bei Schopenhauer und Hanno bei Wagner fand, diese bürgerliche Wirklichkeit zu bloßer Oberfläche verblassen. *Der Tod in Venedig* lud den Gegensatz noch individualpsychologisch auf und setzte Aschenbachs klassizistischer Formbeherrschung und bürgerlicher Seriosität jene formenzerstörende Erotik entgegen, die in *Buddenbrooks* so anachronistisch unsichtbar geblieben war (s. oben S. 35); gleichzeitig schloß er die Individualpsychologie durch sein mythologisches Sprechen auch wieder an die religiöse Grundsphäre an. Im *Zauberberg* drängt

---

[14] GW XI 850, X 197, XI 371, IX 269-271.
[15] Bestätigt auch durch Schopenhauer, der die 'Welt' als 'Schleier der Maja' verwirft und denjenigen mit „erotisch-einheitsmystischen" Verheißungen lockt, der diesen Schleier zu durchdringen vermag. So konnte dem zwanzigjährigen Thomas Mann die Erstlektüre zum „metaphysischen Rausch" werden, „der mit spät und heftig durchbrechender Sexualität [...] viel zu tun hatte" (GW XI 111).

sich dieser „romantische" Zusammenhang aus Religion, Tod, Erotik, Kunst und Antibürgerlichkeit dann zu erneuter Analyse auf. Im Lauf der Arbeit wird deren Dringlichkeit verschärft durch den Weltkrieg, den Thomas Mann als den Untergang jener bürgerlichen Welt empfand, die der Autor von *Buddenbrooks* noch für unerschütterlich gehalten hatte. Als der Krieg ausbricht, weiß er sofort, daß seinem Roman damit der zwingende Schlußpunkt gegeben ist (22.8. 14: DüD I 453f.).

Dies freilich waren Gewichte, die eine satirische Parodie à la *Tristan* oder *Wälsungenblut* nicht bewegen konnte. „Das Ding hat vielfältige Absichten", schrieb der mit dem Eigenwillen seines Werkes konfrontierte Autor im Sommer 1914 (10.6.14: DüD I 452); der Stoff stand in einem allzu „gefährlichen Beziehungszentrum" (XI 125, 607). Ein Element, das in Wagners *Tannhäuser* nur ein Nebenmotiv bildet, stieg darüber zum metaphorischen Kern auf und verwandelte die psychologisierende Novelle zu einem romantischen Märchen: die Zeitlosigkeit, in die, wie alle Patienten, auch Hans Castorp entrückt wird. „Etwas vom Zwerg Nase, dem sieben Jahre wie Tage vergehen, ist darin," heißt es im Sommer 1915.[16] Das Märchen ist zwar eine universale Gattung, mündliche und schriftliche Dichtung fast aller Zeiten und Kulturen macht davon Gebrauch, aber in neuerer Literaturgeschichte verbindet es sich besonders mit der Romantik. Die Brüder Grimm haben ihm die Gestalt verliehen, in der es heute aller Welt vertraut ist. Davor und daneben haben romantische Dichter von Tieck und Novalis über E.T.A. Hoffmann bis zu Wilhelm Hauff im Märchen die genuine Form entdeckt, um die Konfrontation des Wunderbaren mit dem Alltäglichen zur Anschauung zu bringen. Nichts konnte geeigneter sein für die erzählerische Analyse jenes Komplexes, der bei Thomas Mann „Romantik" heißt.

Daß auch diese Gattung ironisch traktiert wird, liegt weniger an der historischen Distanz zur Romantik; das Kunstmärchen war als Form ja immer lebendig geblieben. Aber im *Zauberberg* legt kein Vogel wertvolle Juwelen und kein Knabe wird zum buckligen Zwerg verzaubert. Thomas Mann knüpft an die romantische Konfrontation von wunderbarer Märchenwelt und vernünftig-konventioneller Alltagswelt an, indem er als das Wunderbare jenen verführerischen Zusammenhalt aus Eros, Tod, Religion und Kunst einsetzt, der nun jener bürgerlichen Welt entgegentritt, die der Roman mit der Sigle „Flachland" belegt. Wohl entfaltet diese verführerische Romantik einen magischen Bann, doch wird davon erzählt, ohne je die Gesetze jenes realistisch-psychologischen Romans zu verletzen, der gemeinhin als der Antipode des Märchens gilt.

Zu den realistischen Ingredienzien der märchenhaften Zeitentrückung zählen etwa die meteorologischen Folgen der Höhenlage: da es im Sommer schneien

---

[16] BrAmann 3.8.1915 (DüD I 455f.). Zur Bedeutung der Märchen für Thomas Manns Gesamtwerk s. Wysling 1995, 176-187. Zur Präsenz besonders der Andersenschen Märchen im *Zauberberg* s. Maar 1995; selbst wenn der skeptische Leser sich nur von einem Drittel der Maarschen Funde überzeugen ließe, bliebe der Befund noch eindrucksvoll.

und im Winter Augustwärme geben kann, verlieren die Patienten ihr Gefühl für die Jahreszeiten; der Jahreslauf verschleift sich zum ununterscheidbaren Einerlei. In dieselbe Richtung wirkt die Tageseinteilung. Daß die Patienten sich derart häufig im Speisesaal wiederfinden, durchsetzt jeden Tag mit einer ständigen Wiederkehr des Gleichen; daß der Durchschnittspatient sich rasch daran gewöhnt, die Liegekuren mit Nichtstun zu füllen, entzieht den Tageszeiten jede charakteristische, identifizierbare Färbung. Die Zeit fließt ohne feste Marken und also unvermerkt vorbei. Dazu kommt die Erotisierung der Atmosphäre. Ständige Verliebtheit löscht die Erinnerung an die Herkunftswelt mit ihren familiären Bindungen und beruflichen Pflichten, und macht doch auch große Leidenschaften unwahrscheinlich, die die Inhaltsleere des Lebens „hier oben" enthüllen könnten.

Die ausführlichen Zeit-Reflexionen schließlich entspringen keinem eigenen philosophischen Ehrgeiz des Erzählers oder gar Autors,[17] sondern dienen nur dazu, dem Leser die psychologischen Bedingungen, Verführungen und Zwänge als plausibel einzuschärfen, die über die Patienten den Märchenzauber der Zeitlosigkeit verhängen. Die alte Märchenzahl Sieben, die etwa schon die Zeitentrückung des Hauff'schen *Zwerg Nase* regiert hat, demonstriert den zeitenthebenden Bann als ein allgegenwärtiges Ordnungsmuster. Sieben Kapitel hat der Roman. Sieben Jahre bleibt Castorp im Sanatorium. Sieben Tische stehen im Speisesaal. In Zimmer Nr. 7 wohnt Frau Chauchat. Die Nummer von Castorps Zimmer ist aus den Summenfaktoren Drei und Vier zusammengesetzt: zunächst Nr. 34, im endgültigen Manuskript dann Nr. 43. Multipliziert man diese Faktoren, so ergibt sich die Zwölf: zwölf Gäste versammelt Mynheer Peeperkorn zu seinem bacchanalischen Abendmahl. Und so fort (vgl. Seidlin 1971).

Hans Castorp gehört also zu „der Familie der jüngsten Söhne und dummen Hänse des Märchens, von denen niemand etwas erwartet und die dann doch die Aufgabe lösen und die Prinzessin zur Frau bekommen" (XII 378); daher auch sein Vorname. Was ihm aber im Märchen geschieht, das tut die Magie des Erzählens dem Leser an. Zu Anfang des Siebenten [!] Kapitels kann der Erzähler demonstrieren, wie der Leser nun das Bewußtsein für den Zeitablauf ebenso verloren habe wie der Held (III 750f.). So erhebt die Zeitentrückung das Märchen zum Bild der Kunst.

Gesellschaftsroman und Bildungsroman

Züge zu einem kritischen Porträt der Gesellschaft implizierte schon die groteske Idee, eine Sanatoriumspopulation als Bewohner des Venusbergs darzustellen. Der Ausbruch des Weltkriegs und der bittere Kampf mit dem älteren Bruder öffnete Thomas Mann dann die Augen für die politischen Implikationen seiner

---

[17] Vgl. Karthaus 1970, Reed 1996, 249, Heftrich 1975, 328 Anm. 23, Ricoeur 1989, 212f. u. 219-221; ferner Heidegger (23.8.25, in Arendt 1998, 45).

Vorstellungen von einer dem Erbe der Romantik verpflichteten Kunst. So quälend *Die Betrachtungen eines Unpolitischen* mit ihrer sich in unendlichen Widersprüchen verfangenden Argumentation wirken, so hanebüchen politikfern auch noch die Republik-Rede von 1922 den Zeithistoriker berühren muß, heben sie doch psychologische Einsichten in die Weltsicht des deutschen Bürgertums dieser Zeit ins Licht des Bewußtseins, die anderwärts nicht leicht zu beziehen sind. Thomas Mann entdeckt untergründige Verbindungen zwischen „romantischer" Kunstauffassung und deutschnationaler Politikauffassung, die er im *Zauberberg* dann durch den mißtönenden Zusammenklang der – nur indirekt evozierten (III 907) – Namen Wagner und Bismarck symbolisieren wird. *Die Betrachtungen eines Unpolitischen* haben Gelegenheit geboten, den Drang zur direkt theoretischen Analyse bis hin zu seinem Scheitern abzuarbeiten; so wurde der Roman entlastet und für die reine Darstellung freigesetzt. Sie haben für Thomas Mann aber auch das Material aufbereitet, auf dem seine psychologischen Analysen von Deutschland und den Deutschen bis zum *Doktor Faustus* aufbauen werden.

Darüber blieb das Romanmanuskript für dreieinhalb Jahre liegen. Als er im Frühjahr 1919 das vor Zeiten Geschriebene wieder durchgeht, erscheint Thomas Mann die „Satire auf die abgelaufene Epoche darin" stärker als im *Untertan* des Bruders Heinrich (Tgb 12.4.19), der gerade große Erfolge feiert. Mit Krieg und Niederlage im Rücken sowie Revolution und Räterepublik vor Augen erweitert er die Konzeption der ohnehin schon aus ihren Maßen platzenden satirischen Novelle zum Gesellschaftsroman. Castorps ursprünglich komische Disposition, seiner Herkunftswelt verloren zu gehen, wird nun aus einem grundsätzlichen Mangel dieser Herkunftswelt motiviert: seine „geistig-sittliche Indifferenz, Glaubenslosigkeit und Aussichtslosigkeit" soll der Leser als eine „geistige Zeitbestimmtheit" verstehen lernen (Tgb 9.6.19). Wenn die Epoche, „das Unpersönliche um ihn her", sich dem einzelnen Menschen „als hoffnungslos, aussichtslos und ratlos heimlich zu erkennen gibt und der bewußt oder unbewußt gestellten, aber doch irgendwie gestellten Frage nach einem letzten, mehr als persönlichen, unbedingten Sinn aller Anstrengung und Tätigkeit ein hohles Schweigen entgegensetzt, so wird gerade in Fällen redlicheren Menschentums eine gewisse lähmende Wirkung solches Sachverhalts fast unausbleiblich sein" (III 50).

Die an Arbeitsscheu grenzende Trägheit des Helden wird so zum redlichen Symptom eines zeitdiagnostischen Sensoriums geadelt. Entsprechend vermutet der Erzähler später, daß Castorp der magischen Anziehung von Clawdia Chauchat und ihrem Zauberberg nur deswegen keinen Widerstand entgegensetzen konnte, weil „seiner schlichten Seele aus den Tiefen der Zeit über Sinn und Zweck des Lebensdienstes" keine „irgendwie befriedigende Auskunft zuteil geworden" sei (III 321), daß also die Bergentrückung den Helden nur verschlingen konnte, weil seine Wurzeln im heimatlich-bürgerlichen Erdreich keinen festen Halt mehr faßten. Tannhäuser-Parodie und Gesellschafts-Satire sind damit logisch verknüpft. Daß Thomas Mann im Laufe der Arbeit die Satire dann doch seinem Bruder überließ und stattdessen ein Gesellschaftsporträt im ironisch-humoristischen Stile malte, wird kaum überraschen. Erscheint Hans Castorp darin als Repräsentant des deutschen Bürgertums der Gegenwart, so gruppieren sich die übrigen Hauptfiguren um ihn als Repräsentanten jener geistig-seelischen Mächte, die sich im Untergang der bürgerlichen Epoche um die deutsche Seele streiten.[18] Im verhinderten Leutnant Joachim Ziemßen zeigt sich die andere Seite deutscher Gegenwart, jener preußische Militarismus, der aus dem Moltke-Zitat vom Kriege spricht, ohne den „die Welt bald verfaulen" müßte (III 516; vgl. Weigand 1965, 105). Daß seiner durchwegs sympathischen Gestalt dennoch all die vom Autor so verabscheuten wilhelminischen Züge fehlen, ist wohl auch Thomas Manns schamhaltiger Loyalität gegenüber den jungen Soldaten geschuldet, die er bei Ausbruch des Krieges *nicht* an die Front begleitet hatte. Settembrini präsentiert sich als Erbe der Aufklärung und Vorkämpfer für Republik und Demokratie; seine Vorliebe für rhetorischen Glanz und schöne Form erweist ihn als einen Zwillingsbruder des „Zivilisationsliteraten", den zu bekämpfen der „Unpolitische" in den Ring seiner *Betrachtungen* gestiegen war. Die offen ins Feld geführte aufgeklärte Vernunft und die insgeheim dominierende ästhetische Weltperspektive verquicken sich in ihm zu aussichtslosen Widersprüchen. Sein Gegenspieler Naphta erbt als Parteigänger von Mittelalter und Romantik mancherlei Positionen, die in den *Betrachtungen* noch der „unpolitische" Autor verfochten hatte, doch offenbart die rücksichtslose Konsequenz, mit welcher der Fast-Jesuit und Salon-Kommunist diese Positionen in revolutionäre Forderungen ausmünzt, deren mörderisch-inhumanes Potential.

Vergleichsweise unpolitische Sphären repräsentieren die beiden Ärzte. Hofrat Behrens – Mediziner, Materialist und gutmütiger Zyniker – vertritt die zeitgenössische Großmacht der Naturwissenschaften. Er ist für den neuesten Stand der Technik zuständig, ob es nun um die Durchleuchtung mit Röntgenstrahlen geht oder um eine „vielen Kollegen noch gar nicht bekannte" Streptokokken-Diagnose (III 870) oder um die „letzte Errungenschaft" auf dem Gebiet des Grammophons (III 884). Doktor Krokowski hingegen darf als Psychoanalytiker zwar die Offenheit des Sanatoriums fürs Allerneuste demonstrieren, erscheint aus dem Blickwinkel orthodoxer Wissenschaft aber eher als obskurer Kurpfuscher. Seine Entwicklung zu Okkultismus, ja Spiritismus ist nicht dazu angetan, derartige Skepsis abzuschwächen. Zum Obskurantischen stimmt, daß er seine Wissenschaft mit den Verheißungen der Religion ausschmückt: wenn er „mit ausgebrei-

---

[18] Zum ungeheuer reichen Quellenmaterial, das Thomas Mann für diese Figuren verarbeitet hat, gibt es zahlreiche Untersuchungen: zu Settembrini s. Scheer & Seppi 1991, Nunes 1992, Wißkirchen 1995 und (zu den *Betrachtungen eines Unpolitischen*) Kurzke 1987; zu Naphta s. Wißkirchen 1986, 46-83, und Scheer & Seppi 1991; zu Behrens s. Virchow 1994; zu Krokowski s. Dierks 1972, 129-133, 1990a, 1991 u. 1995a, Finck 1973, 59-63, und Kurzke 1997; zu Castorps „Forschungen" auf winternächtlichem Balkon s. Virchow 1995; ferner das Kapitel 'Quellen' im Kommentar von GKFA, Bd. V. Bildvorlagen bei Wysling & Schmidlin 1975, 170-185.

teten Armen und schräg geneigtem Kopf" dasteht, sieht er „beinahe aus wie der Herr Jesus am Kreuz", und wie dieser verspricht er auch, alle zu erquicken, die da „mühselig und beladen" sind (III 183).

Die Fülle der namentlich genannten Sanatoriums-Patienten ist unterschiedlich stark individualisiert. Das Gesellschaftsporträt bereichern sie vor allem um Karikaturen: von Frau Stöhr, in der sich die Bildungsprätention als unerschöpfliche Quelle von Bildungsschnitzern manifestiert, bis zu Herrn Albin, der den Versuch endgültig aufgegeben hat, den Anforderungen der Gesellschaft zu genügen, und von Hans Castorp um die Vorteile dieser Schande beneidet wird.

Clawdia Chauchat ist Repräsentantin nur in jenem Kontrastspiel der Völkerpsychologie oder, besser gesagt, Kulturenphysiognomik, das der Roman ins Gewand einer geistigen Geographie kleidet. Als Verführerin zu russisch-slawischer Formlosigkeit und Formauflösung bildet sie den östlichen Widerpart sowohl zu Settembrinis italienischer Verehrung der maßvoll-klassischen Form wie zu Naphtas Propagierung der spanisch-totalitären Überform. Freilich stecken diese „geographischen" Lokalisierungen voller Zweideutigkeit. Settembrini gehört nicht nur als antikisch-italienischer Humanist nach Süden,[19] sondern über französische Aufklärung und Französische Revolution auch nach Westen. Naphta ist nicht nur durch die Societas Jesu an Spanien als die südwestliche Grenzregion Europas gebunden, sondern hält durch seine ostjüdische Herkunft auch unterirdische Verbindung zur asiatischen Formverachtung. Ins Große zielt solche Zweideutigkeit dann in Mynheer Peeperkorn: als Niederländer und Nachbar der kapitalistischen Engländer ist er dem Westen zuzuschlagen, als javanischer Kaffeekönig stammt er aus jenem fernen Asien, das schon im *Tod in Venedig* den formzerstörenden Dionysos über Europa geschickt hatte.

Peeperkorns religiöse Verpflichtung auf Lobpreis und Befriedigung des fordernden Lebens freilich repräsentiert auch Zeitgenössisches: unter Rückgriff auf den enthusiastischen Pantheismus der Goethezeit – zu der auch Castorps Verehrung der „Persönlichkeit" paßt – huldigt er jenem Kult des Lebens, der von naturalistischen Dichtern wie von neueren „Lebens"-Philosophen betrieben und von Nietzsche ins Übermenschliche gedrängt wurde. Daß hier das übermenschliche Format[20] ans Unmenschliche grenzt, zeigen die elementarischen und gewaltbereiten Züge seiner Persönlichkeit ebenso wie der vom Scheitern erzwungene Selbstmord.

All diese Protagonisten sind, sofern sie nicht noch auf dem Zauberberg sterben, dazu verurteilt, im Weltkrieg zu verschwinden. Der Gesellschaftsroman entfaltet das Panorama der letzten Jahre der bürgerlichen Epoche, um – als Prophetie post factum – den Weltkrieg als Konsequenz ihrer Verkommenheit zu demon-

---

[19] Zur so vielschichtigen wie zentralen Bedeutung Italiens im Werk Thomas Manns s. Jonas 1969 und Galvan 1995.

[20] Peeperkorn ist eine Parodie Christi wie des Dionysos (vgl. Seidlin 1971, 107-119), und er weiß davon (s. Marx 1992).

strieren. Die Gattungsvorgabe wird freilich ironisch gebrochen, indem Thomas Mann den Gesellschafts- mit dem Bildungsroman durchkreuzt. Zeigt der Gesellschaftsroman den Untergang der bürgerlichen Epoche, so stellt der Bildungsroman vor Augen, *was* da untergeht: Hans Castorps Bildungsweg versammelt noch einmal die besten Einsichten und Erfahrungen dieser bürgerlichen Welt.

Im Bildungsroman, wie er durch Goethe geschaffen und in der deutschsprachigen Romangeschichte vielfältig ausdifferenziert worden ist, versucht sich ein junger Mann an dem heiklen Übergang aus abhängiger Kindheit zu erwachsener Selbständigkeit, indem er seine vertraute Herkunftswelt verläßt und in eine asoziale und anomische, abenteuerhaltige Sphäre verschlagen wird. Als ein Initiationsvorgang führt sein Weg ihn durch Todeserfahrungen zu symbolischer Wiedergeburt (vgl. Neumann 1992 u. 1997). Gelingt der Übergang, so fügt der Held sich am Ende als verantwortliches Mitglied in eine menschliche Gemeinschaft ein.

Thomas Mann hatte schon *Die Bekenntnisse des Hochstaplers Felix Krull*, die er ja noch vor dem *Tod in Venedig* in Angriff genommen hatte, als Parodie zunächst auf Goethes *Dichtung und Wahrheit*, dann auch auf den Bildungsroman Goethescher Provenienz konzipiert.[21] Als er sich dann im Sommer 1921 für seinen Vortrag *Goethe und Tolstoi* wieder ausführlich mit Goethe beschäftigte, gingen ihm „Sinn und Idee des Zbg" von neuer Seite auf: „Er ist, wie der Hochst[apler], auf seine parodistische Art ein humanistisch-goethischer Bildungsroman, und H.C. besitzt sogar Züge von W. Meister, wie mein Verhältnis zu ihm dem Goethe's zu seinem Helden ähnelt, den er mit zärtlicher Rührung einen 'armen Hund' nennt."[22] Freilich haben Gesellschafts- und Bildungsroman einen deutlich gegenläufigen Zug. Besitzen im Porträt der Gesellschaft alle Figuren ihr eigenes Recht der Repräsentation, so organisiert der Bildungsweg sie als konkurrierende Größen um die Zentralfigur des Helden. Als Repräsentanten entwirft freilich auch der Bildungsroman seine Gestalten: als hinge ihnen noch ein Rest von den Allegorien alter Moralitäten an, so dringen sie als Vertreter sei es historisch bezeichnender, sei es anthropologisch typischer Möglichkeiten, Versuchungen und Gefahren auf den Helden ein.

Es kann kein Zweifel bestehen, daß Hans Castorp der zentrale und einzige Held in Thomas Manns Roman ist. Die übrigen Figuren umlagern ihn im Kampf um seine „arme Seele" (III 660, 700, 796). Soweit folgt der Grundriß dem Mu-

---

[21] S. BrAmann 30, Nb II 283 und GW XII 101.
[22] Tgb. 15.6.1921; vgl.a. Tgb. 26.7.1921, GW XI 851 u. 616, DüD I 465, 470 u. 472. – Die Forschung hat diese Hinweise zunächst bereitwillig aufgenommen: Weigand [1933] 1965; Meyer [1950] 1975, 59; Scharfschwerdt 1967, bes. 3. Kap.; Reed 1973, 226; Heftrich 1975, Karthaus 1983. Es folgte eine Periode scharfen Widerspruchs, in der man den *Zauberberg* als „Entbildungsroman" deutete: Kristiansen 1978; Koopmann 1983, 26-28; Kurzke 1985, 210; Wysling 1990a, 419-421; Überblick über die Forschung bei Jacobs 1989. Neuere Arbeiten berücksichtigen diese Einwände, stellen den Roman aber dennoch wieder in die Gattungstradition des Bildungsromans: Neumann 1997 und Schneider 1999, bes. 336-344.

ster des Bildungsromans. Andrerseits sucht der Erzähler dem Leser ausdrücklich einzuschärfen, daß er Hans Castorps Geschichte „nicht um seinetwillen" erzählt, „sondern um der Geschichte willen, die uns in hohem Grade erzählenswert scheint" (III 9; vgl. 994). Das erstattet den Figuren ihr repräsentatives Eigengewicht zurück und bindet Hans Castorp entschieden in die Intention des Gesellschaftsromans ein. Einerseits ist auch er Repräsentant: des deutschen Bürgers am Ende des bürgerlichen Zeitalters und des deutschen Menschen in der politisch-kulturellen Mitte zwischen Ost und West. Andrerseits dient er als ein Mittel des Erzählens dazu, den komplexen Bau aus gegenläufigen Gattungsparodien zusammenzuhalten. Seine Gegenwart spornt die Gegner im Streit um seine Seele dazu an, ihre Positionen möglichst stark zu machen. So leuchtet in den degenerierten Enkeln noch einmal ihre große Abkunft auf. Hinter dem Zivilisationsliteraten Settembrini etwa wird der Humanist und der Aufklärer ahnbar, hinter dem terroristischen Dialektiker Naphta der homo religiosus, hinter der mondänen Russin Clawdia Chauchat die Göttlichkeit von Venus und Persephone. Das gibt dem Autor Gelegenheit, nicht nur Verfall und Untergang der bürgerlichen Welt im Bild des Lungensanatoriums zu malen, sondern auch das, was diese Welt zu besseren Zeiten einmal war und woran er immer noch hängt, auf Castorps Bildungsweg Revue passieren zu lassen.

Das vorbehaltvolle Abwarten aber, mit dem Castorp all diese Auftritte und Angriffe auf Distanz hält oder im Falle Chauchats auf Distanz bringen muß, eröffnet jenen Raum der Mitte und Vermittlung, in dem ein Resultat seines Bildungsweges ahnbar wird, ein Ethos, das der Held aus den Erfahrungen seiner Abenteuer zu gewinnen imstande ist. Wie er den *Zauberberg* als Parodie zum *Tod in Venedig* entwarf, war es nicht der schwächste der parodistischen Kunstgriffe, daß Thomas Mann das tragische Format des scheiternden Künstlers Aschenbach durch die Mittelmäßigkeit des zum Entgleisen bereiten flachländischen Bürgers ersetzte. Indem sich die Parodie aber im Laufe der Arbeit vom Satirischen ins Ironische erhöhte, wuchs diesem mittelmäßigen Bürger eine Fähigkeit zu, die in Thomas Manns Schriften der Zeit gerade den Künstler auszeichnet – Hans Castorps vorbehaltvolles Abwarten realisiert im Leben, was in der Kunst die Ironie ausmacht: das Hören auf beide Seiten, die Gerechtigkeit auch gegenüber Antipoden.

So gelangt sein Bildungsweg durchaus an ein Ziel. Der Vorbehalt gegen seine beiden pädagogischen Präzeptoren Settembrini und Naphta läßt ihn nicht nur erkennen, daß jeder von beiden nur zu Teilen rechthaben kann; er führt ihn darüber hinaus zu der Einsicht, daß das Wesentliche erst jenseits der dialektisch formulierbaren Gegensätze liegt: der Mensch „allein ist vornehm, und nicht die Gegensätze. Der Mensch ist Herr der Gegensätze, sie sind durch ihn" (III 685). Hans Castorp wird sogar zum Vorbehalt gegenüber seinen eigenen Affekten fähig. Deswegen läßt er, wenn Chauchat als Mätresse Peeperkorns zurückkehrt, nicht die Eifersucht von sich Besitz ergreifen, obwohl diese durchaus kräftig nach ihm greift (III 766-769) und obwohl Settembrini den Beherrschten überdies noch wegen Gefühlskälte verspottet (III 807, 811). Indem der Vorbehalt Raum schafft für Gerechtigkeit, Sympathie und Ehrfurcht, zeichnen sich die Konturen eines humanen Ethos ab, das Hans Castorp aus seinen Erfahrungen mit den Grundkräften der bürgerlichen Epoche entwickelt.

Daß ihn der Vorstoß zu solchem Ethos nicht vor dem Untergang des bürgerlichen Zeitalters im Weltkrieg retten kann, rührt aus der perspektivischen Annahme, daß jedes Ethos seiner Epoche angehört. Wie Thomas Mann mehrfach bekannte, hatte er während des Weltkriegs und in den ersten Nachkriegsjahren keine Ahnung, welche Art von Welt sich aus dem allgemeinen Untergang erheben würde. Da er sich aber nicht zum Propheten, sondern nur zum darstellenden Diagnostiker geboren fühlte, mußte er sich mit der Darstellung des Untergangs und des Untergehenden bescheiden. Für einen aus Erfahrung wie aus Reflexion überzeugten Ironiker bedeutete es schon das Äußerste, daß er in Castorps Schneetraum wie in Castorps doppeltem „Bund" mit Chauchat und Peeperkorn eine Humanität der Mitte in Vorschlag brachte, die als Resümee aus den Erfahrungen der bürgerlichen Epoche auch für eine unbekannte Zukunft aufbewahrens- und bedenkenswert erscheinen mochte. So wird der Bildungsroman parodistisch aufgehoben, indem er in den Gesellschaftsroman mündet, der den Helden dem Stumpfsinn und Untergang überläßt; umgekehrt wird der Gesellschaftsroman parodistisch durch den Bildungsroman konterkariert, indem dieser doch das, was Hans Castorp auf seinem Bildungsweg gewonnen hat, als erinnernswert auch noch über diesen Untergang hinaus festhält. In diesem Sinne kann Hans Castorp „im Geiste" überleben, was er „im Fleische wohl kaum überleben" wird (III 994).

Mehr war für den mittelmäßigen Helden nicht herauszuholen. Daß es sich nur um einen mittelmäßigen Helden handelte, daß die Geschichte nicht um seinetwillen erzählt wurde, sondern er zuvörderst als Mittel der Geschichte zu dienen hatte, das machten Parodie wie Gesellschaftsroman nötig. Freilich mußte solches Mittelmaß gewaltig über sich hinauswachsen, um seiner Funktion als Medium für die Beschwörung der bürgerlichen Epoche genügen zu können. Mann motivierte das als magische Steigerung zunächst mit den Mitteln des romantischen Zaubermärchens. Als er zu später Stunde in Marianne Thalmanns Romantik-Buch[23] auf die phantastische Welt der Alchimie stieß, ließ er Naphta den ganzen Zusammenhang noch einmal im Vokabular alchimistischer Steigerungs- und Verwandlungsprozesse erläutern. Der Vorgang beweist die enorme Beweglichkeit und Assimilationskraft der Leitmotivtechnik, aber auch die staunenswerte Fähigkeit des Autors, über diese Technik jederzeit Neues ins Vorhandene so einzuschmelzen, daß keine Nähte sichtbar bleiben. Die Analogie der Alchimie machte noch anschaulicher, wie die Steigerung nur in Gang bleiben konnte, so lange von außen die rechte Wärme zugeführt wird. Thomas Mann hatte diese „Wärme" leitmotivisch mit Castorps „Fieber" identifiziert, aber dieses

---

[23] Thalmann 1923; vgl. Abbot 1980.

Der Zauberberg 73

Fieber war selbst von langer Hand als Symptom für die erotische Reizung durch Clawdia Chauchat eingeführt. Die Leidenschaft ist die Kraft, die Hans Castorps Steigerungen und Verwandlungen möglich macht. Als die Russin endgültig abreist, kommen alle Transsubstantiationen an ihr Ende. Hans Castorp verliert seine gesteigerten Fähigkeiten wie der Inhalt einer alchimistischen Retorte, die man in die Kälte zurückstellt. Da er nicht länger als Medium der Erzählung gebraucht wird, wird er aus der zauberischen Gegenwart Clawdia Chauchats entfernt – auch die Hoffnung auf Clawdias Rückkehr hatte noch als solch magische Gegenwart gewirkt (III 485f.) –; damit versinkt er rasch in der stumpfsinnigen Normalität der Patienten und entschwindet schließlich im Krieg.

Körpermystik

Hans Castorps Fähigkeit zu Abweichung und Steigerung entstammt einer frühen Disposition. Schon der Knabe zeigte eine Faszination durch den Tod, die auch wohl eine Sympathie mit dem Tode genannt zu werden verdiente. Immer wieder brachte der kleine Hans seinen Großvater dazu, ihm die alte Familien-Taufschale[24] zu zeigen und die Reihe der Täuflinge, von dem Knaben aufsteigend über sieben [!] Generationen bis zum Ur-Ur-Ur-Ur-Großvater, zu erzählen, und dann lauschte er „seitwärts geneigten Kopfes, mit nachdenklich oder auch gedankenlos-träumerisch sich festsehenden Augen und andächtig-schläfrigem Munde auf das Ur-Ur-Ur-Ur, – diesen dunklen Laut der Zeitverschüttung, welcher dennoch zugleich einen fromm gewahrten Zusammenhang zwischen der Gegenwart, seinem eigenen Leben und dem tief Versunkenen ausdrückte und ganz eigentümlich auf ihn einwirkte: nämlich so, wie es auf seinem Gesichte sich ausdrückte. Er meinte modrig-kühle Luft, die Luft der Katharinenkirche oder der Michaeliskrypte zu atmen bei diesem Laut, den Anhauch von Orten zu spüren, an denen man, den Hut in der Hand, in eine gewisse, ehrerbietig vorwärts wiegende Gangart ohne Benutzung der Stiefelabsätze verfällt; auch die abgeschiedene, gefriedete Stille solcher hallender Orte glaubte er zu hören; geistliche Empfindungen mischten sich mit denen des Todes und der Geschichte beim Klang jener dumpfen Silbe, und dies alles mutete den Knaben irgendwie wohltuend an" (III 36).

Im fromm gewahrten Zusammenhang der eigenen Gegenwart mit den in den Tod versunkenen Vorvätern kehrt jene Kette wieder, als deren Glieder Jean seiner Tochter Tony die einzelnen Buddenbrooks gedeutet hatte. Diese Ehrfurcht gegenüber den vergangenen Toten, denen die gegenwärtige Welt zu verdanken steht, verschmilzt auf eigentümliche Weise mit jener Ehrfurcht, welche die hallenden Kirchen in die Brust der Gläubigen senken: Katharinenkirche und

---

[24] Beschrieben nach einem Erbstück der Familie Mann; Abb. in Wysling & Schmidlin 1975, 170.

Michaeliskrypte, Kirche und Grablege also, werden in einem Atemzug genannt. In ihnen besitzt die Transzendenz der sakral erhöhten bürgerlichen Tradition dieselbe sinnlich-materielle Konkretheit, wie sie Jean und Tony Buddenbrook in den alten Fassaden der grauen Giebelhäuser erleben.

Thomas Mann hat hier eigene Erfahrung gestaltet. Die „modrig-kühle Luft" mit ihrem ehrfurchtweckenden „Anhauch" reimt sich insgeheim auf einen Nietzsche-Satz, den er immer wieder zitiert:[25] „Mir behagt an Wagner, was mir an Schopenhauer behagt: die ethische Luft, der faustische Duft, Kreuz, Tod und Gruft". Dieses Wort, so Thomas Mann (XII 541), sei ihm „Symbol für eine ganze Welt, *meine Welt*, eine nordisch-moralistisch-protestantische, id est *deutsche*" Welt. In *Buddenbrooks* wurde die individuelle Gegenwart mit all ihren Zufällen und Wandlungen durch die ewige Geltung der Bürgertradition noch sicher gehalten. Im *Zauberberg* entgleitet die Tradition schon für den kleinen Hans Castorp merklich in die Vergangenheit. Der alte Großvater, der ihm die patrizische Welt verkörpert, mutet zwischen seinen Zeitgenossen wie ein lebendes Fossil an. Erst der Tod scheint seine wahre, von allem zeitgenössisch Zufälligen gereinigte Form herauszutreiben: aufgebahrt in der altdeutschen Amtstracht des Ratsherrn, sieht ihn der Enkel der Interimsanpassung an das gegenwärtige Leben „nun feierlich überhoben und in seine eigentliche und angemessene Gestalt endgültig eingekehrt" (III 42). Es ist eine Gestalt der strengen Form. Steifer Kragen, gerade Haltung und frommer Ernst künden davon, daß die Gründungen der Väter an die Söhne und Enkel nicht nur als Privilegien, sondern auch als Forderungen vererbt werden. Diesem Tod, der aus den Lebensanpassungen die „wahre Gestalt" (III 43) herauslöst, fast wie die platonische Idee aus ihrer Vermischung mit der Materie, ist Hans Castorp im Zauberberg auf der Spur, ob er nun als barmherziger Samariter todgeweihte Patienten besucht oder auf nächtlichem Balkon vom Zusammenhang zwischen den Lebens- und den Zersetzungsprozessen des Organischen liest, – ja der Zauberberg als ganzer ist in unzähligen Details als Totenreich gestaltet. Castorps Weg durch „Abenteuer im Fleische und Geist" (III 994) ist eine Hadesfahrt. Hierin berühren sich Märchen und Mythos.

Die Lebens- und Körperfeindlichkeit der Liaison zwischen dem Tod und der Wahrheit hat Thomas Mann in Schopenhauers Pessimismus ebenso wiedergefunden wie in Nietzsches Dekadenzpsychologie (XII 79);[26] sie erschien ihm als ein altes protestantisch-moralisch-puritanisches Erbe und als ein entscheidendes Element der eigenen, auf erkennende Durchdringung aller Oberflächen zielenden Kunst (X 837). Daran ändert es zunächst kaum etwas, wenn der Tod als zweideutig vorgestellt wird: er bringe nicht nur im geistlichen Sinne die endgültige, stren-

---

[25] Nietzsche an Erwin Rohde, 8.10.1868 (1986: II 72); zit. in GW XII 146f. Vgl.a. GW X 837, XII 79, 407 u. 541 und IX 558.

[26] „Die Natur", so heißt es in einer vor dem *Zauberberg* geschriebenen Passage des *Felix Krull*, „ist nichts als Fäulnis und Schimmel" (GW VII 283; vgl. ebd. 634). Das Bild ist Schopenhauer entlehnt (1977: III 9); zum geistesgeschichtlichen Kontext s. Neumann 1991, 412-421 u. 544-547.

ge, ideelle Form zutage, sondern müsse sich dabei im Körper auch als formauflösend betätigen bis hin zum Übelriechenden; in diesem Sinne habe es mit ihm eine „eher fast unanständige, niedrig-körperliche Bewandtnis" (III 43f.; vgl. I 587f.). Ein wahrer Puritaner würde das mit Fassung tragen und den üblen Geruch nicht dem Tod, sondern nur dem Körper auf die Rechnung setzen. Daß Thomas Mann hier auch dem lebendigen, materiellen Körper eine „Form" zuerkennt, die diesen philosophisch und ästhetisch gewichtigen Namen verdient, wird im Gegensatzspiel des Romans das Einfallstor abgeben, durch das die „Sympathie mit dem Tode" zu erschüttern ist.

Körperliches spielt im Werk des frühen Thomas Mann kaum je eine andere Rolle, als die Kontrastierung von Gesundheit und Verfeinerung oder die Darstellung des Verfalls mit anschaulichen Symptomen zu versehen. Lust an der lebendigen Gegenwart des Körpers ist dem analysierenden Psychologen fremd. Nacktheit kommt nicht vor.[27] Wohl bricht der erotische Reiz des Körpers sich manchmal dennoch Bahn: das bloße Pulsieren des Blutes in den Adern einer Hand kann Wollust ausdrücken und erregen (VIII 10), der „warme Duft" aus Frau von Rinnlingens Brustausschnitt kann den kleinen Herrn Friedemann um jede Fassung bringen. Aber auch das ist selten. Noch in der venezianischen Novelle will Gustav von Aschenbach in Tadzio nur die „vollkommene" Schönheit sehen, wie sie sich sonst allenfalls in „griechischen Bildwerken aus edelster Zeit" findet, jene „reinste Vollendung der Form" (VIII 469), die den körperlichen Reiz als den ersten Schritt zum Aufstieg ins Reich der höchsten Ideen adelt[28] – und entkörperlicht. Die sexuelle Kraßheit des Körperlichen, das Nackte, das Obszöne, die Vermischung in „Unzucht", bleibt in den Rahmen eines wollüstig-schreckhaften Albtraums gebannt (VIII 516f.).

Analog ist Hans Castorp aufgewachsen. Hanseatische Ordnung und Sauberkeit hüten jenen „Wäscheschatz", der den Körper verschwinden macht. Noch als er auswärts studiert, schickt Castorp seine Wäsche „regelmäßig zur Reinigung und Ausbesserung nach Hause (denn seine Maxime war, daß man außer in Hamburg im Reiche nicht zu bügeln verstehe), und eine aufgerauhte Stelle an der Manschette eines seiner hübschen farbigen Hemden hätte ihn mit heftigem Unbehagen erfüllt." (III 48) Für sexuelle Bedürfnisse gibt es St. Pauli (III 932[29]), das bürgerlicher Pragmatismus fürs Unvermeidliche unter dem Unanständigen vorhält. Seine erotischen Sehnsüchte aber, sein Liebesleid um Pribislav Hippe, bleibt so unbedingt in den Grenzen schwärmerischer Reinheit, daß man bezweifeln

---

[27] Und wenn einmal doch, im *Kleiderschrank*, dann verknüpft sich ihre „holde" (GW VIII 159) Gegenwart und ihr Erzählen mit der stillschweigenden Forderung nach körperlicher Enthaltsamkeit (GW VIII 161).

[28] Mit Platos Philosophie der Erotik hatte Mann sich schon zu Anfang des Jahrhunderts gründlich auseinandergesetzt (s. Galvan 1999).

[29] In einer früheren Niederschrift (White 38f.) enthielt schon das dritte Kapitel eine deutlichere Anspielung.

darf, ob sich der Schüler des erotischen Charakters seiner Gefühle überhaupt bewußt wird (III 171).

Die Bergverzauberung jedoch wird für ihn zur Fahrt ins Reich des Körpers (vgl. Schneider 1999, 294-320). Dem Autor erwächst unter der Arbeit mit diesem Roman „das Sinnlichste", „was ich geschrieben haben werde" (Tgb 12.3.20); wiederholt ist von „Körpermystik" die Rede.[30] Dem Besucher beschert schon der erste Morgen im Sanatorium, neben „verbraucht melodiösen" Walzerklängen aus dem Dorf, anstößige Geräusche aus dem Nachbarzimmer: ein Fangen, Küssen und Keuchen, das schließlich „ins Tierische" übergeht (III 59[31]). In der Sexualität scheint Castorp der Körper eigene Wege zu gehen und wird daher als etwas Abgetrenntes, nicht zur eigenen Menschlichkeit Gehöriges empfunden. Noch am ersten Tag meldet auch sein Körper derartige Eigenmächtigkeiten an. Er schildert es Joachim mit ungewohnt indezenter Ausführlichkeit, „indem er beide Hände zum Herzen führte wie ein Verliebter" (III 103): „Siehst du, man hat Herzklopfen, wenn einem eine ganz besondere Freude bevorsteht oder wenn man sich ängstigt, kurz, bei Gemütsbewegungen, nicht? Aber wenn einem das Herz nun ganz von selber klopft, grundlos und sinnlos und sozusagen auf eigene Hand, das finde ich geradezu unheimlich, versteh mich recht, es ist ja so, als ob der Körper seine eigenen Wege ginge und keinen Zusammenhang mit der Seele mehr hätte, [...]." Mit gleich selbständiger Hartnäckigkeit hält sich seit den morgendlichen Beischlafgeräuschen jene Hitze im Gesicht, die Fieber indiziert. Das Herzklopfen rührt bereits von der Erschütterung durch Clawdia Chauchat her, die ihn bald allen Formen von Ordnung und Anstand entfremden wird.

Der Körper dieser Frau ist durchaus nicht von antikisch vollkommener Schönheit (III 336), auch nicht „gepflegt und veredelt", wie das bei Damen aus Hans Castorps gesellschaftlichen Kreisen zu erwarten stünde. Ihre Hände sind breit und kurzfingrig, die Haut neben den Nägeln hat, offenkundig vom Fingerkauen, „aufgerauhte" Stellen, wie Castorp sie nicht einmal an seinen Manschetten ertragen könnte. Doch gerade von solcher Vernachlässigung der Formen geht ein Gutteil der Verführung aus, von ihrem Türenwerfen, ihrer schlaffen Haltung, ihrem katzenartigen Schleichen. Schon der erste Anblick erweckt in ihm unverstellte „Leidenschaftlichkeit" (III 110). Sein Auge hängt gebannt an diesem Frauenkörper in seiner konkreten Wirklichkeit: an Clawdias Hand mit ihren „Makeln

---

[30] Tgb 7.11.19 erwähnt ein „wollüstiges, körper-mystisches Element des Romans". Ebenso am 1.7.20 über das „physiologische Gespräch" mit Behrens ('Humaniora'): „Der geistige Ausbau ist vielfach, es ist ein Wandern in der Welt des Gedankens, Humanismus und wollüstige Körpermystik vermischen sich." Schließlich bemerkt Hans Castorp über den Beitrag des Körpers zu Peeperkorns „Persönlichkeit" (GW III 809): „sobald das Körperliche eine Rolle spielt, wird die Sache mystisch –; und das Körperliche geht ins Geistige über, und umgekehrt, und sind nicht zu unterscheiden".

[31] Auch der Felix Krull des Ersten, vor dem *Zauberberg* geschriebenen Buches spricht vom „tierischen Liebesvollzug" als der „rohesten Art und Weise, dessen zu genießen, was ich einst ahnungsvoll 'Die große Freude' nannte" (GW VII 315).

Der Zauberberg 77

und Menschlichkeiten", dem weichen, „kaum bekleideten" Arm, der Brust unter verlockend durchsichtiger Gaze (III 182), dem „Halswirbel im Nackenausschnitt ihrer Bluse" (III 288), den hohen Wangenknochen, der „leicht aufgeworfenen Üppigkeit der Lippen" und den „schlechthin zauberhaft geschnittenen Kirgisenaugen" (III 206), dem Knie und der „ganzen schlanken Linie ihres Beines", die sich im Sitzen unter dem Rock abzeichnen (III 299), an Fuß und Knöchel unter der schwarzen Seide des Strumpfes (III 466). Die Kleidung, weit entfernt den Körper verschwinden zu lassen, erhöht nur den Reiz des in die Sichtbarkeit Drängenden (III 182). Und da jede Krankheit das Körperliche betont, erscheint ihm dieser lässige Körper noch weiter gesteigert, „noch einmal zum Körper gemacht" (III 321).

Das Wort, das der Erzähler so anschaulich über Clawdias Körper gleiten läßt, versagt sich Hans Castorp zunächst völlig. Er, dessen „stilles und fernes Verhältnis zu Pribislav Hippe" einst des Sprechens nicht bedurfte (III 172), begreift nun auch „die abenteuerliche Freiheit, mit der Frau Chauchat durch ihr Umblicken und Lächeln die zwischen ihnen bestehende gesellschaftliche Unbekanntschaft außer acht ließ, so, als seien sie überhaupt keine gesellschaftlichen Wesen und als sei es nicht einmal nötig, daß sie miteinander *sprächen* ..." (III 289). Dieses Verhältnis hat seinen Vorentwurf in Gustav von Aschenbachs Fernliebe zu Tadzio, die deren Erzähler ausführlich bedenkt (VIII 496f.): „Seltsamer, heikler ist nichts als das Verhältnis von Menschen, die sich nur mit den Augen kennen, – die täglich, ja stündlich einander begegnen, beobachten und dabei den Schein gleichgültiger Fremdheit grußlos und wortlos aufrechtzuhalten durch Sittenzwang oder eigene Grille genötigt sind. Zwischen ihnen ist Unruhe und überreizte Neugier, die Hysterie eines unbefriedigten, unnatürlich unterdrückten Erkenntnis- und Austauschbedürfnisses und namentlich auch eine Art von gespannter Achtung. Denn der Mensch liebt und ehrt den Menschen, solange er ihn nicht zu beurteilen vermag, und die Sehnsucht ist ein Erzeugnis mangelhafter Erkenntnis."

Indem freilich Castorp nicht mehr in Aschenbachs platonischem Idealisieren befangen bleibt, gerät auch die skeptische Verknüpfung von Liebessehnsucht und Unkenntnis in Bewegung. Allerdings beschränkt sich das Austauschbedürfnis während der ganzen ersten Hälfte des Romans auf Blicke und Blickwechsel. Die Sprachlosigkeit ist stark motiviert: Sprache bedeutete die „Unterbringung" des Benannten „im Bekannten und Gewohnten", wohin es durchaus nicht gehört (III 171). Sprache erzwänge auch das Einmünden in gesellschaftliche Rollenkonventionen (III 289), zum Beispiel verböte sie Hans Castorp das „Du", das seiner intimen Nähe einzig angemessen erscheint (III 470). Aber diese abenteuerlichen Gewinne werden mit dem imaginären Charakter der Beziehung bezahlt. Als sprachlose Augenliebe kommt Hans Castorps Erkenntnis des geliebten Menschen über die Kenntnis des geliebten Körpers kaum hinaus. Was er freilich gewinnt, sind Einsichten in sein eigenes, von der Leidenschaft zu diesem Körper entfesseltes und gesteigertes Ich. Sein Bild von Clawdia Chauchat ist während der ersten fünf Kapitel das Produkt von „Männerphantasien".[32]

Das wird im Text an einem Verfahren sichtbar, das die Forschung zuweilen irritiert hat.[33] Die Figur der Russin mit dem französischen Namen ist fürwahr „überdeterminiert" in ihren mythopoetischen Bezügen. Sie ist die Liebesgöttin dieses Venusberges und als Genius loci (III 486) die Königin der Totenwelt: Persephone, die Castorp den Granatapfel reicht (III 493), was zudem an Eva denken läßt. Settembrini apostrophiert sie einmal als homerische Kirke (III 345), einmal als biblische Lilith (III 456), außermenschliche Verführerinnen alle beide. Später vergleicht er sie mit Beatrice, Dantes „Führerin durch alle neun kreisenden Sphären des Paradieses" (III 717); das ist natürlich boshafte Kontrafaktur, denn das Sanatorium erinnert ihn ja eher an die Hölle (III 496), aber es hat tieferen Sinn, denn auch Dantes Liebe zu Beatrice war eine Fernliebe. Wie Kalypso den Odysseus oder die Elfenkönigin den Reimer Tom entrückt Chauchat Hans Castorp für sieben Jahre der Welt seiner Herkunft und Ordnung, sie entführt ihn seiner gesellschaftlichen Bestimmung wie Carmen den Don José (III 848) oder Dido den Aeneas (so Frizen 1987, 247), zieht ihn in den Liebestod wie Aida den Radames (III 896) oder Isolde den Tristan. So verdichtet Thomas Manns Zitierspiel Clawdia Chauchat zu einem Brennpunkt all jener Motivtraditionen, welche die Imagination verführerischer Weiblichkeit mit Sünde, Subversion und Tod beladen. Die schon an Gerda Buddenbrook erprobte mythologische Polyvalenz wird ins Extrem getrieben, und abermals steht im Zentrum der Zuschreibungen eine Figur, die als „Heimsuchung" die friedliche Ordnung eines Lebens hinwegfegt (V 1082f.; vgl. oben S. 29).

Hans Castorps Bildung reicht nicht aus, um diesen Hexensabbat mythopoetischer Phantasmen zu überblicken. Daß er in Carmen und Aida die Be- oder Anzüglichkeit erkennt, ist bereits ein spätes Ergebnis neugewonnener Einsicht. Settembrinis Gelehrtheit kann er noch kaum folgen und die meisten Anspielungen schiebt der Erzähler hinter seinem Rücken in den Text. Die Heerschar verlockend-drohender Frauengebilde stammt aus dem europäischen Bilder-Erbe, das die Perspektive des Einzelnen stärker bedingt, als er zu ahnen, geschweige zu wissen vermag. Über Hans Castorp hat sie besondere Macht, da kein Gespräch zur Realitätsprüfung zwingt und so die Phantasie die unbedingte Herrschaft über die Wirklichkeit behauptet. Dieser Zustand allerdings bezeichnet nur den Anfang von Castorps Liebesweg.

Da die „romantische" Exotik der Konstellation das Sprechen verbietet, sucht der Drang nach Erkenntnis sich andere Wege. Zunächst einmal schaut Hans

---

[32] Der Begriff nach Klaus Theweleit (Männerphantasien, 2 Bde., Frankfurt am Main 1977), der auf Thomas Mann jedoch nicht eingeht. – Ins Imaginäre gebannt blieb schon Aschenbachs wortlose Leidenschaft. Camille Paglia (1992, 723) nennt Tadzio treffend „ein Trugbild des entflammten Blicks".

[33] So etwa Wysling 1989, 107f.; Wyslings biographistische Lösung der „Probleme" erscheint mir sehr fragwürdig (s. Kommentar 'Quellen' in GKFA V).

Castorp sehr genau hin. Seine Sehnsüchte hindern ihn nicht, den konkreten Körpers mitsamt seinen „Makeln und Menschlichkeiten" (III 182) ganz realistisch wahrzunehmen. Während Aschenbach die Wirkung von Tadzios Schönheit als ersten Schritt zum Aufstieg ins Ideale umdeutete, läßt Castorp sich von Clawdias Körper in seiner un"veredelten" Körperlichkeit verzaubern. Das wird zum ersten Schritt, diesen Körper, dann den menschlichen Körper überhaupt und schließlich den ganzen Menschen in seiner Geist-Körperlichkeit zu würdigen. Die Sprache, der das Gespräch mit der Geliebten verwehrt ist, nimmt sie doch zu ihrem Gegenstand: im Gespräch mit dem Hofrat über dessen Ölgemälde wie in der Lektüre von allem über den menschlichen Körper nur Wissbaren. Beides verbleibt freilich noch im Reich des Imaginären, bis hin zu jener Vision vom „Bild des Lebens" (III 385f., 399), das mit seinen kirgisisch schief geschnittenen Augen und zum Kranz gelegten Haaren so unverkennbar die Züge Clawdia Chauchats trägt.

Dieses visionäre „Bild" bildet das erste Ziel aller Studien: insgeheim dachte Castorp immer „Clawdia", wenn er begeistert vom „Menschen" schwadronierte. Doch das liebevolle Licht, das von dem leidenschaftsgetragenen Bild der nackten Clawdia auf den menschlichen Körper im allgemeinen fällt, treibt den träumenden Studenten und studierenden Träumer ganz ernsthaft durch die Studien der Humaniora und an deren Ende noch über die selbstgesetzten Grenzen der Wissenschaft hinaus. Die Frage nach dem Leben führt zurück zur Materie. Die Frage nach der Materie führt zurück zum Nichts. Angesichts des Nichts aber führt die Frage, warum überhaupt etwas sei und nicht nur Nichts?, auf die staunende Erkenntnis, daß der Rückweg vom Nichts über Materie und Leben zur geist-körperlichen Menschlichkeit als ein Weg der Steigerung zu deuten ist, in der jede höhere Stufe auf die niederen angewiesen bleibt und dennoch in ihrer höheren Qualität verehrungswürdig ist. So führt seine schandevolle Leidenschaft Hans Castorp dazu, im Menschen den Homo Dei als lebendiges Hochgebilde zwischen Tod und Tod zu erkennen, und seine anthropologische Wißbegier gelangt zur Gänze ihrer Erkenntnis erst in jener späten Stunde der Walpurgisnacht, in der er Clawdia in vollem Sinne „erkennen und besitzen" darf. Aber noch vor dieser „ausschreitungsvoll süßen Stunde" (III 486), nur auf Grund seiner sehnsuchtgeleiteten, am Imaginären sich abarbeitenden Buchstudien, geht ihm auf, daß Clawdias nackter Körper nicht nur formauflösendes instrumentum diaboli ist, sondern im Gegenteil auch „Bild des Lebens", anschauliche Form der lebendigen Balance zwischen Sein und Nichtsein, zwischen Stoff und Geist. Hier bereits ist die humanistische Einsicht vorbereitet, die viel später dann als Ergebnis des Schnee-Abenteuers in Kursivdruck erscheint.

Daneben erweist sich die endgültige, die „ideale" Form, die der Tod verleiht, als erstarrte „Überform", in ihrem zeitenthobenen Charakter der eisigen Regelmäßigkeit der Schneekristalle verwandt, aber auch den Bildwerken einer klassizistischen Kunst, welche den Stoff ganz zur Veranschaulichung des Geistes verzehrt (III 385). Hierher wäre das Œuvre des Gustav von Aschenbach zu rechnen, der eine von allem Dionysischen abgeschnittene, rein apollinische Kunst zu schaffen versucht hat; auf andere Weise ferner der terroristische Formkult eines Naphta mit seiner Verachtung des bloß Individuellen. Naphtas Beispiel zeigt, daß man die „lebendige Form" nicht nur anthropologisch, sondern auch soziologisch lesen kann. Wie der Körper des Lebens bedarf, um seine Form gegen die immerwährenden Abbauprozesse durchzusetzen, so bedarf eine Gesellschaft des „Sinns", also der überzeugenden Antwort auf die Frage nach dem Zweck „aller Anstrengung und Tätigkeit" (III 50, 321), um ihre Form aufrecht zu erhalten. Daß Castorp eine solch überzeugende Antwort nicht erhält, ist ein Indiz für die Schwächung der gesellschaftlichen Kohäsionskräfte. So kann ihn die Liebe zu Clawdia Chauchat aus allen gesellschaftlichen Ordnungen reißen. Was Settembrini an ihr als asiatische Formlosigkeit wahrnimmt, wirkt auf den jungen Mann als die Verheißung einer abenteuerlichen „Freiheit": mit den bürgerlichen Formen auch der Verpflichtungen ledig zu werden, deren Sinn ihm nicht mehr einleuchtet. Wenn er in dem französischen Walpurgisgespräch „la mort" auf „l'amour" reimt, so treffen sich Tod und Liebe in solcher Formauflösung.

Was Hans Castorp hier widerfährt, bezeugt, in welchem Ausmaß Thomas Mann während der Arbeit an dem Roman die Grundpfeiler seines eigenen Weltbildes umzubauen vermocht hat. Der Erzähler des *Tod in Venedig* hatte „die Sehnsucht" noch als „ein Erzeugnis mangelhafter Erkenntnis" bestimmt. Das enthielt ein gerütteltes Maß heimlicher Verachtung. Die *Betrachtungen* (XII 568) zitierten zustimmend Hans Blühers (1917: I 226f.) Definition des Eros als „die Bejahung eines Menschen, abgesehen von seinem *Wert*". Darin mag ein homoerotischer Erlebnishintergrund durchscheinen (Kurzke 1999, 368f.): daß die Schönheit eines geliebten Knaben eine beträchtliche Beschränktheit an Geist und Charakter umhüllen kann, bleibt für den liebenden Ästheten als Erdenrest zu tragen peinlich. Diese Erfahrung hielt im Bunde mit der bürgerlich-puritanischen Welt- und Körperverachtung (dazu Br I 177) das erotische Gegensatzspiel von 'Geist' und 'Leben' in Bewegung, auf dessen Ambivalenz aus unmischbarer Verschiedenheit und unwiderstehlicher Anziehung zwischen *Buddenbrooks* und *Zauberberg* die meisten poetischen Werke und theoretischen Bemühungen bauten.

Indem der *Zauberberg* in parodistischer Absicht das Verhältnis umkehrte, gelang es, diesen psychisch und ideologisch so festverknoteten Zusammenhang zu lösen. Nicht ein des Geistes voller Künstler wie Tonio Kröger verliebte sich hier in geistlose Gewöhnlichkeit, sondern ein mittelmäßiger Bürger ins Nächtig-Verbotene. Um den tieferen Absichten des Werkes zu folgen, mußte dieser Bürger durch seine fiebrige Leidenschaft gesteigert, das heißt zum Geist befähigt werden. Damit zerfällt der Gegensatz von 'Geist' und 'Leben'. Der Geist ist nicht länger erotisch auf die Geistlosigkeit fixiert. Der Körper erweist sich, zwischen den toddrohenden Gegensätzen von erstarrter Überform und zersetzender Formlosigkeit, als lebendige Form; da Form aber nur als eine Leistung des Geistes verständlich ist, enthüllt der Körper sich damit als eine Vermittlung von

Leben und Geist. Der Weg wird frei, auf dem die alte Welt- und Körperverachtung überwunden werden kann. Dieser Weg führt zur Humanisierung des Körpers wie zur Vermenschlichung des Geistes und er löst den Bann, der Eros zur wortlosen Distanz gezwungen hat.

Als eine „romantisch"-exotisch-verbotene Leidenschaft ist die Passion für die unkonventionelle, verheiratete, lungenkranke, auch homoerotisches Begehren in Castorp aufregende Russin im oben bezeichneten Sinne außerhalb der Sprache angesiedelt. Die Transposition ins klangvoll fremde Französisch verwandelt sein eigenes Sprechen denn auch in eine Art Singen – Settembrini wußte durchaus, warum er die Musik auf die Seite der Formauflösung schlug (III 160). Insgeheim kündigt sich darin aber schon der Umschlag an. Castorps „Erkenntnisbedürfnis" (VIII 496), das um der Sehnsucht nach Clawdias Körper willen schon so weit vorgedrungen ist in der Erkenntnis des Menschen, drängt nun über die Grenzen hinaus, in welche Sprachlosigkeit ihn einschließt. Französisch „Singen" bedeutet für ihn, mit dem Sprechen schon zu beginnen, bevor er noch zur Sprache durchgebrochen ist. Dieser Durchbruch geschieht, indem Hans mit Clawdia schläft, in jener nicht nur umschwiegenen, sondern auch unsichtbaren Peripetie also, die der Aufmerksamkeit vieler Leser entgeht.[34] Hier ereignet sich der endgültige Umschlag vom Imaginären ins Wirkliche, von der Erkundung dieses Körpers zu der Erkenntnis dieser Frau.

Wenn er zur Erinnerung Clawdias Röntgenbild, also die Photographie ihres Gerippes, zurückbehält, so liegt darin der Tribut an den „Genius des Ortes" (III 486), seine Königin der Totenwelt, und das Wissen, daß er diese Erkenntnis nur fern des bürgerlich-geordneten Flachlands gewinnen konnte. Das darf aber nicht darüber hinwegtäuschen, daß er schon in der eisigen Balkonnacht Clawdia Chauchat als „Bild des Lebens" begriffen und daß er auch im französischen Duett nicht nur le corps auf l'amour und la mort gereimt, sondern auch dieses „Bild" hymnisch zitiert hat (III 477): „Mais aussi il est une grande gloire adorable, image miraculeuse de la vie organique, sainte merveille de la forme et de la beauté, et l'amour pour lui, pour le corps humain, c'est de même un intérêt extrêmement humanitaire [...]." – „Aber er ist auch eine große anbetungswürdige Herrlichkeit, staunenswertes Bild des organischen Lebens, heiliges Wunder der Form und der Schönheit, und die Liebe zu ihm, zum menschlichen Körper, ist gleichfalls eine höchst humanistische Neigung [...]."

Mit der gemeinsamen Nacht ist die erste, die imaginäre Hälfte ihres Verhältnisses an ihr Ende gekommen. Clawdia Chauchat reist ab, ohne daß noch ein Wort zwischen ihnen gewechselt würde. Wenn sie dann aber wiederkehrt, als Begleiterin des übermächtigen Mynheer Peeperkorn, wird sprechend eine neue Art Beziehung aufgebaut und Venus-Persephone offenbart sich als Anwältin der „Mähnschlichkeit".

---

[34] Die Indizien sind gleichwohl deutlich genug gestreut: s. etwa GW III 483, 486, 591, 843–845, 854f.

„Um der Güte und der Liebe willen"

Vor Chauchats Wiederkunft hat Castorp allerdings noch sein Schnee-Abenteuer zu bestehen. In gewissem Sinne verdichtet dieses Kapitel den Grundriß des Romans zum allegorischen Bild (s. Reed 1985, 104-108 u. 114-116). Kann man Castorps Weg durch den Zauberberg insgesamt als eine Hadesfahrt lesen, so führt ihn seine Ski-Tour ganz buchstäblich bis an, ja über den Rand des Todes hinaus. Als Reich des Todes ist die Schneewildnis gezeichnet, mit der hexagonalen Regelmäßigkeit ihrer Kristalle und dem Todesschweigen ihres weißen Nichts. Und wenn Hans Castorp, mit der typischen Müdigkeit des Erfrierenden, sich ins Liegen gleiten läßt, ist er schon so gut wie tot. Physiologisch gesehen sind seine Träume die Halluzinationen eines Sterbenden. Doch wie einst an den vom Typhus gezeichneten Hanno Buddenbrook, so ergeht auch an ihn ein letzter Ruf des Lebens, und, anders als Hanno, antwortet er mit „Umkehr und Rückkehr" (I 754). Dieser Schluß enthüllt das Schnee-Kapitel auch als Gegenbild zum Roman: auf dem Höhepunkt seines Bildungsweges kann Hans Castorp sich dem Verhängnis so entreißen, wie es ihm später, als dem Helden des Gesellschaftsromans, nicht mehr vergönnt sein wird.

Was Hans Castorp auf dem Zauberberg lernt, ist der unheilvolle Charakter der verselbständigten Gegensätze. Wie die großväterliche Traditionsversteifung ihm eine gefährliche Nähe zur Formsicherheit der Todesstarre enthüllt, so entdeckt er in der neubürgerlichen Fortschrittsveneration eine unheilvolle Schwäche der gesellschaftlichen Kohäsionskraft. Ähnlich offenbaren alle Gegensätze tödliche Aspekte, wo man sie nur für sich genommen walten läßt. Auch seine Reise in den Venusberg, sein Sich-Verlieren an die „Vorteile der Schande" und ans Rasen der Leidenschaft, ist zwar notwendig, um ihn aus den verblendenden Erstarrungen des bürgerlich Gewohnten zu reißen, doch eine in sich gültige Alternative bietet „asiatische" Formlosigkeit nicht. Der Todestraum im Schnee setzt ins Bild, wohin die bedingungslose Abkehr von der Form führt.

Man kann die Gegensätze, aus deren Widerspiel die intellektuelle Landschaft des Romans besteht, durchweg als Gegensätze lesen, die des ironischen Vorbehalts bedürfen. Dieser Vorbehalt schafft zwischen ihren tödlichen Verabsolutierungen den Raum, in dem ein humanes Leben der Menschen überhaupt erst beginnen kann. Die beiden Gegenwelten von Hans Castorps Schneetraum aber bilden kein derartiges Gegensatzpaar. Hier gilt es nicht zu vermitteln, sondern zu unterscheiden. Die kinderverschlingenden Hexen, deren Sprache zu vulgär ist, als daß der Roman sie zu Wort kommen ließe (III 683), geben ein Bild der puren, zerstörerischen Gewalt, die ihren alles Menschliche vernichtenden Lauf nimmt, wo immer Tod, Natur, Leidenschaft sich frei, von Geist und Natur abgeschnitten, Bahn brechen – sei es, weil klassizistische Kunst wie bei Aschenbach oder eine ihre Grenzen vergessende Vernunft wie bei Settembrini diese dionysisch drohende Gegenwelt zu verdrängen sucht und darin notwendig scheitert, sei es, weil ein Naphta sich ihr zu sadistisch getöntem (III 638) Kult der Gewalt ergibt. Die

Hexen stellen eine Welt vor Augen, in der jede Vermittlung von Gegensätzen ausgetilgt ist.

Das Wort „Zauberberg" hat Thomas Mann wohl aus Nietzsches *Geburt der Tragödie* übernommen. Dort wird aus der Weisheit des Silen – das Beste für den Menschen sei: nicht geboren zu sein, das Zweitbeste: bald zu sterben – die Genese der griechischen Religion abgeleitet (1980: I 35): „Jetzt öffnet sich uns gleichsam der olympische Zauberberg und zeigt uns seine Wurzeln. Der Grieche kannte und empfand die Schrecken und Entsetzlichkeiten des Daseins: um überhaupt leben zu können, musste er vor sie hin die glänzende Traumgeburt der Olympischen stellen." Nietzsche begründete diese Genese aus dem von Schopenhauer übernommenen Ur-„Willen", der sich in der Verklärung der Griechen und ihrer Kunstwelt selbst anzuschauen strebt: in diesem Sinne „als *aesthetisches Phänomen* ist das Dasein und die Welt ewig *gerechtfertigt*" (1980: I 47). Dieser metaphysischen Fundierung der menschlichen Lebens- und Weltbejahung setzt Thomas Mann in Hans Castorps 'Schnee'-Traum eine aus der Erfahrung von Tod, Leid und Gewalt gereifte ethische Fundierung entgegen. Nietzsche will, in *Jenseits von Gut und Böse*,[35] unter der schmeichlerischen Farbe und Übermalung der Religionen und Philosophien den „schrecklichen Grundtext homo natura wieder heraus"erkennen, will den Menschen so „zurückübersetzen in die Natur". Thomas Mann nimmt die schreckliche Erfahrung mit diesem „Grundtext homo natura", um die Notwendigkeit einer die Natur überschreitenden humanen Ethik zu demonstrieren. Vor der Natur empfand Thomas Mann neben dem Ehrfurchtgebietenden immer auch die „stille Drohung" (22.1.55: DüD I 592) des Unmenschlichen, ja Menschenfeindlichen. „Die Natur ist *böse*, würde man sagen, wenn moralische Kategorien in Hinsicht auf sie überhaupt statthaft wären." (IX 114) Naturangst und frühe Körperfeindschaft beglaubigen sich gegenseitig, und der Körper verfällt der „bösen" Natur, wo er durch Verdrängung vom Geist abgetrennt wird.

Die „stille Drohung" beantworten die „Sonnenleute" mit humanisierender Vermittlung. Sie bringen natürliche Grundverhältnisse – die Freundschaft zwischen Knaben oder Mädchen, die Liebe zwischen Jünglingen und Frauen, die Zweieinheit von Mutter und Kleinkind – in zivilisierte Formen, wie am deutlichsten die Ehrfurcht zeigt, mit der die Jungen der stillenden Mutter begegnen (III 681). Natur und Kultur werden zu menschlicher Gesellschaft gefügt: höfliche Rücksicht, „die sie einander, unmerklich fast und doch kraft einer deutlich durch alle waltenden Sinnesbindung und eingefleischten Idee, auf Schritt und Tritt erwiesen". Körper und Geist verbinden sich zu menschlicher Schönheit: „Wie

---

[35] 7. Hauptstück, Kap. 230 (Nietzsche 1980: V 169). Ähnlich wertete Nietzsche schon in der *Geburt der Tragödie* jene barbarischen dionysischen Feste, denen die Einwirkung des griechisch Apollinischen abging (ebd., I 32): „gerade die wildesten Bestien der Natur wurden hier entfesselt, bis zu jener abscheulichen Mischung von Wollust und Grausamkeit, die mir immer als der eigentliche 'Hexentrank' erschienen ist." Eben dies verkörpert die Hexenszene in Castorps Schneetraum.

hübsch, gesund und klug und glücklich sie sind!" Dazu treten Ernst und Heiterkeit zu „verständiger Frömmigkeit" zusammen. (III 680) Das alles aber geschieht im Wissen um das Grauen und Entsetzen der Hexenwelt, im Wissen darum, was aus dem Menschen wird, wenn er die heiter-ernste Förmlichkeit seines Lebens fahren läßt oder auf die Gefahr des barbarischen Rückschlags vergessen will: „Waren sie so höflich und reizend zueinander, die Sonnenleute, im stillen Hinblick auf eben dies Gräßliche?" (III 684f.) Wie rasch der „schreckliche Grundtext homo natura" die zivilisatorische Oberfläche zu durchbrechen vermag, hatte Thomas Mann am Weltkrieg und während der Münchner Räterepublik an sich selbst[36] studiert. Das wird in Naphtas Terrorsehnsucht und im Bild der Hexenszene durchgearbeitet. Mit Blick aufs historisch Kommende liest es sich wie eine unheimlich treffende Vorahnung (s. Reed 1997, 317f.).

Im Zeichen seiner schon länger betriebenen Rückwendung zu Goethe (s. unten S. 132-135) bindet Thomas Mann das Ethos des Bildungsromans mit Zitaten an den Weimaraner. Die zeremoniellen Gesten, mit denen die jungen Sonnenleute die stillende Mutter grüßen, sind der „pädagogischen Provinz" in *Wilhelm Meisters Wanderjahren* entnommen. Feine Zitatspuren weisen von Chauchats „Mähnschlichkeit" zurück zur klassischen Humanität von Goethes *Iphigenie auf Tauris*. Während Settembrini einem ausschließenden Ethos huldigt, das die Russen und Russinnen als barbarische „Skythen" aus Europa exkludiert[37] und Hans Castorp gegenüber Peeperkorn auf „männliche" Eifersucht verpflichten will, wächst Castorp in ein einschließendes Ethos der Mitte und ironischen Vermittlung hinein.[38] Ähnlich hat auch Iphigenie vermittelt zwischen dem Skythen [!] Thoas und dem Griechen Orest. Ähnlich hat auch sie daran geglaubt, daß selbst der Barbar die Stimme der Menschlichkeit vernimmt; im *Zauberberg* wird gerade die Russin, die der italienische Humanist den Barbaren zuschlägt, zur Anwältin der „Mähnschlichkeit"! Wie Iphigenie im Augenblick der Krise ihren weiblichen Heroismus gegenüber Thoas in die berühmten Worte faßt: „Zwischen uns sei Wahrheit!" (3. Aufzug, 1. Auftritt, V. 1080f.), so wird auch Castorp in heikler Stunde und unter der Drohung von Peeperkorns Königszorn es doch vorziehen, ihm „die Wahrheit zu sagen [...] weil es längst mein Wunsch gewesen ist, daß Klarheit zwischen uns [...] herrschen möge" (III 843f.). Und wie Iphigenie diese Humanität gegen den drohenden Rückfall in die gewalttätige Fluchwelt des

---

[36] S. Tgb: November 1918 bis Mai 1919; dazu Abschnitt 'Leo Naphta' im Kommentar 'Quellen' von GFKA V; ferner Heftrich 1982, 143-156, und Lehnert & Wessell 1991, 25-37.
[37] Schon die *Betrachtungen* wenden sich gegen die „exklusive Solidarität und Brüderlichkeit" des Zivilisationsliteraten: „sie schließt aus, schließt strenge aus, was nicht er ist" (GW XII 323).
[38] In die mediterrane Sonnenszene hat Thomas Mann auch eine Figur des Gottes Hermes hineingeheimnißt, der im *Josephs*-Roman dann breit zum Mittlergott ausgebaut wird: s. den Hirten in GW III 680.

Atridenmythos bewährt,[39] so entwirft Hans Castorps Traum sie vor dem drohenden Hexenhintergrund des „homo natura".

Chauchats russische „Mähnschlichkeit" löst etwas ein, was eine Abweichung vom mythischen Bild der Verführerin schon in der ersten Hälfte angekündigt hatte.[40] Ihr vielbetrachteter Körper zeigte nicht die von Venus, Eva oder Kirke gewohnten erotischen Reize: die langfließenden Haare, die vollen Brüste, die ausschwingenden Hüften. Chauchats Äußeres trägt mädchenhafte, ja jungenhafte Züge, und Castorps Leidenschaft wird mehr als von allem anderen von einem so geschlechtsunspezifischen Körperteil wie ihrem schlanken Arm erregt. Tatsächlich entdeckt Hans Castorp ja schon früh, in seinem ekstatischen Traum am Bach (III 174), daß seine Leidenschaft zu Clawdia Chauchat auf seine vergessene, verdrängte homoerotische Liebe zum Knaben Pribislav Hippe zurückweist. Daß hier Autobiographisches durchklingt, liegt auf der Hand und ist in den letzten Jahren vielfältig erörtert worden.[41] Thomas Mann hat auf die eigene, vornehmlich homoerotische Erfahrung zurückgegriffen, um Castorps Passion darzustellen, sowohl was die zauberische Körperlichkeit der Geliebten als auch was die anfängliche Beschränkung auf die Augen- und Fernliebe des Liebenden angeht. Wie er im *Zauberberg* an einer Umwertung des durch Erziehung wie Erfahrung distanzierten, umängstigten Körpers arbeitet, das ist für seine psychische Entwicklung ebenso bedeutsam wie für seine Werkgeschichte. Weniger erhellend erscheint es mir, den Roman primär als eine Auseinandersetzung des Autors mit seiner „nicht ausgelebten" Homosexualität zu deuten.[42] Wenn dem so wäre, wäre es für den Leser, als ein bloß Privates, doch kaum erheblich. Tatsächlich bilden die homoerotischen Elemente im Text jedoch nicht nur Spuren eines verheimlichten autobiographischen Konflikts oder einer vorsichtigen Selbstanzeige, eines verdeckten „coming out", sondern sie werden offenkundig benutzt, um innerhalb des Textes eine bedeutsame und in sich schlüssige Konstellation zu entwerfen.

Daß Clawdia Chauchat und Pribislav Hippe sich zum androgynen Doppelbild zusammenschließen, zielt auf eine Utopie zwiegeschlechtlicher Ganzheit. Schon die Frühromantiker, so hatte Mann bei Ricarda Huch gelesen,[43] suchten das Ideal des Menschlichen nicht im Gegensatz der Geschlechter, sondern in der

---

[39] *Iphigenie auf Tauris*, 4. Aufzug, 5. Auftritt. Vgl. BrPonten 59 (31.1.1925): „In seiner [Goethes] *Iphigenie* gewinnt die Idee der Humanität, als Gegensatz der Barbarei, das Gepräge der Civilisation".

[40] Eine neue Qualität der Frauen-Darstellung erkennt auch Baumgart (1989, 44-64) in Manns Chauchat.

[41] S. vor allem Vaget 1982, Böhm 1985 u. 1991 (zum *Zauberberg* Kap. 9.5), Härle 1986, Baumgart 1989, Maar 1995, Kurzke 1997, Vaget 1997.

[42] Härle (1986, 42, 64ff. u.pass.) sieht alles Mannsche Erzählen als Maskierung des homosexuell „Eigentlichen" und leitet daraus monokausal die zentralen Erzähltechniken der Ironie und der Polyperspektivität ab. Wesentlich differenzierter arbeitet Detering (1994), doch tilgt auch er die Grenze zwischen poetischen und autobiographischen Texten wie zwischen „Fiktion" und „Narration" (S. 27-29) allzu rasch.

[43] Huch 1951, 188f.; vgl. GW X 430; dazu Detering 1999, bes. 166-169.

Androgynie; zeitgenössische Theoretiker bestätigten ihm die Annahme einer „ursprünglichen und natürlichen Bisexualität des Menschen" (X 195).[44] 1925 spekulierte er in dem Aufsatz *Die Ehe im Übergang* über einen kraft Frauenemanzipation und homoerotisch gestimmter Jugendbewegung sich anbahnenden „Ausgleich der Geschlechter", eine „Art von beiderseitiger Vermenschlichung".[45] Der Aufsatz bündelt verschiedene Linien, die schon den Roman durchziehen: in der geheimen Identität von Hippe und Chauchat wie in Castorps Überwindung eines bloß „männlichen" durch ein menschliches Ethos (III 811f.). Das Autobiographische hat auch hier bloß Materialwert. Für die Interpretation ist zum einen entscheidend, daß Chauchats androgyne Züge in Castorp die verschüttete homoerotische Disposition wiedererwecken und so seine Leidenschaft zu einer „verbotenen" Liebe machen, zugehörig der Sympathie mit dem Tode und vernunftwidriger Romantik; zum anderen, daß sie einen frühen Anknüpfungspunkt dafür bieten, wie das durch Settembrini, Naphta und Peeperkorn so vielförmig vertretene und doch durchwegs „männliche", auf Wettkampf, Duell und Gewalt fixierte und im Krieg sich historisch durchsetzende Ethos überschritten werden kann in Richtung auf eine „mähnschliche" Ethik der „Liebe", von welcher der Schlußsatz des Romans dann hoffend spricht (III 994).[46]

Hans Castorps Durchbruch zu einem vermittelnden, inklusiven Ethos – im winternächtlichen „Bild des Lebens" wie im walpurgisnächtlichen Lob des Körpers von langer Hand vorbereitet – bewährt sich im Vorbehalt gegen die Ansprüche dialektischer Einseitigkeit wie im Widerstand gegen die eigene Eifersucht, in der liebenden Sorge um den moribunden Joachim wie im doppelten Bund mit Clawdia Chauchat und Peeperkorn (III 830f. u. 849). Daß er den Schneetraum noch am selben Abend schon fast vergessen hat, sollte man angesichts solcher Tragweite[47] nicht fehldeuten.[48] Dieses Vergessen nimmt dem kursiv gedruckten Satz die Reduktion zum Kalenderspruch, die all die Erfahrungen

---

[44] Vor allem Blüher 1917: I 24-28, und Turel 1919; s.a. Tgb 24.11.19. Dazu Frizen 1980, 242, u. Härle 1986, 57ff. u. 144.

[45] GW X 191-207, bes. 194f.; s.a. GW XI 847. Die Idee vom androgynen Charakter der künstlerischen Kreativität wird auch in Manns späteren Schriften immer wieder auftauchen: z.B. GW IX 534 und II 664.

[46] S.a. Vaget 1982, 154-158. Diese zweite Dimension löscht Böhm (1991, 355f.), wenn er mit freudianischer „Traumlogik" die hermaphroditischen Züge der geliebten Frau Chauchat zur bloßen „Verschiebung" des eigentlich gemeinten Knaben Hippe reduziert. Im Kern kehrt hier der Mißverstand der älteren psychoanalytischen Literaturinterpretationen wieder, einen Roman nicht als ein an Leser gerichtetes Kunstwerk, sondern als ein psychologisches Dokument des Autors aufzufassen.

[47] Vgl. Stern 1995, 121: „This passage, authorial italics and all, has been criticised as a mere abstract exhortation. The criticism is unjustified. True, the exhortation is abstract. But it is the summary, though abundantly challenged and all too soon forgotten, of a concrete sequence of experiences."

[48] Einen Überblick über die kontroversen Interpretationen des 'Schnee'-Traums gibt Schmidt 1997, 165-174.

und Leiden abschnitte, welche die aphoristisch geraffte Einsicht erst legitimieren und interpretieren; auch mag es daran erinnern, daß das Ergebnis des Bildungsweges relativiert bleibt durch den Untergang der Epoche. Das Gewicht dieser Einsicht wird durch solch ironische reservatio gleichwohl nicht getilgt. Nicht nur hat Thomas Mann mit Worten des Schneetraum-Resümees wiederholt außerhalb des Romans seinen eigenen Humanismus formuliert,[49] sondern das Ethos der Vermittlung, in dem Hans Castorp sich „recht zum Ziele" gekommen fühlt (III 686), findet auch innerhalb des Romans seine Entsprechung in der Form des Erzählens: vor allem in der ironischen Grundhaltung des 'Entweder *und* Oder', aber auch in der Leitmotivik, deren allverbindende Knüpfkunst die so weitläufige und vielgliedrige Geschichte zum ästhetischen Ganzen zu schließen vermag.

Man hat Thomas Manns Leitmotivtechnik auf Statik und Entwicklungslosigkeit festlegen wollen: da sie auf der ewig wiederkehrenden Wiederholung der gleichen Elemente beruhe, verwirkliche sie die Zeitlosigkeit, die auch sonst den *Zauberberg* regiere.[50] Ähnliches wurde schon Wagners Leitmotivik vorgeworfen. Das ist in beiden Fällen Mißverständnis (vgl. Vaget 1984a, bes. 333). Die leitmotivische Komposition verwendet die bloße Wiederholung nur beiläufig und unter anderem. Sie begegnet bei rein charakterisierenden Leitmotiven: wenn etwa in *Buddenbrooks* Frau Stuht stets durch den Hinweis bezeichnet wird, daß sie „in den ersten Kreisen verkehrte", oder im *Zauberberg* Frau Levi durch ihre elfenbeinerne Hautfarbe. Doch spätestens im *Zauberberg* überwiegen bei weitem die konstruktiven Leitmotive. Diese werden variiert, sie reichern durch unterschiedliche Kontexte ihre Bedeutung an, sie werden miteinander kombiniert. So entwickeln sich nicht nur die einzelnen Motive, auch das durch die zahllosen Verknüpfungen entstehende Leitmotivnetz befindet sich in ständiger Erweiterung und Verwandlung. Tatsächlich ist die Leitmotivtechnik ja auch nicht auf die märchenhafte Zeitlosigkeit des *Zauberberg* beschränkt. Die Verfallsgeschichten der Buddenbrooks und des Gustav von Aschenbach ließen sich damit ebenso überzeugend erzählen wie der menschheitsgeschichtliche Fortschritt einander überbietender Bewußtseinsstufen im *Joseph*.

Und auch der Leser des *Zauberberg* darf sich von der ewigen Wiederkehr der Märchen-Sieben und dem abschließenden Rückfall in Stumpfsinn und Gewöhnlichkeit nicht darüber hinwegtäuschen lassen, daß Hans Castorp eine Geschichte von großer Tragweite durchläuft. So sehr er schon im „Flachland" durch Todessympathie, Homoerotik und Sensibilität disponiert ist für die Abenteuer, die ihn erwarten, so wenig hätte er sich davon doch vor der Ankunft im Zauberberg träumen lassen können. Die Leidenschaft für Clawdia Chauchat bringt die Disposition erst zum Ausbruch. Sie läßt ihn all den Konventionen

---

[49] Vgl. 16.8.23 an I. Boy-Ed (BrGrautoff 224), GW XI 423f., 617 u. XIII 152. Am 18.4. 27 hat er das 'Schnee'-Kapitel als das „Herzstück des Romans" bezeichnet, am 26.1. 36 als „das eigentliche geistige oder seelische Ergebnis der Bildungs-Abenteuer Hans Castorps" (DüD I 525 u. 546).

[50] So Peacock 1934, 66, Mayer 1950, S. 110f., Reiss 1970, 246-249, u.a.

seines bürgerlichen Lebens verloren gehen und zieht ihn hinein in jenes „romantische" Gemenge aus Tod, Krankheit, „verbotener" Liebe und Formlosigkeit, das man das verdrängte Andere der zeitgenössischen Gesellschaft nennen könnte. Trotz eines für Castorp ungewohnten Aufwands an freiwilliger Aktivität bleibt die erste Hälfte seines Weges noch ganz im magischen Bann bloßen Schauens und Träumens. Erst die gemeinsame Nacht mit Clawdia bringt den Umschlag. Sie löst den Bann der Sprachlosigkeit. Gegenüber Settembrini weiß er seinen Widerspruch nun konsequent und wortgewandt zu formulieren (III 809); Peeperkorns elementarischen Königszorn entmächtigt er durch die bewegliche Gewandtheit seiner Rede (III 787); und selbst Clawdia Chauchat gegenüber fehlen ihm nicht länger die Worte. Es ist die Sprache, die ihm Freiraum verschafft gegenüber den Ansprüchen totalitärer Theorie wie ins Außermenschliche spielender Natur. Hans Castorp legt List und „Verschlagenheit" an den Tag, er weiß sprechend dem „Menschlichen" Geltung zu verschaffen und findet schließlich auch noch den Mut und die Kraft, solche Humanität in der Tat zu bewähren – kurz: im Laufe seines Bildungsweges entwickelt er sich bereits zum „Schalk" (III 787), zu einer Vorahnung des Joseph.

Im *Zauberberg* wurde der „bürgerliche" Bildungsgang konsequent in Frage gestellt durch den Schock, daß die für ewig gehaltene eigene Bürgerwelt im Weltkrieg vollständig zusammenbrechen konnte. Die *Josephs*-Tetralogie entsteht in einem völlig veränderten historischen Rahmen. An die Stelle ratloser Sorge vor der unbekannten Zukunft tritt die Entschlossenheit, für die Geltung des Eigenen zu kämpfen. Die offene Barbarei des Nationalsozialismus enthüllte, daß dieses Eigene kein bürgerliches Sondergut, sondern die Substanz des europäischen Humanismus war, der seit seinen ersten Ursprüngen im Kampf mit dem stets drohenden barbarischen Rückschlag lag.

Joseph und seine Brüder

Als eine parodistische Etüde war der *Zauberberg* begonnen worden, hatte sich zu einem Epochenporträt ausgewachsen und war schließlich zu „einer Analyse des Menschen und einer Deklaration der Voraussetzungen für einen praktischen Humanismus"[1] vorgestoßen. Die humanistische Deklaration baute auf der schonungslosen Analyse des „schrecklichen Grundtextes homo natura" auf, den Weltkrieg und Räterepublik soeben wieder einmal bloßgelegt hatten. Da er im Humanismus die reife Frucht der untergehenden bürgerlichen Epoche erkannte, fürchtete Thomas Mann unter dem Schock des Krieges, daß diese Frucht mit der bürgerlichen Welt im Abgrund des Epochenbruchs verschwinden könnte. Über dem *Zauberberg* wacht noch das demütige Bewußtsein seines Autors, blind vor einer unausdenkbaren Zukunft zu stehen.

Die *Josephs*-Romane werden aus einem anderen Geist in Angriff genommen. Schon in seiner Rede *Von deutscher Republik* hatte Thomas Mann 1922 damit begonnen, die neue Demokratie an die alten bürgerlichen Werte und Traditionen anzuschließen. Der Untergang der Vorkriegswelt zwar war katastrophal und folgenreich. Bald zeichnete sich aber ab, daß er, wie jeder historische Untergang, doch kein totaler sein konnte. Im Juni 1930 schrieb Mann an den Germanisten Walther Rehm, der ihm seine Burckhardt-Monographie zugesandt hatte (Br I 301): „Der Geist des Humanismus, der mich daraus anspricht, schmeichelt meinen tiefsten Instinkten, es ist als ob ich Muttererde berührte, hier bin auch ich noch zu Hause, d.h. im 19. Jahrhundert, obgleich es schon im Verfall war, als ich geboren wurde, und seine besten Söhne so zu befremden angefangen hatte, wie B[urckhardt] sich von seiner Zeit befremdet zeigte. Heute ist seine Welt gründlich dahin, – was denjenigen, der durch Schopenhauer, ihn und Nietzsche noch etwas, noch Entscheidendes von ihr erfahren hat, nicht hindern darf, sie zu lieben. [...] Die besten Dinge von damals sind verhunzt, der Humanismus ist erniedrigt oder tot. Konsequenz: *Man muß einen neuen gründen.*"

Viele Beschwörungen des Humanismus verhüllten nach dem Ersten Weltkrieg, wie dann auch wieder nach dem Zweiten, nur die Sehnsucht nach einer verlorenen Kontinuität. Wie das Wort von den antäischen „Instinkten" zeigt, waren Thomas Mann solche Gefühle nicht fremd. Dennoch hält er die Einsicht fest, daß das Halbjahrzehnt von 1914 bis 1919 die Ohnmacht der humanistischen Traditionen offenbart hat. Die Woge von Gewalt und Grauen, welche in den

---

[1] Reed 1985, 92. Thomas Mann selbst spricht in seiner Princetoner Einleitung 1939 von der „Idee des Menschen", nach welcher das Buch unterwegs sei: der „Konzeption einer zukünftigen, durch tiefstes Wissen um Krankheit und Tod hindurchgegangenen Humanität." (GW XI 617)

Stellungskämpfen von Verdun ganze Heere verschlungen hatte, warf einen bösen Schatten auf die Begeisterung, zu welcher der Kriegsausbruch zahllose vernünftige und anständige Menschen hingerissen hatte, die „Gebildeten" allen voran. Thomas Mann hatte das an sich selbst erfahren. Sein Resümee gibt die den *Zauberberg* beschließende Schlachtenszene: eine Kontrafaktur jener zeitgenössischen Langemarck-Mythe,[2] welche die mörderische Schimäre von der Siegeskraft heroischer Begeisterung noch übers Kriegsende hinaus am Leben halten sollte. An sich selbst hatte Thomas Mann auch erfahren müssen, wie schnell innere Haltlosigkeit ans Mörderische grenzen kann: während Novemberrevolution und Münchner Räterepublik war er, eine hilflose Beute seiner Ängste und Ressentiments, zwischen dem Haß auf die Kommunisten[3] und dem Haß auf die Siegermächte[4] hin- und hergeworfen worden.

Nach all dem konnte nicht einfach der abgerissene Faden einer Kontinuität wieder angeknüpft werden. Warum hatte sich die zivilisatorische Festlanddecke trotz all der Jahrhunderte humanistischer Einwirkung über dem vulkanischen Druck des „homo natura" als derart dünn und schwach erwiesen? Welche Kräfte hatten der Katastrophe zermürbend vorgearbeitet? Welche Annahmen des Humanismus waren als Illusionen entlarvt? Wer einen neuen Humanismus gründen wollte, konnte den alten Fundamenten nicht mehr trauen. Nun war das für Thomas Mann keine neue Einsicht. Zwischen die humanistischen Traditionen Europas und die eigene Gegenwart hatten sich für alle wachen Geister die großen Abbruchunternehmungen des späten 19. Jahrhunderts geschoben: Schopenhauers zur Menschenverachtung tendierender Pessimismus, die psychologische Vivisektion der Flaubertschen Romane, die Desillusionsmechanik der Ibsenschen Dramen, Dostojewskis Ausleuchtung der menschlichen Abgründe, Nietzsches Ressentiment-Analyse und Religionszertrümmerung. Der Rückblick auf das schlimme Halbjahrzehnt legte jedoch offen, daß all die posthumanistische kritische Erkenntnis vor der Gewaltbegeisterung bei Kriegsausbruch ebenfalls nicht bewahrt und die Orientierungslosigkeit im Nachkriegschaos noch befördert hatte. Und der Blick auf die Gegenwart zeigte mit Fememorden und Hakenkreuz-Agitation eine eher noch wachsende Virulenz des Barbarischen.[5]

In welche Richtung Thomas Mann sich zu wenden gedachte, hatte der *Zauberberg* mit dem Gegeneinander von Hexenszene und Sonnenleuten schon angedeutet: es galt den Zusammenbrüchen von Krieg und Nachkrieg sehend standzu-

---

[2] S. Ketelsen 1985, Schumann 1986 und Lehnert 1987.
[3] S. z.B. Tgb 13.4.1919 über eine Räteregierung: „Ich hätte nichts dagegen, wenn man sie als Schädlinge erschösse".
[4] Z.B. Tgb 24.3.1919: „Nieder mit der westlichen Lügendemokratie! Hoch Deutschland und Rußland! Hoch der Kommunismus!"
[5] Mit seinem öffentlichen Bekenntnis zur Republik (GW XI 809-852) reagierte Mann 1922 nicht zuletzt auf die Ermordung von Walther Rathenau (s. 8.7.22: BrBertram 112; dazu Reed 1973, 279-294); den „Hakenkreuz-Unfug" hat er früh scharf angegriffen (1921: XIII 473f., zur Publikation s. E II 327f.; und 1923: GW 287f.).

halten und ihnen ein neues, widerstandsfähigeres Menschenbild entgegenzusetzen. „Wir leben," so schrieb Mann 1930 (IX 273[6]), „in einer Zeit des Zwielichts von naturalistischer" – also den Menschen auf seine naturgegebenen Antriebe reduzierender – „Skepsis und einem neu heraufkommenden Idealismus, von Erkenntnis und neuen Möglichkeiten der Ehrfurcht: einer solchen nämlich, die gegen die voranalytische und gewissermaßen leere Ehrfurcht vertiefte Züge zeigt, denn sie ist durch das Wissen hindurchgegangen." Um einen neuen, im desillusionierten Wissen gehärteten Humanismus also ging es. Auf ihn zielte die Arbeit am *Joseph*. An ihm wird er dann auch im Angesicht von Nationalsozialismus und Zweitem Weltkrieg festhalten (X 367-371).[7]

Mit seiner Wende zur anthropologischen Analyse weiß Thomas Mann sich im Einklang mit seiner Zeit. „Das Problem des Menschen", so heißt es 1930 im *Lebensabriß* (XI 137), „hat vermöge extremer Erfahrungen, die er mit sich selbst gemacht, eine eigenartige Aktualität gewonnen; die Frage nach seinem Wesen, seiner Herkunft und seinem Ziel erweckt überall eine neue humane Anteilnahme – das Wort 'human' in seinem wissenschaftlich-sachlichsten, von optimistischen Tendenzen befreiten Sinn genommen –; Vorstöße der Erkenntnis, sei es ins Dunkel der Vorzeit oder in die Nacht des Unbewußten," hätten das „anthropologische Wissen" mächtig erweitert. Zum Beleg nennt er Bücher wie Max Schelers *Stellung des Menschen im Kosmos*, Sigmund Freuds *Totem und Tabu*, Edgar Dacqués *Urwelt, Sage und Menschheit*, Oskar Goldbergs *Wirklichkeit der Hebräer*, Leonard Woolleys Ausgrabungsberichte aus Ur,[8] Gottfried Benns Essays *Fazit der Perspektiven* und das *Handbuch der altorientalischen Geisteskultur* von Alfred Jeremias (X 750 u. 751). In ihnen allen spürt er „Keime eines neuen Humanismus" (8.1.32: Br I 311).

Für einen Roman ist das eine seltsame Umgebung, wie die anthropologische Analyse ja auch nicht zu den selbstverständlich-hergebrachten Aufgaben dieser Gattung zählt. Andrerseits fallen die genannten biologischen, paläontologischen, philosophischen, psychoanalytischen und historischen Publikationen – mit Ausnahme allenfalls des Titels von Woolley – durch die kühne Freiheit auf, mit der sie die spekulierende Phantasie in die nüchternen Hallen der Wissenschaft holen. Der Romanautor mochte sich da gut und gern auf seinem eigenen Gebiet, der „komponierten Fiktion" (X 749), herausgefordert fühlen. Tatsächlich hatte Mann den entstehenden *Joseph* schon im April 1928 als ein beispielloses „Neben- und Ineinander von Epik und Untersuchung, Szene und verspielter Wissenschaftlichkeit," angekündigt (XI 625); „ein Einschlag wissenschaftlicher Untersuchung" gehöre zur Konzeption (XI 627). Seinen Kunstmitteln nach sei es eigentlich gar

---

[6] Schon 1921 hatte er die Gegenwart „im Zwielicht der Zeiten" gesehen (GW X 867).
[7] Zur Entstehung des Romans s. die Selbstzeugnisse in DüD II 82-353, ergänzt in SK *Joseph*, sowie die Tagebücher 1936 u. 1940-1943.
[8] Charles Leonard Woolley: Ur und die Sintflut. Sieben Jahre Ausgrabungen in Chaldäa, der Heimat Abrahams, Leipzig 1930, und Vor 5000 Jahren. Ausgrabungen von Ur (Chaldäa). Geschichte und Leben der Sumerer, Stuttgart [1930][13].

kein Roman mehr, so schreibt er 1931 an Max Brod (SK *Joseph* 52), „denn das Bildhafte und Dramatische ist mit Untersuchung durchsetzt". Zwar spielt er 1934[9] die „Untersuchung" etwas herunter, schlägt sie „zur Form, zum Spiel, [...] mein Gott, die Gelehrsamkeit ist eine Maske, ein Kunstmittel"; aber das bezieht sich auf die historisch-kritischen Kommentare des Erzählers im Roman und reagiert bereits auf die Gelehrsamkeitsschelte der ersten Kritiker. Am anthropologischen Ernst dieses in so heiterem Ton einherziehenden Unternehmens ist nicht zu zweifeln. „Kein wissenschaftliches Werk" zwar sei sein Roman, so schrieb Thomas Mann 1940 (XIII 164), „sondern 'fiction' in der eigentlichsten Bedeutung, ein Werk der Phantasie. Aber wissenschaftlich immerhin in dem Sinn, daß es auf seine fabulierende Art Vorstöße der Erkenntnis wagt, sei es ins Dunkel der Vorzeit oder in die Nacht des Unbewußten, Erkundungen in die Tiefen der Zeit zurück, oder, was eigentlich dasselbe ist, in die Tiefen der Seele hinab."

Eingeschmolzene Quellen – parodierte Muster

Daß Thomas Mann sich unterstand, mit den ins Dunkel der Vorzeit und in die Nacht des Unbewußten vorstoßenden Publikationen „zu wetteifern" (X 749), rührt nicht nur daraus, daß deren Wissenschaftlichkeit Hilfe bei Phantasie und Fiktion sucht, manchmal bis hin zum Phantastischen, sondern auch davon, daß er in manchem, was hier als menschentypisches und die Menschheitsgeschichte bewegendes Grundverhalten zu Tage tritt, Analogien zu seinem eigenen erzählerischen Umgang mit Quellen und Mustern entdeckte. Das Ausmaß, in dem Thomas Mann seinen Texten Quellen der verschiedensten Art einarbeitet, ist ungeheuerlich. Der Leser, der erstmals auf den philologischen Befund stößt, wie dicht immer wieder vorgegebenes Material ineinander geschoben und geschmolzen daliegt, reagiert meist mit Schrecken und Abwehr. Nicht anders erging es den Philologen, die mit der Erschließung[10] der dem Thomas Mann-Archiv überlassenen Materialsammlungen begannen (Wysling 1987, 373): „Als Thomas Manns Arbeitsweise bekannt wurde, war man zuerst ratlos. Es herrschte damals, um es drastisch zu sagen, eine dicke Luft im Archiv. [...] Waren Thomas Manns Werke denn alle ausgestopfte Vögel? War er ein 'arch-deceiver'?" Nähere Betrachtung erkannte dann in der poetischen Alchimie, mit der eine so enorme wie heterogene Fülle vorgefundener Materialien dem Text derart anverwandelt wurde, daß sie, ohne dessen stilistische Einheit zu berühren, doch vielfach wiedererkennbar bleiben, eine der originellsten Errungenschaften von Thomas Manns Kunst.[11]

---

[9] DüD II 158 Anm. 205. Vgl. BrSchickele 48f.: 24.11.33.
[10] S. etwa die exemplarische Analyse der Quellen zu *Der Erwählte* durch Hans Wysling in Scherrer & Wysling, 258-324 u. 342-346.
[11] Zur „Intertextualität" von Manns Werken s. Vaget 1984, bes. 36-42. Ich vermeide diesen Begriff wegen der Annihilation des Autor-Subjektes, die er in seinen dekonstruktivistischen Ursprüngen anzielt.

Man kann die Quellen in zwei große Bereiche einteilen: die Materialien, die den Roman durch sachliche Richtigkeit glaubwürdig in der Wirklichkeit verankern sollen, und die literarischen Muster, die den Autor zu Kontrafaktur und Parodie herausforderten (vgl. Heftrich 1975, VIIf.). Die Grenze ist nicht immer scharf zu ziehen, aber die beiden Typen dienen grundsätzlich verschiedenen Absichten. Nach Thomas Manns Überzeugung verpflichtete schon „der epische Geist" den Romancier auf Wirklichkeit und Welthaftigkeit: auf das *„So war es"* (X 349[12]). Die Blüte des realistischen Romans im europäischen 19. Jahrhundert, von ihm immer als Maßstab empfunden, schien das zu bestätigen. So hat er fleißig recherchiert, exzerpiert, Bilder und Zeitungsausschnitte gesammelt und Experten befragt. Das epische Werk zeichne ein „gigantischer Miniaturismus" aus, schrieb er 1939 (X 354); der Genius des Epos gehe zwar auf „das Ganze", aber dieses präsentiere sich ihm als „die Welt mit unzähligen Episoden und Einzelheiten, bei denen er selbstvergessen verweilt, als käme es ihm auf jede von ihnen besonders an." (X 352) Gleichwohl wird von allem Anfang ein realistisches Detail nur aufgenommen, soweit es sich als „zugehörig", als zum „Ganzen" des entstehenden Werkes passend zu erkennen gibt. Diese Art Material wird restlos eingeschmolzen und verliert für den Leser ihre Wiedererkennbarkeit. Aus welchem Buch, Artikel oder Pamphlet ein einzelnes Argument Settembrinis stammt oder nach welchem ägyptischen Bildwerk die Physiognomie des Montkaw gezeichnet wurde,[13] das sind reizvolle Fragen, deren Beantwortung jedoch meist nicht über das Verständnis der Figur oder gar des Romans entscheidet. Interessant sind hier vor allem die Abweichungen von den Materialien, in denen sich der Eigencharakter der Figuren durchsetzt.

Die literarischen Muster dagegen wirken bei der Organisation des Ganzen mit, samt seinen Figuren, Episoden oder Bedeutungsebenen. Sie sind nicht bloß „Stoff", sondern selbst schon künstlerische Form, die zur Auseinandersetzung provoziert. Nun ist das ein jahrhundertealtes Verfahren, und Thomas Mann hat selbst immer wieder darauf hingewiesen, wie noch die größten Dichter viel mehr *gefunden* als *erfunden* haben (z.B. X 14f.). Goethes *Iphigenie auf Tauris* etwa läßt sich als eine Auseinandersetzung mit des Euripides *Iphigenie bei den Taurern* – und insgeheim auch mit der *Iphigénie* des Racine – lesen. Gottfried Kellers *Romeo und Julia auf dem Dorfe* trägt die Herausforderung durch Shakespeare schon im Titel, obwohl oder vielleicht weil sie dessen Drama so grundlegend umgestaltet: vom städtischen Patriziat unter die Bauern, von der italienischen Renaissance in die Schweizer Gegenwart, von der hohen Tragödie zur

---

[12] Ähnlich GW XI 74. Vgl. Koopmann 1975a, 372-377. Die Fülle und Präzision der Details beschwört im Leser den Eindruck einer Mimesis von Wirklichkeit herauf (s. Barthes 1968 u. Genette 1998, 117f.).

[13] Zu den Materialien, aus denen Settembrinis Perorieren geschaffen wurde, s. den Stellenkommentar in GFKA V. Zu den ägyptischen und ägyptologischen Bildquellen Thomas Manns s. Grimm 1993; zu Mont-kaw ebd. Abb. 167. Weitere Bildquellen in Wysling & Schmidlin 1975, 186-319, und Kurzke 1993.

realistischen Novelle. Das Verfahren bewährt sich, von Joyces *Ulysses* über Laurents'/Bernsteins *West Side Story* bis zu Ransmayrs *Die letzte Welt*, auch im 20. Jahrhundert als lebenskräftig. In all diesen Fällen kann der Leser oder Zuschauer aus der Kenntnis der Vorlagen größeren Gewinn ziehen. Der Vergleich mit den alten Mustern läßt die neue Konzeption schärfer hervortreten. Tatsächlich durften die meisten der genannten Autoren diese Kenntnis bei ihrem Publikum auch noch voraussetzen. Notwendig aber ist sie nicht. Der Leser kann – auch wenn die professionellen Leser von der Literaturwissenschaft das womöglich nicht gerne einräumen – sich von all diesen Werken auch ergreifen und bestürzen, vergnügen und erhellen lassen, er kann die Grundlinien ihrer Handlung und ihrer künstlerischen Bedeutung erfassen, ohne sie mit ihren mythopoetischen Mustern zu vergleichen.

Anders steht das bei einer spezielleren Tradition des Rückbezugs: bei Parodie, Travestie und Kontrafaktur. August Wilhelm Schlegels Parodie von *Würde der Frauen* verliert Sinn und Witz, wenn man Schillers Muster nicht im Gedächtnis trägt. In Nestroys Travestie *Judith und Holofernes* findet zwar auch der etwas zu lachen, der von Hebbels Tragödie keine Ahnung hat, der dramatische und satirische Kern des Spektakels bleibt ihm aber unsichtbar. Wenn der Barockpoet Georg Greflinger seinem Loblied auf eine blonde Schöne („GElbe Haare / Güldne Stricke // Tauben-Augen / Sonnen-Blicke [...]") eine Kontrafaktur auf 'eine sehr häßliche Jungfrau' anfügt („GRaues Haar vol Läuß vnd Nisse // Augen von Scharlack / vol Flüsse [...]"), die Vers contra Vers das Muster widerruft, dann gelangen diese beiden Gedichte erst gemeinsam zu ihrer wahren Bedeutung.[14] Kontrafakturen in einem weiteren und viel komplexeren Sinn schuf Kleist, als er mit dem *Zerbrochnen Krug* den sophokleischen *König Ödipus* oder mit *Penthesilea* Goethes *Iphigenie auf Tauris* „widerrief". Hier werden entscheidende Dimensionen des neuen Dramas erst sichtbar, wenn man die Gegenstellung zum früheren Werk erkennt.

Dies ist die Richtung, in der Thomas Mann die produktive Verarbeitung mythopoetischer Quellen weiterentwickelt. Auch hier regiert die allgegenwärtige Ironie in ihrer neuen, doppelseitigen Bedeutung. Als *parodistischer* zerstört der Rückbezug das Muster in seiner tradierten Gegebenheit; er anerkennt und demonstriert, daß eine naive „Fortschreibung" in der Moderne nicht mehr möglich ist. Als *Rückbezug* relativiert er wiederum diese Unmöglichkeit. In der „hohen Parodie" treten Zersetzung und Rettung, Widerruf und Wiederbelebung nebeneinander. Dieses Verfahren kann jedoch seinen poetischen Dienst nur tun, wenn der Leser imstande ist, es mitzuvollziehen. Wer das nicht vermag, findet im

---

[14] Szyrocki 1971, S. 154f. – Auch wenn der Ursprung der Kontrafaktur in eher praktischen Bedürfnissen liegt: Wer einen neuen Text zu einer bekannten Melodie verfaßt, braucht nach einem Komponisten nicht zu suchen. In den vielen Fällen, in denen geistliche Texte weltlichen Melodien unterlegt wurden, galt es sogar, die erprobte Wirkung der Melodie zu nutzen, ihre weltliche Herkunft aber möglichst rasch zu vergessen.

Zauberberg bloß die Geschichte eines jungen Hanseaten, der keine rechte Lust aufs Berufsleben verspürt und dafür, zusammen mit dem Leser, durch recht verwirrende Erlebnisse und Diskussionen bestraft wird. Daß dieser Roman den Versuch unternimmt, den „romantischen" Komplex aus Tod, Erotik, Religion und Kunst in seiner psychologischen Macht und zeitgeschichtlichen Wirksamkeit mit den Mitteln der Literatur zu analysieren, wird erst für den sichtbar, der in Hans Castorp den Hadesfahrer, den Märchen-Hans und den romantischen Taugenichts erkennt. Welch zentrale Rolle in diesem romantischen Komplex das ambivalente Faszinosum Richard Wagners spielt, kann nur verstehen, wer den Roman als Parodie des Wagnerschen *Tannhäuser* liest. Den imaginären Charakter der Clavdia Chauchat in den ersten fünf Büchern vermag nur zu erfassen, wer ihre mythopoetische Vielbezüglichkeit im einzelnen zu entziffern und in ihrer Gesamtheit zu deuten vermag. Daß Mynheer Peeperkorn mehr darstellt als einen impotenten Stammler, begreift nur, wem er sich als Parodie von Dionysos und Christus enthüllt.

In all diesen Fällen aber ist der Rückbezug ironisch-parodistisch. Es reicht nicht aus, daß der Leser diese Bezüge erkennt, er muß zu aktivem Vergleichen weiterschreiten. Sicher ist einiges an „Bildung" nötig, um die Anverwandlungen zu hoher Parodie mitzuvollziehen. Will der Roman eine bestimmte, weitverzweigt mächtige Tradition analysieren, so muß er sie in sein poetisches Spiel eben einbeziehen. Darüber ist der *Zauberberg* ein „alexandrinischer"[15] Roman geworden. Aber er wäre kläglich mißverstanden, wenn man darin nur den esoterischen Dialog, nur ein Glasperlenspiel zwischen Kennern in Sachen abendländischer Bildung vermutete. Der parodistische Umgang zieht eine weitere Konsequenz aus dem ironischen Perspektivismus, eine Konsequenz freilich, die dem Leser eine beträchtliche Eigentätigkeit aufbürdet. Erst indem die Erinnerung an das literarische Muster während der Lektüre neben den Romantext tritt, erst indem der Leser die Perspektive des gegebenen Textes mit der Perspektive des darin nur anspielungsweise vorhandenen Musters konfrontiert, entfaltet sich die Bedeutung von Figur, Szene oder auch Gesamtkonzeption.[16]

Dieser eigentümliche und originelle Umgang mit mythopoetischen Mustern ist im *Zauberberg* zu bewußter Reife gediehen. Dazu stimmte, wie Mann Anfang 1930 schrieb (XI 137), eine wachsende Neigung, „sich vom Individuell-Besonderen zu desinteressieren und sich dem Typischen, das heißt aber dem

---

[15] So Heftrich 1975, VIII. Zu Thomas Manns Technik des Zitats s.a. Meyer 1975 und Wirtz 1953. – Die Fülle der Zitate läßt Thomas Mann leicht als eine wandelnde Verkörperung der ganzen europäischen Bildungstradition erscheinen. Dieses Traumbild verführt die Quellensucher immer wieder dazu, die Strenge der kritischen Philologie den Vergnügungen der Hesse'schen Glasperlenspieler zu opfern; mit der Realität von Thomas Manns geistigem Haushalt hat das wenig zu tun. Zur notwendigen Ernüchterung sei auf Reed 1971 verwiesen.

[16] Das ist nicht zu verwechseln mit jener Dominanz des Lesers, die etwa konstruktivistische Theorien *jeder* Lektüre unterstellen.

Mythischen zuzuwenden." Wenn er nun im aktuell wissenschaftlichen Interesse für das paläontologisch Frühgeschichtliche und das psychoanalytisch Vorbewußte eine ähnliche Tendenz zum Typischen und Mythischen entdeckte, so läßt sich vorstellen, wie er sich als Erzähler davon zum Wettstreit gefordert fühlen mußte. Zeigten die Wissenschaftler sich auf Phantasie und Fiktion angewiesen – wohlan, er hatte Werkzeuge geschmiedet, um das Musterhaft-Mythische auf moderne Weise narrativ zu traktieren.

Eigentlich hatte Mann nach Fertigstellung des *Zauberberg* wieder zu dem schon seit 1913 unterbrochenen *Felix Krull* zurückkehren wollen, doch im Sommer 1925 erwähnt er Pläne zu einem Novellen-Triptychon aus Joseph in Ägypten, Erasmus und Luther, Philipp II. und den Niederlanden.[17] „Das Religiöse" in diesen Stoffen ziehe ihn an.[18] Bald setzt sich der ägyptische Stoffkreis durch. Spätestens im Herbst 1925 versenkt Thomas Mann sich in systematische Studien und Vorarbeiten. Im Herbst 1926 beginnt er mit der Niederschrift des Vorspiels von der 'Höllenfahrt'. Daneben greifen die Studien immer weiter aus. Erst 1933 erscheint der erste Band, 1934 dann – trotz der Emigration in die Schweiz 1933 – bereits der zweite, 1936 der dritte. Danach schiebt sich die Arbeit an *Lotte in Weimar* dazwischen, ihrerseits unterbrochen vom Umzug in die USA 1938. Erst im August 1940 kann Thomas Mann zum *Joseph* zurückkehren. Anfang 1943, ein volles Jahrzehnt nach dem ersten Band – und mitten im Zweiten Weltkrieg –, wird schließlich *Joseph der Ernährer* publiziert.

Was versteht Thomas Mann unter dem „Religiösen"? 1931 lautet die Antwort: „Der Gedanke an den Tod. Ich sah meinen Vater sterben, ich weiß, daß ich sterben werde, und jener Gedanke ist mir der vertrauteste". Die Erinnerung führt weiter zu der Bemerkung, daß „überhaupt mein Leben von jeher stark nach dem meines Vaters orientiert war, was auch vielleicht etwas mit Religion zu tun hat." (XI 423). Die Verknüpfung von Religion, Tod und väterlicher Tradition weist zurück auf Nietzsches vielzitiertes Wort über „die ethische Luft, den faustischen Duft, Kreuz, Tod und Gruft", in dem Mann früh seine eigene nordisch-bürgerlich-protestantische Welt zusammengefaßt empfand (s. oben S. 73f.), und auf die grauen Giebelhäuser, in denen *Buddenbrooks* die das individuelle Leben übergreifende Tradition zu konkret anschaulicher Transzendenz verdichtet hatte (s. oben S. 31-35).

In *Buddenbrooks* war die bürgerliche Welt noch als ewigwährendes Fundament erschienen. Im jungen Castorp erregte sie noch die schauerlich-wonnevolle Ehrfurcht vor dem Tradierten. Doch im Fortgang des *Zauberberg* stürzt sie zu Trümmern. Dem durch Leidenschaft und Tod gegangenen Castorp erregt Ehrfurcht nur mehr die elementarisch unheimliche Natur in ihrer toddrohenden

---

[17] Briefe vom 14.6. und 26.7.1925: BrBertram 142 u. Br I 244 (an M. Rychner); vgl.a. DüD II 93. Interesse für Ägyptisches ist früher bezeugt (s. 4.2.25: BrBertram 136).
[18] S. 25.12.25 (BrBertram 146/DüD II 85) und 11.6.26 an O.M. Fontana (DüD II 92).

Erhabenheit (III 656)[19] und der Mensch in seiner naturüberhobenen Einzigkeit: „Vornehmer als der Tod, zu vornehm für diesen, – das ist die Freiheit seines Kopfes. Vornehmer als das Leben, zu vornehm für dieses, – das ist die Frömmigkeit in seinem Herzen." Schon hier erfolgt – wenn auch noch eingeklammert durch den Gesellschaftsroman vom epochalen Untergang – ein erster Schritt vom Historischen zum Anthropologischen. Die Frömmigkeit freilich, und also die Religion, bleibt dem Tod verbunden, das Leben der Freiheit. Der *Zauberberg* formt daraus ein „Traumgedicht vom Menschen" (III 681), eine beschwörende Hindeutung auf das, was nottut, will man dem allzeit drohenden Rückschlag in Gewalt und Barbarei entgehen. Die *Josephs*-Romane spielen die Fülle der Gefahren, der Möglichkeiten und der Verheißungen durch, die in diesem polar geordneten Feld aus Leben und Tod, Freiheit und Frömmigkeit auf den Menschen wartet. Das Interesse fürs Religiöse zeigt sich vornehmlich als Interesse fürs Religionsgeschichtliche: für die Frage nach des Menschen „Wesen, seiner Herkunft und seinem Ziel" (XI 137).[20] So kehrt darin das Historische zurück und verbindet sich mit dem Anthropologischen.

Brunnenfahrt und rollende Sphäre

Der Anfang des Romans ist berühmt, der erste Satz geradezu redensartlich geworden (IV 9): „Tief ist der Brunnen der Vergangenheit. Sollte man ihn nicht unergründlich nennen?" Sofort folgt das anthropologische Programm: „Dies nämlich dann sogar und vielleicht eben dann, wenn nur und allein das Menschenwesen es ist, dessen Vergangenheit in Rede und Frage steht: dies Rätselwesen, das unser eigenes natürlich-lusthaftes und übernatürlich-elendes Dasein in sich schließt und dessen Geheimnis sehr begreiflicherweise das A und das O all unseres Redens und Fragens bildet, allem Reden Bedrängtheit und Feuer, allem Fragen seine Inständigkeit verleiht." Die Fahrt in den Brunnen geht durch „die Unterwelt des Vergangenen" hin in „die Anfangsgründe des Menschlichen, seiner Geschichte, seiner Gesittung". Damit tritt der Roman entschlossen in jene zeitgenössisch-aktuelle Reihe wissenschaftlich-phantastischer Versuche, die von der Menschengeschichte zur Menschheitsgeschichte[21] zurückgreifen, durchs Historische bis zum Mythischen vordringen und darin die Basis einer neuen Ethik oder gar Religion finden wollen.

Solch „wissenschaftlicher" Rückgang zu den Anfängen bildet selbst die Form des mythischen Denkens nach. Mythen erzählen von Schöpfungen: von der Kreation der Welt, von der Erschaffung des Menschen, von der Stiftung der

---

[19] Eine Haltung, zu der auch Thomas Mann neigte: s. GW XI 394f., u. Br III 371.
[20] S. Br I 271: 11.6.27, und *Fragment über das Religiöse*: GW XI 425.
[21] S. 24.11.33 (BrSchickele 49): „Es handelt sich eben um den Versuch eines humoristisch-mythischen Abrisses der Menschheitsgeschichte.".

eigenen Stadt, vom göttlichen Ursprung der eigenen Familie. Sie legitimieren und fundieren aus Ursprüngen: den Gebrauch des Feuers aus dem Raub des Prometheus, die Gerichtswürde des Areopag aus der Einsetzung durch Athene, die Grenzen Roms aus der Weissagung an Äneas und aus dem Pflug des Romulus. „Mythus ist Lebensgründung" (IX 493). Der Dichter jedoch hat mit den Ursprüngen seiner Geschichten eigene Erfahrungen, und er findet sie wieder in den kritischen Erfahrungen der Archäologen, der Historiker, der Philologen. Joseph etwa identifiziert seinen Urgroßvater Abraham gelegentlich mit jenem „Ur-Mann" (IV 15), den einst die auflehnungsbereite Unruhe seiner Seele aus der von Nimrod beherrschten Stadt Uru nach Charran und von dort weiter gen Westen getrieben hatte (IV 11). Genauere Rechnungen zeigen nach Einsicht des Erzählers jedoch, daß der Knabe Joseph nicht nur durch drei, sondern durch gut und gern zwanzig Generationen, also etwa sechshundert Kalenderjahre, von diesem Ur-Mann getrennt war. Darüber hinaus stehe zu vermuten, daß der „Ur-Mann", der aus Charran aufbrach, nur der Sohn jenes Anderen gewesen war, der vordem Uru den Rücken gekehrt hatte. Da aber „jeder einen Vater hat", mußte Joseph, wenn er sich nach den Anfangsgründen seiner eigenen Geschichte fragte, einräumen, daß auch noch der Wanderer aus Uru seinen Vater gehabt haben mußte, „und so immer fort," bis zurück „zu Adapa oder Adama, dem ersten Menschen", der nach babylonischem Zeugnis der Sohn eines Gottes gewesen war (IV 18).

Dasselbe erlebt der Philologe, der nach der Urfassung der Geschichte von der Sintflut sucht. Der Knabe Joseph kannte sie aus babylonischen Versen, die sich erhalten haben: entsprechende Keilschrift-Texte haben moderne Archäologen im Palast des Assurbanipal zu Ninive ausgegraben. Tatsächlich, so der Erzähler (IV 20), handele es sich dabei aber um Abschriften, die Assurbanipal etwa sechshundert Jahre vor unserer Zeitrechnung nach einem „Original" anfertigen ließ, das ein Jahrtausend älter war – für die Abschreiber „ungefähr so leicht oder so schwer zu lesen und zu verstehen [...] wie für uns Heutige ein Manuskript aus Caroli Magni Zeiten", was zu denken gibt über den getreuen Sinn der Kopie. Nun sei aber selbst dieses Original „schon die Abschrift eines Dokumentes aus Gott weiß welcher Vorzeit" gewesen, das seinerseits durch Glossen und Zusätze von Schreiberhand als Nachschrift eines noch viel älteren, bereits wieder schwer verständlich gewordenen Urtextes erwiesen werde. Diesen Urtext aber könne man „Ur"-Text nur nennen, weil er für unseren Zugriff am weitesten ins Unerreichbare entrückt liegt. Ob nicht auch er nur festzuhalten suchte, was aus noch viel ferneren Zeitentiefen überliefert war, läßt sich nicht mehr ausmachen. Ähnlich ergeht es dem Archäologen, der nach dem ersten, dem mustersetzenden historischen Vorbild der Geschichten vom Paradies (IV 35-39), von der Sintflut (IV 28-32) oder vom babylonischen Turm (IV 33f.) sucht.

Wohin auch immer der Historiker[22] greift, er wird nichts wirklich Erstes in die Hand bekommen. Er kann nur zusehen, wie sich die Anfangsgründe des

---

[22] Herangezogen wird der Historiker hier nur als Hilfskraft bei der kritischen Analyse

Menschlichen (IV 9) „als gänzlich unerlotbar erweisen und vor unserem Senkblei, zu welcher abenteuerlichen Zeitenlänge wir seine Schnur auch abspulen, immer wieder und weiter ins Bodenlose zurückweichen. Zutreffend aber heißt es hier 'wieder und weiter'; denn mit unserer Forscherangelegentlichkeit treibt das Unerforschliche eine Art von foppendem Spiel: es bietet ihr Scheinhalte und Wegesziele, hinter denen, wenn sie erreicht sind, neue Vergangenheitsstrecken sich auftun, wie es dem Küstengänger ergeht, der des Wanderns kein Ende findet, weil hinter jeder lehmigen Dünenkulisse, die er erstrebte, neue Weiten zu neuen Vorgebirgen vorwärtslocken." Es ist mythische Prägung, für die Frage nach dem Wesen einer Sache die Antwort in deren Ursprung zu suchen. Widmet sich aber wissenschaftlicher Ernst der Frage nach dem Wesen oder nach der Herkunft des Menschen, so gibt es für ihn keinen Anfang mehr: aus logischen Gründen – weil „jeder einen Vater hat" und „kein Ding zuerst und von selber ist" – ebenso wie aus empirischer Beschränkung, weil der Anfang jener siebentausend Jahre, über welche unsere „geschichtlichen Aufzeichnungen" zurückreichen (IV 24), sich im Verhältnis zu den fünfhunderttausend Jahren, welche der Anfang der menschlichen Spezies zum allermindesten zurückliegt, bereits als altkluge Moderne präsentiert (IV 28).

Der Anfang von Thomas Manns Menschheitsepos handelt also davon, daß es einen Anfang nicht gibt. Mit dem Bild von der „Dünenkulisse" wird der Erzähler daran immer wieder erinnern. Wenn Mythen aber ihre religiöse Autorität aus dem Wissen um die Anfänge beziehen, dann bedarf ein Roman, der die alten Mythen im Bewußtsein der Kulissenhaftigkeit ihrer Anfänge neu erzählen will, auch einer neuen Konzeption von Anfang. Thomas Mann entwirft dafür das Denkbild der „rollenden Sphäre": die geheimnisvolle „Unendlichkeit des Vergangenen, worin jeder Ursprung sich nur als Scheinhalt und unendgültiges Wegziel erweist", beruhe auf der Tatsache, „daß ihr Wesen nicht das der Strecke, sondern das Wesen der Sphäre ist." Das Wort wird hier wieder wörtlich verstanden im Sinne seiner etymologischen Herkunft vom griechischen „sphaîra", Kugel, (IV 189f.): „Die Strecke hat kein Geheimnis. Das Geheimnis ist in der Sphäre. Diese aber besteht in Ergänzung und Entsprechung, sie ist ein doppelt Halbes, das sich zu Einem schließt, sie setzt sich zusammen aus einer oberen und einer unteren, einer himmlischen und einer irdischen Halbsphäre, welche einander auf eine Weise zum Ganzen entsprechen, daß, was oben ist, auch unten ist, was aber im Irdischen vorgehen mag, sich im Himmlischen wiederholt, dieses in jenem sich wiederfindet. Diese Wechselentsprechung nur zweier Hälften, die

---

mythischer Erzählungen. Thomas Manns Neigung, seine Romanwelten aus einer Fülle sorgfältig zusammengetragener Realitätspartikel aufzubauen, darf nicht fehlgedeutet werden: nicht einen historischen Roman übers alte Ägypten hat er schreiben wollen, wie Friedrich Junge (1993) glaubt, sondern aus der ägyptologischen Literatur hat er sich Materialien geholt, um eine bestimmte Stufe jener *„abgekürzten Geschichte der Menschheit"* (23.5.35: Br I 390/DüD II 170) realistisch vor Augen stellen zu können (GW XI 626f.), um die es ihm ging.

zusammen das Ganze bilden und sich zur Kugelrundheit schließen, kommt einem wirklichen Wechsel gleich, nämlich der Drehung. Die Sphäre rollt: das liegt in der Natur der Sphäre. Oben ist bald Unten und Unten Oben, wenn man von Unten und Oben bei solcher Sachlage überall sprechen mag. Nicht allein daß Himmlisches und Irdisches sich ineinander wiedererkennen, sondern es wandelt sich auch, kraft der sphärischen Drehung, das Himmlische ins Irdische, das Irdische ins Himmlische, und daraus erhellt, daraus ergibt sich die Wahrheit, daß Götter Menschen, Menschen dagegen wieder Götter werden können."

Dies eröffnet eine ganz neue Möglichkeit, die mythischen Anfänge zu denken. Der Mythos begründet etwa die Göttlichkeit der ägyptischen Könige. Bei jeder Inthronisation tritt der Gott in den gekrönten Menschen ein, macht ihn zu einer menschlichen Erscheinungsform seines göttlichen Wesens. Die kritische Wissenschaft, in ihrer mythenverdächtigen Neigung, den Mythos aus einem der Vernunft nachvollziehbaren Anfang zu „erklären", nimmt dagegen an, der Gott Usiri sei „ursprünglich" ein ägyptischer König gewesen, den die mythenbildende Erinnerung dann vergottete (IV 190). Während der Mythos also die menschliche Existenz durchs göttliche Muster legitimiert und verpflichtet,[23] leitet die Wissenschaft die Göttergeschichten ab aus der Projektion menschlicher Geschichten an den Götterhimmel. Die Wissenschaft ist im übrigen unterschiedliche Wege gegangen, um den Mythos der Vernunft gefügig zu machen. Die mythische Geschichte[24] von Set etwa, der seinen Bruder Usiri tötet und zerstückelt, wurde „historisch" abgeleitet von einem Untertan, der einstmals den ägyptischen König stürzte und selbst die Krone ergriff; „natürlich" von dem „Glut- und Wüstenwind Chamsin" oder direkt von Sonne und Feuer mit ihrer zerstörenden Gluthitze (IV 190); oder „astrologisch" von Nergal oder Mars, dem „Roten", dem „Feuerplaneten" (IV 191). All diese Erklärungsversuche dienen jedoch demselben Zweck, die religiöse Göttergeschichte aus menschlich-vernünftigen Sachverhalten entspringen zu lassen.

Der Romancier erkennt, daß die Verfahren von Mythos und Wissenschaft spiegelbildlich sind in ihrer Fixierung auf Anfänge – göttliche Stiftung des Menschlichen dort, Projektion des Menschlichen ins Göttliche hier – und erinnert dagegen an die historisch-kritische Einsicht in die Kulissenhaftigkeit *aller* Anfänge: selbst die wissenschaftlichen Annahmen historischer, natürlicher oder astrologischer Ursprünge dringen nur vermutungsweise in unzugängliche Vorzeiten. Wo die zeitgenössischen Wissenschaftler sich immer wieder in der vorkritischen Suche nach Ursprüngen verfangen,[25] weiß der moderne, perspektivisch

---

[23] S. GW IV 581, X 755, IX 496.
[24] Wen die Vielfalt der alten Götter und ihrer Geschichten zu verwirren droht, findet eine übersichtliche Synopse der für den *Josephs*-Roman wichtigsten bei Kurzke 1993, 96-110.
[25] Dies gilt noch für nachgeborene Germanisten wie Beda Allemann (1956, 154f. u.ö.), die Thomas Manns Ironie auf ein Spiel bloßer Wiederholung festlegen wollen, dem „die weiterdichtende Kraft des ursprünglichen Mythos" abgehe. Hier klagt die Sehn-

aufgeklärte Erzähler, daß Erzählen immer nur Abwandeln, daß ein „anfängliches" Muster zwar immer schon vorhanden, seine Anfänglichkeit aber immer nur Schein ist.[26] Die Anfänge sind, wo wir noch nicht waren: irgendwo im Entstehungsprozeß der Gattung Mensch, dessen Erlebnissubstrat für immer unzugänglich bleibt und dessen Vorgang immer nur nachträglich von der geschichtenschaffenden Phantasie umkreist werden kann; und selbst dort haben sie sich wohl nicht als ein plötzliches Aufleuchten des Neuen, sondern als allmähliche Variation des Vorhandenen ereignet. Daß wir aber, als Märchenerzähler wie als Wissenschaftler, von der Suche nach den Anfängen nicht loskommen, entspringt offenkundig einer anthropologischen Disposition, die der Muster bedarf, weil sie das je eigene Dasein als Nachahmung zu begreifen strebt.

Dieser Disposition entspricht der Erzähler in der Kugelbewegung von „Oben" nach „Unten": im Forterzählen der alten mythischen Geschichten und in der Demonstration ihrer legitimierenden Wirkung auf die Menschen. In der Kugelbewegung von „Unten" nach „Oben" spürt er hingegen als kritischer Kommentator der Scheinhaftigkeit der Anfänge nach und der Anfälligkeit des „Ewigen" für die Veränderung durch das „Zeitliche", der Abhängigkeit der Götter von den Erzählungen der Menschen. Mit geübter Ironie bringt er die Gegensätze von mythischer Gründung und wissenschaftlicher Begründung ins Wechselverhältnis der „rollenden Sphäre". In deren Rollen gibt es keine religiöse Fundierung ohne kritische Relativierung, aber auch keine kritische Desillusionierung ohne die Anerkennung der Legitimierungsleistung. Auf einer Kugel gibt es keinen „Anfang" (IV 190) und so darf auch der Romancier keine Entscheidung treffen zwischen göttlicher Stiftung und menschlicher Projektion. Wo immer von den „Anfängen" erzählt wurde und wird, ist die Projektion schon am Werk, und wo immer Irdisches an den Himmel projiziert wird, tut auch die Legitimation schon ihren Dienst.

Die Selbstgenügsamkeit kritischer Destruktion, die immer schon zu wissen glaubt, worum es sich bei den religiösen Wesenheiten „eigentlich" – historisch

---

sucht des Modernen, der wenigstens von der Dichtung noch das Unmittelbare wünscht, wenigstens hier sich von allem Wissensqualm entladen und von der „historischen Krankheit" (S. 167) gesundbaden möchte. Daß Thomas Mann das verweigert, nimmt er ihm übel.

[26] Von philosophischer Seite hat Hans Blumenberg (1979) den Mythos am konsequentesten in diese Rezeptions-Perspektive gerückt; leider berührt er Thomas Manns *Joseph* darin nur am Rande. Sehr zu Recht vermerkt Jan Assmann (1993, 133): „In der Diskussion über das Wesen des Mythos und des mythischen Denkens spielt Thomas Mann bisher keine Rolle. Dabei hat er wie kaum ein anderer in unserem Jahrhundert zur Erhellung dieser Denkform, zur Klarlegung ihrer Funktionsweisen, zur Rekonstruktion ihrer historischen Schichten wie auch zur Wahrnehmung ihrer metahistorischen, vor allem zeitgenössischen Aktualität beigetragen. [...] Schuld daran ist die Tatsache, daß die Dichter und Schriftsteller [...] nicht als 'Sekundärliteratur' ernst genommen werden. Zwischen dem wissenschaftlichen und dem literarischen Diskurs verläuft ein unüberschreitbarer Graben."

oder natürlich oder astrologisch – handelt, steht daneben als naseweise Altklugheit, die sich ihrer Voraussetzungen nicht bewußt ist und selbst noch nach quasimythischen Anfängen sucht. Aber auch das Glaubensbedürfnis jener Zeitgenossen, die sich im aktuellen Zerfall gewohnter Orientierungsrahmen festen Grund von der „Anfänglichkeit" der Mythen versprechen, wird als illusionär entlarvt: noch die ältesten uns erreichbaren Mythen sind menschheitsgeschichtlich hoffnungslos jung; jeder Mythos ist bereits das Ergebnis zahlloser Anpassungen und Variationen; und noch das Älteste gewinnt unweigerlich neue Gestalt, wenn unser Bewußtsein darin Antworten auf seine gegenwärtigen Fragen sucht. Wer sich vor der „intellektualistischen Zersetzung" (XII 101) seiner Welt zur vorgeblichen Irrationalität des Mythos flüchten möchte, jagt einer Schimäre nach und opfert darüber das Humane – ob er sich nun der blonden Bestie verschreibt oder der gynaikokratischen Allvermischung, der geistfeindlichen Seele oder der Reinheit der arischen Rasse. In diesem Streit sieht Thomas Mann seine Gegner zunächst in Intellektuellen wie Alfred Baeumler oder Ludwig Klages, welche er die Rückkehr zum Mythischen bis zur Verfluchung der Moderne und zur „Verleugnung der Großhirnentwicklung" (XI 137) vorantreiben sah, dann zunehmend in den sich auf den „Mythus" berufenden Nationalsozialisten. „Man muß dem intellektuellen Faszismus den Mythos wegnehmen und ihn ins Humane umfunktionieren", schreibt er 1941;[27] von der notwendigen „Humanisierung" des Mythos hatte er schon 1934 gehandelt (IX 464f.; vgl. XII 732). Als dafür geeignete Waffe betrachtet er die von reaktionären Geistern verabscheute[28] Psychologie: sie entdeckt auf der Rückseite der Offenbarungen von „oben" nach „unten" die Projektionen von „unten" nach „oben" und lehrt die Religionsgeschichte als eine historische Anthropologie zu lesen. So nutzt Mann „Mythus *und* Psychologie" als griffige, ja polemische Formel.[29] Freilich erhält im ironischen Grundmuster des Romans auch die Psychologie eine doppelte Rolle: desillusionierend gegenüber den naiven Erwartungen an den Mythos, lernend gegenüber der anthropologischen Weisheit der Mythen.

Mythische Rollen

Die engste Bindung der menschlichen Welt an göttliche Verhältnisse, die direkteste Einwirkung des Göttlichen ins Menschliche realisiert in Manns mythisch

---

[27] 7.9.41 an Karl Kerényi (Br Kerényi 107); ähnlich schon am 18.2.41 (ebd. 105/GW XI 651). Die Formel „Umfunktionierung des Mythos" (1942: GW XI 658) hat Mann aus einem Brief von Ernst Bloch (23.6.40; Bloch 1985, 703) übernommen (s. Br II 262 u. 579/DüD II 257 u. 327, ferner Tgb 25.6.40; dazu Dierks 1972, 260).
[28] S. etwa Baeumler 1926, S. CCLI: „Psychologie und Mythus schließen sich jedoch ebenso aus wie Sokratismus und Musik." Dazu Thomas Mann: GW XI 49.
[29] Erstmals 1919 in der Neufassung von *Der alte Fontane*: GW IX 32f. (dazu E I 354f.); dann GW IX 368 u.ö.

geprägtem Orient die Institution des Königs. „Die Könige von Babel und beider Ägypten [...] *waren* Erscheinungen des Sonnengottes im Fleische – das heißt, der Mythus wurde in ihnen zum Mysterium, und zwischen Sein und Bedeuten fehlte es an jedem Unterscheidungsraum." (IV 32) Für das mythische Verständnis ahmt der Mensch, der zum König wird, den Gott weder bloß nach, noch repräsentiert er ihn bloß vor den Menschen, sondern Gott verkörpert sich wirklich in ihm. Damit lebt der Gott für die Menschen des Alten Orients nicht nur in den Bildern und Geschichten des Glaubens, sondern seine Ewigkeit inkarniert sich in jedem König zu einer sinnlich gegenwärtigen Gestalt in der Zeit.

Am Königtum erweist es sich also als ein Mißverständnis, daß man die Vergangenheit für die Zeitform der Mythen hält, bloß weil diese vom „Ur-Anfänglichen" erzählen. Dem gläubigen Ägypter erscheint im lebendigen Pharao nicht die gegenwärtige Wiederherstellung eines vergangenen göttlichen Ahnen, sondern die ewige Gegenwart des Gottes in einem der Zeit unterworfenen menschlichen Körper. Nicht zwischen Vergangenheit und Gegenwart spielt das Zeitverhältnis des Mythos, sondern zwischen Ewigkeit und Zeit (IV 30f.). Damit kehrt in der mythischen Zeitordnung des *Joseph* eine Zweischichtigkeit des Welterlebens wieder, die schon in *Buddenbrooks* – im Übereinander aus verstreichender Individualzeit und ewig-bürgerlicher Stadt- und Lebensordnung – präformiert war. *Der Zauberberg* hatte das Zerbrechen dieser Lebensordnung zu verarbeiten gehabt. Zerfallend wechselte die Bürgerwelt von der ewigen auf die zeitliche Ebene und schien als unerschütterliches Fundament nur mehr das Schreckbild des homo natura übrig zu lassen.

Aus der wachsenden Distanz zum Schock des schlimmen Halbjahrzehnts läßt sich im *Joseph* der Aufbau der menschlichen Welt neu durchdenken. Der Roman führt den Weg vor Augen, auf dem der Mensch vom naiven Glauben an die gründende Kraft real vorgestellter „Anfänge" zur Einsicht ins Geheimnis der „rollenden Sphäre" voranschreiten kann. Der Rückgriff auf die Zeitform des Mythos gewinnt dem Leben ein legitimierendes Fundament zurück: über die rituellen Institutionen und die mythischen Erzählungen legitimieren und ordnen die Muster kraft ihrer göttlich-ewigen Autorität das menschliche Leben in der Zeit. Entsprechend zeigt der Anfang dieses Weges Menschen wie Abraham und Eliezer, die ungeachtet ihrer Klugheit und mythologischen Beschlagenheit noch ganz im Banne der mythischen Muster stehen, so daß der Erzähler ihren Glauben an Paradies, Sintflut und Turm im Kommentar mit parodierter Wissenschaftlichkeit zu relativieren hat. Am Ende erreicht Joseph einen Stand des Menschen, der diese Doppelung von Geschichte und Kommentar überflüssig macht, weil er Handlung und poetische Reflexion, ehrfürchtige Nachahmung der mythischen Muster und erfinderische Abwandlung zu neuen Figurationen in derselben Person verbindet.

In der Thronbesteigung Pharaos erscheint das „Rollen der Sphäre" noch als reine Wiederholung. Der Wandel in den menschlichen Verhältnissen, die Transformation etwa eines bestimmten menschlichen Königssohnes zum Gottkönig, wird gänzlich überdeckt von der ewigen Wiederkehr jener gleichen Bewegung von „oben" nach „unten", in der sich der Gott stets wieder im König inkarniert. Doch gibt es Wandel auch innerhalb der Göttergeschichten, sie wären sonst ja keine Geschichten. Der Erzähler demonstriert das am griechischen Mythos, dessen Analogien zu den babylonisch-ägyptischen Mythen er heraushebt. Wie der ägyptische Brudermörder Set dem griechischen Ungeheuer Typhon, so entspreche Usiri dem griechischen Zeus. Von Zeus aber erzählt der Mythos auch, wie er seinen Vater Kronos ermordet und sich selbst zum Götterkönig erhoben habe.[30] Damit dringt der Wechsel in die ewige Wiederkehr ein (IV 191f.): „Dies nämlich ist ein Teil des sphärischen Geheimnisses, daß vermöge der Drehung die Ein- und Einerleiheit der Person Hand in Hand zu gehen vermag mit dem Wechsel der Charakterrolle. Man ist [Set-]Typhon, solange man in mordbrütender Anwärterschaft verharrt; nach der Tat aber ist man König, in der klaren Majestät des Erfolges, und Gepräge und Rolle des Typhon fallen einem anderen zu."

Hier weiß die Geschichte, wenn man sie recht deutet, also zu unterscheiden zwischen „Person" und „Rolle". Zeus hat gegenüber seinem Vater Kronos die Rolle des Set-Typhon zu exerzieren, bevor er in die Rolle des Götterkönigs wechseln darf und sich hinkünftig vor einem neuen, anderen „Set" in acht nehmen muß. Unter den Menschen aber spielt jeder Königsmörder die Rolle des Set nach, um Zeus oder Usiri zu werden, und auf jeden Kronprinzen und Thronprätendenten fällt ein Schatten des Set zumindest im Argwohn des regierenden Königs.

Die Geschichte des Zeus lehrt überdies, wie vielfältige Wirkung die Vertauschbarkeit von „oben" und „unten" in der „rollenden Sphäre" erzeugen kann. Hat Kronos doch zu Zeiten seiner väterlichen Königsgewalt seine Söhne verschlungen aus Angst, daß sie an ihm zum „Set-Typhon" werden könnten; nur durch eine List seiner Mutter ist Zeus diesem Schicksal entkommen. Auch das Verhältnis von Vater und Sohn kann also wechseln im Rollen, „so daß nicht immer der Sohn es ist, der den Vater schlachtet, sondern jeden Augenblick die Rolle des Opfers auch dem Sohn zufallen kann, welcher dann umgekehrt durch den Vater geschlachtet wird. Typhon-Zeus also durch Kronos." (IV 192) Als Abraham sich anschickte, auf Gottes Befehl seinen Sohn Isaak zu opfern, nahm er wohl an, so vermutet der Erzähler, daß auch ihm eine solche Umkehrung der Vater-Sohn-Geschichte auferlegt worden sei.

In Abrahams Geschichte aber kommt eine neue, höchst folgenträchtige Möglichkeit von Wandel und Wechsel in die mythischen Geschichten. Wie bekannt, griff ein Engel ein, bevor Abraham zustach: Gott „verwehrte es ihm" (IV 192) und bot ihm einen Widder zum Ersatz dar. Der Thronprätendent, der den Thron besteigt, wechselt die Rollen: von Set-Typhon zu Usiri. Der Engel der Abraham-

---

[30] Genaugenommen erzählt Hesiod nur von Entthronung, nicht von Mord. Auch gehen in GW IV 191 die Uranos- und Kronos-Geschichte ein wenig durcheinander (so schon in Nb I 247; vgl. Galvan 1999, 246).

Geschichte aber verändert die Rolle: Abraham muß an Isaak nicht mehr den Kronos spielen, sondern darf das Menschenopfer durch ein Tieropfer ersetzen. Damit wird innerhalb der ewigen Wiederkehr der Mythen Geschichte denkbar, ja das Eingehen der ewigen Muster in zeitliche Konkretion ist ohne Veränderung gar nicht vorstellbar (IV 833f.): „Denn Wiederholung ist Abwandlung, [...] das spielende Leben [bringt] aus dem Selben und Gleichen das immer Neue hervor". Indem das Menschenopfer aber zum Tieropfer abgewandelt war, wurde letzteres zum neuen, mythisch legitimierenden, „ewigen" Muster: ein Beispiel also nicht nur dafür, wie trotz des mythischen Bannes im Zeitlichen Geschichte möglich ist, sondern auch dafür, wie solche Geschichte in die Überzeitlichkeit der Muster verändernd zurückwirkt.

Ob Gott hier das Neue stiftete, indem er seinen Engel sandte, oder ob Abraham das zeitige Auftauchen des Widders ingeniös als Gottes Willen deutete und nutzte, ist im Sinne der „rollenden Sphäre" unentschieden und ohne Belang. Daß aber die Muster nur in Abwandlung begegnen, darin kommen der historisch-kritische Wissenschaftler wie der geschichtenerfahrene Dichter überein. Was die Wissenschaft angeht, so hat Thomas Mann auf der Suche nach Verwertbarem eine beträchtliche Menge an Fachliteratur durchquert.[31] Zum fruchtbarsten Gewährsmann für die altorientalische Mythologie wurde ihm der „Panbabylonist" Alfred Jeremias. Die Panbabylonisten verstanden den alten Orient als eine kulturelle Einheit, deren religiöse Vorstellungen nachhaltig von der sumerisch-babylonischen Mythologie bestimmt worden seien. Daß sie auch das Alte Testament in diesen Wirkungszusammenhang betteten, bescherte ihnen den vehementen Widerspruch zahlreicher christlicher Theologen und jüdischer Rabbiner, die auf der autochthonen Selbständigkeit der *Genesis* bestanden. Dieser sogenannte „Bibel-Babel-Streit" ist für das Verständnis des *Josephs*-Romans von geringer Bedeutung.[32] Für Thomas Mann boten die Bücher[33] von Alfred Jeremias in ihrem geradezu enzyklopädischen Materialreichtum nicht bloß ein unerschöpfliches Repertoire an mythologischen Details aus den verschiedensten orientalischen und antiken Mythologien, sie demonstrierten auch, bis zu welchem Ausmaß sich

---

[31] Nach wie vor aktuell der Quellenüberblick von Lehnert: 1963 u. 1966. Zu den Hauptquellen Jeremias, Bachofen, Baeumler, Freud und Jung s. die Anmerkungen 33, 46, 47 u. 52. Zu weiteren wichtigen Einzelquellen s. Berger 1971 (zu J. Braun, Mereschkowski u.a.), Dierks 1972 (zu Schopenhauer, Dacqué, Mereschkowski u.a.), Goldman 1988 (zu Max Weber), Jäger 1992, bes. 67-131 u.161-178 (zur Bibel), Heftrich 1993 (zu Goethe, Schopenhauer, Nietzsche, Flaubert, Kerényi u.a.) und Hülshörster 1999 (zu Oskar Goldberg). Bis zu welcher Komplexität Thomas Mann verschiedene Quellen überlagert, zeigt Frizen 1991 an Rahels Schleiergewand.

[32] Ein Nachhall findet sich noch in Thomas Manns Brief an den Frankfurter Rabbiner Jakob Horovitz vom 11.6.27 (Br I 270f./DüD II 96).

[33] Benutzt hat er vor allem: *Das Alte Testament im Lichte des Alten Orients*, Leipzig 1916³, und *Handbuch der altorientalischen Geisteskultur*, Berlin Leipzig 1929²; s. ferner Lehnert 1966, 389, 392, 395f. u. 403f. Zu Jeremias als Quelle für den *Joseph* s. Berger 1971, Dierks 1972 u. Heftrich 1993.

sogar ein Wissenschaftler zum analogisierenden Beziehungsspiel zwischen ähnlichen und verähnlichten Geschichten aus verschiedenen Religionen verführen lassen konnte.

In einem Artikel zu Jeremias' *Handbuch der altorientalischen Geisteskultur* hob Thomas Mann 1932 die Konsequenz hervor, auf welche der Erfolg solch religionsverwebender Beziehungsspiele unweigerlich zulaufe (X 751): daß nämlich „die Menschheitsbildung ein einheitliches Ganzes ist und daß man in den verschiedenen Kulturen die Dialekte der einen Geistessprache findet." Damit ist auch noch einmal benannt, was ihn in diese Gefilde gezogen hat (X 753): die Religionsgeschichte vermag mit ihrer „Einsicht in die Geschlossenheit der religiösen Vorstellungswelt auch denjenigen der religiösen Welt aufs menschlichste zu verbinden, der ihr sonst ferngeblieben wäre: ich meine den ursprünglich humanistisch und nicht theologisch Gestimmten. Religionsgeschichte ist eine humanistische Wissenschaft". Der Anthropologe, der an einer Neubegründung des Humanismus arbeitet, findet in der Geschlossenheit der religiösen Vorstellungswelt den Abdruck der religionen-, rassen- und nationenübergreifenden „humanen Einheit des Geistes" (X 751).

Freilich war Thomas Mann solche Einheit von andrer Seite her längst und intim bekannt. Hatte nicht Wagner bereits die geheime Verwandtschaft der Mythen und Religionen produktiv genutzt? Gehörten nicht Pläne für ein Jesus-Drama zum Umfeld des *Siegfried*, die Idee eines Buddha-Dramas zur Vorgeschichte des *Parsifal*? War der Konflikt zwischen Wotan und Fricka nicht nach dem Muster der Zeus-Ehe mit Hera modelliert? Laut Richard Wagner entsprang der Mythos „dem sehnsüchtigen Wunsche" des Menschen, „sich und sein eigenstes Wesen" zu erkennen. In hoher Verdichtung stelle er „das *Reinmenschliche*" der menschlichen Gattung vor Augen, das in der gewöhnlichen Realität durch die „geschichtlichen Verhältnisse" übermalt, verzerrt und verborgen liege.[34] In dieser Konzeption verbindet sich der synkretistische Drang der Romantiker, in den Mythologien und Religionen der Welt Einheit wie Vielfalt des schöpferischen Menschengeistes aufzusuchen, mit Feuerbachs kritischer These, in Gott und den Göttern hätten die Menschen sich Wunschbilder ihres Gattungswesens an den Himmel projiziert.

Der Weg, auf dem Gelehrte wie Jeremias zur Einsicht in die Einheit des menschlichen Geistes gelangten, mußte Thomas Mann auf beglückende Weise vertraut erscheinen, hatte er selbst doch die dichte Variation, Kombination und Anverwandlung der verschiedensten Muster und Quellen zur poetischen Technik raffiniert. Gegen jene Rezensenten und Germanisten, welche als Dichter nur das „Originalgenie" anerkannten, hatte er immer eingewendet, daß auch die Dichter das meiste nicht „*er*funden", sondern „*ge*funden" haben – man sehe nur „den

---

[34] *Oper und Drama* [1852], Teil II: Wagner 1984, zit. S. 163, 243 u. 179. Dazu Thomas Mann: GW IX 508-513. – Zur Bedeutung Richard Wagners für den *Joseph* s. vor allem Heftrich 1993 u. 1994; zu Wagners Mythos-Konzept s. Willberg 1996.

Joseph und seine Brüder

ungeheuersten Fall von Dichtertum [...,] den die Erde sah: Shakespeare" (X 14) – und daß die poetische Qualität aus der Art der Behandlung und Abwandlung, der „Beseelung" (X 15), des Gefundenen wuchs. Nun entdeckte er dasselbe Verhältnis in der Religionsgeschichte (X 751[35]): „die Religion ist wenig erfinderisch". Was er als sein poetisches Verfahren immer wieder durch den Rückgriff auf anerkannte Dichter zu verteidigen hatte, offenbarte plötzlich einen allgemein menschlichen Kern, erwies sich geradezu als anthropologische Universalie. Das bot Aussicht, sich auf dem Gebiet der mythischen Geschichten als Fachmann von eigenen Graden und mit eigenen Erkenntnismöglichkeiten fühlen zu dürfen. Ließ er überdies die Fülle der verschiedenen Geschichten nicht nur als verborgene Muster in den Text hineinwirken, sondern nahm er ihre Vielfalt offen in den Teppich seines Erzählens auf, so verfügte er auch bereits über eine Technik, welche die heterogenen Details mit alchimistischer Gewandtheit zu einem Ganzen zu fügen vermochte: seinem leitmotivischen Erzählen konnte kein Thema und kein Stoff gemäßer sein als die Verflechtung verwandter Mythologien. Hier liegt von früh an der zentrale Reiz des Joseph-Stoffes (Br I 271/DüD II 96): die Form, in der die biblische Geschichte uns vorliegt, ist doch „eine späte Redaktion, deren Verfasser in der altorientalisch literarischen Überlieferung stand, und wenn er sie mit allerlei mythischen Anspielungen ausgestattet und altes Gedankengut hineingeheimnißt hätte, so wäre das nicht zu verwundern. [...] ich bin längst entschlossen, den Spieß gewissermaßen umzukehren und die handelnden Personen jene Anspielungen selber machen zu lassen. Der babylonisch-ägyptische Amurru-Knabe Josef weiß doch natürlich von Gilgamesch, Tammuz, Usiri, und lebt ihnen nach."

Was der Dichter Thomas Mann als den Kern seines Erzählens begreift, das vermacht er den Figuren des *Josephs*-Romans als treibendes Motiv ihrer Lebensführung: die Anverwandlung mythopoetischer Muster.

Muster und Individualität

Der moderne Mensch der westlichen Welt empfindet seine Herkunft vor allem als Beschränkung, welche die Freiheit seiner Entfaltung und die Fülle seiner Möglichkeiten durch Erziehung, materielle Grenzen, gesellschaftliche Konventionen einzuengen droht. In der mythisch geprägten Welt dagegen gibt die Vergangenheit dem Menschen das Maß, das er zu erfüllen strebt, auf das hin er das eigene Leben aus- und einrichtet (IX 495-497). Wo das einzelne Leben sich vorbehaltlos ins mythische Muster einfügt, kann von Individualität noch nicht

---

[35] Wiederholt noch in einer in der Endfassung gestrichenen Passage des *Doktor Faustus*, in der Alfred Jeremias als „Johannes Rhegius" auftreten sollte (publ. in Lehnert 1966a, 249). Der Zeitblom von 1943 stellt sich zu den panbabylonischen Thesen allerdings kritischer als Thomas Mann um 1930.

gesprochen werden. Solch ein vorindividuelles, ganz mythisch gebundenes Leben führt im Roman der Großknecht Eliezer. Schon Abraham hatte vor sechs Jahrhunderten einen Großknecht dieses Namens gehabt und auch Jaakob hat wieder einen. Viel spricht dafür, daß es sich bei letzterem um einen vor- oder unehelichen Sohn handelt, den Jaakobs Vater Jizchak in jungen Jahren mit irgendeiner Magd gezeugt hatte. Solches hatte einst auch Abraham schon getan: „Es war hergebracht, daß dieser Sohnestyp eines Tages die Freiheit erhielt und daß er Eliezer hieß. Ja, Jizchak, das verwehrte Opfer, war seinetwegen um so mehr zu entschuldigen gewesen, als man einen Eliezer haben mußte, – es hatte ihn immer schon gegeben an den Höfen von Abrahams geistlichem Familienstamm, und immer hat er dort die Rolle eines Hausvogtes und Ersten Knechtes gespielt, war auch womöglich als Sendbote auf Freiersfahrt für den Sohn der Rechten geschickt worden [...]." (IV 421f.) Eliezer war also eine feste Einrichtung seit Jahrhunderten, zuständig für die Brautwerbung nicht nur, sondern auch für Lehre und Unterricht der Söhne seines Herrn, und als tradierte Rolle könnte ihn unser moderner Verstand allenfalls verstehen.

Aber Eliezer ist doch etwas anderes. Im Roman vertritt er die urtümlichste Stufe der Identitätsfindung im Muster: er hat eine Identität, die „nach hinten offensteht" (IV 122[36]). Eliezer, der Großknecht Jaakobs, erzählt dem jungen Joseph die Geschichten seines Stammes zurück bis zu Abraham – aber er erzählt sie alle in der ersten Person, als der Großknecht, der seit Abrahams Zeiten immer persönlich dabei gewesen ist. Dieser Eliezer kennt keine Grenze zu all den Großknechten, die vor ihm Eliezer geheißen und auch schon keine Grenze zu ihren Vorläufern gekannt haben. Das überzeitliche Muster ist stärker als das Bewußtsein der zeitlichen Individualität. Es saugt jedes junge Bewußtsein, das neu in seinen Bann tritt, ganz in sich auf, so daß dem die Unterscheidung schwindet zwischen den verschiedenen, einzelnen Menschen, die im Laufe der Jahrhunderte „Eliezer" gewesen sind. Der Großknecht in Abrahams Stamm existiert als eine einzige, die Jahrhunderte durchlebende Person. Es ist das die sehr eindrückliche Erfindung einer mythischen Personalität, deren Unberührtheit von jedem individuellen Bewußtsein dann die Kontrastfolie bildet für die rasch fortschreitende Individualisierung der Figuren. Dabei fehlt diesem Eliezer jede Form von „Primitivität": Er ist der Gelehrteste unter den Nomaden; den Joseph unterrichtet er im Lesen und Schreiben, in Kosmologie, Geographie und Medizin, in der Astrologie wie in der Mythologie. Und als sein Herr Jaakob vor übergroßem Leid in magi-

---

[36] Thomas Mann hat diese Formulierung in seinen Essays wiederholt aufgenommen und dem „antiken Ich" attribuiert: GW X 755, IX 495, XI 659. Karl Kerényi (1971, 41) wendet dagegen ein: in der Antike ging man „nicht so weit mit der mythischen Identifikation, wie Thomas Mann es schildert [...]. Selbst da, wo die Identifikation am stärksten war, sollte sie eine 'imitatio per ludum', eine spielerische Nachahmung sein." Dieser Einwand trifft die ungenaue Formulierung vom „antiken" Ich in den Essays, nicht aber die Figur des Eliezer im Roman, in der eine menschheitsgeschichtlich frühe Stufe der Personwerdung entworfen wird.

sche Religiosität zu regredieren droht, tritt dem seine besonnene Sicherheit geduldig und letztendlich erfolgreich entgegen. Gleichwohl bildet er die früheste Stufe des Ich-Bewußtseins: die „Freiheit" verschwindet ihm noch völlig vor dem „Richtigen".

Bei Esau beginnt es dann schwieriger zu werden mit der genauen Deckung von Muster und Person. Als erstgeborenem Zwilling stünde ihm eigentlich die Nachfolge im Patriarchenamte zu. Doch seine Person paßt so gar nicht zu dieser mythischen Rolle: von außen mit rotstachligen Haaren bedeckt am ganzen Körper, von innen völlig unberührt von Abrahams Erbsegen, der neuen monotheistischen Gottesahnung, spürt er selbst deutlich genug, daß der Segen offenkundiger, wenn auch empörender Weise auf den Zweitgeborenen zielt: auf den klugen, glatten, gottinteressierten Jaakob. Diese Unzuträglichkeit seiner Person mit der ihm erbrechtlich zugemessenen Position treibt ihn in den Sog einer anderen, dunkleren Rolle: zum Muster des „roten" Set. Er wälzt Mordpläne gegen seinen Vater Jizchak-Isaak (wie Zeus gegen Kronos) und gegen seinen Bruder Jaakob (wie Set gegen Usiri oder wie Kain gegen Abel), aber ihm schwant dabei immer schon (IV 135), daß seine Dummheit sich trotz aller körperlichen Kraft nicht wird durchsetzen können gegen die Klugheit der Jizchak, Rebekka und Jaakob. Ihm ist jene andere Variante des Musters bestimmt, in der der „Rote" nicht den Thron besteigt wie Set oder Zeus, sondern überlistet und vertrieben wird wie einst Edom oder Ismael.

Obwohl er also der Rechte ist von Geburt, ist er für die Rolle des Gesegneten nicht der Rechte von Person. Zwar gibt es auch dafür ein mythisches Muster (IV 201): „es ist richtig, daß er mit Ismael Mordpläne sowohl gegen Isaak wie gegen Jaakob besprach. Aber er tat das alles, weil es eben so in seiner Charakterrolle lag, und wußte fromm und genau, daß alles Geschehen ein Sicherfüllen ist und daß das Geschehene geschehen war, weil es zu geschehen gehabt hatte nach geprägtem Urbild." Doch hat hier nicht das bestimmte Muster die Person verzehrt wie bei Eliezer, sondern die Beschaffenheit der Person hat einen Wechsel des Musters erzwungen. Rolle und Person kommen nicht mehr selbstverständlich zur Deckung, und diese Differenz führt dazu, daß ein Moment von spielerischer Darstellung und also von Distanz in die Ausfüllung der Rolle gerät (IV 201-203, 211-214), ungeachtet allen Ernstes und aller tragischen Bitterkeit gerade für Esau.

„Erzwungen" werden konnte der Wechsel der Rolle allerdings nur, weil die Eltern von Esau und Jaakob diese Notwendigkeit erkannten und ihr hilfreich zuarbeiteten, Jizchak durch sein rechtzeitiges und theatralisches Erblinden, Rebekka durch den handfesten Segensbetrug mit Verkleidung und Lüge. In diesem Segensbetrug setzt sich die Bevorzugung durch, die Rebekkas Mutterliebe dem zweitgeborenen Zwilling Jaakob immer schon zugewendet hatte. Aber er geschieht auch in dem gewissensstarken Bewußtsein, daß sich in dieser Bevorzugung nur zur Geltung bringe, was eine rechte Interpretation der Muster ohnehin fordert: Esau paßt einfach nicht in die Rolle des Stammvaters. Unentscheidbar bleibt somit, ob der Segensbetrug mythischer Autorität oder menschlicher Willkür entspringt; beide wirken ineinander und bewähren so abermals die unausweichliche Zweideutigkeit der „rollenden Sphäre". Die Muster wirken nicht einfach selbsttätig. Sie greifen nicht einseitig formend in eine blind-passive Menschheit ein. Es bedarf, von Anfang an, der menschlichen Deutung und Tatbereitschaft.

Weit fortgeschritten präsentiert sich die Ich-Bildung dann in Jaakob. Er ist der große Liebende des Romans. Seine Liebe zur schönen Rahel kennt keine Grenzen und Bedingungen. Auch er „bevorzugt": die zweitgeborene Rahel vor ihrer älteren Schwester Lea, den spätgeborenen Joseph vor dessen zahlreichen älteren Halbbrüdern aus Leas Schoß. Doch diese Bevorzugung kann sich nicht mehr auf eine Unzuträglichkeit zwischen Person und Muster berufen, wie einst seine Mutter Rebekka. Leas Schielen beeinträchtigt zwar ihr Aussehen, doch nicht im geringsten die jugendstarke Unermüdlichkeit, mit der sie Jaakob kräftige Söhne gebiert. Sie wird sehr wohl, und besser als Rahel, die vordringlichste Pflicht erfüllen, die das Muster von der Frau des Gesegneten fordert: den Stamm Abrahams fortzuführen und zu vermehren. Die Entschiedenheit seiner Liebeswahl entspringt rein Jaakobs individuellem Gefühl für die individuell liebenswerte Rahel. Hierin emanzipiert sich das Persönliche vom Musterhaften.

Doch die Sphäre des Musterhaften rächt sich. Laban ist derart gekränkt durch die Verachtung seiner Erstgeborenen, daß es ihm, dem tumben „Erdenkloß", für dieses eine Mal gelingt, den klug verschlagenen Jaakob zu überlisten und ihm für Hochzeit und Hochzeitsnacht die ältere Lea statt der Rahel unterzuschieben, für die Jaakob ihm sieben Jahre gedient hat. Und auch Gottes Eifersucht ist erregt durch die Ausschließlichkeit, mit der Jaakob seine Liebe der Menschenfrau zuwendet. Gott schlägt die also Bevorzugte mit Unfruchtbarkeit. Zwölf Ehejahre hindurch muß die Geliebte hilflos und neidvoll die Gesundheit bewundern, mit welcher die ungeliebte Lea Kinder in die Welt wirft. Erst im dreizehnten Jahr wird auch sie schwanger; aber ihr Gebären ist qualvoll, und schon an der zweiten Geburt muß sie sterben. Jaakob überträgt seine bevorzugende Liebeswahl auf den raheläugigen Joseph, doch auch das rächt sich rasch. Schon der Knabe scheint ihm durch den Tod genommen zu werden, zerrissen von einem Eber. In ihm verliert er Rahel ein zweites Mal und endgültig.

Wohl hat auch die „Bevorzugung" ihr Muster. Gott selbst bevorzugt den Menschen gegenüber den Engeln, und deren körperlose Reinheit schaut verständnislos und voll eifersüchtiger Ranküne auf diesen Akt göttlicher Willkür; an manchen Stellen klingt in der Empörung der Engel etwas von jener Hera-Fricka durch, die Wagner mit Wotan rechten läßt. Doch der monotheistische Gott Abrahams und Isaaks ist durch einen tieferen Abgrund von den Menschen getrennt als die polytheistische Götterwelt des übrigen Alten Orients. Wenn es Gott gefällt zu „bevorzugen", so verkörpert sich darin die absolute Freiheit des Einen Gottes. Wenn ein Mensch sich die „Bevorzugung" zum Muster erwählt, liegt darin Hybris. Diese deutet sich schon an in Jaakobs Traum von seinem Ringen mit dem Engel. Sie tritt offen zutage, wenn Jaakob sich nach Josephs vermeintlichem

Tod nicht damit begnügt, gemäß Hiobs ohnehin schon blasphemischem Muster im Klagen Gott anzuklagen, sondern darüber hinaus mit Gott wetteifern will: in die Unterwelt fahren, wie dies erst Christus, Gottes Sohn, zukommen wird, oder einen Menschen erschaffen, wie dies nur Gott-Vater vermocht hat. Der hybride Charakter seines Liebesabsolutismus ist Jaakobs Gewissen wohlbekannt. Sein Schuldbewußtsein treibt ihn, der doch auch ein wahrer Gottsucher ist in den Spuren Abrahams, zu einer umso rigideren Orthodoxie. Jaakobs Bedürfnis nach Reinheit ist enorm, sein Abscheu gegen Ägypten als den Inbegriff von Abgötterei und Sinnenbuhlschaft geradezu ausschweifend. Schon der kindliche Joseph, obwohl er ferne Länder nur vom Hörensagen kennt, identifiziert in Jaakobs Anschuldigungen viele Details mit lächelndem Schweigen als sachlich unrichtig. Die Freiheit, die sich Jaakobs Liebe gegenüber den mythischen Mustern genommen hat, erzeugt in Jaakobs Frömmigkeit eine Angst, die sich zu Strenge und Enge ausmünzt.

In Joseph kommt der deutend-variierende Umgang mit den bindenden Mustern zum Bewußtsein seiner selbst. Schon Jizchak und Rebekka hatten zu unterscheiden gewußt zwischen der rechten Person und der rechten Rolle, als sie Jaakob dem Esau vorzogen. Schon Jaakob war in seinen Gottesdisputationen mit Andersgläubigen imstande, neben den Unterschieden zum Gott Israels auch die Ähnlichkeiten mancher Geschichten wahrzunehmen (IV 93). Joseph aber versteht, was mit solchem Vergleichen und Unterscheiden geschieht. Er begreift, daß eine Geschichte unweigerlich gedeutet wird, wenn sie als nachgeahmtes Muster in eine neue Gegenwart eintritt. Er erkennt, daß der Mensch, der ein altes Muster neu ausfüllt, aktiv, ja kreativ mitzuarbeiten hat an der neuen, gegenwärtigen Gestalt dieses Musters, und daß die in solche Mitarbeit eingehende Anpassung und Abwandlung dem Deutenden einen Spielraum eigener Freiheit eröffnet. Er lernt, mit den Mustern zu spielen: den Freiraum der Mitarbeit durch Wahl, Variation und Kombination zu nutzen.

Weil er noch im Fernliegenden die Ähnlichkeiten zu den Mustern erkennt, ist er ein guter Traumdeuter – gegenüber seinem Vater Jaakob zu Anfang wie später gegenüber Pharao in Ägypten. Thomas Manns Joseph wäre der rechte Schutzheilige der Hermeneuten. Weil er die Muster aber auch auf unerwartete Situationen anzuwenden vermag, ist er darüber hinaus sogar ein guter Politiker. Angesichts der prophezeiten sieben mageren Jahre etwa wandelt er das Muster „Noah" ab und läßt Kornspeicher bauen statt einer Arche. Das tertium comparationis zwischen Arche und Speichern heißt „Vorsorge". Damit demonstriert er, wie die rechte, die schöpferische Aufmerksamkeit für die Vergangenheit tauglich macht, die Gefahren der Zukunft zu bestehen.[37] Pharao hält die Vorsorge der

---

[37] Um das rechte Verhältnis zwischen Tradition und Innovation, um den schöpferischen Umgang mit den mythischen Mustern – das große Thema des Romans – geht es also auch bei der Charakterisierung von Josephs Politik. Die Anleihen bei französischem Merkantilismus und Roosevelt'schem New Deal (GW XI 680) bieten daneben bloße Auffüllungen um des realistischen Eindrucks willen. Den politischen Analogien sind

Kornspeicher für etwas völlig Neues; er spricht von „Schicksalsgründung". Joseph dagegen sieht sich als Mittler: zwischen mustertreuer Wiederholung und aktueller Abwandlung, zwischen Bindung und Freiheit, zwischen Vergangenheit und Zukunft.

In diesem Mittlertum entwirft Thomas Mann sein Idealbild eines neuen Humanismus. Joseph weiß, daß die mythischen Muster nicht lebendig bleiben können ohne die fromme Mitarbeit des Menschen, daß sie durch diese Mitarbeit aber variiert und vervielfältigt werden. Die Ewigkeit der Muster ist Augentäuschung, ihre unveränderliche Gründung in urtümlichem Anfang nur Kulissenzauber. Dennoch verdienen sie Ehrfurcht. In ihnen verdichtet sich zu wirkkräftiger Anschaulichkeit die Tatsache, daß niemand die Voraussetzungen seiner Existenz selbst schaffen kann; daß wir in hohem Maße das sind, was unsere Vorfahren und unsere Sozietät an Lebensbewältigung geleistet und uns als Kultur und Religion vererbt haben. Hier kehrt in neuer Gestalt wieder, was Jean Buddenbrook einst seiner Tochter Tony erklärte (I 148f.): wir sind „wie Glieder in einer Kette, und wir wären, so wie wir sind, nicht denkbar ohne die Reihe derjenigen, die uns vorangingen und uns die Wege wiesen, indem sie ihrerseits mit Strenge und ohne nach rechts oder links zu blicken einer erprobten und ehrwürdigen Überlieferung folgten." Freilich, das Vertrauen des jungen Thomas Mann in die ewigwährende Stabilität dieser Kette ist inzwischen gebrochen. Der Thomas Mann der dreißiger Jahre läßt seinen Joseph wissen, daß die Vergegenwärtigung der Muster dem Menschen aufgegeben ist, da diese Muster sonst verbleichen und der Mensch der Haltlosigkeit und Barbarei verfällt. Dafür nimmt Joseph sich heraus, „nach rechts oder links zu blicken", um aus dem Vergleichen die kluge Anwendung erfinden zu können. Der Mensch kann den Boden zwar nicht erschaffen, auf dem er lebt, aber er muß ihn ständig und eigenständig erneuern und weiterbauen.

Daß solches Mittlertum übers Fortleben des Humanen entscheidet, zeigen die Gegenfiguren zu Joseph. Da ist zum einen Pharao, der sich in der Kreativität wiederzuerkennen meint, mit der Joseph auf Gegenwart und Zukunft blickt. Pharao ist ein Neuerer.[38] Er will seinen Sonnengott an die Spitze des ägyptischen Pantheons setzen. Aber er schneidet das Neue vom Alten ab: sein Monotheismus soll die alten Götter auslöschen, den kraft seiner Priester mächtigen Amun wie den im Volk tiefverwurzelten Usiri, ja die Abstraktion seines göttlich Einen, das alle Anschauung, sogar die Sonne, noch hinter sich läßt, verwirft all die Bilder und Geschichten, mit denen die Menschen das Göttliche und ihr eigenes Erdenle-

---

durch den Zeitenabstand ohnehin enge Grenzen gesetzt. Wenn Kristiansen bei Josephs Vermittlungen „demokratische Mehrheitsbeschlüsse" vermißt (1993, 34), dann führt sich dieser Vorwurf schon durch seinen Anachronismus ad absurdum. Differenzierter vergleicht Dedner (1988) die politischen Zeitläufte, unterschätzt m.E. aber die problematische Einseitigkeit Pharaos.

[38] Zu den Echnatôn-Bildern, die Thomas Mann bei den Wissenschaftlern antreffen konnte, s. Hornung 1993.

ben in „Beziehung"³⁹ bringen. Solches Abschneiden der Vergangenheit muß scheitern: Echnatôns Monotheismus wird seinen Erfinder nicht überleben, und schon zu Pharaos Lebzeiten steht es etwas zwielichtig um die neue Religion. Allzu deutlich erweist sich sein Haß gegen Usiri, den Gott von Tod und Auferstehung, nämlich als Ausgeburt des Ressentiments.⁴⁰ Pharaos dekadente Schwäche ist nicht imstande, den Anblick von Tod, Leid und Gewalt zu ertragen. Bereits dem Knaben erzeugten manche mythologische Geschichten Albträume, die ihn – wie in *Buddenbrooks* den kleinen Hanno (I 462f.) – vor Angst schreien ließen (V 1447). Der Mann will nun alles Ängstigende aus seiner neuen Religion entfernen und gibt sich der Illusion hin, damit auch alle Ursachen von Angst und Leid aus der Welt zu räumen. Was als strenges Bedürfnis nach Reinheit und als Lobpreis der „Liebe" und „Freude" einherkommt (V 1445f.), hat starke Wurzeln im trüben Erdreich der Verdrängung. Das Verlangen nach Reinheit, das lehrt schon die „Körpermystik" des *Zauberberg*, verfehlt leicht die Mischhaftigkeit des Menschen.

Gegenfiguren von anderer Art sind Laban und das Zwillings-Ehepaar Huij und Tuij: sie schneiden das Neue ab um des Alten willen. Laban hat sein erstgeborenes Söhnchen beim Hausbau geopfert: es lebend in einem Tonkrug ins Fundament eingemauert, „um damit Segen und Gedeihen auf Haus und Wirtschaft herabzuschwören." (IV 236) Doch dieser sehr alte Brauch erweist sich in der Folge als allzu alt und überständig. Kein neuer Sohn und Erbhalter folgt dem ersten und auch Labans Wirtschaft bringt es nicht zu Wohlstand, geschweige denn Reichtum. Die Ehezwillinge Huij und Tuij haben die Heraufkunft eines Neuen dagegen gespürt. Doch in ihrer Angst, das Neue rechtzeitig zu versöhnen, griffen sie zu einem Opfer der überholt-ältesten Art: sie entmannten ihren Sohn, um ihn dem mächtig wachsenden Gott Amun zu weihen (V 867f.). Dem Sohn Potiphar-Peteprê brachte dies zwar große Ehren am Hofe des Pharao, doch sein geweihter Zustand taugt nur zu Ehren- und Zeremonialämtern, und auch seine Ehe ist naturgemäß aufs zeremoniale pro forma beschränkt. Seine Gattin Mut-em-enet muß sich darein bescheiden, durch priesterliche Reinheitswürde Körper und Lebensbedürfnis vergessen zu machen.

Wohl suchen auch die Opfertaten von Laban und den „Elterlein" dem Prinzip der „Vorsorge" zu genügen, doch wissen sie gegen die Zukunft nur die stumpfe Wiederholung des Ältesten ins Feld zu führen. Damit greifen sie ver-

---

³⁹ Vgl. 24.3.34 an Karl Kerényi (BrKerényi 52f.): „Es ist im Ganzen etwas wunderbar Reiz- und Geheimnisvolles um die Welt der 'Beziehungen'. Das Wort selbst übt seit langem einen besonderen Zauber auf mich aus, und was es besagt, spielt eine hervorragende Rolle in meinem ganzen Denken und künstlerischen Tun." Ähnlich schon GW XI 123f. und wieder XIII 148.
⁴⁰ Diese Seite Echnatôns übersieht Hamburger (1981, 88-97), wie sie überhaupt die von Joseph erworbene Humanität all zu einseitig mit „Rationalität" zusammenfließen läßt (ebd., 96f., 101 u.pass.). So nimmt es nicht wunder, daß sie dann vor dem *Doktor Faustus* zurückschreckte (s. BrHamburger, 133-138 u. 97-103).

hängnisvoll fehl. „Denn leicht gilt dem Menschen das Alte für ehrwürdig, eben weil's alt ist, und läßt eines fürs andere gelten. Ist aber doch manches Mal ein Fallstrick mit des Alten Ehrwürdigkeit, wenn's nämlich einfach bloß überständig ist in der Zeit und verrottet – dann tut's nur ehrwürdig, ist aber in Wahrheit ein Greuel vor Gott und ein Unflat." (V 694f.) So erklärt das der kluge Joseph auf dem Weg nach Ägypten. Klug freilich ist auch die Gegenfrage des alten Ismaeliters: „Wie willst du das unterscheiden? Und wo kämen wir hin, wenn jeder Gimpel sich zum Mittelpunkt setzen wollte der Welt und sich wollte zum Richter aufwerfen darüber, was heilig ist in der Welt und was nur alt, was noch ehrwürdig und was schon ein Greuel? Da gäbe es bald nichts Heiliges mehr!" Das in der Tat ist die Frage, und mit dem „Mittelpunkt setzen" kommt – in, historisch gesehen, wenigstens leidlich unverdächtiger Terminologie – noch das bekannte Problem des Perspektivismus ins Spiel, wie Joseph es zuvor formuliert hatte (V 671f.): „die Welt hat viele Mitten, eine für jedes Wesen, und um ein jedes liegt sie in eigenem Kreise. Du stehst nur eine halbe Elle von mir, aber ein Weltkreis liegt um dich her, de[ss]en Mitte nicht ich bin, sondern du bist's. Ich aber bin die Mitte von meinem. Darum ist beides wahr, wie man redet, von dir aus oder von mir."

Joseph versucht hier nichts geringeres, als eine Vermittlung zu schaffen zwischen der religiös-ethischen Tragfähigkeit mythischer Muster und der radikalen – Kant würde sagen „transzendentalen", Nietzsche „nihilistischen", ein heutiger Zeitgenosse „konstruktivistischen" – Relativierung alles Objektiven durch den Perspektivismus. Gegen das Revolutionieren des Pharao beharrt er auf der Ehrfurcht vor den tradierten Mustern. An ihnen erfährt der Mensch die Voraussetzungen seiner Existenz, aus deren Macht auch ein radikaler Perspektivismus ihn nicht einfach ablösen kann. Kraft ihrer partizipiert er an den Lebenserfindungen früherer Generationen (V 683); das ist notwendig, da niemand die Komplexität des Lebens als Ganze und auf einmal neu bewältigen – sozusagen ex nihilo neu erschaffen – kann (IX 492). Gegen den blinden, den reaktionären Konservatismus à la Laban oder Huij und Tuij praktiziert Joseph ein schöpferisches Spiel, das die bindenden Muster zu veränderter Gegenwart erneuert. Das Spielen, das „Ludische", hat heute im Zeichen des Postmodernismus neue Aktualität gewonnen. Thomas Manns Joseph freilich spielt es nicht im Sinne eines „anything goes", sondern im Bewußtsein der hohen Verantwortung, durch Abwandlung des Vertrauten das der Zeit Gemäße finden und erfinden zu müssen. Der Preis des Scheiterns wäre jener Absturz in Barbarei und Gewalt, den Pharao verdrängt, dem Laban sich ergibt und der dem Autor zeitgenössisch vor Augen steht.

In diesem Wechselspiel aus Bindung und Freiheit, Ehrfurcht und Schöpfungslust, Verantwortung und Spiel führt Thomas Mann den Kern dessen vor, wovon er sich einen neuen Humanismus erhofft. In Josephs Vermittlungskunst, in seiner vom Schalks-Gott Hermes abgeleiteten Hermeneutik, erhebt er die poetische Technik der Ironie und hohen Parodie zur Lebensform. Seine Überzeugungskraft gewinnt er dabei nicht aus einer neuen Philosophie, sei es auch eine philosophische Anthropologie, oder gar einer neuen Theologie, sondern aus dem

Erzählen von Geschichten, die durchsichtig machen, wie es unter den Menschen tatsächlich zugeht, und vor Augen bringen, wie es unter ihnen menschlich zugehen könnte. Fern allem Zwang zu Letztbegründung und Eindeutigkeit führt sein ironisches Erzählen vor, was die Narration angesichts der Aporien des unausweichlichen Perspektivismus an Reflexion und Invention von Leben vermag. Indem er dies mit einer vom Roman des 19. Jahrhunderts ererbten Gründlichkeit verbindet, die Komplexität der Voraussetzungen, die Fülle der Möglichkeiten und die Differenzierung der Psychologie darstellend zu durchdringen, schafft Thomas Mann seine eigene, so individuelle wie avancierte, Form des modernen Romans.

Mythologie und Psychologie

Im kreisenden Spiel der „rollenden Sphäre" wirkt die Bewegung von „oben" nach „unten" als Religion; die Bewegung von „unten" nach „oben" macht die anthropologischen Bedingungen und die historischen Errungenschaften sichtbar. Aus psychologischer Perspektive läßt sich das religiöse Weben zwischen „oben" und „unten" als der Antagonismus menschlicher Vermögen lesen. Wie im gnostischen Urmenschen Adam qadmon (IV 39-49) Geist und Materie um den Sieg kämpfen, so liegen in jedem Menschen obere und untere Kräfte im Kampf. Thomas Mann neigt grundsätzlich dazu, die Fülle der Phänomene zu polaren Gegensatzwelten zu ordnen, die dann freilich wechselweise wiederum dicht verknüpft und verwoben werden. Im *Josephs*-Roman versammelt und verteilt er die mythischen Muster auf Vater- und Mutterreligion. Unter dem Gesetz der Vaterreligion leben jene Juden, deren Stamm vom Vatersegen seit Abrahams Tagen zusammengehalten wird. Die Mutterreligion ist im ägyptischen Volksglauben an Usiri mächtig, aber auch in den Kulten um die babylonische Ischtar und vielen anderen orientalischen Mythen und Riten.

Die Antithese aus Vater- und Mutterrecht bezog Thomas Mann von dem Basler Rechtshistoriker Johann Jakob Bachofen, einem Zeitgenossen Burckhardts und Nietzsches, dessen Schriften er in der *Josephs*-Zeit intensiv studiert hat. In Bachofens Denken verschränkt sich ein metaphysischer Dualismus mit einem christlich getönten Fortschrittsglauben zu einer Geschichtsphilosophie, die nirgends explizit zusammengefaßt wird, aber implizit die ungeheure Materialfülle seiner Publikationen organisiert.[41] Der Dualismus setzt „Geist" und „Stoff" als die weltbestimmenden Mächte gegeneinander. Dem Geist entsprechen kosmo- und mythologisch die Sonne, das Licht, der Tag und das Männliche; dem Stoff entsprechen die Erde, die Finsternis, die Nacht und das Weibliche. Religions-

---

[41] Für eine erste Orientierung hilfreich ist die Rekonstruktion dieses verborgenen Hintergrunds durch Schmidt 1929, auch wenn er die Systematik von Bachofens Denken gelegentlich überzeichnet.

und rechtsgeschichtlich setzt sich der Geist im Vaterrecht, der Stoff im Mutterrecht durch. Metaphysisch und kosmologisch sind Geist und Stoff allgegenwärtige Antipoden. Historisch verschieben sich ihre Machtverhältnisse jedoch in einem Prozeß von naturgesetzlicher Regelhaftigkeit und kosmischen Ausmaßen.

Im Anfang der Geschichte herrschte der Stoff, am Ende der Geschichte wird der Geist gesiegt haben. Die Entwicklung verläuft über drei mächtige Phasen, die nach der rechtlichen Stellung der Frau unterschieden werden können. Jede Phase hat ihre eigene Mythologie, welche die Konstellationen von Weiblich und Männlich in Bilder und Geschichten faßt; im Zentrum dieser Mythologien folgen einander die Erde, der Mond und die Sonne. Vor allem Anfang liegen im nächtlichen Urchaos Stoff und Geist ungemischt nebeneinander. Mit der ersten (männlichen) Tat beginnt dann die Geschichte. Deren erste beiden Großepochen unterstehen dem Mutterrecht. Bachofen spricht von Epochen des „Tellurismus", von lateinisch „tellus", die Erde. Die erste Epoche nennt er „chthonischen Tellurismus"; soziologisch entspricht dem die „hetärische Gynaikokratie": politisch herrscht die Frau, metaphysisch der Stoff. Das Männliche ist nur als rein phallische Zeugungskraft gegenwärtig. Die Natur gibt das Maß und Vorbild für alle menschlichen Zustände. Da jegliche Familienbeziehungen fehlen, vermischen sich alle regellos mit allen; die Frau schläft selbst mit jenen, die spätere Epochen als „Vater" oder „Sohn" bezeichnen würden („Hetärismus"). Alle Menschen sind gleich. Es gibt kein Eigentum. – In der zweiten Epoche, dem „lunarischen Tellurismus", setzt sich die „eheliche Gynaikokratie" durch. Das stofflich-weibliche Prinzip behält zwar die Herrschaft, läutert sich aber. Die männliche Zeugungskraft wird als kosmisches Prinzip erkannt und religiös im Mond („luna") verehrt; an die Stelle der „sich selbst umarmenden" Materie (tellus/Erde) tritt die keusche Ehe von Sonne und Mond. Dem entspricht soziologisch die gesetzliche Einehe zwischen Mann und Frau. Persönliches Eigentum kommt auf. – Die dritte Epoche, der „Solarismus", untersteht dem Vaterrecht. Die Religion dringt von der Verehrung physischer Gewalten zu bewußter Metaphysik vor. Der Herrschaftsanspruch des Materialismus wird zertrümmert. Es siegt das Vaterrecht auf Erden und die väterlich-geistige Gottesidee in der Religion. Alle Geschichte zielt in Bachofens Augen schließlich auf einen – wohl nicht nur christlich, sondern auch von Schopenhauer inspirierten (vgl. Dierks 1972, 180-182) – Zustand nach dem Ende der Geschichte: der zölibatäre Mensch tritt aus dem Kreislauf von Geburt und Tod heraus und gelangt zur Unsterblichkeit.

Bachofen zollt zwar geschichtsphilosophisch dem christlichen Spiritualismus und dem zeitgenössischen Fortschrittsglauben seinen Tribut. Wahrhaft fasziniert aber wird er von den mutterrechtlichen Zuständen.[42] Hier entfaltet seine Sprache

---

[42] Thomas Mann hat das deutlich gesehen: „seine Anerkennung der Zeus-Religion und des Geistigen mutet oft wie eine – selbstverständlich vollkommen aufrichtige – Reverenz vor seinem liberalen und humanen Jahrhundert an, und seine Liebe (das beweist seine ganze Conception) gehörte tatsächlich dem Dunkel, dem Grabe, dem Mütterlichen" (31.1.39 an Jonas Lesser: Br I 82).

beschwörenden Glanz. Hier liegt naturgemäß auch der Schwerpunkt seiner Darstellungen: während die vaterrechtlichen Verhältnisse allgemein bekannt sind, muß er die Existenz gynaikokratischer Kulturen erst aus der ingeniösen Deutung mythologischer und archäologischer Zeugnisse beweisen. Die Wissenschaftler zu überzeugen, ist ihm bis heute nicht gelungen.[43] Doch in den zwanziger Jahren befeuerte seine tiefenhistorische Spekulation und die Glut seiner Mutterrechtsschilderungen so manche Intellektuellen, die in Geist, Vernunft und Aufklärung die Urheber allen Menschheits-Unglücks entdecken wollten und für die ersehnte Rückkehr in den „mystisch-historisch-romantischen Mutterschoß" (XI 50) Bachofens Fortschrittskonstruktionen bei Seite wischten. Sachlich zu Unrecht,[44] aber doch mit empfindlichem Gespür für Atmosphäre und Tendenz schlug Thomas Mann auch Alfred Baeumlers große Bachofen-Darstellung von 1926 dieser reaktionären Bewegung zu.[45]

Er selbst geriet durch die zwielichtige Bachofen-Renaissance in eine heikle Lage. Einerseits bot Bachofen ihm mächtige Anregungen und reiches Material. Da zogen Erkundungen der Frühgeschichte nicht nur die verlorenen Vergangenheiten aus den Geschichten der Mythologie wieder ans Licht, sondern trauten umgekehrt auch diesen mythologischen Figuren und Bildern geschichtszeugende Macht zu. Der Dualismus von Geist und Stoff, in den Mann unterbringen konnte, was er im *Zauberberg* als die Antithese von Aufklärung und Romantik durchgearbeitet hatte, war von Bachofen bereits zum gemeinsamen Ursprung für Religion, Weltgeschichte und Anthropologie entfaltet. Hier ließ sich die bei Alfred Jeremias und anderen gesammelte Materialfülle in psychische Konstellationen und historische Prozesse ordnen, ganz zu schweigen von dem Reichtum an erzählerisch ergiebigen Details und Formulierungen, der auch bei Bachofen selbst zu finden war.[46] Andrerseits drohte in Bachofens Nähe eine aktuelle Nachbarschaft, die ihm gefährlich nach Naphta roch. Thomas Mann entzog sich der Zwickmühle durch eine Doppelstrategie. In den Reden und Essays hielt er zu Bachofen demonstrative Distanz, für das epische Werk beutete er ihn energisch aus.

Was Bachofen als Religionshistoriker geschrieben hatte, las Thomas Mann mit den Augen des Psychologen. Im Väterlich-Geistigen sah er jene Kräfte der

---

[43] S. etwa Wesel 1980.
[44] S. Heftrich 1993, 370-374, und Galvan 1996, 24-44.
[45] Thomas Mann witterte hier schon 1926 eine Nähe zum „Faschismus" (GW XI 51), und die Zukunft jedenfalls gab ihm recht: Alfred Baeumler stand einige Jahre später in der ersten Reihe nationalsozialistischer Universitätsprofessoren.
[46] Mit dem Stift studiert hat Thomas Mann die beiden Auswahl-Ausgaben von M. Schröter und C.A. Bernoulli, beide aus dem Jahr 1926. Zu Bachofen als Quelle für die *Josephs*-Romane s. vor allem Lehnert 1963, Berger 1971, Dierks 1972, Heftrich 1990, 1993 u. 1993a und Galvan 1996. Zu Thomas Manns Verhältnis zu Baeumler s. BrBaeumler, Heftrich 1993a, Brunträger 1993, Galvan 1996, 15-29, und Schmidt 1997, 193-203.

Vernunft, die dem Menschen eine gewisse, historisch wachsende Freiheit von seinen natürlichen Bedingungen erlauben. Die Arbeit am neuen Gottesbild, durch Abrahams „Hervordenken" Gottes losgetreten (IV 425-435) und von frommen Nachfahren zu ständiger Steigerung, Verfeinerung und Humanisierung getrieben (IV 130), humanisiert im Ergebnis die Menschheit. Von Bachofens Naturgesetzlichkeit ist in dieser Entwicklung nichts mehr zu entdecken: die rechten Wege aufzufinden, bleibt den Menschen selbst aufgegeben, bei Risiko und Strafe des Verfehlens und Verkommens. – Im Mütterlich-Stofflichen fand Mann das wieder, was er als Natur am Menschen begriff: was Schopenhauer als „Willen" und Nietzsche als das „Dionysische" beschrieben hatte; was *Der Zauberberg* isoliert als hexenhaften „homo natura" und gebändigt als Körperschönheit des „homo Dei" präsentierte; was bei Freud[47] als Triebleben wiederkehrte. In Bachofens Augen speist sich die historische Entwicklung aus dem Gegeneinander von ewigem Geist/Stoff-Dualismus und naturgesetzlichem Aufstieg des Geistes. Dem entspricht Manns „rollende Sphäre" mit ihrem Gegeneinander von mythischer Wiederholung und religionshistorischer Entwicklung. Die Parallele endet, wenn Bachofen die endgültige Emanzipation des Geistes und Zertrümmerung der Materie als Ziel entwirft. In Thomas Manns Religionsgeschichte ermöglicht der wachsende Freiraum des Menschen zwar eine immer menschenwürdigere Erfindung und Verwirklichung des Menschenbildes, doch dieses Menschenbild wird stets den Körper mit einschließen. Noch die größte Freiheit des Geistes muß mit der Wirklichkeit der Natur vermittelt werden. Aus solcher Vermittlung erst lebt das eigentlich Humane. In diesem Sinne ist Joseph der vollkommene Mensch, gesegnet „mit Segen oben vom Himmel herab und mit Segen von der Tiefe, die unten liegt" (IV 54). „Dies aber ist gesittetes Leben, daß sich das Bindend-Musterhafte des Grundes mit der Gottesfreiheit des Ich erfülle, und ist keine Menschengesittung ohne das eine und ohne das andere." (V 1418) Bachofens Fernziel des reinen Geistes kehrt im Roman wieder als Pharaos Theologie vom abstrakten Gott; diese ist ressentimentgeboren und nicht lebensfähig. Und selbst Jaakobs allzu großes Reinheitsbedürfnis in Sachen der Religion erweckt berechtigtes Mißtrauen. Es entspringt einem schlechten Gewissen und ist die Kehrseite seiner Liebeshybris.

Eine andere Hybris gefährdet Joseph: die Hybris des Auserwählten. Schon der Knabe weiß sehr wohl, daß er eine Ausnahme ist, gesegnet mit betörender Schönheit wie mit stupender Klugheit. Vor solchem sich wechselseitig verstärkenden Doppelsegen beginnen die Leute bald zu stutzen: begegnet ihnen da ein Mensch oder ein in Menschengestalt sich verbergender Gott? Die glückliche

---

[47] Zur Chronologie von Manns Freud-Studien s. Wysling 1995, 223-238. Zu Freuds Bedeutung für Thomas Mann s. *Die Stellung Freuds in der modernen Geistesgeschichte* (1929; GW X 256-280) und die Geburtstagsrede *Freud und die Zukunft* (1936; GW IX 478-501), die ausdrücklich die Brücke zu den *Josephs*-Romanen schlägt; ferner Dierks 1972 u. 1990, und Finck 1973. Zu Freuds 'Es' und Schopenhauers 'Willen': GW IX 484.

Ausstattung ist nötig für Josephs schwere Berufung, soll er doch die eigene Person zum prägenden Muster zurichten, durch welches die schöpferische Vermittlung der feindlichen Antipoden „Geist" und „Stoff" in der weiteren Menschheitsgeschichte fortwirken kann. Doch zuvor führt der Doppelsegen den Gesegneten in schwere Versuchungen.

Den Knaben bedroht ein naiver Narzißmus: verzückt von sich selbst, glaubt er fest, daß jeder ihn, den Bezaubernden, mehr lieben müsse als sich selbst (IV 574). Nicht nur den Leser rührt ein mitfühlendes Verständnis mit den Brüdern, als sie, von der Überheblichkeit des ohnehin schon Überhobenen zur Raserei gestachelt, diesen Joseph fast totschlagen. Auch Joseph selbst gehen im Angesicht solch verzweifelter Gewalt die Augen auf: „Mein Gott! die Brüder! Wohin hatte er sie gebracht?" – „Joseph wußte genau und gestand es sich, wie er da auf dem Brunnengrunde saß, offen und ehrlich ein, daß jene unverschämte 'Voraussetzung', nach der er gelebt, ein Spiel gewesen war, an das er selbst nicht ernstlich geglaubt hatte, noch hatte glauben können, und daß er, um nur hiervon zu reden, den Brüdern die Träume [von seiner göttlichen Erwählung] nie und nimmer hätte erzählen dürfen – es war ganz unmöglich und über jede Statthaftigkeit taktlos gewesen." (IV 574f.)

Der die selbstbewußte Freiheit des Spiels als Grundlage menschlichen Handelns stiften soll, hat erst zu lernen, daß solches Spielen auf die Folgen achten, daß es aus Achtung und Verantwortung im Blick auf die Menschen gespielt werden muß. Die drei Tage, für die Joseph, das Erschlagen-Werden nur knapp verfehlend, in den finsteren Brunnen fährt, erlebt er als einen ersten Tod. „Wie neugeboren" taucht er aus diesem Abgrund und Grab wieder auf (V 673f.): als ein neuer Joseph, der sich hinkünftig nicht nur in bewußter Rücksicht und Sorge um die Menschen in ihrer Schwäche kümmern, sondern der auch seine Auserwähltheit „nicht mehr in vorträumendem Spiel, sondern in Wahrheit" leben wird. Um das Spielen wird es weiterhin gehen, um das kreative Umgestalten der bindenden Lebensmuster nach Analogie der Poesie,[48] aber dieses Spiel wird er in vollem Ernste spielen müssen. Joseph lernt diese Lektion im Brunnen und beherzigt sie in der Folge. Am greifbarsten wird das in dem „Bund", den er erst mit Mont-kaw für Peteprê (V 904-909), dann mit Pharaos Mutter für Echnatôn (V 1467f.) schließt. Für Joseph ist die Idee des Bundes geheiligt durch den Bund, den Gott mit Abraham geschlossen hat (IV 319); den Thomas Mann-Leser erinnert sie an die „Schicksalsgründung" (V 1468) dieses Musters durch den doppelten Bund, den im *Zauberberg* Hans Castorp mit Chauchat und mit Peeperkorn geschlossen hat (s. oben S. 86). Reif, um seine Berufung auszufüllen, ist Joseph damit allerdings noch nicht.

Jaakobs Liebesunbedingtheit ist Joseph fremd. Das gehört zur mythopoetischen Figur des „keuschen Joseph", als welche er im kollektiven Gedächtnis lebt

---

[48] Vgl. Heftrich 1977a. Anregende Bestätigung bot hier auch ein Aufsatz des Freud-Schülers Ernst Kris aus dem Jahr 1935 (s. Tgb 27.12.35).

– daß der Erzähler viel Mühe darauf verwendet, dieser Figuration ihre naiven und lächerlichen Züge zu nehmen (V 1130-43), ändert ja nichts daran, daß er sie erzählend fortzeugt. Es stimmt aber auch zu der Lebensrolle freier Souveränität, die ihm aufgetragen ist. Dennoch wird Joseph in die dramatischste und leidenschaftlichste Liebesgeschichte verstrickt, die Thomas Mann je erzählt hat, – allerdings nicht als Liebender, sondern als Geliebter und als durch Liebe zu Verführender. Die Souveränität, freudianisch gesprochen, des Ich zwischen Es und Über-Ich wird auch dem Auserwählten nicht geschenkt. Er muß sie mit knapper Not und auf Leben und Tod vor den Kräften retten, deren Übermacht er durch spielerische List und Klugheit die menschliche Freiheit abzuwinnen hat. Daß die Not freilich gar so knapp wird, kommt noch aus einem weiteren Grund. In dem zu Sorge und Rücksicht bekehrten Joseph nähren seine Erfolge den Glauben, daß niemand widerstehen könne, wenn er seine Schönheit, Klugheit und Wortbegabung geballt ins Feld führt, – wobei ein Stück Hybris auch schon in dem Selbstgefühl steckt, das eigene Handeln in jeder Lage unter der alleinigen Kontrolle solch edler Motive zu halten. Noch verwechselt Joseph göttliche Auserwähltheit mit menschlicher Allmacht,[49] und diese Verwechslung wird ihn fast endgültig in den Abgrund stürzen. Abgesehen von der moralisch-psychologischen Seite ist die Geschichte von Josephs Versuchung in Ägypten aber auch ein Lehrstück über die Grenzen der Menschheit. Wohl hat der Mensch zur wahren Humanität „oben" und „unten" zu vermitteln. Aber er hat in seinem Spiel die Möglichkeiten und Beschränkungen der Muster zur respektieren, die er zitiert, und er hat zu begreifen, daß es Gewalten gibt, die seine Vermittlungsmacht nicht mehr erreichen kann; gegen sie hilft nur rasche Abwendung und entschiedene Abwehr.

Thomas Mann nutzt die ungeheure Vielfalt und Komplexität des von ihm gesammelten mythologischen Materials, um in der Leidenschaft zwischen Mut-em-enet und Joseph mit raffinierter Psychologie die Geschlechtsrollen zu verwirren. Auch hier hatte Bachofen ihm schon beträchtlich vorgearbeitet, indem er seine Deutung der mythologischen Geschichten mit empfindlichem Spür- und Differenzierungssinn auf die darin verborgenen Geschlechtsverhältnisse konzentrierte. Gesellschaftlich treffen Potiphars Weib und Joseph zunächst als Herrin und Knecht aufeinander (V 822). Von Natur sind beide durch Schönheit ausgezeichnet, vom Schicksal aber zu Jungfräulichkeit bestimmt, Mut-em-enet durch die Verschnittenheit ihres Gatten, Joseph, weil er seinem Gott aufbewahrt ist (V 1055). Als die hohe Herrin ihre Liebe zu erkennen gibt und Erfolgslosigkeit diese Liebe zu wilder Leidenschaft entfacht, befriedigt das nicht nur den Mannes- und Menschenstolz des Sklaven; Leidenschaft steckt an. Schon hier beginnt die Umkehrung der gewohnten Geschlechterrollen, die Joseph später Mut-em-enet

---

[49] Nahe an solcher Verwechslung steht auch die Interpretation, daß Joseph „die Herrschaft über den Zauberbann des mythischen Lebensgefühls" gewinne (Berger 1971, 63). Genauer bezeichnet wäre Josephs hermeneutische Politik als ein Spiel mit realen, eigenständigen Mächten, deren Macht und Gefährlichkeit allzeit bewußt gehalten werden muß.

vorwerfen wird (V 1136/65). „Die Frauen," so hatte Hans Castorp das – etwas geniert über derlei Abgeschmacktheiten – erläutert (III 835[50]), „sind reaktive Geschöpfe [...] ihre Wahlfreiheit [wird] sehr beeinträchtigt und bestochen durch die Tatsache, *daß* sie gewählt wurden." Nun aber freit die Frau um den Mann und Joseph, in falschem Vertrauen auf seine Vernunft- und Sprachmacht, läßt es sich mit weiblicher Bestechbarkeit wohlsein darin. Daß die „verbotene Liebe"[51] hier von der Seite Mut-em-enets her gestaltet wird, also als Leidenschaft zum schönen, jungen Joseph, das erleichtert es Thomas Mann, auf den Fundus seiner eigenen homoerotischen Erfahrungen zurückzugreifen (s. Galvan 1996, 122-144). Dieser Rückgriff mag ihm erlaubt haben, etwas, das er einst im Zeichen von Leiden und Elend durchlebt hatte (vgl. Kurzke 1999, 133-154), nun aus der Distanz der Darstellung in Ehren zu rehabilitieren. Der tragische Untergang der Gottesbraut Mut in der „Heimsuchung" (V 1082f.; vgl. oben S. 29 u. 78) zeigt ein weiteres Mal, daß menschliches Leben nicht zu einseitiger Reinheit gemacht ist, sondern der Vermittlung bedarf. Er bestätigt aber auch, daß individuelles Leben nicht möglich ist ohne die Treue zu der Ordnungsform, unter der es angetreten wurde; Josephs Bewährung stellt als ein – in Thomas Manns Werk neues – Muster die Möglichkeit auf, daß einer diese Treue sogar im äußersten Sturm aller „unteren" Gewalten durchzuhalten vermag. Aufs Autobiographische, hier ohnehin schon wieder zum anthropologischen, ja ethischen Beleg depotenziert, wird aus produktionspsychologischen und -ästhetischen Gründen zurückgegriffen (s. oben S. 43-47). Der Autor mag mehr Gründe gehabt haben, seine Geschichte in seine Erzählung einzuarbeiten, als die Nachgeborenen zu entwirren vermögen. Der Leser hat allen Anlaß, das Autobiographische eher als Mittel denn als Zweck zu werten.

Als Joseph das Ausmaß des Liebeswahnsinns begreift, der ihm da entgegenlodert, ist es fast schon zu spät. Ein gewaltiger Sog zieht ihn zum Verrat an seiner Berufung – denn um nichts Geringeres geht es. Mut-em-enet, als Mondtempel-Tänzerin dem lunarischen Tellurismus zugehörig, sinkt zurück auf die archaische Stufe hetärischer Gynaikokratie, in der weder eheliche Bande existieren noch Reinheitsbindungen an die Gestirne; in der alle Menschen gleich sind, weil in den Selbstumarmungen des Stofflichen noch kein Individuelles unterschieden wird und jeder Mann in „die Mutter" eingeht, wenn er mit einer Frau schläft (V 1172); in der die „bärtige" Große Mutter, allgebärend und allverschlingend, noch das Ganze ist und das Männliche als Gegengeschlecht noch gar nicht in die Sichtbarkeit getreten. Gäbe Joseph der Verführung nach, bräche er nicht nur den Bund mit Mont-kaw für Peteprê, das Inbild seiner im ersten Brunnensturz erworbenen Menschlichkeit, er verriete auch den von Abraham ererbten Bund mit dem geistigen Vatergott und seine persönliche Erwähltheit. „So bedenke doch," hält

---

[50] Das Thema kehrt wieder im *Doktor Faustus*: GW VI 465f.
[51] Ein altes Zentralthema Thomas Manns: vgl. etwa Br I 177 über den *Tod in Venedig* und Tgb 9.4.19 über den *Zauberberg*.

er Mut-em-enet entgegen (V 1171f.), „daß wir vielleicht, ja wahrscheinlich, in einer Geschichte sind, und nimm dich ein wenig zusammen!" So parodistisch unangemessen er diese Warnung formuliert, bis hin zu dem „ein wenig", das die Untertreibung bis ins Ungeheuerliche übertreibt, so ernst ist es ihm doch damit.

Ließe er sich jetzt von der Leidenschaft verschlingen, dann regredierte er als Individuum auf einen frühmenschlichen Geisteszustand, die Herrschaft des Körperlich-Stofflichen. Die Freiheitsgrade des menschlichen Ich wachsen zwar im Verlauf der Menschheitsgeschichte, die die Seite des „Geistes" verstärkt und den „Stoff" kultiviert, aber da der „Stoff" auf allen Stufen dieser Geschichte als Bedingung der Möglichkeit von Menschsein erhalten bleibt, bleibt auch die stete Drohung eines „Rückschlags" unausweichlich in Kraft. Erläge Joseph dieser Gefahr, so schiede er als Held seiner Geschichte aus. „Mit der Mutter schläft jeder", so beschwört ihn Mut-em-enet (V 1172), „muß ich dir das Anfänglichste sagen? Isis bin ich, die Große Mutter". Die Situation entwickelt sich zu einem Kampf um die rechte Geschichte. Die Frau beruft sich auf Isis, die als Große Mutter auch mit Bruder und Sohn schläft – und eine Art Sohn ist ihr Joseph, dessen Bevorzugung durch Peteprê einer Adoption nahekommt. Joseph erkennt sich in der Geschichte des Gilgamesch wieder, der dem Liebesansturm von Ischtar, der babylonischen Isis, widersteht (V 1129f., 1292). Nun aber erfährt er, daß es unter Umständen nicht mehr ausreicht, die richtige Geschichte zu wählen, wenn man zunächst allzu lange den Spuren der falschen Figur gefolgt ist. Mut-em-enet hat ihn schon so tief in ihre Geschichte hineingezogen, daß er nicht mehr imstande ist, sie als souveräner Mittler klug und vernünftig zu führen. Stattdessen zerspaltet ihn jetzt ein nicht mehr zu vermittelnder Widerstreit in ihm selbst. Während sein bewußter Geist Mut wortgewandt ihr Begehren ausreden will, „stand sein Fleisch auf gegen seinen Geist" (V 1256); in seinem erigierenden Penis erkennt die Frau das Zeichen ihres Triumphes. Daß ihr Sieg doch noch zuschanden wird, ist das Werk einer Vision, die Joseph plötzlich übermannt: er sieht das „Bild des Vaters", Potiphars Züge, nach hinten offen zu Mont-kaw und Jaakob, und geladen mit der Kraft eines noch Gewaltigeren.

So rettet ihn, wo er sich nicht mehr helfen kann, die Vaterwelt und der Vatergott. Der Erzähler wahrt freilich auch hier das Gesetz der rollenden Sphäre (V 1256): „Dies rettete ihn; oder vielmehr (wir wollen vernünftig urteilen und nicht einer Geistererscheinung, sondern denn doch ihm selbst das Verdienst an seiner Bewahrung zuschreiben): oder vielmehr, er rettete sich, indem sein Geist das Mahnbild hervorbrachte." Doch die Eindeutigkeit, mit welcher der religionskritische Psychologe die Rettung Joseph zuschreibt, wird einen Moralisten nicht unbedingt überzeugen. Wie das Fleisch sichtbar gegen den Geist aufsteht, so wendet sich der Geist mächtig gegen das Fleisch, aber beide haben das bewußte Ich dabei offenkundig abgehängt. Dieses Ich, dem man ethische Entscheidungen gerne zusprechen möchte, spielt hier eine alles andere als souveräne Rolle.

Das ist umso bemerkenswerter, als Thomas Mann in dem Roman die Reichweite des Bewußtseins seiner Figuren höchst überraschend ausdehnt. Deutlich wird das etwa, als Joseph im Brunnen liegt (IV 572f.): „Es war ihm in der Seele schrecklich, in seinem Loche allein zu bleiben, und des längeren noch jammerte er hinter den Brüdern drein und flehte sie an, ihn nicht zu verlassen. Er wußte aber kaum, was er rief und weinte, und zwar, weil seine eigentlichen Gedanken nicht bei diesen mechanischen und oberflächlichen Bitten und Klagen waren, sondern unterhalb ihrer; und unter den eigentlichen gingen wieder noch eigentlichere dahin als ihre Schatten und Bässe im Tiefenstrom, so daß das Ganze einer bewegten Musik glich, senkrecht zusammengesetzt, von deren Führungen oben, mitten und unten sein Geist gleichzeitig in Anspruch genommen war."

Wie Josephs Gedanken nebeneinander spielen, wird im Bild einer Wagner-Partitur gezeichnet, welche die bewußte Schicht in den Singstimmen formuliert, darunter aber in den leitmotivischen Linien der Orchesterstimmen die konstruktiven Zusammenhänge und auch das den Figuren Unbewußte hörbar macht. Im Unterschied zu Wagners Protagonisten hat Josephs Bewußtsein aber zu all diesen Gedankenschichten Zugang. Er weiß nicht nur von Jammer, Todesangst und jenen „oberflächlichen" Absichten, welche ihn Rahels Schleiergewand anziehen ließen, dessen Anblick dann den Brüdern den letzten Rest an Selbstbeherrschung raubte. Er erinnert sich auch, daß ihm „eigentlich" ganz gut bekannt war, was dieser Anblick den Brüdern bedeuten würde – er hatte damals nur vermieden, das volle Licht seiner Aufmerksamkeit darauf zu lenken. Das ist nicht „Verdrängung" im Sinne Freuds: das Verdrängte ist dem Bewußtsein ja unzugänglich; Joseph dagegen hielt das vorhandene Wissen mit Absicht am Rand seines Gesichtsfelds. Nun, im Brunnen, erkennt die zweite Schicht seiner Gedanken darin einen moralischen Fehler und eine Dummheit: hätte er seiner Selbstliebe gesteuert, hätte er seinen Brüdern den brudermörderischen Angriff und sich selbst Prügel und Brunnen erspart. Darunter schließlich liegen noch jene „Schatten und Bässe", die an C.G. Jungs[52] Archetypen denken lassen. Wie die Archetypen, so gestaltet sich auch der „Tiefenstrom" in Bilder und Geschichten, doch anders als Jungs Patienten ist Joseph imstande, diese Bilder und Geschichten zu entziffern (IV 581): „Er war Jaakobs wahrhafter Sohn, des Würdig-Sinnenden, des Mannes mythischer Bildung, der immer wußte, was ihm geschah, der in allem irdischen Wandel zu den Sternen blickte und immer sein Leben ans Göttliche knüpfte." Er erkennt in dieser dritten Schicht die geheimen Absichten, die ihm den Weg durch den Brunnen nicht ersparen durften, weil der seiner Auserwähltheit zugehört.

Diese Durchsichtigkeit auch noch dessen, was sich dem modernen Menschen als Unbewußtes entzieht, hat Joseph mit den meisten Protagonisten des Romans gemeinsam. Nur ein besonderes Maß an Dummheit und Hochmut, wie etwa bei dem abtrünnigen Zwerg Dûdu, ist imstande, den Blick in diese Regionen zu verdecken; da ist dann aber nicht Verdrängung am Werke, sondern schuldhafte Einäugigkeit und „Selbstbetrug" (V 1017). Auch – um nur noch ein auffälliges

---

[52] Zu Jungs Bedeutung für den *Joseph* s. Dierks 1972, sowie Schulze 1968 u. 1971.

Beispiel zu nennen – in der großen Auseinandersetzung, in der Mut-em-enet die Entfernung Josephs fordert (V 1022-1060), können Mut wie Peteprê all das bewußt bedenken, was der neuere Roman sonst als unbewußte Regungen und Strebungen behandelt. Die mythische Denkweise übersetzt die menschlichen Antriebskräfte und Verhaltensschemata metaphorisch in Geschichten und rechnet sie kausal Ich-externen göttlichen und dämonischen Gewalten zu. So kann sie der Grenze zwischen „bewußt" und „unbewußt" entbehren, an welcher die Ich-zentrierte moderne Psychologie sich abarbeitet. Über die Sprache der Mythen eröffnet Thomas Mann seinen Figuren den Zugang zur ganzen, zur so reichen wie unheimlichen Spannweite ihrer Psyche. Erst in diesem größeren Spielraum kann die spielende Freiheit des Hermeneuten ihrer Verantwortung gerecht werden und die Elemente des Menschlichen in ihrem ganzen Umfang miteinander in „Beziehung" setzen.

Das Fest der Erzählung

Aug in Auge mit Göttern und Dämonen, hat diese Freiheit guten Grund zur Bescheidenheit. In solchem Spielfeld siegt nicht der stärkste Held, sondern der „Schalk", der seine Möglichkeiten zu kalkulieren und seine Abhängigkeiten zu respektieren weiß. Auch hierfür gibt es ein göttliches Muster: den griechischen Hermes, von dem Joseph durch Pharao hört, der es wiederum von einem Seemann aus Kreta hat (V 1420-1425). In des Hermes kecken Streichen erkennt Joseph jene hermeneutische Deutungsgewandtheit und praktische Verschlagenheit wieder, die, wie er weiß, der rechte menschliche Umgang mit den göttlichen Mustern von jeher erforderte – er erzählt dem König zum Beleg von Rebekkas Segensbetrug und von Jaakobs Coup mit den gescheckten Schafen. Daß sich dafür jetzt auch noch ein göttlicher Gewährsmann einfindet, kann er als beruhigende Bestätigung nehmen.

Thomas Mann hat die Analogie zwischen den Schalkskünsten des Hermes und den ironischen Künsten seines Schreibens seit dem *Zauberberg* gepflegt.[53] Als Götterbote und Schutzherr der Kaufleute ist Hermes der Stifter von „Beziehungen" zwischen Entlegenem. Als Gott der Diebe und kindlicher Held schwankhafter Abenteuer verkörpert er jenen Einschlag listiger Verschlagenheit, dessen der Mensch zur Anpassung des ewig Gültigen ans zeitlich Notwendige und persönlich Wünschenswerte bedarf. Als Psychopompos, der die Seelen der Verstorbenen in den Hades geleitet, weiß er aber auch von jenem Todesernst, auf dessen dunklem Grund die Schalksheiterkeit der ironischen Kunst ihre „Schnurren"

---

[53] Der „Schalk" (GW III 275, 282, 548, 787) Hans Castorp agiert mit „Vorbehalten" (III 715, 722), die an seines Autors Ironie gemahnen, und gewinnt bereits eine deutliche Ahnung von Mitte und Vermittlung (III 685f.). – Zur Bedeutung der Hermes-Figur für Thomas Mann s. BrKerényi pass; ferner Jens 1998, 169-179, Berger 1971, 250-272, und Wysling 1995, 238-253.

Joseph und seine Brüder

spielt. Wird Thomas Manns Neigung zu antithetischem Weltbegreifen unweigerlich durch Nietzsches Gottesgegensatz von Apollon und Dionysos angezogen, so beschwört er Hermes in der Hoffnung, das Zerstörungspotential dieser Antithesen durch Vermittlung zu entmächtigen. *Der Zauberberg* hat im „Schalk" derart heldische Möglichkeiten des modernen Antihelden schon ahnen lassen. Im Joseph der Romantetralogie wird die menschliche Figur humaner Vermittlung bis ans Göttliche gesteigert; Manns Hermes ist Fleisch geworden und wohnt unter uns.

Was den modernen Leser an dieser Figur märchenhaft oder utopisch anmutet, entspricht der Mytho-Logik des Romans: ein neues Muster muß eine mehr als realistische, muß eine „göttliche" Prägnanz gewinnen, um sich den Menschen fortwirkend einzuprägen. Tatsächlich variiert dieser Joseph das alte Gilgamesch-, Tammuz- und Usiri-Muster (Br I 25/DüD II 96) von Versuchung, Todesfahrt und Wiedergeburt so nachhaltig, daß man geradezu von einem neuen Muster, einer „Schicksalsgründung", reden darf – in den Grenzen, die solcher Redeweise im Reich der rollenden Sphäre gesetzt sind. Joseph ist kein Heros des Schwertes und des physischen Kampfes.[54] Seine „Zauberkräfte" empfängt er von der Sprache (V 1054). Auch hierin war Hans Castorp sein Vorläufer: „Ich lausche mit unwillkürlichem Vergnügen auf Ihr behendes kleines Wort," so sagte ihm Peeperkorn (III 839). „Es springt über Stock und Stein und rundet die Dinge zur Annehmlichkeit." Bei früherer Gelegenheit verteidigte Castorp sogar bereits die „Gesittung" gegen Peeperkorns Kult des Elementaren und vermochte den darauf drohenden Königszorn kraft seines behenden Wortes abzuwenden (III 785-788). Joseph, wie gesagt, steigert die Deutungs- und Lenkungskunst des Wortes bis ans Göttliche und weiß sich auch darin mythisch legitimiert aus Gottes Schaffen durchs Wort (IV 412; vgl. V 899). Im Sprechen steht der Mensch Gott am nächsten. Da aber der kritische Blick alle Geschichten über erste Anfänge als „Dünenkulissen" preisgibt, hat man zu folgern, daß auch solche Schöpfungstheologie der Sprache im Kern eine Hermeneutik der Sprache ist. Der Gott der Sprache heißt Hermes;[55] das Werk der Sprache ist „Beziehung" und „Vereinigung" (V 1096): sie ermöglicht Vermittlung zwischen den Gegensätzen; sie bewirkt Beziehung zwischen den Menschen; sie ist Vereinigung zwischen Geist (Sinn) und Stoff (Klang).

Die Sprache macht den Menschen zum Menschen. Geschichten zeichnen ihm die Bahnen seines Lebens. Sein geistgezeugtes Wort aber ist schöpferisch, denn er kann die tradierten Muster umgestalten. Joseph gibt das Idealbild eines derart mitgestaltenden Lebens. In voller Bewußtheit schreibt er selbst an der Geschichte mit, die er lebt (V 1586[56]): „Gewußt hab' ich's, als ich vor Pharao stand, und als ich ihm deutete, da habe ich's mir gedeutet, wo Gott hinauswollte, und wie er diese Geschichte lenkt. [...] Und nun kommt's darauf an und liegt uns

---

[54] Er wurde denn auch deutlich als Kontrafaktur des Wagnerschen Siegfried gezeichnet (s. Heftrich 1976).
[55] Wußte Thomas Mann, daß er sich dafür sogar auf eine antike Tradition berufen konnte? S. Borst 1957, 93, 104, 151, 159, 175, 180f., 399, 1378 u. 1739.
[56] S.a. GW V 1171f, 1175f, 1507, 1590, 1817.

ob, daß wir sie ausgestalten recht und fein und das Ergötzlichste daraus machen und Gott all unseren Witz zur Verfügung stellen." Strahlendes Licht fällt von solcher Sprach- und Erzähltheorie auf jenes sprachgeborene Beziehungsspiel, das der Leser als Roman nach- und mitvollzieht, und auch Thomas Mann hat ihm ein Äußerstes an Witz zur Verfügung gestellt. In den großen Szenen dieses Romans schöpft seine Sprache das volle Maß ihrer Möglichkeiten aus wie vielleicht nirgends sonst.[57] Die *Josephs*-Tetralogie ist ein Hohelied der Sprache, das selbst realisiert, wovon es handelt.

Dabei hat diese Sprache in ironischer Paradoxie ein Doppeltes zuwegezubringen. Zum einen erzählt sie ein weiteres Mal eine vielgliedrige Geschichte, deren Taten und Leiden schon seit unausdenkbaren Zeiten immer wieder erzählt worden sind. Der Erzähler ist ein später Abkömmling jener Rhapsoden, die einst mit religiösem Ernst und bei rituellem Anlaß den ewigen Abenteuern der Gilgamesch, Tammuz, Usiri, Adonis und Joseph sinnliche Gegenwart in der Zeit verliehen. Und wenn der Roman seine Erzählung ohne den institutionellen Rahmen des Ritus vorzubringen hat, so ist das „Fest" damit gänzlich der Sprachkunst aufgegeben: „Fest der Erzählung, du bist des Lebensgeheimnisses Feierkleid, denn du stellst Zeitlosigkeit her für des Volkes Sinne und beschwörst den Mythus, daß er sich abspiele in genauer Gegenwart", auf daß „du gesegnet seiest mit Segen oben vom Himmel herab und mit Segen von der Tiefe, die unten liegt!" (IV 54)

Das Reden vom „Volk" greift noch ein anderes, altes Problem neu auf: die in der Moderne heikle Frage nach der Popularität. Wie die geliebten und bewunderten Epiker des 19. Jahrhunderts, wie Dickens, Balzac und Zola, wie Tolstoi und Dostojewski, wollte Thomas Mann sich einerseits an ein großes Publikum wenden. Andrerseits hatte Nietzsche ihm unter dem Stichwort der „doppelten Optik" (vgl. oben S. 52f.) die Gefahren der Popularität an Wagner demonstriert. Dazu rechneten ihm Musil, Döblin und deren Nachtreter den Erfolg als Verrat an der Kunst an; nicht wenige Germanisten tun das noch heute. Einerseits mischt sich in die avantgardistische Publikumsschelte leicht elitäre Menschenverachtung. Darauf hatte der junge Thomas Mann sich in der Welt-Empfindlichkeit seines Außenseitertums zwar von den Schopenhauer, Nietzsche, Flaubert einstimmen lassen; manche frühe Erzählungen setzten vitale Normalität mit dummer Grobheit gleich. Aber diese Haltung war doch in *Buddenbrooks* durch den Humor[58] erzählerisch entkräftet und seit dem *Zauberberg* durch den Humanismus programmatisch unter Verdacht gestellt worden.[59] Andrerseits gewannen Nietzsches

---

[57] Vgl. Seidlin 1969, 185-192, und Heftrich 1990, 463-467.
[58] Seit dem *Joseph* beginnt Thomas Mann in der Selbstbeschreibung den Begriff des 'Humors' gegenüber dem der 'Ironie' zu bevorzugen. In der Ironie dominiert ihm die distanzierende Objektivität; in den Humor mische sich dagegen die Anerkennung der Figuren bis hin zum Mitgefühl (eine späte Zusammenfassung gibt XI 801-805).
[59] Thomas Manns Weg von früher Kälte zu ernstzunehmender „Menschenfreundlichkeit" zeichnet Schneider (1999) – gegen eine verbreitete Skepsis der Forschung (s. etwa Kurzke 1985, 204f., und Wysling 1990a, 400) – überzeugend nach.

an Wagner formulierte Warnungen vor der Massenwirksamkeit der „Rattenfänger" im Massenerfolg der Nationalsozialisten und Faschisten grausige Aktualität.[60]

Daß er zum Erfolg fähig war, durfte Thomas Mann nach *Buddenbrooks*, *Tonio Kröger*, *Tod in Venedig* und *Zauberberg* für gegeben nehmen, auch wenn er es während der Arbeit für jedes neue Werk wieder in Zweifel zog. Im *Josephs-Roman* läßt er seinen Helden gegen den Schreiber Cha'ma': das Recht auf ein gutes Gewissen des Erfolgs verteidigen – wenn es sich nur um einen „rechten" Erfolg handle (V 1298): „Daß sich der Mensch unterhalte und nicht sein Leben hinbringe wie das dumpfe Vieh, das ist doch schließlich die Hauptsache, und wie hoch er es bringt in der Unterhaltung, darauf kommt's an. Du hast nicht ganz recht, zu sagen, daß doch jeder kommen könnte und es treiben wie ich, denn es könnt' es eben nicht jeder, – nicht weil ihn die Ehrsamkeit hinderte, sondern weil er gänzlich des Anklangs ermangelt ans Höchste und ihm die herzliche Ankindung versagt ist an dieses".

Das Plädoyer für die unterhaltende Literatur führt in einem ersten Schritt die beargwöhnte „Unterhaltung" auf die Primärbedeutung von „Gespräch" zurück. Die Menschen, durch Sprache von den Tieren unterschieden, können im Gespräch einen genuin menschlichen Umgang miteinander gewinnen. Der „Unterhaltung" beschert das eine ehrenwerte Abkunft. Wollte einer einwenden, daß die Unterhaltungsliteratur doch nur die niederen Bedürfnisse der Leser befriedige, könnte Thomas Mann auf die Notwendigkeit der beziehungsreichen Vermittlung *aller* menschlichen Bestrebungen verweisen; wiese einer auf die manipulative Einseitigkeit gängiger Unterhaltung, könnte der Autor an die Aktivität erinnern, welche seine erfolgreichen Romane dem Leser abverlangen. Beide Argumente verteidigten freilich eine Literatur, die es in der Unterhaltung ziemlich „hoch" gebracht hat: die nicht nur per doppelter Optik Kenner und Masse nebeneinander auf ihre Kosten kommen läßt, sondern, vermittlungsbewußt, die kategorische Trennung von Geist und Stoff wie die puristische Verachtung des Sinnlich-Populären als inhuman abweist. Thomas Mann widersagt dem Elitarismus der Avantgarden. – Daß damit nicht vor der Trivialität billiger Unterhaltung die Augen verschlossen werden, deutet der geforderte „Anklang ans Höchste" an. Da ebenfalls aus Sprache gemacht, muß selbst der Schund noch Spuren des „Geistes" enthalten. Die rechte Unterhaltungsliteratur soll den Leser, der nach dem Vordergründigen greift, verführen und hineinziehen ins Beziehungsspiel zwischen „unten" und „oben". Unter der Hand erwächst daraus der moralische Auftrag, das Feld der populären Literatur nicht der puren Kolportage zu überlassen.

Daß der Erzähler sich in seinem Bekenntnis zur Popularität ausdrücklich ans „Volk" wendet, erinnert aber nicht nur an Wagner, für den Popularität noch „Volkstümlichkeit" geheißen hatte. „Volk" und „Volkstum" beschworen ja aller-

---

[60] Dargestellt in der Erzählung *Mario und der Zauberer* (1930; GW VIII 658-711); erörtert z.B. in *Bruder Hitler* (1939; GW XII 845-852).

wegen die Nationalsozialisten. Der humanistische Rhapsode zieht also auch aus, um mit den politischen Rattenfängern um die Volkstümlichkeit zu wetteifern..."[61] Man mag dem entgegenhalten, daß mit Romanen weder Diktatoren gestürzt noch Kriege gewonnen werden, doch hängt an solchem Spott ein ähnliches Mißverständnis wie an Stalins Frage nach den Bataillonen des Vatikans. Mittlerweile hat man unterm Stichwort der „Mediengesellschaft" gelernt, daß der Kampf um die Geschichten und ihre Deutung in den Köpfen manchmal folgenträchtiger entscheidet als der Kampf auf den Schlachtfeldern. Vor diesem Hintergrund wirkt es fast tragisch, daß die *Josephs*-Romane von allen Werken Thomas Manns wohl die wenigsten Leser gefunden haben. Kapitalistisches Zeitmanagement und medial gezüchtete Kurzatmigkeit halten die Leser einem Zweitausendseiten-Epos fern, in dem doch, aller reflektierenden Vor- und Zwischenspiele unerachtet, ihre pure Leselust so hinreißend gestillt werden könnte wie in kaum einem anderen Buch des Jahrhunderts.

Noch ein letztes Argument für die unterhaltende Literatur sei verbucht. 1936 schreibt Thomas Mann:[62] „Vielleicht aber, daß [der Roman] doch ein wenig höhere Heiterkeit in all die Düsternis trägt." Der Blick des Exilierten sieht Deutschland in Blut und Finsternis und, aktuell (Tgb 31.7.36), Spanien im Bürgerkrieg versinken. Vor solcher Dunkelheit der Welt wächst einer Heiterkeit der Kunst wieder etwas von jenem lebensnotwendigen Trost zu, den *Die Geburt der Tragödie* dem Apollinischen zusprach. Für Nietzsche freilich war die olympische Götterwelt ein Schirm, mit dem sich die Griechen vor dem dionysischen Anblick des unerträglichen Welt-Wesens bewahrten. Für Thomas Mann zeigt die Kunst jenes Humanum vor, das der Menschen als sein wahres Wesen der Welt abzuringen hat. Trotz aller Verpflichtung auf „höhere" Heiterkeit rechtfertigt der Druck der Düsternis doch auch, daß der Mensch Entlastung und Aufhellung in der zeitweiligen Entrückung aus dem Alltag sucht. „Denn die Heiterkeit," sagt Joseph (V 1593), „und der verschlagene Scherz sind das Beste, was Gott uns gab, und sind die innigste Auskunft vor dem verwickelten, fragwürdigen Leben. Gott gab sie unserem Geist, daß wir selbst dieses, das strenge Leben, mögen damit zum Lächeln bringen."

Am Ende ließen sich vom „Fest der Erzählung" ebenso Brücken zum alten rituellen Fest schlagen: „Die Götter aber," so schreibt Platon (*Nomoi* 653d, dt. J. Pieper), „sich erbarmend über der Menschen zur Arbeit geborenes Geschlecht,

---

[61] Daß die Geschichte um Abraham, Isaak, Jaakob und Joseph zunächst und zuerst eine alte Judengeschichte ist, sollte im zeitgeschichtlichen Kontext nicht übersehen werden. Thomas Mann hat daran nicht gedacht, als er seinen Roman konzipierte; aufmerksam geworden, akzeptierte er die Koinzidenz als sinnige Fügung, soweit darüber nicht das universal-humanistische Telos des Unternehmens aus den Augen geriet (GW XIII 486).

[62] 4.8.36 an Otto Basler (Br I 422 / DüD II 192); ähnlich am 25.8.36 an Bruno Walter (Br I 423 / DüD II 193). Zur „Heiterkeit" des *Joseph* vgl. Borchmeyer 1997; Manns Äußerungen zur „Heiterkeit" in der Kunst hat Dill 1976 zusammengestellt.

haben ihnen, zur Erquickung in der Mühsal, die wiederkehrenden Götterfeiern gesetzt und ihnen zu Festgenossen die Musen und den Musenführer Apollon und den Dionysos gegeben, auf daß sie, sich nährend im festlichen Umgang mit den Göttern, wieder Geradheit empfingen und Richte", – wie zum neuen kommerziellen Hollywood: Nichts gegen den Erfolg von Filmepen wie *Giants*, so schreibt Katharine Hepburn (1991, 290), aber sie zöge es vor, „die Leute zum Lachen zu bringen...". Hermes sollte es recht sein.

Die Rolle des epischen Rhapsoden macht aber nur die eine Hälfte des Erzählers aus. In parodistischer Antithese präsentiert er sich auch als historisch-kritischer Philologe, scheidet spätere Einfügungen vom älteren Dokument, reinigt die Erzählungen von schwärmerischer Übertreibung und versetzt den religiösen Text in seinen politischen Kontext. Wenn etwa berichtet wird, schon Abraham seien von Gott die Länder verheißen worden, die Israel zu Jaakobs Zeit bewohnt, schiebt sich der Erzähler kommentierend dazwischen (IV 131): „Das ist mit Vorsicht aufzunehmen oder jedenfalls recht zu verstehen. Es handelt sich um späte und zweckvolle Eintragungen, die der Absicht dienen, politische Machtverhältnisse, die sich auf kriegerischem Wege hergestellt, in frühesten Gottesabsichten rechtlich zu befestigen." Wenn er freilich hinzufügt: „In Wirklichkeit war das Gemüt des Mondwanderers auf keine Weise geschaffen, politische Verheißungen zu empfangen oder hervorzubringen", so wird der historisch-kritische Gestus durch historische Zuspitzung parodiert – als könnte ein Historiker endgültig feststellen, wie es „in Wirklichkeit" gewesen ist. Natürlich widerspricht das aller perspektivischen Aufgeklärtheit. Wenn der Erzähler dennoch daran festhält, „zur endgültigen Klarstellung der Geschichte" vorzudringen (IV 281) und erstmals zu erzählen, wie sie sich damals in Wahrheit abgespielt habe, stößt er den Leser mit aller wünschenswerten Deutlichkeit darauf, daß sich unter dem strengen Wissenschaftler nicht weniger als unter dem epischen Rhapsoden der wohlbekannte auktoriale Erzähler verbirgt, zu dem *Der Zauberberg* aus poetologischer Einsicht zurückgekehrt war.

Ein müßiges Spiel ist dieses Spiel mit der Wissenschaft dennoch nicht. Der historisch-philologisch-mythologische Aufwand ist nötig, um zum einen Romanpoetik und anthropologische Einsicht zu wechselseitiger Erhellung zu führen und zum anderen der episch-rhapsodischen Wiederbelebung des Mythos als kritisches Gegengewicht zu dienen. Der Roman unterstellt sich selbst dem, wovon er erzählt. Auch für ihn gilt das Gesetz der „rollenden Sphäre". Auch er soll den Doppelsegen auf sich ziehen, den Joseph bewährt (IV 54). In solchem Vermittlungsgeschäft zwischen unten und oben, alt und neu, psychologischem Realismus und ethischem Spiritualismus soll er entwerfen, was Thomas Mann sich als „neuen Humanismus" vorstellen möchte. Allerdings bleibt da noch der Zeitenabstand zwischen dem Protagonisten und dem Roman. Daß Joseph trotz aller schalkhaften Deutungskunst ganz ernsthaft glaubt an den Gott seiner Väter, daran läßt der Erzähler keinen Zweifel. Daß Thomas Mann sich nicht zum Christen-

glauben bekennt, bloß weil er sich „der religiösen Welt aufs menschlichste" verbunden fühlt (X 753), liegt ebenfalls auf der Hand.
Im Roman sorgt die konsequente Beachtung der rollenden Sphäre dafür, daß ein Christ ihn ebenso ohne Anstoß lesen kann wie ein Atheist.[63] Der eine wird mit größerer Ehrfurcht auf das Rollen von „oben" nach „unten", der andere mit größerer Genugtuung auf das von „unten" nach „oben" blicken. Der Gläubige mag auch schon von der Theologie darüber belehrt worden sein, daß Gottes Offenbarung sich an die Beschränkungen der allgemein menschlichen Apperzeptionsfähigkeit sowie die konkreten Voraussetzungen von Zeit, Ort und Individualität akkommodiert. Der Ungläubige braucht noch nicht seinen Atheismus aufzugeben, wenn er sich bereit findet, die Religion nicht länger mit Marx als „Opium des Volkes" zu verdächtigen, sondern sie mit Thomas Mann als Katalysator des Menschheitsfortschritts zu begreifen.

Folgt man der Erzählung des Romans, so leuchtet wohl ein, wie in Zeiten des Glaubens die Religion über jene allmähliche Humanisierung und ethische Verfeinerung des Gottesbildes, die sich selbst gläubig als Reinigung des Bildes von Gott versteht, den moralischen Fortschritt vorantreibt.[64] Wie aber steht es jenseits solchen Glaubens? Wie kann ein Humanismus sich noch auf die legitimierende Hälfte der rollenden Sphäre berufen, wenn er auf die Bindungskraft des Gehorsams gegen Gott verzichten muß? Thomas Mann war da offensichtlich nicht ohne Hoffnung. Er persönlich besaß, obwohl im kirchlichen Sinne ungläu-

---

[63] Die Forschung bietet dazu freilich auch kräftige Gegenmeinungen. Während etwa Frizen (1990, 318) Thomas Manns Josephs-Geschichte als eine „Überbietung" der geistlichen Heilstat Jesu interpretiert, welche „die christliche Heilsgeschichte als zwar notwendige, aber doch überholte Vergangenheit" demonstriere, schreibt laut Borchmeyer (1998, 25) auch der Roman „über die messianische Botschaft des Judentums" und deren Heilsträger Juda „dem Christentum und seinem transzendenten Gottesbegriff der Weisheit letzten Schluß" zu. Mir scheint Manns Position durch Mieth (1976, 196-198) präziser beschrieben: als ein Humanismus, dessen alleinige Zentrierung auf den Menschen ihn von christlicher Theologie deutlich unterscheidet, dessen Offenheit aber religionskämpferische Überbietungsgesten fremd sind. Wenn Mieth (ebd., 221-227) dann allerdings ein ethisches „System" unter den „einzelnen Verkleidungen im dichterischen Bild" freizulegen sucht, verfehlt er m.E. das Wesen des Narrativen. Schon Schramm (1968), der umsichtig die Elemente zusammenträgt, die Manns Joseph, durchaus gemäß der Tradition der altehrwürdigen theologischen Typologie, als einen Typus zum Antitypus Christus kennzeichnen, vermutete ganz zu Recht, daß der Roman damit nicht Joseph in eine christliche, sondern Christus in eine mythologische Perspektive rückt.

[64] Daß solch humanisierendem Fortschritt im *Joseph* entschiedenes Gewicht zukommt, hat Mieth (1976, bes. S. 24f. u. 44-50; s.a. Scaff 1998, 15-28) zu Recht gegen eine Tendenz in der Forschung hervorgehoben, die mythische Wiederkehr zur dominierenden Zeitstruktur der Tetralogie zu erklären. Weniger überzeugt sein Versuch, die Romane auf eine „metaphysische Fortschrittsidee" festzulegen, welche aus der Stabilität einer theologischen „Wahrheit" im Wechsel der „Bilder der Wahrheit" abgeleitet wird (S. 48 u.ö.).

big, eine stark entwickelte Ehrfurcht vor dem Tradierten; und der alte Humanismus hatte über die Jahrhunderte ja auch aus einer sich selbst tragenden Ehrfurcht vor der antiken Überlieferung gelebt. Warum sollte eine im Weltlich-Menschlichen gegründete Ehrfurcht vor dem Gegebenen dann heute aussichtslos sein? Das Legitimieren der Gegenwart durch eine „mythische" Vergangenheit scheint dem Menschen tief eingewurzelt. Eine selbsttragende Stabilität der Bürgerwelt wie in *Buddenbrooks* wird die legitimierende Vergangenheit freilich nie zurückgewinnen. Gleichermaßen Voraussetzung und Ergebnis menschlichen Handelns, verändert sie sich unaufhaltsam im unaufhaltsamen Rollen der Sphäre. Eine Menschheit, die überleben will, muß auf diese Veränderung einwirken – ohne die Ehrfurcht zur Versteinerung zu übertreiben, wie Laban oder Huij und Tuij, oder sie in zukunftstrunkenem Übermut zu vergessen und zu verdrängen wie Echnatôn.

Bleibt die Frage des alten Ismaeliten an Josephs Perspektivismus (V 695): „Wie willst du das unterscheiden? Und wo kämen wir hin, wenn jeder Gimpel [...] sich wollte zum Richter aufwerfen darüber, was heilig ist in der Welt und was nur alt, was noch ehrwürdig und was schon ein Greuel? Da gäbe es bald nichts Heiliges mehr!" Wo kein Gott durch vielerlei Offenbarungen und andre verborgene Mittel eingreift, da ist keine Sicherheit. Joseph will ein Muster dafür geben, wie solch humanistisches Durch-Welt-und-Leben-Kommen dennoch vorgestellt werden könnte: mit der Bildung, die den Reichtum der tradierten Geschichten überblickt; mit der Klugheit, die Ähnlichkeiten und Abweichungen in der Gegenwart erkennt; mit der Kreativität, welche die passenden Variationen und Kombinationen erfindet; und mit jenem Augenmaß, das als Doppelsegen dem Alten und dem Neuen, dem „Unteren" und dem „Oberen" das je Seine zukommen läßt. Im Spiel des Lebens bleibt nichts übrig, als diese Fähigkeiten nach Kräften zu üben. Wer verspielt, dem kann es schlimm ergehen. Das lehrt die Zeit.

Lotte in Weimar

Wohl war auch die Arbeit am *Josephs*-Roman aktueller Kampf: ein Formulieren und Behaupten des eigenen Menschenbildes in einer Welt, die der nationalsozialistischen Menschenverachtung zu erliegen drohte. Aber der Stoff bannte den Autor doch in Zeiten und Räume, aus denen die bedrängende Gegenwart seine Konzentration immer irritierender abzog. Der Goethe-Roman verschaffte hier Luft. Die Linien zur zeitgenössischen Fatalität Deutschlands konnten nun offen ausgezogen werden.[1]

Am 23. August 1936 hatte Thomas Mann die Arbeit an *Joseph in Ägypten*, dem dritten Band der Tetralogie, abgeschlossen (s. Tgb). Bereits zwei Tage später vermerkt das Tagebuch „vorbereitende Notizen zur Goethe-Novelle". Die Idee dazu reicht schon Jahre zurück.[2] Der Umfang wird zunächst, wie üblich, unterschätzt: die Neujahrseintragung im Tagebuch hatte vom Jahr 1936 die Beendigung des dritten *Josephs*-Bandes und der „Goethe-Novelle" erhofft; nicht mehr als „eine kurze Novelle" (DüD II 193; vgl. Tgb 11.11.36) ist geplant. Es wird dann doch ein formidabler Roman, der sein eigenes Stück vom Leben des Autors fordert. Erst der 25. Oktober 1939 bringt den Schlußpunkt (s. Tgb). Mittlerweile hat Thomas Mann sein Exil von der Schweiz nach den USA verlegt. Und in Europa ist der Zweite Weltkrieg ausgebrochen.

Der Weg zu Goethe

Thomas Manns Beschäftigung mit Goethe reicht weit in die Jugend zurück.[3] Die Kernfigur des bildungsbürgerlichen Kanons hat ihm offensichtlich selbst der Schulunterricht kaum beschädigt. Die frühe Lektüre von *Eckermanns Gesprä-*

---

[1] Diese Linien werden herausgehoben von Dane 1999, deren Spüreifer allerdings gelegentlich (z.B. Anm. 19 u. S. 375f.) übers Ziel hinausschießt.

[2] Das Tagebuch erwähnt am 19.11.33 den „Novellen- oder Theaterstoff des Besuches der alten Lotte Buff-Kestner in Weimar" als etwas schon Geläufiges für „die produktive Ausschau" über den *Joseph* hinaus. Zur Entstehung s. die Selbstzeugnisse in DüD II 453-542 (Neudruck als SK *Lotte*), und die Tagebücher 1936-1939; zu Materialien und Notizen im Thomas Mann Archiv Zürich s. Collett 1970 u. Siefken 1981, 180-198.

[3] S. Nb I 22-24 u.ö. „Ja, ich habe ihn geliebt von jung auf," so bekannte er 1932 (GW X 328). – Die wichtigsten Zeugnisse sind jetzt zusammengestellt in: Zutrauliche Teilhabe. Thomas Mann über Goethe, hg.v. Wolfgang Mertz, Frankfurt am Main 1999. Zu Thomas Manns Auseinandersetzung mit Goethe s. Reed 1971, 1973, bes. 334-341, u. 1990, Vaget 1975, Wysling 1996, 17-63 [1978], Siefken 1981.

chen[4] deutet wohl auf den Einfluß Nietzsches, der dieses Buch zum „besten" Stück Prosa der deutschen Literatur erklärt hatte.[5] Ins Zentrum von Thomas Manns geistiger Existenz rückt Goethe jedoch erst während der Schaffenskrise zwischen *Buddenbrooks* und *Tod in Venedig*. Indem er Richard Wagner als die überwältigende Orientierungsgröße seiner jugendlichen Produktion in Zweifel zieht, wird ihm ein Antipode nötig:[6] „Die Deutschen sollte man vor die Entscheidung stellen: Goethe oder Wagner. Beides zusammen geht nicht. Aber ich fürchte, sie würden 'Wagner' sagen. Oder doch vielleicht nicht? Sollte nicht doch vielleicht jeder Deutsche im Grunde seines Herzens *wissen*, daß Goethe ein unvergleichlich verehrungs- und vertrauenswürdigerer Führer und Nationalheld ist, als dieser schnupfende Gnom aus Sachsen mit dem Bombentalent und dem schäbigen Charakter?"

Das Vorbild war zu erdrückend,[7] als daß der Nachgeborene nicht nach Befreiung hätte ächzen sollen. Der spektakuläre Erfolg von *Buddenbrooks* verschaffte ihm dazu das Selbstbewußtsein. Gegen die Verachtung des Romans, die Wagner mit der klassizistischen, aufs Drama als höchste Form fixierten Ästhetik des 19. Jahrhunderts teilte, ruft der Romancier 1908 Goethes Hochschätzung zu Hilfe (X 23-62, bes. 27-35). Gegen Wagners opiatische Wirkungsmacht, die ihre Größe „im Barock-Kolossalischen" und ihre Schönheit „im Rausche" finde, fordert er „eine neue Klassizität", „etwas ausnehmend Logisches, Formvolles und Klares, etwas zugleich Strenges und Heiteres, von nicht geringerer Willensspannung als jenes, aber von kühlerer, vornehmerer und selbst gesunderer Geistigkeit".[8] Goethe, der laut Eckermann das Klassische als das „Gesunde" dem „kranken" Romantischen entgegensetzte (IX 81), läßt sich hier – abermals neben Nietzsche – als Stichwortgeber leicht heraushören. Mit der „neuen Klassizität" wurde es freilich nichts. *Der Tod in Venedig* führte sie als einen Irrweg vor. Aber der von Nietzsche geschürte Zweifel an Wagners „Wirkungsmitteln" blieb auch bestehen (vgl. unten S. 155-157), als die Antithese 'Goethe oder Wagner' nach bewährtem Muster wieder zu 'Goethe *und* Wagner' vermittelt worden war.[9]

---

[4] S. Nb I 67-72 und 21.7.1897: BrGrautoff 96. Dazu Siefken 1981, 28-37, und Koopmann 1991.

[5] *Menschliches, Allzumenschliches* II 109; Nietzsche 1980: II 599. Zu Manns Rezeption von Nietzsches Goethe s. Siefken 1981, 19-27. Frühen Einfluß hatte auch Heines Goethe-Bild (s. Vaget 1975, 6 u. 66 Anm. 14, und Wysling 1996, 53-56).

[6] 14.9.11 an J. Bab: Br I 91. Schon Nietzsche hatte Goethe gegen Wagner gesetzt: s. Heftrich 1987, 16-20.

[7] Am 16.10.02 etwa schreibt Mann an Kurt Martens: „Ich bin gerade der Kunst Wagners gegenüber vollständig wehrlos und könnte sicher vierzehn Tage nach dem [Besuch des] *Parsifal* keinen Strich thun." (Br I 35)

[8] *Auseinandersetzung mit Richard Wagner* (1911): GW X 840-842. Zur „neuen Klassizität" vgl. Vaget 1973 u. 1975.

[9] S. vor allem: *Wie stehen wir heute zu Richard Wagner?* (1927; GW X 893-896) und *Richard Wagner und der 'Ring des Nibelungen'* (1937; GW IX 502-527, bes. 506-508).

Dieser Vermittlung halfen zunächst Nietzsches Kategorien: den „Plastiker" Goethe als Apolliniker gegen Wagners dionysische Räusche auszuspielen lag nahe, und als Gegenbild zu Wagner hat Thomas Manns Goethe apollinisch-plastische Züge immer behalten. Aber die Figur war zu mächtig, um sich dieser Antithese auf Dauer unterzuordnen. Schon *Schwere Stunde* (1905) hatte Goethe gegen den „sentimentalischen" Schiller als „naiv" und „naturhaft" in Stellung gebracht. Der Großessay *Goethe und Tolstoi* (1921/25) baute dies dann zu dem Doppelkontrast Goethe/Tolstoi versus Schiller/Dostojewski aus, wobei die „großen Naturen" Goethe und Tolstoi ein gewichtiges Quantum dionysischer Unheimlichkeit abbekamen. In der Länge erwies sich die von Schiller übernommene und von Nietzsche bestätigte (s. Heftrich 1987, 11-14) Vorstellung von einem naturhaft „ganzen" Goethe mächtiger als die antithetische Fixierung aufs Apollinische. Goethe erwuchs Thomas Mann zu einem Inbild künstlerischer Größe, dessen Schwanken zwischen fremdartig-naturhafter Übermacht und verwandt-vertrauter Vorbildlichkeit den kritisch Modernen unwiderstehlich in seinen Bann zog.

Von diesem Bann zeugt Goethes ungewöhnlich konstante Präsenz im essayistischen Werk.[10] Von ihm zeugt aber auch Manns autobiographisches Spiel mit einer imitatio Goethes. 1908 oder 1909 notiert er (Nb II 178): „Hofmannsthal betrachtet sich ohne weiteres als eine Art Goethe. Sympathisches daran. Größere Verpflichtung, Strengeres Leben." Das Verpflichtende eines solchen Lebensmusters weist auf Buddenbrooks zurück, deren bürgerliches Ethos den Einzelnen in die „Kette" der Vorfahren einfügte (I 148). Es deutet aber auch auf Joseph voraus, der die Notwendigkeiten, Möglichkeiten und Gefahren solch mythischer Nachfolge erkunden wird. Die lebensbildliche Anlehnung an Goethe lag konservativ gestimmten Autoren im ersten Jahrhundertdrittel nahe (s. Wysling 1996, 18). Gerhart Hauptmann trieb sie bis ins Lächerliche, indem er noch Frisur und Spazierhaltung Goethes imitierte. Thomas Mann, dem die hohe Parodie, die Zersetzung und Wiederbelebung mythopoetischer Muster zum wichtigsten Kunstmittel wurde, betrieb diese Lebensstilisierung mit ironischer Bewußtheit. Die

---

[10] Die wichtigsten Titel: *Goethe und Tolstoi* (1921/25/32; GW IX 58-173), *Zu Goethe's 'Wahlverwandtschaften'* (1925; IX 174-186), *Goethe als Repräsentant des bürgerlichen Zeitalters* (IX 1932; 297-332), *Goethe's Laufbahn als Schriftsteller* (1932; IX 333-362), *Ansprache bei der Einweihung des erweiterten Goethe-Museums in Frankfurt am Main* (1932; X 327-331), *An die japanische Jugend* (1932; IX 282-296), *Vorwort zum I. Jahrgang von 'Maß und Wert'* (1937; XII 798-812), *Über Goethe's 'Faust'* (1939; IX 581-621), *Goethe's 'Werther'* (1941; IX 640-655), *Phantasie über Goethe* (1948; IX 713-754), *Goethe und die Demokratie* (1949; IX 755-782), *Ansprache im Goethe-Jahr 1949* (XI 481-497), *Die drei Gewaltigen* (1949; X 374-383); auch der *Versuch über Schiller* (IX 870-951) kehrte 1955 mit mehreren ausführlichen Exkursen zu Goethe zurück. 1930 spielte Mann sogar mit dem Gedanken, zum hundertsten Todestag 1932 ein „Goethe-Buch" zu schreiben (29.12.30: BrBertram 170-172); der Plan wurde nicht verwirklicht, gehört aber in die Vor- und Kristallisationsgeschichte des *Lotte*-Romans.

Josephs-Romane brachten eine grundsätzliche Reflexion der Parodie als Lebensform.

Ohnehin stritten in seiner Wendung zu Goethe gegensätzliche Impulse. Als kritisch-analytischer Dichter, als „Erkenntnis-Lyriker", fand er sich eher dem „sentimentalischen" Schiller verwandt; zu Goethes „naiver" Ganzheit zog ihn jene platonische Sehnsucht, die liebt, was sie selbst entbehrt. Als „Repräsentant"[11] zunächst seiner Epoche, später der deutschen, in Deutschland selbst verratenen und verdorbenen Kultur nahm er Goethe zum Beweis, daß auch Kosmopolitismus und Humanismus zum Innersten dieser Kultur gehörten. Hier fühlte er sich zur direkten Nachfolge aufgerufen – einer Nachfolge, die gleichermaßen Kampf für Goethes Erbe wie Schutz in Goethes Schatten bedeutete. Der Rangunterschied stand dabei nie in Frage. Das „Verwandtschaftsgefühl", das Bewußtsein „einer gewissen mythischen Nachfolge und Spurengängerei ist sehr lebhaft", so gesteht er 1932, fügt aber hinzu:[12] „Da ist unmöglich etwas mißzuverstehen. 'Ich bin kein Goethe, aber einer von seiner Familie', schrieb Stifter." Wenn der befreundete Kuno Fiedler „mit naiver Direktheit" von diesem Verhältnis spricht, befremdet das offenkundig (Tgb 29.11.36). Vor Ridikülitäten à la Hauptmann bewahrte Thomas Mann nicht nur sein empfindlicherer Geschmack, sondern auch sein klareres Bewußtsein für die Realitäten im Olymp der Dichter. Gleichwohl zählt die mythisierende Nachfolge, das „In Spuren Gehen", unter die anthropologischen Realitäten, die auch in modernen Zeiten ihre Kraft nicht verlieren. Darüber hatte ihm die Arbeit am *Joseph* Klarheit verschafft. Seine imitatio Goethes folgt dem Gesetz der Parodie: mit desillusionierender Erkenntnis des Kleinen wie des Unheimlichen und mit Ehrfurcht vor der Größe des Ereignisses, mit autobiographischer Spiegelung und steter Erinnerung der Distanz.[13] Es gehört das zu dem Versuch, auch das eigene Leben mit bewußter Kunst zu führen – nicht aus dem Ästhetizismus des Dandy, der von einem „Leben als Kunstwerk" träumt, sondern auf jene humane Freiheit hin, welcher eine „hermetische" Klugheit zwischen inneren Gewalten und äußeren Zwängen ein wenig Raum zu schaffen sucht.

Roman eines Romans eines Romans

Der Roman führt sowohl die Auseinandersetzung mit Goethe auf ihren Gipfel als auch die Form des problematischen Heldenporträts, die Thomas Mann schon in

---

[11] H.R. Vaget sieht in dem Streben nach „Repräsentanz" geradezu den mächtigsten Schaffensimpuls Thomas Manns: s. 1975, bes. 10-13, u. 1980.
[12] 10.9.32 an Käte Hamburger (BrHamburger 21); vgl. Tgb 23.10.33. Das Stifter-Zitat schon 1922 in *Von deutscher Republik* (GW XI 816).
[13] Diese produktive Komplexität muß Peter von Matt (1978) zu falscher Eindeutigkeit reduzieren, um Thomas Manns „Verhältnis" zu Goethe als ödipalen Mord mit literarischen Mitteln enthüllen zu können.

den verschiedensten Genres unternommen hatte: Savonarolas im Drama *Fiorenza*, Schillers in der Erzählung *Schwere Stunde*, Friedrichs des Großen im essayistischen Roman-Exposé *Friedrich und die große Koalition*, Goethes und Tolstois in der essayistischen Parallelbiographie; des *Ring*-Komponisten in der Festrede *Leiden und Größe Richard Wagners*; auch der fiktive Gustav von Aschenbach des *Tod in Venedig* ist hier zu nennen. Es ist die ironische Darstellung aus einer Ehrfurcht, welche die Erkenntnisse der Entlarvungspsychologie in sich aufzunehmen hat (BrMann 5.12.05): „Einen Helden menschlich-*allzu*menschlich darstellen, mit Skepsis, mit *Gehässigkeit*, mit psychologischem Radicalismus und dennoch positiv, lyrisch, aus eigenem Erleben".

Neu ist das Verfahren, den Helden indirekt, über die perspektivischen Brechungen in den Menschen seiner Umgebung aufzubauen.[14] Die vom *Zauberberg* zum *Joseph* fortschreitende ironische Ausgestaltung der Erzählerfigur läßt die Erzähler nun als Figuren leibhaft auftreten. Auch hierin wird bereits der Weg für *Doktor Faustus* geebnet. Daß das Erzählen auf mehrere Figuren verteilt wird, läßt den grundsätzlichen Perspektivismus des Mannschen Erzählens einmal sichtbar nach außen treten. Es zieht aber auch die formale Konsequenz aus der Absicht, die 'Größe' aus ihren Wirkungen sprechen zu lassen. Im übrigen zogen solche perspektivischen Brechungen Thomas Mann von langer Hand an. Goethe nahm er früh auch durch die Augen Eckermanns und Heines auf. Schopenhauer lernte er zuerst aus den Schriften Nietzsches kennen. Trotz ständiger Originallektüre näherte er sich Nietzsche immer wieder in den Spuren von Mereschkowski und Bertram.[15] Für *Geist und Kunst* notierte er den Nutzen des Gegen den Strich Lesens:[16] „Es steht außer Zweifel, daß aus Nietzsches Wagner-Kritik mehr über Wagner zu lernen ist, als aus Glasenapp, Wolzogen etc. Aus Pamphleten lernen. Für den Psychologen sind gute Pamphlete unvergleichlich reizvoller als Verhimmelungen." Da klingt Nietzsches Entlarvungspsychologie durch, die eine Lektüre nicht nach der Wahrheit ihrer Deutung, sondern nach ihrem Nutzen für den Leser befragt.

Lotte in Weimar treibt dieses Verfahren weiter als irgendein anderes erzählendes Werk Thomas Manns. Der Roman hat kaum mehr eine wahrnehmbare Handlung. An deren Stelle tritt Charlotte Kestners Weg durch die Deutungen,

---

[14] Vorstufen bilden die Einführung Gerda Arnoldsens in *Buddenbrooks* (GW I 288-295; allerdings gibt es hier das Vorspiel im Internat: I 89-91) und Mynheer Peeperkorns im *Zauberberg* (GW III 759-761); einen Sonderfall stellt Clawdia Chauchat dar, die der Leser die längste Zeit nur in Hans Castorps imaginativ erhitzter Perspektive zu sehen bekommt (vgl. oben S. 77-79).

[15] Bertram hat auch zu Nietzsches Goethe-Bild gearbeitet (1918, Kap. 'Weimar', u. 1920); s. ferner Heftrich 1987.

[16] Nb II 182f. (1908/09) und *Geist und Kunst* Nr. 19 (Scherrer & Wysling 1967, 162; hier wird der Abschnitt eingeleitet durch einen Verweis auf das oben, S. 61, angeführte Strindberg-Zitat zum Perspektivismus). Ähnlich am 30.8.10 an M. Harden: Br I 86.

welche die Weimaraner Zeitgenossen dem Phänomen Goethe angedeihen lassen. Indem sie dieser Bewegung folgt, legt die Lektüre des Lesers einen Schnitt durch die Goethe-„Lektüren" der mit Goethe Lebenden. Den Dichter selbst bekommt der Leser erst im „siebenten", Charlotte erst im achten der insgesamt neun Kapitel zu Gesicht. Dieser Dominanz perspektivischer Brechungen entspricht die Demonstration der erzählerischen Vermittlungen. Man könnte *Lotte in Weimar* geradezu als eine Enzyklopädie der Erzählhaltungen benutzen.

Das erste Kapitel wird moderat auktorial und überwiegend szenisch erzählt. Manche Formulierung, wie etwa „des Amtmanns wackeres Töchterchen" (II 385), zieht parodierend den Stil der Goethe-Zeit heran. Das zweite Kapitel taucht zunächst in Charlottes Innenleben ein. Vom zusammenfassenden Bericht über die erlebte zur wörtlichen Rede begleitet der Leser mit wechselnder Nähe den Strom der Erinnerungen, Gedanken und Assoziationen. Größere Distanz hält der folgende Besuch der Prominentenjägerin Cuzzle. Ihre sprudelnde Suada faßt der Erzähler entschlossen zusammen. Dr. Riemers Besuch dagegen bringt einen Dialog in wörtlicher Vollständigkeit. Freilich redet Riemer so viel mehr, daß das Gespräch sich immer wieder der Erzählung nähert – doch auch dies nur vordergründig. Tatsächlich reflektiert Riemer mehr als daß er erzählte. Die Gekränktheit des Ausgebeuteten, die über den Stolz des Unentbehrlichen beständig trübes Licht gießt, sichert seinem Reden zwar die charakteristische Farbe, aber über beträchtliche Strecken nehmen seine Expektorationen bis zum Verwechselbaren Ton und Argumentationsverfahren Thomas Mannscher Essayistik an. Mag darunter der Realismus leiden, feiert der Perspektivismus doch seinen Triumph. Im Bewußtsein solcher All-Vermitteltheit legt der Autor Riemer vieles in den Mund, was seinen höchst eigenen Goethe trifft, von der „Kälte" des Künstlers (II 439) über die „umfassende Ironie" (II 442) bis zum josephinischen „Doppelsegen des Geistes und der Natur" (II 440).[17]

Adele Schopenhauer eröffnet im vierten Kapitel dann ein echteres Gespräch schon dadurch, daß ihre jugendliche Opposition gegen den großen Mann Charlottes Widerstand erregt. Das fünfte Kapitel legt in den Rahmen des Romans die Novelle von Ottilie und Ferdinand ein, eine traurige Komödie zwischen Politik und Liebe. Dem ungetrübt auktorialen Selbstvertrauen, mit dem Adele Schopenhauer sie erzählt und kommentiert, entspricht ihre von keinem Selbstzweifel angekränkelte Absicht, den Fortgang des Geschehens zu manipulieren. Es folgt im sechsten Kapitel, changierend zwischen Gespräch, Erzählung und Reflexion, der Besuch des Sohnes August; im „siebenten" Kapitel der krönende innere

---

[17] Daß gleichwohl vieles auch, teils treu, teils in entschlossen umbiegender Aneignung, aus Schriften von und über Goethe stammt, hat die Forschung gezeigt: s. Lange 1955, Schultz 1971 und Siefken 1981 (bes. 199-243) u. 1991. Zur von Mann verwendeten Goethe-Literatur. Siefken 1981, 282-285; zu den Bildvorlagen s. Wysling & Schmidlin 1975, 320-347. Mit dem historischen Weimar-Besuch der Charlotte Kestner und seinen Vermittlungen zu Thomas Mann hin vergleicht Frizen (1998, 192-202) den Roman.

Monolog des erwachenden Goethe; im achten Kapitel die aus verschiedensten Erzählhaltungen zusammengesetzte Szene des gemeinsamen Mahles am Frauenplan und schließlich im abschließenden neunten Kapitel Charlottes Theaterbesuch samt der Begegnung mit Goethe in der heimkehrenden Kutsche.

All diese Perspektiven auf Goethe, mit Ausnahme des siebten Kapitels, werden durch Charlotte Kestner fokussiert, durch ihre Reaktionen auch immer wieder beeinflußt und provoziert. Charlottes Blick folgen die Beobachtungen des Lesers, und doch ist zwischen sie und den Leser schließlich noch ein Erzähler eingeschoben, der sich zwar nicht in den Vordergrund drängt, aber seine auktoriale Regie auch nicht verbirgt. Das reicht von leichten Einfärbungen eines Plaudertons: „und doch kann man sagen", ... „denen auf den ersten Blick – und auch auf den zweiten noch" (II 369), bis zur ausdrücklichen Redaktion des „in Wirklichkeit" Zerstreuten zu formaler Geschlossenheit (II 558f.). Die komplexe Inszenierung bildet das raffinierte Spiel zwischen perspektivischer Vervielfältigung, im Autor zentriertem Zusammenhang und der explorierenden Navigation des Lesers detailliert nach, führt es vor Augen und hebt es ins Bewußtsein.

Charlotte Kestner freilich steht nicht nur wegen ihrer Fokussierung der Perspektiven im Titel des Romans. Thomas Mann spiegelt hier in Goethe, was sein eigenes Schreiben als Kritik und Streit immer begleitet hat: den Umgang des Autors mit seinen Mustern und das Verhältnis des Werks zu seinen Quellen. Wie Thomas Mann für *Buddenbrooks* seine Familie, so hat Goethe für *Werthers Leiden* Charlotte Buff zum Stoff gemacht, und wie Onkel Friedrich Mann, so hat einst auch Charlottes Verlobter Kestner daran Anstoß genommen. Thomas Mann potenziert dieses Verhältnis nun in doppelter Richtung. Zum einen macht er aus der Verarbeitung der historischen Charlotte zur Romanfigur Lotte selbst wieder den Gegenstand eines Romans. Zum anderen konfrontiert er Charlotte Kestner in Weimar mit der Wirkungsgeschichte von Werthers Lotte; die „Quelle" erhält Gelegenheit, auf ihre poetische „Verarbeitung" zu reagieren.

Die Reaktion fällt ambivalent aus. Auf der einen Seite fühlt Charlotte in der Degradierung zum „Stoff" eine unmenschliche Kälte. Das macht sie zu einer verständnisvollen Zuhörerin all jener Riemer und Konsorten, die sich von dem großen Mann ausgebeutet und ausgesogen, in ihrer „eigenen Selbstheit" entwürdigt fühlen (II 504). Auf der anderen Seite empfindet sie sehr wohl, daß im Roman zum „Überwirklichen", zu „höherem Leben" und „großer Wirklichkeit" (II 389f.) geworden ist, was im Leben bloß Wirklichkeit war. Auf der einen Seite weiß sie präzise zu protestieren, wenn der Kellner Mager mit dem Unverstand des Fans in ihr das „Urbild" von Werthers Lotte sehen will (II 374). Das ist ein verkehrter Platonismus, hat doch das Vorbild einer Romanfigur platonisch mit dem Stoff mehr zu tun als mit der Idee. Ebenso wehrt sie sich mit gutem Recht gegen den Versuch, die Idee, das „Eigentliche und Wahre" ihrer Existenz in die Romanfigur zu setzen. Nicht ihr faktisch-kontingentes Wesen hat Goethe aufgedeckt, sondern von ihrer Erscheinung Stoff genommen, um daraus im Werk etwas ganz Anderes, Neues zu schaffen. Darauf muß sie beharren, der dieses faktisch-kontingente Wesen doch eben das Ganze, ihre eigene Individualität ist. Das sichert ihr einen Vorsprung im Verständnis des ästhetischen Vorgangs vor dem Kellner Mager, dem die Verehrung in eine Vergötzung umschlägt, welche, die poetische Wirklichkeit verfehlend, auf eine materiale, „anfaßbare" Realität dessen ausgeht, was sie in der Lektüre erschüttert.

Und doch erliegt sie selbst auf der anderen Seite ähnlichen Verwechslungen. Charlottens privateste Erinnerungen sind nicht immer zuverlässig ihre eigenen. Mit sinnlicher Intensität können ihr Küsse auf den Lippen brennen, die, wie der kontrollierende Verstand nachrechnet, doch nur die Lotte aus *Werthers Leiden* empfangen hat (II 390; s.a. 394). Auch Eifersucht ist ihr nicht fremd auf die schwarzen Augen, die Goethes Lotte nicht von ihr zugekommen sind. Da ist sie dann doch bereit, ihre Wahrheit in jener Romanfigur wiederzufinden, die mit einer höheren Wirklichkeit und einer kleinen Unsterblichkeit lockt. So nimmt sie Goethes Kunstfigur, der sie einst Stoff gegeben hat, nun insgeheim selbst zum Muster ihres Lebens. Der biographistische Kurzschluß konzentriert sich im peinlich-lächerlichen Detail der „fehlenden Schleife" (II 392), mit dem Charlotte Goethe die Anerkennung einer geheimen Identität zwischen ihr und Werthers Lotte (s. *Werthers Leiden*, 1. Buch, 28. August) abgewinnen will. Das gelingt nicht.

Thomas Manns Goethe

So analysiert der Roman mit einem Höchstmaß erzähltechnischer Reflexion und erzählerischer Raffinesse das vertrackte Verhältnis zwischen Kunst und Wirklichkeit. Auf seinen Höhepunkt kommt diese Reflexion im siebenten Kapitel, das nach all den so umwegigen Vorbereitungen Goethe mit der kräftigsten Unmittelbarkeit präsentiert, welche modernes Erzählen bieten kann. In einem mächtigen inneren Monolog zeigt Goethe sich, wie es scheint, in allen seinen unzensierten Prachten. Wie sein Bewußtsein sich zu Anfang, aus Traum auftauchend, erst festigen muß, wie er seinen Platz in der Tageslicht- und Alltagsrealität erst wieder identifizieren und einnehmen muß, das zitiert den Anfang des dritten Aktes des *Faust II*, an dem Helena, aus der polymorphen poetischen Tradition auftauchend, sich erst über die poetische Verwirklichung zu orientieren hat, in die sie diesmal eintritt. In Analogie zu beidem steht der Schöpfungsprozeß des 'Ägäischen Festes', dem der Leser beiwohnen darf. Das szenische Zitat trägt ebenso wie die schier zahllos zitierten Wendungen aus Goethes Schriften dazu bei, die Figur im Schein biographischer Authentizität erglänzen zu lassen. Ist *Werthers Leiden* kein Charlotte Buff-Roman, so doch *Lotte in Weimar* ein Goethe-Roman.

Indem er Goethe mit dem Zauberstab des Erzählers aus dem Schattenreich der Erinnerung heraufbeschwört, will Thomas Mann eine Bildungsmacht erneuern, die der Gegenwart Deutschlands wie Europas zu versinken droht. Tradition bleibt nur lebendig, so lange sie zu gegenwärtiger Wirkungskraft angeeignet wird.[18] Die *Josephs*-Romane hatten ausgiebig durchgespielt, wie Kultur solche Lebendigkeit der mythischen Muster gegen tötende Erstarrung wie revolutionäre Zerstörung durchhalten und durchsetzen muß (XIII 168f.[19]). Thomas Mann beschwört Goethe mit durchaus modernen Mitteln. Der innere Monolog war seit Joyce's *Ulysses* zu einem Panier avantgardistischen Erzählens aufgestiegen. Im freien Assoziieren des zwischen Traum und Wachen schweifenden Dichters wirkt Sigmund Freud nach. Und wenn die mythologische Phantasmagorie des Ägäischen Festes ad oculos aus der „physischen Stimulation" durch morgendliche Kaltwassergüsse herausgezaubert wird (II 640f.), ist der Desillusionspsychologe aus Nietzsches Schule am Werk, der aber – Nietzsche gegen den Strich gelesen – die Größe des Werks durch die trivial-absonderlichen Umstände seiner Entstehung nicht beschädigt sieht.

Ausgreifende Studien, sorgfältiges Exzerpieren und ingeniöses Zitieren stellen sicher, daß es schon Goethe ist, dem der Leser da begegnet: Goethes religiöses Vertrauen in die Natur, Goethes Humanismus, Goethes Naturforschung, Goethes Bewußtsein des Dämonischen, Goethes Abneigung gegen nazarenisches Christentum, Goethes Bewunderung für Napoleon und Abwehr des romantischen Nationalismus, aber auch Goethes Empfindlichkeit für seine *Farbenlehre* und Goethes akademischer Klassizismus in Sachen der bildenden Künste.[20] Das Muster, das zu neuer Kraft belebt werden soll, muß seine verpflichtende Forderung als es selbst erheben. Der innere Monolog präsentiert den Weimaraner Olympier dem Leser, als wäre er's selbst. Dennoch liegt offen genug zutage, wie Thomas Mann in diesem Goethe das Eigene aufgesucht hat; und wo er es nicht fand, legte er es doch hinein: das Lob der Parodie, das Bekenntnis zur Ironie, die Vorstellung von der Androgynie des Künstlertums und vom Mittlertum des Geistes, die Behauptung des eigenen Deutschtums gegen die pöbelhaft oder philiströs „Volkstümlichen" und die Warnung gegen die deutsche Vorliebe für Rausch und „berserkerisches Unmaß" (II 657), aber auch die ängstliche Aufmerksamkeit für die eigene Physis und ihr Gezwacke. Beides durch Stilparodie und Zitierspiel zu einer Einheit zu verflechten, ergibt das Werk der Erneuerung und Aneignung. Für *den* Goethe seiner Zeit hat Thomas Mann den Helden seines Romans sicher nicht gehalten. Ein starker Beitrag zur Gegenwärtigkeit Goethes in seiner Zeit war er allemal.

---

[18] Vgl. die Überlegungen zur „Erinnerungskultur" in Assmann 1992.
[19] Vgl. 7.3.40 an K. Hamburger: „Ohne die lange mythische Schule, die ich bei [Joseph] durchgemacht, hätte ich mich nie in das *Abenteuer* der Realisierung des Goethe-Mythos zu stürzen gewagt." (BrHamburger 62/ DüD II 487). Ähnlich DüD II 489, 492, 496 u.ö.
[20] Wie eindrucksvoll die „historische" Evokation Goethes gelungen ist, erweist sich an dem irritierenden Faktum, daß ein Goethe-Kenner vom Range Ernst Cassirers darüber die Spiegelung Thomas Manns in Goethe völlig übersehen konnte (s. Cassirer 1945).

Dieser Goethe freilich ist nur für den Leser. Für Charlotte Kestner wird der Besuch am Frauenplan zur Enttäuschung. Goethe wahrt eine offiziöse Förmlichkeit. Eine intimere Begegnung kommt erst spät zustande, wenige Tage vor ihrer Abreise, auf den letzten Seiten des Romans. Der Leser muß die Worte schon sehr genau abpassen, will er bemerken, daß es sich bei dieser „Erscheinung" in der soeben noch leeren Kutsche – „Man erschrickt nicht über dergleichen" (II 756) –, die am Ende dann wieder „verhauchend" entschwindet (II 764), um ein Wesen von der Art des Teufels handelt, der Adrian Leverkühn in Palestrina aufsuchen wird (VI 297): eine imaginäre Projektion, die ihre Worte ganz aus dem Wissen der Person schöpft, mit der sie sich unterredet.[21] Charlotte Kestner deutet nirgends an, daß sie die spukhafte Beschaffenheit ihres Besuchers durchblickte. Der Leser aber darf bei dem, was nun an erleuchteten Sentenzen fällt, nicht vergessen, daß sie, allen Zitierens ungeachtet, von Charlottes Wünschen arrangiert sind: die „ewige Jugend im Gedicht" wie das „Bedürfnis nach Vergebung", die „Dauer in dem Wandel" wie die im Brennen sich verzehrende Kerze (II 759-763), die so paßgenau zu der Opfermetaphorik stimmt, unter der Charlotte wie all die anderen an Goethes Seite Gekränkten immer wieder ihre Lebensform legitimierten. Und mit dem Gewicht der Schlußszene warnt diese Ausgeburt sehnsüchtiger Phantasie, auch vor der mächtigen „Unmittelbarkeit" Goethes im siebenten Kapitel nicht deren perspektivische Gebundenheit an den Autor zu vergessen. Es gibt keinen festen Punkt, von dem aus sich die perspektivische Relativität aus den Angeln heben ließe.

---

[21] Vgl. 24.2.40 an K. Fiedler (BrFiedler I 35), 3.3.40 an H. Mann (DüD II 486) u.ö. Wie dieses Ende aus der Gattunglogik der Komödie gezogen wird, zeigt Frizen 1998, 178-192.

Doktor Faustus

Josephs Geschichte trägt Züge eines Märchens, das erzählt, wie es mit der Menschheit doch noch gut weitergehen könnte, wenn die Menschen ihre Prüfungen nur auf die rechte Weise bestünden. Thomas Manns Tetralogie steht in der Deszendenz der großen Aufklärungsmärchen vom Menschen: Lessings *Nathan dem Weisen*, Goethes *Iphigenie auf Tauris* und Mozarts *Zauberflöte*. Ihr Märchenoptimismus kann sich aktuell rechtfertigen aus dem kämpferischen Widerspruch zum finster-schicksalsbesessenen Mythengebrodel der Nationalsozialisten wie als humane Aufheiterung in trostbedürftiger Zeit. Aber er schließt die Darstellung all jener Sorgen und Ängste, all des Leidens und Entsetzens aus, das den auf Deutschlands Gegenwart blickenden Autor peinigte. Nach Abschluß von *Joseph der Ernährer* folgte noch, als ein ungewöhnlich rasch geschriebenes Intermezzo, die Moses-Novelle *Das Gesetz* – dann bemächtigte sich die dramatische Gegenwart des Produktionswillens. Im Frühjahr 1943 nahm der fast Achtundsechzigjährige die Arbeit an einem als Schluß- und Endwerk gedachten Opus auf, das gleichzeitig „Epochen-Roman" (XI 171), Deutschland-Buch (XI 160f.) und geheime „Lebensbeichte" (XI 165) werden sollte. Er tat es in dem Bewußtsein, sich damit auf sein „wildestes" (XI 148) und ungeschütztestes Buch einzulassen. Am 29. Januar 1947 schrieb er die letzten Worte des Romans. Sein „gewagtestes und unheimlichstes"[1] Buch war es in der Tat geworden, problematisch und irritierend bis in manche Grundlinien der Konstruktion.

Von der Anthropologie zur Pathologie

Die Idee, den Faust-Stoff für einen Künstlerroman heranzuziehen, mit der syphilitisch erzeugten Inspiration als modernem Teufelspakt, reicht weit zurück; eine erste Notiz ist wohl auf das Jahr 1904 zu datieren.[2] Später erwuchs daraus die Ahnung von einem „letzten Werk", vergleichbar dem *Parsifal* Richard Wagners,[3] an das Thomas Mann von Zeit zu Zeit vorausdachte.[4] Hatte er im *Joseph* eine

---

[1] 21.2.42: BrMeyer 374/DüD III 7. Zur Entstehung s. *Die Entstehung des Doktor Faustus* (GW XI 145-301), die Selbstzeugnisse in DüD III 7-289 (Neudruck als SK *Faustus*, 7-351) und die Tagebücher 1943-1947; ferner Sprecher 1998. Zu den erhaltenen Notizen zum Roman s. Voss 1975, 12-14 u.pass.

[2] Nb II 121f.; hinzuzunehmen ist die Notiz *Zum Roman* in Nb II 107 (dazu Scherrer & Wysling 1967, 23-47).

[3] S. Tgb 21.3.43, 27.4.43 an K. Mann (Br II 309/DüD III 8) und *Entstehung*: GW XI 157.

[4] S. Tgb 3.4.33, 19.11.33, 11.3.34, 16.9.34, 27.2.35, 27.12.35, 9.12.37, 10.3.40, 23.2.41, 24.10.42 u.ö.

historische Anthropologie gegeben mit Ausblick auf das, was der Mensch sein sollte und, im glücklichen Fall, sein könnte, so nahm er nun die Darstellung dessen auf sich, was der Mensch im aktuell zu besichtigenden schlimmsten Falle war. Der Anthropologie folgte die Pathologie, die Thomas Mann freilich nicht als Historiker oder Soziologe, sondern mit den Mitteln des Romanciers zu vollziehen hatte. In der eigenen Erfahrung war ein Zugang zum nationalsozialistischen Deutschland aufzufinden: „Wahrheiten, die man über sein eigenes Volk zu sagen versucht, können nur das Produkt der Selbstprüfung sein." (XI 1128; vgl. XI 1146 u. XII 960) So wandte er sich zurück zu den politisch-psychischen Verwirrungen während und nach dem Ersten Weltkrieg, zurück vor jene Vermittlungen, die in Schneetraum und doppeltem Bund des *Zauberberg* erahnt und im Menschheitsfortschritt des biblischen Epos durchgespielt worden waren. Seine Pathographie der Epoche setzt dort an, wo in der eigenen Wahrnehmung „oben" und „unten", „Geist" und „Natur", „Reinheit" und „Sinnlichkeit", aber auch „Tradition" und „Revolution" noch feindlich gegeneinander standen, beide Seiten in einäugiger Radikalität je beschädigt und verfehlt.

Diese Rückkehr (XI 190) vor die Arbeit am „neuen Humanismus" wird im *Doktor Faustus* vielfältig sichtbar. Die Aufspaltung der eigenen widerspruchsvollen Lebenseinheit aus Dichter und Bürger in die selbständigen Figuren des Komponisten und des Humanisten baut ein Verfahren aus, das bereits *Buddenbrooks* mit dem Figurenpaar Hanno und Kai erprobt hatte (vgl. Heftrich 1982, 99-102d). Die Beschreibung der „altertümlich-neurotischen Unterteuftheit und seelischen Geheim-Disposition" von Kaisersaschern mit seinen „'Originalen', Sonderlingen und harmlos Halb-Geisteskranken" (VI 52) steigert und verschärft eine entsprechende Beschreibung Lübecks im Erstlingswerk (I 66). *Doktor Faustus* knüpft an jene „Seelengeschichte des deutschen Bürgertums" (XI 383) an, die der Lübeck- und der Davos-Roman gegeben hatten.[5] Die innerliterarischen Rückgriffe werden mit Autobiographischem verschränkt: in jenem italienischen Palestrina, in dem der junge Leverkühn an *Love's Labour's Lost* arbeitet und dem Teufel begegnet, hatte der junge Thomas Mann einst die Niederschrift von *Buddenbrooks* begonnen.[6]

Dazu kehrt der Krieg der Antithesen, der die Notizen zu *Geist und Kunst*, die *Betrachtungen eines Unpolitischen* und die Diskussionen zwischen Settembrini und Naphta im *Zauberberg* beherrscht hatte, wieder in den politischen Debatten vom „Schlafstroh" (Kap. XV) bis zum Kridwiß-Kreis (Kap. XXXIV Forts.), aber auch in den historisch-philosophisch-ästhetischen Explikationen von Kretzsch-

---

[5] Vgl. oben S. 35f., 66f. u. 73ff. Im Gegensatz zu *Buddenbrooks* tritt nun aber die Perspektive aufs kollektiv Unbewußt-Neurotische ins Zentrum. In dem Vortrag *Deutschland und die Deutschen* wird Kaisersascherns „altertümlich-neurotische Unterteuftheit" offen an Lübeck analysiert (1945; GW XI 1129-1131).

[6] Der alte Thomas Mann soll auch für die Teufelserscheinung eine autobiographische Anregung behauptet haben: s. Mendelssohn 1996: I 442. Literarisch folgt er vor allem Dostojewskis *Brüdern Karamasow* (11. Buch, 9. Kap.).

mars Vorträgen, von Leverkühns Teufel, von Zeitbloms Werkbeschreibungen. Als ein illustrer Nachfahre von Krokowski und Naphta tritt der Hallenser Privatdozent Eberhard Schleppfuß vor den Leser. Überhaupt feiert Naphta geheime Auferstehung. Wie einst Naphta, so rufen jetzt der Teufel (VI 324) und verschiedene Salon-Intellektuelle (VI 484f.) die Überwindung von Humanismus und Humanität aus. Ähnlich Naphta fordert Leverkühn, „das Archaische mit dem Revolutionären zu verbinden" (VI 252). Wie Naphta, so erwarten die Herren bei Kridwiß wohlgemut, daß die Menschheit durch Terror und Diktatur zu „theokratisch-mittelalterlichen Zuständen" voranschreiten werde (VI 489). Von Naphtas theologischer Ästhetik des häßlichen „Ausdrucks" (III 545) ist es nur ein kurzer Weg zu des Teufels Restriktion der Kunst auf den „unverklärten Ausdruck des Leides" (VI 321). Und selbst des Teufels Loblied auf die Krankheit als Zeugungsmittel genialer Werke und künftiger Gesundheit (VI 323f.) – die Formulierung jenes fatalen Motivs also, das Leverkühn zur Syphilis getrieben hat, – kennt der Leser des *Zauberberg* schon aus dem Munde des kommunistischen Jesuiten (III 643).

Die chokante Idee der absichtlichen Infektion gibt eine Kontrafaktur des *Tod in Venedig*. Gustav von Aschenbachs apollinischer Klassizismus hatte sich durch Verdrängung von den unheimlichen dionysischen Quellen des Schöpferischen abgeschnitten. Als dann die unterweltliche Atmosphäre Venedigs und die homoerotische Schönheit Tadzios die apollinische Zensur des alternden Künstlers schwächten, überwältigte ihn der dionysische Triebuntergrund zu Schande und Tod. Den Komponisten des Romans gefährdet Sterilität nicht aus persönlicher Schwäche, sondern aus historischer Aporie.[7] Er sieht sich am Endpunkt einer Entwicklung, in der alle Mittel, die noch unmittelbar aus den dionysischen Quellen schöpfen, trivial geworden oder – in der Terminologie Adornos: – „verbraucht" sind. Was Aschenbach lebenslang geflohen hatte, das sucht Leverkühn bewußt auf: jene erotische Anstachelung der unbewußten Schöpfungskräfte, die das vernünftige, begrenzte und beschränkte Individuum zu zerstören drohen. Von ihrem Aufruhr will er sich ergreifen lassen und dennoch die hohe Rationalität seines Kunstbewußtseins festhalten. Aus dem Zusammenprall der feindlichen Mächte will er den „Durchbruch" zu einer neuen Kunst erzwingen, archaisch und modern zugleich.

Thomas Mann hatte sich während der Arbeit am *Zauberberg* zur „Vermittlung" der Gegensätze durchgerungen, als deren Kampfplatz er Welt und Menschen wahrnahm. Durch Vermittlung sollen die Gegensätze aus ihrer wechselseitigen Abstoßung gelöst und miteinander in produktiven Umgang ver-

---

[7] Daß die Verknüpfung von bewußter Konstruktion und drohender Sterilität zu den werkübergreifenden Themen Thomas Manns gehört, hat Baumgart (1989, 14-43) überzeugend vorgeführt; auch er freilich möchte einen traumatischen Kern des Autor-Lebens nicht nur als Antrieb zum Schreiben, sondern auch als letztgültige Bedeutung des Geschriebenen aufdecken (s. z.B. S. 277 u. 310). Zu den Rückbezügen von Leverkühn zu Aschenbach vgl. Maar 1989, 216-219.

setzt werden. Die den Menschen gefährdenden Gewalten des „Apollinischen" wie des „Dionysischen" sind „hermetisch" zu zähmen. So lassen sich Geist und Rationalität verlebendigen, die natürliche Triebhaftigkeit kultivieren. Aus Leverkühn aber macht sein Autor durch die Abtrennung der bürgerlich-menschlichen Persönlichkeitselemente einen reinen, einen radikalen Künstler. Ihm geht es nicht um hermetische „Vermittlung", sondern – auch das ein Erbe Naphtas – um dialektischen „Umschlag" (VI 253, 644). Eine Position soll so rigoros in ihre radikale Konsequenz getrieben werden, bis sie in ihr Gegenteil umschlägt, das als Antithese die These doch gänzlich in sich aufnimmt. Leverkühn hofft, er könne Apollon und Dionysos, statt sie zu zähmen, dem eigenen Schaffen in ihrer Vollgewalt dienstbar machen: die „totale Ordnung" *und* den totalen Ausdruck im eigenen Werk zusammenfallen lassen (VI 646f.). Es ist ein Unterfangen von hybrider Übermenschlichkeit, das im Fortgang auch Unmenschlichkeit enthüllt. Im Vokabular der werkübergreifenden Zentralthemen Thomas Manns formuliert: Leverkühn zieht die „Heimsuchung" bewußt auf sich, um sie der eigenen Absicht zu unterwerfen! Der faustische Teufelspakt gibt dafür gerade das rechte Muster.

Ein weiteres Muster erwähnt Thomas Mann für die Konzeptionsphase des Romans: Stevensons *The strange case of Dr Jekyll and Mr Hyde*.[8] Auch Dr. Jekyll geht von „man's dual nature" aus. Die Trennlinie zieht er zwischen „gut" und „böse" und beobachtet sie an sich selbst: der berühmte Wissenschaftler und Philanthrop unterdrückt sein Bedürfnis nach hedonistischen und sadistischen Lüsten bis zur Unsichtbarkeit.[9] Daß er dieses Doppelwesen im Experiment auftrennt, daß er dem bösen Wesen in sich mit medikamentösem Eingriff ein zeitlich begrenztes Eigendasein als Mr. Hyde verschafft, entspringt zunächst der Forscherneugier und dem Ehrgeiz für seine heterodoxe „transzendentale Medizin" (Stevenson 1979, 80). Doch die Phasen solchen Eigendaseins stärken den Anteil der bösen Hälfte. Statt der wissenschaftlichen Neugier ist es immer mehr die Erinnerung an die genossenen Lüste, die Jekyll zur erneuten Verwandlung in Hyde lockt; schließlich geschieht die Verwandlung spontan und leistet dem rückverwandelnden Medikament wachsenden Widerstand, bis der als Mörder verfolgte Hyde beider Leben im Selbstmord beendet. – An die Stelle des ehrgeizigen Wissenschaftlers setzt Thomas Mann den ehrgeizigen Komponisten, an die Stelle des wiederholten Griffs zum geheimnisvollen Medikament die einmalige

---

[8] S. Tgb 21.3.43; vgl. GW XI 156, und Tgb 11. u. 12.8.36. Zu Stevenson s.a. GW X 641-643. Schon am 6.10.41 (s. Tgb) hatte er sich Victor Flemings aktuelle Verfilmung angesehen. Dazu Vaget 1991.

[9] Stevenson 1979, 81. – Ein anderes Muster der gut-bösen Doppelnatur des Menschen hat Mann bereits 1933 in „der Figur der Kundry" namhaft gemacht, „der stärksten, dichterisch kühnsten, die Wagner je konzipiert hat: [...] die Eingebung, daß die wilde Gralsbotin ein und dasselbe Wesen sein solle mit dem verführenden Weib, der Gedanke der seelischen Doppelexistenz also, ist die entscheidende Erleuchtung" (GW IX 370f.). Im *Doktor Faustus*, seinem *Parsifal*, wird er die Doppelexistenz auf den Helden übertragen.

Infektion an der syphilitischen Prostituierten, an die Stelle des einmaligen Beweises für die „Doppelnatur" des Menschen die sich wiederholenden und steigernden Phasen genialer Inspiration. Parallel jedoch verläuft das unwiderstehliche Ausgreifen der Verwandlung: bei Stevenson zum Verbrecher, bei Mann zum Wahnsinnigen. Beim ersten Schritt sind beide frei, in den folgenden werden sie Knechte.[10]

Der alte Topos vom Zusammenhang zwischen Genie und Melancholie, Krankheit, gar Wahnsinn läßt sich bis zu Platon und Aristoteles zurückverfolgen und war im späten 19. wie im frühen 20. Jahrhundert besonders populär. Einschlägige Zitate von Horaz und Wieland hatte sich Thomas Mann schon 1895, vermutlich aus Schopenhauer, exzerpiert.[11] 1945 erhob er Dostojewski, zweifellos auch unter dem Eindruck des eigenen *Doktor Faustus*, zum Inbild des „Genie als Krankheit und der Krankheit als Genie", zum „Typus des Heimgesuchten und Besessenen, in welchem der Heilige und der Verbrecher *eines* werden." „Gewisse Errungenschaften der Seele und der Erkenntnis sind nicht möglich ohne die Krankheit, den Wahnsinn, das geistige Verbrechen, und die großen Kranken sind Gekreuzigte und Opfer, der Menschheit und ihrer Erhöhung, der Erweiterung ihres Fühlens und Wissens, kurz ihrer höheren Gesundheit dargebracht." (IX 657, 667) Als Beweis für diese unheimliche Verwandtschaft nennt Thomas Mann Robert Schumann, Hugo Wolf, Guy de Maupassant und vor allem Friedrich Nietzsche (DüD III 8 u. 16). Von ihnen allen hat er Details für Leverkühns Krankheitsverlauf bezogen.[12]

In Spuren Gehen

Auf den ersten Blick scheint Adrian Leverkühn nur zu vollziehen, was dem Leser schon von Joseph bekannt ist: er findet für seinen Lebensweg ein mythisches Muster, die frühneuzeitliche Gestalt des Doktor Faust (vgl. Nielsen 1965). Doch was der „antike" Joseph als selbstverständliche Kulturtechnik seiner Zeit fortentwickelt, bedeutet für den modernen Leverkühn einen archaisierenden Akt. Wenn auch die Menschen zu allen Zeiten ihr Leben bewußt und unbewußt nach Vorbildern, Stereotypen und kollektiven Konventionen einrichten, so kann die offene Identifikation mit einer mythischen Rolle in den westlichen Zivilisationen des 20. Jahrhunderts doch nicht mehr als Normalfall gelten. Der Verstoß gegen die Norm ist um so deutlicher, als Leverkühn die Faust-Figur nicht eigentlich mit

---

[10] Vaget 1991 und Reed 1993 sehen in Dr. Jekylls Persönlichkeitsspaltung dagegen die Anregung zur „geheimen Identität" von Leverkühn und Zeitblom.
[11] Nb I 47f. Zur Nachwirkung der Melancholie-Tradition im *Doktor Faustus* s. Borchmeyer 1994.
[12] Zu den Quellen zu *Doktor Faustus* s. vor allem Bergsten 1974, Kap. 1, und Voss 1975; Bildvorlagen bei Wysling & Schmidlin 1975, *358-405, Scherliess 1993 und Wißkirchen u.a. (Hg.) 1998.

gegenwärtiger Wirklichkeit erfüllt, sondern eher in die Vergangenheit der Faust und Luther zurückzutauchen sucht. Das trifft nicht nur oberflächliche Details wie die Einzelheiten des Wohnens, vom aufgeschrägten Tisch-Schreibpult (VI 406) bis zur externen Toilette ohne Wasserspülung (VI 338), sondern – im Sprachkunstwerk ein äußerstes Mittel – auch den allmählichen Wechsel in die Sprachsphäre der deutschen Reformationszeit. Am Anfang ist das nur ein ironisches Spielmittel, spöttisches Zitat jener imitatio Luthers, die Leverkühn und Zeitblom an dem Hallenser Theologen Ehrenfried Kumpf als lächerliche Groteske beobachtet haben (VI 128-133); ein „geheimer Schrecken", eine unheimliche Affinität zur zitierten Sphäre, war freilich schon dort spürbar (VI 174f.). Dann dient es dazu, die Leipziger Bordellszene durch Distanz erzählbar zu machen (VI 186-192). Der Luther-Ton rückt dieses Erlebnis auch an jenen Untergrund neurotischer „Unterteuftheit", den Thomas Mann als überdauernd „mittelalterlich" bezeichnet,[13] der aber besser „zeitlos" zu nennen wäre: der unverrückbare Naturgrund alles Menschlichen, von geschichtlichen Veränderungen unerreichbar oder zumindest in der deutschen Geschichte von der kultivierenden Zivilisation nicht erreicht. „Die altertümlich-volkstümliche Schicht gibt es in uns allen", schreibt Zeitblom (VI 54). Auch in diesem Roman entspricht der Rückgang in die Zeitentiefe einer Tauchfahrt in die Tiefe von „Willen" und „Dionysischem", von Triebstruktur und Unbewußtem. Das läßt ermessen, was es bedeutet, wenn Leverkühns Sprechen bei seinem großen Abschied (VI 656-667) ganz in der altdeutschen Sprache aufgegangen ist.

Diesem „Fortschreiten" der sprachlichen Regression entspricht der Fortschritt in der mythischen Identifikation mit Doktor Faustus. Wenn Leverkühn seine Bedenken, sich ganz der Musik zu ergeben, mit einem „O homo fuge" (VI 177) in Analogie zu jener letzten Warnung setzt, die Faust im Volksbuch vor seinem Pakt mit dem Teufel erhält,[14] treibt er mit dem Zitat noch ein selbstironisches Spiel. Wenn er dagegen sein Bordell-Erlebnis als etwas von dem beschreibt, „was zwischen mir und dem Satan vorgeht" (VI 189), dann erkennt Zeitblom darin „Persönlichkeitsausdruck und Selbststilisierung, Kundgebung eigener innerer Form und Neigung," die sich hinter der Parodie „verbirgt und erfüllt." (VI 185f.) Leverkühn schreibt hier in dem Bewußtsein, wenn nicht schon der Obsession, nach dem Muster des Doktor Faust zu leben. Den Dienstmann, der ihn zu den Huren führt, stellt er als Figuration des Teufels und die

---

[13] In *Deutschland und die Deutschen* behauptet Mann, daß Luther „nach Denkweise und Seelenform zum guten Teil ein mittelalterlicher Mensch war und sich zeit seines Lebens mit dem Teufel herumschlug" (GW XI 1130). Zu Manns Luther-Bild s. Lehnert 1965, 140-223, u. 1984, und Schwöbel 1999. Leverkühns sprachliche Archaismen hat Thomas Mann allerdings nicht zum wenigsten aus Grimmelshausens barockem Deutsch bezogen: s. Wimmer 1990.

[14] Historia 1587, 24; Thomas Mann benutzte die Ausgabe von Robert Petsch (Halle an der Saale 1911).

Begegnung mit „Esmeralda" als satanische Versuchung dar.[15] Der nächste Akt des Dramas, die absichtliche Infektion mit Syphilis in Preßburg, ist ein offenkundiger Versuch Leverkühns, für den Teufelspakt des Faust-Mythos eine modernreale Entsprechung zu finden. Das Verlangen „nach einer tödlich entfesselnden chymischen Veränderung seiner Natur" (VI 206/305) bringt ihn dazu, absichtlich auf sich zu nehmen, womit Genies wie Hugo Wolf oder Nietzsche geschlagen waren. Er wählt den Weg in den physiologisch generierten Wahnsinn – als Akt selbst bereits die Ausgeburt einer psychogenen Geistesverrückung.

In der Nachwirkung des romantischen Künstlerbildes nach Art von E.T.A. Hoffmanns Kapellmeister Kreisler[16] gibt es in Deutschland eine Neigung, den Wahnsinn der Genies von Hölderlin bis Nietzsche als eine Art Auszeichnung zu werten, ein Überwachsen der zwergischen Umgebung menschlicher Gewöhnlichkeit. Thomas Mann selbst war von dieser Tradition nicht unberührt und hat ihren Genie-Heroismus, als dämonische „Inspiration", ins Fundament seiner Romankonzeption eingearbeitet. Darüber sollte man aber nicht aus den Augen verlieren, daß Leverkühns Wahnsinn auf der realistischen Handlungsebene in der ganzen kruden Grausamkeit des krankhaften Persönlichkeitszerfalls gezeichnet wird.[17]

Im Teufelsgespräch sucht Leverkühn seine Wahnvorstellungen noch unter Kontrolle zu halten. Er erlebt zwar eine ganze Szene, ein ausführliches Gespräch mit einem gelegentlich die Gestalt wandelnden Gegenüber, imaginiert zwischendurch sogar, selbst einen Wintermantel aus dem Nebenraum zu holen (VI 299/333), diagnostiziert dabei aber den „Besucher" ausdrücklich als Projektion (VI 299) und als Hervorbringung eines Krankheitsherdes im Gehirn (VI 312f.). Wenn er einige Zeit später allerdings darauf beharrt, von dem rätselhaften Tiefseeforscher Capercailzie nicht nur per Taucherglocke unter die noch von keinem Menschen erblickten Lebewesen des Meeresgrundes, sondern sogar in die ungeheuerlichen Ausdehnungen des Weltraums entführt worden zu sein, dann ist das kaum mehr „Scherz" und „Laune", wie Zeitblom sich zu beruhigen versucht (VI 354f.). Die progressive Paralyse[18] verschärft offenkundig die wahnhafte Identifizierung mit Doktor Faust, der sich vom Teufel in ein Spukbild der Hölle und „in das Gestirn"[19] hat tragen lassen.

---

[15] „Heimsuchung" (VI 399) heißt das als werkübergreifendes Grundthema (VI 198): „Der Hochmut des Geistes hatte das Trauma der Begegnung mit dem seelenlosen Triebe erlitten."
[16] Am 7.4.43 merkt Thomas Mann sich die Kreislergeschichte zur Lektüre vor (Tgb; vgl. GW XI 159), kommt dann aber nicht darauf zurück.
[17] Während der Konzeption des Romans vermerkt Thomas Mann an Hugo Wolfs Briefen das Törichte und Illusionäre (Tgb 1.4.43; vgl. GW XI 158f.): „Euphorische Vorklänge des Wahnsinns, der sich dann wie bei Nietzsche als Größen-Idee äußert, aber nichts Großes hat."
[18] Nach der Diagnose von Nietzsches Krankheit durch den prominenten Psychiater Paul J. Möbius (*Über das Pathologische bei Nietzsche*, Leipzig 1909³): GW IX 678.
[19] Historia 1587, 56; vgl. GW VI 361: „ins Gestirn".

Der nächste Schritt auf dieser Bahn ist ein Mord von genialer Heimtücke. Dem Geiger Rudolf Schwerdtfeger gelingt es, Leverkühns Dornenhecke der Unnahbarkeit zu durchbrechen. Der radikale Künstler wird vor der eigenen menschlichen Regung schwach und befleckt darüber sogar seine künstlerische Integrität: das Violinkonzert, mit dem er dem Freund die Wärme der Intimität lohnt, läßt sich auf Kompromisse mit dem populären Geschmack ein (VI 524). Das „Liebesverbot", das der Teufel beim Pakt über Leverkühn verhängt hat (VI 332), ist natürlich nur die mythologische Formulierung jener menschlichen Kälte, die der Komponist schon seit jungen Jahren um sich verbreitet (VI 160, 174 u.ö.) und die Thomas Mann von langer Hand als unausweichlichen Wesensbestandteil des Künstlers betrachtete, der andre Menschen zu Objekten seiner Darstellung macht.[20] Bei Leverkühn hat die Künstlerkälte das Gepräge einer „Reinheit" (VI 195-197), die sich, weil völlig der Kunst geweiht, allem Menschlichen fernhält, vom Sexuellen ganz zu schweigen. In dieser Kälte seiner Integrität mag Leverkühn sich durch Schwerdtfeger erniedrigt fühlen; daß solche „Erniedrigung" aber durch den Tod des Charmanten „zu rächen" sei (VI 553), ist mehr, als bloße Entlarvungspsychologie plausibel machen könnte. Erklärbar wird dies nur aus einer schon psychotischen Identifikation mit dem Doktor Faust, der vor dem Teufel die Liebe abschwören mußte. Als gemeingefährlich wäre Leverkühn nun ein Fall für eine geschlossene Anstalt, hätte er seinen Mord nicht mit so ingeniöser Raffinesse eingefädelt, daß außer Serenus Zeitblom kein Mensch die Zusammenhänge ahnt (VI 13, 586f.[21]).

Die Strafe, wenn dieses Wort einem Wahnsinnigen gegenüber noch Sinn hat, sucht ihn umgehend heim. Die Gehirnhautentzündung, von der „Echo", der kleine Nepomuk Schneidewein, so entsetzlich zu Tode gebracht wird, ist auf der realistischen Ebene des Romans eine seltene, aber wohlbekannte Infektionskrankheit, ihr Zusammenfall mit dem Besuch in Pfeiffering nichts als Zufall. Leverkühn, besessen von dem mythologischen Liebesverbot, schreibt sich jedoch auch die Verursachung dieses Todes zu. An den gellenden Schmerzensschreien des Kindes hat er bereits auf Erden die Hölle. Dieser Hölle entspringt der Entschluß zur „Zurücknahme" (VI 634):

„Ich habe gefunden", sagte er, *„es soll nicht sein."*
„Was, Adrian, soll nicht sein?"
„Das Gute und Edle", antwortete er mir, „was man das Menschliche nennt, obwohl es gut ist und edel. Um was die Menschen gekämpft, wofür sie Zwingburgen gestürmt, und was die Erfüllten jubelnd verkündigt haben, das soll nicht sein. Es wird zurückgenommen. Ich will es zurücknehmen."
„Ich verstehe dich, Lieber, nicht ganz. Was willst du zurücknehmen?"
„Die Neunte Symphonie", antwortete er.

---

[20] Vgl. oben S. 13f. u. 30f. Wie erwähnt (s. oben S. 63f.), lädt sich bei Thomas Mann die Vorstellung der Künstlereinsamkeit mit der Stigmatisierung der Homoerotik zum werkübergreifenden Thema der 'verbotenen Liebe' auf (s. Br I 177 und Tgb 9.4.19).
[21] Leverkühn im Roman (GW VI 664) und Thomas Mann außerhalb (30.12.45 an Adorno: Br I 470/DüD III 61, und GW XI 167) sind da deutlicher.

"Was man das Menschliche nennt, *obwohl* es gut ist und edel." Leverkühns menschenferne Reinheit pflegt ein düsteres Menschenbild. „Dein Homo Dei", so verspottet er Zeitblom, indem er ihn auf einen humanistischen Zentralbegriff des *Zauberberg* (III 685) festlegt, ist doch „vor allem einmal – ein Stück scheußlicher Natur mit einem nicht gerade freigebig zugemessenen Quantum potentieller Vergeistigung" (VI 363), eine Blüte des Bösen „und blühend in Bosheit zumeist" (VI 365). Leverkühn steht da dem jungen Thomas Mann nahe, der im Blick auf den Menschen mit Schopenhauer, Nietzsche und Flaubert die pathetische Illusionslosigkeit teilte. Die Kunst, so schien es, hielt sich demgegenüber besser auf der Seite des Geistes oder der „Erkenntnis". Beethovens Neunte Symphonie, die Leverkühn hier als Schnitt- und Gipfelpunkt von Weimarer und Wiener Klassik nimmt, singt mit ihrem Schlußchor 'An die Freude' vom Glück freier und humaner Menschlichkeit und läßt so das Geistige mit einer Idee vom wahren Menschen zusammenfallen. In der Hölle von Nepomuks Sterben zerschlägt Leverkühn alle menschlichen Hoffnungen auf Freiheit, Humanität und Glück als Illusion. Sein Entschluß, die Neunte Symphonie „zurückzunehmen", stellt die Kunst auf den Punkt, den der Teufel ihr zugewiesen hat (VI 321): sie sei zulässig nur mehr als der „unverstellte und unverklärte Ausdruck des Leides".

Im realistischen Handlungszusammenhang hat Zeitblom recht, wenn er Leverkühns Schuld an Nepomuks Tod für eine Wahnvorstellung hält. Eine Ausgeburt des Wahnsinns ist somit auch die Idee von der „Zurücknahme". Manns Zitiertechnik macht jedoch klar, daß es mit der puren Reduktion auf die „progressive Paralyse" noch nicht getan sein kann. „Mit was für absurden Selbstbezichtigungen", so protestiert der Freund (VI 633), quälst du dich „einer blinden Schickung wegen [...] sie mag uns das Herz zerreißen, soll uns aber nicht der Vernunft berauben. Du hast ihm nichts als Liebes und Gutes getan..." Zeitblom merkt nicht, wie hier Teuflisches in seine Worte sickert. „Sie hat an ihm viel Lieb's und Treu's getan, / Daß er's bis an sein selig Ende spürte." So erzählt Mephisto in Goethes *Faust* über jene neapolitanische Hure, die Herrn Schwerdtlein die Syphilis bescherte.[22] In seiner kindlichen Unschuld zwar ist Nepomuk eine Gegenfigur zum Teufelsbündner Leverkühn, als Opfer aber eine Parallelgestalt. Das beglaubigen auch die mythischen Identifikationen. Leverkühn nimmt im Zusammenbruch Christus-Züge an; Nepomuk erscheint den staunenden Menschen als Jesus-Kind. Nepomuks Unschuld macht ihn zu einem reinen Opfer gleich Christus. So wird sein Reden von Gnade und Erlösung (VI 625f.) zu einer Verheißung für das schuldbeladene Opfer Leverkühn, das sich am Ende selbst die Hoffnung auf Gnade noch versagen muß (VI 666).

---

[22] *Faust I*, Vers 2983f. – Thomas Mann mußte darauf beharren, daß sein Roman den Faust des „Volksbuchs", nicht den Goethes zum Muster nimmt (24.8.53 an H. Zaloscer und 26.9.53 an E. Schertel: DüD III 278 u. 279): auf jenen richtet sich Leverkühns Identifikation (Vergleiche bei Bergsten 1974, 56-60, u. Aßmann 1975). Das hielt den Autor nicht davon ab, auch Goethes *Faust* gründlich in sein Zitierspiel einzubeziehen (s. Gockel 1988).

Doktor Faustus ist auch als eine „Zurücknahme" der *Josephs*-Tetralogie entworfen. Während Joseph, als Erbe einer langen Emanzipation des Individuellen, zu großer Freiheit im Spiel mit den bindenden Mustern vordringt, schreitet Leverkühn den Weg zurück vom zitierenden Spiel zur entindividuierenden Identifikation mit dem Muster. Am Ende steht der Zusammenbruch. Schon davor konnten manche alten Bekannten den Komponisten nicht mehr wiedererkennen (VI 655). Als er nach dem „paralytischen Choc" aus der Bewußtlosigkeit erwachte, kam er „nicht zu sich", „sondern fand sich wieder als ein fremdes Selbst, das nur noch die ausgebrannte Hülle seiner Persönlichkeit war" (VI 670). Der Humanisierung in der Gestalt Josephs folgt die Re-Archaisierung in Leverkühn. Analog weicht in politicis der im *Joseph* demonstrierte klug-ehrfürchtige Umgang mit den Mythen einer demagogischen „Versorgung der Massen mit mythischen Fiktionen". Die Kridwiß-Intellektuellen berufen sich dafür auf Sorel (VI 486[23]), Thomas Mann macht dahinter Nietzsches Lob des kraftvoll-ungerechten Lebens sichtbar (IX 689f.). In gleichem Sinne spielt der Teufel die Wirkungskraft gegen die Wahrheit aus (VI 323, vgl. 487). „Dionysische Verleugnung von Wahrheit u. Recht" heißt das auf einem auch sonst zentralen Konzeptblatt (Voss 1975, 16). Wird es der regredierenden Sehnsucht nach einem Vorbewußt-Unmittelbaren ausgeliefert, führt das In-Spuren-Gehen schnurstracks in die Entmenschlichung. Daß mit der psychotischen Identifikation auch die Idee der „Zurücknahme" ein „Produkt der Gehirn-Syphilis"[24] ist, sollte den Leser freilich davor warnen, sie aus dem Gewebe des Romans herauszulösen, um daran einsinnig-direkt Thomas Manns Verhältnis zur Neunten Symphonie wie zum *Josephs*-Roman im besonderen und zur humanistischen Tradition im allgemeinen abzulesen.[25]

Deutschland-Buch

Thomas Mann hat sich der Arbeit an dem „wildesten" Spätwerk mit der Absicht unterzogen, im Angesicht der moralischen und historischen Katastrophe des Nationalsozialismus deren Wurzeln aufzudecken. Mit der „Künstler-(Musiker-) und modernen Teufelsverschreibungsgeschichte" verknüpft er von Anfang an (27.4.43: DüD III 8) „die Idee des Rausches überhaupt und der Anti-Vernunft",

---

[23] Auf ihn hatten die *Betrachtungen eines Unpolitischen* einst einen freundlicheren Blick geworfen: XII 327f.
[24] So Thomas Mann über Nietzsches Spätwerk: 27.8.44 an F. Kaufmann (DüD III 27).
[25] Solch simplifizierende Identifizierung von Figur und Autor in der Geste der „Rücknahme" etwa bei Koopmann 1988, 109-124, und Frizen 1990, 320. Dagegen etwa Thomas Mann an Agnes E. Meyer (21.4.49: BrMeyer 720/DüD III 232): Rice, ein amerikanischer Rezensent, „sagt, ich hätte mein Inferno nach dem Paradiso und Purgatorio geschrieben, und der Pessimismus des *Faustus* gehöre eben nun diesem dunklen Buche an. Die humane Heiterkeit des *Joseph* bleibe bestehen. Bravo! Recht soll er haben."

„dadurch auch das Politische, Faschistische, und damit das traurige Schicksal Deutschlands." Das eben zitierte Konzeptblatt führt das aus:[26] „Die Sprengung des Bürgerlichen, die auf pathologisch-infektiöse und desintegrierende Weise vor sich geht, zugleich politisch. Geistig-seelischer Fascismus: Abwerfen des Humanen, Ergreifen von Gewalt, Blutlust, Irrationalismus, Grausamkeit, dionysische Verleugnung von Wahrheit und Recht, Hingabe an den Instinkt und das fessellose 'Leben', das eigentlich *der Tod* und *als Leben nur Teufelswerk, gifterzeugt,* ist. Der Faschismus als vom Teufel vermitteltes Heraustreten aus der bürgerlichen Lebensform, das durch rauschhaft hochgesteigerte Abenteuer des Selbstgefühls und der Über-Größe zum Gehirn-Collaps und zum geistigen Tode, bald auch zum körperlichen führt: die *Rechnung* wird präsentiert." Leverkühn ist auch die Symbolfigur dieses Deutschlands (s. DüD III 99, 124, 196, 223, 253f.). Sein „Gehirn-Collaps" zieht auf böse Weise die wörtliche Konsequenz aus dem, was Thomas Mann den reaktionären Verkündern der Rückkehr ins Mythische vorwarf: sie hielten „die Entwicklung des menschlichen Großhirns" für einen Irrweg bei der Entstehung der Menschheit (BrKerényi 20.2.34).

Leverkühns Herkunft ist geradezu exemplarisch „deutsch". Die Gesichter seiner Eltern sind recht altdeutsch nach Gemälden Albrecht Dürers geschildert.[27] Der mächtige Lindenbaum im Hof von Buchel (VI 19) schlägt die Brücke zur todverliebten deutschen Romantik des *Zauberberg* (III 905f.). Kaisersaschern stilisiert das kinderzeitlich erinnerte Lübeck ins typisch Bürgerlich-Protestantisch-„Mittelalterliche". „Weltscheu" kennzeichnet Leverkühn (VI 177) ebenso wie das Deutschland Thomas Mannscher Seelenkunde (XI 1127f.). Sie wurzelt in der protestantischen Weltangst und Weltverachtung, die unterirdisch in unheilvoller Wechselwirkung mit jener Sexualangst und Körperverachtung lebt, wie sie das frühe Werk bis in den *Zauberberg* hinein überschattete und wie Thomas Mann sie in der intellektuellen Umwelt seiner Zeit vielfach beobachtete. Die verführerische Panerotik der Geschichtsdeutung Bachofens wie die regressive Sehnsucht vieler Bachofen-Jünger, vor dem „Geist als Widersacher der Seele"[28] in den Mutterschoß zurückzufliehen, erscheinen als Rück- und Gegenschlag gegen diesen Puritanismus. Plausibel ist ihre Revolte – an einer Neuwertung von Welt, Körper und Eros arbeitete auch der Thomas Mann der *Zauberberg*-Zeit –, aber

---

[26] Thomas Mann-Archiv, MS 33, 9; zit. nach Voss 1975, 16. Reed spitzt zu (1973, 396): „This is the bedrock of *Doktor Faustus*: not the Faust myth, but the theory of the Dionysiac."

[27] S. Wysling & Schmidlin 1975, 358-364; die ebd., 358-405, versammelten Bildvorlagen zeigen, in welchem Ausmaß Thomas Mann Leverkühns Welt nach optischen Anregungen Dürers gestaltet hat. Dazu auch Rehm 1963, Elema 1965, bes. 320-332, und Bergsten 1974, 55f. u. 167f.

[28] So der sprechende Titel des Hauptwerkes von Ludwig Klages (3 Bde., Leipzig 1929-32), den Thomas Mann unter die wichtigsten Vorläufer der nationalsozialistischen Bachofen- und Mythendeutung rechnete (GW X 261f., XII 659 u. 697, und Br Kerényi 42; dazu St. Breuer 2000).

fatal verfehlt die radikale Einseitigkeit, mit der ihre Geistfeindschaft die Welt- und Körperverachtung des Gegners nur spiegelverkehrt wiederholt.

Wenn Thomas Mann den Wahnsinn seines Protagonisten an die Syphilis bindet, dann übernimmt er also nicht nur ein pathologisches Detail von dem mythopoetischen Vorbild Friedrich Nietzsche (IX 662f.), sondern gründet Leverkühns rauschhaft-enthemmende Inspiration in der Sexualität als dem unheimlichen Ziel des faszinierten Abscheus, dem „Bösen" des protestantischen Geistes und der bürgerlichen Vernunft. Der Rausch, die enthemmende Erlösung aus Vernunft- und Geistesbanden, bildet den Kern der Parallele zwischen Leverkühns inspirierendem Wahnsinn und Deutschlands trunkenem Nationalsozialismus. Wie Leverkühn sich mit Teufels- und Krankheitshilfe dem enthemmenden Rausch (VI 315f.), so hat Deutschland sich mit Hitlers Hilfe einem „Riesenrausch" hingegeben, den es für „heiligen Taumel" hielt (VI 233; vgl. XI 880). Wie Leverkühn durch die rauschhafte Enthemmung der „Durchbruch" zu einer neuen, die drohende Sterilität (VI 318-320) überwindenden Kunst gelangt (VI 323f., 410f., 643, 662; vgl. DüD III 47), so erhoffte sich Deutschland von seinem Rausch den „Durchbruch" (VI 400) zu einer „völkischen Wiedergeburt" (VI 233). Wie zu Leverkühns Spätwerk starke Einschläge eines „blutigen Barbarismus" gehören (VI 496), so blicken die Intellektuellen des Kridwiß-Kreises munter der „Re-Barbarisierung" der Gemeinschaft entgegen (VI 491). Wie Leverkühn, die Verdammung erwartend, im Wahnsinn endet, so warten auf Deutschland „Wahnsinn", „Verzweiflung" (VI 233) und „Höllenfahrt" (VI 599). Und so kann sich Zeitblom, trotz aller Unheimlichkeit des Gedankens, nicht der „symbolischen Parallele" erwehren, unter der sich ihm Leverkühns und Deutschlands Niedergang aufdrängen (VI 454). Der Schlußsatz faßt sie zusammen zu einem zweifachen 'Kyrie' in einem Atem (VI 676): „Gott sei euerer armen Seele gnädig, mein Freund, mein Vaterland." Die poetische Form bestätigt sie durch die Gleichzeitigkeit, zu welcher der Roman Künstler-Biographie und zeitgeschichtliche Chronik verschränkt.

Zweifellos hat diese Parallele fragwürdige Seiten, zwingt sie Fernes zusammen. Was, vor allem, sollen die Aporien der modernen Kunst und die Kämpfe der europäischen Avantgarde gemein haben mit Aufstieg und Untergang des deutschen Nationalsozialismus? Die Forschung hat auf diese Frage zwei Antworten gegeben, die einander ergänzen. Thomas Mann betrieb seine historische Sondierung als „Seelengeschichte" (XI 383). Zum einen kann man, legitimiert durch das Wort von der „Lebensbeichte" (XI 165, vgl. 247), *Doktor Faustus* mit Eckhard Heftrich (1977 u. 1982, bes. 281-288) als „radikale Autobiographie" lesen. Die Verschlingung des Politischen mit dem Ästhetischen wird dann aus der eigenen Erfahrung des Autors verständlich, der 1914 das poetische Genie nicht länger neben den Geist stellen, sondern als „Ausströmung einer tieferen, dunkleren und heißeren Welt" erklären wollte: Kunst sei „die Sublimierung des Dämonischen", ihre Erkenntnis stamme aus „Sinnlichkeit und Mystik"; aber auch der „deutschen Seele" eigne, anders als flacheren Völkern wie Briten oder

Franzosen, „etwas Tiefstes und Irrationales," „ein Element des Dämonischen und Heroischen," aus dem die Dichter nun vom kriegerischen Aufbruch eine Neugeburt des Volkes erhoffen dürften (XIII 528f., 545, 531ff.). Die *Betrachtungen eines Unpolitischen* arbeiteten diese Zusammenhänge weiter aus, stießen dabei jedoch auf den elementaren Unterschied zwischen Politik und Kunst. Dennoch, in Thomas Manns Selbstwahrnehmung speisten sich unter dem Schock von Erstem Weltkrieg und Nachkriegszeit die poetologischen, politischen und erotischen Verwirrungen aus derselben Quelle: aus dem, was er zur *Zauberberg*-Zeit als die „Sympathie mit dem Tode" bezeichnete (s. oben S. 63f.). Sein Bewußtsein der „Repräsentanz", verbunden mit der Überzeugung, durch eine besondere Sensibilität mit dem zu korrespondieren, was je „in der Luft" lag, legitimierten ihn, darin mehr zu sehen, als privatpsychologische Extravaganz. Der rückblickende *Faustus*-Autor fand hier, obgleich er selbst sich doch früh gegen Hitler gestellt hatte (s. oben S. 90, Anm. 5), den Boden, auf dem er Deutschlands Katastrophe nicht als Richter von außen, sondern in forschender „Selbst-Solidarisierung" (BrMeyer 24.4.45/DüD III 52) von innen darstellen konnte; den Boden, aus dem nach seiner eigenen Erfahrung „das gute *und* das böse Deutschland" (XIII 358, XI 1146; s.a. BrKahler 1.5.45) gewachsen waren – so wenig sauber zu trennen wie Dr. Jekyll und Mr. Hyde.[29]

Zum anderen hat Hans Rudolf Vaget auf eine Sphäre aufmerksam gemacht,[30] welche die Verknüpfung von Kunst und Politik in der Sehnsucht nach einem Aufgehen im Rausch nur allzu deutlich bestätigte: jene mächtige und lautstarke Gruppe der Wagnerianer, die in Bayreuth wie in Thomas Manns München ihren Wagner-Kult zuerst mit Antisemitismus und Chauvinismus, dann direkt mit dem Nationalsozialismus verschmolz. Das Werk Richard Wagners war für Thomas Mann lebenslang das mächtigste Kunsterlebnis. Wie der Gymnasiast in Lübecks Opernhaus von Wagners Musik überwältigt wurde (XI 418), davon zeugt Hannos Besuch des *Lohengrin* (I 702). Der Italienfahrer konnte 1895, „schwach in den Knien", jubelnd im Herzen, die Macht dieser Klänge in Rom beobachten, als beim Platzkonzert unter offenem Himmel die Trauermusik aus *Götterdämmerung* nationale Deutschfeindlichkeit in Begeisterung wandte (XII 80f.). Der angehende Erzähler entdeckte Wagners Musikdramen als die aufregendste Moderne, in deren Lehre er voll fasziniertem Enthusiasmus ging. Über Wagners Modernität ließ er sich auch von Nietzsche belehren.

---

[29] Bestätigung erfuhr er darin durch das Deutschlandbuch des jungen Emigranten Sebastian Haffner: Germany. Jekyll & Hyde, London 1940 (s. Tgb 15.-25.5.40; dazu Vaget 1991). Konflikte ergaben sich mit Bert Brecht, der eine klare Trennung von „gut" und „böse" vornahm: die Menge des deutschen Volkes, von ihm mit „Proletariat" assoziiert, werde von einer schmalen „faschistischen" Oberschicht in die Irre geführt (s. Brecht 1967, 283-289; dazu Lehnert 1985). Zur Diskussion unter Emigranten und Alliierten Vaget 1977a, 206-209.

[30] Vaget 1994 u. 1999; s.a. Wysling 1995, 109-111.

Nietzsches Spott über den „Miniaturisten" Wagner aber las er gegen den Strich. Nietzsche (1980: VI 28) spricht dem Schöpfer der *Ring*-Tetralogie, als unserem „grössten *Miniaturisten* der Musik", die Kraft zur großen Form ab. Auf die zugrundeliegende Dekadenz-Analyse hat Thomas Mann immer wieder zurückgegriffen; er entwarf seinen Gustav von Aschenbach im *Tod in Venedig* ebenso nach ihrem Muster wie seinen Richard Wagner (IX 388) und beschrieb auch die eigene Arbeit in ihren Begriffen. Nietzsches Kritik übernahm er aber nur scheinbar (VIII 452): „Es war verzeihlich, ja, es bedeutete recht eigentlich den Sieg seiner [Aschenbachs] Moralität, wenn Unkundige die Maja-Welt oder die epischen Massen, in denen sich Friedrichs Heldenleben entrollte, für das Erzeugnis gedrungener Kraft und eines langen Atems hielten, während sie vielmehr in kleinen Tagewerken aus aberhundert Einzelinspirationen zur Größe emporgeschichtet und nur darum so durchaus und an jedem Punkte vortrefflich waren, weil ihr Schöpfer mit einer Willensdauer und Zähigkeit, derjenigen ähnlich, die seine Heimatprovinz eroberte, jahrelang unter der Spannung eines und desselben Werkes ausgehalten und an die eigentliche Herstellung ausschließlich seine stärksten und würdigsten Stunden gewandt hatte." Nietzsches Kritik wird hier ganz auf die Seite der Produktion beschränkt: mit seinen „aberhundert Einzelinspirationen" ist Aschenbach ein décadent wie er in Nietzsches Buche steht. Aber mit Friedrich-gleichem Heroismus ringt seine Willensdauer und Zähigkeit der Lebensschwäche große Werke ab. Die „gedrungene Kraft" und der „lange Atem", die die Leser am Werk ja zu Recht als „große Form" wahrnehmen, werden von der Werkgenese nicht dementiert, sondern ins noch Bewundernswertere erhöht. 1939 spricht Mann dann aller großen Epik einen „gigantischen Miniaturismus" zu (X 354).

Bedenklicheren Eindruck machte ihm dagegen Nietzsches Kritik an Wagners opiatisierender Wirkungskunst und ihrer „wüsten Schau-Spielerei mit menschlicher Leidenschaft und menschlicher Tragik" (BrBertram 11.8.11), an Wagners überdimensioniertem Rattenfängertalent, das er am eigenen Leibe erfuhr. Schon Hannos wagnerisierende Improvisations-Ekstasen am Klavier (I 747-750) legten zudem offen, wie unmittelbar der Rausch dieser Musik aus sexuellen Quellen gespeist wurde. Mehrere Erzählungen stellen das offen dar.[31] Die eigene abgründige Hingerissenheit durch *Tristan und Isolde*s Liebestod-Musik offenbart darin den Urgrund jenes ästhetisch-psychologischen Komplexes, der als „Sympathie mit dem Tode" Thomas Manns Vorstellung von Kunst und Künstler bestimmt.

Mit den Ambivalenzen des Wagnerschen Wirkungszaubers hat Thomas Mann sich lebenslang, unter wechselnden Wertungen und Gewichtungen, herumgeschlagen. Hier setzte um 1909 seine Wagner-Krise an. Über die Antithese 'Goethe oder Wagner' wollte er den Bann des alten Zaubermeisters brechen (s. oben S. 133), doch wurde daraus schließlich 'Goethe und Wagner' als Formel für eine Kunst, die weder auf Wagners Modernität und auch Zauber verzichten, noch

---

[31] S. vor allem GW VIII 88-90, 243-248 u. 397-410. S.a. Vaget 1999, 310f. u. 316.

sich dem Rausch überantworten will. Der *Doktor Faustus* bricht die Synthese wieder auf. Im Kontrast zwischen Leverkühn und Zeitblom stecken noch starke Elemente der alten Gegenstellung zwischen Wagner und Goethe. Hier gingen nun freilich auch in engerem Sinne politische Erfahrungen ein. 1922 mußte der von Thomas Mann bewunderte und mit ihm befreundete jüdische Dirigent Bruno Walter, nach zermürbenden Jahren einer antisemitisch motivierten Agitation der lokalen Musikkritik, sein Amt als Generalmusikdirektor der Münchner Staatsoper aufgeben.[32] 1923 begrüßte Richard Wagners Schwiegertochter Winifred in der Villa Wahnfried Adolf Hitler und empfahl ihn den Wagner-Verehrern als neuen Parsifal.[33] Hitler seinerseits hat gelegentlich verkündet, daß „das geistige Schwert [...], mit dem wir heute fechten, in Bayreuth geschmiedet" worden sei (nach Vaget 1999, 328). Ab 1924 wurden die wiedereröffneten Bayreuther Festspiele „zum Mekka der Feinde der Weimarer Republik" (Vaget 1999, 325). Am Ende der *Meistersinger* etwa erhob sich das Publikum bei Hans Sachsens Worten übers „Heil'ge Röm'sche Reich" und „die heil'ge deutsche Kunst"; es folgte das Deutschlandlied mehrstrophig und in den Beifall mischten sich „Heil!"-Rufe (Holl 1924, 123; vgl. IX 418).

1930 hatte Thomas Mann in der Erzählung *Mario und der Zauberer* die Hexenkünste eines Jahrmarktmagiers als Faschismus-Parabel vorgeführt. 1933 erreichte das Treiben ihn selbst. Zu Wagners fünfzigstem Todestag hielt er eine Festrede, welche die Verehrung mit kritischer Psychologie armierte und auch zu Freuds Psychoanalyse griff. Die 'Münchner Neuesten Nachrichten' publizierten daraufhin einen *Protest der Richard-Wagner-Stadt München*. Mit aufforderndem Wink an die neuerdings regierenden Nationalsozialisten[34] rief man dazu auf, den „wertbeständigen deutschen Geistesriesen" Wagner vor der „Verunglimpfung" durch Thomas Mann zu schützen.[35] Angestiftet war das Machwerk vom Staatsoperndirektor Knappertsbusch (s. Vaget 1994), unterschrieben hatten es, nebst dem Münchner Oberbürgermeister und zwei bayerischen Staatsministern, Direktoren und Professoren, Künstler und Schriftsteller in beträchtlicher Zahl. Der Appell an die Mächtigen wurde erhört. Reinhard Heydrich, damals Leiter der Politischen Polizei in München, erließ einen geheimen „Schutzhaftbefehl" (s. Hübinger 1980). Wäre Thomas Mann, der mit seinem Wagner-Vortrag gerade durch verschiedene europäische Staaten reiste, nach Deutschland zurückgekehrt,

---

[32] Thomas Mann war vehement für ihn eingetreten: s. *Musik in München*, 3. Teil (24.1.17: TMJb 7, 1994, 293-297). Dazu Vaget 1994, 54-61.

[33] S. Zelinsky 1976, 170. Zelinsky bietet eine Fülle bestürzenden Materials, unterliegt aber der Versuchung, Wagners Werk, das er verabscheut, selbst nur mehr aus der Perspektive Hitlers wahrzunehmen.

[34] Erster Satz: „Nachdem die nationale Erhebung Deutschlands festes Gefüge angenommen hat, [...]". Am 23.3. war das Ermächtigungsgesetz verabschiedet worden; am 16.4. erschien der Münchner *Protest*.

[35] Abgedruckt in E IV 342-344; s. ferner die Dokumente bei Hübinger 1974, 127-131, und Borchmeyer 1983.

hätte man ihn umgehend ins Konzentrationslager Dachau eingeliefert. Er blieb draußen. Sein Exil hatte begonnen. Nach Deutschland kehrte er erst spät und nur mehr besuchsweise zurück.

Psychologische wie politische Erfahrungen also bestätigten Thomas Mann den Zusammenhang, den er zur Grundidee seines Romans machte: daß Kunstzauber und nationalsozialistischer „Massenfang" (IX 703) in gefährlicher Analogie den psychischen „Untergrund" aufrühren. So abwegig die Parallele zwischen dem Avantgardisten Leverkühn und Hitler-Deutschland auf den ersten Blick anmutet – nähere Betrachtung mag zeigen, daß sie tatsächlich Aufschlüsse ermöglicht über die „Seelengeschichte" des deutschen Bürgertums.[36]

Man muß sich allerdings bewußt halten, welcher Art Aufschlüsse auf diesem Wege zu erwarten sind. Der Roman handelt von dem, was man heute das „Kulturelle" und das „Psychologische" nennen würde; auch mentalitätshistorische Aspekte fließen ein. Er fragt, wie es dazu kommen konnte, daß die Deutschen sich den nationalsozialistischen Parolen ergaben, deren menschenverachtender Barbarismus für den Außenstehenden doch auf der Hand lag; er fragt, welche kurz- und langfristigen, kulturellen und psychischen Voraussetzungen die Deutschen dafür anfällig gemacht haben. Er handelt nicht von den Funktionsweisen totalitärer Herrschaft; er handelt nicht von der Entwicklungslogik jenes dynamischen Prozesses, welcher der nationalsozialistischen Ideologie unter den gesellschaftlichen und technologischen Bedingungen des 20. Jahrhunderts zu unfaßbarer Vernichtungskraft verhalf;[37] er handelt weder von der Judenvernichtung noch stellt er das konkrete Leid dar, das das nationalsozialistische Deutschland über Europa, über die Sowjetunion und schließlich auch über die Deutschen gebracht hat. Man mag darin schwerwiegende Mängel erblicken, und tatsächlich darf der Roman nicht als Darstellung „des" Nationalsozialismus genommen werden. Welcher Roman wäre das freilich? Die Quelle des *Doktor Faustus* ist die Selbsterforschung. In sich selbst sucht Thomas Mann die Antworten auf die Fragen, die sich ihm angesichts der zeitgenössischen Katastrophe stellen, in seinen eigenen Erinnerungen und Erfahrungen, in seinen eigenen Wünschen und Ängsten, in seiner Perspektive auf die Welt, die seine individuell-eigene und gleichzeitig doch auch die eines Deutschen ist, der sich, wenngleich Emigrant, als repräsentativ versteht. Nur in dieser Perspektive wird ihm der entsetzliche Stoff darstellbar. Daß diese Perspektive den Gegenstand des Romans klar begrenzt, ist unausweichlich. Für den Autor ist sie der Weg der schonungslosesten Ehrlichkeit, die ihm erreichbar war.

---

[36] So Stern 1995, 363-381 [1973], und Vaget 1999, bes. 303-308.
[37] Stanislaw Lems (1985: II 361-396) Vorwurf der „Mythologisierung" eines politisch-technischen Prozesses zielt also an dem vorbei, was der Roman sich vorgenommen hat, vielleicht sogar an dem, was ein Roman überhaupt leisten kann. Nach der Seite möglicher Wirkungen ist er dennoch nicht leicht von der Hand zu weisen (vgl. unten S. 182).

Montage

Beim Begriff der „Montage" hat Thomas Mann offenbar an moderne Techniken der bildenden Kunst gedacht. Als Beispiel nennt er den Fall,[38] daß „ich eine Krankheitskrise des Helden zu charakterisieren hatte und dabei die Symptome Nietzsche's, wie sie in seinen Briefen vorkommen, nebst den vorgeschriebenen Speisezetteln etc. wörtlich und genau ins Buch aufnahm, sie, jedem kenntlich sozusagen aufklebte. So benutze ich montagemäßig das Motiv der unsichtbar bleibenden, nie getroffenen, im Fleisch gemiedenen Verehrerin und Geliebten, Tschaikowsky's Frau Meck. Historisch gegeben und bekannt wie es ist, klebe ich es auf und lasse die Ränder sich verwischen, lasse es sich in die Komposition senken als ein mythisch-vogelfreies Thema, das jedem gehört."

Das „Aufkleben" verweist auf Collagen, wie sie etwa Kurt Schwitters herstellte. Dadaisten und Surrealisten haben mit dieser Technik experimentiert, Picasso und Braque haben sie in kubistischen Gemälden benutzt. Für die Surrealisten gehörte sie – wie das Sammeln von Fundgegenständen, Duchamps Ready Mades, Max Ernsts Abreibungen von Holzstrukturen oder Bretons automatisches Schreiben – zu den Versuchen, den vernünftigen Alltagszusammenhang des Lebens aufzureißen und Katalysatoren für die Wünsche und Begierden des Unbewußten zu schaffen. Damit hat Thomas Manns „Montage" wenig zu tun; eher drängt sich eine Analogie zu Leverkühns Griff nach der dämonisch inspirierenden Unterwelt der Seele auf. Der Komponist Leverkühn „collagiert" jedoch nicht. Mit 'Montage' bezeichnet die Kunstgeschichte, bei freilich wenig festgelegter Terminologie, die Kombination unterschiedlicher Ausschnitte zu Blättern von täuschender Einheit. Berühmte Beispiele bieten Max Ernsts Bilderbücher.[39] Das entspräche Thomas Manns „Verwischen" der Ränder. Allerdings will Max Ernst mit der Illusion formaler Geschlossenheit gerade die inhaltliche Heterogenität der Teile schockierend hervortreiben. „Das äußere Objekt hatte gebrochen mit seinem gewohnten Feld, seine Bestandteile haben sich emanzipiert, wobei sie aber mit anderen Bestandteilen völlig neue Rapporte anknüpfen" (André Breton: Hess 1956, 119).

Schockiert hat Thomas Manns Parallelaktion aus Künstlerbiographie und Politchronik die Leser auch, seine „Montage" aber verfolgt völlig andere Ziele. Näher steht ihm schon das montierende Verfahren in *Berlin Alexanderplatz*, obwohl es dem Leser die „Ränder" des Montierten deutlicher vorzeigt und demzufolge auch bereitwillig als „avantgardistisch" anerkannt wurde. Döblin reiht Passagen, Sätze und Satzfetzen aneinander, die er aus den verschiedensten „Quellen" zitiert, teils auch als Zitate erfindet: aus Straßen- und Firmenschildern,

---

[38] 30.12.45 an Adorno (Br I 470/DüD III 61) und GW XI 165f.; vgl. 12.12.47 an E. Preetorius (Br II 576/ DüD III 116f.).

[39] *La femme 100 têtes* (1929), *Rêve d'une petite fille* (1930) und *Une semaine de bonté* (1934). – Zum literaturwissenschaftlichen Begriffsgebrauch s. Žmegač 1994.

Aufschriften, Plakaten, Zeitungsberichten, Gerichtsakten, Schlagern und Kirchenliedern, Sprichwörtern und Redensarten, Bibelsprüchen, Kinderreimen, Telephonbüchern, Fahrplänen, Wetterberichten, Preisschildern und anderem mehr bis hin zur Gefängnisordnung. Diese Montage hat eine mimetische und eine analytische Seite. Einerseits soll sie dem Leser die neuartige Realität der Großstadt in ihrer kakophonen Vielstimmigkeit mit neuartigen poetischen Mitteln vergegenwärtigen. Andrerseits will Döblin gemäß seiner Theorie der „Resonanz", die Freuds Technik der „freien Assoziation" recht eigenwillig umbildet, damit Ähnlichkeiten noch im Unterschiedlichsten aufspüren.

Die Absicht von Thomas Manns „Montage" wird ahnbar, wenn das Tagebuch am 11.4.43 für den *Faustus*, im Unterschied zu den früheren Romanen, „mehrfache Vollrealität" fordert (vgl. XI 160). Nun war Manns exzessiver Quellengebrauch altbekannt. Aber die „Materialität" von Lübecker Kirchen und Lübecker Senatsverfassung, von zeitgenössischen Weizenpreisen und familieneigenen Kochrezepten, sogar die Individualität des Onkels Friedrich Mann und die Wörtlichkeit des Lexikonartikels über den Typhus (Br II 470/DüD III 61) wird von der Funktion im poetischen Gewebe restlos verzehrt.[40] Anders steht es bei Materialien, „die *selbst schon Geist sind*", bei jenen „literarischen Anleihen" also, welche über die Parodie noch im fertigen Werk eigene Präsenz und eigenes Gewicht behalten (s. oben S. 93-96); aber auch sie verlassen nicht das Feld des poetischen Spiels.

Im *Doktor Faustus* bleibt all dies erhalten, doch tritt eine weitere Funktion hinzu. Was hier als „Montage" über die verzehrende und die parodistische Quellenverarbeitung hinausschießt, dient einem neuen Ziel. Friedrich Mann, Georg Lukács, Gerhart Hauptmann – sie hatten konkret Anschauliches geliefert für Figuren, die dann im Roman ihren eigenen Weg nehmen und ihren eigenen Charakter gewinnen. Das Materiale bot Gelegenheit, daran Typisches wie Charakteristisches zu entdecken und verändernd herauszutreiben. Emil Preetorius aber war für Kridwiß nicht nur Anregungs- und Ausgangsmaterial. Unterm Figurennamen bleibt der Graphiker und ehemalige Freund des Autors so deutlich erhalten, daß die Figur zum Zeugen verdammt wird für das, was – unglaublich und entsetzlich zu sagen – in Deutschland wirklich geworden und wirklich gewesen ist. Es entsteht (XI 165) „eine nie gekannte, in ihrer phantastischen Mechanik mich dauernd bestürzende Rücksichtslosigkeit im Aufmontieren von faktischen, historischen, persönlichen, ja literarischen Gegebenheiten, so daß, kaum anders als in den 'Panoramen', die man in meiner Kindheit zeigte, das handgreiflich Reale ins perspektivisch Gemalte und Illusionäre schwer unterscheidbar übergeht."

Die Panorama-Bilder des späten 19. Jahrhunderts verstärkten manchmal durch

---

[40] Hier schon von „Montage" zu sprechen (so Wysling in Scherrer & Wysling 1967, 298-322, Reiss 1970, 183f., Grawe 1988, 75-80, Vaget 1989, 127f., u.a.), verwirrt nur die Begriffe. Thomas Mann selbst nennt das „Aufkleber" im *Faustus* „etwas in dieser Weise mir nie Vorgekommenes und Zugestoßenes." (12.12.47 an E. Preetorius: GW XI 683).

„reale" Gegenstände im Vordergrund den Illusionismus des Gemalten. Die Museumspraxis nutzte dieses Verfahren, um authentische Ausstellungsstücke einzubetten in den skulptierten und gemalten Hintergrund der fremden, dem Betrachter unzugänglichen und staunenerregenden Welt.[41] Auch die „aufgeklebten" Realitätsstücke im *Doktor Faustus* tragen etwas von solch musealer Authentizität an sich. Ihre „jedem kenntliche" Materialität hat das unglaubwürdige Ganze der deutschen Zeitgeschichte zu bezeugen. Nicht um die surrealistische Mobilisierung des Unbewußten geht es bei diesen „Fundstücken", sondern um das Pathos eines *„Es ist so!"*, wie es einst *Buddenbrooks* beschlossen hat (I 759). In *Buddenbrooks* war das freilich Figurenrede und der Autor blieb durch ironische Distanz gesichert. Im *Doktor Faustus* exponiert er sich selbst zu rücksichtsloser Lebensbeichte.

Das Montageprinzip erfaßt sehr unterschiedliche Realitätsbereiche. Der Hommage dient die Einführung von Zeitgenossen, die „schlechthin bei Namen" genannt werden (XI 165), wie die Musiker Paul Sacher, Ernest Ansermet, Pierre Monteux oder Bruno Walter.[42] Andere, wie Tschaikowskis unsichtbare Freundin, Frau von Meck, tauchen unter neuem Namen auf.[43] Politische Virulenz besitzen dagegen die „Aufklebungen" jener Opportunisten und Salon-Präfaschisten, die, trotz veränderter Namen wohlerkennbar, historisch als Zeugen, moralisch als Angeklagte mitspielen müssen: Emil Preetorius/Sixtus Kridwiß, Oskar Goldberg/Chaim Breisacher, Edgar Dacqué/Egon Unruhe, Josef Nadler/Georg Vogler, Wilhelm Waetzoldt/Gilgen Holzschuher, Ludwig Derleth/Daniel zur Höhe, Georg Habich/Dr. Kranich, Franz Blei/Leo Zink. Des Helmut Institoris hysterisch-ästhetizistischer Renaissance-Kult (VI 381f.) greift zurück auf jene Nietzsche-Rezeption, die sich für die „blonde Bestie" und den „Übermenschen" begeisterte. Thomas Mann hatte das – hellsichtig gemacht durch den forcierten Vitalismus in Romanen des Bruders Heinrich – schon früh verabscheut und von „wahrer" Nietzsche-Gefolgschaft ausgeschlossen.[44]

Bei Helmut Institoris überschneidet sich die politische mit der autobiographischen Sphäre. Mit der Senatorswitwe Rodde setzt Thomas Mann die eigne Mutter ins Buch, mit deren Töchtern seine eignen Schwestern. Carla Manns Schicksal und Selbstmord wird der Clarissa Rodde blank und direkt übereignet; Julia Löhr-Manns Ehe-Elend zeichnet er an Ines Institoris-Rodde psychologisch

---

[41] Dazu Oettermann 1980, bes. S. 42 (reale Versatzstücke im Vordergrund) u. 74f. (Verwendung im Museum). – Heute findet man das fast nur mehr in naturhistorischen Museen, die ihre ausgestopften Tiere in ein vom Malerpinsel geschaffenes Habitat stellen.
[42] Weitere Beispiele bei Scherliess 1980, 189.
[43] Mit bedenkenswerten Argumenten ist auf eine „geheime Identität" zwischen Madame de Tolna und Hetaera Esmeralda geschlossen worden: Oswald 1948 und Seidlin 1983. Das würde nicht nur die Namensänderung motivieren; Frau von Meck erschiene auch eher als ein herkömmliches Vorbild denn als eine „montierte" Figur.
[44] S. Nb II 304 und GW XII 79, 146 u. 540f.

genau nach, führt es dann aber zu einem anderen Ende,[45] um es mit der Katastrophe im Dreieck Schildknapp-Leverkühn-Godeau kombinieren zu können. In einem Brief, der gegen Emil Preetorius solch unverhohlenes Zitieren verteidigt, reflektiert der Autor über des Romans „Rücksichtslosigkeit", seinen an „Unmenschlichkeit" streifenden „menschlichen Radikalismus":[46] „In der Figur des Helden selbst, dieses Adrian Leverkühn, liegt etwas Kaltes und Unmenschliches, aber auch so viel von Selbstopfer, daß es vielleicht die menschlichen Kruditäten des Buches, das kalte Portrait meiner Mutter, die Preisgabe des Schicksals meiner Schwestern, zu sühnen vermag. Eine eigentümliche *Montage*-Technik, erregend und aus der Erregung kommend wie alles Übrige, setzte sich durch".

Rücksichtnahme auf die Muster seiner Figuren hat Thomas Mann schon früher nicht gekannt. Der Entschluß, in die Seelengeschichte des Nationalsozialismus einzudringen, fegt etwaige letzte Reste von Dezenz beiseite. Nur durch die Gesteinsschichten der eigenen Erfahrung kann er den Abstieg in jene Geschichte finden. Die dabei gesicherten Fundstücke haben in ihrer historischen Authentizität die Beruhigung vor „bloßer" Fiktion zu stören, haben inmitten der poetischen Faktur auf den „bleichen Ernst" von „Bekenntnis und Wahrheit" (VI 661) zu deuten.[47] Das Schicksal von Clarissa und Ines spiegelt des Autors eigene Zerrissenheit zwischen Künstler- und Bürgertum ins defizient Private: als Kunstanspruch ohne Fähigkeit zur Kunst in der dilettierenden Schauspielerin, als Bedürfnis nach Geborgenheit ohne Fähigkeit zur Beschränkung in der unseligen Ehefrau. Beide aber kreisen um den analytischen Zentralpunkt des Buches: Clarissa sucht den hohen Rausch der Kunst; Ines kann die ersehnte äußere Ordnung nur mithilfe des Morphiums ertragen; beide scheitern an Männern, die sich vor rauschhafter Entgrenzung schützen, indem sie die Sexualität zur Machtausübung primitivieren, sei es als Sadismus (VI 507f.), sei es als ressentimentgeborene Herrenmenschen-Geste. So kehrt im Privat-Menschlichen jener gewalthaltige Ausbruch des Es wieder, um den die Darstellung der politischen Katastrophe wie der künstlerischen Produktion kreist. Solch Aufdecken geheimer Analogien im Verschiedenen macht die analytische Seite der Mann'schen Montage aus.

Die autobiographische Schonungslosigkeit zieht viele in ihren Malstrom: die ferne Freundin Annette Kolb mußte sich in Jeannette Scheurl, der nahe Freund Hans Reisiger in Rüdiger Schildknapp wiedererkennen. Für Leverkühns homoerotische Neigung zu Rudolf Schwerdtfeger greift Thomas Mann auf die eigene Passion für den Geiger Paul Ehrenberg zurück (Scherrer & Wysling 1967, 27-47), für Leverkühns Liebe zu dem kleinen Nepomuk auf das eigene Glück am

---

[45] Den Ablauf entnahm er Zeitungsberichten über einen Dresdner Gesellschaftsskandal: s. Scherrer & Wysling 1967, 26f.
[46] 12.12.47 an E. Preetorius (Br II 576/ DüD III 116); vgl. Tgb 18.7.47, 4.9.47 an H. Reisiger (DüD III 98f.) und 15.12.47 (BrKahler 111/ DüD III 118). Biographische Informationen zu Julia und Carla Löhr bei Kurzke 1999, 196-203.
[47] Zeitbloms Erzählgestus parodiert das dann wieder durch die häufige Beteuerung, daß hier kein „Roman" geschrieben werde: GW VI 393, 439, 453, 518 u.ö.

Enkel Frido – mit Blick auf Nepomuks Ende war das selbst dem Autor nicht geheuer, aber sein mußte es trotzdem. Die liebende Verehrung schließlich figuriert im Roman als Meta Nackedey und Kunigunde Rosenstiel; beide tragen Züge von Ida Herz, die zweite vielleicht auch von Käte Hamburger. All das wurde im Panorama des Romans aufgeklebt und hatte ad oculos zu demonstrieren, daß die aufscheinenden Beziehungen und Analogien diesmal nicht nur der leitmotivischen Zauberkunst des Autors geschuldet waren, sondern mit neuer Radikalität in den historisch-psychologischen Realitäten aufgesucht wurden. In diesem Beziehungsspiel wird die altgewohnte spielerische Souveränität schwach. Unter ständiger Gefahr, die fürs Gestalten nötige Distanz zu verlieren, wirft Thomas Mann die eigene Existenz mit allem und allen, die daranhängen, ins Schmelzfeuer der Arbeit. Das unheimliche Hantieren mit Fridolin/Nepomuk wirkt wie aus einem Zwang geboren, die äußerste Rücksichtslosigkeit gegen sich selbst zu bewähren.

Auch schriftliche Materialien werden reichlich „geklebt". Nietzsches Inspirations-Ekloge aus *Ecce homo* (1980: VI 339f.; s. GW XI 166) ist noch bis auf wenige Zitate umformuliert (VI 307f.). An Biographica aus verschiedenen Nietzsche-Büchern wird schon manches Zusammenhängende wörtlich übernommen (s. Bergsten 1974, 71-75). Am freizügigsten bedient die Montage sich jedoch bei Adorno. Nicht zufällig steht der wichtigste Eigenkommentar zum „Montieren" in einem Brief, der für ausschweifende Anleihen aus dem noch unveröffentlichten Manuskript der *Philosophie der neuen Musik* um Verständnis und für den Fortgang des Romans um weitere Hilfen bittet.[48] Aus Adornos Schriften stammen die Grundzüge von Kretzschmars musikhistorischer Diagnose wie von Leverkühns Avantgarde-Ästhetik. Ganze Passagen und zentrale Formulierungen wurden dabei „stilistisch nur unwesentlich geändert." (Heimann 1964, 264) Adorno hat aber auch direkt an den Musikbeschreibungen von Leverkühns Werken ab *Apocalipsis* mitgearbeitet. Für das Oratorium lieferte er kompositionstechnische Details und schlagende Formulierungen (s. Tagebücher 1946-1948, S. 950f.). Für das Violinkonzert, die späte Kammermusik und *Dr. Fausti Weheklag* schuf er schriftliche Ausarbeitungen,[49] deren einfühlende Vertrautheit mit dem Roman des Staunens wert ist; sie sind fast vollständig und weitgehend wörtlich in Thomas Manns Text eingegangen. Kann man hier, bei unveröffentlichten Manuskripten und extra gefertigten Entwürfen, noch von Montage sprechen? Ich glaube: ja.

---

[48] 30.12.45 an Th.W. Adorno: Br II 469-472. Zu Adornos Mitwirkung am *Doktor Faustus* existiert eine umfangreiche, in ihren Deutungen und Wertungen freilich mit Vorsicht zu benutzende Literatur: s. vor allem Heimann 1964, Dörr 1970, Sauerland 1979, Dahlhaus 1983, Puschmann 1983, 24-70, Wißkirchen 1986, 177-184, Tiedemann 1992. – Die *Entstehung* nahm Mann dann auch in Angriff, um Adorno für seine Hilfe „'Credit' zu geben" (15.10.51 an J. Lesser: Br III 225; s.a. Tgb 8. u. 13.2.48). Die für den Druck ausgeschiedenen Passagen jetzt in Tagebücher 1946-1948, 948-953.
[49] Publiziert in Tiedemann 1992, 19-28; s. dazu Adornos Brief vom 19.4.62 an Erika Mann (E. Mann 1985: II 110-112) und DüD III 450.

Thomas Mann war zwar verblüfft und begeistert, wie nahe Adornos Schriften der Problematik des *Doktor Faustus* kamen, doch betraf das die innige Verknüpfung von Musiktheorie und Faschismus-Analyse. Genau das brauchte er. Die historische Dialektik aber und der exklusive Avantgardismus von Adornos Musikästhetik steht Mann so fern, daß sie im neuen Kontext Fremdkörper bleiben.[50] Trotz des Raumes, den diese Fundstücke im Roman einnehmen, bleiben sie doch „Fundstücke": in stilistischer und gedanklicher „Vollrealität" einmontiert als Zeugen für einen Avantgardismus, in dem Musik und Politik bedenklich und bedenkenswert aufeinandertreffen. Das gilt selbst noch für Adornos Vorlagen zu Leverkühns Werken, gibt es in ihnen doch kein technisches oder stilistisches Detail, das nicht um der Verwirklichung dieses Avantgardismus willen erfunden wäre.

Epochen-Roman

Leverkühn selbst identifiziert sich mit dem frühneuzeitlichen Doktor Faust. Der Autor aber hat ihn nach dem Muster Friedrich Nietzsches modelliert,[51] von dessen Person und Werk Leverkühn denn auch nichts ahnen darf (XI 165). Dieses doppelte In-Spuren-Gehen hat Thomas Mann selbst an der fatalen Brautwerbung um Marie Godeau erläutert (XI 166f.). Wenn der Komponist den Freund Schwerdtfeger zu der schönen Schweizerin schickt, imitiert er bewußt ein Handlungselement, das Shakespeare teuer war: es begegnet in den Sonetten, in *Twelfth Night, Much Ado About Nothing* und *The Two Gentlemen of Verona*; alle diese Quellen werden im Roman genannt, einige wörtlich zitiert. Der Autor aber unterlegt dieser Geschichte, samt ihrer anachronistischen Unglaublichkeit, ein weiteres Vorbild: „Nietzsche's indirekte Heiratsanträge, bei der Lou Andreas durch Rée, bei dem Fräulein Trampedach durch Hugo von Senger". Die Überbietung der Figuren-Perspektive durch die Perspektive des parodierenden Romans stellt klar, daß mit Leverkühns archaisierender Faust-Identifikation und ihrem Absturz in den Wahnsinn nicht das letzte Wort über dieses Leben gesagt ist. Das Telos von Leverkühns Künstlerexistenz erhellt aus der Parodie Nietzsches. Im Denken und der Lebenslinie dieses Philosophen verdichtete sich für Thomas Mann die Epoche zur „Gestalt".

Die Fülle an Details aus Nietzsches Leben, die Leverkühns Biographie „eingeklebt" sind, dienen teils der parodistischen Kennzeichnung und der panoramatischen Beglaubigung; teils weisen sie ins Zentrum der Konzeption. Leverkühns Leipziger Abenteuer ist bis ins Einzelne Nietzsches Kölner Bordell-Erlebnis

---

[50] Anders Dörr (1970), der eine rigorose Abhängigkeit der Konzeption des *Doktor Faustus* von Adorno behauptet. Dagegen Dahlhaus 1983 und Vaget 1989.
[51] S. DüD III 27, 59, 115, 206, 254, 279. Dazu vor allem Reed 1973, 367-381, Böschenstein 1978 und Heftrich 1982, 173-280.

nachgebildet, das Mann in Paul Deussens *Erinnerungen* fand (IX 678); den erneuten, nunmehr gezielten Besuch bei einer Prostituierten samt seiner fatalen Folge entnahm er einem Buch von E.F. Podach; sogar die monströse These von einer absichtlichen, „aus inneren Sühnegründen" herbeigeführten Infektion hatte schon H.W. Brann aufgestellt.[52] An Nietzsche, wie an Dostojewski, wirkte die Krankheit nach Thomas Manns Überzeugung als eine Steigerung, durch welche seine „ursprünglich tief pietätvolle, ganz zur Verehrung gestimmte, an fromme Traditionen gebundene Geistigkeit [...] gleichsam an den Haaren in ein wildes und trunkenes, jeder Pietät entsagendes, gegen die eigene Natur tobendes Prophetentum der barbarisch strotzenden Kraft, der Gewissensverhärtung, des Bösen gezerrt wurde." (IX 676-680). Von Nietzsche auch wurde, bis in die Details, die Symptomatik der sich entwickelnden Krankheit abgenommen samt ihrer als „Inspiration" erfahrenen (IX 681f.) euphorischen Aufschwünge, dem geistigen Zusammenbruch und der Rückkehr der Persönlichkeitshülse unter die Pflege der Mutter.

Der Kern der Nietzsche-Analogie liegt in der Vorstellung von 'Opfer' und 'Stellvertretung'. Sie zielt mehr auf das Schicksal des Philosophen denn auf seine Schriften. Thomas Manns Neigung, Nietzsche vor allem als Figur wahrzunehmen (vgl. Heftrich 1975, 282f.), reicht weit zurück. Schon wenn er 1906 von dem „Erkenntnis-Lyriker" schreibt, der in Europa eine neue „Schule von Geistern" begründet habe (X 18; vgl. oben S. 12), stellt die Formulierung Nietzsches Figur als ein neues Muster kritisch-kreativer Geistigkeit auf, das die jungen Dichter Europas zur Nachfolge aufruft. Die Rede zu Nietzsches achtzigstem Geburtstag nimmt diese Formel wieder auf (X 181). Die Perspektive auf Nietzsche als „Gestalt" ist mittlerweile durch Ernst Bertrams *Nietzsche. Versuch einer Mythologie* von 1918 bestärkt worden, das für Thomas Mann lebenslang, auch über den politisch verursachten Bruch mit dem Freund Bertram hinaus (30.7.48: Br III 40), das aufschlußkräftigste Buch zum Thema geblieben ist. Aus den Geisteskämpfen der *Betrachtungen* und des *Zauberberg* heraus erhöht Thomas Mann in der Geburtstagsrede den Philosophen zum „Helden", freilich zu einem Helden von tief ambivalentem Zuschnitt. Zum psychologischen Quellpunkt der Figur erklärt er Nietzsches vom Zweifel gepeinigte Liebe, seine „Passion" zur Musik Richard Wagners (X 182): es sei „das Schicksal, die Sendung seines Heldentums [gewesen], sich an diesem seelischen Machtkomplex voll höchsten Zaubers, dem Musikalisch-Romantischen, dem Romantisch-Musikalischen – und also beinahe dem *Deutschen* – zu bewähren." Solcher Kampf gegen die „Sympathie mit dem Tode" bewegt sich genau an den Konfliktlinien des *Zauberberg* entlang. Gleichzeitig umreißt die Formulierung aber auch schon die katastrophenträchtige Ausgangskonstellation des *Doktor Faustus*. Und nun folgt, bereits 1924, jene Skizze Nietzsches, die noch als Blaupause für Leverkühn dienen wird (X 182): „Sein Heldentum aber hieß *Selbstüberwindung*. Er hat, um des Lebens

---

[52] S. Deussen 1901, Podach 1930 und Brann 1931, zit. S. 208 (vgl. E VI 407f.).

willen, die 'asketischen Ideale' mit seinem ganzen Genie bekämpft; aber er selbst war ein Held jener innerweltlichen Askese, die die moralische Form der Revolution ist. Er war, wie Wagner, von dem er sich mit seinem Gewissensurteil gelöst, den er aber bis in den Tod geliebt hat, seiner geistigen Herkunft nach ein später Sohn der Romantik. Daß aber Wagner ein mächtig-glückhafter Selbstverherrlicher und Selbstvollender, Nietzsche dagegen ein revolutionärer Selbstüberwinder war, das macht es, daß jener auch nur der letzte Verherrlicher und unendlich bezaubernde Vollender einer Epoche blieb, dieser aber zu einem Seher und Führer in neue Menschenzukunft geworden ist."

Nietzsche derart ins rein Menschen- und Lebensfreundliche umzuzeichnen, war schon 1924 ein starkes Stück. Wenn Thomas Mann 1947 Nietzsche „im Lichte unserer Erfahrung" neu ins Auge faßt (IX 675), muß er auch jene anderen Elemente der Figur einbeziehen, die unterdessen zu bösem Gebrauchswert gekommen sind.[53] 1924 aber geht es noch ganz um die Überwindung des Romantischen als der „Sympathie mit dem Tode", um die „Selbstüberwindung"[54] des von Wagner in Nietzsche Eingesenkten, und dabei kommt Thomas Mann zu einer Formulierung von Nietzsches Heldentum (X 182), die auch zwanzig Jahre danach standhält: „das Phänomen Richard Wagner, das Nietzsche so unendlich geliebt hat und das sein regierender Geist überwinden mußte, war kein anderes als das paradoxe und ewig interessante Phänomen welterobernder Todestrunkenheit." Damit ist ein Pfeiler errichtet, der eine Brücke zur Analyse des Nationalsozialismus halten kann. „Todestrunkenheit" meint jenen Rausch, in dem alle individuelle Menschlichkeit und alles zivilisatorische Leben untergeht; „welterobernd" aber ist dieser Rausch, insofern seine archaischen Lockungen inmitten der zerfallenden Ordnungen europäischer Bürgerlichkeit eine verheerende Verführungskraft entfalten. Im Rattenfängerzauber von Wagners Musik kündigt sich die manipulative Massenpsychologie der Nationalsozialisten an. Vor ihrer Heraufkunft verliert allerdings die gepriesene „Selbstüberwindung" an Überzeugungskraft. Die Figur Nietzsches wandelt sich zum „Opfer" eines überfordernden Schicksals.

Nietzsches Heldentum „bewährte" sich an der Musik, so schließt die Geburtstagsrede (X 184), „und fand auch wieder Lösung, Erlösung durch sie." So vollständig ist die Figur Leverkühns bereits in der Figur Nietzsches vorhanden: was hier „Erlösung" heißt, wird im Roman als „Gnade" wiederkehren. Im Zusammenbrechen identifizierte sich Nietzsche mit Dionysos und „dem Gekreuzigten" (1986: VIII 570-579; dazu GW IX 684). Der zusammenbrechende Lever-

---

[53] Thomas Mann hat sich lange und quälend mit der Frage herumgeschlagen, ob und welche Einflußlinien von Nietzsche zum Nationalsozialismus führen; dazu Schmidt 1997, 204-304.
[54] Den Übergang des Nietzsche-Bildes vom „Erkenntnis-Lyriker" zum heroischen „Selbstüberwinder" bezeichnet 1910 die Reflexion auf den „Kampf gegen die Zeit", der „dem Willen zur Selbsterkenntnis, zur Selbstüberwindung entspringen und die Selbsterkenntnis der Zeit, ihre Selbstüberwindung fördern kann." (GW XI 723).

kühn wiederholt das als Identifikation mit Christus. „Wie ans Kreuz" tritt er, als er vor Zeitblom die Schuld an Nepomuks Tod auf sich nimmt (VI 632). Bart und Leidensspuren verleihen seinem Antlitz „Christushaftes" (VI 640[55]). Der Abschied von den Freunden spielt nicht nur des Doktor Faustus Abschiedsrede an seine Studenten nach (Historia 1587, 117-119), sondern verschmilzt auch Letztes Abendmahl und Ölbergszene. In Thomas Manns Augen hat Nietzsche ein Recht auf die Christus-Rolle: ihm wurde „verhängt", wozu er nicht geboren war (IX 676), und doch nahm er sein Schicksal an – als Weg durch die Wagner-„Passion", die er ganz zu durchleiden hatte, um ihre Überwindung versuchen zu können, und als Weg durch die Krankheit, die nicht zu scheiden ist von seinem Genie „und ihn den Martertod am Kreuz des Gedankens sterben ließ" (IX 678), „Selbstkreuzigung" (IX 680; vgl. XII 146f.) und „Selbstüberwindung" (IX 707) in einem. Auch Leverkühns Gang in den Wahnsinn ist Selbstopferung. Wie Christus die Schuld der sündigen Menschheit, so nimmt er „die Schuld der Zeit auf den eigenen Hals" (VI 662; vgl. DüD III 202, 260, 283, aber auch 73). An die Stelle der Überwindung Wagners tritt der Kampf um den musikhistorischen Durchbruch, an die Stelle der Prophetie neuer „Menschenzukunft" die Klage um die zu Schuld und Leid verdammte Menschheit.

Kunstgeschichte als Tragödie

Den Zustand, in dem er die Musik seiner Zeit antrifft, diagnostiziert Leverkühn in einem Brief an den Mentor Kretzschmar: seine „rasch gesättigte Intelligenz" empfinde Ekel vor der „robusten Naivität", die zum Künstlertum gehöre, und vor der „Abgeschmacktheit" der lehrbaren Konventionen, „die das tragende Gerüst, die ermöglichende Festigkeitssubstanz auch des genialen Kunstwerks" bildeten (VI 178). „Warum muß es mir vorkommen, als ob fast alle, nein, alle Mittel und Konvenienzen der Kunst *heute nur noch zur Parodie taugten?*" (VI 180) Das zieht eine scharfe Grenze zur Kunst Thomas Manns, die – auch im *Doktor Faustus* – durch und durch aus der Parodie lebt (vgl. oben S. 94-96). Thomas Manns Parodieren erwuchs aus der vom „Erkenntnis-Lyriker" Nietzsche bezogenen Einsicht, daß die moderne Kunst die entlarvende „Kritik" auch gegen ihre eigenen Mittel und Traditionen zu wenden hat. Wo „Kritik" und „Kunst" verschmelzen, kommt das „naive" Schaffen an sein Ende. In der Schaffenskrise zu Anfang des Jahrhunderts entdeckte er dann, daß diese Einsicht schon von Schiller formuliert worden war, der dem „naiven" den „sentimentalischen" Künstler entgegensetzte. Thomas Mann schätzte diese Abhandlung fortan als das scharfsinnigste Produkt aller philosophierenden Ästhetik. Ähnliches hätte er unter den von ihm so gerne herbeizitierten Romantikern auch bei Friedrich Schlegel finden können,

---

[55] Beschrieben nach jenem Selbstbildnis, in dem sich Dürer – auch bereits in Spuren gehend – nach der tradierten Christus-Ikonologie stilisiert hat.

der, nahe an Schiller argumentierend, der „antiken" die „moderne" Kunst konfrontierte. Die Ästhetik wurde sich damals der Geschichtlichkeit wie der reichen Geschichte der Künste bewußt. Der „sentimentalische" oder „moderne" Künstler reagiert bei seiner Suche nach neuen Wegen nicht mehr „naiv" bloß auf Lehrer und direkte Vorgänger, sondern steht vor dem gewaltigen Feld künstlerischer Mittel, die im Laufe vieler Jahrhunderte erfunden, entwickelt, in ihren Möglichkeiten ausgeschöpft und in ihren Grenzen erkannt worden sind. Im Angesicht dieser fertigen Fülle wird die Vorstellung, immer noch Neues zu finden, prekär, und doch kann Kunst sich nicht darin beruhigen, das aktuell Vorhandene zu wiederholen oder das früher schon Abgegoltene wiederzubeleben. Nietzsche blickt dann bereits auf den Historismus in den Künsten zurück, welcher der Entdeckung der Geschichte mit der zitierenden Neukombination von Elementen aus allen Zeiten und Räumen Rechnung trug, und warnt vor dem „antiquarischen" Ersticken aller lebendigen Originalität.[56] Aus dem 19. Jahrhundert reicht außerdem die lineare Geschichtsvorstellung herüber, die alle Historie, auch die Literatur- oder die Musikgeschichte, als einen einheitlichen, geschlossenen Prozeß betrachtet und optimistisch als Fortschritt oder pessimistisch als décadence wertet. Unter dem Bann dieser Linearität steht noch Adornos Musiktheorie, deren Konstruktion und Vokabular in Leverkühns zitiertem Brief durchklingt.

Die musikhistorische Entwicklung stellt Leverkühn also an einen Ausgangspunkt, an dem alle Konventionen zerstört und alle objektiven Verbindlichkeiten aufgelöst sind; ohne „Organisation" gibt es aber keine Kunst, und so droht die von allen Konventionen entlastete absolute Freiheit in „Sterilität" überzugehen (VI 253f.). 1910 erläutert der Komponist dem Freund Zeitblom, wovon er sich an diesem Endpunkt Rettung erhofft. Dem Zerfall aller Ordnungen sei mit einer völlig neuen Gesetzgebung zu begegnen. Die letzten Jahrhunderte haben ihre Werke an den „tonalen" Tonleitern aus je fünf Ganzton- und zwei Halbtonschritten orientiert, zu denen jede harmonische Abweichung zurückzukehren und in deren Grundton jedes Werk am Ende seinen Abschluß zu finden hatte. Im Zuge der Romantik habe sich die ordnende Kraft dieser Tonalität jedoch abgeschwächt. Die „Abweichungen" hätten überhandgenommen, so daß seit Wagners *Tristan* eine Grundtonart oft gar nicht mehr auszumachen sei. Um die Organisation von Werken wieder möglich zu machen, wolle er daher als neue Grundordnung die temperierte chromatische Tonleiter mit ihren zwölf Halbtonschritten einführen. Jedes Werk habe auf einer bestimmten Zwölfer-Reihe sämtlicher Halbtöne zu basieren. In dieser Reihe, wie in ihren Transformationen im Laufe des Werkes, dürfe kein Ton wieder auftauchen, bevor nicht alle anderen elf aufgetreten sind. In der Melodik wie in der Harmonik – Leverkühn spricht von der „Horizontalen" (der Melodie) und der „Vertikalen" (der Akkorde) und macht so aus dem Notenbild der Partitur ein „magisches Quadrat" à la Albrecht

---

[56] S. *Unzeitgemäße Betrachtungen* II: Vom Nutzen und Nachteil der Historie für das Leben (1874); dazu GW IX 688f.

Dürer (VI 125) – habe jeder Ton sich vor dieser Grundreihe auszuweisen: das sei „strenger Satz", das sei „vollkommene Organisation" (VI 255f.). Rein handwerklich gesehen, handelt es sich hierbei um die von Arnold Schönberg entwickelte Zwölftontechnik, und Schönberg hat denn auch darauf bestanden, daß ein Vermerk zum Roman die Anleihe ausweise (s. Reich 1974, 230-233, u. VI 677).

Das Gespräch, und also auch die Konzeption der neuen Technik, fällt auf einen sehr frühen Zeitpunkt in Leverkühns Laufbahn. Die Infektion an Hetaera Esmeralda liegt zwar schon vier Jahre zurück (VI 205/246), die technische Innovation findet bereits unter der Einwirkung der beginnenden Krankheit statt, aber die Reihe der bedeutenden, der originalen Werke steht noch in der Zukunft. Der musikhistorische „Durchbruch", auf den die steigende Folge seiner Inspirationsschübe hinarbeitet, muß von der „Erfindung" der Zwölftontechnik unterschieden werden. Zeitblom datiert ihn erst auf Leverkühns letztes Werk, auf *Dr. Fausti Weheklag* (VI 643).

Dazu stimmt ein weiterer, bislang wenig beachteter Umstand (s. Heftrich 1982, 282f., u. 1993, 182). Was so deutlich als Schönbergs Reihentechnik identifizierbar scheint, trägt in Leverkühns kompositorischer Praxis wie in Thomas Manns konkreter Beschreibung alle Züge der Wagnerschen Leitmotivtechnik (ausführlicher Neumann 2002): Insofern es in Leverkühns Reihenkompositionen „nichts Unthematisches mehr" (VI 255) geben darf, führen sie die „thematisch-motivische Arbeit" (VI 606) von Klassik und Romantik fort; in dieselbe Aszendenz rückte Thomas Mann, zu Recht, Richard Wagners Leitmotivik, wenn er sie als eine „neue thematisch-motivische Gewebstechnik" bezeichnete (IX 520). Zur Vollendung komme dieses Verfahren, ein ganzes Drama aus einem einzigen musikalischen Kern zu entwickeln, im *Ring des Nibelungen*. Eine ganze epische Folge von Dramen zusamt ihrer „reichgefügten Symbolwelt" werde „aus dem Es-Dur-Dreiklang der strömenden Rheinestiefe" aufgebaut (IX 522). Schon Wagner besitzt also eine von der Tonalität unabhängige Methode, das ganze Werk aus einer musikalischen Urzelle zu ziehen. Umgekehrt setzt Leverkühn zumindest in einem Fall eine Reihe ganz offen als Leitmotiv ein. Die frühen Brentano-Lieder beruhen auf der Tonfolge h e a e es, dem „Buchstabensymbol" für Hetaera Esmeralda.[57] In *Dr. Fausti Weheklag*, obgleich dieses Werk streng auf einer Zwölftonreihe über dem Zwölfsilbensatz „Denn ich sterbe als ein guter und böser Christ" aufgebaut ist, begegnet diese symbolische Fünftonfolge als werkübergreifendes Zitat wieder (VI 648): „überall da nämlich, wo von der Verschreibung und Versprechung, dem Blut-Rezeß, die Rede ist."

Ein Zweites weist auf Wagner zurück (VI 217f.): „Musik und Sprache, insistierte [Leverkühn], gehörten zusammen, seien im Grunde eins, die Sprache Musik, die Musik eine Sprache, und getrennt berufe immer das eine sich auf das

---

[57] Angeregt durch die „Buchstabensymbolik" im dritten der *Vier Lieder* op. 2 von Alban Berg: Tiedemann 1992, 12f.; s.a. Schwarz 1987, der aber in Leverkühns Identifikation mit Berg zu weit geht.

andere [...] Schließlich sei es doch wahr, daß die ganze deutsche Musikentwicklung zu dem Wort-Ton-Drama Wagners hinstrebe und ihr Ziel darin finde." Eine solch enge Verknüpfung von Musik und Sprache war Schönberg, Berg und Webern durchaus fremd. Bei Leverkühn hingegen beherrscht sie das Œuvre und die wenigen Ausnahmen bestätigen die Regel noch per negationem: das rein orchestrale *Meerleuchten* rechnet als Handwerksübung kaum unter die Werke (VI 202); das Violinkonzert ist ein Zugeständnis an den fatal sympathischen Schwerdtfeger; die späte Kammermusik aber verzichtet, nach Zeitbloms Beschreibungen zu urteilen, auf die Reihentechnik (VI 605-607).

Eine dritte Analogie folgt aus Leverkühns Begriff von der Musik (VI 66): „Beziehung ist alles. Und willst du sie näher bei Namen nennen, so ist ihr Name 'Zweideutigkeit'", kurz: Musik sei „Zweideutigkeit als System." 'Beziehung' war auch Thomas Manns Schlüsselbegriff für die eigene, an Wagner orientierte leitmotivische Arbeit (s. oben S. 113). Die 'Zweideutigkeit' aber verfolgt Leverkühn mit einer bis zur Obsession getriebenen Konsequenz: zweideutig soll jeder Ton sein, insofern er horizontal und vertikal streng determiniert wird; zweideutig ist die Bestimmung von horizontal und vertikal, insofern beide Dimensionen gleichermaßen aus der Grundreihe abgeleitet werden und so gemeinsam jene lückenlose Totalität der Ordnung garantieren, welche der Avantgardist Leverkühn anstrebt; zweideutig ist diese vollkommene Ordnung selbst, insofern gerade ihre Totalität dialektisch ins Gegenteil totaler Freiheit umschlagen soll; und zweideutig ist schließlich Leverkühns Musik im krönenden Schlußwerk, da in ihrer dialektischen Einheit von Ordnung und Freiheit auch Kalkulation und Expressivität, Modernität und Archaik in eins fallen. Letztere Zweideutigkeit hat Thomas Mann aber schon 1933 der Musik Richard Wagners zugesprochen (IX 380f.): „Sie, die wie ein Geysir aus vorkulturellen Tiefen des Mythos hervorzuschießen scheint (und nicht nur scheint: sie tut es wirklich), ist in Wahrheit und außerdem – gedacht, berechnet, hochintelligent, von ausgepichter Klugheit".

Diese Analogie führt ins Zentrum der Romankonzeption und ihrer musikalisch-politischen Verschränkung. Mit dem Archaischen und Barbarischen, das laut Zeitblom zumindest den beiden späten Oratorien Leverkühns zu Recht zugesprochen wird, ist jener nicht geheure Untergrund, den Leverkühn seiner Produktion durch den Teufelspakt erschlossen hat, noch im fertigen Werk präsent – und das nicht gezähmt und vermittelt, sondern mit der ungebrochenen Urgewalt seiner Abgründe. Auch moralisch kann diese Kunst daher, trotz aller Verstandes-Klarheit und Klage-Authentizität, nur als zweideutig bezeichnet werden. Das freilich ist so neu nun wieder nicht. Schon die *Betrachtungen eines Unpolitischen* hatten mit provozierender Unermüdlichkeit die moralische Indifferenz und Unzuverlässigkeit der Kunst herausgestrichen.

Worin liegt also nun der „Durchbruch", den *Dr. Fausti Weheklag* bedeutet? Im Roman werden darauf zwei Antworten gegeben. Die eine formuliert Serenus Zeitblom bei der Beschreibung von Leverkühns letztem Werk (VI 643): „Bedeutet es nicht den 'Durchbruch', von dem zwischen uns, wenn wir das Schicksal der Kunst, Stand und Stunde derselben, besannen und erörterten, so oft als von einem Problem, einer paradoxen Möglichkeit die Rede gewesen war, – die Wiedergewinnung, ich möchte nicht sagen und sage es um der Genauigkeit willen doch: die Rekonstruktion des Ausdrucks, der höchsten und tiefsten Ansprechung des Gefühls auf einer Stufe der Geistigkeit und der Formenstrenge, die erreicht werden mußte damit dieses Umschlagen kalkulatorischer Kälte in den expressiven Seelenlaut und kreatürlich sich anvertrauende Herzlichkeit Ereignis werden könne?"

So gesehen, bedeutet der Durchbruch einen historischen Befreiungsschlag. In der Zwölftontechnik sah Adorno, ungeachtet aller Bewunderung für Schönberg, keine Überwindung der zeitgenössischen Aporien, sondern deren konsequenten End- und Höchstpunkt (Adorno 1975, 68): „Das Subjekt gebietet über die Musik durchs rationale System, um selber dem rationalen System zu erliegen." Thomas Mann mag diese Analyse um so plausibler geklungen haben, als er in solch historischer Entleerung des Komponierens zum „Rationalismus" hin eine Analogie zur ihm tief vertrauten *Geburt der Tragödie aus dem Geiste der Musik* gespürt haben mag: zu Nietzsches Erzählung also, wie die große antike Tragödie durch den „Sokratismus" der Werke des Euripides zu Tode gekommen, im Musikdrama Wagners aber neu geboren worden sei.[58] – Nicht die neue Kompositions*technik* konnte den Durchbruch bringen, sondern erst deren schöpferische Radikalisierung bis zu jenem dialektischen „Umschlag", der die Tore für die ganze Wucht des Archaisch-Emotionalen öffnete, ohne dabei doch auf die erreichte Vollendung der rationalen Konstruktion zu verzichten. Auch solches Denken in dialektischen Volten bezog Thomas Mann von Adorno.

Dasselbe Changieren zwischen dem Historischen und dem Individuellen prägt Leverkühns Reden vom „Durchbruch" (VI 410): „Es gibt im Grunde nur *ein* Problem in der Welt, und es hat diesen Namen: Wie bricht man durch? Wie kommt man ins Freie? Wie sprengt man die Puppe und wird zum Schmetterling? Die Gesamtsituation ist beherrscht von der Frage." Die rhetorischen Fragen fassen das Problem als individuelles: sie gelten für jeden Künstler, der durchs Tradierte und die Konvention zum Eigenen duchzustoßen hat. Zur „Gesamtsituation" aber gehört auch die Kriegsbegeisterung bei Ausbruch des Ersten Weltkrieges, die Zeitblom vom „raschen Durchbruch" der deutschen Truppen fabeln läßt, von dem er für sein in Einsamkeit, Weltscheu und Pronvinzialität gefangenes Volk den „Durchbruch zur Welt" erhofft (VI 410f.).[59] Diese historische Situierung, die Synchronisierung der musikgeschichtlichen mit der zeitgeschichtlichen

---

[58] Auch sonst war Mann auf manches von Nietzsche vorbereitet, was er dann für *Faustus* direkt von Adorno bezog. Man vergleiche nur Leverkühns Gedanken zur „Konvention" mit dem, was darüber in der vierten *Unzeitgemäßen Betrachtung* steht ('Richard Wagner in Bayreuth' 5; Nietzsche 1980: I 455f.).

[59] J.P. Stern (1995, 61-83) hat gezeigt, wie viele bei Kriegsausbruch glaubten, die Suche nach einer neuen, höheren, „wahren" Wirklichkeit, die seit der Jahrhundertwende die deutschsprachige moderne Literatur umtrieb, habe nun ihr Ziel gefunden.

Lage, überbietet Leverkühn jedoch sofort wieder durch seinen Hinweis auf Kleists *Marionettentheater* (VI 410f.): der Durchbruch werde „darin geradezu 'das letzte Kapitel von der Geschichte der Welt' genannt. Dabei ist nur von Ästhetischem die Rede, von der Anmut, der freien Grazie, die eigentlich dem Gliedermann und dem Gotte, das heißt dem Unbewußtsein oder einem unendlichen Bewußtsein vorbehalten ist, während jede zwischen Null und Unendlichkeit liegende Reflexion die Grazie tötet. Das Bewußtsein müsse, meint dieser Schriftsteller, durch ein Unendliches gegangen sein, damit die Grazie sich wiedereinfinde, und Adam müsse ein zweites Mal vom Baum der Erkenntnis essen, um in den Stand der Unschuld zurückzufallen."

Das übersteigt das Historische ins Eschatologische. Leverkühn zitiert ein Beispiel jener Dreistadien-Spekulationen, wie sie im Idealismus um 1800 geläufig waren. Der Gesamtraum der Geschichte wird darin zur bloßen Zwischen- und Übergangsstufe herabgesetzt. Als Einbruch des Bewußtseins hat der Anfang der Geschichte den Menschen aus einem paradiesischen Arkadien tiernaher Unmittelbarkeit herausgerissen. Nach einem langen, konfliktreichen Prozeß der Bewußtwerdung wird das Ende der Geschichte ihn in ein paradiesisches Elysium hineinführen, ins „Dritte Reich",[60] wo eine gottähnliche Vollbewußtheit in neue, reflektierte Unmittelbarkeit umschlägt.

Wie also ist Leverkühns „Durchbruch" zu deuten: individuell, historisch oder eschatologisch? Das Individuelle ließe sich mit dem Eschatologischen allenfalls zusammenbinden: seit Weimarer Klassik und frühe Romantik die Kunst an die Spitze menschlicher Vermögen und zu religiöser Dignität erhoben, wuchs der individuellen Vollendung großer Kunstwerk etwas von jener eschatologischen Vollkommenheit zu, die in menschlich-irdischen Verhältnissen sonst unerreichbar bleibt. Den historischen Durchbruch dagegen hat der Teufel verheißen (VI 324): „Du wirst führen, du wirst der Zukunft den Marsch schlagen, auf deinen Namen werden die Buben schwören, die dank deiner Tollheit es nicht mehr nötig haben, toll zu sein." Was es mit dieser Verheißung auf sich hat, zeigt der Roman nicht mehr vor. Während Zeitblom schreibt, ist Leverkühns Spätwerk in Deutschland verboten, im Ausland unbekannt. Daß es nach dem Untergang des Nationalsozialismus Musikgeschichte machen wird, kann der Biograph nur hoffen. Zwei Indizien sprechen eher dagegen. Zum einen die Art des „Durchbruchs": eine neu erfundene Kompositionstechnik könnten künftige Musiker aufgreifen, die daraus entstehenden Werke eine neue Epoche der Musikgeschichte formieren. Tatsächlich hat Schönbergs Zwölftontechnik, wie ein Halbjahrhundert früher Wagners Leitmotivtechnik, in solchem Sinne „Epoche gemacht". Im Falle Leverkühns läßt der Roman aber keinen Zweifel daran, daß der „Durchbruch"

---

[60] Der Begriff stammt aus der franziskanischen Geschichtsspekulation des Mittelalters, wurde vom deutschen Idealismus um 1800 wieder aufgenommen und taucht auch in eschatologischen Entwürfen um 1900 verschiedentlich auf. Thomas Mann hat ihn verwendet (GW XI 564, 847, X 598f., 431, 266, XI 897 u.ö.), bis ihn die Annektion durch die Nationalsozialisten unbrauchbar machte.

erst mit der radikalen Vollendung der „Zweideutigkeit als System" in *Dr. Fausti Weheklag* gelingt. Unter den im Roman evozierten musikhistorischen Exempeln erinnert das eher an Beethovens späte Streichquartette (vgl. Heftrich 1982, 240-248), deren Größe viel zu weit ins Einsam-Entlegene schlug (VI 72), als daß Nachfolger daran noch hätten anknüpfen können.

Zum anderen tragen des Teufels Worte der Kunst ein politisches Vokabular an, das Thomas Mann verabscheute, seit Heinrich Mann die „Menschenklasse der Geistigen" zu Führern erhob.[61] So wehrte er ab, als der Germanist Berthold Litzmann ihn 1920 seinen Studenten als einen „Führer" vorstellte (zit. Hübinger 1974, 374): „Fühle er sich doch nicht begabt zum Mann der Geste, des Mir-Nach, der emphatischen Fahnenvorantragerei." So verweigerte er 1926 gegen den österreichischen Marxisten Ernst Fischer jede Verpflichtung des Künstlers zum „Lehrer und Führer" (DüD I 520). Zudem wetterleuchtet im Teufels-Vokabular des *Doktor Faustus* auch schon die nationalsozialistische Führer-Rhetorik. Da ist mehr Verführung als Verheißung.

Wenn diese Deutung überzeugt, verliert der Avantgardismus Schönbergscher Prägung allerdings an thematischem Gewicht im Roman. Die Zwölftontechnik der Wiener Schule hat Thomas Mann dann nur ein historisch wie technisch ungemein „passendes" Baumaterial verschafft, um sein eigentliches Thema durchzuarbeiten: den geheimen Zusammenhang der deutschen Geschichte mit der deutschen Kunst – und darin nicht zuletzt mit dem eigenen, an Wagner geschulten und im Deutschen wie im Modernen als repräsentative Möglichkeit empfundenen Werk – im gemeinsamen Ursprung aus „unterteuften" Schichten der Psyche.

Leverkühn im Schnittpunkt der Geschichten

Versuchen wir, die so komplexe Konstruktion der Figur Leverkühn zu überblicken. Als Künstler werden ihm zwei Leistungen zugeschrieben: die Zwölftontechnik und der musikhistorische „Durchbruch". Die Zwölftontechnik macht ihn zum Avantgardisten in der ersten Hälfte des 20. Jahrhunderts. Ihre Anwendung und Beschreibung zielt aber in wichtigen Elementen, die vom Muster Arnold Schönbergs abweichen, auf Richard Wagners Leitmotivtechnik. Der avantgardistische Charakter wird davon nicht berührt, da auch Richard Wagners Komponieren von seinen Zeitgenossen als schockierende Avantgarde wahrgenommen wurde (IX 380). Die Rückbindung öffnet Leverkühn jedoch für Aspekte der Figur Wagners, die Thomas Mann als zeithistorisch virulent empfand.

Zunächst ist da die Zweideutigkeit. Wagner hat die Leitmotivtechnik entwickelt, weil er eine Musiksprache für seine psychologisch-mythologische Dich-

---

[61] S. etwa *Dichtung und Politik* (H. Mann 1951: XI 325) oder *Zola* (H. Mann 1915, 1318, 1330 u.ö.).

tung benötigte (IX 380-383). Diese Vereinigung des Modernsten mit dem Archaischen – der Psychologie mit dem Mythos (vgl. oben S. 102) – steht in Analogie zu der Zweideutigkeit, die in Leverkühns „Durchbruch" wiederkehrt als die Vereinigung von rationalster Kalkulation mit unvermittelter Expression. So weit wäre Leverkühn ein neuer Wagner unter den Bedingungen des frühen 20. Jahrhunderts. In beiden Fällen ist die Technik nur ein notwendiges Mittel für das wahre Ziel. Die Technik läßt sich lernen. Die Werke, die das eigentliche Ziel erreichen, stehen als erratische Gipfel im historischen Fortgang wie Beethovens späte Streichquartette. So ist es bei Wagners *Ring* und *Tristan*; so wird es wohl auch bei Leverkühns *Apocalipsis* und *Weheklag* werden.

Die „Rekonstruktion des Ausdrucks" (VI 643) läßt sich mit Nietzsche als Wiedergewinnung des Dionysischen, mit Adorno als Freisetzung des Archaischen begreifen. Von Wagner her ist sie der Durchbruch des „Geistigen" zum „Volkstümlichen" (IX 406) und schlägt so die Brücke zum thematischen Feld des „Deutschen" und „Altdeutschen". Deutschland erscheint für Thomas Manns Psychohistorie als ein Land, in dem die durch Neuzeit und Aufklärung unterworfenen Naturmächte des Irrationalen[62] als gefährliche „Hunde im Souterrain"[63] lauern, an brüchigeren Ketten denn im übrigen Europa. In Kaisersascherns unheimlicher „Unterteuftheit" (VI 52) darf der feinhörige Leser einen Anklang an „Teufel" wahrnehmen, auch wenn dem der Etymologe nicht folgt.[64] So verwundert es nicht, daß gerade einem deutschen Komponisten das Schicksal zufällt, die Musik aus ihrem sokratischen Rationalismus zu erlösen. Als sehr deutsch, ja altdeutsch, wird Leverkühn nach Herkunft wie Aussehen beschrieben. Als einen „deutschen Tonsetzer" präsentiert ihn schon das Titelblatt. Und wie Serenus Zeitblom ihm seine „Definition des Deutschtums" vorträgt als „eines Seelentums, bedroht von Versponnenheit, Einsamkeitsgift, provinzlerischer Eckensteherei, neurotischer Verstrickung, stillem Satanismus...", da weicht Leverkühn das Blut aus den Wangen, sein Blick wird „kalt distanziert bis zum Kränkenden" und er wendet sich ab (VI 411): er fühlt sich von dem Freund, der nur von Deutschland zu reden glaubt, tiefer erkannt, als er es einem Anderen zugesteht.

Vom Künstler Leverkühn läßt sich Leverkühn als Symbolfigur Deutschlands also nicht trennen. Auch hierin ist seine unterirdische Verbindung mit Wagner mächtig, doch gilt es dabei zu unterscheiden. Thomas Mann stellt in einer „tragischen Antinomie" die „ehrwürdige Reinheit und Idealität" von Wagners Künstlertum gegen den „massenberückenden Charakter von Wagners Erfolg", entdeckt

---

[62] Hier zeigt zur *Faustus*-Zeit neben Nietzsches Analysen auch Adorno Wirkung, unter dessen Grundthemen in der *Philosophie der neuen Musik* wie in der *Dialektik der Aufklärung* die „Naturbeherrschung" rechnet.

[63] Zur Metapher s. BrGrautoff 68 (17.2.96) und Nietzsche 1980: V 352; dort individualpsychologisch verwendet.

[64] „Unterteufen" kommt über „Teufe" von „tiufe" (Tiefe); „Teufel" über „diuvil" von griech. „diábolos" (Deutsches Wörterbuch von J. u. W. Grimm, Bd. XXI, Leipzig 1935, S. 265).

die Magie der Massenberückung – „imperialistisch-weltunterwerfende, gewaltig agacante, despotische, aufwiegelnd-demagogische Elemente" – aber durchaus in Wagners Kunst selbst. Von dieser Seite Wagners wird Leverkühns Kunst freigehalten. Auch dafür eignete sich Schönbergs Zwölftontechnik, deren Ansprüche an den Hörer sie von Massenpopularität wohl für immer ausschloß. Der Roman trennt hier also. Die Linie von Wagners ehrwürdiger Künstler-Reinheit führt zu Leverkühn, die Linie von Wagners Wirkungsrausch und „Massenerschütterung" (IX 414f.) zur politischen Kriegsbegeisterung und Hitler-Hysterie (vgl. Wimmer 1993, bes. 51-60).

Gleichwohl bleibt auch in Leverkühns Musik noch genug an politischer Zweideutigkeit. Das Ideal der totalen Organisation und totalen Ordnung läßt sich zwar auf die klassisch-idealistische Leitvorstellung vom Organismus rückbeziehen, in dem kein Element zufällig sein darf und jeder Wechsel im kleinsten Detail Rückwirkungen aufs Ganze hätte. Doch solch „organische" Kunst galt als „gewachsen", als im Unwillkürlich-Unbeherrschbaren wurzelnd. Leverkühns totale Ordnung ist Ergebnis bewußter Konstruktion. Sie ist ein Endpunkt prometheisch-neuzeitlicher Selbstermächtigung des Menschen[65] und weist voraus auf jene totalitäre Ordnung, als welche die Nationalsozialisten den „Volkskörper" organisieren wollten, anschaulich präsentiert in den Choreographien der gigantomanen Volksaufmärsche (vgl. Lesser 1952, 409, und Heller 1977, 182). Die Wiedergewinnung des unbewußt Archaischen läßt sich zwar rückbinden an die klassisch-idealistische Wiederentdeckung des unbewußten „Genies". Sie weist aber auch voraus auf jenen „Primitivierungsprozeß" (XII 849), als welcher sich dem Autor der Erfolgslauf des Nationalsozialismus darstellt. In dieser Analogie zur politischen Katastrophe liegt die „Schuld", die Leverkühn auf sich nimmt: für seinen Durchbruch muß er dieselben seelischen Schichten erschließen, aus denen Hitler die Hexenkünste seiner Massenberückung holen wird.

Dennoch eignet Leverkühns Kunst nichts direkt „Faschistisches". Die beachtliche Erkenntnis, welche die *Betrachtungen eines Unpolitischen* trotz aller gedanklichen Konfusion eingebracht hatten, war die grundsätzliche Scheidung zwischen Kunst und Politik.[66] Wo der „Zivilisationsliterat" behauptete und glaubte, die Mittel der Kunst in den Dienst einer emanzipatorischen Politik zu stellen, warf der „Unpolitische" ihm vor, in Wahrheit die politischen Verhältnisse nach ästhetischen Kategorien zu behandeln. Thomas Mann ging daran auf, welch entstellende und zerstörende Veränderung ästhetische Werte erfuhren, sobald man sie unvermittelt ins Politische übertrug. Er bezeichnete das in der Folge mit gezieltem Grobianismus als „Verhunzung" (XII 847f.[67]). Nietzsches

---

[65] Als Leverkühn bei Nepomuks Tod gegen den Teufel rebelliert (VI 632f.), klingt in seinen Worten die Anrede des Goetheschen Prometheus an Zeus durch (bes. Vers 6f. u. 46).
[66] Dies wird in der Forschung immer wieder übersehen, so daß die Analogien des *Doktor Faustus* zu Identitäten ineinanderstürzen; so z.B. Frizen 1990, 320-322.
[67] S.a. GW XI 816 (1922), XII 769 u. 775 (1935), XI 927 (1938).

Ästhetik, als politische Handlungsanweisung genommen, ergab einen „verhunzten" Nietzsche;[68] Wagners mythologische Dichtung, als nationalsozialistische Geschichtsdeutung genommen, einen rassistisch „verhunzten" Wagner (XII 848). Das Archaische, Unbewußte, Primitive, dessen die Kunst für ihre Lebendigkeit bedarf, schlägt in der Politik rasch um in verbrecherische Gewalt.

Die Massenwirksamkeit von Wagners Musik, in der viele Hörer rauschhafte Bewußtlosigkeit und enthemmte Gefolgschaft suchten, enthielt Thomas Mann seinem deutschen Tonsetzer also vor. Auch gehört Wagner als Figur nicht zu dessen Mustern. Leverkühn, unter den Herren dieser Welt erfolgreich für die Errichtung eines Festspielhauses agitierend, – das sprengt jede Vorstellung. Seine Kunst trägt entscheidende Züge von Wagners Kunst. Als Figur aber wird er Nietzsches Muster nachgeformt: beide durch Krankheit zu leidenschaftlich-genialer Passion enthemmt; beide als Kämpfer um Selbstüberwindung zum Opfer in ihrer Zeit und für ihre Zeit bestimmt. Und doch schlägt Leverkühn auch hier noch in einem entscheidenden Punkt Wagner nach. Während Nietzsche auf die schonungslos kritische Analyse beschränkt bleibe und sich in seinem „positiven" Kampf für eine Neuschätzung des Lebens in mißverständlich-widersprüchliche Setzungen verstricke (IX 694f.), ist Leverkühn ein produktiver Künstler, der, indem er die Destruktion des Vorhandenen vollzieht, Neues wirklich zu schaffen vermag.

Die Beschreibung von Leverkühns Zwölftontechnik verweist nicht nur auf Wagner, sondern, wie gezeigt, auch auf jene Leitmotivtechnik, aus welcher Leverkühns Geschichte gewebt wurde. Seit dem *Zauberberg* findet sich in Thomas Manns Romanen ebenfalls kaum noch eine „freie Note" (VI 645), also kaum noch ein Element, das nicht ins Netz der leitmotivischen Verknüpfungen einbezogen wäre. Dennoch stehen die beiden Verfahren in offensichtlichem Gegensatz:[69] sie verhalten sich zueinander wie ein geschlossenes und ein offenes System – diese Begriffe nicht im wörtlich mathematischen Sinne, sondern zu metaphorischer Klärung genommen. In Leverkühns strengem Satz ist jeder Ton determiniert: von der Grundreihe abgeleitet und nach horizontaler wie vertikaler Position fixiert. In Thomas Manns Leitmotivik gibt es weder ein Analogon zur Beschränkung auf zwölf Halbtöne – das Reservoir möglicher Leitmotive ist unendlich und vielgestaltig – noch eine Festlegung zu einer normativen „Reihe". Es gibt kein magisches Festzaubern nach horizontalen und vertikalen Koordinaten, sondern eine unbeschränkte Vernetzung in beliebig viele Richtungen. Es gibt

---

[68] Schon die *Betrachtungen* sprechen von „*politisiertem und also korrumpiertem Nietzsche*" (GW XII 210).
[69] Man hat immer wieder versucht, Leverkühns Reihentechnik samt Krebs und Umkehrung in der Faktur von Manns Roman wiederzufinden; so etwa Reiss 1970, 146 u. 212-224, Bergsten 1974, 127 u. 217-230, Förster 1975, Schlee 1981, Puschmann 1983, Berman 1986, 281 u. 286, Wehrmann 1993. All diese Versuche verfehlen das Verhältnis zwischen Leverkühns und Thomas Manns „Komponieren"; vgl. dazu Dahlhaus 1983, 245, und Vaget 1989, 127 u. 134-136.

keine „strengen" Künste wie Krebs, Umkehrung und Krebsumkehrung, sondern eine freie Entwicklung des Geschehens, die stets unerwartetes Material einzubeziehen vermag und vom Autor oft nur über kurze Strecken genauer vorausgeplant wurde. Hochbewußte Formveranstaltungen sind beide, doch wo bei Leverkühn der radikale Ernst „letzter Rigorosität" (VI 646) herrscht, regiert bei Thomas Mann die distanzierende Freiheit des Spiels.[70]

Adrian Leverkühn besitzt autobiographische Züge seines Autors, aber er ist nicht dessen Porträt. Thomas Mann hat ihm bestimmte Elemente mitgegeben, die ihm wesentlich für sein eigenes, aber auch repräsentativ für jedes moderne Künstlertum schienen – Einsamkeit, „Kälte", kritische Bewußtheit, romantische „Sympathie mit dem Tode" –, und ihn dann, wie einst Gustav von Aschenbach, auf eine Bahn geschickt, die vom eigenen Leben fortführte. So entstand eine Figur, deren den Autor überbietende Radikalität die Parallele zum historisch-politischen Schicksal Deutschlands so deutlich heraustrieb, wie es nur möglich war, ohne die Integrität ihrer Kunst zu beschädigen. Aus der Logik dieses Unternehmens, und verstärkt durch Adornos Avantgarde-Ästhetik, ergab sich dann doch etwas von jener Auseinandersetzung mit der Avantgarde-Kunst, die zunächst wohl nicht im Fokus von Thomas Manns thematischem Interesse gelegen hatte. Die Differenz wird sichtbar am Verhältnis zur 'Parodie'.

Leverkühn erregt sie Ekel (VI 180). Der Teufel macht sie lächerlich (VI 322): „Ich weiß, ich weiß. Die Parodie. Sie könnte lustig sein, wenn sie nicht gar so trübselig wäre in ihrem aristokratischen Nihilismus." Das freilich trifft einen Parodie-Begriff, den der Autor ersichtlich flach gehalten hat: „Man könnte das Spiel potenzieren, indem man mit Formen spielte, aus denen, wie man weiß, das Leben geschwunden ist." Solch spät-verzagtes Hantieren mit leblosen Masken hätte wenig zu tun mit Thomas Manns 'hoher Parodie' und ihrem Widerspiel aus Destruktion und Rettung, Widerruf und Wiederbelebung. Der Parodie-Begriff impliziert bei Leverkühn und Mann ein je unterschiedliches Geschichtsverständnis. Für Leverkühn und den Teufel bezeichnet die Parodie das Schlußstadium einer Geschichtsentwicklung, in der alles Konvention und lebendige Kunst unmöglich geworden ist. Rettung brächte da nur mehr ein eschatologischer „Durchbruch", welcher der versickernden Geschichte ein endgültiges Ende setzt und der Kunst ebenso endgültig die Kleistsche Hintertür in ein Paradies aufstößt,

---

[70] Einen ähnlichen Gegensatz hat Dierks (1995) zwischen Spenglers rigidem Ordnungsbedürfnis und Thomas Manns Erweiterung der Ordnung durch Ambivalenz aufgezeigt; der von Zygmunt Bauman übernommene Begriff der Ambivalenz ist allerdings weniger geeignet, den Gegensatz auch zwischen Leverkühns und Manns ordnender Praxis zu erfassen. – Roberts (1986) hebt hervor, daß der Doktor Faustus gegen Adornos Konstruktions-Rigorosität auch das parodistische „Spiel" festhält. In Roberts' postmoderner Perspektive steht dieses „Spiel" jedoch allzu nahe an purer Beliebigkeit; hier müßte erst noch das differenzierte Zusammen„spiel" von Spott und Ehrfurcht, Spiel und Nachfolge eingeholt werden, das Thomas Mann im *Joseph* entfaltet hat.

in dem alle Gegensätze durch Radikalisierung ineinanderstürzen: Bindung und Freiheit, Ordnung und Spontanität, Kalkül und Expression usf. Hier lebt das Pathos der Avantgarden aus dem Frühling des 20. Jahrhunderts fort, der Glauben, die belastende Geschichte der Künste durch einen radikalen Bruch loswerden und dann etwas ganz und restlos Neues machen zu können. Die eschatologische Rhetorik enthüllt darin freilich auch ein Nachgeben vor dem Unbehagen an der Relativität alles Modernen wie vor der Sehnsucht nach neuer Eindeutigkeit und Endgültigkeit. Der Thomas Mann der Jahrhundertmitte mußte zusehen, wie solch avantgardistische Radikalität von Bruch und Neubeginn, zu Entmenschung und Millionenmord „verhunzt", in die Politik übersetzt wurde. Der Teufel hat, als Teufel, davon schon 1911 oder 1912 (VI 281/296) in Palestrina eine Ahnung; das zeigt seine Wortwahl.

Für Thomas Mann ist, seit er sich dem décadence-Bewußtsein seiner Frühzeit entzogen hat, die Parodie nicht mehr das kompositionelle Symptom einer verendenden Epoche, sondern eine genuine Form der Moderne. Wie Schillers „sentimentalischer" Dichter und der „Erkenntnis-Lyriker" à la Nietzsche ist er davon überzeugt, daß die Kunst das kritische Bewußtsein ihrer selbst nie mehr loswerden kann. Zwar sind unter der apokalyptischen Erschütterung von Erstem Weltkrieg und November-Revolution utopisierende Formeln auch aus seinem Mund gesprungen, doch waren selbst diese noch evolutiv und vermittelnd gedacht. In den zwanziger Jahren fand er dann zurück zur ironisch-kritischen Skepsis. Thomas Mann harrte nicht des „Jüngsten Tages", wie manche Expressionisten, noch des „Dritten Reiches" nach einem Ende der Geschichte. Das kritische Bewußtsein wieder auszuschalten, hielt er weder für möglich noch für tunlich. Der Mensch hatte sich in einer Moderne einzurichten, deren Ende weder absehbar war noch wünschenswert. Als homo politicus tat Thomas Mann dies mit seiner Wendung zu einem „neuen Humanismus", der Tradition und Innovation in „hermetisch"-beweglicher Klugheit stets von neuem vermitteln muß. Als Künstler vollzog er es durch Parodie und ironischen bzw. humoristischen Perspektivismus: poetische Verfahren, welche die Produktion mit der Kritik im Werk zusammenbanden.

Der Verzicht auf die eschatologische Naherwartung zersetzt die Macht jeder geschichtsphilosophischen Ästhetik, die alle Produktion auf ihren Beitrag zur Hervorbringung eines endgültig Neuen verpflichten will. Der lineare Fortgang der Geschichte entspannt sich zu einem offenen Feld unterschiedlicher Möglichkeiten, die in ihrer Modernität gleiche Legitimität besitzen. Ein Halbjahrhundert nach dem *Doktor Faustus* hat die postmoderne Kritik am künstlerischen Alleinvertretungsanspruch der Avantgarde darüber viele Augen geöffnet. Aber schon bei Leverkühn wird davon etwas ahnbar. Seine Werkgeschichte folgt nicht streng dem germanozentrischen Entwicklungsgang der Adornoschen Musikgeschichte: die *Gesta Romanorum* entsprechen „in Orchesterbesetzung, dramaturgischer Anlage" und „musikalischer Sprache" ausgerechnet der *Histoire du soldat* des von Adorno geschmähten Strawinsky.[71] Und die Parodie drängt er als Komponist zwar immer kompromißloser aus seiner Arbeit hinaus (VI 648), nicht aber als Dramatiker. Wenn der Faust der Kantate am Ende seine Gesellen zur Ruhe schickt, erkennt Zeitblom darin eine Kontrafaktur von Christi „Wachet mit mir!" auf Gethsemane (VI 650). Der folgende Kapitelanfang führt Leverkühns Bitte um Beistand als Kontrafaktur von Fausts Zur-Ruhe-Schicken ein (VI 651) und als imitatio des späten Beethoven (VI 80) durch. Fausts Abschiedstrunk in der Kanntate erscheint parodistisch „als ein anderes Abendmahl" (VI 650); das spiegelt Leverkühns Abschiedseinladung im Roman und insgeheim sogar Peeperkorns Abendmahl-Parodie aus dem *Zauberberg*. Von einer endgültigen Verabschiedung der parodischen Kunst kann also selbst in Leverkühns Avantgardismus nur bedingt die Rede sein. Die Bewußtwerdung wird die Bewußtseinsgeschichte nicht los. Thomas Manns Perspektivismus aber erzwingt eine Pluralität, die keine radikale Totalisierung zulassen kann.

Der Künstler und sein Biograph

Zur Parodie zählt auch die Modellierung der Erzählerfigur (vgl. oben S. 59-62). Im *Doktor Faustus* rückt sie ins Zentrum der Konzeption. Den Anstoß gab die Notwendigkeit, „eine gewisse Durchheiterung des düsteren Stoffes zu erzielen und mir selbst, wie dem Leser, seine Schrecknisse erträglich zu machen." (XI 164[72]) Wo Leverkühn die bedingungslose Identifikation mit dem Protagonisten seines letzten Werkes betreibt, wahrt Thomas Mann die ihm künstlerisch notwendige Distanz noch in der „radikalen Autobiographie". In Zeitblom, der am selben 23. Mai 1943 zur Feder greift, an dem Thomas Mann mit der Niederschrift begann, parodiert der Autor das eigene Schreiben. Ausgebaut zu einer vollgültigen zweiten Handlungsebene, erlaubt die Erzählerfiktion es, die auseinanderliegenden Zeitläufe von Leverkühns Leben und Deutschlands Untergang zu genauer Parallele zu verschränken. Zudem rückt sie demonstrativ in den Vordergrund, daß hier eine Geschichte erzählt wird. Es ist eine komplizierte Geschichte, die so viele Fäden verknüpft, daß die geheime Einheit der Handlung dem Leser nicht ohne Kopfzerbrechen aufgeht. Es ist eine fiktive Geschichte, aber sie

---

[71] Scherliess 1980, 195; daß Thomas Mann bei der Bestätigung dieser Vorlage zögert (12.2.49 an E.L. Lyman: DüD III 223), besagt nicht viel. Buzga (1965) sieht noch in anderen Werken Leverkühns Strawinsky-Anklänge. Für Strawinskys Kunst hat Mann sich schon vor der Arbeit am *Faustus* „lebhaft" interessiert (15.4.32 an B. Fucik: Br I 316).

[72] Vgl. GW XI 804. Daß das Lob der Heiterkeit aus dem *Joseph* (vgl. oben S. 128f.) im *Doktor Faustus* nicht einfach außer Kraft gesetzt wird, hat die Forschung erst seit neuestem entdeckt: s. Kiesel 1990 und Borchmeyer 1994, bes. 159-167. Bei Kiedaisch (1996, 60-73) gerät das Heitere ein wenig mit dem Lächerlichen und dem Parodistischen durcheinander.

nimmt so viel an materialen Fundstücken und an nur allzu realer Zeitgeschichte in sich auf, daß ihr zeithistorischer Ehrgeiz nicht übersehen werden kann. Und doch bleibt es immer eine Geschichte, die ihrer Wahrheit nicht mit den Mitteln des Historikers, des Philosophen oder des Theologen, sondern mit Fiktion und Narration nachjagt.

Die gegenläufige Nähe von Protagonist und Erzähler entfaltet sich zu jener geheimen Identität (XI 204), unter welcher die Romanbiographie als „radikale Autobiographie" erst geschrieben werden konnte. Werden Leverkühn wesentliche Züge des Autors zur Radikalisierung übereignet, so wird Zeitblom als Gegengewicht ausgestattet. Wo der Künstler Leverkühn sein Leben zum Opfer für sein Schicksal hingibt, stellt Zeitblom sich als Bürger mit Beruf, mit Frau und Kindern fest ins Leben. Das wahre Zentrum seiner Existenz bildet allerdings auch bei ihm ein Höheres: die Liebe und Treue zu jenem Freund (VI 235), für dessen so geniales wie grauenvolles Lebensschicksal er sich zum Zeugen aufgerufen weiß. Die deutschen Zeitumstände aber werfen mit Berufsverbot und Entfremdung von den Söhnen seine bürgerliche Existenz ebenfalls aus der Bahn. Als Gymnasiallehrer für Latein und Griechisch steht er in später, aber deutlicher Deszendenz zu den Humanisten und in zeitgenössischer Nähe zum Bürger Thomas Mann. Zeitbloms Humanistentum wird in der Rezeption oft geringgeschätzt. Dem leistet der Roman Vorschub, indem er die Figur, mit ihrer peniblen Ängstlich- und sorgenvollen Betulichkeit, ins Ridiküle neigt. Wenn Zeitblom etwa das bei Thomas Mann lebenswichtige und überlebensnotwendige Hauptgeschäft der „Vermittlung" zur „Verschönung, Verhüllung, Veredelung" verkleinert und sein Ergebnis eine „ganz eigentlich sentimentale Lebensschicht" nennt, in der „meine eigene Menschlichkeit sich recht wohl behagt" (VI 197), dann muß der Leser den großen, erasmischen Humanismus ins epigonal Philiströse verkommen sehen.

Das ist Teil des parodistischen Verfahrens. Wie Leverkühn den Künstler Thomas Mann an Radikalität, überbietet Zeitblom den Bürger Thomas Mann an Beschränktheit:[73] „Zeitblom ist eine Parodie meinerselbst." Eine „Lebensbeichte", welche die autobiographische Substanz auf zwei antithetische Figuren verteilt, verurteilt beide zur Einseitigkeit. Was in Thomas Manns Ironie als Destruktion und Bewahrung zusammengehört, tritt in Leverkühn und Zeitblom auseinander. Aber solches Philistertum erreicht doch nicht den Kern der Figur. Wenn Zeitblom schon früh seine Schüler darüber aufklärt, „daß Kultur recht eigentlich die fromme und ordnende, ich möchte sagen begütigende Einbeziehung des Nächtig-Ungeheueren in den Kultus der Götter ist" (VI 17); wenn er spät, in der 'Nachschrift' (VI 669), wiederholt, daß in der Kultur „Ehrfurcht vor den Gotthei-

---

[73] BrAmann 21.11.48/ DüD III 203. Die „geheime Identität" variiert die alte Konstellation von Hanno Buddenbrook und Kai Graf Mölln (s. oben S. 143), mag aber auch durch die Identitätserschütterung des Exils befördert worden sein (so Koopmann 1988, 93-108). Zeitblom trägt auch die Züge einer Emigranten-Phantasie: wie man, vielleicht sogar mit Anstand, hätte zu Hause überwintern können, wäre man nicht durch Prominenz ins Visier des Regimes geraten.

ten der Tiefe mit dem sittlichen Kult olympischer Vernunft und Klarheit zu *einer* Frömmigkeit verschmilzt"; dann hätte Thomas Mann in eigener Rede die Substanz seines „neuen Humanismus" nicht präziser benennen können. Dabei steht diese theoretische Einsicht nicht abstrakt im Leben. Zeitblom zieht darin die Lehre aus der politischen Verirrung seiner Jugend: aus jener chauvinistischen Kriegsbegeisterung und Zukunftsblindheit im Ersten Weltkrieg, die er aus seines Autors Leben ebenso zugeteilt bekommen hat, wie die klare Ablehnung des Nationalsozialismus.[74] Letztere hat er mit Entlassung und Familienzerfall zu bezahlen, wie Thomas Mann mit dem Exil. Am Ende bewährt er sich in schonungsloser Erkenntnis, wie das kein durch Nietzsches Schule gegangener „neuer" Humanismus entschiedener könnte. Daß er zurückschreckt vor dem, was er bezeugen muß; daß das Herz ihm bebt und die Hand zittert beim Schreiben – das gehört *nicht* zu seinen ridikülen Zügen, sondern zollt nur einen aller Ehren werten Tribut jener Menschlichkeit, die sich zwingt, der brutalsten Entmenschung ins Auge zu blicken. Hier weder wegzuschauen noch zu verzweifeln und zu zerbrechen, ist, in aller bescheidenen Schlichtheit, auch ein heroisches Tun. Daß das Bild des Homo Dei in der Höllenfahrt des Romans nicht unwiederbringlich zerschellt, ist nicht nur Leverkühns radikalem Klagelied, sondern auch Zeitbloms unbeirrbarem Zeugnis geschuldet.

Das führt auf die Frage nach der Gnade, die der Roman mehrfach aufwirft und am Ende ausdrücklich stellt. Adorno hätte einen Schluß vorgezogen, der jeder Andeutung von Hoffnung entsagte.[75] So mußte seine Anti-Theologie es wollen, die das Ganze zum Falschen erklärt. Thomas Mann beharrte auf der Hoffnung nach Gnade. Leverkühn selbst zwar darf solcher Hoffnung keinen Raum mehr geben (VI 666). In seinem Schlußwerk wird sie umschwiegen. Aber Zeitbloms beredtes Umkreisen (VI 650f.) bringt noch dieses Schweigen zum Klingen. Zeitbloms eigene Schlußworte fassen die Hoffnung ins Gnadengebet (VI 676) und der Autor hat ihm diese Hoffnung nicht nur in Kommentaren zum Werk bestätigt (XII 961), sondern auch im Werk selbst: durch die Verheißung des Erlöserkindes Nepomuk und durch ein ingeniöses Zitatgeflecht aus Begnadigungs-Geschichten. Leverkühns Verdammungs-Erwartung wird durchkreuzt[76] von

---

[74] Eine politische Entwicklung der Figur während der Niederschrift (so Vaget 1991, 269f.) kann ich nicht erkennen; der einsame Beleg von der „Festung Europa" (VI 9) gibt das nicht her, läßt sich übrigens auch anders lesen.

[75] S. Adorno 1974, 341. Thomas Mann schildert den Dissens in der *Entstehung des Doktor Faustus* (XI 294), ausführlicher in einer vor dem Druck ausgeschiedenen Passage (Tgb 1946-1948, 953), verkleinert dabei aber das Ausmaß der Differenz. Wo er nach seiner Erinnerung die Hoffnung nur „zarter, vager, leiser, zweifelnder" hätte formulieren sollen, erinnert Adorno sich, auf der „Gewalt bestimmter Negation als der einzig erlaubten Chiffre des Anderen" bestanden zu haben. Vgl. dazu Vaget 1989, 130-134.

[76] Vgl. Heftrich 1982, 266f., Vaget 1989, 141-143, und Borchmeyer 1994, 158. Zu dem weitläufigen Motivnetz, das an Zitate der Andersenschen *Seejungfrau* geknüpft wird, s. Runge 1998, 117-138, und Maar 1995, bes. Kap. V. Zu den Erlösungsmotiven

Anspielungen auf Goethes *Faust II*, Andersens *Kleine Seejungfrau*, Carl Maria von Webers *Freischütz* und Wagners *Parsifal*.

Der Roman des modernen Künstlers gründet die Hoffnung auf das gelingende Werk. Leverkühn hat die von Verstummen bedrohte Kunst wieder singen gemacht. Darüber enthüllt sich, was nur Schuld und Selbstzerstörung schien, doch auch als Opfer und Schicksal. Ich wage die Behauptung, daß die Kunst in Leverkühns Spätwerk triumphiert. Noch ein Komponieren, das mit der aporetischen Energie eines Adorno in musikhistorischer Unmöglichkeit versiegelt wird, zerbricht hier seinen Kerker zu freiem Produzieren, auch wenn der Künstler darüber vor die Hunde gehen muß.

Die „Lebensbeichte" partizipiert an dieser Rettung durchs Werk. Der Autor, der sich in der „Kälte" mit Leverkühn verbunden weiß, birgt doch aus den Verletzungen der Mitmenschlichkeit seinen Lesern jene Werke, die anders nicht zu gewinnen waren. Daß Leverkühns Komponieren mit zwölf Tönen insgeheim mit Elementen der Leitmotivtechnik eingefärbt wird, bestätigt den verwandten Kunstanspruch. Dennoch bleibt Leverkühns Avantgardismus neben der Erzählkunst des *Doktor Faustus* eine Extrapolation ins fremdartig Extreme. Nicht nur zu Thomas Manns Leben, sondern auch zu seiner Kunst gehört Zeitbloms „Vermittelndes", und das nicht einfach als ein qualitativer Rückstand gegenüber der größeren Radikalität, sondern als Abwehr dessen, was in Leverkühns dialektischem Umschlag von totaler Ordnung zu totaler Freiheit nach dem Totalitären riecht[77] und was in der Rigorosität der Organisation an neurotische Zwangsstrukturen erinnert. Das bedeutet keine Verurteilung der Avantgarde, wie Georg Lukács (1949, 239-278) es gerne gelesen hätte. Im offenen Feld der Moderne stellt Thomas Manns narrativer Perspektivismus eine Möglichkeit dar. Andere Möglichkeiten behalten gleiches Recht. Mann hat das je Fremde etwa in Kafka oder Joyce[78] sehr wohl gespürt und war dennoch bereit, deren Größe zu würdigen. Aber es liegt in seiner Distanzierung vom Radikalen doch etwas von Selbstbehauptung gegenüber einer Avantgarde, die für einige Jahrzehnte in der Kunst nur sich selbst wollte gelten lassen.

Das Deutschland-Buch antwortet auf die Frage nach Gnade weniger deutlich. Thomas Mann hat sich stets geweigert, das „gute" vom „bösen" Deutschland klar zu scheiden. So betrieb er seinen Deutschland-Roman als Selbstforschung. So fühlte er sich nicht weniger als Deutscher, wenn er den Nationalsozialismus mit blankem Haß bekämpfte. Es zählt zu Zeitbloms furchtbaren Einsichten, daß er

---

zählt auch Zeitbloms Charakterisierung des Nachklangs der Kantate „als ein Licht in der Nacht" (GW VI 651): hier zitiert er den Prolog des Johannes-Evangeliums (Joh. 1.5; vgl. Scaff 1998, 119).

[77] Eine Arbeitsnotiz formuliert offen: „Nach der völligen Befreiung der Musik zur Atonalität: der eiserne Konstruktivismus des 12-Ton-Systems. Restaurativ im revolutionären Sinn und insofern faschistisch." (zit. nach Reed 1993, 309 Anm. 14)

[78] Joyce und Schönberg hat Mann analoge Positionen in der Moderne zugewiesen: 1.3.45 an Br. Walter (DüD III 47).

der Vaterlandsliebe die Ausflucht abschneiden muß, Hitlers „Blutstaat" sei „etwas unserer Volksnatur durchaus Fremdes, Aufgezwungenes und in ihr Wurzelloses gewesen" (VI 639): „War diese Herrschaft nicht nach Worten und Taten nur die verzerrte, verpöbelte, verscheußlichte Wahrwerdung einer Gesinnung und Weltbeurteilung, der man charakterliche Echtheit zuerkennen muß, und die der christlich-humane Mensch nicht ohne Scheu in den Zügen unserer Großen, der an Figur gewaltigsten Verkörperungen des Deutschtums ausgeprägt findet?"

Der Nationalsozialismus war ihm eine Möglichkeit des Menschen, zu der er im Deutschen eine spezifische Affinität entdeckte. Angesichts ihrer „Wahrwerdung" hätten die endlich besiegten Deutschen nach Manns Überzeugung auch Konsequenzen auf sich nehmen müssen (VI 638, XIII 212f.), die zu denken etwa Brecht die Haare zu Berge trieben und die dann tatsächlich, durch die rasche Erosion der Anti-Hitler-Allianz, dahinfielen. Was Mann der Zukunft zutraute, reichte bis zur Zerstreuung der Deutschen unter alle Völker, nach dem Vorbild der von ihnen verfolgten Juden. Doch selbst dann hätte er nicht am Fortleben eines „Deutschland" gezweifelt, das, nach Höllenfahrt und Buße, doch neue Wege in der Welt und neue Aufgaben unter den Völkern finden könnte.[79] Es mag ihm die Zeitlichkeit der Geschichte nicht als Ort für ewige Höllenstrafen vorstellbar gewesen sein. „Alles hat seine Grenzen", so wird er im *Erwählten* schreiben (VII 259); „die Welt ist endlich." Wie er das gute vom bösen Deutschland nicht für scheidbar hielt, so glaubte er doch auch das gute Deutschland als vom bösen nicht zerstörbar.

Der „Epochen-Roman" zeigt das, was in Deutschland freilich durchaus unzufällig zu Tage getreten und zur Herrschaft gelangt war, als „finstere Möglichkeiten der Menschennatur überhaupt" (VI 638). „Zuletzt ist das deutsche Unglück nur das Paradigma der Tragik des Menschseins überhaupt. Der Gnade, deren Deutschland so dringend bedarf, bedürfen wir alle." (XI 1148) Dieser Tragik des Menschseins hat Leverkühn mit *Dr. Fausti Weheklag* das düstere Klagelied geschrieben. Die Öffnung der deutschen Thematik „ins allgemein Epochale" soll freilich auch der Gefahr eines „neuen deutschen Mythos" entgegenwirken, der den Deutschen mit ihrer „Dämonie" schmeichelte (XI 181; vgl. DüD III 247, 250 u.ö.). Hier freilich gerät der Autor an eine Quadratur des Kreises: baut der Roman doch seine psychohistorische Analyse ganz auf die besondere Anfälligkeit des Deutschen für die „unterteuften" Regionen der Seele. Gleichwohl zeigt die Öffnung ins Allgemeine, daß der *Faustus* die anthropologische

---

[79] S. etwa 7.9.45 an W.v. Molo (Br II 446f. = GW XII 961): „ich glaube an Deutschlands Zukunft, wie verzweifelt auch immer seine Gegenwart sich ausnehmen, wie hoffnungslos die Zerstörung erscheinen möge. Man höre doch auf, vom Ende der deutschen Geschichte zu reden! Deutschland ist nicht identisch mit der kurzen und finsteren geschichtlichen Episode, die Hitlers Namen trägt. [...]". S. etwa auch GW XI 487f. und 9.2.48 an H.W. Sabais: Br III 18f.; dazu Vaget 1992.

Ausrichtung des *Joseph* nicht einfach ausgelöscht hat.[80] Zur Anthropologie des *Doktor Faustus* aber gehört nicht nur die tragische Geschichte Leverkühns, sondern auch die durchheiternde Erzählung Zeitbloms. Daß der Biograph sorgen- und zweifelsvoll auf die Zukunft des Humanismus blickt (VI 669), ist im Deutschland des Jahres 1945 unausweichlich. Thomas Mann selbst aber war entschlossen, an seinem Projekt eines „wissenden und vertieften Humanismus" festzuhalten, „der, vielerfahren, durch alle neuen Erkundungen des Menschlichen hindurchgegangen ist" (X 370). So darf Zeitblom an der Hoffnung jenseits der Hoffnungslosigkeit partizipieren, zumal doch auch er am Ende ein Werk vorzuweisen hat: *Das Leben des deutschen Tonsetzers Adrian Leverkühn*.

Es bleibt, daß diese Gnadengeschichten[81] auf verschiedenen Ebenen spielen, die zwar kunstvoll verzahnt sind, aber nicht mehr vollständig synchronisiert werden können.[82] Im Gegensatz zu Leverkühn kann Deutschlands Hoffnung auf Gnade kein Werk der Rechtfertigung vorweisen. Leverkühns Rechtfertigung hängt an einer geschichtsphilosophisch zugespitzten Aporie der Kunst, der Thomas Manns eigenes, nicht-avantgardistisches Schreiben widerspricht. Für den Epochen-Roman wird der Nationalsozialismus zum „Paradigma", und doch wäre es obszön, Deutschland deswegen in Analogie zu Nietzsche/Leverkühn eine „Opfer"-Rolle zuzuschreiben. Jede dieser thematischen Ebenen besitzt im Roman ihr eigenes Gewicht. Sie überlagern einander, weil Thomas Mann sie durch bedeutsame Analogien verbunden sah, aber sie gelangen nicht zu kohärenter Deckung. Dem letzten seiner vier epischen Großunternehmen bleibt die letzte Geschlossenheit des Werks versagt, welche die anderen drei auch unter den Bedingungen des 20. Jahrhunderts bewähren konnten. Dennoch: sieht man auf das, was in diesem Werk alles gelungen ist, wird man die Brüche nicht als Scheitern werten.

---

[80] Man muß also für die Wendung ins Universelle nicht unbedingt Adorno verantwortlich machen (Sauerland 1979).
[81] Sie erzählen durchwegs von innerweltlichen Gnadenperspektiven: vgl. Kahler 1952, bes. 157-160, Beddow 1986 und Kiesel 1990a.
[82] Vgl. Stern 1995, 372: „[...] that Thomas Mann has not in fact written a novel of total correspondences; that on the level of specific events and individual ideas the allegorical parallels are incomplete and intermittent".

Der Erwählte

Mit *Doktor Faustus*, seinem „*Parsifal*", betrachtete Thomas Mann das Lebenswerk als vollendet. Was nun etwa noch kam, war Zugabe und „Altersunterhaltung".[1] Die Gnadenmär von Gregorius, dem über alle Vorstellung in Sünde Getauchten, den Gott dennoch zum Papst erwählt, hatte er schon bei der Arbeit am *Faustus* in den *Gesta Romanorum* gefunden und als groteske Spiegelung von Leverkühns Gnaden-Spekulationen aufs beste brauchen können (VI 419-426). Laut späterer Erinnerung gefiel ihm die Geschichte so gut, „daß ich gleich damals mit dem Gedanken umging, den Stoff meinem Helden eines Tages wegzunehmen und selbst einen kleinen archaischen Roman daraus zu machen." (XI 243; vgl. XI 687) Nach dem Deutschland-Roman hat Thomas Mann zunächst noch seinen Nietzsche-Vortrag geschrieben: *Nietzsches Philosophie im Lichte unserer Erfahrung*; es folgte eine Europareise. Die Entscheidung zwischen dem alten *Krull*-Fragment und der neuen Gregorius-Geschichte blieb einige Zeit in der Schwebe,[2] doch allmählich senkte sich die Waagschale dann auf Seiten der Legende. In der zweiten Januarhälfte 1948 setzte er mehrfach zur Romaneröffnung an (s. Tgb 21.1.-24.1.); ab Ende Februar stellte sich der gewohnte Arbeitsrhythmus ein. Trotz verschiedentlicher Unterbrechungen – neben Reisen, Vorträgen und Lesungen immerhin auch die *Entstehung des Doktor Faustus* – kamen am 26. Oktober 1950 die letzten Zeilen zu Papier.[3]

Lustspiel über ernsteste Themen

„Das Komische, das Lachen, der Humor erscheinen mir mehr und mehr als Heil der Seele; ich dürste danach, nach den nur notdürftig aufgeheiterten Schrecknissen des *Faustus* und mache mich anheischig, bei düsterster Weltlage das Heiterste zu erfinden", so schrieb er am 10. Oktober 1947 (BrMeyer 687). Im Lichte dieser Heiterkeit versammelte er noch einmal alle zentralen Themen seines ausgebreiteten Werkes.

Von dekadenter Auserlesenheit sind die Kinder Sibylla und Wiligis, in ihrer Elfenbeinblässe und weltenthobenen Feinheit (VII 21) Verwandte von Paolo

---

[1] 18.2.51 an L. Leibrich: DüD III 379. Ähnlich 17.3.48 (BrMeyer 699/DüD III 352) und 28.4.52 an F. Lion (Br III 252/ DüD III 417).
[2] S. 10.10.47: BrMeyer 687/DüD III 348. Zur Entstehung s. die Selbstzeugnisse in DüD III 346-433 (Neudruck in SK *Erwählte*), und die Tagebücher 1947-1950.
[3] S. Tgb 26.10.50. Die Quellenlage zum *Erwählten* wurde von Wysling (in Scherrer & Wysling 1967, 258-324) grundsätzlich und im Detail analysiert; zu Bildvorlagen s. Wysling & Schmidlin 1975, 406-427.

Hofmann und dem kleinen Herrn Friedemann, in ihrer inzestuösen Überheblichkeit (VII 28f.) die jüngeren Ebenbilder der Geschwister Aarenhold aus *Wälsungenblut*.[4] Sibylla freilich wird aus ihrer kindlichen Blässe zu Lebenszähigkeit heranwachsen, eine Heldin aus Schwäche wie Savonarola, wie Friedrich der Große, wie Gustav von Aschenbach (dazu Br I 63, XII 148 u XIII 148f.). Wiligis dagegen, von der Härte des Lebens überfordert wie Hanno Buddenbrook, erliegt bald den Unbilden des Ritterlebens. Ihr Kind Gregorius wächst dann, ähnlich dem kleinen Grafen Mölln, in rauher Natürlichkeit auf. Abermals verbindet sich ererbter Adel mit einem Lebenskraft fordernden und fördernden Milieu. Seine so ersichtliche Erwähltheit macht Gregorius zum Außenseiter. All die Rücksicht und bescheidene Art (VII 89), die er dem jungen Joseph, seinem auserwählten Bruder im Muster, voraushat, kann doch nicht hindern, daß schließlich Haß und Gewalt gegen ihn ausbrechen. Wie Hans Castorp einmal in den Zauberberg, wie Joseph zweimal in den Brunnen, so muß er, zu symbolischem Tod und steigernder Wiedergeburt, dreimal in den Mutterschoß zurück: als siebzehntägig Neugeborener in die Dunkelheit des Fäßleins auf dem Meer (VII 57), als Jugendlicher in die Sichtlosigkeit eines dauerhaften Nebelbrodems während der siebzehntägigen Überfahrt über den Ärmelkanal (VII 118), als Mann in die siebzehnjährige Regression zum tierhaften Embryo auf der steinernen Mutterbrust der Natur im abgelegenen See (VII 190-195).

Daß auch Gregorius zum Geschlecht der problematischen Helden aus Schwäche zählt, zeigt seine leitmotivisch ausgezeichnete Fähigkeit, im rechten Augenblick „sein Alles zusammenzunehmen" (VII 92). Solche Konzentrationskunst läßt den körperlich Zarten im Ritterspiel bestehen wie sonst den Preußen-Friedrich im Kriegs- (X 132) und Felix Krull im Liebesspiel (VII 314f.). Mit Felix Krull verbindet ihn auch die Imaginationskraft des Hochstaplers; wie Krull beim Tennisspielen die fehlende Übung durch ein phantasiestarkes Sich-Hineinversetzen ausgleichen kann, so Gregorius beim Reiten und Fechten. Daß ihm der Ritterkampf gleichwohl nur eine von der Epoche aufgenötigte Rolle ist, beweist sein Turnier gegen den spitzbärtigen Roger von Burgund. Roger sieht in dem Trick, der ihn gefangensetzt (VII 145), mit vollem Recht einen schmachvollen Regelverstoß. Gregorius aber offenbart damit, daß sein Heldentum nicht eigentlich den Achilles, Siegfried und Roland nachschlägt, sondern den Hermes und Joseph: auch er ist ein Schalk.

Wie der schalkhafte Joseph, so wird Gregorius am Ende über die Maßen erhöht und besitzt Klugheit wie Güte genug, sich in seinem politischen Amt aufs segenvollste zu bewähren. Doch eine gleich starke Verbindungslinie führt auch zum *Doktor Faustus* zurück, dem tragischen Gegenwerk zur *Josephs*-Tetralogie. Wie Adrian Leverkühn, so untersteht auch Gregorius dem paradoxen Zusammenhang von Schuld und Gnade. Was aber im *Faustus* weitgehend psychologisiert

---

[4] Ganz auf diesen Hochmut baut, etwas verengend, Peter Szondi (1964) seine Interpretation.

erscheint, setzt *Der Erwählte* um in Handlungselemente, die mythische Muster zu erkennen geben. Wo Leverkühn durch seine angeborene Künstlerneigung zu Kälte und Einsamkeit, da ist Gregorius durch seine inzestuöse Zeugung für die Sünde disponiert. Wenn Leverkühn die Liebe abschwört, sofern sie wärmt, dann besiegelt er nur diese Eigenheit seines Charakters. Wenn Gregorius mit seiner Mutter schläft, dann wiederholt er nur den Inzest seiner Eltern. In beiden Fällen tritt zur Wiederholung der „Heimsuchung" jedoch die freie, zur Schuld fähige Wahl hinzu: bei Leverkühn als bewußte Absicht zur Selbstinfektion, bei Gregorius als geheimes Wissen um die Identität der schönen Frau, mit der er das Bett teilt (VII 255).

Nicht nur die Paradoxie der Gnade, auch die Perspektivik ihrer Erzählerfigur haben *Faustus* und *Erwählter* gemeinsam. Der Benediktiner Clemens, der da schreibend im ehrwürdigen Kloster St. Gallen sitzt und wiederholt vor dem Übermaß der Sündhaftigkeit zusammenschaudert, das er seiner Feder aufgegeben hat, ist durchaus ein Bruder im Geiste jenes Altphilologen Zeitblom, der in der ehrwürdigen Bischofsstadt Freising mit zitternder Hand die Geschichte des befreundeten Teufelsbündners niederlegt. Wie Zeitblom, so ist Clemens der wenn „wohlgeprüften", so doch nur bedingt christlichen „Ansicht, daß die Religion Jesu und die Pflege antiker Studien Hand in Hand gehen müssen in Bekämpfung der Roheit; daß es die gleiche Unwissenheit ist, die von dem einen und von dem andern nichts weiß" (VII 11). Daß Thomas Mann sich nach der biblischen Geschichte von *Joseph und seinen Brüdern* und den theologischen Konflikten der Faust-Biographie nun auch noch einer Legende zuwendet, läßt auf die tiefgreifende und vielleicht sogar wachsende Anziehungskraft schließen, welche die Religion auf ihn übte. Er selbst war in seinen späten Jahren wohl geneigt, sich selbst einen Christen zu nennen. Doch sein Christentum gründete offenkundig nicht in jenem Glauben, in dem protestantische und katholische Theologie allenfalls übereinkommen, sondern in der traditionsbewußten Ehrfurcht für die überkommene Kultur, in deren Bindungskräften er den entscheidenden Schutz sah gegen die „Roheit" bloßer Natur und gegen die Anziehungskräfte des Barbarischen. Die mythischen Muster der europäischen Kultur waren durch die humanistische Antiken- und die christliche Bibel-Interpretation weitergetragen und lebendig gehalten worden (IX 461f.). In deren Tradition stellte er das eigene Schreiben. Aber es ist doch der „Geist der Erzählung", der den Schriftsteller Clemens inspiriert, nicht der Heilige Geist, und es ist sogar ausdrücklich dieser Geist der Erzählung, der beim Nahen des neuen Papstes alle Glocken Roms läuten macht (VII 10), nicht Gottes wundertätiger Eingriff.

Spiel der Muster, Spiel der Sprache

Alois Wolf hat in einem sorgfältigen Vergleich mit dem *Gregorius* Hartmanns von Aue gezeigt, wie Thomas Mann die Form der Legende in seinem Roman zerbricht. „Von einer Bewahrung des christlichen Kerns," so schließt er (1964, 95[5]), „kann, entgegen der theoretischen Äußerung Thomas Manns [XI 691], keine Rede sein, zwei grundverschiedene Systeme stehen einander gegenüber, und die Umstrukturierung verursacht unweigerlich Brüche." Einen solchen Bruch konstatiert er bei des Gregorius siebzehnjähriger Buße auf dem Stein (ebd., 88-91). Schritt für Schritt und mit zwingender Konsequenz werde da der Büßer „in das naturhafte Walten hineingenommen" und verblasse die Gnade Gottes hinter der Macht der Natur. Die Rückverwandlung aber vom winzigen Borstentier zum ausgewachsenen Mann binnen zweier Stunden erscheine daneben „dünn, ohne Überzeugungskraft, ja ans Peinliche streifend", bloß ein knapper Bericht, wenn auch „ironisch gewürzt". Der Kunstfehler gründe in einem grundsätzlichen Bruch: es fehle eine dem Walten der Natur „ähnlich mächtige Form des Religiösen", welche das vom Legendenstoff erforderte Wunder legitimieren könnte.

Wolf hat recht, wenn er im *Erwählten* eine Entchristlichung des Legendenstoffes beobachtet. Diese zeichnet seine Studie mit aller wünschenswerten Umsicht nach. Er irrt aber, wenn er die Verwandlung des Büßers in ein Igelsgeschöpf ernst nimmt im Sinne einer „Biologisierung" des Stoffes (ebd., 87). Es trifft wohl zu, daß Thomas Mann in dem Bußkapitel mit einer Naturalisierung von Buße und Gnade spielt, wie sie ihm etwa aus der Eröffnungsszene von *Faust II* vertraut war. Aber er teilt durchaus nicht Goethes Naturfrömmigkeit. Die Natur bleibt ihm eine unheimlich ambivalente Größe. Entsprechende Schwierigkeiten bereitet seinem Mönch Clemens die rechte Einordnung des Körpers in sein Christentum. Als Mönch fürchtet er im Körper „eine Domäne des Satans", „durch ihn zu Greueln befähigt und erbötig, von denen man kaum begreift, daß er sich ihrer nicht weigert." Als eine Geschichte von derartigen „Körpergreueln" versteht er denn auch die Legende von Gregorius (VII 13). Entsprechend ist ihm die Natur „des Teufels, denn ihr Gleichmut ist bodenlos." (VII 160) Andrerseits weiß er den Körper doch als den „Träger der Seele und Gottesvernunft, ohne den diese der Basis entbehrten," (VII 13) und so muß Clemens als Erzähler Sibylla rätseln lassen über den „Widerspruch in der Welt zwischen Sündigkeit und edlem Mut, zwischen des Leibes Elend und seinem Stolz. Ist er verworfen, wie mag er dann frei und kühn blicken und so adeligen Ganges sich erdreisten, daß es selbst den, der es nur sieht, mit Stolz erfüllt? Der Geist ist unsres Unwerts kund, doch um sein Wissen unbekümmert hält die Natur sich wert." (VII 150) Papst Gregorius gar tröstet die Fischersfrau, die auf dem geheimen Grund ihrer helfenden Nächstenliebe eine „fleischliche" Verliebtheit entdeckt, mit entschlossener Milde (VII 232): „Das ist eine Kleinigkeit [...] und nicht der Rede wert. Selten hat der ganz unrecht, der das Sündige nachweist im Guten, Gott aber sieht gnädig die Guttat an, habe sie auch in der Fleischlichkeit ihre Wurzel. Absolvo te." So spräche auch der humanistische Erzähler des *Zauberberg*, der sich vor dem „russi-

---

[5] Zum Vergleich mit Hartmann s.a. Stackmann 1959 und Kuhr 1974.

schen Kuß", mit dem Clawdia Chauchat und Hans Castorp ihren Bund für Peeperkorn besiegeln, weigert, „in Dingen der Liebe zwischen Frommem und Leidenschaftlichem 'reinlich' zu unterscheiden." (III 832) Solch lebensfreundliche Milde entnähme der Geschichte des Gregorius eher den Trost, daß selbst die schwärzeste Fleischessünde den Menschen nicht endgültig dem Licht der Gnade entwenden kann. Freilich bedarf es des büßenden Geistes, der − sei es siebzehn Jahre auf einem Steine, sei es zwanzig Jahre die Siechen badend (VII 260) − über den Körper triumphiert, damit dieses Licht der Gnade auf den Büßer gezogen wird.

Zu letzter Eindeutigkeit gedeiht das Verhältnis zwischen Körper und Geist also nicht in diesem Roman. Daß Gregorius seine Gnade aber von der Natur zu erwarten habe, kann man doch ausschließen. Wohl ist es offene Parodie des legendarischen Wunders, wenn binnen einer halben Seite (VII 231) und unter dem provozierenden Titel 'Die Wandlung' der „Säugling des Steines" sich ganz ohne Umstände wieder zum erwachsenen Manne auseinanderfaltet. Aber die demonstratio ad absurdum trifft nicht nur die Wiederherstellung, sondern gleichermaßen die Schrumpfung des Helden. All die detailfreudige Scheingelehrsamkeit von der Erde Muttersäften hat der Verwandlung zum Igel oder Murmeltier doch nur eine „Schein-Möglichkeit" verleihen können (XI 690). Es ist weder Gott noch die Natur, die hier das Unglaubliche plausibel zu machen vermag. Es ist ganz ausschließlich die erzählende Kunst des Autors: der „Geist der Erzählung". Nur weil die Worte so unerhört treffend gesetzt werden, nur weil die Sprache noch das Unaussprechlichste einzufangen versteht, folgt der Leser den Enormitäten dieser Geschichte, als wär's ein realistischer Roman (ähnlich Koopmann 1990a, 513).

Tatsächlich wuchs dem Autor der Reiz des Stoffes aus dem Sprachlichen zu. „Es ist wunderbar," so schreibt er im Juni 1948 (BrHamburger 104), „wie ich über das Luther-Deutsch des Faustus und das schweizerische Mittelhochdeutsch des kleinen Nepomuk in diese Sprach-Sphäre hineingeraten bin, die, da ich die Geschichte in einem sehr unhistorischen Flandern-Artois spielen lasse, auch mit dialogischem Alt-Französisch aufgeputzt ist." „Da sprang eine Sprach-Idee auf", heißt es an andrer Stelle (DüD III 408), und bald „spielte ich ziemlich aus dem Handgelenk mein christlich-übernationales oder vornationales Mittelalter in die Luft, − Sprachkurzweil in erster Linie, aber nicht ohne Herzensbeziehung zum Thema erwählter Sündhaftigkeit." Natürlich haben die sprachspielenden Ausbiegungen ins Mittelhochdeutsche, Altfranzösische, Englische und gar Plattdeutsche wenig mit einer realistischen Porträtierung des vornationalen Mittelalters zu tun, zumal auch nicht wenige Modernismen (s. z.B. Wimmer 1991, 289f.) eingemischt werden. Sie sind ebenso Pirouetten einer sich an der eigenen Allbeweglichkeit erfreuenden Sprachbeherrschung wie die Ausflüge in Reim und Versrhythmus oder die Parodien der verschiedensten Stilsphären vom Chronisten-Ton bis zur Minne-Inbrunst. In altersreifer Meisterschaft und mit jugendlicher

Zeugungskraft zaubert diese Sprache noch die unerhörtesten Figuren und Geschichten vor Augen und Ohren des erfreuten Lesers.

Von l'art pour l'art sollte man dennoch nicht reden, tritt doch zur „Kurzweil" die „Herzensbeziehung", zum Selbstgenuß noch einmal die Frage nach dem Menschen. Die Kunst des Erzählens erweist sich nicht nur an der Allbeweglichkeit der Sprache (VII 14), sondern auch an der souveränen Verfügung über die mythopoetischen Muster. Wie die vom realistischen Roman ererbte Psycho-Logik des *Faustus*, so wird auch die der Legende zugehörige Theo-Logik des Hartmannschen *Gregorius* hier übersetzt in Mytho-Logik. Die mythopoetischen Muster aus den verschiedensten geistigen Sphären werden ineinandergespielt um der Frage nach dem Menschen willen, die ihnen allen nach Thomas Manns Überzeugung gemeinsam ist. Leverkühns angeborene Disposition zu Einsamkeit und Kälte entspricht dann des Gregorius Zeugung im Inzest. Aber in der christlichen Legende spürt der Autor auch die Lineatur des antiken Mythos auf (XI 688). Des Gregorius Stigmatisierung durch den Inzest entspricht des Ödipus Stigmatisierung durch das Orakel, das ihm Vatermord und Mutterinzest prophezeit (vgl. Kurzke 1985, 285). In beiden Fällen folgt daraus die Aussetzung des Säuglings.

Daß solche Aussetzung zu den geläufigen Lebenseröffnungen des mythischen Helden gehört, wußte Thomas Mann aus seinen mythologischen Studien zum *Josephs*-Roman. In der Moses-Novelle *Das Gesetz* hatte er dieses Muster parodiert (VIII 812). Doch kannte er des Ödipus Geschichte natürlich ebenso als das zentrale Mythologem der Freudschen Psychoanalyse. Freuds ödipales Dreieck begegnet im *Erwählten* freilich nur stückweise an zwei verschiedenen Stellen: die Eifersucht des Vaters auf den Sohn in Herzog Grimalds Zornbereitschaft gegen Wiligis (VII 29-32); das Begehren des Sohnes nach der Mutter in des Gregorius' Inzest mit Sibylla. Der zitierende Verweis auf Freud dient hier jedoch vor allem der Entmächtigung dieses letzteren Musters. Josephs patriarchalische Ängste hatten Mut-em-enets „Mit der Mutter schläft jeder" (V 1172) noch als die äußerste, die gottverratende Urversuchung verabscheut. Freuds „Mit der Mutter will jeder schlafen" rückt den Inzest dagegen schon fast ins Natürliche. „Er war ein Mann," so formuliert das der kluge Mönch Clemens (VII 160), „und sie war eine Frau, so konnten sie Mann und Frau werden, denn weiter ist der Natur an nichts gelegen." Aller Christenabscheu des Mönchs kann dem Mutter-Inzest im *Erwählten* doch nichts mehr von dem düster-blasphemischen Glanz verleihen, der Muts Versuchung noch umleuchtet. So wird auf dem Grund der exzeptionellen Geschichten eine allgemein menschliche Figur sichtbar. Gregors Herkunft aus dem Inzest und das über Ödipus' Geburt verhängte Schicksal verweisen auf eine vorgegebene Sündhaftigkeit des Menschen. Das Christentum nennt sie Erbsünde.[6] Thomas Manns neuer Humanismus sieht darin die menschliche Anfälligkeit für barbarische Heimsuchungen und die Reduktion aufs bloß Natürliche.

---

[6] Thomas Mann verbirgt dieses Motiv im französischen Dialog der sich vereinenden Geschwister (GW VII 37): seine Wendungen sind dem Wortwechsel entnommen,

Ein weiteres mythopoetisches Muster bietet Wolframs Parzival. Von ihm hat Gregorius den frühen Tod des Vaters in der Ferne, das Aufwachsen fern der Zivilisation, aus dem er nach Ritterschaft ausbricht, und das Hauptabenteuer der Befreiung einer belagerten Stadt, deren Herrin er heiratet. Parzivals zeitweilige Verhärtung gegen Gott ist an Sibylla übergegangen (VII 63). Parzivals Suche nach dem Gral aber wird übersetzt ins Humanistische (VII 109): „Ich muß fort, denn seit ich weiß, wer ich nicht bin, gilt mir eines nur: die Fahrt nach mir selbst, die Wissenschaft, wer ich bin." Als Kontrafaktur Parzivals gelesen, weist dieses Ziel übers Individuelle hinaus auf das Muster, als welches Thomas Mann, vom *Joseph* auf den *Zauberberg* zurückblickend, einst seinen Märchen- und Bildungsroman-Helden Hans Castorp aufgestellt hat (XI 658): er sei „der homo dei, der Mensch selbst mit seiner religiösen Frage nach sich selbst, nach seinem Woher und Wohin, seinem Wesen und Ziel, nach seiner Stellung im All, dem Geheimnis seiner Existenz, der ewigen Rätsel-Aufgabe der Humanität."

Auf diese Frage des *Zauberberg* hatte der *Joseph* erzählend die Antwort gegeben. Im *Erwählten* laufen, wie angedeutet, die Linien des *Joseph* und des *Faustus* zusammen. Das ergibt keine Synthese; so systematisch geht der Erzähler nicht vor. Aber es arbeitet komponierend am Grundthema fort. Mit der Wiederholung von Tod und Wiedergeburt und der abschließenden Erhöhung ins Menschheitsdienliche variiert *Der Erwählte* den *Joseph* in kleinerem Format. Neben dem *Faustus* aber kann man ihn vielleicht sogar als Kommentar lesen. Was bei Leverkühn moralisch und psychologisch als äußerste Sünde durchgeführt wird, wird bei Gregorius narrativ als Kumulation krassester Tabubrüche gesetzt. Was bei Leverkühn aber nur indirekt umkreist und umschwiegen werden konnte, wird bei Gregorius offen ins Zentrum der Fabel gerückt: das Thema der Gnade auch noch vor der äußersten Sünde und Schuld. Daß diese Gnade so heiteren Sinnes gewährt werden kann, hat freilich zur Voraussetzung, daß das konkrete, überwältigende menschliche Leid, dem Leverkühn in der *Weheklag* Ausdruck verschafft hat, ins allegorisch Angedeutete abgedrängt wird. Auch dazu dient das Legendenwunder von der Regression zum Murmeltier, das der Einfühlung Grenzen setzt.

Zu den Grundelementen des heroischen Lebenslaufs zählt ferner der Drachenkampf. Thomas Mann zitiert ihn herbei, indem er Gregors Turnier gegen Roger metaphorisch dazu stilisiert (VII 138). Das rückt den Vorgang nicht nur in die Nähe des Ödipus-Mythos, in dem die Stadt Theben von der Plage der Sphinx zu befreien war. Es stellt Gregorius auch neben Siegfried, den Drachentöter. Mit Wagners Siegfried hat Gregorius überdies die inzestuöse Zeugung gemeinsam.[7] Der Vergleich mit diesem Muster legt offen, in welchem Maße solches Verbre-

---

mit dem Adam und Eva in einem altfranzösischen *Mystère d'Adam* ihren Sündenfall begleiten; Mann hat sie in Auerbachs *Mimesis* (1946, 138) zitiert gefunden (GW XI 693).

[7] In welchem Ausmaß Thomas Mann noch weitere Wagner-Helden in seinen Ritter hineingespiegelt hat, zeigt Wimmer 1991, 291-293, u. 1998, 100-102.

chen auch Auszeichnung bedeutet (vgl. DüD III 369 u. 415). Das Aus-der-Ordnung-Fallen verkündigt, daß hier ein Auserwählter in die Welt tritt. Das mythische Muster nimmt eine alte Grundidee Thomas Manns in sich auf, die etwa Clawdia Chauchat im *Zauberberg* formuliert hat (III 473): „Les grands moralistes n'étaient point des vertueux, mais des aventuriers dans le mal, des vicieux, des grands pécheurs qui nous enseignent à nous incliner chrétiennement devant la misère"; „die großen Moralisten waren nicht tugendhaft, sondern Abenteurer im Bösen, lasterhafte, große Sünder, die uns lehren, uns christlich vor dem Elend zu neigen." Und dahinter wiederum wird die von homoerotischer Erfahrung erzeugte und durch romantische Interpretation legitimierte Vorstellung vom Außenseiter als dem zu Höherem Berufenen sichtbar (s. oben S. 64).

All dieses alte Material persönlicher Gedanken und Leiden ist nunmehr eingeborgen in die allgemeine Geltung mythischer Gestalten und Handlungen. Im *Erwählten* geht es nicht mehr darum, den Mythos zu psychologisieren. Vielmehr ist die psychologische Erkenntnis, die ein an Nietzsche geschulter „Erkenntnis-Lyriker" während eines Lebens gesammelt hat, nun aufgehoben in den mythopoetischen Mustern, und diese Muster, deren Variationen der Autor wiederfindet, in welchen Richtungen er auch die europäischen Literaturen und Künste durchquert, sind durchsichtig geworden auf ihren Gehalt an menschlichen Möglichkeiten. Im reinen Spiel dieser Muster kann Thomas Mann daher, abgekürzt zu einer Art poetischer Kurzschrift, die ganze Thematik seines Lebenswerkes zu einem schlanken Kurzroman fassen. Als Resümee nimmt der nicht zufällig die Form der Komödie an. „Die Welt ist endlich", so weiß es der Erzähler Clemens (VII 259). Das gibt jeder Episode, die auf ihr gespielt wird, die Kostbarkeit des Vergänglichen und den Wert des Einzigartigen (vgl. unten S. 200-204). Der Mensch aber ist gemischt aus Fleisch und Geist. Das gibt jeder rigorosen Forderung nach Reinheit die Farbe der Lebensfeindlichkeit, von der Unwahrscheinlichkeit ganz zu schweigen. Stattdessen bedarf der Mensch der Gnade (VII 242; vgl. X 400). Gerade die scharfäugige Enthüllungspsychologie kann lehren, wie sehr er die Gnade nötig hat. Bringt diese Psychologie aber die Kraft auf, sich vom eigenen Ressentiment zu befreien (vgl. oben S. 19), das immer nach der Schärfe des Urteilens und Verurteilens schreit, dann kann sie auch erkennen, wie sehr der Mensch, kostbar in seiner Vergänglichkeit, geplagt in seiner Sündenbereitschaft, der Gnade auch würdig ist. Das Wissen um diese würdige Bedürftigkeit ist die alte Urweisheit der Komödien. Nicht zufällig legt Shakespeare sein großes Plädoyer für die Gnade in jene Komödie, die gefährlich auf dem Grat zur Tragödie schwankt (*The Merchant of Venice*, 4. Akt, 1. Szene, V. 180-196). Thomas Mann zieht am Ende aus der Verbindung von desillusionierender Erkenntnis und unbeirrbarer Liebe, als welche er immer wieder seine Ironie beschrieben hat, den Entschluß, seine Kunst der „Erheiterung" zu bestimmen (DüD I 334f. u. DüD III 416). An keinem Stoff ließ sich das anschaulicher erzählen als an dem von Gregorius. Wendet er doch den alten *König Ödipus*, das Inbild aller Tragödien, um zur Komödie.

Bekenntnisse des Hochstaplers Felix Krull

Die Arbeit an den *Bekenntnissen des Hochstaplers Felix Krull* umgreift den größten Teil von Thomas Manns Schaffenszeit. Die ersten Zeilen des Anfangskapitels entstanden im Frühjahr 1910.[1] Im Sommer 1911 unterbrach zunächst der *Tod in Venedig* den Fortgang, im Sommer 1913 dann der *Zauberberg*. In der Folge wurde die Fortsetzung des *Krull* fast jedesmal erwogen, wenn ein größeres Werk abgeschlossen war. Tatsächlich kehrte Mann aber erst Anfang 1951 zu dem Manuskript zurück, und selbst diesmal wurde die Arbeit noch wieder, vom Mai 1952 bis zum April 1953, durch die Erzählung von der *Betrogenen* unterbrochen. Das erste Buch erschien 1922 als 'Buch der Kindheit', eine um fünf Kapitel des zweiten Buches erweiterte Ausgabe 1937; 1954 wurden die inzwischen vorhandenen drei Bücher als 'Der Memoiren erster Teil' publiziert.

Die Konzeption entsprang jener Künstlerproblematik, die Thomas Mann schon früh, im Rahmen seiner décadence-Analysen, beschäftigt hat, die über den Kontrast von Hanno und Kai auch ins Zentrum von *Buddenbrooks* drang und die dann im ersten Jahrzehnt des 20. Jahrhunderts, also während der Schaffenskrise nach dem Debütroman, geradezu obsessive Macht über den Autor gewann. Verzauberte *Königliche Hoheit* den problematischen Künstler ins Märchenhafte, so verschob *Felix Krull* ihn ins Kriminelle. Der Hochstapler macht sich selbst zum Werk seiner Kunst. Darüber wird er zum zwielichtigen Bruder des Künstlers. 1905 hatten die Memoiren des rumänischen Hochstaplers Georges Manulescu beträchtliche Auflagen erzielt. Thomas Mann las sie wohl bald nach Erscheinen. Sie regten die erste Idee zu einem Hochstaplerroman an (XI 122[2]) und sie versorgten Felix Krull mit den entscheidenden Stationen seines Weges, mit einer Reihe markanter Abenteuer und mit einer Fülle von Details.[3]

---

[1] Erste Notizen entstanden spätestens 1906; intensivere Vorarbeiten folgten 1909. Zu der komplizierten Entstehungs- und Druckgeschichte s. Wysling in Scherrer & Wysling 1967, 234-257 u. 339-342; s. ferner DüD I 294-381 (Neudruck in SK *Krull*, 57-157), und Tagebücher 1951-1954. Wysling 1995, 387-544, publiziert die vorbereitenden Notizen und beschreibt die Manuskripte und Materialien. Ein ausgeschiedenes Kapitel ist veröffentlicht in GW XIII 19-25. Zu den Plänen zur Fortsetzung des Fragments s. Wysling 1974, 149-166 u. 214f. Knapper Forschungsüberblick bei U. Breuer 2000, 379-381.

[2] Die ersten Notizen stammen aus dem Jahr 1905 oder 1906. Der Hochstapler war freilich ein geläufiges Motiv der zeitgenössischen Literatur: s. Wysling 1995, 34-56.

[3] S. den Vergleich bei Wysling 1995, 153-170. Wysling 1995, pass., gibt eine umfassende Übersicht über die für *Felix Krull* benutzten Quellen; eine große Auswahl aus den verwendeten Bildvorlagen bei Wysling & Schmidlin 1975, 82-153.

Parodie

Nicht nur das Thema, auch die Gattung muß den Autor früh gereizt haben. Auf Rousseaus *Confessions* war er bereits 1904 gestoßen (s. Br I 51 u. *Notizen:* ARE I 62). Die Autobiographien von Augustinus, Jung-Stilling, Magister Laukhard und Freiherr von der Trenck ging er 1910 und 1911 mit dem Bleistift durch, ebenso den autobiographischen Roman *Anton Reiser* von Karl Philipp Moritz und Samuel Richardsons psychologischen Briefroman *Clarissa*.[4] Geradezu systematisch wurden die Möglichkeiten studiert, die das erzählerische Erfassen des eigenen Lebens in der ersten Person Singular bietet. Der überragende Gegenpart des eigenen Projekts aber war Goethe (s. Sprecher 1985). Er, den Thomas Manns Wagner-Krise ohnehin immer tiefer ins Zentrum der eigenen Existenz zog, hatte nicht nur mit *Dichtung und Wahrheit* die berühmteste Autobiographie deutscher Sprache geschaffen, er hatte auch vielfach übers Autobiographische reflektiert und bei Gelegenheit sogar die eignen Werke zu Bruchstücken einer großen Konfession erklärt.

Der Kriminelle und der klassische Nationalautor: für das neue Buch waren das zwei höchst gegensätzliche Muster. Sie führten Thomas Mann zur Parodie des Gattungshaften. Für einzelne Züge, für Figuren und Thematisches lassen sich Parodie und Kontrafaktur bis in die frühen Erzählungen zurückverfolgen (s. Vaget 1984, 36-38). In *Tristan* und *Wälsungenblut* wurden bestimmte Werke Wagners parodiert. Der *Zauberberg* wird dann, aus der Idee zur Parodie des eigenen *Tod in Venedig* hervorgegangen, das Parodieren als poetische Haupt- und Grundform des künftigen Schaffens etablieren. Hierin sind ihm die *Bekenntnisse des Hochstaplers Felix Krull* in vielerlei Hinsicht vorausgegangen. Die Gattung der Memoiren ist so alt wie die Schriftliteratur. Die Autobiographie aber, welche, psychologisch forschend, die Begebnisse eines Lebens in der Einheit eines Charakters begründet und am äußeren Ablauf der Ereignisse die Entfaltung eines Ganzen abliest, gelangte im 18. und frühen 19. Jahrhundert auf einen Höhepunkt. Damals hoffte die Epoche, in Autobiographie und Bildungsroman die Konstitutionsbedingungen des modernen Individuums auffinden und zum verbindlichen Muster sichern zu können. So war es nur konsequent, daß Thomas Mann seine Arbeitslektüre auf die Zeit zwischen Rousseaus *Confessions* und Goethes *Dichtung und Wahrheit* konzentrierte, ungeachtet ihm auch neuere Exemplare der Gattung vertraut waren, etwa von Dostojewski, Tolstoi oder Strindberg. Zu dieser Wahl reichten die schlichtesten bildungsbürgerlichen Grundkenntnisse aus.

Auch Manolescu hatte diese literarische Form bereits vorgefunden, wie bewußt oder, wahrscheinlich, unbewußt ihm das gewesen sein mag. Nachdem er

---

[4] S. GW X 560; dazu Wysling 1995, 56-66. Ulrich Bräkers Autobiographie *Der arme Mann vom Tockenburg* hat er ausgeliehen, aber wohl nicht mehr gelesen (16.12.15 an Ph. Witkop: DüD I 306). Zu Krulls Umgang mit den Gattungsvorgaben der Autobiographie s. U. Breuer 2000, 382-459.

ein Leben lang den Menschen anderes vorgespiegelt hatte als er war, wollte er sie im Rückblick noch glauben machen, daß doch auch der Vorspiegler etwas so Vollständiges und Geschlossenes wie ein Individuum gewesen sei. Als Bestsellerautor war er damit erfolgreich, als Literat nicht sonderlich. Thomas Mann traute seinem Felix Krull da sicher mehr zu. Ohne daß er diese Tragweite hätte überblicken können, bekam Mann mit dem Hochstapler-Stoff bereits eine Variation jenes In-Spuren-Gehens unter die Hand, welches er dann im *Joseph* ausführlich analysieren und durchspielen würde. Introduziert hat er den Felix Krull bereits in diesem Sinne. Mit dem Versprechen des „vollendetsten Freimuts" (VII 266) imitiert der das von Augustinus wie von Rousseau beschworene Biographen-Pathos schonungsloser Offenheit. Für die idyllische Evokation des Rheingaus, der ihn so glücklich hervorgebracht habe, greift er unüberhörbar auf Goethe zurück (vgl. X 632; dazu Wysling 1995, 171-173).

Daß hier ausgerechnet ein Hochstapler seine „Wahrhaftigkeit" versichert, stimmt den Leser gleich zu Anfang auf den parodistischen Grundton ein. Daß die vergangene Klassizität von Goethes Stil als eine Form erzählter wie erzählender Individualität dazu herhalten muß, die Genese eines Kriminellen auf den Weg zu bringen,[5] warnt den Leser, auch im Folgenden nichts unbesehen als das zu nehmen, als was es präsentiert wird. Der Komplexitätsgrad dieser Parodie ist beträchtlich. Der Gestus von Goethes autobiographischem Erzählen wird ja nicht direkt parodiert, sondern ein Hochstapler sucht sich diesen wohletablierten Gestus anzueignen, um der proteushaften Wandelbarkeit des eigenen Ich die klaren Konturen einer Individualität zu geben. Diese Aneignung wiederum wird vom Autor ironisch gebrochen. Solch umständlicher Widerlager bedurfte es, als Thomas Mann zum erstenmal eine vollständige Figur als Erzähler eines ganzen Romans einführt. Die stilistische Differenzierung dieses Spiels zwischen verschiedenen Ebenen bedeutete „ein heikelstes Balancekunststück":[6] Lust und Herausforderung, aber in der Länge schwer durchzuhalten (XI 122).

Freilich steht für die zu Anfang des Jahrhunderts geschriebenen Kapitel nicht das In-Spuren-Gehen, sondern die Künstlerproblematik in der Mitte des Interesses, angereichert mit der von der zeitgenössischen Literatur wie von Nietzsches Wagner-Kritik vieltraktierten Analyse des Schauspielertums (vgl. Frizen 1988a, 293-298). Die Zuspitzung zum Hochstapler bricht auch das Künstler-Thema parodistisch. Die Parodie arbeitet jedoch bereits in doppelter Richtung. Sie ist eine legitime Tochter jener Ironie, die schon in *Buddenbrooks* das im Treffenden einsinnig Vernichtende überwunden hatte. Eine Schlüsselszene dafür ist die Begegnung mit dem Operettentenor Müller-Rosé im fünften Kapitel.

Vorbereitet wird Krulls erster Theaterbesuch durch „süßen Punsch" (VII 286) und durch die eigentümliche, synästhetisch-erotisierende Atmosphäre im

---

[5] Dazu Grawe 1974, 9-24, Beddow 1980, 77-79, und Sprecher 1985, 48-81.
[6] Schon am 23.3.11 hieß es gegenüber K. Holm (DüD I 299): ein „aeußerst heikles Ding".

Foyer. Die alkoholische Steigerung präludiert dem Theaterrausch ebenso wie der Namen des Tenors, der eine Wesensverwandtschaft zu dem etwas anrüchig betriebenen Handelsgeschäft von Krulls Vater, dem Schaumweinfabrikanten, anzeigt. Daß dieser Rausch Steigerung ist, schärft der erste Auftritt ein, der den Helden „auf eine verschönte und veredelte Weise" als betrunken präsentiert (VII 287). Wenn das auf Dionysisches deutet, dann freilich nur analog jener entkernenden Übertragung, welche die Tragödie *Lohengrin* aus Thomas Manns erstem Theatererlebnis bereits durch eine Operette nach Art der *Lustigen Witwe* ersetzt hat. Der schöne Schein dieses Theaterspiels verhüllt nicht dionysische Tiefen eines entsetzlichen Weltwillens, sondern nur die entsetzliche Trübnis der Alltagswelt. Dennoch: der Begriff des 'Talents', mit dem Müller-Rosés Bühnenzauber nachdrucksvoll bezeichnet wird (VII 289), ist Thomas Manns Schlüsselwort für Wagners Begabung in ihrer Ambivalenz,[7] und auch der Operettentenor erweist sich an seinem Publikum als Zauberer; verläßt der Mann die Bühne, „so fielen die Schultern hinab und eine Kraft schien von der Menge zu weichen." (VII 290) Unverkennbar noch unter dem synthetischen Schaum der Operettenseligkeit, werden hier Wagners theatralische Wirkungskünste parodiert und röntgenisiert. Den Darsteller treibt die Sucht zu gefallen. Die Zuschauer entführt der Anblick ihrer Wunschbilder aus dem Bewußtsein enttäuschungsreicher Wirklichkeit in die törichte Wonne „blöder Selbstvergessenheit" (VII 290). Krull freilich spricht von „Lebensfreude", mit der sein Herz erfüllt wurde (VII 289): „wenn anders dies Wort das köstlich schmerzhafte Gefühl von Neid, Sehnsucht, Hoffnung und Liebesdrang bezeichnet, wozu der Anblick des Schönen und Glücklich-Vollkommenen die Menschenseele entzündet." Das Schöne, das Vollkommene: der Hochstapler zitiert Kategorien der klassischen Kunst. Aber welche Ideale stellt Müller-Rosé vor Augen? Reichtum, Eleganz, gesellschaftliche Gewandtheit, körperliche Freiheit im Takt der Musik. Schiller hatte an anderes gedacht, wenn er vom Idealischen handelte.

Tatsächlich wird der kleine Felix anschließend durch eine bis ins Physische peinvolle Desillusionierung geführt. Sein Vater stellt ihn hinter den Kulissen dem Star des Abends vor, der sich, fett, schwitzend und von Eiterpickeln starrend, gerade abschminkt. Dieser „Anblick von unvergeßlicher Widerlichkeit" (VII 292) bestätigt des Paten Schimmelpreester schopenhauerische Offenbarung, daß die Natur nichts sei „als Fäulnis und Schimmel" (VII 283). Doch solche Ent-Täuschung läßt Felix nicht etwa an dem Bühnenzauber irre werden. Sie bestätigt ihm nur die Notwendigkeit, das durch Natur und Wirklichkeit so schnöde beleidigte menschliche Bedürfnis nach Schönheit durch Kunst und Schein zu stillen (VII 294). Die erotische Grundierung aber allen theatralischen Erlebens auf Bühne und Parkett bedeutet ihm nicht Entlarvung, sondern legitimen Ansporn und höchstes Ziel (VII 295): „Lediglich der Hang und Drang seines Herzens zu jener

---

[7] S. etwa *Geist und Kunst* Nr.97 (in Scherrer & Wysling 1967, 202f.), 14.9.11 an J. Bab: Br I 91, und GW X 894.

bedürftigen Menge hat ihn zu seinen Künsten geschickt gemacht; und wenn er ihr Lebensfreude spendet, sie ihn dafür mit Beifall sättigt, ist es nicht ein wechselseitiges Sich-Genüge-Tun, eine hochzeitliche Begegnung seiner und ihrer Begierden?" Krull greift bis zu Goethes Mysterien-Gedicht *Selige Sehnsucht*, um dieser Einsicht zwingende Metaphern zu verschaffen.

Natürlich ist das eine unstatthafte Annexion von Schillers Begriffen und Goethes Bildern. Natürlich parodiert diese Sprachequilibristik die klassischen Quellen des Zitierten wie den Gebrauch, den der Hochstapler davon macht. Natürlich entlarvt der hochstaplerische Kurzschluß zwischen Idealen und Wunschträumen ein Publikum, das im Zweifelsfall Lehár allemal Goethe vorzieht. Und doch lebt im illusionistischen „Blenden" des Schauspielers (VII 287) und im erotisch-ästhetischen Bedürfnis des Publikums etwas, das nach Thomas Manns unerschütterlicher Überzeugung auch die höchste Kunst nicht entbehren kann. Daß das „gefiederte Wort [...] schwirrt und trifft und bebend im Schwarzen sitzt" (s. oben S. 13), verdankt es ästhetischen Qualitäten: der Präzision und Prägnanz, ja der Eleganz des Stils. Gleiches gilt für die übrigen poetischen Mittel: ihnen verdankt der „Erkenntnis-Lyriker" nicht nur, daß seine Wahrheiten einleuchten, ihnen verdankt er auch, daß sie überhaupt zutage treten. Daß die ästhetische Wirkung ans Zwielichtige grenzt, wird mit Motiven aus Nietzsches Wagner-Kritik am Hochstapler demonstriert. Dennoch ist sie der Kunst unabdingbar.

So ist es zwar Parodie, wenn Goethes „höhere Begattung" hier auf eine „hochzeitliche Begegnung" zwischen Schauspieler-Eitelkeit und Publikums-Wunschträumen heruntergebracht wird. Aber die Parodie enthält nichtsdestoweniger auch die Erinnerung an jenen „poetischen Funken" (VII 294), der *alle* Kunst befeuert. Im übrigen steht die Gefahr des Ästhetizismus dem Schönen hier auch deswegen so nahe, weil der zynische Pessimismus des Frühwerks die Wirklichkeit auf Pickel, Fäulnis und Schimmel reduziert. Dem wird Thomas Mann ab dem *Zauberberg* eine Lebensfreundlichkeit entgegenbauen, die für Krulls „Lebensfreude" einen ganz neuen Rahmen schafft.

Allsympathie

Das Manuskript der frühen Schaffensphase war bis zum 6. Kapitel des zweiten Buches gediehen, zur Geschichte der Prostituierten Rozsa (s. Wysling 1995, 482f. u. 516-520). Als Thomas Mann schließlich zu ihm zurückkehrte, trennten ihn die geistigen Abenteuer vierer höchst bewegter Jahrzehnte von den Anfängen. Felix Krull, der als ein zwielichtiger Bruder des décadence-bedrohten Künstlers in die Schublade gefahren war, erstand wieder als ein Bruder des mythenspielenden Joseph, als eine menschliche Figuration des göttlichen Hermes (vgl. Wysling 1995, 257-269). Neben die Hochstapler-Memoiren und Goethes Autobiographie gesellte sich die Gattung des Schelmenromans unter die parodiezeugenden Muster.[8] Der Felix Krull der frühgeschriebenen Kapitel hatte sein Spiel mit dem Schein bei allem Glanz und Erfolg doch stets unter dem Schatten einer bürgerlichen Gesellschaft getrieben, die ihm mit Blamage, Fiasko und Ruin drohte. Das Schicksal des Vaters gab ein dunkles auspicium. Der Felix Krull des Spätwerks tritt in die Weite einer neuen, glücklichen Welthaftigkeit. Er ist „universell" veranlagt, „alle Möglichkeiten der Welt in mir hegend" (VII 413). Die Welt kommt ihm liebend entgegen und er erfaßt sie in „Allsympathie" (VII 548). Ihre reiche Fülle eröffnet ihm der Wechsel der Identitäten (Notizblatt 579a: Wysling 1995, 414): „In einer Rolle geht eine mystische Vereinigung mit einem Stück Welt vor sich." Das Ich, das sich Joseph aus den mythischen Mustern erspielt, integriert die befreiende Vielfalt der Mythen zu einer offen, beweglichen, aber doch konsistenten Einheit. Das Ich Felix Krulls ist ein Organ, dessen proteische Inkonsistenz alle Formen annehmen kann, die sich zur Aufnahme neuen Wirklichkeitsstoffes eignen. Sein Leben wird zu einer beständigen Kommunion mit der Welt.

Daß er gleichwohl den Schreibgestus von Goethes Individualitäts-Epoche beibehält, könnte verwundern, hat aber gute Gründe. Auch Felix Krull kennt eine identitätsstiftende Einheit. Es ist die Einheit des Ganzen. „*Alle* Möglichkeiten der Welt" trägt er in sich. Und wenn deren Realisierung ein illusionäres Ziel wäre, kreisen die späten Kapitel doch beständig um Bilder des Ganzen. Das Zwillingspaar aus Bruder und Schwester, zu dessen dunkelhäutiger Schönheit auf vornehmem Balkon Felix in Frankfurt, in einem der frühen Kapitel, sehnsüchtig emporblickte, schwebte noch mit einem Flair von *Wälsungenblut* als Inbild feiner Erlesenheit über der gewöhnlichen Menschenwelt. Und doch entzückte es ihn bereits zu „Vereinigungsstreben" und „Liebesträumen": zu Träumen, „die ich liebte, eben weil sie von – ich möchte sagen – ursprünglicher Ungetrenntheit und Unbestimmtheit, doppelten und das heißt doch erst: ganzen Sinnes waren, das berückend Menschliche in beiderlei Geschlechtsgestalt selig umfaßten." (VII 345f.)

Hier schon klingt jener Androgynen-Mythos an, den Thomas Mann dann im *Zauberberg* als Doppelbild Hippe-Chauchat erstmals entfalten und in dem Essay über die *Ehe im Übergang* als Utopie von der wechselseitigen Vermenschlichung der Geschlechter skizzieren wird (vgl. oben S. 85f.). Joseph wird mannweibliche Züge tragen[9] und Goethe in *Lotte in Weimar* über die schaffend-empfangende Androgynie allen Künstlertums reflektieren (II 664). Die späten Kapitel des *Krull* erheben das Thema zu einem der konzeptionellen Zentren. Einen androgynen

---

[8] Dazu Seidlin 1969, 162-184 u. 242-245 [1951], Hermsdorf 1968, Schneider 1976 und Wysling 1995, 271-288. Thomas Manns Kenntnisse der Gattung stammen vor allem aus Karl Kerényis Buch *Die griechisch-orientalische Romanliteratur in religionsgeschichtlicher Beleuchtung* (Tübingen 1923), das er im Frühjahr 1934 gelesen hatte (s. Tgb 16.-20.3.34 und 24.3.34: BrKerényi 51-54), und aus der Lektüre von Grimmelshausens *Simplicissimus* (s. Wimmer 1990).

[9] S. GW IV 395, 458, 550f., u. V 1458; dazu Berger 1971, 276-295.

Einschlag gewinnt Felix Krull selbst, wenn er „gleichzeitig" (VII 474) von Eleanor Twentyman und Lord Kilmarnock mit Leidenschaft bestürmt wird. Die weitere Fortsetzung sollte ihn in ein doppeltes Liebesverhältnis mit einem Geschwisterpaar, abermals von beiderlei Geschlecht, stürzen (Notizblatt 551: Wysling 1995, 465). Androgynie zeichnet aber auch jene Hochtrapez-Artistin Andromache aus, die den sonst anspruchsvoll distanzierten Krull zu anbetender Bewunderung hinreißt. In ihrer Körperlichkeit durchdringen sich weibliche und männliche Schönheit vexatorisch. Doch der stärkste Reiz geht von dem strengen Adel aus, mit dem ihr atemraubender Flug die Grenzen überwindet, die dem Körper gesetzt scheinen. Den Hintergrund dieser ins Übermenschliche reichenden Erscheinung bildet der „wilde Menschenreiz", der im Stallgeruch der Manege von „weiblichen und männlichen Nackheiten" jeder Art ausgeht (VII 456). Andromache dagegen hat alle Geschlechtlichkeit restlos in „ihre abenteuerliche Kunstleistung" überführt (VII 460). „Zwischen Tier und Engel, so sann ich, stehet der Mensch. Näher zum Tiere stehet er, das wollen wir einräumen. Sie aber, meine Angebetete, obgleich Leib ganz und gar, aber keuscher vom Menschlichen ausgeschlossener Leib, stand viel weiter hin zu den Engeln." (VII 461) Felix Krull empfindet seine Auserlesenheit, seinen „feineren Stoff", als Bevorzugung, aber auch als Berufung, die ihn verpflichtet, ihr mit höchster Anstrengung gerecht zu werden. Andromache stellt ihm eine Möglichkeit des Gelingens vor Augen. Sie ist, in ihrer Art, vollkommen.

Mythische Brunnentiefen tun sich in einem Doppelbild anderer Art auf. An Gattin und Tochter des Professor Kuckuck wiederholt sich für Felix die Frankfurter „Bezauberung durch das Ungleich-Zwiefache" (VII 559) in gesteigerter Form,[10] und diesmal verläßt der Zauber das Reich des Imaginären und wird leidenschaftliche Wirklichkeit. In der jungfräulichen Tochter Zouzou liegen mit jugendlicher Androgynie das Mädchen- und das Jungenhafte noch so innig beieinander, wie in Mozarts Cherubino, in Hofmannsthals Octavian und im siebzehnjährigen Joseph (IV 394f.). Während deren vormännliche Ambivalenz jedoch ungeduldig auf den Übertritt ins geschlechtlich Eindeutige dringt, versteckt Zouzou sich hinter empörtem Abscheu und spitzer Wortgewandtheit. „Der Mensch", so zitiert sie (VII 633), „wie schön er sei, wie schmuck und blank, Ist innen doch Gekrös' nur und Gestank", und holt damit jene Körperfeindschaft noch einmal herauf, welche die frühen Kapitel unter dem schönen Schein immer wieder (VII 283/634 u. 315) hatten durchblicken lassen. Solch ungewohnter Widerstand gibt dem Hochstapler Gelegenheit, ein Loblied auf die Schönheit zu singen, auf die Wahrheit in „Form und Schein und Oberfläche" (VII 634). Daß dieses Lied auf die Tonart der Verführung gestimmt ist, wird der strenge Leser nicht vergessen. Daß das Interesse die Beredsamkeit erhitzt, schließt die Ehrlich-

---

[10] Eine skizzenhafte Variante dazu, welche die Liebe von Mutter und Tochter noch durch eine homoerotische Neigung des Vaters ergänzt, bot das ausgeschiedene Twentyman-Kapitel (GW XIII 19-25).

keit des Plädoyers aber so wenig aus wie einst in den Worten von Faust, der Gretchen über die Religion Rede und Antwort stehen mußte. Zouzou jedenfalls läßt sich vom Preis des Körpers endlich überzeugen (VII 659).

Ganz ausgesprochen weiblich ist die ur-iberische (VII 597) Hoheit von Zouzous Mutter Maria Pia, auch wenn ihre mehr als männliche Härte (VII 561), physisch bedeutet durch den schwachen Schatten eines Bartes auf der Oberlippe (VII 563), sie ebenfalls androgyn akzentuiert. Mit hochmütigem Stolz hält sie Krull auf Distanz; durch ihre weibliche Schönheit im strengen, traditionellen Kleid zieht sie ihn an (VII 582[11]). Das mythische Muster, in dessen Spuren diese bürgerlich kostümierte Königin wandelt, hat Thomas Mann 1932 in einer Würdigung für Alfred Jeremias umrissen. Es ist „die Ur- und Allmutter," „die Gebärerin der Götter": „Man darf hier das Weibliche nicht als Gegensatz des Männlichen verstehen. Der Urgrund der Dinge ist 'jungfräulich', das heißt: er ist mannweiblich, und die Sumerer haben die Allmutter bärtig vorgestellt" (X 752f.; vgl. IV 457 u. V 895; dazu Wysling 1995, 266-269). Beim Stierkampf enthüllt die „elementare Person" (VII 654) ihre archaisch-chthonische Herkunft. Ihr „wogender Busen" (VII 652) zeugt angesichts des rituellen Todesfestes von offener Leidenschaft. Das Todesspiel ist das Vorspiel zur Liebe. Felix Krull, von keinem Vater-Bund gehalten, darf sich ergeben, als Mut-em-enets „Mit der Mutter schläft jeder" an ihn gerichtet wird (VII 661): „Ein Wirbelsturm urtümlicher Kräfte trug mich ins Reich der Wonne."

Das göttliche Muster für das Doppelbild aus Mutter und Jungfrau heißt Demeter-Kore. Demeter und ihre Tochter Persephone hüteten die Mysterien von Eleusis. Thomas Mann muß das früh gewußt haben. Er spielt schon im *Zauberberg* damit (III 682). Näheres erfuhr er dann aus Karl Kerényis Aufsatz über Goethes Klassische Walpurgisnacht.[12] In ihrer Weiblichkeit, in ihrer Jungfräulichkeit, in ihrer Androgynie sind Maria Pia und Zouzou Gegensätze. Als Doppelbild fügt ihre Gegensätzlichkeit sich zu einer Anschauung des Ganzen.

Lob der Vergänglichkeit

Im *Zauberberg* war die Umwertung des Körpers und des Lebens vom Puritanischen ins Humanistische durch naturwissenschaftliche Studien und durch die Anschauung des Todes bewerkstelligt worden. Die späten Kapitel des *Krull*-Romans wiederholen dieses Verfahren. Hans Castorps ausgebreitete Studien auf nächtlich-winterlichem Balkon werden ersetzt durch die Bahnfahrt mit Professor Kuckuck. Im Reihen der mythischen Muster spielt dieser Mann mit den „Ster-

---

[11] Optisches Vorbild für Maria Pia war ein Bild von Anna Magnani: Wysling & Schmidlin 1975, 124.
[12] S. 25.10.40: BrKerényi 101. Als Quellen für das Doppelbild im *Zauberberg* kommen in Frage: Nösselt 1874, 84-89 (das Mythologie-Buch seiner Kindertage: s. GW XIII 56), und Rohde 1907: I 280-293.

nenaugen" (VII 530) die Rolle des göttlichen Vaters. Als José/Joseph und Gatte einer Maria gemahnt er an den Vater in der Heiligen Familie. Leise Andeutungen gehen auch zu Zeus, dem olympischen Göttervater.[13] Als Direktor des Naturhistorischen Museums von Lissabon überblickt er den Kosmos in seiner räumlichen wie zeitlichen Erstreckung. Die ungewohnte Perspektive weckt in Krull „ein Gefühl bedeutsamer Weitläufigkeit" (VII 531). Kuckuck weiht den als Marquis reisenden Hochstapler in die Geheimnisse der Natur ein. Wie Hans Castorp aus seinen Büchern, so erfährt Felix Krull aus dem Mund des Professors von den „drei Urzeugungen": des Seins aus dem Nichts, des Lebens aus dem Sein und des Menschen aus dem Leben (VII 542; vgl. III 394-398).

Der *Zauberberg* hatte Hans Castorp vor allem zu dem Staunen geführt, daß inmitten des Nichts überhaupt etwas sei und daß trotz der allgegenwärtigen Zersetzung des Organischen sich lebendige Form aufrechtzuerhalten vermöge (s. oben S. 79f.). Am Ziel der Studien steht die Vision des lebendigen menschlichen Körpers in der kalten Nacht des Nichts. Professor Kuckuck legt das Hauptgewicht weniger auf das Sein als auf die Zeitlichkeit. Er läßt den Menschen durch die Evolution des Organischen hervorgehen und zeigt Felix Krull im „vollschlanken Frauenarm" den „Krallenflügel des Urvogels und die Brustflosse des Fisches." (VII 541) Doch in der Geschichte des Alls sei das Leben nur eine flüchtige Episode. „Das nimmt mich ein für dasselbe", antwortet Felix Krull mit etlicher Erregung (VII 538). Kuckuck überbietet seine Relativierung noch einmal: auch die Geschichte des Alls sei nur eine Episode, „zwischen Nichts und Nichts." (VII 542) Doch er ist weit entfernt, daraus die Nichtigkeit von Sein, Leben und Menschheit abzuleiten. Die Achtung vor der Zeit befähigt ihn sogar, den Schritt vom bloß organischen Leben zum Menschen zu benennen, der im *Zauberberg* noch im Schatten der Studien verblieben war: Was den Menschen zum Menschen mache, „sei das Wissen von Anfang und Ende." So habe Felix Krull „das Menschlichste ausgesprochen mit dem Wort, es nähme [ihn] ein für das Leben, daß es nur eine Episode sei. Fern davon nämlich, daß Vergänglichkeit entwerte, sei gerade sie es, die allem Dasein Wert, Würde und Liebenswürdigkeit verleihe. Nur das Episodische, nur was einen Anfang habe und ein Ende, sei interessant und errege Sympathie, beseelt wie es sei von Vergänglichkeit. So sei

---

[13] S. Wysling 1995, 266, u. Frizen 1988, 65-67. Zu den Quellen des Kuckuck-Gesprächs s. Wysling 1996, 287-309. Daß Wysling den Professor allerdings umstandslos zum „Schopenhaueriander" erklärt, erscheint doch fragwürdig, und seine beiden „positivistischen Beweise" sind noch fragwürdiger (1996, 292f.): weder stimmt Kuckucks Äußeres (VII 529f.) sonderlich mit Schäfers Schopenhauer-Porträt (s. Wysling & Schmidlin 1975, 110f.) überein (vgl. Frizen 1981, 150 Anm. 5), noch läßt sich viel daraus schließen, daß Kuckuck sich einen „kaustischen Scherz" (VII 546) erlaubt, nachdem Mann einmal von Schopenhauers „wildem kaustischem Hohn" (IX 541) geschrieben hat. Der Fall demonstriert, warum die Quellensuche nicht nur zu den ergiebigsten, sondern auch zu den trügerischsten Feldern der Thomas Mann-Forschung gehört.

aber alles – das ganze kosmische Sein sei beseelt von Vergänglichkeit, und ewig, unbeseelt darum und unwert der Sympathie sei nur das Nichts, aus dem es hervorgerufen worden zu seiner Lust und Last. – Sein sei nicht Wohlsein; es sei Lust und Last, und alles raumzeitliche Sein, alle Materie habe teil, sei es auch im tiefsten Schlummer nur, an dieser Lust, dieser Last, an der Empfindung, welche den Menschen, den Träger der wachsten Empfindung, zur Allsympathie lade." (VII 547f.)

Diese Schlußworte machen deutlich, daß all die Belehrungen nicht aus einem ontologischen[14] oder einem naturwissenschaftlichen Interesse, sondern aus anthropologischen und ethischen Motiven erfolgt sind. Abermals geht es um die Frage nach dem Menschen. Um den Wert des menschlichen Daseins vor die Anschauung zu bringen, sind Metaphysik und Wissenschaft herbeizitiert worden. Felix Krull hat das ganz gut verstanden. Von hier her schreibt sich seine Erregung im Gespräch mit Kuckuck. Hier findet er das Ziel jener Träume, für das ihm seit Kindheitstagen die Formel 'Die große Freude' gestanden war (VII 547). Als er im naturhistorischen Museum vor den fossilen Resten des anfänglichsten Lebens steht, bewegt ihn „der Gedanke, daß dies alles erste Ansätze, in keinem noch so absurden Fall einer gewissen Eigenwürde und Selbstzweckhaftigkeit entbehrende Vorversuche in der Richtung auf mich, will sagen: den Menschen waren" (VII 574). Wie vor ihm Joseph, so erweist sich auch der Felix Krull der späten Kapitel als ein Entwurf, den Menschen in seinen eigensten Möglichkeiten vor Augen zu stellen.[15] Der Hochstapler wird zu einem Repräsentanten der Menschheit. Schimmelpreesters schopenhauerisierende Schmähung der Natur als „Schimmel und Fäulnis" liegt hier ebenso weit zurück[16] wie der bloß gesellschaftliche Kontext von Krulls früher Hochstapelei. Beides gründete noch im skeptischen Entlarvungspathos von Thomas Manns Frühwerk. Daß Professor Kuckuck bei seinem Päan auf den Wert des Lebens vorübergehend zum Mundstück des Autors wird, zeigt Thomas Manns kurzer Aufsatz *Lob der Vergänglichkeit* aus dem Jahre 1952 (X 383-385; ähnlich DüD I 334f.). Er spricht darin weitgehend mit Kuckucks Worten, schärft die Folgerung jedoch noch ausdrücklicher zum ethischen Postulat zu: dem Menschen sei es gegeben, die Zeit „als Raum der Tätigkeit, des rastlosen Strebens, der Selbstvervollkommnung, des Fortschreitens zu seinen höchsten Möglichkeiten zu begreifen und mit ihrer Hilfe dem Vergänglichen das Unvergängliche abzuringen."

Mit dem Unvergänglichen sind hier die Werke schöpferischer Tätigkeit gemeint. Sie begegnen bei Felix Krull nur in parodistischer Brechung. Er bleibt

---

[14] Anders Frizen 1981, der eine schulgerechte Ontologie erwartet, aber nur „verballhornten" Schopenhauer (S. 142) findet; der Aufsatz ist wichtig durch eine Fülle von, zuweilen allerdings gewagten, Quellenhinweisen.

[15] Vgl. 2.1.52 (BrKahler 132): am *Krull* „zeigt sich schon wieder die alte Neigung, alles und jedes, selbst etwas so Närrisches, ins 'Faustische' ausarten" zu lassen.

[16] Vgl. Frizen 1988a; Beddow (1980, 88) hingegen sieht in Kuckucks Expektorationen nur eine Variation der Erfahrung mit Müller-Rosé.

Hochstapler, bloß Bruder des Künstlers. Aber indem er künstlergleich seine hohe Begabung und all seine Kräfte mit höchster Konzentration auf seine „Auftritte" wendet, reichen diese doch an Kunst heran. Daß sie vollends flüchtig bleiben, nicht einmal die begrenzte Dauer eines Werks gewinnen können, streicht die Vergänglichkeit allen menschlichen Lebens und Schaffens noch hell heraus. In ihrer Schönheit und Anmut sind sie sehr wohl geeignet, den Wert des fragilen menschlichen Lebens vor Augen zu stellen. Darin übertrifft er Müller-Rosé, der bloß gesellschaftliche Wunschbilder zum Leuchten bringen konnte. So beglükken Felix' Auftritte sein Publikum, und dieses Glück wiederum beglückt auch Felix. Es sind, in Variation von Goethes *Faust*, erfüllte Augenblicke.

All dies geschieht im klaren Bewußtsein des Todes. Erst daß der Weg ein Ende hat, reizt dazu, die Wegstrecken mit tätiger Konzentration ganz auszukosten. Protestantische Leistungsethik ist hier noch ahnbar. Die Gestalt des Hochstaplers erlaubt es jedoch, die Rechtfertigung unumwunden durch das Glück zu ersetzen, durch „die große Freude". Daß Professor Kuckuck ihm bei all dem im Kern nichts Neues gesagt hatte, zeigte die Erregung, zu der Felix schon von der Hochtrapez-Artistin hingerissen wurde. Es war die Grazie im Wagnis des Todes (VII 455), die ihn bezauberte und herausforderte. Andromache vollführt ihre Luftkünste „– und das war eine sensationelle Neuerung, etwas Erstmaliges in der Cirkusgeschichte – ohne ein unten ausgespanntes Sicherheits- und Fangnetz" (VII 458). Nicht nur ihre androgyne Mischschönheit überhebt sie übers gewöhnlich Menschliche, sondern auch diese Arbeit Aug in Aug mit dem Tode. Darin wird jeder Auftritt zu einem Bild des menschlichen Lebens. Ein solches Bild bietet übrigens auch die Stadt Lissabon, in der Professor Kuckuck sein Museum stehen hat und Felix Krull die krönenden Abenteuer des dritten Buches erlebt: über einem Erdbebenzentrum errichtet, zeugen ihre durchwegs neuen Bauten von der ständigen Nähe des Todes (VII 533).

Andromache, die Tochter der Lüfte, eröffnet das dritte Buch des Romans. Beschlossen wird es von einem anderen Künstler der Todesgegenwart, von dem Torero Ribeiro. Bei Andromaches Inszenierung war der Tod unsichtbar gegenwärtig, spürbar nur in der Angst, die den Zuschauern den Atem nahm. Im Stierkampf tritt der Tod geradezu persönlich auf, und so kommt es zu dem eigentümlichen Kontrast, daß am Ende jener Komödien-Akte, die Thomas Mann noch ausgeführt hat, am Ende jenes Menschen- und Lebensfestes, zu dem die späten Kapitel der *Bekenntnisse* sich aufschwingen, eine ernste Todeszeremonie steht. Als Tod figuriert der Stier: „schwarz, schwer, mächtig, eine augenscheinlich unwiderstehliche Ansammlung zeugender und mordender Kraft, in der frühe, alte Völker gewiß ein Gott-Tier, den Tiergott gesehen hätten" (VII 651). Als „Zeuge- und Mordgott" (VII 652) ist auch der Stier ein Doppelbild zweipoliger Ganzheit. Professor Kuckuck erläutert gelehrt, daß der vorchristliche Kult, aus dem nur der Stierkampf noch überdauert, Tod und Leben zusammengeschmiedet habe; sein „Mysterium habe in der Gleichheit und Einheit bestanden von Töter und Getötetem, Axt und Opfer, Pfeil und Ziel" (VII 656). Felix Krull erfährt da nichts

Neues, denn diese Einheit hat er selbst ja mit Augen gesehen: in der Choreographie des Kampfes waren die Menschengestalt des Torero und der schwarze Körper des Stieres wiederholt „zu einer Gruppe verschmolzen" (VII 654). So wiederholt sich das Doppelbild von Tod und Leben als ein Doppelbild aus Mensch und Tier. Die Polarität von Zeugen und Morden wiederum ist komplementär zu der Polarität von Gebären und Verschlingen, welche die archaische Ur- und Allmutter verkörpert. In deren Spuren aber lebt die königliche Maria Pia, die Krull „anblickte, abwechselnd mit der rasch sich auflösenden tier-menschlichen Schaugruppe, da die gestrenge und elementare Person dieser Frau mir mehr und mehr eins wurde mit dem Blutspiel dort unten." (VII 654)

Leben und Tod, Gebären und Töten formen sich so zu widerstrebenden Einheiten. Deren ur-volkstümliche Archaik (VII 652) und tiergöttliche Außermenschlichkeit reicht in phylo- und ontogenetische Tiefen, die einst im *Zauberberg* und dann wieder im *Doktor Faustus* ihre unheimlichen Anziehungskräfte gezeigt hatten. Vor diesem Hintergrund des „Elementaren" (VII 651) spielt der Stierkämpfer Ribeiro seine Heldenrolle. Gegen die archaische Weihe und körperliche Übermacht des Stieres setzt er jugendliche Grazie. Schön, schlank und fein wird er geschildert; spätestens der Vergleich mit den Muskelhelden des Cirkus enthüllt auch hier androgyne Züge. Und gleich der androgynen Andromache besteht auch Ribeiro durch gespannteste Konzentration, durch höchste Selbst- und Körperbeherrschung die Todesgefahr. Wohl verschmilzt seine leuchtende Gestalt immer wieder mit der Schwärze des Stieres zum Doppelbild, aber im Ablauf der Choreographie wie im Schlußstich des Sieges ist er der Geist, der die Kraft stets beherrscht – ein Muster des Menschenmöglichen und ein Abbild des immer vom Tod umschlungenen Menschenlebens auch er. Thomas Mann übrigens schreibt nicht „Geist", sondern „Witz" (VII 652). Auch Ribeiros Kunst hat mit „Schalk" zu tun.

Während Felix Krull aber Andromache nur mit neidvoller Sehnsucht anbeten konnte, eröffnet ihm die geheime Identität zwischen dem Todestanz in der Arena und der elementaren Maria Pia auf der Tribüne die Möglichkeit, Ribeiros Auftritt nachzuspielen. Zwar tritt an die Stelle des Todes der Eros, aber im Kreisen der Doppelbilder ist der Gegensatz stets gegenwärtig, und Marias leitmotivischer Busen „wogt" beim Todesspiel so leidenschaftlich wie beim Liebesspiel (VII 652, 661). Die Vereinigung mit Zouzous Mutter ist für Felix auch eine Hadesfahrt. Joseph mußte Mut-em-enets Anmutung widerstehen, weil er über den Zusammenhang seiner Geschichte zu wachen hatte, seiner eigenen wie der weit über ihn hinausreichenden. Felix Krull dagegen ist berufen, das Episodische des Menschenlebens darzustellen. Er agiert keine Geschichte, sondern Episoden, erfüllte Augenblicke.[17] Hadesfahrt wie Schlafen mit der „Mutter" darf er, der die

---

[17] Damit springt aus der Parodie des Bildungsromans das Aufbaumuster des Schelmenromans heraus; zur Episodenstruktur des Schelmenromans s. Alewyn 1963, 122-124.

Möglichkeiten des Menschlichen in ihrer Gänze durchpassieren möchte, nicht verweigern. Daß er von der Muttergöttin endgültig verschlungen würde, ist kaum zu fürchten: da jede Gestalt, die er annimmt, nur in der jeweiligen Episode lebt, kann niemand sein proteisches Ich dahinter festhalten. Der Geliebte der Maria Pia de la Cruz wird sich wieder auflösen (vgl. VII 528) und vor der oder dem nächsten Liebenden zu neuem Liebenswert erstehen. Auch Ribeiro übrigens war, als männliche Hälfte eines geschwisterlichen Doppelbildes (VII 656), in diesem Reigen noch vorgesehen.

Natürlich liegt hinter Krulls proteischer Sicherheit ein menschlicher Mangel. Sein Ich kann die Episoden seines Lebens nicht zu individuellem Zusammenhang integrieren wie Joseph. Seiner Allsympathie ist jene Jaakobs-Liebe nicht zugänglich, die ein eigenes, nicht-proteisches Ich im Innersten erschüttert und in ein Doppel-Ich hinein vermittelt und verwandelt. Da alles Lieben nur seine wechselnden Verkörperungen trifft, bleibt das unfaßbare Ich dahinter einsam (XI 159). Doch analoge Mängel ließen sich auch an Jaakob, Joseph und Gregorius finden, zu schweigen von Leverkühn und Zeitblom. Der ganze Mensch wäre nur als Gott vorstellbar. Thomas Mann aber hat, noch in den steilsten mythischen Überhöhungen, immer von Menschen erzählt.

Seidlin (1969, 169) spricht von „Blitzlicht-Technik". Wie *Felix Krull* auch die Gattungsvorgaben der Autobiographie ad absurdum führt, zeigt Frizen 1986.

Bibliographische Einführung

Werkausgaben

Zitiert wird Thomas Mann üblicherweise nach den *Gesammelten Werken in dreizehn Bänden* (GW) des S. Fischer-Verlages aus dem Jahr 1974. Diese Ausgabe bietet eine durchgesehene Neuauflage der *Gesammelten Werke in zwölf Bänden* von 1960, erweitert um einen 13. Band, der neben Nachträgen zum Textbestand umfangreiche Register zur ganzen Edition bringt. Eine Lizenzausgabe von GW erschien 1977 im Deutschen Bücherbund Stuttgart, eine kartonierte Neuauflage 1990 im Fischer Taschenbuch Verlag. GW wird im Laufe der nächsten Jahre als Referenzausgabe abgelöst werden von der *Großen Kommentierten Frankfurter Ausgabe* (GKFA), die in 20 Bänden erstmals das vollständige poetische und essayistische Werk bieten wird, dazu eine Auswahl der Briefe in 8 Bänden und schließlich wohl auch eine Neuedition der Tagebücher. Die Texte dieser Ausgabe werden kritisch durchgesehen sowie durch Stellenerläuterungen und einen Kommentar zu Entstehung, Quellenlage und Rezeption zu Lebzeiten erschlossen.

Vollständigkeit des essayistischen Werkes strebte schon die von Harry Matter begonnene Ausgabe *Aufsätze Reden Essays*, Berlin Weimar 1983-1986 (ARE), an, die ihre Texte streng chronologisch ordnete und den Textbestand von GW IX-XIII buchenswert vermehrte; leider mußte sie nach dem dritten, bis zum Jahr 1925 reichenden Band abgebrochen werden. Eine umfangreiche Auswahl geben die von Hermann Kurzke und Stephan Stachorski herausgegebenen *Essays* in sechs Bänden, Frankfurt am Main 1993-1997 (E), die vor allem durch ihren Stellenkommentar wertvoll sind. Wichtige Ergänzungen bietet ferner Volkmar Hansens und Gert Heines Auswahl von Interviews mit Thomas Mann: *Frage und Antwort*, Hamburg 1983 (Interviews), und die Sammlung von Thomas Manns *Widmungen*, die Gert Heine und Paul Schommer 1998 vorgelegt haben (Widmungen). 1975 durften Thomas Manns Tagebücher entsiegelt werden. Sie sind mittlerweile in zehn Bänden publiziert (Frankfurt am Main 1977-1995); Band I bis V (1918-21 u. 1933-1943) wurden von Peter de Mendelssohn, Band VI-X (1944-55) von Inge Jens ediert (Tgb). 1997 erschien eine preisgünstige „Jubiläumsausgabe". Für die Forschung von großem Nutzen sind ferner die Notizbücher, in die Thomas Mann, neben den Tagebüchern und neben den für das jeweilige „Hauptgeschäft" sich türmenden Exzerpt- und Notizblättern, all das eintrug, was er in Zukunft noch zu gebrauchen gedachte; Hans Wysling und Yvonne Schmidlin haben sie 1991/92 herausgegeben (Nb). Soeben haben Yvonne Schmidlin und Thomas Sprecher auch die Mitschriften publiziert, die Thomas

Mann 1894 und 1895 bei seinen Studien an der Münchner Technischen Hochschule angefertigt hat (Collegheft).

Briefausgaben

Die bis dato zugänglichen Briefe Thomas Manns haben Hans Bürgin und Hans-Otto Mayer verzeichnet, je knapp charakterisiert und durch Register erschlossen: *Die Briefe Thomas Manns. Regesten und Register*, 5 Bde., Frankfurt am Main 1976-1987. Den Kenntnisstand von 1990 repräsentiert die Bibliographie der Briefsammlungen in Potempa 1992, 55-82; regelmäßige Nachträge bringen die Auswahlbibliographien des Thomas Mann Jahrbuchs. Bis heute unabkömmlich ist die dreibändige Briefauswahl, die Erika Mann 1961-1965 in chronologischer Ordnung herausbrachte (Br). Eine Auswahl in acht Bänden bereitet Thomas Sprecher zur Zeit im Rahmen der GKFA vor. Inzwischen sind aber viele Korrespondenzen als Briefwechsel ediert; die wichtigsten führt unten die Bibliographie unter den mit „Br" beginnenden Siglen auf.

Zu den wichtigsten Hilfsmitteln der Thomas Mann-Forschung zählt die Sammlung von Thomas Manns Äußerungen über seine eigenen Werke, die Hans Wysling und Marianne Fischer, nach Werken sortiert und chronologisch geordnet, 1975-1981 zusammengestellt haben (DüD). Die drei Bände sind leider schon lange nicht mehr im Buchhandel erhältlich, doch bietet der S. Fischer-Verlag zur Zeit die Zeugnisse zu den Romanen als Nachdrucke aus DüD unter dem Titel „Selbstkommentare" (SK) in Taschenbuchform an.

Bibliographien

Eine monumentale Primärbibliographie hat Georg Potempa vorgelegt: *Thomas Mann-Bibliographie. Das Werk*, Morsum/Sylt 1992; Nachträge geben Ackermann 1994, Potempa 2000 und Ackermann & Heine 2000. Potempa hat auch Thomas Manns Mitwirkung an politischen Aufrufen sowie die Übersetzungen von Thomas Manns Werken in andere Sprachen bibliographiert: *Thomas Mann. Beteiligung an politischen Aufrufen und anderen kollektiven Publikationen. Eine Bibliographie*, Morsum/Sylt 1988, und *Thomas Mann-Bibliographie. Übersetzungen – Interviews*, Mitarbeit Gert Heine, Morsum/Sylt 1997. Ein Verzeichnis von Thomas Manns *Ton- und Filmaufnahmen* brachte Ernst Loewy 1974 als Supplementband zu GW heraus. Thomas Mann hat oft, gerne und hervorragend aus eigenen Werken öffentlich gelesen. Manches wurde aufgezeichnet und ist heute auf CD und MC lieferbar; besonders hervorzuheben sind mehrere Kapitel aus *Felix Krull*, der ganze *Tonio Kröger*, *Schwere Stunde* sowie kürzere Auszüge aus *Zauberberg*, *Joseph*, *Doktor Faustus* und *Der Erwählte*, daneben verschiedene Vorträge und Reden. Diese Form der auktorialen „Interpretation" sollte nicht gering geschätzt werden.

Rezeption

Einen anschaulichen Querschnitt durch die frühe Rezeption von Thomas Manns Werken gibt *Thomas Mann im Urteil seiner Zeit. Dokumente 1891-1955*, hg.v. Klaus Schröter, Hamburg 1969. Die Forschungsliteratur der Jahre 1898 bis 1962 hat Harry Matter, nach Sachgebieten geordnet, bibliographiert: *Die Literatur über Thomas Mann. Eine Bibliographie 1898-1962*, 2 Bde., Berlin 1972. Chronologisch ordnet Klaus W. Jonas sein mittlerweile auf drei Teile angewachsenes Großunternehmen: *Die Thomas-Mann-Literatur,* [Bd. I:] *Bibliographie der Kritik 1896-1955*, Berlin 1972; Bd. II: *Bibliographie der Kritik 1956-1975*, Berlin 1979; Bd. III: *Bibliographie der Kritik 1976-1994* (hg. m. Helmut Koopmann), Frankfurt am Main 1997. Alle Bände werden durch Register erschlossen. Umfangreiche Auswahlbibliographien der Neuerscheinungen bringt alljährlich das Thomas Mann Jahrbuch (TMJb). – Den großen Bericht zur Thomas Mann-Forschung, den er von 1966 bis 1969 in der 'Deutschen Vierteljahresschrift für Literaturwissenschaft und Geistesgeschichte' publizierte, faßte Herbert Lehnert 1969 zu einem Buch zusammen: *Thomas-Mann-Forschung. Ein Bericht*, Stuttgart. Einen Nachtrag ließ Hermann Kurzke 1977 folgen: *Thomas-Mann-Forschung 1969-1976. Ein kritischer Bericht*, Frankfurt am Main. Seither sind eingehendere Forschungsberichte nur mehr zu Einzelaspekten erschienen. Es läßt sich daran die Tatsache ablesen, daß die nun seit Jahrzehnten mit ungebrochener Gewalt anschwellende Forschung von keinem Einzelnen mehr im Detail überschaut werden kann. Einen großflächigen Überblick über die Geschichte der Thomas Mann-Forschung hat 1990 noch einmal Helmut Koopmann unternommen (in: Koopmann 1990, 942-976).

Biographien

Unter den mittlerweile zahlreichen Biographien zu Thomas Mann ist die von Hermann Kurzke zweifellos die empfehlenswerteste: *Thomas Mann. Das Leben als Kunstwerk*, München 1999. Viel Material bieten für die Jahre bis 1919 Mendelssohn 1996 (der die Werke freilich einer unkontrolliert biographistischen Lektüre unterwirft), für die Münchner Zeit Kolbe 1987 und für die Jahre in der Schweiz Sprecher 1992. Als knapper, kalendarisch angeordneter Überblick nützlich ist nach wie vor Hans Bürgin & Hans-Otto Mayer: *Thomas Mann. Eine Chronik seines Lebens*, Frankfurt am Main 1965, 1974². Die Bildbiographie des Artemis & Winkler Verlages: Hans Wysling und Yvonne Schmidlin, *Thomas Mann. Ein Leben in Bildern*, Zürich 1994, ist 1997 im Fischer Taschenbuch Verlag neu aufgelegt worden. Von den selben Herausgebern stammt auch eine aufschlußreiche Auswahl zahlreicher Bildvorlagen: *Bild und Text bei Thomas Mann. Eine Dokumentation*, Bern 1975. Eine interaktive Biographie auf CD-ROM für Windows hat Heribert Kuhn produziert: *Rollende Sphären*, hg.v. Franz-Maria Sonner und Thomas Sprecher, München 1995.

Sammlungen

Unter den Thomas Mann-Sammlungen ist an erster Stelle das Thomas Mann-Archiv an der ETH Zürich zu nennen (Schönberggasse 15). Hier liegt der Nachlaß mit Manuskripten, Notizen und Materialien; hier befinden sich etwa 14000 Briefe; hier steht Thomas Manns Bibliothek, in deren Bänden sich vielfach Anstreichungen und Randnotizen verfolgen lassen; dazu kommen zahlreiche Dokumente, Zeugnisse und eine umfassende Sammlung der Sekundärliteratur. Das Archiv steht der Forschung offen, doch ist Voranmeldung nötig. – 102 Manuskripte besitzt die Beinecke Library der Yale University; dazu eine Fülle von Briefen und eine fast vollständige Sammlung der Druckausgaben von Thomas Manns Werk. – Die gewaltige Sammlung von Hans-Otto Mayer wird heute von der Universitätsbibliothek Düsseldorf (Königsallee 22) betreut. Sie enthält fast alle Gesamt- und Einzelausgaben Thomas Mannscher Werke in deutscher Sprache, dazu sehr umfangreiche Sammlungen von Briefkopien und -abschriften, Übersetzungen, Sekundärliteratur und Zeitungsausschnitten. Der Katalog ist publiziert: *Universitätsbibliothek Düsseldorf. Katalog der Thomas-Mann-Sammlung*, hg.v. Günter Gattermann u. Elisabeth Niggemann, 9 Bde., Bern 1991. – Einen Überblick über die deutschen Thomas Mann-Sammlungen gibt Jonas 1995.

Bibliographie

Siglen

ARE I-III	Thomas Mann: Aufsätze Reden Essays, hg.v. Harry Matter, 3 Bde. Erschienen, Berlin Weimar 1983-1986.
Br I-III	Thomas Mann: Briefe, hg.v. Erika Mann, 3 Bde., Frankfurt am Main 1961-1965.
BrAmann	Thomas Mann: Briefe an Paul Amann 1915-1952, hg.v. Herbert Wegener, Lübeck 1959.
BrAutoren	Thomas Mann: Briefwechsel mit Autoren, hg.v. Hans Wysling, Frankfurt am Main 1988.
BrBaeumler	Thomas Mann und Alfred Baeumler. Eine Dokumentation, hg.v. Marianne Baeumler, Hubert Brunträger u. Hermann Kurzke, Würzburg 1989.
BrBermann	Thomas Mann: Briefwechsel mit seinem Verleger Gottfried Bermann Fischer 1932-1955, hg.v. Peter de Mendelssohn, Frankfurt am Main 1973.
BrBertram	Thomas Mann an Ernst Bertram. Briefe aus den Jahren 1910-1955, hg. v. Inge Jens, Pfullingen 1960.
BrFiedler I-II	Aus dem Briefwechsel Thomas Mann – Kuno Fiedler, hg.v. Hans Wysling, in: Thomas Mann-Blätter Nr. 11, 1971, S. 5-42, u. 12, 1972, S. 5-37.
BrFischer	Thomas Mann, in: Samuel und Hedwig Fischer, Briefwechsel mit Autoren, hg.v. Dierk Rodewald u. Corinna Fiedler, Frankfurt am Main 1989, S. 394-467 u. 966-988.
BrGrautoff	Thomas Mann: Briefe an Otto Grautoff 1894-1901 und Ida Boy-Ed 1903-1928, hg.v. Peter de Mendelssohn, Frankfurt am Main 1975.
BrMann	Thomas Mann – Heinrich Mann: Briefwechsel 1900-1949, hg.v. Hans Wysling, 3. erweiterte Ausgabe, Frankfurt am Main 1995.
BrHamburger	Thomas Mann – Käte Hamburger: Briefwechsel 1932-1955, hg.v. Hubert Brunträger, Frankfurt am Main 1999 (TMS XX).
BrKahler	Thomas Mann – Erich von Kahler: Briefwechsel 1931-1955, hg.v. Michael Assmann, Hamburg 1993.
BrKerényi	Thomas Mann – Karl Kerényi: Gespräch in Briefen, [Zürich 1960] München 1967.
BrMartens	Thomas Mann: Briefe an Kurt Martens I. 1899-1908, hg.v. Hans Wysling u. Thomas Sprecher, in: TMJb 3, 1990, S. 175-247.
BrMeyer	Thomas Mann – Agnes E. Meyer: Briefwechsel 1937-1955, hg.v. Hans Rudolf Vaget, Frankfurt am Main 1992.
BrPonten	Dichter oder Schriftsteller? Der Briefwechsel zwischen Thomas Mann und Josef Ponten 1919-1930, hg.v. Hans Wysling u. Werner Pfister, Bern 1988 (TMS VIII).

BrSchickele	Jahre des Unmuts. Thomas Manns Briefwechsel mit René Schickele 1930-1940, hg.v. Hans Wysling u. Cornelia Bernini, Frankfurt am Main 1992 (TMS X).
Collegheft	Thomas Mann: Collegheft 1894-1895, hg.v. Yvonne Schmidlin u. Thomas Sprecher, Frankfurt am Main 2001.
DüD I-III	Dichter über ihre Dichtungen, hg.v. Rudolf Hirsch u. Werner Vordtriede, Bd. 14: Thomas Mann, hg.v. Hans Wysling u. Marianne Fischer, 3 Teile, München 1975-1981.
E I-VI	Thomas Mann: Essays, hg.v. Hermann Kurzke u. Stephan Stachorski, 6 Bde., Frankfurt am Main 1993-1997.
GKFA Iff.	Thomas Mann: Große Kommentierte Frankfurter Ausgabe. Werke Briefe Tagebücher, hg.v. Eckhard Heftrich, Hermann Kurzke, T.J. Reed, Thomas Sprecher, Hans Rudolf Vaget u. Ruprecht Wimmer, Frankfurt am Main 2001ff.
GW I-XIII	Thomas Mann, Gesammelte Werke in 13 Bdn., Frankfurt am Main [1974] 1990. [im Haupttext ohne 'GW' nachgewiesen]
Interviews	Frage und Antwort. Interviews mit Thomas Mann 1909-1955, hg. v. Volkmar Hansen und Gert Heine, Hamburg 1983.
Nb I-II	Thomas Mann: Notizbücher 1-14, hg.v. Hans Wysling u. Yvonne Schmidlin, 2 Bde., Frankfurt am Main 1991/92.
Schatten	Im Schatten Wagners. Thomas Mann über Richard Wagner. Texte und Zeugnisse 1895-1955, hg.v. Hans Rudolf Vaget, Frankfurt am Main 1999.
SK *Buddenbrooks*	Thomas Mann: Selbstkommentare. *Buddenbrooks*, hg.v. Hans Wysling u. Marianne Eich-Fischer, Frankfurt am Main 1989.
SK *Erwählte*	Thomas Mann: Selbstkommentare. *Der Erwählte*, hg.v. Hans Wysling u. Marianne Eich-Fischer, Frankfurt am Main 1989.
SK *Faustus*	Thomas Mann: Selbstkommentare. *Doktor Faustus* und *Die Entstehung des Doktor Faustus*, hg.v. Hans Wysling u. Marianne Eich-Fischer, Frankfurt am Main 1992.
SK *Joseph*	Thomas Mann: Selbstkommentare. *Joseph und seine Brüder*, hg.v. Hans Wysling u. Marianne Eich-Fischer, Frankfurt am Main 1999.
SK *Krull*	Thomas Mann: Selbstkommentare. *Königliche Hoheit* und *Bekenntnisse des Hochstaplers Felix Krull*, hg.v. Hans Wysling u. Marianne Eich-Fischer, Frankfurt am Main 1989.
SK *Lotte*	Thomas Mann: Selbstkommentare. *Lotte in Weimar*, hg.v. Hans Wysling u. Marianne Eich-Fischer, Frankfurt am Main 1995.
SK *Zbg*	Thomas Mann: Selbstkommentare. *Der Zauberberg*, hg.v. Hans Wysling u. Marianne Eich-Fischer, Frankfurt am Main 1993.
Tgb	Thomas Mann: Tagebücher, Bd. I (1918-21) u. Bde. II-V (1933-1943) hg.v. Peter de Mendelssohn, Bde. VI-X (1944-55) hg.v. Inge Jens, Frankfurt am Main 1977-1995.
TMJb	Thomas Mann Jahrbuch.
TMS	Thomas Mann Studien.

White	James F. White (Hg.): The Yale *Zauberberg*-Manuskript. Rejected Sheets Once Part of Thomas Mann's Novel. With a Preface by Joseph Warner Angell. Bern München 1980 (TMS 4).
Widmungen	Thomas Mann, Widmungen. 1887-1955, hg.v. Gert Heine und Paul Schommer, Lübeck 1998.

Quellen

Adorno, Theodor W. (1975): Philosophie der neuen Musik, Frankfurt am Main (Gesammelte Schriften, Bd. 12).

Auerbach, Erich (1946): Mimesis. Dargestellte Wirklichkeit in der abendländischen Literatur [1946], 5. Auflage, Bern 1971.

Bachofen, Johann Jakob (1926): Urreligion und antike Symbole. Systematisch angeordnete Auswahl aus seinen Werken in drei Bänden, hg.v. Carl Albrecht Bernoulli, Leipzig [1926].

Bachofen, J[ohann] J[akob] (1956): Der Mythus von Orient und Occident. Eine Metaphysik der alten Welt. Aus den Werken von J.J. Bachofen mit einer Einleitung von Alfred Bäumler hg.v. Manfred Schröter, München 1926, 2. Auflage 1956.

Baeumler, Alfred (1926): Einleitung zu Bachofen (1956), S. XXIII-CCXCIV.

Bertram, Ernst (1918): Nietzsche. Versuch einer Mythologie, Berlin.

Bertram, Ernst (1920): Nietzsches Goethebild [1920], in: E.B., Dichtung als Zeugnis. Frühe Bonner Studien zur Literatur, hg.v. Ralph-Rainer Wuthenow, Bonn 1967, S. 251-286.

Bloch, Ernst (1985): Briefe an Thomas Mann 1937-1940, hg.v. Inge Jens, in: E.B., Briefe 1903-1975, hg.v. Karola Bloch u.a., Frankfurt am Main, 2. Bd., S. 689-709.

Blüher, Hans (1917): Die Rolle der Erotik in der männlichen Gesellschaft, 2 Bde., Jena 1917/20.

Bourget, Paul (1903): Psychologische Abhandlungen über zeitgenössische Schriftsteller [1883], übers.v. A.Köhler, Minden i.Westf.

Brandes, Georg (1897): Die Hauptströmungen der Litteratur des neunzehnten Jahrhunderts. Vorlesungen, gehalten an der Kopenhagener Universität [1872-1890], übers. v. Adolf Strodtmann, W. Rudow u. A.v.d. Linden, 5. Auflage, 6 Bde., Leipzig.

Brann, Hellmut Walther (1931): Nietzsche und die Frauen, Leipzig.

Brecht, Bertolt (1967): Gesammelte Werke, Bd. XX, Frankfurt am Main.

Deussen Paul (1901): Erinnerungen an Nietzsche, Leipzig.

Flaubert, Gustave (1977): Briefe, hg.u.übers.v. Helmut Scheffel, [1964] Zürich.

Hegel, Georg Wilhelm Friedrich (1970): Werke in 20 Bdn., hg.v Eva Moldenhauer u. Karl Markus Michel, Frankfurt am Main.

Historia (1587): Historia von D. Johann Fausten [...], gedruckt zu Franckfurt am Mayn durch Johann Spies 1587, in: Deutsche Volksbücher, 3 Bde., hg.v. Peter Suchsland u. Erika Weber, Berlin Weimar 1979, Bd. III, S. 5-121.

Jeremias, Alfred (1916): Das Alte Testament im Lichte des Alten Orients, Leipzig, 3. Auflage.

Jeremias, Alfred (1929): Handbuch der altorientalischen Geisteskultur, Berlin Leipzig, 2. Auflage.

Joyce, James (1972): Frankfurter Ausgabe. Werke 2, übers.v. Klaus Reichert, Frankfurt am Main.
Kris, Ernst (1935): Zur Psychologie älterer Biographik (dargestellt an der des bildenden Künstlers), in: Imago 21, S. 320-344.
Mann, Heinrich (1915): Zola. In: Die Weissen Blätter. Eine Monatsschrift 2, S. 1312-1382 (Reprint Nendeln/Liechtenstein 1969).
Mann, Heinrich (1951): Ausgewählte Werke in Einzelausgaben. Hg.v. Alfred Kantorowicz. 13 Bde. Berlin 1951-1962.
Mann, Heinrich (1980): Briefe an Ludwig Ewers. 1889-1913, Berlin Weimar.
Manolescu, Georges (1905): Ein Fürst der Diebe. Memoiren, Berlin.
Nietzsche, Friedrich (1980): Sämtliche Werke. Kritische Studienausgabe in 15 Bdn., hg. v. Giorgio Colli u. Mazzino Montinari. München Berlin New York.
Nietzsche, Friedrich (1986): Sämtliche Briefe. Kritische Studienausgabe in 8 Bdn., hg. v. Giorgio Colli u. Mazzino Montinari. München Berlin New York.
Nösselt, Friedrich (1874): Lehrbuch der griechischen und römischen Mythologie für höhere Töchterschulen und die Gebildeten weiblichen Geschlechts. 6. Auflage. Bearb.v. Friedrich Kurts. Leipzig.
Podach, E.F. (1930): Nietzsches Zusammenbruch, Heidelberg.
Rohde, Erwin (1907): Psyche. Seelencult und Unsterblichkeitsglaube der Griechen, 4. Auflage, 2 Bde., Tübingen.
Schopenhauer, Arthur (1977): Zürcher Ausgabe. Werke in zehn Bänden. Nach der historisch-kritischen Ausgabe v. Artur Hübscher, [1972³] Zürich.
Stevenson, Robert Louis (1979): The Strange Case of Dr Jekyll and Mr Hyde [1886] and Other Stories, hg.v. Jenni Calder, Harmondsworth.
Szyrocki, Marian (Hg.) (1971): Lyrik des Barock, Bd. I, Reinbek bei Hamburg.
Thalmann, Marianne (1923): Der Trivialroman des 18. Jahrhunderts und der romantische Roman. Ein Beitrag zur Entwicklungsgeschichte der Geheimbundmystik, Berlin.
Wagner, Richard (1984): Oper und Drama, hg.v. Klaus Kropfinger, Stuttgart 1984.
Zola, Emile (1927): Les Romanciers Naturalistes, nach der Edition v. Eugène Fasquelle hg.v. Maurice Le Blond, Paris.

Forschung

Abbot, Scott H. (1980): *Der Zauberberg* and the German Romantic Novel. In: Germanic Review 55, S. 139-145.
Ackermann, Georg (1994): Thomas Mann. Eine quellenkundliche Notiz, in: Juni. Magazin für Literatur & Politik, Nr. 21, S. 115-130.
Ackermann, Georg, und Gert Heine (2000): Nachtrag zur Thomas-Mann-Bibliographie, in: TMJb 13. S. 237-246.
Adorno, Theodor W. (1974): Zu einem Porträt Thomas Manns [1962], in: Gesammelte Schriften, Frankfurt am Main, Bd. 11, S. 335-344.
Alewyn, Richard (1963): Gestalt als Gehalt. Der Roman des Barock (1963), in: R.A., Probleme und Gestalten. Essays, Frankfurt am Main 1982, S. 117-132.
Allemann, Beda (1956): Ironie und Dichtung, Pfullingen.

Arendt, Hannah (1998): Hannah Arendt und Martin Heidegger, Briefe 1925 bis 1975 und andere Zeugnisse, hg.v. Ursula Ludz. Frankfurt am Main.

Aßmann, Dietrich (1975): Thomas Manns Roman *Doktor Faustus* und seine Beziehungen zur Faust-Tradition, Helsinki.

Assmann, Jan (1992): Das kulturelle Gedächtnis. Schrift, Erinnerung und politische Identität in frühen Hochkulturen, München.

Assmann, Jan (1993): Zitathaftes Leben. Thomas Mann und die Phänomenologie der kulturellen Erinnerung, in: TMJb 6, S. 133-158.

Barthes, Roland (1968): L'effet de réel, in: Communications 11, S. 84-89.

Bateson, Gregory (1955): Eine Theorie des Spiels und der Phantasie (1955), in: G.B., Eine Ökologie des Geistes, Frankfurt am Main 1981, 241-261.

Bauer, Roger (1993): Der Unpolitische und die Décadence, in: Gockel u.a. (Hg.) 1993, S. 279-297.

Bauer, Roger (2001): Die schöne Décadence. Geschichte eines literarischen Paradoxons, Frankfurt am Main.

Bauer, Roger (Hg.) (1977): Fin de Siècle, Frankfurt am Main.

Baumgart, Reinhard (1964): Das Ironische und die Ironie in den Werken Thomas Manns, München.

Baumgart, Reinhard (1989): Selbstvergessenheit. Drei Wege zum Werk: Thomas Mann, Franz Kafka, Bertolt Brecht, München Wien.

Beddow, Michael (1980): Fiction and Meaning in Thomas Mann's *Felix Krull*, in: Journal of European Studies 10, S. 77-92.

Beddow, Michael (1986): Analogies of Salvation in Thomas Mann's *Doktor Faustus*, in: London Germanic Studies III, hg.v. J.P. Stern, London, S. 117-131.

Berger, Willy R. (1971): Die mythologischen Motive in Thomas Manns Roman *Joseph und seine Brüder*, Köln Wien.

Bergsten, Gunilla (1974): Thomas Manns Doktor Faustus. Untersuchungen zu den Quellen und zur Struktur des Romans, 2. Auflage, Tübingen.

Berman, Russell A. (1986): The Rise of the Modern German Novel. Crisis and Charisma, Cambridge/Mass.

Blissett, William (1967): James Joyce in the Smithy of His Soul, in: James Joyce Today, hg.v. Thomas F. Staley, Bloomington London, S. 96-181.

Bludau u.a. (Hg.) (1977): Thomas Mann 1875-1975. Vorträge in München – Lübeck – Zürich, hg.v. Beatrice Bludau, Eckhard Heftrich u. Helmut Koopmann, Frankfurt am Main.

Blumenberg, Hans (1979): Arbeit am Mythos, Frankfurt am Main.

Böhm, Karl Werner (1985): Die homosexuellen Elemente in Thomas Manns *Der Zauberberg*, in: Kurzke (Hg.) 1985a, S. 145-165.

Böhm, Karl Werner (1991): Zwischen Selbstzucht und Verlangen. Thomas Mann und das Stigma Homosexualität. Untersuchungen zu Frühwerk und Jugend, Würzburg.

Böschenstein, Bernhard (1978): Ernst Bertrams *Nietzsche*. Eine Quelle für Thomas Manns *Doktor Faustus*, in: Euphorion 72, S. 68-83.

Böschenstein, Bernhard (1993): Ernst Bertram und der *Zauberberg*, in: Gockel (Hg.) 1993, S. 298-309.

Booth, Wayne C. (1988): The Company We Keep. An Ethics of Fiction, Berkeley Los Angeles.

Borchmeyer, Dieter (1983): Thomas Mann und der *Protest der Richard-Wagner-Stadt München*, in: Jahrbuch der Bayerischen Staatsoper 1983, München, S. 51-103.
Borchmeyer, Dieter (1983a): Repräsentation als ästhetische Existenz. *Königliche Hoheit* und *Wilhelm Meister*. Thomas Manns Kritik an der formalen Existenz, in: Recherches Germaniques 13, S. 105-136.
Borchmeyer, Dieter (1994): Musik im Zeichen Saturns. Melancholie und Heiterkeit in Thomas Manns *Doktor Faustus*, in: TMJb 7, S. 123-167.
Borchmeyer, Dieter (1997): Heiterkeit contra Faschismus. Eine Betrachtung über Thomas Manns Josephsromane, in: Heiterkeit. Konzepte in Literatur und Geistesgeschichte, hg.v. Petra Kiedaisch u. Jochen A. Bär, München, S. 203-218.
Borchmeyer, Dieter (1998): „Zurück zum Anfang aller Dinge". Mythos und Religion in Thomas Manns *Josephs*romanen, in: TMJb 11, S. 9-29.
Borchmeyer, Dieter (1999): Richard Wagner als literarisches Ereignis der europäischen Frühmoderne. Versuch einer Bilanz, in: Die Wirklichkeit der Kunst und das Abenteuer der Interpretation. Festschrift für Horst-Jürgen Gerigk, hg.v. Klaus Manger, Heidelberg, S. 37-51.
Borst, Arno (1957): Der Turmbau von Babel. Geschichte der Meinungen über Ursprung und Vielfalt der Sprachen und Völker, 4 Bde., [1957-1963] München 1995.
Breuer, Stefan (2000): Das Unbewußte in Kilchberg. Thomas Mann und Ludwig Klages. Mit einem Anhang über Klages und C.G. Jung, in: Das Unbewußte in Zürich. Literatur und Tiefenpsychologie um 1900. Sigmund Freud, Thomas Mann und C.G. Jung, hg.v. Thomas Sprecher, Zürich, S. 53-72.
Breuer, Ulrich (2000): Bekenntnisse. Diskurs Gattung Werk, Frankfurt am Main.
Brunträger, Hubert (1993): Der Ironiker und der Ideologe. Die Beziehungen zwischen Thomas Mann und Alfred Baeumler, Würzburg.
Bulhof, Francis (1966): Transpersonalismus und Synchronizität. Wiederholung als Strukturelement in Thomas Manns *Zauberberg*, Groningen.
Buzga, Jaroslav (1965): Leverkühn und die moderne Musik, in: Melos 32, S. 37-41.
Cassirer, Ernst (1945): Thomas Manns Goethe-Bild. Eine Studie über *Lotte in Weimar* [1945], in: E.C., Geist und Leben. Schriften zu den Lebensordnungen von Natur und Kunst, Geschichte und Sprache, hg.v. Ernst Wolfgang Orth, Leipzig 1993, S. 123-165.
Collett, Helga (1970): Das Konvolut zu Thomas Manns Roman *Lotte in Weimar*, M.A. Thesis (Masch.), Queen's University Kinston/Ontario.
Dahlhaus, Carl (1971): Wagners Konzeption des musikalischen Dramas, Regensburg.
Dahlhaus, Carl (1983): Fiktive Zwölftonmusik, in: Musica 37, S. 245-252.
Dahlhaus, Carl (1985): Richard Wagners Musikdramen, 2. Auflage, Zürich Schwäbisch Hall.
Dane, Gesa (1995): Lotte im Hotel 'Zum Elephanten'. Zur Codierung des Historischen in Thomas Manns *Lotte in Weimar*, in: Jahrbuch der deutschen Schiller-Gesellschaft 43, S. 353-376.
Dedner, Burghard (1988): Mitleidsethik und Lachritual. Über die Ambivalenz des Komischen in den Josephs-Romanen, in: TMJb 1, S. 27-45.
Detering, Heinrich (1994): Das offene Geheimnis. Zur literarischen Produktivität eines Tabus von Winckelmann bis zu Thomas Mann. Göttingen.

Detering, Heinrich (1998): „Das Ich wird zum Wortspiel". Nietzsche, Ibsen, Strindberg und das Drama der Abstraktion, in: Hofmannsthal-Jahrbuch 6, S. 229-256.

Detering, Heinrich (1999): Das Ewig-Weibliche. Thomas Mann über Toni Schwabe, Gabriele Reuter, Ricarda Huch. In: TMJ 12, S. 149-169.

Dierks, Manfred (1972): Studien zu Mythos und Psychologie bei Thomas Mann. An seinem Nachlaß orientierte Untersuchungen zum *Tod in Venedig*, zum *Zauberberg* und zur *Joseph*-Tetralogie, Bern (TMS II).

Dierks, Manfred (1990): Thomas Mann und die Tiefenpsychologie, in: Koopmann (Hg.) 1990, S. 284-300.

Dierks, Manfred (1990a): Der Wahn und die Träume in *Der Tod in Venedig*. Thomas Manns folgenreiche Freud-Lektüre im Jahr 1911, in: Psyche 44.1, S. 240-268.

Dierks, Manfred (1991): Traumzeit und Verdichtung. Der Einfluß der Psychoanalyse auf Thomas Manns Erzählweise. In: Heftrich u.a. (Hg.) 1991, S. 111-137.

Dierks, Manfred (1995): Thomas Mann heute, in: Blätter der Thomas Mann-Gesellschaft 26, 1995/96, S. 28-43.

Dierks, Manfred (1995a): Doktor Krokowski und die Seinen. Psychoanalyse und Parapsychologie in Thomas Manns *Zauberberg*. In: Sprecher (Hg.) 1995, S. 173-195.

Dietzel, Ulrich (Hg.) (1965): Aus den Familienpapieren der Manns. Dokumente zu den Buddenbrooks, Berlin Weimar.

DiGaetani, John Louis (1978): Richard Wagner and the Modern British Novel, Cranbury/N.J.

Dill, Heinz J. (1976): „Höhere Heiterkeit". Gedanken zu Thomas Manns Kunstanschauung, in: Neophilologus 60, S. 124-129.

Dörr, Hansjörg (1970): Thomas Mann und Adorno. Ein Beitrag zur Entstehung des *Doktor Faustus*, in: Literaturwissenschaftliches Jahrbuch 11, S. 285-322.

Dräger, Hartwig (Hg.) (1993): *Buddenbrooks*. Dichtung und Wirklichkeit. Bilddokumente, Lübeck.

Ebel, Uwe (1974): Rezeption und Integration skandinavischer Literatur in Thomas Manns *Buddenbrooks*, Neumünster.

Eichner, Hans (1952): Aspects of Parody in the Works of Thomas Mann, in: Modern Language Review 47, S. 30-48.

Einblicke (1993): Thomas Manns Roman *Der Zauberberg*. Einblicke in die Entstehungs- und Editionsgeschichte. Eine Kabinetts-Ausstellung im Buddenbrookshaus der Hansestadt Lübeck, Lübeck.

Elema, [Hans] J. (1965): Thomas Mann, Dürer und Doktor Faustus [1965], in: Koopmann (Hg.) 1975, S. 320-350.

Finck, Jean (1973): Thomas Mann und die Psychoanalyse, Paris.

Fischer, Jens Malte (1978): Fin de siècle, München.

Förster, Wolf-Dietrich (1975): Leverkühn, Schönberg und Thomas Mann. Musikalische Strukturen und Kunstreflexion im *Doktor Faustus*, in: Deutsche Vierteljahresschrift für Literaturwissenschaft und Geistesgeschichte 49, S. 694-720.

Friedrich, Hugo (1973): Drei Klassiker des französischen Romans. Stendhal Balzac Flaubert, 7. Auflage, Frankfurt am Main.

Frizen, Werner (1980): Zaubertrank der Metaphysik. Quellenkritische Überlegungen im Umkreis der Schopenhauer-Rezeption Thomas Manns, Frankfurt am Main Bern Cirencester.

Frizen, Werner (1981): Allsympathie. Zum Kuckucks-Gespräch in Thomas Manns *Krull*, in: Literatur in Wissenschaft und Unterricht 14, S. 139-155.
Frizen, Werner (1987): Thomas Manns *Zauberberg* und die 'Weltgedichte' der Zeitenwende. In: arcadia 22, S. 244-269.
Frizen, Werner (1986): „Dieses armselige Wort". Zur Erzählkunst von Thomas Manns *Felix Krull*, in: Literaturwissenschaftliches Jahrbuch 27, S. 157-174.
Frizen, Werner (1988): Thomas Mann. *Bekenntnisse des Hochstaplers Felix Krull*, München.
Frizen, Werner (1988a): Die *Bekenntnisse des Hochstaplers Felix Krull*. Thomas Manns letztes Wort zu Wagner, in: Jahrbuch der deutschen Schillergesellschaft 32, S. 291-313.
Frizen, Werner (1990): Thomas Mann und das Christentum, in: Koopmann (Hg.) 1990, S. 307-326.
Frizen, Werner (1991): „Venus Anadyomene", in: Heftrich u.a. (Hg.) 1991, S. 189-223.
Frizen, Werner (1998): „Wiedersehn – ein klein Kapitel". Zu Lotte in Weimar, in: TMJb 11, S. 171-202.
Furness, Raymond (1982): Wagner and Literature, Manchester.
Galvan, Elisabeth (1995): Bellezza und Satana. Italien und Italiener bei Thomas Mann, in: TMJb 8, S. 109-138.
Galvan, Elisabeth (1996): Zur Bachofen-Rezeption in Thomas Manns *Joseph*-Roman, Frankfurt am Main (TMS XII).
Galvan, Elisabeth (1999): Verborgene Erotik. Quellenkritische Überlegungen zu Thomas Manns Drama *Fiorenza*, in: Literaturwissenschaftliches Jahrbuch 40, S. 237-254.
Genette, Gérard (1998): Die Erzählung, übers.v. Andreas Knop, [1972/83] 2. Auflage, München.
Gockel, Heinz (1988): Faust im Faustus, in: TMJb 1, S. 133-148.
Gockel u.a. (Hg.) (1993): Wagner – Nietzsche – Thomas Mann. Festschrift für Eckhard Heftrich, hg.v. Heinz Gockel, Michael Neumann u. Ruprecht Wimmer, Frankfurt am Main.
Goldman, Harvey (1988): Max Weber and Thomas Mann. Calling and the Shaping of the Self, Berkeley Los Angeles London.
Grawe, Christian (1974): Sprache im Prosawerk, Bonn.
Grawe, Christian (1988): Struktur und Erzählform, in: Moulden (Hg.) 1988, S. 69-107.
Grimm, Alfred (1993): Joseph und Echnaton. Thomas und Ägypten, Mainz am Rhein, 2. Auflage.
Härle, Gerhard (1986): Die Gestalt des Schönen. Untersuchung zur Homosexualitätsthematik in Thomas Manns Roman *Der Zauberberg*, Königstein/Ts.
Halbwachs, Maurice (1925): Das Gedächtnis und seine sozialen Bedingungen, (1925) Berlin Neuwied 1966.
Halbwachs, Maurice (1945): Das kollektive Gedächtnis, (Paris 1945) Stuttgart 1967.
Hamburger, Käte (1981): Thomas Manns biblisches Werk. Der Josephs-Roman [1945] – Die Moses-Erzählung *Das Gesetz* [1963], München.
Haug, Helmut (1969): Erkenntnisekel. Zum frühen Werk Thomas Manns, Tübingen.
Heftrich, Eckhard (1975): Zauberbergmusik. Über Thomas Mann [Bd. I], Frankfurt am Main.

Heftrich, Eckhard (1976): Thomas Manns Joseph als Anti-Siegfried, in: Akten des V. Internationalen Germanisten-Kongresses Cambridge 1975, Heft 3, hg. v. Leonard Forster u. Hans-Gert Roloff, Bern Frankfurt am Main, S. 341-347.

Heftrich, Eckhard (1977): *Doktor Faustus*. Die radikale Autobiographie, in: Bludau u.a. (Hg.) 1977, S. 135-154.

Heftrich, Eckhard (1977a): Geträumte Taten. *Joseph und seine Brüder*, in: Bludau u.a. (Hg.) 1977, S. 659-676.

Heftrich, Eckhard (1982): Vom Verfall zur Apokalypse. Über Thomas Mann Bd. II, Frankfurt am Main.

Heftrich, Eckhard (1987): Nietzsches Goethe. Eine Annäherung, in: Nietzsche-Studien 16, S. 1-20.

Heftrich, Eckhard (1990): Joseph und seine Brüder, in: Koopmann (Hg.) 1990, S. 447-474.

Heftrich, Eckhard (1993): Geträumte Taten. Über Thomas Mann, Bd. III, Frankfurt am Main.

Heftrich, Eckhard (1993a): Matriarchat und Patriarchat. Bachofen im Joseph-Roman, in: TMJb 6, S. 205-221.

Heftrich, Eckhard (1994): Richard Wagner in Thomas Manns Josephs-Tetralogie, in: Literaturwissenschaftliches Jahrbuch 35, S. 275-290.

Heftrich u.a. (Hg.) (1987): Internationales Thomas-Mann-Kolloquium 1986 in Lübeck, hg.v. Eckhard Heftrich u. Hans Wysling, Bern (TMS VII).

Heftrich u.a. (Hg.) (1991): Thomas Mann und seine Quellen. Festschrift für Hans Wysling, hg.v. Eckhard Heftrich u. Helmut Koopmann, Frankfurt am Main.

Heftrich u.a. (Hg.) (1998): Theodor Fontane und Thomas Mann. Die Vorträge des internationalen Kolloquiums in Lübeck 1997, hg.v. Eckhard Heftrich, Helmuth Nürnberger, Thomas Sprecher u. Ruprecht Wimmer, Frankfurt am Main (TMS XVIII).

Heftrich, Urs 1995: Thomas Manns Weg zur slavischen Dämonie. Überlegungen zur Wirkung Dmitri Mereschkowskis. In: TMJ 8, S. 71-91.

Heimann, Bodo (1964): Thomas Manns *Doktor Faustus* und die Musikphilosophie Adornos, in: Deutsche Vierteljahresschrift für Literaturwissenschaft und Geistesgeschichte 38, S. 248-266.

Heller, Erich (1959): Thomas Mann. Der ironische Deutsche, Frankfurt am Main.

Heller, Erich (1977): Doktor Faustus und die Zurücknahme der Neunten Symphonie, in: Bludau u.a. (Hg.) 1977, S. 173-188.

Hepburn, Katharine (1991): Ich. Geschichten meines Lebens, München.

Hermsdorf, Klaus (1968): Thomas Manns Schelme. Figuren und Strukturen des Komischen, Berlin.

Hess, Walter (Hg.) (1956): Dokumente zum Verständnis der modernen Malerei, Hamburg.

Holl, Karl (1924): Bayreuth, in: Frankfurter Zeitung 3.8.1924; zit. nach: Der Festspielhügel. Richard Wagners Werk in Bayreuth 1876-1976, hg.v. Herbert Barth, Dietrich Mack u. Wilhelm Rauh, München 1976^2, S. 123-126.

Hornung, Erik (1993): Thomas Mann, Echnaton und die Ägyptologen, in: TMJb 6, S. 59-70.

Hübinger, Paul E. (1974): Thomas Mann, die Universität Bonn und die Zeitgeschichte, München Wien.

Hübinger, Paul E. (1980): Thomas Mann und Reinhard Heydrich in den Akten des Reichsstatthalters v. Epp, in: Vierteljahreshefte für Zeitgeschichte 28, S. 111-143.

Hülshörster, Christian (1999): Thomas Mann und Oskar Goldbergs *Wirklichkeit der Hebräer*, Frankfurt am Main (TMS XXI).

Jäckel, Kurt (1931): Richard Wagner in der französischen Literatur, 2 Teile, Breslau 1931/32.

Jäger, Christoph (1992): Humanisierung des Mythos – Vergegenwärtigung der Tradition. Theologisch-hermeneutische Aspekte in den Josephsromanen von Thomas Mann, Stuttgart.

Jacobs, Jürgen (1989): Thomas Mann. *Der Zauberberg*, in: J.J. und Markus Krause, Der deutsche Bildungsroman. Gattungsgeschichte vom 18. bis zum 20. Jahrhundert, München, S. 207-222.

Jendreiek, Helmut (1977): Thomas Mann. Der demokratische Roman, Düsseldorf.

Jens, Walter (1998): Statt einer Literaturgeschichte. Düsseldorf Zürich.

Jonas, Ilsedore B. (1969): Thomas Mann und Italien. Heidelberg.

Jonas, Klaus W. (1995): Auf den Spuren Thomas Manns. Kleiner Wegweiser durch deutsche Forschungs- und Gedenkstätten, in: Imprimatur 14, S. 199-228.

Joseph, Erkme 1996: Nietzsche im *Zauberberg*. Frankfurt am Main (TMS XIV).

Junge, Friedrich (1993): Thomas Manns fiktionale Welt Ägypten, in: TMJb 6, S. 37-57.

Kahane, Martine, und Nicole Wild (1983): Wagner et la France. Katalog zur Ausstellung von Bibliothèque Nationale und Théâtre National de l'Opéra, Paris.

Kahler, Erich (1952): Säkularisierung des Teufels. Thomas Manns Faust [1948], in: E.K., Die Verantwortung des Geistes. Gesammelte Aufsätze, S. 143-162.

Karthaus, Ulrich (1970): Der Zauberberg. Ein Zeitroman (Zeit, Geschichte, Mythos), in: Deutsche Vierteljahresschrift für Literaturwissenschaft und Geistesgeschichte 44, S. 269-305.

Karthaus, Ulrich (1983): Thomas Mann. *Der Zauberberg*, in: Deutsche Romane des 20. Jahrhunderts. Neue Interpretationen, hg.v. Paul Michael Lützeler, Königstein/Ts., S. 95-109.

Karthaus, Ulrich (1988): Zu Thomas Manns Ironie, in: TMJb 1, S. 80-98.

Karthaus, Ulrich (1994): Thomas Mann, Stuttgart.

Karthaus, Ulrich (1995): *Anna Karenina* im *Zauberberg*, in: TMJb 8, S. 33-52.

Keller, Ernst (1988): Leitmotive und Symbole, in: Moulden (Hg.) 1988, S. 129-143.

Kerényi, Karl (1971): Antike Religion, München Wien.

Ketelsen, Uwe (1985): Die Jugend von Langemarck. Ein poetisch-politisches Motiv der Zwischenkriegszeit, in: 'Mit uns zieht die neue Zeit'. Der Mythos Jugend, hg.v. Thomas Koebner, Rolf-Peter Janz u. Frank Trommler, Frankfurt am Main, S. 68-96.

Kiedaisch, Petra (1996): Ist die Kunst noch heiter? Theorie, Problematik und Gestaltung der Heiterkeit in der deutschsprachigen Literatur nach 1945, Tübingen.

Kiesel, Helmuth (1990): Thomas Manns *Doktor Faustus*. Reklamationen der Heiterkeit, in: Deutsche Vierteljahresschrift für Literaturwissenschaft und Geistesgeschichte 64, S. 726-743.

Kiesel, Helmuth (1990a): Kierkegaard, Alfred Döblin, Thomas Mann und der Schluß des *Doktor Faustus*, in: Literaturwissenschaftliches Jahrbuch 31, S. 233-249.

Kolbe, Jürgen (1987): Heller Zauber. Thomas Mann in München 1894-1933, Berlin.

Koopmann, Helmut (1975a): Thomas Mann. Theorie und Praxis der epischen Ironie [1968], in: Koopmann (Hg.) 1975, S. 351-383.

Koopmann, Helmut (1980): Die Entwicklung des 'intellektualen Romans' bei Thomas Mann. Untersuchungen zur Struktur von *Buddenbrooks, Königliche Hoheit* und *Der Zauberberg*, 3. erweiterte Auflage, Bonn.

Koopmann, Helmut (1983): Der klassisch-moderne Roman in Deutschland. Thomas Mann – Alfred Döblin – Hermann Broch, Stuttgart.

Koopmann, Helmut (1988): Der schwierige Deutsche. Studien zum Werk Thomas Manns, Tübingen.

Koopmann, Helmut (1990a): Der Erwählte, in: Koopmann (Hg.) 1990, S. 498-515.

Koopmann, Helmut (1991): Aneignungsgeschäfte. Thomas Mann liest Eckermanns Gespräche mit Goethe, in: Heftrich u.a. (Hg.) 1991, S. 21-47.

Koopmann, Helmut (Hg.) (1975): Thomas Mann, Darmstadt (Wege der Forschung).

Koopmann, Helmut (Hg.) (1990): Thomas-Mann-Handbuch, Stuttgart.

Koppen, Erwin (1973): Dekadenter Wagnerismus, Berlin New York.

Kristiansen, Børge (1978): Unform - Form - Überform. Thomas Manns Zauberberg und Schopenhauers Metaphysik, København (verbessert und erweitert als: Thomas Manns Zauberberg und Schopenhauers Metaphysik, Bonn 1986).

Kristiansen, Børge (1993): Ägypten als symbolischer Raum der geistigen Problematik Thomas Manns. Überlegungen zur Dimension der Selbstkritik in *Joseph und seine Brüder*, in: TMJb 6, S. 9-36.

Kuhn, Hugo (1974): Der gute Sünder – der Erwählte?, in: Hartmann von Aue, Gregorius. Der gute Sünder, mhdt. Text hg.v. Friedrich Neumann, übers.v. Burkhard Kippenberg, [1959] Stuttgart 1974, S. 235-249.

Kunze, Stefan (1972): Richard Wagners Idee des „Gesamtkunstwerks", in: Beiträge zur Theorie der Künste im 19. Jahrhundert, Bd. 2, hg.v. Helmut Koopmann u. J. Adolf Schmoll gen. Eisenwerth, Frankfurt am Main, S. 196-229.

Kurzke, Hermann (1985): Thomas Mann. Epoche Werk Wirkung, München (1985) 1997[3].

Kurzke, Hermann (1987): Die Quellen der *Betrachtungen eines Unpolitischen*. In: Heftrich u.a. (Hg.) 1987, S. 291-310.

Kurzke, Hermann (1993): Mondwanderungen. Wegweiser durch Thomas Manns Joseph-Romane, Frankfurt am Main.

Kurzke, Hermann (1997): Auf dem Weg zum *Zauberberg*. Timpe und Schrenck: zwei Studien, in: Sprecher (Hg.) 1997, S. 77-94.

Kurzke, Hermann (Hg.) (1985a): Stationen der Thomas-Mann-Forschung. Aufsätze seit 1970, Würzburg.

Lämmert, Eberhard (1963): Thomas Mann. Buddenbrooks, in: Der deutsche Roman. Vom Barock bis zur Gegenwart. Struktur und Geschichte, Bd. II, hg. v. Benno von Wiese, Düsseldorf, 190-233 u. 434-439.

Lange, Gerhard (1955): Struktur- und Quellenuntersuchungen zur *Lotte in Weimar*, Diss. Bonn 1955, Bayreuth 1970.

Lehnert, Herbert (1963): Thomas Manns Vorstudien zur Josephstetralogie, in: Jahrbuch der deutschen Schillergesellschaft 7, S. 458-520.

Lehnert, Herbert (1965): Thomas Mann. Fiktion Mythos Religion, Stuttgart u.a.

Lehnert, Herbert (1966): Thomas Manns Josephsstudien, in: Jahrbuch der deutschen Schillergesellschaft 10, S. 378-406.
Lehnert, Herbert (1966a): Zur Theologie in Thomas Manns *Doktor Faustus*. Zwei gestrichene Stellen aus der Handschrift, in: Deutsche Vierteljahresschrift für Literaturwissenschaft und Geistesgeschichte 40, S. 248-256.
Lehnert, Herbert (1971): Die Künstler-Bürger-Brüder. Doppelorientierung in den frühen Werken Heinrich und Thomas Manns, in: Pütz (Hg.) 1971, S. 14-51.
Lehnert, Herbert (1984): The Luther-Erasmus Constellation in Thomas Mann's *Doktor Faustus*, in: Michigan Germanic Studies 10, S. 142-158.
Lehnert, Herbert (1985): Bert Brecht und Thomas Mann im Streit über Deutschland, in: Kurzke (Hg.) 1985a, S. 247-275.
Lehnert, Herbert (1987): Langemarck – historisch und symbolisch. In: Orbis Litterarum 42, S. 271-290.
Lehnert, Herbert und Eva Wessell (1991): Nihilismus der Menschenfreundlichkeit. Thomas Manns „Wandlung" und sein Essay *Goethe und Tolstoi*, Frankfurt am Main (TMS IX).
Lem, Stanislaw (1985): Philosophie des Zufalls. Zu einer empirischen Theorie der Literatur, dt.v. Friedrich Griese, 2 Bde., [1975^2] Frankfurt am Main 1983 /85.
Lesser, Jonas (1952): Thomas Mann in der Epoche seiner Vollendung, Zürich.
Loose, Gerhard (1979): Der junge Heinrich Mann, Frankfurt am Main.
Lukács, Georg (1949): Thomas Mann, in: G.L., Faust und Faustus. Vom Drama der Menschengattung zur Tragödie der modernen Kunst. Ausgewählte Schriften II, Reinbek bei Hamburg 1967, S. 211-278.
Lukács, Georg (1955): Das Spielerische und seine Hintergründe, in: G.L., Faust und Faustus. Vom Drama der Menschengattung zur Tragödie der modernen Kunst. Ausgewählte Schriften II, Reinbek bei Hamburg 1967, S. 279-308.
Maar, Michael (1989): Der Teufel in Palestrina. Neues zum *Doktor Faustus* und zur Position Gustav Mahlers im Werk Thomas Manns, in: Literaturwissenschaftliches Jahrbuch 30, S. 211-247.
Maar, Michael (1995): Geister und Kunst. Neuigkeiten aus dem Zauberberg, München Wien.
Mann, Erika (1985): Briefe und Antworten, hg.v. Anna Zanco Prestel, 2 Bde., München.
Mann, Katia (1974): Meine ungeschriebenen Memoiren. Hg.v. Elisabeth Plessen u. Michael Mann. Frankfurt am Main.
Martin, Timothy (1991): Joyce and Wagner. A Study of Influence, Cambridge.
Marx, Friedhelm (1992): Mynheer Peeperkorns mythologisches Rollenspiel. Zur Integration des Mythos in Thomas Manns *Zauberberg*, in: Wirkendes Wort 42, S. 67-75.
Matt, Peter von (1978): Zur Psychologie des deutschen Nationalschriftstellers. Die paradigmatische Bedeutung der Hinrichtung und Verklärung Goethes durch Thomas Mann, in: Perspektiven psychoanalytischer Literaturkritik, hg.v. S. Goeppert, Freiburg, S. 82-100.
Mayer, Hans (1950): Thomas Mann, Berlin.
Mendelssohn, Peter de (1996): Der Zauberer. Das Leben des deutschen Schriftstellers Thomas Mann [1975]. Überarbeitete und erweiterte Neuausgabe, hg. v. Cristina Klostermann, 3 Bde., Frankfurt am Main.

Meyer, Herman (1975): Zum Problem der epischen Integration [1950], in: Koopmann (Hg.) 1975, S. 43-63.
Mieth, Dietmar (1976): Epik und Ethik. Eine theologisch-ethische Interpretation der Josephsromane Thomas Manns, Tübingen.
Morrison, Toni (1994): Im Dunkeln Spielen. Weiße Kultur und literarische Imagination, [1992] Reinbek bei Hamburg 1994.
Moulden (Hg.) (1988): Buddenbrooks-Handbuch, hg.v. Ken Moulden u. Gero von Willpert, Stuttgart.
Neumann, Michael (1991): Unterwegs zu den Inseln des Scheins. Kunstbegriff und literarische Form in der Romantik von Novalis bis Nietzsche, Frankfurt am Main.
Neumann, Michael (1995): Objektivität, Ironie und Sympathie, in: Thomas Mann Jahrbuch 8, S. 9-31.
Neumann, Michael (1997): Ein Bildungsweg in der Retorte. Hans Castorp auf dem Zauberberg. In: Thomas Mann Jahrbuch 10, S. 133-148.
Neumann, Michael (1998): Eine Frage des Stils. Keller – Fontane – Thomas Mann, in: Heftrich u.a. (Hg.) 1998, S. 149-167.
Neumann, Michael (2002): Zwölftontechnik? Leverkühn zwischen Schönberg und Wagner, erscheint in: Literaturwissenschaftliches Jahrbuch der Görresgesellschaft 43.
Nielsen, Birgit (1965): Adrian Leverkühn als bewußte mythische imitatio des Dr. Faustus, in: Orbis litterarum 20, S. 128-158.
Nündel, Ernst (1972): Die Kunsttheorie Thomas Manns, Bonn.
Nunes, Maria Manuela (1992): Die Freimaurerei. Untersuchungen zu einem literarischen Motiv bei Heinrich und Thomas Mann. Bonn Berlin.
Nussbaum, Martha C. (1995): Poetic Justice. The Literary Imagination and Public Life, Boston.
Oettermann, Stephan (1980): Das Panorama. Geschichte eines Massenmediums, Frankfurt am Main.
Oswald, Victor A. (1948): Thomas Mann's *Doktor Faustus*. The Enigma of Frau von Tolna, in: Germanic Review 23, S. 249-253.
Paglia, Camille (1992): Die Masken der Sexualität, [1990] Berlin.
Paz, Octavio (1983): Der Bogen und die Leier. Poetologischer Essay, übers.v. Rudolf Wittkop, [1956] Frankfurt am Main.
Peacock, Ronald (1934): Das Leitmotiv bei Thomas Mann, Bern.
Petriconi, H[ellmuth] (1958): Das Reich des Untergangs. Bemerkungen über ein mythologisches Thema, Hamburg.
Potempa, Georg (1992): Thomas Mann-Bibliographie. Das Werk, Mitarbeit Gert Heine, Morsum/Sylt.
Potempa, Georg (2000): Nachtrag zur Bibliographie der Werke Thomas Manns, in: Gregor Potempa in memoriam, hg.v. Timm A. Zenner, Morsum/Sylt, S. 9-21.
Praz, Mario (1948): Liebe, Tod und Teufel. Die schwarze Romantik, [1948³] München 1970.
Pütz, Peter (1963): Kunst und Künstlerexistenz bei Nietzsche und Thomas Mann. Zum Problem des ästhetischen Perspektivismus in der Moderne [1963], 2. Auflage, Bonn 1975.
Pütz, Peter (Hg.) (1971): Thomas Mann und die Tradition, Frankfurt am Main.
Pütz, Peter (1971a): Thomas Mann und Nietzsche, in: Pütz (Hg.) 1971, S. 225-249.

Puschmann, Rosemarie (1983): Magisches Quadrat und Melancholie in Thomas Manns *Doktor Faustus*. Von der musikalischen Struktur zum semantischen Beziehungsnetz, Bielefeld.

Rasch, Wolfdietrich (1986): Die literarische Décadence um 1900, München.

Reed, Terence James (1963): Mann and Turgenev – A first love, in: German Life & Letters 17, 1963/64, S. 313-318.

Reed, Terence James (1971): Thomas Mann and Tradition. Some Clarifications, in: The Discontinuous Tradition. Studies in German Literature in honour of Ernest Ludwig Stahl, hg.v. P.F. Ganz, Oxford, S. 158-181.

Reed, Terence James (1973): Thomas Mann. The Uses of Tradition, Oxford [1973] 1996^2.

Reed, Terence J. (1985): *Der Zauberberg*. Zeitenwandel und Bedeutungswandel 1912-1924 [Übers. von Reed 1973, S. 226-274]. In: Kurzke (Hg.) 1985a, S. 92-134.

Reed, Terence James (1987): „... daß alles verstehen alles verzeihen heiße ...". Zur Dialektik zwischen Literatur und Gesellschaft bei Thomas Mann, in: Heftrich u.a. (Hg.) 1987, S. 159-173.

Reed, Terence J. (1990): Thomas Mann und die literarische Tradition, in: Koopmann (Hg.) 1990, S. 95-136.

Reed, Terence James (1991): Einfache Verulkung, Manier, Stil. Die Briefe an Otto Grautoff als Dokument der frühen Entwicklung Thomas Manns, in: Thomas Mann und seine Quellen. Festschrift für Hans Wysling, hg.v. Eckhard Heftrich u. Helmut Koopmann, Frankfurt am Main, S. 48-65.

Reed, Terence James (1993): Die letzte Zweiheit. Menschen-, Kunst- und Geschichtsverständnis im *Doktor Faustus*, in: Thomas Mann. Romane und Erzählungen, hg.v. Volkmar Hansen, Stuttgart, S. 294-324.

Reed, Terence James (1997): Von Deutschland nach Europa. Der *Zauberberg* im europäischen Kontext, in: Sprecher 1997, S. 299-318.

Rehm, Walther (1963): Thomas Mann und Dürer [1963], in: W.R., Späte Studien, Bern München 1964, S. 344-358.

Reich, Willi (1974): Arnold Schönberg. Der konservative Revolutionär, München.

Reiss, Gunter (1970): „Allegorisierung" und moderne Erzählkunst. Eine Studie zum Werk Thomas Manns, München.

Renner, Rolf Günter (1985): Lebens-Werk. Zum inneren Zusammenhang der Texte von Thomas Mann, München.

Ricoeur, Paul (1989): Zeit und Erzählung, Bd. II: Zeit und literarische Erzählung, dt.v. Rainer Rochlitz, [1984] München.

Rieckmann, Jens (1977): Der Zauberberg. Eine geistige Autobiographie Thomas Manns, Stuttgart.

Roberts, David (1986): Die Postmoderne – Dekonstruktion oder Radikalisierung der Moderne? Überlegungen am Beispiel des *Doktor Faustus*, in: Ethische contra ästhetische Legitimation von Literatur. Traditionalismus und Modernismus: Kontroversen um den Avantgardismus, hg.v. Walter Haug u. Willfried Barner, Tübingen (Kontroversen, alte und neue. Akten des VII. Internationalen Germanisten-Kongresses Göttingen 1985, hg.v. Albrecht Schöne, Bd. 8), S. 148-153.

Rorty, Richard (1993): Heidegger, Kundera und Dickens, in: R.R., Eine Kultur ohne Zentrum. Vier philosophische Essays und ein Vorwort, Stuttgart, S. 72-103.

Runge, Doris (1998): Welch ein Weib! Mädchen- und Frauengestalten bei Thomas Mann, Stuttgart.

Sandberg, Joachim (1977): Thomas Mann und Georg Brandes. Quellenkritische Beobachtungen zur Rezeption (un-)politischer Einsichten und zu deren Integration in Essay und Erzählkunst, in: Bludau u.a. (Hg.) 1977, S. 285-306.

Sandberg, Joachim (1978): Der Kierkegaard-Komplex in Thomas Manns Roman *Doktor Faustus*, in: Text und Kontext 6, S. 257-274.

Sauerland, Karol (1979): „Er wußte noch mehr...". Zum Konzeptionsbruch in Thomas Manns *Doktor Faustus* unter dem Einfluß Adornos, in: Orbis Litterarum 34, S. 130-145.

Scaff, Susan von Rohr (1998): History, Myth, and Music. Thomas Mann's Timely Fiction, Rochester/NY Woodbridge/Suffolk.

Scharfschwerdt, Jürgen (1967): Thomas Mann und der deutsche Bildungsroman. Eine Untersuchung zu den Problemen einer literarischen Tradition Stuttgart u.a.

Scheer, Rainer, und Andrea Seppi (1991): Etikettenschwindel? Die Rolle der Freimaurerei in Thomas Manns *Zauberberg*. In: Wißkirchen (Hg.) 1991, S. 54-84.

Scherliess, Volker (1980): Über Adrian Leverkühn. Notizen zur Musik in Thomas Manns *Doktor Faustus*, in: Der Wagen. Ein Lübeckisches Jahrbuch, hg. v. R. Saltzedel, Lübeck, S. 180-197.

Scherliess, Volker (1993): Adrian Leverkühn (1885-194[0]). Ein deutscher Komponist in der Darstellung Thomas Manns. Dichtung und Wirklichkeit. Eine Ausstellung im Buddenbrookshaus der Hansestadt Lübeck 6.5.-26.6.1993, Lübeck.

Scherrer, Paul (1958): Bruchstücke der Buddenbrooks-Urhandschrift und Zeugnisse zu ihrer Entstehung 1897-1901, in: Neue Rundschau 69, S. 258-291.

Scherrer, Paul (1959): Th. Manns Mutter liefert Rezepte für die Buddenbrooks, in: Libris et Litteris. Festschrift Hermann Tiemann, Hamburg, S. 325-337.

Scherrer, Paul und Hans Wysling (1967): Quellenkritische Studien zum Werk Thomas Manns, Bern München (TMS I).

Schlee, Agnes (1981): Wandlungen musikalischer Strukturen im Werke Thomas Manns. Vom Leitmotiv zur Zwölftonreihe, Frankfurt am Main.

Schmidt, Arno (1985): [Zu Thomas Mann], in: Der Rabe, Nr. XII, Zürich, S. 161.

Schmidt, Christoph (1997): „Ehrfurcht und Erbarmen". Thomas Manns Nietzsche-Rezeption 1914 bis 1947. Trier.

Schmidt, Georg (1929): Johann Jakob Bachofens Geschichtsphilosophie, München.

Schneider, Karl Ludwig (1976): Der Künstler als Schelm. Zum Verhältnis von Bildungsroman und Schelmenroman in Thomas Manns *Felix Krull*, in: Philobiblon 20, S. 2-18.

Schneider, Wolfgang (1999): Lebensfreundlichkeit und Pessimismus. Thomas Manns Figurendarstellung, Frankfurt am Main (TMS XIX).

Schramm, Tim (1968): Joseph-Christus-Typologie in Thomas Manns Josephsroman, in: Antike und Abendland 14, S. 142-171.

Schultz, H. Stefan (1971): Thomas Mann und Goethe, in: Pütz (Hg.) 1971, S. 151-179.

Schulze, Joachim (1968): Traumdeutung und Mythos. Über den Einfluß der Psychoanalyse auf Thomas Manns Josephsroman, in: Poetica 2, S. 501-520.

Schulze, Joachim (1971): Joseph, Gregorius und der Mythos vom Sonnenhelden. Zum psychologischen Hintergrund eines Handlungsschemas, in Jahrbuch der deutschen Schillergesellschaft 15, S. 465-496.

Schumann, Willy (1986): „Deutschland, Deutschland über alles" und „Der Lindenbaum". Betrachtungen zur Schlußszene von Thomas Manns *Der Zauberberg*. In: German Studies Review 9, S. 29-44.

Schwarz, Egon (1987): Adrian Leverkühn und Alban Berg, in: Modern Language Notes 102, S. 663-667.

Schwöbel, Christoph (1999): Der „Tiefsinn des Herzens" und das „Pathos der Distanz". Thomas Mann, Luther und die deutsche Identität, in: TMJb 12, 59-75.

Schröter, Klaus (1964): Thomas Mann in Selbstzeugnissen und Bilddokumenten, Reinbek bei Hamburg.

Seidlin, Oskar (1969): Von Goethe zu Thomas Mann. Zwölf Versuche, 2. durchgesehene Auflage, Göttingen.

Seidlin, Oskar (1971): Das hohe Spiel der Zahlen: Die Peeperkorn-Episode in Thomas Manns *Zauberberg* [1971], in: O.S., Klassische und moderne Klassiker, Göttingen 1972, S. 103-126.

Seidlin, Oskar (1982): Die offene Wunde. Notizen zu Thomas Manns *Doktor Faustus*, in: Zur Geschichtlichkeit der Moderne. Der Begriff der literarischen Moderne in Theorie und Deutung. Ulrich Fülleborn zum 60. Geburtstag, hg.v. Theo Elm u. Gerd Hemmerich, München, S. 291-306.

Seidlin, Oskar (1983): Doktor Faustus reist nach Ungarn. Notiz zu Thomas Manns Altersroman, in: Heinrich Mann-Jahrbuch 1, S. 187-204.

Siefken, Hinrich (1981): Thomas Mann. Goethe – „Ideal der Deutschheit". Wiederholte Spiegelungen 1893-1949, München.

Siefken, Hinrich (1991): Goethe 'spricht'. Gedanken zum siebenten Kapitel des Romans Lotte in Weimar, in: Heftrich u.a. (Hg.) 1991, S. 224-248.

Singer, Herbert (1963): Helena und der Senator. Versuch einer mythologischen Deutung von Thomas Manns *Buddenbrooks* [1963], in: Koopmann (Hg.) 1975, S. 247-256.

Sontag, Susan (1961): The Literary Criticism of Georg Lukács, in: S.S., Against Interpretation and Other Essays, New York [1961] 1967³, S. 82-92.

Sprecher, Thomas (1985): Felix Krull und Goethe. Thomas Manns *Bekenntnisse* als Parodie auf *Dichtung und Wahrheit*, Bern.

Sprecher, Thomas (1992): Thomas Mann in Zürich, Zürich.

Sprecher, Thomas (1996): Davos im *Zauberberg*. Thomas Manns Roman und sein Schauplatz. Zürich München.

Sprecher, Thomas (1998): Zur Entstehung des *Doktor Faustus*, in: Wißkirchen u.a. (Hg.) 1998, S. 9-32 u. 211-218.

Sprecher, Thomas (Hg.) (1995): Das *Zauberberg*-Symposium 1994 in Davos. Frankfurt am Main (TMS XI).

Sprecher, Thomas (Hg.) (1997): Auf dem Weg zum *Zauberberg*. Die Davoser Literaturtage 1996, Frankfurt am Main (Thomas-Mann-Studien XVI).

Stackmann, Karl (1959): *Der Erwählte*. Thomas Manns Mittelalter-Parodie, in: Koopmann (Hg.) 1990, S. 227-246.

Stanzel, Franz K. (1974): Typische Formen des Romans, 7. Auflage, Göttingen.

Stern, J.P. (1995): The Dear Purchase. A Theme in German Modernism, Cambridge.

Stoupy, Joëlle (1996): Maître de l'heure. Die Rezeption Paul Bourgets in der deutschsprachigen Literatur um 1890, Frankfurt am Main.

Szondi, Peter (1964): Thomas Manns Gnadenmär von Narziß [1964], in: P.Sz., Schriften II, hg.v. Wolfgang Fietkau, Frankfurt am Main 1978, S. 235-242.

Tiedemann, Rolf (1992): „Mitdichtende Einfühlung". Adornos Beiträge zum *Doktor Faustus* – noch einmal, in: Frankfurter Adorno Blätter 1, S. 9-33.

Vaget, Hans Rudolf (1973): Thomas Mann und die Neuklassik. *Der Tod in Venedig* und Samuel Lublinskis Literaturauffassung [1973], in: Kurzke (Hg.) 1985a, S. 41-60.

Vaget, Hans Rudolf (1975): „Goethe oder Wagner". Studien zu Thomas Manns Goethe-Rezeption 1905-1912, in: ders. & Dagmar Barnouw: Thomas Mann. Studien zu Fragen der Rezeption, Bern, S. 1-81.

Vaget, Hans Rudolf (1977): Georg Lukács und Thomas Mann, in: Neue Rundschau 88, S. 656-663.

Vaget, Hans Rudolf (1977a): Kaisersaschern als geistige Lebensform. Zur Konzeption der deutschen Geschichte in Thomas Manns *Doktor Faustus*, in: Der deutsche Roman und seine historischen und politischen Bedingungen, hg.v. Wolfgang Paulsen, Bern München 1977, S. 200-235.

Vaget, Hans Rudolf (1980): Auf dem Weg zur Repräsentanz. Thomas Mann in Briefen an Otto Grautoff (1894-1901), in: Neue Rundschau 91, S. 58-82.

Vaget, Hans Rudolf (1982): Thomas Mann und *Das Tagebuch*. Aspekte der Sexualität in *Der Zauberberg, Joseph und seine Brüder* und *Lotte in Weimar*, in: H.R.V., Goethe. Der Mann von 60 Jahren, Königstein/Ts., S. 140-173, 177-179 u. 183.

Vaget, Hans Rudolf (1984): Thomas Mann. Kommentar zu sämtlichen Erzählungen, München.

Vaget, Hans Rudolf (1984a): Thomas Mann und Wagner. Zur Funktion des Leitmotivs in *Der Ring des Nibelungen* und *Buddenbrooks*, in: Literatur und Musik, hg.v. Steven P. Scher, Berlin, S. 326-347.

Vaget, Hans Rudolf (1989): Thomas Mann und James Joyce. Zur Frage des Modernismus im *Doktor Faustus*, in: TMJb 2, S. 121-150.

Vaget, Hans Rudolf (1991): *Germany – Jekyll and Hyde*. Sebastian Haffners Deutschlandbild und die Genese von *Doktor Faustus*, in: Heftrich u.a. (Hg.) 1991, S. 249-271.

Vaget, Hans Rudolf (1992): Deutsche Einheit und nationale Identität. Zur Genealogie der gegenwärtigen Deutschland-Debatte am Beispiel von Thomas Mann, in: Literaturwissenschaftliches Jahrbuch 33, S. 277-298.

Vaget, Hans Rudolf (1994): Musik in München. Kontext und Vorgeschichte des 'Protests der Richard-Wagner-Stadt München' gegen Thomas Mann, in: TMJb 7, S. 41-70.

Vaget, Hans Rudolf (1997): „Ein Traum von Liebe". Musik, Homosexualität und Wagner in Thomas Manns *Der Zauberberg*, in: Sprecher (Hg.) 1997, S. 111-141.

Vaget, Hans Rudolf (1998): Fontane, Wagner, Thomas Mann. Zu den Anfängen des modernen Romans in Deutschland, in: Heftrich (Hg.) 1998, S. 249-274.

Vaget, Hans Rudolf (1999): Im Schatten Wagners, in: Schatten, S. 301-335.

Vargas Llosa, Mario (1980): Die ewige Orgie. Flaubert und *Madame Bovary*, [1975] Reinbek bei Hamburg.

Virchow, Christian (1994): Geheimrat Dr. Friedrich Jessen und *Der Zauberberg*. Eine Geschichte aus dem Davos von dazumal. In: Davoser Revue 69, S. 28-43.

Virchow, Christian (1995): Medizin und Biologie in Thomas Manns Roman *Der Zauberberg*. Über physiologische und biologische Quellen des Autors. In: Sprecher (Hg.) 1995, S. 117-171.

Völker, Ludwig (1973): Ein Mißverständnis und seine Folgen: „placet experiri" als 'Wahlspruch' Petrarcas in Thomas Manns Roman *Der Zauberberg*. In: Euphorion 67, S. 383-385.
Voss, Lieselotte (1975): Die Entstehung von Thomas Manns Roman *Doktor Faustus*. Dargestellt anhand von unveröffentlichten Vorarbeiten, Tübingen.
Wehrmann, Harald (1993): „Der Roman praktiziert die Musik, von der er handelt". Über den Versuch Thomas Manns, seinem Roman *Doktor Faustus* eine dodekaphonische Struktur zu geben, in: Die Musikforschung 46, S. 5-16.
Weigand, Hermann J. (1965): The magic mountain, (1933) Chapel Hill, 3. Auflage.
Werner, Renate (1976): Heinrich Mann. Eine Freundschaft – Gustave Flaubert und George Sand. Text Materialien Kommentar, München Wien.
Wesel, Uwe (1980): Der Mythos vom Matriarchat. Über Bachofens Mutterrecht und die Stellung von Frauen in frühen Gesellschaften, Frankfurt am Main.
Wieler, Michael (1996): Dilettantismus – Wesen und Geschichte. Am Beispiel von Heinrich und Thomas Mann, Würzburg.
Willberg, Petra-Hildegard (1996): Richard Wagners mythische Welt. Versuche wider den Historismus, Freiburg im Breisgau.
Wimmer, Ruprecht (1990): Der Herr Facis et (non) Dicis. Thomas Manns Übernahmen aus Grimmelshausen, in: TMJb 3, S. 14-49.
Wimmer, Ruprecht (1991): Die altdeutschen Quellen im Spätwerk Thomas Manns, in: Heftrich u.a. (Hg.) 1991, S. 272-299.
Wimmer, Ruprecht (1993): „Ah, ça c'est bien allemand, par exemple!" Richard Wagner in Thomas Manns *Doktor Faustus*, in: Gockel u.a. (Hg.) 1993, S. 49-68.
Wimmer, Ruprecht (1997): Zur Philosophie der Zeit im *Zauberberg*, in: Sprecher 1997, S. 251-272.
Wimmer, Ruprecht (1998): Der sehr große Papst. Mythos und Religion im *Erwählten*, in: TMJb 11, S. 91-107.
Wimmer, Ruprecht (2000): Zur Nachwirkung Schopenhauers im Werk Thomas Manns, in: Literaturwissenschaftliches Jahrbuch 41, S. 185-201.
Wirtz, Erika A. (1953): Zitat und Leitmotiv bei Thomas Mann. In: German Life and Letters 7, 1953-1954, S. 126-136.
Wißkirchen, Hans (1985): „Gegensätze mögen sich reimen". Quellenkritische und entstehungsgeschichtliche Untersuchungen zu Thomas Manns Naphta-Figur. In: Jahrbuch der deutschen Schillergesellschaft 24, S. 426-454.
Wißkirchen, Hans (1986): Zeitgeschichte im Roman. Zu Thomas Manns *Zauberberg* und *Doktor Faustus*. Bern (TMS VI).
Wißkirchen, Hans (1995): „Ich glaube an den Fortschritt, gewiß." Quellenkritische Untersuchungen zu Thomas Manns Settembrini-Figur. In: Sprecher (Hg.) 1995, S. 81-116.
Wißkirchen, Hans (Hg.) (1991): „Die Beleuchtung, die auf mich fällt, hat ... oft gewechselt." Neue Studien zum Werk Thomas Manns. Würzburg.
Wißkirchen u.a. (Hg.) (1998): „und was werden die Deutschen sagen??" Thomas Manns *Doktor Faustus*, hg.v. Hans Wißkirchen u. Thomas Sprecher, [1997] Lübeck 1998².
Wolf, Alois (1964): Thomas Mann. Der Erwählte, in: A.W., Gregorius bei Hartmann von Aue und Thomas Mann, München, S. 55-99.

Wysling, Hans (1974): Dokumente und Untersuchungen. Beiträge zur Thomas-Mann-Forschung, Bern (TMS III).

Wysling, Hans (1983): Schopenhauer-Leser Thomas Mann, in: Schopenhauer-Jahrbuch 64, S. 61-79.

Wysling, Hans (1987): 25 Jahre Arbeit im Thomas Mann-Archiv. Rückblick und Ausblick, in: Heftrich u.a. (Hg.) 1987, S. 370-380.

Wysling, Hans (1989): Neues zum *Zauberberg*. In: Thomas Mann und München. Fünf Vorträge von Reinhart Baumgart u.a. Frankfurt am Main, S. 104-117.

Wysling, Hans (1990): Buddenbrooks, in: Koopmann (Hg.) 1990, S. 363-384.

Wysling, Hans (1990a): Der Zauberberg, in: Koopmann (Hg.) 1990, S. 397-422.

Wysling, Hans (1991): Thomas Manns unveröffentlichte Notizbücher. In: TMJb 4, S. 119-135.

Wysling, Hans (1995): Narzißmus und illusionäre Existenzform. Zu den Bekenntnissen des Hochstaplers Felix Krull, Frankfurt am Main, [1982] 2. Auflage (TMS V).

Wysling, Hans (1996): Ausgewählte Aufsätze 1963-1995, hg.v. Thomas Sprecher u. Cornelia Bernini, Frankfurt am Main (TMS XIII).

Wysling, Hans, und Yvonne Schmidlin (1975): Bild und Text bei Thomas Mann. Eine Dokumentation, Bern.

Wysling, Hans, und Yvonne Schmidlin (1997): Thomas Mann. Ein Leben in Bildern. [1994] Frankfurt am Main.

Zelinsky, Hartmut (1976): Richard Wagner. Ein deutsches Thema 1876-1976, Frankfurt am Main.

Žmegač, Viktor (1994): Montage/Collage, in: Moderne Literatur in Grundbegriffen, hg.v. Dieter Borchmeyer u. V.Ž., 2. Auflage, Tübingen. S. 286-291.

OHIO UNIVERSITY LIBRARY
Please return this book as soon as you have finished with it. In order to avoid a fine it must be returned by the latest date stamped below. All books are subject to recall after two weeks or immediately if needed for reserve.

CF

A Companion to the Works of Hartmann von Aue

Studies in German Literature, Linguistics, and Culture

Edited by James Hardin
(South Carolina)

Camden House Companion Volumes

The Camden House Companions provide well-informed and up-to-date critical commentary on the most significant aspects of major works, periods, or literary figures. The Companions may be read profitably by the reader with a general interest in the subject. For the benefit of student and scholar, quotations are provided in the original language.

A Companion to the Works of Hartmann von Aue

Edited by
Francis G. Gentry

CAMDEN HOUSE

Copyright © 2005 by the Editors and Contributors

All Rights Reserved. Except as permitted under current legislation,
no part of this work may be photocopied, stored in a retrieval system,
published, performed in public, adapted, broadcast, transmitted,
recorded, or reproduced in any form or by any means,
without the prior permission of the copyright owner.

First published 2005
by Camden House

Camden House is an imprint of Boydell & Brewer Inc.
668 Mt. Hope Avenue, Rochester, NY 14620, USA
www.camden-house.com
and of Boydell & Brewer Limited
PO Box 9, Woodbridge, Suffolk IP12 3DF, UK
www.boydell.co.uk

ISBN: 1–57113–238–4

Library of Congress Cataloging-in-Publication Data

A companion to the works of Hartmann von Aue / edited by Francis G. Gentry.
p. cm. — (Studies in German literature, linguistics, and culture)
Includes bibliographical references and index.
ISBN 1–57113–238–4 (hardcover : alk. paper)
1. Hartmann, von Aue, 12th cent.—Criticism and interpretation.
I. Gentry, Francis G. II. Title. III. Series: Studies in German literature,
linguistics, and culture (Unnumbered)

PT1535.C66 2004
831'.21—dc22

2004017489

A catalogue record for this title is available from the British Library.

This publication is printed on acid-free paper.
Printed in the United States of America.

Contents

Acknowledgments	vii
Introduction *Francis G. Gentry*	1
Hartmann's Theological Milieu *Frank Tobin*	9
Hartmann von Aue as Lyricist *Will Hasty*	21
Hartmann von Aue and Chrétien de Troyes: Respective Approaches to the Matter of Britain *Alois Wolf*	43
Gender and Love in the Epic Romances of Hartmann von Aue *Alexandra Sterling-Hellenbrand*	71
The Two-Fold Path: Erec and Enite on the Road to Wisdom *Francis G. Gentry*	93
The Body in Pain in the Works of Hartmann von Aue *Scott E. Pincikowski*	105
Illness and Cure in Hartmann von Aue's *Arme Heinrich* and *Iwein* *Melitta Weiss Adamson*	125
Hartmann's Legends and the Bible *Brian Murdoch*	141
Hartmann's Works in the Visual Arts *James A. Rushing, Jr.*	161
The Medieval Literary Reception of Hartmann's Works *William H. Jackson*	183

A Tale of Sacrifice and Love: Literary Way Stations 223
of the *Arme Heinrich* from the Brothers Grimm to
Tankred Dorst
  Rüdiger Krohn

Editions and Translations of Hartmann's Works   255

Works Cited   261

Notes on the Contributors   281

Index   283

Acknowledgments

IT IS AXIOMATIC that no work of scholarship arises and is carried out in a vacuum. The present volume is no exception. I have been fortunate to have been accompanied on the sometimes very tedious-seeming journey toward completion of this undertaking by an excellent group of colleagues from Great Britain, Germany, Canada, and the United States. Not only were they hard-working and reliable, but they also were each in possession of a good sense of humor, something that was — unfortunately — needed more than once during the process.

Similar acknowledgement must be paid to James Hardin, who carried me through the first editing stage with wit and patience. No less witty, patient, and meticulous was Jim Walker, who has been holding my editorial hand throughout the latter stages of the editorial process. Handholding of a different sort, as well as reading the manuscript with a keen eye was performed by Edda Gentry, and is, as always, gratefully acknowledged.

F. G. G.
July 2004

Introduction

Francis G. Gentry

IN 1973 THE GREAT BRITISH MEDIEVALIST, Maurice O'C. Walshe, within the context of a lecture on Wolfram von Eschenbach and Gottfried von Strassburg, stated: "It is a fact, I think, that most modern readers find themselves temperamentally drawn to either Wolfram or Gottfried, perhaps to an extent which renders it difficult for them to do justice to the other" (258). In a sense Walshe was echoing what Hugo Kuhn had observed in 1953 about Hartmann:

> Hartmann von Aue ist der am meisten vernachlässigte unter den Dichtern unserer mittelhochdeutschen Blüte um 1200. . . . Die Liebe der deutschen Philologen gehört seit je Parzival und Tristan, dem Nibelungenlied und Walther von der Vogelweide. (11–12)

I do not mention these statements out of some eccentric, antiquarian interest or even a desire to point readers in the direction of what are two very good essays, but to indicate that at the time of publication of Walshe's lecture four years later in 1977 — let alone in 1953! — one would have been hard put to find scholars who would have said that they were "temperamentally drawn" to Hartmann von Aue. However, Elfriede Neubuhr's substantial *Bibliographie zu Hartmann von Aue,* also published in 1977, would seem to belie that assertion. For as the publication of G. F. Benecke and Karl Lachmann's edition of *Iwein* (1827) and Benecke's *Wörterbuch zu Hartmanns Iwein* (1833) illustrate, the fascination with Hartmann has in fact existed from the beginnings of medieval German philology in the nineteenth century. Indeed, the names of the scholars who conducted Hartmann research during this period read like a *Who's Who* of the heyday of German philological research. In addition to Benecke and Lachmann, scholars such as Karl Bartsch, Jacob Grimm, Wilhelm Grimm, Hermann Paul, Edward Schröder, and Hendricus Sparnaay, to name but a few, all contributed significant studies. Further, as the essay by Rüdiger Krohn in this volume shows, Hartmann's *Arme Heinrich* was a favorite object of creative reception throughout the nineteenth and twentieth centuries, as were his other works (Grosse/Rautenberg, 47–67). And yet, this most prolific and interesting medieval German poet — yes, I admit it: I am temperamentally drawn to Hartmann — has suffered from benign scholarly neglect until relatively recently.

This situation is baffling since Hartmann stands out not only in his own lifetime (ca. 1160–after 1210) but also thereafter as one of the most versatile medieval German poets. Perhaps a glance back to Hartmann's age, the late twelfth and early thirteenth century, might offer the beginnings of an explanation.

Sometime between 1200 and 1220, Gottfried von Strassburg composed his *Tristan*, and into his tale of the star-crossed lovers, Tristan and Isolde, he inserts, quite unexpectedly, a critical review of several epic and lyric poets of his age (ll. 4621–4820), including Heinrich von Veldeke (d. ca. 1200), Bligger von Steinach (d. after 1196), Reinmar der Alte (d. before 1210), and Walther von der Vogelweide (ca. 1170–1230). But leading Gottfried's list is:

> Hartmann der Ouwaere,
> âhî, wie der diu maere
> beide ûzen unde innen
> mit worten und mit sinnen
> durchverwet und durchzieret!
> wie er mit rede figieret
> der âventiure meine!
> wie lûter und wie reine
> siniu cristallînen wortelîn
> beidiu sint und iemer müezen sîn!
> si koment den man mit siten an,
> si tuont sich nâhen zuo dem man
> und liebent rehtem muote.
> swer guote rede ze guote
> und ouch ze rehte kan verstân,
> der muoz dem Ouwaere lân
> sîn schapel und sîn lorzwî. (4621–4637)

[Hartmann von Aue, ah how he colors and adorns his tales through and through — both without and within — with words and with meaning! How he pinpoints exactly the meaning of the adventure with his speech! How clear and how pure are his crystalline words — and they will always remain so! They approach one decorously and are pleasing to one who has the proper spirit. Whoever is capable of comprehending good language well and correctly, that one must grant the man from Aue his garland and his laurels.]

This is high praise indeed from a fellow poet. But what is it that Gottfried is commending? Obviously, he is drawing attention to Hartmann's poetic gifts, especially his rhetorical skill. Hartmann is a master of the *colores*, the rhetorical devices, and he employs these in a most accomplished manner. In addition, and for Gottfried more important in that it reflects his own artistic outlook, is that Hartmann not only has identifiable sources for his tales, but he also *understands* the sense (*sin*) of his sources and renders it in a way that is meaningful to his listeners. It is this ability to understand his source — correctly — that allows Hartmann to be so clear and precise. By way of contrast, this talent is apparently not shared by the unnamed poet discussed in the lines immediately following the encomium to Hartmann. The diatribe against the "companion of the hare" (4638–4690) is as remarkable as the esteem accorded Hartmann — and slightly more than three times as long (53 lines as opposed to 17)! Of overriding interest in this discussion is not whether the lines in question refer to Wolfram von Eschenbach (fl. 1200–1220) — thereby suggesting a literary "feud" between the earthy knight and the sophisticated bourgeois clerk, but why they are there at all. Did Gottfried, in a fit of literary generosity, wish to extol the virtues of Hartmann as a poet by comparing him with — in Gottfried's view — a second-rate talent? Or did he wish to castigate the anonymous rival, whom he obviously considers to be a cultural boor? I suspect that neither explanation suffices. With his literary excursus Gottfried probably wished rather to draw attention to himself and to his art than to that of his contemporaries, as Wolfgang Dilg has argued. Added to the above is the possibility that Gottfried also wished to attack someone he probably considered to be his greatest rival (Wolfram), trumpeting, in so doing, his own art. He accomplishes this by setting up another poet, Hartmann, as a plausible "model," worthy of emulation. After all, the entire section is framed by an elaborate expression of a humility trope (*sermo humilis*). In any case, even though Hartmann is the beneficiary of Gottfried's praise and the anonymous poet the goat, neither is the focus of the excursus. Nonetheless, the seventeen lines devoted to Hartmann have had a significant impact upon the scholarly reception of him and his works almost until the present day.

The image of Hartmann transmitted by Gottfried's verses — and that readily accepted by modern readers — is that of a superb craftsman, meticulous and exact, not very exciting and even somewhat conservative. For Benecke, for example, Hartmann's works reveal the image of an upstanding, "nice guy" (Benecke 1965, iv).

As a result, Wolfram is viewed as the bluff, rural knight who wrote in a complicated style about profound matters and Gottfried as the urban sophisticate who wrote in an elegant and refined manner about the subtleties of love, whereas Hartmann was a decent sort of fellow of impeccable character, but not as interesting as Wolfram or naughty as Gottfried. He was just straightforward, possibly even a bit stuffy. In his essay of 1953 Kuhn expresses something similar, if more elegantly, when he reflects on the tepid regard for Hartmann among scholars:

> Er war zu höfisch als höfischer Minnesänger und Epiker, zu religiös in den Werken seiner religiösen Krise. Er sagt jeweils die Ideale, die

> Zeitstimmungen zu rein aus, zu ungefährdet. Das persönliche Ringen um sie glaubte man ihm nicht, auch wo er davon spricht. . . . Er ist, so gesehen, Vorläufer, Wegbereiter der Großen, selbst schwankend zwischen den vergangenen religiösen und den künftigen humanen Kräften . . . Hartmann ein "frühklassischer" Vorläufer der eigentlichen, der tragisch-humanen Klassik. (12–13)

Kuhn's essay and his earlier study "Erec" (1948) stand at the beginning of the modern attempt to evaluate Hartmann on his own terms, fully the poetic equal of Wolfram, Walther, and Gottfried. But in spite of Kuhn's attempt to foster Hartmann research, a flood of studies devoted to Hartmann did not ensue, as evidenced by a cursory glance at Niebuhr's bibliography. And with the exception of Gert Kaiser's 1973 study of Hartmann's Arthurian works as an expression of ministerial self-awareness and ethos — inspired in part by Erich Köhler's pioneering study of Old French Arthurian and Grail literature and, in part, by the work of the eminent social historian, Karl Bosl — the situation in 1979, writes Antonín Hrubý, was not much different than in 1953: "Schlimmer als irgendein anderer Dichter der Stauferzeit hatte der Begründer des deutschen Artusromans unter den Wechselfällen kritischer und methodologischer Unschlüssigkeit zu leiden" (254).

In 1988, however, Timothy McFarland and Silvia Ranawake were decidedly more optimistic in their assessment of the pace of Hartmann scholarship. After mentioning the decidedly mixed blessing of Gottfried's comments, they conclude that both the quantity and quality of Hartmann research had increased in the recent past, theorizing that the increase might be due to the recognition that Gottfried's lines about Hartmann are just as much a reflection of the aesthetic ideals of the time as they are an evaluation of an individual writer, and that once the complexity of Hartmann's work was recognized, research was likely to increase (vii).

McFarland and Ranawake observe that:

> In Hartmann's case the separate transmission of the lyric texts, the courtly legends and the Arthurian romances suggests that his medieval readers had little or no sense of a total *oeuvre*, and that they showed little interest in the person of the author. (viii)

The essay by William H. Jackson in this volume presents a more nuanced analysis of Hartmann's medieval literary reception and questions the importance of a medieval interest in the "person of the author." Nonetheless, his description of the manuscript history bears out the fragmented transmission indicated by McFarland and Ranawake. Most interesting, as Jackson demonstrates, is the fact that Hartmann's last work, *Iwein,* enjoyed the greatest occurrence of reproduction (fifteen complete and seventeen fragmentary manuscripts), whereas *Erec,* the first Arthurian tale in German, is preserved in only one almost complete manuscript from the sixteenth century, the *Ambraser Heldenbuch,* and three earlier fragments, although both, but especially *Iwein,* as James A. Rushing, Jr. shows, were also subjects of reception in the visual arts during the Middle Ages. The *Arme Heinrich,* composed in the 1190's and a favorite of modern reception, exists in four fragments and two complete manuscripts only — the latter from the fourteenth century. It is a complex picture, each part of which has managed to obscure a clear, comprehensive view of Hartmann.*

What do we know about this poet, who is so respected and yet whose accomplishments have been strangely downplayed? Actually we know, relatively speaking, quite a bit. In his *Iwein* Hartmann introduces himself in the prologue:

> ein rîter, der gelêret was
> unde ez an den buochen las,
> swenner sîne stunde
> niht baz bewenden kunde,
> daz er ouch tihtennes pflac
> (daz man gerne hoeren mac,
> dâ kêrt er sînen vlîz an:
> er was genant Hartman
> und was ein Ouwaere),
> der tihte diz maere. (21–30)

[There was a knight who was learned (i.e. had been educated) and read in books whenever he could not better use his time. He even wrote poetry (and) turned his attention toward that which people liked to hear. His name was Hartmann and he was from Aue. He composed this tale.]

These lines provide several important bits of information about Hartmann and his concept of himself as a poet:

1. He was a knight (*rîter*) and thus a layperson. As a knight he belonged to the class of armed, mounted warriors.

2. He had the privilege of an education and could read — without doubt Latin and most probably French. Hartmann almost certainly attended a monastery school, perhaps at the Reichenau, where he studied the seven liberal arts, the *trivium* (grammar, rhetoric, and dialectic) and quite possibly the *quadrivium* (arithmetic, geometry, astronomy, and music). In any event, Hartmann was well versed in the learning of his time, as the essays by Frank Tobin and Melitta Weiss Adamson in this volume reveal.

3. He holds the customary view of his activity as a poet; he writes when he has nothing better to do. In this regard, think of Wolfram von

---

*The section entitled "The Manuscripts," in Jackson's study in this volume provides a succinct overview of the manuscript history of Hartmann's lyric and epic works.

Eschenbach's famous description of himself in his *Parzival* "schildes ambet ist mîn art" (I am a knight, 115, 11) and he goes on to ridicule those who esteem him only for his art; they are "witzes krank" (weak-minded, 115, 14). Hartmann is not so scornful, but he does have a firm opinion as to his responsibilities as a poet. He does not write for himself, but for others, and specifically he writes those things which will be *enjoyable* to other people.

4. He identifies himself by name.
5. He states that he is from a place called Au.

One further bit of information is provided in the *Arme Heinrich*:

> Ein ritter sô gelêret was,
> daz er an den buochen las,
> swaz er dar an geschriben vant;
> der was Hartman genant.
> dienstman was er zOuwe. (1–5)

[A knight was so educated that he read in books whatever he found written there. His name was Hartmann. He was a ministerial in Au.]

The important addition to the details provided in *Iwein* concerns Hartmann's status. He is a ministerial and thus occupies a specific rung on the ladder of the German nobility. It may also safely be assumed that he himself was not landed, but rather occupied a position at some court. It is surmised that his period of literary activity lay between around 1180–85 and around 1205; just where this sphere of activity, that is Au, is to be found, cannot be determined with certainty. All that can be stated with some degree of confidence is that the Alemannic dialect area in the Southwest of present-day Germany, specifically in the southwestern part of Swabia, is the area in which Hartmann was most likely active. In spite of these tantalizing bits of information, however, we seem to have difficulty forming and holding a lasting picture of Hartmann the artist, something with which we have no difficulty when dealing with Walther and Wolfram, let alone Gottfried or the anonymous *Nibelungenlied* poet. Hartmann is admired, deemed worthy of emulation, but is just not very exciting. And while that may have been a common reaction, it surely must count as one of the strangest in literary history, as just a brief glance at Hartmann's *oeuvre* will attest.

In the course of perhaps twenty-five years of creative productivity, Hartmann provided many "firsts" of medieval German literature. He authored a dispute — the first in the vernacular — about love between the body and the heart, *Die Klage* (ca. 1180–85). It consists of 1644 verses in rhyming couplets followed by a declaration of love formulated by the heart for the lady, comprising 270 lines in rhyming pairs arranged over fifteen strophes, the first of which has thirty-two lines and the last four. In the progression from first to last, each strophe loses two lines. Although allegorical disputations were known in Latin poetry, the *Klage* is isolated at this time both rhetorically and artistically in the vernacular. As the essay by Will Hasty in this volume demonstrates, Hartmann composed numerous songs of courtly love, including the first rejection of the conventions of courtly love, a generation before Walther. He also wrote crusading songs and most likely took part in a Crusade himself. He composed the first German Arthurian romance, *Erec* (10,135 lines, ca. 1185–90), based on Chrétien's like-named work, and he — apparently — ended his literary career with a second, *Iwein* (8,166 lines, completed ca. 1205), a complex tale, exploring further the themes of the purpose of chivalry and love found in *Erec*. Like *Erec*, *Iwein* too is a narrative about the loss of balance. If in *Erec* we see the effects of this loss of balance in the human being most clearly reflected in the sorrow at court, in *Iwein* it finds its chaotic reflection in nature. Hartmann shows that balance is not a state but rather a potential — potential harmony or potential chaos — Laudine's spring being the best example.

As the contributions by Alois Wolf, Alexandra Sterling-Hellenbrand, and Francis G. Gentry in this volume show, in his Arthurian works Hartmann goes far beyond his sources, both in emphasis and in character and plot development. Further, he is the creator of two provocative religious-didactic works, which are analyzed by several of the volume's contributors, especially Brian Murdoch and Scott Pincikowski. *Gregorius* (4,006 lines, ca. 1190–97) is a tale of double incest, repentance, and redemption, and the *Arme Heinrich* (1,520 lines, also composed ca. 1190–97, but after *Gregorius*) is the account of a seemingly perfect nobleman who is stricken with leprosy and who is ultimately cured by a process set into motion by a very young (eleven or twelve years old) peasant girl, whom he ultimately marries. This does not seem to represent the work of a "slightly boring" poet! No other medieval German poet can match the breadth of themes and artistry of expression exhibited by Hartmann.

It is perhaps a serendipitous coincidence that this volume has been completed fifty years after Hugo Kuhn's seminal essay, and its contributors hope that it has followed the lead set by Kuhn, and that if it does not lay the genius of Hartmann totally bare, it at least provides somewhat better illumination of his accomplishments.

Editions Cited

Hartmann von Aue. *Der arme Heinrich*. Ed. Hermann Paul. Fourteenth edition by Ludwig Wolff, Tübingen: Niemeyer, 1972.

———. *Iwein*. Ed. G. F. Benecke and Karl Lachmann. 7th revised edition by Ludwig Wolff. Berlin: de Gruyter, 1968.

Wolfram von Eschenbach. *Parzival*. Ed. Karl Lachmann. 6th revised edition by Eduard Hartl. Berlin & Leipzig: De Gruyter, 1926 (Repr. Berlin, 1965).

Works Cited

Benecke, G. F. *Wörterbuch zu Hartmanns Iwein*. Second edition by E. Wilkes. Wiesbaden: Sändig, 1965 (repr. of 1874 edition).

Bosl, Karl. *Die Reichsministerialität der Salier und Staufer: Ein Beitrag zur Geschichte des hochmittelalterlichen deutschen Volkes, Reiches und Staates*. 2 vols. Stuttgart: Hiersemann, 1950–1951.

———. *Frühformen der Gesellschaft im mittelalterlichen Europa: Ausgewählte Beiträge zu einer Strukturanalyse der mittelalterlichen Welt*. Munich: Oldenbourg, 1964.

———. *Die Grundlagen der modernen Gesellschaft im Mittelalter: Eine deutsche Gesellschaftsgeschichte des Mittelalters*. 2 vols. Stuttgart: Hiersemann, 1972.

Dilg, Wolfgang. "Der Literaturexkurs des *Tristan* als Zugang zu Gottfrieds Dichtung." In *Stauferzeit: Geschichte, Literatur, Kunst*. Ed. Rüdiger Krohn, Bernd Thum, and Peter Wapnewski. Stuttgart: Klett-Cotta, 1979. 270–78.

Grosse, Siegfried, and Ursula Rautenberg. *Die Rezeption mittelalterlicher deutscher Dichtung: Eine Bibliographie ihrer Übersetzungen und Bearbeitungen seit der Mitte des 18. Jahrhunderts*. Tübingen: Niemeyer, 1989.

Hrubý, Antonín. "Hartmann als Artifex, Philosophus und Praeceptor der Gesellschaft." In *Deutsche Literatur im Mittelalter: Kontakte und Perspektiven: Hugo Kuhn zum Gedenken*. Ed. Christoph Cormeau. Stuttgart: Metzler, 1979. 254–79.

Kaiser, Gert. *Textauslegung und gesellschaftliche Selbstdeutung: Die Artusromane Hartmanns von Aue*. Wiesbaden: Athenaion, 1978 (1st edition, Frankfurt: Athenäum, 1973).

Köhler, Erich. *Ideal und Wirklichkeit in der höfischen Epik: Studien zur Form der frühen Artus- und Graldichtung*. Tübingen: Niemeyer, 1970 (1st edition 1956).

Kuhn, Hugo. "Erec." In *Festschrift Paul Kluckhohn und Hermann Schneider*. Tübingen: Mohr, 1948. 122–47. (Reprinted in H. K. *Dichtung und Welt im Mittelalter*. Stuttgart: Metzler, 1959. 133–50. 1969).

———. "Hartmann von Aue als Dichter." *Der Deutschunterricht* 5 (1953): 11–27. (Repr. in H. K., *Text und Theorie*. Stuttgart: Metzler, 1969. 167–81.)

McFarland, Timothy, and Silvia Ranawake, eds. *Hartmann von Aue: Changing Perspectives: London Hartmann Symposium 1985*. Göppingen: Kümmerle, 1988.

Neubuhr, Elfriede. *Bibliographie zu Hartmann von Aue*. Berlin: Schmidt, 1977.

Walshe, Maurice O'C. "The Graal Castle and the Cave of Lovers." In *The Epic in Medieval Society: Aesthetic and Moral Values*. Ed. Harald Scholler. Tübingen: Niemeyer, 1977. 257–70.

Hartmann's Theological Milieu

Frank Tobin

Hartmann, certainly in his narrative works, is a poet possessing such talent and treating themes of such universal appeal that an interested and discerning present-day reader can enjoy and profit from his writing without having to resort to studies dealing with his times and cultural environment. This bears eloquent testimony to his literary stature. Nevertheless, some information about the issues that concerned him and his thoughtful contemporaries can deepen and clarify one's understanding of his works. Often these were religious or theological issues. One finds them to some extent in all of Hartmann's writings, even when he paints for us the secular and self-contained world of Arthur, with its knightly quests and lovely ladies, as in *Erec* or *Iwein;* or when he describes courtly love and what it demands of courtly knights seeking it, as in his youthful *diu Klage* (Lament) and much of his lyric poetry. His two shorter narratives, *Gregorius* and *Der arme Heinrich*, are religious or theological to the core. Although he demonstrates substantial knowledge of theology, Hartmann mentions no specific sources for the religious thought in his works.[1] We must therefore examine these as to their theological content to determine more precisely what currents of theology we find to be influencing him and what issues concern him.

One finds little in Hartmann's works that points to the influence of scholasticism, that new and more systematic approach to theology emanating chiefly from Paris. Similarly, vernacular theology — religious thought from the milieu of pious women and their confessors or from movements, largely among the laity, both orthodox and heretical — was at best in its infancy. What one finds at the foundation of his religious thinking is what one should expect to find: the theology originating largely in the monasteries, from there spreading among the clergy at large, and from them, through sermons and instruction, to the laity. In this tradition, the great Father of the Church, Augustine of Hippo (354–430) stands out as the overwhelmingly dominant figure determining for Christians in the West how they are to understand who God is, who they are, and what their relationship to God implies.

Given the lack of historical perspective evident in medieval thinking, it should not surprise us to see Augustine's later thought considered as his definitive opinion on matters treated throughout his career. Augustine's later years were consumed by his polemics against the British theologian Pelagius (350/354–after 418), who denied original sin and maintained that man was able, of his own free will, to do good and attain heaven with only a minimum of help from divine grace. In contrast to Pelagius, then, we find Augustine stressing the weakness and waywardness that afflicts human nature because of Adam's fall and the utter necessity and primary role of God's grace in avoiding sin and attaining salvation. Because Augustine's views concerning human nature after the fall were so pervasive in Hartmann's religious surroundings and can be seen in the fabric of his works, it will be useful to examine briefly the Bishop of Hippo's doctrine of the consequences of original sin. Because the point here is to show how Augustinian thought was received in Hartmann's times, we can perhaps best summarize it as formulated in Peter Lombard's (ca. 1100–60) *Libri quattuor sententiarum* (The Four Books of Sentences, 1148–51), the most widely used theological handbook of the times.

According to Augustine, humanity suffered three punitive measures because of Adam's transgression: death, ignorance, and concupiscence. God ordained that all would now have to die. In addition, the powers of the human intellect would be weakened. Adam's descendants would not possess his mental acuity, and this lack of knowledge had moral implications. Some things are completely inaccessible to the human intellect, and ignorance of them is completely excusable. On the other hand, ignorance of things that are clearly within the human grasp is sinful if one willfully refuses to know them. Finally, and ominously, there is a gray area in between, which does not excuse one but may lessen the guilt, though the punishment might still be damnation. Thus the ignorant person still may burn eternally, but the fire is perhaps milder (*ut aeterno igne . . . ardeat, sed fortasse, ut mitius ardeat,* Lombard, II, 22, 5d). The human intellect is, accordingly, clouded to such an extent that it can easily fall into error, even moral error, when left to its own devices.

Equally devastating are the effects of Adam's fall on the human will; and it is this point that Augustine, with most twelfth-century thinkers and preachers in his wake, stresses repeatedly. The will is so damaged that, unless God's grace comes to its aid, it is not able to avoid sin, although it is free in a sense, because it is under no compulsion from without in making choices. Unless it receives additional supernatural help, the will is free to do evil, but not good. For Augustine the most obvious evidence for this weakness of the will was the impact of *libido* or sexuality on human life. After the fall it was a force out of control. A person experiencing sexual pleasure, like a person in a drunken stupor, is in a state where the will is overpowered by lower, animalistic drives. To one's shame, reason and will are no longer in control. As the historian Peter Brown notes: "Sexual feeling, as men now experience it, was a penalty. Because it was a penalty for disobedience, it was itself disobedient, 'a torture to the will': thus it is the element of loss of control that is isolated" (388). Concupiscence as sexual desire, with the subsequent frenzy of pleasure in its fulfillment, is for medieval Augustinians the prime example of moral vulnerability resulting from the fall.

Erec

Erec, generally considered to be Hartmann's first attempt at narrative poetry, seems at first glance to offer little in the way of theological issues. It is the story of knightly adventures and knightly love, all centering on the secular world of the court and its code of conduct. Of course, there are the usual nods to religious values. Erec goes to church before a tournament, puts his fate in God's hands before facing the formidable Mabonagrin, and thanks God, recognizing that all true honors come from him. Thus, reconciling courtly and eternal values appears to be really quite easy. The assumption is, simply put, that there is no conflict between God and the world. In overcoming his flaws as a knight and noble lover, Erec assures himself God's favor.

Yet, in this Arthurian world of chivalry with its irrepressible optimism, where justice always wins out and goodness is ultimately rewarded, a dissonant note of Augustinian pessimism about human nature since Adam's fall makes itself heard. For, although Erec's flaw is usually referred to quite correctly as neglecting his duty to pursue knightly deeds (*sich verligen*), the cause of his inactivity, if we pierce through the tactful phrases the poet employs, is plainly lust, the principal manifestation of concupiscence that Augustine sees as paralyzing the human will's attempts to do good.

When Erec first meets Enite in the run-down abode of her father, he glimpses Enite's lovely figure in tattered clothing, and her body *schein durch ir salwe wât / alsam diu lilje, dâ si stat / under swarzen dornen wîz* (white and radiant, appears under her rags like a lily among thorns; ll. 336–38). If the eroticism inherent in Erec's first impression of Enite seems in doubt, the feelings both secretly harbor before their wedding are clear enough: They can hardly wait, and will not be satisfied until they have spent some nights together. Hartmann coyly comments that their love was hardly that of a child for its absent mother (1838–86).

What allows us to term their mutual physical attraction lust, however, is its effect on their lives. Lust is inordinate love, love that interferes with the orderly and balanced conduct of one's life. And this is precisely how their love functions. Its addictive force prevents Erec from carrying out the duties of his station. One could also view Erec's blindness to his shameful situation, which is so obvious to everyone else at court, as ignorance, namely, that darkening of the human intellect resulting from Adam's fall. In any case, lust compromises Enite as well. Though free of any personal guilt — except her failure to admonish Erec, for fear of losing his love, until forced by social pressure to do so — Enite, just because she is so attractive, works for evil. Instead of spurring a knight on to greater feats and nobler sentiments, Enite's astonishing beauty takes on the exactly opposite function. Before, when Erec confronted Iders, the thought of Enite did vitalize his knightly deeds. Love as desire spurred Erec on to action, though Hartmann had hinted at its ambiguities. Love fulfilled, however, paralyzes him. Once in possession of Enite, young Erec strives no more.

The series of adventures Erec then embarks upon with Enite, when she does finally speak her mind, is in part devoted to Erec's triumph over figures motivated by lust. In both instances where they encounter robbers, the leader chooses Enite for his prize. Thus, Enite's disobedient cries of warning to Erec allow him to destroy the danger that stems in part from the lust of the robber chieftains. So too, in the case of the two counts, Enite's beauty arouses sinful desires. Like Erec, they are drawn to her so strongly that they ignore all propriety in their attempts to possess her. Though we are given precious little information as to Erec's state of mind or whether he has gained any insight into his previous failings, he again triumphs over the lust of others and rescues his wife from the effects of her beauty. For her part, Enite's repeated warnings to Erec bespeak utter selflessness. She is willing to lose him for herself if it will save his life.

The *joie de la curt* adventure, however, is the most obviously symbolic episode in the story. In facing Mabonagrin, Erec confronts the defects of his earlier love for Enite in incarnate form and now distorted into deadly caricature. The huge and terrifying red knight, more so than Erec formerly, is a prisoner of love. Until prompted, Erec would not leave his "garden of love"; Mabonagrin is not permitted to leave. Erec preserved his lustful love by inaction; Mabonagrin, against his better self, kills in order to preserve love. The paradisiacal garden of love has become hell for him, and he is much relieved to be conquered and freed from the obligations self-centered love has imposed on him. Erec, through the trials of his journey, has become the fitting instrument to free this slave of love. Yet Mabonagrin is by far his most formidable foe: Erec almost dies attempting to defeat him.

If Hartmann criticizes lust in *Erec* because of its debilitating effect on the hero, one should hardly assume that he is thereby advocating a purely chaste relationship for his hero and heroine. Presumably in their happy-ever-after existence, Erec and Enite enjoy a full marriage. To the question he raises about the difference between love and lust, Hartmann responds that the erotic or sexual element of conjugal love must be harmonized with all other values. Though the Augustinian view of sexual desire and enjoyment as rooted in man's fallen nature is palpable, it is only one element among others driving the story forward. In *Iwein*, usually considered Hartmann's final work, the love between the hero and Laudine, though not lacking in eroticism, does not threaten knightly ethics. Though Laudine's beauty casts a similar spell over Iwein as Enite's had over Erec, and though clever Lunete succeeds so well in awakening desire in her mistress — and this for a man who shortly before had killed her husband — that we can almost hear her lady's panting, love is not the vitiating force it was for young Erec. The pangs suffered by Iwein and Laudine are, rather, an opportunity for humor. Hartmann seems to smile at the foibles of the lovers, cognizant of their frailty but considering it harmless. To understand the change in the poet's views we must examine in detail his more theologically charged works, *Gregorius* and *Der arme Heinrich*.[2]

Gregorius

Nowhere else in Hartmann's works does the somber side of Augustinian theology so clearly assert itself as in this legend of a medieval Oedipus. Like the Theban king, Gregorius is a man of high ideals who seems to fulfill his duties as ruler and spouse irreproachably. Yet, like Oedipus, he is blind to his true condition and, when confronted by the truth of who he really is, takes radical action in order to atone.

The prologue to *Gregorius* (1–176), when compared to Hartmann's poetry taken as a whole, is linguistically so tortured that on this evidence alone its authenticity has occasionally been questioned. If Hartmann did compose these lines — and I think he did — they reveal an author struggling with his medium, as he strives to express the meaning of the story he is about to relate. Certainly, the overriding themes of the prologue are God's love and his willingness to forgive the repentant sinner. Yet we are puzzled when told that the guilt of the protagonist whose story we are about to hear was *grôz unde vil* (great and much, 52). Many critics have understandingly taken issue with this judgment, since, in their eyes, Gregorius has led a generally blameless life and is not responsible for his predicament. Hartmann, however, seems to judge otherwise, and Augustinian doctrine can provide a basis for his point of view (Tobin, 1975).

One reason for assuming that Gregorius and his fate are based on man's fallen nature is Hartmann's use of the parable of the Good Samaritan (Lk. 10:30–37) to portray his hero's predicament. In so doing he attaches himself to a long theological tradition also evident in twelfth-century vernacular sermons of using this parable to illuminate the doctrine of original sin. That a medieval audience might make this connection is confirmed by the fact that Arnold of Lübeck, who translated *Gregorius* into Latin before 1220, provides the story with his own prose introduction in which he explicitly applies the parable of the Good Samaritan to the situation of fallen man (Buchwald, 2). Further, Arnold explicitly compares the attacks of the devil on the brother and sister with his assaults on Adam and Eve in the Garden of Eden (Buchwald, 167–75).

When we center our focus on the narrative itself, though the reader might well feel that the hero's fate is unjust, one must realize that Augustine himself, in interpreting Genesis 3, was ultimately struggling with the question facing all believers about God's justice: *unde malum* or, if God is good, why do good people suffer? Thus we can hardly fault him for failing to offer a completely satisfying answer. Nor, if *Gregorius* is a piece of literature worthy of the name, can it be reduced to formal theology. Nevertheless, Augustinian thought provides us with a plausible context for approaching the story.

As befits its genre of hagiographic legend, this is a story of extremes. Concupiscence causes not just carnal sin but carnal sin in its most repugnant form: incest. The brother's will is no match for the wiles of the devil and his sister's attractiveness. Soon both are taking pleasure in their sin (400–403), but the sister's discovery that she is pregnant threatens public disgrace, which only separation, death, and child abandonment — though it is a benevolent case of the latter — avert. Thus compromised by his origins does the hero enter the story.

Under the wing of the wise and kindly abbot, Gregorius flourishes, mastering one academic field after another; but when he discovers he is not who he thought he was, he reacts with Pelagian confidence that he can succeed against all odds in his pursuit of knighthood, a goal he had long secretly cherished. If we follow carefully the arguments as Gregorius pleads his cause to the abbot, we must concede that his case is a strong one. Still, the holy abbot remains unconvinced, protesting that his young protégé's *rede enist niht guot* (way of arguing is not good, 1515). Though his logic seems more compelling than the objections the abbot offers, and we can readily agree that it is better to be a *gotes ritter* (knight of God) than a *betrogen klosterman* (false monk 1534–35), his blind impetuosity and the persistent misgivings of the mature man of God should make us pause. Gregorius's faultless reasoning — the best product of fallen man's intellect — leads him to disaster. Another factor that should arouse our suspicions is the fact that his resolve to pursue knightly glory does not weaken even after he discovers the truth about his parentage. Granted, once married to his mother and ruler over her land, he engages regularly in penitential prayer as the tablet urged him to do; but the earlier discovery that, though of noble birth, he is the product of incest causes no real change in plans. It is only the nobility of his origin that he acts upon; and his vow to be *iemer varnde* (always on the move) until *gotes gnade* (the grace of God) reveal to him whence and who he is (1804–5) is soon forgotten. Thus it happens that "God's grace," independent of his efforts, working through the curiosity of a servant girl, shatters his blind complacency and reveals to him who he really is and what he has achieved.

The mother's actions and thoughts, too, show consequences of the fall. Upon the arrival of the young knight, she recognizes that his garments are of material similar to that in which her child had been wrapped when put out to sea. Yet her great attraction to him, ascribed to the agency of the devil, seems to sap her ability to draw any pertinent conclusions, and she pursues the matter no further. Her behavior well illustrates that the murky area between vincible and invincible ignorance as conceived by Augustine does not excuse one from guilt, and it would be hard to find a more striking example of the perverse force of concupiscence than that of a mother drawn to her son.

When the truth of their incestuous relationship overwhelms them, their reactions show that they feel and accept responsibility for their situation. For a brief instant Gregorius lashes out against God and the irony of how God has fulfilled his wish to see his mother, but beyond this neither leaves any doubt about what they believe their unholy union must mean. Sophocles has his protagonist crushed by the gods because he had boasted of his abilities to control human events by his wits, thus diminishing the role of the gods in society. Hartmann offers us a Christian version of this myth. Events prove his hero's confidence in his abilities wrong. Through the exercise of his reason and will, Gregorius has achieved not the life of an ideal knight, but monumental perversion. We are weak creatures prone to evil and confusion when we trust in our own devices. We can only admit the guilt that our arrogance has caused, beg for forgiveness and the assistance of God's indispensable grace, and do penance. This is the meaning of Gregorius's only partially expressed radical response to the reversal of his fortunes. By his actions he makes unambiguously clear how he interprets what has befallen him: "I was wrong. I have sinned."

One can offer the objection to the interpretation given above that, rather than look to theological sources to explain the hero's rise, fall, and ultimate rise, one has only to look to the genre Hartmann employs to explain the extreme depths and heights of Gregorius's fortunes; that, in line with what is expected from it, a tale of superhuman penance and heroic sanctity strives for startling effects, not theological subtleties about the state of human nature.

Certainly it is true that Hartmann exploits these effects, taking full advantage of the genre. Yet one must admit the emphasis lies elsewhere. The legendary penitential feats and consequent attainment of monumental sanctity receive relatively little space compared to other aspects of the story, such as the exchange between young Gregorius and the abbot. Hartmann does not seem overly concerned with purity of genre.

In *Gregorius* Hartmann does what critics have praised him for in his renderings of Arthurian romances. He takes the material and modifies it in ways that allow it to offer more profound and refined insights. To be sure, *Gregorius is* the story of God's mercy and grace, and of a heroic human response to divine goodness. Yet it must also be kept in mind why God must be merciful and bestow grace. It is because even a man of Gregorius's talents and idealism is so blind and weak in his fallen nature that divine grace and forgiveness are his only hope of achieving happiness.

Der arme Heinrich

If we admit that the exigencies of genre influence (but do not determine) the events in *Gregorius,* the same must be said for Hartmann's lighthearted short narrative *Der arme Heinrich.* Despite the horrible disease to which the protagonist falls victim, the pervading lightness of the verse — even in the hero's darkest hours — promises that he will live happily ever after. This, and the magic nature of the cure, reveals the qualities of the fairy tale underlying the story. Yet here, too, Hartmann invests the story with added significance. The "magic potion," however to be applied, is not just magic blood from the heart of a virgin. She must sacrifice herself of her own free will. And it is not the young girl's blood that cures Heinrich. Rather, the *Cordis Speculator* (scrutinizer of the heart) miraculously intervenes in response to the show of devotion and compassion He has witnessed.

Also modifying any notion that we have a pure fairy tale before us is, first, the freedom of the narrator to comment on Heinrich's sterling qualities and sad fate. An even larger interruption of the action is the debate — in length, more than one-fourth the total number of verses — the girl carries on with her parents justifying her resolve to become Heinrich's "medicine." Indeed, given the views she expresses, one might easily believe she had just finished reading *Gregorius,* so distrustful is she of the world, its inconstancy, and its threats to the soul. When her father, told of her plan, counters that she would soon back down when actually facing death, she deluges him with reasons why she rightfully has no desire to continue living. Beyond the good her sacrifice will do Heinrich and her family, it will also benefit her: Life in this world is nothing but pain and distress. It is better to die young and innocent than to risk losing one's soul through a longer life. Life on earth is simply the ruin of the soul. *Werltlîch gelust* (worldly pleasure, 690), which one might well translate with *concupiscence,* leads to hell. The sweetness of the world has deceived many. She regrets having to spend one more day here where a silken cloth covers the real essence of the world: *fûler mist* (rotten dung, 730). Even if her parents' wish for a good marriage for her were to be realized, it would be *nôt* (misery) for her. She believes firmly that it is much better to become the bride of Christ, whose grace is constant.

The narrator, too, expresses misgivings about life on earth when Heinrich, the quintessence of knightly breeding and noble sentiment, is stricken with leprosy. Between his views and those of the girl, however, there is an essential difference. For the girl, the world is an evil place where one has to be constantly on the alert not to succumb to its false values and pleasures while forced to suffer hardship and distress. It has no redeeming qualities. The narrator, for his part, does not condemn the world as evil. In commenting on Heinrich's misfortune, rather, he assumes that Heinrich's life as a courtly knight has been a good one, but one that was subject to contingency. The images he uses stress this: When we think we are living well, death threatens us. The world has no solid substance. Like a candle it turns to ashes as it brightens. In a word, *wir sîn von broeden sachen* (we are made of fragile stuff, 105). Leprosy was indeed a punishment from God, not to show Heinrich how evil the world is, but to show him the fragility of the good things it offers.

For Heinrich, however, this insight is a long time in coming. Growing morose and despairing, he wishes only that he could have his old life back. So engrossed is he in self-pity that he accepts the girl's offer to sacrifice herself, blind to what a monstrous thing it would be to spill her innocent blood so that he might regain the life he had previously enjoyed. Ironically it is the girl's attractive naked body, as she lies there awaiting the surgeon's knife, that provides the occasion for Heinrich to come to his senses and realize that, if he goes through with it, he will be attempting to escape what God has willed him to bear. The girl, in spite of herself and her views on the nature of the flesh, is the instrument of Heinrich enlightenment and conversion; and the author confirms the correctness of Heinrich's new orientation by having him echo the *fiat* found in The Lord's Prayer (Mt. 7:10), in Mary's response to the angel (Lk. 1:38), and spoken by Jesus in the garden (Lk. 39:42). Thus does Heinrich, too, submit to the divine will.

How then are we to understand the function of the girl in the story? Together with Lunete and Enite, she is an example of Hartmann's considerable talent for creating memorable female figures. Besides the physical beauty noticed by Heinrich as she crosses from childhood to womanhood, we must admire her innocence and spiritual idealism, her loyalty to Heinrich and family, and her fierce single-mindedness and strength of will once she decides on her heroic plan. In this regard she is closest to Gregorius as he lets himself be chained to his rock. They share an aura of otherworldliness reserved for those who embrace the path of heroic sanctity. Yet there are several indications that, despite his ability to elicit our admiration for her character, the author does not intend for us to adopt her point of view.

First, there is the eloquence of her speeches denouncing the world. As she lectures her parents on its true evil nature, we hear the cadences of the practiced preacher. One can, of course, take this as an example of the hagiography of a saintly child imbued with a holy wisdom beyond its years; but it also smacks of cheekiness. Her insensitivity to the genuine concerns of her parents is most readily apparent in her response to her mother's plea that she not force them to stand at her grave (658–61). That she consoles them with the thought that they will be spared this because the burial will take place in distant Salerno (844–52) reveals that, in becoming "holy," she has become less human. She is blind to the dimensions of their sorrow (and, for that matter, to meaning in figurative language). Then, too, there is the illogicality of what she is doing. For to restore Heinrich's health would be to enable him to rejoin life in a world that in her view poses a constant threat to his soul, while she would be selfishly escaping with her soul intact. Though Hartmann has invested her with charm and admirable youthful idealism, he most obviously distances himself from her in portraying her reaction to "not getting her way." When it becomes clear she is not to die, she quite simply throws a tantrum. While Heinrich is submitting and conforming his will to God's, she loses control because her will is not to be done. Yet God (and Hartmann) smile on this courageous young creature both childish and childlike. Both she and Heinrich have shown true charity towards each other; she by her willingness to sacrifice her life for him, and he by recognizing that he cannot allow her to do it. And so, this mutual *triuwe* (devotedness) and *bärmde* (compassion) — and not the girl's heroic sacrifice — move God to restore Heinrich's health and youth, thus freeing them both from their *leit* (suffering, 1364–70). Finally, the storybook conclusion stands in stark contrast to the views of the girl. She, who saw marriage and a long life in the world as spiritual liabilities and who thus yearned to become the bride of Christ, becomes Heinrich's bride instead. And we are assured that their long and enjoyable life on earth (*süezer lanclîp*) led them seamlessly into life eternal (1513–15).

Der arme Heinrich can be seen, then, as a rejection of the Augustinian negativity pervading *Gregorius*. Heinrich is indeed fallen and flawed, but the consequences are not so severe. Fleeing the world and a life of penance are not required for order to be restored. Heinrich's reorientation consists simply, first, in accepting whatever God's will for him might be and, secondly, in referring to God the honor and possessions that are so richly restored to him (1430–36). Both *Gregorius* and *Der arme Heinrich* are attempts to answer the question occupying several major poets of the age and formulated by one of them as: *wie man zer welte solte leben* (how is a person supposed to live in regard to this world). The somber landscapes of *Gregorius* offer little hope of reconciling the values of the secular world with the higher demands of the spiritual realm. *Der arme Heinrich* promises the hope of reconciliation through insight and proper orientation. Life is good. We have only to realize that the good it contains comes from God and is not ours in a proprietary sense. Thus oriented, we have only to accept with humility what God has in store for us.

One cannot conclude this brief look at theological positions influencing Hartmann without mention of the most well known among his lyric poems: *"ich var mit iuwern hulden"* (By your leave I depart, *MF* 218, 5). In this atypical crusading song, the poet celebrates not his love for the lady whom he must leave, but rather divine love calling him to action. Here again one can point to similarities to Augustine, but this time to the Augustine of the *Confessions,* who, overwhelmed by the love God has shown for humankind through his incarnation, suffering, and death, responds passionately with total commitment. Using the conventions and terms of courtly love and knightly combat, the poet tells how love has captured him in knightly contest, how he has given his word of honor (*sicherheit*), and has been set free to do love's bidding. The person aflame with divine love, the speaker of the poem tells us, has the certainty that God's love is real, having proved it by his salvific acts. The courtly lover, in contrast, exists in a world of illusion (*wân*), in a state of constant uncertainty about the feelings of his lady toward him. The very conventions of the court prevent her from clearly declaring her love — if it exists at all. Hence the courtly lover is doomed to pine away, mooning over a love that demands words but forbids action. The crusader, on the other hand, does not confine himself to talking of love (*rede*) but strides to action (*werk*), which he proudly and confidently proclaims at the outset: *ich var*. Emboldened by the certainty and substantiality of the love he experiences, he concludes by urging all his fellow knights, who are entangled in a silly game of ultimately ephemeral love, to follow him.

Notes

[1] Besides knowledge of theology, in *Gregorius* Hartmann shows great familiarity with life in a monastery, so much so that it has been suggested that he possibly spent time in one in early years. As with his knowledge of theology, this familiarity with monastery life does not perceptibly surpass what a bright and interested layperson might have readily acquired.

[2] This change of views fits well with the generally accepted chronology of Hartmann's works, but is not dependent on the correctness of it. It forces itself upon the interpreter during a careful scrutiny of the texts. It is conceivable that Hartmann's views change in the opposite direction, though I consider this unlikely.

Editions Cited

Arnoldi Lubecensis [Arnold of Lübeck] *Gregorius peccator: De teutonico Hartmann de Aue in latinum translatus*. Ed. Gustav von Buchwald. Kiel: Ernst Homann, 1886.

Des Minnesangs Frühling. Ed. Karl Lachmann and Moriz Haupt. 37th revised edition by Hugo Moser and Helmut Tervorren. Stuttgart: Hirzel, 1982.

Hartmann von Aue. *Der arme Heinrich*. Ed. Hermann Paul, 16th ed. by Kurt Gärtner. Tübingen: Niemeyer, 1996.

———. *Erec*. Edited by Albert Leitzmann. 4th edition edited by Ludwig Wolff. Tübingen: Niemeyer, 1967.

Hartmann von Aue. *Gregorius*. Ed. Hermann Paul, 11th ed. rev. by Ludwig Wolff (1966), 13th ed. by Burghart Wachinger. Tübingen: Niemeyer, 1984.

Lombard, Peter *Libri IV Sententiarum*. 2nd ed. Florence: Collegii S. Bonaventurae, 1916.

Works Cited

Brown, Peter. *Augustine of Hippo*. Berkeley and Los Angeles: U of California P, 1967.

Tobin, Frank J. "Fallen Man and Hartmann's *Gregorius*." *The Germanic Review* 50 (1975): 85–98.

Hartmann von Aue as Lyricist

Will Hasty

HARTMANN VON AUE demonstrated his poetic versatility and accomplishment not only with innovative contributions to the development of verse tales and romances with chivalric and religious themes, but also as a lyricist, or *Minnesänger*. Hartmann is remembered first and foremost for his narrative works, a conclusion that is supported by the content of Gottfried von Strassburg's famous praise of him in the Middle Ages and by the preponderance of the critical literature on Hartmann in modern times. His lyrical works, by contrast, have tended to receive less attention, and frequently have received less than glowing critical reviews (Salmon; Seiffert 1968, 1–2). Nonetheless, had he left behind nothing more than his lyrics, Hartmann would still have to be regarded as a significant and fascinating poet, by virtue of the many contributions he made to the poetic treatment of love, clearly a topic of intense interest in the High Middle Ages. Indeed Seiffert, in a later study, posits that the poetic range of Hartmann's lyrics is as broad as that of his narrative works, and places Hartmann right alongside the greatest high medieval German lyric poet, Walther von der Vogelweide (ca. 1170–ca. 1230), because of the former's "formidable talents in distinctive types of poetic composition" (1982, 86).

Because Hartmann is one of the few poets who composed both narrative poetry and love songs — Heinrich von Veldeke (d. around 1200) and Wolfram von Eschenbach (d. around 1220) being the other noteworthy cases — we can try to comprehend Hartmann's works in one genre with an eye on those he produced in the other. For scholars in the nineteenth century, for example, who tried to establish a relative chronology of his works in terms of important events in the poet's life, the lyrics seemed to provide crucial evidence. An initial phase of youthful writing was often postulated, during which time the *Klage, Erec,* and possibly the beginning of *Iwein* may have been written, at about the same time as Hartmann composed the songs of love for his lady. This was supposedly followed by a profound personal crisis, brought on by the death of Hartmann's overlord (which the poet mentions several times in his lyrics), which caused him to turn from worldly to religious concerns in his life and in his work. During this ensuing phase Hartmann would have composed *Gregorius* and *Der arme Heinrich,* the Crusade songs, and quite possibly participated in a Crusade. Toward the end of his career, Hartmann would have returned to and completed his *Iwein*, in a way that manages to combine worldly and spiritual concerns (Hasty, 27–35).

Another way in which Hartmann's lyrics were related to events in the poet's life was typical for the early reception of the love lyrics more generally. It was assumed that Hartmann had to be taken at his word and that his love songs were evidence of the poet's amorous relationships with real women. The studies by Schmid and Schreyer — both from 1874 — illustrate well the then-popular biographical approach to literature. In the course of the last century, however, scholars gradually worked their way toward an understanding of medieval lyric that has made it more difficult — though still not impossible — to understand them in the light of the lives and feelings of the medieval poets. The work of Franz Saran (1889) proved to be of particular importance in facilitating this change from a focus on the lyrics as biographical testimony to one on their formal characteristics. The past few decades have witnessed the fascinating emergence of an abundance of critical approaches to medieval love lyrics, even as some of the traditional ideas continue. Although a survey of these would go beyond the objective of this chapter, there are a few common assumptions in many of these positions that are worth mentioning in this context because they bear immediately on the discussion of Hartmann as lyric poet.

It is generally assumed today that the kind of love lyrics that Hartmann composed, songs about *hôhe minne* concerning the love of a singer for a unreachable lady who often seems more the embodiment of an ideal of perfection than a person of flesh and blood, are too highly conventional to be the expression of subjective sentiment in the same way that modern love poetry can be. Comparisons of Hartmann's lyrics to those of other *Minnesänger* flourishing at about the same time show a high degree of similarity with respect to metric forms and thematic content of the lyrical language (Brackert, 259). Hartmann followed upon the generation of lyric poets, including Friedrich von Hausen (d. 1190) and Albrecht von Johansdorf (ca. 1165–after 1209), that was the first to receive the themes and melodies of the Romance (i.e. French and Provençal) love lyrics and to develop them according to the interests and tastes of German audiences.[1] Again and again, the songs produced by these and later poets are about a singer's love for a lady who is presumably married and of high social rank (though the lyrics allude to these characteristics only very generally) and his hope that long years of loyal love-service (to which the singing itself might also presumably be understood to belong) will eventually bring the lady to bestow some form of *lôn*, or reward, upon him. This reward for love service, which may range in individual cases from a token of love in the form of words or a glance to sexual union, is seldom closely specified. Because the *lôn* remains withheld and so difficult to achieve, the singer frequently complains and threatens to end his love-service, but this he cannot do given the basic parameters of *hôhe minne*. *Hôhe minne* has to do with the singer's desire to overcome the distance separating him from his beloved lady, but this distance is inseparable from the lady's function as the lofty embodiment of beauty and goodness. Thus, paradoxically, the very characteristics of the lady that make her desirable also make her unattainable.

It has long been observed that this basic structure of *hôhe minne* shows similarities to other important domains of medieval life. The service-reward orientation is a basic characteristic of the bond of mutual allegiance between a liege lord and his vassal, and it is also a central feature in the medieval understanding of the Christian's relationship to God. The love lyrics themselves reflect upon and develop these similarities in a variety of ways (perhaps most notably in the *Kreuzlieder*, or crusading lyrics, which play love of one's lady off against the love of God), but they nevertheless maintain a value and significance all their own that escapes or exceeds the confines of political and religious domains. A frequently articulated idea in the critical literature is that the lyrics about *hôhe minne*, more specifically the performances of these lyrics by the poets before their elite noble audiences, are a kind of "fictional" discussion about love. Common to some of the assessments of the aesthetic or fictional status of the lyrics is that it is necessary to recognize that references to love and ladies in the songs, within the framework of such a discussion, probably do not refer to real sentiment or experiences of the poet or to real ladies to whom the poet has amorously devoted himself (Obermaier, 15–16). Instead we have to understand the lyrics in terms of an array of poetic positions, or *Rollen* (roles), that can be occupied in such a discussion, including the singer in his various conditions of hopefulness and despair (which have to be distinguished from the identity of the singer himself) and the lady (to whom the lyrics also sometimes give a voice in the so-called *Frauenstrophen* or "women's strophes"), who often shares with the singer the conviction that service deserves reward, but has to weigh this against concerns about her social reputation. Another frequently articulated idea in the critical literature is that the songs about *hôhe minne* are about the ennoblement of the singer/lover, who learns to abide in a situation of adversity, to resist the temptation to give up a difficult allegiance to a higher love in order to realize an easier (but worthless) lower one, and thus manages to improve himself by containing or resisting the lower (sexual) urges within himself. Such a view would be consistent with Norbert Elias's thesis that the emergence of *Minnesang* has to do with a sublimation of sexual aggression that was occurring in the social environs of larger courts. A final thesis that is worth mentioning here, because of its possible importance for the *dienstman* (ministerial) Hartmann, is that the love songs of *hôhe minne* can be understood as an articulation of the desire of the *ministeriales*, the class of military and administrative servants who, despite their unfree status, often held offices of great influence and power, for increased social status. The desire for union with the beloved lady, in this view, is the lyrical expression of a desire for increased social mobility.[2]

The assessment of Hartmann's songs has necessarily been closely bound to the different understandings of the love lyrics outlined above. The interpretation of the works of Hartmann has always had its own particular history and impetus, but in the case of the lyrics this has to be tempered by recognition of the high degree of conventionality of the lyrical medium in which the minnesingers worked. With regard to the life-circumstances of the poet himself and what his works may say about these, we also have to take into consideration the possibility, if not the likelihood, that the "I" of Hartmann's songs does not refer to the poet himself as a historical individual, but rather is a poetic construction in the very public, courtly framework of a lyrical genre with its own specific characteristics.[3] This by no means implies that Hartmann left no distinctive imprint on his lyrics. Indeed, in the critical assessment of the love lyrics and medieval court literature more generally, there has been increasing recognition that the more strictly individual concerns of the poets might be approached not as something that stands outside or beyond generic conventions, but rather as a specific way of operating within and to some extent altering them.[4] In the following look at Hartmann's lyrics, I shall for the most part hold in abeyance the difficult question of determining whether the "I" of a particular song is an aesthetic (or fictional) construction rather than a reference to the poet himself, though it might already be observed here that the songs of Hartmann contain some striking disruptions of lyric convention that lead one to consider leaning in the latter direction to a greater degree than with other *Minnesänger*.

Hartmann's lyrics are preserved in the three major codices containing minnesongs: sixty strophes in *Die große Heidelberger Liederhandschrift* (ca. 1300–1330/40), ten in *Die kleine Heidelberger Liederhandschrift* (ca. 1270–1275), and twenty-eight in the *Weingartner Liederhandschrift* (first quarter of the fourteenth century). The strophes, the order of which varies in some cases from one manuscript to the other,[5] were organized into eighteen songs in the standard edition of the lyrics by Karl Lachmann and Moriz Haupt that was originally published in 1857 and since has undergone dozens of revisions. In the thirty-seventh revised edition by Moser and Tervooren, the editors point to the possibility that the strophe, rather than the song, seems to have been the primary building block of the medieval performances, and that we have to reckon with the possibility that the organization of the individual strophes into the larger units of songs was a very flexible and changeable process from the very beginning (Moser and Tervooren, 7–8; Klare, 167). Because of doubt in some cases about the original order of the strophes (or even if there was ever a *single* fixed order), and because some of the strophes attributed to Hartmann have been considered to belong to Reinmar and Walther von der Vogelweide,[6] there has been much debate about the proper order of the strophes in a couple of Hartmann's songs. As is the case with most of the other *Minnesänger,* the melodies to which Hartmann sang his lyrics have not been preserved, but his involvement in this genre strongly suggests that musical ability would have been another of the poet's many accomplishments.

Due to the recognition of the high degree of conventionality of the love lyrics and the probable importance of communal (social, political, and/or religious) concerns, and also to an increased appreciation of the challenges involved in establishing the textual foundation of interpretation, scholars have become much more cautious in relating Hartmann's lyrics to his life and the specific course of his literary career. There is a general recognition today, for example, that it is impossible to know with certainty the order in which Hartmann composed and performed his songs, whether the love songs were about real emotions and real ladies, and whether his crusade songs follow the love songs and mean that Hartmann actually participated in a crusade himself. This is to say that some of the views of Hartmann's life and career that were prevalent in the nineteenth century are today regarded by the majority of scholars as untenable. Today most scholars avoid positing a chronology for the songs and instead group the lyrics according to different basic themes (e.g. Corneau and Störmer, 81–82). In the following sections we will do the same by grouping Hartmann's lyrics into love songs and crusade songs, two types of lyric that one also finds with many of the other *Minnesänger* of the same period. The aim of this brief survey of the lyrics cannot possibly be to delineate the copious and complex critical reception of Hartmann's lyrics (Reusner, 97–161; Hasty, 27–35). As we look at these two groups of lyrics (using both Lachmann and Haupt's verse numbering from *Des Minnesangs Frühling* [= *MF*] and Roman numerals to designate Hartmann's different songs), we will be interested primarily in drawing attention to some of the basic patterns and characteristics of Hartmann's lyrics — and also to ways in which the poet, despite the high degree of conventionality of the lyrical language of his day, nevertheless managed to make his own distinctive mark on it.

Love Songs

I. *Sît ich den summer truoc riuwe unde klagen* (since I have borne sorrow and suffering all summer; *MF* 205, 1).

The order of the strophes, as well as the assumption that they constitute a single song, has been a much discussed in the critical literature (Brackert, 304). The singer begins with one of the standard complaints in the *hôhe minne* model: despite his constant service (*MF* 205, 5), he has come no closer to achieving the object of his desire. The specific manner in which this complaint is articulated, however, has been seen as one of the distinguishing characteristics of Hartmann's lyrical language: the singer's somber mood is expressed with imagery drawn from the military domain: "mîn sanc süle des winters wâpen tragen" (my song should bear winter's coat of arms; *MF* 205, 3) (Jackson, 179). Whereas the first strophe is suggestive of a critical attitude toward the unrewarded service and possibly toward the beloved lady herself (see *MF* 205, 9), the second immediately and directly turns this criticism toward the singer himself. If his service has not caused the lady to be inclined to him, then he has nobody to blame but himself: "ob ich mit sinnen niht gedienen kan, / dâ bin ich alterseine schuldic an" (if I cannot serve sensibly, then I alone am responsible; *MF* 205, 17–18). The third strophe of the song juxtaposes, in a manner that is unique in the love lyrics, the pain of unrequited love with the grief caused by what most scholars have assumed to be a historical event in the life of the poet Hartmann: "Mich hât beswaeret mînes herren tôt" (The death of my lord has caused me great sorrow; *MF* 206, 14). This unique verse not only suggests that the singer and the historical Hartmann (at least in the performance of *these* lyrics) are one and the same.[7] It also suggests that the singer may be distancing himself from the *hôhe minne* model, for the love of his lady (especially assuming this is *Rollenlyrik*) would seem to pale in its association with the truly deep feeling caused by the death of his liege lord.[8] The final two strophes turn back to the idea articulated in the second: the singer has received from his lady nothing more or less than what he has deserved on account of his inconstancy, which is to say nothing at all. The song, if a single song it is, ends with a military image that is very similar to a verse in Hartmann's *Iwein* depicting the madness of the hero after he has lost the love of his lady, Laudine: "si lônde mir, als ich si dûhte wert / mich'n sleht niht anders wan mîn selbes swert" (she rewarded me as she deemed me worthy / I am struck by nothing other than my own sword; *MF* 206, 8–9).[9] There is clearly a concern on the part of the singer with his own personal responsibility in amorous matters (which will recur in other love songs yet to be discussed below) that seems to be very genuine, even if it might, in the context of this particular song, also be another way of suggesting an ironic distancing from the model of *hôhe minne*.

II. *Swes vröide an guoten wîben stât* (Who takes joy in noble women; *MF* 206, 19)

In the initial strophe the singer articulates the necessity of serving good ladies in order to obtain happiness. Though such service has been of no avail to this singer in obtaining his lady's favor, he nevertheless resolves to continue his service: "dâ habe ich mich vil gar ergeben / und wil dar iemer leben" (I have surrendered myself to her completely, / and will always devote myself to her; *MF* 206, 27–28). The second strophe speaks of the distance from the beloved in a way that suggests it is a prerequisite of the singer's song (and therefore of the poet's art): "moht ich der schoenen mînen muot / nâch mînem willen sagen / sô liez ich mînen sanc" (if I could tell my beautiful lady my intentions exactly as I wanted / I would leave off singing; *MF* 206, 29–31).[10] Fortunately for Hartmann's audiences, and for all later students of the poet's lyrics, the lady remains remote, and the only manner of reaching her is by means of a "boten" (*MF* 206, 36), by which term Cormeau and Störmer posit that we have to understand his song. The final strophe returns to somewhat conventional formulations: the song is really a complaint, the singer has served all too long in vain, he would be a happy man if he could quit a relationship that amounts to a painful struggle (see *MF* 207, 7–10).[11]

III. *Ich sprach, ich wolte ir iemer leben* (I said I wanted always to live for her; *MF* 207, 11)

The singer begins with the declaration that he had resolved always to serve his beloved lady, but then in a startling turn announces in the final lines of the strophe that he will abandon this service: "der kriec sî ir verlân, / vür dise zît / wil ich dienen anderswar" (I will concede the war to her, from now on I will serve elsewhere; *MF* 207, 20–22). In the second strophe this renunciation of service itself begins to be revoked, as the suffering caused by the singer's unrewarded service contends against his contempt for those who are disloyal. Rather than trouble his lady, the singer decides to bear both the pains of his unrewarded service *and* the responsibility for the fact that he has experienced no success: "sô wil ich ê / die schulde zuo dem schaden hân" (I would rather have both the suffering and the blame for it; *MF* 207, 45–46). In the third strophe, the singer arrives at a position similar to that reached in Song I (see *MF* 205, 17–18): if the singer is not reaching the object of his desire, he has nothing to blame but himself: "daz mir dâ nie gelanc / des habe ich selbe undanc" (for the fact that I have never been successful I have nobody to blame but myself; *MF* 208, 16–17). In this song, though, the *hôhe minne* model does not seem to be relativized by means of its juxtaposition to some more serious matter. In the fourth strophe, the singer playfully states that he will "avenge" himself on his lady for the suffering she has caused him by wishing her good fortune "baz danne ein ander man" (better than another man; *MF* 207, 32), a phrase that suggests more songs of *hôhe minne* will be forthcoming. The final strophe reiterates the singer's dedication to his lady. Even if no *lôn* has yet been bestowed, the mere hope that this might someday occur seems to fill the singer with happiness and a sense of purpose.[12]

IV. *Mîn dienst der ist alze lanc* (My service has lasted far too long; *MF* 209, 5)

This two-strophe song is striking especially for the military imagery with which the difficult position of the singer involved in *hôhe minne* is depicted. The first strophe stresses the manner in which the relationship, as a "strît" (struggle; *MF* 209, 8), has made the singer's days longer and more tedious. In the final strophe, the singer wonders how cruelly his lady would treat her enemy in view of the way she treats him, her faithful servant, and goes on to say that he would prefer the enmity of the emperor himself to that of his lady, since he trusts that he could evade imperial forces, whereas the damage his beloved lady inflicts upon him remains with him always and wherever he goes.

VII. *Der mit gelücke trûric ist* (He who laments with good fortune; *MF* 211, 27)

This song in three strophes stresses the importance of *staete*, or constancy (Cormeau and Störmer, 85–86). The singer seems to distance himself in the initial verses from singers who complain even when they have it good. By contrast, this singer says that he deals with his suffering by always hoping for the best. In the second strophe, the singer broaches the topic of *staete*, saying that constant ladies can only be won with the most constant service. His deficiency in this area once caused him to lose the favor of a lady who had given him some hope of success: "dô sî erkôs / mich staetelôs, / dô muose ouch diu gnâde ein ende hân" (when she saw I was inconstant, her favor toward me had to come to an end; *MF* 211, 40–42). But in the third strophe the singer casts this unfortunate event as a positive experience, for it has taught him the value of constancy: "Ez ist mir iemer mêre guot, / daz mîn unstaete an vrowen mich versûmet hât. / nû kêre ich mich an staeten muot" (It will always be good for me that my inconstancy made me fail a lady in this way; now I will dedicate myself to constancy; *MF* 212, 5–7).

VIII. *Rîcher got, in welcher mâze wirt ir gruoz* (Mighty God, what kind of greeting will she give me?; *MF* 212, 13)

In this song, Hartmann focuses on the distance between singer and beloved lady that is a central aspect of *hôhe minne*. The singer, far from his beloved, begins with a reflection on the fidelity of his lady. Since even a man who is constantly nearby must be concerned about the fidelity of his beloved, the problem is so much the greater for a man who is far away from her. But in this song, already in the closing verses of the first strophe, the very distance to the beloved is imbued with value:

> Dâ wil ich geniezen ir bescheidenheit
> und daz si vil wol wisse, war umbe ich si meit.
> sô tuot si wol, und lît mîn trôst vil gar dar an,
> daz staete herze an vriunde wenken niene kan. (*MF* 212, 17–20)

> [I will benefit from her understanding and that she knows very well why I remained far from her. She will conduct herself well, and I can take comfort in the fact that a constant heart can never turn away from one's lover.]

The singer trusts that his lady will know that true constancy can best be manifested when lovers are apart. He will be able to judge whether his trust has been well-placed on the basis of his lady's greeting when he next sees her. In the second strophe the singer begins to distinguish the constancy associated with distance from "easier" relationships characterized by proximity to the beloved. This distinction reaches its definitive articulation in the third strophe, in which the singer concludes that relationships of proximity make fewer demands on the constancy of lovers and are therefore less substantial. The lyrics valorize distance in a way that is consistent with the basic structure of the *hôhe minne* model, but the singer diverges from this model to some degree by making himself the arbiter, who will judge on the basis of the quality of his lady's greeting whether his thoughts about the value of distance have been correct.[13]

IX. *Ob man mit lügen die sêle nert* (If one can nourish the soul with lies; *MF* 212, 37)[14]

It is tempting to view these strophes, which articulate the perspective of the lady, as the counterpart of the male perspectives observable in Songs I and III, in which the singer arrived at the conclusion that he had nothing to blame but his own inconstancy for his lack of success with his beloved. These lyrics are the lament of a lady who has bestowed her trust in a man on account of his sweet words (213, 15), only to find that he lacks constancy: "sîn lîp ist alse valschelôs / sam daz mer der ünde" (He is as devoid of falsity as the sea of waves; *MF* 212, 45–46). In the final strophe, the lady wistfully thinks about other ladies who are better served by their male admirers, a thought that simultaneously seems to console her (there *are* men who can be constant) and to torment her (*her* lover is not one of these). The lady ends with the hope that God will ease her suffering.

X. *Ez ist ein ringiu klage* (It's only a small complaint; *MF* 213, 29)

In the first of the two strophes comprising this song, the importance of distance from the singer's beloved is again the central theme. When he is close to the lady, whom he has loved all his life (another commonplace of the love lyrics), his desire is so strong that, unless he could manage to persuade her to accept his suit, he would prefer to be at a distance. Though it is unstated, the idea of distance perhaps provides the implicit foundation for the second strophe, in which the singer — in a shift from the particular to the general[15] — dedicates himself to *all* ladies as the source of everything of worth that a man might achieve.

XI. *Niemen ist ein saelic man* (No one is a fortunate man; *MF* 214, 12)

In the first strophe, the singer contrasts his own suffering with the happiness of a man who has never known love. The second strophe continues the plaintive tone of the first, but takes a somewhat unexpected turn. The singer complains that he must part from friends (*MF* 214, 23–26), though the nature of this departure (a crusade?)[16] is unstated. In the final verses of the second strophe, the sorrow over departure gives way to a lover's lament that reveals his beloved lady was once devoted to him: "mir tuot mîn staete dicke wê, / wand ich mich niht getroesten mac / der guoten, diu mich schône pflac" (My constancy often causes me to suffer, because I cannot forget the beautiful lady who once bestowed her favor on me; *MF* 214, 31–33). This song contains elements — particularly the distance from the beloved and the value placed on *staete*, or constancy — that are pervasive in Hartmann's lyrics, as well as the term *triuwe* which, though somewhat unusual in the lyrics, is a key term in Hartmann's *Iwein* (e.g. v. 3210).

XIII. *Ich muoz von rehte den tac iemer minnen* (It is fitting that I should ever love the day; *MF* 215, 14)[17]

These three strophes are among the most optimistic of Hartmann's love lyrics of *hôhe minne* (Cormeau and Störmer, 88). The singer declares that he will ever love the day on which he first saw his beloved lady and began to appreciate all of her admirable qualities. In a phrase that is consistent with the idea that *minne* has an "ennobling" effect, the singer states that his devotion to his lady has caused him to dedicate himself to God and the court to an even greater extent:

> wol mich, daz ich den muot ie dar bewande!
> Daz schat ir niht und ist mir iemer mêre guot,
> wand ich ze gote und ze der welte den muot
> deste baz dur ir willen kêre. (*MF* 215, 17–20)
>
> [How fortunate for me that I dedicated myself to her! It does her no harm and brings great good to me, because I dedicate myself to God and to the court so much the more on account of her.]

The second strophe revisits one of Hartmann's favorite themes, the distance from his beloved. Corresponding to the generally positive tone of this song and the positive value that distance typically has in the poet's lyrical oeuvre, the singer is confident that distance will not be detrimental to his love: "sich mac mîn lîp von der guoten wol scheiden, / mîn herze, mîn wille muoz bî ir belîben (My body may well depart from the noble lady, but my heart and my will must remain with her; *MF* 215, 30–31). In the third strophe, the singer says he even managed to speak with his lady in a "saelige stunde" (blissful hour; *MF* 215, 24) and convey his wishes to her. Her response to these, though not specified, does not seem to have deterred him: "daz enphie si mir, daz irs got iemer lône. / si was von kinde und muoz iemer sîn mîn krône (She reacted in such a way that God must ever praise her for it. She was from childhood and shall always be my crown; *MF* 215, 28–29).

XIV. *Swes vröide hin ze den bluomen stât* (He who takes joy in flowers; *MF* 216, 1)

The four strophes of this *Frauenlied* depict the difficult position of the lady between the demands of her family's honor and her feeling for her faithful and deserving lover. Although the lady would like to try to do justice to both of these conflicting interests, (*MF* 216, 14), her preference is clear from the first strophe, in which she observes that long winter nights are more bearable in the arms of one's lover: "Sus wil ouch ich den winter lanc / mir kürzen âne vogelsanc. / sol ich des enbern, dêst âne mînen danc" (In this way [in the arms of my lover] I will shorten the long winter without the songs of birds. If I have to do without this, it will be unwillingly; *MF* 216, 5–7). The lady's resolve to give herself to her lover is depicted with an intensity and hopefulness that is usually reserved for the articulation of the male singer's desire for his lady: "wand ich wâgen wil durch in / den lîp, die êre und al den sin, / sô muoz mir gelingen, ob ich saelic bin" (I will risk life, honor, my entire mind for him, so I will have to succeed, God willing; *MF* 216, 19–21). The decision taken by the lady is a daring one, for, as Kasten has observed, she risks the security of her social place in the family and must depend solely on the personal loyalty and dependability of her lover (433).

XV. *Maniger grüezet mich alsô* (Many greet me in this way; *MF* 216, 29)

This song in three strophes, called the *Unmutston* (Song of Discontent), is one of the most unusual in Hartmann's lyrical oeuvre and is unique among all the love lyrics. A first break with lyrical convention occurs in the first strophe, in which the singer tells of the manner in which he is sometimes addressed by his knightly friends: "'Hartmann, gên wir schouwen / ritterlîche vrouwen'" ('Hartmann, let's go try our luck with noble ladies; *MF* 216, 31–32). The use of the poet's proper name is extremely unusual in the love lyrics, and suggests that the distinction between the role of the singer/performer and the identity of the poet Hartmann may not always be as hard and fast as many modern literary scholars have believed.[18] As with his references to the death of his liege lord in Songs I and V, Hartmann's employment of his own name in this verse allows us to catch a rare glimpse of a historical individual in the otherwise highly conventional and unhistorical language of the love lyrics. The mention of the poet Hartmann's name almost certainly would have alerted his audience that something very different and unexpected is coming, and the remainder of this song does not disappoint this expectation. Hartmann declines to accompany his friend to the noble ladies, because he doubts that he will be welcome there. In a unique turn that represents a clear break with the *hôhe minne* model, Hartmann (the name of the poet rather than the safer term "singer" seems appropriate here) states that he might more profitably spend his time with women of modest social standing:

> wand ich mac baz vertrîben
> die zît mit armen wîben.
> swar ich kum, dâ ist ir vil,
> dâ vinde ich die, diu mich dâ wil;
> diu ist ouch mînes herzen spil
> waz touc mir ein ze hôhez zil? (*MF* 216, 39–44)

[For I can spend my time better with women of modest background. Wherever I go there are plenty of them, and there I can find one who will desire me. She would also be my heart's desire. Of what good to me is a goal that is too high?]

The third strophe relates how Hartmann once offered a lady his love, only to be dismissed with a scornful glance, for which reason he resolved henceforth to deal only with women (*wîp* as opposed to noble *vrouwen*) with whom such a humiliating treatment will not occur. This song thus presents a radical departure from the *hôhe minne* model, and also a very different approach to one of the predominant themes in Hartmann's own love lyrics, which is the distance separating the singer from his beloved lady (which is probably to some extent an expression of her high social rank) and the positive value that is typically attached to this distance. Here the distance is not imbued with positive value, but rather motivates the singer to reject *hôhe minne* altogether.[19] The manner in which he does so has been considered a "violent, provocative simplification," but one that nevertheless points ahead to the more subtle discussion of the love of lowborn women in Walther von der Vogelweide's songs of *nidere minne* (Seiffert 1982, 94).

XVI. *Diz waeren wunneclîche tage* (These would be joyful days; *MF* 217, 14)

In these three strophes, which are similar to a song by Reinmar,[20] a woman conveys her "swaere klage" (deep lament; *MF* 217, 16) over the loss of her faithful beloved. The nature of their relationship — was she his wife or lover? — as well as the fate of the man — has he died or merely gone away? — is not made clear. What remains certain are the admirable qualities of the lost beloved, his "triuwe" and "êre" (loyalty, honor; *MF* 217, 26), and the long pain that will follow the brief joy she had with him: "ich bin von liebe worden vrô / sol ich der jâre werden alt, / daz giltet sich mit leide tûsentvalt" (Love once made me happy. If I become old in years, this will be repaid in suffering a thousand times; *MF* 217, 42–43).[21]

Crusade Songs

V. *Dem kriuze zimet wol reiner muot* (Spiritual purity is appropriate for one who takes the cross; *MF* 209, 25)

The six strophes of this song deal with some of the most significant themes of Hartmann's time. The initial strophe focuses on the internal state of mind and spirit of a man who takes the cross. Only an internal purity, achieved by checking one's worldly desires, will give true worth to the cross on one's clothing: "waz touget ez ûf der wât, / der sîn an dem herzen niene hât" (Of what value is it on the clothing, if one does not have it in one's heart?; *MF* 209, 35–36). The second strophe continues in the same vein, urging the knights the singer is addressing (see *MF* 209, 37) to entrust their life and wealth back into the hands of Him who conferred them to begin with. It would be foolish to deny the shield one wore to gain worldly fame from God, for if one fares well in this higher endeavor, one will win both the praise of the world and the soul's salvation (a double-goal that is represented frequently and in a variety of different ways in the other literary works of this period). The third strophe turns from the exhortation of the singer's chivalric audience to a scrutiny of the singer's own spiritual fitness for the endeavor he has proposed. Using the *Frau Welt* theme, the singer confesses that he has long been tempted by worldly concerns, and he prays now to Christ for help to separate himself from worldly matters by means of the cross he now bears. The focus on the singer continues and becomes more historically concrete in the fourth strophe:

> Sît mich der tôt beroubet hât des herren mîn,
> Swie nû diu werlt nâch im gestât, daz lâze ich sîn. (*MF* 210, 23–26)
>
>> [Since death has robbed me of my lord, I am no longer interested in worldly affairs.]

This extraordinary reference to the lord of the singer again seems to connect the singer/performer and the historical Hartmann, and to suggest that this song, rather than merely extending the poet's repertory into the domain of crusade lyrics, echoes Hartmann's own personal disenchantment with worldly matters subsequent to the death of his beloved liege lord and his resolve to embark on a crusade. The only appropriate goal for Hartmann at this juncture of his life is to perform work for God, and half of the blessings earned by his efforts are promised to his departed lord (*MF* 210, 31–34). The fifth and sixth strophes stress the unmitigated joy brought by devotion to Christ, and reiterate the singer's claim in the fourth strophe that he no longer has any interest in this world. Thankfully and joyfully, Hartmann states that his departure with the *kreuzheer* (crusading army) frees him from all worldly bonds.

VI. *Swelch vrowe sendet ir lieben man* (The woman who sends her beloved; *MF* 211, 20)

In this single strophe, the singer states that any woman who sends her man "ûf dîse vart" (on this journey) and earns "kiuschiu wort" (chaste words) while he is gone, will earn half of the reward. Though a crusade is not specifically mentioned, the association of the man's journey with a reward (which therefore is not conferred by the lady herself, as is the case in the *hôhe minne* model), of which the lady will share half by living chastely, strongly suggests this is a crusade song.[22]

XVII. *Ich var mit iuweren hulden, herren unde mâge* (I take leave of you now, my lords and kin; *MF* 218, 5)

This song in three strophes contrasts the love of minnesingers with the superior kind of love involved in devotion to God by means of participation in a crusade. In the first strophe the singer employs personified *minne* in a chivalric metaphor: *minne,* having taken him prisoner, has released him on the condition that he depart. As yet, the singer's purpose and destination are not evident. The second strophe begins with a striking indictment of the minnesingers: "sich rüemet maniger, / was er dur die minne taete. / wâ sint diu werc? die rede hoere ich wol (many a one boasts about what he would do for love? I hear the words, but where are the deeds?; *MF* 218, 13–14). The kind of action that the singer seems to have in mind is then expressed in subsequent verses: "Ez ist geminnet, der sich durch die minne ellenden muoz" (Love proves itself, when one must be far from the beloved on account of love; *MF* 218, 17). Distance from the beloved as a necessary component of *minne* is frequently stressed in Hartmann's love songs, but the final verses of the second strophe begin to make it clear that the distance the singer here has in mind is not that of *hôhe minne*: "und lebte mîn her Salatîn und al sîn her / dien braehten mich von Vranken niemer einen vuoz" (*MF* 218, 19–20) These verses have been among the most difficult to understand in Hartmann's entire oeuvre and have called forth a wide variety of interpretations. The reference to Saladin suggests that the departure of the singer is a crusade, and if a comma is inserted after the word *her,* then this noble form of address refers not to Saladin as someone who is no longer living (in which case the crusade must be that of 1197), but rather to his own lord (in which case Saladin is alive and the crusade in question must be that of 1189).[23] Besides this, insertion of a comma would suggest that the persona of the singer/performer and the historical Hartmann again converge in the same way we saw in Songs I and V. In the final strophe the singer continues to assert the superiority of his *minne* over the kind practiced by the minnesingers (who are here addressed and criticized collectively, a very rare occurrence in the medieval German lyrics of this time). Picking up on the distinction between the boastful words and lacking deeds of the minnesingers made in the previous strophe, the singer condemns their *minne* as *wân* (here: illusion; *MF* 218, 22). In contrast to the vain hopes of these minnesingers, this singer loves something higher, which also loves him in return (thus providing an interesting correspondent to the mutual love achieved in Song XV, in which it is the love of lowborn women that enables Hartmann to move beyond the *hôhe minne* model). In contrast to Song V, references to participation in a crusade remain indirect, and the significance of Hartmann's employment of the term *minne* has been considered somewhat difficult to pin down (though a number of scholars have posited that the presence of a cross on the poet's clothing in the context of the song's performance would have made things clearer for medieval audiences[24]). While some scholars have argued differently,[25] most nevertheless regard this as a crusade song, though whether the content of this song (and, indeed, of all of Hartmann's crusade songs) means that Hartmann was really going to participate in a crusade, rather than merely playing a (potentially propagandistic) role, has been a matter of continuing debate (Nellmann).

It is clear that Hartmann's lyrics manifest the basic features of the *hôhe minne* model as outlined in the first part of this chapter. Like other lyricists before and after him, Hartmann grapples with the contradictions and paradoxes of a conception of love that is based on service and reward and that is thus recognizably similar to the political relationship between lord and vassal. However, unlike the socio-political institution of vassalage, in which *lôn* (reward) can be counted upon for services rendered (at least in theory, if not always in practice), the *hôhe minne* model does not provide for the fulfillment of the promise of reward for loyal service. Of course, by the time the minnesingers have begun to sing, they are *already* in the love relationship, and quitting it because of a "breach of contract" on the part of the lady never really seems to be a viable option, either because the power of the lady over the singer is too great, or because the singer's own sense of loyalty (*triuwe*) prevents him, even if a singer such as Hartmann can wistfully imagine what it would be like never to have known love: "Nieman ist ein saelic man / ze dirre werlte wan der eine, / der nie liebes teil gewan" (No man is fortunate in this world except the one who has never had anything to do with love; *MF* 214, 12–14). So, like other poets operating with (or in) the *hôhe minne* framework, Hartmann's singer is stuck — at least most of the time.

Though his *Frauenlieder* present the imagined perspectives of women, who face the anguishing choice of withholding their favor from a deserving lover or entrusting their life and reputation to someone whose promises and sweet words may be illusory (as in Songs IX and XIV), the songs show that Hartmann tends to examine the problems posed by *hôhe minne* primarily from a male perspective. Beyond the male perspective of the singer in the great majority of Hartmann's songs, another way in which his love songs seem to be stalwartly masculine in their orientation is in the value given on the one hand to the deceased lord who is mentioned in Songs I and V, and on the other to the higher love of Christ in the Crusade Songs. At the very least, the sudden mention of the passing of his lord in Song I has the effect of distracting the audience from issues pertaining immediately to the singer's love-service for his lady, and it has long been thought that Hartmann's relationship to his lord and his grief over his death (whatever the historical circumstances behind this may have been) provided the inspiration to stretch the *hôhe minne* model from within, and almost to the breaking point. In a very different way, and in the case of Song XVII in pointed opposition to the love of minnesingers, the love of Christ, which Hartmann's singer proclaims must be in one's heart as well as in one's external words and deeds, occupies the position that is elsewhere occupied by the love of the lady. The relationships to his deceased lord and God thus appear to provide a simple, male-oriented alternative to the difficulties and complexities involved in defining one's position vis-à-vis the lady in the problematic framework of *hôhe minne* (Kasten).

We also observed in Hartmann's lyrics that the poet frequently employed chivalric imagery, from the "coat of arms of winter" in Song I to the language of knightly captivity used to render the singer's relationship to love in the first strophe of Song XVII. "The recourse to chivalric metaphors in Hartmann's lyrics," Jackson writes, "is all the more noteworthy because metaphors drawn from military life are not common in twelfth century *Minnesang* and because Hartmann's own use of figurative language is 'very limited'" (Jackson, 179; Jackson cites Salmon, 813). So the language and concerns of chivalry, which are employed most elaborately in Hartmann's chivalric romances *Erec* and *Iwein,* also enable the poet to find new ways to render the experience of love in his lyrics, as in Song IV, in which the "damage" done by his beloved lady makes her a more formidable "adversary" than the emperor with all of his military might.

In our look at Hartmann's songs we have been able to observe breaks with the conventions of the German lyrics, such as Hartmann's references to the death of his lord, his use of his own proper name, and the abrupt rejection of *hôhe minne* in favor of lowborn girls in the *Unmutston*. While it remains difficult to venture conclusions about Hartmann's life experiences (for example that his crusade songs followed his love songs and grew out of a crisis resulting from the death of his lord) or about problems possibly arising from his social status as a *dienstman,* we might justifiably assume on the basis of such breaks with convention that the poet enjoyed some leeway in the practice of his craft. It is in this leeway to shape the lyrical language according to his own disposition, rather than in inevitably dubious biographical connections, that we might properly seek Hartmann's own specific signature.[26]

In Hartmann's narrative works there is a point at which the heroes rest upon their laurels. This condition of seeming bliss reveals itself to be illusory, as the heroes recognize in different ways that they are at fault for this and distance themselves from all that they have held dear, shunning the comforts of the court (Erec) or the world entirely (Gregorius). Only after they have risked losing reputation, love, and life itself, as they live the life of an eremite or undergo the trials of chivalric adventuring, do the heroes achieve a happiness that is substantial and lasting. While the generic possibilities of the narrative works provide for the achievement of a resolution, in which the heroes experience some form of (re-)union with loved ones on a higher plane of worldly or spiritual existence, the normal condition of Hartmann's heroes seems to be "on the road," far from what they hold dear. It is in the wilds, where heroes like Erec and Iwein perform their adventures and Gregorius his unorthodox penance, that we typically find Hartmann's characters, striving for a noble and holy life.

Perhaps not coincidentally, we typically find the singer of Hartmann's love songs far from his beloved. This, as we saw at the beginning of this chapter, is one of the standard features of the *hôhe minne* model, but with Hartmann this feature is central, and his treatment of it is unique. We have seen that Hartmann's singer accepts personal responsibility for the extent to which he has fallen short of his goal on account of his own failings (as in Songs I and III), and thus implicitly for the distance that separates him from his beloved. Of course, the generic properties of the lyrics about *hôhe minne* do not provide for a "happy ending," so it is tempting to see the lyrical alternative to the positive and optimistic closure of the narrative works either in the qualification or rejection of *hôhe minne* that we find, albeit in different ways, in the *Unmutston* and in the crusade songs (particularly Song XVII) — though as we have seen, to do so would be to imply a chronology of the songs that, however plausible, cannot be proven. So Hartmann's songs of *hôhe minne* leave us in the end with "roles," which frequently seem to merge with the historical Hartmann, and which show the singer to embrace the responsibility for his lack of success and happiness with his beloved to a degree that is uncommon among the other minnesingers. To the extent that this attitude of responsibility, reminiscent of that of the heroes of the narrative works, replaces the more strictly plaintive one that predominates elsewhere in the love lyrics, Hartmann might be seen to be empowering himself — even if only *ex negativo* — and to be defining a new lyrical position that is uniquely his own.

Notes

[1] Seiffert views Hartmann as a transitional figure standing between the generation of Hausen and that of Reinmar and Walther von der Vogelweide (1968, 1–2).

[2] A problem with this thesis is that it is very difficult to know with certainty the social status of many of the minnesingers; Hartmann is one of the few who

designates his social status, referring to himself as a "dienstman," or *ministerialis,* but as Bumke has pointed out (63), lacking specific information about the nature of his service relationship, it is very difficult to know exactly what is meant by this term.

³ Kasten provides an excellent treatment of *Minnesang* as *Rollendichtung.*

⁴ The recent study by Haferland goes as far as to argue that the aesthetic role is also a social one, that the performance of love songs is one part of courtly love as a social practice that involves real sentiments on the part of the singers and real ladies as the objects of their love.

⁵ This is the case with Songs I and III; see Sayce 1982, 160.

⁶ See the article of Henkel for a recent treatment of the question of correct attribution. Henkel argues that the desire to correctly attribute strophes to their author is a typically modern one that would have been foreign to the Middle Ages (112). In this article we shall follow the scholarly consensus, rather than the medieval perspective postulated by Henkel, by not regarding Song XII as by Hartmann.

⁷ Sayce points out that Hartmann's mention of the death of his patron is unique in the minnelyrics, but that there were precedents in the Provençal lyrics (1988, 55).

⁸ Kasten speaks of a "Relativierung des Diskurses über die *Hohe Minne*" (435); Heinen sees the fourth and fifth strophes as an independent song that is confessional in nature, and in which the poet Hartmann is speaking in his own voice (424–25).

⁹ See Hartmann von Aue's *Iwein,* verse 3224: "in hete sîn selbes swert erslagen" (he was slain by his own sword).

¹⁰ Cormeau and Störmer see this as a "Reflexion des Mediums auf sich selbst" (87); contrast this with Kasten, who states that Hartmann's songs manifest no poetological reflections (427).

¹¹ Sayce observes that this song has very close links with Romance lyric (1988, 62).

¹² Klare argues that these strophes actually constitute three songs rather than one; see p. 165.

¹³ Kasten states that the authority and value of the lady in this song is not "unantastbar" (unassailable) as in most of Hartmann's lyrics; indeed, she goes as far as to say that Hartmann in this song reproduces the popular cliché of women as inherently inconstant and promiscuous (432).

¹⁴ Some scholars consider that this song is falsely attributed to Hartmann; see Sayce 1982, 159.

¹⁵ See Cormeau and Störmer, 88.

¹⁶ See Reusner, 132–33; Reusner notes that "friends" may be a courtly circumlocution for the beloved lady.

¹⁷ Jackson observes that this is the only of Hartmann's songs that manifests the dactylic rhythm taken over from the Romance lyrics by Hausen and his followers, perhaps deliberately in order to express a feeling of joy (180).

¹⁸ Kasten calls Hartmann's use of his own name an "Autorensignatur" (authorial signature) which renders the empirical "I" (i.e. the historical Hartmann) and the textual "I" of the song identical (433).

[19] Besides observing the note of humor in this song, Jackson regards this advocation of the love of lowborn women as a "significant new step in the development of the courtly lyric and it is perhaps no coincidence that this step was taken by a poet who, as *ritter* and a *dienstman,* was low enough in the aristocratic hierarchy to recognize the notion of unrewarded service as being against the interests of himself and his class, and high enough to voice his irritation" (182).

[20] Sayce argues that the similarities are general and not necessarily based on the influence of either of these poets on the other (1982, 159); Blattmann makes this song the point of departure for his argument that Hartmann's songs were organized as a cycle, or a kind of lyrical "novel," that documents the vicissitudes of the singer's relationship to his lady and the final rejection of this relationship in favor of a higher relationship to God in the crusade songs. Blattmann's postulation of a cycle has not found much support in subsequent critical appraisals (see, for example, Cormeau and Störmer, 81).

[21] Reusner comments on numerous characteristics this song shares with Song XI (148).

[22] The theme of sharing half the reward with a loved one is also present in Song V, which might be seen as further evidence that this is a crusade song as well. Urbanek sees Songs V and VI as Hartmann's only true crusade songs for reasons discussed below (47).

[23] Another position is that verse *MF* 218, 19 is corrupt and needs to be replaced by a conjecture that renders the passage more logical. Nellmann argues that the word "mîn" may originally have been "minne," and the sense of the passage: "were it not for *minne,* Saladin and all his army wouldn't bring me a foot from the Frankish realm" (148).

[24] For a recent example, see the position of Nellmann.

[25] Urbanek suggests an understanding of this song that would see it more as a spiritual song ("geistliches Lied"), in which an internalized *amor dei* is the ultimate goal, than as a crusade song. Urbanek also finds the singer's perspective to be similar to that of the narrator in *Gregorius.*

[26] This is not, of course, to say that Hartmann's disposition would not have been shaped to some degree by the wishes and expectations of his patron(s) and audiences.

Editions Cited

Des Minnesangs Frühling. Ed. Karl Lachmann and Moriz Haupt. 37th revised edition by Hugo Moser and Helmut Tervooren. Stuttgart: Hirzel, 1982. Cited in text as *MF.*

Gottfried von Strassburg, *Tristan.* Ed. Friedrich Ranke. Trans. Rüdiger Krohn. Vol. 1. Stuttgart: Reclam, 1984.

Hartmann von Aue. *Iwein.* Ed. G. F. Benecke and Karl Lachmann. 7th revised edition by Ludwig Wolff. Berlin: de Gruyter, 1968.

Works Cited

Blattmann, Ekkehard. *Die Lieder Hartmanns von Aue*. Berlin: Schmidt, 1968.

Brackert, Helmut. Afterword. *Minnesang: Mittelhochdeutsche Texte mit Übertragung und Anmerkungen*. Frankfurt a.M.: Fischer, 1991.

Bumke, Joachim. *Ministerialität und Ritterdichtung: Umrisse der Forschung*. Munich: Beck, 1976.

Cormeau, Christoph, and Wilhelm Störmer. *Hartmann von Aue: Epoche — Werk — Wirkung*. Munich: Beck, 1985.

Elias, Norbert. *Über den Prozeß der Zivilisation: Soziogenetische und psychogenetische Untersuchungen*. 2 vols. Bern, 1969.

Haferland, Harald. *Hohe Minne: Zur Beschreibung der Minnekanzone*. Berlin: Erich Schmidt, 2000.

Hasty, Will. *Adventures in Interpretation: The Works of Hartmann von Aue and Their Critical Reception*. Columbia, SC: Camden House, 1996.

Heinen, Hubert. "Irony and Confession in Hartmann's *Sît ich den sumer* (*MF* 205, 1)." *Monatshefte* 80/4 (1988): 416–29.

Henkel, Nikolaus. "Wer verfaßte Hartmanns von Aue Lied XII? Überlegungen zu Autorschaft und Werkbegriff in der höfischen Liebeslyrik." In *Autor und Autorschaft im Mittelalter; Kolloquium Meißen 1995*. Ed. Elizabeth Andersen et al. Tübingen: Niemeyer, 1998. 101–13.

Jackson, W. H. *Chivalry in Twelfth-Century Germany: The Works of Hartmann von Aue*. Cambridge: Brewer, 1994.

Kasten, Ingrid. "Variationen männlicher Ich-Entwürfe in den Liedern Hartmanns von Aue." In *Homo Medietas: Aufsätze zu Religiosität, Literatur und Denkformen des Menschen vom Mittelalter bis in die Neuzeit: Festschrift für Alois Maria Haas*. Ed. Claudia Brinker-von der Heyde and Niklaus Largier. Frankfurt a.M.: Lang, 1999. 419–35.

Klare, Andreas. "Hartmann von Aue: Ich sprach ich wolte ir iemer leben (*MF* 207, 11) und die Folgerungen." In *Mittelalterliche Lyrik; Probleme der Poetik*. Ed. Thomas Cramer and Ingrid Kasten. Berlin: Schmidt, 1999. 139–68.

Nellmann, Eberhard. "Saladin und die Minne. Zu Hartmanns drittem Kreuzlied." In *Philologie als Kulturwissenschaft: Festschrift für Karl Stackmann*. Göttingen: Vandenhoeck & Ruprecht, 1987. 136–48.

Obermeier, Sabine. "Möglichkeiten und Grenzen der Interpretation von 'Dichtung über Dichtung' als Schlüssel für eine Poetik mittelhochdeutscher Lyrik." In *Mittelalterliche Lyrik; Probleme der Poetik*. Ed. Thomas Cramer and Ingrid Kasten. Berlin: Schmidt, 1999. 11–32.

Reusner, Ernst von, ed. *Hartmann von Aue, Lieder*. Stuttgart: Reclam, 1982.

Salmon, Paul. "The Underrated Lyrics of Hartmann von Aue." *Modern Language Review* 66 (1971): 810–25.

Saran, Franz. *Hartmann von Aue als Lyriker: Eine literarhistorische Untersuchung*. Halle: Niemeyer, 1889.

Sayce, Olive. *The Medieval German Lyric 1150–1300.* Oxford: Clarendon, 1982.

———. "Romance Elements in the Lyrics." In *Hartmann von Aue: Changing Perspectives.* Ed. Timothy McFarland and Silvia Ranawake. Göppingen: Kümmerle, 1988. 53–63.

Schmid, Ludwig. *Des minnesängers Hartmann von Aue stand, heimat und geschlecht: Eine kritisch-historische Untersuchung von Dr. Ludwig Schmid . . . mit einem Wappenbilde.* Tübingen: Fues, 1874.

Schreyer, Hermann. *Untersuchungen über das Leben und die Dichtungen Hartmanns von Aue.* Naumburg: Sieling, 1874.

Seiffert, Leslie. "Hartmann and Walther: Two Styles of Individualism. Reflections on *armiu wîp* and *rîterlîche vrouwen.*" *Oxford German Studies* 13 (1982): 86–103.

———. "Hartmann von Aue and his Lyric Poetry." *Oxford German Studies* 3 (1968): 1–29.

Urbanek, Ferdinand. "Code- und Redestruktur in Hartmanns Lied 'Ich var mit iuwern hulden' (*MF* Nr. XVII)." *Zeitschrift für deutsche Philologie* 111/1 (1992): 24–50.

Hartmann von Aue and Chrétien de Troyes: Respective Approaches to the Matter of Britain

Alois Wolf

THE TWO ROMANCES of Chrétien de Troyes that were adapted by Hartmann, *Erec* and *Yvain*, coexist in a symbiotic relationship. While in *Erec* the abandoning of chivalric activities and social responsibility precipitates a crisis that launches the major plot, in *Yvain* it is the opposite, namely there is too much emphasis on chivalric activity. Both works exhibit a similar narrative structure: rapid attainment of good fortune at the beginning, loss of fortune, followed by a long and arduous path back to new and lasting fortune. This schema can be traced back to the adventure epics of classical antiquity, and is the foundation of religious narrative poetry as well. In view of all these things that they have in common, the differences are quite significant. The earlier effort, *Erec*, has a more serious tone, and at the end comes close to replicating chivalric and courtly reality. *Yvain*, on the other hand, is more cheerful and does not need a comparable convergence. Romance as fiction is dominant; history and fantasy are combined into a new unity. Nonetheless, it is necessary to stress that a comparison between Chrétien and Hartmann must be prefaced with the caveat that Hartmann's sources are not necessarily identical with the texts of Chrétien that are available today. And, further, we do not know whether Hartmann proceeded verse by verse or whether he occasionally recapitulated larger segments. (In order to avoid confusion in the following discussion "Erec" will be used when referring to Chrétien's work or main character and "Erek" when referring to Hartmann's.)

Chrétien's romances must be viewed against the background both of Wace's *Roman de Brut* (1155) and Geoffrey of Monmouth's *Historia regum Britanniae* (ca. 1138). Unlike his predecessors, however, Chrétien moved beyond a portrayal of the historic figure of Arthur. Instead, he placed selected Arthurian knights at the center of his tales. In the prologue to *Erec*, for example, he declares programmatically that he will tell of "Erec, the son of Lac." Thus, we should not speak of Arthurian romances, but rather of romances about Arthurian knights. This change in perspective from the historical view of a great king (*rex*) to a political-historically irrelevant *miles/rex* (Erec and Yvain) or to a mere knight (*miles*) Lancelot marks a literary-historical sea change.

The brief introductory sections of Chrétien's *Erec* (ca. 1170) and *Yvain* (ca. 1177–1181) show certain similarities with the genre of the *lai/lay* of the oldest known French poetess, Marie de France (died ca. 1200): for example, *Lanval* (ca. 1170). The knight enters into another realm and wins the love of a lady who evidences fairy-like characteristics. According to the prologue of *Erec*, Chrétien uses a *conte d'avanture* (tale of adventure). *Avanture* is, of course, a key concept in the *lais* of Marie de France, who writes in the tradition represented by the *Historia regum Britanniae*. For Hartmann, on the other hand, neither the Arthurian history of the *Roman de Brut* nor the *lais* were literary points of reference.

It must be pointed out that even if Chrétien focuses in *Erec* on a knight and not on the king himself, Arthur and his court nonetheless play an important role in the tale, in that they form a frame in the narrative and are prominent in the coronation scene at the end of the romance. Here, too, Hartmann goes his own way in that he largely does away with the frame. Chrétien clearly indicates within the text when the first part of the frame is over. In verse 1808 he writes: "ici fenist li premiers vers" (here ends the first movement),[1] thus suggesting that now the going will be getting rough. Chrétien's comment also might indicate that an independent *lai* is the source of the first part, but is now being adapted within a larger context. Hartmann, who surely knew this part of the text, chooses not to give a signal setting off the brief introductory section from the rest of the tale. For him, it is clear; the entire text was one unit from the start.

Reflecting the pseudo-historical Arthur of Geoffrey and the *Roman de Brut* — emphasized by the geographically fixed reference of Arthur's court at Cardigan (the English name of the Welsh city, Aberteivi) — Chrétien portrays an Arthur who maintains a magnificent court (27–34). His depiction has, however, little to do with historical actuality. Instead of "tending to the business" of the kingdom, for example, granting fiefs and the like, Arthur calls for a hunt. Hunting was, to be sure, a royal privilege in the Middle Ages, but Arthur proclaims a hunt for the White Stag, a creature of faery. By having Arthur call for a hunt, introducing thereby a realm in which all driving force emanates from creatures of fantasy, Chrétien apparently establishes a connection between it and Arthur. Yet, instead of an encounter — as would then be expected — between the titular Arthurian hero and a creature of faery, Chrétien substitutes the meeting between Erec and the decidedly mortal knight with the lady and dwarf.

But not all are in agreement with Arthur's plan. In view of the fact that the winner of the hunt has the right to bestow a kiss on the fairest lady at the court, Gawan urges that the hunt be canceled because of the difficulties it could cause at court, since each of the several hundred knights in attendance would maintain that his lady is the most beautiful. Certainly any competition could prompt jealousies and resentments, so this does conceivably correspond to feudal reality. But in this instance the likely problems do not revolve around issues of life and death or matters of war and peace, but rather involve a beauty contest! This motif introduces an erotic element that conforms to the fairy tale, but not to feudal power struggles. In spite of all objections, the king asserts his authority and promptly announces that the hunt will take place in the *forest avantureuse,* a locale outside feudal reality. It is interesting that this hunt, whose proclamation causes such consternation, ceases to exist as an element of the narrative. Instead, the Erec plot advances in its place. It is at this point that Hartmann's (incomplete) text begins, and, thus, we must use Chrétien's exposition to fill the gap.

Chrétien's *premiers vers* ends with a noteworthy appearance of Arthur and his court. Erec has won both the sparrow hawk contest — about which, more later — and the beautiful Enite. The decision as to who the most beautiful woman at court might be has been postponed — at the suggestion of the queen — until Erec returns. *De facto,* then, the king places himself in a position of dependency on Erec, his knight, whose behavior, on the other hand, grants great authority to Arthur and his queen. After his victory, Erec tells his future father-in-law that he will escort Enite on the next day to Arthur's court, where he will marry her (1313–15). He states quite clearly on two occasions that only the queen may clothe the threadbare Enite (1338, 1366). In addition, we are informed that Erec can scarcely wait until he is back at Arthur's court (1467–69). On the occasion of the reception of the young couple, the king and queen outdo themselves, and the queen, at Erec's request, outfits Enite most grandly. The young woman's considerable beauty is greatly enhanced, and the outcome of the hunt for the white stag is foreordained. Interestingly, Chrétien places much emphasis on Arthur's expected decision, which he delivers before the entire court. Three times in forty lines Arthur calls on the assembled knights to witness his proclamation that Enite is the most beautiful woman at the court (1744–84). He tolerates no contradiction. But since no opposition would be expected anyway, the royal pathos strikes one as artificial and out of place. Clearly one should not accept the text here at face value, but rather see in it an example of Chrétien's subtle irony at play.

From Hartmann we learn in only one verse at the end of the first part that Erek refuses to allow Enite to be clothed by the Duke of Tulmein (1409). In a clear deviation from Chrétien's text, Erek does not mention the queen. Indeed it is the queen herself, and of her own volition, who undertakes to clothe Enite after the young couple arrives at court — without being called upon to do so by the young knight (1530). More striking is the diminished participation of the king in all these activities: no grandiose appearance before the knights; no ceremonial oratory, and no exaggerated insistence on royal authority. It is almost as an afterthought that we learn that with his kiss Arthur has designated Enite as the most beautiful woman (1784–94). Thus with Hartmann, the plot lines involving the person of Arthur are greatly curtailed, with the result that the tale of Erek is proportionally enlarged, bringing about a shift in perspective that forfeits the ironic suspense characteristic of Chrétien's narrative style.

The shaping of the narrative's content in the first part demonstrates distinctive characteristics of Hartmann's methods of adaptation. He sticks closely to the content so that it is difficult to determine what significance he attaches to Chrétien's basic narrative design. For example, the setting in motion of the actual story, the Erec plot, results from a double separation from the Arthurian court, in that not only does he not take part in the hunt for the White Stag, but he also parts from the queen. Was Hartmann aware of the significance of this brilliant inspiration or did he naively take it over? Even if we cannot answer that question definitively, we can determine some things. In the case of the respective depictions of Erec, for example, differences emerge that are not merely the result of the addition or subtraction of some details, but rather reveal differing narrative conceptions. Chrétien presents a glowing portrait of Erec, the knight, the peerless *chevalier*. His fame is unequaled at court (82–92) and his good looks are proverbial. The splendid appearance of the knight, who is armed only with a sword, and who apparently enjoys the special favor of the queen, is described in detail (104–14). This description is, however, not tied to its original situation in the tale; instead it becomes a variable that can be inserted at will into the narrative. In this regard we only need mention the episode of the sparrow hawk contest. On the way to the tournament grounds the *chevalier* Erec appears with Enite before the gaping crowd, who remark upon his extraordinary resplendence, one that is only enhanced by the beauty of Enite (747–72). Of course, Erec's victory in the ensuing single combat is clearly anticipated by this narratively vivid scene. Nonetheless, we can also observe that Erec's hard fall from this grand image of the knight to that of the alleged recreant is being prepared long beforehand.

Hartmann systematically goes his own way. He does away with this image of the radiant *chevalier* that serves to guide the reader's attention into a certain direction. He does this not because of incomprehension — after all Hartmann is not exactly poorly endowed with a sense of narrative embellishment and description. On the contrary: Hartmann operates from a completely different conception. He takes as his starting point a motif that is mentioned by Chrétien (90–92), namely Erec's youth, in order to emphasize even more the dazzling chivalric quality of the knight. (Although it must be pointed out that, from a medieval perspective, twenty-five is not so young.) Be that as it may, the youthfulness of Erek becomes for Hartmann the leitmotif of the entire tale. Erek is the "youth" (*jungelinc*, 18) who is brave and enjoys good fortune (3). But Hartmann provides nothing about his external chivalric make-up either at the beginning of the romance or even during the sparrow hawk adventure. Indeed, decked out in Koralus's ancient armor, Erek is less than imposing compared with his lavishly accoutered opponent. Nonetheless, he is destined to be the victor. Thus we see with Hartmann a shift in emphasis from the external to the internal. Erek's youth worries the queen when he departs to follow the knight with the sparrow hawk. And the latter, too, misjudges Erek in that he only sees a boy who really should give up his childish contrariness (711), a theme that is mentioned again and again during the course of the episode (757, 765, 930). By stressing the youth of his hero, Hartmann is also introducing the theme of inexperience that will prove to be of import for his assessment of the crisis looming before Erek and Enite — in contrast, it should be mentioned, to Chrétien. Even Arthur and his queen are pleasantly surprised at Erek's victory in the battle for the sparrow hawk, in view of the fact that he is so young (1264). Enite, too, is viewed under the rubric of youth, something that will be of importance during our later discussion.

It is therefore not surprising that Hartmann depicts Erek as a well-mannered young man who immediately volunteers to ride out to the unfamiliar knight, who is accompanied by a lady and a dwarf, and make inquiries (18). Chrétien, on the other hand, has him wait until he is instructed by the queen to do so. Hartmann adjusts his source in favor of ordinary human behavior, while Chrétien tempers his work in a different key altogether, and very successfully so. Chrétien's narrative supports of repetition and categorization, and his stretching the limits of probability are considerably reduced by Hartmann's tendency toward leveling and one-dimensional narrative. In Chrétien's unfolding of the episode with the unfamiliar knight, for example, it is the whipping by the dwarf that forms the main focus and is clearly regarded as an indispensable element of the narrative (161–236). Five times in quick succession, attention is drawn to the whipping, and once again later, in verse 1127. In addition, the initial description of the strange knight and his party is made from a distance, and yet Chrétien, exaggerating the bounds of probability, is able to determine that the end of the dwarf's whip is knotted (148)! None of this is to be found in Hartmann. Hartmann adheres to a more realistic course of events and does not mention the whip until it is used. Chrétien tarries in the details of the injuries caused by the whipping and does not shy away from repetition. Hartmann avoids repetition and merely states that Erek fared the same as the maidservant. Chrétien has Erec fully explain to the queen why he did not retaliate against the dwarf for the latter's whipping. In view of the fully armed unknown knight, Erec reasons, he would have had no chance. He even quotes from the *Chanson de Roland,* saying that "folly is not valor" (*folie n'est pas vasselages,* 231), employing approximately the same words that Olivier uses to restrain his bold comrade (*kar vasselages par sens nen est folie; Chanson,* 1724). Such echoes of heroic poetry are not to be found in Hartmann. For him Erek's reflections do not concern life and death, but rather dishonor and humiliation, and this adds a moral dimension to the situation and is something that must be further considered in the reaction to Erek's transgression of *verligen.*

Hartmann's different narrative perspective in the first section is especially apparent in his depiction of Erek's arrival at the dwelling of the impoverished Koralus, his future father-in-law. Chrétien has the old man immediately jump up, hasten toward the arriving youth, and welcome him with the remark that his lodgings are ready. This is, of course, rather surprising in view of the rather precarious economic situation of the old man. Moreover, Erec has yet to say a word (385)! Hartmann, as he does throughout his tale, modifies his source in favor of the expected "normal" actions brought about by the psychological probability of the situation. Thus, Koralus is depicted as an old man with a crutch who does not rush toward Erek. Further, Erek requests lodging for the night and is told that he is welcome, but not to expect more that the circumstances will allow. Unlike Chrétien, who endows his romance with an occasional, slightly alien ambience, Hartmann moves completely in the world of courtly normalcy. Thus, Erek objects — in vain, as it turns out — to Enite feeding and grooming his horse, something she is required to do by Chrétien without any protest from Erec. Hartmann describes no grand feast, no luxurious quarters as found in his source. Rather, he remains firmly rooted in reality and depicts the genteel poverty of Koralus and his family with their rather simple meal and primitive beds of cloth-covered straw. As another attempt at normalcy, Hartmann also provides the names of the impoverished family. Chrétien, on the other hand, names Enite only after the wedding, and we do not learn the names of her parents until the end of the romance.

Chrétien gives further signals that show Erec becoming immersed in a somewhat different world after leaving the Arthurian realm. The topic of the beauty of the old man's daughter makes this evident. Here, too, Hartmann, while not untouched by Enite's beauty, invariably pursues the course of restoring normalcy, deviating thereby from Chrétien. When, for example, Hartmann describes Enite as "one of the most beautiful maidens" (310), he is following Chrétien's text exactly (398), but he contents himself with a dozen lines of description, while Chrétien takes about fifty verses to do the same thing, thereby creating an aura of something quite unusual. After his initial mention of the crass difference between her shabby clothing and physical beauty — in which Hartmann follows him — Chrétien comes into full swing, graphically evident by the appearance, beginning with line 411, of a new manuscript section, introduced by an ornate initial. This new section provides margin for the "real" description. On three occasions, Chrétien offers *nature* (nature) as the true creator of the maiden's beauty (412, 421, 431), before he finally brings in God, who has never created anything more beautiful than her nose, eyes, mouth. In order to "prove" this claim, figures from contemporary literature suffer by comparison. Isolde's blonde hair, for example, cannot begin to compare with Enite's. The description peaks in the poet's choosing of a typical pose of troubadour lyric, namely that Enite's beauty was "made to be gazed upon, for a man could see himself reflected in her as in a mirror" (439–41). Hartmann dispenses with all such references to contemporary literature. Chrétien goes on to have his hero, Erec, share in the enchanted, magical viewing process, for he "was dazzled to behold such great beauty in her" (448–49). Enite's father is also carried away by the topic of beauty, as is shown by his almost stereotypical form of address: "sweet, gentle daughter" (451) and, above all, in his unvarnished praise of his daughter's incomparable beauty (533–36). As the poet did previously, so also here does the old man get God into the act as the originator of her beauty — and her wisdom! Thus a compelling leitmotif is formed — the "most beautiful." In contrast, Hartmann foregoes this motif, making do, instead, with a much less hyperbolic measure.

The old man whom Chrétien has just had admit his poverty announces in the same breath that there is no one, even among the mightiest and noblest of the land, who would not have accepted his daughter as a wife, if he would have agreed to it (525–28). But he was, as he said, waiting for a more favorable moment when God would allow even greater honor to befall his daughter, in that *adventure* would provide a king or count who would take her with him. One might note here the significant coupling of *deus et avanture* — God and adventure — which is missing in Hartmann's work. The confident attitude of the old man corresponds to what we would call "waiting for Prince Charming." This carefully constructed tactic of utilizing fairy-tale perspectives is important to Chrétien. It also explains the old man's unusual reaction to Erec's arrival. The episode demonstrates clearly that Enite's father was convinced that the expected Prince Charming had arrived in the person of Erec. In Hartmann's work, on the other hand, the reader finds himself in the realm of the psychologically probable in which the poet consistently "normalizes" conditions. Thus, Koralus is at first perplexed at Erek's show of interest in his poorly dressed daughter. He begins to protest because he feels that the stranger is mocking him, and it takes a goodly power of persuasion to convince him that Erek's intentions of marriage are serious (525–81). It is clear that two narrative concepts confront one another here.

Chrétien's dominant image of the knight in shining armor, Erec, which can be inserted into various scenes in only slightly altered form, is shifted by Hartmann to that of the *youth,* an image that is fully explicable in psychological and didactic terms. At the same time, an ethical element is brought to bear that is not to be found in the same fashion in Chrétien's text. Iders, the arrogant Knight with the sparrow hawk, for example, who alludes expressly to Erek's youthfulness, nonetheless proclaims that he will slay him without mercy, should Erek be so foolish as to do battle with him. In contrast, we are told that Erek — who, of course, does win — shows compassion towards Iders after his victory (1010). In this instance, one can see an addition to Chrétien's text that is typical of Hartmann, and one that recurs at the end of the romance, in Erek's merciful bearing toward the defeated Mabonagrin and the widows of the slain knights, likewise in Iwein's compassion for the noble women who were performing forced labor under harsh conditions (*Iwein,* 6407). The more colorful range of Chrétien's narrative is reduced in Hartmann's work in favor of psychological and ethical aspects.

In the next episode, dealing with Erec's shameful neglect of his chivalric responsibilities (OF *recréantise,* MHG *verligen*), the action enters a decisive phase that has significant consequences for interpretation with regard to structure and meaning. How do the two poets pave the way to this critical situation? Chrétien has Erec ask permission to celebrate his wedding at the court of Arthur, who consents and issues the invitations (1884–95). Here, as at the end of the romance, Arthur is depicted in his capacity as feudal overlord who bestows fiefs and exercises authority. For his part, however, Hartmann not only omits this emphasis but, indeed, turns the episode into its opposite: it is Arthur who wishes to see Erek wed at the court (1889–92). As we have seen in the discussion of the first part of *Erec,* so also here it becomes evident that Chrétien's Arthur enjoys a greater position of authority. In addition, the king's further personal involvement in the activities surrounding the festival described by Chrétien (1974–86; 2022–27) is deliberately passed over by Hartmann. Even Chrétien's depiction of the life at court is by far more colorful and festive than that of Hartmann, who is content with the simple enumeration of the illustrious wedding guests, and merely mentions that there were all kinds of amusements and that great largesse was prominent. Chrétien employs the central troubadour concept of *joie/joys* as his catchword. Hartmann omits this possible association, which enhances the literary nature of the festival description, and indulges in a descriptive routine with a reference to the stylistic ideal of brevity. Then Chrétien juxtaposes Erec and Enite's wedding night with the morally highly questionable maneuver employed by Isolde of forcing Brangien to take the former's place in bed, thereby deceiving her bridegroom Marke (2031–39). Here, too, Hartmann omits this literary allusion as well as Chrétien's Ovidian portrayal of the progress of love from the first glance of the lovers to consummation (2049–67). Instead, Hartmann assures his listeners that both were granted lasting bliss, and further he states that two people have never loved each other so much until death did them part (2204–9), thereby providing his audience a comforting prospect with which they can follow ensuing events. Chrétien does not construct a comparable bridge for his listeners!

The detailed description of jousts by both poets serves the purpose of highlighting Erec's valor, thereby creating the necessary drop-off for his coming fall. Like Chrétien, Hartmann, too, emphasizes that with the exception of Erek there is no more valiant knight than Gawein; the figures of comparison, Absalom, Solomon, Samson, and Alexander are also found in Hartmann's text (2813–21). Hartmann continues with a segment, unique to his work, narrating how proud Enite is of Erek's bravery and his good reputation (2826–51), a clear foreshadowing of coming events, which the less fussy narrator, Chrétien, does not employ. Instead he provides an impressive description of Erec's return to his parent's court, an arrival scene dominated by the catchword *joie*, culminating in an extensive paean to Enite (2364–95), followed by the terse observation that because of his love for her Erec neglects his chivalric obligations (2396–98). Love (*amors*) and service at arms (*armes*) get into opposition without Chrétien providing any sort of subtle preparation leading up to the point of divergence. Rather he allows the naked reality to speak for itself. Hartmann, more didactically inclined, takes a gentler approach and has Enite's pride in her husband's valor merely imply that there could be problems in this regard. Also striking with Hartmann — and not to be found with Chrétien — is that he has Erek's father, in haste and seemingly without motivation since he is apparently healthy and otherwise *compos mentis*, offer the young couple the throne (2919) whereby Erek would be king and Enite queen. Hartmann makes clear that this is all happening too fast, and arouses the suspicion that it could end badly. In this scene, too, Hartmann stresses the youth of Erek and Enite, which serves to cast doubt on whether they possess the necessary maturity for such a responsibility. On the other hand, youth also has the latent possibility of growth and insight, as found, for example, in hagiographic accounts of conversion. In this regard Hartmann's *Arme Heinrich* comes to mind.

How Hartmann presents Erek's crisis and reaction in comparison with his source is another important point, for the deviation is significant. Common to both poets is Enite's keeping silent about the scandalous rumors about her husband circulating at court for fear she will lose Erek's favor. After this, however, the two versions diverge. In Chrétien's version, Enite, one morning while Erec is still asleep, recalls the remarks made about him, begins to weep, and says aloud "how unfortunate for you" (*con mar fus*, 2469). Awakening, Erec hears her remark and demands an explanation. Describing the beginning of the scene, with the lovers in bed, Chrétien uses the words "it happened one morning" (*il avint une matinee*, 2436) and repeats this just before Enite indulges in her mournful soliloquy "by mischance it happened" (*il avint par mescheance*, 2448). This expression, coupled with the description of Erec's departure with Enite at the end of the episode, "Erec rode off, leading his wife, knowing not where, but seeking adventure" (2728–29), establishes a frame with "it happened" at the one end and "adventure" at the other. One could almost believe to have been transported into the supernatural world of the *lais* of Marie de France, a world that, as we have seen, is of little interest to Hartmann. Chrétien also uses the morning incident to create a grand scene. The locale of the event, the love nest, is given erotic prominence, and the disparaging gossip of the people at court is compressed into a "remark" (*parole,* 2442) that Enite now recalls. The term *parole* is employed with almost leitmotif-like rigor throughout the scene: in Enite's own fateful statement (2449), which is overheard by Erec (2473), who asks her to explain her words, which he has clearly heard (2485, 2495). The term *parole,* then, assumes an almost magical force, as found otherwise in a fairy tale. Enite makes an appearance three times in succession, and, in addition, the image of the "exemplary knight" with which one is familiar from the introduction, the sparrow hawk episode, and the description of the joust is recalled. The recollection of the shameful "gossip" (*parole*) of the court people evokes Enite's tears, and from her sorrow springs her "remark" (*parole*), which sets events in motion. The statement "it happened" emphasizes the unusual and fateful element, the "mischance" (*mischeance,* 2448). From her contemplation of the sleeping knight arises the image of the "exemplary knight" (2461), with Chrétien even falling back on the formulaic language of the *chanson de geste:* "she saw his handsome body and fair face" (*le cors vit bel et le vis cler,* 2454). Enite admits that it is her fault if her husband has lost all his chivalric qualities, and she utters the *parole* "unhappy me" (2458), repeating it while referring this time to Erec shortly thereafter, "my friend, how unfortunate for you" (*amis, con mar fus,* 2469). Like the term *parole, mar fus* also takes on the function of a leitmotif. It is immediately picked up by Erec, who demands to know why he is unfortunate (2483), and Enite returns to the formulation at the conclusion of her remarks to Erec (2537). Enite's explanation of her remarks grows into a lengthy speech about her "valiant knight" (2513) and the implications of fame and praise. She clearly states how much she suffers from the accusations against Erec; she is even more grieved because she is blamed for the situation (2518–24). She calls on Erec resolutely to change his ways, a surprising and psychologically less authentic turn, in that the previously timorous and tearful Enite is now able to speak in no uncertain terms. Chrétien's intent here is to have the image of the exemplary knight shine through that of the recreant, something that is also of prime importance for the reputation of his wife. But that is not all. After Enite's resolute words and Erec's demand that she prepare herself in her most courtly finery as if for a journey, Enite's third appearance follows, taking the form of a monologue of lamentation (2551–72). Here another picture of the woman emerges, namely that of the Enite who, filled with anxiety that she might be rejected, bitterly regrets that she ever uttered the fateful *parole.* Now, however, the key term is fool (*fole*, 2551), a word that Chrétien also uses, obviously as a foreshadowing, before Enite's first monologue (2450). With this change in Enite from the resolute to the anxious woman, it may well be that Chrétien the cleric wished to illustrate the mutability of the female temperament.

The following scene, illustrating Erec's preparation for the upcoming journey, is also significant, for the departure of the hero in courtly romance is always a key scene. Chrétien relates in great detail how carefully Erec puts on his armor (2584–2623), whereby a magnificent and compelling image of a knight arises. We recall that the image of Erec engendered before the sparrow hawk contest was quite the same, and already portended his victory in that battle. Thus Erec's departure should likewise take place under the same auspices. This should not, however, be viewed as a sign of arrogance (*superbia*). Chrétien stresses the fact that Erec intends to ride out alone (*seus*, 2657) accompanied only by Enite, and without a retinue, which would have been appropriate for the son of a king. Of course, Erec's father does not understand his son's intention. But since it was individual misbehavior that caused Erec to drop out of courtly society, his reinstatement must likewise be based on individual actions. Just as great joy prevailed at his father's court when Erec and Enite arrived, now there are tears, a scene that Chrétien draws out — and not without a playful twinkling of the eye — over many lines (2704–25). Thus the episode concludes with a touch of humor, portending nothing unpleasant.

Only the central motif of all of this remains in Hartmann's work, representing a reduction in narrative technique that is grounded in a different vision. Chrétien's three hundred lines of lively narrative are rendered by fewer than one hundred straightforward and simple verses by Hartmann, and are present more for information value. (In this regard we should point out, however, that Hartmann is not always so laconic: while Chrétien's romance contains a scant seven thousand lines, Hartmann's text comprises more than ten thousand!) Hartmann concentrates on Erek's changed behavior by recounting his daily routine, which is devoted exclusively to erotic pleasures (2924–53). Here Hartmann's authorial persona emerges. Whereas Chrétien stresses the contrast *armes/amor* (arms/love) Hartmann adds a significant term to his text, namely *gemach* (indolence). Thus Hartmann is not so concerned with criticizing excessive sensuality (*luxuria*) — the couple's love is not at stake here — rather he is distressed by the inactivity brought about by their behavior. The poet employs the term twice (2933, 2967), and it ranges throughout the entire account like a leitmotif, with Erek himself taking it up. Retrospectively the poet views Erek's behavior as *verligen*, quite literally something causing damage through too much lying around, that is, in bed with Enite (10,123), an aspect, it must be noted, that is not contained in French *recroire*. In Hartmann's *Iwein*, too, Gawein will make reference to Erek's *verligen* (2790).

While Chrétien merely mentions — indeed almost in passing — that it often was noontime before Erec got up, Hartmann takes this time reference as his starting point, and describes the noonday sun as shining on the bed of love, revealing everything. It is at this point that Enite is reminded of the slurs being uttered at the court, and moves away from Erek's side — a foreshadowing of the coming physical separation she will experience when they leave the court — and she utters what she has suppressed so far. Of the rest of the scene as found in Chrétien, Hartmann retains only the specification that Enite should don her best clothes. All the rest is eliminated: there is no report about the knight putting on his armor, no attempted intervention by his father. Instead, Hartmann states that Erek conceals his armor under his garments, acting as if he would return soon, and departs secretly. Externally, then, Erek is not for Hartmann a magnificent knight. The chivalric core must first of all be made visible again.

In Chrétien's work, Enite's fateful remark (*parole*) effects a turning point in the action, and the poet returns to it explicitly in his later description of their coming reconciliation. (Hartmann, by contrast, pays scant heed to this.) Erec, returning from the battle with the giants, falls, covered with blood, from his horse, as if, Chrétien says, dead (*con s'il fust morz*, 4559). Enite bursts into loud lamenting, gesticulating wildly. To God she directs the question why He allowed her to live, and to Death she makes the request that she be killed. Chrétien devotes but three lines to this scene, since he is concerned only with Enite's self-accusation that her remark (*parole*) is responsible for her husband's death (4575–4603). In this brief monologue, Enite utters the word *parole* four times, the last time with a significantly charged association "the fatal, poisonous words" (*la mortel parole antoschiee*, 4599). She ends her self reproach by pleading with God and Death. And since the latter will not come, she resolves to commit suicide. This scene is dealt with by Chrétien in fewer than fifty lines; Hartmann allots almost four hundred for its exposition. In a rigorously rhetorical context, the female figure appears in a new light. In Enite's self accusations, Hartmann eliminates Chrétien's insistent, almost occult fixation on the fateful *parole* and replaces it with a psychologically grounded self-reproach, in which Hartmann, the rhetorically trained poet, gets his chance to speak. But why here precisely? Clearly, Enite's suicide attempt must have seemed much too significant to him than to just make do with a translation of Chrétien's text. The Middle Ages were familiar with famous suicide scenes from the literature of classical antiquity, for instance that of Dido. The present situation is reminiscent of Pyramus and Thisbe.

Hartmann spreads a wide net with his staging of Enite's behavior in order to outdo both classical antiquity and his source with an idealization of his female character. In this way, Enite's noteworthy conduct toward Count Oringles and her subsequent reconciliation with Erec are tenaciously prepared. Hartmann forcefully pauses the action and creates sufficient space for

Enite. The presentation of Enite's actions and words when she is faced with the seemingly dead Erek is provided a clear frame by her loud lamentations, which echo throughout the scene (5746–6081). Here Enite is twice referred to as the "good woman" (*diu guote*, 5743, 5755), and with that is bequeathed an especially significant attribute in Hartmann's works. One is reminded of the "good sinner" Gregorius (*guoten sündœre*) or the "good lord" Heinrich (*guoten herren*). Hartmann attributes the gestures of mourning to the essential behavior of "good" women (5765). He clearly puts himself on the side of women, and with that takes the edge off the following scene, something that is important, since at its beginning we are confronted with her lamentation, a protest against God, and, at the end, with her resolve to commit suicide. Hartmann takes the two pertinent lines of Chrétien "'Oh, God,' said she, "'fair sweet lord, why do you let me live so long?'" (4570–71) and expands them thirty fold (5775–5841). By doing so he takes up the reference to God's mercy (4625) that concludes the episode in Chrétien, turns it into a sort of catch phrase in Enite's laments and accusations, and then turns it into its opposite. Where in Chrétien's work God's mercy causes Enite to be saved by the appearance of the count, Hartmann has Enite implore God to demonstrate His mercy by letting her die. Her quarrel with God once again demonstrates Hartmann's tendency toward religious thought patterns whenever the opportunity arises — even in a secular context. Unlike other characters, however, for instance Parzival, Gregorius, and certainly the biblical Job, Enite's quarrel with God proves to be merely a preparation for further accusations against the wild animals, death, and Erek's sword. Its impact is thus lessened. Hartmann shapes the address to Death into a rhetorical masterpiece in which Enite can work herself up into a state approaching mystical love of death. The conclusion of the grand scene, too, is characteristic of Hartmann. He intensifies the religious tone vis-à-vis his source, when he strongly indicates that Count Oringles's appearance is a result of God's intervention (6115–18). Instead of Chrétien's terse mention of "a count," Hartmann offers an epic listing: "a man," "a noble lord," "a count," "Oringles," and rounds it all off with the name of Oringles's place of origin. At the end of the episode, Hartmann reserves a place for himself by stressing that his source says nothing about the purpose of the count's riding out. Hartmann corrects this oversight by claiming that he is convinced in his heart that it was Enite's good fortune that brought the count to her that day. Once again, Hartmann's positive attitude toward women is affirmed here — at Chrétien's expense. Thus it is only consistent that Hartmann places a different emphasis than Chrétien when he considers the reconciliation of the young couple and when he describes Enite's new horse.

This central episode — comprising the arrival of the count who has the seemingly dead Erek brought to his castle and who immediately wants to marry Enite, the mistreatment of Enite, Erek's revival, the killing of the count, and the couple's escape — is narrated by Chrétien in one go. Hartmann, on the other hand, lets himself be carried away to create a grand scene. In Chrétien's work, for instance, the count changes in a instant from an admirer of Enite's beauty to a brutal bully, a transformation that even upsets the people at his court. Hartmann, too, is not happy with this abrupt shift in mood. He shows step by step how the count finally loses his temper after failing to make a dent in Enite's unyielding attitude. At first the count reacts understandingly to her behavior (6303–7), and attempts to reason with her again and again. But when, after two hundred verses, he sees that he is getting nowhere, he loses control of himself and hits Enite, thus effecting the turning point (6515–23). Here Hartmann also employs appropriate vocabulary when the count, in his last effort to persuade Enite to yield to his entreaties, promises her the title of countess (6479). As a reward for her steadfastness, Hartmann bestows the title "noble queen" upon her (6507), looking ahead as well as back. The psychological depiction of the count corresponds to the stylized hagiographic martyr model of Enite. In this narrative model Hartmann takes mere allusions in his source and develops them into a full-blown temptation theme (6447–6506). He employs here quite clearly — one could almost say pedantically — a highly rhetorical style when from one of Chrétien's lines in the mouth of the count, "You were poor, and now you're rich" (4753), he spins out a whole series of antitheses ("before you were . . . now you are," 6471–94) — eleven in all! Her ecstatic longing for death and excessive joy in physical suffering also links Enite to the genre of martyrs' tales. To be sure, Enite does not become a saint in this way, but it is significant that such religious thought patterns present themselves quite naturally in a secular context.

It is of no less interest and, indeed, something of a surprise that the episode that immediately follows moves into comedy. The seemingly dead Erek is awakened by the woeful cries of the battered Enite, grabs his sword, kills the count, and chases off the latter's thoroughly frightened guests. As Erek was once torn from the inactivity of his "lying around" (*verligen*) by Enite's words, here, too, her cries have roused him from his deathlike sleep to new life. Although Chrétien's concise presentation does complete justice to the situation, Hartmann was not satisfied, and through his amplifications he intrudes in the overall impression conveyed by the former. Chrétien states rather baldly "wrath made him bold,/and the love he bore for his wife" (4814–15). The reference to "love," anticipating the coming reconciliation, is very skillfully placed. Hartmann, however, only takes up "wrath," concentrating thereby completely on depicting the turbulent scene. The rules of courtly etiquette are overturned; everyone flees, thinking only of his own safety, so that a grotesque and comic chaos ensues. For those attempting to escape, a step seems as long as a mile, and like mice they all just want to slip into a safe hole; the broad gate, however, is much too narrow, with the result that they plop over the wall like hail in a storm. Completely unnecessarily, Hartmann inserts himself into the scene on three occasions (6641, 6649, 6680–81) by commenting on the action and, in the last instance, even letting us know that brave as he otherwise might be, even he would have run from Erek.

When Erek and Enite come into possession of a horse, which is being watered by a groom, Chrétien credits "chance" (4852) for this fortunate circumstance. In Hartmann's work, on the other hand, it is God who intervenes on behalf of the two and provides them with a horse — and Erek's steed at that. Hartmann's mentions God's intervention twice more in this context (6698, 6726) and with that makes clear that his inclusion of the religious perspective is not a case of a throwaway line. That Hartmann chooses his words very carefully also becomes evident when Enite, now sitting in front of Erek on his horse, is called "queen" (*künegin*, 6732), equivalent to Erek being designated "king" (*künec*, 6763) a short time later. With their reunion on the one horse, the unfortunate physical separation of the couple is over, anticipating, once again, their final reconciliation, which now only has to be confirmed verbally. Then follows the curious scene in which both Chrétien's as well as Hartmann's listeners learn that Erec/Erek was testing Enite with the unpleasantness of the search for adventure in order to determine if her love for him was genuine. This must strike one as illogical since there is nothing in Enite's past behavior that would lead one to share any alleged suspicion about the sincerity of her love for her husband. Indeed Chrétien has Erec "forgive" Enite for any "words" (*parole*), which may have offended him. Hartmann, on the other hand, has Erek ask for Enite's pardon for all the travail that she had to bear and especially for the deprivation of marital congress, an ending much more attuned with psychological probability and also one from which — typical for Hartmann — the female character profits.

After the second encounter with Guivreiz and his stay at Penefrek, Erek is sufficiently restored physically, and the couple wishes to return to Arthur's court. Hartmann takes the opportunity here to elaborate on the topic of indolence (*gemach*), which he introduced as a motif in the *verligen* scene. He stresses that Erek becomes impatient with his reconvalescence, since he was intent only on proving himself as a knight and not on taking it easy (7252–57). Thus after the reconciliation of the couple Hartmann comes full circle and the concluding adventure with Mabonagrin, which occupies a conspicuous place with both poets, is viewed in conjunction with Erek's wholly regained, chivalric "anti-*gemach*" attitude. In these two points, however, the reconciliation and Erek's physical recovery, Hartmann deviates radically from Chrétien, which markedly affects the ending of the romance. It is significant that this change affects primarily Enite. She needs a new horse. Chrétien furnishes her with a splendid animal on whose saddle the story of Aeneas is depicted, using more than thirty lines for the scene (5273–5310). Hartmann expands the narration more than tenfold, with his real contribution beginning where Chrétien ends. After a rhetorically weightier introduction, Hartmann's description soon leaves the literary part (Aeneas) behind and moves into the comical, culminating in the reference to the twelve precious stones of the Heavenly Jerusalem that adorn Enite's saddle. The impact of this surprising and seemingly inappropriate expansion cannot be lightly dismissed as mere rhetorical amplification (*amplificatio*), as the ending of the tale will reveal. To be sure, something similar is found in Chrétien's text, but with reference to Erec — and not to the female character. In the later coronation scene, which, according to Chrétien, was carried out in Nantes and presided over by Arthur, Erec receives a precious coronation robe with illustrations in which he is assigned his place as king in the universe. Hartmann omits this entire scene, as we shall see below. He was less interested in the ruler, Erek, than in the lovers Erek and Enite, whom he connects with the all-encompassing, ancient-medieval tradition of lovers depicted in the ambitious furnishings of the horse.

The listener does not expect another adventure now. After all, everything has been settled, and the protagonists are on their way home. This last adventure should not, however, be viewed as pandering to the listeners' appetite for a longer story. Both poets work in different ways to shape the special position of the adventure. Hartmann gives a clear cue at the start, signaling his deviation from Chrétien's text by means of a unique variant of medieval path symbolism. Chrétien merely states that in the evening, after thirty miles of riding on the trail to the right, Guivreiz, Erec, and Enite approach the locale of the coming adventure. Hartmann, however, has the travelers reach a crossroads around noon (7813). The three now take — out of ignorance — the more comfortable road on the left instead of the "correct" one on the right. While the connection with Chrétien is obvious through the words for "right road," or "road on the right" (*rehte stráze/droite chemin*), the difference is all the more significant. Not much later we hear that Guivreiz, as would be expected, is quite familiar with the area. His mistake, then, in recommending the wrong road is highly unlikely. It may well be that Hartmann inserted this narrative stumbling block intentionally in order to arouse attention. Further, we know that the more comfortable path almost always leads to peril, but this will not be the case here, thereby turning the common biblical concept on its head. When he sees the Brandigan castle, Guivreiz realizes his mistake and wants to return to the road that leads to Brittanje. Erek wants nothing to do with that, and a long dispute ensues, with the result that Guivreiz finally agrees to spend the night at the castle. There are hints of an adventure that no one has ever survived. Even the narrator is brought into the action, and Hartmann pedantically applies his knowledge of rhetoric in the verbal sparring match between Guivreiz and Erek, thus raising the intensity of the episode. But the listener, remembering the theme of comfort (*gemach*), realizes that Guivreiz's reproaches cannot impress Erek.

Chrétien brings us to the final adventure in a different way — no path symbolism, no preparatory "anti-comfort" motif. One simply reaches a castle that is surrounded by a turbulent stretch of water. Erec asks his companion about the castle. He receives information about the lord of the castle and the premises, but he is strongly advised not to seek lodging there for the night — something which, of course, is guaranteed to arouse Erec's curiosity. The somewhat vague statement that the castle is said to have a "very evil ritual" (*molt mal trespas,* 5376) is reformulated more precisely as *avanture,* which becomes the recurring concept in this portion of the text. Surprisingly, Erec is interested solely in the name of the adventure (5410–12). The name expresses the nature of the adventure, so much so that no further information is requested or is necessary. Hartmann, on the other hand, guided by "normal" human reactions, has his Erek ask — as one would expect — what the nature of the adventure is, and only then, following his source, does he add its name (*Joie de la curt,* 8002). That an adventure has a specific name and that the name becomes then a focus is not common in chivalric romances. The exchange between Guivreiz and Erec revolves, then, around the name, which is "beautiful to speak, but . . . painful to achieve" (5415–16) because it can cost one's life. The name itself follows, taking up an entire verse "[the adventure] is called the Joy of the Court" (*la Joie de la Cort a non,* 5419) says Guivreiz, something that makes Erec virtually ecstatic. Joy, he says, is only good, and then — much to the surprise of the listener, and for Hartmann probably the reason why he omits the line — Erec exclaims that he is seeking joy (5420–21) and repeats shortly thereafter that he is leaving in pursuit of this joy, saying "nothing could hold me back from going in search of the Joy" (5426–27). From here on, Chrétien's text is interspersed with the leitmotifs of joy and quest, which Hartmann changes drastically in favor of other topics that are obviously of more importance to him, like the imminent combat with Mabonagrin and Enite's position against the background of the fate of the widows of the slain knights — a decided shift away from Chrétien's conceptual framework of "joy and quest" to a human and ethical one.

Nonetheless, Hartmann is no less skilled in introducing the motif of the quest into his narrative. He does not, however, connect the topic of the quest with the search for "joy," but rather, in keeping with his subtle application of path symbolism, described above, Hartmann depicts the quest as the pursuit on the path to good fortune (*der Saelden wec,* 8521). At first glance, the symbolism of the crossroads can suggest something negative, and the path taken proves to be highly dangerous. As far as anyone can predict, the imminent battle with the Knight of the Orchard means certain death — yet that seems to Erek to be just what he is seeking, the path to good fortune. The close association of death and good fortune or salvation necessarily evokes religious associations; so too does Erek's statement that now he could gain a lot while sacrificing little (8527–36) and his subsequent designation of this as the meaning of his quest. This sentiment reflects, of course, the Christian concept of sacrificing one's less than valuable human existence in order to gain eternal life. Moreover, Erek thanks God explicitly (8527, 8534) for allowing him to take part in this exchange through the battle with the much more renowned Knight of the Orchard. And should he be victorious, Erek hopes that God will grant him some honor as a result (8560–62). Is Hartmann providing an analogy or is he secularizing religious concepts? The constant appeal to God, which cannot be dismissed as so many empty words, speaks for the former. The convergence of secular narrative material with religious thought patterns must have enhanced the effect. The ending of the epic, which also diverges from Chrétien's in a similar fashion, strengthens this impression. The same is true of the depiction of the further course that the Mabonagrin adventure pursues. Chrétien, for example, deals with the night before the battle and the following morning very quickly; Hartmann, however, stresses that Erek and Enite made "tender love" (*guoter minne phlâgen*, 8617), attended mass, and offered their sincere prayers to God. Further, we are informed that Erek takes hardly any food, and departs after taking St. John's drink and asking for his blessing and protection.

The portrayal of the situation of Mabonagrin and his mistress is, in the hands of both poets, somewhat akin to the squaring of a circle. The typical, fairy-tale like, magical world of the imagination — a human male is enclosed within a *locus amoenus* and enjoys the love of a creature of faery, a spell which can be broken only by the man's defeat in a duel — is overlaid with the values of the courtly world. To this mixture Hartmann adds a religious dimension. That there can be no question of a type of integration here that could do justice to modern literary aesthetics only emphasizes even further that which is uniquely medieval in the account. With regard to the glorious garden and the invisible wall, Chrétien speaks of necromancy (*nigromance*, 5696). (Hartmann merely refers back to his source, 8698). But the garden and the enchantment are all that is left of the fairy-tale model. The lady is not a fairy but rather a relative of Enite, and Mabonagrin is related to the lord of the castle. How the lady advanced to the position of mistress of the garden is left unanswered. Similarly, the circumstances under which the lady gained control over the knight have nothing to do with fairies and fairy tales. Rather it is a tale of youthful love, a subject with which the medieval audience was familiar. The knight, Mabonagrin, promises his love to grant her request without first knowing what it is, and is now forced to remain in the garden with her until one comes who will defeat him. Hartmann adds a few details to this picture: the two fled from their parental homes, a fact that the girl uses to increase the pressure on Mabonagrin, which does not, however, harm the mutuality of their love so underscored by the German poet. After Mabonagrin has been defeated, Chrétien has him speak of being freed from a prison (6051, 6100). Instead of describing the garden as a prison, Hartmann has his character exclaim that it is a second Garden of Eden (*daz ander paradise,* 9542), a statement that is then inconsistent with his later declaration that Erek's victory has freed him from this bond (*bande,* 9585) and that his misfortune (*kumber,* 9588) is now over. Through his deed, Erek has released the sorrowing land, and joy has returned. God and chivalric valor have guaranteed Erek's fame in all lands, a foreshadowing of the ending of the romance in Hartmann's version.

After the *joie de la cort* adventure, Erec returns to Arthur's court, where he enjoys the highest honors. In Chrétien's version, Erec, upon hearing of his father's death, asks Arthur to crown him and to grant him his land, which had reverted to Arthur as overlord, as a fief (6497–6501), something that is highly praised by Chrétien. Throughout this episode the French poet does not tire of praising Arthur's power and wealth, indulging in a stream of superlatives, although, it must be noted, tongue in cheek — Alexander and Caesar, for example, are veritable cheapskates when compared with Arthur (6627–39). Arthur provides magnificently carved chairs, which he has received in homage from the knight Bruianz des Illes for Erec as well as himself — indicating the exaltedness of Erec's position. The exquisite robe with which Erec is cloaked further enhances this impression. Chrétien relates that the robe, the description of which, he asserts, is attested by Macrobius, was created and gloriously embroidered by four fairies with portrayals of Geometry, Arithmetic, Music, and Astronomy, certifying that its wearer is not a fool with a crown but rather a ruler who is part of the cosmic order, although this part, too, is not without irony, as when we are told that Arithmetic is able to tell exactly how many leaves there are in the forest, for example. About two hundred lines later, Chrétien apparently tires of the festivities, announces that he has some other tasks to attend to, and ends his tale.

Hartmann approaches this part of the romance radically differently. In his hands, the element of compassion becomes the major motif of the episode, a motif already introduced during the sparrow hawk episode when Erek shows mercy to the defeated Iders. If after Erec's victory Chrétien carries the motif of courtly joy to extremes, Hartmann has his hero deeply affected by the sad fate of the widows of Mabonagrin's earlier victims — something that Chrétien does not even deem worth mentioning. This humanizing element is focused in the very beautiful, but also very simple expression: "Erek helped them mourn" (9816). He then takes the widows to Arthur's court, thus including the latter in this act of compassion (9919–22). Erek's actions also change the concept of *joie de la curt,* which with Chrétien, because of the hints of the world of faery, remains restricted to the court at Brandigan. Now it is imparted to and shared by the Arthurian court, as Arthur declares in the presence of the widows that, through his actions, Erek "has increased the joy of our court" (9947–48). The mechanical, fairy-tale like *joie de la cort* of Chrétien has been supplanted by this type of courtly joy now unfolding at Arthur's court, a joy reflected in a more general humanity marked by compassion. Arthur closes his speech with an "amen," and with this the Arthurian court is left behind — no royal coronation, no enfeoffment. After learning of his father's death, Erek returns home, and it is there that he receives his royal crown. While in this final phase of the work, Chrétien acknowledges the presence of God only indirectly through the High Mass and the clergy, Hartmann has God intervene directly in the fate of the new king. "God" appears as the key word in the final verses of the romance, from 10,054 on. It is quite clear that Erek is king by the grace of God — not Arthur!

The moving of the location of the coronation to the rather prosaic Carnant, Erek's home, and the emphasis on God as opposed to Arthur mark a fundamental difference between Chrétien and Hartmann with respect to the interpretation of possible political and socio-historical implications of their works. In Chrétien we see the attempt to connect somehow the Erec story with the *realpolitik* of the English king — a more exact statement is not possible — while in Hartmann we note the complete absence of such efforts for the German realm. Here, in contrast to the Angevin cultural sphere, the Arthurian world was, apparently, too distant. Of course, this does not mean that German literature of that time cannot be viewed within a "political" context. (The *Rolandslied* [ca. 1170] of the Pfaffe Konrad springs to mind in this regard.) Thus, the fictional world of Chrétien's first Arthurian novel (*Erec*) is, as it seems, anchored in dynastic reality, while Hartmann's tale, as noted above, is tied more to religious thought patterns.

In *Iwein,* however, both the German and the French poet seem to abandon these links, so that the romance's fictional character can be even further developed. They present themselves as supreme, independent artists and, as will be shown, Hartmann's version is not inferior to his source, but even surpasses it for the most part. That cannot, however, be maintained for the introductory part of the romance, the sophistication of which Hartmann did not reach; this can be explained from the literary surroundings with which Chrétien was associated and from which he wrote. Chrétien surprises the listener with extraordinary poetic subtlety as well as an impressive text relating to King Arthur.

First, Chrétien starts his romance *Yvain* like a *chanson de geste* by jumping immediately into the action at Arthur's court, and then paints a bright picture of the "good old days," in which several prologue elements are featured. This mixture of narrative description with prologue-like pronouncements of the poet develops into a delightfully intricate puzzle in which one of the characters in the romance, Calogrenanz, occasionally slips into the role of the prologue creator, the poet (150–74), namely in the musings on heart and ear, the request to listen properly, and in the assurance that his tale is true.

Second, with regard to the role of King Arthur in the narrative: the poet raises high expectations at first (1–6, 33–41). But immediately following these glowing encomia and in sharp contrast to them, one receives a completely different impression of the king (42–52). For on this high holiday he absents himself from the court and lies down to sleep. The knights are dumbfounded, and the audience is probably meant to be as well. Arthur, against all expectations asleep; Arthur, who normally does not even eat unless *aventiure* — frequently initiated by him — happens, appears here almost merely as an incidental figure. Thus in the hands of a skilled poet, traditional narrative material becomes a malleable mass with a degree of self-awareness that had scarcely been encountered before in vernacular literature. With this image of King Arthur and the reaction of the knights, Chrétien makes an almost aggressive point, which surely hit home with its qualifying and liberating effect. The action here — Yvain's "real" adventure at the well — is not initiated by Arthur but rather by the knights, and it does not simply take place as in *Erec*, but is set in motion by the report of Calogrenanz, which serves to demonstrate the importance of the "story" (*maere*). Hartmann deals with this aspect in his prologue. He restores "normal" poetic conditions by differentiating clearly between prologue and introductory outline, and prefaces his work almost conventionally with a proper prologue, which leads directly to him — he mentions his own name — and the "story" he is about to tell. No mention is made of his source, thus stressing his own proud achievement as a learned knight. In the prologue there is a suggestion of the praise of things past in connection with King Arthur. It is picked up in the introductory outline, however vis-à-vis Chrétien's text it is turned, not without a slight ironic touch (48–58), into a self-assured affirmation of life in the poet's own time. At the same time Hartmann is setting the priority of his work (*maere*) above deeds from the past.

Regarding King Arthur's apparent "unsocial" behavior, Hartmann modifies the text in the king's favor by omitting a remark about the knights' annoyance with and astonishment at the king's retreat to his sleeping quarters. The king's nap, with its slight erotic touch, serves rather as a positive contrast to the decidedly uncourtly behavior of Keie, who also lies down to sleep. The ensuing squabble with Keie in Hartmann's work does not appear by chance, and, with respect to his source, is an improvement. One could designate it as a humanizing attenuation of the king. Thus based on the literary evidence, it seems clear that Chrétien's audience had different expectations of the model of Arthur. Hartmann also shortens the prologue-like words of Calogrenanz concerning correct and incorrect listening found in Chrétien's text, and demonstrates in many ways that he is a skilled adaptor, showing himself to be in control of his material and able to elicit new and appealing points from his source. One example, reminiscent of *Erek,* involves his completion of the path symbolism, which is only hinted at by Chrétien. In the French work we hear that Calogrenanz takes a path to the right (180), and the Wildman later tells him that he should go straight ahead if he is seeking adventure (376). Hartmann, however, confronts his Kalogrenant with several possibilities from which he chooses the road to the right (265), a narrow, uncomfortable path. The Wildman, however, will recommend a path to the left, which will, of course, also prove to be disastrous (599). Hartmann seems to play with both possibilities without wanting to pursue any serious objective as he does, for instance, in *Gregorius;* it is also possible that his intention was to expand upon Chrétien. This way of dealing with set thought patterns brings with it certain consequences with regard to the applicability of such patterns within the new epic context, also in comparison with *Erek,* where the dependence on religious models is more definite.

In *Iwein* Hartmann goes beyond his source with surprising originality. He endows, for example, the scene with the friendly lord of the castle and his pretty daughter with a much more amusing shape and tone than found with Chrétien, and has his knight flirt with this noble maiden — in a very un-German way (318–25, 361–63, 385–91). Humorous elements also lighten up the encounter with the Wildman and the fight with the lord of the spring. When Kalogrenant, specifically described as a knight seeking adventure, glimpses the wild animals, he feels uneasy and keeps his distance (412–13). Upon seeing a man in the midst of the beasts, he takes heart and rides on, but upon closer inspection the doughty knight becomes even more fearful, because this man is truly more awe inspiring than the beasts. The outlandish description of the Wildman is in keeping with the scene. In an amusing understatement, the knight says that this fellow made him feel "uncomfortable" (470), as the Wildman approached him with a huge cudgel. In this dialogue Hartmann again demonstrates his rhetorical knowledge by enlarging the stichic exchange between the knight and the woodsman into a lively back and forth. Hartmann also brings the concept of adventure into sharper focus than is the case with Chrétien. This is of significance for the moral judgment of the actions of knights interested merely in adventure for its own sake, which will have ramifications with respect to Iwein's guilt, and which was not worked out as clearly by Chrétien. There, Calogrenanz only tells the Wildman that he is a knight on a quest for adventure and marvels (*avanture* and *merveille,* 358–66) in order to test his valor, but he has been searching for a long time without success. Hartmann's text, on the other hand, sounds more programmatic (525–43). He omits the quest for marvels. An adventure is undertaken solely in order to gain fame in chivalric combat with another knight, an activity aimed at killing and without any ethical value. Older scholarship tended, mistakenly, to see in this definition of *aventiure* an ideal that Hartmann wished to propagate. It is clear from later events that this can hardly represent an ideal perspective. Something essential is missing.

Chrétien narrates the encounter with the lord of the spring in its factual progression and in an objective tone. Not so Hartmann, whose conception stresses the comical aspects of the scene and who humorously allows a yawning gap to materialize between the ambition of the knight seeking adventure and the rather pitiful results of his efforts. Chrétien has the Wildman clarify the start of the adventure in advance by forecasting the severe storm that would arise as a result of the knight's actions; Hartmann merely has the Wildman speak of possible danger in very imprecise terms, thereby raising the tension (594–97). By this the German poet demonstrates that he is in control of the narrative and not it of him.

At the beginning of the adventure at the spring, Hartmann maneuvers the terms *adventure* and *valor* into important positions (629–34), thereby raising expectations, which are, however, subsequently not fulfilled. The fight with the lord of the spring is skillfully nuanced, similar to Iwein's approach to the Wildman, for the construction of which Chrétien's text offers no guide. Further, special rhyme effects make the text more interesting and help to break up the impact of the factual occurrences so that there is no chance for a conventional presentation of a joust as provided by Chrétien.

With Iwein's insertion into the tale, past events will not merely be related as a story, as Kalogrenant proposes; action will literally occur, namely the acts (*diu werc*) will take the place of the story (*maere*). Of course these acts will now be presented in the story of the poet, Hartmann, and will no longer be entrusted to the report of a character in the *maere*. Chrétien marks this intervention through a clever narrative trick, namely the use of indirect monologue (691–722). Through the objective third person narration the account gains in magnitude without losing immediacy. Apparently Hartmann did not quite understand this yet, and scaled the indirect monologue back to a simple interior monologue (911–44), thus allowing Iwein to inform the listeners of his plans. If Hartmann here falls back behind Chrétien, he is ahead of his source in the depiction of the battle between Iwein and Askalon. Chrétien remains on the level of factual description in the style of the *chansons de geste*, while Hartmann breaks up this brilliant yet traditional presentation. At first it appears as though he wishes to go into detail when he touches upon the phases typical of a joust (1012–28), but then he interrupts himself, telling that he cannot report exact facts, since no witnesses were present, that one of the persons involved was killed and that the other one was of such excellent chivalry that he did not want to boast with an account. A further difference involves the judgment of Iwein's pell-mell pursuit of the mortally wounded lord of the spring: Chrétien states merely that Iwein wanted to have proof of his victory in order to escape Keu's mockery. Hartmann retains this reasoning — only after characterizing Iwein's chase of Askalon as an improper, uncourtly action (*âne zuht,* 1056), a clear, negative assessment. Chrétien has his Yvain bend forward just in order to hold on to the saddle of his adversary. In Hartmann's work he deals the dying Askalon another blow. No sign of mercy here, a feature, we recall, that distinguishes Erek even in his first joust. Iwein's combat is merely planned for fame. However, we will see that in the chase of Count Aliers in the second and new phase of Iwein's life neither an uncourtly pursuit nor a merciless blow will take place (3771–76). Of course, when evaluating the episode of the death of Askalon, we have to take into account that its main attraction lies in the depiction of Iwein's awakening love for the wife of his defeated and slain opponent as well as in the charmingly portrayed matchmaking activity of the typical lady's-maid Lunete. From mere hints in his source, Hartmann, in the full sense of the word, develops scenes that can stand any comparison with a successful modern comedy and belie the prejudice that Hartmann is a petty moralist. Where Chrétien uses Laudine's quick change of mind as an opportunity for clerical misogynist remarks (1642–48), the knight Hartmann turns decidedly against such accusations and explains this female behavior as stemming from women's genuine, innate goodness (*güete,* 1867–88). We noted similar indications in *Erek*.

Characteristic of the tone in *Iwein* is the manner in which the poet depicts the crisis of the hero. When Iwein becomes aware of his transgression — missing the agreed-upon deadline out of pure desire for fame as a warrior — and learns from Lunete the severe condemnation of his wife, he falls into a deep crisis, which has, by way of contrast, more drastic consequences than in *Erek.* Erek does indeed leave the court, but remains as a knight within the suitable perimeter of *aventiure,* and attains in this way a new and valid life. Iwein quite literally sheds his chivalric being, runs into the woods naked and mentally confused, and sinks to an animal-like level of existence. This radical change finds a parallel in religious tradition. After Gregorius' guilt (in Hartmann's epic *Gregorius*) becomes apparent, he sheds his courtly apparel and also runs into the wilderness — to do penance, to be sure. God's grace leads him back to human life — as pope. In *Iwein* the religious signals that are associated with this narrative pattern are fundamentally changed in their function. As noted above in the discussion of *Erek,* Hartmann — deviating from his source — constantly sought a connection with religious concepts in order to give his text additional depth. He acts differently in *Iwein.* The external dependence on obvious religious narrative patterns and concepts becomes a reason for the author to free himself of them and to employ them in cheerfully played out scenes. This is an important step in literary history. To speak of secularization would be going too far, but a substantial loosening is definitely the case.

The recovery and restoration of Iwein to normal human existence, which at the same time forms the basis for his new, better form of life, is entrusted only to the world of faery, namely the miraculous ointment of Morgan le Fay. The structural similarity to the biblical report of the three women who on the morning of Christ's ascension wanted to anoint his body does not make Iwein's reawakening an object for religious interpretation. In contrast to *Erek*, the quasi-use of religious patterns signifies rather an independence, a breaking away from them.

From the differing treatments of Iwein's awakening by Chrétien and Hartmann, one can discern that the latter, even without any indication in his source, is able to deal in an original fashion with concepts that were anchored in the religious thought of his time. A case in point is the life/dream thematic, which is missing in Chrétien's work. There we only hear that the hero, upon waking, wonders through which adventure (*par quel avanture,* 3030) the courtly attire placed next to him had come. Hartmann works this brief remark into an elaborate 100-line epic showpiece. With his expansive presentation of the life/dream thematic, he brings his heavy guns to bear. It is evident that, in the process, Iwein becomes the mouthpiece of the poet, who is able to disregard all psychological probability; it is part of his literary technique. These more serious contemplations are embedded in a humorous scene. With his reflections on dreams and life, the learned knight Hartmann probably also wanted to surpass his source. The life/dream theme is not simply imposed on his text but is skillfully connected with the psychological factor of a three-step awakening to new consciousness; here the dream flows over into reality.

The new chivalric life that Iwein is granted cannot amount to an idle course of acquiring fame, if merely because it is rooted in the two-tiered adventure track. In the process, religious elements are just touched upon. And in contrast to *Erek*, Hartmann does not go beyond his source here. That is not true, however, in the case of the episode with the unfortunate noblewomen forced to do slave labor. Chrétien's work here lacks any hint of heartfelt sorrow, whereas Hartmann's Iwein is filled with deep compassion for the widows, just as Erek was for the widows of Mabonagrin's vanquished opponents.

The last battle Iwein has to overcome is the joust with Gawein at the Arthurian court. Both versions of the tale contain indirect criticism of Arthur's court. The younger daughter of the count of the Black Thorn, who is about to be cheated out of her inheritance, finds no advocate there for her just cause. Without hesitation the gallant Gawein is willing to lend the law-breaker support. Again Hartmann's deviations from his source are typical of the way he proceeds. Thus he provides psychological overtones to the description of the meeting of Iwein with the woman messenger of the younger sister. Chrétien only reports that she catches up with Iwein and greets him, and is greeted by him in return, whereupon she comes immediately to the matter at hand (5054–98). Hartmann problematizes this scene somewhat, which attests to his psychological understanding and empathy. When the messenger notices that she is about to catch up with Iwein, she has second thoughts (5971–86), which naturally played no role before, but now plague her. How will the knight react? She asks God's favor in finding the proper words. The well-done play on the words "search," "find," and "lose," which Hartmann uses to support these thoughts, gives the text additional charm. With the use of the term "favor" (*gnâde* — which also means "grace") the greeting of the messenger ("I have searched for you far and wide to seek your favor," 5998–99) and Iwein's reply ("I do not have favor [to dispense]; whoever needs my help and every good person who seeks it will never be refused," 6001–4) are intertwined. The knight's remorseful insight into his own self finds an expression here, and is also a reason for his positive reaction. Chrétien's text does not contain this exchange. It is only after all this that the messenger in Hartmann's work starts talking about the legal matter.

Hartmann also works independently in the depiction of the legal contest between Iwein and Gawein. By giving the text an extremely rhetorical form he takes the edge off the brutality of the fight, which Chrétien, however, describes with full force. Hartmann expands on certain hints found in his source. So for instance, Chrétien's contemplations during the fight between the masked friends about the question how love and hate can exist in one abode. Here Hartmann inserts an interlocutor, which enables him to step out of the tale and have himself addressed by his name, Hartmann, and thus come into direct contact with his audience. This brings about an easy relationship between poet and listener, which allows the narrative to become an object of discussion. Chrétien solves the problem as to how love and hate may reside in the same place at the same time by saying that love would withdraw into a corner and hate would live in the front rooms (6040–44). Hartmann gives a more plausible explanation by freeing himself of the thing-related image and pointing to each one's ignorance of the other's identity (7055–58). In Hartmann's work the fight itself takes on features of a joust. In verse 7105 the word *tjost* is even mentioned: the spent lances are replaced, and borrowing metaphors from the world of commerce, the exchange of sword blows is consistently expressed as a give and take. Here Hartmann goes back to a minor remark from Gawain in the source (6254–55) and interprets it in an extremely ornate way. By so doing — as is evident also in other places — Hartmann loosens the compactness of the fighting and moves away from the bitter seriousness of the battle that characterizes Chrétien's depiction, foreshadowing thereby also the happy ending brought about by the older sister's amusing unmasking of herself.

In Chrétien's work the people present urge King Arthur to convince the older sister to change her mind in order to prevent the death of one of the combatants. Surprisingly, Arthur is not willing to do this. Hartmann, however, proceeds here in a humanizing and moralizing way, insinuating that because of her noblemindedness, the younger sister would renounce her rights to the inheritance. Further, without any indication of it in Chrétien's work, Hartmann's Gawein comes to the conclusion that he was wrong in putting himself at the malicious sister's disposal (7625–30). In both texts, the judicial competence of King Arthur appears in a poor light. In order to set things right, this trick of Hartmann's is needed to provoke the self-incrimination of the older sister. Chrétien is satisfied with the statement that the older must yield. Hartmann adds to this scene an exculpating remark that is typical of him, in which the older sister, afterwards, characterizes her behavior as being typical of a woman; it should not be taken too seriously.

Hartmann also gives the end of the epic, the reconciliation between Iwein and Laudine, its own touch. It is through tricks and oaths that Laudine is willing to receive her husband again. Beyond that, however, Hartmann makes Laudine fall on her knees, an action that has been unjustly criticized by some scholars. As Erek asked Enite, so Laudine now asks Iwein for forgiveness for the suffering he has had to bear because of her harsh attitude. Thus the mechanism of trickery and oaths is joined with human feelings. With this, Hartmann also wants to stress the fact that this work, unlike *Erek*, does not deal with the concept of an exemplary ruler, but rather that the question how to attain lasting happiness in marriage lies at the center of this work. That the narrator Hartmann was also able to present this in a relaxed and amusing way deserves special mention.

Notes

[1] All *Erec* translations are taken from Carroll.

Editions Cited

Chrétien de Troyes

Erec and Enide. Edited and Translated by Carleton W. Carroll. New York & London: Garland, 1987 (Garland Library of Medieval Literature. Series A. Vol. 25).

The Knight with the Lion or Yvain, Le Chevalier au Lion. Edited and translated by William W. Kibler. New York & London: Garland, 1985 (Garland Library of Medieval Literature. Series A. Vol. 48).

Chanson de Roland

La Chanson de Roland. Oxford Version. Edited by T. Atkinson Jenkins (revised ed.). Boston: Heath, 1924.

Hartmann von Aue

Erec. Edited by Albert Leitzmann. 4th edition by Ludwig Wolff. Tübingen: Niemeyer, 1967.

Iwein. Edited by G. F. Benecke and Karl Lachmann. 7th edition by Ludwig Wolff. Berlin: de Gruyter, 1968.

Gender and Love in the Epic Romances of Hartmann von Aue

Alexandra Sterling-Hellenbrand

IN HIS WORK *Medieval Listening and Reading: The Primary Reception of German Literature 800–1300*, D. H. Green has discussed the phenomenon of thirteenth-century romance as an emergent understanding of fiction and the nature of fictional truth as opposed to historical truth (ch. 9). Chrétien de Troyes set a precedent for his contemporaries at the end of the twelfth century by participating in the new genre and displaying a narrative persona consciously aware of the fiction he was creating. Hartmann von Aue adapted Chrétien's material and themes for his own audiences, not only introducing the "matter of Britain" to his patrons but also (as author and narrator) continuing to develop Chrétien's art and awareness of fiction (Green, 254–55).[1] The fiction of the romance allowed the poet to modify the stories for his audience by focusing on discussion of themes that had particular interest or resonance. The themes of gender and love remained inextricably linked at the center of these discussions. Indeed, Simon Gaunt argues compellingly that gender discussions are constitutive of the romance genre — discussions of what it means to be male and what it means to be female, of what defines masculine and what defines feminine, which are framed in romance in ways that epic could not accommodate (75).

According to Judith Butler and others, gender is performative: it is both relational, mobile, and negotiable (Butler, 24–25), qualities which enable it to function as "a culturally specific process of becoming" (Cohen and Wheeler, xi). This process of becoming, an integral part of the romance (and particularly of the German Arthurian romances by Hartmann von Aue and Wolfram von Eschenbach), offers a series of possibilities to be explored and negotiated throughout any particular narrative, and these negotiations structure an ongoing process of defining gender in a social context, both publicly and privately. As gender is an integral part of social performance, romance poets illustrate the continuous process of defining gender through a variety of roles, emotions and relationships. In the romances of Hartmann von Aue, one concept clearly emerges as the fundamental structuring principle for the development of relationships among the main characters: love. As it takes various forms, such as friendship and loyalty (among men and among women) or *minne* (between man and woman), the various types of love inform the relationships that, in turn, configure the public and the private spheres. Typically, as one might expect, relationships among men generally structure public life, whereas relationships between women tend to remain localized in the private sphere.

The relationship of primary concern to courtly poets is the relationship between man and woman. It is the one filled with the most tension, as it literally embodies a number of interconnected and associated relationships: between public and private spheres, between communal and personal needs, between the greater social good and the erotic desire of one individual for another. For Hartmann, then, conjugal love is the relationship that must be properly aligned — negotiated — to maintain the balance essential for the health and function of the courtly world. As Hartman and other courtly poets strive to attain this balance in their works, they illustrate the considerable tensions involved in the process of cultivating relationships, frequently revealed in images of entrapment and confinement juxtaposed with images of movement and freedom.

While these images are familiar from *Minnesang,* Hartmann's use and development of them (as the "creator" of Middle High German Arthurian romance) charts a new course for his German contemporaries in the late twelfth century. Hartmann integrates these images vividly into his texts to illustrate the appropriate formation of gendered relationships that assure the stability of the courtly world. The texts deal with the construction of both masculinity and femininity, though it is not surprising that the main concern remains the knight. As Ruth Mazo Karras points out, "to become a woman was in most cases to identify with a man . . . [becoming] a man, even if it meant marrying, never meant identifying with a woman" (156). Hartmann, therefore, focuses his audience's attention on the knight's mobility and any factors that might adversely affect his ability to function as a knight and man in a primarily masculine medieval world. Entrapment was a real threat, in the form of physical imprisonment or incapacitation, but perhaps even more problematic in the form of emotional attachment (often caused by identifying too strongly with a woman, to paraphrase Karras). The dilemma of potential entrapment and inability to function creates problems for relationships. As these relationships become more problematic, the images intensify. We will see that the images of confinement and release employed in *Erec* become more prevalent and more intense when Hartmann revisits the courtly genre in his second romance, *Iwein*.[2]

Movement, structured by the process of *aventiure,* is integral to both *Erec* and *Iwein* because it provides opportunities for experiences to occur away from the court. Mobility demarcates boundaries; boundaries are essential in the configuration of a center and a periphery, representative of a self and an other. The fiction of romance and its characteristic *Doppelwegstruktur* (double structure) allowed the poet great freedom to deal with various kinds of spaces, and with those who inhabit or move in them, where the "other" can be encountered and at the same time safely (if only imaginatively) contained. The process of creating and dealing with the "other" is fundamental to the construction and exploration of gender roles. In this context, Hartmann's romances open new territory for exploration, concentrating on gender roles through interactions between men and women underscored by the ability or inability to move, both physically and psychologically. Enite, for example, participates integrally in the mobility that her partner demonstrates; indeed, the journey that Erec and Enite undertake together makes up the major portion of the work. By contrast, Laudine remains in her own realm while Iwein journeys with his lion companion to find his way back to her. Through their speech and actions, the women in *Erec* and *Iwein* exhibit considerable authority in the social and physical spaces that they occupy. These interactions encourage the audience to consider the ways in which the spatial arrangements and movement participate in a continuous process of representation, an integral part of which is the dynamic interaction between self and other.

Hartmann's contemporaries recognized him as a master of representation. In *Tristan,* Gottfried praises Hartmann for his verbal artistry and his unique ability to capture in his work the meaning of *aventiure* (adventure), which shines through the decorative words of his poetry as clear as crystal. Hartmann's artfully constructed plots reflect and accentuate this clarity through their well-structured composition. In both *Erec* and *Iwein,* it becomes clear that "der âventiure meine" (the meaning, that is, significance of the adventure/tale) mainly involves the establishment of appropriate roles, through the delineation of appropriate spaces, for both male and female characters. Love, *minne,* does exist: as attraction, as "choice" of a partner, as genuine affection. Nevertheless, the enactment of appropriate masculine or feminine roles (in same-sex or opposite sex relationships) is more important for the greater good of the community than individual feeling. In his depiction of these roles, Hartmann lays bare the consistent tension that underlies the nature of love and the construction of gender roles by means of recurring images of confinement or entrapment, underscoring the conflicts between personal desire and public obligation.

Erec

Placed near the conclusion of *Erec,* the *joie de la curt* episode most clearly illustrates the proper relationship between love and gender roles. While love remains an ingredient essential to courtly life relationships, this episode cautions that love should enhance rather than endanger, that it must not interfere with social duties and roles, that is those of gender. The garden reveals the dangers, and serves as the mechanism for the proper realignment of relationships. Because of a rash promise that he made to his lady, Mabonagrin has withdrawn to the garden of Brandigan at her request. This tree-filled garden is the quintessential *locus amoenus,* a place of stunning beauty: the flowers fill the air with their scent, the birds sing sweetly, and the fruit trees are in bloom. The wonders of this place compel all who enter to forget all cares and all sorrows. Indeed, Derek Pearsall considers the garden in *Erec* to be the best example of a medieval garden landscape (52).

Brandigan's beauty is enhanced by another very important addition to the *topos:* a woman. After glimpsing the splendid tent, Erec catches sight of a most beautiful woman, second only in beauty to Enite. The poet describes this woman with the same care and perhaps excessive attention to detail as he lavished on his portrayal of the garden and the tent (to which Hartmann devotes more than twenty lines of description, 8903–25). In other words, the lady is "just" another object of beauty that is found in this magical and exceptional place. The comparison of the lady's beauty with Enite's has a double significance, for not only is the woman in the garden Enite's cousin, but their "faults" are strikingly similar.

Pearsall notes that landscape often functions to provide a form of natural imagery that supports a rhetoric of love; however, it frequently illustrates an inverse rather than a direct relationship with the love depicted in its environs: "in other words, the delights of the landscape do not always correspond to the legitimate delights of love" (53). And this is indeed the case in the garden of *joie de la curt*. Hartmann has indicated from the first mention of this adventure that something is amiss here. For twelve long years, the events that recur in this garden have caused much suffering, leaving eighty grieving widows and a despairing lord to lament their misfortune. Clearly, this place represents no paradise. Two physical features of the garden reinforce its threatening quality. First, it seems to be magically surrounded by something indiscernible: neither wall nor trench, neither moat nor hedge can be seen or felt around it. In fact, there is only one narrow, hidden path leading into the garden that only few know of. Hartmann later reveals that a cloud envelops the garden, so thick that no one can penetrate it except by finding the narrow path. Second, the beauty of the tree-filled garden also contrasts sharply with the oaken posts that those entering with Erec find soon afterwards, displaying the heads of Mabonagrin's vanquished foes.

In defeating Mabonagrin, Erec frees not only the knight but also his lady, both of whom have remained hitherto isolated in the garden (9550–74). Having successfully faced his final challenge, Erec cannot understand why Mabonagrin would have consented to remain in the garden in the first place; as Erec says, "wan bî den liuten ist sô guot" (for it is very nice to be with other people, 9438). All members of society have a duty and an obligation to serve the others around them, especially if they hold a position of power and authority. Although the garden is a place of beauty and pleasure, it is incapable of serving the greater social good, and therefore it clearly cannot continue to exist.

The garden is also gendered female. As the space created by a woman's desire and a man's promise to fulfill it, the garden represents female agency.[3] Mabonagrin's lady is the one responsible for his retreat from the courtly world. Unwilling to face the prospect of losing him to the temptations of chivalric life, she elicits a fateful promise from him to remain with her in the garden so that she will never lose him to another woman (9554–55). She literally rules this space, having created it through her request in the first place, and she essentially keeps Mabonagrin prisoner within it. This unconventional arrangement has a devastating effect on the society around the garden; the heads on the posts that encircle it represent a serious affront to courtly order. For this reason, the narrative effectively works to eliminate this space of the lush garden of Brandigan in favor of a more appropriate social space, gendered male and represented by Erec and Mabonagrin. Hartmann uses the stagnated relationship between Mabonagrin and his lady in the garden as a means to underscore the instability of the purely erotic attraction that initially endangered Erec and Enite (Kuhn, 144). By privileging the married state of Erec and Enite over the passionate lawlessness of Mabonagrin and his lady in the garden, Hartmann advocates the conjugal relationship.

This relationship remains central, depicted in the life that Erec and Enite lead at Karnant. The castle at Karnant frames the story of Erec and Enite as a couple. It is there that they begin and end their life together, carrying out the attendant responsibilities of rulership with varying degrees of success. At first, the couple clearly seems unable to fulfill their social obligations at court. Although they have been given the throne by Erec's father, the young couple has little interest in maintaining that authority. Instead they fall into the sin of sloth (*verligen*). Clearly this can happen only because the two enjoy each other's company so much. Yet Hartmann consistently views this situation to be *Erec's* problem and describes the state of affairs almost exclusively using masculine subject pronouns:

> Êrec wente sînen lîp
> grôzes gemaches durch sîn wîp.
> die minnete **er** sô sêre
> daz **er** aller êre
> durch si einen verphlac,
> unz daz **er** sich sô gar verlac
> daz niemen dehein ahte
> ûf in gehaben mahte. (2966–73, emphasis added)

[Erec turned to a life of ease because of his wife, whom **he** loved with such passion that, to be with her, **he** gave up all striving for honor and became indolent to the point where no one could respect him.]

Hartmann implies that, as the active party in this relationship, Erec should know better than Enite what consequences will ensue as a result of this behavior, namely the loss of his honor at court. Enite's role is passive here: she is the object her husband loves immoderately, a situation that the Church father, Jerome (347/348–419/420), equated with adultery (in the treatise *Adversus Jovinianum*).[4] As the woman whose presence causes the seduction of man's reason and better judgment, Enite recalls the figure of Eve, a sexual and therefore negative and potentially destructive element of Erec's consciousness, medieval Christian man's ultimate "other."[5] This is the exact opposite of the socially desirable relationship, of course. The courtly ideal of marriage, as portrayed in Middle High German literature, promoted an "equal" partnership, a relationship which incorporated the passion of love, while each partner fulfilled her or his role appropriately. Hartmann even comments that Enite realizes her guilt in the matter of Erec's disgrace and their apparently failed partnership, although she does not bring the problem to his attention because she fears losing him (3007–12). In this respect, her concern resembles that of her cousin in the garden of Brandigan, even if her cousin certainly does not share Enite's initial passivity.

Brandigan's garden represents an inappropriate and immoderate love, an extreme version of the initial relationship between the newlyweds Erec and Enite, the relationship that results in Erec's "verligen." The explicit contrast between the two couples at the conclusion of *Erec* (and the implicit contrast with Erec and Enite before) allows the audience to see that Erec and Enite have become an exemplary couple. The "liberation" of the garden of Brandigan sets all to rights, and reintegrates previously isolated and censured members of society. This is the point at which, upon departing from the garden as a foursome, Erec and Enite as well as Mabonagrin and his lady re-enter society; their process of becoming is nearing its end. The narrative allows the garden to disappear, having established the limits of inappropriate love in the garden's dramatic representation of otherness (depicted as asocial behavior and woman's space). That space was home to man's "other," sexually and symbolically, and the place exemplified the danger that man might fall prey to her whims as Mabonagrin did.

The danger of the garden and the initially inappropriate relationship at Karnant are corrected and balanced by parallel relationships that illustrate an appropriate existing balance or a process of negotiating it. This becomes clear through a comparison of the court at Karnant with that of Arthur. In *Erec*, unlike later romances by Hartmann and others, the Arthurian court is a model place where appropriate roles are clearly expected and enacted for men and women. Together with the court at Karnant, Arthur's court creates a frame for the action of the couple's story. The Arthurian court represents a fixed point in the narrative, a place whose static existence offers a contrast that underscores the progress of the process of becoming; it is a place that gives form and purpose to the negotiations for power and space that occur in the forest. The Arthurian court provides the poet with the opportunity to show how Erec and Enite are succeeding, by giving them both the opportunity to put the "private" negotiations that occur in the forest into practice in the social setting of the court.

This is illustrated, for example, by the interactions that occur between Queen Ginover and Enite. When Erec first brings his bride to the court after the tournament at Tulmein, Enite is still dressed in the tattered clothes she was wearing when he met her. Ginover takes Enite aside to her private quarters. There, she personally oversees Enite's toilette, ensuring that she is properly attired for the wedding. For a second time, as Erec and Enite find respite at Arthur's court from their first set of adventures, the queen again cares for Enite in Ginover's own private quarters. In this separate space, Ginover can offer Enite the comfort and support that the younger woman is denied in her husband's company.[6] They speak "in the way of women"; that is, they enter into dialogue within a comforting setting that offers Enite a welcome respite from her travail. The privacy or separateness of the conversation is emphasized also by the fact that the poet, while he allows the audience to know the general topic of conversation, gives no further details as to its specific substance. In this passage, grammar reinforces this privacy by removing the acting subjects (and thereby excluding the audience) through the use of passive constructions in lines 5107–8 (**geklaget, gevrâget, gesaget**) that appear after the women retire to Ginover's private quarters. In a sense, Enite later has the opportunity to perform Ginover's role for her cousin at the conclusion of the *joie de la curt* episode, re-establishing the prescribed separation from Mabonagrin by re-establishing the bond between women:

> manec wehselmære
> sageten si dô beide
> von liebe und ouch von leide
> und gesselleten sich dâ mite
> nâch wîplîchem site. (9707–11)

[The two exchanged many stories of love and of sorrow and became friends in the manner of women.]

As they speak together, "in the manner of women," the cousins illustrate an understanding of proper women's space in the twelfth century. They then rejoin their men and leave the garden, entering once again into the larger society to take their places there.

The new Karnant that appears at the end of the narrative shows restored balance, after the relationships have adjusted to incorporate love within the proper boundaries. This realignment effectively subordinates Enite, for the moderation that has returned to the marriage relationship is Erec's, who knows now to accommodate Enite's wishes better. The crown belongs to him exclusively as well; unlike her French counterpart, Enite does not receive her own crown in their coronation ceremony. Although Francis G. Gentry points out that Enite is called "künegîn" by Hartmann at the successful conclusion of her trials (61), Enite's role as ruler in the German version is moral rather than legal. The first Karnant represents an inappropriate appreciation of woman's and man's roles as well as an inappropriate social balance; the new Karnant shows new understandings and an appropriate public-private balance. The courts of Erec and Arthur, as well as the garden of Brandigan, are additional stationary fixed points in the narrative that reinforce (or "fix") the roles negotiated in the journeys through the forest.

The forest is the space where Erec and Enite undergo their process of becoming, where they become rulers. They do not seek a path through this wilderness; rather, that path seems to find them, and it guides them both through a process of maturation: Erec learns to put his prowess to use serving the community (becoming a knight and king), and Enite learns to speak and assert herself at appropriate moments (becoming a queen). Hartmann's main concern in *Erec* is the growth and development of those who must eventually assume the responsibilities of leadership — and this includes the queen as well as the king. Essential to these responsibilities is a love relationship that demonstrates an understanding of appropriate behavior in appropriate situations. In achieving this balance of gender roles as they move through the forest, Erec and Enite become what they need to be "bi den liuten" (where the people are) at court, where the poet hopes they can live in honor and in the anticipation of receiving their heavenly reward (10125–30). Order is restored, as Enite is literally incorporated into Erec's identity as his wife ("sinem wibe," 10129). Both Erec and Enite show that an acceptance of boundaries, of a certain "confinement" in roles, can free the individual so that the individual can move back into the community. The community must take precedence.

Iwein

Community also prevails in Hartmann's later *Iwein*, which tells a different story about a couple's progress than does *Erec*. Iwein's lady, Laudine, does not accompany Iwein on his adventures, though her role is no less central than that of Enite. In this romance, Laudine's court replaces the Arthurian court as a point of reference for Iwein during the second half of the work. Negotiation of roles seems rather one-sided, in that the narrator shows a more pervasive concern with masculinity and the search for the male (knightly) self (Gaunt, 121). Of course, the knight gets his lady in the end, and Hartmann seems to present an optimistic vision of the future after Iwein and Laudine have been reunited through the persistent efforts of Lunete.

An image of entrapment underscores the entire narrative of *Iwein*. The most vivid instance of its use occurs after Iwein's frenzied and rash pursuit of Askalon, when the castle gates trap him:

> sus was mîn her Îwein
> zwischen disen porten zwein
> beslozzen und gevangen. (1127–29)

[Thus my lord Iwein was locked and captured between these two gates.]

Iwein does not know quite what to do about his situation, since he can find no way out until Lunete releases him from the trap. Because it would be dishonorable to be released by Lunete, he is adamant about fighting his way free; he tells Lunete that he will not "lose his life like a woman" (1170). His attitude soon changes, however, when he glimpses Laudine in mourning as she follows the bier of her dead husband. The sight of this beautiful woman tearing her hair in distress overwhelms him and robs him of his senses. After this first glimpse of Laudine, moved by watching her do violence to herself in her grief, Iwein decides that he must have her. By the time the funeral procession has concluded, Iwein has become a double prisoner, caught both physically and emotionally. Even if he were free to go, he would not wish to leave, desiring only to remain where "his lady" is. In essence, Iwein's infatuation with Laudine holds him prisoner, though it is obvious that *minne* has effectively transformed his prison into a paradise he would not willingly leave. Later, Iwein himself expresses his desire to remain imprisoned, telling Lunete:

> . . . sî vil sælec wîp
> ich wil gerne daz mîn lîp
> immer ir gevangen sî,
> und daz herze da bî. (2241–43)

[She is so beautiful, I fervently wish that my body be imprisoned with her forever, and my heart with it.]

Iwein's physical entrapment is relatively unimportant; of greater concern to the poet, however, is the fact that Iwein not only expresses his acceptance of this imprisonment but also desires to continue it indefinitely. Hartmann makes it very clear that Iwein is here not himself; in his love for Laudine, Iwein's good sense is "verkêrt" (lost, 1335 ff). He has lost himself in the moment of infatuation with Laudine to the extent that he has forgotten who he is ("daz er sin selbes gar vergaz," 1338).[7] Describing Iwein's loss of self, the poet makes clear that, at least initially, the Arthurian knight Iwein does not belong in the world that Laudine rules. This world is a threatening space. Gawein gives voice to this threat, perceived as the danger that Iwein could not only lose himself but also his knightly identity (which are actually one and the same) by remaining in this world.[8] Drawing explicitly upon the example of Erec, Gawein succeeds in convincing Iwein that he must leave Laudine's court, if only for a limited time, to avoid repeating Erec's mistake:

> kêrt es niht allez an gemach;
> als dem hern Êrecke geschah,
> der sich ouch alsô manegen tac
> durch vrouwen Ênîten verlac. (2791–94)

[Do not turn entirely to a life of comfort, as Lord Erec did, who spent many a day lying with his wife Enite.]

Thus urged into action, Iwein asks Laudine's permission to participate in tournaments in order to maintain his knightly honor; she acquiesces and grants his request under the condition that he return within a year's time. Iwein is, for a time, freed from confinement in Laudine's realm, but he falls into another trap — that of Arthurian knighthood — and misses the promised deadline. The second half of the narrative is the result.

In the second part of the narrative, Iwein must correct a fundamental misunderstanding in his relationship with Laudine, an error he does not begin to comprehend until he breaks his promise. Iwein's love for and marriage to Laudine represent personal desire intimately connected with service to a community (Laudine's castle). The problem is that Iwein only understands the relationship as the fulfillment of his own desire. Laudine, on the contrary, understands it as a commitment made by Iwein to serve her community: as knight, as defender, as consort. At Laudine's court, Iwein is indeed trapped, though not as Gawein imagines; Iwein is trapped by his desire, by Arthurian knighthood, and by his own immaturity. In his subsequent adventures, images of imprisonment and liberation dominate, as Iwein gradually comes to find his self again through encounters with various "others" whom he can confront and rescue or overcome. As in *Erec,* this journey of self-discovery takes place in the forest; however, in *Iwein,* the journey concerns Iwein alone. The forest remains predominately a male domain, to be encountered and "engaged" by two types of men: the Arthurian knights, whose comprehension of it is limited by a flawed understanding of *aventiure,* and Iwein, who is the only character in the work to experience the forest as a place of becoming such as we encountered in *Erec.*

Iwein experiences the productive and restorative power of nature in the forest as a place through which he passes on his way to becoming a better knight. He reaches this liminal place following his denunciation by

Lunete before Arthur's court. The humiliation causes Iwein to lose control of himself completely, succumbing to madness. Hartmann describes a terrifying scene in which Iwein leaves the company in stunned silence and then divests himself of all trappings of civilized courtly society:

> dô wart sîn riuwe alsô grôz
> daz im in daz hirne schôz
> ein zorn unde ein tobesuht,
> er brach sîne site und sîne zuht
> und zarte abe sîn gewant,
> daz er wart blôz sam ein hant.
> sus lief er über gevilde
> nacket nâch der wilde. (3231–38)

[His sorrow became so great that a rage and a madness shot through his brain. He forgot all of his courtly breeding and tore off his clothing, so that he was as bare as a hand. Thus he ran naked across the fields to the wilderness.]

Unlike the other force of nature that Iwein has encountered — the spring that unleashes terrifying storms — the forest is not destructive but productive. Instead of destroying beauty or creating chaos, it re-establishes order and eventually prepares Iwein to re-enter the community. In this and other episodes, nature as depicted by Hartmann reflects the interactions of humans with it, directing our attention to the quality of the knight's activities in each situation. Hartmann emphasizes what Iwein does here and how he survives, describing Iwein's life in negative terms so that the audience knows what trappings of civilization are missing: "sone heter kezzel noch smalz,/weder pfeffer noch salz" (So he had neither pot nor lard, neither pepper nor salt, 3277–78). Hartmann continues to use the same technique of negation to describe Iwein's appearance, completely transforming him into the ultimate "other" of the civilized courtly knight. Now Iwein roams the forest as bereft of his senses as he is of his clothing: "er lief nû nacket beider/der sinne und der cleider" (for now he ran about, bare of clothing and reason, 3359–60) In his present state, he has no memory of his previous self, life or deeds. He (and the audience with him) can no longer recognize the knight Iwein. He has no idea

> ob er mit manheit ie begie
> deheinen lobelîchen prîs,
> wart er ie hövesch unde wîs,
> wart er ie edel unde rîch,
> dem ist er nu vil ungelîch. (3354–58)

[whether he had ever bravely won any worthy prize, whether he had ever been courtly and wise, whether he had ever been noble and wealthy, he was now very unlike that man.]

Hartmann's audience would have understood the understatement of the poet's diction here in the last word "ungelîch" (unlike), for Iwein's transformation is so complete that it extends even to the color of his skin; his skin is now so black from dirt that he resembles a Moor. At this point, he has become an almost non-human "other."

This state of otherness is, of course, only temporary. It is a phase that will inevitably lead to the development ("becoming") of an improved self. After all vestiges of civilization have been stripped from him, Iwein begins to find his way back: learning to hunt and then to cook and to share bread and water with a hermit. As a wild man in the forest, Iwein may indeed represent madness and uncivilized nature. He also represents the individual on his own, without any kind of communal involvement; however, the hermit's care of Iwein indicates that he is never totally abandoned by fate and his destiny (Saunders, 71); he begins to return to the community of others and of the court. This "care" is further illustrated by the fact that Iwein is eventually healed by the countess of Narison, who finds him in a miserable, unsightly, and extremely uncourtly condition not far from her castle. At this moment, Iwein lies literally at a midpoint between worlds and between lives. The Arthurian court, as the setting of his previous life as a knight of the Round Table, represents one world. The forest offered a different world, supporting and sustaining Iwein since his attack of madness and providing a place in and through which he could gradually find his way back to the world of civilized humankind. Iwein's process of becoming will take him finally to a third "world" represented by Laudine's court. That will be his permanent home; it is the community in which he belongs. In order to get to Laudine's court, Iwein must negotiate the liminal space between forest and civilization and find his way to a new reality — an integrated community. He does this with the aid of the Countess of Narison. She and her women heal him, provide him with clothing, and bathe him. In their care, Iwein is literally reborn, and he awakens from the life he previously thought real but now remembers as though a dream, wondering "ist mir getroumet mîn leben?" (Did I dream my life? 3577). This time, the new Iwein is not merely fighting a joust or searching for *aventiure;* on the contrary, the physical threat to the besieged countess is real, and she needs his help. As he lifts the siege on her castle, he furthers the process of healing that also enables him to start on his path toward eventual re-integration into courtly society.[9] An indication of Iwein's new path is the fact that, when he leaves the castle, he (like Erec and like Parzival) does not have a goal. Upon setting out, Iwein simply takes the first trail he sees. This path leads him to the lion and ultimately, after further adventures, back to Laudine.

If Iwein's madness reveals his previous failings (which for Joan Ferrante includes not only a lack of mental balance but also an inability to face reality and accept responsibility), then his adventures as the knight with the lion gradually enable him to restore this lost balance. The once imprisoned Iwein works to liberate others. The figure of Lunete also functions actively as Iwein's friend, showing him the reality of his situation. A significant part of this new reality involves helping others; like Erec, Iwein is put to the test in the service of various communities. Iwein's culminating task is to rescue Lunete. After he rescues her, she orchestrates the long-awaited final reunion between Iwein and Laudine:

> diu hete mit ir sinne
> ir beider unminne
> bråht zallem guote
> als sî in ir muote
> lange hâte gegert. (8151–55)

[Through her good sense, she had turned their lack of love for one another into good feeling, as she had long hoped to do.]

Lunete has risked her own life in order to make this moment possible, a moment that she has long desired and that to all appearances heals the broken relationship ("ir beider unminne" 8152) between Iwein and Laudine. The reference to "unminne" now brings us to the controversial figure of Laudine, whom scholars have often unfavorably compared to Enite. Peter Wapnewski offers perhaps the sharpest criticism of her character: as opposed to the humble and selfless Enite, Laudine is blind and calculating, and her marriage to the murderer of her husband is a greater offense against *triuwe* (loyalty) than Iwein's later failure to meet Laudine's deadline (Wapnewski, 67). The initial marriage of Laudine and Iwein has offered challenges to interpreters since Wolfram von Eschenbach. For Wolfram, Laudine behaves "als wîp die man bî wanke siht" (as a woman who wavers in her judgment, 253, 10 ff.) Modern criticism continues to deal with the problematic union between Laudine and Iwein with various explanations for apparent inconsistencies. In the context of twelfth-century society, however, Laudine has no choice but to act as she does; her responsibilities as ruler compel her to emphasize the continuity of territorial and communal relationships. Thus she illustrates the twelfth-century valorization of community over personal feeling. Kurt Ruh offers perhaps the most appropriate summary of the situation, noting that while Wolfram's criticism of Laudine may be justified in his comparison with Sigune, scholars need not have followed his lead (418).

Although it is tempting to maintain that Laudine stands outside the courtly norms, particularly because her character has fairy origins (from older sources) that allow her this freedom, one does not need to contemplate the supernatural to describe Laudine's ethos.[10] Clearly, Laudine has shared her land with her first husband, Askalon, and she later shares it with Iwein; nonetheless, the lands, as well as her hand, are unmistakably her own, even though she must negotiate the match with her chamberlain (*truchsæze*) and the rest of her court (2388–2420). Lunete articulates the reason for Laudine's behavior in her speech upbraiding Iwein for his dishonorable conduct. She refers to Laudine's freedom of choice and brings up the point that Laudine gave him her lands and her person "mit vrîer hant" (with a free hand, 3157) and trusted that he would protect them. Her land must be protected at all costs, especially since Arthur threatens it with his army. Arthur does not attack, and while Hartmann does not indicate that Laudine's land was ever in imminent danger, the threat would have been enough for Laudine to capitulate and agree to marry Iwein — not because of any frailty characteristic of woman, as the poet hastens to assure his audience, but because of her innate goodness and her concern for the welfare of her land and people. Hartmann is quick to offer an explanation for her seemingly inconstant behavior. In spite of the fact that her decision to find a husband to replace Askalon obviously contradicts her earlier insistence at his burial that she could never commit such a sacrilege as to marry again, Hartmann emphasizes that she has acted properly and that none should criticize the actions of women in her situation:

> er missetuot, der daz seit,
> ez mache ir unstætekheit:
> ich weiz baz wâ vonz geschiht
> daz man sî alsô dicke siht
> in wankelm gemüete:
> ez kumt von ir güete. (1873–78)

[he does wrong who says that their (i.e. women's) inconstancy does this: I know better whence it comes that one often sees them waver: it comes from their goodness.]

Hartmann also makes certain to verify her competence, allowing the audience to hear her thoughts as she and Iwein host the Arthurian company:

> alrêst liebet ir der man.
> dô ir diu êre geschach
> daz sî der künec durch in gesach,
> dô hete sî daz rehte ersehen
> daz ir wol was geschehen,
> und hete ouch den brunnen
> mit manheit gewunnen
> und wert ouch den als ein helt.
> si gedâhte "ich hân wol gewelt." (2674–82)

[There was no doubt about it now, and for the first time, she became truly fond of her husband. When she had the honor of meeting the king because of him, she saw clearly that she had good fortune, also that he had won the fountain with courage and defended it as a hero. She thought: "I have chosen well."]

Laudine is portrayed as a responsible ruler in this situation, capable of managing her own court. She has gained love and honor in bestowing her hand upon Iwein; obviously, she can make her own decisions and she has chosen well.

The matter of the fountain remains. Literally, it is the most immediate reason for Laudine's choice; figuratively, the possible danger posed by the existence of the fountain provides a symbolic backdrop for the otherness of which Laudine is a part, symbolic of the "other" that Iwein must ultimately confront once more (like the otherness of the forest). The fountain represents a magical power associated with Laudine and her fairy history.[11] Indeed, Laudine's castle and her fountain (the gateway to her kingdom) represent a court/world on the periphery of the familiar, where they create a "division between [Laudine's] natural, violent passions and her social role as courtly lady" (Hostetler, 121). And indeed this division seems insurmountable. The description of the area around the spring at peace as "daz ander paradîse" (687) recalls the description of Mabonagrin's garden, suggesting a connection to that space, a space portrayed as female. The spring is not only the gateway to Laudine's kingdom as well as the entrance to her heart; it is also a symbol of Laudine herself. In a sense, both Laudine and the spring represent elements to be conquered that are actually extensions of the self (which, in the medieval world, is male). If Iwein can control the elements of nature unleashed by the force of the fountain, and the chaos unleashed by Laudine's rejection, he will regain control of himself. The threat of the storm remains constant, though the devastation it causes is temporary. On four separate occasions throughout the work, various Arthurian knights come upon the fountain and unleash the same destruction. The first three times, Kalogrenant, Iwein, and Arthur (in succession) pour the water on the stone in a quest for *aventiure,* a concept whose validity has been challenged by the seemingly naïve question of the wild man. When Iwein makes his final visit to the fountain, unleashing the storm and thereby announcing his presence to an unsuspecting Laudine, who does not yet know his true identity as the Knight of the Lion, he has surpassed the flawed Arthurian ideal. He is conscious of the spring's power and of what it is going to do. His wanderings in the forest have brought him to this consciousness, have led him to his true self. Having regained his reputation as a worthy knight in his role as the Knight of the Lion, Iwein makes one more journey to the spring and the stone in order to recover fully and to complete his self. Without Laudine, his life remains incomplete:

> in dûhte, ob in ze kurzer stunt
> sîn vrouwe niht enlôste
> mit ir selber trôste,
> sô müesez schiere sîn sîn tôt. (7786–89)

[It seemed to him that if his wife did not save him shortly with her own comfort, that would quickly be his death.]

Iwein's action here has direction and purpose: He wishes to facilitate his reconciliation with Laudine and thus resume his rightful position at her side.

The nature of the final reconciliation (mirroring the urgency of the original marriage) underscores the disquieting otherness represented previously by the forest, by the spring, and finally by Laudine. Thus, despite the illusion of a happy ending, *Iwein* concludes on a rather ambiguous note: Laudine requests (and receives) Iwein's pardon (8122–36). As if to underscore the ambiguity of the conclusion, the imagery of imprisonment returns; however, it is Laudine who is caught this time, having trapped herself by her oath to marry the Knight of the Lion. She admits: "der eit hât mich gevangen" (the oath has trapped me, 8092). This reversal, placed as it is near the end of the narrative, when all is ostensibly being put to rights, suggests that it is more appropriate for women to be imprisoned, waiting to be set free by their knights, than vice versa. In this respect, we can see that the relationship between Iwein and Lunete is also righted, as Iwein releases her from imprisonment in the chapel, an inverse parallel to their first encounter following Askalon's death. At the conclusion of the work, addressing him as "her Iwein, lieber herre mîn," Laudine asks forgiveness for causing him such pain and suffering:

> tuot gnædiclîchen an mir.
> grôzen kumber habet ir
> von mînen schulden erliten.
> des wil ich iuch durch got biten
> daz ir ruochet mir vergeben . . . (8123–27)

[Sir Iwein, my dear lord, be kind to me. You have suffered great care from my deeds; for that I will ask you for God's sake that you might forgive me . . .]

This particular exchange does not occur in Hartmann's French source and is therefore an obvious addition to the German version. In his altered conclusion, Hartmann portrays at least the illusion of a stable relationship between Iwein and Laudine as a model for men and women who rule; this stable unit should, by extension, ensure social stability.

This resolution does not seem to succeed as well in *Iwein* as it does in *Erec*. The persistent images of entrapment in *Iwein* indicate a greater underlying tension with respect to gender and love (at least with respect to male/female relationships) than is found in *Erec*. In both *Erec* and *Iwein*, femininity is shown to be the "unpredictable, unreliable ingredient" in the construction of masculinity (Gaunt, 103), at least as far as the men are concerned.[12] The conclusion of *Iwein*, however, sends a more ambivalent message than Erec's simple affirmation of the social good, "bî den liuten ist sô guot." In *Erec*, the relationship between husband and wife (or man and woman), seems easily (though not effortlessly) subsumed under a clear division between public and private roles; this is the way life is lived among people in courtly society. The role that more clearly rehabilitates Iwein, however, is his relationship with the lion, a distinctly male friendship. When one compares the relationships between masculine figures in *Iwein* to the relationships between man and woman (or self and other), it becomes evident that this ever-present "other" in Hartmann's second Arthurian epic is not so easily absorbed. Even Hartmann's authorial intervention cannot conceal the fact that Laudine's realm remains her space, a space that is not repatriated as is the garden of Brandigan. Iwein becomes the knight of the fountain and does not return to the Arthurian court. His voluntary "exile" from Arthur's world seems to allow the separateness of Laudine's realm to remain intact, despite the fact that the concluding scene appears to rob Laudine of her autonomy (as the concluding scene in *Erec* robs Enite of hers). Laudine's court could be interpreted as a kind of courtly "other," positively valued in contrast to the impotent Arthurian court that cannot understand the true meaning of *aventiure* — this quality of otherness is represented both figuratively and literally by the fountain, which must be overcome in order for outsiders to gain access to Laudine's kingdom. And it is significant, showing Hartmann's critique of the Arthurian court, that Laudine's court is the place where Iwein remains at the conclusion of the narrative. (Hartmann leaves the decision as to whether Iwein is trapped again to the imagination of his audience.)

No uncertainties upset the harmony of the conclusion in *Erec*. By the end of their story, Erec has assimilated Enite's identity into his own. Enite remains silent after the concluding episode in the garden: her negotiations are finished and her voice now plays a diminished role as she begins her new performance as queen. Indeed, Hartmann states specifically that Erec has now learned to attend to Enite's wishes to the extent that it is good and appropriate for him to do so (*Erec*, 10119–23). In *Iwein*, Hartmann presents a text with apparent inconsistencies and contradictions. Iwein is really the only figure who is the focus of any kind of "becoming." Laudine's role remains as "other" and outside the space of her kingdom. She does not need to undergo any process of growth or becoming, nor is she unambiguously re-incorporated into male identity: she is "diu künegîn" (8121), while he is "der herre" (8132). Laudine apparently understood her "self" long ago; true reconciliation with Iwein remains a matter of conjecture, probable but not certain: "ez was guot leben wænlich hie" (presumably life was good here, 8159). The narrator betrays a hint of uncertainty in these lines, and the uncertainty echoes through the word choice in other lines of the immediate context. In 8148, he comments: "daz was hie allez wænlich sît" (presumably this is how it all was here afterwards).

This "wænlich" ("presumably") is also heard in the "ouch wæn ich" (I think so) of 8157, again communicating a sense of doubt on the part of the narrator. While the narrator thinks that life was probably good following the events of the story, his word choice nonetheless implies that he is not certain. The reunion itself also seems questionable, in light of the fact that Laudine's promise to marry the Knight of the Lion was once again made and kept under duress; her oath literally traps her. By her own admission captured ("gevangen" 8152), Laudine falls to her knees at Iwein's feet. In his role as "der herre" (8132), Iwein then raises her up again, and all appears to be in order. Her choice of words recalls Iwein's imprisonment at the beginning of the narrative (he was *gevangen*); as the work concludes, her entrapment and his are finally complementary, semantically and ideologically.

As Hartmann illustrates in *Erec* and *Iwein*, the genre of romance offers a unique opportunity to explore various relationships that illustrate for the audience appropriate gender roles and the function of love in them. In *Erec*, both Erec and Enite negotiate their roles in the other world of the forest and discover the appropriate balance. The first part of their shared journey forces Enite into situations in which she must make a conscious decision to speak at crucial moments. Because of Erec's command that she not speak, she confronts his threat of punishment each time she wrestles with the choice of whether or not to warn him of approaching danger. Unlike the Enite who kept silent in Karnant because she feared losing her husband, the Enite in the forest consistently speaks despite the risks of reprisal. Erec, during the second half of the work, directs his prowess toward helping those in need. Thus, both Erec and Enite learn to incorporate an appropriate measure of selflessness into their behavior, as befits those invested with the responsibility of rulership. They may, indeed they must, love one another as husband and wife, but that love must be tempered by the social roles they must also fulfill; their story illustrates the process of learning the balance.

In *Iwein*, on the other hand, the negotiation of roles occurs differently, and the narrative manages only with difficulty to accommodate such traditional patterns as those offered at the conclusion of *Erec*. This difficulty is apparent in the ambiguous language used at the conclusion of the work. Upon the reunion of Iwein and Laudine, the satisfied Lunete observes that they have come back together and that they seem to have all the necessities for a happy life: property and health, good sense and youth. If they remain faithful to one another, and if God should grant them long life, then "diu gewinnet manige süeze zît" (they will see many delightful days, 8147). The language is hypothetical. Furthermore, the image of entrapment recurs in Laudine's request for forgiveness as she falls at Iwein's feet. She takes him back because her oath has trapped her, and her request brings back the vocabulary of entrapment, recalling Iwein's first experiences at her court. Though trapped, however, Laudine is not circumscribed by Iwein's identity as neatly as Enite becomes part of Erec (identified as his wife). Laudine remains an "other" who retains her own title and her own space, one that can accommodate Iwein only with effort and ambiguity, the latter emphasized by the poet's frequent use of the term "presumably" (wænlich).

Thus, even though Hartmann attempts to create a scene of harmony similar to the one at the conclusion of *Erec*, the ending of *Iwein* seems contrived. The poet hints that this reunion might face an uncertain future, although the source of the instability remains ambiguous. The fact remains that love can never permanently resolve the conflicts between personal desire and public obligation that arise from the continual performance that is gender. As a multi-faceted relationship among various individuals and social groups, love is an integral factor in the performance, and necessary for the successful enactment of gendered roles. The danger and the risk of entrapment through immoderate love must always be recognized, particularly for men; the Iweins and the Erecs of the courtly world must remain ever vigilant and active. The ideals of masculinity and femininity celebrated in romance can only be achieved through the balance between a constant performance of gendered roles and the varied experiences of love that help shape them and give them meaning, not only for the actors in the romance narratives but also for the audiences who enjoyed them.

Notes

[1] Green demonstrates that medieval German authors even more intentionally than their French counterparts, differentiated among *res factae* as opposed to *res fictae*.

[2] A third of the occurrences of the word "gevangen" in *Iwein* can be found in the first 2300 lines, and refer almost exclusively to Iwein's sojourn in Laudine's castle. This is according to the Middle High German conceptual Database's web concordance http://mhdbdb.sbg.ac.at:8000/mhdbdb/App. The final example is Laudine's comment about her oath. A similar search for *Erec* reveals that these uses of *gevangen* in *Iwein* to represent an inappropriate emotional state or attachment are unique.

[3] For Karen Pratt, Hartmann's depiction of the lush garden of Brandigan represents one manifestation of a distinct male bias that Hartmann adds to his source. Chrétien allows Maboagrain's *amie* to tell her version of their story in her own voice, while in Hartmann the story is told exclusively by Mabonagrin. Pratt therefore interprets Chrétien's garden as a place of greater female agency.

[4] In his treatise *Adversus Jovinianum*, Jerome equates excessive love of one's wife with adultery. Jerome thus, as Brundage points out, identifies love with sexual relations and attacks "immoderate indulgence in sex" by married persons (90–91).

[5] According to Monika Leisch-Kiesl, Eve developed as a systematic category for Christianity, becoming a constitutive element of male consciousness, an "other" necessary to define "man" (27, 146). Farmer and McNamara, among others, have

pointed out that the eleventh and twelfth centuries also placed increasing emphasis on (negatively) defining and categorizing "woman" as a source of danger for both clerical and secular men, a source of societal disorder.

[6] Erec, in his turn, is led away by other knights ("von den rittern enwec/ gevüeret besunder," 5117–18) and cared for in male company. (5151 ff.) He remains among them until the queen comes to tend his wounds, since healing is the province of women.

[7] Barriers often appear at the beginning of romance adventures. As illustrated in *Iwein*, these barriers frequently take the form of imprisonment, both physical, as in towers and other enclosed places, and/or emotional, as through the bonds of love (Ribard).

[8] Clearly there is a perceived threat to Iwein's identity as a knight and therefore as a man. In this context, it is also intriguing to consider Laudine's spring as a possible threat to Iwein's (or any man's) potency. This spring would thus represent an inversion of the "Fountain of Youth" that often graces the landscape of "Love's places" (Camille).

[9] Carne describes this event as "die erste Treueprobe" for the new Iwein (100).

[10] Mertens sees Erec's situation mirrored in *Iwein*, for example, where Iwein must learn that a marriage based only on *minne* and desire is inadequate (62). The difference between the two works has to do with Hartmann's insistent references to the social reality of the thirteenth century through his portrayal of Laudine as lady or "Herrscherin." The Arthurian "Traumwelt" (dream world) must yield to social and political reality here (68); therefore the happiness of the couple's future is only *"wænlich"* (probable) and not a fairy-tale ending (65).

[11] Göttner-Abendroth goes so far as to describe Laudine's character as the remnant of a matriarchal myth (183).

[12] Gaunt refers here to a clerical writer's point of view, but the unreliability of the feminine comes through just as clearly in Hartmann.

Editions Cited

Hartmann von Aue. *Erec*. Ed. Christoph Cormeau. 6th ed. Tübingen: Niemeyer, 1985.

———. *Iwein*. Ed. G. F. Benecke and Karl Lachmann. Berlin: de Gruyter, 1968.

Wolfram von Eschenbach. *Parzival*. Ed. K. Lachmann. Berlin: de Gruyter, 1965.

Works Cited

Brundage, James. *Law, Sex, and Christian Society in Medieval Europe*. Chicago: U of Chicago P, 1987.

Butler, Judith. *Gender Trouble: Feminism and the Subversion of Identity.* Routledge: New York, 1990.

Camille, Michael. *The Medieval Art of Love.* New York: Abrams, 1998.

Carne, Eva-Maria. *Die Frauengestalten bei Hartmann von Aue: Ihre Bedeutung um Aufbau und Gehalt der Epen.* Marburg: Elwert, 1970.

Cohen, Jeffrey Jerome, and Bonnie Wheeler, eds. *Becoming Male in the Middle Ages.* New York: Garland, 2000.

De Boor, Helmut. *Die höfische Literatur: Vorbereitung, Blüte, Ausklang: 1170–1250.* Vol. 2, *Geschichte der deutschen Literatur.* Munich: Beck, 1964.

Farmer, Sharon. "Persuasive Voices: Clerical Images of Medieval Wives." *Speculum* (1986): 517–43.

Ferrante, Joan. "Male Fantasy and Female Reality in Courtly Literature." *Women's Studies* 10–11 (1983/84): 67–97.

Gaunt, Simon. *Gender and Genre in Medieval French Literature.* Cambridge: Cambridge UP, 1995.

Gentry, Francis G. "Hartmann von Aue's *Erec*: The Burden of Kingship." In *King Arthur Through the Ages.* Ed. Valerie M. Lagorio and Mildred Leake Day. Vol. 1. New York: Garland, 1990. 152–69.

Göttner-Abendroth, Heide. *Die Göttin und ihr Heros: Die matriarchalen Religionen in Mythos, Märchen und Dichtung.* Munich: Frauenoffensive, 1980.

Green, D. H. *Medieval Listening and Reading: The Primary Reception of German Literature 800–1300.* Cambridge: Cambridge UP, 1994.

Hostetler, Margaret. "Enclosed and Invisible?: Chrétien's Spatial Discourse and the Problem of Laudine." *Romance Notes* 37.2 (1997): 119–27.

Karras, Ruth Mazo. *From Boys to Men: Formations of Masculinity in Late Medieval Europe.* Philadelphia: U of Pennsylvania P, 2003.

Kuhn, Hugo. *Dichtung und Welt im Mittelalter.* Stuttgart: Ernst Poeschel, 1959.

Leisch-Kiesl, Monika. *Eva als Andere: Eine exemplarische Untersuchung zu Frühchristentum und Mittelalter.* Cologne: Böhlau, 1992.

McNamara, Jo Ann. "The *Herrenfrage*. The Restructuring of the Gender System, 1050–1150." In *Medieval Masculinities: Regarding Men in the Middle Ages.* Ed. Clare A. Lees. Minneapolis: U of Minnesota P, 1994. 3–29.

Mertens, Volker. *Laudine: Soziale Problematik im "Iwein" Hartmanns von Aue.* Berlin: Erich Schmidt, 1978.

Pearsall, Derek, and Elizabeth Salter. *Landscapes and Seasons of the Medieval World.* Toronto: U of Toronto P, 1973.

Pratt, Karen. "Adapting Enide: Chrétien, Hartmann, and the Female Reader." In *Chrétien de Troyes and the German Middle Ages.* Ed. Martin H. Jones and Roy E. Wisbey. Arthurian Studies 26. Cambridge: Brewer, 1993. 67–85.

Ribard, Jacques. "Espace romanesque et symbolisme dans la littérature arthurienne du XIIe siècle." In *Espaces romanesques.* Ed. Michel Crouzet.

Université de Picardie. Centres d'Études du Roman et du Romanesque. Presses Universitaires de France: Paris, 1982. 73–82.

Ruh, Kurt. "Zur Interpretation von Hartmanns *Iwein*." In *Hartmann von Aue*. Ed. Hugo Kuhn and Christoph Cormeau. Darmstadt: Wissenschaftliche Buchgesellschaft, 1972, 408–25.

Saunders, Corinne J. *The Forest of Medieval Romance: Avernus, Broceliande, Arden*. Cambridge: Brewer, 1993.

Wapnewski, Peter. *Hartmann von Aue*. Stuttgart: Metzler, 1962.

Wehrli, Max. "Iweins Erwachen." In *Hartmann von Aue*. Ed. Hugo Kuhn and Christoph Cormeau. Darmstadt: Wissenschaftliche Buchgesellschaft, 1973, 491–510.

The Two-Fold Path: Erec and Enite on the Road to Wisdom

Francis G. Gentry

IN HIS ESSAY IN THIS VOLUME, Alois Wolf provides a comprehensive and finely nuanced reading of Chrétien's and Hartmann's versions of *Erec*. Wolf is able to demonstrate clearly that Chrétien's depiction of Arthur and his court contains several allusions to contemporary historical events while Hartmann's does not. Chrétien strives to develop the image of Erec the ruler, while Hartmann concentrates more on the underlying humanity of the various episodes and their religious and theological implications. The German poet's gaze is steadily directed at Erec, together with Enite, as a lover rather than a ruler. In the following I propose that while Hartmann does avoid obvious allusions to contemporary events and personalities, he does not distance himself from considerations of the responsibilities of those who rule. Quite the contrary, by moving in a historically indefinable environment, he frees himself to consider the greater issues of valor, justice, and compassion and their place in the chivalric world.

Hartmann's *Erec* introduces the splendor of the Arthurian world to the medieval German literary landscape. Hartmann's immediate — and, perhaps, only — source is the like-named work by Chrétien de Troyes (ca. 1165–70). While there may have been earlier, stylistically more primitive Arthurian tales in Germany that now no longer exist, it is Hartmann to whom we owe the first complete Arthurian epic in a formally and linguistically sophisticated German. As Wolf demonstrates, Hartmann alters his source not only quantitatively but also qualitatively. The result of these modifications in his tale proves to be paradigmatic for subsequent Arthurian romances in German, including Wolfram's *Parzival*. The portrayal of the great king himself, for example, as well as that of his court becomes typical. In the German tales, Arthur undergoes no development in his character, engages in no serious quests or other chivalric pursuits, and is, in general, not a very active king — disregarding the rather questionable Hunt for the White Stag in *Erec*. He is the focal point of a static society in which no growth or progress is possible — or, possibly, even desirable. Its saving grace is that it is the environment in which the heroes must first prove themselves. Thus, attention is directed almost exclusively to the individual hero, who, after having been accepted by Arthurian society, is often publicly shamed — most spectacularly in this regard Parzival by Cundrie — for some failing, and who must then undergo a series of trials and hardships before he is deemed worthy of resuming his place in the courtly world. This process does not take place within the Arthurian milieu, and, at the end of his journey of inquiry and insight, the knight who has successfully faced every challenge and has completed his inner development does not return to the Arthurian court, but rather departs in order to fulfill his own unique destiny. Parzival becomes the King of the Grail, Iwein the Lord of the Fountain, and Erec the King of Destrigales.

The story of *Erec* can be summarized as follows: A young man gains — to the delight and astonishment of the court — great renown as a knight as well as the hand of the most beautiful woman in the realm (officially recognized by Arthur's kiss), and then he surrenders himself totally to the delights of love with his wife. The young couple can scarcely tear themselves away from bed, even at noontime, in order to attend mass and have a bite to eat before they are again nestled beneath the feathers. On the surface, this does not seem to be such outlandish behavior. After all they are young and in love. And perhaps everything would turn out just fine, if there were not — apparently — other duties, occasioned by their, especially Erec's, station in life, that are seriously compromised by their actions. However kindly disposed toward the young couple Hartmann may be, he leaves no doubt about his view: By surrendering themselves totally to their passion, both Erec and Enite demonstrate a woeful lack of one of the most important courtly virtues, moderation (*mâze*). This moral weakness causes the knight, Erec, to become indolent and lose face before his court and, thus, before society as a whole. In order to restore his lost reputation and the proper inner balance, he sets out on adventure. Forcing Enite to accompany him, he treats her very harshly, and even threatens to kill her, should she dare speak to him — Hartmann does not make the reasons for this abusive treatment clear at the time. Disregarding Erec's dire threats, Enite risks death on four occasions, speaking in order to warn Erec of imminent danger. Since the question might arise how it happens that this formidable knight has to be warned of danger, Hartmann offers the plausible explanation that since Erec was riding in full armor, he was clearly at an acoustic and visual disadvantage, while Enite, on the other hand, was riding unencumbered by armor or weapons. After a long and arduous journey that involves two sets of parallel adventures (about which more below) and the reconciliation of the lovers, Erec arrives finally at the crucial adventure that will fully restore his honor, the *joie de la curt* episode, which has a happy outcome. Erec and Enite are thus reintegrated within courtly society and live happily ever after. Viewed thus, the tale seems straightforward and simple enough, but as will be seen, Hartmann had much more in mind than writing a pretty conceit.

As indicated above, *Erec* could be viewed as having to do merely with the lack of moderation in lovemaking that leads the title's namesake to neglect his chivalric duties. Although Hartmann makes clear that this deficiency must be remedied, his concern goes well beyond this admittedly important, but nonetheless essentially superficial aspect of chivalric life. For specifically with regard to his hero, Hartmann depicts the situation in terms of Erec's ultimate fitness to rule. From the very beginning stress is laid on Erec's noble heritage (*fil de roi Lac*), but at the same time he is also described as being very young and (presumably) inexperienced, especially in matters involving chivalric combat. Soon, however, Erec is given the chance to prove his mettle by fighting, and he subjugates Iders, the more experienced but arrogant knight at the tournament of the sparrow-hawk. It is also at this tournament that Erec meets Enite. And it is in this episode that Hartmann makes one of many decisive changes with respect to Chrétien. In Chrétien's version, Enite's father is of indeterminate rank, a *vavasor*. To determine the precise position of a *vavasor* within medieval French society is difficult. In general, it describes an individual who ranks below barons and counts, but above a simple knight, and who is the vassal not of the king but of an important noble. Hartmann, for reasons that he soon makes clear, abandons this questionable pedigree and describes Koralus as an impoverished count, brought to that condition by fate and unscrupulous, more powerful nobles and not through any fault of his own, that is, dishonorable deeds or profligate living. Chrétien's nameless *vavasor* (we learn his name, Licorant, only at the end of the tale), on the other hand, lost his fortune because he spent too much time doing battle. In addition, Enite's uncle is the duke of the area where the sparrow-hawk festival is taking place. Thus, Hartmann assures his listeners: "ir [Enite's] geburt was âne schande" (her heritage was a noble one, 439). This is, of course, a most important consideration if attention is to be focused on Erec as a future king, for it is imperative — at least in Hartmann's view — that his wife also be of appropriate rank. The emphasis on the appropriateness of the woman's lineage and status vis-à-vis the male protagonist — as opposed to matters of wealth — is also encountered in Hartmann's *Arme Heinrich*, when Heinrich justifies his proposed marriage to the young girl, the instrument of his salvation, by proclaiming to his counselors: "nû ist si vrî als ich dâ bin" (she is as free-born as I am, 1497). In this regard, it should be mentioned that Chrétien, too, points out the worthiness of Enite to be the bride of a powerful noble, even a king. But as Wolf mentions, he does so not in the sense that Enite's ancestry is impeccable and, thus, is a most suitable match for Erec within the "real" world. On the contrary, the French poet moves more in the realm of the fairy tale or even the quite conventional love story, stressing that her beauty is such that she, like Cinderella, will without doubt find her Prince Charming, or he her. Indeed, a careful reading of Hartmann's tale as well as his other works reveals that while Hartmann was certainly not adverse to the joys of physical love and its proper place within human relationships, he also makes clear that the bond of love together with its attendant obligations is not the sole aspect of noble human existence. The responsibilities of rule extend beyond the bounds of the royal boudoir, and the ensuing journey is undertaken, although they do not yet know this, to enable Erec and Enite to achieve this insight. In this regard, it is important that Hartmann show clearly that Erec has all the correct instincts from the beginning, and that his progress is thus rather one of development than the actual learning of new things. One could describe Erec as Wolfram does Parzival as a "brave man, slowly wise" who must fight his way back to himself. (Remaining with Parzival for a moment, it is instructive to note that his insight at the Grail castle when he utters the key question, "uncle, what is troubling you," draws on a reservoir of compassion that he has exhibited even as a boy in Soltane.) Like Parzival, Erec appears to have good fighting skills, even as an untested young man, who was — apparently — considered by Arthur not quite ready for the Hunt for the White Stag and was instead designated to accompany the queen — unarmed, it should be noted. Nonetheless, in his encounter with Iders, Erec demonstrates that he is not only capable in chivalric combat, but also, and perhaps more important, he evidences another essential quality of the knight and of the future king: compassion. In response to Iders's pleas to let him live, Hartmann informs us: "Erec erbarmde sich dô" (Erec took pity, 1010).

The necessity of this quality and its presence is emphasized throughout the work: for instance, after Erec's successful return to Arthur's court and his marriage to Enite, he thinks of his impoverished father-in-law and sends him great wealth and presents him with land and castles. Erec's father, Lac, is overjoyed with his son and new daughter-in-law, so much so that he gives them both dominion of his lands so that Erec would be accounted among kings and Enite would be his queen. As subsequent events make clear, however, Erec is not yet ready to assume the responsibility of rule. The man who previously, on a Sunday, was up and armed for chivalric pursuits by midday, earlier than all the others, now was scarcely able to rouse himself from the lovers' bed by noon on any day. Aside from indicating the young couple's delight in the pleasures of the marriage bed, this action — or rather inaction — on the part of Erec makes the young man's faulty understanding about the nature and meaning of chivalric obligation glaringly evident. For after his many jousting successes during his wedding celebration, Erec believes that he has not only gained great honor, but that this honor and esteem will remain with him even if he no longer personally takes part in chivalric pursuits:

> vil dicke gedâhte er dar an,
> in swelhem werde ein junger man
> in den êrsten jâren stât,
> daz er daz immer gerne hât. (2254–57)

[Very often he pondered that whatever fame a young man gains during his first years (as a knight), he will doubtless retain always].

As a result of this imperfect understanding Erec commits the transgression of *verligen* (indolence), effecting the loss of his reputation, which, in turn, brings shame upon his court. It necessitates his riding out on adventure in order to restore his honor.

As mentioned above, Erec and Enite are involved in parallel sets of adventures. In the first series, Erec does battle twice with bands of robbers and once with a count who wishes to have Enite for his own. In each case he is warned of impending danger by Enite. In view of the fact that Erec threatened to kill her, should she dare speak to him, Enite clearly does so at peril of her own life. Her thoughts, however, are motivated by her unswerving loyalty toward and love for her husband. A fourth battle takes place with the dwarf king Guivreiz, who subsequently befriends the pair. Erec, still severely wounded, refuses to remain for longer than one night with Guivreiz. Before he can recommence his journey, however, he must make a stop at Arthur's camp, something that is a standard component of Arthurian tales, normally occurring around the turning point of the hero's journey. In Erec's case, it is absolutely necessary so that he can recover somewhat from the wounds he received from his battle with Guivreiz, although Erec again refuses to tarry any longer than one night. Slightly rested, then, Erec is set to engage in the series of adventures that will eventually lead back to his reintegration into courtly society.

But we should not speak only of Erec's return! Enite, too, has lessons to learn. It must be kept in mind that Erec's father gave his land and the authority over it to *both*: "unde gap sîn lant/ in ir beider gewalt" (he gave dominion over his land to them both, 2919–20), a statement that is not found at this juncture in Chrétien. Thus it appears, as far as Hartmann is concerned, that if she is to have the title, she also has to fulfill the obligations imposed by the position. Erec had not been in bed alone, after all! Therefore in one sense, this first group of adventures should actually be considered Enite's adventures, in that they offer her the opportunity to show that she deserves to rule at her husband's side. For by repeatedly risking her life in order to warn Erec of danger, Enite has clearly shown that she possesses the correct *inner* qualities necessary for the carrying out of her responsibilities. And after the reconciliation between her and Erec, after she has defended her virtue from yet another count, and after she has shown herself willing to die rather than submit, even though at the time she believed firmly that Erec was dead, then — and for the first time — is Enite referred to as "queen" (6732).

The second series of adventures constitutes Erec's opportunity to demonstrate that he is in fact worthy of rule. In the first set he has proven his bravery and fighting skill and has gradually come to the awareness that

Enite is absolutely faithful and loyal to him — although why he should ever have doubted is never made satisfactorily clear (more on this matter below). This second set involves adventures that require Erec to be of service to others, not merely to himself by acting in self defense. The new round begins with Erec hearing a noble lady weeping and lamenting because her lord has been captured and is being shamefully abused by two giants. (The fact that Erec, although still in armor, can apparently hear again and does not have to be warned by Enite is just one more indication that the second set of adventures will require somewhat more of Erec than fighting skill. He will no longer merely react, but will himself take the initiative.) The meeting with the lady and the subsequent confrontation with the giants provide Erec with his first opportunity on this quest to exhibit compassion, again another indication of Hartmann's shift in narrative focus. When Erec encounters the weeping lady, for example, Hartmann describes his hero as being so moved by her sorrow and distress that he was himself close to tears:

> als er dô die armen
> in solher ungehabe sach,
> vil nâch weinende sprach
> Êrec der tugenthafte man. (5335–38)

[When he then espied the poor woman in such torment, Erec the praiseworthy man, close to tears (himself) spoke].

He spontaneously offers to help her. Erec's reaction is quite similar when he later sees the torment that her knight has to endure:

> Als diz Erec ersach,
> nû bewegete sritters smerze
> sô sêre sîn herze
> daz er bî im ê waere erslagen
> ê er inz haete vertragen
> und daz ez an sîner varwe schein. (5429–34)

[When Erec saw this, the suffering of the knight so moved his heart that he would rather have been killed with him than to allow it to happen. (It moved him so much) that it became evident in his complexion (i.e. he became pale)].

He is able to defeat the giants and free the knight Cadoc, but he is so severely wounded that he lapses into a type of coma. It is in this condition that Enite finds him, and she immediately believes that he is dead. Her lament, which echoed throughout the forest ("ir wuof gap alsolhen schal/ daz ir der walt widerhal," 5746–47) is heard by the count Oringles, who takes her and the seemingly dead Erec to his castle. The mere sight of Enite convinces Oringles that she is of sufficiently noble birth to be his wife, a point that he makes twice while consulting with his advisors: "si ist benamen ein edel wîp" (she is truly a noble woman, 6192), and "si ist mir genuoc wol geborn" (she is nobly-born enough for me, 6202). With their consent, he immediately offers marriage to her, urging her to dispel sorrow with joy and admonishing her that she has shown sufficient "triuwe" (loyalty, 6227) to her dead husband. He is wealthy and powerful, he tells her, and is willing to make her mistress over all he possesses, for clearly her dead husband was not much of a provider. It is now time to move on. Enite, however, is no Laudine, and she spurns Oringles's offer and continues her lamenting and weeping. Oringles decides to marry her that very evening, something even his vassals do not think to be right, but he does not let himself be dissuaded. Before the ceremony, however, he agrees to have a meal. Believing that the thought of food already on the table will persuade Enite to stop her grieving, he sends several of his men to invite her to join him. When that does not entice her to leave Erec's side, Oringles forces her to join him at their wedding supper and continues with his arguments in favor of their marriage, clearly oblivious to the true depth and significance of Enite's loyalty. When he still has no luck, he then moves quickly on to threats and finally to physical abuse, none of which, however, has the desired effect; indeed it only strengthens Enite's resolve, for her loyalty to her husband is absolute. Somehow the ruckus penetrates Erec's seeming coma and he awakens, realizes what is happening, saves Enite, and they become truly reconciled. Thus, shortly after Enite is called "queen," Erec is called "king" (6763) — also for the first time. After another brief respite with Guivreiz, Erec undertakes the final and most important adventure, the *joie de la curt* and the meeting with Mabonagrin.

Mabonagrin has sequestered himself in an enclosed garden with his lady and, because of a promise made to her, cannot ride out on adventure until he has been defeated in chivalric combat, an event that has not yet taken place. Mabonagrin has vanquished eighty knights, whose heads sit impaled on stakes around the perimeter of his garden. The widows of the hapless knights remain in the nearby castle of Mabonagrin's uncle and spend their days in ceaseless lament. Informing this episode is not moral outrage or desire for revenge, but rather the sorrow of the court of Mabonagrin's uncle at the useless life — from its perspective — that Mabonagrin has been leading. For he has not contributed to the "joy of the court," the importance of which Erec finally realizes after he has received Mabonagrin's surrender and when he says to the latter: "bî den liuten ist sô guot" (It is good [and proper that one be] among people [i.e. a part of society], 9438). Erec restores Mabonagrin to courtly society, shows once again his virtue of compassion by taking pity on the eighty widows and arranging for them to journey to a place of joy, Arthur's court, and returns home with Enite, where he rules as king after his father's death. Hartmann ends his tale optimistically, with the assurance that both Erec and

Enite will receive the diadem of eternal happiness after they relinquish their earthly crowns

It is clear from the beginning that Erec has all the necessary qualities that guarantee that he will not only be a good knight, but, in time, will be an illustrious ruler. He is, however, young, and must first understand the true significance of chivalry: it is by the actions of the knight that the court defines itself, either in joy or in sorrow. By misapprehending the dictates of honor, that is, by thinking that one only has to gain honor in one's young years, and by concentrating on himself and his pleasure or "comfort," as Hartmann puts it, Erec has distanced himself from his court as rigorously as Mabonagrin did in his enclosed garden. Neither is aware of the social responsibility of the knight, and as a result neither is useful to society. The concept of "usefulness" is a venerable one, with roots in classical antiquity, and must not be overlooked when dealing with such topics as fitness to rule. Its most dramatic application in medieval political life occurred during the battle between the pope and emperor in the late eleventh century, the so-called Investiture Contest (1076), when Pope Gregory VII promulgated the thesis that the only monarchs worthy of rule were those who were useful to society. For Gregory that meant only those monarchs who carried out the will of the papacy. While the papal "interpretation" did not survive Gregory, the concept of "usefulness" did, and it became a key consideration in medieval German literature, especially in the didactic writings of the thirteenth and fourteenth centuries and in German mystical literature.

Because Erec's ultimate responsibility will be to rule as king, he must undergo trials of a different quality than someone like Mabonagrin. First he must demonstrate again and again that he is brave and possesses the requisite fighting skill; then he must show that he is able to move out of himself and respond to the needs of others in courtly society. Once he has accomplished these tasks, he will be able to reintegrate himself within society and assume his proper function, that is, become useful. Thus it is during his second sojourn with Guivreiz, when he is recuperating from the terrible wounds suffered in the battle with the giants, that Erec comes to understand and accept the obligations of chivalric life. Although he is still very weak, he is also impatient to get away. Hartmann explains this new attitude as follows:

> daz kam von dem muote
> daz im dehein werltsache
> was vor dem gemache
> dâ er ritterschaft vant
> und dâ er mit sîner hant
> die sêre muoste urborn.
> diz leben hâte er erkorn.
> im was da mite lîhte baz:
> ez was sîn slâf und sîn maz. (7251–59)

[That came from the attitude that there was nothing in the world that was more pleasurable than what is found in chivalric deeds that he could perform vigorously with his own hands. He chose this life. It pleased him and was sleep and food for him.]

Thus it is no accident that, subsequent to his new awareness of the true nature of his calling, Erec is able to articulate for Mabonagrin the key insight in the work, namely that it is good to be among people and not isolated from them. And with that, Erec has not only secured his and Enite's re-entry into courtly society, but has also performed a service for others by freeing Mabonagrin to become once again the true joy of his own court. The recognition that a knight must constantly demonstrate his valor and be of service to other individuals is sufficient for Erec to assume the throne and become the ideal ruler, as Hartmann relates:

> Hie sazte er sô sîn lant
> daz ez vil vridelîchen stuont.
> er tete sam die wîsen tuont,
> die des gote genâde sagent
> swaz si êren bejagent
> und ez von im wellent hân. (10,083–88)

[He ruled his land such that it was at peace. He did as the wise do, who thank God for whatever honor they receive and view it as a gift from Him.]

Further, Erec is still attentive to his wife, but only to the extent that it is good for him and his honor.

And what of Enite? Why does she suffer? She suffers for the same reason Erec does: she must learn the responsibilities of her status in courtly society. She, too, must realize that the joy of the court depends upon the prowess and chivalric activity of Erec. By holding him back from the exercise of his duties, Enite is also responsible for the sorrow and shame that befall their court. That she, like Erec, possesses all the proper inner qualities for rule is clear, but like him she must come to specific insights. This is accomplished, in part, when she speaks — against Erec's express command — in order that he may defend himself against attackers, and, most decisively, when she rejects the advances of Oringles and prefers death to the betrayal of her husband and lover, even though he is presumed dead. Erec is educated to show his quality of compassion and justice, and Enite is educated to evidence the necessary virtues of loyalty and steadfastness. Hartmann's later explanation that Erec was "testing" Enite's loyalty to him rings hollow:

> ez was durch versuochen getân
> ob si im waere ein rehtez wîp.
> nû hâte er ir lîp
> ersichert genzlîchen wol,

> als man daz golt sol
> liutern in der esse,
> daz er nû rehte wesse
> daz er an ir haete
> triuwe unde staete
> unde daz si waere
> ein wîp unwandelbaere. (6781–91)

> [It (the time of trial Enite had been put through) had been done in order to discover whether she was a *proper* wife for him. He had put her completely to the test in the same way that one must purify gold in the forge, so that he now knew with certainty that in her he had faithfulness and constancy and that she was a woman without flaw.]

Erec is "testing" nobody but himself. It is Hartmann who is doing the testing — even more stringently than Chrétien. It is interesting to note in this connection that the word "rehtez" (proper) quite possibly has a legal/social aspect to it within the context of the passage. Erec is the son of a king, and it is imperative that he have a wife who not only is of suitable station, which Enite is, but who also has the correct comprehension of the duties and responsibilities of rule and who is loyal to and solicitous of her husband, virtues not so different than those demanded by Wolfram von Eschenbach of his characters in *Parzival* when he announces that he intends to tell a tale "daz seit von grôzen triuwen,/ wiplîchez wîbes reht,/ und mannes manheit alsô sleht" (that tells of great loyalty/ womanly women's virtue/ and a man's manliness in like measure, 4: 10–12).

Throughout *Erec* Hartmann stresses the insufficiency of noble birth or status alone to guarantee true nobility. As we have seen, an inner nobility of purpose or virtue must be present and actively made use of. Erec, like Wolfram's Parzival, achieves his goal only after his nobility by dint of birth is brought *back* into harmony with his inherent nobility of attitude, or virtue. I stress "back" because it is clear that in the case of Erec or Parzival, or, indeed, all of Hartmann's main protagonists, the individual has all the necessary qualities from the start. Hartmann's heroes, like Parzival, do not have to learn something new; they must, however, struggle to gain the necessary insight into their own character and release those qualities, especially that of compassion, which will enable them to function as useful members of courtly society. In this respect the lines from the gnomic poet Freidank's *Bescheidenheit* (fl. first third of the thirteenth century) are of interest:

> Swer tugent hât, derst wol geborn:
> Ân tugent ist adel gar verlorn. (54, 6–7)

> [Whoever has virtue is well-born. Without virtue, nobility is completely of no value.]

Of course, Hartmann is not propagating the notion of a nobility of virtue replacing the nobility of birth. On the contrary, as has been pointed out above, his repeated stress on the noble heritage of Erec and Enite makes clear that high birth is the prerequisite for their journey of insight (Boesch, 220–22). The knight who is destined to rule must possess the correct attitude in addition to constantly striving to prove himself by deeds of valor and, as is made clear by the example of Erec, compassion. Through this activity the knight maintains the ethical norms by which courtly society identifies itself. By their initial immature notion of the responsibilities of chivalric life, especially of those destined to rule, Erec and Enite, like Mabonagrin and his lady, placed themselves, both ethically as well as physically, outside of courtly society.

Erec learns that the travail associated with chivalry never ceases and that without his effort the court, that is, society, will suffer. As mentioned above, like Wolfram's Parzival, Erec is a "brave man, slowly wise," and like Parzival, he must undergo many trials and fight many battles before he realizes that the greatest duty of the knight is to serve.

Note

Portions of this essay appeared in different form in: Francis G. Gentry, "Hartmann von Aue's *Erec:* The Burden of Kingship," in *King Arthur Through the Ages*. Ed. Valerie M. Lagorio and Mildred Leake Day. Vol. 1. New York: Garland, 1990. 152–69.

Editions Cited

Fridankes Bescheidenheit. Edited by H. E. Bezzenberger. Halle: Verlag der Buchhandlung des Waisenhauses, 1872.

Hartmann von Aue. *Erec*. Edited by Albert Leitzmann. 4th edition edited by Ludwig Wolff. Tübingen: Niemeyer, 1967.

Wolfram von Eschenbach. *Parzival*. Edited by Karl Lachmann. 6th revised edition by Eduard Hartl. Berlin & Leipzig: De Gruyter, 1926 (repr. Berlin, 1965).

Works Cited

Boesch, Bruno. *Lehrhafte Literatur: Lehre in der Dichtung und Lehrdichtung im deutschen Mittelalter*. Berlin: Schmidt, 1977.

The Body in Pain in the Works of Hartmann von Aue[1]

Scott E. Pincikowski

IN VIEW OF RECENT STUDIES on the demonstrative and communicative nature of the courtly body, an investigation into the meaning of the manifestation of physical pain in Hartmann's works might offer a particularly useful and innovative approach to an analysis of his texts.[2] Earlier research has overlooked the significance of the physical body in pain in order to concentrate either upon the inner motivation of suffering or the harmonious and refined image of courtly society dependent upon joy. Recently, others have shown that Hartmann idealizes pain and suffering in order to introduce a new model of knighthood that would have both pleased and edified his audience.[3] While the court is undeniably the locus of cultivated joy, pain remains an enigmatic and ubiquitous force, resulting from the power relationships and struggles that surround and shape courtly culture. Within this culture, the physical body is the site upon which the effects of power, that is physical pain, are mapped and interpreted by both the individual and members of the social body. Although one might expect pain and suffering to exist in binary opposition to joy, this clear dichotomy is quite often not present. Indeed, we will see that Hartmann considers pain to be fundamental to courtly existence and that the body in pain holds a prominent position in his works.

It is important to remember, though, that the medieval understanding of pain and suffering, like that of today, is complex. Historical artifacts like courtly literature help us to discern the social significance, cultural understanding, and gendered meaning of pain and reactions to pain specific to the Middle Ages, and as we will observe in Hartmann, pain represents both a positive and negative force in the medieval point of view. Pain has a profound impact upon the construction and deconstruction of the body and self of the courtly individual (Cohen, 52–53).

Courtly culture places a great emphasis upon the observance of physical discipline and self-control, as evidenced by the importance of the Middle High German concepts of *zuht* (discipline), *mâze* (moderation), and *hövescheit* (courtliness). Although they ought to be innate in the noble individual, the presence of numerous didactic medieval works attest that they also had to be learned (Bumke, 67–102). Thus, this aspect of social control is important when discussing Hartmann's treatment of the courtly body in pain

(Douglas, 69). For the infliction of suffering does indeed represent a form of social control, possibly indicating a transgression of the social body's perceived authority, and is implemented with varying degrees of "violence, force, persuasion, and/or manipulation" (Freund and McGuire, 8). Specifically, this process is relevant in the mediation of pain and the boundaries of its expression (Elias, 2:51). When pain leaves its marks upon the physical body and its extensions, members of the social body interpret it in its cultural and social context (Foucault, 101–2). The manner in which the individual reacts to pain, with stoicism or exaggerated expressions of suffering, and how the pain is interpreted by others, with sympathy or disbelief, is contingent upon this process. This movement between the individual and the social body indicates that pain is acculturated. The social body forms attitudes towards the gendered experience of pain, and the individual learns how to behave when confronted with pain.

The body and its experience of pain in Hartmann's courtly epics, *Erec* and *Iwein*, reflect the process of social constructionism and can be observed along gender lines. While Hartmann's knights utilize pain to increase their honor and social prestige within the highly ritualized context of battle, they are also expected to endure this agony stoically. Rarely does the knight verbalize the pain caused by injury in combat, and when a knight does complain about his suffering, this can be interpreted as a sign of weakness. For instance, Guivreiz thinks to himself that Erec must be a coward since he complains about his pain: "der herre gedâhte: 'er [Erec] ist verzaget, / sît er sîne arbeit klaget'" (The lord thought: he is a coward, since he complains about his hardships, 4366–67).[4] Hartmann's idealization of the effects of violence further emphasizes the knight's stoic attitude towards pain. Instead of the body expressing the knight's pain, his equipment bears the intense effects of violence. Motifs such as numbing and spark-producing blows to helmets, and shields hacked to pieces right down to the hand or bored through by lances, "express" the knight's pain (Bein, 45–49). Given the demonstrative function of the knight's equipment, an integral part of his identity, damage to his outer self symbolizes injury or threat to his identity and social status. Moreover, when more severe signifiers for pain than battle-worn equipment do appear (signs like wounds, blood, and scars), idealization gives way to a different type of reality, one that starkly contrasts with the courtly perfection that the knight's beauty and healthy condition embodies.

Signs of pain articulate a knight's pain and his history of pain, informing his identity and marking his initiation and inclusion into the social order of knighthood, and it is in this context that we observe their communicative nature. The scene in which a courtly maiden recognizes the unconscious Iwein by the scars on his body provides an excellent illustration of this point:

> sî nam an im war
> einer der wunden

> diu ze manegen stunden
> an im was wol erkant,
> unde nande in zehant. (3378–82)

[She noticed on him one of the scars that had been well known for a long time, and named him right away.]⁵

The wounds on Iwein's body in this passage signify his earlier renowned deeds performed in the name of knighthood, a phenomenon Wenzel refers to as "Memorialzeichen" (marks of recognition, 69). Other signs of pain possess a similar communicative function. Blood splattered on a knight's clothing or armor run red from open wounds are common motifs that reveal that the knight has taken part in an adventure or fought a battle. Ginover interprets Iders's bloody and battle-scarred body to mean that he has defeated Erec (Wandhoff, 8). The presence of blood also signifies two equally-matched combatants, such as Erec and Guivreiz, whose effort and sacrifice are indicated by the sweat and blood flowing from wounds that they have inflicted upon each other: "in hete der strît getân vil heiz: / beide bluot unde sweiz / hâte si berunnen gar" (The battle had made them very hot. Both blood and sweat ran down the two of them, 4498–4500).

However, signs of pain are not always a positive signifier of knighthood, in that they possess a positive content only if they are acquired in honorable battle. Thus, the marks that Erec receives on his face from the dwarf Maliclisier are representative of negative signs of pain. They represent injury to his honor and augment the shame he experiences when he relates his misfortune to Ginover: "alsô klagete er sîn leit, / schamvar wart er under ougen" (He lamented his grief thus — red with shame were his cheeks . . ., 111–12). At the same time, they provide irrefutable physical proof that Maliclisier has committed the dishonorable deed when Erec later speaks with the defeated Iders: "ouch sluoc ez mich alsam sît / daz ich disiu mâl gewan. / sehet, ich binz der selbe man" (What's more, he then struck me as well, so that I have these marks to show for it. See, it is I, the very same man, 1033–35). And the bloody marks Maliclisier receives, in turn, from his being whipped possess a cultural significance of their own (1065–72). For him they demonstrate a punitive function and make it clear to the other members of the social body that he has received retributive justice. These examples reveal Hartmann's signification system of pain, distinctive to courtly literature. This system is characterized by the multivalency of pain signs, indicating the acceptance or rejection of the pain that the individual is expected to endure or inflict.

The multiple meanings that signs of pain can possess point to the precarious existence that the knight leads because of his position in courtly society. While they "verbalize" a knight's suffering and contribute to the formation of his self, they may also threaten to deconstruct his identity. The Cadoc episode in *Erec* (5291–5709), for example, demonstrates how those signs of pain that are normally associated with chivalric activity may actually signify that a knight is being stripped of his knighthood: how mutilation of the body can become mutilation of the self. The humiliating bodily degradation to which the giants subject Cadoc underscores this process of negation. He has completely lost agency and bodily control. He is bound hand and foot and is mercilessly whipped until his skin hangs in shreds from his bloody body:

> si sluogen in âne erbarmen,
> sô sêre daz dem armen
> diu hût hin abe hie
> von dem houbete an diu knie.
> si brâchen vaste ritters reht
> und handelten den guoten kneht,
> und wære er begangen,
> an diebes stat gevangen,
> selcher zuht wære ze vil.
> er was geslagen unz ûf daz zil
> daz er des bluotes was ersigen
> unde nû sô gar geswigen
> daz in schrîens verdrôz. (5408–20)

[They struck him mercilessly, so much that the poor man's skin hung down in shreds from his head to his knees. They broke completely with knightly custom and treated the good knight in such a way that if he had been stealing and had been captured, such punishment would have been too severe. He had been beaten to the point that he had lost much blood, and he was now so weak that he could no longer cry out.]

Fortunately, Cadoc's identity has not been destroyed; but it is fragmented and on the verge of ruin. The narrator describes his unstable condition with the phrase "mit unganzem lîbe" (with a broken body, 5593). The emphasis upon "unganz" (fragmented or imperfect) is particularly telling because the knight's virility, prowess, and social status are normally expressed through the healthy, whole, and harmonious condition of his body and clothing (Wenzel, 191). The signs of pain on Cadoc's broken body show that his status and bodily harmony have been damaged and that his life is in danger. Because Hartmann, as would be expected, places a clear importance upon the visual representation and reception of the individual by members of the social body, the negative meaning of the signs of pain on Cadoc's body is heightened. In fact, Cadoc's lover recognizes the importance of his well-being to her position in courtly society. His bloody condition is so shocking that she is filled with the conflicting emotions of sorrow and joy — the latter when she realizes that he is still alive (5600–627). Her reaction reveals that she initially believes that Cadoc is beyond repair. If he survives he will no longer be able to maintain his social standing, or even worse, if he dies, she will no longer have a protector. The manner in which Hartmann goes beyond his source in this scene underscores the lover's reaction. In Chrétien, Erec attends to Cadoc's injuries and appearance before he brings him back to the woman, who rejoices at the sight of her knight (4430–33, 4506–10). In contrast, Hartmann's Erec does not treat him, and returns him in his broken condition, illustrating Hartmann's emphasis upon the threat of pain and death to which the knight's social status exposes him.

The Cadoc episode also reveals that the parameters for the infliction of pain and the boundaries of its expression are culturally and socially determined. Only the knight has the right to inflict pain. He alone possesses the knowledge and moral system that dictates the just limits of its infliction. The narrator's comments concerning the giants' actions show that they do not recognize the knight's authority and that they blatantly overstep their bounds — as does the dwarf, Maliclisier, at the very beginning of the epic — something that Hartmann makes quite clear when he criticizes the giants for having broken with "ritters reht" (chivalric custom, 5412). Indeed, he claims not even a thief would have been punished in such a manner (5413–16). Erec, too, makes it quite plain that if Cadoc is a knight, he should benefit from his social status and not suffer in this manner (5466–72). Obviously, in Hartmann's opinion as well as — apparently — that of his postulated audience, the giants are not empowered to inflict pain That they do not belong to the courtly social body is reinforced by the setting of the scene in the forest. Only the knight is entitled to inflict pain, which Erec demonstrates when he quickly dispatches the giants.

Physical pain does not only negate a knight's identity. It can also represent a positive force. Erec believes, for example, that his pain is self-punitive, redemptive, and rehabilitative, a means by which he is able to repair his standing in society.[6] The physical manifestation of Erec's suffering, his wound in the side, is central to an understanding of this complicated attitude towards pain. At one level the wound reflects the reality of knighthood, as this was a common wound suffered by a knight in battle, especially when lances and swords were used. As Erec experiences, such a wound constantly reopens if the individual does not cease all activity, something Erec refuses to do until he rests for fourteen days and nights at Penefrec. Erec's refusal to let himself heal also reveals that his wound has a metaphorical dimension. Much like Iwein's self-inflicted wound (3936–49), which embodies his cultural trespass of breaking his oath with Laudine and externalizes his emotional despair, Erec's wound symbolizes his wounded reputation and represents a form of self-inflicted punishment.

The metaphorical content of the wound points to Hartmann's secular use of the *imitatio Christi* tradition that was flourishing throughout Europe in the twelfth century (Hallich, 130–33). A scene that demonstrates the positive attitude towards pain associated with this tradition occurs as Keie and

Gawein trick Erec into returning to Arthur's camp. When Erec sees the courtly retinue, he stresses that they should not have bothered, on the basis that he is not fit to attend court:

> swer ze hove wesen sol,
> dem gezimet vreude wol
> und daz er im sîn reht tuo:
> dâ enkan ich nû niht zuo
> und muoz mich sûmen dar an
> als ein unvarnder man.
> ir sehet wol deich ze dirre stunt
> bin müede unde wunt
> und sô unhovebære
> daz ich wol hoves enbære,
> hetet ir es mich erlân. (5056–66)

[Whoever is to be at court is suited better by being happy so that he can act properly. I cannot do that now and must forgo it like a crippled man. You can surely see that I am at present exhausted and wounded and so incapable of being at court that I would rather have avoided the court if you had allowed me to.]

The connection between Erec's physical appearance and his wish to punish himself demonstrates clearly that he obstinately intends to suffer from his wound until he re-establishes his honor when he is once again fit, physically and morally, for the court. What is more important: just as his condition represents his wounded reputation, it also symbolizes the wounded reputation of his court, the loss of joy that occurs because he neglects his courtly duties. Many people who enjoyed the pleasures of Erec's court depart and many others who would have sought the joy of his court instead avoid it. Hartmann even describes the court's condition in physical terms when it becomes barren of all joy: "sîn hof wart aller vreuden bar" (2989). Thus, Erec's active pursuit of pain is also intended to redeem the standing of his court and bring joy back to its people. The redemptive quality of his pain is reflected in his Lazarus-like "miraculous resurrection" at Oringles's court (Hallich, 131–32). Moreover, when his wound completely heals, his inner self does as well (Haupt, 91). His suffering has allowed him to return to his former social position, as evidenced by the narrator's reference to Erec as "künec" (king, 6763).

The punitive and redemptive function of pain found in *Erec* plays an even more important role in Hartmann's saint's life, *Gregorius,* and his legend narrative, the *Arme Heinrich*. However, the meaning of physical pain in these works differs from Hartmann's courtly epics in two ways. First, physical pain often reflects the dichotomy of body and soul, which is manifest in the close relationship between sin and the condition of the individual's body and soul. Hartmann portrays a body that is corrupted by sin and vice, or a body afflicted with disease by God's will: Gregorius is tormented by both the objective sin of his parents' incest and the subjective sin of his own incest with his mother; Heinrich forgets humility before God at the height of his courtly existence, and is stricken with leprosy, thus becoming a social outcast. Second, Hartmann de-emphasizes the courtly context of pain in order to stress a different aspect: the paradox of pain to the Christian. He invests familiar signs of pain with new meanings so that they represent an immediate set of social and physical problems to the individual, and at the same time provide the Christian a means by which he can achieve redemption in the eyes of God.

A key passage that demonstrates both the dichotomy of body and soul and the paradoxical relationship to pain occurs when Gregorius and his mother find out that they have committed incest. The narrator describes how the body and soul are two separate entities and yet are bound in an indivisible union. The narrator relates that it is often that which feels good to the body that is bad for the soul, and conversely, what is painful to the body is good for the healing of the soul:

> ez hât geschaffet diu gotes kraft
> ein missemüete geselleschaft
> diu doch samet belîbe
> under sêle und under lîbe.
> wan swaz dem lîbe sanfte tuot,
> daz enist der sêle dehein guot:
> swâ mite aber diu sêle ist genesen,
> daz muoz des lîbes kumber wesen. (2655–62)

[God's power has created an antagonistic union that nevertheless stays together as soul and body. What pleases the body is not at all good for the soul. But whatever causes the soul to thrive must be the body's distress.]

When the body leads the individual astray this affects the condition of the soul and leads to suffering, either earthly or eternal. And as the spiritual self begins to decay, so does the sinner's body and reputation, resulting in physical pain, which symbolizes the individual's bodily corruption, guilt, and sin. Fortunately, just as it appears as if the situation is hopeless, the individual can use the very suffering he experiences to repair the state of his soul.

Hartmann depicts the expiatory power of pain through Gregorius, who uses pain as a form of self-control and self-effacement. Gregorius renounces his former worldly wealth and courtly identity by casting away his elegant attire, taking up the pilgrim's garb, and enduring a harsh, barren existence. Typical of hagiography and martyrology, he also conflates the sensations of pain and pleasure when he embarks on his journey: "spilnde bestuont er dise nôt" (Cheerfully did he endure this distress, 2760). Pain becomes an instance for joy because it shows his willingness to suffer as Christ did and is a vehicle for atonement and redemption. In a similar context, he uses pain to remind himself of how corrupt the body can become and to divert his thoughts from temptation to redemption. He turns to symbols of bodily control when he tempers his desires by fasting, tormenting his body with a "hærîn hemede" (hair shirt, 3112), and chaining himself to a cliff with shackles. Indeed, Gregorius makes it impossible to return to his former courtly self.

The symbolic importance of self-effacement is best exemplified in the condition of Gregorius's body on the cliff after seventeen years of extreme physical harshness. When the emissaries from Rome find Gregorius, he has erased any aspect of his former beautiful, courtly self. Earlier, he had a well-kempt beard and curly, blond hair; bright and clear eyes; well-defined, rosy and fair cheeks; and a happy expression on his face, all physical signifiers for the joy he experienced at the court. Now, his hair and beard are matted, long, and dirty; his face has grown pale and gaunt; his eyes have become dark, sad, and red with long, unkempt eyebrows; and his lips have become pale and cold (3423–48).[7] These and other signs of pain present in this scene, like the bloody wounds on his ankles, show that Gregorius, imitating Christ, has been completely transformed from a nobleman into a pious hermit: "mir sint verwandelt vil gar / der sin, der lîp und die site" (My mind, body, and way of life have entirely been changed, 3558–59).[8] He succeeds in transcending courtly culture and his courtly identity by inflicting pain upon himself and renouncing anything associated with courtly life. Most importantly, Gregorius finds meaning in his pain. He embraces the pain of bodily corruption and makes it a tool for eventual redemption.

The significance of this facet of pain comes to the foreground when one considers Hartmann's other character who has fallen from God's grace, the Arme Heinrich. Heinrich represents a rare instance within the literature of the Middle Ages for a medieval man's subjective struggle to come to terms with pain. Unlike Gregorius, Heinrich does not immediately recognize the positive nature of pain, and attempts to rid himself of his suffering. Thus, Heinrich is not cured until he learns — like Job — to accept God's judgment (Wapnewski, 221). When he is finally able to do so, namely by moving beyond his purely subjective preoccupation with himself, he, like Job and Gregorius, is rewarded for finding the true meaning in his pain. God returns him both to health and his former elevated social status.

The meaning of physical pain in the female experience is every bit as diverse and complex as in that of the male. In contrast to the male situation, in which men both actively employ pain and are the instruments of pain, the female's relation to pain reflects the courtly lady's more passive role in courtly society. Thus, courtly women are often the victims of pain, and experience the consequences that men's violent actions bring to courtly society. In fact, female pain is often a result of the very ideological system that places the courtly lady on a pedestal and objectifies her body. The objectification of the female body leads to conflict and its two consequences, violence and the infliction of pain. The close connection between objectification and female suffering is a common theme in Hartmann. Indeed, those male characters who do not limit themselves by the courtly guideline of moderation will stop at nothing to acquire their object of desire: Gregorius's father is overcome by temptation and forces himself upon his sister; the robber knights consider Enite to be another piece of loot to be divided; Oringles is smitten with Enite's beauty and hopes that he can benefit from Erec's apparent death. In short, the male gaze either leads to the intentional disregard of female suffering or to the lady experiencing pain. Women in courtly literature are therefore more vulnerable to suffering than their male counterparts.

Courtly ladies endure the effects of pain because they are the objects of its force. Pain represents a form of disempowerment and exhibits the lady's secondary position in courtly society. Erec's test of Enite's loyalty provides a good illustration of this feature of pain. Enite's disempowerment is evidenced by her acceptance of Erec's authority. She serves him in an unwomanly fashion as his page and suffers under the threat of pain of death in a silent, womanly, and subservient fashion: "vil wîplîchen si dô leit / dise ungelernet arbeit" (In a most womanly manner she endured this unaccustomed hardship, 3280–81).

Meaningfully connected to the lady's passive position in courtly society is Hartmann's prominent treatment of women as the subjects of pain. Hartmann portrays courtly ladies dealing with the consequences of another form of male desire, men's power struggles and pursuits of glory. While the knight risks life and limb to increase his honor, it is his lover who is left behind with almost no consideration by the knight as he rides into battle. One encounters this attitude as Erec enters the *Joie de la curt* adventure. Enite begins to weep and expresses great discomfort at his departure because she fears for his life. Erec tells her that she is weeping prematurely for him, that she should not worry until she sees on him the signs of battle that demonstrate that he has been mortally wounded: until he is covered in blood, appears with a shield hacked to pieces, or his helmet is cut asunder. In addition, the depiction of the joyless group of eighty widows dressed in black in this episode underscores how women are left to deal collectively with the loss of their lovers. They demonstrate how women who are left without a protector may form a sub-community of suffering, a social body in pain within the pomp and refinement of the court (Gilroy-Hirtz, 73).

In contrast to men, courtly ladies openly express pain. For unlike the knights, who stoically endure pain and accept it as a part of their active position in society, courtly ladies are expected to exhibit emotions when they experience pain. A significant female gender behavior in courtly society that reflects this expectation is mourning and lamenting (Küsters). Closely coupled to the courtly lady's emotional and dutiful lament is her expressive physicality. In Enite's lament, for example, she turns to violent gestures: she weeps, beats her chest, and tears her hair. The narrator's comments in this scene reveal that this type of suffering is the only possible form of protest in which women can legitimately engage:

> daz hâr si vaste ûz brach,
> an ir lîbe si sich rach
> nâch wîplîchem site,
> wan hie rechent si sich mite.
> swaz in ze leide geschiht,
> dâ wider tuont die guoten niht,
> wan daz siz phlegent enblanden
> ougen unde handen
> mit trehenen und mit hantslegen,
> wan si anders niht enmegen. (5760–69)

[She tore mightily at her hair and took revenge on her body, as women are wont to do, for this is how they take revenge. Whatever they suffer, the good ladies do nothing about it, but only set their eyes and hands to work at crying and beating themselves, for they can do nothing else.]

Clearly, courtly ladies can only vent their anger and grief upon themselves. Enite literally attempts to avenge Erec's apparent death through the self-infliction of pain.

However, Enite's expression of helplessness possesses a higher meaning. These demonstrative gestures, informed by ritual and gendered convention, reveal the expressiveness of the female body and reflect how the courtly lady's fate and well-being are connected to her lover. The female body becomes the site upon which the courtly lady mirrors and expresses the stoic knight's pain. Self-inflicted pain allows the courtly lady symbolically to suffer as her lover does (Scarry, 31),[9] to externalize the psychological distress she experiences, and substitute her pain for the pain that a knight would inflict upon another in retribution for a crime or cultural trespass. The emphasis upon revenge in this scene indicates the retributive function of self-inflicted female pain. Enite escalates this expressive function of pain in her suicide attempt. She extends women's use of pain when she attempts to incorporate a masculine form of pain infliction by taking Erec's sword, a phallic symbol of social control and pain, and impaling herself upon it. This attempt is arrested, albeit by chance when Oringles hears her cries from afar, because she steps outside the confines of the use of pain allotted to women. In her effort at gender role reversal Enite no longer adheres to the proper, generally passive female gender roles of lover, wife, mother, and queen, placing herself outside of social body of the court and its accepted social mores.[10]

Although this female expression of pain shows the courtly lady's limited ability to use the power of pain, self-inflicted pain surprisingly can also be a form of female empowerment. Pain affords the lady a means by which she can gain control over her own body. For example, Enite manipulates Oringles's abuse of the power to inflict pain and makes the pain her own, a tool with which she creates a space for herself within his stifling presence and unyielding demands. She gains agency by refusing to eat, by speaking out against Oringles's will, and by choosing death with Erec instead of life with Oringles. Enite's actions to "free" herself are particularly significant because they are parallel with those of the medieval female ascetic. Like the mystic, Enite rejects food to exercise "self"-control (Godsall-Myers, 63). Because the female body was associated with food and nourishment in the Middle Ages, fasting became the basis for female piety (Bynum, 294). Enite has secular motives for embracing pain, she shows devotion to Erec, just as the female ascetic shows devotion to God. Enite suffers and exhibits a joyous disposition towards the pain that Oringles inflicts: "von dem slage wart si vrô" (she was pleased by the blow, 6552).

Hartmann's use of hagiographical topoi, fasting, self-inflicted pain, joyful willingness to suffer, highlights Enite's agency. Because pain and emotions are considered in courtly culture to belong to womanly nature, a point Oringles himself makes to his retinue, instances of pain are one of the few times when the lady could express herself openly in a society that expected female silence. These topoi also subversively criticize the vulnerable position of women in medieval society. Hartmann's critique is manifest in Oringles's reaction to Enite's "voice" intruding into the male realm of authority. Enite refuses to comply with Oringles's will and his desire to wed her. Oringles recognizes that Enite is undermining his authority and turns to the male power to inflict pain, directing violence at her in the attempt to silence her. He hits her twice, once so hard that it causes her to bleed, and another time on the mouth. The blood indicates Enite's pain, but more importantly acts as a signifier for the impropriety of Oringles's action, an observation supported by the fact that women's blood only appears twice in all of Hartmann's works — the other occurring in the aforementioned Cadoc episode in *Erec* (5320–26).

Another common characteristic of female self-inflicted pain is that men conflate this pain with eros. Even when pain is a form of agency, it becomes evident that female suffering represents a social ideal equivalent to female beauty. This apparently irreconcilable contradiction results from the gendered meaning that men ascribe to female suffering, such as in Laudine's lament. For Iwein, who views Laudine's beauty from his hiding spot, the ritual abuse of her body belongs to her gender role of mourner. Iwein also finds Laudine's suffering erotic. He can hardly restrain himself from going to her and taking her by the hands, which are both symbols for her beauty and the embodiment of her active use of pain, so that she can no longer hurt herself. He idealizes Laudine's suffering, "ir wiplîche triuwe / und ir senlîche riuwe" (her wifely loyalty, and her yearning sadness, 1603–4), to such an extent that he equates her pain-filled loyalty with her external beauty. In his love for Laudine, he compares her pain with "marter" and "arbeit" (ordeal and travail, 1665), and "zuht" and "gerich" (discipline and revenge or punishment, 1677), or with the self-effacing pain of the ascetic who uses pain to increase his or her inner and spiritual beauty.

But unlike the ascetic who uses pain to transcend courtly existence, Laudine's pain reinforces her courtly identity. What is more, Laudine does not remain a passive figure in the objectification of her suffering. She uses the social obligation of female mourning to her own political ends.[11] And by evidencing sincere and correct suffering, Laudine proves her cultural worth and loyalty to the court, which Lunete is quick to point out. For had Laudine not followed the proper forms of lamentation, she would have affronted the social body of the court that was loyal to her dead husband and further weakened her already insecure position, for she and her kingdom no longer had a protector. However, even though Laudine uses pain to maintain her social status, Iwein's observations regarding her actions expose the fact that female pain is regulated by male-dominated social norms. Female pain as form of female agency can only succeed if it appears to conform to male desire.

This conflation of pain and eroticism in *Iwein* is by no means an isolated phenomenon in Hartmann's works. Indeed, nowhere is the eroticism that the female body in pain generates more problematic than in the *Arme Heinrich*. The maiden's eroticized pain is so difficult to resolve because it represents a moment in which Hartmann conflates the lady's demonstrative and instrumental use of pain with another common female gender role in medieval society, namely, that of healer (William and Echols, 33–49). This gender role reflects both the lady's subordinate role in society and her close relationship to the male body in pain. Just as the knight wields the power to inflict pain to uphold the laws of courtly society, the lady heals the pain that threatens to disable the protectors of the court. In this connection, mention could be made of the scene in Hartmann's *Iwein* in which one of the ladies of Narison rubs a magic salve over the naked body of the half-mad knight: "mit ter vil edelen salben / bestreich si in allenthalben / über houbet und über vüeze" (she applied the precious ointment all over him, smearing it everywhere from head to foot, 3475–77). What makes this image so powerful is the eroticism present in the lady's actions. Hartmann combines the function of the lady's hand as an object of desire with the its curative function to stress the importance of the latter and to suggest that eros and healing often coincide. It is only the lady who can heal the wounds and illness caused by courtly love. Moreover, this scene reveals that a lady's power of healing is considered to be a mysterious power, not only because of Feimurgan's salve, but also because healing was associated with the mysteries of the female body in the Middle Ages, along with procreation, lactation, and menstruation (Meyer, 141).

In the case of the maiden in the *Arme Heinrich,* Hartmann takes this female relationship to male pain and the erotic, curative function of the female body to its logical conclusion. The maiden embodies the mysterious power of the female sex. Her body becomes both Heinrich's object of desire and literally his cure, but in an unexpected manner. It is not the maiden's life-blood that cures Heinrich but her beautiful body. Her body generates male sensual energy and causes Heinrich's inner transformation, which is the prerequisite for the subsequent healing of his internal and external selves. When Heinrich sees his leprous self contrasted with the beauty of the maiden, which is both physical and spiritual in nature, much like the social ideal of female suffering embodied in Laudine's painful lament, he also finally sees his "sinfulness" (Jones 1988, 227). Heinrich learns that the pain he bears is his own and should not be transferred to the maiden's body.

What is often lost when considering the maiden's self-sacrifice, though, is that she actually uses her eroticized body and pain to assert a form of female desire. The maiden actively manipulates male pain infliction and subverts male desire in order to show her devotion to God. However, this subversion of male desire is at first difficult to discern. The male perspective dominates the scene and conflates her pain with male desire. It appears that the maiden's spiritual ecstasy is a product of male fantasy: she stands naked in an uninhibited manner before the doctor, is bound to the operating table, and lays passively in anticipation of the knife's thrust. Yet, there are stark indicators for the maiden's agency. The maiden's own ecstasy is reflected through the narrator's foreshadowing that Heinrich would disturb her "vreude" (joy) when he interrupts the procedure. The maiden also reverses gender roles with the doctor. She takes an active role in the infliction of pain, not unlike the knight. She admonishes the doctor for his cowardice and points out that *she* has the courage to suffer this humiliating death. And while the many sexual metaphors in the operation scene reflect male desire and sexual intercourse (Margetts, 201–2), they are also consistent with the sensual symbolism that informs the meaning of female spiritual pain (Bynum, 246). The eroticism here functions to heighten the sensual excitement experienced by the maiden in her desired consummation of marriage with Christ. By obscuring the line between male and female desire, the maiden embraces the role of eroticized object of pain to fulfill her goal of remaining an earthly virgin and becoming a Bride of Christ. However, the maiden's body symbolism does not simply reflect male voyeurism. It belongs to the tradition of imitating Christ. Her willingness to take on Heinrich's pain as her own as well as her goal of being united with God, which is described in sexual and pain-filled imagery, are clear indicators of this. This observation helps to confirm earlier studies that attempt to prove that the maiden's sacrifice belongs to the *imitatio Christi* tradition (Schirokauer *GRM*, 266; *ZfdA*, 73). At the same time, however, the sensual nature of the maiden's suffering indicates that scholars have been concentrating too much upon those aspects in the scene that can be attributed to the male experience of imitating Christ, namely, the maiden's nakedness and her being bound to the table. In the process, they overlook the female experience of devotional suffering. Indeed, the eroticism generated by the maiden in the scene shows that her *imitatio Christi* echoes hagiography and is profoundly female.

Even though the maiden takes an active role in the humiliating pain of objectification and in the pain of death, she, like her courtly counterparts, is limited in her use of pain. Ultimately, only men are allowed to wield the authoritative power of pain. Moreover, through the knife one can discern a telling parallel between Enite's failed suicide attempt and the maiden's desire to sacrifice herself (McDonald, 44). Both turn to the ultimate symbol of maleness and pain infliction, a sword and knife, to join their lovers in heaven, Erec and Christ. But since their actions undermine the male instrumental authority that pain symbolizes in medieval society, both must fail in their attempts to incorporate male pain infliction. And yet, as is discernible throughout all of Hartmann's works, pain does not simply represent limitation or subordination, it also represents possibilities. In the end, the maiden, like Enite, is rewarded for the loyalty that she demonstrates through her willingness to suffer. She is elevated in social status from peasant to queen, and after a long life with Heinrich attains her ultimate goal, an eternal life in heaven.

While pain most often manifests itself upon the body of the courtly individual, the key to solving Hartmann's medieval puzzle of pain is to observe the function of pain within the social body of the court. Pain represents at the societal level a form of social control, in its physical infliction and in its more diffuse forms, the nobility's influence upon the rest of society. It is the social body that determines the lines of demarcation that limit the individual's behavior, actions, and mobility within courtly society. Although pain, or the threat of pain, is meant to maintain social harmony and the nobility's authority, social control can also have negative consequences for courtly society and cause unnecessary suffering. Thus, societal pain has a wide range of meanings, involving authority, changing power relationships, and social crisis.

The social body's role in the infliction and alleviation of pain indicates that pain exists in a reciprocal relationship between the individual and the social body. This relationship can be traced to the body politic metaphor and Pauline theology. Paul stresses that one member of the social body's pain or honor is shared by all other members of the collective: "If one part is hurt, all parts hurt with it. If one part is given special honor, all parts enjoy it" (1 Cor. 12:26). Hartmann's concern with this reciprocal relationship is found in his use of signs of pain to describe the collective suffering that the individual's actions cause society. For example, when Iwein slays Askalon, his death transforms his people into a "riuwige diet" (mourners, 1594), who publicly lament Askalon's death, as does Laudine.

Although descriptions for collective pain indicate that the social body suffers passively, there are instances when the social body reacts to the disturbance in social harmony. In this context, pain possesses a retributive quality that calls for social reciprocity. If an individual causes the social body harm, injures or kills a member of the court, the social body acts in turn to restore social harmony (Czerwinski, 408). This reciprocity is, once again, best observed in Iwein's slaying of Askalon. Askalon's death is mirrored by Laudine's lamentation and self-infliction of pain as well as by the social body's reaction. In its sorrow and outrage, the social body acts as one also, by scouring the castle as it attempts to find its lord's slayer. This episode is a clear depiction of the reciprocity of pain in the metaphor of the king's two bodies. If the king becomes incapacitated, pain resonates though the court at several levels. Just as the knight inflicts pain in retribution for a cultural trespass, and just as the lady participates in her lover's pain by avenging it through the self-infliction of pain, the social body symbolically takes part in the king's suffering by demonstrating their loyalty to him through vengeance.

Hartmann also explores how the social body can be the source of suffering, critiquing its capacity to cause excessive pain as illustrated by the unjust sentence of death for Lunete for her perceived role in Iwein's betrayal of Laudine's kingdom. Nonetheless, while the social body can abuse its power to inflict pain, it is also sensitive to suffering. In fact, concern for another's suffering is a social ideal that must be realized before all can experience the joy of the court, a convention that Iwein demonstrates when he asks the king in the Harpin episode what is wrong (4432–34). It is the knight's duty to "read" the signs of pain, whether physical or societal, alleviate the suffering, and restore social harmony.

Pain is an important force that constantly appears in and around the court and has a profound effect upon its members. This does not imply that the image of courtly culture that Hartmann creates is simply a culture of pain and suffering; but rather, pain is important to courtly culture. This distinction indicates the precarious position that pain holds within this literature. While the cultural attitudes towards pain in courtly literature clearly reflect that pain is an accepted means to uphold the nobility's political hegemony and further a knight's honor and reputation, the negative consequences of pain are also revealed and felt, often by women. And yet the fact remains that suffering experienced by the individual, whether female or male, or by entire communities, either because of violence and aggression or by social pressures exerted by the social body, is often integral to the function of courtly society. Pain and suffering are daily occurrences that may actually represent an advantage for one while being a disadvantage for another. This is because pain is ultimately a form of power and a sign of power struggles. However, pain remains an enigmatic force in Hartmann's courtly world. While Hartmann's protagonists embrace and accept pain and believe in its power, they also combat its effects. They attempt to rectify the suffering that others experience around them because of the abuse of the power of pain. This dual nature of pain demonstrates that Hartmann explores the limitations and possibilities that pain represents in medieval society. His works depict the complicated and multifaceted nature of experience, portraying both the harshness of the human condition and the possibilities that embracing and overcoming suffering mean to the development of the individual and to the evolution of civilization.

Notes

[1] This essay draws upon my previous study, *Bodies of Pain: Suffering in the Works of Hartmann von Aue* (New York: Routledge, 2002).

[2] See especially the works of Wenzel and Bumke.

[3] See, e.g., Jones, "Chrétien, Hartmann"; Bein.

[4] Unless noted, translations are from Hartmann von Aue, *Arthurian Romances, Tales, and Lyric Poetry: The Complete Works of Hartmann von Aue*, trans. Frank Tobin, Kim Vivian, and Richard H. Lawson (University Park, PA: The Pennsylvania State UP, 2001). The MHG *arebeit* has a wide semantic range (Gentry), meaning not only "hardship" but also "travail," "pain," and "suffering."

[5] Author's translation.

[6] Cohen defines the medieval belief in the positive power of pain as "philopassianism": "Philopassianism is emphatically distinct from modern masochism. One did not seek pain in order to derive sensual pleasure from it. The physical sensation was invoked because it was considered useful, not pleasurable. The uses of pain were manifold, depending on the circumstances and the object. In the widest sense of the term, it might be said that pain was seen as an avenue to knowledge. Knowledge of the body, of the soul, of truth, of reality, and of God. Whether self-inflicted or caused by others, physical pain was a way of affirming the boundaries of identity" (52–53).

[7] When comparing this passage with the same passage in the Old French archetype, one finds that Hartmann's emphasis upon the power of pain to efface identity is a significant innovation. In the Old French version, there is no mention of Grégoire's courtly existence and appearance. Instead, there are only three lines dedicated to portraying his old age, his weakened condition, and his gaunt appearance, as opposed to forty-seven lines in Hartmann. See *La vie du pape Saint Grégoire ou La légende du bon pécheur*, Text nach der Ausgabe von Hendrik Bastiaan Sol, trans. and with an introduction by Ingrid Kasten (Munich: Wilhelm Fink Verlag, 1991), 2495–97.

[8] Author's translation.

[9] Scarry points out that the mourner uses physical pain as a "symbolic substitute for death." The mourner inflicts pain on herself to experience the sensation of pain found in the death of a loved one.

[10] One of the most extreme examples of what happens to women when they no longer adhere to gender roles and specifically to the guidelines that determine the accepted female use of violence is Kriemhild, who is slain for killing Gunther and Hagen (2366–76).

[11] See Althoff, who discusses the connection between courtly convention and emotion in the context of the king weeping. Even though his observations deal with the male understanding of tears, they provide a good starting point for the analysis of crying within the female context.

Editions Cited

Hartmann von Aue. *Der arme Heinrich*. Ed. Hermann Paul, 16th ed. by Kurt Gärtner. Tübingen: Niemeyer, 1996.

———. *Erec*. Ed. Albert Leitzmann and Ludwig Wolff. Sixth edition by Christoph Cormeau and Kurt Gärtner. Tübingen: Niemeyer, 1985.

———. *Gregorius*. Ed. Friedrich Neumann. Wiesbaden: Brockhaus, 1958.

———. *Gregorius*. Ed. Hermann Paul, 11th ed. rev. by Ludwig Wolff (1966), 13th ed. by Burghart Wachinger. Tübingen: Niemeyer, 1984.

———. *Iwein* Ed. G. F. Benecke and Karl Lachmann, newly revised 7th edition by Ludwig Wolff. Berlin: de Gruyter, 1968.

The Jerusalem Bible. Ed. Alexander Jones. Garden City, New York: Doubleday, 1966.

La vie du pape Saint Grégoire ou La légende du bon pécheur. Ed. Hendrik Bastiaan Sol. Trans. Ingrid Kasten. Munich: Fink, 1991.

Works Cited

Althoff, Gerd. "Der König weint: Rituelle Tränen in öffentlicher Kommunikation." In *"Aufführung" und "Schrift" in Mittelalter und früher Neuzeit*. Ed. Jan-Dirk Müller. Stuttgart: Metzler, 1996. 239–52.

Bein, Thomas. "*Hie slac, dâ stich!*: Zur Ästhetik des Tötens in europäischen *Iwein*-Dichtungen." *LiLi* 28, no. 109: *Kampf und Krieg* (March 1998): 38–58.

Bumke, Joachim. "Höfischer Körper — Höfische Kultur." In *Modernes Mittelalter: Neue Bilder einer populären Epoche*. Ed. Joachim Heinzle. Frankfurt a.M.: Insel, 1994. 67–102.

Bynum, Caroline Walker. *Holy Feast and Holy Fast: The Religious Significance of Food to Medieval Women*. Berkeley: U of California P, 1987.

Cohen, Esther. "Towards a History of European Sensibility: Pain in the Later Middle Ages." *Science in Context* 8 (1995): 47–74.

Czerwinski, Peter. *Der Glanz der Abstraktion: Frühe Formen von Reflexivität im Mittelalter, Exempel einer Geschichte der Wahrnehmung.* Frankfurt a.M.: Campus, 1989.

Douglas, Mary. *Natural Symbols: Explorations in Cosmology.* 3rd ed. New York: Routledge, 1996.

Elias, Norbert. *Über den Prozeß der Zivilisation: Soziogenetische und psychogenetische Untersuchungen. Vol. 1: Wandlungen des Verhaltens in den weltlichen Oberschichten des Abendlandes. Vol. 2: Wandlungen der Gesellschaft: Entwurf zu einer Theorie der Zivilisation.* 20th ed. Frankfurt a.M.: Suhrkamp, 1997.

Eroms, Hans-Werner. *"Vreude" bei Hartmann von Aue.* Medium Aevum 20. Munich: Wilhelm Fink, 1970.

Foucault, Michel. *Discipline and Punish: The Birth of the Prison.* Trans. Alan Sheridan. New York: Vintage, 1979.

Freund, Peter E. S., and Meredith B. McGuire. *Health, Illness, and the Social Body: A Critical Sociology.* 3rd ed. New Jersey: Prentice Hall, 1999.

Gentry, Francis G. "Arbeit in der mittelalterlichen Gesellschaft: Die Entwicklung einer mittelalterlichen Theorie der Arbeit vom 11. bis zum 14. Jahrhundert." In *Arbeit als Thema in der deutschen Literatur vom Mittelalter bis zur Gegenwart.* Ed. Jost Hermand and Reinhold Grimm. Königstein/Ts.: Athenäum, 1979. 3–28.

Godsall-Myers, Jean E. "Enite's Loss of Voice When She Speaks from the Heart." *Speculum Medii Aevi: Zeitschrift für Geschichte und Literatur des Mittelalters / Revue d'Histoire et de Littérature médiévales* 2, no. 3 (1996): 57–66.

Gilroy-Hirtz, Petra. "Frauen unter sich: Weibliche Beziehungsmuster im höfischen Roman." In *Personenbeziehungen in der mittelalterlichen Literatur.* Ed. Helmut Brall, Barbara Haupt, and Urban Küsters. Düsseldorf: Droste Verlag, 1994. 61–87.

Hallich, Oliver. *Poetologisches, Theologisches: Studien zum "Gregorius" Hartmanns von Aue.* Hamburger Beiträge zur Germanistik, vol. 22. Frankfurt a.M.: Peter Lang, 1995.

Haupt, Barbara. "Heilung von Wunden." In *An den Grenzen höfischer Kultur: Anfechtungen der Lebensordnung in der deutschen Erzähldichtung des hohen Mittelalters.* Ed. Gert Kaiser. Munich: Fink, 1991. 77–113.

Jones, Martin H. "Changing Perspectives on the Maiden in *Der arme Heinrich.*" In *Hartmann von Aue, Changing Perspectives: London Hartmann Symposium, 1985.* Ed. Timothy McFarland and Silvia Ranawake. Göppingen: Kümmerle, 1988. 211–32.

———. "Chrétien, Hartmann, and the Knight as Fighting Man: On Hartmann's Chivalric Adaptation of *Erec et Enide.*" In *Chrétien de Troyes and the German Middle Ages: Papers from an International Symposium.* Ed. Martin H. Jones and Roy Wisbey. Cambridge: D. S. Brewer, 1993. 85–109.

Küsters, Urban. "Klagefiguren: Vom höfischen Umgang mit der Trauer." In *An den Grenzen höfischer Kultur: Anfechtungen der Lebensordnung in der deutschen Erzähldichtung des hohen Mittelalters.* Ed. Gert Kaiser. Munich: Fink, 1991. 9–75.

Margetts, John. "Observations on the Representation of Female Attractiveness in the Works of Hartmann von Aue with Special Reference to *Der arme Heinrich.*" In *Hartmann von Aue, Changing Perspectives, London Hartmann Symposium, 1985.* Ed. Timothy McFarland and Silvia Ranawake. Göppingen: Kümmerle, 1988. 199–210.

Maurer, Friedrich. *"Leid": Studien zur Bedeutungs- und Problemgeschichte, besonders in den großen Epen der staufischen Zeit.* Bern and Munich: Francke, 1964.

McDonald, William C. "The Maiden in Hartmann's *Arme Heinrich:* Enite redux?" *Deutsche Vierteljahrsschift* 53 (1979): 35–48.

Meyer, Matthias. "Struktureller Zauber: Zaubersalben und Salbenheilungen in der mittelhochdeutschen Literatur." In *Zauber und Hexen in der Kultur des Mittelalters.* Ed. Danielle Buschinger and Wolfgang Spiewok. Greifswald: Reineke Verlag, 1994. 139–51.

Scarry, Elaine. *The Body in Pain: The Making and Unmaking of the World.* New York: Oxford UP, 1985.

Schirokauer, Arno. "Die Legende vom Armen Heinrich." *Germanisch-Romanische Monatschrift* 33 (1951/1952): 262–68.

———. "Zur Interpretation des *Armen Heinrich.*" *Zeitschrift für deutsches Altertum* 83 (1951/1952): 59–78.

Wandhoff, Haiko. "'Âventiure' als Nachricht für Augen und Ohren: Zu Hartmanns von Aue *Erec* und *Iwein.*" *Zeitschrift für deutsche Philologie* 113 (1994): 1–22.

Wapnewski, Peter. "Poor Henry — Poor Job: A Contribution to the Discussion of Hartmann's von Aue so-called 'Conversion to an Anti-Courtly Attitude.'" In *The Epic in Medieval Society: Aesthetic and Moral Values.* Ed. Harald Scholler. Tübingen: Niemeyer, 1977. 214–25.

Wenzel, Horst. *Hören und Sehen, Schrift und Bild: Kultur und Gedächtnis im Mittelalter.* Munich: Beck, 1995.

Williams, Marty, and Anne Echols. *Between Pit and Pedestal: Women in the Middle Ages.* Princeton: Markus Wiener Publishers, 1994

Illness and Cure in Hartmann von Aue's *Arme Heinrich* and *Iwein*

Melitta Weiss Adamson

IN TWO OF HARTMANN VON AUE'S COURTLY EPICS, the *Arme Heinrich* and *Iwein,* medicine plays an important role. The focus is not, however, as one might expect, on injuries received in tournament or battle, but on internal disorders that afflict the knightly protagonists and lead to their inner conversion: Heinrich suffers from leprosy, and Iwein descends into temporary madness. The two epics were written in close proximity to one another, and share more than the author's strong interest in illness. Susan Clark, for instance, points to numerous parallels in language and plot: both protagonists are described as examples of knightly virtue; they withdraw from society when they fall ill, establish symbiotic relationships with simple folk — Iwein with a hermit, Heinrich with a peasant family — and both undergo a mental transformation at the sight of female nudity (130–33, 153–54). On the level of language, the most striking parallel is perhaps the use of the word *wunschleben* for the chivalric life both protagonists initially strive for (138), and from which, ironically, they are "cured" by their respective illness. Leprosy and madness were also dealt with in the medical literature of the time, which constituted by far the biggest body of medieval technical writing or *Fachliteratur*. In what follows, the ideas surrounding leprosy and madness contained in medical literature will be compared with Hartmann's treatment of the subject, and the question how knowledgeable Hartmann really was in the theory and practice of medieval medicine will be explored.

Leprosy, a common disease in medieval Europe, stigmatized its sufferers in a similar fashion as AIDS did in the late twentieth century. Today we know that leprosy is an infectious disease caused by *Mycobacterium leprae,* which is related to tuberculosis bacteria (Richards, xv–xvi; Brody, 22–34). Symptomatic leprosy has an incubation period of several years, and manifests itself in a variety of ways ranging from nerve damage that can lead to paralysis of fingers and toes, to skin lesions that can scale and turn into discharging sores, throat infections resulting in hoarseness of the voice, eye damage that can ultimately cause blindness, as well as erosion of nasal cartilages and bone necrosis, and loss of hair. Modern medicine is capable of curing leprosy with drugs, provided that it is diagnosed early and treated promptly.

Given the different manifestations of the disease, and the fact that less than ten percent of people infected with the bacteria develop full-blown leprosy, while the vast majority never show any signs or have only a mild form of the disease that can go into spontaneous remission, it is not surprising that throughout history leprosy has often been misdiagnosed (Richards, xvi). In ancient Greece the word *lepra* described a vague collection of different diseases; what is called leprosy today was then known as *elephantiasis*. In the course of the transmission of Greek medicine to medieval Europe via Arab mediation, the Arabic word for Greek *elephantiasis* was translated as leprosy, and *elephantiasis* came to denote the tropical disease it still does today (Richards, 9), which in the Arabic texts was often listed as one type of leprosy (Dubé, 240).

In medieval Europe leprosy continued to be a collective name for a number of cutaneous complaints that could include scabies, psoriasis, eczema, and impetigo (Dubé, 239, Brody, 41). In his book entitled *Surgery,* Theodoric of Cervia, a thirteenth-century physician, distinguishes between "four types of *lepra:* elephantic, which has to be produced from black bile infecting blood; leonine, from bile corrupting the blood; tyrian from phlegm infecting the blood; [and] alopecian from corrupt blood" (quoted from Brody, 36–37). Regarded both as a hereditary and an infectious disease caused by "unclean menses, coitus with a leper, or a bad diet" (Dubé, 240), leprosy was not only diagnosed by doctors in the Middle Ages, but also by the clergy, civil officers, juries of citizens, and even lepers themselves (Brody 33, note 25). Among the tests mentioned in the medical sources are the salt test and the sensitivity test. For the former, Theodoric provides the following description, "if three grains of salt dissolve immediately in a patient's blood, this constitutes a sign of incipient leprosy. Another sign is if blood squeaks or is greasy when rubbed in the palm" (quoted from Brody, 35). To test whether a particular form of leprosy was curable, patients were pricked with a sharp instrument, and if no blood was drawn, the disease was diagnosed as incurable (Dubé, 241). Leprosy that was deemed curable was treated externally with remedies such as sulphur, arsenic, or the poisonous herb hellebore, and internally with viper theriac, a compound drug widely used against poison in the Middle Ages (241).

In Germany the first documented cases of leprosy go back to the eighth century. The number of lepers peaked in Europe between the eleventh and thirteenth centuries. Since this time period coincides with the Crusades, the increase has in the past been attributed to infected knights returning from the Holy Land. Whatever role the Crusades may have played in the spread of the disease, the fact remains that the number of leprosaria in Christian Europe at the beginning of the thirteenth century was high: 19,000 according to Dubé (239). We must, however, keep in mind that not all inmates probably suffered from the disease, and that most leprosaria, at least in England, were small institutions with room for about ten lepers

(Richards, 11). On the other hand, after the Third Lateran Council had formalized the segregation of lepers from society in 1179, in essence declaring them dead while alive, individuals, especially if they were wealthy, could in some areas opt for an exile of their own choosing rather than a leprosarium, which would add to the number of cases (Dubé, 243; Brody, 64). But even if the disease never reached the epidemic proportions in medieval Europe that the Black Death did in the fourteenth century, there is no doubt that leprosy loomed large in people's imagination at the time Hartmann von Aue, quite possibly a returning crusader himself, wrote the *Arme Heinrich*.

Even in antiquity there is evidence that leprosy was regarded not just as a physical but as a moral disease. This, according to Dubé, was the result of "a misunderstanding of Egyptian tradition which equated enemies of their deity with lepers" (246). An impure body was the punishment for an impure soul, which in turn could only be cleansed by a pure substance, the purest of all being the blood of innocent human beings. Pliny (23–79) in his *Natural History* (XXVI. I. 5) speaks of Egyptian kings using this remedy, and Paracelsus (1493/94–1541) in the sixteenth century still mentions human blood as a cure for leprosy (Cormeau and Störmer, 146; Hasty, 71–72; Seiffert, 273–74).

The Judeo-Christian tradition embraced the idea of leprosy as a disease of the soul. In the Bible, lepers and leprosy appear in Exodus, Numbers, Deuteronomy, II Samuel, II Kings, and II Chronicles, as well as in Matthew, Mark, and Luke (Brody, 108). Leprosy also features prominently in Leviticus, where, as Brody points out, no explicit connection is yet made between a leper's uncleanness and moral guilt (111). It is in the Old Testament where the connection is ultimately made, and where the disease is sent by God as a warning or a punishment for sins committed (114).

By the early Middle Ages leprosy was associated with a variety of sins ranging from heresy, pride, deceit, hidden blasphemy, anger, and hypocrisy to simony, avarice, and lust. The connection with sexual excess was a natural one to make, since leprosy was on the one hand regarded as a venereal disease, and on the other as a disease that excites sexual desire. For many writers, Prudentius (349–after 405) and Caesarius of Arles (ca. 470–542) among them, leprosy eventually became a symbol of sinfulness per se, of "general ethical decay" (Brody, 132). Preacher's handbooks, homilies, and the *Gesta Romanorum* (fourteenth century), a kind of resource manual for preachers, are full of examples of moral leprosy, and in one preacher's manual the four types of physical leprosy based on the four humors are correlated with the four types of spiritual leprosy linked with the sins of simony, pride, avarice, and sexual impurity (Brody, 136).

In her medical work *Causae et Curae*, the German nun Hildegard von Bingen (1098–1179), writing only a few decades before Hartmann, distinguishes among three types of leprosy: "leprosy stemming from gluttony and drunkenness causes reddish swellings and reddish boils similar to [those of] dracunculus. Leprosy caused by the liver will lead to black lacerations in a human's skin and flesh right down to the bones. Leprosy resulting from lust will bring about enlarged open sores whose surface is similar to bark while the skin beneath appears reddish. The former two kinds are difficult to cure, whereas the third can be treated quite easily" (Berger, 103; Schipperges, 243). Earlier, Hildegard explains that the blood of persons who do not practice continence and who are unrestrained in their lust is often in turmoil, but lacks the power to eject any filth. To illustrate what happens to the blood, she uses the image of "a pot put on a fire that neither fully boils nor is completely cold" (Berger, 103; Schipperges, 242–43). Unfortunately, Hildegard does not say what the cure for leprosy resulting from lust is, but in the chapter on sexuality in which she also makes the connection between gluttony, lechery, and leprosy, she recommends moderation and states that only "he who ejaculates his sperm properly, will also have healthy children" (Schipperges, 208). It is conceivable that Hartmann was aware of these medical theories, and that through Heinrich, his protagonist, with whom he shares not just the initial "H" but the occupation of *minnesinger,* he is reflecting on the life of a love poet, singing the praises of, or shall we say lusting after, married ladies, and advocates marriage as a cure.

No direct literary source is known for the *Arme Heinrich,* despite the fact that the narrator claims in the prologue that he found the tale in books. Most of the medieval stories that have been named as possible sources combine the two motifs of leprosy and blood sacrifice. In the various versions of the Sylvester legend, Emperor Constantine (ca. 280–337) suffers from leprosy but at the last minute refrains from bathing in the blood of children out of empathy for their mothers. Pope Sylvester (died 335) converts him to Christianity and baptism cures his leprosy. Another group of stories (twelfth century) is related to the tale of Amis and Amiloun, two friends who look identical. In it the married Amis makes love to his overlord's daughter and, as a consequence, faces death in judicial combat. He and his friend Amiloun switch identities, with Amiloun doing battle and, since he is innocent of Amis's transgression, winning. Amis, on the other hand, pretends to be the husband of Amiloun's wife. When Amiloun, posing as Amis, marries the overlord's daughter, he is stricken by leprosy. Amis shows his undying friendship by killing his own two children so that Amiloun can bathe in their blood and be cured. In the end the children are miraculously brought back to life (Cormeau and Störmer, 147–48; Brody, 157–73; Hasty, 72).

While in the case of Emperor Constantine leprosy is a punishment for his opposition to Christianity, in the case of Amiloun it is the result of sexual transgression and deceit. Hartmann appears to have combined elements from both traditions in the *Arme Heinrich:* worldliness leading to leprosy, and a cure brought about by a friend who is prepared to make an extraordinary sacrifice. And he goes a step further than the Amis and Amiloun story by stipulating that the person to be sacrificed not be a child but a virgin of marriageable age who agrees to this ultimate act of friendship of her own free will. By choosing the heart-blood of a virgin as a cure rather than the blood of children as the other stories do, Hartmann injects a sexual dimension into his tale and from the outset starts preparing his audience for the fairytale ending.

Following the prologue, Hartmann introduces his protagonist, Heinrich, and in the next fifty lines praises him as the epitome of knightly virtue. He is young, well-liked, of noble birth, well-educated, wealthy, generous, successful, just, caring, and joyful. His reputation and his life are free from any blemish. And then, after a list of antithetical statements culminating in the Latin phrase "mêdiâ vitâ / in morte sûmus" (in the midst of life, we are in death [i.e. dying], 92–93), Heinrich is struck by leprosy. Hartmann provides no description of any symptoms, he just tells his audience that the disease happened through God's command, and that God's chastisement of Heinrich's body made him repugnant to man and woman. This suggests that Heinrich displayed some of the external symptoms, presumably skin lesions, deformed limbs, perhaps a hoarse voice, and bone necrosis. In medieval art, lepers are usually depicted as covered with boils, and occasionally also with deformed limbs (Brody, 64–65, illustrations 1–12). On the subject of Heinrich's leprosy as test or punishment by God (or both) much has been written in the past that goes beyond the scope of this chapter (Cormeau and Störmer, 151; Hasty, 72–73; Bandanes, 88–92). Suffice it to say that what the narrator praises in Heinrich are the ideals of a courtly lay culture in which God and religion play no particular role. As Brody observes, "werltlich" (worldly) is the adjective consistently used to describe Heinrich (149). His perfect world only seems to be lacking a wife, a fact, however, that the narrator does not elaborate on.

How much Heinrich's thinking reflects the feudal system, in which the aristocrats make the rules and their wealth buys them almost anything, can be seen in the way he approaches his illness (Clark 131–32). Instead of accepting and patiently enduring his affliction, as the biblical Job, whom the narrator invokes and presents as a role model, supposedly did, Heinrich seeks help from local doctors, who tell him that in some cases the disease is curable. This is consistent with our modern knowledge of leprosy, and the medieval medical view as expressed by the nun Hildegard von Bingen, for instance, or the representatives of school medicine. Pinning his hopes on this remote possibility, Heinrich travels to Montpellier and Salerno, the most famous medical schools of the time, where he is willing to pay any price and do whatever it takes to be cured. Having been told by the doctors at Montpellier that his leprosy is incurable, he decides to get a second opinion in Salerno. By mentioning Montpellier, Hartmann shows his audience that he is up-to-date on the latest developments in scholastic medicine, after all Montpellier was at that time poised to become the new center of excellence in European medicine, fueled by the Latin translations of works by the Arab intellectuals Avicenna (973/980–1037), Averroës (1126–1198), and Rhazes (ca. 865–925) that came across the Pyrenees from Toledo. But by choosing Salerno as the place where doctors are eventually able to help him, albeit indirectly, Hartmann chooses a medical school that is of special significance to his German listeners. In 1127 Roger II of Sicily (1095–1154) introduced licensing for doctors, and in 1231 his grandson Frederick II of Hohenstaufen (1194–1250) confirmed and expanded the regulation in the "Constitutions of Melfi." Rosemary Wallbank attributes Salerno's pre-eminence in Hartmann's time to the "enlightened encouragement of the Sicilian and Hohenstaufen rulers, together with the comparative freedom of this lay institution from ecclesiastical supervision" (171).

One of the branches of medicine Salerno was famous for was surgery. Versions of the *Chirurgia* by the Lombard surgeon Roger Frugardi (before 1140–ca. 1195), also known as Rogerius Salernitanus, began circulating in the 1180s. This is of particular relevance for Hartmann's *Der Arme Heinrich*, because the climactic scene takes place in an operating room in Salerno. How well known Salerno was in Germany at the time can be seen from the fact that even the peasant in Hartmann's story has heard of the school and its doctors (372–76). In his famous article "Salernitanisches und Unsalernitanisches im *Armen Heinrich* des Hartmann von Aue," Gerhard Eis sees an even closer connection between Hartmann's poem and Salerno, and makes the fascinating suggestion that Hartmann may have been familiar with the *Regimen sanitatis Salernitanum* and the legend surrounding its composition that is contained in the chronicle of Monte Cassino. It describes how Robert Guiscard (died 1085), returning from the Holy Land, was cured by the doctors of Salerno, who advised him to have the poison sucked from a wound in his arm, which his wife did secretly while he was asleep (Eis, 136–40). Unfortunately, as intriguing as Eis's proposal is, the dating of both works is uncertain (indeed the *Regimen* is now generally assumed to have been written in the thirteenth century). In addition, the legend differs significantly from Hartmann's tale. As a result, this proposed link enjoys little credence among modern scholars (Dubé, 245–46; Wallbank, 169–70).

In Salerno Heinrich consults the best doctor, who informs him that he can be cured, but that the cure is impossible to obtain, and hence he will remain ill unless God himself will be the doctor. Heinrich, still convinced his riches will buy him the cure, is finally told the awful truth: the heart-blood of a virgin of marriageable age who sacrifices herself of her own free will could cure his ailment. Although this unusual remedy is repeated two more times in the story (by Heinrich, who tells it to the peasant family, and by the Salernitan doctor, who explains the surgical procedure to the girl), nowhere does Hartmann reveal to his audience any details about its application. Is it to be applied externally or ingested, for instance, and in what form? In Leviticus and Pliny it is applied externally; Paracelsus, on the other hand, recommends ingesting a dose of human blood once a month (Seiffert, 273–75). Why the author is so precise about the nature of the cure, and then remains ambiguous about its use has intrigued a number of scholars who, like Seiffert, tend to argue that with the blood sacrifice Hartmann enters the realm of the ritualistic and magical, and that remaining vague on this point allows him to allude to a number of things ranging from the role of blood, especially virgin blood, in folk medicine, to the death of Christ as an act of *caritas* (Hovorka and Kronfeld I, "Blut," 79–88; Dubé, 246–50; Haferlach, 152).

Gerhard Eis reserves his sharpest criticism for the Salernitan doctor who in advocating the death of one person so that another may live acts most decidedly "unsalernitanisch." The cure contradicts both the Christian commandment not to kill *and* the Hippocratic oath (147). Recognizing the impossibility of finding someone who would make this sacrifice, Heinrich returns home and gives away most of his wealth, in the hope, one might say, that if it does not buy him a cure in this world, it may help buy him a place in heaven. Shunned by the society whose brightest star he once was, Heinrich, rather than enter a leprosarium, retreats to a farm on his land, where he spends the next three years of his illness with the peasant and his family. The text says nothing about Heinrich's disease and its progression during this time. It focuses instead on Heinrich's budding relationship with the peasant's daughter, who in these three years transforms from a child to a cure for Heinrich. This relationship has been the subject of much speculation by scholars (Cormeau and Störmer, 153–57; Hasty, 73–77). The nameless girl is oblivious to Heinrich's disfiguring disease, takes a liking to him, and soon he joins in her childhood games. He showers her with gifts that his audience would have recognized as tokens of love — a mirror, hair ribbons, a belt, and rings — and he calls her his "gemahel" (his bride, 336–38). This could be taken as a hint that Heinrich's leprosy has excited his sexual desire, as medieval medicine and popular belief maintained.

What Heinrich consciously or subconsciously triggers in the girl is her sexual awakening, and all the emotional turmoil that comes with puberty (Clark, 147). The girl's "disease" is not revealed to the audience until her speech to her parents in which she asks permission to sacrifice herself for Heinrich, and makes it known that she prefers Christ as her Bridegroom, that is, death, over marriage in this world. Her religious fanaticism disguised as Christian charity and convincingly argued shows parallels to the behavior of prepubescent girls who in the name of God denied themselves food, thereby disqualifying themselves from the marriage market, and for whom Rudolph Bell has coined the term holy anorexics.

Just as Heinrich's cure is spelled out three times in the text, the girl has to make her case three times that she *is* this cure. Having first convinced her parents, she next makes Heinrich accept her sacrifice, and finally gets the doctor in Salerno to prepare for the operation. Ironically, it is at the point when she fulfills all the criteria for being the appropriate cure and considers herself a "wîp" (woman), that Heinrich, in an act of denial, reverts to calling her "kint" (child) (1253, 1256). However, he certainly does not dress her as a child when they depart for Salerno, but as a bride, and an aristocratic one at that: riding on a palfrey, she is decked out in ermine, velvet, and sable. In this connection it is useful to draw attention to Ann Snow's observation that in this brief verse epic, Hartmann provides only four detailed descriptions of anything at all: the gifts Heinrich bestows on the girl, the peasants' bedroom, the girl's outfit as she leaves for Salerno, and the operating room in Salerno in which the tale reaches its climax (114). And the latter has also aroused the interest of a number of medical historians. Eis, who accuses the doctor of professional misconduct, objects not only to the dubious cure, which he considers to be pre-scientific bloodmagic, but also to what goes on in the operating room. The girl is first told to take off all her clothes, and is subsequently bound to the operating table. Eis maintains that the medical illustrations of the time show just that part of a patient's body uncovered where the surgery was to take place. He attributes the nude girl's complete lack of feelings of shame before the doctor less to her "rustic simplicity" than to the cultic and ritualistic aura that surrounds the scene (145–46). Eis compares her to lady Godiva of Mercia (ca. 1040–80), who in order to help the people of Coventry rode through the town naked (146–47). And he condemns as a ghastly instrument of murder the oversized knife that the doctor sharpens before the surgery, a retardation device, no doubt, inserted by Hartmann to heighten the tension, and intended by the doctor as a way to make her death less painful (147–48).

Wallbank, who agrees with Eis that the operation of the maiden is "unsalernitanisch," nevertheless manages to rehabilitate the Salernitan doctor and the medical community as a whole by pointing out that the "advice of the local doctors, the referral of the patient to the School of Salerno, the consultations with the highly qualified *magister*, the preparations for the operation all reflect traditions of medical practice in the twelfth century" (173). Even the naked girl tied to the operating table and the sharpening of the knife she finds "thoroughly convincing." She provides evidence of a naked patient tied to an operating table in the form of an illustration contained in a French version of Roger's *Chirurgia* (174); and explains that a sharp knife in an age when anesthesia was rudimentary at best was "essential" (173). Furthermore, she maintains that in his consultation with the girl, the doctor

> behaves with perfect propriety, interviewing the girl privately to assure himself that she is not acting under duress, explaining to her in some detail

what the operation involves and doing his best to dissuade her from it. Not cruelty but pity moves him to make sure his knife is razor sharp. (173)

When it comes to the girl's nudity, however, Wallbank concedes that more than historical realism is at play; that it goes to the heart of Hartmann's poem in which *eros* and *caritas,* the carnal and the spiritual, merge.

Critics have for a long time interpreted the girl's nudity primarily as a symbol of her purity, and have focused on its religious significance (Ruh, 325, Jones, 211–17). Only in recent years has the erotic side of the operating room scene been given serious consideration. What Heinrich sees when he peeps through the hole in the wall is not just a body that is naked and bound, but rather a lovely, a sexually attractive body, "und ersach si durch die schrunden/nacket und gebunden./ ir lîp der was vil minneclîch" (through the crack he saw her naked and bound; her body was quite beautiful, 1231–33). The term used by Hartmann here is one borrowed from German love poetry: "minneclîch." But if John Margetts is correct, then Hartmann conjures up a lot more than echoes of love poets who sing the praises of an unattainable married lady. The climax of the narration coincides with a cluster of sexual metaphors that are obscene in nature and belonged to the oral tradition: "mezzer" (knife, 1209) for phallus, "wetzestein" (whetstone, 1218) for clitoris, "ane strîchen" (stroke on, 1219) for deflowering and/or impregnation, and "wetzen" (sharpen, 1221) for copulation. Margetts sees a connection between these coarse metaphors and the peasant background of the girl (208). Heinrich's *metanoia,* brought about by "seeing" the girl for the first time in all her beauty, is, on the level of language at least, portrayed as sexual arousal. This, together with the accompanying features of nakedness, acts of cruelty, and bondage, give the scene an air of sexual aberration, of sado-masochism (203). With the eye and the skin of pivotal importance, the scene lends itself well to a Freudian interpretation, since Freud considered these two organs as the erogenous zones that carry out the mechanics of the erotic experience (ibid.). However, Margetts does not completely dismiss the traditional view that likens the naked and bound girl to Christ on the Cross, but rather argues for an interpretation of this scene as a sexual-spiritual double-entendre which in his opinion is characteristic of the "subtlety of the later Hartmann" (205).

The *Arme Heinrich* has in the past repeatedly been called a work that is all about "seeing" in the literal and figurative sense (Clark, 140, 156; Snow, 113–14), and in 1994 Kerry Shea used current feminist film theory for her gendered reading of the — highly cinematic — operating room scene in which the male gaze plays such a central role. Underlying Hartmann's narrative she sees a confusion of gender identities triggered by Heinrich's leprosy, which "feminizes" him by making him the object of the gaze, a position traditionally occupied by the woman (392–93). The girl, on the other hand, displays "manliness," which is evident in her courage and eloquence. According to Shea, it is the representation of her female body in Salerno that rights the confusion of gender roles (395). Heinrich, "seeing" her body as desirable, is again capable of acting, and subsequently re-emerges as "both man and lord" (398). Instead of the phallic knife of the doctor it is the phallic eye of Heinrich which, through the peephole in the wall, figuratively penetrates her hymen (399). By rejecting her sacrifice, Heinrich gains power over the girl, the gender confusion is resolved, and he is cured of his leprosy. For the girl, this means that rather than have her death wish granted and become the bride of Christ, she is silenced and sentenced to life as Heinrich's actual "gemahel." The doctor, forced to abort the questionable operation at the very last moment, is nevertheless paid the previously agreed honorarium by Heinrich, who, it must be kept in mind, is still a leper. The actual cure of Heinrich's leprosy and the girl's distress at her thwarted plans for eternal bliss take place on the return trip to Germany, through Christ's intervention — far away from any doctors and operating rooms (1369–70). To Hilda Swinburne, the girl's sorrow is "her unhappiness at his [Heinrich's] plight and her unhappiness at being prevented from helping him." In contrast to Shea she does not see her as a "loser" but as being "made completely happy" by the miracle, just as Heinrich is (208).

Inasmuch as the *Arme Heinrich* is all about seeing, *Iwein* is all about thinking (Clark, 167); and just as Heinrich is afflicted by a disfiguring disease that makes him visually repugnant, Iwein is stricken with an illness that affects his mind. This is not to say that *Iwein,* an Arthurian epic more than five times the length of the *Arme Heinrich,* is lacking in armed conflict resulting in injuries to man and beast, but these scenes are usually dealt with in a matter of a few lines. When Iwein and his lion are hurt, for instance, the protagonist is cared for by young women who anoint him, dress his wounds, and nurse him and his four-legged companion back to health (5605–24). And when the battle between Gawein and Iwein, the two most valiant knights, ends in a draw, Gawein has doctors care for both of them in an infirmary where they recover quickly from their wounds (7769–80).

With its long passages of direct discourse, *Iwein* has in the past been likened to a five-act play in which the third act is devoted to the subject of illness, not battle wounds of the type just mentioned, but the protagonist's descent into madness and his gradual recovery (Hasty, 87). In an episode reminiscent of the operating room scene in the *Arme Heinrich,* Iwein secretly watches Laudine as she mourns the dead body of her husband whom Iwein has just slain. Beside herself with grief, the beautiful widow tears her hair and her clothes and "swâ ir der lîp blôzer schein,/da ersach sî der her Iwein" (whenever her naked flesh was visible, / it was there Sir Iwein directed his gaze, 1331–32). The passion Iwein subsequently succumbs to is seen by Haferlach as not dissimilar to the "irrational love" in Gottfried's *Tristan* (38). With the help of Lunete, Iwein manages to change Laudine's mind, in fact so much so that she no longer considers him a mortal enemy but a suitable husband for whom she even develops feelings of love. In marrying Laudine, Iwein assumes a new identity, that of husband and ruler. But the extent to which this transformation is only skin deep is perhaps best captured in the image of Lunete dressing Iwein in the fur clothes of his predecessor, Laudine's first husband, Askalon. When Gawein takes him aside and reminds him not to neglect his duties as an Arthurian knight, and urges Iwein to join him on the tournament circuit, he contrasts the life of high fashion of the Arthurian world with the lack of style typical of keepers of an estate. Released by Laudine from his duties as husband and ruler for one year, Iwein takes his leave and immerses himself in knightly pursuit. Not until six weeks past the deadline does he remember his wife and his oath, and it is then that his demeanor begins to change.

Already filled with remorse for his broken promise to Laudine, Iwein is publicly shamed by Lunete, who appears in Arthur's court and calls him a traitor. When faced with the loss of both his wife and his honor in one stroke, his reaction is dramatic. He slips away from court as he did once before, and in a fit of mania tears off his clothes and flees into the wilderness. The diagnosis for his illness given by Chrétien de Troyes in the French *Yvain* is "la rage et la melancolie" (3009), which, according to Dubé, designates a manic-depressive state (234). Dubé's analysis of the medical works of Aretaeus (second century), Caelius Aurelianus (fifth century), and Paul of Aegina (seventh century) shows that Iwein's symptoms as described in the text are consistent with those of the medical literature: "anger, grief, dejection, absence of fever, self-hatred, avoidance of settled areas, removal of his clothes, living naked like an animal, eating raw meat, and exhaustion" (235; also Schmitz, 98–103). When it comes to the causes for Iwein's madness, critics have proposed a variety of explanations. Wolfram Schmitt, for example, sees the reason for Iwein's mental illness in the unresolved conflict between "minne" (love) and its obligations on the one hand, and the urge for knightly adventure on the other (203). Burkhardt Krause, using modern double-bind theory as his approach, considers Iwein's madness the result of misunderstandings in interpersonal relationships which are at the same time expressions of social processes (221–22). To him, Laudine and Iwein/Gawein are representatives of cultures or systems that are only partially compatible if at all. Incapable of harmonizing the two systems, Iwein internalizes his conflict, and develops a "melancholic psychosis" (234–35). With his identity rapidly disintegrating, he leaves society and regresses to a state resembling death (236). It is this primitive state that ultimately becomes the basis for his rebuilding of a new identity. The text itself blames Lady Love for Iwein's plight, which suggests that what Chrétien and Hartmann may have had in mind was a severe form of *amor hereos*, or lovesickness (Schmitz, 103; Wack).

Out in the wilderness, Iwein falls back on his innate survival instincts (3261–65). He deprives a squire of bow and arrows, and for a while lives on raw game. His diet becomes more varied when he enters into a symbiotic relationship with a hermit who provides him with bread and water in return for meat, which he now consumes grilled (3264–3344). Having exchanged a life of cultural sophistication for that of a wild animal, Iwein is shown retracing the steps of human civilization from a hunter/gatherer culture to a barter and eventually a money economy. Progressing from raw to cooked to spiced food, Iwein ascends from a "tôr" (fool, 3268) to an "edele tôr" (noble fool, 3347), but he is still a fool, as evidenced by his dark skin, which it is said resembles that of a Moor ("môre"). While "môre" (which incidentally rhymes with "fool" in Middle High German) may be an allusion to Crusade propaganda, it also points to Iwein's medical condition, *melancholia,* which in the view of the time was caused by a preponderance of the cardinal fluid *cholé melaina,* or black bile (Schmitt, 211; Schipperges, 221–22, 228).

There is no doubt that Iwein's instincts are keeping him alive, but he is still far from being healed and reintegrated into society. For the treatment of *mania,* the medical sources consulted by Dubé recommend "rubbing twice a day" (Aulus Cornelius Celsus, first-century Roman intellectual), "patting of the head, stroking of the temples and ears, and . . . rubbing of the feet with oil (Aretaeus, second-century Greek physician), and "a bath of olive oil and the application of *cerates* (a salve made from wax) to the head" (Caelius Aurelianus, fifth-century Greek physician). The latter source further recommends exercise and rest followed by a massage starting from the neck down, and finally a massage to the head (Dubé, 236). More radical treatments included "torture by starvation, fetters and flogging," which was advised by Celsus, and head trepanation, which was favored by the aforementioned Salernitan surgeon Roger Frugardi. When it comes to the composition of the ointments, they range from simple rose-oil to vinegar and rose-oil mixtures. For severe cases of madness, soporific ointments were applied to temples and forehead, with ingredients that could include poppy extract, anise, henbane, saffron myrrh, scammony, opium, rue, houseleek, celery, bay leaves, southernwood, wormwood, peach pits, or mandrake oil (Dubé, 237–38).

A comparison between the treatments contained in the medical sources and Iwein's treatment brings to light remarkable parallels. Iwein, naked and asleep, is discovered by three courtly ladies on horseback, one of whom recognizes him by a scar. She correctly diagnoses his condition as insanity, and attributes it to either poison or love. The remedy used to treat Iwein is an ointment with special powers concocted by Feimorgan (3422–25), presumably containing narcotics, which were associated with magic (Dubé, 237–38). Only a small amount of the precious ointment is supposed to be applied to the affected part of Iwein's body, but the maiden entrusted with the task, eager to see him recover, and obviously enjoying the erotic experience of rubbing his naked body, uses up the whole box. She hides as Iwein comes to his senses, thereby sparing him the shame of knowing he has been seen naked by her, which might otherwise lead him later to shun her.

Given the enormous contrast between Iwein's current uncivilized state and his former courtly existence, he regards the latter as a dream, but a dream he intends to realize. As he contemplates the disconnect between his body and his heart, he discovers a set of clean clothes, and in putting them on takes the first big step in his civilizing process. In mounting a nearby horse and riding off despite his frailty, he takes yet another step in reconstituting his knightly identity. Once in the Lady of Narison's castle, Iwein enjoys all the amenities the chivalric life had to offer, beautiful clothes, good food, and a bath. The psychotherapy or dietetic therapy (Schmitt, 207) begun by the maiden in the wilderness is completed within castle walls, where his "wild complexion" is lightened and his original good looks are restored. His makeover is completed with a glorious suit of armor and a truly splendid horse that he receives just in time to fight the approaching Count Aliers. Having brought shame on his name in his earlier chivalric life, and still stricken with feelings of guilt towards Laudine, he embarks on his new adventures under a new name, that of the Knight of the Lion.

The *melancholia* of medieval medicine was a much broader term than our modern use of the word melancholy would indicate. According to Schmitt, it was a syndrome that comprised a variety of depressive, agitated, and manic affective disorders, and was regarded as mental illness per se (209). Dubé's research has shown how closely its description in *Iwein* follows that in ancient and medieval medical texts. And Schmitt goes a step further by arguing that Chrétien or Hartmann may have been familiar with a specific treatise, namely Constantinus Africanus' (died 1087) "De melancolia," which was based on an Arabic text by 'Isḥāq ben 'Amrān (Ibn 'Imrān), who in turn used Rufus of Ephesus (fl. 98–117) as his source (210). In it the brain or hypochondrium are described as the seat of the illness, which can be caused by affects such as sadness, sorrow over a loss, fear, or extreme mental strain, and turns the skin rough and hard. Vapor from an overproduction of black bile clouds the mind and alters a person's consciousness. In accordance with *melancholia*'s somato and psychogenesis, its therapy is both somato and psychotherapy based on dietetics. Specifically listed are baths, appropriate food, exercise including riding on a calm horse, rest, and coitus. Massaging the head and entire body with herbal extracts, milk, and ointments are also recommended. Chrétien's use of the word *melancolie,* its earliest occurrence in Old French, may be more than coincidence (Schmitt, 211).

To assess Hartmann's knowledge of medieval medicine, one has to keep in mind that he was first and foremost a storyteller, and did not set out to write medical treatises. The medical content in the *Arme Heinrich* and *Iwein* is always subservient to his narrative strategies. And yet, nowhere in his tales does the medical information he provides directly contradict medieval medical practice. It would appear that he chose leprosy for the *Arme Heinrich* not just because it loomed large in people's imagination at the time, but because the disease's physical and moral dimension allowed him to play its different cures against one another. That Montpellier and Salerno are mentioned is not surprising, given that Hartmann and his aristocratic audience probably knew or knew of a court physician who had studied at one of the two medical schools. Hartmann pays tribute to Salerno's special significance to German listeners by making it the place where Heinrich is to be cured. The spotty picture Hartmann paints of the progression of the disease is nevertheless consistent with medical accounts of leprosy, and the blood cure has a tradition in medicine from ancient Egypt to sixteenth-century Germany. The qualifier that the blood be the heartblood of a virgin of marriageable age, and the operating room scene are examples of Hartmann adjusting medical conventions to serve his plot development.

In *Iwein*, illness plays an important role but does not dominate the romance the way leprosy does in the *Arme Heinrich*. In his description of the symptoms and cure of Iwein's madness, Hartmann was also bound by his source, Chrétien's *Yvain*. As mentioned above, it is quite possible that Chrétien may have been familiar with medical literature on melancholia, in particular the treatise "De melancolia" translated from Arabic into Latin by Constantinus Africanus, but it is less likely that Hartmann was. Brought on by the sudden loss of wife and honor, Iwein's madness leads to antisocial behavior and changes in his complexion. His condition is treated with an ointment, massage, exercise, rest, and bathing, all of which is consistent with the contemporary medical literature. The comparison of illness and cure in Hartmann's work and in classical and medieval medical literature has shown that the author was aware of the medical theory and practice of his day, and was able to integrate this knowledge, even if most was probably second-hand, in a convincing manner into his romances.

Editions Cited

Hartmann von Aue. *Der arme Heinrich*. Ed. Hermann Paul, 16th ed. by Kurt Gärtner. Tübingen: Niemeyer, 1996.

———. *Iwein*. Edited by G. F. Benecke and Karl Lachmann. 7th edition by Ludwig Wolff. Berlin: de Gruyter, 1968.

Hildegard von Bingen: On Natural Philosophy and Medicine, Selections from "Cause et cure." Trans. Margret Berger. Cambridge and Rochester, NY: D. S. Brewer, 1999.

Hildegard von Bingen. *Heilkunde: Das Buch von dem Grund und Wesen und der Heilung der Krankheiten*. Trans. and Commentary Heinrich Schipperges. Salzburg: Otto Müller, 1957.

Works Cited

Bandanes, Leslie. "Heinrich's Leprosy: Punishment or Test?" *Modern Language Studies* 10 (1980): 88–92.

Bell, Rudolph M. *Holy Anorexia*. Chicago: U of Chicago P, 1985.

Brody, Saul Nathaniel. *The Disease of the Soul: Leprosy in Medieval Literature*. Ithaca and London: Cornell UP, 1974.

Clark, Susan L. *Hartmann von Aue: Landscapes of the Mind*. Houston: Rice UP, 1989.

Cormeau, Christoph, and Wilhelm Störmer. *Hartmann von Aue: Epoche — Werk — Wirkung*. Munich: Beck, 1985.

Dubé, Waltraut F. "Medieval Medicine in Middle High German Epics." Diss., Indiana University, 1981.

Eis, Gerhard. "Salernitanisches und Unsalernitanisches im 'Armen Heinrich' des Hartmann von Aue." In *Hartmann von Aue*. Ed. Hugo Kuhn and Christoph Cormeau. Wege der Forschung, 359. Darmstadt: Wissenschaftliche Buchgesellschaft, 1973. 135–50.

Haferlach, Torsten. *Die Darstellung von Verletzungen und Krankheiten und ihrer Therapie in mittelalterlicher deutscher Literatur unter gattungsspezifischen Aspekten*. Heidelberg: Winter, 1991.

Hasty, Will. *Adventures in Interpretation: The Works of Hartmann von Aue and Their Critical Reception*. Columbia, SC: Camden House, 1996.

Hovorka, Oskar von, and Adolf Kronfeld. *Vergleichende Volksmedizin: Eine Darstellung volksmedizinischer Sitten und Gebräuche, Anschauungen und Heilfaktoren, des Aberglaubens und der Zaubermedizin*. 2 vols. Stuttgart: Strecker and Schröder, 1908–1909.

Jones, Martin H. "Changing Perspectives on the Maiden in *Der arme Heinrich*." In *Hartmann von Aue, Changing Perspectives*. Ed. Timothy McFarland and Silvia Ranawake. Göppingen: Kümmerle, 1988. 211–31.

Krause, Burkhardt. "Zur Psychologie von Kommunikation und Interaktion. Zu Iweins 'Wahnsinn.'" In *Psychologie in der Mediävistik: Gesammelte Beiträge des Steinheimer Symposions*. Ed. Jürgen Kühnel et al. Göppingen: Kümmerle, 1985, 215–42.

Margetts, John. "Observations on the Representation of Female Attractiveness in the Works of Hartmann von Aue with Special Reference to *Der Arme Heinrich*." In *Hartmann von Aue, Changing Perspectives*. Ed. Timothy McFarland and Silvia Ranawake. Göppingen: Kümmerle, 1988. 199–209.

Richards, Peter. *The Medieval Leper and his Northern Heirs*. Cambridge: D. S. Brewer, 1977.

Ruh, Kurt. "Hartmanns Armer Heinrich: Erzählmodell und theologische Implikation." In *Medievalia Litteraria: Festschrift für Helmut de Boor zum 80. Geburtstag*. Ed. Ursula Hennig and Herbert Kolb. Munich: Beck, 1971. 315–29.

Schmitt, Wolfram. "Der 'Wahnsinn' in der Literatur des Mittelalters am Beispiel des 'Iwein' Hartmanns von Aue." In *Psychologie in der Mediävistik: Gesammelte Beiträge des Steinheimer Symposions*. Ed. Jürgen Kühnel et al. Göppingen: Kümmerle, 1985. 197–214.

Schmitz, Heinz-Günter. "Iweins *zorn* und *tobesuht*. Psychologie und Physiologie in mittelhochdeutscher Dichtung." In *Sandbjerg 85. Dem Andenken von Heinrich Bach gewidmet*. Ed. Friedhelm Debus and Ernst Dittmer. Neumünster: Wachholtz, 1986. 87–111.

Seiffert, Leslie. "*Das Herz der Jungfrau*. Legende und Märchen im 'Armen Heinrich.'" In *Hartmann von Aue*. Ed. Hugo Kuhn and Christoph Cormeau. Wege der Forschung, 359. Darmstadt: Wissenschaftliche Buchgesellschaft, 1973. 254–86.

Shea, Kerry. "The H(Y)men Under the Kn(eye)fe: Erotic Violence in Hartmann's Der arme Heinrich." *Exemplaria* 6 (1994): 385–403.

Snow, Ann. "Heinrich and Mark, Two Medieval Voyeurs." *Euphorion* 66 (1972): 113–27.

Swinburne, Hilda. "The Miracle in *Der Arme Heinrich*." *German Life and Letters* 22 (1969): 205–9.

Wack, Mary Frances. *Lovesickness in the Middle Ages: The "Viaticum" and Its Commentaries*. Philadelphia: U of Pennsylvania P, 1990.

Wallbank, Rosemary E. "The Salernitan Dimension in Hartmann von Aue's *Der Arme Heinrich*." *German Life and Letters* 43:2 (1990): 168–76.

Hartmann's Legends and the Bible

Brian Murdoch

IT IS HARDLY STARTLING to declare that the source — and in one case the principal source — for Hartmann's two religious legends, the *Arme Heinrich* and *Gregorius* is essentially the Bible (biblical allusions in the Arthurian works are a separate issue).[1] Nevertheless, it is still sometimes forgotten just how much the words of the Bible, and quite specifically of the major biblical books taught in the schools — the Gospels in particular, then Genesis and the Psalms — make their way into and inform medieval literary texts, as they do a great many modern ones. However, even a statement as unsurprising as that requires considerable qualification: what is really meant by "the Bible" during this period and in this context? It is not simply a question of establishing which *version* of the Bible is involved, since we may point first to Jerome's Vulgate, although some variant readings and echoes of the Old Latin versions survived for a very long time, especially in the liturgy. Rather, consideration has to be given to what was meant by the Bible in a more general sense. Clearly a Latin version of the Old and New Testaments is implied, including what are now referred to as the deutero-canonical books, the Apocrypha. To this must be added, however, a range of accretions that expand the text by detailed literal exposition, and are afforded virtually biblical status: that the tempter in paradise was the devil, for example, rather than a talking serpent. Besides an awareness of the *sensus litteralis* (literal sense of scripture), the fact must not be lost sight of that Christian commentaries on the books of the Bible — and a glance at the two-hundred or so volumes of Migne's *Patrologia Latina*[2] offers a graphic illustration of just how many such commentaries there were — merged the Old Testament with the New according to the spiritual senses of medieval hermeneutic, so that episodes from one were thought of firmly in terms of the other. Whether a medieval Christian audience (if such a generalization is admissible) could think of the story of Abraham's intended sacrifice of Isaac without having in mind the typology of the Crucifixion is a matter of debate. The modern usage of the word "Apocrypha," too, reminds us that in medieval terms this does not apply to the deutero-canonical texts, but to that range of widespread medieval stories that were afforded near-canonical status before the Reformation. These apocryphal writings (the term pseudepigrapha is also appropriate in many cases) include for example the *Vita Adae et Evae* (first century B.C./first century A.D.), the enormously widespread Latin version of a Genesis apocryphon, which fills in some of the gaps in one of the best-known Bible stories and was known all over the ancient and medieval world in vernaculars from Armenian to Old Irish, and is relevant in the present context. But there were many others.

Der arme Heinrich

There has been much debate on the source for Hartmann's shorter legend, the *Arme Heinrich*. The links once proposed between this text and the widely disseminated medieval friendship story of *Amicus and Amelius* (orig. eleventh century?) may be dismissed fairly readily, as the points of contact are very slight indeed, restricted in effect to the fact that one character is punished with leprosy, and is cured by the actual (albeit temporary) sacrifice of two children, who are first killed and then brought back to life. More closely related is the legend of Constantine, as told in the apocryphal tale of the *Donation of Constantine* (mid-eighth-mid-ninth century), in which the emperor, struck with leprosy, is about to, but ultimately refuses to use the blood of thousands of infants as a cure, and then is cured by God instead. The story may be a partial source, but there are still major differences, most notably the age and plurality of the children, who are clearly intended as a parallel to the Massacre of the Innocents (Klapper; Lindner). The most concrete source for *Der arme Heinrich* is biblical, the Book of Job, which Hartmann himself cites on more than one occasion. But even that statement is too simple; the Book of Job as it stands is not really Hartmann's source, but rather, his source is a commentated book of Job, interpreted and fully integrated with the New Testament. Although there were other commentaries on Job available at the time, in this context it is impossible not to think of one of the standard theological works of the Middle Ages as a whole, Gregory the Great's (ca. 540–604) *Moralia in Iob*, a massive commentary on what Gregory himself first thought of as an obscure book, but then went on to expound (as he explained in his dedicatory letter to Leander, Bishop of Seville [d. 599/601]) in three ways: as literal or historical fact, as an allegory of Christian mysteries, and as a set of moral precepts. The work, of course, was extremely widely known, and it was possibly even translated into German at an early stage by Notker. In this connection, it must be pointed out that there is no extant text, though a letter by Ekkehard IV of St Gall (ca. 980/990–after 1056) seems to provide evidence (Laistner, 108). A biblical commentary in the form of a *florilegium* (anthology) was constructed from it by Paterius, Gregory's pupil, and several others followed. It is not clear whether Hartmann knew the work at first hand, given that its 35 books make it a formidable text, or rather through the various *florilegia,* or through its frequent citation in standard works closer to his own day (Datz, 66–78; Cormeau, 115). Gregory's massive work may, however, be viewed as a kind of model for Hartmann's poem, in spite of the discrepancy in size: both integrate the tale of the testing of Job with the story of the Redemption, and both draw a moral conclusion. Even the intent of the two authors might be said to overlap, although Gregory's concluding statement in fact comes closer to Hartmann's authorial comments in *Gregorius* than to those in *Der arme Heinrich*. Gregory the Great reminds the reader in his final chapter that he wrote *ad maiorem Dei gloriam* (for the greater glory of God), but declares that he could not suppress a disturbing desire to please:

> Deo quidem ex ea me summopere placere voluisse cognosco, sed eidem intentioni qua Deo placere studeo furtim sed nescio quomodo intentio humanae laudis interserit. (*PL* 75, 199–76, 782)
>
> [I know I intended really to please God, but — and I don't know how it happened — a desire for human praise crept in with my intention of pleasing God.]

Der arme Heinrich, however, is a literary work, and Hartmann had less need to worry about the latter aspect; nonetheless, the conclusions of the two works overlap. Gregory writes:

> quaeso ut quidquis haec legerit, apud districtum iudicem solatium mihi suae orationis impendat
>
> [I ask that whosoever reads this should offer the consolation of his prayer to the supreme judge on my behalf.]

Thus also Hartmann:

> und swer nâch sînem lîbe
> sî hoere sagen ode lese,
> daz er im bitende wese
> der sêle heiles hin ze gote. (22–25)
>
> [and whoever afterwards may hear or read this story, may he pray to God for his soul's salvation.]

Gregory the Great was well aware, and makes clear in his preface, that the biblical Book of Job is a difficult book when taken in its original form. Indeed, a recent introduction to it denies even that it is about patience or about God's rewards for virtue, but sees it rather as a protest against divine unpredictability.[3] This is the line taken, too, in a perceptive and brief introduction to the book by the novelist Louis de Bernières, written in a post-Christian spirit and taking Job as "a classic existentialist hero." Even God's final restoring of Job is unclear:

> It is true that God restores Job to good health and good fortune, but He absentmindedly does not restore to life the servants or the children killed off in chapter 1; they get no justice.... There are many episodes in the Bible that show God in a very bad light, such as when he commands Abraham to sacrifice his son Isaac ... and one cannot but conclude from them either that God is a mad, bloodthirsty and capricious despot, or that all this time we have been inadvertently worshipping the Devil. (xiv)

Earlier modern commentaries on Job, divorced from the tradition of an integrated hermeneutic, and having to take the book in isolation, also face, often somewhat awkwardly, the problem of Job's enforced disputation with the dogma of God's righteousness, but usually stress the ultimate reconciliation with God as something not only in Job's mind but underlined externally for the benefit of the reader (Peake, 9, 23). Hartmann, however, leaves no loose ends, and there are no doubts about the reconciliation, nor of the role of God. Gregory the Great applies to that difficult book a typological interpretation; Hartmann retells the story in a quite specifically *sub gratia* context, in which the Old Testament types and their New Testament antitypes have all become historical reality, and he shows us the workings of the mind of the protagonist — there really is only one, the eponym — in detail. He recasts Job in his poem, therefore, and for Hartmann the grounds for the reconciliation, as well as its precise effect, are clear.

Hartmann's main character, and indeed the sole named character apart from the narrator (to whom he gives his own name), is Heinrich. He is named and presented (like Job, though the parallel is not drawn *expressis verbis* yet, and Heinrich is not married) as upright and God-fearing, although we soon realize that all his joys are essentially worldly. Job's loss of his children is not mirrored here, but Heinrich *is* struck down with leprosy, with a specifically visible disease, that is, and one used frequently in the Middle Ages to denote sin. It is the equivalent of Job's boils, and it is made clear that God himself, rather than Satan, has visited this upon him: *er viel von sînem gebote* (he fell from His commandment, 116). There is no preliminary celestial debate, and the role of Satan would be confusing. In this case the divine plan is God's alone.

Although Hartmann very soon signals the parallels with Job in express terms, telling us that the situation is just *als ouch Jôbe geschach* (just as happened to Job, 128) he points to the end of the biblical work and tells us that Heinrich does *not* react with the (then as now proverbial) patience of Job (Datz; Wapnewski). Nor, however, at the precisely equivalent stage, does Job show any patience. Although he had indeed shown this quality when he lost so much of his land and family, accepting the suffering imposed by God with the famous phrase *Dominus dedit, Dominus abstulit* (Job 1:21), the Lord gave and the Lord hath taken away, Job has not yet been struck (in the Bible at Satan's suggestion) with a skin disease, and to this he reacts with a curse (*maledixit,* Job 3:1). Heinrich does precisely what Job does when he is struck by the sickness, and curses the day on which he was born (Job 3:3 and 3:11–12). Gregory the Great assures us, however, that Job (who is sanctified as *beatus Job*), does not mean this, but is in fact lamenting the nature of sin as imposed on the human race. It is in the interpretation of these verses that Gregory expounds the stages of sin in the context of Adam and Eve, incidentally, a passage that will also be of some significance to Gregorius (Cormeau, 11). Job might have had, at best, the hope of a more or less capricious divine reversal and restoration, but Heinrich, in a *sub gratia* world, has a more concrete hope of salvation, of "healing" in all senses of the word, though it takes him a long time to realize this. The implicit soteriology of the interpretation becomes clear as soon as the surgeon comments that Heinrich is both curable and incurable, that healing is both possible and impossible, unless God is the doctor. Underlying the whole paradox of the work is the instruction in Matthew 19 about the rich man (and Heinrich is of course rich, as he has assured the doctor in his search for a cure) entering the kingdom of heaven and being saved (or healed). The disciples ask:

> Quis ergo poterit salvus esse?
> Adspiciens autem Iesus dixit illis: Apud homines hoc impossibile est; apud Deum autem omnia possibilia sunt. (Matthew 19:25–6)
>
>> ["Who then can be saved?" But Jesus beheld them and said unto them, "With men this is impossible. But with God all things are possible."]

This is in effect the theme of *Der arme Heinrich,* and it is interesting that it is the entirely objective doctor who (almost) tells Heinrich this, although it offers him no comfort at the time, and its meaning becomes clear only after Heinrich has had several years to ponder his situation. The parable of Dives and Lazarus (Luke 16) is a more distant echo of the same idea.

The soteriological fusion of actual and spiritual healing that informs the complete work is familiar in medieval vernacular writing. Christ the surgeon is there, for example, in a parallel from *Piers Plowman:*

> That siche a surgeyn sethhen. ysese was ther neuere,
> Ne non so faithfol fysician. for, alle that hym bysouhte,
> He lechede hem of here langoure. lazars and blynde bothe;
> *ceci uident, claudi ambulant, leprosi mundantur*
> And commune wymmen conuertede. and clansede hem of synne.[4]
>
>> [Such a surgeon has never been seen, nor so faithful a physician. For all who sought him were healed of their sicknesses, both lepers and blind men: *the blind see, the crippled walk, lepers are cured,* and he converted fallen women and cleansed them of their sin.]

The passage is of considerable relevance to Hartmann, though it is some time before Heinrich realizes that he needs to ask for cleansing. Even before Hartmann has told us about the leprosy, however, he indulges in a sermon based on the (non-biblical) statement *médiâ vîtâ in morte súmus* (in the midst of life, we are in death, i.e. dying, 93–94),[5] outlining man's frailty. This contains slight echoes, incidentally, of Job once more: *quasi flos egreditur et conteritur* (Job 14:2), "He cometh forth like a flower and is cut down."

Time passes, with Heinrich living in isolation with the farmer and entertained by the one genuine comforter — a significant contrast with Job's situation — namely the girl, whose *role* will develop later. At the start, however, we are told two things about her *character:* that she has a God-given sweetness, *dulcedo* (a loaded word, as Friedrich Ohly has pointed out [Ohly, *Nägel, passim*]), and that she is of such great physical beauty that she might have been the child of an emperor. As a child — and her nature as such is important throughout — she is easily wooed with toys suitable for a small girl, mirrors, rings, and hair bands, and that Heinrich calls her his little wife will also become significant later. Heinrich comes to realize that he has sinned by ignoring God, and is thus being punished justly (whereas Job's afflictions were to an extent capriciously imposed as a test, rather than a punishment or indeed a lesson), but he does not yet realize that he can be healed, and again asks for a swift death: Job 7:16 and 7:8 are both echoed at this point.

Now, however, the balance of the story shifts, in that the source moves from the biblical Book of Job to the Gospel, or at least, to a *sub gratia* interpretation of Job. The soteriological effect of the new source-model becomes clear when the girl gradually ceases to act in character, and takes on instead a role; she comes to represent the availability of salvation in the face of any adversity, and also the notion that God not only can be the doctor, but already has been the healer of sin. Her behavior from this point is, of course, unrealistic, impossible, miraculous. Associated with the girl are constant echoes of New Testament events: she wakes her parents for three days, she washes their feet (with her tears), but most of all she agrees with complete free will to sacrifice herself for the sins of Heinrich, the factor deemed impossible in the scientific voice of the doctor at Salerno. Finally the girl persuades her parents to permit her to do so in a way that is again impossible in the secular terms on which so much emphasis has hitherto been placed. Her behavior is, of course, only impossible outside a saint's *vita;* but she invokes a literalized version of the bride of Christ idea in a rhetorical speech full of topoi and figures, a speech that someone of her age, class, and sex could never give in real terms. Her parents, the audience for her speech within the work (and presumably the immediate medieval audience with them), draw the only reasonable conclusion within the theocentric fictionality, and assume that the Holy Spirit is speaking through her. She may sound obsessed, but she is in fact possessed by God. This realization helps in the end to persuade Heinrich, too, and after hesitation, he agrees to her sacrifice. The still unnamed girl now has a *role,* but is literally acting out of *character,* just as a player in a medieval mystery play (and the various senses of "play" are important here) might "become" Christ. Her role is simply to present the argument that there is a possibility that someone *could* die for another's sins, the message, in fact, of the Gospels. That one of the persons of the Trinity is speaking through her is significant in its own right, but she herself has to be a suitable vessel (much as, in the opposite context, the serpent was regarded as suitable for the entry of the devil by its own cunning). The Holy Spirit has to work on something, and in this case it is *die aller meisten güete / die ich von kinde ie vernam* (the greatest good I have ever seen coming from a child, 522–23).

The girl is not a child (as in the Constantine story), but is, in a phrase that Malory uses for Percival's sister in the *Morte d'Arthur,* a "virgin in will and work." Her precise status is difficult to determine, but it is important that she is at once uncorrupted by the world, and also a woman, albeit on the very verge of her womanhood, such that she is well aware of that womanhood, as she clearly states: *ich bin ein wîp* (I am a woman, 1128). But the world at large, represented by virtually all of the other characters, still calls her *kint.* Interestingly enough it is another woman, her mother, who is the first to recognize her adult earnestness. The reiterated use of *kint* can of course remind the audience of the child born to save the world and the role of the adult Christ, free from original sin. This is the culmination of the girl's impossibility, and the clearest indication of the divergence between her role and her character. She is stripped naked for sacrifice (again there are clear echoes of Christ), but is free of shame, and therefore, at this point, free of original sin; this passage is crucial to the understanding of the work. Here Heinrich, as Job, is faced with the girl, as Christ. Job was not living *sub gratia;* Heinrich is. Medieval saints' lives frequently reflect the concept of the *imitatio Christi,* that is, the central figures behave in ways that are comparable with Christ's acts in the Gospels. Healing the sick (including lepers) is one such feature, as indeed are calming storms, washing the feet of others, showing unusual precocity in argument (as Christ did before the doctors in the temple), or even rising from the dead (St. George does so on a surprisingly regular basis in the Old High German *Georgslied,* for example). The girl can be fitted into this literary-theological model in all kinds of ways: as noted above, she washes her parents' feet with her tears and argues with a style and knowledge that is beyond her. Above all, however, she is prepared to die for someone else. The physical preparation is a parallel to Christ's crucifixion, and if the details are not exactly the same, they are at least overlaid, too, with the sacrifice of Isaac, which prefigured (the tense is deliberate) that event. Two elements, however, take the girl in Hartmann beyond simple parallels as we might find in a *vita,* because, although there are elements here that we might find in a saint's life, she is not a saint (not even a fictive one), nor yet an *imitatio,* but is — since she is possessed by the Holy Spirit — for the moment a part of the Trinity as such. First comes her complete self-awareness: *ich . . . hân die kraft* (I have the strength, 1128), and secondly and more importantly the fact that she is free of original sin, at least for the time she is functioning in the role of Christ and not in the character of a young girl. The passage in which Hartmann makes this point is brief but for a medieval audience (and for us) absolutely startling (Murdoch, *Adam's Grace,* 121):

> sî zarte diu kleider in der nât.
> schiere stuont sî âne wât
> und wart nacket unde blôz:
> sî enschamte sich nicht eins hâres grôz. (1193–96)

[She literally tore off her clothes and soon she stood there without any clothing at all, and was quite naked and not in the least bit ashamed.]

Of course there are overtones of Eve before the Fall, and attention has frequently been drawn to them, but they are not particularly helpful. The question of the Immaculate Conception of the Virgin, and her freedom from original sin (as defined by the Bull *Ineffabilis Deus* in 1854) was also a matter of debate and considerable controversy in the centuries before and after the writing of Hartmann's text. But the real image is of Christ about to be sacrificed, because Christ is the only one in a fallen world to be without original sin, and therefore able to be both naked and unashamed.[6] In spite of overtones of Eve, of the Virgin, and of Isaac, it is almost appropriate to say that the girl at this point actually *is* Christ, or at least represents Christ in a very close way. The doctor was, after all, right: it is not very common for someone to accept death for someone else. The Old Testament predicament of Job — which requires immediate intervention by God to reverse the situation — is now juxtaposed with a literalization of the message of the New Testament.

It is now that Heinrich realizes that he cannot go through with the act, and undergoes a profound spiritual change. There are various textual levels open to the recipient of this part of the story, one of them indeed erotic, as Heinrich gains his first sight of the one who will become his genuine bride (*gemahel* [341, 912] the nickname he has always given her). But the most striking element is here is the way in which Heinrich moves away from his role as Job and becomes, as it were, one of those present at the crucifixion. Christ's words on the cross (Luke 23:34) were for forgiveness for others, but Heinrich himself is able to quote the words from the Cross against himself, as a lesson learned, as if they had been said to him, which in theological terms, of course, they have been, in listening to the Bible:

> wider sich selben er dô sprach . . .
> du enweist ouch rehte was dû tuost. (1242–46)
>
> [He said to himself: you know not what you do.]

The words of the Gospels, then, are placed reflectively into his mouth, with the unspoken request for forgiveness from Christ. The real words have already been spoken, and Heinrich has learned them as part of the lesson of the whole, and now speaks them. The text follows no direct biblical model, of course: an alternative sacrifice is not produced, there is no ram caught in a thicket, because both type and antitype have already met and merged, and have been transmitted. Heinrich is faced with something that Job did not have to do: he has to act, to make a decision that will involve others. The decision he makes is twofold: to spare the girl, but also to resign himself to the will of God, and the latter solution is indeed Job's as well as the *fiat voluntas tua* of the Lord's Prayer, "Thy will be done." Now he is able to exhibit that proverbial patience, having undergone a genuine *metanoia,* the word underscored by the use of *verkêren* in verse 1238 (Buck, 391–94; Tobin, 102). Heinrich, now that he has reached the end of his learning process,

> . . . verkêrte vil *drâte*
> sîn altez gemüete
> in eine niuwe güete (emphasis mine, 1238–40)
>
> [*quickly* changed his former state of mind to a new, good one.]

Matthew 4:17 in the Vulgate version is less close as a parallel here, but Ezekiel 33:11, indicating that God requires not the death, but the repentance of the sinner, is a pertinent parallel.

With this, the girl can revert from role to character, and she behaves with frustration and anger (one might even say childishly) at her loss of a heavenly crown, at not becoming a bride of Christ in the literal sense, rather than the more usual vocational one. Her railing at Heinrich is not unlike Job's wife to Job at the start of the biblical book (Job 2:8–10), which Job accepts with patience. But the girl's anger is another test for Heinrich's patience, and he behaves towards her with complete courtesy and calm:

> der arme Heinrich ez emphienc
> tugentlîchen unde wol (1338–39)
>
> [Heinrich the Unfortunate took all this with courteous equanimity]

This is the opposite, in fact, of Job's reaction to the comforters, when he wondered *usquequo adfligitis animam meam et atteris me sermonibus?*

(Job 19:2), "How long will ye vex my soul and break me in pieces with words?"

Job is cured by God and restored to greater prosperity than ever before. So too, now that Heinrich has acknowledged his submission, he also can be cured, but this is Job with an added distinction. Job as it stands has a miracle ending, which is only referable to other events by way of exegesis. Heinrich's story — and we recall that it is a story first and foremost about Heinrich, the only named character — is a model of the fact that sin has already been erased by Christ's sacrifice, and it therefore can serve as a pattern. Sin — of which leprosy, like Job's disease in Gregory's interpretation, is an outward and extreme manifestation — can be wiped out by the sacrifice of Christ. At this point the key text is no longer only Job 42, though Heinrich is restored to a better state than before, at least physically, but also John 5:14 (*ecce sanus factus es, iam noli peccare*, "behold, thou art made whole: sin no more"), a text cited by Gregory in his preface to the *Moralia* (v, 12). The fairy-tale ending, in which the girl is given real jewels and presents appropriate to and acknowledging her position as a woman, and in which Heinrich marries her, removes the work from its biblical source, but the Bible is still behind the work, first the Book of Job and then the Gospels, the two already integrated not as typology, but as a counterpoint. The distinction between role and character underlines this. If Heinrich is the literal presentation of Job, the girl is an interpretation of it, and the closest model for the work is, curiously, Gregory the Great's massive interpretation, but in a greatly simplified form. God is on this occasion absolutely sure of Heinrich's repentance because He has seen into Heinrich's heart: Hartmann describes Him as *cordis speculâtor* (scrutinizer of the heart, 1357), not actually a direct biblical phrase, but echoed in enough passages, such as Wisdom 1:6, Jeremiah 17:10, and Acts 1:24 and 15:8.

Gregorius

The problem of how to cope with sin is faced also in Hartmann's more expansive earlier legend, *Gregorius*. If in *Der arme Heinrich* sin cannot be hidden, the point of *Gregorius* is that it cannot be avoided. The latter legend has, however, a more complex relationship to the Bible, but in some ways a more fundamental one. The source this time is Genesis plus the Gospels — though these are not the immediate sources of course, since Hartmann is following a French original — and we may perceive once again the influence of commentaries such as Gregory's *Moralia*. However, the tone for the whole is set by a prologue that effectively offers an illustration of medieval biblical hermeneutics, telling the story of the Good Samaritan (Luke 10:25–37), one of the most important passages of the Gospels in that it develops directly out of the twin precepts of the new law, to love God and thy neighbor (Luke 10:17). That story — a parable requiring interpretation when it was first delivered — is then expounded exegetically as indicating the redemption of all men from sin. In medieval exegesis, the oil and wine of Luke 10:34 are seen as faith and hope or as grace and the law (Willson 1959; Murdoch, *Adam's Grace*, 73). Hartmann thus offers a hermeneutic on a text that was itself an exemplum, and this can be carried further to the story of *Gregorius* itself, the sense of which is to demonstrate that any sin can be redeemed except *desperatio*, the despair of ever being redeemed, and a state of mind that is, as the shorter legend made clear, always a possible response for the human psyche. Heinrich came close to, but was prevented by the example of the girl, from succumbing to that same *desperatio*, the despair of ever being healed. The prologue to *Gregorius* states quite clearly (and more than once) that

> ez enist dehein sünde mê,
> man enwerde ir mit der riuwe
> ledic unde niuwe,
> schoene unde reine,
> niwan der zwîvel eine. (162–66)

[there is no sin from which one cannot, through contrition, become cleansed, renewed, pure and beautiful, except one: *desperatio*, giving up hope.]

Heinrich's sin was actual. There has been debate on its precise nature, but in essence his was a sinful state of mind that he ought to have recognized, and indeed ultimately did recognize. The punishment was visible, and as such, the cleansing of that sin was equally visible. *Gregorius* is far more complex, dealing not only with actual, but with original sin, and hence with the concomitant propensity to sin on a repeated basis; it adds the less clear-cut possibility that sin might be incurred rather than deserved, and the sin has no outward and visible expression. Invisible sin is far harder to cope with.

If the theme is original sin, the ultimate source has to be Genesis and the sin of Adam, in whom all sinned (in St. Paul's terms, in Romans 5:12 in the Vulgate version at least). The original disobedience of Adam and Eve left their children with the stain of an inherited sinfulness, a predisposition to sin that could not be eradicated except by divine grace, regardless of what actual sins were committed (Murdoch, *Adam's Grace*, chapter 2). The actual sins can (in terms of the teaching of the Catholic church) be wiped away by repentance and by good works, including penance.

The biblical approach in *Gregorius* is far more allusive than it is in *Der arme Heinrich*, and Hartmann adapts individual biblical scenes more freely. Thus the presentation of the birth of the central figure, Gregorius, which represents the birth of man in original sin, has to utilize the Genesis story, but in a world after the Fall, so that the child's parents represent the biblical Adam and Eve, but — and here Hartmann distinguishes role from character again — they have their character traits from a fallen world. And yet he isolates the ducal siblings of Aquitaine in a kind of paradise; the brother and the sister with whom we begin are left by their father in a situation in which they have all they need, but lack any experience, and are given (as was Adam) a negative command: that the boy should let no harm come to his sister. Their relationship (they are of the same flesh, just like Adam and Eve) and position matches that of the protoplasts, although they are also representatives of fallen humanity, and have, therefore, not only a propensity to sin, but also access to wise counsel when needed. On the instigation of the devil the boy seduces and ultimately impregnates his sister. Their continued enjoyment of the act is significant, representing the *consuetudo,* the habit of sin, which, according to Gregory the Great in the fourth book of the *Moralia* is the third stage by which sin is committed (and for which he used Adam and Eve as a model). The first two are the diabolical *suggestio,* followed by the delight of the flesh, *delectatio* (Murdoch 1972, 130–31).[7] Gregory's last stage (and he uses various models for the development of sin throughout the *Moralia*) is the brazen defense (*defensionis audacia*), but this is less relevant here. The repeated enjoyment of the act is, however, significant in a work concerned largely with original sin, since the eternal repetition within the framework of humanity as a whole is part of the point of original sin. Again the thought of the *Moralia* may well lie behind the notion of the pattern of sin. Gregory, as indicated, used the elements of the Genesis narrative as a demonstration of a pattern of sin that is constantly repeated in mankind: the devil suggests, the flesh (Eve) reacts with delight, the mind accepts the repetition of the sin, and finally the sin is defended before the questioning by God. In *Gregorius,* the devil suggests the first sin, the boy's approach, to which the girl eventually succumbs, and then it becomes a delightful practice; similarly the notion of repeated sin is there, again in sexual form, albeit unwitting, when Gregorius later marries his mother. Interestingly, the Latin adaptation of Hartmann's *Gregorius* by Arnold of Lübeck makes clear by its vocabulary that the author, the Abbot of St. Johannes in Lübeck, knew the *Moralia* passage well (Murdoch 2001).

A child is born to the incestuous but noble couple, and this child, eventually given the name Gregorius (but the name is imposed upon him later when he is baptized, so that it is a true Christian name), represents all the children of Adam, and is set out on a journey into and at the mercy of the world: the child is placed in a boat and sent on his journey by God. The narrative element is a folk-motif, but has a parallel in Exodus 2:2. Moses is the child of a son and daughter of the house of Levi, although he is set out in a boat to escape Pharaoh's edict.[8] God propels the traveler Gregorius at all points in his life, and the theocentricity of the work is as tight as in the *Arme Heinrich.* Nor is the mother criticized for this; this is not a realistic story, any more than the later legend was. More important is that the boat contains gold, some rich cloth, and a tablet outlining the child's origins.

Rescued by the Abbot Gregorius and given his name, the child learns with some precocity, a regular feature of saints' lives, but is forced out into the world, where he decides to become a knight, after a somewhat unclear contretemps with his foster brother, and the scorn of his foster mother. The early life of Moses, who strikes and kills an Egyptian, and then is forced to flee because he is accused of trying to be more than he is (Exodus 2:14), might still be in the poet's mind, the more so as Moses then rescues the children of Jethro. Gregorius, however, retains his symbolic role. Now just of an age to understand, he reads the tablet indicating his origins in sin, and therefore in original sin. There are echoes in this of the motif of Adam's cheirograph, the written bargain with the devil redeemed by Christ as in Colossians 2:14,

> delens quod adversus nos erat chirographum decreti, quod erat contrarium nobis, et ipsum tulit de medio adfigens illud cruci.
>
> [Blotting out the handwriting of ordinances that was against us, which was contrary to us, and took it out of the way, nailing it to his cross.]

But principally the indestructible tablet indicates the indestructibility of original sin, the sin that can be removed only by grace (Murdoch, *Adam's Grace*, 71–73). Gregorius, supplied by the gold and dressed with the cloth left by his mother in the boat when he was a baby, is now blown by God to his mother's lands, where he rescues her from danger and marries her. The question of repeated sin is present, but also that of recognition. Sin has to be recognized, and recognized at the start. In the most familiar interpretations of Gen. 3:15, in which the woman is to bruise the head of the serpent, most commentaries note that sin has to be dealt with at the very beginning, and this the mother (in any case an Eve figure) fails to do. The mother ought, of course, to be able to recognize the cloth — in some versions of the Gregorius story she actually rationalizes her suspicions away — but here she seems to suppress the knowledge. In other medieval incest stories (one might refer to them more accurately as recognition stories) the equivalent figure, the mother, *does* recognize this or other tokens, sometimes at the very last minute (Murdoch, "Sin, Sacred and Secular").

The mother in *Gregorius* marries her son, and they live together for some time, repeating in the sexual act the unknown sin of incest. When the pair discover their identities and the real state of affairs, however, the mother despairs — or comes close to despair — and voices the words of Job 3:3 once again; but she is rescued from actual and final *desperatio* by Gregorius himself. Hartmann follows now not the biblical Genesis, but the apocryphal sequel to Genesis 3, the pseudepigraphic *Vita Adae et Evae*, a widely known work, the Latin version of which was particularly widely disseminated in England and

Germany, in which Adam undertakes a penance in order to regain paradise (and indeed does at the last gain at least a promise of paradise in the future).[9] In the apocryphon he stands on a rock in the Jordan for forty days. Here Gregorius, now termed the *guote sundaere* (good sinner), survives in penance on a rocky islet for seventeen years, fed by water provided out of the rock by God (again with echoes of Moses) until he is rescued. On the death of the Pope, advisers are directed by God in a dream to the rock, and find a man who covers his nakedness in shame. He is re-clothed and is made Pope.

Hartmann is not following a single biblical or pseudepigraphic narrative on this occasion; rather, we have in the central notion of Gregorius the penitent on the rock a cumulative image that draws in a whole range of biblical notions (Murdoch 1978; Murdoch, *Adam's Grace*, 70).[10] Although the rock on which Gregorius stands is akin to that upon which Adam stands in the *Vita Adae* during his river vigil, it is also the rock of Peter upon which the church is to be built (Matthew 16:18) because he will inherit Peter's see. The keys to his chains, which are recovered from a fish — Peter is of course a fisherman — are also the papal symbol, the keys to the kingdom (Matthew 16:19). But just as the culminating scene in the *Arme Heinrich* was the naked and *un*ashamed girl, a reflection perhaps less of Eve than of the second Adam, here we have Gregorius as the naked and thoroughly ashamed first Adam, being sought for God by His messengers. God's question *ubi es,* "where art thou?" in Genesis 3:9 is customarily seen as a chance for Adam to show repentance, and this Adam figure, now under the grace, actually does so. Even in the *Vita Adae* tradition, God can only promise him Redemption, but now it has already happened, as in the legend of Heinrich, so that Gregorius can not only be saved, but can become the giver of salvation, the representative not just symbolically of Adam, but also quite literally Christ's representative on earth, the Pope. Adam was given clothes by God when expelled from paradise, and God now gives him clothes again, albeit this time they are garments of earthly sanctity; in one medieval Genesis adaptation at least, the clothes given to Adam and Eve after the Fall are made and delivered by angels, and this makes for a closer parallel. But the clothes may also be seen as the clothes originally lost by Adam, linked with the *stola prima* of Luke 15:22, given to the prodigal son when he returns. This is regularly interpreted in biblical exegesis (and in vernacular writing) as the restoration to Adam and Eve, at the Redemption, of the innocence and sanctity lost at the time of the Fall. Sometimes they are taken as actual clothing, sometimes they are viewed symbolically.[11] The balance between Adam and Christ as the Pauline second Adam is maintained throughout, but Gregorius is also a third Adam, the representative justified sinner in a *sub gratia* world. When first found on the islet, we observe Gregorius's naked shame, but he also exhibits wounds that are not *quite* stigmata, although the vivid picture drawn of Gregorius here resembles closely the suffering Christ of the Gothic crucifix (Pickering, 14–16). His skin is even described as *ein lilachen/ über* *dorne* (3460–61; a sheet spread over thorns), and the reference to the thorns is significant. There may also be echoes either of the legend of the Vernicle or, more canonically, of the description of the shroud in Luke 23:53.

It is less straightforward to point to places in *Gregorius* where Hartmann clearly uses the Bible as a source, even a Bible with commentary, than is the case with the *Arme Heinrich,* despite the fact that the theology of original sin — the repeated sin of Adam and Eve transferred to their descendants and cancelled by the Redemption — pervades the work. And yet Hartmann shows us in *Gregorius* the basis of original sin in just as graphic a form as he shows us the nature of the Redemption in the later legend. The contrast between Hartmann's two works is an interesting one, in that sin is made visible in the first, but is precisely *not* visible in the second. Original sin, represented by Gregorius's personal but clearly indestructible tablet, is kept from sight, while the actual sin of incest is, equally invisible. In the culminating scene on the rock, the use of the Bible (and of related apocrypha) is more allusive than, say, the Christ references that attach themselves to the girl in the *Arme Heinrich*. In the latter, in oversimplified terms, Job is juxtaposed with Christ; in *Gregorius,* the Old and New Testaments have been merged.

Writing in 1950, Evelyn Waugh said of his story of Helena and the discovery of the Cross that "the story is just something to be read; in fact a legend" (11). So too, Hartmann's two religious tales are designed to be read, and both present situations that are on the surface there to be admired, but not to be imitated, because of the extremes at which they operate: in aristocratic society, and also in terms of what happens to the characters, leprosy and multiple incest being hardly usual. But both depend upon biblical narratives: Job and the Gospels in the first case, Genesis 3 and the Gospels in the second. Both are also theocentric, demonstrating what in the biblical Job might appear to be a capricious act by God. God imposes the leprosy upon Heinrich, and in *Gregorius* directs the central figure's actual movements, even when he is heading towards his mother's lands. The fact of the divine plan in each case is clear to the audience, but of course it is never clear to the protagonists, who have to learn the lessons provided in the Bible by experience. However extreme the cases of the aristocrat Heinrich of Aue and of the secular Duke of Aquitaine and eventually Pontiff Gregorius may be, the underlying sense of the two works is still that which Gregory the Great applied to his reading of the biblical tale of Adam and Eve: *hoc vero in humano genere quotidie agitur* (this really happens in humanity every day, *PL* 75, 61). Hartmann uses the Bible quite specifically and predictably as the source for his legends — Genesis, the Gospels, and thanks to Gregory the Great, Job, in integrated and interpreted form — although there are clearly elements of the saint's legend in both the *imitatio Christi* precocity and the working of miracles. Even the fictional characters recognize aspects of the genre, as when they compare the girl in the *Arme Heinrich* with the tale of

St. Nicholas. But medieval biblical hermeneutics are required for the full reading of his two tales, although they are designed to provide entertainment as well as instruction. This is stated clearly in the *Arme Heinrich,* where, even though prayers are invited for the soul of the author, he wishes quite expressly *sich gelieben den liuten* (to win the favor of people, 15). The prologue to the earlier *Gregorius* falls far more within the spirit of the closing passage of Gregory's *Moralia.* Hartmann, too, is concerned with his own interest in having written too much *nâch der werlde lôn* (for worldly reward, 4), seeking too assiduously that same *humana laus* that Gregory was so concerned about. *Gregorius* is about the relief of the most heavy sin, and Hartmann's programmatic intent is to rid himself of some of the burden of his own perceived failings.

Notes

[1] All biblical citation is from the Vulgate (though the familiar English of the Authorized Version is usually supplied). On *Gregorius* as a courtly legend, see Hellmut Rosenfeld, *Legende* (Stuttgart: Metzler, 2nd ed. 1964), 50–51. Rosenfeld sees the middle part of that story as "ein Artusroman im kleinen." On the nature of the *legenda* in general (and the link to the novella), see André Jolles, *Einfache Formen* (Tübingen: Niemeyer, 1930), 23–61. Biblical allusions are relatively rare in Albert Leitzmann's edition of *Erec,* 6th ed. by Christoph Cormeau and Kurt Gärtner (Tübingen: Niemeyer, 1985); the stock attributes related to Solomon, Sampson and others at 2816–18 are an exception. There are more references in *Iwein,* either of single verses (Acts 8:23 at v. 155, Matthew 13:13 at 1277), but even the allusions to the fall of Lucifer at 6500–6503 are not extensive. See *Iwein,* ed. G. F. Benecke, K. Lachmann, L. Wolff, trans. with notes by Thomas Cramer, 2nd ed. (Berlin: de Gruyter, 1974), 220.

[2] Jacques Paul Migne (1800–1875) was a French Catholic priest who also operated a publishing house specializing in religious and theological works. The *Patrologia Latina,* 217 volumes published between 1844 and 1855, contained Latin ecclesiastical works up to the time of Innocent III (ca. 1160/1161–1216; pope 1198–1216). Companion series, *Patrologia Graeca,* including Greek writers up to 1439, was published in 162 volumes of Greek text and Latin translation between 1857 and 1866. All future references to Migne's *Patrologia Latina* will be indicated by a *PL* in the text.

[3] Reviewing this translation, Nicholas de Lange refers to it as a "Job for the post-Holocaust era"; *In Other Words: The Journal for Literary Translators* 13/14 (Autumn/Winter 1999–2000), 114–15.

[4] The passage as a whole begins with the words of Luke 1:38: *Ecce ancilla domini, fiat mihi secundum verbum suum,* "Behold the handmaid of the Lord: be it unto me according to thy word." This can also apply to the girl in Hartmann. Christ's healing of lepers in the New Testament is familiar enough, and there are Old Testament parallels, too.

[5] The citation is of course especially suitable for a sermon, given the inclusive first person plural; the fact that it is translated reinforces the point. The line is originally from Notker Balbulus (Bostock, 7).

[6] The connection with Eve is usually accepted, that with Christ not always, although it is hard to see how the many pointers to the girl's sacrificial state, ready to die for the sins of another, and free from the shame of original sin, can be anything else. See H. B. Willson, "*Ordo* and the Portrayal of the Maid in *Der arme Heinrich*," *Germanic Review* 44 (1969): 83–94 and his earlier paper "Symbol and Reality in *Der arme Heinrich*," *Modern Language Review*, 53 (1958): 526–36. See *per contra*: Winder McConnell, "*Sacrificium* in Hartmann von Aue's *Der Arme Heinrich*," *Neuphilologische Mitteilungen*, 84 (1983), 261–68

[7] The text referred to is Gregory's *Moralia* (IV, xxvii, 49) and is found in *PL* 75, 661, and is much repeated.

[8] The parallel with Moses cannot be taken too far, but it is clearly present. As far as Exodus 2:2 is concerned, the parents are simply both from the same tribe, the (priestly) tribe of Levi, but according to Exodus 6:20 the relationship seems to be closer: Moses is the son of Amram and Jochebed, the latter being the *patruelis* of the former, probably meaning "cousin" (more specifically "father's brother's daughter" in the Septuagint), although it appears as "his father's sister" in the Authorized Version. In spite of the relationship issue, there is no indication of incest in the biblical texts, however, and it is a matter of conjecture how closely Hartmann knew these passages or the explanations of them.

[9] See Michael Stone, *A History of the Literature of Adam and Eve* (Atlanta: Scholars Press, 1992); Gary A. Anderson and Michael E. Stone, *A Synopsis of the Books of Adam and Eve* (Atlanta: Scholar's Press, 1994); Jean-Pierre Pettorelli, "La vie latine d'Adam et Eve. Analyse de la tradition manuscrite," *Apocrypha* 10 (1999): 195–296.

[10] I have suggested in a short paper some additional possible sources for one of the most richly layered of all medieval literary scenes: "Adam *sub gratia:* zur Bußszene in Hartmanns *Gregorius*," *Archiv* 227 (1990): 122–26. Of major importance in this context are the studies by Volker Mertens, *Gregorius Eremita* (Zurich and Munich: Artemis, 1978) and Friedrich Ohly, *Der Verfluchte und der Erwählte* (Opladen: Westdeutscher Verlag, 1976).

[11] The Authorised Version of the Bible translates it as "the best robe," as do other texts, which is presumably the sense of the word *prima*.

Editions Cited

The Book of Job, with an introduction by Louis de Bernières. Edinburgh: Canongate, 1998.

The Book of Job. Translated with an introduction and notes by Raymond P. Scheindlin. New York and London: Norton, 1998.

Bostock, J. Knight. *Der arme Heinrich by Hartmann von Ouwe*. Oxford: Blackwell, 1947 (repr. 1969).

Hartmann von Aue. *Der arme Heinrich*. Ed. Hermann Paul, 16th ed. by Kurt Gärtner. Tübingen: Niemeyer, 1996.

———. *Gregorius*. Ed. Friedrich Neumann. Wiesbaden: Brockhaus, 1958.

———. *Gregorius*. Ed. Hermann Paul, 11th ed. rev. by Ludwig Wolff (1966), 13th ed. by Burghart Wachinger. Tübingen: Niemeyer, 1984.

Piers Plowman. Ed. W. Skeat. London: Oxford UP, 1886 (many reprints), I, 487.

Works Cited

Brody, Saul Nathaniel. *The Disease of the Soul: Leprosy in Medieval Literature*. Ithaca and London: Cornell UP, 1974.

Browne, Stanley. *Leprosy in the Bible*. London: Christian Medical Fellowship, n.d.

Buck, Timothy. "Heinrich's Metanoia: Intention and Practice in *Der arme Heinrich*." *Modern Language Review* 60 (1965): 391–94.

Cormeau, Christoph. *Hartmanns von Aue "Armer Heinrich" und "Gregorius."* Munich, Beck, 1966.

Datz, Günther. *Die Gestalt Hiobs in der kirchlichen Exegese und der "Arme Heinrich" Hartmanns von Aue*. Göppingen: Kümmerle, 1973.

Duckworth, David. *The Leper and the Maiden in Hartmann's "Der Arme Heinrich."* Göppingen: Kümmerle, 1996.

Jones, Martin H. "Changing Perspectives on the Maiden in *Der arme Heinrich*." In *Hartmann von Aue, Changing Perspectives: London Hartmann Symposium, 1985*. Ed. Timothy McFarland and Silvia Ranawake, Göppingen Kümmerle, 1988, 211–31.

Klapper, Joseph. *Die Legenden vom Armen Heinrich*. Breslau: Marcus, 1914.

Laistner, Max Ludwig Wolfram. *Thought and Letters in Western Europe AD 500 to 900*. London: Methuen, new ed. 1957.

Lindner, A. "The Myth of Constantine the Great in the West: Sources and Hagiographic Commemoration." *Studi medievali* 3/16 (1975): 43–96.

Murdoch, Brian. *Adam's Grace: Fall and Redemption in Medieval Literature*. Woodbridge: Brewer, 2000.

———. *The Fall of Man in the Early Middle High German Biblical Epic*. Göppingen: Kümmerle, 1972.

———. "The Garments of Paradise. A Note on the *Wiener Genesis* and the *Anegenge*." *Euphorion* 61 (1967): 375–82.

———. "Hartmann's *Gregorius* and the Quest for Life." *New German Studies* 6 (1978): 79–100.

———. "Sin, Sacred and Secular: Hartmann's 'Gregorius,' the 'Incestuous Daughter,' the 'Trentalle Sancti Gregorii' and 'Sir Eglamour of Artois.'" In *Blütezeit: Festschrift für L. Peter Johnson zum 70. Geburtstag*. Ed. Mark Chinca, Joachim Heinzle, and Christopher Young. Tübingen: Niemeyer, 2000. 309–20.

Murdoch, Brian. "Two Heavenly Crowns: Hartmann's *Der arme Heinrich* and the Middle English *Pearl.*" *Amsterdamer Beiträge zur älteren Germanistik* 53 (2000): 145–66.

———. "Using the *Moralia:* Gregory the Great in Early Medieval German." In *Rome and the North.* Ed. Rolf Bremmer, Kees Dekker, and David F. Johnson. Louvain: Peeters, 2001. 189–205.

Ohly, Friedrich. *Süsse Nägel der Passion.* Baden-Baden: Loerner, 1989.

Peake, A. S. "Introduction." *The Century Bible: Job.* Edinburgh: Jack, 1905.

Pickering, F. P. "The Gothic Image of Christ." In *Essays in Medieval German Literature.* Cambridge: Cambridge UP, 1980. 3–30 (originally in German in *Euphorion* 47 [1953]: 16–37).

Schumacher, Meinolf. *Sündenschmutz und Herzensreinheit: Studien zur Metaphorik der Sünde in lateinischer und deutscher Literatur des Mittelalters.* Munich: Fink, 1996.

Tobin, Frank J. *"Gregorius" and "Der arme Heinrich": Hartmann's Dualistic and Gradualistic Views of Reality.* Bern: Lang, 1973.

Wapnewski, Peter. "Poor Henry — Poor Job: A Contribution to the Discussion of Hartmann's von Aue So-called 'Conversion to an Anti-Courtly Attitude.'" In *The Epic in Medieval Society: Aesthetic and Moral Values.* Ed. Harold Scholler. Tübingen: Niemeyer Verlag, 1977. 214–25.

Waugh, Evelyn. *Helena.* Harmondsworth: Penguin, 1963. (orig. London: Chapman and Hall, 1950).

Willson, H. B. "Hartmann's *Gregorius* and the Parable of the Good Samaritan." *Modern Language Review* 54 (1959): 194–203.

Hartmann's Works in the Visual Arts

James A. Rushing, Jr.

IN CONTRAST TO OTHER CANONICAL WORKS of the Middle High German classical period (ca. 1170–ca.1250) such as *Tristan*, *Parzival*, and *Willehalm*, the works of Hartmann von Aue gave rise to no manuscript illumination.[1] His courtly romances, on the other hand — primarily *Iwein* but also in one notable instance *Erec* — provoke a great variety of responses in the monumental and decorative arts, beginning early in the thirteenth century and continuing into the fifteenth. Later, near the end of the Middle Ages, short texts on the Gregorius tale — derived from Hartmann's work — begin to be accompanied by illustrations both in manuscripts and in early printed books. In the present survey of Hartmann in the visual arts, it is also appropriate to mention the miniatures depicting Hartmann himself that accompany his lyrics in the *Manesse* and *Weingartner* song manuscripts.

The great diversity of the visual responses to Hartmann's works illustrates an essential fact about the broader reception of medieval literary materials in the visual arts: namely, the fundamental independence of the visual arts from the original or canonical texts. Artists dealing with *Iwein* and *Erec* obviously felt free to reshape the stories in accordance with their own artistic intentions, including certain plot elements and omitting others, emphasizing here one aspect, there another, drawing on iconographic traditions not only to help visualize stories and characters but also to shape meaning and vary the emotional charge. In the case of some *Iwein* artworks as well as the *Gregorius* illustrations, independent structures such as the *topos* of the Slaves of Love or a collection of saints' legends essentially take over the narrative material, and the resulting art work derives its meaning as much or more from the new structure as from anything inherent in the story.

When one considers the variety of ways visual artists have responded to Hartmann's Arthurian romances, it almost appears as if they set out to offer the widest possible range of answers to the question posed by the wild man in *Iwein*: "Âventiure: waz ist daz?" (Adventure: What is that?, 527; Rushing 1995, 23–24). The wild man is not particularly impressed with Kalogrenant's answer, suggesting that he finds it foolish to ride around the country looking for conflicts: "sît dîn gemüete stât alsê / daz dû nâch ungemache strebest . . ." (Since you seem to be of a mind that you seek hardship . . ., 544–45). The exchange raises the question, near the beginning of Hartmann's text, of the value of *aventiure* as a way of life, a question that is again raised, in a way, by Askalon, who calls Kalogrenant "triuwelôs" (faithless) and complains that the knight, in his pride and arrogance, has ruined Askalon's forest for no reason — "mirn wart von iu niht widerseit" (You had not declared a feud against me, 712–19). Since Hartmann raises questions about *aventiure,* it is perhaps not surprising that the graphic responses to the Iwein and Erec materials reflect a great diversity of attitudes towards romance adventure. In the wall paintings at Rodenegg (near Bressanone in the South Tyrol), adventure is presented as a problem; in the murals at Schmalkalden (Thuringia) as a courtly game. On the Erec crown (now in Kraków), the love adventure is presented as a defense of order. The adventurer is depicted as a "slave of love" on the Malterer embroidery (in Freiburg), and as an exemplary hero in the "triads" at Castle Runkelstein near Bolzano.

The wall paintings at Rodenegg, most likely painted in the 1220s or 1230s, probably the earliest of the responses to a Hartmann romance in the visual arts, most obviously question the ethics of romance adventure.[2] That is not to say that they must be read as condemning the ethos of *aventiure,* but that they surely must be read as at least raising questions about it.[3] The painter achieves this effect — that is, of making us think of adventure as at least dubious in nature — through his depiction of the death of Askalon as the central moment in the cycle, through the juxtaposition of scenes of adventure and glory with scenes of death and grief, and through his handling of the end of the cycle.

The death of Askalon is obviously essential to the Iwein plot, but neither Hartmann nor Chrétien before him pays very much attention to the death itself. Hartmann's Lunete tells Iwein, "ir habet mînen herrn erslagen" (you have slain my lord, 1159) when she first visits him in the little room between the gates, the death having already taken place offstage. Hartmann narrates Iwein's battle with Askalon at some length, and describes the fatal blow, but he does not narrate the death itself. Neither do visual narratives generally include death scenes, more typically indicating a knight's death by showing a decisive-looking sword blow or lance thrust.[4] So the Rodenegg artist's decision to devote a portion of the rather limited space to Askalon's death already reflects his interest in the negative side of knightly adventure. This interest becomes all the more obvious when one considers that the artist depicts the death of Askalon in imagery borrowed from the iconography of the Lamentation, and more obvious still when one notes that the death scene is the midpoint of the visual narrative, the dominant scene on the west wall, and the scene directly opposite the door into the room, the first image that the viewer confronts upon entering the room. This artist clearly does not want viewers to see the killing of Askalon simply as a glorious adventure. He wants them to see it as a death — the death of a lord who is mourned by his wife, whose sorrow is comparable to that of Mary at the death of Jesus.

The entire south wall is devoted to further scenes of death, grief, confusion, and fear — scenes that are carefully juxtaposed, in the layout of the cycle, to scenes of adventure and glory on the north wall. Across from the scene in which Iwein pours water from the magic fountain onto the stone, beginning the adventure, he kneels submissively before the grief-stricken Laudine, in a scene to be discussed below. Across from the lance phase of the Iwein-Askalon combat, in which Iwein already appears victorious (Askalon's lance breaks while Iwein's does not), the dead knight's warriors search frantically for his killer, invisible due to the magic ring in Hartmann's text, but here hiding behind a curtain.[5] This is obviously the artist's solution to the very challenging problem of showing an invisible knight in a visual medium. But perhaps it also makes Iwein look rather foolish to be cowering behind a curtain while his victim's men search for him. Across from the sword phase of the combat and the fatal blow that Iwein strikes to Askalon's head, the painter has depicted Askalon lying on his bier, mourned by his widow and his people. Finally, if the opening scene of the cycle has been correctly reconstructed as depicting Iwein's departure from the vavasour's castle, the knight's departure to seek adventure — the beginning of all knightly quests — is juxtaposed with the death of Askalon and an image of most profound grief, the other side of adventure's coin.

Given the care with which the Rodenegg artist has structured his narrative and chosen his imagery to emphasize the death and grief that *aventiure* causes, it is no surprise that he ends his narrative with a scene that is ambiguous at best (fig. 1). Iwein kneels submissively before Laudine, who sits in the stereotypical pose of lamentation, with her chin in her hands, and, insofar as one is able to read facial expressions in thirteenth-century art, a bleak expression. Contrary to the arguments of some modern scholars, the scene does not strike one as indicating "Iwein wins Laudine" or "Iwein's marriage to Laudine" or any other happy ending (cf. Rushing 1995, 63 and 74–75; Curschmann 1997, 14–15). To be sure, early viewers of the Rodenegg paintings may have known the story of Iwein well, and such spectators may have mentally completed the story or reinterpreted the scene as "Iwein wins Laudine." Nonetheless, such viewers can hardly have failed to be impressed by the jarring discrepancy between what they expected to see and what they in fact saw. Against Bonnet's idea (58) that Lunete's gesture in the final scene is the protective gesture of a patron saint (which of course makes sense in light of what happens in the *text* at the equivalent moment), Curschmann (1997, 18 and fig. 8) offers an utterly different and startling iconographic comparison: in the Wolfenbüttel *Sachsenspiegel* manuscript, a group of three people in essentially the same poses as Iwein, Laudine, and Lunete represent a king, a condemned man,

Fig. 1. Iwein and Lunette before Laudine. Iwein murals from Castle Rodenegg, ca. 1225. Photo courtesy Leonhard Graf von Wolkenstein-Rodenegg.

and an executioner. But even if one does read the scene, on the level of plot, as Iwein's winning of a bride, one cannot avoid the fact that on emotional, allusive, and symbolic levels, the final scene, like the entire final wall, is one of grief, despair, and unhappiness.

Not all commentators agree with this reading of the final scene: some insist that either an additional scene must have been lost or that the final scene as it is must have been intended as a representation of Iwein's winning of Laudine (Schupp 1982, 5; Schupp and Szklenar, 101).[6] Such readings seem to be based primarily on two assumptions: that since the story ends happily in the text it must also end happily in the mural cycle, and that since thirteenth-century viewers of the cycle identified themselves as "knights," an artwork painted for them cannot possibly have implied any criticism of knights.[7] The first assumption is quite simply at odds with much of what we know about the visualization of the literary materials in the Middle Ages. Artists did not by any means always follow texts slavishly, and viewers can hardly have expected them to. This is true not only of vernacular, secular materials, but even of biblically-based works of art: Marilyn Lavin discusses how viewers of visual narratives based on hagiographic and biblical materials "looked for new relationships and juxtapositions of scenes, knowing they would constitute new meanings" (6). The second assumption is so completely at odds with the way we normally read medieval texts that it is hard to believe Germanists would even think of applying it to medieval images. The entire genre of Arthurian romance is full of questioning and doubt right from the start, and literary scholars and critics have rarely if ever had any trouble recognizing this. Finally, even if startling new evidence could be developed to prove that a final scene showing the wedding of Iwein and Laudine had once existed, it would not change the fundamental fact that the artist has gone out of his way to stress the grief, fear, and trouble caused by Iwein's killing of Askalon and that he has carefully structured the cycle to symbolically juxtapose the positive and the negative sides of *aventiure*.

It has been suggested that the Rodenegg cycle represents the woman's view of *aventiure,* and even that a noble lady who saw herself in Laudine, forced by circumstances to marry an unsuitable husband, may have commissioned the paintings.[8] However that may be, it is clear that the artist at Rodenegg wanted to make viewers feel the grief and confusion of Askalon's death at least as much as they felt the joy of Iwein's victory, and that he wanted to make them think about the costs of *aventiure*.

While, as we have seen, the paintings at Rodenegg stress the problematic aspects of *aventiure,* the roughly contemporary murals at Schmalkalden virtually eliminate the problematic aspects, presenting adventure as a sort of courtly game.[9] This is most obvious in the fact that although the cycle seems to attempt a relatively complete narration of Iwein's adventures as we know them from Hartmann, it completely ignores the sequence, so important in the text, in which Iwein loses Laudine. In the cycle's present state its six registers of paintings tell Iwein's story from the beginning of his adventures through his rescue of the lion from the dragon, but an additional register may well have been lost, so that the original cycle quite possibly took Iwein on through the end of his adventures (Rushing 1995, 111–12). However, where the Rodenegg paintings place the death of Askalon at the center of the cycle, the Schmalkalden paintings devote their central register to an elaborate narration of the wedding of Iwein and Laudine. The death of Askalon is depicted, to be sure, but in a much less emotionally charged way, avoiding the allusion to the Lamentation; on the other hand, the depiction of the wedding is spread over several scenes and includes the "wedding night," which is not mentioned in the text, though it is a logical element of a wedding narrative. Most importantly, however, as Iwein's adventures at Schmalkalden proceed beyond the wedding, the entire sequence of events in which he loses Laudine and goes mad from grief is entirely omitted. In the story as Hartmann and Chrétien tell it, Gawein persuades Iwein to go away with him for a year of chivalric contests; Laudine grants permission but sets a strict deadline for Iwein's return. When Iwein forgets to return on time, Lunete, on behalf of her mistress Laudine, denounces him in front of Arthur's court. Realizing that he has broken his promise, the knight loses his mind, strips off all outer signs of

Fig. 2. Feast scene. Probably 1230s or 40s. Photo after Otto Gerland, Die spätromanischen Wandmalereien im Hessenhof zu Schmalkalden, *1896.*

knighthood, and escapes into the forest, where he lives naked and wild until found and healed by the ladies of Narison. Then he embarks upon a series of redemptive adventures that eventually return him to Laudine. In the Schmalkalden narrative, however, after the scene with the Arthurian knights at the fountain, Iwein's defeat of Keie, and a conversation that might be interpreted as including Gawein, Iwein departs from Laudine's court to begin a second series of adventures, but, at this point, he rides directly to the lion-dragon encounter. There is no visual hint that this is anything other than the beginning of a new series of adventures, now perhaps undertaken for the wife, as the first adventures were undertaken to win the wife. Nor is the wedding, though obviously important, presented as the goal or culmination of Iwein's adventures. It is simply one more episode in a series of knightly exploits that begins, just as Hartmann's textual narrative, with the knights gathered at court while Arthur and Guinevere lie down together for a nap, and Kalogrenant tells his story. Since Kalogrenant's own adventures are not depicted, however, the effect of this storytelling scene in the Schmalkalden narrative is not to imply that Iwein undertakes his adventures in response to Kalogrenant's story, but rather to suggest, visually, that Iwein's adventures *are* the story being told in the opening scenes. This introduction of the Iwein story by a scene of narration works together with the cupbearer scene on the wall near the entrance to the room, and above all with the feast scene on one end wall (fig. 2, probably not to be understood as part of the narrative) to suggest that Iwein's adventures are a story told at court, perhaps the very type of story that was in fact told in this room during social gatherings.

*Fig. 3. Kraków, Cathedral Treasury, Erec Crown. Gold with jewels, probably Upper Rhineland, 1225–50
Photo courtesy Joanna Mühlemann, published with the kind permission of the Kraków Cathedral.*

Adventure thus appears not so much a real activity of the chivalric class as a kind of story told during the leisure activities of the nobility.

For yet another visual artist's answer to the question of adventure, we may turn to the Erec crown (see detail, fig. 3).[10] This brilliant little work of art, with its visual narrative carried forward by figures only 15 millimeters tall, was apparently made between 1225 and about 1250, thus roughly contemporarily with or just slightly later than the Rodenegg and Schmalkalden murals. At some point in the Middle Ages, the Erec crown was used as the cross-piece, together with another thirteenth-century crown that forms the vertical piece, to form a cross that is preserved today in the cathedral treasury at Kraków. It is not entirely clear when, where, and for whom the crown was made or when it was incorporated into the cross. The Erec crown and its companion may have been the ducal coronets of Boleslas the Chaste, Duke of Sandomierz (or Kraków) (1226–79), and his wife, the future Saint Kunigunde (1234–92), daughter of King Bela IV of Hungary. The Erec crown or its companion may be the crown that Kunigunde, according to a hagiographer, donated to the Wawel cathedral so that it could be made into a cross (Mühlemann 2000, 83; 2003, 214–15). But none of this can be proven with any certainty.[11] The crown was most likely made in the upper Rhineland, though many other places of origin have been proposed.

The *Erec* narrative on the Kraków crown appears to be more closely connected to the text of Hartmann's *Erec* (Mühlemann 2002, 201, 227, 229–31) than the Rodenegg or the Schmalkalden picture cycle is to the text of *Iwein*. For one thing, the goldsmith has followed the story in the text more closely than did either painter; for another, the convoluted structure of the crown's visual narrative would be hard to follow without fairly extensive prior knowledge of the story. The crown narrative reads first across the upper parts of several segments and then vertically up the lower part of one segment, down the lower parts of the next two, and up the lower parts of the next two (for a sketch of the structure, see "Schema 4" in Mühlemann 2000, 94).[12] While viewers ignorant of the Erec story certainly could piece together some sort of narrative if they knew the appropriate order in which to read the segments, it is difficult to imagine that anyone who was not familiar with the story could deduce that order from visual clues alone.

Like Hartmann's text, the visual narrative of the Kraków crown begins with Erec accompanying the queen, which perhaps suggests his youth and his unproven status as a knight, since the other men are all hunting the white stag (although this is not visually obvious); he is also unarmed (which *is* visually obvious). The prestige and order of the Arthurian court is then challenged by the dwarf, who whips first the queen's lady-in-waiting and then Erec himself (scenes 4 D and 6 ABCD in Mühlemann's (2000) labeling, 89–101). In the story that then unfolds, Erec establishes himself as a knight by defeating Iders (2 I and J; 4 I and J; Mühlemann 2000, figs. 2, 3, 4), wins the sparrow hawk for Enite (4 E and F; Mühlemann 2000, fig. 3), and brings about the punishment of the dwarf (4 G and H. fig. 3.). It is certainly clear that Erec has in some sense won Enite, although the wedding or betrothal that Mühlemann sees in 8 E and F (2000, 95 and fig. 7) is probably, at best, implied for viewers unfamiliar with the story. It is also clear, perhaps even clearer, that Erec restores the dishonored order of the court, since all the narrative strands are clearly leading back towards Arthur's court at the end of the extant narrative, in segment 10, and quite likely also in the missing segment 12 (Mühlemann 2000, 97; Mühlemann 2002, 233). Several narrative and thematic strands are important — the love of Erec and Enite, the punishment of the dwarf, the return to court — but since the winning of Enite is by no means the end of the crown's story, the success of the bridal quest is clearly less important than the restoration of order. The end of the story appears, indeed, to be missing, but even the extant end (segment 10) clearly involves the arrival of Iders, his lady, and his dwarf at Arthur's court, where these violators of the court's order will now be subsumed into it. The point here is not that Mühlemann is wrong to stress the wedding aspect, nor that her suggestion that the crown might have been made to celebrate a wedding or an engagement (Mühlemann 2000, 100) should be rejected — indeed, it is quite plausible — but that the theme of the restoration of order after a challenge to the court is even more important in the structure of the crown's visual narrative than the theme of love or the aspect of marriage.

The Rodenegg and Schmalkalden paintings and the Erec crown all receive the Iwein and Erec stories as narrative. The artists then take the stories and create and structure their own narratives out of them, choosing their images and selecting plot elements for inclusion or exclusion. The creators of the Malterer embroidery and the Runkelstein Iwein, on the other hand, receive the material in a totally different way. For one thing, these works of art are not interested in storytelling (although some contain minimal narrative elements), but rather in the representation of a story and/or a character. They are visual allusions to well-known materials. We may perhaps refer to them as "representative" as opposed to "narrative" (Rushing 1995, 21). For another thing — though not *all* representative images share this second characteristic — the Runkelstein and Malterer Iwein images incorporate elements of the Iwein story or general references to the Iwein character into preexisting structures or *topoi*, so that the story and/or the character now derives much of its meaning not from its original narrative context but from the new context provided by the *topos*.

In the case of the Malterer embroidery made about 1310–30 in or near Freiburg im Breisgau, the new context is provided by the *topos* alternately known as the "Slaves of Love" or the "Slaves of Women," the catalog of great men brought down by the love of woman, despite their wisdom, strength, godliness, and so forth (Rushing 1995, 219–44; Smith 1995, 152–68). The *topos* has its origins in patristic literature — in certain senses in the Bible itself — and was an important rhetorical structure throughout the Middle Ages. The Malterer embroidery displays three regular members of the list of women's victims — Samson, defeated by Delilah despite his strength, and Aristotle and Virgil, humiliated by women despite their wisdom — plus Iwein, apparently included because, like Samson, he was brought down by a woman despite his strength and prowess in combat. The embroidery thus offers two strong and two wise men, or two knights and two clerks. The Malterer embroidery displays its slaves of love or woman in pairs of medallions, with the first image in each case showing the man at (more or less) the height of his powers, the second showing him brought down by the woman. Samson kills a lion, demonstrating his strength, then kneels quietly, allowing Delilah to cut his hair with a great pair of scissors. Aristotle is seen seated at book-laden lectern, already distracted by a woman who stands outside his window; in the next scene, the woman rides the saddled and bridled Aristotle like a horse. Virgil flirts with a woman in a window; in the second image, he sits in a basket that dangles outside a window's closed shutters, while the woman stands on top of the tower.

Following Samson, Aristotle, and Virgil, the Malterer embroidery then presents its two Iwein scenes. In the first, Iwein fights Askalon. This obviously represents the hero at the height of his strength: identified by a lion crest, Iwein strikes his opponent a blow on the head that knocks the other knight to the ground. In the second scene, Iwein appears, submissive, before Laudine, with Lunete standing behind him. The scene corresponds directly to nothing in Hartmann's *Iwein,* and earlier interpreters caused themselves a great deal of confusion by trying to connect it with some particular moment in the text (Rushing 1995, 223–30). Although the submissiveness of the knight and the anger or grief of the widow are not, perhaps, as obvious as at Rodenegg, there is also absolutely no visual hint that the knight and the lady are to be married or that the knight has in any sense won the woman.[13] Given the overall format of the embroidery, it seems fairly obvious that the second Iwein scene is meant to show the knight's submission to the lady and that Iwein has here been converted into one more slave of love/woman.

The series ends with an unpaired medallion showing the capture of the unicorn. Opinions vary about the overall meaning of the embroidery's images. My theory (Rushing 1995, 237–39) is that the light eroticism of the unicorn scene — and it must be noted that the Malterer unicorn has an uncommonly large, phallic horn — points toward an understanding of the whole embroidery as a playful affirmation of the power of love, rather than a condemnation of carnality (Maurer, 226–27) or a moralistic assertion of the superiority of marriage to dalliance (Smith 1990, 225–27; 1995, 167–68).

It is not the precise interpretation of the Malterer embroidery that is at issue here, however. The important point in the present context is the great power of the *topos* to detach a material from its original narrative setting and to completely change its significance. Does Iwein belong among the slaves of woman or love? Surely a more or less objective reading of his story would suggest that Iwein does more harm to women than they ever do to him, even though everything works out well in the end for everyone. But a highly selective reading can make him into a slave of woman, brought down and humiliated — ultimately driven mad — by his love for a woman, and a highly selective reading is just what the *topos* forces.[14]

Iwein is received in a different *topos* at Runkelstein in South Tyrol, where he appears along with Gawein and Parzival as one of the three greatest Arthurian knights, in the context of the hall of fame mural series known as the "triads" (fig. 4), painted around 1400–1405 (Rushing 1995, 247 and 254 note 12; Domanski and Krenn, 99–109 and fig. 131). The knights have been removed from the context of any narrative, and appear without any identifying attributes other than their names, under an inscription identifying them as "die frumsten zu der tafl rund" (the best of the Table Round),[15] They are hardly individual characters at all, but iconic images of

Fig. 4. The Summer Palace with the Triads, Castle Runkelstein, Bolzano. Ca. 1400. Photo by author.

knighthood (Rushing 1995, 245–52, esp. 252). The triads themselves are a vast expansion of the Nine Worthies *topos*, which here provides a framework for the reception of a great diversity of material (Schroeder). This *topos* was originally created by Jacques de Longuyon in about 1312 or 1313, when, in his Alexander romance *Les Voeux du Paon* (*The Vows of the Heron*), he wrote of the "ix. meillours, qui furent puis le commencement / Que Diex ot fait le ciel et la terre et la vent" (nine best men, who have been since the beginning, / when God made the heavens and the earth and the wind: 7574–75, Ritchie 4: 402–6).[16] These include three from antiquity: Hector, Alexander, and Julius Caesar; three from the Old Testament: Joshua, David, and Judas Maccabeus; and three from the Christian era: Arthur,

Charlemagne, and Godfrey of Buillion. At Runkelstein, the "three of each" paradigm is used to greatly expand the *topos:* the triads include the three greatest knights — Iwein, Gawein, and Parzival — the three most famous pairs of lovers, the three bravest heroes, the three strongest giants, the three most terrible giantesses, and the three most famous dwarfs.[17] The figures adapted into the framework are detached entirely from their origins in textual and oral traditions and draw most of their significance from their place in the *topos*. This is an extreme case, because the figures are not involved in any activity; their images have no narrative value at all; they are pure icons, representing the values associated with their category. However much viewers know about the stories elsewhere associated with Iwein, Parzival, and Gawein, they are here asked to recall only that each is a great knight — and that much is obvious from the *topoi* context anyway (Rushing 1995, 248–52).

Iconic representations of a totally different sort are the miniatures depicting Hartmann himself in the two illuminated song manuscripts — the Manesse in Heidelberg and the Weingartner in Stuttgart (fig. 5).[18] The great lyric compilations of this sort represent the literarization of a genre previously belonging to the oral sphere, first and most obviously in the writing down of the poems, second in the arrangement of the poems by author, an organizing principle associated primarily with literate and above all Latin authors, and third, in the Manesse, the Weingartner, and a few other fragmentarily preserved manuscripts, in the assignment of author portraits to the oeuvres, a concept derived from classical and Christian illumination (Rushing 2001; Curschmann 1999, 427–28). However, the miniatures in the song manuscripts, with one or two exceptions, do not follow the classical/Christian model of the author portrait, but are derived from a great variety of iconographic traditions and reflect a variety of responses to the poets' names, personae, and poems. In the case of Hartmann, the Manesse and Weingartner artists have based their miniatures solely on the notion that Hartmann was a knight, a notion ultimately derived, perhaps, from Hartmann's own claims that "ein ritter so geleret was" (There was such a learned knight, *Iwein*, 21) and that he was "dienstman . . . ze Ouwe" (a ministerial at Aue, *Der arme Heinrich*, 5). These claims are not part of the texts that the pictures accompany, but the artist may have picked them up from the section heading in the manuscript "her hartman von owe" (Sir Hartmann of Aue) or simply from traditional knowledge of the poet. The Manesse miniature and, like it, the Weingartner picture, depict Hartmann as a fully armed, mounted knight, but do not take any notice of the idea that he was learned; nor do they appear to take from the poet's works, persona, or name anything more specific than the idea that the poet was a knight. The eagle-head heraldry of the pictures may be derived from thirteenth-century knowledge of or beliefs about Hartmann's familial relationships — it may possibly connect the phrase

Fig. 5. Heidelberg, Universitätsbibliothek, cpg 848 (Mannessische Song Manuscript). Hartmann von Aue. Manuscript illumination, Zurich, first third of 14th century. Photo courtesy Universitätsbibliothek Heidelberg.

"ministerial at Aue" quite directly with Hartmann's actual family.[19] But even if that is the case, the image is not in any sense a portrait, still less an illustration of Hartmann's poems, but essentially an iconic representation of a knight, illustrating the idea that Hartmann belonged to that class.

Thus, although the Hartmann miniatures in the song manuscripts have nothing to do with depicting characters or narrating plots, they do have at least two things in common with the images of Iwein and Erec. The first is their complete independence from Hartmann's texts. Though derived in at least a general way from certain ideas about Hartmann's social rank and perhaps family connections, and thus connected in a very loose way with certain lines from Hartmann's epics, the images have nothing directly to do with the lyrics that they accompany. Secondly, the Hartmann miniatures in the song manuscripts derive their imagery and meaning primarily from structures and traditions that are entirely independent of the texts associated with them. The Manesse and Weingartner Hartmann images are generated first by the structural idea of the anthology organized by author and illustrated with author portraits, secondly by the iconographic idea of the image representing a social class or estate.

Somewhat similar to the Iwein of the Runkelstein triads are the miniatures and woodcuts that illustrate late medieval manuscripts and early printed books that include the Gregorius story. These, too, are essentially iconic representations of the hero and/or his story, collected together with many other similar heroes (i.e. saints), also represented iconically. It is difficult, and for the study of text-image relations perhaps meaningless, to determine exactly how much the various late medieval versions of the Gregorius legend and their illustrations have to do with Hartmann. It was most likely irrelevant to the artist whether the text that his image was to accompany was derived from Hartmann or not: medieval images tended to have lives of their own, often independent of textual traditions, and a full study of Gregorius iconography would have to include all the images of Gregorius, regardless of which texts they are attached to in particular cases. For the purposes of the present discussion, however, I will limit myself to consideration of those images that accompany the most recognizably Hartmannian texts. In effect, that means focusing on the Gregorius story in the fifteenth-century *Heiligen Leben*.

This work, also known as the *Prosapassional,* is a massive compilation of short saints' lives in German prose, probably created in Nuremberg around 1400 (Cormeau and Störmer, 233; Williams-Krapp, 291). The work exists in a large number of manuscripts and early printings, but while only a handful of the numerous manuscripts were illustrated — apparently just three with Gregorius images — nearly all of the early printed *Heiligen Leben* appear to have been illustrated.[20] The principle of illustration appears to be the same in the manuscripts and the printed books: the Gregorius legend — like all or most of the other legends in the collection — is accompanied by one picture, which is not a visual narrative but an iconic image of the saint.

Like the Iwein scenes on the embroidery and at Runkelstein, these woodcuts do not narrate but represent the story and/or character of Gregorius, typically depicting him on his rock with the long hair and beard of the hermit, often with the shackles or leg-irons, but also the nimbus of the saint.[21] In at least one instance, the artist makes the iconic Gregorius image into a little semi-narrative vignette of Gregorius's calling, including the fisherman and the fish and the key and the two representatives from Rome.[22] But even so, the image clearly makes no effort to narrate more than one moment from the life of the saint; nothing in the image hints at Gregorius's life before this moment. The image still serves not to narrate the story of Gregorius, the good sinner, but to present an iconic representation of Gregory, the saint.

The hagiographic collection is not a formally defined *topos* like the Slaves of Love or the Nine Worthies, but it does provide a loose organizing structure like that provided by the "hall of fame" idea at Runkelstein. Just as Iwein is grouped together at Runkelstein with many other figures as "great men" or "heroes" or "famous people of story and song," so is Gregorius, in the *Heiligen Leben,* grouped together with other men and women as a saint. His attributes — the stone, the rough clothes, the uncut hair and beard, sometimes the leg irons — identify him in the same way that the lion heraldry and the ring identify Iwein on the Malterer embroidery, in the same way that armorial bearings identify some of the figures at Runkelstein (though not the Arthurian knights). The meaning of the Gregorius images in the *Heiligen Leben* manuscripts and printings is derived in part from the larger structure, as well: the full and complex story of Gregorius, who born of sin and marries into sin and atones by years of suffering on his rock, is reduced to the image of the ascetic saint.

In a certain sense, it is a long way from the bold, colorful narrative paintings of Rodenegg, with their sophisticated questioning of the ethos of *aventiure,* to the iconic representations of Gregorius in early printed books. In another sense, though, the Iwein frescos have something very important in common with the Gregorius woodcuts — the independence from the canonical text. Although a clear development can be traced from a high medieval culture that is heavily oral, or, in Brian Stock's sense, textual — a culture in which texts are important, but few people can read them — to a much more literate, much more reading-oriented culture at the threshold of the modern era,[23] it remains constant that far from being controlled by the canonical texts, artists are influenced by a great number of factors, including the parameters set by the original story, of course, but also including iconographic traditions, *topoic* structures (for want of a better term) and thematic concerns.

Notes

[1] On pictorial responses to the Arthurian material in the German lands, see Rushing 2000; Loomis and Loomis, though badly dated in its methodology, is reasonably complete and extensively illustrated. The complete catalog of illuminations in German manuscripts eventually will be Frühmorgen-Voß and Ott; in the meantime, see Becker. In general, bibliographical references in this survey will be limited to what is necessary to document sources and to make readers aware of some of the most recent and most important scholarship in the field. I make no effort to exhaustively cite the entire secondary literature. Likewise, the illustrations here are rather minimal, with references provided to sources for fuller visual documentation.

[2] The formulation "probably the oldest" recognizes the possibility that the Schmalkalden paintings could be older, since the ranges of probable dates for the two cycles overlap. Most likely, the Rodenegg murals are not only the oldest Iwein paintings, but the oldest surviving wall paintings in all Europe that depict materials from a vernacular literature. The dating 1220–40 is based primarily on the comparison of the Rodenegg paintings to other paintings in the Brixen area (see Rushing 1995, 32–37). Earlier datings once proposed are no longer generally accepted, although some scholars still defend a date as early as 1205, mainly on the basis of the type of helmet depicted (Masser; Schupp and Szklenar, 111). For comprehensive discussions of the Rodenegg paintings, see Bonnet; Curschmann 1997, 12–19; Rushing 1995, 30–90 (black-and-white photos, figs. 1.1–1.11; Schupp and Szklenar — with color photos).

[3] For a more fully developed interpretation along the lines suggested here, see Rushing 1995, 38–79; in general agreement is Curschmann 1997, 12–19.

[4] In both texts and images, elaborate narrations or depictions of deaths are generally reserved for the death of heroes, such as Roland and Vivianz.

[5] The image is partly destroyed, but Iwein's hand and the top of his head are visible above the blank area, and fragments of his surcoat can be seen below (see Rushing 1995, 59).

[6] No actual evidence supports the idea that a final scene has been lost, but a blank space on the wall beyond the final extant scene leaves room for a hypothetical lost scene. Since there is no trace of paint in this area, it has often been assumed that this corner of the room held a heating stove, and the restorer of the paintings, Nicolo Rasmo, offers evidence for this theory (quoted in Schupp and Szklenar, 49). But of course it is possible to imagine that the heating stove itself was painted. Schupp and Szklenar (103) also suggest that a spiral staircase, painted with a final scene, could have filled the space. In sum: there is room for speculation, but no actual evidence for a missing scene.

[7] This view is shared, for example, by Masser and by Schupp (1982); see Rushing 1995, 77, for a discussion. In this context, Freed's idea (224) that the Iwein room may have been primarily a female domain is worth mentioning. Perhaps the self-styled "knights" were not the primary audience for the murals.

[8] For the idea that the paintings represent a woman's perspective I thank especially Ann Marie Rasmussen (personal communication). Freed's effort (246–49) to connect the paintings with the marriage of Arnold III of Rodank to Mathilda of Hohenburg,

and his suggestion that the noble-born Mathilda commissioned the paintings to reflect her feelings about her marriage to the ministerial Rodank are problematic both historically — the dates might work, but the paintings seem more likely to have been done after the deaths of Arnold and Mathilda — and methodologically — for he does not really offer an interpretation of the paintings so much as a speculation about how some of their earliest viewers might have felt about them.

[9] Suggested dates for the Schmalkalden paintings run from the 1220s to the 1240s, a range that overlaps extensively with the range of dates generally accepted for the Rodenegg cycle. For a general discussion of the Schmalkalden paintings, including a fuller version of the interpretation offered here, see Rushing 1995, 91–132. The paintings have deteriorated since their discovery in the late nineteenth century, and even then they were not in the best of condition.

[10] For detailed discussions of the Erec crown, see Mühlemann's two articles. The actual recognition that the crown's gold work represents scenes from the Erec story was first made by Rainer Sachs (Mühlemann 2000, 86).

[11] Sachs and Nowacki reject this thesis, particularly the notion that Kunigunde gave the crown to the cathedral, proposing instead that the cross was put together and donated to the cathedral much later — between 1471 and 1488.

[12] See Mühlemann (2000, 89–101; 2002, 225–34) for painstaking descriptions of the crown's narrative.

[13] The ring held up by Lunete might possibly be taken as a symbol of marriage, but is perhaps more likely to be included as a reminder of the magic ring that she gives Iwein to make him invisible, and thus as an identifying attribute of Iwein's, like the lion (Rushing 1995, 230). Even if it is taken as wedding ring, that does not mean that Iwein is not a slave of love; on the contrary, it might strengthen the notion that he is one, as Schupp argues (1993, 55).

[14] Something similar happens to Parzival, who is included among the Slaves of Love/Woman in a poem sometimes attributed to Frauenlob (Ettmüller, 102) and in at least two visual art works related to the poem (Rushing 1995, 232–33 and 243; for the Konstanz wall paintings based on the poem, see Wunderlich, 113–56).

[15] The knights are depicted here with arms that are not associated with them elsewhere: Gawein with a white stag, Iwein with a gold eagle, and Parzival with an anchor (Rushing 1995, 251 and 255 n. 32).

[16] On the Nine Worthies, see Schroeder.

[17] On the identifications of the triads, some of which have been identified more than one way in the scholarship, see Heinzle. The lovers are Aglie and Wilhelm von Österreich, Isolde and Tristan, and Amelie and Willehalm von Orlens; the heros are Dietrich von Bern, Siegfried, and Dietleib; the giants are Waltram, Ortnit (?), and Schrutan; the giantesses are Riel (Ruel), Ritsch (?), and Ruchin (?); the identities of the dwarfs are uncertain.

[18] Heidelberg, Universitätsbibliothek, cpg 848 (song manuscript A), made in Zürich in the first third of the fourteenth century; Stuttgart, Württembergische Landesbibliothek, HB XIII 1, Constance, ca. 1310–20 (song manuscript B).

[19] Hartmann might have been a member of a family from Au near Freiburg im Breisgau, ministerials of the Zähringer (from whose arms the eagle-heads could

have been adopted) — but as with almost everything else associated with the biographies of the German poets from this period, this cannot be unequivocally maintained. On the issue of Hartmann's home and family, and the possible significance of the heraldry in the song manuscripts, see Cormeau 1981, cols. 500–501; Cormeau and Störmer, 32–36; Mertens 1978, 154–62, esp. 159–61 on the heraldry.

[20] The catalog of *Heiligen Leben* manuscripts and printings is Firsching, as extended by Williams-Krapp. Illustrated manuscripts with Gregorius pictures include Firsching's no. 52, Munich, Bayerische Staatsbibliothek, cgm 504, dated 1475, with 135 pen drawings at the beginning of the legends (Schneider, 23); Williams-Krapp's no. 100, Donaueschingen, Fürstlich-Fürstenbergische Hofbibliothek, Hs. 117, dated 1454; Williams-Krapp's no. 128, Munich, Bayerische Staatsbibliothek, cgm 840, 15th c. For a brief discussion of the illustrations, especially in the printed books, see Mertens 1978, 121. At least one *Heiligen Leben* manuscript is copied, with its pictures, from a printed version: this is cgm 840, based on Zainer's 1471 printing (see Förderer und Freunde).

[21] Representative examples include Günther Zainer's Augsburg printing of 1471 (Schramm 2, Abb. 45), the printing by Konrad Funer, 1481 (Schramm 9, Abb. 203), and others. For a more complete list, see Mertens 1978, 121.

[22] This is Anton Koberger's edition of 1488 (Schramm 17, Abb. 228).

[23] On this development as it relates to image-text relations, see Curschmann 1997.

Editions Cited

Chrétien de Troyes. *Le Chevalier au Lion (Yvain)*. Ed. Mario Roques. Les Romans de Chrétien de Troyes 4. Paris: Champion, 1982.

Frauenlob: Leiche, Sprüche, Streitgespräche und Lieder. Ed. Ludwig Ettmüller. Quedlinburg: G. Basse 1843 (repr. Amsterdam: Rodopi, 1966).

Hartmann von Aue. *Der arme Heinrich*. Ed. Hermann Paul. Altdeutsche Textbibliothek 3. 14th ed. by Ludwig Wolff. Tübingen: Niemeyer, 1972.

———. *Iwein: Eine Erzählung von Hartmann von Aue*. Ed. G. F. Benecke, Karl Lachmann and Ludwig Wolff. 2 vols. 7th ed. Berlin: de Gruyter, 1968.

Works Cited

Becker, Peter Jörg. *Handschriften und Frühdrucke mittelhochdeutscher Epen: Eneide, Tristrant, Tristan, Erec, Iwein, Parzival, Willehalm, Jüngerer Titurel, Nibelungenlied und ihre Reproduktion und Rezeption im späteren Mittelalter und in der frühen Neuzeit*. Wiesbaden: Reichert, 1977.

Bonnet, Anne Marie. *Rodenegg und Schmalkalden: Untersuchungen zur Illustration einer ritterlich-höfischen Erzählung und zur Entstehung profaner Epenillustration in den ersten Jahrzehnten des 13. Jahrhunderts*. Munich: tuduv, 1986.

Cormeau, Christoph. "Hartmann von Aue." In *Die deutsche Literatur des Mittelalters: Verfasserlexikon*. Vol. 3. Ed. Kurt Ruh et al. Berlin: de Gruyter, 1981, cols. 500–520.

Cormeau, Christoph, and Wilhelm Störmer. *Hartmann von Aue: Epoche — Werk — Wirkung*. Munich: Beck, 1985.

Curschmann, Michael. *Vom Wandel im bildlichen Umgang mit literarischen Gegenständen: Rodenegg, Wildenstein, und das Flaarsche Haus in Stein am Rhein*. Freiburg, Switzerland: Universitätsverlag Freiburg Schweiz, 1997.

———. "Wort — Schrift — Bild: Zum Verhältnis von volksprachigem Schrifttum und bildender Kunst vom 12. bis zum 16. Jahrhundert." In *Mittelalter und frühe Neuzeit: Übergänge, Umbrüche und Neuansätze*. Ed. Walter Haug. Tübingen: Niemeyer, 1999, 378–470.

Domanski, Kristina, and Margit Krenn. "Die profanen Wandmalereien im Sommerhaus." In *Schloss Runkelstein: Die Bilderburg*. Ed. City of Bozen "unter Mitwirkung des Südtiroler Kulturinstitutes." Bozen: Athesia, 2000.

Firsching, K. *Die deutschen Bearbeitungen der Kilianslegende unter besonderer Berücksichtigung deutscher Legendarhandschriften des Mittelalters*. Würzburg: Schöningh, 1973.

Förderer und Freunde der Bayerischen Staatsbibliothek. "Der Heiligen Leben. Winterteil [Cgm 504]." http://www.bsb-muenchen.de/foerder/p504.htm.

Freed, John B. *Noble Bondsmen: Ministerial Marriages in the Archdiocese of Salzburg, 1100–1343*. Ithaca: Cornell UP, 1995.

Frühmorgen-Voss, Hella. "Bildtypen in der Manessischen Liederhandschrift." In Frühmorgen-Voss, *Text und Illustration im Mittelalter: Aufsätze zu den Wechselbeziehungen zwischen Literatur und bildender Kunst*. Ed. Norbert H. Ott. Munich: Beck, 1975. 57–88.

———, and Norbert H. Ott. *Katalog der deutschsprachigen illustrierten Handschriften des Mittelalters*. Veröffentlichungen der Kommission für deutsche Literatur des Mittelalters der Bayerischen Akademie der Wissenschaften. Munich: Beck, 1987. 2 volumes and 4 fascicles to date. 1986–.

Heinzle, Joachim. "Die Triaden auf Runkelstein und die mittelhochdeutsche Heldendichtung." In *Runkelstein: Die Wandmalereien des Sommerhauses*. Ed. Walter Haug et al. Wiesbaden: Reichert, 1982. 63–93.

Kornrumpf, Gisela. "Heidelberger Liederhandschrift C." *Die deutsche Literatur des Mittelalters: Verfasserlexikon*. Vol 3. Ed. Kurt Ruh et al. Berlin: de Gruyter, 1981, cols. 584–97.

Lavin, Marilyn Aronberg. *The Place of Narrative: Mural Decoration in Italian Churches, 431–1600*. Chicago: U of Chicago P, 1990.

Loomis, Roger Sherman, and Laura Hibbard Loomis. *Arthurian Legends in Medieval Art*. New York: Modern Language Association, 1938.

Masser, Achim. "Die 'Iwein'-Fresken von Burg Rodenegg in Südtirol und der zeitgenössische Ritterhelm." *Zeitschrift für deutsche Philologie* 112 (1983): 177–98.

Maurer, Friedrich. "Der Topos von den 'Minnesklaven': Zur Geschichte einer thematischen Gemeinschaft zwischen bildender Kunst und Dichtung im Mittelalter." *Deutsche Vierteljahresschrift für Literaturwissenschaft und Geistesgeschichte* 27 (1953): 182–206. (Rpt. in Maurer, *Dichtung und Sprache des Mittelalters: Gesammelte Aufsätze*. Bern and Munich: Francke, 1963, 224–48.)

Mertens, Volker. *Gregorius Eremita: eine Lebensform des Adels bei Hartmann von Aue in ihrer Problematik und ihrer Wandlung in der Rezeption*. Zurich and Munich: Artemis: 1978.

———. *Laudine: Soziale Problematik im* Iwein *Hartmanns von Aue*. Zeitschrift für deutsche Philologie Beiheft 3. Berlin: Schmidt, 1978.

Mühlemann, Joanna. "Erec auf dem Krakauer Kronenkreuz — Iwein auf Rodenegg: Zur Rezeption des Artusromans in Goldschmiedekunst und Wandmalerei." In *Literatur und Wandmalerei I: Erscheinungsformen höfischer Kultur und ihre Träger im Mittelalter. Freiburger Kolloquium 1998*. Ed. Eckart Conrad Lutz, Johanna Thali, and René Wetzel. Tübingen: Niemeyer, 2002.

———. "Die 'Erec'-Rezeption auf dem Krakauer Kronenkreuz." *Beiträge zur Geschichte der deutschen Sprache und Literatur* 122 (2000): 76–101.

Ott, Norbert H. "Minne oder *amor carnalis*? Zur Funktion der Minnesklaven-Darstellungen in mittelalterlicher Kunst." *Liebe in der deutschen Literatur: St. Andrews-Colloquium 1985*. Ed. Jeffrey Aschcroft, Dietrich Huschenbett, and William Henry Jackson. Tübingen: Niemeyer, 1987. 107–25.

Plate, Bernward, ed. *Gregorius auf dem Stein: Frühneuhochdeutsche Prosa (15. Jh.) nach dem mittelhochdeutschen Versepos Hartmanns von Aue: Die Legende (Innsbruck UB Cod. 631), der Text aus dem 'Heiligen Leben' und die sogenannte Redaktion*. Darmstadt: Wissenschaftliche Buchgesellschaft, 1983.

Ritchie, R. L. Graeme, ed. *The Buik of Alexander: or the Buik of the Most Noble and Valiant Conqueror Alexander the Grit*. By John Barbour. 4 vols. Scottish Text Society 12, 17, 21, 25. Edinburgh: Blackwood, 1921–1929.

Rushing, James A., Jr. *Images of Adventure: Ywain in the Visual Arts*. Philadelphia: U of Pennsylvania P, 1995.

———. "*Liederhandschriften*, Illustrations." In *Medieval Germany: An Encyclopedia*. Ed. John M. Jeep. New York: Garland, 2001. 452–53.

———. "The Pictorial Evidence." In *The Arthur of the Germans: The Arthurian Legend in Medieval German and Dutch Literature*. Ed. William H. Jackson and Silvia A Ranawake. Cardiff: U of Wales P, 2000. 257–79.

Sachs, Rainer, and Dariusz Nowacki. "Cross of Ducal Coronets." In *Wawel 1000–2000: Jubilee Exhibition: Artistic Culture of the Royal Court and the Cathedral, Wawel Royal Castle, May–July 2000: Cracow Cathedral — The Episcopal, Royal, and National Shrine, Wawel Cathedral Museum, May–September 2000*. Ed. Maria Podlodowska-Reklewska. Cracow: published under the auspices of the *Kraków 2000* festival, 2000. 2 vols. 1: 188–91.

Schneider, Karin. *Die deutschen Handschriften der Bayerischen Staatsbibliothek München Cgm 501–690.* Catalogus codicum manu scriptorum Bibliotecae Monacensis T. V, pars IV. Wiesbaden: Harrasowitz, 1978.

Schramm, Albert. *Der Bilderschmuck der Frühdrucke.* 23 volumes. Leipzig: Deutsches Museum für Buch und Schrift: K. W. Hiersemann, 1920–1943.

Schroeder, Horst. *Der Topos der Nine Worthies in Literatur und bildender Kunst.* Göttingen: Vandenhoeck und Ruprecht, 1971.

Schupp, Volker. "Kritische Anmerkungen zur Rezeption des deutschen Artusromans anhand von Hartmanns 'Iwein': Theorie-Text-Bildmaterial." *Frühmittelalterliche Studien* 9 (1975): 405–42.

———. "'Scriptoralisches' zum Malterer-Teppich." In *Vielfalt des Deutschen: Festschrift für Werner Besch.* Ed. Klaus J. Mattheier, et al. Frankfurt: Peter Lang, 1993, 149–159.

———. "Die Ywain-Erzählung von Schloss Rodenegg." In *Literatur und bildende Kunst im Tiroler Mittelalter.* Ed. Egon Kühebacher. Innsbruck: n.p., 1982, 1–27.

———, and Hans Szklenar. *Ywain auf Schloß Rodenegg: Eine Bildergeschichte nach dem Iwein Hartmanns von Aue.* Sigmaringen: Thorbecke, 1996.

Smith, Susan Louise. *The Power of Women: A Topos in Medieval Art and Literature.* Philadelphia: U of Pennsylvania P, 1995.

———. "The Power of Women *Topos* on a Fourteenth-Century Embroidery." *Viator* 21 (1990): 203–28.

Stock, Brian. *The Implications of Literacy: Written Language and Models of Interpretation in the Eleventh and Twelfth Centuries.* Princeton, NJ: Princeton UP, 1983.

Vetter, Ewald. "Die Bilder." In *Codex Manesse: Die große Heidelberger Liederhandschrift: Kommentar zum Faksimile des Codex Palatinus Germanicus 848 der Universitätsbibliothek Heidelberg.* Ed. Walter Koschorreck and Wilfried Werner. Kassel: Ganymed, 1981. 43–100.

Walther, Ingo F. (unter Mitarbeit von Gisela Siebert). *Codex Manesse: Die Miniaturen der Großen Heidelberger Liederhandschrift.* Frankfurt a.M.: Insel, 1988.

Weber, Paul. "Die Iweinbilder aus dem 13. Jahrhundert im Hessenhofe zu Schmalkalden." *Zeitschrift für bildende Kunst* n.s. 12 (1900–1901): 73–84, 113–20.

Williams-Krapp, Werner. "Studien zu 'der Heiligen Leben.'" *Zeitschrift für deutsches Altertum* 105 (1976): 274–303.

Wunderlich, Werner. *Weibsbilder al Fresco: Kulturgeschichtlicher Hintergrund und literarische Tradition der Wandbilder im Konstanzer Haus 'Zur Kunkel.'* Konstanz: Stadler, 1996.

The Medieval Literary Reception of Hartmann's Works

William H. Jackson

THIS CONTRIBUTION FOCUSES mainly on the reception of Hartmann von Aue in the works of other medieval authors. What role did Hartmann play as an authorial figure in the medieval German literary tradition, which of his works were received most widely, and what patterns of genre, chronology, audience interest, and literary function can be discerned in this process? Manuscripts are the main tangible expressions of literary life in the Middle Ages. The known manuscripts, and the circumstances of their transmission, provide valuable evidence about a work's cultural status and popularity, and so the contribution will begin by looking briefly at aspects of the manuscript transmission of Hartmann's works that can throw light on the way his works were received.

The Manuscripts

First, with regard to the profile of Hartmann as an author working in several genres, his lyrics were transmitted under his name in the "Kleine Heidelberger Liederhandschrift" (**A**, 10 strophes), the "Weingartner Liederhandschrift" (**B**, 28 strophes), and most fully in the "Große Heidelberger (Manessische) Liederhandschrift" (**C**, 60 strophes), and otherwise his works were transmitted separately from each other. It is not until the "Ambraser Heldenbuch" of the early sixteenth century that a number of his works (*Iwein, Erec, Klage*) appear together in one codex. Thus, for over 300 years the manuscript transmission of this major author showed no interest in the oeuvre as a whole, but only in the separate works (Cormeau and Störmer, 21). Moreover, the "Ambraser Heldenbuch," which brings the first indication in the manuscript transmission of an interest in Hartmann's works that goes beyond one genre, is already a retrospective prestige codex that comes at the end of, or even after, the living literary reception of Hartmann's works.

In terms of regional spread, the manuscripts containing Hartmann's lyrics are concentrated in the southwest. The manuscripts of his narrative works too are weighted towards the south, but they also show a wider regional spread than the lyric manuscripts, with some reception of *Erec* and *Iwein* well to the north, in the Low German area.[1] It seems that Hartmann's Arthurian romances were quickly transmitted along an axis linking the southeast with the northern regions, and since this axis was connected with the power zone of the Welfs it may throw light on the unanswered question of the literary sponsorship of Hartmann's works (Klein, 123).

The numerical and chronological spread of the narrative manuscripts shows considerable variation:[2]

Table Manuscripts of Hartmann's narrative works

	13th c.	13th/14th c.	14th c.	15th c.	16th c.
Erec	2	0	1	0	1
Iwein	11	5	6	8	2
Gregorius	4	1	4	3	0
Armer Heinrich	2	0	4	0	0

The *Gregorius* manuscripts (6 complete and 6 fragmentary) range from the thirteenth to the fifteenth century. *Der arme Heinrich* (2 complete and 4 fragmentary manuscripts) is thinly transmitted in the early period, with only two fragments dating from the thirteenth century. However, this is not necessarily an accurate reflection of the true historical spread of *Der arme Heinrich*, since short works like this were usually first diffused in single-work manuscripts that had a high loss rate, while the surviving versions of the work are in collective manuscripts (*Sammelhandschriften*) that represent only a secondary reception (Mihm, 13–23; 44). *Iwein* (15 complete and 17 fragmentary manuscripts) was one of the most frequently reproduced of all German Arthurian romances, the earliest known *Iwein* manuscript dating from the first half of the thirteenth century, and the latest (**u**)[3] being the last German Arthurian romance to be copied out in the traditional way, in 1521. *Erec,* which is recognized in modern scholarship as a work of pathbreaking importance, is remarkably thinly transmitted, with one nearly complete manuscript from the sixteenth century and fragments of three earlier manuscripts. The point just made about the high loss rate of manuscripts of short works does not apply to a substantial work like *Erec,* where the loss rate might be expected to be no different from that of *Iwein*. The manuscript findings thus suggest that *Erec* was less widely disseminated than Hartmann's second Arthurian romance. *Iwein* seems to have been copied out frequently at an early stage, and this may have depressed the demand for the similar and older *Erec* (Becker, 223–24). Be that as it may, the numerical disparity in manuscript transmission of Hartmann's two Arthurian romances is something we shall need to bear in mind when we turn to their wider literary reception.

The transmission of Hartmann's lyrics is far narrower than that of his narrative poetry. The lyric manuscripts **A**, **B**, and **C** stem from the late thirteenth and early fourteenth century. A few of the strophes attributed to Hartmann in these manuscripts also appear in later manuscripts, but now under the names of Walther von der Vogelweide or Reinmar.[4] The reception of Hartmann as a named lyric poet thus closes with the "Große Heidelberger Liederhandschrift" in the early fourteenth century. The *Klage* is preserved only in the "Ambraser Heldenbuch" (1504–1515/16).

Evidence as to the sponsorship, ownership, and use of manuscripts of Hartmann's works before the sixteenth century is sparse, and points chiefly to noble circles, with some interesting variations. The lyric manuscripts **A**, **B**, and **C** were probably connected with aristocratic circles in south German towns, the "Große Heidelberger Liederhandschrift" reflecting the collecting activity of the Zurich noble Rüdiger Manesse (d. 1304) and perhaps the interests of other nobles of the town, including Bishop Heinrich von Klingenberg, who are praised in the songs of Johannes Hadlaub (Bumke 1986, 677, 764–65; Kornrumpf, 294–95). The translation of Hartmann's *Gregorius* into Latin completed by the abbot Arnold of Lübeck (d. 1211/14) at the behest of Duke William of Lüneburg (d. 1212/13) between 1209 and 1213 is a remarkable early document of the reception of this work, and the names and mottos of four Austrian nobles were entered into manuscript **E** of Hartmann's *Gregorius* in the early sixteenth century (Fechter, 43), while a reduced prose version of *Gregorius* was widely transmitted in monasteries in the fifteenth century and, in printed form, was widely owned by burghers (see below). To judge by the evidence of manuscripts and early printed books, *Gregorius* thus enjoyed the widest social diffusion among Hartmann's works. An early fourteenth-century manuscript of *Iwein* (**a**) was written by a Jewish scribe, presumably for Jewish merchant circles (Becker, 64–65). This is, however, an exceptional case, and the predominant evidence points to the nobility as the sponsors and owners of manuscripts of *Erec* and of *Iwein* from the thirteenth through to the sixteenth century (Becker, 52–75 *passim*, 194–97): *Erec* is recorded in two noble libraries in the fifteenth and early sixteenth centuries, several *Iwein* manuscripts show connections with noble families, and the "Ambraser Heldenbuch," which contains the largest grouping of Hartmann's works in any known manuscript, was commissioned by Emperor Maximilian I (1459–1519). I shall return to the place of Hartmann's romances in aristocratic culture when discussing their reception in the fifteenth century.

Especially from the thirteenth century onwards, collective manuscripts (*Sammelhandschriften*) whether in the form of anthologies arranged according to some principle of genre or theme, or more miscellaneous gatherings, were an important feature of medieval literary culture. The place of individual works in such gatherings can throw light on audience tastes and the sense of literary groupings in the process of reception, and here again Hartmann's works show notable and symptomatic variations. Hartmann's lyrics are grouped together with those of other named poets in the lyric manuscripts **A**, **B**, and **C**, but never with any of Hartmann's own other works. *Gregorius* is grouped together with religious, didactic, or historico-religious works in manuscripts from the thirteenth to the fifteenth century, but despite the strong courtly and chivalric strand in the work it never appears in collections with courtly romances of love and adventure or with purely fictional narratives (Wachinger, ed. *Gregorius,* xvi; Ernst, 19). By contrast, *Der arme Heinrich,* which modern scholars often place beside *Gregorius* as a courtly religious work, has a different profile of transmission, since it appears in manuscripts together with other short rhyme-pair works that range in theme from the devotional to the comic and erotic (Mihm, 47–61; Stutz, 9–10). There is some thematic grouping within the collective manuscripts that include *Der arme Heinrich,* but for instance in the Kalocsa manuscript now in Geneva (*Der arme Heinrich* **Bb**) Hartmann's delicate story of emotion and self-sacrifice immediately follows *Der Sperber,* a tale of sexual comedy (Gärtner, ed. *Der arme Heinrich,* xiv).

Iwein was a work of sufficient length and importance to be transmitted singly, but it was also of convenient length for gathering together with other works (Becker, 56–74 *passim,* 171–73). Like other courtly romances *Iwein* appears in collections with other German vernacular works, which indicates a lay target audience. Each collective manuscript that includes *Iwein* has a different profile and throws fresh light on the work's reception. The general picture is that *Iwein* is collected together primarily with Arthurian works (including Tristan romances) and Dietrich epics, but also with miscellaneous other texts. The codex containing manuscript **J** combines a wide variety of narrative texts and seems to be a gathering of all the secular literature that interested a fourteenth-century Austrian noble family. Manuscript **z** (Becker, 73–75) appears in a compendium that was assembled in the late fifteenth century and that brought together various types of text relating to the theme of love, combining the old courtly romance *Iwein* with a number of fourteenth-century works, and with the *Ehezuchtbücklein* of the modern author Albrecht von Eyb (d. 1475). Love is also a theme in the "Ambraser Heldenbuch," which includes *Iwein, Erec,* and Hartmann's *Klage,* but this princely codex is devoted programmatically to older literature, and treats love in traditional courtly forms (Glier, 389–92; Becker, 74). Yet again in terms of inclusion in collective manuscripts *Iwein* emerges as particularly wide-ranging in its reception.

The last codicological question to consider is the degree of stability shown by texts in the manuscript transmission. Recent work has paid much attention to the phenomenon of instability, openness, *mouvance* in medieval vernacular manuscript culture. The transmission of all Hartmann's works (with the exception of the *Klage* and those lyrics transmitted only in one manuscript) shows this phenomenon in varying degrees, with textual reductions, expansions, and alterations of such a kind that it is not always possible to be sure of the wording of an original authorial text.

Some of Hartmann's lyrics appear in different sequences of strophes in the various manuscripts, and this has recently been interpreted as a strategy of interpretative reception that may have been legitimized by the poets of *Minnesang* themselves (Cramer, 50–63, 77–81; Heinen, ed. *Mutabilität*, v). The transmission of *Gregorius* shows instability in that (for instance) the text is abbreviated considerably in the later parts of the story in manuscript **G**, and three of the "complete" manuscripts lack the prologue (Dittmann, 31–33, 106–12). The textual instability of short verse stories has long been recognized. In the case of *Der arme Heinrich* the two main manuscript strands differ widely, with **A** tending to abbreviate and **B** to expand, and the wording of Hartmann's "original text" is currently the topic of lively debate (Gärtner, ed. *Der arme Heinrich,* xxii–xxviii; Schröder, *Heinrich*). The **B** version alters the end of Hartmann's story substantially, having Heinrich and his bride not consummate their marriage, but retire to a monastic life. And in manuscript **Ba** one scribe modifies the wording of the text, evidently so as to protect the protagonists of several stories, including Heinrich, from the charge of *superbia*.[5]

Nor are Hartmann's romances transmitted as completely stable, closed texts. Thirteenth-century fragments of *Erec* show some variance from the Ambras text, though the evidence is too slim to allow large-scale conclusions about the transmission of this work.[6] The transmission of *Iwein* shows much redactional activity, with all the manuscripts showing additions and/or abbreviations or gaps. Even the two earliest manuscripts, **A** and **B**, which reach back to the first half of the thirteenth century, diverge significantly, with **B** providing extra passages, especially towards the end. The relation of these two manuscripts is currently hotly debated, particularly with regard to lines 8121–36 of Wolff's critical text. Here **B** brings a passage telling of Laudine's falling at Iwein's feet and asking for forgiveness, which has no corresponding passage in manuscript **A** (to which Wolff normally gives priority in establishing Hartmann's text) or in Chrétien's text. Wolff sees these lines as a later addition by Hartmann himself, thus postulating two author versions, and Bumke sees **A** and **B** as parallel versions of equal value that cannot be resolved into a sequence of primary and secondary, while Schröder sees **A** as representing Hartmann's text and **B** as the work of a different redactor (Wolff, ed. *Iwein,* 2: 219–20; Bumke 1996, 8–11, 33–42; Schröder, *Laudine,* 30–31). This debate is not merely a codicological technicality, for it throws into doubt the portrayal of one of the major characters at a key point in the action. The relation of authorial text and redaction is clearer with the addition of 106 lines at the end of *Iwein* in manuscript **f** (dated 1415), in which a redactor draws on the *Willehalm von Orlens* of Rudolf von Ems (fl. ca. 1220–ca. 1255) to tell how Iwein became a perfect ruler, rewarded Lunete with marriage to a count's son, and was succeeded as king by his own son (Gerhardt, 15–33; Unzeitig-Herzog, 236–37). The somewhat open end of *Iwein,* which is seen by modern critics as a positive aesthetic feature, indeed seems to have met with less favor in the medieval reception of the work, as these versions tried to round off the action between Iwein and Laudine with an emotionally reassuring but aesthetically questionable reconciliation scene and to place the romance in a firm dynastic continuity. *Iwein* is also one of a number of romances that exist in abbreviated versions. These "condensed" versions are characteristic of the later Middle Ages. They often involve shortening of larger units of the action, abbreviation or elimination of passages not necessary for the action, such as narrator comments and excursuses, and abbreviation of descriptions, monologues, dialogues, and scenes of combat: they play down precisely some of the stylistic features that modern scholars see as characteristic of Hartmann's style in favor of a concentration on events at the expense of authorial voice (Strohschneider, 428–29; Henkel 1993, 49–50).

The concept of instability or *mouvance* has often been linked with oral culture. However, the types of instability just sketched in the manuscripts of Hartmann's works are connected more with written culture (Cramer, 75–77). They show a living and interpretative literary reception of Hartmann's work in which scribes were not mere transmitters of a closed text, but to some extent adaptors who were engaged in a dialogue with the exemplar they were "copying." The interplay of tradition and living dialogue that informs the transmission of Hartmann manuscripts is also an important strand in the reception of his works by other medieval authors.

Reception in Works of Other Authors

Hartmann was one of the most influential figures in medieval German literature, and study of his reception in the works of other authors involves consideration of German (and some Latin) literature over three hundred years. I shall approach this topic by discussing Hartmann's place as a named author in the formation of a literary canon, and then tracing the reception of his works in a sequence that moves roughly from the most thinly to the most intensively and widely received works: the lyrics, the *Klage, Der arme Heinrich, Gregorius,* and lastly *Erec* and *Iwein.*

Hartmann and the Literary Canon

For the first time in the history of German literature a canon of named vernacular authors emerged in the thirteenth century, and this was expressed in the listing in narrative and lyric poetry of names of poets felt to be worthy of praise and emulation (Coxon, 32–33; Haug). The process of canon formation marks a key stage in the growing self-consciousness of German literary culture, and the reception of Hartmann's works was a key feature in this process. Hartmann is praised as the leading contemporary narrative poet in the first vernacular literary review, in the *Tristan* of Gottfried von Strassburg (4621–37). This encomiastic reference is one of the earliest documents of Hartmann's literary reception, and it indicates that he enjoyed great prestige already in his lifetime. Gottfried himself, and particularly Wolfram von Eschenbach, quickly became established to form, with Hartmann, the core of the thirteenth-century narrative canon. The respective standing of Hartmann and Wolfram in the thirteenth century is indicated in the fact that, of the twenty-seven German narrative authors listed by Schweikle (1970, 132–33) as mentioning other authors by name in this period, seventeen name Wolfram and ten Hartmann. The next most frequently mentioned names are Heinrich von Veldeke (seven) and Gottfried von Strassburg (five). Schweikle's list also brings to light the possibly significant feature that Wolfram is named far more often than Hartmann by authors towards the end of the thirteenth century, a contrast that perhaps foreshadows the fading of Hartmann's status in the later Middle Ages, a point to which we shall return.

Hartmann's status as a canonical author throws light on his literary reception in a number of ways. First, while the manuscript transmission gives priority to individual works rather than to the collective output of Hartmann as author, the process of canonization by contrast highlights precisely the author as a figure who legitimizes literary tradition. Indeed, it was usually only connoisseurs or enthusiasts who were interested in the figure of the author in the Middle Ages (and such connoisseurs included the poets who provided encomiastic lists of authors in their own works, not least as a means of appropriating a place in the tradition for themselves), while most scribes and most "consumers" of literature seem to have been interested in works rather than authors (Wachinger, 1991, 2–5). This divergence of interest between author and work runs through the history of Hartmann reception in the Middle Ages.

Further, it is chiefly as narrative author, and particularly as author of the Arthurian romances *Erec* and *Iwein,* that Hartmann figures in the canon. These two romances vouchsafe Hartmann's exemplary status in the literary review in Rudolf von Ems's *Willehalm von Orlens* (2176–78); reference to Hartmann is an almost obligatory genre marker in thirteenth-century Arthurian romances (see below); and while Hartmann is the second most frequently named author in narrative works of the thirteenth century, he is named only once by another lyric poet in this period, less often than Walther von der Vogelweide (fl. 1190–1230), Reinmar der Alte (d. before 1210), Heinrich von Rugge (last quarter twelfth century), Neidhart (first half thirteenth century), Konrad von Würzburg (d. 1287) and a number of others (Schweikle 1970, 134). During the crucial period of consolidation and change in the thirteenth century the German narrative tradition thus defined itself largely in relation to Hartmann, while the lyric tradition had different authorial models.

At the relatively high level of reflection that characterizes the formation of a literary canon, authorial style plays an important part, by contrast with the interest in story-material that often operates in the reception (and at times stylistic deformation) of individual works. Gottfried von Strassburg set the tone for the stylistic reception of Hartmann by praising him in terms of lucidity and harmony of word and sense. Rudolf von Ems, writing in the 1230s, elaborated Gottfried's poetological statement to identify three contemporary stylistic modes in the major canonical authors: Hartmann is characterized by clarity, smoothness, and elegance of language; Wolfram by the powerful, the unusual, the striking; and Gottfried (paradoxically) unites the seemingly irreconcilable qualities of Hartmann and Wolfram (*Alexander*, 3119–70),

The clarity and elegance of Hartmann's language as it was expressed especially in the widely transmitted *Iwein* acted as a powerful stylistic ideal from which two consequences flow for the study of his literary reception. On the one hand the paradigmatic elegance of Hartmann's style makes it often difficult to decide whether parallel formulations in later authors are direct borrowings from Hartmann, or merely part of the larger, middle-level poetic style that oriented itself in a general way towards Hartmann's diction; and on the other hand the very smoothness of Hartmann's diction, its availability, meant that later authors (as we shall see) were able to lift runs of lines from his works and integrate them into their own in such a way that we can clearly detect direct reception.

The Lyrics

Assessment of the early reception of Hartmann's lyrics by other poets runs up against unsolved problems of chronology concerning the poetry of Hartmann, Reinmar, and Walther von der Vogelweide. There are numerous parallels of wording that link Hartmann's lyrics with those of the other two poets. Carl von Kraus analyzed these parallels and concluded that Reinmar and Walther knew and drew on most of Hartmann's songs, and that Hartmann was consequently a major influence on them (Kraus 1939, 412–23). For instance, Kraus concludes that Reinmar drew particularly heavily on two of Hartmann's songs of unrewarded subjection, and that Walther drew heavily on Hartmann's song "Maniger grüezet mich alsô" (Many greet me thus, XV = *MF* 216,29),[7] in which the poet turns away from high ladies in search of reciprocity in love. In general, Kraus credits Hartmann with having strongly influenced the lyric diction of Reinmar and Walther, and specifically his view gives Hartmann an important creative role both in formulating and in questioning the lyric construct of "hohe Minne." Other scholars see Reinmar drawing on Hartmann's song "Diz waeren wunneclîche tage" (These would be wonderful days, XVI = *MF* 217,14) in his widow's complaint.[8]

If Kraus's view is correct, then the lyrics of Reinmar and Walther are early documents of Hartmann reception, and the reception of Hartmann's lyrics in turn had a considerable impact on the development of German *Minnesang*. However, Kraus's assessment of the relations of Hartmann to Reinmar and to Walther surely goes further than the evidence allows, and recent work shows skepticism and uncertainty about this complex.[9] Hartmann's lyrics formed part of a lively intertextual debate, and the creative reception of these lyrics by Reinmar and Walther may well have formed an important link in the chain of German lyric poetry, but until the questions of relative chronology are answered, the extent of Hartmann's contribution and of the early reception of his lyrics remains unclear.

Hartmann's lyrics "Dir hât enboten, vrowe guot" (Gracious lady, [a knight] offered you, XII = *MF* 214,34) and "Wê, war umbe trûren wir?" (Alas, why are we sorrowful, XVIII = *MF* Moser/Tervooren, 429) are special cases in the interrelationship of Hartmann, Reinmar, and Walther, for they show dual attribution of various strophes in different manuscripts for XII (to Hartmann and Walther), and triple attribution for XVIII (to Hartmann, Reinmar, and Walther). Gutenbrunner interpreted XVIII as a piece of parodistic role-playing, in which an unknown poet of the thirteenth century assumed the voice of Reinmar for strophe 1, that of Walther for strophes 2 and 4, and that of Hartmann for strophes 3 and 5 (250–56). According to this interpretation the poem would be a lively document of Hartmann reception; but this reading is probably too ingenious to be true, and current work tends to leave the problem of authorship open (Bein, *Untersuchungen*, 395–96). "Dir hât enboten, vrowe guot" has attracted much attention in recent debates on manuscript variance and on the concepts of author and work in the Middle Ages. Kühnel, following the testimony of the manuscripts, sees strophes 1–3 as a messenger song composed by Hartmann, and strophes 4 and 5 as parodistic strophes added by Walther; Schweikle takes up this interpretation and develops a theory of "textual adoption" to describe this kind of dual authorship, while Henkel sees these strophes not as forming one unified song, but as an aggregation of strophes that could be variously realized in performance and whose relation to an "author" remains uncertain (Kühnel, 27–30; Schweikle 1995; Henkel 1998). Here again Hartmann's literary reception is inextricably bound up with questions of manuscript variance.

If we turn to thirteenth-century lyric poetry as a whole, Kraus (KLD II 74, 98, 225, 454, 539) points to verbal parallels between Hartmann's songs and lyrics of Friedrich von Leiningen (d. 1237), Gottfried von Neifen (d. after 1255), the Markgraf von Hohenburg (first half thirteenth century), Rudolf von Rotenburg (first half thirteenth century), and Ulrich von Lichtenstein (d. 1275). These are all aristocratic poets working in the tradition of the high courtly love lyric. However, most of the parallels are too fleeting to prove direct reception (indeed Kraus expresses himself cautiously). A close parallel is that between Rudolf von Rotenburg, Leich IV, ll. 5–8: "Nû gêt mir nâhe ein ander leit, / daz mir ein wîp sô gar verseit / ir minne, die mit staetekeit / gedienet hât mîn lîp, mîn herze, beide" (Now I am troubled by another sorrow [namely] a woman, whom I served, body and heart, with great constancy, is denying me her love, KLD I, 370) and Hartmann I (= *MF* 205,1), strophe 3, ll. 6–8: "dar zuo sô trüebet mich ein varende leit: / mir hât ein wîp genâde widerseit, / der ich gedienet hân mit staetekeit" (In addition I have the constant sorrow: a woman, whom I served with constancy, has rejected me). There is a similarity of ideas in that both poems move from one suffering to another, and the verbal parallels are matched by almost identical rhymes. Rotenburg was working in the first half of the thirteenth century in south Germany. He was a strong upholder of the formal and thematic traditions of the high courtly lyric, and this is the strand of poetry that might well have been most open to reception of Hartmann's lyrics.

The unknown author of the so-called *Zweites Büchlein* (after ca. 1220) shows a wide knowledge of Hartmann's works, and lines 121–53 of the *Büchlein* draw heavily on the wording of the lyric "Nieman ist ein saelic man" (No one is a happy man, XI = *MF* 214,12; Saran, 39–46, 109–10). Once again it is the suffering of love that links the two works. Finally, Joachim Heinzle considers the opening of a song by Steinmar: "Sît si mir niht lônen wil / der ich hân gesungen vil" (Since she, for whom I have sung much, does not intend to reward me, Bartsch, *Schweizer Minnesänger*, XIX, 1, st. 1) as a parody of a strophe in which Hartmann complains of unrewarded love: "Sît ich ir lônes muoz enbern, / der ich manic jâr gedienet hân" (Since I must do without the love of her whom I have served many a year, III, st. 4 = *MF* 207, 23; Heinzle, 91). Whereas Hartmann, as is typical for him, commits himself to faithful love service despite lack of reward in the rest of his song, Steinmar, in a parodistic reversal, turns his praise away from the unyielding lady to the autumnal joys of wine and food. Steinmar was composing probably in the second half of the thirteenth century, and the song in question stands at the beginning of a tradition of songs on gourmandizing in the literature of the later Middle Ages.

However, even if Steinmar did perhaps take a verbal lead from Hartmann in this song, it was not so much Hartmann individually that he was parodying, but rather the entire literary convention of "hohe Minne," to which he himself subscribed in other poems. Other lyric poets of Hartmann's day, especially Walther and Reinmar, had a far greater impact on subsequent generations. The one occasion on which Hartmann is named by a later lyric poet is when Der von Gliers (d. 1308/1314) includes him as "von Ouwe" in a list of exemplary predecessors who have composed *leiche* (Bartsch, *Schweizer Minnesänger*, XX, 3, l. 112), though no *leich* by Hartmann has survived. More typical than this specialist naming is the absence of Hartmann from the other lists of predecessors compiled by lyric poets of the thirteenth century and assembled by Schweikle (1970, 5–6, 33–40). For instance a strophe usually attributed to Reinmar von Brennenberg (thirteenth century) mourns eleven past masters of courtly singing, including six from the period around 1200: Reinmar, Walther von der Vogelweide, Rudolf von Fenis (d. before 1196), Heinrich von Rugge, Albrecht von Johansdorf (last quarter twelfth century), and Friedrich von Hausen (fl. 1170–1190); but Hartmann does not appear in this list of lyric masters (KLD I, 44, IV, st. 13). The repertory books assembled by collectors or singers in the thirteenth century point in the same direction. These collections of songs stemming from various authors provide insight into the taste of the public, and they include many lyric poets from around Hartmann's time: Walther von der Vogelweide, Reinmar, Albrecht von Johansdorf, Wolfram von Eschenbach, Neidhart, and, to a lesser extent, Rudolf von Fenis, Heinrich von Veldeke (d. ca. 1200), Heinrich von Rugge, the Burggraf von Regensburg (second half twelfth century), and Dietmar von Aist (fl. 1170s/1180s) (Weber, 344–45). Hartmann, however, seems not to have been popular enough as a lyric poet to figure in these collections.

The evidence thus points to a restricted reception of Hartmann as lyric poet in the thirteenth century. Moreover, it is a characteristic of the transmission of courtly literature in general that, whereas the large courtly romances continued to be transmitted in manuscripts to the end of the fifteenth and even into the sixteenth century, there was no such continuity for the courtly love lyric of the twelfth and early thirteenth century, transmission of which seems, with few exceptions, to be closed by the middle of the fourteenth century (Brunner, 1–5). Hartmann's lyrics seem, then, to have been only thinly received in the later Middle Ages, and this is a feature they share with the other work by Hartmann that is closest to them in theme: the *Klage*.

The *Klage*

Of all Hartmann's works, the *Klage* is the one that is most thinly transmitted, in only one manuscript, and that 300 years after its production. The signs of reception in other works in the intervening period are also sparse, and point to love literature of a more or less didactic nature.

A central feature of the *Klage*, the allegorical herbal potion representing the virtues of perfect love to which the young man aspires, seems to have been taken up in the thirteenth century by Walther von Grieven (first half thirteenth century) in a poem (usually known as *Weiberzauber*) that also presents love in terms of a herbal potion. This is an independent reception, because the potion's specific qualities are for the most part no longer the same in Walther's poem as they were in Hartmann's. More importantly the treatment of the potion shows a cultural shift from the male courtly lover serving his lady in the *Klage* to the wife paying good attention to her husband in Walther's poem (Holznagel); and the manuscripts of Walther's poem show differences of emphasis, with varying degrees of male dominance implied in the relationship (Bein, "Hartmann," 47–49).

The *Klage* is the earliest piece of large-scale theorizing on love in German literature, and has affinities with other works of amatory theory or didacticism that appear in the twelfth and thirteenth centuries as precursors of the later *Minnereden* and allegories of love (Glier, 16–53). However, although Hartmann's *Klage* stands at the beginning of a tradition, its precise impact on later works is not clear. Probably the strongest evidence of reception is in the first *büechelín* in Ulrich von Lichtenstein's *Frauendienst* (50,31–51,6), when Ulrich takes over from the *Klage* (137–43) the idea of the lover entertaining only such thoughts as are compatible with his lady's honor (Glier, 45 n.61). This parallel has a paradigmatic value, for it shows Ulrich receiving from Hartmann a piece of ethical psychology concerned with cultivation and control of the emotions, such as became the stock in trade of the many *Minnereden* of the fourteenth and fifteenth centuries. A *Minnerede* transmitted in the famous *Liederbuch der Clara Hätzlerin* (1471) indeed contains a conversation between the heart and body of a lover that has similarities to the *Klage,* but the similarities are likely to derive from a common French source rather than indicating reception of Hartmann.[10]

The place of the lyric coda in the *Klage* (1645–914), and the relation of the *Klage* to the so-called *Zweites Büchlein* raise further questions of literary reception. Already Franz Saran (39–75) maintained that the coda ("Schlußgedicht") and *Zweites Büchlein* were not from Hartmann's hand, but were technically accomplished products of the mid thirteenth century. A recent scholar has gone much further and presented the coda and the *Zweites Büchlein* as critical responses to Hartmann's *Klage* that were delivered from a Cathar standpoint and probably composed by none other than Gottfried von Strassburg (Bayer, 12–28). This is too speculative an interpretation and too dependent on heavy and selective readings of the texts to form a convincing view of Hartmann's reception. The lyric coda is now generally attributed to Hartmann himself, though its formal aspects and the contrasts of attitude with the main body of the *Klage* leave an element of doubt as to whether this formally brilliant ending is not after all a matter of Hartmann reception rather than Hartmann's production (Kischkel).

The *Zweites Büchlein* is now generally seen as not stemming from Hartmann. Since its author draws widely on Hartmann's works, with many verbal echoes (listed in Saran, 109–11), this work is an important document of Hartmann reception. However, Saran's list of verbal echoes contains no clear evidence of reception of the *Klage* in the later work. Hartmann's lyrics and his *Klage* share the stylistic feature that they remain within a conventional idiom of love literature, so that even if they were widely received by later poets it may be impossible to identify specific echoes. Nevertheless, manuscript evidence and the often negative testimony of other poets suggest that (apart from the possibility of a strong impact of the lyrics on Reinmar and Walther) Hartmann's lyrics and his *Klage* had a far more modest reception in the Middle Ages than the narrative works.

Der arme Heinrich

An important feature of medieval German narrative poetry from the mid thirteenth century onwards is the readiness of many authors, especially but not exclusively lesser ones, to borrow heavily from other works. The borrowings can take the form of individual images, or stretch from the occasional phrase to borrowings of dozens of lines; the wording may be modified to a greater or lesser degree, and may be deftly accommodated to the new surroundings or simply taken over in a scissors-and-paste process; and the resulting effects range from respectful tacit tributes to an impression of outright thieving. Precisely the elegant, flowing, middle-level qualities of Hartmann's style made him a favorite quarry for such borrowings by other authors who were working with the rhymed couplets that formed the mainstream of narrative literature (whereas the variety of forms in the lyric made such straight borrowing from the work of others more difficult). Indeed Hartmann was probably the most frequently plundered of all medieval German authors in this way. All his narrative works were drawn on by later authors, and this process marks the wide extent of his literary reception.

In the introduction to his edition of *Der arme Heinrich,* Ludwig Wolff has listed a dozen literary texts that show verbal borrowings from this work: Wirnt von Grafenberg's *Wigalois* (before 1220); Heinrich von dem Türlin's *Diu Crône* (ca. 1230); Ulrich von Türheim's *Rennewart* (between 1230 and 1250); the *Zweites Büchlein;* Freidank's *Bescheidenheit* (first third of the thirteenth century); Herrand von Wildonie's (d. 1278) *Der betrogene Gatte; Die gute Frau;* Konrad von Würzburg's *Engelhard;* Dietrichs *Flucht; Die Rabenschlacht;* Hugo von Trimberg's (d. 1313) *Der Renner;* Haug (Hawich) der Kellner's *Stephansleben* (ca. 1350); the *Loccumer Artusroman* fragment (late thirteenth century); and a few doubtful cases (xvii–xix).[11] Chronologically these witnesses of reception range from the first half of the thirteenth to the first half of the fourteenth century. In terms of genre they include a cross section of vernacular courtly, heroic, didactic, and religious literature. The passage that sparked most frequent borrowing is the praise of Heinrich's courtly and chivalric qualities. To the list of borrowings from this praise quoted by Wolff (xviii) should surely be added Rudolf von Ems (Asher, 10, 47), who works echoes of *Der arme Heinrich* (59–62) into *Der guote Gêrhart* (1636–37) and *Willehalm von Orlens* (2033–34, 12550–52).

A thirteenth-century manuscript of Latin glosses on works of Ovid contains an interesting document of reception of *Der arme Heinrich* (Kunze). Here, a thirteenth-century hand that does not otherwise appear in the manuscript has added verses 199–204 of *Der arme Heinrich* in the bottom margin of folio 72r. The reason for the entry is not clear. This part of the manuscript provides glosses to Ovid's *Tristia,* and the theme of painful exile in this work may have sparked an association with the passage in Hartmann's work, which speaks of Heinrich's leprosy as a terrible affliction that will remain unhealed, "got enwelle der arzât wesen" (unless God is the physician, 204).[12] The many borrowings from *Der arme Heinrich* in vernacular literature of the thirteenth and early fourteenth centuries indicate that the work must have been far more widely known at this time than the meager existing manuscript evidence suggests, probably from short, single-work manuscripts that were particularly prone to loss. The entry in the manuscript of Ovid glosses adds to the understanding of the diffusion of Hartmann's works in that it shows knowledge of *Der arme Heinrich,* with its religious coloration, in the context of Latin school literature, as well as its evident success among secular audiences.

A short Latin version of the story of *Henricus* or *Albertus pauper* appears in two collections of exempla dating from the fourteenth and fifteenth centuries and based on earlier exemplars.[13] The group of exempla including this version probably dates back to a redaction of exempla in monastic circles in the thirteenth century. The storyline of the exemplum is so close to that of *Der arme Heinrich* that the two are clearly related in tradition, but it is an open question whether the exemplum in some way stems from Hartmann's source (Sparnaay, 2: 5–9), in which case it can give insight into the genesis of Hartmann's work, or whether it derives from Hartmann's work itself (Kraus 1930, 6), in which case it further documents Hartmann's reception, this time in monastic circles.

The wide diffusion of *Der arme Heinrich* in the thirteenth century, evidenced in the many echoes in other vernacular works, makes it historically plausible that the exemplum version could have been composed as an adaptation of Hartmann's work, with alterations due to shortening and adjustment to a homiletic context. It is interesting to note here that whereas a scribe working on manuscript **Ba** of *Der arme Heinrich* tended to protect his protagonists from the charge of *superbia* (see above), the exemplum version explicitly highlights excessive love of worldly chivalry as the failing in Henricus/Albertus. The difference of emphasis in these two strands of transmission, the one in a collective manuscript that includes religious and secular stories and is evidently more sympathetic to the secular, aristocratic mentality, the other in a monastic context that is more openly critical of aristocratic failings, indicates (whatever the stemmatic relation of the exemplum and *Der arme Heinrich*) the delicate cultural balance that Hartmann struck in his version of the story.

Gregorius

As with *Der arme Heinrich* a broad reception of Hartmann's *Gregorius* is indicated in the fact that other poets working in vernacular courtly, didactic, and religious literature draw on the work into the fourteenth century.

Gregorius has often been seen as an important point of reference for Wolfram in his work on *Parzival*. However, Christine Wand has recently questioned this assessment, seeing a possible impact of *Gregorius* on *Parzival* at most in the concept of *zwîvel* (doubt, vacillation) in Wolfram's prologue, and perhaps not even there (181–96). Wolfram does explicitly draw on *Erec* and *Iwein* in *Parzival* (see below), but he makes no reference to figures from *Gregorius*, and this work seems at best to have aroused far less intertextual involvement on Wolfram's part than did Hartmann's Arthurian romances. Later authors provide stronger evidence of reception. No single passage in *Gregorius* seems to have been so frequently echoed by later authors as the description of the protagonist's chivalric qualities in *Der arme Heinrich*. However, the section of the narrative treating the young Gregorius's chivalric hopes, his debate with the abbot, and his success in his first military encounter clearly resonated with thirteenth-century audiences and with other authors. Rudolf von Ems draws on the relation between Gregorius and the abbot to flesh out that between son and adoptive father in *Willehalm von Orlens,* Wernher der Gartenaere draws on the dialogue between Gregorius and the abbot to shape that between father and son in *Helmbrecht* (ca. 1275–80), and there are verbal echoes of Gregorius's hopes and achievement as a knight in *Die gute Frau*.[14] Verbal echoes of *Gregorius* also appear in Johann von Konstanz's *Minnelehre* (late thirteenth/early fourteenth century), in Haug (Hawich) der Kellner's *Stephansleben*, and in the *Marienleben* by Wernher der Schweizer (first half of fourteenth century).[15]

If these echoes in other German works already point to the impact of Hartmann's *Gregorius,* the stream of reception extends over a longer period in adaptations of the work itself. We have already seen that the storyline of *Der arme Heinrich* takes the question of literary reception from the vernacular into a Latin, religious context. The history of *Gregorius* reception opens this field further. The story of the good sinner Gregorius enjoyed wide currency in Latin and in vernacular languages from the twelfth century through to the age of print. The filiation of the various branches of the story is at times obscure, but it is certain that Hartmann's version played a key role in the diffusion of the story in the German world.

Just as Hartmann's *Gregorius* is transmitted in collective manuscripts along with religious or didactic works, so the later versions that derive (or may derive) from Hartmann's text appear in contexts of religion and learning. Moreover, the texts involved show a wide variety of style and function and hence a wide variety of forms of reception of Hartmann's work (V. Mertens 1978, 105–29).

The earliest text deriving from Hartmann's *Gregorius*, the Latin verse translation or adaptation by Arnold of Lübeck, is also intellectually the most impressive, and the one that shows closest engagement with Hartmann's work.[16] Arnold was a well educated cleric, abbot of the St. Johanniskloster in Lübeck, and author of a Latin chronicle that is an important source especially for north German history down to 1209. He produced his Latin version of Hartmann's work between 1209 and 1211 or 1213 at the behest of Duke William of Lüneburg, fourth son of Henry the Lion and Mathilda (who was daughter of Henry II of England). It is unlikely that Arnold's *Gesta Gregorii Peccatoris* (only one manuscript and one fragment of which are known) was well known beyond the court and town of Lübeck. Nevertheless, the work remains a remarkable early document of Hartmann reception at the juncture of monastic piety, Latin historiography, and courtly, dynastic lordship.

In a preface Arnold states that his intention is not to reproduce the wording of the poet ("poeta") of his source faithfully, but to follow the story ("hystoria") and reveal its truth for the edification of his public (Prefacio 9–12). This primacy of the story over the particular interpretation of one author is characteristic of all the medieval adaptations of *Gregorius*, none of which name Hartmann as the author they are drawing on. Arnold does not translate all parts of Hartmann's work equally but distinguishes between the "hystoria," i.e. the story, which demands fidelity from the translator, and other features, which can be dispensed with as not pertaining to the truth. In the presentation of events, Arnold often does follow Hartmann's wording quite closely, but he reduces the presence of a commenting narrator, which is such a feature of Hartmann's work, by often omitting Hartmann's narrator's comments or altering them into factual narration. This change reduces the sense of an oral relation between narrator and audience, and Arnold's version shows further characteristics of book-literature by being divided into books and chapters. Arnold reduces Hartmann's chivalric military detail and adds some learned allusions, for instance to Hector and Achilles in his account of Gregorius's combat with the duke (II, xxvii, 31–38). But although Gregorius himself is involved in great sin in the secular world, Arnold does not reject secular aristocratic values in general, nor does he condemn knighthood as a calling. In interpreting the story, Arnold tends to clarify and somewhat simplify the message of Hartmann's version for a religious, didactic purpose, but his text shares with Hartmann's the central triumph of divine grace over sin. Indeed, the similarities of evaluation between the educated chivalric poet Hartmann and the contemporary cleric Arnold remain noteworthy.

A further Latin verse version following Hartmann's *Gregorius* is found in a fourteenth-century manuscript.[17] The story is here reduced to 453 hexameters and there are major changes of style and attitude. The chivalric interest is drastically reduced, and features of Latin learning become far more dominant and intrusive than they were in Arnold's text, in the form of rhetorical style and allusions to figures from classical and biblical history (V. Mertens 1978, 109–11; Seelisch, 128). These learned accretions appear at the expense of existential authenticity, for instance when Gregorius's mother responds to the news of her incest with her son by listing parallels from antiquity (280–87). The text reads at times like a stylistic exercise, and it is hard to conceive of an audience for it outside the schoolroom.

Several prose versions of the Gregorius story appear, especially in collections of saints' lives and exempla, in Latin and in German in manuscripts of the fifteenth century and some in printed books. The relation of these versions to each other and to Hartmann's *Gregorius,* and consequently their importance for Hartmann reception, is not always clear.[18] The Latin version in the *Gesta Romanorum* (first half fourteenth century) and a Middle Franconian version in a fifteenth century collection of saints' lives both probably derive from the Old French *Grégoire* (twelfth century). The derivation of two fifteenth-century exempla versions, a Latin version that appears in a Breslau manuscript under the erroneous title *De Albano,* and a Low German version in a collection of religious texts ("Plenarium") printed by the Mohnkopf press in Lübeck in 1492,[19] is a matter of dispute. These two exempla may derive from a postulated thirteenth-century Latin version that arose in Dominican circles, but if so it is not clear whether this earlier version itself was based on Hartmann's *Gregorius* or represented a different Gregorius tradition (Schwencke, 78–79; V. Mertens 1978, 117).[20] The Mohnkopf Plenarium version is short, as befits an exemplum (it is introduced as an example of humility: "Van der othmodicheyt [. . . .] eyn exempel," Schwencke, 70), but it is more expansive than the Latin exemplum: it shows an impressive handling of language, sensitive nuances of detail, and a thoughtful playing down of the miraculous in favor of human plausibility. These stylistic features, together with the use of the vernacular, suggest that this early printed version was intended not merely for use as a homiletic aid by clerics, but also as more finished edifying reading matter for lay folk (Schwencke, 80–82).

What is clear is that a vernacular prose version of Hartmann's *Gregorius* was produced in the fourteenth century and was taken up in the collection of saints' lives known as *Der Heiligen Leben,* which became one of the most popular books of the late Middle Ages in Germany. *Der Heiligen Leben* arose probably around 1390, and provided edifying reading matter for clergy, monastic circles, and lay folk. A further redaction of the work was completed before 1434. In his edition of 1983, Bernward Plate prints three versions of the prose *Gregorius* under the title *Gregorius auf dem Stein,* and includes line references to Hartmann's text so that one can readily compare the prose version that is nearest to the archetype (**I**), a representative of *Der Heiligen Leben* (**F**), a representative of the redaction (**M**), and Hartmann's verse work. In comparison with Hartmann's verse, the fifteenth-century prose versions tend to simplify syntax, reduce poetic formulations to their informative content, and cut back on descriptions and narrator comments (V. Mertens 1978, 118–19). The result is quite the opposite of the hexameter version, a deliberately unpretentious style that avoids rhetorical amplification and literary posing, while maintaining a strong interest in the story line. The redaction of *Der Heiligen Leben* involved further textual reductions, apparently so as to bring the texts linguistically closer to liturgical usage.[21] For instance the redaction version (**M**) drastically reduces the exchange between Gregorius and the abbot about Gregorius's wish to become a knight (*Gregorius auf dem Stein,* 88–94); it seems that the farther the Gregorius story moves away from Hartmann, the more the chivalric element is reduced, and the more general the audience that is targeted.

The combination of devotional content and story interest ensured a wide readership for *Der Heiligen Leben.* No fewer than 39 manuscripts of the collection containing *Gregorius* are known, all from the Upper German area, and from 1471/1472 to 1521 there were another 39 prints of the work, mainly from Upper German printers but some from as far north as Lübeck (Plate, ed., *Gregorius auf dem Stein,* 13–18). Most of the manuscripts stem from monasteries, but a number were in the possession of lay people, and lay people also made copies of smaller collections of legends from *Der Heiligen Leben,* including those pertaining to figures with a literary background such as Gregorius (Williams-Krapp, 300–303). With the emergence of printed copies, the work became a stock item in burgher libraries. It was only in this reduced prose form that a work of Hartmann's was widely received by early readers of print, not as the creation of a great author (for Hartmann is not named in the prose redactions) but in the context of anonymous hagiographical literature. Even this thread was broken by the spread of Reformation opposition to the cult of saints. The last printing of *Der Heiligen Leben* appeared in Strasbourg in 1521, and with it the medieval transmission of Hartmann's story of Gregorius came to an end. The further development of the story belongs to the modern reception of Hartmann's work.

Erec and *Iwein*

Although Hartmann's two Arthurian romances are not transmitted together in one manuscript until the early sixteenth century, they are often linked by allusions in works of other authors, so that this strand of reception shows that already medieval audiences saw a close connection between the two. It is thus meaningful to consider *Erec* and *Iwein* together. The medieval literary reception of these two works is so rich that only its major contours can be discussed here. I shall consider the reception of *Erec* and *Iwein* first in the Arthurian romances of the thirteenth century, then in other works of the thirteenth and fourteenth centuries, and finally in the fifteenth and early sixteenth centuries.

Hartmann's *Erec* and *Iwein* made a contribution of crucial importance to medieval German literature by introducing Arthurian romance as a new genre. Together with Wolfram von Eschenbach's *Parzival*, Hartmann's romances formed the main model for the portrayal of Arthur and the knights of the Round Table in later works, so that the reception of *Erec* and *Iwein* in the thirteenth century is intimately connected with the history of Arthurian romance as a genre in its most productive period. A sequence of romances was produced in this new genre over a period of about a hundred years until the turn of the thirteenth century, each romance focusing on a new hero. Like Hartmann's romances, Wolfram's *Parzival* was based on a French source, but later romances, while still at times drawing on French motifs, were increasingly German creations in which the authors drew on and referred to earlier German works, particularly those of Hartmann and Wolfram. Earlier scholarship tended to see the German Arthurian romances of the thirteenth century as inferior attempts to imitate the great masters, but over the past thirty years this body of works has been reassessed more positively as an art of often subtle variation and allusion.

German Arthurian romance is an intensely literary and self-referential genre with a strong intertextual character. As its authors include figures and actions from other Arthurian romances in their works, and relate their characters to those in earlier works, the impression is created of an Arthurian world with a reality that goes beyond the individual work, and as each successive author locates his work, with its variations and additions, within this narrative world, so the Arthurian world itself gains in complexity and personnel. While the German Arthurian romance gives some appearance of truth and plausibility, it is also a constructed world of fiction in which the authors play with generic traditions and audience expectations. Seen in this poetological light the reception of Hartmann's works in later Arthurian romances is a matter of lively literary discussion rather than slavish imitation, and it shows the elaboration of a new world of fiction.[22]

The process of reception begins in Hartmann's own works, when Hartmann departs from Chrétien to have Gawein cite Erec's *verligen* as a warning to Iwein (*Iwein*, 2791–98). Hartmann thus creates the sense of his Arthurian romances as belonging to a larger world in which the characters in one romance can influence those of another. Wolfram draws intensively on *Erec*, especially in the early books of *Parzival*, and from Book V on he engages with *Iwein*. The allusions to *Erec* and *Iwein* in *Parzival* are reviewed in detail by Wand (passim) and Edrich-Porzberg (121–53).[23]

Here it must suffice to indicate how creative Wolfram's reception of Hartmann is. Wolfram not only places his romance in the same world as Hartmann's, and refers to characters and actions from *Erec* and *Iwein,* but he also takes up figures who are merely named by Hartmann and gives them a history, or expands situations in Hartmann's romances. For instance, he makes Orilus into Erec's brother-in-law and links all three of Gurnemanz's sons, who have been killed in combat, with the world of *Erec:* the name of the first son, Schenteflurs, is taken from Hartmann's *Erec,* and the other two sons are killed in central adventure situations of *Erec,* by Iders in the sparrow hawk contest and by Mabonagrin in the adventure of "Schoydelakurt" (*Parzival,* 177, 27–178, 26). The topic of death resonates in Wolfram's reception of Hartmann and suggests a sense of problems having been left open in Hartmann's romances. Indeed, it is a characteristic feature of Wolfram's attitude to the emerging genre of Arthurian romance that *Erec* and *Iwein* form important points of reference for him, but they are also works from which he shows some distance, for instance in his treatment of Lunete's advice that Laudine should marry her husband's killer (253,10 ff.; 436,4 ff.). Moreover, whereas the figure of the author retreats behind the story material in the reception of *Gregorius,* the reception of Hartmann's Arthurian romances shows a strong profiling precisely of the author. The challengingly humorous way in which Wolfram names Hartmann as a poet in the service of Ginover and Artus and calls on him to protect the young Parzival on his arrival at court (143,21–144,4) marks the Arthurian court as a literary product, presents Hartmann as the founder of German Arthurian romance, and lays down Wolfram's claim at the very least to be recognized as author alongside — and different from — Hartmann.

Wirnt von Grafenberg is well schooled in Hartmann's style. His *Wigalois* (ca. 1210–1220) is recorded in even more manuscripts than *Iwein* and was widely received by later authors. Indeed, it may be that a Hartmannesque tone in much Arthurian romance was spread through the medium of Wirnt's popular narrative as well as directly by Hartmann's own works. Descriptions of persons, emotions, and accoutrements of aristocratic life were an important feature of courtly romance. Wirnt is typical of many in that he seems to have drawn on *Erec* and *Iwein* to develop motifs in these spheres, though he does so with independent formulations, not by slavish copying (Cormeau 1977, 113–14; Edrich-Porzberg, 188–92). It is in the context of a descriptive passage — the description of the Wild Woman Ruel — that Wirnt refers by name to Hartmann (6309) and his characters Enite and Lunete, and to Wolfram (6343–44) and his Jeschute. Both predecessors clearly enjoy authoritative status, but while Hartmann is only named, Wirnt expresses special admiration for Wolfram: "leien munt nie baz gesprach" (No layman ever spoke better, 6346). This is the beginning of a celebration of Wolfram that will continue for almost three hundred years.

In *Diu Crône* (ca. 1230), Heinrich von dem Türlin goes much further than Wirnt in placing the action in a larger Arthurian framework and in linking up to earlier Arthurian works. The protagonists of Hartmann's romances appear on stage in the action of *Diu Crône* especially in two narrative set pieces treating tests of virtue: the Goblet Test and the Glove Test. Here the narrator comments, through the refracting medium of Keie the mocker, on characters and actions of previous Arthurian romances, as the tests expose blemishes in members of Arthur's court, including Hartmann's main characters. Keie gives no real explanation of Enite's failure in the Goblet Test (1368–88), while he attributes her failure in the Glove Test to her love in an unspecific way, perhaps suggesting excessive love (23851–62). Erec's failure in the Goblet Test is connected with his treatment of Enite in the forest (2163–82), and at the Glove Test he is reproached for lack of control of his love, which swings from lust to animosity in his treatment of Enite (24551–72). Laudine is criticized for a lack of *triuwe* in her treatment of Iwein (1343–60), and for a lack of feminine goodness (23822–31). This criticism of Laudine chimes interestingly with the much debated addition in the early *Iwein* manuscript **B** of Laudine's begging Iwein's forgiveness for the harshness of her treatment of him (*Iwein* 8121–36); it is as if the author of this passage were trying to protect Laudine from just the criticism that is made of her in *Diu Crône*. When Iwein fails in the Goblet Test, Keie refers mockingly to the help rendered to him by his lion (2187–292). In the Glove Test, Keie attributes Iwein's failure to an excessive lust for combat, even for *mord* (24528–40). This comment can best apply to Iwein's pursuit and killing of Askalon (Cormeau, 1977, 176), and it forms a provocative interpretation of a controversial feature of Hartmann's romance.

Diu Crône thus shows a lively literary discussion in the thirteenth century of questions of characterization and ethical evaluation in Hartmann's romances that still exercise readers today. Moreover, while Heinrich von dem Türlin points to failings in Hartmann's characters, he expresses greater respect and warmer affection for Hartmann than for any other poet (2372–415), while he adopts a more critical attitude to Wolfram and his *Parzival* (W. Schröder 1992, 144–47; Meyer, 169–76). By having Gawein win the Grail, Heinrich set himself against the dominant admiration for Wolfram's *Parzival,* and this was doubtless a factor in his positive reception of Hartmann.

There are strong links with Hartmann too, but in different ways, in Der Stricker's *Daniel von dem blühenden Tal* (ca. 1220–30) and the Arthurian romances of Der Pleier, *Garel von dem blühenden Tal, Tandareis und Flordibel* and *Meleranz* (ca. 1240–80). Der Stricker places his romance in the tradition of the genre by drawing on structural elements and motifs from Hartmann's *Iwein,* but he also goes in independent ways, most notably by elevating the quality of *list* (cleverness, practical wisdom, cunning) at the expense of traditional chivalric virtues (Wallbank, 90–91; Kern 1974). Whatever the historical motivation for this shift in the image of the knightly hero, it leads to a sense of distance that exists alongside the affinities between Stricker and the Arthurian world of Hartmann's and Wolfram's romances, and it is perhaps significant that, unusually among authors of thirteenth-century German Arthurian romance, Stricker does not name either of these illustrious predecessors in his *Daniel*, even though he draws on their works.

Der Pleier's *Garel* is based largely on Stricker's *Daniel*. However, Der Pleier also "corrects" Stricker's departure from the generic norms of previous Arthurian romance, and he does so largely by linking his work emphatically with paradigmatic motifs and with the ethos of Hartmann's romances (Kern 1981, 150–215). Hartmann is named at the beginning of *Garel* (31–38) as the author of "der ritter mit dem lewen" (the knight with the lion), and Der Pleier locates the beginning of the action of his own romance in the time when, in *Iwein*, the queen has been abducted. Der Pleier thus programmatically places the action of his first romance in the chronological framework of *Iwein*, and by doing so defines his own place in literary history by reference to Hartmann. He also steps back from Stricker's advocacy of *list*, and presents in *Garel* a traditional model of chivalric activity in conformity with that of Hartmann's romances, including a positive view of knightly single combat. Der Pleier's two later romances are devoted more to the theme of love, but they too preserve a network of allusions that place them in the broad stream of literary reception of Hartmann's romances: for instance the Kandalion episode in *Tandareis* draws heavily on *Erec*, with one of Duke Kandalion's knights referring explicitly to the example of Erec's defense of Enite against attackers (*Tandareis*, 10774–800); and in the opening of *Meleranz*, Der Pleier names Hartmann and Wolfram as his literary models and signals the place of his work in Arthurian romance by echoing the praise of King Arthur from Hartmann's *Iwein* prologue (*Meleranz* 106–26).

The last two works in this survey of thirteenth-century Arthurian romances again show structural similarities and differences of attitude in their reception of Hartmann. Albrecht von Scharfenberg's *Jüngerer Titurel* (ca. 1270) takes Wolfram's *Parzival* as its main point of reference to present a broader sweep of the Arthurian (and Grail) dynasties than the other works discussed in this section. However, the *Jüngerer Titurel* shares with these works the structural feature of drawing on Hartmann's romances in order to create the impression of an overarching world of Arthurian history. Albrecht locates his work in time after the action of *Erec* and after Kalogrenant's defeat by Askalon, but before Iwein's adventure at the fountain. Albrecht records the marriage of Laudine and Askalon (*Jüngerer Titurel*, 1782), thus filling in invented background information to Hartmann's *Iwein*, and he refers to Iwein's adventure as something that is still to happen in the future (1645).

Erec's defeat of Mabonagrin lies in the past (1976), as does his *verligen* and his harsh treatment of Enite, which are narrated by Sigune (5036–38). Here is a typical instance of Arthurian intertextuality, as Sigune, a figure in the *Jüngerer Titurel* who is drawn from *Parzival*, speaks of figures and events from *Erec* as if they were all part of one world. Albrecht twice (2402, 4596) addresses the author Hartmann with a note of humorous irony that echoes Wolfram's similar address in his *Parzival* (143,21–144,3). In his judgment of persons Albrecht tends to treat figures from Hartmann's romances more critically than those from Wolfram's *Parzival*, for instance in his judgment of Erec on the occasion of the Bridge Test (2398–99), and later when he casts doubt on Erec's courage (4596). Albrecht adopts the persona of Wolfram in the *Jüngerer Titurel* so that his work shows a refracted reception of Hartmann; and the contrast between Albrecht's humorously critical attitude to Hartmann and Heinrich von dem Türlin's warm praise indicates the liveliness of Hartmann's reception in this strand of literature.

In his *Gauriel von Muntabel* (ca. 1280–1300), Konrad von Stoffeln evokes the canonical triad of Gottfried, Wolfram, and Hartmann (29–30). However, Konrad draws more heavily on Hartmann than on the other two. While Tristan and Parzival appear only fleetingly in *Gauriel*, Erec and Iwein play far more important roles. Together with Gawein they are described as the best knights at Arthur's court (1418–29); and Konrad draws heavily and creatively on Hartmann's romances for his shaping of the action and for individual motifs. The relationship of Arthurian chivalry and the Fairy Mistress theme is developed by reference to motifs in *Iwein*, with the difference that Konrad's narrative involves not an inner crisis of the hero, but the hero's overcoming external obstacles. This existential shift is characteristic of the Arthurian romances after Hartmann and Wolfram, which seem in general to be less concerned with the experiential acquisition of new insights through personal crisis than with the demonstration and defense of established codes. At the end of the romance Konrad emphatically harmonizes the realms of personal love and Arthur's court, whereas Laudine's realm and Arthur's court remain separate spheres in *Iwein;* and the view that this ending indicates a sense that the close of *Iwein* called for some corrective in the direction of a firmer commitment to communal values (Achnitz, 227–28; Thomas, 9) receives support from the rewriting of the close of *Iwein* manuscript **f** so as to emphasize dynastic continuity (see above).

It is in keeping with Konrad's interest in communal action that he portrays Erec with particular warmth. After Gauriel's marriage, Erec warns him not to neglect chivalry because of his wife, citing his own lapse and his journey with Enite (3276–96). Here Konrad merges elements from both Hartmann's romances by transferring the role of the hero's adviser from Gawein, as in *Iwein*, to Erec, and having Erec tell more about his own past than Gawein relates in Hartmann's work. Konrad also gives Erec his own adventure, which exhibits the ethical ideals of chivalry as they were elaborated in Hartmann's romances in terms of the service of others (Achnitz, 215–16). Konrad's *Gauriel* is one of the latest, perhaps the last, in the century-long series of Arthurian romances linking new individual heroes with Arthur's court. Given the formative importance of the literary reception of Hartmann's romances for the development of the genre, it is fitting that this closing work should take the form of such a close engagement with his *Erec* and *Iwein*.

References to characters and motifs from Hartmann's romances and verbal echoes of them also testify to the wide reception of *Erec* and especially *Iwein* in works other than Arthurian romances in the thirteenth and early fourteenth centuries, and more generally to the importance of Hartmann's romances for the crystalization of a cultural identity of the German aristocracy around the model of chivalry. Even more than with *Der arme Heinrich* and *Gregorius*, the literary reception of Hartmann's Arthurian romances touches, as the studies by Emil Henrici and Brigitte Edrich-Porzberg have shown, many works and a wide range of genres: Arthurian and other types of romance, heroic poetry, short verse stories, didactic and amatory literature, historiography.

Erec and Iwein rapidly became established in the literary landscape as leading knights of the Round Table, appearing as chivalric models in the Arthurian role-playing in Ulrich von Lichtenstein's *Frauendienst* (461,8; 488,24), in Heinrich von Freiberg's *Die Ritterfahrt des Johann von Michelsberg* (17, 19; with emphasis on the literary transmission, l. 16), and, with contrasting didactic functions, in Thomasin von Zirklaere's *Der Wälsche Gast* (1042, 6325–38) and Hugo von Trimberg's *Der Renner* (21637–43). Lunete was established as a familiar figure early in the reception of *Iwein*. Wolfram comments with ironic distance on her advice (*Parzival*, 253,10–14; 436,5–10), but the dominant tradition sees Lunete in positive terms. She appears as a figure of aid in Wirnt's *Wigalois* (6396–98) and in a poem by Frauenlob (Heinrich von Meissen, d. 1318; Bartsch, *Deutsche Liederdichter* LXXIX, 26–28), and as an exemplar of honor in the didactic poem *Winsbeckin* (before 1240; 11, 6–7).

Hartmann's Arthurian romances are stylistically more expansive than either *Gregorius* or, especially, *Der arme Heinrich*, and later authors drew on them for the presentation of speech, thought, and emotions, and for descriptive passages. Konrad Fleck's *Flore und Blanscheflur* (ca. 1220), for example, draws heavily on *Erec* in these areas (Edrich-Porzberg, 104–20). The exemplariness and generality of much of Hartmann's style allowed for the appropriation of runs of lines from *Erec* and from *Iwein* by later authors. This close and extensive borrowing seems to have been a feature particularly of the period two generations or more after Hartmann. When the lover hopes to make his beloved change her mind in Johann von Konstanz's *Minnelehre*, his thoughts are an almost verbatim quotation of

Iwein's hopes that love will cause a change of heart in Laudine, and Johann uses the same rhymes as Hartmann over sixteen lines (*Minnelehre*, 1143–58; compare *Iwein*, 1621–36; K. Mertens, 33). The romance *Friedrich von Schwaben* (after 1314) includes 100 lines that are lifted from *Erec* with minimal adjustment to fit the new context in four separate passages, relating to words of comfort, the greeting of an enemy, a single combat, and an expression of grief.[24] Finally, Ottokar von Steiermark draws frequently on *Iwein* in his *Österreichische Reimchronik* (written first two decades of fourteenth century) for speeches, descriptions and narrator reflections.[25] Ottokar deploys *Iwein* in a particularly suggestive way when he comments on the marriage of Rudolf, Duke of Austria, to Agnes, whose father (Ottokar II, King of Bohemia) had recently been killed in warfare against Duke Rudolf's father (Rudolf I, King of Germany) with the same reference to the conciliating power of "diu gewaltigiu minne" (powerful love) that Hartmann uses to explain Laudine's accepting her husband's killer (*Österreichische Reimchronik*, 18081–83; *Iwein*, 2055–57). The impact of Ottokar's use of literary models has been the subject of controversy (Wenzel, 140–46), but it is clear that Ottokar's presentation of events is colored by his reading of courtly literature, not least Hartmann's *Iwein*, and that the literary reception of Hartmann's works shapes the chronicler's interpretation of recent history.

Hartmann's romances were thus still being actively received in the early fourteenth century. However, already in the thirteenth century Wolfram was an even more commanding presence as a narrative author than Hartmann. And whereas Wolfram maintained a high profile in the fourteenth and fifteenth centuries (when he was also held to be the author of the popular *Jüngerer Titurel*), the reception of Hartmann's Arthurian romances and the consciousness of Hartmann as author lost strength and continuity. More precisely, *Iwein* held a position as a widely known work, while *Erec* seems to have been only at the margin of interest in the later Middle Ages. It is a feature of the literary scene in the thirteenth century that, while there is only sparse evidence of manuscripts of Hartmann's *Erec*, the frequency with which other authors allude to or draw on the work indicate that it must have been more widely known at this time than the manuscript evidence alone would suggest (though many allusions may have rested on no more than outline knowledge of the plot). This position changed, however, by the fifteenth century.

Erec was not forgotten in informed literary circles in the later Middle Ages. For instance, in the mid fifteenth century, Johann Hartlieb (d. 1468) includes "Iwan" and "Erek" together with figures from Wolfram's and Wirnt's works in a list of exemplars of chivalric activity (Gerhardt, 32 n. 39a). However, the corruption of name forms from *Erec* in some *Wigalois* manuscripts of the fifteenth century also suggests a decline in familiarity with the work (Edrich-Porzberg, 200). And when it comes to evidence of diffusion or knowledge of the texts, three important sources indicative of literary tastes and the availability of manuscripts in the fifteenth century point to familiarity with *Iwein* and not with *Erec*.

First, Diebold Lauber (d. after 1467?) was the leading producer and distributor of manuscripts in the German area in the fifteenth century. His notices of books for sale and an autograph letter list forty-six different German titles (Schiewer, 986; Kautzsch, 108–11; Becker 187–90). These include *Parzival*, *Wigalois*, and *Iwein*, but not *Erec*, and this finding is all the more significant because Lauber's stock was evidently geared to customer taste. Second, of all late medieval authors, few refer as often as Hermann von Sachsenheim to the work of other German authors (Huschenbett, 81–92). Sachsenheim (writing 1450–58) names Freidank, Hadamar von Laber (d. after 1354), Konrad von Würzburg, Neidhart von Reuental, Oswald von Wolkenstein (d. 1445), and Wolfram von Eschenbach. Of the earlier central canon of Hartmann, Gottfried, and Wolfram, only Wolfram remains as a named poet, and it is Wolfram's works that Sachsenheim refers to most frequently. He also alludes to some twenty other German works without naming an author (Huschenbett, 84), including one reference to Lunete's aiding the knight with the lion, that is, to *Iwein* (*Die Mörin* 3493–97), but makes no allusion to *Erec*. Third, the Bavarian lesser noble Jakob Püterich von Reichertshausen (d. 1469) praises Hartmann as author in his *Ehrenbrief* (completed 1462) and lists 164 books in his possession, including *Iwein* (101) and most of the courtly romances of the late twelfth and thirteenth centuries, but not *Erec*. If Lauber's lists suggest that *Erec* was not much in demand by the fifteenth century, the absence of this work from Püterich's library suggests that copies of it were difficult to come by, because Püterich claims to have been collecting books for forty years and was committed particularly to "die alten puecher" (the old books; *Ehrenbrief*, 122–23). Had manuscripts of *Erec* been widespread in the fifteenth century, there would hardly have been a person more likely to have possessed one than Püterich von Reichertshausen. All this suggests that the absence of surviving manuscripts of *Erec* dating from the fifteenth century is probably a fair reflection of the work's status at this time, and not due to significant losses.

Püterich's interest in the literature of the thirteenth century is part of a broader revival of enthusiasm for chivalric ideas and practices in Germany in the fifteenth and early sixteenth centuries. The last phase in the medieval reception of Hartmann's romances was sparked by this "chivalric renaissance." The most important work to be considered here is also the last large-scale document of Hartmann's literary reception: Ulrich Füetrer's *Buch der Abenteuer* (written between 1481 and 1495). The *Buch der Abenteuer* is a massive compilation of Arthurian and Grail material, composed in the same strophic form (the so-called *Titurel* strophe) as the *Ehrenbrief* of Püterich von Reichertshausen (whom Füetrer knew). Füetrer places his work in the tradition of Wolfram, Gottfried, Hartmann, and a number of other thirteenth-century authors (*Lannzilet* 108–9), thus connecting back to a by now distinctly dated canon.

Füetrer refers to *Erec* several times in the *Buch der Abenteuer*, for example calling on "Hartman von Aw" as the authority on Erec's valor (1341, 5–7). Füetrer thus associated Erec with Hartmann, though the extent and the source of his knowledge of the text of *Erec* is not clear.[26] It is, however, clear that Füetrer knew Hartmann's *Iwein*, and he included an adaptation of the work in the second section of the *Buch der Abenteuer.* Füetrer reduced Hartmann's version to less than half its original length, focusing on external actions and reducing descriptions, inner thoughts of the characters and narrator commentary. These are widespread tendencies in late medieval prose redactions of verse works, seen for example in the art of reduction in the prose adaptation of Hartmann's *Gregorius;* and in Füetrer's strophic form too they produce a quite different narrative tone from that of Hartmann's work. Indeed in the treatment of *Iwein* Füetrer seems concerned with the work not so much as that of a canonical predecessor (he does not refer to Hartmann as author in his *Iban*), but rather as one in a series of Arthurian stories. Füetrer alters the portrayal of Laudine (called Laudamia) so as to show her speedy marriage to her husband's killer in a more sympathetic light (Carlson, 34–40); and he replaces the sense of guilt in Hartmann's *Iwein* with a portrayal of Iban as a victim of the higher power of love (V. Mertens 1998, 318–19). The resulting shift from inner tension to a more external set of conflicts is characteristic too of an important strand in the reception of Hartmann's romances, to which reference has already been made (see above, on *Gauriel von Muntabel*).

In terms of social range Hartmann's romances remained in this last phase of their reception intimately connected with aristocratic culture. Püterich von Reichertshausen was a lesser noble whose interest in chivalric literature and courtly attitudes matches his commitment to the tournament as the mark of a desire to belong to the great tradition of nobility (Grubmüller, 10), while Füetrer produced his *Buch der Abenteuer* in connection with the court of Albrecht IV, Duke of Upper Bavaria. This matches the evidence linking sponsorship and ownership of manuscripts of *Erec* and *Iwein* to noble families. We have seen Lunete as a figure of helpful goodness already in thirteenth-century literature, and the name Lunete appears in real life in Bavarian noble circles in the fifteenth century, as a further indication of the reception of *Iwein*.[27] Finally, there are parallels to the opening adventure of Hartmann's *Iwein* in the *Liber de nobilitate* written by Felix Hemmerli in the mid-fifteenth century. Hemmerli was born into a family of the lesser (urban) nobility in Zurich and made a career as a canonist and cleric. The *Liber de nobilitate,* the best known of Hemmerli's many writings, is a polemical treatise in the form of a debate between a nobleman (*nobilis*) and a peasant (*rusticus*) that strongly argues the case for the superiority of inherited nobility. The debate is set in a forest where the nobleman, who is an armed knight, asks the way of a peasant, who appears as a fearsomely ugly man of the woods. Eckart Lutz is surely right to see this framework as drawn from the meeting of Iwein and the wild herdsman in Hartmann's work.[28] And Hemmerli's use of *Iwein* in a debate on the nature of nobility fits the broader pattern of *Iwein* reception in noble circles in the fifteenth century.

The interest in *Iwein* was not, however, sufficiently widespread to bring even this romance into the world of print, to which the future belonged. Arthurian literature evidently had a very limited public in Germany at the end of the fifteenth century. Füetrer's *Buch der Abenteuer* has affinities with Sir Thomas Malory's *Le Morte Darthur* (1469; Caxton printing 1485) in that both are large-scale Arthurian cycles, but whereas Malory's fine prose achieved great success as a printed book, Füetrer's strophic work remained in manuscript form within a limited circle, so that the story of Iwein was denied a wider audience even in this adapted form. The only two verse romances that made it into early print were Wolfram's *Parzival* and the *Jüngerer Titurel,* and they were printed only once (1477); the only other Arthurian works to make the leap from manuscript to print were reduced prose versions of Wirnt's *Wigalois* and Eilhart's *Tristrant,* both of which were printed in editions from the end of the fifteenth into the seventeenth century (Flood, 296, 300). By the early sixteenth century Hartmann's *Iwein* was outdated in its style and attitudes in comparison with the more fashionable prose works based on other German, French, and Italian sources, which were not so bound up with a medieval, feudal, chivalric mentality and were accessible to a widening reading public in the changing social and literary culture of the renaissance and the early modern state.

Conclusion

The last of the 300-year tradition of *Iwein* manuscripts was copied out in 1521, the same year as the last print of the prose redaction of *Gregorius* in *Der Heiligen Leben*. The close of these two medieval strands of Hartmann transmission in the same year provides a vantage point for a brief overview.

First, the diversity of paths of transmission and reception in the Middle Ages testifies to the historical importance and the wide generic and thematic range of Hartmann's works. With regard to genre, it is Hartmann's lyrics and his *Klage* that have left the fewest traces in reception, though a question mark remains behind the early reception of his lyrics because of the uncertainties of chronology in the relation of Hartmann, Reinmar, and Walther. As a narrative poet Hartmann rapidly achieved canonical status and was widely received by other authors working in a variety of genres in the thirteenth century and beyond. Striking too is the variety of features that other authors drew on: Hartmann's descriptive passages, his presentation of speech, thought, and emotion, and his narrator reflections. The Arthurian romances of the thirteenth century have a special place in Hartmann reception in that they show the most complex sequential engagement with figures, themes, and attitudes in Hartmann's works, and the strongest profiling of Hartmann as an author-figure. In the later Middle Ages only the narrative works seem to have been actively received. Hartmann's canonical status receded into the past, and now it was less a close engagement with style and attitude than a matter of receiving and adapting story material, in religious contexts with *Gregorius* and in secular aristocratic culture with *Iwein,* which was far more widely known at the close of the Middle Ages than *Erec.*

There is an interesting reader response to *Iwein* as late as 1541, when the Bavarian ducal counselor and man of learning Dr. Wiguleus Hund added to *Iwein* manuscript l an account, in rhymed couplets, of how he had fallen from his horse when involved in the settlement of disputes over the border between Bavaria and the Tyrol, and had read the whole of "her Ybeyn" while recovering for three days in bed (Becker, 70–71).[29] Hund, however, had unusually strong historical interests. His reading of *Iwein* was the exception rather than the rule by this time, even in Bavaria, where interest in the old chivalric books seems to have been most marked. With the spread of the Reformation, and, at the secular level, the rise of new forms of literary entertainment and aristocratic representation, both the religious and the aristocratic strands of Hartmann reception faded out in the early sixteenth century. The future, modern reception of Hartmann's works was to take place in very different circumstances.*

Notes

[1] On the manuscript spread of the narrative works see Thomas Klein, "Ermittlung, Darstellung und Deutung von Verbreitungstypen in der Handschriftenüberlieferung mittelhochdeutscher Epik," in *Deutsche Handschriften 1100–1400: Oxforder Kolloquium 1985,* ed. Volker Honemann and Nigel Palmer (Tübingen: Niemeyer, 1988), 110–67 (here 117, 119, 122–24).

[2] The table is based on Klein's data and includes in addition the recently discovered *Gregorius* fragment (Renate Schipke, "Hartmanns *Gregorius.* Ein unbekanntes Fragment aus dem Bestand der Staatsbibliothek zu Berlin-Preußischer Kulturbesitz," in *Festschrift für Franzjosef Penzel zum 70. Geburtstag,* ed. Rudolf Bentziger and Ulrich Dieter Oppitz (Göppingen: Kümmerle, 1999), 263–77.

*I am grateful to the Carnegie Trust for the Universities of Scotland for a research grant to aid work on this contribution, and to Werner Höver (Göttingen) for providing material that was difficult of access.

[3] For identification of the manuscript sigla used in the contribution see the appropriate standard editions.

[4] This applies to numbers XII and XVIII of songs under Hartmann in *Des Minnesangs Frühling,* ed. Hugo Moser and Helmut Tervooren (Stuttgart: Hirzel, 1977) and in Ernst von Reusner's edition of Hartmann's *Lieder* (Stuttgart: Reclam, 1985); both songs are of disputed authorship. Texts also in Hubert Heinen, ed., *Mutabilität im Minnesang: Mehrfach überlieferte Lieder des 12. und frühen 13. Jahrhunderts* (Göppingen: Kümmerle, 1989), 60–65.

[5] Christoph Fasbender, "*Hochvart* im *Armen Heinrich,* im *Pfaffen Amis* und im *Reinhart Fuchs:* Versuch über redaktionelle Tendenzen im Cpg 341," *Zeitschrift für deutsches Altertum* 128 (1999): 394–408; Fasbender conjectures on the basis of this redactional tendency that the manuscript was probably destined for a noble public.

[6] Given the literary importance of Hartmann's *Erec* and the late date of the Ambras manuscript it is, however, important to note that the study of Arthurian name forms in other works of the thirteenth century indicates that the Ambras manuscript drew on a reliable early tradition (Brigitte Edrich-Porzberg, *Studien zur Überlieferung und Rezeption von Hartmanns "Erec"* [Göppingen: Kümmerle, 1994], 153, 174–79).

[7] Hartmann's lyrics are referred to by the convention used in earlier editions of *Des Minnesangs Frühling* (= *MF*) and by the roman numerals used beside the older numbering in Moser/Tervooren's edition of *MF* (1977) and in Ernst von Reusner's edition of Hartmann's *Lieder* (1985).

[8] See Jeffrey Ashcroft, "Der Minnesänger und die Freude des Hofes: Zu Reinmars Kreuzliedern und Witwenklage," in *Poesie und Gebrauchsliteratur im deutschen Mittelalter: Würzburger Colloquium 1978,* ed. Volker Honemann et al. (Tübingen: Niemeyer, 1979), 219–37. Kraus saw the influence going in the opposite direction, and denied attribution of *MF* 217,14 to Hartmann (1939, 423–29).

[9] Olive Sayce, *The Medieval German Lyric 1150–1300* (Oxford: Oxford UP, 1982), 161–62 and Silvia Ranawake, "Walthers Lieder der 'herzeliebe' und die höfische Minnedoktrin," in *Minnesang in Österreich,* ed. Helmut Birkhan (Vienna: Halosar, 1983), 109–52 (here 146–47) express some skepticism about the direction and the directness of the parallels. Max Schiendorfer, *Ulrich von Singenberg, Walther und Wolfram: Zur Parodie in der höfischen Literatur* (Bonn: Bouvier, 1983) suggests (263–65) that in *MF* 216,29 Hartmann may be parodying Walther, while Christiane Henkes and Silvia Schmitz, "*Kan min frowe süeze siuren?* (C240[248]–C245[254]). Zu einem unbeachteten Walther-Lied in der Großen Heidelberger Liederhandschrift," in *Walther von der Vogelweide: Textkritik und Edition,* ed. Thomas Bein (Berlin/New York: de Gruyter, 1999), 104–24 (here 122) see Walther as following this song of Hartmann's. For an interpretation of Walther using a song of Hartmann's see now Jeffrey Ashcroft, "*Wenn unde wie man singen solte.* Sängerpersona und Gattungsbewußtsein (Zu Rugge/Reinmar *MF* 108,22, Walther L. 110,13 und Hartmann *MF* 215,4)," in *Wechselspiele: Kommunikationsformen und Gattungsinterferenzen mittelhochdeutscher Lyrik,* ed. Michael Schilling and Peter Strohschneider (Heidelberg: Winter, 1996), 123–52.

[10] See Friedrich Panzer, review of F. Piquet, *Etude sur Hartmann d'Aue*, in *Zeitschrift für deutsche Philologie* 31 (1899): 520–49 (here 536–41); Ludwig Wolff, ed., *Das Klagebüchlein Hartmanns von Aue und das zweite Büchlein* (Munich: Fink, 1972), 11.

[11] Many of the echoes are also listed in the apparatus to the later editions by Kurt Gärtner (1996, 2001).

[12] This formulation is echoed with variation also in Konrad von Würzburg, *Engelhard* 2289–90; see Walter Röll, "Zu den Benediktbeurer Bruchstücken des *Armen Heinrich* und zu seiner indirekten Überlieferung," *Zeitschrift für deutsches Altertum* 99 (1970): 187–99 (here 198).

[13] Text of the Albertus version in Joseph Klapper, ed., *Erzählungen des Mittelalters in deutscher Übersetzung und lateinischem Urtext* (Breslau: Marcus, 1914), Latin text 233–34, German trans. 22–23; for the Henricus version see Joseph Klapper, *Die Legende vom Armen Heinrich* (Breslau: Nischkowski, 1914).

[14] Victor Zeidler, *Die Quellen von Rudolfs von Ems Wilhelm von Orlens* (Berlin: Felber, 1894), 310–20; Kurt Ruh, "Helmbrecht und Gregorius," *Beiträge zur Geschichte der deutschen Sprache und Literatur* (Tübingen) 85 (1963): 102–6; Edward Schröder, "Der Dichter der Guten Frau," in *Untersuchungen und Quellen zur Germanischen und Romanischen Philologie: Johann von Kelle dargebracht* (Prague: Bellmann, 1908), 339–52 (here 349–50).

[15] Käthe Mertens, *Die Konstanzer Minnelehre* (Berlin: Ebering, 1935), 33; Carl von Kraus, "Zu Haugs Stephansleben," *Zeitschrift für deutsches Altertum* 76 (1939): 253–63; Philipp Strauch, review of Max Päpke and Arthur Hübner, eds., *Das Marienleben des Schweizers Wernher*, in *Anzeiger für deutsches Altertum* 41 (1922): 51–55.

[16] For what follows see especially Johannes Schilling, *Arnold von Lübeck: Gesta Gregorii Peccatoris: Untersuchungen und Edition* (Göttingen: Vandenhoeck & Ruprecht, 1986); Peter F. Ganz, "Dienstmann und Abt. 'Gregorius Peccator' bei Hartmann von Aue und Arnold von Lübeck," in *Kritische Bewährung: Beiträge zur deutschen Philologie: Festschrift für Werner Schröder zum 60. Geburtstag*, ed. Ernst-Joachim Schmidt (Berlin: Schmidt, 1974), 250–75; Jens-Peter Schröder, *Arnolds von Lübeck "Gesta Gregorii Peccatoris": Eine Interpretation ausgehend von einem Vergleich mit Hartmanns von Aue "Gregorius"* (Frankfurt a.M.: Lang, 1997).

[17] *Gregorius*, ed. J. A. Schmeller, *Zeitschrift für deutsches Altertum* 2 (1842): 486–500.

[18] See Volker Mertens, "Gregorius," in *Verfasserlexikon* 3 (1981), cols. 244–48.

[19] *De Albano*, in Joseph Klapper, ed., *Erzählungen des Mittelalters*, Lat. text 296–98, German trans. 90–93; Low German version in Olaf Schwencke, "*Gregorius de grote sünder*. Eine erbaulich-paränetische Prosaversion der Gregorius-Legende im zweiten Lübecker Mohnkopf-Plenarium," *Niederdeutsches Jahrbuch* 90 (1967): 63–88.

[20] For the Mohnkopf Plenarium version as an alternative tradition in which Gregorius becomes bishop, not pope, see Marianne E. Kalinke, "*Gregorius saga biskups* and *Gregorius auf dem Stein*," *Beiträge zur Geschichte der deutschen Sprache und Literatur* 113 (1991): 67–88.

[21] Konrad Kunze, "Der Heiligen Leben, Redaktion," *Verfasserlexikon* 3 (1981), cols. 625–27.

[22] See e.g. Peter Kern, "Reflexe des literarischen Gesprächs über Hartmanns *Erec* in der deutschen Dichtung des Mittelalters," in *Artusrittertum im späten Mittelalter: Ethos und Ideologie,* ed. Friedrich Wolfzettel (Gießen: Schmitz, 1984), 126–37; B. Schirok, "*Als dem hern Érecke geschach.* Literarische Anspielungen im klassischen und nachklassischen deutschen Artusroman," *Zeitschrift für Literaturwissenschaft und Linguistik* 70 (1988): 11–25. The reception of *Erec* is treated in detail by Edrich-Porzberg; the reception of *Erec* and of *Iwein* is treated recurrently with regard to figures, motifs, and narrative structures in the voluminous recent work on "post-classical" German Arthurian romances: on this see Volker Mertens, *Der deutsche Artusroman* (Stuttgart: Reclam, 1998), and the contributions and bibliographies in William H. Jackson and Silvia A. Ranawake, eds., *The Arthur of the Germans: The Arthurian Legend in Medieval German and Dutch Literature* (Cardiff: U of Wales P, 2000).

[23] See also the table of literary allusions in *Parzival* in Bernd Schirok, *Parzival-rezeption im Mittelalter* (Darmstadt: Wissenschaftliche Buchgesellschaft, 1982), 26.

[24] Kurt Gärtner, "Zur Rezeption des Artusromans im Spätmittelalter und den Erec-Entlehnungen im *Friedrich von Schwaben,*" in *Artusrittertum im späten Mittelalter,* ed. Wolfzettel, 60–72; on the reception of Hartmann in the late courtly romance see now Klaus Ridder, *Mittelhochdeutsche Minne- und Aventiureromane: Fiktion, Geschichte und literarische Tradition im späthöfischen Roman: "Reinfried von Braunschweig," "Wilhelm von Österreich," "Friedrich von Schwaben"* (Berlin, New York: de Gruyter, 1998).

[25] Emil Henrici, "Die Nachahmung des Iwein in der Steirischen Reimchronik," *Zeitschrift für deutsches Altertum* 30 (1886): 195–204; Walter Heinemeyer, "Ottokar von Steiermark und die höfische Kultur," *Zeitschrift für deutsches Altertum* 73 (1936): 201–27.

[26] Gerhardt maintains that Füetrer probably knew only *Iwein,* not *Erec* ("*Iwein*-Schlüsse," 34) while Bernd Bastert, *Der Münchner Hof und Fuetrers "Buch der Abenteuer": Literarische Kontinuität im Spätmittelalter* (Frankfurt a.M. etc: Lang, 1993), 229 argues that Füetrer presupposes a knowledge of the whole of *Erec* in his audience. I hope to return to this question in a future article.

[27] Friedrich Panzer, "Personennamen aus dem höfischen Epos in Baiern," in *Philologische Studien: Festgabe für Eduard Sievers* (Halle: Niemeyer, 1896), 205–20 (here 209). Panzer's observation (210–11) that Wolfram's works provided far more names in real life than Hartmann's also matches the relative status of the two authors in the literary records of the fifteenth century.

[28] Eckart Conrad Lutz, *Spiritualis fornicatio: Heinrich Wittenwiler, seine Welt und sein "Ring"* (Sigmaringen: Thorbecke, 1990), 23; extracts from Hemmerli's text in German translation (with quotations in Latin) in Balthasar Reber, *Felix Hemmerlin von Zürich. Neu nach den Quellen bearbeitet* (Zurich: Meyer und Zelle, 1846), 210–68.

[29] Text of Hund's addition also in Hartmann von Aue, *Iwein,* ed. G. F. Benecke, K. Lachmann, L. Wolff, translation and notes by Thomas Cramer, third edition (Berlin, New York: de Gruyter, 1981), 228.

Editions Cited

Albrecht von Scharfenberg. *Jüngerer Titurel*. Ed. Werner Wolff and Kurt Nyholm. 4 vols. Berlin: Akademie Verlag, 1955–1995.

Arnold von Lübeck: *Gesta Gregorii Peccatoris. Untersuchungen und Edition*. Ed. Johannes Schilling. Göttingen: Vandenhoeck & Ruprecht, 1986.

Deutsche Liederdichter des zwölften bis vierzehnten Jahrhunderts. Ed. Karl Bartsch. Fourth edition by Wolfgang Golther. Berlin: Behr, 1906. (Reprint Darmstadt: Wissenschaftliche Buchgesellschaft, 1966.) (= *Deutsche Liederdichter*)

Deutsche Liederdichter des 13. Jahrhunderts. Ed. Carl von Kraus. 2 vols. Tübingen: Niemeyer, 1952; Second edition by Gisela Kornrumpf, 1978. (= KLD)

Füetrer, Ulrich. *Das Buch der Abenteuer*. Ed. Heinz Thoelen. 2 vols. Göppingen: Kümmerle, 1997.

———. *Lannzilet (Aus dem "Buch der Abenteuer") Str. 1–1122*. Ed. Karl-Eckhard Lenk. Tübingen: Niemeyer, 1989.

Gottfried von Strassburg. *Tristan*. Ed. Friedrich Ranke. Trans. Rüdiger Krohn. 3 vols. Stuttgart: Reclam, 1984.

Gregorius (hexameter version). Ed. J. A. Schmeller, *Zeitschrift für deutsches Altertum* 2 (1842): 486–500.

Gregorius auf dem Stein: Frühneuhochdeutsche Prosa (15. Jh.) nach dem mittelhochdeutschen Versepos Hartmanns von Aue: Die Legende (Innsbruck UB Cod. 631), der Text aus dem 'Heiligen Leben' und die sogenannte Redaktion. Ed. Bernward Plate. Darmstadt: Wissenschaftliche Buchgesellschaft, 1983.

Hartmann von Aue. *Der arme Heinrich*. Ed. Hermann Paul. Fourteenth edition by Ludwig Wolff, 1972; seventeenth edition by Kurt Gärtner. Tübingen: Niemeyer, 2001.

———. *Gregorius*. Ed. Hermann Paul. Eleventh edition by Ludwig Wolff, 1966; fourteenth edition by Burghart Wachinger. Tübingen: Niemeyer, 1992.

———. *Iwein*. Ed. G. F. Benecke and K. Lachmann. Seventh edition by Ludwig Wolff. 2 Vols. Berlin: de Gruyter, 1968.

———. *Die Klage — Das (zweite) Büchlein*. Ed. Herta Zutt. Berlin: de Gruyter, 1968.

———. *Lieder*. Edited and translated by Ernst von Reusner. Stuttgart: Reclam, 1985.

Heinrich von Freiberg. *Die Ritterfahrt des Johann von Michelsberg*. In *Heinrich von Freiberg*. Ed. Alois Bernt. Halle a. S.: Niemeyer, 1906.

Heinrich von dem Türlin. *Diu Crône*. Ed. G. H. F. Scholl. Stuttgart: Litterarischer Verein, 1852. Reprint Amsterdam: Rodopi, 1966.

Hugo von Trimberg. *Der Renner*. Ed. Gustav Ehrismann. 4 Vols. Tübingen: Litterarischer Verein in Stuttgart, 1908–11. Reprint Berlin: de Gruyter, 1970.

Johann von Konstanz. *Die Minnelehre*. Ed. Frederic Elmore Sweet. Paris: Droz, 1934.

Konrad von Stoffeln. *Gauriel von Muntabel*. (See *Works Cited* under "Achnitz")

Konrad von Würzburg. *Engelhard*. Ed. Paul Gereke. Second edition by Ingo Reiffenstein. Tübingen: Niemeyer, 1963.

Des Minnesangs Frühling. Ed. Karl Lachmann and Moriz Haupt. Thirty-seventh revised edition by Hugo Moser and Helmut Tervooren. Stuttgart: Hirzel, 1982.

Mutabilität im Minnesang: Mehrfach überlieferte Lieder des 12. und 13. Jahrhunderts. Ed. Hubert Heinen. Göppingen: Kümmerle, 1989.

Ottokar von Steiermark. *Österreichische Reimchronik*. Ed. Joseph Seemüller. 2 vols. Hannover: Hahn, 1890, 1893.

Der Pleier. *Garel von dem blühenden Tal*. Ed. W. Herles. Vienna: Halosar, 1981.

———. *Meleranz*. Ed. Karl Bartsch. Stuttgart: Litterarischer Verein, 1861. Reprint Hildesheim, New York: Olms, 1974.

———. *Tandareis und Flordibel*. Ed. Ferdinand Khull. Graz: Styria, 1885.

Püterich von Reichertshausen, Jakob. *Der Ehrenbrief*. Ed. Fritz Behrend and Rudolf Wolkan. Weimar: Gesellschaft der Bibliophilen, 1920.

Rudolf von Ems. *Alexander*. Ed. Victor Junk. 2 vols. Leipzig: Hiersemann, 1928–29. Reprint 1 vol. Darmstadt: Wissenschaftliche Buchgesellschaft, 1970.

———. *Der guote Gêrhart*. Ed. John A. Asher. Second edition. Tübingen: Niemeyer, 1971.

———. *Willehalm von Orlens*. Ed. Victor Junk. Berlin: Weidmann, 1905.

Sachsenheim, Hermann von. *Die Mörin*. Ed. Felix Schlosser. Wiesbaden: Brockhaus, 1974.

Schwencke, Olaf. "*Gregorius de grote sünder*. Eine erbaulich-paränetische Prosaversion der Gregorius-Legende im zweiten Lübecker Mohnkopf-Plenarium," *Niederdeutsches Jahrbuch* 90 (1967): 63–88.

Die Schweizer Minnesänger. Ed. Karl Bartsch. Frauenfeld: Huber, 1886. (repr. Frauenfeld: Huber; Darmstadt: Wissenschaftliche Buchgesellschaft, 1964).

Thomasin von Zirklaere. *Der Wälsche Gast*. Ed. Heinrich Rückert. Quedlinburg and Leipzig: Basse, 1852. Reprint Berlin: de Gruyter, 1965.

Ulrich von Lichtenstein. *Frauendienst*. In *Ulrich von Lichtenstein*. Ed. Karl Lachmann. Berlin: Sandersche Buchhandlung, 1841.

Winsbeckin. In *Kleinere mittelhochdeutsche Lehrgedichte*. Ed. Albert Leitzmann. Erstes Heft. Second edition. Halle a.S.: Niemeyer, 1928.

Wirnt von Grafenberg. *Wigalois*. Ed. J. M. N. Kapteyn. Bonn: Klopp, 1926.

Wolfram von Eschenbach. *Parzival*. Ed. Karl Lachmann. Sixth revised edition by Eduard Hartl. Berlin & Leipzig: de Gruyter, 1926 (repr. Berlin, 1965).

Das zweite Büchlein. See: Hartmann von Aue, *Die Klage — Das (zweite) Büchlein*.

Works Cited

Achnitz, Wolfgang. *Der Ritter mit dem Bock: Konrads von Stoffeln "Gauriel von Muntabel."* Edition, Introduction, and Commentary. Tübingen: Niemeyer, 1997.

Ashcroft, Jeffrey. "Der Minnesänger und die Freude des Hofes: Zu Reinmars Kreuzliedern und Witwenklage." *Poesie und Gebrauchsliteratur im deutschen Mittelalter: Würzburger Colloquium 1978.* Ed. Volker Honemann et al. Tübingen: Niemeyer, 1979, 219–37.

———. "*Wenn unde wie man singen solte.* Sängerpersona und Gattungsbewußtsein (Zu Rugge/Reinmar *MF* 108,22, Walther L. 110,13 und Hartmann *MF* 215,4)." *Wechselspiele: Kommunikationsformen und Gattungsinterferenzen mittelhochdeutscher Lyrik.* Ed. Michael Schilling and Peter Strohschneider. Heidelberg: Winter, 1996, 123–52.

Asher, John Alexander. "'Der gute Gerhard' Rudolfs von Ems in seinem Verhältnis zu Hartmann von Aue." Diss. Basel, 1948.

Bayer, Hans. "'Dû solt dich saelic machen' (Kl. 1229) — Zu 'meine' und Verfasserschaft der Ambraser Büchlein." *Sprachkunst* 12 (1981): 1–28.

Becker, Peter Jörg. *Handschriften und Frühdrucke mittelhochdeutscher Epen: Eneide, Tristrant, Tristan, Erec, Iwein, Parzival, Willehalm, Jüngerer Titurel, Nibelungenlied und ihre Reproduktion und Rezeption im späteren Mittelalter und in der frühen Neuzeit.* Wiesbaden: Reichert, 1977.

Bein, Thomas *"Mit fremden Pegasusen pflügen": Untersuchungen zu Authentizitätsproblemen in mittelhochdeutscher Lyrik und Lyrikphilologie.* Berlin: Schmidt, 1998.

———. "Hartmann von Aue und Walther von Grieven im Kontext: Produktion, Rezeption, Edition." *Editio* 12 (1998): 38–54.

Brunner, Horst. *Die alten Meister: Studien zur Überlieferung und Rezeption der mitelhochdeutschen Sangspruchdichter im Spätmittelalter und in der frühen Neuzeit.* Munich: Artemis, 1975.

Bumke, Joachim. *Höfische Kultur: Literatur und Gesellschaft im hohen Mittelalter.* Munich: dtv, 1986.

———. *Die vier Fassungen der "Nibelungenklage": Untersuchungen zur Überlieferungsgeschichte und Textkritik der höfischen Epik im 13. Jahrhundert.* Berlin/New York: de Gruyter, 1996.

Carlson, Alice. *Ulrich Füetrer und sein* Iban. Riga: Nitawsky, 1927.

Cormeau, Christoph. Wigalois *und Diu Crône: Zwei Kapitel zur Gattungsgeschichte des nachklassischen Aventiureromans.* Munich: Artemis, 1977.

——— and Wilhelm Störmer, *Hartmann von Aue: Epoche — Werk — Wirkung.* Munich: Beck, 1993.

Coxon, Sebastian. *The Presentation of Authorship in Medieval German Narrative Literature 1220–1290.* Oxford: Oxford UP, 2001.

Cramer, Thomas. *"Waz hilfet âne sinne kunst?": Lyrik im 13. Jahrhundert: Studien zu ihrer Ästhetik.* Berlin: Schmidt, 1998.

Dittmann, Wolfgang. *Hartmanns Gregorius: Untersuchungen zur Überlieferung, zum Aufbau und Gehalt.* Berlin: Schmidt, 1966.

Edrich-Porzberg, Brigitte. *Studien zur Überlieferung und Rezeption von Hartmanns Erec.* Göppingen: Kümmerle, 1994.

Ernst, Ulrich. "Der *Gregorius* Hartmanns von Aue im Spiegel der handschriftlichen Überlieferung." *Euphorion* 90 (1996): 1–40.

Fechter, Werner. *Das Publikum der mittelhochdeutschen Dichtung.* Frankfurt a.M.: Diesterweg, 1935 (repr. Darmstadt: Wissenschaftliche Buchgesellschaft, 1966).

Flood, John L. "Early Printed Editions of Arthurian Romances." *The Arthur of the Germans: The Arthurian Legend in Medieval German and Dutch Literature.* Ed. William H. Jackson and Silvia A. Ranawake. Cardiff: U of Wales P, 2000, 295–302.

Ganz, Peter F. "Dienstmann und Abt. 'Gregorius Peccator' bei Hartmann von Aue und Arnold von Lübeck." *Kritische Bewährung: Beiträge zur deutschen Philologie. Festschrift für Werner Schröder zum 60. Geburtstag* Ed. Ernst-Joachim Schmidt. Berlin: Schmidt, 1974, 250–75.

Gerhardt, Christoph. "*Iwein*-Schlüsse." *Literaturwissenschaftliches Jahrbuch der Görres Gesellschaft* N.F. 13 (1972/1974): 13–39.

Glier, Ingeborg. *Artes amandi: Untersuchung zu Geschichte, Überlieferung und Typologie der deutschen Minnereden.* Munich: Artemis, 1971.

Grubmüller, Klaus. "Püterichs *Ehrenbrief.*" *Jakob Püterich von Reichertshausen: Der Ehrenbrief,* Patrimonia 154. Munich: Kulturstiftung der Länder/ Bayerische Staatsbibliothek, 1999, 7–12.

Gutenbrunner, Siegfried. "Hartmanns Ausfahrt im Zeichen des Evangelisten und des Täufers." *Zeitschrift für deutsche Philologie* 78 (1959), 239–58.

Haug, Walter. "Klassikerkataloge und Kanonisierungseffekte: Am Beispiel des mittelalterlich-hochhöfischen Literaturkanons." *Brechungen auf dem Weg zur Individualität: Kleine Schriften zur Literatur des Mittelalters.* Tübingen: Niemeyer, 1995, 45–56.

Heinzle, Joachim. *Geschichte der deutschen Literatur von den Anfängen bis zum Beginn der Neuzeit. II/2: Wandlungen und Neuansätze im 13. Jahrhundert.* Tübingen: Niemeyer, 1994.

Henkel, Nikolaus. "Kurzfassungen höfischer Erzähldichtung im 13./14. Jahrhundert." *Literarische Interessenbildung im Mittelalter: DFG Symposium 1991.* Ed. Joachim Heinzle. Stuttgart: Metzler, 1993, 39–59.

———. "Wer verfaßte Hartmanns von der Aue Lied XII? Überlegungen zu Autorschaft und Werkbegriff in der höfischen Liebeslyrik." *Autor und Autorschaft im Mittelalter: Kolloquium Meißen 1995.* Ed. Elizabeth Andersen et al. Tübingen: Niemeyer, 1998, 101–13.

Henkes, Christiane and Silvia Schmitz. "*Kan mîn frowe süeze siuren?* (C240[248]–C245[254]). Zu einem unbeachteten Walther-Lied in der Großen Heidelberger Liederhandschrift." *Walther von der Vogelweide. Textkritik und Edition.* Ed. Thomas Bein. Berlin/New York: de Gruyter, 1999, 104–24.

Henrici, Emil. *Die Nachahmer von Hartmanns Iwein.* Berlin: Gaertner, 1890.

Holznagel, Franz-Josef. "Walther von Griven." *Verfasserlexikon.* Vol. 10. Ed. Burghart Wachinger et al. Berlin: de Gruyter, 1999. Cols. 642–43.

Huschenbett, Dietrich. *Hermann von Sachsenheim: Ein Beitrag zur Literaturgeschichte des 15. Jahrhunderts.* Berlin: Schmidt, 1962.

Kautzsch, Rudolf. "Diebolt Lauber und seine Werkstatt in Hagenau." *Centralblatt für Bibliothekswesen* 12 (1895): 1–32, 57–113.

Kern, Peter. "Rezeption und Genese des Artusromans: Überlegungen zu Strickers *Daniel vom blühenden Tal.*" *Zeitschrift für deutsche Philologie* 93 (1974): Sonderheft, 18–42.

———. *Die Artusromane des Pleier: Untersuchungen über den Zusammenhang von Dichtung und literarischer Situation.* Berlin: Schmidt, 1981.

Kischkel, Heinz. "Kritisches zum Schlußgedicht der *Klage* Hartmanns von Aue." *Zeitschrift für deutsche Philologie* 116 (1997): 94–100.

Klein, Thomas. "Ermittlung, Darstellung und Deutung von Verbreitungstypen in der Handschriftenüberlieferung mittelhochdeutscher Epik." *Deutsche Handschriften 1100–1400: Oxforder Kolloquium 1985.* Ed. Volker Honemann and Nigel Palmer. Tübingen: Niemeyer, 1988, 110–167.

Kornrumpf, Gisela. "Die Anfänge der Manessischen Liederhandschrift." *Deutsche Handschriften 1100–1400: Oxforder Kolloquium 1985.* Ed. Volker Honemann and Nigel Palmer. Tübingen: Niemeyer, 1988, 279–96.

Kraus, Carl von. "Drei Märlein in der Parzivalhandschrift G und das Exempel vom Armen Heinrich." *Festgabe für Samuel Singer.* Ed. Harry Maync. Tübingen: Mohr, 1930, 1–19.

———. *Des Minnesangs Frühling. Untersuchungen.* Leipzig: Hirzel, 1939.

Kühnel, Jürgen. "Anmerkungen zur Überlieferung und Textgeschichte der Lieder Hartmanns von Aue." *"Ist zwîvel herzen nâchgebûr": Günther Schweikle zum 60. Geburtstag.* Ed. Rüdiger Krüger et al. Stuttgart: Helfant, 1989, 11–41.

Kunze, Konrad. "*Arme Heinrich*-Reminiszenz in Ovid-Glossen-Handschrift." *Zeitschrift für deutsches Altertum* 108 (1979): 31–33.

Lutz, Eckart Conrad. *Spiritualis fornicatio: Heinrich Wittenwiler, seine Welt und sein "Ring."* Sigmaringen: Thorbecke, 1990.

Mertens, Käthe. *Die Konstanzer Minnelehre.* Berlin: Ebering, 1935.

Mertens, Volker. *Gregorius Eremita: Eine Lebensform des Adels bei Hartmann von Aue in ihrer Problematik und ihrer Wandlung in der Rezeption.* Munich: Artemis, 1978.

———. *Der deutsche Artusroman.* Stuttgart: Reclam, 1998.

Meyer, Matthias. *Die Verfügbarkeit der Fiktion: Intepretationen und poetologische Untersuchungen zum Artusroman und zur aventiurehaften Dietrichepik des 13. Jahrhunderts.* Heidelberg: Winter, 1994.

Mihm, Arend. *Überlieferung und Verbreitung der Märendichtung im Spätmittelalter.* Heidelberg: Winter, 1967.

Ranawake, Silvia. "Walthers Lieder der 'herzeliebe' und die höfische Minnedoktrin." *Minnesang in Österreich*. Ed. Helmut Birkhan. Vienna: Halosar, 1983, 109–52.

Saran, Franz. *Hartmann von Aue als Lyriker. Eine literarhistorische Untersuchung*. Halle: Niemeyer, 1889.

Sayce, Olive. *The Medieval German Lyric 1150–1300*. Oxford: Oxford UP, 1982.

Schiendorfer, Max. *Ulrich von Singenberg, Walther und Wolfram: Zur Parodie in der höfischen Literatur*. Bonn: Bouvier, 1983.

Schiewer, Hans-Jochen. "Diebold Lauber." *Lexikon des Mittelalters* 3 (1986), col. 986.

Schipke, Renate. "Hartmanns *Gregorius*. Ein unbekanntes Fragment aus dem Bestand der Staatsbibliothek zu Berlin-Preußischer Kulturbesitz." In *Festschrift für Franzjosef Penzel zum 70. Geburtstag*. Ed. Rudolf Bentziger and Ulrich Dieter Oppitz. Göppingen: Kümmerle, 1999. 263–77.

Schröder, Jens-Peter. *Arnolds von Lübeck "Gesta Gregorii Peccatoris." Eine Interpretation ausgehend von einem Vergleich mit Hartmanns von Aue "Gregorius."* Frankfurt a. M. etc: Lang, 1997.

Schröder, Werner. "Zur Literaturverarbeitung durch Heinrich von dem Türlin in seinem Gawein-Roman *Diu Crône*," *Zeitschrift für deutsches Altertum* 121 (1992): 131–74.

———. *"Der arme Heinrich" Hartmanns von Aue in der Hand von Mären-Schreibern*. Sitzungsberichte der Wissenschaftlichen Gesellschaft der Johann Wolfgang Goethe-Universität Frankfurt am Main, 35, 1. Stuttgart: Steiner, 1997.

———. *Laudines Kniefall und der Schluß von Hartmanns "Iwein."* Akademie der Wissenschaften und der Literatur. Mainz. Abhandlungen Geistes- und Sozialwissenschaftliche Klasse, 1997, 2. Stuttgart: Steiner 1997.

Schweikle, Günther, ed. *Dichter über Dichter in mittelhochdeutscher Literatur*. Tübingen: Niemeyer, 1970.

———. "Hartmann von Aue und Walther von der Vogelweide? Nochmals zu *MF* 214, 34 ff. und *L*. 120, 16 ff." *Amsterdamer Beiträge zur älteren Germanistik* 43/44 (1995): 449–58.

Seelisch, A. "Zwei lateinische Bearbeitungen des Hartmannschen Gregorius." *Zeitschrift für deutsche Philologie* 19 (1887): 121–28.

Sparnaay, Hendricus. *Hartmann von Aue: Studien zu einer Biographie*. 2 vols. Halle: Niemeyer, 1933, 1938.

Strohschneider, Peter. "Höfische Romane in Kurzfassungen. Stichworte zu einem unbeachteten Aufgabenfeld." *Zeitschrift für deutsches Altertum* 120 (1991): 419–39.

Stutz, Elfriede. "Der Codex Palatinus Germanicus 341 als literarisches Dokument." *Bibliothek und Wissenschaft* 17 (1983): 8–26.

Thomas, Neil. "Konrad von Stoffeln's *Gauriel von Muntabel:* a comment on Hartmann's *Iwein?*" *Oxford German Studies* 17 (1988): 1–9.

Unzeitig-Herzog, Monika. "Überlegungen zum Erzählschluß im Artusroman." *Erzählstrukturen der Artusliteratur.* Ed. Friedrich Wolfzettel. Tübingen: Niemeyer, 1999, 233–57.

Wachinger, Burghart. "Autorschaft und Überlieferung." *Autorentypen.* Ed. Walter Haug and Burghart Wachinger. Tübingen: Niemeyer, 1991, 1–28.

Wallbank, Rosemary E. "Three Post-Classical Authors: Heinrich von dem Türlin, Der Stricker, Der Pleier." *The Arthur of the Germans: The Arthurian Legend in Medieval German and Dutch Literature.* Ed. William H. Jackson and Silvia A. Ranawake. Cardiff: U of Wales P, 2000, 81–97.

Wand, Christine. *Wolfram von Eschenbach und Hartmann von Aue: Literarische Reaktionen auf Hartmann im Parzival.* Herne: Verlag für Wissenschaft und Kunst, 1989.

Weber, Barbara. *Oeuvre-Zusammensetzungen bei den Minnesängern des 13. Jahrhunderts.* Göppingen: Kümmerle, 1995.

Wenzel, Horst. *Höfische Geschichte: Literarische Tradition und Gegenwartsdeutung in den volkssprachigen Chroniken des hohen und späten Mittelalters.* Berne etc.: Lang, 1980.

Williams-Krapp, Werner. *Die deutschen und niederländischen Legendare des Mittelalters: Studien zu ihrer Überlieferungs-, Text- und Wirkungsgeschichte.* Tübingen: Niemeyer, 1986.

A Tale of Sacrifice and Love: Literary Way Stations of the *Arme Heinrich* from the Brothers Grimm to Tankred Dorst

Rüdiger Krohn

THE MASTER IN WEIMAR was "not amused." Hartmann von Aue's verse tale *Der Arme Heinrich*, in the poor translation of Johann Gustav Büsching,[1] was "in and of itself a quite admirable lyrical work," yet it evoked in Goethe, nonetheless "physical and aesthetic distress." He noted the following unpleasant impressions in his *Tag- und Jahreshefte* of 1811:

> Den Ekel gegen einen aussätzigen Herrn, für den sich das wackerste Mädchen aufopfert, wird man schwerlich los; wie denn durchaus ein Jahrhundert, wo die widerwärtigste Krankheit in einem fort Motive zu leidenschaftlichen Liebes- und Rittertaten reichen muß, uns mit Abscheu erfüllt. Die dort einem Heroismus zum Grunde liegende schreckliche Krankheit wirkt wenigstens auf mich so gewaltsam, daß ich mich vom bloßen Berühren eines solchen Buches schon angesteckt glaube. (511)

Although Wilhelm Wackernagel defended Hartmann against this "grundlose Behauptung" and, in fact, praised him for his delicacy in dealing with the topic (Stadler, 237–38), the unappetizing connotations of leprosy (*miselsuht*, *Arme Heinrich*, 119), the alleged description of which so repelled Goethe would not become acceptable to modern tastes until a greater medical significance was allotted to the disease and its treatment. This, then, would be capable of suppressing not only the offensiveness of the medical diagnosis but also the ethically and aesthetically problematic cure. Credit for initiating this change in approach belongs to the Grimms, who paved the way for a broad reception of the work with their 1815 edition of the *Arme Heinrich*, which aimed at a popular as well as creative reception. This is all the more astonishing since the sparse and relatively late manuscript transmission — however questionable this might be as a criterion — seems to make obvious that this short tale in verse was by no means as admired or widespread as his other courtly works or those of his contemporaries. It could also be that the proponents of literature around 1200 did not know how to deal with a work that was more concerned with rejection of the world than with the vigorous affirmation of chivalric joy and its importance in earthly life. Similarly, during the late Middle Ages, when it was a matter of adapting the great verse epics of the courtly period to the tastes of a new listening and — increasingly — reading public, a tale of divine affliction, religious redemption and rebirth, and — finally — grace might well have found no real resonance.

Whatever the case may be, the *Arme Heinrich* sank into obscurity, from which the first — completely defective — edition of Christoph Heinrich Myller could not rescue it. For in addition to the difficulties engendered by a completely different worldview that obscured rather than illuminated the age that produced the work, there were also the problems of linguistic distance from Hartmann's Middle High German, all of which struck the enlightened readership of the late eighteenth century as an unreasonable and insurmountable impediment to the tale's reception (Krohn 1982, 9–10). The linguist Johann Christoph Adelung, for example, deplored the "intolerable language" of the texts in Myller's collection,[2] and in 1784 Frederick the Great of Prussia pronounced his famous dictum about Myller's entire enterprise — not merely, as many erroneously believe, about the *Nibelungenlied* — saying: "In meiner Bücher-Sammlung wenigstens, würde Ich, dergleichen elendes Zeug, nicht dulten; sondern herausschmeissen" (Kozielek, 3).

Therefore, the Grimms' edition had to surmount hurdles of both language and content in order to stimulate a new reception. This happened in a remarkably long-term fashion, even if the hoped-for commercial success was slow in coming. In this connection it is interesting to note that the volume of the *Etui Bibliothek,* a popular series aimed at a broad readership, which contained excerpts from the *Arme Heinrich* and from Ulrich Boner's *Der Edelstein* (ca. 1350), did not use the Grimms' version but rather, once again, reverted to the woefully inadequate Büsching translation.[3] Nevertheless, as Ursula Rautenberg (1985 and 1986) convincingly demonstrates, Wilhelm Grimm's decisive re-reading of the courtly work as a *Volksbuch,* a book for the people, that is, a chapbook, successfully established and determined the character of the *Arme Heinrich*'s influence, even if not always to the work's advantage.

The nationalistic stylization of the tale made the Grimms' *Arme Heinrich* completely compatible with the literary activity of their time (Krohn 1994, 304–8). From the vantage point of its ideologization and usurpation for patriotic purposes, the reservations expressed by earlier recipients concerning the supposedly repellant subject matter as well as the alterity of the work fell by the wayside. In the "ancient German tale," which, according to the express wishes of the Grimms, was to be transformed into a comprehensible "Volksbuch," and which, in the spirit of national spiritual renewal, they warmly recommended to the honest and upright Hessians as well as to all Germans (Grimm 1882, 504), the brothers saw, in 1813, an appropriate parable of the political situation after the heavy losses of the Wars of Liberation. Two years later, of course, the situation was quite different. Now that "our entire fatherland has cleansed itself of the French mange with its own blood," as the Grimms wrote in their foreword to the 1815 edition, this "adaptation of an old and thoroughly German poem is presented as a small offering" and is meant to stimulate the readers to be prepared "to joyfully sacrifice themselves" (*Vorrede*, 1815).

Of great significance in this context is the casual reference to the native tradition of the "basically German" subject matter, which the Grimms portray as a significant change for the better over the "foreign" sources of high courtly literature. This advantageous feature played an important role in the lively discussion about literary and folk poetry that was being carried on during the beginnings of German studies in the Romantic period. Its origins, however, are already encountered during the Storm and Stress epoch. Ever since Herder developed his notion of the nature and value of folk poetry in his *Auszug aus einem Briefwechsel über Ossian und die Lieder der alten Völker* in 1773, the hypothesis of the original and uncorrupted nature of indigenous poetry dominated subsequent discourse about the significance of the "romantic," that is Romance, or — better yet — foreign chivalric epic and its relationship to the old German, that is, native, heroic poetry. In a spirited defense of the *Nibelungenlied*, August Wilhelm Schlegel argued in 1812 in a similar vein when he drew a clear distinction with French literature:

> Die welschen Dichtungen fanden . . ., wie es scheint, an den Höfen große Gunst, wo das Erb = Übel der Deutschen, die Vorliebe für das Ausländische, schon damals häufig seinen Sitz hatte. . . . unsre einheimischen Dichtungen . . . haben insgesammt vor den welschen Romanen den Vorzug eines vaterländischen Ursprungs und wahrhaft deutscher Art . . . (24–27)

That this controversy also affected access to Hartmann's Arthurian romances and prevented their reception is attested to in Wilhelm Grimm's "Einleitung zur Vorlesung über Hartmanns Erek":

> Die höfischen Dichter waren Kunstdichter: sie schöpften aus sich selbst. . . . Aber zu dem Volksepos bildeten sie doch einen entschiedenen Gegensatz. Wie dieser [= der "eigenthümliche Geist eines Volkes," RK] frei von dem gesteigerten Ritterthum einen höheren, in sich wahrhaftigeren Heldengeist athmete, so empfanden die höfischen Dichter den Werth des Volksepos nicht mehr. (Grimm 1887, 580–81)

It is revealing that the Grimms, fairly contemporaneous with their edition of the *Arme Heinrich* and inspired in part by similar projects of Görres (*Die teutschen Volksbücher*, 1807) or Arnim and Brentano (*Des Knaben Wunderhorn*, 1805–8), occupied themselves with several book projects devoted to national folk poetry. The volume, *Altdänische Heldenlieder, Balladen und Märchen* (Wilhelm Grimm, 1811), was largely regarded as a continuation of the song collection of the *Wunderhorn* (originally it was even supposed to be its fourth volume). Both brothers then published their *Kinder- und Hausmärchen* (1812/15) and *Deutsche Sagen* (1816/18). By their elevation of the courtly tale to the distinction of a "Volksbuch," and, going along with that, the endorsement of the supposed reclaimed "folk poetry" as belonging within the sphere of national poetry, thereby establishing, in complete accord with the patriotic spirit of the time, a clear line of demarcation against foreignness, the Grimms provided the "ideological lubricant" (Rühmkorf, 12) for the reception of the *Arme Heinrich* that would last over a century. They are emphatic in describing the nature of the work. As they take pains to point out in their 1815 edition, it neither has a foreign source, nor foreign additions, nor is it found anywhere else. In other words, it is purely and simply "German" (136). With chapters in their folkloric appendix like "Ueber den Aussatz" (On Leprosy), "Heilung des Aussatzes durch Blut" (Using Blood to Cure Leprosy), or "Der aussätzige Bluts-Bruder" (the Leprous Blood Brother), the Grimms devote much space to the detection and reconstruction of those old tales, which they believe were merely reshaped by the courtly poet, Hartmann. The diligently assembled and extensive data are meant to demonstrate that with all its courtly veneer Hartmann's text merely represents a course of a specific tradition that can be traced back to ancient, autochthonous roots. It is in this permanence of its subject matter that the Grimms see the unique quality of the tale and that which causes it to be superior to the great epics of Wolfram, Gottfried, and, yes, Hartmann's other works, even if its "bulk" is too slight to enable it to be put side by side with them (139).

In contrast to other "Rittergedichte" and their prosification in the late Middle Ages, the *Arme Heinrich* underwent no reworking into a chapbook on its journey to modern times. That did not, however, deter the Grimms from belatedly imputing to it a chapbook tradition and presenting it in a linguistic form, the popularizing unpretentiousness of which is meant to suggest that the text exists in a literary grouping with which it has nothing at all to do. Only the ongoing dismantling of the high courtly epic, which provided the work with the presumed dignity of folk poetry, allowed it to reach a broader audience, thereby assuring the sustained interest of the reading public. Thus in the foreword to his 1847 edition of the *Arme Heinrich*, Karl Simrock, for example, points out the work's missing history of popular reception by stating: "[es] gehört nicht zu denen, welche seit Jahrhunderten auf Märkten und Kramläden feil geboten sind. Es ist also nicht Volksbuch" (73–74). Nonetheless, referring to the edition of the Grimms as well as the version of Marbach,[4] Simrock counts the tale among the chapbooks, reasoning: "es hätte längst Volksbuch zu werden verdient und würde es auch geworden sein, wenn man es in den ersten Jahrhunderten nach Erfindung der Buchdruckerkunst dem Volk dargeboten hätte." Confronted with his own irrefutable argument, he goes on to say that he has absolutely no hesitation in enriching German folk poetry with this precious work.

It is noteworthy that the Grimms' edition, which relied on religious and patriotic motifs and affirmed the popular national character of the legend, also found great resonance among the Romantic poets and folk song collectors. In 1815, for example, the poet Wilhelm Müller, who carried on a lively contact with the leading figures of Romanticism, praised the "wunderfromme[s] Gedicht . . . des herzlichen, aufrichtigen [Hartmann]: es atmet einen Überdruß alles Irdischen, Reue über Jugendsünden, Sehnsucht nach oben" (48). He brought a copy of the work to the poetess Luise Hensel, whom he admired exuberantly. Hensel, whose own poetry, including that composed together with Clemens Brentano, was characterized by a strong Christian tone, was so enraptured by the *Arme Heinrich* that she was allegedly able to recite the entire work by heart (Müller, 437). We may assume that Müller, known as "Griechenmüller," who fought in the Wars of Liberation against Napoleon and who later, within the larger framework of European philhellenism, agitated on behalf of Greek independence, was also in agreement with the political shadings of the Grimms' *Arme Heinrich*, even if his delighted reaction to the work is more a response to its sentimental nature than its significance for German patriotic nationalism.

The transformation of the courtly tale into a chapbook accessible to all levels of readership was accomplished especially by means of language adaptation. Wilhelm Grimm's trendsetting translation, for example, assumed a markedly unpretentious, leisurely fairy tale tone and utilized "primarily the stylistic devices of the Early New High German prose novel" thereby employing a language in which "echoes of Luther could not be overlooked" (Rautenberg 1985, 180; 1986, 400–403). During the further course of the nineteenth century[5] other translators of the *Arme Heinrich* clearly allowed themselves to be guided by this model and its propensity toward archaicizing and popularizing the work as a chapbook (Moser, 146–52). Now, because of stylistic assimilation, it became combinable in various ways with other, genuine chapbooks, and its recasting as a primer of an unselfish spirit of sacrifice made Hartmann's tale increasingly suitable for education, especially — but not only — that of a youthful public. Even Gustav Schwab's popular edition from 1836 was expressly earmarked for "young and old." Later editions of the "Volksbuch" were also aimed at "more mature young people" or appeared (quite frequently together with the *Gehörnte Siegfried*) in series clearly intended for the young reader, for example, *Für Kindheit und Jugend, Stuttgarter Jugendbücher,* and *Lieblingsbücher der Jugend,* among many others. Indeed, in 1841 the edition of Julius Seidlitz was offered as a "Christmas present for industrious children."[6]

The Grimms did not go quite so far with their edition, the methodological deficiencies of which were well noted by contemporaries. They did, however, bring into it an unmistakably slanted political view (Lutz-Hensel, 250–60). The reviewer Georg Friedrich Benecke noted that the spirit of dedicated devotion and the joyful willingness to sacrifice life and blood found in the tale, was in pleasing harmony with the noble aims of the Grimms. He also reported that the brothers were donating the money received from subscriptions (194 Reichstaler) to the "Frauenverein in Cassel."[7] It is possible that this gesture was meant to assert the traditional concept of sex roles that assigns the role of subservience and pious sacrifice to women, and to see in the girl, who is occasionally called *mîn gemahel* (my spouse) by Heinrich, the model of an unselfish wife. Certainly this is what Karl Simrock understood when he wrote: "Wenn aber ein neuerer Beurtheiler ausruft: 'Ist das weiblich, ist das deutscher Mädchen Art, eher zu lieben, als sie geliebt werden?' so kann ich diese Frage nur einfach bejahen" (1854, 233). Similarly, Vilmar's literary history extols Hartmann's depiction of "die reine, völlig uneigennützige, sich ganz hingebende Liebe eines tiefen und reinen weiblichen Herzens" (229). That this interpretative pattern continued can also be ascertained by the clear identification of the intended target groups. Gustav Hausmann's moralizing edition of the *Arme Heinrich* (1886), for example, is expressly dedicated to "den deutschen Jungfrauen" (Rautenberg 1985, 98) and celebrates the selfless humility of Hartmann's "hehre Maid" as the expression of German womanly virtue. And Gustav Bornhak's 1892 edition, prepared for use in schools, appeared in the series "Teubner's Sammlung deutscher Dicht- und Schriftwerke für höhere Töchterschulen" (Rautenberg 1985, 85–90).

Neither the reinterpretations nor adaptations for pedagogical purposes have anything to do with the actual meaning of Hartmann's tale. In addition to a changed worldview, skepticism vis-à-vis miracles proved to be a decisive hindrance for the survival of the material in the post-medieval age. The *Arme Heinrich* became a type of meditative fitness program for new generations of youth. Thus the edifying and popular pedagogical purpose triumphs over the message of the original, so much so that we know of scarcely any other work that has been so covered up with the erroneous and reckless intrusions of its interpreters and editors as the *Arme Heinrich*. The historical distance from the work's spiritual outlook not only made the approach to Hartmann's poetry difficult for a non-medieval reading public, but also long obstructed creative, literary access. Indeed, for decades there were no noteworthy literary or dramatic adaptations of the work. Chamisso's ballad "Der Arme Heinrich" (1838), which begins with a respectful, if slightly awkward blank verse dedication to the Grimms, does make the plot more gripping through lively dialogue. In the end, however, the poet abandons the unique portrayal of the Grimms in that he does not depict Heinrich's change of heart as a result of his glimpse of the maiden's naked body, but rather as the outcome of a meditative dialogue with God:

> Laß in Demut mich mein Siechtum tragen,
> Aber nicht, in deinem Zorn, der Unschuld
> Schreiend Blut auf meine Seele laden.
> Und vom Estrich sprang er auf verwandelt,
> . . . .
> Heinrich schrie: "Halt ein! das Kind soll leben!" (596)

Chamisso's final scene, however, sinks into the banal. Grimms' formulation "Da erkannte ihre Noth, der die Herzen prüft" (27) degenerates in Chamisso's text to "der die Nieren prüft und Herzen" (597). And the legal implications of Heinrich's assertion "Nun ist sie frei, wie ich auch bin" (Grimms, 29), echoing Hartmann's *nû ist si vrî als ich dâ bin* (1497), which refers to the potentially problematic difference in status between the noble Heinrich and the peasant girl, are completely lost. Chamisso has Heinrich merely exclaim "frei und ledig ist sie, Wie ich selbst," thus leveling the social implications, which would have been of more than mild interest to Hartmann's audience and which were at least recognized as such by Wilhelm Grimm, to the status of private choice.[8]

Ludwig Uhland, who counted the *Arme Heinrich* among the best and most enjoyable works of the Middle Ages, occupied himself with the material in 1817 for the purpose of a dramatic adaptation (224). His plan to adapt the tale for the stage did not, however, extend beyond a blank verse fragment of 24 lines (Fröschle & Scheffler, 351). They contain the monologue of the physician from Salerno, which has two interesting aspects. For one thing, Uhland picks up on the thought that the natural destiny of the woman as a "halbes, mangelhaftes Wesen, ein Weib, ein Mädchen nur" lies not insignificantly in her willingness to sacrifice herself so that the man, the "hero" could be saved:

> Ein gelehrter Streit
> Ist's selbst noch, ob ihr Weiber Menschen seid.
> Seid ihr bestimmt, uns Menschen zu gebären,
> Und eurer Brüste Säfte, uns zu nähren,
> Warum, wenn unsre Rettung drauf beruht,
> Nicht auch zu lassen euer Herzensblut?

On the other hand, however, the physician addresses the ethical conflict, which, of course, has nothing to do with the *Arme Heinrich,* but much with the difficult problems of modern medicine — think of the controversy in the present day surrounding genetic engineering. It concerns the question as to which taboos may be violated seemingly in the name of a higher science. The doctor justifies his decision to kill the maiden with a reference to the more pressing concerns of research:

> Doch töt ich dich, ich opfre dich in Kraft
> Der göttlichen, erhabnen Wissenschaft,
> Der mächt'gen, der mein Leben angehört,
> Die, gleich dem Weltgeist, schafft, wenn sie zerstört.

The fragment ends with these lines, providing little insight into Uhland's further dramatic concept. Other plays from the nineteenth century dealing with the subject matter of the *Arme Heinrich* are preserved in their entirety, but, as a rule, are of no literary significance (Rautenberg, 91–107). In his older but still very useful study, Hermann Tardel observes: "welche großen Hemmnisse der dramatischen Gestaltung des Stoffes entgegenstehen, und trotzdem ist sie wiederholt versucht worden" (16). One such example of a misguided revival is the one-act play by Karl Ludwig Kannegießer (1836) in which the ticklish motif of leprosy, which had so disgusted Goethe, was replaced by the severe hypochondria of Heinrich, which is cured only through the marriage with his foster-daughter, Herminia. There is nothing to be found here of Hartmann's original work or its meaning.

It is significant that after Kannegießer's effort the reception of the *Arme Heinrich* lay fallow in Germany for a long period until it received new impulses through the version of the British poet Dante Gabriel Rossetti (1846–47), which was quite faithful to Hartmann's original, and the freer one of the American Henry Wadsworth Longfellow (1851),[9] especially after his work appeared in German translation in 1860.[10] Although the American poet's *Golden Legend* utilizes the *Arme Heinrich* as just one source among many, the framework of the plot is, nonetheless, governed by the main motifs of the medieval narrative. But even in the first section Longfellow departs somewhat from the story and alludes to Goethe's *Faust* by having a disguised Lucifer appear to Heinrich (who, although interested in alchemy, is otherwise not at all Faustian) and offer him an elixir of youth. Additional legends, games, sagas and stories, biblical passages, and literary figures (for example Walther von der Vogelweide) are worked into the narrative in order to embellish the plot, enhance the historical setting, and add some local color. A good example of this technique is found in the depiction of the trip to Salerno which Longfellow enriches with some of his own travel experiences. But the basic structure of Hartmann's tale remains: the peasant daughter Elsie repeatedly begs her parents late at night to be allowed to freely offer herself as a sacrifice in order to save her beloved Heinrich, whose illness is only mentioned casually as an unspecified type of melancholia. Lucifer, assuming many guises, vainly tries to thwart this act of Christian charity in order to gain Elsie's soul. In his disguise as the Salerno doctor, the devil is nonetheless unable to prevent Heinrich from having scruples about the matter and averting the sacrifice of the girl just in time, as is also the case with Hartmann. Longfellow only hints at the significance of this action, for it is not Heinrich's penitent change of mind that effects his cure, but rather his touching the relics of St. Matthew. All the same, Elsie's willingness to sacrifice herself is rewarded by her marriage to Heinrich. Although Longfellow's expansion of the traditional subject matter into the demonic dimension of temptation and rescue does away with the aspects of divine testing and salvation that are present in the original, it does keep the work within a salvational context. Nonetheless, even though some details of the *Golden Legend* influenced a few later authors, e.g. Gerhart Hauptmann, it had little effect on the direction that subsequent reception of the *Arme Heinrich* would take.

As the nineteenth century went on and as modern skeptical rationalism spread, the function of the miracle became more problematic. Not only did the motif of the religious miracle lose validity, but the guiding idea of salvation by God also fell by the wayside. Heinrich's illness and cure had to be explained more rationally and in more up-to-date terms. In the place of religious faith, which for Hartmann was the obvious foundation of the *Arme Heinrich,* there appeared, increasingly, the attainments of modern society and growing confidence in the science underlying them.[11] Henceforth the peasant girl's religiously based selflessness frequently gives the impression of having an erotic or psychological motivation. Authors often increase the age of the girl, who when we meet her in Hartmann's tale is just eight and at its end just eleven, up to borderline puberty in order to make credible her awakening receptiveness to love and the emotional situation it implies. Of course, now that divine salvation has been recast as psychological recovery through the substitution of Eros for religion, Heinrich's illness serves completely different functions as well.

In his verse drama, *Heinrich von Aue* (1860), the Austrian author Josef von Weilen distances himself in many respects from Hartmann's work. The Job-like suffering of the protagonist is altered from the unappetizing manifestation of leprosy and the concomitant implication of a divinely ordained trial to a less repulsive, unbiblical case of Heinrich, who, as we are told, has problems with his eyes, going blind after a fit of violent anger. Weilen supplements the traditional plot with the tried-and-true dramatic motif of hostile brothers. The selfless daughter of the loyal peasant Konrad, who is called Elsbeth (reminiscent of Longfellow's Elsie), bears a striking resemblance to Käthchen von Heilbronn. To be sure, Heinrich is cured — not through Elsbeth's sacrifice but rather by means of a medical salve provided by the doctor — and marries her anyway. The anonymous woman author of the 1861 dramatization *Der Arme Heinrich*[12] alters and expands the original relationship between Heinrich and the girl (here named Agneta) by introducing the unscrupulous intrigues of a certain Guy von Chaulis, who wants the girl for himself, adding thereby a rather conspicuous erotic component to the plot. Since Agneta is already sixteen, it is clear that her selflessness is not grounded solely in pious charity but also in love for Heinrich — a psychological motif that Gerhart Hauptmann emphasizes and superimposes on the religious dimension in his 1902 dramatization, which shares the title of Hartmann's original. Love is also a force in the play *Verwundet und geheilt: Dramatisches Gedicht in fünf Aufzügen* (1881), by the devout author Betty Fischer. Here the reason for Heinrich's illness is his rejection by his noble beloved Hildegard. Nonetheless, the fifteen-year-old peasant girl (named Else — again reminiscent of Longfellow's Elsie) intends to sacrifice herself for him. Here too her noble intention is thwarted — not by the intervention of her brother, who tries to keep her from acting by drugging her, but rather — again somewhat in conformity with the original — by Heinrich's decision to renounce her sacrifice. Heinrich and Else return in time for the wedding between Hildegard and Gottfried, Heinrich's friend and successful rival.

The dramas by Hans Pöhnl (1887), Carl Schultes (1894), and Hermann Hanau (1900) offer more plausible reasons — medically speaking — for Heinrich's leprosy. They reflect the more sober spirit of the closing years of the nineteenth century. Pöhnl has Heinrich infected by a demonic pilgrim. His cure is effected by the ingenuous peasant girl Hadwig, who only has to sneeze three times! Schultes has an egotistical, greedy Heinrich carelessly infected by a leper. His cure is effected by the martyr-like Maria. Hanau has his Heinrich infected after sexual congress with an oriental woman who has been brought along from the Crusades. As if this were not enough, Heinrich chases the loyal peasant and his daughter Gertrud from their land because they refuse to follow an oriental custom and kiss the feet of his concubine whom he has brought with him to the farm. These dramas are furnished with a plethora of details that are meant to make the plot more colorful and more suited as a popular entertainment, a "Volksbühnenspiel" (Pöhnl) or "Volksschauspiel" (Schultes). Here the religious element only serves as a veneer; indeed it is trivialized by all three authors, even the "miraculous cure" which now is no longer necessary is rendered absurd (sneeze three times!).

Of the relatively large number of trivial reworkings of the *Arme Heinrich* from around the turn of the twentieth century, three more substantial efforts stand out: the music drama by Hans Pfitzner (1895; libretto by James Grun); the story by Ricarda Huch (1898), and, as mentioned above, the drama by Gerhart Hauptmann (1902). The obvious interest in this subject matter around 1900 — disregarding for the moment the preference for the Middle Ages brought about by Richard Wagner and his monumental creations — has, on the one hand, to do with the strong influence of contemporary art movements like the Pre-Raphaelites on literature. The intellectual impulses that emanated from the writings of

Nietzsche and Schopenhauer were even more influential; and most important was the invention of psychoanalysis. Above all, however, the epoch-making "Wende nach innen" (Worb, 9) on the threshold of the new century, which brought about a revolution in all art forms, infused the literary preoccupation with the *Arme Heinrich* with a new perspective on the — for modern tastes — very unfashionable phenomena of sacrifice, salvation, and grace.

In the same year in which Sigmund Freud's *Studien über die Hysterie* appeared (1895), the premiere of Pfitzner's opera *Der arme Heinrich* took place.[13] The setting of the work to music by Pfitzner was, as the designation music drama makes clear, more likely influenced by the works of Richard Wagner, who also dealt with the theme of a woman effecting a man's salvation (most strikingly in the *Fliegende Holländer*). Pfitzner's work is indebted to Wagner not only musically. Grun's libretto, which is based in large part on the composer's suggestions, and which occasionally exhibits a clear relationship with Hartmann's text, also reveals the strong influence of Wagner. But definite traces of Schopenhauer can also be detected through Wagner's influence. Schopenhauer's maxim of overcoming self-centeredness by means of compassion left clear tracks in the composition of the subject matter. The central figure of the piece is the "German knight" Heinrich, who is already diseased at the beginning of the opera. With the exception of his loyal vassal Dietrich and Dietrich's daughter Agnes, who serve Heinrich selflessly, the lord is alone in his castle, having been abandoned by relatives and friends alike — the name Agnes was chosen with care, in that St. Agnes is the patron saint of young girls and their innocence. Pfitzner describes Agnes as: "ein unscheinbar kleines Mädchen von 13 bis 14 Jahren, in dessen Herzen nicht die Liebe zum Mann . . ., um so mehr aber die Menschenliebe in allerhöchstem Sinne lebt, welche vielleicht mit christlichem Mitleid identisch ist" (1926, 79). The ardent desire of the girl to sacrifice herself is not bound solely to Heinrich or his disease, but is rather a general urge to die for the sake of someone else (45). Heinrich, on the other hand, takes an excessively selfish pleasure in life. And it is because of this desire for life that Heinrich at first agrees to Agnes's offer of sacrifice. But then his selfishness turns to compassion and he says: "Für all' die Lieb' nun jäher Tod!/ Für so viel Treu' nur bitt're Not! / Hilf! — Ewiger! / Nur aus dieser Pein! / Nicht mehr will ich gerettet sein" (55–56). Through this change — as also happens in Hartmann's text, but of course, without glimpsing the naked body of the girl as his medieval counterpart does — the miracle of Heinrich's cure becomes artistically credible.

Quite akin to Hartmann's text is the depiction of the girl as a "saint." Missing is any indication of an erotic attachment, something that is at least insinuated in most nineteenth-century adaptations of the work. Agnes is not driven to seek death out of love for the diseased Heinrich, but rather out of a sort of death wish that manifests itself in a religious rapture bordering on mania, so that her desire to offer herself up is aimed more at the salvation of her own soul than the healing of Heinrich:

> "Ach! Wenn aus sel'ger Liebe
> Für uns ein Opfer nicht
> Einst Christi reines Leben,
> — Wo wär' jetzt Heil und Licht?. . . Auch ihm muss ich
>   Gehorsam weih'n,
> Der uns erlöst, der uns gebot.
> . . . Zu ihm möcht' opfernd ich mich heben,
> In seiner Liebe Glanz zu schweben,
> In ew'gen Licht voll klarer Lust,
> Heilig zu glühen, gottbewußt" (30 + 33).

In her mystical ecstasy, which quickly even spreads to her mother, Hilde, Agnes loses herself in a delirium of total surrender: "Aus Qual und Sünd', die mich bedroht, / Führt mich nun süßester Liebestod!" (52) — a conscious allusion to the finale of Richard Wagner's *Tristan* (Isolde's *Liebestod*) to which Agnes's sanctimonious intoxication with death forms a pithy counterpoint. This degree of "desensualization" which goes far beyond Hartmann's text, precludes a secular "happy ending" with a wedding and a fabulous leveling of the differences in status as found in Hartmann's work: after Heinrich has stopped the sacrifice, Agnes, surrounded by monks whose hands are outstretched toward her as if with sacred longing, remains completely withdrawn and oblivious until the falling of the curtain — quite in contrast to the girl's outbreaks of anger and despair in Hartmann's work. Agnes's lack of protest against the turn of events is explained by the fact that Pfitzner and Grun considered the willingness of the girl to sacrifice herself to be more important than the deed itself: "Das Leben spielt bei ihr keine Rolle mehr, das Opfer ist so gut wie geschehen, sein Sinn erfüllt, seine Kraft hat gewirkt" (Pfitzner 1926, 87). Heinrich, too, renounces the chivalric world and its splendor, saying: "Wem des Erlösers Wunderkraft, / Neublutend, ew'ges Heil gebracht, / Der will nicht eitle Pracht! / Zu Fuß, in Demut, will ich ziehn" (61). Where Hartmann von Aue sought to combine the wish to be found pleasing in the eyes both of God and the world, Pfitzner and Grun elevate the message of the old tale — in the sense of Christian redemption — to a solemn plea for a rigorous rejection of the world. While the libretto of this music drama is only of slight literary quality — and, nowadays, occasionally has an unintended comic effect — its attempt to remain faithful to its source deserves recognition. In addition, we should take note of Pfitzner's attempt to lay open Hartmann's message from a medieval perspective and to penetrate the courtly facade of Hartmann's narrative in order to ferret out the deeper spiritual aim of the medieval tale and reconcile it with the basic religious tone of his own, modern work (Schwarz, 102–3).

Ricarda Huch takes a completely different approach in her 1899 story "Der arme Heinrich." She plays with the established elements of the story by availing herself of the technique of Romantic irony from the perspective of enlightened skepticism. By doing so, she wittily turns the course of events around and, at the end, exposes the traditional story as a complete fraud. The knight, Heinrich, a superficial idler, gets infected with leprosy on the day of his sumptuous wedding. He promptly leaves his castle, putting himself in the keeping of impoverished peasants, whose pallid daughter, Liebheidli, affectionately looks after him, and who loves him, leprosy and all, more than anything in the world. When, by chance, Heinrich learns of the possibility of a cure through the voluntary sacrifice of the heart's blood of an innocent maiden, Liebheidli immediately offers herself. Heinrich is able to gain the agreement of her overburdened parents. In joyful anticipation of her sacrifice, she blooms forth from her customary plainness. Accompanied by the worldly monk, Brother Baldrian, the pair travels to Salerno. After the physicians there refuse to carry out the operation, the two finally locate a secretive man, named Almainete, a necromancer and possessor of all sorts of knowledge and skills. Because of a thirst for knowledge and insatiable scientific curiosity to gain knowledge of the life force at its very source, Almainete agrees to carry out the therapeutic experiment, especially since the maiden's life — in his view at least — is worth less than that of the knight. He states: "ihre Seele [ist] mit einer Sucht nach Leiden behaftet, die ihr Leben lang keinen Tag ausbleiben würden. Und was könnte sie tun, als Knechte zu gebären? Also ist es billig, daß sie sterbe, um Euch zu retten" (715). The cure is successful. The necromancer gives the girl, who suddenly is seized by a new desire to live, a narcotic drink. This quiets her and allows her to die, filled with illusions of rapturous love. Heinrich, happy and hale once more, returns to his former life of comfort together with his wife Irminreich. Bored after fifteen years of the "good life," he decides to go on a crusade with Brother Baldrian for fun and meaningless adventure. For his part, Baldrian fervently hopes that God's justice will finally strike Heinrich and punish him for his part in Liebheidli's murder. Once underway, the knight is seized by a strong desire to see his savior Liebheidli and determines to find the necromancer and have him conjure up her spirit. With an elaborately macabre revival ceremony, Almainete presents his own daughter Olaija as if she were Liebheidli. Disguised as a page, Olaija accompanies Heinrich to the Holy Land. In Jerusalem Heinrich distinguishes himself through deeds of heroism. But in a passionate frenzy, Heinrich loses himself to the wiles of a seductive heathen woman, a Persian singer with the French-sounding name Scheramur. For her part, Scheramur despises this clumsy barbarian and only wishes to use him for her own ends, namely the freeing of her beloved. In a jealous rage Olaija murders the faithless Heinrich (in matters of faith as well as love). However, because of his meritorious deeds as a crusader and because his ignominious death is falsely interpreted as a sign of God's love, Heinrich is buried in the Church of the Holy Sepulcher. The horrified Brother Baldrian escapes the dangers of the Orient and returns to his monastery in the forest. There he writes the history of the knight Heinrich "wie er sie an Gottes Stelle angeordnet haben würde: nämlich daß die Güte und Treue des holdseligen Kindes das Herz ihres Herrn erweichten und er ihr Opfer nicht annahm, worauf er zur Belohnung seiner Krankheit ledig wurde und das Liebheidli als seine Frau heimführte" (756).

In the transforming fabrication of the monk at the end of her tale, Huch takes up the *Arme Heinrich* tradition once again and, at the same time, negates the value system that informs the original. This contrast with the religious character of Hartmann's work does permit a playful, if alienated, access to the message of the story, but cuts the ground from under the feet of the original. Especially the miraculous cure of the unrepentant Heinrich — far removed from the otherwise "realistic" reinterpretation of the story — is sufficient to repudiate the notice of God's justice, which is, it must be emphasized, the basis of Hartmann's tale and Baldrian's falsification. The not quite voluntary spirit of sacrifice of Liebheidli is poorly rewarded, and finds a distorted reflection in the behavior of the passionate Olaija, who follows the crusader and "rescues" him by murdering him when the heathen woman, Scheramur, threatens to cause him to betray his Christian responsibilities. And it is this dishonorable death, the result of simple jealousy, that provides Heinrich with the pretense of sanctity and even grants him a final resting place in the Church of the Holy Sepulcher. There is a colossal gap between reality and illusion, and it is ironic that Brother Baldrian, who throughout the story calls on God to put an end to Heinrich's scandalous behavior, at the end when virtue has been punished and vice rewarded, provides the façade of a safe and wholesome world by means of a fabrication.

In her rather free treatment of the *Arme Heinrich,* Huch was strongly influenced by literary movements and authors of the nineteenth century — above all by Novalis and Gottfried Keller, who likewise dealt with medieval subjects in some of their creations, markedly reshaping them. The legacy of Romanticism, with which the author was intimately acquainted — her major work, *Blütezeit der Romantik,* appeared almost simultaneously with the *Arme Heinrich,* in 1899 — is also noticeable in the language and form of her narrative. Her sovereign dealing with the familiar patterns of tradition as well as her consistent effort to go against the usual grain — but in an illuminating manner — reveal the learned turn of mind of the *poeta docta* Huch. At the same time, the deliberate detachment of the narrative and its intentional emphasis on historical and ideological disjunctions assists in drolly suspending the basic incompatibility of medieval thought and belief patterns and modern notions.

It is precisely this incongruity that proved to be Gerhart Hauptmann's undoing in his dramatization of the *Arme Heinrich* produced at the Burgtheater in Vienna in 1902, although — or perhaps we should say because — he strives to adhere more closely to his source. In addition to Hartmann's tale, Hauptmann was also obviously familiar with Longfellow's *Golden Legend*. Numerous similarities in character portrayal (especially of Heinrich and the girl) and motif types as well as many linguistic details lend credence to the assumption that the "German author had consulted the work of his American predecessor before undertaking his own composition" (Krumpelmann, 187). Further, the subtitle of Hauptmann's drama, "Eine deutsche Sage," moves the work within the context of a conservative, patriotic defense against "unGerman" tendencies and represents an attempt — by means of an escapist preoccupation with distant worlds, exotic subjects and bygone times — to overcome the relentless onrush of modernity as well as the negative view of reality as practiced by the Naturalists, which, by the end of the nineteenth century, was also already losing credence. By his turning to fairy tales, dreams, and legends as inspirations for his works, Hauptmann was manifesting his gradual disengagement from Naturalism. Whether the creation of the play, which stretched out over years, was shaped by Hauptmann's marriage and attendant life crisis or whether the dramatist let himself be influenced by the tastes of the fading century, the juxtaposition and the clash of medieval subject matter and naturalistic portrayal had a bad effect on the resulting play, even if a literary lion like Thomas Mann prized this piece most of all of Hauptmann's dramas.

As in other of his dramas, Hauptmann is concerned here with the "Motiv der Wiedergeburt des Mannes durch die erlösende Kraft des weiblichen Eros" (Könneker, 89). Externally, he adheres largely to the sequence of events found in Hartmann, but the religious underpinning of his source, which was crucial for the medieval public, is here drastically reduced[14] and replaced by a concentration on psychological processes. Consequently, the changes that Hauptmann makes in the inner structure of the *Arme Heinrich* push the piece into a completely new direction with a result that has little in common with the message of the original.

Hauptmann's first intervention in his source concerns the title figure, Heinrich, who is stricken with leprosy for no cause and who sinks into despair at this apparent capriciousness of God with its concomitant echoes of theodicy. This revision is a conscious modification by Hauptmann, who, in earlier versions of the work, had planned to have Heinrich become accidentally infected while he attempted to aid a leper. This detail is absent from the final version. What remains is the terse note in which the infection with leprosy — at first viewed as a psychological disorder and then only gradually in its pathological manifestation — appears to be the result of pure chance and for that reason even more gruesome and inexplicable. Because Heinrich is unable to accept his disease as a divine punishment and ordeal, he loses all self-confidence, and in the third act when he withdraws to the wilderness in his existential "Groll mit dem Dasein" (Kerr, 109) he succumbs to a type of amoral naturalness which eventually — out of a simple animalistic instinct for survival — allows him to accept the sacrifice of the girl. However, the psychological intensification of Heinrich's character makes him unsuited for the miraculous cure, which, interestingly enough, is not dramatically portrayed by Hauptmann[15] but is merely suggested in a prophetic dream and later just mentioned in a report by Heinrich. That which effects the miracle is likewise different from the catalyst found in Hartmann where Heinrich's cure is brought about by means of faith and grace. Hauptmann has his miracle brought about by the power of love, or more precisely: eroticism. Heinrich is already cured before the girl is sacrificed — or rather before he hinders the sacrifice by intervening. It is the sight of the naked girl that cures his disease ("wie Eva nackt," 172). This clearly erotic component of his salvation imparts to the event a revealing overtone that stands in striking contrast to the quasi-religious tenor of the situation and its depiction. If the determination of the girl to sacrifice herself is sufficient to bring about the cure and thus release the diseased Heinrich from the prison of his self-absorption, then Hauptmann's modification of the medieval tale is psychologically compelling in that Heinrich's psychologically conditioned disposition to illness is lifted both by the "urewige Liebeselement" (172) of the self-sacrificing girl and the sensuous connotations of the procedures involved in the sacrifice, thereby curing the disease. And yet, as Alfred Kerr remarks, "schwierig bleibt der Fall" (107). It is complicated not merely because of the numerous contradictions in Hauptmann's presentation and argumentation, but most of all with respect to the function of the miracle and Hauptmann's conception of the girl's role. Through all his attempts to explain the inexplicable, Hauptmann doggedly sticks to the motif of the miracle, thus coming unavoidably into conflict with his own treatment of Hartmann's tale. Again we turn to Alfred Kerr, who formulates the difficulty exquisitely: "dreiviertel Naturalismus und der Schluß als Mirakel, das geht nicht" (109). This insight underscores the fundamental weakness of the drama, which was also criticized very quickly by literary scholars as an "insoluble conflict" (Tardel, 44).

The miracle of Heinrich's cure becomes even more problematic in light of Hauptmann's unconventional interpretation of the maiden's willingness to sacrifice herself. Hartmann von Aue, in the drama a vassal and friend of Heinrich, says: "Frau Venus hat's der Dorfmaid angetan." Pater Benedict, a friend of the girl's family and the "Christian" voice in the play, confirms Hartmann's observation: "Irdische Minne war's: Herr, Ihr habt recht. Die hoffnungslose Minne ist's gewesen" (165). And it is true that the play clearly demonstrates again and again that the girl, whose name is Ottegebe,[16] stands in an incontrovertibly erotic relationship with Heinrich. There are numerous allusions to the girl's sensuous disposition, beginning with the delicate intimation that she is a natural child, "ein Kind der Sünde," the fruit of an illegitimate relationship between her mother Brigitte and Pater Benedict when he was still a knight and before he took his vows. Discreetly describing the situation thus: "in Schwachheit gezeuget und in Sünden empfangen" (100), Benedict implies that the girl is predestined for sensuality — a view that was also not at odds with the convictions of the bourgeois nineteenth-century. On her first appearance Ottegebe is described as having characteristic features indicative of a child-woman, who, on the threshold of puberty, in a mixture of repressed sexual desire and religious rapture, "ein bleichsüchtiges Kind an der Grenze der Jungfräulichkeit, ihre Augen sind groß und dunkel, ihr Haar aschblond, mit rotgoldnen und gelbgoldnen Glanzfäden vermengt"(80), misunderstands, in an almost neurotic way, Heinrich's innocent teasing, when he affectionately calls her "mein klein Gemahl" (89). Out of a masochistic impulse she is ready to let herself be stung by bees in order to be able to offer Heinrich the honey he so desires. The hair ribbon with which she adorns herself for her kind lord (81), is, of course, red, pointing once again to her sensual disposition. Further, when she acknowledges the real reasons for her spirit of sacrifice, a spirit not religiously, but rather erotically motivated, she experiences "bodenlose Scham" (173) and confesses: "Ich log! Ich bin verdammt! Ich bin verworfen! . . . ich rang um seine Seele nicht / und darum stellte Gott mich an den Franger" (174–75). And, finally, after the successful cure, when Heinrich proposes marriage to her ("Irdische Hochzeit oder ewiger Tod!!!" 176), she falls unconscious — also a sign of repressed sexuality.

Ottegebe's longing for death and fanatic willingness for self-sacrifice was yet more strongly emphasized in an earlier version of the drama. There her father Gottfried complains about her "bizarre inclination": "'s ist ein Wahn, / der sie umklammert hält mit Eisenfängen./ Sie müsse sich für fremde Sünden opfern" (Hauptmann 1969, 1002). Even the stage directions in this early version clearly indicate a pathological syndrome: "Ottegebe ist jungfräulicher wie früher, aber sehr blaß, sehr eingefallen, sehr abgehärmt. Sie blickt auf die Erde, ihre Lippen zittern; leise, unwillkürliche Schauer gehn durch ihren Leib. Sie ist sehr dünn, nur mit einer Art Büßerhemd, bekleidet"(1005) and when Heinrich attempts to draw her attention to the joys of life, she replies: "Das Leben lockt mich nicht. Mich lockt der Tod" (Hauptmann 1969, 1011). Nonetheless this religious moment is strongly interspersed with clearly erotic motifs indicating a bizarre bond with Heinrich that is often hysterically expressed. And when at the end of the drama itself Heinrich takes his savior as a wife and kisses her as she awakens in "zitternder Seligkeit" (180) from her anesthetized sleep, she sighs: "Nun sterb' ich doch den süßen Tod!" (181). Sacrificial death and *Liebestod,* physical and emotional submission coalesce in this sigh into an ambivalent representation in which the loving Ottegebe is transfigured into a martyr, also in a religious sense: "Mir ist das Kind auch heute noch die Heilige! / Was himmlisch schien, ist himmlisch, und die Liebe / bleibt — himmlisch, irdisch — immer eine nur" (166). It is enlightening that Hauptmann, who wanted to delay as long as possible the all-too-obvious impression of a love relationship between Ottegebe and Heinrich, did not add the sentence containing "süßer Tod" in the final scene until the last revision. Its purpose was to moderate the erotic aspect of the play as well as to provide the finale with a sentimental character.

Among the discarded fragments of Hauptmann's work on his drama is a short prose piece from 1899, also titled "Arme Heinrich" (Hauptmann 1969, 1025–29), in which the author attempts to set the story in the present. No other author had ever attempted anything similar with the *Arme Heinrich,* and even Hauptmann seems to have quickly recognized that this attempt to shrink the temporal distance between narrative level and the present of its recipients not only did not eliminate the hermeneutic problems that hinder an adequate comprehension of the basic ideas underlying the drama, but rather exacerbated them. As a result, in order to make the characters and their conflicts plausible for an audience around 1900, the dramatist had to take drastic measures with his source. The setting for the first (and only) scene is the bourgeois living room of the Oberamtmann Brand, whose wife Julie plays a matinal hymn (Johann Friedrich Rädel's "Harre, meine Seele") on the harmonium. Heinrich is a melancholic count who has contracted syphilis and who pays courteous compliments to Julie on her singing after "Papachen" Brand goes off to work. The foster daughter of the Brands, Agathe, is a shy, friendly girl who still mourns the death of her little brother "Kurtel" and who makes herself useful in the Brand's household. In this comfortably bourgeois, Christian-tinged atmosphere, whose old and secure spirit Heinrich repeatedly acclaims, the sick man feels himself safe from the agitation of the "new spirit." The exposition of this scene, which does not deal with the actual theme of Hartmann's work, namely the question of guilt and salvation, makes clear that in this basically altered ambience and under these philosophical postulates a sensible revival of the *Arme Heinrich* could not take place. Hauptmann did not pursue this line of creative appropriation, which would have demanded a completely new conception of the work — as well as a radical departure from his source.

It was almost a century before an important German dramatist took the subject matter up again. In 1996 Tankred Dorst published his version of Hartmann's work. It had its premiere at the Kammerspiele in Munich on February 26, 1997, and was reworked into a chamber opera by Ernst

August Klötzke with its premiere at the Staatstheater in Wiesbaden on December 15, 2001. Dorst's creative journey to the *Arme Heinrich* began with his documentary-type plays, for instance *Toller* (1968) and his "deutsche Stücke," for instance *Auf dem Chimborazo* (1975), and proceeded to the late 1970's when he turned more and more to fantasy tales and myths. And ever since his opulent and multifaceted stage production *Merlin oder Das wüste Land* (1980), which had its premiere at the Schauspielhaus in Düsseldorf in 1981, Dorst has been considered to be an especially competent and creative reviser of medieval subjects. In a 1979 "studio interview" the author explained that his intention was to preserve the theater as a "locus of fantasy" (Dorst 1979, 37). This seemed all the more important to him since the field of sociology in the "scientific age," and especially post-1968, exercised, in his opinion, too great a determining influence on contemporary cultural activity, laying waste thereby to the public's fantasy. Dorst admitted that he himself took active part in this development that he was now trying to prevail over. For years he had written plays as if chapters of a national chronicle, and was strongly influenced by contemporary political theater until his portentous discovery of the Middle Ages and his still quite useful concept of the "realistic fairy tale." After this breakthrough he concentrated on using the stage, which authors had long viewed as an enterprise of public education, to rectify our deficiency in emotions and fantasy, as he stated in a Munich interview in 1982 (*Abendzeitung*, October 29, 1982).

This concept is clearly evident in his revision of the *Arme Heinrich*. The external structure of the original story is maintained. But Dorst has made significant changes in numerous details and in the weighting of the various parts of the narrative. The play has a dreamy, unreal aura brought about by the surreal plane, replete with talking trees and a chorus. In addition Dorst provides a suspenseful distance by using quotations from Hartmann's text in the original Middle High German, which provide trenchant allusions to the old tale while at the same time serving to distance it from the viewer in an ironic manner.

Already in the first scene, entitled "Was siehst du Kind," we encounter this process of poetic exaggeration. It depicts the girl, whose name is Elsa and whose exact age is never given, in the forest surrounded by trees, bushes, moss, and stones, which "mit geheimnisvollen Stimmen ... tuscheln, murmeln, kreischen, krächzen, flüstern, drohen" (9). To be sure, the chorus — as the forest — intends to draw Elsa's attention right at the beginning to Heinrich's suffering, and urgently bids her to peer into a dark tower where Heinrich, wrapped in bloody, purulent bandages, wretchedly vegetates and awaits his death: "Und warum soll ich denn leben? Ich will im Finstern wohnen, bis ich ein Schatten bin" (26). She, however, refuses to listen to the admonitory voices of the forest and look through the hole in the tower wall: "Was soll ich denn horchn, bloß daß ich dei Geblääk hör"(10). The Franconian dialect that Else speaks in the first scenes of the play indicates her genuine naiveté, which does not begin to recede until her decision to offer herself as a sacrifice. Unrelentingly quoting passages in Hartmann's Middle High German that refer to Heinrich's suffering, the forest/chorus encourages Elsa until she does become curious and looks into the tower: "Jetzt schau ich nei! Ist da drin aaner? Wer bistn du?" (14). When she sees the deformed leper, she runs away horrified.

Dorst now interrupts the action and inserts — as if Heinrich himself were speaking — an English song by John Dowland (1697): "In darkness let me dwell,/ the ground shall sorrow be,/. . . o let me living die,/ till death to come" (15). This interpolation not only has a dramaturgical function by forging a link with Elsa's future actions. Rather with his artistic montage of different eras, Dorst achieves a synthesis of the Middle Ages, which in its interest in synchronicity places less value on historical reconstruction and authenticity than on the creative design of a reality made up of movable sets from the past and their reflection (Klinger, 97). In the following scene ("Ez sol ze Salerne geschehen") Elsa, fleeing in confusion, does not know what to make of the Hartmann quotation *Ez sol ze Salerne geschehen* that the chorus is continuously intoning: "Salerno . . . waaß ich ned wos des is" (17). But when the chorus suggests: "Womöglich hat sich die Kleine / in den armen Ritter Heinrich / verliebt" (19), she faints dead away and does not hear the chorus mention the possibility of a cure through a blood sacrifice. Briefly awakening, she repeats — this time in correct High German — the key phrase "Es soll in Salerno geschehen" (19), whereupon she again sinks into unconsciousness while the chorus once again speaks of the therapy by human sacrifice. She awakens again and has understood everything. She recapitulates the plan — again in High German: "Wenn die Jungfrau es leidet, daß der Sarazene ihr das Herz aus der Brust schneidet, dann kann der Ritter Heinrich gesund aus Salerno in sein Land zurückkehren" (20), and resolves to carry it out. In the following scene, she falls back into her dialect and expounds the proposal to her obtuse, nagging, and malicious parents.

She wants to go to Salerno, she says: "Mit dem Herrn geh ich do noo" (22). It is, however, not clear what Heinrich, who up to this point has not spoken a single word, has done to merit this sacrifice. The parents cannot understand their daughter's intention, since Hartmann, for whom Elsa intends to give her young life, is by no means a gracious and kind lord as is the case in Hartmann's version. Rather he appears to his peasants as extremely selfish and malevolent: "Erschd hod er bloß sein Belz gepfleechd und es hod bloß seine Gelüsd gehm und sonsd nix. Nix hod na aufhaldn gekönnd in seina Räusch und mir hom uns gebloochd und uns hod er gschundn und edzed soll der aa sei Schdrof hom" (22; = *Erst hat er nur seinen Pelz gepflegt, und es gab nur seine Gelüste und sonst nichts. Nichts hat ihn aufhalten können in seinen Räuschen, wir haben uns geplagt, und er hat uns geschunden, und jetzt soll der auch seine Strafe haben!*). These details, which serve to make Heinrich — in contrast to Hartmann's characterization — a bad ruler who does not deserve the gratitude and help of his peasants, were added much later to this scene by Dorst.[17] This later addition makes Elsa's decision all the more astonishing — also for the uncomprehending parents who, for that reason, beat their daughter until she runs away.

Heinrich, whom Elsa visits in his dismal tower, also does not understand, asking her "Warum willst du das tun?" (25). She does not reply to any of his questions or surmises, but rather runs away again in order to express in a short monologue — and for the last time in her Franconian dialect — her real reasons: "So a Fraa wie mei Mudder ana is und wie die hom wolln, daß ich ana wern soll, so ana will ich ned wern" (28; = *So eine Frau, wie meine Mutter eine ist und wie die haben wollen, dass ich eine werden soll, so eine will ich nicht werden*). In so doing, Dorst rids his drama of the suspicion of providing a male fantasy of the limitless devotion of a very young girl. Immediately thereafter, however, Dorst dismantles this image and substitutes an overdone, bombastic votive picture of the splendidly outfitted Elsa at her departure for Salerno, putting on the airs of a saint, while her enchanted parents gaze in adoration at their child and the chorus sarcastically comments upon the kitschy scene: "Für den Opernball allerdings / passender gekleidet als / für die Schlachtbank!" (30).

The trip to Salerno is usually the most perfunctorily treated part of the *Arme Heinrich*, by Hartmann as well as subsequent adaptors; for Dorst, however, it is the most important. Here Elsa, inspired by her dream of a martyr's death, cannot proceed fast enough, while Heinrich attempts to restrain her enthusiastic haste "an das Ende deines Lebens zu kommen (34). He, too, is ready to die, but his efforts to dissuade her from her intention by drawing her attention to the beautiful aspects of life fail in the face of her determination to sacrifice herself, something she reaffirms in a monologue replete with solemn tone and images of world renunciation, which Dorst takes almost literally from the German mystic Heinrich Seuse's (ca. 1295–1366) letter to a young nun who had just entered the convent (*Mystische Texte*, 82–83): "Darum sollst du dieser falschen Welt deinen Abschied geben. Einen Schatten hielt ich umarmt, einen Wahn habe ich gefreit, einen Traum besessen! Leb wohl! Leb wohl! Welt, mich betrügst du nimmermehr" (35). The childlike fanaticism of the girl reaches grotesque heights when the "chosen one," Elsa, encounters a hermit who views her saintly affectations with a healthy skepticism. In view of his doubt, the girl makes the bold assertion that she can perform miracles; for example, she can stand on air. When she, however, is unable to fulfill her promise, and becomes aware of her massive delusion, she throws herself in shame at Heinrich's feet and exclaims: "Ich will fort! Ich bleibe hier keinen Moment länger!" (42).

At this point a decisive turn in the plot takes place, which Dorst marks with another inserted song from John Dowland: "Tell me, true love, where shall I seek thy being? / Thou canst no[t] die; and therefore, living, tell me / Where is thy seat? Why doth this age expel thee?" (42). From now on it is the search for "true love" that shapes the way to Salerno for both Heinrich and Elsa, and the scenes that follow consider the question whether love is possible under such conditions as egoism and self-preservation. In so doing, Dorst distances himself from the sequence of events in Hartmann's tale. Again he adds a series of scenes that have no connection with relevant story tradition. What does emerge from this, however, is the awareness that the author himself cannot believe in the traditional legend. His Heinrich version is developing more and more perceptibly into an anti-Heinrich. As in his *Merlin* where he repudiated the utopian potential of the Arthurian tales and changed the optimistic story of the Round Table into a parable about the necessary failure of all dreams of a better world, here too he modifies the old tale of the *Arme Heinrich* to such an extent that Hartmann's original religious message about the certainty of divine grace and the possibility of redemption, threatens to be transformed into a bleak fairy tale. While Dorst's work makes use of the happy ending of the old legend, it does not share its spiritual conviction.

There follows the long trip to Salerno, which is actually a journey into the self in which Dorst, in his youth a great admirer of Gerhart Hauptmann (Kässens, 39), transforms the latter's technique, applied in his dramatization of the *Arme Heinrich,* of implanting the story within the couple's psychological narrative into its opposite, namely the illumination of interior psychological processes and conditions by means of external events. While underway, the unlikely pair reaches the moated castle Beauséjour, where, together with a bizarre entourage, the beautiful Orgelouse, Heinrich's former lover, maintains the decadent rituals of a lurid courtly culture. Elsa's ecstatic willingness to sacrifice herself appears especially absurd when viewed against this backdrop of a vapid society that labors under the delusion of being enlightened, but which actually, in its empty superficiality, provides a biting caricature of a modern, oh so chi-chi clique. The enraptured appearance of the death-seeking peasant girl in this environment turns out to be a sort of exotic thrill that triggers something like a decadent fashion in this insipid and superficial society — a fashion that even Orgelouse cannot resist: "Ich habe mich für den Aspekt der Jungfräulichkeit entschieden. Unschuld" (50). The pious trend endangers, however, the unique position of La Religieuse, the "designated" religious woman at the court. For that reason this sanctimonious lady, of all people, speaks out against the new movement and exclaims: "Die blinde Gläubigkeit des Mittelalters ist uns nun mal abhanden gekommen" (51). The humorously campy skirmishing among the ladies of the fine society ends when Orgelouse turns to the theatrical Elsa and asks: "Meine liebe kleine Heilige, fühlen Sie sich auch wohl in Ihrer Gloriole?" (52), whereupon the girl breaks out in an expressly euphoric acknowledgment of her willingness to die: "das kommt alles von Gott und ist ein Liebeskitzel Gottes in der Seele" (53). The gushing duchess is thoroughly taken with the child and pompously states that Elsa's devotion is: "für unsere ganze im Kult der individuellen Glückserwartung und -erfüllung befangene Gesellschaft eine große Herausforderung. Ein Denkanstoß!" (54).

Even this level of satiric banter, which takes care of Elsa's planned sacrifice by reducing it to a cliché — in other words by ridiculing it — is not left untouched by Dorst. The jokes of Fizzifagozzi, the court fool, whom the girl finds amusing, disconnect her from her carefully crafted pose of sanctity. The pompously arranged display of piety is displaced; the fabulous halo disappears, and once again, Elsa runs away. But this rupture brought about by ridicule is not enough: Dorst interrupts the plot at this point again and has a singer perform a humorous English madrigal by William Byrd (ca. 1600), "Though Amarillis daunce in green / like Fayrie Queen," whose oft-repeated refrain "Hey ho, chil love no more" (56–57) serves to draw attention to the theme under which Dorst has the trip to Salerno increasingly take place: love.

Orgelouse tells Heinrich that she thought he loved the girl, to which he replies that she loves him. Orgelouse reproaches him: "Sie, mon cher, lassen die Kleine sterben," to which he can merely reply: "Sie hängt nicht am Leben," which is followed by Orgelouse's laconic: "Wie praktisch!" (58–59). But this dialogue, too, is intended to lead us astray. Elsa is developing a fondness for Fizzifagozzi, and acquires a new and surprising will to live — much to Heinrich's displeasure. He is seized by jealously, and scolds the girl because he sees his deliverance endangered. At the end of the scene Elsa and Heinrich engage in a dialogue that demonstrates that the two now have different views of the purpose of the journey: (E) "Ich gehe fort" — (H) "Und ich sterbe!" — (E) "Ja, Das wolltest du doch! . . ." — (H) "Du wolltest, daß ich leben soll!" — (E) "Ich weiß nicht, ob ich das noch will — (H) "Ich will es! Ich will es!" (72) The roles have been exchanged, and when Elsa claims that she is pregnant and then admits that she is not, Heinrich finally admits to the girl, "Wie soll ich denn leben, wenn du tot bist!," to which Elsa replies with satisfaction: "Ach, lieber Herr, das wollte ich hören" (79).

Of course, this "moment of love" (Klinger, 102) makes the traditional continuation of the legend impossible, because as long as both Heinrich and Elsa choose life, the necessary prerequisites for the miracle are missing. Elsa comprehends that the hope for a cure has disappeared. For his part, Heinrich declares that he wants to regain his health and rejoice. The search for a way out of this dilemma can be deferred a bit, for, as Elsa remarks: "Bis Salerno ist immer noch ein Stück zu gehen" (80). Once there, however, Heinrich attempts to evade the Saracen doctor's question whether he, Heinrich, loves the girl with the same answer he had earlier given Orgelouse: "She loves me." Elsa, too, is equivocal and declares: "Nicht Liebe muß ihn retten!" (83). Elsa's remark completely shuts out the semantic differentiation of the types of love that again and again plays a significant role in the problematic reception of the *Arme Heinrich*. Both retreat behind the position of their mutual feelings. Elsa believes that she has matured as a result of the experiment and been strengthened in her determination to sacrifice herself: "Ich bin kein Kind! . . . Fromm war ich damals, unwissend. Und doch will ich jetzt, wo ich alles weiß, noch immer dasselbe wie damals tun" (83). Heinrich, too, is again ready to accept her offering, and encourages the hesitant physician to carry out the lethal operation: "Ich vertraue darauf, daß Sie den Schnitt sicher ausführen. . . . Über den Tod hinaus kann ich nicht denken." To which the doctor replies: "Wessen Tod?" — and it is precisely at this critical moment, when the monstrosity of Heinrich's intention becomes glaringly evident again, that Dorst reaches back to his medieval source and inserts a quotation in Middle High German from Hartmann's text: *Herre mîn, geturret ir / einen vremeden tôt niht vertragen* (85). The chorus interjects the comment whether "dieser Mann ihr Opfer wert ist" (87), and the observer suspects that in view of this state of affairs the miraculous cure will have to be both of considerable magnitude and of an unusual sort.

This time it is Heinrich who flees, and in the following scene, entitled "Memento," he encounters a strange old couple on a trash heap by the ocean. The old woman correctly surmises: "Ich glaube jetzt, Sie sind auf der Flucht" (91). In anachronistic scraps of memory ("als ich in der Zeitung das Foto sah," 92) the chorus reminds Heinrich of his own life. It is this exorcism of his past — not the compassion for the girl or the sight of her innocent, naked body as with Hartmann — that motivates the suddenly changed man to act. At which point he runs away in panic. The final scene, "Das Wunder," seems to follow the model of the medieval tale, but then turns with no uncertainty away from it. The fact that Heinrich stops the blood sacrifice, and how he accomplishes this, is only reported and commented on by the chorus. Once again, Dorst quotes the original Middle High German *Herre mîn, geturret ir / einen vremeden tôt niht vertragen?* and reaffirms the "Augenblick, als das Wunder geschah" (98). But this miracle remains inexpressible: "So viele Wörter gibt es doch! Sie sind verbraucht. Sie treffen das Wunder nicht. Das Unglaubliche nicht" (98). "Unbelievable" indeed! First of all, Dorst's adaptation completely relativizes the material's inherent religious aspect and then erases it so that nothing remains that could authenticate the miracle in a conventional way. The faith that brings about Heinrich's cure and Elsa's rescue, that is, that which philosophically accounts for the salvation of both through the agency of God, is missing here. Instead, Dorst has the fantastic element take its place, and thus provide the realistic fairy tale of the *Arme Heinrich* with resolution and meaning. The chorus tries in vain to explain the miracle with a constant stream of talk: "löst [Heinrich] sich allmählich aus seinen Verbänden heraus. Sind Flecken und Verfärbungen der Stoffbahnen denn der Abdruck seiner Wunden, das Abbild seines geschundenen Körpers? Nein, mehr und mehr erkennen wir jetzt, daß es ein Abbild der Welt ist, durch die Heinrich und Elsa gegangen sind bis hierher" (99). The overall development of the play, and especially the unwrapping of Heinrich from his highly symbolic bandages, mark the changed message. It is the suffering brought about by the world that is healed by love. Dorst's miracle — far removed from all religion — consists in the triumphant power of compassion. The liberation of the two protagonists lies in their overcoming their own self-centeredness. Thus, the traditional protest of the girl because her hopes for eternal joy as a result of her sacrifice have been dashed can also fall by the wayside.

Of course the chorus, here as elsewhere bound to the traditional course of the work, ignores the fundamentally changed condition and function of the miracle. Instead, it comments on the outcome by translating the final verses of Hartmann's work: "In einem langen, seligen Leben gewannen sie beide zugleich das ewige Reich. So möge es allen am Ende geschehen" (99); a reverent summing up of a not so reverent legend to which Dorst in his guise as moralist and actor/gambler puts a sobering end. In so doing, Dorst does more than the reviewer Joachim Kaiser allows when he writes that the author brought the "alten Stoff als manchmal ziemlich harmlose, manchmal anmutig-überraschende, wertfreie und thesenlose Legenden-Komödie auf die Bretter."[18] Dorst's *Arme Heinrich* reflects the hunger for "Das Echte! Das Authentische!" in the age of masquerade (44). With his reversion to medieval modes of thought and their many-voiced echo in the mirror of the most varied types of reception, Dorst transfers the "immer perfekter werdende Simulation aller Lebensprozesse" (44) to literature and in this case, the theater. In so doing, his procedure may be akin to Umberto Eco's "Zehn Arten, vom Mittelalter zu träumen" (Klinger, 95–97), but he is pursuing another goal. Differently than the medievalist Eco, who is concerned with opening up the Middle Ages through the modern spirit, Dorst only sees in the past a freely available, more fanciful than historical reservoir of possibilities for the interpretation of the present. Dorst is not concerned with reconstruction, but rather with insightful, creative acquisition: "Ich beschreibe die Ereignisse nicht als etwas Fremdes, Fernliegendes. Aber es bleibt ein Rest von Fremdheit, soll auch bleiben" (Dorst 1979, 37). It is precisely in this detached otherness, this consciously maintained and deliberately displayed alterity of that which he presents, that Dorst would like to insinuate an important association with the empirical reality of modern public life without emphasizing this intimacy by resorting to specific tricks of "modernization."

Whoever wants to learn something about the medieval mentality looks in vain to Dorst. Even his *Legende vom armen Heinrich* does not provide the theatergoer with a better or more authentic understanding of Hartmann's work — and it is not meant to. Rather the author demonstrates that such a comprehension is no longer possible for modern audiences. Playing freely with the set pieces of tradition, in contradictory approaches and convergences, in a surreal juggling act of affirmation and contradiction, of naïve gravity and sophisticated irony, Dorst deconstructs the tale's original meaning as a normative case study of saintly behavior certified by God through a miracle. In his view the tale has had its day. Viewed from this skeptical perspective, the title of his work receives an additional, cunning meaning. No other adaptor of the material has employed the term "Legende" in the title of his version — we can disregard Albert Geiger's novel *Die Legende von der Frau Welt* (Karlsruhe 1906), which includes only specific elements of the *Arme Heinrich* within a larger context. Up to now, if it was ever a matter of assigning the work to a genre, one spoke of *Geschichte, Erzählung, Historie, Rittermäre, Sage,* or *Spiel*. Is it possible that Tankred Dorst, who, as he also did in his *Merlin*, so consistently satirizes, reinterprets, and questions his source, is defeated by the bygone claims of the old text? Quite the contrary: he "rejects those unreasonable demands residing in the claim of ideas, ideologies, and utopias to absolute truth" (Hinck, 34) that are also operative in the religious assertion of salvation found in the *Legende*. The various, never completely successful efforts of adaptors from the Brothers Grimm to Gerhart Hauptmann to endow the miracle of Heinrich's cure and the innocent peasant girl with a meaning that a post-medieval audience would also comprehend, are echoed in Dorst's drama, discreetly expressed in the resigned word play of the title. The pessimistic message is that the story of the Arme Heinrich is today no more than a legend in an insignificant, completely unreligious sense. It is simply a fabrication of questionable credibility.

Notes

[1] Büsching's verse translation was aimed primarily at "general readability" (allgemeine Lesbarkeit) and "agreeable amusement" (freundliche Ergötzlichkeit), x–xi.

[2] Adelung's review of Myller's work contains other unflattering observations like: "von Seiten der Dichtung verdienen diese Überbleibsel nicht die mindeste Aufmerksamkeit." *Magazin für die deutsche Sprache* II, 2. Stück, Leipzig 1784, 148.

[3] *Etui-Bibliothek der Deutschen Classiker,* vol. XLII (Heilbronn: G. G. Strasser, 1819); by 1821 a second edition was necessary.

[4] Gotthard Oswald Marbach, *Der arme Heinrich: Nach Hartmann von Aue* (Leipzig: Bei Otto Wigand, 1842) (= *Volksbücher* 32).

[5] Before Simrock's 1847 edition, the very successful chapbook version by Gustav Schwab appeared, first in *Buch der schönsten Geschichten und Sagen für Alt und Jung wieder erzählt*. Erster Theil. (Stuttgart: S. G. Liesching, 1836), 115–38.

This was followed by Marbach's version (1842), and finally the edition of Ottmar F. H. Schönhuth, *Der arme Heinrich: Eine anmuthige und erbauliche Historie. Neu erzählt*. (Reutlingen: Fleischhauer und Spohn, 1850).

[6] For further bibliographic details see: Siegfried Grosse and Ursula Rautenberg, *Die Rezeption mittelalterlicher deutscher Dichtung: Eine Bibliographie ihrer Übersetzungen und Bearbeitungen seit der Mitte des 18. Jahrhunderts* (Tübingen: Niemeyer 1989), 58–61.

[7] *Göttingische Gelehrte Anzeigen* 154 (1815), 1521–22.

[8] See Rautenberg for a meticulous analysis of Chamisso's poem and its relationship to the Grimms' translation, 197–202.

[9] The title of Longfellow's version, *Golden Legend*, is a conscious reference to the *Legenda aurea* (1263–67) of Jacobus de Voragine (ca. 1226–98), but also directly recalls William Caxton's (ca. 1420–91) *Golden Legend* collection (1483), itself a derivative of Jacobus' work. On the matter of Longfellow's sources, see Friedrich Münzner, "Die Quellen zu Longfellows 'Golden Legend,'" In *Festschrift der 44. Versammlung deutscher Philologen und Schulmänner* (Dresden, 1897), 249–85.

[10] The first translation was by the natural scientist Karl Heinrich Keck. Elsie von Hohenhausen also provided a later translation (1880). See Tardel (14), and John T. Krumpelmann, "Longfellow's *Golden Legend* and the *Armer Heinrich* Theme in Modern German Literature," *Journal of English and Germanic Philology* 25 (1926): 189.

[11] Sulamith Sparre, *Todessehnsucht und Erlösung: "Tristan" und "Armer Heinrich" in der deutschen Literatur um 1900* (Göppingen: Kümmerle, 1988).

[12] *Der arme Heinrich. Ein Drama, bearbeitet nach der poetischen Erzählung gleichen Namens von Hartmann von der Aue, von der Verfasserin der "Johanna oder Lebenswerk einer Verlassenen."* Berlin: [n.p] 1861. According to Grosse/Rautenberg, the anonymous author was probably Bertha Valett (62, no. 514) not Berta Balett (Sparre, 157).

[13] Reason enough for John Dew, who directed the revival of the work in Dortmund in 1999, to have this icon of modern psychoanalysis appear on stage and have the characters occupy its legendary couch one after the other. To be sure, this attempt was scarcely more than a *coup de théâtre* whose limited usefulness was also recognized by Dew. For that reason in the second part of the production he undertook a forced march through German politics from the Kaiserreich to the Bundesrepublik, filling the scene with all manner of male fantasies presented as psychological theatre. See the review by Ulrich Schreiber in: *Opernwelt* 2/2000, 11.

[14] Barbara Schmidt-Krayer argues energetically against this interpretation in *Kontinuum der Reflexion: "Der arme Heinrich": Mittelalterliches Epos Hartmanns von Aue und modernes Drama Gerhart Hauptmanns* (Göppingen: Kümmerle, 1994).

[15] A short fragment in the paralipomena to Hauptmann's *Arme Heinrich* provides no clues as to the possible structuring of the scene, since it breaks off prematurely. See Hauptmann, *Sämtliche Werke, IX: Nachgelassene Werke, Fragmente* (Berlin: Propyläen, 1969), 1015–24.

[16] Hauptmann's source for the name Ottogebe was Emperor Otto's pious wife in Rudolf von Ems's *Gute Gerhart*, from the first quarter of the thirteenth century.

[17] I wish to thank Tankred Dorst and Ursula Ehler for providing an earlier version of the text from which emanated this significant change.
[18] *Süddeutsche Zeitung,* February 28, 1997.

Editions Cited

Büsching, Johann Gustav. *Der arme Heinrich, eine altdeutsche Erzählung.* Zurich: Drell, Füssli und compagnie, 1810.

Chamisso, Adalbert von. *Sämtliche Werke.* Ed. Jost Perfahl. Vol. 1, Munich: Winkler, 1975, 586–97.

Der arme Heinrich: Ein Drama, bearbeitet nach der poetischen Erzählung gleichen Namens von Hartmann von der Aue, von der Verfasserin der "Johanna oder Lebenswerk einer Verlassenen." Berlin: [n.p.] 1861.

Dorst, Tankred (with Ursula Ehler). *Die Legende vom armen Heinrich.* Frankfurt/Main: Suhrkamp, 1996.

Fischer, Betty. *Verwundet und geheilt: Dramatisches Gedicht in fünf Aufzügen.* Freiburg: F. Wagnersche Buchhandlung, 1881.

Fröschle, Hartmut, and Walter Scheffler, eds. "Der arme Heinrich." In *Ludwig Uhland: Werke. Band II: Sämtliche Dramen und Dramenfragmente, dichterische Prosa, ausgewählte Briefe.* Munich: Winckler, 1980. 351.

Goethe, Johann Wolfgang von. *Werke. Hamburger Ausgabe. Band 10: Autobiographische Schriften II.* Ed. Erich Trunz. Munich: dtv., 1988.

Grimm, Wilhelm, and Jakob Grimm, eds. *Der arme Heinrich von Hartmann von der Aue: Aus der Straßburgischen und Vatikanischen Handschrift.* Berlin: In der Realschulbuchhandlung, 1815.

Grimm, Wilhelm. *Kleinere Schriften.* Ed. Gustav Hinrichs. Vol. 2, Berlin: F. Dümmler, 1882.

———. *Kleinere Schriften.* Ed. Gustav Hinrichs. Vol. 4, Berlin: F. Dümmler, 1887.

Grun, James (libretto), and Hans Pfitzner (music). *Der arme Heinrich: Ein Musikdrama in drei Akten (op.2).* Leipzig: Brockhaus, 1895.

Hanau, Hermann. *Der arme Heinrich: Drama in vier Aufzügen.* Berlin: Freund und Jeckel, 1900.

Hartmann, Julius, ed. *Uhlands Tagebuch 1810–1820: Aus des Dichters handschriftlichem Nachlaß.* Stuttgart: Cotta 1898.

Hartmann von Aue. *Der arme Heinrich.* Ed. Hermann Paul, 16th ed. by Kurt Gärtner. Tübingen: Niemeyer, 1996.

Hauptmann, Gerhart. *Sämtliche Werke.* Ed. Hans-Egon Hass. Vol. 2. *Dramen.* Berlin: Propyläen, 1965. 75–181.

———. *Sämtliche Werke.* Ed. Hans-Egon Hass. Vol. 9. *Nachgelassene Werke, Fragmente.* Berlin: Propyläen 1969. S.1015–24.

"Henry the Leper. A Swabian Miracle-Rhyme." In *Dante Gabriel Rossetti: Collected Works*. Ed. William M Rossetti. Vol. 2. London: Ellis & Elvey, 1897. 420–60.

Huch, Ricarda. *Gesammelte Werke*. Ed. Wilhelm Emrich. Vol. 4. Cologne: Kiepenheuer und Witsch, 1967. 699–757.

Kannegießer, Karl Ludwig. *Der arme Heinrich: Nach einem altdeutschen Gedichte*. Zwickau: Gebrüder Schumann, 1836.

Longfellow, Henry Wadsworth. *The Golden Legend*. Boston: Ticknor, Reed and Fields, 1851.

Marbach, Gotthard Oswald. *Der arme Heinrich: Nach Hartmann von Aue*. Leipzig: Bei Otto Wigand, 1842.

Müller, Wilhelm. *Werke, Tagebücher, Briefe*. Ed. Maria-Verena Leistner. Berlin: Gatza 1994. Vol. 5. *Tagebücher, Briefe*.

Myller, Christoph Heinrich, ed. *Samlung deutscher Gedichte aus dem XII. XIII. und XIV. Jahrhundert*. Volume 1, 2. Berlin: Christian Sigismund Spener 1784. 197–208.

Mystische Texte aus dem Mittelalter: Von Bernhard von Clairvaux bis Nikolaus von der Flüe. Ed. Walter Muschg. Zurich: Diogenes, 1986.

Pöhnl, Hans. *Deutsche Volksbühnenspiele*. Vol. 1: *Einleitung: Unser nationales Volksbühnenspiel — Der arme Heinrich — Die schöne Magelone*. Vienna: C. Konegen, 1887 (contains: *Der arme Heinrich: Deutsches Volksbühnenspiel in fünf Aufzügen und einem Vorspiel nach Hartmann von der Aue*, 121–246).

Schönhuth, Ottmar F. H. *Der arme Heinrich: Eine anmuthige und erbauliche Historie. Neu erzählt*. Reutlingen: Fleischhauer und Spohn, 1850.

Schultes, Carl. *Der arme Heinrich: Ein deutsches Volksschauspiel in fünf Abtheilungen*. Leipzig: O. Mutze, 1894.

Schwab, Gustav. *Buch der schönsten Geschichten und Sagen für Alt und Jung wieder erzählt*. Erster Theil. Stuttgart: S.G. Liesching, 1836. 115–38.

Simrock, Karl. *Die deutschen Volksbücher: Gesammelt und in ihrer ursprünglichen Echtheit wiederhergestellt*. Vol. 6. Frankfurt a.M.: Heinr. Ludw. Brönner, 1847.

———. *Altdeutsches Lesebuch in neudeutscher Sprache: Mit einer Uebersicht der Literaturgeschichte*. Stuttgart/Tübingen: J. G. Cotta, 1854.

Stadler, Ernst, ed. *Der Arme Heinrich Herrn Hartmanns von Aue und zwei jüngere Prosalegenden verwandten Inhaltes: Mit Anmerkungen und Abhandlungen von Wilhelm Wackernagel*. Basel: B. Schwabe & Co., 1911.

Weilen, Josef von. *Heinrich von der Aue*. Leipzig: Reclam, 1860.

Works Cited

Dorst, Tankred. "Merlin: Magier und Entertainer. Theater als Phantasiestätte." *Theater heute* 4 (1979). 37.

Hinck, Walter. "Wider die Simplifizierung. Tankred Dorsts literarische Geschichtsdeutung." *Text + Kritik: Zeitschrift für Literatur* 145: Special issue on Tankred Dorst. Ed. Heinz Ludwig Arnold. Munich: Edition Text + Kritik, 2000.

Kässens, Wend. "'Wir sind nicht die Ärzte, wir sind der Schmerz': Das politische Theater des Tankred Dorst." *Text + Kritik: Zeitschrift für Literatur* 145: *Tankred Dorst*. Ed. Heinz Ludwig Arnold. Munich: Edition Text + Kritik, 2000.

Kerr, Alfred. "Der arme Heinrich." In *Das neue Drama*. Berlin: Fischer, 1917 (= *Gesammelte Schriften: Die Welt im Drama*, Vol. 1).

Klinger, Judith. "Die mysteriöse Mechanik des Wunders: Mittelalterliches in Tankred Dorsts *Legende vom Armen Heinrich*." *Mitteilungen des Deutschen Germanistenverbandes* 45 (1998), Heft 1–2.

Könneker, Barbara. *Hartmann von Aue: Der arme Heinrich*. Frankfurt/Main: Diesterweg 1987.

Kozielek, Gerard, ed. *Mittelalterrezeption: Texte zur Aufnahme altdeutscher Literatur in der Romantik*. Tübingen: Niemeyer, 1977.

Krohn, Rüdiger. "Die Wirklichkeit der Legende. Widersprüchliches zur sogenannten Mittelalter-'Begeisterung' der Romantik." In *Mittelalter-Rezeption II: Gesammelte Vorträge des 2. Salzburger Symposions: Die Rezeption des Mittelalters in Literatur, Bildender Kunst und Musik des 19. und 20. Jahrhunderts*. Ed. Jürgen Kühnel et al. Göppingen: Kümmerle, 1982. 1–29.

———. "'. . . dass Alles Allen verständlich sey . . .' Die Altgermanistik des 19. Jahrhunderts und ihre Wege in die Öffentlichkeit." In *Wissenschaftsgeschichte der Germanistik im 19. Jahrhundert*. Ed. Jürgen Fohrmann and Wilhelm Vosskamp. Stuttgart: Metzler, 1994. 264–333.

Krumpelmann, John T. "Longfellow's *Golden Legend* and the *Armer Heinrich* Theme in Modern German Literature." *Journal of English and Germanic Philology* 25 (1926). 173–87.

Lutz-Hensel, Magdalene. *Prinzipien der ersten textkritischen Editionen mittelhochdeutscher Dichtung: Brüder Grimm — Benecke — Lachmann. Eine methodenkritische Analyse*. Berlin: Schmidt, 1975.

Moser, Hugo. *Karl Simrock. Universitätslehrer und Poet, Germanist und Erneuerer von "Volkspoesie" und älterer "Nationalliteratur": Ein Stück Literatur-, Bildungs- und Wissenschaftsgeschichte des 19. Jahrhunderts*. Berlin: Schmidt, 1976.

Münzner, Friedrich. "Die Quellen zu Longfellows 'Golden Legend,'" In *Festschrift der 44. Versammlung deutscher Philologen und Schulmänner*. Dresden, 1897. 249–85.

Pfitzner, Hans. "Zur Grundfrage der Operndichtung." In *Gesammelte Schriften*. Vol. 2. Augsburg: B. Filser, 1926.

Rautenberg, Ursula. *"Das Volksbuch vom armen Heinrich": Studien zur Rezeption Hartmanns von Aue im 19. Jahrhundert und zur Wirkungsgeschichte der Übersetzung Wilhelm Grimms*. Berlin: Schmidt, 1985.

Rautenberg, Ursula. "Naturpoesie der obern Stände. Zur popularisierenden Rezeption des *Armen Heinrich* in der ersten Hälfte des 19. Jahrhunderts." In *Mittelalter-Rezeption: Ein Symposion*. Ed. Peter Wapnewski. Stuttgart: Metzler, 1986. 392–406.

Rühmkorf, Peter. *Walther von der Vogelweide, Klopstock und ich*. Reinbek: Rowohlt 1975.

Schlegel, August Wilhelm. "Aus einer noch ungedruckter Untersuchung über das Lied der Nibelungen." In *Deutsches Museum*. Ed. Friedrich Schlegel. Vol. 1. Vienna: Camesinasche Buchhandlung, 1812.

Schwarz, Werner. "Die Bedeutung des Religiösen im musikdramatischen Schaffen Hans Pfitzners." In *Festgabe für Joseph Müller-Blattau*. Ed. Walter Salmen. 2nd, expanded edition. Saarbrücken: Universitäts- und Schulbuchverlag, 1962. 101–17.

Tardel, Hermann. *"Der arme Heinrich" in der neueren Dichtung*. Berlin: A. Duncker, 1905 (Reprint Hildesheim: Gustenberg, 1978).

Vilmar, A[ugust] F[riedrich] C[hristian]. *Geschichte der deutschen National=Literatur*. Vol. 1. Marburg: N. G. Elwert 1860.

Worbs, Michael. *Nervenkunst: Literatur und Psychoanalyse im Wien der Jahrhundertwende*. Frankfurt/Main: Europäische Verlagsanstalt, 1983.

Editions and Translations of Hartmann's Works

Der arme Heinrich. Ed. Hermann Paul. Fourteenth edition by Ludwig Wolff, Tübingen: Niemeyer, 1972; sixteenth edition by Kurt Gärtner, 1996; seventeenth edition, 2001 (standard scholarly edition).

Der arme Heinrich von Hartmann von der Aue. Aus der Straßburgischen und Vatikanischen Handschrift. Ed. Wilhelm Grimm and Jakob Grimm. Berlin: In der Realschulbuchhandlung, 1815 (edition plus prose translation, pp. 1–30).

Der arme Heinrich by Hartmann von Ouwe. Ed. J. Knight Bostock. Oxford: Blackwell, 1947 (repr. 1969: critical edition with notes and vocabulary).

Das Büchlein. Ed. Arno Schirokauer and Petrus Tax. Berlin: Schmidt, 1979 (reliable scholarly edition).

Die Klage — Das (zweite) Büchlein: Aus dem Ambraser Heldenbuch. Ed. Herta Zutt. Berlin: De Gruyter, 1968 (reliable scholarly edition).

Das Klagebüchlein Hartmanns von Aue und das zweite Büchlein. Ed. Ludwig Wolff. Munich: Fink, 1972 (reliable scholarly edition).

Erec. Ed. Albert Leitzmann. Fourth edition by Ludwig Wolff. Tübingen: Niemeyer, 1967; sixth edition by Christoph Cormeau, 1985 (standard scholarly edition).

Gregorius. Ed. Hermann Paul. Eleventh edition by Ludwig Wolff. Tübingen: Niemeyer, 1966; thirteenth edition by Burghart Wachinger, 1984 fourteenth, 1992 (standard scholarly edition).

Gregorius. Ed. Friedrich Neumann. Wiesbaden: Brockhaus, 1958; second edition, 1965; third edition, 1968 (reliable scholarly edition).

Iwein. Ed. G. F. Benecke and Karl Lachmann. Seventh edition by Ludwig Wolff. 2 Vols. Berlin: de Gruyter, 1968 (standard scholarly edition); translated and annotated by Thomas Cramer. Second edition, 1974.

Lieder. Edited and translated by Ernst von Reusner. Stuttgart: Reclam, 1985 (reliable critical edition plus translation).

Arthurian Romances, Tales, and Lyric Poetry: The Complete Works of Hartmann von Aue. Trans. Frank Tobin, Kim Vivian, and Richard H. Lawson. University Park, PA: The Pennsylvania State UP, 2001.

Other Cited Editions and Translations

Albrecht von Scharfenberg. *Jüngerer Titurel.* Ed. Werner Wolff and Kurt Nyholm. 4 vols. Berlin: Akademie Verlag, 1955–1995.

Arnoldi Lubecensis Gregorius peccator: De teutonico Hartmann de Aue in latinum translatus. Ed. Gustav von Buchwald. Kiel: Ernst Homann, 1886.

Arnold von Lübeck: Gesta Gregorii Peccatoris. Untersuchungen und Edition. Ed. Johannes Schilling. Göttingen: Vandenhoeck & Ruprecht, 1986.

The Book of Job. With an introduction by Louis de Bernières. Edinburgh: Canongate, 1998.

The Book of Job. Translation, Introduction and Notes by Raymond P. Scheindlin. New York and London: Norton, 1998.

The Buik of Alexander: or the Buik of the Most Noble and Valiant Conqueror Alexander the Grit. By John Barbour. Ed. R. L. Graeme Ritchie. 4 vols. Scottish Text Society 12, 17, 21, 25. Edinburgh: Blackwood, 1921–29.

La Chanson de Roland. Oxford Version. Ed. T. Atkinson Jenkins (revised ed.). Boston: Heath, 1924.

Chrétien de Troyes. *Erec and Enide.* Ed. and trans. Carleton W. Carroll. New York & London: Garland, 1987 (Garland Library of Medieval Literature. Series A. Vol. 25).

———. *Le Chevalier au Lion (Yvain).* Ed. Mario Roques. Les Romans de Chrétien de Troyes 4. Paris: Champion, 1982.

———. *The Knight with the Lion or Yvain, Le Chevalier au Lion.* Ed. and trans. William W. Kibler. New York & London: Garland, 1985 (Garland Library of Medieval Literature. Series A. Vol. 48).

Des Minnesangs Frühling. Ed. Karl Lachmann and Moriz Haupt. Thirty-seventh revised edition by Hugo Moser and Helmut Tervooren. Stuttgart: Hirzel, 1982.

Deutsche Liederdichter des zwölften bis vierzehnten Jahrhunderts. Ed. Karl Bartsch. Fourth edition by Wolfgang Golther. Berlin: Behr, 1906. (Reprint Darmstadt: Wissenschaftliche Buchgesellschaft, 1966.)

Deutsche Liederdichter des 13. Jahrhunderts. Ed. Carl von Kraus. 2 vols. Tübingen: Niemeyer, 1952; Second edition by Gisela Kornrumpf, 1978.

Erzählungen des Mittelalters in deutscher Übersetzung und lateinischen Urtext. Ed. Joseph Klapper. Breslau: Marcus, 1914 (*Albertus pauper; De Albano*).

Frauenlob: Leiche, Sprüche, Streitgespräche und Lieder. Ed. Ludwig Ettmüller. Quedlinburg: G. Basse 1843 (repr. Amsterdam: Rodopi, 1966).

Fridankes Bescheidenheit. Ed. H. E. Bezzenberger. Halle: Verlag der Buchhandlung des Waisenhauses, 1872.

Füetrer, Ulrich. *Das Buch der Abenteuer.* Ed. Heinz Thoelen. 2 Vols. Göppingen: Kümmerle, 1997.

———. *Lannzilet (Aus dem "Buch der Abenteuer") Str. 1–1122.* Ed. Karl-Eckhard Lenk. Tübingen: Niemeyer, 1989.

Gottfried von Strassburg. *Tristan und Isold.* Ed. Friedrich Ranke. Zurich & Berlin: Weidmannsche Verlagsbuchhandlung, 1961.

Gottfried von Strassburg. *Tristan.* Ed. Friedrich Ranke. Trans. Rüdiger Krohn. 3 vols. Stuttgart: Reclam, 1984.

Gregorius (hexameter version). Ed. J. A. Schmeller, *Zeitschrift für deutsches Altertum* 2 (1842): 486–500.

Gregorius auf dem Stein: Frühneuhochdeutsche Prosa (15. Jh.) nach dem mittelhochdeutschen Versepos Hartmanns von Aue: Die Legende (Innsbruck UB Cod. 631), der Text aus dem 'Heiligen Leben' und die sogenannte Redaktion. Ed. Bernward Plate. Darmstadt: Wissenschaftliche Buchgesellschaft, 1983.

Heinrich von Freiberg. *Die Ritterfahrt des Johann von Michelsberg.* In *Heinrich von Freiberg.* Ed. Alois Bernt. Halle a. S.: Niemeyer, 1906.

Heinrich von dem Türlin. *Diu Crône.* Ed. G. H. F. Scholl. Stuttgart: Litterarischer Verein, 1852. Reprint Amsterdam: Rodopi, 1966.

Hugo von Trimberg. *Der Renner.* Ed. Gustav Ehrismann, 4 Vols. Tübingen: Litterarischer Verein in Stuttgart, 1908–11. Reprint Berlin: de Gruyter, 1970.

The Jerusalem Bible. Ed. Alexander Jones. Garden City, New York: Doubleday, 1966.

Johann von Konstanz. *Die Minnelehre.* Ed. Frederic Elmore Sweet. Paris: Droz, 1934.

Kalinke, Marianne E. "*Gregorius saga biskups* and *Gregorius auf dem Stein*," *Beiträge zur Geschichte der deutschen Sprache und Literatur* 113 (1991): 67–88.

Konrad von Stoffeln. *Gauriel von Muntabel.* Ed. with introduction and commentary by Wolfgang Achnitz. Tübingen: Niemeyer, 1997.

Konrad von Würzburg. *Engelhard.* Ed. Paul Gereke; Second edition by Ingo Reiffenstein. Tübingen: Niemeyer, 1963.

La vie du pape Saint Grégoire ou La légende du bon pêcheur. Ed. Hendrik Bastiaan Sol. Trans. Ingrid Kasten. Munich: Fink, 1991.

Mutabilität im Minnesang: Mehrfach überlieferte Lieder des 12. und 13. Jahrhunderts. Ed. Hubert Heinen. Göppingen: Kümmerle, 1989.

Mystische Texte aus dem Mittelalter: Von Bernhard von Clairvaux bis Nikolaus von der Flüe. Ed. Walter Muschg. Zurich: Diogenes, 1986.

Ottokar von Steiermark. *Österreichische Reimchronik.* Ed. Joseph Seemüller. 2 vols. Hannover: Hahn, 1890, 1893.

Peter Lombard. *Libri IV Sententiarum.* Second edition. Florence: Collegii S. bonaventurae, 1916.

Piers Plowman. Ed. W. Skeat. London: Oxford UP, 1886.

Der Pleier. *Garel von dem blühenden Tal.* Ed. W. Herles. Vienna: Halosar, 1981.

———. *Meleranz.* Ed. Karl Bartsch. Stuttgart: Litterarischer Verein, 1861. Reprint Hildesheim, New York: Olms, 1974.

———. *Tandareis und Flordibel.* Ed. Ferdinand Khull. Graz: Styria, 1885.

Püterich von Reichertshausen, Jakob. *Der Ehrenbrief.* Ed. Fritz Behrend and Rudolf Wolkan. Weimar: Gesellschaft der Bibliophilen, 1920.

Rudolf von Ems. *Alexander.* Ed. Victor Junk. 2 Vols. Leipzig: Hiersemann, 1928–29. Reprint 1 Vol. Darmstadt: Wissenschaftliche Buchgesellschaft, 1970.

Rudolf von Ems. *Der guote Gêrhart.* Ed. John A. Asher. Second edition. Tübingen: Niemeyer, 1971.

———. *Willehalm von Orlens.* Ed. Victor Junk. Berlin: Weidmann, 1905.

Sachsenheim, Hermann von. *Die Mörin.* Ed. Felix Schlosser. Wiesbaden: Brockhaus, 1974.

Die Schweizer Minnesänger. Ed. Karl Bartsch. Frauenfeld: Huber, 1886. (repr. Frauenfeld: Huber; Darmstadt: Wissenschaftliche Buchgesellschaft, 1964).

Schwencke, Olaf. "*Gregorius de grote sünder.* Eine erbaulich-paränetische Prosaversion der Gregorius-Legende im zweiten Lübecker Mohnkopf-Plenarium." *Niederdeutsches Jahrbuch* 90 (1967): 63–88.

Thomasin von Zirklaere. *Der Wälsche Gast.* Ed. Heinrich Rückert. Quedlinburg and Leipzig: Basse, 1852. Reprint Berlin: de Gruyter, 1965.

Ulrich von Lichtenstein. *Frauendienst.* In *Ulrich von Lichtenstein.* Ed. Karl Lachmann. Berlin: Sandersche Buchhandlung, 1841.

Winsbeckin. In *Kleinere mittelhochdeutsche Lehrgedichte.* Ed. Albert Leitzmann. Erstes Heft. Second edition. Halle a.S.: Niemeyer, 1928.

Wirnt von Grafenberg. *Wigalois.* Ed. J. M. N. Kapteyn. Bonn: Klopp, 1926.

Wolfram von Eschenbach. *Parzival.* Ed.Karl Lachmann. Sixth revised edition by Eduard Hartl. Berlin & Leipzig: De Gruyter, 1926 (repr. Berlin, 1965).

Non-Medieval Primary Works

Büsching, Johann Gustav. *Der arme Heinrich, eine altdeutsche Erzählung.* Zurich: Drell, Füssli und compagnie, 1810.

Chamisso, Adalbert von. *Sämtliche Werke.* Ed. Jost Perfahl. Vol. 1. Munich: Winkler, 1975. 586–97.

Der arme Heinrich: Ein Drama, bearbeitet nach der poetischen Erzählung gleichen Namens von Hartmann von der Aue, von der Verfasserin der "Johanna oder Lebenswerk einer Verlassenen." Berlin: [n.p.] 1861.

Dorst, Tankred (with Ursula Ehler). *Die Legende vom armen Heinrich.* Frankfurt/Main: Suhrkamp, 1996.

Fischer, Betty. *Verwundet und geheilt: Dramatisches Gedicht in fünf Aufzügen.* Freiburg: F. Wagnersche Buchhandlung, 1881.

Fröschle, Hartmut, and Walter Scheffler, eds. "Der arme Heinrich." In *Ludwig Uhland: Werke. Band II: Sämtliche Dramen und Dramenfragmente, dichterische Prosa, ausgewählte Briefe.* Munich: 1980. 351.

Goethe, Johann Wolfgang von. *Werke. Hamburger Ausgabe. Band 10: Autobiographische Schriften II.* Ed. Erich Trunz. Munich: dtv., 1988.

Grimm, Wilhelm, and Jakob Grimm, eds. *Der arme Heinrich von Hartmann von der Aue: Aus der Straßburgischen und Vatikanischen Handschrift.* Berlin: In der Realschulbuchhandlung, 1815.

Grimm, Wilhelm. *Kleinere Schriften*. Ed. Gustav Hinrichs. Vol. 2, Berlin: F. Dümmler, 1882.

Grimm, Wilhelm. *Kleinere Schriften*. Ed. Gustav Hinrichs. Vol. 4, Berlin: F. Dümmler, 1887.

Grun, James (libretto), and Hans Pfitzner (music). *Der arme Heinrich: Ein Musikdrama in drei Akten (op.2)*. Leipzig: Brockhaus, 1895.

Hanau, Hermann. *Der arme Heinrich: Drama in vier Aufzügen*. Berlin: Freund und Jeckel, 1900.

Hartmann, Julius, ed. *Uhlands Tagebuch 1810–1820: Aus des Dichters handschriftlichem Nachlaß*. Stuttgart: Cotta 1898.

Hauptmann, Gerhart. *Sämtliche Werke*. Edited by Hans-Egon Hass. Vol. 2: *Dramen*. Berlin: Propyläen, 1965. 75–181.

———. *Sämtliche Werke*. Ed. Hans-Egon Hass. Vol. 9. *Nachgelassene Werke, Fragmente*. Berlin: Propyläen 1969. S.1015–24.

"Henry the Leper. A Swabian Miracle-Rhyme." In *Dante Gabriel Rossetti: Collected Works*. Ed. William M. Rossetti. Vol. 2. London: Ellis & Elvey, 1897. 420–60.

Huch, Ricarda. *Gesammelte Werke*. Edited by Wilhelm Emrich. Vol. 4. Cologne: Kiepenheuer und Witsch, 1967. 699–757.

Kannegießer, Karl Ludwig. *Der arme Heinrich: Nach einem altdeutschen Gedichte*. Zwickau: Gebrüder Schumann, 1836.

Longfellow, Henry Wadsworth. *The Golden Legend*. Boston: Ticknor, Reed and Fields, 1851.

Marbach, Gotthard Oswald. *Der arme Heinrich: Nach Hartmann von Aue*. Leipzig: Bei Otto Wigand, 1842.

Müller, Wilhelm. *Werke, Tagebücher, Briefe*. Ed. Maria-Verena Leistner. Berlin: Gatza 1994. Vol. 5. *Tagebücher, Briefe*.

Myller, Christoph Heinrich, ed. *Samlung deutscher Gedichte aus dem XII. XIII. und XIV. Jahrhundert*. Volume 1,2. Berlin: Christian Sigismund Spener 1784. 197–208.

Pöhnl, Hans. *Deutsche Volksbühnenspiele*. Vol. 1: *Einleitung: Unser nationales Volksbühnenspiel — Der arme Heinrich — Die schöne Magelone*. Vienna: C. Konegen, 1887 (contains: *Der arme Heinrich: Deutsches Volksbühnenspiel in fünf Aufzügen und einem Vorspiel nach Hartmann von der Aue*, 121–246).

Schlegel, August Wilhelm. "Aus einer noch ungedruckten Untersuchung über das Lied der Nibelungen." In *Deutsches Museum*. Ed. Friedrich Schlegel. Volume 1. Vienna: Camesinasche Buchhandlung, 1812.

Schönhuth, Ottmar F. H. *Der arme Heinrich: Eine anmuthige und erbauliche Historie. Neu erzählt*. Reutlingen: Fleischhauer und Spohn, 1850.

Schultes, Carl. *Der arme Heinrich: Ein deutsches Volksschauspiel in fünf Abtheilungen*. Leipzig: O. Mutze, 1894.

Schwab, Gustav. *Buch der schönsten Geschichten und Sagen für Alt und Jung wieder erzählt*. Erster Theil. Stuttgart: S. G. Liesching, 1836. 115–38.

Simrock, Karl. *Die deutschen Volksbücher: Gesammelt und in ihrer ursprünglichen Echtheit wiederhergestellt*. Vol. 6. Frankfurt/Main: Heinr. Ludw. Brönner, 1847.

———. *Altdeutsches Lesebuch in neudeutscher Sprache: Mit einer Uebersicht der Literaturgeschichte*. Stuttgart/Tübingen: J. G. Cotta, 1854 (a.H., 261–83).

Stadler, Ernst, ed. *Der Arme Heinrich Herrn Hartmanns von Aue und zwei jüngere Prosalegenden verwandten Inhaltes: Mit Anmerkungen und Abhandlungen von Wilhelm Wackernagel*. Basel: B. Schwabe & Co., 1911.

Weilen, Josef von. *Heinrich von der Aue*. Leipzig: Reclam, 1860.

Works Cited

Achnitz, Wolfgang. *Der Ritter mit dem Bock: Konrads von Stoffeln "Gauriel von Muntabel."* Tübingen: Niemeyer, 1997.

Althoff, Gerd. "Der König weint: Rituelle Tränen in öffentlicher Kommunikation." In *"Aufführung" und "Schrift" in Mittelalter und früher Neuzeit.* Ed. Jan-Dirk Müller. Stuttgart: Metzler, 1996. 239–52.

Anderson, Gary A. and Michael E. Stone. *A Synopsis of the Books of Adam and Eve.* Atlanta: Scholar's Press, 1994.

Ashcroft, Jeffrey. "Der Minnesänger und die Freude des Hofes: Zu Reinmars Kreuzliedern und Witwenklage." In *Poesie und Gebrauchsliteratur im deutschen Mittelalter: Würzburger Colloquium 1978.* Ed. Volker Honemann et al. Tübingen: Niemeyer, 1979. 219–37.

———. "*Wenn unde wie man singen solte.* Sängerpersona und Gattungsbewußtsein (Zu Rugge/Reinmar *MF* 108,22, Walther *L.* 110,13 und Hartmann *MF* 215,4)." In *Wechselspiele: Kommunikationsformen und Gattungsinterferenzen mittelhochdeutscher Lyrik.* Ed. Michael Schilling and Peter Strohschneider. Heidelberg: Winter, 1996. 123–52.

Asher, John Alexander. "'Der gute Gerhard' Rudolfs von Ems in seinem Verhältnis zu Hartmann von Aue." Diss. Basel, 1948.

Bandanes, Leslie. "Heinrich's Leprosy: Punishment or Test?" *Modern Language Studies* 10 (1980): 88–92.

Bastert, Bernd. *Der Münchner Hof und Fuetrers "Buch der Abenteuer": Literarische Kontinuität im Spätmittelalter.* Frankfurt a.M. etc: Lang, 1993.

Bayer, Hans. "'Dû solt dich saelic machen' (Kl. 1229) — Zu 'meine' und Verfasserschaft der Ambraser Büchlein." *Sprachkunst* 12 (1981): 1–28.

Becker, Peter Jörg. *Handschriften und Frühdrucke mittelhochdeutscher Epen: "Eneide," "Tristrant," "Tristan," "Erec," "Iwein," "Parzival," "Willehalm," "Jüngerer Titurel," "Nibelungenlied" und ihre Reproduktion und Rezeption im späteren Mittelalter und in der frühen Neuzeit.* Wiesbaden: Reichert, 1977.

Bein, Thomas *"Mit fremden Pegasusen pflügen": Untersuchungen zu Authentizitätsproblemen in mittelhochdeutscher Lyrik und Lyrikphilologie.* Berlin: Schmidt, 1998.

———. "Hartmann von Aue und Walther von Grieven im Kontext: Produktion, Rezeption, Edition." *Editio* 12 (1998): 38–54.

———. "*Hie slac, dâ stich!*: Zur Ästhetik des Tötens in europäischen *Iwein*-Dichtungen." *LiLi* 28, no. 109: *Kampf und Krieg* (March 1998): 38–58.

Bell, Rudolph M. *Holy Anorexia*. Chicago: U of Chicago P, 1985.

Benecke, G. F. *Wörterbuch zu Hartmanns Iwein*. Second edition by E. Wilkes Wiesbaden: Sändig, 1965 (repr. of 1874 edition).

Berger, Margret, trans. *Hildegard von Bingen: On Natural Philosophy and Medicine, Selections from "Cause et cure."* Cambridge; Rochester, NY: D. S. Brewer, 1999.

Blattmann, Ekkehard. *Die Lieder Hartmanns von Aue*. Berlin: Schmidt, 1968.

Boesch, Bruno. *Lehrhafte Literatur: Lehre in der Dichtung und Lehrdichtung im deutschen Mittelalter.* Berlin: Schmidt, 1977.

Bonnet, Anne Marie. *Rodenegg und Schmalkalden: Untersuchungen zur Illustration einer ritterlich-höfischen Erzählung und zur Entstehung profaner Epenillustration in den ersten Jahrzehnten des 13. Jahrhunderts.* Munich: tuduv, 1986.

Bosl, Karl. *Die Reichsministerialität der Salier und Staufer: Ein Beitrag zur Geschichte des hochmittelalterlichen deutschen Volkes, Reiches und Staates.* 2 vols. Stuttgart: Hiersemann, 1950/1951.

―――. *Frühformen der Gesellschaft im mittelalterlichen Europa: Ausgewählte Beiträge zu einer Strukturanalyse der mittelalterlichen Welt.* Munich: Oldenbourg, 1964.

―――. *Die Grundlagen der modernen Gesellschaft im Mittelalter: Eine deutsche Gesellschaftsgeschichte des Mittelalters.* 2 vols. Stuttgart: Hiersemann, 1972.

Brackert, Helmut. "Afterword." *Minnesang: Mittelhochdeutsche Texte mit Übertragung und Anmerkungen.* Frankfurt a.M.: Fischer, 1991.

Brody, Saul Nathaniel. *The Disease of the Soul: Leprosy in Medieval Literature.* Ithaca and London: Cornell UP, 1974.

Brown, Peter. *Augustine of Hippo*. Berkeley and Los Angeles: U of California P, 1967.

Browne, Stanley. *Leprosy in the Bible*. London: Christian Medical Fellowship, 1970.

Brundage, James. *Law, Sex, and Christian Society in Medieval Europe*. Chicago: U of Chicago P, 1987.

Brunner, Horst. *Die alten Meister: Studien zur Überlieferung und Rezeption der mittelhochdeutschen Sangspruchdichter im Spätmittelalter und in der frühen Neuzeit.* Munich: Artemis, 1975.

Buck, Timothy. "Heinrich's Metanoia: Intention and Practice in *Der arme Heinrich*." *Modern Language Review* 60 (1965): 391–94.

Bumke, Joachim. *Höfische Kultur: Literatur und Gesellschaft im hohen Mittelalter.* Munich: dtv, 1986.

―――. *Die vier Fassungen der "Nibelungenklage": Untersuchungen zur Überlieferungsgeschichte und Textkritik der höfischen Epik im 13. Jahrhundert.* Berlin/New York: de Gruyter, 1996.

Bumke, Joachim. "Höfischer Körper — Höfische Kultur." In *Modernes Mittelalter: Neue Bilder einer populären Epoche*. Ed. Joachim Heinzle. Frankfurt a.M.: Insel, 1994. 67–102.

———. *Ministerialität und Ritterdichtung: Umrisse der Forschung*. Munich: Beck, 1976.

Butler, Judith. *Gender Trouble: Feminism and the Subversion of Identity*. New York: Routledge, 1990.

Bynum, Caroline Walker. *Holy Feast and Holy Fast: The Religious Significance of Food to Medieval Women*. Berkeley: U of California P, 1987.

Carlson, Alice. *Ulrich Füetrer und sein "Iban."* Riga: Nitawsky, 1927.

Camille, Michael. *The Medieval Art of Love*. New York: Abrams, 1998.

Carne, Eva-Maria. *Die Frauengestalten bei Hartmann von Aue: Ihre Bedeutung um Aufbau und Gehalt der Epen*. Marburg: Elwert, 1970.

Clark, Susan L. *Hartmann von Aue: Landscapes of the Mind*. Houston: Rice UP, 1989.

Cohen, Esther. "Towards a History of European Sensibility: Pain in the Later Middle Ages." *Science in Context* 8 (1995): 47–74.

Cohen, Jeffrey Jerome, and Bonnie Wheeler, eds. *Becoming Male in the Middle Ages*. New York: Garland, 2000.

Cormeau, Christoph. *"Wigalois" und "Diu Crône": Zwei Kapitel zur Gattungsgeschichte des nachklassischen Aventiureromans* Munich: Artemis, 1977.

———. "Hartmann von Aue." *Die deutsche Literatur des Mittelalters: Verfasserlexikon*. Vol. 3. Ed. Kurt Ruh et al. Berlin: de Gruyter, 1981. Cols. 500–520.

———, and Wilhelm Störmer. *Hartmann von Aue: Epoche — Werk — Wirkung*. Munich: Beck, 1985.

———. *Hartmanns von Aue "Armer Heinrich" und "Gregorius."* Munich: Beck, 1966.

Coxon, Sebastian. *The Presentation of Authorship in Medieval German Narrative Literature 1220–1290*. Oxford: Oxford UP, 2001.

Cramer, Thomas. *"Waz hilfet âne sinne kunst?": Lyrik im 13. Jahrhundert: Studien zu ihrer Ästhetik*. Berlin: Schmidt, 1998.

Curschmann, Michael. *Vom Wandel im bildlichen Umgang mit literarischen Gegenständen: Rodenegg, Wildenstein, und das Flaarsche Haus in Stein am Rhein*. Freiburg (Schweiz): Universitätsverlag Freiburg Schweiz, 1997.

———. "Wort — Schrift — Bild: Zum Verhältnis von volksprachigem Schrifttum und bildender Kunst vom 12. bis zum 16. Jahrhundert." In *Mittelalter und Frühe Neuzeit: Übergänge, Umbrüche und Neuansätze*. Ed. Walter Haug. Tübingen: Niemeyer, 1999. 378–470.

Czerwinski, Peter. *Der Glanz der Abstraktion: Frühe Formen von Reflexivität im Mittelalter, Exempel einer Geschichte der Wahrnehmung*. Frankfurt a.M.: Campus, 1989.

Datz, Günther. *Die Gestalt Hiobs in der kirchlichen Exegese und der "Arme Heinrich" Hartmanns von Aue.* Göppingen: Kümmerle, 1973.

De Boor, Helmut. *Die höfische Literatur: Vorbereitung, Blüte, Ausklang: 1170–1250. Geschichte der deutschen Literatur.* Vol. 2. Munich: Beck, 1964.

Dilg, Wolfgang. "Der Literaturexkurs des *Tristan* als Zugang zu Gottfrieds Dichtung." In *Stauferzeit: Geschichte, Literatur, Kunst.* Ed. Rüdiger Krohn, Bernd Thum, and Peter Wapnewski. Stuttgart: Klett-Cotta, 1979. 270–78.

Dittmann, Wolfgang. *Hartmanns Gregorius: Untersuchungen zur Überlieferung, zum Aufbau und Gehalt.* Berlin: Schmidt, 1966.

Domanski, Kristina, and Margit Krenn. "Die profanen Wandmalereien im Sommerhaus." In *Schloss Runkelstein: Die Bilderburg.* Ed. City of Bozen "unter Mitwirkung des Südtiroler Kulturinstitutes." Bozen: Athesia, 2000.

Dorst, Tankred. "Merlin: Magier und Entertainer. Theater als Phantasiestätte." *Theater heute* 4 (1979).

Douglas, Mary. *Natural Symbols: Explorations in Cosmology.* 3rd ed. New York: Routledge, 1996.

Dubé, Waltraut F. "Medieval Medicine in Middle High German Epics." Diss., Indiana University, 1981.

Duckworth, David. *The Leper and the Maiden in Hartmann's "Der Arme Heinrich."* Göppingen: Kümmerle, 1996.

Edrich-Porzberg, Brigitte. *Studien zur Überlieferung und Rezeption von Hartmanns Erec.* Göppingen: Kümmerle, 1994.

Eis, Gerhard. "Salernitanisches und Unsalernitanisches im 'Armen Heinrich' des Hartmann von Aue." In *Hartmann von Aue.* Ed. Hugo Kuhn and Christoph Cormeau. Darmstadt: Wissenschaftliche Buchgesellschaft, 1973. 135–50.

Elias, Norbert. *Über den Prozeß der Zivilisation: Soziogenetische und psychogenetische Untersuchungen.* 2 vols. Vol. 1: *Wandlungen des Verhaltens in den weltlichen Oberschichten des Abendlandes.* Vol. 2: *Wandlungen der Gesellschaft: Entwurf zu einer Theorie der Zivilisation.* Frankfurt a.M.: Suhrkamp, 1997.

Ernst, Ulrich. "Der *Gregorius* Hartmanns von Aue im Spiegel der handschriftlichen Überlieferung." *Euphorion* 90 (1996): 1–40.

Eroms, Hans-Werner. *"Vreude" bei Hartmann von Aue.* Medium Aevum 20. Munich: Fink, 1970.

Farmer, Sharon. "Persuasive Voices: Clerical Images of Medieval Wives." *Speculum* (1986): 517–43.

Fasbender, Christoph. "*Hochvart* im *Armen Heinrich,* im *Pfaffen Amis* und im *Reinhart Fuchs:* Versuch über redaktionelle Tendenzen im Cpg 341." *Zeitschrift für deutsches Altertum* 128 (1999): 394–408.

Fechter, Werner. *Das Publikum der mittelhochdeutschen Dichtung.* Frankfurt a.M.: Diesterweg, 1935 (repr. Darmstadt: Wissenschaftliche Buchgesellschaft, 1966).

Ferrante, Joan. "Male Fantasy and Female Reality in Courtly Literature." *Women's Studies* 10–11 (1983/84): 67–97.

Firsching, K. *Die deutschen Bearbeitungen der Kilianslegende unter besonderer Berücksichtigung deutscher Legendarhandschriften des Mittelalters.* Würzburg: Schöningh, 1973.

Flood, John L. "Early Printed Editions of Arthurian Romances." In *The Arthur of the Germans: The Arthurian Legend in Medieval German and Dutch Literature.* Ed. William H. Jackson and Silvia A. Ranawake. Cardiff: U of Wales P, 2000. 295–302.

Förderer und Freunde der Bayerischen Staatsbibliothek. "Der Heiligen Leben. Winterteil [Cgm 504]." http://www.bsb-muenchen.de/foerder/p504.htm.

Foucault, Michel. *Discipline and Punish: The Birth of the Prison.* Trans. Alan Sheridan. New York: Vintage, 1979.

Freed, John B. *Noble Bondsmen: Ministerial Marriages in the Archdiocese of Salzburg, 1100–1343.* Ithaca: Cornell UP, 1995.

Freund, Peter E. S., and Meredith B. McGuire. *Health, Illness, and the Social Body: A Critical Sociology.* New Jersey: Prentice Hall, 1999.

Frühmorgen-Voss, Hella. "Bildtypen in der Manessischen Liederhandschrift." In Frühmorgen-Voss, *Text und Illustration im Mittelalter: Aufsätze zu den Wechselbeziehungen zwischen Literatur und bildender Kunst.* Ed. Norbert H. Ott. Munich: Beck, 1975. 57–88.

———, and Norbert H. Ott. *Katalog der deutschsprachigen illustrierten Handschriften des Mittelalters.* Veröffentlichungen der Kommission für deutsche Literatur des Mittelalters der Bayerischen Akademie der Wissenschaften. Munich: Beck, 1987. 2 volumes and 4 fascicles to date. 1986–.

Ganz, Peter F. "Dienstmann und Abt. 'Gregorius Peccator' bei Hartmann von Aue und Arnold von Lübeck." In *Kritische Bewährung: Beiträge zur deutschen Philologie: Festschrift für Werner Schröder zum 60. Geburtstag.* Ed. Ernst-Joachim Schmidt. Berlin: Schmidt, 1974. 250–75.

Gärtner, Kurt. "Zur Rezeption des Artusromans im Spätmittelalter und den Erec-Entlehnungen im *Friedrich von Schwaben.*" In *Artusrittertum im späten Mittelalter.* Ed. Friedrich Wolfzettel. Gießen: Schmitz, 1984. 60–72.

Gaunt, Simon. *Gender and Genre in Medieval French Literature.* Cambridge: Cambridge UP, 1995.

Gentry, Francis G. "Arbeit in der mittelalterlichen Gesellschaft: Die Entwicklung einer mittelalterlichen Theorie der Arbeit vom 11. bis zum 14. Jahrhundert." In *Arbeit als Thema in der deutschen Literatur vom Mittelalter bis zur Gegenwart.* Ed. Jost Hermand and Reinhold Grimm. Königstein/Ts.: Athenäum, 1979. 3–28.

———. "Hartmann von Aue's *Erec:* The Burden of Kingship." In *King Arthur Through the Ages.* Ed. Valerie M. Lagorio and Mildred Leake Day. Vol. 1. New York: Garland, 1990. 152–69.

Gerhardt, Christoph. "*Iwein*-Schlüsse." *Literaturwissenschaftliches Jahrbuch der Görres Gesellschaft* N.F. 13 (1972/1974): 13–39.

Gilroy-Hirtz, Petra. "Frauen unter sich: Weibliche Beziehungsmuster im höfischen Roman." In *Personenbeziehungen in der mittelalterlichen Literatur*. Ed. Helmut Brall, Barbara Haupt, and Urban Küsters. Düsseldorf: Droste Verlag, 1994. 61–87.

Glier, Ingeborg. *Artes amandi: Untersuchung zu Geschichte, Überlieferung und Typologie der deutschen Minnereden*. Munich: Artemis, 1971.

Godsall-Myers, Jean E. "Enite's Loss of Voice When She Speaks from the Heart." *Speculum Medii Aevi: Zeitschrift für Geschichte und Literatur des Mittelalters / Revue d'Histoire et de Littérature médiévales* 2, no. 3 (1996): 57–66.

Göttner-Abendroth, Heide. *Die Göttin und ihr Heros: Die matriarchalen Religionen in Mythos, Märchen und Dichtung*. Munich: Frauenoffensive, 1980.

Green, D. H. *Medieval Listening and Reading: The Primary Reception of German Literature 800–1300*. Cambridge: Cambridge UP, 1994.

Grimm, Wilhelm. *Kleinere Schriften*. Edited by Gustav Hinrichs. Vol. 2, Berlin: F. Dümmler 1882.

Grosse, Siegfried, and Ursula Rautenberg. *Die Rezeption mittelalterlicher deutscher Dichtung: Eine Bibliographie ihrer Übersetzungen und Bearbeitungen seit der Mitte des 18. Jahrhunderts*. Tübingen: Niemeyer, 1989.

Grubmüller, Klaus. "Püterichs *Ehrenbrief*." In *Jakob Püterich von Reichertshausen: Der Ehrenbrief*. Patrimonia 154. Munich: Kulturstiftung der Länder/Bayerische Staatsbibliothek, 1999. 7–12.

Gutenbrunner, Siegfried. "Hartmanns Ausfahrt im Zeichen des Evangelisten und des Täufers." *Zeitschrift für deutsche Philologie* 78 (1959): 239–58.

Haferlach, Torsten. *Die Darstellung von Verletzungen und Krankheiten und ihrer Therapie in mittelalterlicher deutscher Literatur unter gattungsspezifischen Aspekten*. Heidelberg: Winter, 1991.

Haferland, Harald. *Hohe Minne: Zur Beschreibung der Minnekanzone*. Berlin: Schmidt, 2000.

Hallich, Oliver. *Poetologisches, Theologisches: Studien zum "Gregorius" Hartmanns von Aue*. Frankfurt a.M.: Lang, 1995.

Hasty, Will. *Adventures in Interpretation: The Works of Hartmann von Aue and Their Critical Reception*. Columbia, SC: Camden House, 1996.

Haug, Walter. "Klassikerkataloge und Kanonisierungseffekte: Am Beispiel des mittelalterlich-hochhöfischen Literaturkanons." In *Brechungen auf dem Weg zur Individualität: Kleine Schriften zur Literatur des Mittelalters*. Tübingen: Niemeyer, 1995. 45–56.

Haupt, Barbara. "Heilung von Wunden." In *An den Grenzen höfischer Kultur: Anfechtungen der Lebensordnung in der deutschen Erzähldichtung des hohen Mittelalters*. Ed. Gert Kaiser. Munich: Fink, 1991. 77–113.

Heinemeyer, Walter. "Ottokar von Steiermark und die höfische Kultur." *Zeitschrift für deutsches Altertum* 73 (1936): 201–27.

Heinen, Hubert. "Irony and Confession in Hartmann's *Sît ich den sumer* (*MF* 205, 1)." *Monatshefte* 80/4 (1988): 416–29.

Heinzle, Joachim. *Geschichte der deutschen Literatur von den Anfängen bis zum Beginn der Neuzeit. II/2: Wandlungen und Neuansätze im 13. Jahrhundert.* Tübingen: Niemeyer, 1994.

———. "Die Triaden auf Runkelstein und die mittelhochdeutsche Heldendichtung." In *Runkelstein: Die Wandmalereien des Sommerhauses.* Ed. Walter Haug et al. Wiesbaden: Reichert, 1982. 63–93.

Henkel, Nikolaus. "Kurzfassungen höfischer Erzähldichtung im 13./14. Jahrhundert." In *Literarische Interessenbildung im Mittelalter: DFG Symposium 1991.* Ed. Joachim Heinzle. Stuttgart: Metzler, 1993. 39–59.

———. "Wer verfaßte Hartmanns von der Aue Lied XII? Überlegungen zu Autorschaft und Werkbegriff in der höfischen Liebeslyrik." In *Autor und Autorschaft im Mittelalter: Kolloquium Meißen 1995.* Ed. Elizabeth Andersen et al. Tübingen: Niemeyer, 1998. 101–13.

Henkes, Christiane, and Silvia Schmitz. "*Kan mîn frowe süeze siuren?* (C240[248]–C245[254]). Zu einem unbeachteten Walther-Lied in der Großen Heidelberger Liederhandschrift." In *Walther von der Vogelweide: Textkritik und Edition.* Ed. Thomas Bein. Berlin/New York: de Gruyter, 1999. 104–24.

Henrici, Emil. *Die Nachahmer von Hartmanns Iwein.* Berlin: Gaertner, 1890.

———. "Die Nachahmung des Iwein in der Steirischen Reimchronik." *Zeitschrift für deutsches Altertum* 30 (1886): 195–204.

Hinck, Walter. "Wider die Simplifizierung. Tankred Dorsts literarische Geschichtsdeutung." *Text + Kritik: Zeitschrift für Literatur* 145: *Tankred Dorst.* Ed. Heinz Ludwig Arnold. Munich: Edition Text + Kritik, 2000.

Holznagel, Franz-Josef. "Walther von Griven" *Verfasserlexikon.* Vol. 10. Ed. Burghart Wachinger et al. Berlin: de Gruyter, 1999. Cols. 642–43.

Hostetler, Margaret. "Enclosed and Invisible?: Chrétien's Spatial Discourse and the Problem of Laudine." *Romance Notes.* 37.2 (1997): 119–27.

Hovorka, Oskar von, and Adolf Kronfeld. *Vergleichende Volksmedizin: Eine Darstellung volksmedizinischer Sitten und Gebräuche, Anschauungen und Heilfaktoren, des Aberglaubens und der Zaubermedizin.* 2 vols. Stuttgart: Strecker and Schröder, 1908–1909.

Hrubý, Antonín. "Hartmann als Artifex, Philosophus und Praeceptor der Gesellschaft." In *Deutsche Literatur im Mittelalter: Kontakte und Perspektiven: Hugo Kuhn zum Gedenken.* Ed. Christoph Cormeau. Stuttgart: Metzler, 1979. 254–79.

Huschenbett, Dietrich. *Hermann von Sachsenheim: Ein Beitrag zur Literaturgeschichte des 15. Jahrhunderts.* Berlin: Schmidt, 1962.

Jackson, W. H. *Chivalry in Twelfth-Century Germany: The Works of Hartmann von Aue.* Cambridge: Brewer, 1994.

Jones, Martin H. "Changing Perspectives on the Maiden in *Der arme Heinrich.*" In *Hartmann von Aue, Changing Perspectives: London Hartmann Symposium,*

1985. Ed. Timothy. McFarland and Silvia Ranawake. Göppingen: Kümmerle, 1988. 211–31.

Jones, Martin H. "Chrétien, Hartmann, and the Knight as Fighting Man: On Hartmann's Chivalric Adaptation of *Erec et Enide.*" In *Chrétien de Troyes and the German Middle Ages: Papers from an International Symposium.* Ed. Martin H. Jones and Roy Wisbey. Cambridge: D. S. Brewer, 1993. 85–109.

Kaiser, Gert. *Textauslegung und gesellschaftliche Selbstdeutung: Die Artusromane Hartmanns von Aue.* Wiesbaden: Athenaion, 1978 (1st edition, Frankfurt: Athenäum, 1973).

Karras, Ruth Mazo. *From Boys to Men: Formations of Masculinity in Late Medieval Europe.* Philadelphia: U of Pennsylvania P, 2003.

Kässens, Wend. "'Wir sind nicht die Ärzte, wir sind der Schmerz': Das politische Theater des Tankred Dorst." *Text + Kritik: Zeitschrift für Literatur* 145: *Tankred Dorst.* Edited by Heinz Ludwig Arnold. Munich: Edition Text + Kritik, 2000.

Kasten, Ingrid. "Variationen männlicher Ich-Entwürfe in den Liedern Hartmanns von Aue." In *Homo Medietas: Aufsätze zu Religiosität, Literatur und Denkformen des Menschen vom Mittelalter bis in die Neuzeit. Festschrift für Alois Maria Haas.* Ed. Claudia Brinker-von der Heyde and Niklaus Largier. Frankfurt a.M.: Lang, 1999. 419–35.

Kautzsch, Rudolf. "Diebolt Lauber und seine Werkstatt in Hagenau." *Centralblatt für Bibliothekswesen* 12 (1895): 1–32, 57–113.

Kern, Peter. "Rezeption und Genese des Artusromans: Überlegungen zu Strickers *Daniel vom blühenden Tal.*" *Zeitschrift für deutsche Philologie* 93 (1974): Sonderheft, 18–42.

———. *Die Artusromane des Pleier: Untersuchungen über den Zusammenhang von Dichtung und literarischer Situation.* Berlin: Schmidt, 1981.

———. "Reflexe des literarischen Gesprächs über Hartmanns *Erec* in der deutschen Dichtung des Mittelalters." In *Artusrittertum im späten Mittelalter: Ethos und Ideologie.* Ed. Friedrich Wolfzettel. Gießen: Schmitz, 1984.

Kerr, Alfred. "Der arme Heinrich." In *Das neue Drama.* Berlin: Fischer, 1917 (= *Gesammelte Schriften: Die Welt im Drama,* Vol. 1), 109.

Kischkel, Heinz. "Kritisches zum Schlußgedicht der *Klage* Hartmanns von Aue." *Zeitschrift für deutsche Philologie* 116 (1997): 94–100.

Klapper, Joseph. *Die Legende vom Armen Heinrich.* Breslau: Nischkowski, 1914.

Klare, Andreas. "Hartmann von Aue: Ich sprach ich wolte ir iemer leben (*MF* 207, 11) und die Folgerungen." In *Mittelalterliche Lyrik: Probleme der Poetik.* Ed. Thomas Cramer and Ingrid Kasten. Berlin: Schmidt, 1999. 139–68.

Klein, Thomas. "Ermittlung, Darstellung und Deutung von Verbreitungstypen in der Handschriftenüberlieferung mittelhochdeutscher Epik." In *Deutsche Handschriften 1100–1400: Oxforder Kolloquium 1985.* Ed. Volker Honemann and Nigel Palmer. Tübingen: Niemeyer, 1988. 110–67.

Klinger, Judith. "Die mysteriöse Mechanik des Wunders: Mittelalterliches in Tankred Dorsts *Legende vom Armen Heinrich.*" *Mitteilungen des Deutschen Germanistenverbandes* 45, 1998, Heft 1–2.

Köhler, Erich. *Ideal und Wirklichkeit in der höfischen Epik: Studien zur Form der frühen Artus- und Graldichtung.* Tübingen: Niemeyer, 1970 (1st edition 1956).

Könneker, Barbara. *Hartmann von Aue: Der arme Heinrich.* Frankfurt a.M.: Diesterweg 1987.

Kornrumpf, Gisela. "Heidelberger Liederhandschrift C." In *Die deutsche Literatur des Mittelalters: Verfasserlexikon.* Vol 3. Ed. Kurt Ruh et al. Berlin: de Gruyter, 1981. Cols. 584–97.

———. "Die Anfänge der Manessischen Liederhandschrift." In *Deutsche Handschriften 1100–1400: Oxforder Kolloquium 1985.* Ed. Volker Honemann and Nigel Palmer. Tübingen: Niemeyer, 1988. 279–96.

Kozielek, Gerard, ed. *Mittelalterrezeption: Texte zur Aufnahme altdeutscher Literatur in der Romantik.* Tübingen: Niemeyer, 1977.

Kraus, Carl von. "Drei Märlein in der Parzivalhandschrift G und das Exempel vom Armen Heinrich." In *Festgabe für Samuel Singer.* Ed. Harry Maync. Tübingen: Mohr, 1930. 1–19.

———. "Zu Haugs Stephansleben." *Zeitschrift für deutsches Altertum* 76 (1939): 253–63.

———. *Des Minnesangs Frühling: Untersuchungen.* Leipzig: Hirzel, 1939.

Krause, Burkhardt. "Zur Psychologie von Kommunikation und Interaktion. Zu Iweins 'Wahnsinn.'" In *Psychologie in der Mediävistik: Gesammelte Beiträge des Steinheimer Symposiums.* Ed. Jürgen Kühnel et al. Göppingen: Kümmerle, 1985. 215–42.

Krohn, Rüdiger. "Die Wirklichkeit der Legende. Widersprüchliches zur sogenannten Mittelalter-'Begeisterung' der Romantik." In *Mittelalter-Rezeption II: Gesammelte Vorträge des 2. Salzburger Symposios: Die Rezeption des Mittelalters in Literatur, Bildender Kunst und Musik des 19. und 20. Jahrhunderts.* Ed. Jürgen Kühnel et al. Göppingen: Kümmerle, 1982. 1–29.

———. "'. . . *dass Alles Allen verständlich sey . . .*' Die Altgermanistik des 19. Jahrhunderts und ihre Wege in die Öffentlichkeit." In *Wissenschaftsgeschichte der Germanistik im 19. Jahrhundert.* Ed. Jürgen Fohrmann and Wilhelm Vosskamp. Stuttgart: Metzler, 1994. 264–333.

Krumpelmann John T. "Longfellow's *Golden Legend* and the *Armer Heinrich* Theme in Modern German Literature," *Journal of English and Germanic Philology* 25 (1926): 173–87.

Kuhn, Hugo. "Erec." In *Festschrift Paul Kluckhohn und Hermann Schneider.* Tübingen: Mohr, 1948, 122–47 (repr. in H. K., *Dichtung und Welt im Mittelalter.* Stuttgart: Metzler, 1959. 133–50. 1969).

———. "Hartmann von Aue als Dichter." *Der Deutschunterricht* 5 (1953): 11–27 (repr. in H. K., *Text und Theorie* Stuttgart: Metzler, 1969, 167–81).

Kühnel, Jürgen. "Anmerkungen zur Überlieferung und Textgeschichte der Lieder Hartmanns von Aue." In *"Ist zwîvel herzen nâchgebûr": Günther Schweikle zum 60. Geburtstag.* Ed. Rüdiger Krüger et al. Stuttgart: Helfant, 1989. 11–41.

Kunze, Konrad. "*Arme Heinrich*-Reminiszenz in Ovid-Glossen-Handschrift." *Zeitschrift für deutsches Altertum* 108 (1979): 31–33.

———. "Der Heiligen Leben, Redaktion." *Verfasserlexikon* 3 (1981), cols. 625–27.

Küsters, Urban. "Klagefiguren: Vom höfischen Umgang mit der Trauer." In *An den Grenzen höfischer Kultur: Anfechtungen der Lebensordnung in der deutschen Erzähldichtung des hohen Mittelalters.* Ed. Gert Kaiser. Munich: Fink, 1991. 9–75.

Laistner, Max Ludwig Wolfram. *Thought and Letters in Western Europe AD 500 to 900.* London: Methuen, new ed. 1957.

Lavin, Marilyn Aronberg. *The Place of Narrative: Mural Decoration in Italian Churches, 431–1600.* Chicago: U of Chicago P, 1990.

Leisch-Kiesl, Monika. *Eva als Andere: Eine exemplarische Untersuchung zu Frühchristentum und Mittelalter.* Cologne: Böhlau, 1992.

Lindner, A. "The Myth of Constantine the Great in the West: Sources and Hagiographic Commemoration." *Studi medievali* 3/16 (1975): 43–96.

Loomis, Roger Sherman, and Laura Hibbard Loomis. *Arthurian Legends in Medieval Art.* New York: Modern Language Association, 1938.

Lutz, Eckart Conrad. *Spiritualis fornicatio: Heinrich Wittenwiler, seine Welt und sein "Ring."* Sigmaringen: Thorbecke, 1990.

Lutz-Hensel, Magdalene. *Prinzipien der ersten textkritischen Editionen mittelhochdeutscher Dichtung: Brüder Grimm — Benecke — Lachmann: Eine methodenkritische Analyse.* Berlin: Schmidt, 1975.

Margetts, John. "Observations on the Representation of Female Attractiveness in the Works of Hartmann von Aue with Special Reference to *Der arme Heinrich*." In *Hartmann von Aue, Changing Perspectives.* Ed. Timothy McFarland and Silvia Ranawake. Göppingen: Kümmerle, 1988. 199–210.

Masser, Achim. "Die 'Iwein'-Fresken von Burg Rodenegg in Südtirol und der zeitgenössische Ritterhelm." *Zeitschrift für deutsche Philologie* 112 (1983): 177–98.

Maurer, Friedrich. *"Leid": Studien zur Bedeutungs- und Problemgeschichte, besonders in den großen Epen der staufischen Zeit.* Bern and Munich: Francke, 1964.

———. "Der Topos von den 'Minnesklaven': Zur Geschichte einer thematischen Gemeinschaft zwischen bildender Kunst und Dichtung im Mittelalter." *Deutsche Vierteljahrsschrift* 27 (1953): 182–206 (repr. in F. M. *Dichtung und Sprache des Mittelalters: Gesammelte Aufsätze.* Bern and Munich: Francke, 1963, 224–48).

McConnell, Winder. "*Sacrificium* in Hartmann von Aue's *Der Arme Heinrich*," *Neuphilologische Mitteilungen* 84 (1983): 261–68.

McDonald, William C. "The Maiden in Hartmann's *Arme Heinrich*: Enite redux?" *Deutsche Vierteljahresschrift* 53 (1979): 35–48.

McFarland, Timothy, and Silvia Ranawake, eds. *Hartmann von Aue: Changing Perspectives: London Hartmann Symposium 1985*. Göppingen: Kümmerle, 1988.

McNamara, Jo Ann. "The *Herrenfrage*. The Restructuring of the Gender System, 1050–1150." In *Medieval Masculinities: Regarding Men in the Middle Ages*. Ed. Clare A. Lees. Minneapolis: U of Minnesota P, 1994. 3–29.

Mertens, Käthe. *Die Konstanzer Minnelehre*. Berlin: Ebering, 1935.

Mertens, Volker. *Laudine: Soziale Problematik im "Iwein" Hartmanns von Aue*. Berlin: Schmidt, 1978.

———. *Gregorius Eremita: Eine Lebensform des Adels bei Hartmann von Aue in ihrer Problematik und ihrer Wandlung in der Rezeption*. Munich: Artemis, 1978.

———. "Gregorius." *Die deutsche Literatur des Mittelalters: Verfasserlexikon*. Vol. 3. Ed. Kurt Ruh et al. Berlin: de Gruyter, 1981. Cols. 244–48.

———. *Der deutsche Artusroman*. Stuttgart: Reclam, 1993.

Meyer, Matthias. *Die Verfügbarkeit der Fiktion: Intepretationen und poetologische Untersuchungen zum Artusroman und zur aventiurehaften Dietrichepik des 13. Jahrhunderts*. Heidelberg: Winter, 1994.

———. "Struktureller Zauber: Zaubersalben und Salbenheilungen in der mittelhochdeutschen Literatur." In *Zauber und Hexen in der Kultur des Mittelalters*. Ed. Danielle Buschinger and Wolfgang Spiewok. Greifswald: Reineke Verlag, 1994. 139–51.

Mihm, Arend. *Überlieferung und Verbreitung der Märendichtung im Spätmittelalter*. Heidelberg: Winter, 1967.

Moser, Hugo. *Karl Simrock. Universitätslehrer und Poet, Germanist und Erneuerer von "Volkspoesie" und älterer "Nationalliteratur": Ein Stück Literatur-, Bildungs- und Wissenschaftsgeschichte des 19. Jahrhunderts*. Berlin: Schmidt, 1976.

Mühlemann, Joanna. "Erec auf dem Krakauer Kronenkreuz — Iwein auf Rodenegg: Zur Rezeption des Artusromans in Goldschmiedekunst und Wandmalerei." In *Literatur und Wandmalerei I: Erscheinungsformen höfischer Kultur und ihre Träger im Mittelalter: Freiburger Kolloquium 1998*. Ed. Eckart Conrad Lutz, Johanna Thali, and René Wetzel. Tübingen: Niemeyer, 2002.

———. "Die 'Erec'-Rezeption auf dem Krakauer Kronenkreuz." *Beiträge zur Geschichte der deutschen Sprache und Literatur* 122 (2000): 76–101.

Münzner, Friedrich. "Die Quellen zu Longfellows 'Golden Legend,'" In *Festschrift der 44. Versammlung deutscher Philologen und Schulmänner* (Dresden, 1897), 249–85.

Murdoch, Brian. *Adam's Grace: Fall and Redemption in Medieval Literature.* Woodbridge: Brewer, 2000.

———. "Two Heavenly Crowns: Hartmann's *Der arme Heinrich* and the Middle English *Pearl.*" *Amsterdamer Beiträge zur älteren Germanistik* 53 (2000): 145–66.

———. "Using the *Moralia:* Gregory the Great in Early Medieval German." In *Rome and the North.* Ed. Rolf Bremmer, Kees Dekker, and David F. Johnson. Louvain: Peeters, 2001. 189–205.

———. *The Fall of Man in the Early Middle High German Biblical Epic.* Göppingen: Kümmerle, 1972.

———. "Sin, Sacred and Secular: Hartmann's 'Gregorius,' the 'Incestuous Daughter,' the 'Trentalle Sancti Gregorii' and 'Sir Eglamour of Artois.'" In *"Blütezeit": Festschrift für L. Peter Johnson zum 70. Geburtstag.* Ed. Mark Chinca, Joachim Heinzle, and Christopher Young. Tübingen: Niemeyer, 2000. 309–20.

———. "Hartmann's *Gregorius* and the Quest for Life." *New German Studies* 6 (1978): 79–100.

———. "The Garments of Paradise. A Note on the *Wiener Genesis* and the *Anegenge.*" *Euphorion* 61 (1967): 375–82.

Nellman, Eberhard. "Saladin und die Minne. Zu Hartmanns drittem Kreuzlied." In *Philologie als Kulturwissenschaft: Festschrift für Karl Stackmann.* Göttingen: Vandenhoeck & Ruprecht, 1987. 136–48.

Neubuhr, Elfriede. *Bibliographie zu Hartmann von Aue.* Berlin: Schmidt, 1977.

Obermeier, Sabine. "Möglichkeiten und Grenzen der Interpretation von 'Dichtung über Dichtung' als Schlüssel für eine Poetik mittelhochdeutscher Lyrik." In *Mittelalterliche Lyrik: Probleme der Poetik.* Ed. Thomas Cramer and Ingrid Kasten. Berlin: Schmidt, 1999. 11–32.

Ohly, Friedrich. *Süsse Nägel der Passion.* Baden-Baden: Loerner, 1989.

———. *Der Verfluchte und der Erwählte.* Opladen: Westdeutscher Verlag, 1976.

Ott, Norbert H. "Minne oder *amor carnalis?* Zur Funktion der Minnesklaven-Darstellungen in mittelalterlicher Kunst." In *Liebe in der deutschen Literatur: St. Andrews-Colloquium 1985.* Ed. Jeffrey Aschcroft, Dietrich Huschenbett, and William Henry Jackson. Tübingen: Niemeyer, 1987. 107–25.

Panzer, Friedrich. "Personennamen aus dem höfischen Epos in Baiern." In *Philologische Studien: Festgabe für Eduard Sievers.* Halle: Niemeyer, 1896. 205–20.

———. Review of F. Piquet, *Etude sur Hartmann d'Aue. Zeitschrift für deutsche Philologie* 31 (1899): 520–49.

Peake, A. S. "Introduction." *The Century Bible: Job.* Edinburgh: Jack, 1905.

Pearsall, Derek, and Elizabeth Salter. *Landscapes and Seasons of the Medieval World.* Toronto: U of Toronto P, 1973.

Pettorelli, Jean-Pierre. "La vie latine d'Adam et Eve. Analyse de la tradition manuscrite." *Apocrypha* 10 (1999): 195–296.

Pfitzner, Hans. "Zur Grundfrage der Operndichtung." *Gesammelte Schriften.* Vol. 2. Augsburg: B. Filser, 1926.

Pickering, F. P. "The Gothic Image of Christ." In *Essays in Medieval German Literature.* Cambridge: Cambridge UP, 1980. 3–30 (originally in German in *Euphorion* 47 [1953]: 16–37).

Pincikowski, Scott. *Bodies of Pain: Suffering in the Works of Hartmann von Aue.* New York: Routledge, 2002.

Pratt, Karen. "Adapting Enide: Chrétien, Hartmann, and the Female Reader." In *Chrétien de Troyes and the German Middle Ages.* Ed. Martin H. Jones and Roy E. Wisbey. Arthurian Studies 26. Cambridge: D. S. Brewer, 1993. 67–85.

Ranawake, Silvia. "Walthers Lieder der 'herzeliebe' und die höfische Minnedoktrin." In *Minnesang in Österreich.* Ed. Helmut Birkhan. Vienna: Halosar, 1983. 109–52.

Rautenberg, Ursula. *"Das Volksbuch vom armen Heinrich": Studien zur Rezeption Hartmanns von Aue im 19. Jahrhundert und zur Wirkungsgeschichte der Übersetzung Wilhelm Grimms.* Berlin: Schmidt. 1985.

———. "Naturpoesie der obern Stände. Zur popularisierenden Rezeption des Armen Heinrich in der ersten Hälfte des 19. Jahrhunderts." In *Mittelalter-Rezeption: Ein Symposion.* Ed. Peter Wapnewski. Stuttgart: Metzler, 1986. 392–406.

Reber, Balthasar. *Felix Hemmerlin von Zürich.* Neu nach den Quellen bearbeitet. Zurich: Meyer und Zelle, 1846.

Ribard, Jacques. "Espace romanesque et symbolisme dans la littérature arthurienne du XIIe siècle." In *Espaces romanesques.* Ed. Michel Crouzet. Université de Picardie. Centres d'Études du Roman et du Romanesque. Presses Universitaires de France: Paris, 1982. 73–82.

Richards, Peter. *The Medieval Leper and his Northern Heirs.* Cambridge: D. S. Brewer, 1977.

Ridder. Klaus. *Mittelhochdeutsche Minne- und Aventiureromane: Fiktion, Geschichte und literarische Tradition im späthöfischen Roman: "Reinfried von Braunschweig," "Wilhelm von Österreich," "Friedrich von Schwaben."* Berlin, New York: de Gruyter, 1998.

Röll, Walter. "Zu den Benediktbeurer Bruchstücken des *Armen Heinrich* und zu seiner indirekten Überlieferung." *Zeitschrift für deutsches Altertum* 99 (1970): 187–99.

Rosenfeld, Hellmut. *Legende.* Second edition. Stuttgart: Metzler, 1964.

Ruh, Kurt. "Hartmanns Armer Heinrich: Erzählmodell und theologische Implikation." In *Medievalia Litteraria: Festschrift für Helmut de Boor zum 80. Geburtstag.* Ed. Ursula Hennig and Herbert Kolb. Munich: Beck, 1971. 315–29.

Ruh, Kurt. "Zur Interpretation von Hartmanns *Iwein*." In *Hartmann von Aue*. Ed. Hugo Kuhn and Christoph Cormeau. Darmstadt: Wissenschaftliche Buchgesellschaft, 1972, 408–25.

———. "Helmbrecht und Gregorius." *Beiträge zur Geschichte der deutschen Sprache und Literatur* (Tübingen) 85 (1963): 102–6.

Rühmkorf, Peter. *Walther von der Vogelweide, Klopstock und ich*. Reinbek: Rowohlt 1975.

Rushing, James A., Jr. *Images of Adventure: Ywain in the Visual Arts*. Philadelphia: U of Pennsylvania P, 1995.

———. "*Liederhandschriften*, Illustrations." In *Medieval Germany: An Encyclopedia*. Ed. John M. Jeep. New York: Garland, 2001. 452–53.

———. "The Pictorial Evidence." In *The Arthur of the Germans: The Arthurian Legend in Medieval German and Dutch Literature*. Ed. William H. Jackson and Silvia A Ranawake. Cardiff: U of Wales P, 2000. 257–79.

Sachs, Rainer, and Dariusz Nowacki. "Cross of ducal coronets." In *Wawel 1000–2000: Jubilee Exhibition: Artistic Culture of the Royal Court and the Cathedral, Wawel Royal Castle, May-July 2000: Cracow Cathedral — The Episcopal, Royal, and National Shrine, Wawel Cathedral Museum, May-September 2000*. Ed. Maria Podlodowska-Reklewska. Cracow: published under the auspices of the *Kraków 2000* festival, 2000. 2 vols. 1: 188–91.

Salmon, Paul. "The Underrated Lyrics of Hartmann von Aue." *Modern Language Review* 66 (1971): 810–25.

Saran, Franz. *Hartmann von Aue als Lyriker: Eine literarhistorische Untersuchung*. Halle: Niemeyer, 1889.

Saunders, Corinne J. *The Forest of Medieval Romance: Avernus, Broceliande, Arden*. Cambridge: D. S. Brewer, 1993.

Sayce, Olive. *The Medieval German Lyric 1150–1300*. Oxford: Oxford UP, 1982.

———. "Romance Elements in the Lyrics." In *Hartmann von Aue: Changing Perspectives*. Ed. Timothy McFarland and Silvia Ranawake. Göppingen: Kümmerle, 1988. 53–63.

Scarry, Elaine. *The Body in Pain: The Making and Unmaking of the World*. New York: Oxford UP, 1985.

Schiendorfer, Max. *Ulrich von Singenberg, Walther und Wolfram: Zur Parodie in der höfischen Literatur*. Bonn: Bouvier, 1983.

Schiewer, Hans-Jochen. "Diebold Lauber." In *Lexikon des Mittelalters* 3 (1986), col. 986.

Schipke, Renate. "Hartmanns *Gregorius*. Ein unbekanntes Fragment aus dem Bestand der Staatsbibliothek zu Berlin-Preußischer Kulturbesitz." In *Festschrift für Franzjosef Penzel zum 70. Geburtstag*. Ed. Rudolf Bentziger and Ulrich Dieter Oppitz. Göppingen: Kümmerle, 1999. 263–77.

Schipperges, Heinrich. *Hildegard von Bingen. Heilkunde: Das Buch von dem Grund und Wesen und der Heilung der Krankheiten*. Salzburg: Otto Müller, 1957.

Schirok, Bernd. *Parzivalrezeption im Mittelalter.* Darmstadt: Wissenschaftliche Buchgesellschaft, 1982.

———. "*Als dem hern Érecke geschach.* Literarische Anspielungen im klassischen und nachklassischen deutschen Artusroman." *Zeitschrift für Literaturwissenschaft und Linguistik* 70 (1988): 11–25.

Schirokauer, Arno. "Die Legende vom Armen Heinrich." *Germanisch-Romanische Monatschrift* 33 (1951/1952): 262–68.

———. "Zur Interpretation des *Armen Heinrich.*" *Zeitschrift für deutsches Altertum* 83 (1951/1952): 59–78.

Schmid, Ludwig. *Des minnesängers Hartmann von Aue stand, heimat und geschlecht: Eine kritisch-historische Untersuchung von Dr. Ludwig Schmid . . . mit einem Wappenbilde.* Tübingen: Fues, 1874.

Schmidt-Krayer, Barbara. *Kontinuum der Reflexion: "Der arme Heinrich": Mittelalterliches Epos Hartmanns von Aue und modernes Drama Gerhart Hauptmanns.* Göppingen: Kümmerle, 1994.

Schmitt, Wolfram. "Der 'Wahnsinn' in der Literatur des Mittelalters am Beispiel des 'Iwein' Hartmanns von Aue." In *Psychologie in der Mediävistik: Gesammelte Beiträge des Steinheimer Symposiums.* Ed. Jürgen Kühnel et al. Göppingen: Kümmerle, 1985. 197–214.

Schmitz, Heinz-Günter. "Iweins *zorn* und *tobesuht.* Psychologie und Physiologie in mittelhochdeutscher Dichtung." In *Sandbjerg 85. Dem Andenken von Heinrich Bach gewidmet.* Ed. Friedhelm Debus and Ernst Dittmer. Neumünster: Wachholtz, 1986. 87–111.

Schneider, Karin. *Die deutschen Handschriften der Bayerischen Staatsbibliothek München Cgm 501–690.* Catalogus codicum manu scriptorum Bibliotecae Monacensis T. V, pars IV. Wiesbaden: Harrasowitz, 1978.

Schramm, Albert. *Der Bilderschmuck der Frühdrucke.* 23 volumes. Leipzig: Deutsches Museum für Buch und Schrift: K. W. Hiersemann, 1920–1943.

Schreyer, Hermann. *Untersuchungen über das Leben und die Dichtungen Hartmanns von Aue.* Naumburg: Sieling, 1874.

Schröder, Edward. "Der Dichter der guten Frau." In *Untersuchung und Quellen zur Germanischen und Romanischen Philologie: Johann von Kelle dargebracht.* Prague: Bellmann, 1908. 339–52.

Schröder, Jens-Peter. *Arnolds von Lübeck "Gesta Gregorii Peccatoris." Eine Interpretation ausgehend von einem Vergleich mit Hartmanns von Aue "Gregorius."* Frankfurt a.M.: Lang, 1997.

Schröder, Werner. "Zur Literaturverarbeitung durch Heinrich von dem Türlin in seinem Gawein-Roman *Diu Crône.*" *Zeitschrift für deutsches Altertum* 121 (1992): 131–74.

———. *Der arme Heinrich Hartmanns von Aue in der Hand von Mären-Schreibern.* Sitzungsberichte der Wissenschaftlichen Gesellschaft der Johann Wolfgang Goethe-Universität Frankfurt am Main, 35, 1. Stuttgart: Steiner, 1997.

Schröder, Werner. *Laudines Kniefall und der Schluß von Hartmanns "Iwein."* Akademie der Wissenschaften und der Literatur Mainz. Abhandlungen Geistes- und Sozialwissenschaftliche Klasse, 1997, 2. Stuttgart: Steiner, 1997.

Schroeder, Horst. *Der Topos der Nine Worthies in Literatur und bildender Kunst.* Göttingen: Vandenhoeck und Ruprecht, 1971.

Schumacher, Meinolf. *Sündenschmutz und Herzensreinheit: Studien zur Metaphorik der Sünde in lateinischer und deutscher Literatur des Mittelalters.* Munich: Fink, 1996.

Schupp, Volker. "Kritische Anmerkungen zur Rezeption des deutschen Artusromans anhand von Hartmanns 'Iwein': Theorie-Text-Bildmaterial." *Frühmittelalterliche Studien* 9 (1975): 405–42.

———. "'Scriptorialisches' zum Malterer-Teppich." In *Vielfalt des Deutschen: Festschrift für Werner Besch.* Ed. Klaus J. Mattheier, et al. Frankfurt a.M.: Peter Lang, 1993. 149–59.

———. "Die Ywain-Erzählung von Schloss Rodenegg." In *Literatur und bildende Kunst im Tiroler Mittelalter.* Ed. Egon Kühebacher. Innsbruck: AMOE, 1982. 1–27.

———, and Hans Szklenar. *Ywain auf Schloß Rodenegg: Eine Bildergeschichte nach dem "Iwein" Hartmanns von Aue.* Sigmaringen: Thorbecke, 1996.

Schwarz, Werner. "Die Bedeutung des Religiösen im musikdramatischen Schaffen Hans Pfitzners." In *Festgabe für Joseph Müller-Blattau.* Ed. Walter Salmen. 2nd expanded edition. Saarbrücken: Universitäts- und Schulbuchverlag, 1962. 101–17.

Schweikle, Günther, ed. *Dichter über Dichter in mittelhochdeutscher Literatur.* Tübingen: Niemeyer, 1970.

———. "Hartmann von Aue und Walther von der Vogelweide? Nochmals zu *MF* 214, 34 ff. und *L.* 120, 16 ff." *Amsterdamer Beiträge zur älteren Germanistik* 43/44 (1995): 449–58.

Seelisch, A. "Zwei lateinische Bearbeitungen des Hartmannschen *Gregorius.*" *Zeitschrift für deutsche Philologie* 19 (1887): 121–28.

Seiffert, Leslie. "Hartmann von Aue and his Lyric Poetry." *Oxford German Studies* 3 (1968): 1–29.

———. "*Das Herz der Jungfrau.* Legende und Märchen im 'Armen Heinrich.'" *Hartmann von Aue.* Ed. Hugo Kuhn and Christoph Cormeau. Darmstadt: Wissenschaftliche Buchgesellschaft, 1973. 254–86.

———. "Hartmann and Walther: Two Styles of Individualism. Reflections on *armiu wip* and *riterliche vrouwen.*" *Oxford German Studies* 13 (1982): 86–103.

Shea, Kerry. "The H(Y)men Under the Kn(eye)fe: Erotic Violence in Hartmann's Der arme Heinrich." *Exemplaria* 6 (1994): 385–403.

Simrock, Karl. *Altdeutsches Lesebuch in neudeutscher Sprache: Mit einer Uebersicht der Literaturgeschichte.* Stuttgart/Tübingen: J. G. Cotta, 1854.

Smith, Susan Louise. "The Power of Women Topos on a Fourteenth-Century Embroidery." *Viator* 21 (1990): 203–28.

Smith, Susan Louise. *The Power of Women: A "Topos" in Medieval Art and Literature*. Philadelphia: U of Pennsylvania P, 1995.

Snow, Ann. "Heinrich and Mark, Two Medieval Voyeurs." *Euphorion* 66 (1972): 113–27.

Sparnaay, Hendricus. *Hartmann von Aue: Studien zu einer Biographie*. 2 vols. Halle: Niemeyer, 1933, 1938.

Sparre, Sulamith. *Todessehnsucht und Erlösung: "Tristan" und "Armer Heinrich" in der deutschen Literatur um 1900*. Göppingen: Kümmerle, 1988.

Stock, Brian. *The Implications of Literacy: Written Language and Models of Interpretation in the Eleventh and Twelfth Centuries*. Princeton, NJ: Princeton UP, 1983.

Stone, Michael. *A History of the Literature of Adam and Eve*. Atlanta: Scholars Press, 1992.

Strauch, Philipp. Review of Max Päpke and Arthur Hübner, eds. *Das Marienleben des Schweizers Wernher*. *Anzeiger für deutsches Altertum* 41 (1922): 51–55.

Strohschneider, Peter. "Höfische Romane in Kurzfassungen. Stichworte zu einem unbeachteten Aufgabenfeld." *Zeitschrift für deutsches Altertum* 120 (1991): 419–39.

Stutz, Elfriede. "Der Codex Palatinus Germanicus 341 als literarisches Dokument." *Bibliothek und Wissenschaft* 17 (1983): 8–26.

Swinburne, Hilda. "The Miracle in *Der Arme Heinrich*." *German Life and Letters* 22 (1969): 205–9.

Tardel, Hermann. *"Der arme Heinrich" in der neueren Dichtung*. Berlin: A. Duncker, 1905 (Reprint Hildesheim: Gustenberg, 1978).

Thomas, Neil. "Konrad von Stoffeln's *Gauriel von Muntabel:* A Comment on Hartmann's *Iwein?*" *Oxford German Studies* 17 (1988): 1–9.

Tobin, Frank J. *Gregorius and Der arme Heinrich: Hartmann's Dualistic and Gradualistic Views of Reality*. Bern: Lang, 1973.

———. "Fallen Man and Hartmann's *Gregorius*." *The Germanic Review* 50 (1975): 85–98.

Unzeitig-Herzog, Monika. "Überlegungen zum Erzählschluß im Artusroman." In *Erzählstrukturen der Artusliteratur*. Ed. Friedrich Wolfzettel. Tübingen: Niemeyer, 1999. 233–57.

Urbanek, Ferdinand. "Code- und Redestruktur in Hartmanns Lied 'Ich var mit iuwern hulden' (*MF* Nr. XVII)." *Zeitschrift für Deutsche Philologie* 111 (1992): 24–50.

Vetter, Ewald. "Die Bilder." In *Codex Manesse: Die große Heidelberger Liederhandschrift: Kommentar zum Faksimile des Codex Palatinus Germanicus 848 der Universitätsbibliothek Heidelberg*. Ed. Walter Koschorreck and Wilfried Werner. Kassel: Ganymed, 1981. 43–100.

Vilmar, A[ugust] F[riedrich] C[hristian]. *Geschichte der deutschen National= Literatur*. Vol. 1. Marburg: Elwert, 1860.

Wachinger, Burghart. "Autorschaft und Überlieferung." In *Autorentypen*. Ed. Walter Haug and Burghart Wachinger. Tübingen: Niemeyer, 1991. 1–28.

Wack, Mary Frances. *Lovesickness in the Middle Ages: The "Viaticum" and Its Commentaries*. Philadelphia: U of Pennsylvania P, 1990.

Wallbank, Rosemary E. "The Salernitan Dimension in Hartmann von Aue's *Der Arme Heinrich*." *German Life and Letters* 43: 2 (1990): 168–76.

Wallbank, Rosemary E. "Three Post-Classical Authors: Heinrich von dem Türlin, Der Stricker, Der Pleier." In *The Arthur of the Germans: The Arthurian Legend in Medieval German and Dutch Literature*. Ed. William H. Jackson and Silvia A Ranawake. Cardiff: U of Wales P, 2000. 81–97.

Walshe, Maurice O'C. "The Graal Castle and the Cave of Lovers." In *The Epic in Medieval Society: Aesthetic and Moral Values*. Ed. Harald Scholler. Tübingen: Niemeyer, 1977. 257–70.

Walther, Ingo F. (unter Mitarbeit von Gisela Siebert). *Codex Manesse: Die Miniaturen der Großen Heidelberger Liederhandschrift*. Frankfurt a.M.: Insel, 1988.

Wand, Christine. *Wolfram von Eschenbach und Hartmann von Aue: Literarische Reaktionen auf Hartmann im "Parzival."* Herne: Verlag für Wissenschaft und Kunst, 1989.

Wandhoff, Haiko. "'Âventiure' als Nachricht für Augen und Ohren: Zu Hartmanns von Aue *Erec* und *Iwein*." *Zeitschrift für deutsche Philologie* 113 (1994): 1–22.

Wapnewski, Peter. *Hartmann von Aue*. Stuttgart: Metzler, 1962.

———. "Poor Henry — Poor Job: A Contribution to the Discussion of Hartmann's von Aue So-called 'Conversion to an Anti-Courtly Attitude.'" In *The Epic in Medieval Society: Aesthetic and Moral Values*. Ed. Harald Scholler. Tübingen: Niemeyer, 1977. 214–25.

Waugh, Evelyn. *Helena*. Harmondsworth: Penguin, 1963 (orig. Boston: Little, Brown, 1950).

Weber, Barbara. *Oeuvre-Zusammensetzungen bei den Minnesängern des 13. Jahrhunderts*. Göppingen: Kümmerle, 1995.

Weber, Paul. "Die Iweinbilder aus dem 13. Jahrhundert im Hessenhofe zu Schmalkalden." *Zeitschrift für bildende Kunst* n.s. 12 (1900–1901): 73–84, 113–120.

Wehrli, Max. "Iweins Erwachen." In *Hartmann von Aue*. Ed. Hugo Kuhn and Christoph Cormeau. Darmstadt: Wissenschaftliche Buchgesellschaft, 1973. 491–510 (Repr. In M. W., *Formen mittelalterlicher Erzählung*. Zurich: Atlantis, 1969. 177–93).

Wenzel, Horst. *Höfische Geschichte: Literarische Tradition und Gegenwartsdeutung in den volkssprachigen Chroniken des hohen und späten Mittelalters*. Bern: Lang, 1980.

———. *Hören und Sehen, Schrift und Bild: Kultur und Gedächtnis im Mittelalter*. Munich: Beck, 1995.

Williams, Marty, and Anne Echols. *Between Pit and Pedestal: Women in the Middle Ages.* Princeton: Markus Wiener Publishers, 1994.

Williams-Krapp, Werner. *Die deutschen und niederländischen Legendare des Mittelalters: Studien zu ihrer Überlieferungs-, Text- und Wirkungsgeschichte.* Tübingen: Niemeyer, 1986.

———. "Studien zu 'der Heiligen Leben.'" *Zeitschrift für deutsches Altertum* 105 (1976): 274–303.

Willson, H. B. "Symbol and Reality in *Der arme Heinrich.*" *Modern Language Review* 53 (1958): 526–36.

———. "Hartmann's *Gregorius* and the Parable of the Good Samaritan." *Modern Language Review* 54 (1959): 194–203.

———. "*Ordo* and the Portrayal of the Maid in *Der arme Heinrich.*" *Germanic Review* 44 (1969): 83–94.

Worbs, Michael. *Nervenkunst: Literatur und Psychoanalyse im Wien der Jahrhundertwende.* Frankfurt a.M.: Europäische Verlagsanstalt, 1983.

Wunderlich, Werner. *Weibsbilder al Fresco: Kulturgeschichtlicher Hintergrund und literarische Tradition der Wandbilder im Konstanzer Haus 'Zur Kunkel.'* Konstanz: Stadler, 1996.

Zeidler, Victor. *Die Quellen von Rudolfs von Ems Wilhelm von Orlens.* Berlin: Felber, 1894.

Contributors

MELITTA WEISS ADAMSON is Associate Professor of German and Comparative Literature, and Associate Professor of History of Medicine at The University of Western Ontario in London, Ontario, Canada. She has published numerous articles and books on the history of food, medicine, pregnancy, parody, and Hildegard von Bingen, including *Regional Cuisines of Medieval Europe: A Book of Essays* (2002). She is currently preparing the books *Food In Medieval Times* and *Of Women, Mud, and Magpies: Prenatal Care from the Greeks to Eucharius Rösslin*.

FRANCIS G. GENTRY is Professor Emeritus of German at the Pennsylvania State University and at the University of Wisconsin-Madison. He has written and edited numerous books and essays on medieval German literature and culture as well as on the reception of the Middle Ages in the modern period. He is most recently co-editor of *The Nibelungen Tradition: An Encyclopedia* (2002) and editor of *A Companion to Middle High German Literature to the 14th Century* (2002).

WILL HASTY is Professor of German Studies at the University of Florida. He is author of a number of books, editions, and articles on medieval German literature, including *Adventures in Interpretation: The Works of Hartmann von Aue and their Critical Reception* (1996), *A Companion to Wolfram's Parzival* (1999), and most recently *A Companion to Gottfried's Tristan* (2003).

HARRY JACKSON was formerly Senior Lecturer in German at the University of St Andrews. He has published numerous studies on medieval German literature (including Wolfram, Gottfried, Thomas of Britain, and Rudolf von Ems), on the history and culture of the medieval aristocracy, and on aspects of warfare and the tournament from the twelfth to the sixteenth century. Recent publications include *Chivalry in Twelfth-Century Germany: The Works of Hartmann von Aue* (1994) and *The Arthur of the Germans: The Arthurian Legend in Medieval German and Dutch Literature* (co-edited with Silvia Ranawake, 2000).

RÜDIGER KROHN is Professor of Medieval and Early Modern German Studies at the University of Chemnitz. He has published extensively on the German literature of the High and Late Middle Ages, on modern reception of medieval literature, as well as on the history of German Studies. His critiques of modern literature and the theater appear regularly on radio, television, and in newspapers.

BRIAN MURDOCH is Professor of German at Stirling University in Scotland and has held Visiting Fellowships in Oxford and Cambridge. He specializes in medieval literature in German, English, and Celtic, and writes also on the world wars in German and other literatures. Recent books include *Adam's Grace: Fall and Redemption in Medieval Literature* (2000) and *The Medieval Popular Bible* (2003), the former originally the Hulsean Lectures in Cambridge and the latter the Speaker's Lectures in Oxford.

SCOTT E. PINCIKOWSKI is Assistant Professor of German at Hood College in Frederick, Maryland. He has written and lectured on the depiction of violence in medieval society in general, and in twelfth-century German epics and Arthurian romances in particular. Recent publications include *Bodies of Pain: Suffering in the Works of Hartmann von Aue* (2002).

JAMES A. RUSHING, JR. is an Associate Professor at Rutgers University in Camden, New Jersey. The author of *Images of Adventure: Ywain in the Visual Arts* (1995), as well as several articles on the relationship of literary materials to their adaptations in the medieval visual arts, he is currently working on a book about visual responses to the Aeneid in both the Latin and the vernacular traditions. He has also recently published *Ava's New Testament Narratives: When the Old Law Passed Away* (2003).

ALEXANDRA STERLING-HELLENBRAND is Associate Professor of German and Chair of the Department of Foreign Languages and Literatures at Appalachian State University in Boone, North Carolina. Recent publications include *Topographies of Gender in Middle High German Arthurian Romance* (2001) and articles on gender and courtly literature. Her current research involves the interaction between visual and literary representations of medieval women.

FRANK TOBIN is Professor Emeritus of German at the University of Nevada, Reno. Besides publications on German medieval literature, especially on Hartmann von Aue, he is the author of several articles on German medieval mystics, and is the translator of the works of Henry Suso, Mechthild von Magdeburg's *Flowing Light of the Godhead,* and some of Meister Eckhart's sermons.

ALOIS WOLF is Professor Emeritus of German Studies at the University of Freiburg. He is author of numerous books, editions, and articles on medieval German, French, and Old Norse literature, including *Heldensage und Epos* (1995). He is the co-editor of the *Literaturwissenschaftliches Jahrbuch* and a Corresponding Member of the Austrian Academy of Sciences.

Index

Achnitz, Wolfgang, 205, 206, 217
Adamson, Melitta Weiss, 5
Albrecht von Eyb, *Ehezuchtbüchlein*, 186
Albrecht von Johansdorf, 22, 193
Albrecht von Scharfenberg, *Jüngerer Titurel*, 204–5, 207, 210, 215
Alexander, 51, 61, 171
Aliers, 66, 137
Althoff, Gerd, 121
Ambraser Heldenbuch, 5, 183, 185, 186
Amis and Amiloun. *See* Hartmann von Aue, works by: *Arme Heinrich*, possible sources
Anderson, Gary A., 157
Arnold of Lübeck, *Gesta Gregorii Peccatoris*, 13, 19, 152, 185, 198–99, 215
Arthur: in Chrétien, 43–45, 50, 61, 63; in Hartmann, 50, 61–62, 63–64, 93–94, 201
Ashcroft, Jeffrey, 212, 217
Asher, John Alexander, 196, 216, 217
Askalon, 65–66, 79, 83–84, 86, 119, 135, 162–63, 165, 170, 203, 204
Augustine of Hippo, 9–10, 11, 13, 15, 18
avanture, 44, 49, 59, 64, 67
aventiure, 63, 65, 66, 72, 73, 80, 82, 85, 87, 162, 163, 165, 175

Bandanes, Leslie, 129, 139
Barbour, John. *See* Ritchie, R. L. Graeme
Bartsch, Karl, 1, 215, 216

Bastert, Bernd, 214
Bayer, Hans, 194, 217
Becker, Peter Jörg, 176, 178, 184, 185, 196, 208, 211, 217
Bein, Thomas, 106, 120, 121, 191, 194, 212, 217
Bell, Rudolph M., 132, 139
Benecke, G. F., 1, 3, 8, 228
Berger, Margret, 128, 139
Blattmann, Ekkehard, 39, 40
Bligger von Steinach, 2
Boesch, Bruno, 103
Bonnet, Anne Marie, 176, 178
Bornhak, Gustav, 228
Bosl, Karl, 4, 8
Bostock, J. Knight, 157
Brackert, Helmut, 22, 40
Brandigan, 58, 62, 74–76, 78, 87, 89
Brody, Saul Nathaniel, 125, 126, 127, 128, 129, 139, 158
Brown, Peter, 10, 20, 158
Browne, Stanley, 158
Brundage, James, 89, 90
Brunner, Horst, 193, 217
Buchwald, Gustav von, 13, 19
Buck, Timothy, 149, 158
Bumke, Joachim, 38, 40, 105, 120, 121, 185, 187, 218
Burggraf von Regensburg, 193
Büsching, Johann Gustav, 223, 224, 248, 250
Butler, Judith, 71, 91
Bynum, Caroline Walker, 115, 117, 121

Calogrenanz, 63, 64
Camille, Michael, 90, 91

Cardigan, 44
Carlson, Alice, 209, 218
Carne, Eva-Maria, 90, 91
Carroll, Carleton W., 69
Causae et Curae. *See* Leprosy: Hildegard von Bingen
Chamisso, Adalbert von, 228–29, 249, 250
chanson de geste, 52, 62
Chanson de Roland, 47–48
Chirurgia. *See* Salerno: Roger Frugardi
Chrétien de Troyes, 7, 71, 93, 135
Chrétien de Troyes, works by: *Erec*, 43–62; *Yvain*, 43–44, 62–69
Clark, Susan L., 125, 129, 131, 133, 134, 139
Cohen, Esther, 105, 120, 122
Cohen, Jeffrey Jerome, 71, 91
Constantinus Africanus. *See De melancolia*
Cormeau, Christoph, 143, 145, 156, 158, 178, 179, 202, 203, 217. *See also* Störmer, Wilhelm
Coxon, Sebastian, 188, 217
Cramer, Thomas, 187, 188, 217
crusades: and disease, 126–27, 136; as motif in modern versions of the *Arme Heinrich*, 232, 235–36
crusading lyric/songs, 19, 21–22, 25, 30, 33–36, 37, 39
Cundrie, 94
Curschmann, Michael, 163, 172, 176, 178, 179
Czerwinski, Peter, 119, 122

Datz, Günther, 143, 144, 158
De Albano, 199, 213
de Bernières, Louis, 143–44, 157
de Boor, Helmut, 91
de Lange, Nicholas, 156
De melancolia, 137, 138
Der von Gliers, 192–93
dienstman, 23–24, 36, 38, 39. *See also* ministerial
Dietmar von Aist, 193

Dietrichs Flucht and *Rabenschlacht*, 195
Dilg, Wolfgang, 3, 8
Dittmann, Wolfgang, 187, 218
Domanski, Kristina, 170, 179
Dorst, Tankred: compared with Gerhart Hauptmann, 244–45; compared with Umberto Eco, 247; review by Joachim Kaiser, 247; use of madrigal by William Byrd, 245; use of songs by John Dowland, 242, 244; use of text by Heinrich Seuse, 243
Dorst, Tankred, works by: *Auf dem Chimborazo*, 241; *Die Legende vom armen Heinrich*, 240–48, 250, 258; *Merlin oder Das wüste Land*, 241, 244, 248; *Toller*, 241
Douglas, Mary, 106, 122
Dubé, Waltraut F., 126–27, 130–31, 135–37, 139
Duckworth, David, 158

Echols, Anne. *See* Williams, Marty
Edrich-Porzberg, Brigitte, 201, 202, 206, 207, 212, 214, 218
Ehler, Ursula. *See* Dorst, Tankred
Eis, Gerhard, 130, 131–32, 139
Eilhart von Oberg, *Tristrant*, 210
Elias, Norbert, 23, 40, 106, 122
Enite, 11–13, 17, 45–49, 51–60, 69, 73, 74–78, 83, 87–89, 93, 94–95, 97–99, 113–15, 168; reference to and depiction of in other medieval works, 202–5
Erec (Chrétien's character), 44–46, 47, 48–54, 58–59, 61
Erec/Erek (Hartmann's character), 11–13, 37, 45–48, 49–50, 53, 55–58, 59, 61–62, 73–78, 80, 82, 83, 86–87, 90, 93, 99, 103, 107, 109–10, 162, 168–69, 174. *See also* Hartmann von Aue, works by: *Erec*, medieval reception of
Ernst, Ulrich, 186, 218

Eroms, Hans-Werner, 122
Ettmüller, Ludwig, 177, 178

Farmer, Sharon, 89–90, 91
Fasbender, Christoph, 212
Fechter, Werner, 185, 218
female (*see also* feminine), 71, 75, 85, 89; body, 125, 132–33; and pain, 112–13, 115–18, 121
feminine, 71, 73, 90, 203
Ferrante, Joan, 82–83, 91
Firsching, K., 178, 179
Fleck, Konrad, *Flore und Blanscheflur*, 206
Flood, John L., 210, 218
Foucault, Michel, 106, 122
forest: as male space, 80; as ordered space in *Iwein*, 80–82, 85, 86
Frauenlied, 31, 35–36
Frauenlob (Heinrich von Meissen), 177, 178, 206
Frauenstrophen, 23
Freed, John B., 176, 179
Freidank, *Bescheidenheit*, 102, 103, 196, 208
Freund, Peter E. S., 106, 122
Friedrich von Hausen, 22, 37, 38, 193
Friedrich von Leiningen, 191
Friedrich von Schwaben, 207
Frühmorgen-Voss, Hella, 176, 179
Füetrer, Ulrich, *Buch der Abenteuer*, 208–9, 210, 214, 215

Ganz, Peter F., 213, 218
Gärtner, Kurt, 186, 187, 213, 214
Gaunt, Simon, 71, 78–79, 86, 90, 91
Gawain (Chrétien), 68
Gawein (Hartmann), 51, 53, 67–69, 80, 109–10, 134, 135, 165–66, 170, 172, 177, 201, 203, 205
Geiger, Albert, *Die Legende von der Frau Welt*, 248

gemach, 53–54, 57–59, 80, 100–101. See also *verligen*
gender, 71–74, 78, 86–87, 88, 89
gender and pain. See male, and pain; *and* female, and pain
Gentry, Francis G., 7, 78, 91, 103, 120, 122
Geoffrey of Monmouth, 43–44
Gerhardt, Christoph, 188, 207, 214, 218
Gilroy-Hirtz, Petra, 113, 122
Glier, Ingeborg, 186, 194, 218
Godsall-Myers, Jean E., 115, 122
Gottfried von Neifen, 191
Gottfried von Strassburg, 1–4, 6, 21, 134, 190, 194, 205, 208, 209, 215, 226; praise of Hartmann found in *Tristan*, 2–3, 73, 189
Göttner-Abendroth, Heide, 90, 91
Green, D. H., 71, 89, 91
Grégoire, 120, 121, 199
Gregorius, 13–16, 17, 37, 55, 66, 151–55; iconic representations, 174–75, 178; and pain, 110–12. See also Hartmann von Aue, works by: *Gregorius*, medieval reception of
Gregorius (hexameter version), 199, 200, 213, 215
Gregorius (prose versions), 185, 199–200, 209, 210, 215
Gregory VII (Pope), 100
Grimm, Jacob & Wilhelm, 1
Grimm, Jacob & Wilhelm, *Der arme Heinrich*, 224–29, 248, 249, 250
Grosse, Siegfried, 1, 8, 249
Große Heidelberger Liederhandschrift, 24, 183, 185
Grubmüller, Klaus, 209, 218
Guivreiz, 57–59, 97, 99, 100, 106, 107
Die gute Frau, 195, 197
Gutenbrunner, Siegfried, 191, 218

Haferlach, Torsten, 131, 134, 139
Haferland, Harald, 38, 40
Hallich, Oliver, 109, 110, 122
Hartlieb, Johann, 207
Hartmann von Aue: biography, 5–7; manuscript history, 183–88
Hartmann von Aue, works by:
  Der arme Heinrich, 5, 7, 16–18, 21, 51, 95, 110–11, 112, 117–18, 128–34, 141, 142–50; and the *Book of Job*, 143–50; medieval reception of, 195–97; possible sources of, 128–29, 142–43; and Salerno, 130–31; sexual metaphors in, 133
  Büchlein/Klage, 6–7, 21; medieval reception of, 193–95
  Erec/Erek, 4–5, 11–13, 21, 36, 73–78, 93–103, 106–10; medieval reception of, 200–10
  Gregorius, 13–16, 18, 21, 110–12, 141, 150–56; medieval reception of, 197–200
  Iwein, 1, 4, 7, 9, 12–13, 21, 26, 30, 36, 78–88, 134–38; medieval reception of, 200–10
  lyrics, 21–39; medieval reception of, 190–93
Hasty, Will, 7, 22, 25, 40, 127, 128, 129, 131, 134, 139
Haug, Walter, 188, 218
Haug (Hawich) der Kellner, *Stephansleben*, 195, 197
Haupt, Barbara, 110, 122
Haupt, Moriz, 24, 25
Hauptmann, Gerhart, *Der arme Heinrich: Eine deutsche Sage*, 231, 232, 237–40, 244, 248, 249, 250; "Der arme Heinrich" fragment, 240
Der Heiligen Leben, 179, 199–200, 210. See also *Gregorius* (prose versions)
Heinemeyer, Walter, 214
Heinen, Hubert, 38, 40, 187, 212, 216

Heinrich von dem Türlin, *Diu Crône*, 195, 203, 205, 215
Heinrich von Freiberg, *Die Ritterfahrt des Johann von Michelsberg*, 206, 215
Heinrich von Klingenberg. See *Große Heidelberger Liederhandschrift*
Heinrich von Rugge, 189, 193
Heinrich von Veldeke, 2, 21, 189, 193
Heinzle, Joachim, 177, 179, 192, 218
Henkel, Nickolaus, 38, 40, 188, 191, 218
Henkes, Christiane, 212, 218
Henrici, Emil, 206, 214, 219
Herrand von Wildonie, *Der betrogene Gatte*, 195
hôhe minne, 22–23, 25–30, 32, 34–37, 190–91, 192–93. See also *minne*
Holznagel, Franz-Josef, 194, 219
honor as attribute, 18, 19, 31, 32, 60, 61, 76, 78, 80, 85, 94, 96–97, 100, 101, 135, 138, 194, 206; and pain, 106, 107, 110, 113, 118, 119
Hostetler, Margaret, 85, 91
Hovorka, Oskar von, 131, 139
Hrubý, Antonín, 4, 8
Huch, Ricarda, "Der arme Heinrich," 232, 235–37; influence of Novalis and Keller on, 236
Hugo von Trimberg, *Der Renner*, 195, 206, 215
Hund, Dr. Wiguleus, 211
Hunt for the White Stag, 44–45, 46, 93, 96
Huschenbett, Dietrich, 219

ich var mit iuweren hulden, 18–19, 34–35
Iders, 12, 49–50, 61, 95, 96, 107, 168–69, 202

indolence. *See gemach*
Investiture Contest, 100
Ishāq ben 'Amrān. *See De melancholia*
Iwein, 12–13, 37, 64, 65–69, 73, 78–89, 90, 106–7, 109, 115–16, 119, 125, 162–68, 169–70, 172, 174, 175, 176, 177, 187–88; compassion of, 50, 67; madness of Iwein, 80–82, 135–37, 170. See also Hartmann von Aue, works by: *Iwein*, medieval reception of

Jackson, William H., 4, 5, 26, 36, 38, 39, 40
Jacques de Longuyon, *Les Voeux du Paon*, 171
Jenkins, T. Atkinson, 70
Johann von Konstanz, *Minnelehre*, 197, 206–7, 216
Johannes Hadlaub, 185
joie/joys, 50
joie de la cort adventure (Chrétien), 59–61, 62
joie de la curt adventure (Hartmann), 12, 59, 61, 73–74, 77, 94, 99–100, 113
Jolles, André, 156
Jones, Martin H, 117, 120, 122, 133, 139, 158
joy as courtly *leitmotif*, 38, 54, 59–60, 61–62, 99, 100–101, 105, 108, 110, 111–12, 119, 223

Kaiser, Gert, 4, 8
Kalinke, Marianne E., 213
Kalogrenant, 64–65, 85, 161–62, 166, 205
Kannegießer, Karl Ludwig, *Der arme Heinrich*, 230, 251
Karras, Ruth Mazo, 72, 91
Kasten, Ingrid, 31, 36, 38, 40, 120, 121
Kautzsch, Rudolf, 208, 219
Keie, 63, 109–10, 166, 203

Kern, Peter, 204, 214, 219
Keu, 66
Kibler, William W., 69
Kischkel, Heinz, 194, 219
Klare, Andrea, 24, 38, 40
Klapper, Joseph, 142, 158, 213
Klein, Thomas, 184, 211, 219
Kleine Heidelberger Liederhandschrift, 24, 183
Köhler, Erich, 4, 8
Pfaffe Konrad, *Rolandslied*, 62
Konrad von Stoffeln, *Gauriel von Muntabel*, 205–6, 209, 216
Konrad von Würzburg, *Engelhard*, 189, 195, 208, 213, 216
Koralus, 47, 48, 49, 95
Kornrumpf, Gisela, 179, 185, 219
Kraus, Carl von, 190–92, 196, 212, 213, 215, 219
Krause, Burkhardt, 135, 139
Krenn, Margit. *See* Domanski, Kristina
Krohn, Rüdiger, 1, 224, 252
Kronfeld, Adolf. *See* Hovorka, Oskar von
Kuhn, Hugo, 1, 3–4, 7, 8, 75, 91
Kühnel, Jürgen, 191, 219
Kunze, Konrad, 196, 214, 219
Küsters, Urban, 113–14, 123

Lachmann, Karl, 1, 24, 25
Laistner, Max Ludwig Wolfram, 142, 158
Lauber, Diebold, 208
Laudine, 7, 12–13, 27, 66, 69, 73, 78–80, 82–85, 90, 99, 109, 115–16, 117, 119, 134–35, 137, 163–66, 168, 187–88, 202, 203–4, 205, 207, 209
Lavin, Marilyn Aronberg, 164, 179
Leisch-Kiesl, Monika, 89, 91
leprosy, 7, 16–17, 111, 138, 142, 144, 146, 155, 196; history and understanding of, 125–28; and sexuality, 127–29, 131, 134; and sin, 127–28, 150; theories of:

Caesarius of Arles, 127; the *Gesta Romanorum*, 127; Hildegard von Bingen, 127–28, 129; Paracelsus, 127, 131; Prudentius, 127
Licorant, 95
Liederbuch der Clara Hätzlerin. See *Minnereden*
Lindner, A., 142, 158
Loccumer Artusroman, 195
Lombard, Peter, 10, 20
lôn, as motif in Hartmann's lyric poetry, 22–23, 27, 35
Longfellow, Henry Wadsworth, *The Golden Legend*, 230–31, 232, 237, 249, 251
Loomis, Roger Sherman, and Laura Hibbard Loomis, 176, 179
Lunete, 13, 17, 66, 79, 81, 83–84, 86, 88, 116, 119, 134–35, 162–63, 165, 170, 177, 187, 202, 206, 208, 209
Lutz, Eckart Conrad, 210, 214, 219
Lutz-Hensel, Magdalene, 228, 252

Mabonagrin, 11, 12, 50, 57, 59–61, 67, 74–75, 76, 77, 85, 89, 99–100, 101, 103, 202, 205
madness in the theory of: Aretaeus, 135, 136; Aulus Cornelius Celsus, 136; Caelius Aurelianus, 135, 136; Paul of Aegina, 135
male/masculine, 29, 35–36, 71, 72, 73, 75, 78–79, 85, 87, 89, 90, 133, 194, 243; and pain, 112–13, 114, 116, 121, 249
Maliclisier, 107, 109
Malory, Thomas, *Le Morte D'arthur*, 147, 210
Manesse, Rüdiger. See *Große Heidelberger Liederhandschrift*
Marbach, Gotthard Oswald, 226, 248, 249, 251
Marie de France, 44, 52; *Lanval*, 44
Margetts, John, 117, 123, 133, 139
Markgraf von Hohenburg, 191–92
Masser, Achim, 176, 179
Maurer, Friedrich, 123, 170, 180
McConnell, Winder, 157
McDonald, William C., 118, 123
McFarland, Timothy, 4, 8
McGuire, Meredith B., 106, 122
McNamara, Jo Ann, 89–90, 91
melancholia, 136, 137–38
Mertens, Käthe, 207, 213, 219
Mertens, Volker, 90, 91, 157, 178, 180, 198, 199, 200, 209, 213, 214, 219
Meyer, Matthias, 117, 123, 203, 219
Mihm, Arend, 184, 186, 219
ministerial, 4, 6, 23–24, 172, 174. See also *dienstman*
minne, 34–35, 39, 60, 71–72, 73, 79–80, 90, 135, 190–91. See also *hôhe minne*
Minnereden, 194
Mohnkopf Plenarium, 199, 113
Montpellier, as center of medieval medicine, 129–30, 138
Morgan le Fay, 67
Moser, Hugo, 24, 227, 252
mouvance, 186, 188
Mühlemann, Joanna, 167–69, 177, 180
Murdoch, Brian, 7, 148, 151, 152, 153, 154, 158–59

Neidhart von Reuental, 189, 193, 208
Nellmann, Eberhard, 35, 39, 40
Neubuhr, Elfriede, 1, 8
Nibelungenlied, 6; violence against Kriemhild, 121
Nowacki, Dariusz. See Sachs, Rainer

Obermeier, Sabine, 40
Ohly, Friedrich, 146, 157, 159
Oringles, 54–55, 98–99, 100, 110, 113–15
Oswald von Wolkenstein, 208

Ott, Norbert H., 176, 179, 180
Ottokar von Steiermark,
    Österreichische Reimchronik, 207,
    216
Ovid, *Tristia*, 196

Panzer, Friedrich, 213, 214
Paracelsus, and leprosy, 127, 131
parole as *leitmotif*, 52, 54, 57
Parzival, 55, 82, 94, 96, 102, 103,
    170, 172, 177, 202, 205
Paul, Hermann, 9
Peake, A. S., 144, 159
Pearsall, Derek, 74, 91
Pelagius, 10
Pettorelli, Jean-Pierre, 157
Pfitzner, Hans, *Der arme Heinrich*
    (opera), 232, 233–34, 250, 252
Pickering, F. P., 154, 159
Piers Plowman, 145, 158
Pincikowski, Scott, 7, 120
Plate, Bernward, 180, 200
Der Pleier, works by: *Garel von dem
    blühenden Tal*, 203, 204, 216;
    Meleranz, 203, 204, 216;
    Tandareis und Flordibel, 203,
    204, 216
Pliny, *Natural History*, 127, 134
Pratt, Karen, 89, 91
Püterich von Reichertshausen,
    Jakob, *Der Ehrenbrief*, 208–9,
    216

Ranawake, Silvia, 4, 8, 212, 220
Rautenberg, Ursula, 1, 8, 224, 227,
    228, 230, 249, 252, 253
Reber, Balthasar, 214
recréantise. See *verligen*
Reinmar von Brennenberg, 193
Reinmar von Hagenau (der Alte), 2,
    24, 32, 37, 185, 189, 190–91,
    192–93, 195, 200
Reusner, Ernst von, 25, 38, 39, 40,
    212, 215
Ribard, Jacques, 90, 91
Richards, Peter, 125, 126, 127, 139

Ridder, Klaus, 214
Ritchie, R. L. Graeme, 171, 180
Röll, Walter, 213
Rosenfeld, Hellmut, 156
Rudolf von Ems, works by:
    Alexander, 190, 216; *Der guote
    Gêrhart*, 196, 216; *Willehalm von
    Orlens*, 177, 187, 189, 196, 197,
    216
Rudolf von Fenis, 193
Rudolf von Rotenburg, 191–92
Rufus of Ephesus. See *De
    melancholia*
Ruh, Kurt, 83, 92, 133, 140, 213
Rühmkorf, Peter, 226, 253
Rushing, James A., Jr., 5, 161, 163,
    165, 169–72, 176, 177, 180

Sachs, Rainer, 177, 180
Sachsenheim, Hermann von, *Die
    Mörin*, 208, 216
Salerno: *Constitutions of Melfi*, 130;
    Frederick II of Hohenstaufen,
    130; *Regimen sanitatis
    Salernitanum*, 130; Roger II of
    Sicily, 130; Roger
    Frugardi/Rogerius Salernitanus,
    130, 132, 136
Salmon, Paul, 21, 36, 40
Salter, Elizabeth. *See* Pearsall
Saran, Franz, 22, 40, 192, 194–95,
    220
Saunders, Corinne J., 82, 92
Sayce, Olive, 38, 39, 41, 212, 220
Scarry, Elaine, 114, 121, 123
Schiendorfer, Max, 212, 220
Schiewer, Hans-Jochen, 208, 220
Schilling, Johannes, 213
Schipke, Renate, 211, 220
Schipperges, Heinrich, 128, 136,
    139
Schirok, Bernd, 214
Schirokauer, Arno, 118, 123
Schlegel, August Wilhelm, 225, 253
Schmeller, J. A. *See Gregorius*
    (hexameter version)

Schmid, Ludwig, 22, 41
Schmitt, Wolfram, 135, 136, 137, 140
Schmitz, Heinz-Günter, 135, 140
Schmitz, Silvia. *See* Henkes, Christiane
Schneider, Karin, 178, 181
Schönhuth, Ottmar F. H., 249, 251
Schramm, Albert, 178, 181
Schreyer, Hermann, 22, 41
Schröder, Edward, 1, 213
Schröder, Jens-Peter, 213
Schröder, Werner, 187, 203, 220
Schroeder, Horst, 171, 177, 181
Schumacher, Meinolf, 159
Schupp, Volker, 164, 176, 177, 181
Schwab, Gustav, 227, 248, 251
Schwarz, Werner, 235, 253
Schweikle, Günther, 189, 190, 191, 193, 220
Seelisch, A., 199, 220
Seidlitz, Julius, 227
Seiffert, Leslie, 21, 32, 37, 41, 127, 131, 140
sexuality, 10–11, 12, 22–23, 76, 89, 116–18, 127–29, 131, 133–34, 152, 232, 238–39
Shea, Kerry, 133–34, 140
Simrock, Karl, 226–27, 228, 248, 251
Smith, Susan Louise, 169, 170, 181
Snow, Ann, 132, 133, 140
Sol, Hendrik Bastiaan. *See Grégoire*
Sparnaay, Hendricus, 1, 196, 220
Sparrow Hawk Adventure, 45, 46, 47, 50, 52, 53, 61, 95–96, 168, 202
Steinmar, 192
Sterling-Hellenbrand, Alexandra, 7
Stock, Brian, 175, 181
Stone, Michael E., 157. *See also* Anderson, Gary A.
Störmer, Wilhelm, 25, 27, 28, 30, 38, 39, 40, 127, 128, 129, 131, 139, 174, 178, 179, 183, 217
Strauch, Philipp, 213

Der Stricker, *Daniel vom blühenden Tal*, 203–4
Strohschneider, Peter, 212, 220
Stutz, Elfriede, 186, 220
Swinburne, Hilda, 134, 140
Sylvester legend. *See* Hartmann von Aue, works by: *Arme Heinrich*, possible sources
Szklenar, Hans, 164, 176, 181

Tardel, Hermann, 230, 238, 249, 253
Tervooren, Helmut. *See* Hugo Moser
Theodoric of Cervia, *Surgery*, 126
Thomas, Neil, 205, 220
Thomasin von Zirklaere, *Der Wälsche Gast*, 206, 216
Tobin, Frank, 5, 13, 20, 149, 159
triuwe, 18, 30, 32, 35, 83, 99, 203

Uhland, Ludwig, *Arme Heinrich* fragment, 229–30, 250
Ulrich von Lichtenstein, *Frauendienst*, 191–92, 194, 206, 216
Ulrich von Türheim, *Rennewart*, 195
Unmutston, 31, 36, 37
Unzeitig-Herzog, Monika, 188, 221
Urbanek, Ferdinand, 39, 41
usefulness, as quality of ruler, 100

vavasor, 95
verligen, 11, 48, 50, 53, 56, 57, 75, 76, 97, 201, 205
Vetter, Ewald, 181
Vilmar, A[ugust] F[riedrich] C[hristian], 228, 253
Vita Adae et Evae, 142, 153

Wace, *Roman de Brut*, 43, 44
Wachinger, Burghart, 186, 189, 215, 221
Wack, Mary Frances, 135, 140

Wallbank, Rosemary E., 130, 132–33, 140, 204, 221
Walshe, Maurice O'C., 1, 8
Walther, Ingo F., 181
Walther von der Vogelweide, 2, 4, 6, 7, 21, 24, 32, 37, 185, 189, 190–91, 192, 193, 195, 210, 212, 230
Walther von Grieven, *Weiberzauber*, 193–94
Wand, Christine, 197, 201, 221
Wandhoff, Haiko, 107, 123
Wapnewski, Peter, 83, 92, 112, 123, 144, 159
Waugh, Evelyn, 155, 159
Weber, Barbara, 193, 221
Weber, Paul, 180
Wehrli, Max, 92
Weilen, Josef von, *Heinrich von Aue*, 231–32, 251
Weingartner Liederhandschrift, 24, 183
Wenzel, Horst, 107, 108, 120, 123, 207, 221
Wernher der Gartenaere, *Helmbrecht*, 197
Wernher der Schweizer, *Marienleben*, 197
Wheeler, Bonnie. *See* Cohen, Jeffrey Jerome
Wildman (wild man), 64–65, 85, 161–62
William of Lüneburg, 185, 198
Williams, Marty, 123
Williams-Krapp, Werner, 174, 178, 181, 200, 221
Willson, H. B., 151, 157, 159
Winsbeckin, 206, 216
Wirnt von Grafenberg, *Wigalois*, 195, 202, 203, 206, 207, 210, 216
Wolf, Alois, 7, 93, 95–96
Wolff, Ludwig, 187, 195, 215
Wolfram von Eschenbach, 1, 3–4, 5–6, 21, 71, 83, 102, 210, 214; as object of reception, 189, 190, 201, 202–9; *Parzival*, 5–6, 93–94, 102, 151; reception of Hartmann, 197, 201–2
women's strophes. *See Frauenstrophen*
Worbs, Michael, 253
Wunderlich, Werner, 177, 181

Yvain, 44, 63, 66

Zeidler, Victor, 213
Zweites Büchlein, 192, 194–95, 215

In Mortal Combat

The Conflict of Life and Death in Zola's *Rougon-Macquart*

Kristof H. Haavik

SUMMA PUBLICATIONS, INC.
Birmingham, Alabama
2000

Copyright 2000
Summa Publications, Inc.
ISBN 1-883479-27-4

Library of Congress Catalog Number 00-131191

Printed in the United States of America

All rights reserved

Illustrations courtesy of Musée du Louvre, Paris.

In Mortal Combat

SUMMA PUBLICATIONS, INC.

Thomas M. Hines
Publisher

William C. Carter
Editor-in-chief

Editorial Board

William Berg
University of Wisconsin

Germaine Brée
Wake Forest University

Michael Cartwright
McGill University

Hugh M. Davidson
University of Virginia

Elyane Dezon-Jones
Washington University

John D. Erickson
University of Kentucky

James Hamilton
University of Cincinnati

Freeman G. Henry
University of South Carolina

Norris J. Lacy
Pennsylvania State University

Jerry C. Nash
University of New Orleans

Allan Pasco
University of Kansas

Albert Sonnenfeld
University of Southern California

Orders:
P.O. Box 660725
Birmingham, AL 35266-0725

Editorial Address:
3601 Westbury Road
Birmingham, AL 35223

*To my parents, who never stopped showing me
the wonders of learning*

Contents

Preface	ix
Introduction	1
La Fortune des Rougon: The Shadow of Death	9
La Faute de l'abbé Mouret: The Struggle	28
L'Assommoir: A World of Death	55
Une Page d'amour: Between Life and Death	83
Germinal: Life Out of Death	98
Le Docteur Pascal: The Triumph of Life	137
Conclusion	160
Notes	162
Works Cited	169
Illustrations Géricault, *Radeau de la Méduse*	57
Veronese, *Noces de Cana*	68
Rubens, *Kermesse*	71

Preface

The *Rougon-Macquart* series begins with a cemetery and ends with a newborn baby. This striking antithesis suggests immediately that life and death are opposed throughout the series; furthermore, a progression is clear from death to life. Is this reading too much into the comparison of two passages written more than twenty years apart? The earlier of the two, the opening pages of the series, suggests not: already, life and death are in conflict, if only over control of a field in Provence. Other novels of the series strengthen the hypothesis: nearly all their conflicts can be ranged under the basic title of Life versus Death.

Six novels have been chosen for this study. Others could of course have been added; *La Joie de vivre, La Bête humaine,* and *La Débâcle* are perhaps the most obvious absences. Of the six studied closely, *La Fortune des Rougon,* the first volume of the *Rougon-Macquart,* is the necessary point of departure for any consideration of life and death in the series. Although it is often neglected as a second-rate work showing Zola's immaturity as a writer, this novel sets up the conflict that will be fought in nineteen other volumes; it is in a sense the posing of the question that all the others will attempt to answer. Similarly, *Le Docteur Pascal* is the essential end point, not only because it is the last tome of the *Rougon-Macquart* but more because it gives a final and, in Zola's opinion, definitive answer to that question. The other works studied here have been selected as the most important and useful episodes of the series for illustrating how the basic theme is embodied in specific contexts. *La Faute de l'abbé Mouret* shows the battle between nature and revealed religion, and the way in which it is fought inside the consciousness and soul of a Rougon-Macquart family member. *L'Assommoir* integrates Zola's concern with social issues and with hereditary alcoholism into the larger struggle; *Germinal* accomplishes a similar task with the political tensions of the Industrial Age. *Une Page d'amour*, possibly the least known of the *Rougon-Macquart*, portrays a form of the opposition that is remarkably different from the violence of the others; it also is unique in having a fully-developed symbolism of life and death that stands on its own, not integrated with but rather parallel to the plot, expressing Zola's message in an original fashion. Taken together, these six novels offer the opportunity to explore the fundamental tension from its origins through several incarnations to its final solution.

I owe a great debt of gratitude to Professor Victor Brombert of the Department of Romance Languages at Princeton University, without whose guidance this work never could have been completed. His careful reading, his direction, and above all his patience were indispensable to me throughout my research and writing. To him is due much of the credit for whatever good it contains.

- K.H.H.

Introduction

The conflict of life and death in the *Rougon-Macquart* has been studied many times. Proulx calls it the greatest of Zola's themes, and other scholars even lament that it is overemphasized to the point of becoming a cliché. But most of these studies have viewed the relationship between life and death as a kind of dialectical symbiosis, in which each feeds on the other and in the final analysis there is less an opposition than a closed circle. I offer a different interpretation: far from mutually dependent, life and death in the series are bitterly opposed forces, fighting each other from the opening pages of the first volume to the end of the last. This epic struggle is the central, unifying thread of the *Rougon-Macquart*.

As the paramount theme of the series, the opposition of life and death plays a much more important role throughout the *Rougon-Macquart* than is generally recognized. Most studies have viewed it as a broad, overarching theme that forms a general background but is rarely present in the details. Frequently they have limited themselves in large part to the well-known, almost poetic passages of the series in which these forces are clear protagonists: the former cemetery of *La Fortune des Rougon*, the last chapter of *Germinal*, the closing lines of *Le Docteur Pascal*. I find such an approach far too selective and narrow. These elemental powers are not distant gods, relevant only to the broad outlines of human experience, but rather very present and active agents throughout the *Rougon-Macquart*. If their full power and relevance are to be seen, the forces of creation and destruction must be traced through the specific conflicts of individual novels, not just passages where they are obviously highlighted. Tellingly, all the subjects of

Zola's rhetorical amplifications are powerful agents of either life or death: the garden of *La Faute de l'abbé Mouret;* the distillery equipment of *L'Assommoir;* the mines of *Germinal*. Behind the immediate features of the universally recognized conflicts of the series–labor versus capital, religion versus science, freedom versus social and biological determinism–lurks the clash of the fundamental enemies, life and death. By exploring how this general theme is played out in the particular contexts of six chosen novels, I find evidence of their irreconcilable hostility. Furthermore, over the course of the series this approach reveals a progression from the rule of death to the victory of life.

Caught between the titanic powers of life and death are the Rougon-Macquarts themselves. Their struggles throughout the series are less–or at any rate no more–the pursuit of economic or social yearnings than skirmishes in this war. But death is not merely a force that attacks the Rougon-Macquarts from the outside; it is in them. From the first volume of the series they are shown as victims of a morbid heredity, stamped with the mark of death. The series is essentially the story of their abortive, then finally successful efforts to liberate themselves from this congenital plague.

In part this deathly inheritance can be explained scientifically, for Zola shows his characters as the result of long degeneration, given to obsessive behavior and alcoholism. In this sense they are the product of their time, for life and death as scientific concepts were a central concern of intellectual life in Zola's time. While Zola's debt to Claude Bernard in terms of experimental method is clearly stated in *Le Roman expérimental,* less obvious is his indebtedness to Bernard and other scientists of the time in the actual conception of what life was. Yet the nineteenth century's discoveries in life sciences inform the concept of life presented in the *Rougon-Macquart*. Zola's formative and active years fell in the era of Darwin and Pasteur, when a new comprehension of how life originated and what it meant was taking shape. Phenomena previously left to the philosopher and the clergyman were being addressed by men of science in ways unthinkable only a short time before. A survey of the contents of *Revue des deux mondes* during this period shows the widespread interest in such matters: "De la science de la vie dans ses rapports avec la chimie" (Littré, January 1855); "De la méthode expérimentale dans l'étude des phénomènes de la vie" (Charles Mateucci, 1 August 1861); "La Chaleur de la vie dans les animaux à propos de recherches récentes" (F. Papillon, 15 January 1872); "Définition de la vie, les théories anciennes et la science moderne" (Claude Bernard, 15 May 1875); "La Vie et la matière" (E. Vacherot, 1 December 1878). Zola acknowledges the importance of this scientific foundation for his fiction when he states: "il nous faut bien tenir compte des nouvelles idées que notre âge se fait de la nature et de la vie" (*Le Roman expérimental,* Garnier-Flammarion, p. 81), but says nothing about what those ideas were. Later in the same text he carefully prescribes adherence to accepted scientific theory, allowing authors to risk their own theories on such issues only "après avoir respecté tout ce que la science sait aujourd'hui sur la matière" (96). What science knew–or believed–at the time about life and heredity are therefore essential to an understanding of the *Rougon-Macquart.*

Three fundamental scientific concepts underlie Zola's conception of life. The first and most far-reaching in its implications was the evolving definition of what life itself is and how it works. Since the beginning of the nineteenth century, such biologists as Magendie and Dutrochet had rejected the philosophical vitalism that viewed life as an ineffable spiritual essence and tried to explain it by physical and chemical laws. Claude Bernard brought the intellectual revolution to its culmination when he proved that living things exist not by resisting but by following the same fundamental principles that apply to inorganic matter; Zola declares in his "Lettre à la jeunesse": "cette puissance capricieuse qui, prétendait-on, résistait aux lois de la matière et faisait de la vie une sorte de miracle, Bernard l'exclut absolument" (*Le Roman expérimental,* p. 120). Once it was seen that the internal processes of living things, their "milieu intérieur," as Bernard named it, were governed by the same physical and chemical forces that affected them from the outside as environment, the life of a man became a phenomenon to be studied like the life of an ameba. Zola considered this breakthrough as important to fiction as it was to medicine: in place of the traditional psychological motivations, characters could now be moved by demonstrable and measurable forces. He repeatedly insists in his critical works on this predictable "mécanisme de la vie" (*Le Roman expérimental,* p. 97), writing of "la machine humaine" (76, 227, 228), "la machine animale" (77, 78), and their interaction, "la machine sociale" (261). That man's life can be studied objectively is the fundamental thesis of naturalist fiction; such a contention, alien to most previous writers, would have been virtually unthinkable without the discoveries of nineteenth-century biology.

The Theory of Evolution is a second scientific underpinning of Zola's attitude toward life. Evolution is central to the *Rougon-Macquart,* and Zola's series may be the first major literary work to incorporate Darwinian theory. Though the idea that species change by inherited effects of use or disuse of parts had been proposed by Lamarck in 1809, it had failed to gain wide acceptance. Cuvier's theory of catastrophism, in which different animals were wiped out by successive cataclysms and replaced by new acts of divine creation, was still current when Darwin advanced an alternate explanation. Darwin's revolutionary concept set off an immediate firestorm of controversy, but quickly found support from a series of anthropological finds that had already begun when *The Origin of Species* appeared in 1859: Neanderthal man, the best known, had been discovered three years earlier; in quick succession came the grotte des Fées in 1859, Gibraltar in 1864, Cro-Magnon in 1868, and Menton in 1872. Evidence was mounting that modern man had evolved from lower forms of life, and with the vocal support of some scientists, notably T.H. Huxley, evolution was rapidly gaining acceptance. Darwin's influence on Zola can be found in several domains. The idea that mankind changes in response to his environment and his activities is fundamental to the *Rougon-Macquart,* which is in large part a study of how varying conditions and occupations affect human subjects. If this position was not entirely new, what was significant was the contention that such changes were inherited by offspring. Darwin's statement that "Changed habits produce an inherited effect" (*The Origin of Species,* Ch. 1) foresees not only members of the Rougon-Macquart family but entire classes of people: the urban working class of *L'Assommoir,* the miners of *Germinal,* the peasants of *La Terre.* Moreover, the Darwinian concept of the struggle for existence may have contributed to Zola's view of life as a constant battle, in which death is the dynamic agent directing the process of heredity.

The third major scientific concept informing the *Rougon-Macquart,* related to evolution, is that of heredity. While the basic idea was not new, its formulation in laws like Newton's laws of motion, undertaken by geneticists in the nineteenth century, shows how much greater its importance was realized to be than earlier science had thought. Darwin is again a major influence, since heredity of characteristics is an essential condition of the theory of evolution; many of Zola's ideas on change and heredity are found in *The Origin of Species* and *The Descent of Man*, at times so similar that one wonders if he was consciously copying those works. Darwin comments on the hereditary effects of psychological conditions: "...genius which implies a wonderfully complex combination of high faculties, tends to be inherited; and, on the other hand, it is too certain that insanity and deteriorated mental powers likewise run in families" (*The Descent of Man*, Ch. 2). This simple observation, revolutionary at the time, lies at the heart of the extreme behavior found among the Rougon-Macquart: the artistic genius of Claude Lantier, the wild pursuit of power and money by Eugène Rougon and Aristide Saccard, the simple-mindedness of Jean Macquart, the apostolic fervor of Etienne Lantier. Furthermore, Darwin speculates in the following chapter that virtue and vice are inherited; Zola's epic of hereditary weakness and corruption flows directly from this judgment. Perhaps most striking, Darwin recognizes the phenomenon of genetic reversion, and suggests that we all have ancestral traces hidden within us, waiting for the right conditions to come out. This estimation not only sums up Jacques Lantier of *La Bête humaine* very neatly, it also prefigures the entire Rougon-Macquart family, all touched in one way or another by the inherited abilities and weaknesses of Tante Dide, source of them all. The *Rougon-Macquart* could not have been written in anything like its actual form before the advent of Darwinian evolution.

To Zola, this intellectual ferment was an invitation to study life as no novelist had done before: scientifically. In a world whose workings neatly paralleled the microcosm of cell biology, heredity and environment, equivalent to "milieu intérieur" and "milieu extérieur," replace the traditional motivations of characters in fiction. The traditional metaphysical-religious view of the world is supplanted by a mechanistic universe controlled by predictable laws, which seems to have little room for even the Deist philosophy of the Enlightenment.

Yet, paradoxically, Zola puts this new, scientific view of life in the service of an almost mystical belief as metaphysical as the traditional religion it replaced. Just as he repeatedly fails to obey his own prescriptions for naturalistic writing in his fiction, so he also refuses to leave life to the modern domain of the physiologist and the physician, the microscope and the scalpel. Life for Zola is indeed a matter of cells, organs, and chemical reactions, but this is only the physical makeup of a great elemental force that exists almost as a thinking being, that has a purpose and a direction, and toward which man must define his attitude. This conception does not deny the reality of all the factors discovered by biology, but incorporates them into a semi-religious world view.

But if life is a supra-natural force, so is death. Most conspicuously in the early novels of the *Rougon-Macquart*, it is death that seems to be a dynamic agent, consciously manipulating the characters. The first volume goes to great lengths to set up the heredity of deathliness that hangs over the family, and though this is in part explained rationally as the result of genetics, it is clearly something more than that. As heredity, environment, and events combine to crush Silvère or Gervaise, a larger, deadlier power is glimpsed at work, an elemental force that contends with life for the prize of the Rougon-Macquart, like the competing devil and angel of a medieval morality play. Present from the opening pages of *La Fortune des Rougon*, the two are set against each other most obviously in *La Faute de l'abbé Mouret* and *Germinal;* in the latter, life finally shows some of its immense power and gets the last word against its rival; *Le Docteur Pascal* brings it to complete triumph.

The violent confrontation of life and death, often in the framework of a mysterious, inescapable destiny, goes back to the earliest days of Zola's literary career. Fate hangs heavy over many characters in his first novels. In *Thérèse Raquin*, Laurent's lugubrious painting of his rival Camille prefigures Camille's death by drowning; later, try as he will, Laurent is forced by some *fatalité* to reproduce the face of Camille in every portrait he paints. Psychological explanations based on Laurent's guilt seem inadequate to justify this strange destiny that pursues him. The hand of fate is even more evident in *Madeleine Férat*, whose protagonist is besieged by death on every side: her birth kills her mother; her lover grows up in the shadow of his mad scientist father, in whom "Le savant avait tué l'homme" (Ch. 3) such that he feels only "l'amour de la mort" (Ch. 5). Death is the driving force behind Madeleine's own tragedy: the reported death of Jacques leads her into a liaison with another lover; later, the news proves false, and she is haunted by the return of the supposedly dead Jacques. Moreover, by a relentless "fatalité physiologique" (Ch. 9), Jacques is reproduced in other characters: eventually both Madeleine herself and her child with another man physically resemble him. As in the *Rougon-Macquart*, a scientific explanation based on biology is offered for this transformation, but is clearly only one piece of the puzzle.

The return of the dead, always pitting life against death, is a recurring theme in Zola's short stories. "La Mort d'Olivier Bécaille," published in *Naïs Micoulin,* shows a man accidentally buried alive who escapes from his grave; in the same collection, "Jacques Damour" reuses the device of someone thought to be dead returning to find his wife with another man. His wife's complaint "lorsque les gens sont morts, ils ne devraient pas revenir" applies equally well to the *Rougon-Macquart.* Zola avoids such melodramatic occurrences in the series, where the actual physical return of the deceased is replaced by their reappearance in their offspring through heredity. The fundamental principle, however, that the dead will not go away, and still haunt the living, remains the same; indeed, it may even be more powerful, since genetics places these unwanted ghosts inside the victims they persecute. Science and myth combine to create an inexorable curse.

But life, too, is a powerful force, even in these early works, which death tends to dominate; life and death are embroiled in their bitter conflict from the very start of Zola's literary career. No matter how menacing the cloud that hangs over them, characters can choose which master they will serve, life or death. The short story entitled "Le Sang," published in *Contes à Ninon,* reflects on the horrors of bloodshed from man's earliest history. But the men in the story make the choice to be producers instead of destroyers: they abandon their careers as soldiers and take up farming. Faith and hard work, it seems, can overcome the curse of death. If it is true in *La Confession de Claude* that "La vie a ses fatalités," nevertheless "On tue quelquefois la mort en son germe, lorsqu'on croit à la vie." When a child is born in the short story "Angeline," "La mort était vaincue."

From the start, then, Zola not only conceives of life and death as conflicting forces, he also believes in the ultimate triumph of life. For man is not alone when he faces the power of death, all of nature becomes his ally. Many passages of the *Rougon-Macquart* show this creative, life-giving action of the natural world: the birds that invade Serge Mouret's church, the fertile countryside of *La Terre,* the springtime landscape at the end of *Germinal.* This truly limitless power, growing stronger and more conspicuous as the series advances, can already be found in "Aventures du grand Sidoine et du petit Médéric," another of the *Contes à Ninon,* in which the earth is called "un foetus ne vivant encore qu'à demi, où la vie et la mort luttent dans notre temps à forces égales." Once life brings to bear its full force, we must conclude, the battle will be won. Thus, these early works not only demonstrate the centrality of the life-death opposition to Zola's thinking, they also foreshadow its course over the *Rougon-Macquart*.

La Fortune des Rougon: The Shadow of Death

La Fortune des Rougon, and the entire *Rougon-Macquart* series, begin with the description of a desecrated graveyard. The importance given to the *aire Saint-Mittre* by its privileged position in the opening pages is surprising: this early prominence suggests that it is a key to the understanding of both the novel and the series; yet it does not play a central role in the novel's plot or the formation of the characters. Unlike the Paradou garden of *La Faute de l'abbé Mouret* or the mining town of *Germinal,* the former cemetery is not a determining influence on the protagonists; of the two great forces that shape Zola's characters, it is heredity, not environment, that forms Pierre Rougon, Antoine Macquart, Ursule Mouret, and their children. But this dichotomy suggests the true importance of the former graveyard in the novel, for it is in fact not a determining environment but a symbol of heredity. The significance of the *aire Saint-Mittre* is metaphorical rather than narrative: it is a symbol of the Rougon-Macquart family[1].

Many parallels establish the link between the old graveyard and the family. First, Zola insists in the preface on the importance of the past for the whole series, subtitling this first volume "les Origines" (I, 36)[2]. This is followed immediately by the description that tells the origin not of the family but of the *aire Saint-Mittre,* thus conflating the cemetery and the family from the beginning. "Le pluriel des Origines," suggests Naomi Schor, "s'expliquerait donc par un dédoublement des origines: origines de l'aire Saint-Mittre / origines des Rougon-Macquart" (Schor 125). But the origins of the two are not so much doubled as inextricably linked to form one unbroken chain of events and symbols. The ultimate origins of both are lost in the mists of time, with neither events nor dates given: "Anciennement, il y avait là un cimetière" (37); "La terre, que l'on gorgeait de cadavres depuis plus d'un siècle" (37); similarly, Adélaïde's family was rich and respected in a vaguely indicated past with no known beginning. Historical time begins for both family and field at the same point: the statement "les vieux de Plassans, en 1851, se souvenaient encore d'avoir vu debout les murs de ce cimetière" (37) places the starting point of its recorded history in the same period as the birth of Adélaïde Fouque in 1768. Furthermore, the *aire's* fall from its position of honor coincides with that of Adélaïde: tracing the chronology of the "transformation du cimetière en aire," Schor remarks that "la date du déménagement coïncide avec les dates de la Révolution Française, dont une des grandes entreprises fut certainement la désaffection des lieux saints" (Schor 126). Adélaïde loses her reputation first by marrying the peasant Rougon, but more by becoming the lover of the smuggler Macquart; the latter event occurs in 1789 (Schor 127). No further dates can be given for either chronology until the fateful events of 1851, which return the family to their earlier power and wealth and make the *aire Saint-Mittre* a place of death once more.

This fallen status also serves to link the two. The old graveyard, once considered holy ground, is stripped of this honor and the buried remains are exhumed. The operation brings about a "scandale, dont Plassans garde encore le souvenir" when pranksters hang bones on the city's doorbell cords; but the entire affair is scandalous to a Catholic bourgeois mentality: the transfer to the new cemetery is carried out by "un seul tombereau transportant des débris humains, comme il aurait transporté des plâtras.... Pas la moindre cérémonie religieuse; un charroi lent et brutal" (38-39). Similarly, Adélaïde Fouque is descended from "les plus riches maraîchers du pays," owners of "un vaste terrain" (II, 77), but her nervous disorders and her choice of mates make her the scandal of the *faubourg*. Her marriage to Rougon, "ce pauvre diable, épais, lourd, commun, sachant à peine parler français" (77) is bad enough, but worse is her comportment after his early death: "Une année s'était à peine écoulée que la jeune veuve donna lieu à un scandale inouï ... Ce qui rendit le scandale plus éclatant, ce fut l'étrange choix d'Adélaïde," "un homme mal famé que l'on désignait d'habitude sous cette locution : 'ce gueux de Macquart'" (77). In both cases, the object of respect–cemetery or family–becomes a source of scandal. The results of these changes are neatly parallel: the *aire* becomes a "terrain vague" (I, 37) frequented by gypsies, a place of so little value that the city is unable to sell it; Adélaïde's family becomes "obscure et peu estimée" (76). A full generation later, Pierre's marriage is made possible only by the shortage of eligible young men during the Napoleonic wars and the financial difficulties of his wife's family: "Jamais un commerçant à son aise ne lui eût donné sa fille" (90). Even after he has assumed a certain importance as apparent head of the reactionary group and leader of the force that recaptured Plassans's town hall from the insurgents, the first hint of failure sweeps away his temporary glory and a mere *ouvrier* declares: "Les Rougon, c'est connu, c'est des pas grand-chose" (VI, 312).

The location and content of the *aire Saint-Mittre* hint at its association with the Rougon-Macquart family. In creating the fictitious city of Plassans, Zola drew heavily upon the layout of Aix-en-Provence, but gave it the geographical position of Lorgues (Kamm 227), "comme située au fond d'un cul-de-sac" (II, 71). The old cemetery is similarly enclosed: "fermée de trois côtés, l'aire est comme une place qui ne conduit nulle part" (I, 37). A dead end contained inside another dead end, it becomes the perfect symbol for stagnation, which is the fate of Adélaïde and her offspring for many years. Zola tells us that the family "végéta jusqu'en 1848" (II, 76), and even Pierre's sons, sent to Paris to make something of themselves, "s'endormirent, s'épaissirent" (II, 98) after their return to Plassans. Attempts to make the *aire* a productive place are likewise abortive: the sawmill described briefly in the opening pages is never seen at work, and the lumber it produces is left to sit and rot in the field: "Ces sortes de meules carrées. . . . restent souvent là plusieurs saisons, rongées d'herbes au ras du sol" (I, 41), like the three brothers who never amount to much before the coup d'état. Moreover, the life that stems from Adélaïde is much like that found in the *aire*. Some of the plants that grow in the former cemetery are strangely misshapen: "des poiriers aux bras tordus, aux noeuds monstrueux" (I, 38). The term *bras,* though not surprising in the context, is nevertheless not as common as *branches,* and hints at the anthropomorphic significance of the field and what grows in it. A similar image is used to describe the childhood of Adélaïde's children: "Elle laissa croître ses enfants comme ces pruniers qui poussent le long des routes" (II, 81). The pear trees of the *aire Saint-Mittre* grow as they do because of neglect, since no one is tending them any more; the same is true of Pierre, Antoine, and Ursule, who pass their early years completely free of parental control. The fruit of these trees is scorned by the townspeople, who consider it the horrifying product of the rotting bodies from which the trees sprout, and only mischievous children pick them: "pas une ménagère de Plassans n'aurait voulu cueillir les fruits énormes. Dans la ville, on parlait de ces fruits avec des grimaces de dégoût" (I, 38). The same kind of contempt mixed with fear is directed at the Rougon-Macquarts, from the frightening Macquart to the ambitious Pierre and his treacherous son Aristide.

The field's disturbing past is an embarrassment to the city: "la municipalité de Plassans ne ménage aucun effort pour effacer toute trace du scandale de l'aire Saint-Mittre" (Schor 129). Not only the remains of the dead but also everything that could be a reminder of the *aire's* former condition is to be eliminated: "On abattit les murs longeant la route et l'impasse, on arracha les herbes et les poiriers" (I, 38). Pierre Rougon uses the same tactic to destroy the signs of his own past contained in the Fouque property; no sooner does he gain control of the old family estate than he sells it, making it disappear into the neighboring property: "Huit jours après, le mur mitoyen n'existait plus, la charrue avait retourné la terre des plants de légumes; l'enclos des Fouque, selon le désir du jeune Rougon, allait devenir un souvenir légendaire" (II, 92). But perhaps the most important act in the attempted rehabilitation of both the old graveyard and the Rougon-Macquart family is the gradual changing of names. The name of the field is altered to eliminate the term cemetery: "Pour mieux effacer tout souvenir répugnant, les habitants furent, à leur insu, conduits lentement à changer l'appellation du terrain. . . il y eut l'aire Saint-Mittre et l'impasse Saint-Mittre" (39). Throughout the *Rougon-Macquart* names have a great importance, and several characters have their names changed, by themselves or by others, to avoid association with the family. In the same unconscious manner as they changed the name of the graveyard, the people of Plassans modify that of Pascal Rougon: "Le peuple comprenait si bien, avec son intuition inconsciente, à quel point il différait des Rougon, qu'il le nommait M. Pascal, sans jamais ajouter son nom de famille" (II, 106). Pierre Rougon tries to distance himself from his half-brother Antoine Macquart by refusing to acknowledge their relation, even using elaborate paraphrases to avoid any suggestion of common parentage: "Je vous en prie, messieurs," he tells his co-conspirators, "évitez l'homme dont il vient d'être question, et que je renie formellement" (IV, 176). Antoine seeks to embarrass Pierre by constantly calling him "mon frère" (175) in all his diatribes against him. All members of the family are affected when Silvère gives to Adélaïde Fouque the nickname Tante Dide. Zola tells us "le nom de tante, ainsi employé, est en Provence une simple caresse" (181), but the change nevertheless switches the old lady's position from that of ancestor to aunt, consequently not a direct antecedent of the Rougon-Macquarts, which is undoubtedly why the name is taken up—probably *à leur insu*—by other members of the family who do not share Silvère's affection for her. In the next volume of the series, Aristide Rougon changes his own last name to Saccard to avoid association with his family; the fact that his choice of a new name rhymes with Macquart suggests the futility of attempts to escape one's heredity.

For all these efforts cannot erase the past. Traces of the old cemetery remain in the *aire Saint-Mittre* long after the transfer to the new site has been completed. The alley against the back wall retains the atmosphere of a graveyard, with "la végétation puissante et le silence frissonnant de l'ancien cimetière" (I, 41); furthermore, "il n'est pas rare, encore aujourd'hui, en fouillant du pied l'herbe humide, d'y déterrer des fragments de crâne" (41). Silvère often finds bones during his meetings with Miette: "Silvère avait ramassé à plusieurs reprises des fragments d'os, des débris de crâne" (V, 258). Moreover, he and Miette use an old headstone as bench and stepladder for their trysts; they are amazed to find a legible inscription on it one night: "Cy gist... Marie... morte..." (V, 259). Miette, whose real name is Marie, "dit qu'elle avait reçu un coup dans la poitrine, qu'elle mourait bientôt" (259), and her prediction is very close to the mark, since she does indeed die of a bullet in the chest shortly after[3], though it is Silvère who dies on the stone. The parallel between their fate and the contents of the *aire* suggests an inevitable return of the past, despite all attempts to lay it to rest or cover it up. The same is true of the Rougon-Macquart family history, which certain characters try to hide more assiduously in *La Fortune des Rougon* than in perhaps any other volume of the series. Pierre Rougon's goal in life is to attain a certain relatively modest level of physical comfort and respectability. He recognizes from the beginning that he can only succeed if he rids himself of his compromising relatives, not only because they compete with him for the small family wealth, but more because they serve as reminders of a shameful past, full of adultery, crime, and insanity. The primacy of this latter concern is shown by the fact that it is not his siblings who concern him most, despite their desire for the money he considers his own, but his mother, who is content to live alone in poverty: "Pour rien au monde, Pierre ne voulait continuer à demeurer avec elle. Elle le compromettait. C'était par elle qu'il aurait désiré commencer" (II, 88); staying with her would be "recevoir les éclaboussures de sa honte" (88). He keeps Antoine away in the army until the end of the Empire, gets his sister Ursule to marry her first suitor, and convinces his mother to move into Macquart's old shack bordering the *aire Saint-Mittre,* a fact that subtly underlines the theme that the field contains the remnants of a buried past; but the past continually returns to haunt him nonetheless, for Silvère comes to Plassans after his mother Ursule's death, and Antoine Macquart hounds Pierre with the story of the money Pierre cheated him out of.

Furthermore, several characters seem almost identical to their shameful ancestors, and repeat their tragedies. François Mouret and Marthe Rougon both bear a striking resemblance to Tante Dide; the old poacher Macquart seems reborn in Silvère: both lead lives apart from society, one through criminality and the other through his excitable imagination; both live in the shack on the *impasse Saint-Mittre.* To meet with Miette, Silvère reopens the door Macquart built, causing his grandmother to reflect: "Une seconde fois, la porte était complice. Par où l'amour avait passé, l'amour passait de nouveau. C'était l'éternel recommencement, avec ses joies présentes et ses larmes futures" (V, 239). Shocked by the reopening of the old door in the garden wall, the old lady wants to save her grandson from repeating the story of Macquart, and throws the key down the well; but this well is the first means of contact between Silvère and Miette, before the door, and the placement of the key there hints that the love that began in the well cannot be eradicated and will continue. Silvère takes Macquart's old rifle for use in the uprising, a fact that could be seen as an attempt to correct the injustices of the past by giving the story a new, triumphant ending. Tante Dide hopes for such an outcome when she hears of the incident with the guard at the city hall: "Tu as tué un gendarme; lui, ce sont les gendarmes qui l'ont tué" (IV, 204). But Silvère ultimately repeats the tragedy of his grandfather, for if the same victims reappear, so do their assassins: "Le gendarme était mort," Tante Dide mutters in her hysteria, "et je l'ai vu, il est revenu... Ça ne meurt jamais, ces gredins!" (VII, 361). The very efforts to avoid such repetitions only serve to bring them about. Similarly, he is shocked by the bloodshed he causes when he gouges the gendarme in the eye, and seeks the only water that can wash his hands clean: "courir auprès de Tante Dide et se laver les mains dans l'auge du puits, au fond de la petite cour. Là seulement, il croyait pouvoir effacer ce sang" (IV, 204). But this well clearly represents Tante Dide herself, progenitor of the entire family, and Silvère is in fact hurrying back to his roots of violence and death. Pierre himself seems like the reincarnation of Rougon to his mother: "Elle se disait que Rougon ressuscitait pour la punir" (86). The image is striking, for it shows that Pierre's plot against his family is itself a manifestation of the family character, of which Pierre is no more free than those whom he eliminates. But the most condemning evidence against Pierre is found in his mother Adélaïde, witness of his crimes and embodiment of the bad blood he wants to conceal. He succeeds in hiding her away in the shack and has her committed to an asylum at the end of the novel, but she lives on through another nineteen volumes until the end of the series, hanging like a menace over all that Pierre and Félicité accomplish. Her very age shows this obstinate continuation of the past: already over eighty when *La Fortune des Rougon* takes place, she is a piece of the past that simply will not go away.

This cyclical return of what was buried is represented by the vegetation in the *aire*. The pears are held in horror by the people of Plassans because they grow from the corpses buried there. This image reveals the nature of this mythical presence that endures in the field despite all efforts to eradicate it. The curse of the *aire Saint-Mittre* is a curse of death; if the old graveyard represents the Rougon-Macquart, the family itself lives under a curse of death. The descriptions of Adélaïde Fouque, progenitor of the entire family, lead to the same conclusion. She, too, is possessed by a kind of deathliness, and is called "cette morte. . . cette vieille femme blême qui paraissait n'avoir plus une goutte de sang" (IV, 179), "cette vieille femme rigide comme un cadavre" (181). Although she loves Silvère deeply, and the shock of his death finally drives her completely insane, she is unable to express this affection: "Elle était trop morte déjà pour avoir les effusions des grand-mères bonnes et grasses" (180). Her entire existence is "une lente mort physique et morale" (179). Her deadly influence on her descendants is in part a medical condition that can be explained rationally, "la lente succession des accidents nerveux et sanguins qui se déclarent dans une race, à la suite d'une première lésion organique" (Préface, 35); but the mythical dimension of her lethal inheritance is more important. Even her medical condition, most evident in her hysterical seizures, points to the deeper underlying problem when these attacks leave her "roidie, les yeux ouverts, comme morte" (159), emitting a "râle" (184). She is the personification of death, and leaves a stamp of death on all those who are descended from her. Like the *aire Saint Mittre,* Adélaïde Fouque casts a shadow of death across the *Rougon-Macquart* series.

This morbid inheritance is clear in the evolution of the family across the eighty years covered by *La Fortune des Rougon,* and the *aire* Saint-Mittre is a singularly apt symbol for them. Created as a graveyard, it owes its very existence to death; similarly, death is the dynamic agent that directs the development of the Rougon-Macquart throughout this period: the death of the entire Fouque family, leaving Adélaïde as sole heir; the death of Rougon only a year after his marriage, preparing the way for Macquart; the death of Macquart himself, shot by a border guard; the death of Antoine Macquart's wife Fine, which leaves him to fend for himself and pushes him into radical politics as a justification for his laziness; the death of his sister Ursule and her husband's suicide, which bring Silvère to Plassans where he will die, the victim of family intrigue.

Yet it is too simple to regard the old graveyard simply as a symbol of death, for it seems at times rather a sign of life bursting forth from the ruins. By the time of the action of *La Fortune des Rougon* its most striking characteristic is its great fertility: "les pointes des herbes... débordaient les murs; en dedans, c'était une mer d'un vert sombre, profonde, piquée de fleurs larges" (I, 38). This richness is drawn from the decaying cadavers: "Ce sol gras, dans lequel les fossoyeurs ne pouvaient plus donner un coup de bêche sans arracher quelque lambeau humain, eut une fertilité formidable" (37-38), which is why the pears that grow there are considered repugnant. But from this point of view, they constitute not a continuation of death but its replacement by living things, and the *aire* is not a place where death reigns triumphant but one where it is overcome and new life is brought forth. Furthermore, the entire field is changed by this greenery: "La vie ardente des herbes et des arbres eut bientôt dévoré toute la mort de l'ancien cimetière Saint-Mittre" (38). Zola carefully establishes the contrast between the original cemetery and the field it later becomes: in the first, "La terre... suait la mort," (37) while in the second "le terreau humide... bouillait et suintait la sève" (38), replacing death with sap, the symbol of life in many of Zola's works, perhaps most obviously in *La Faute de l'abbé Mouret* and *Germinal*. Later, in the idyll of Silvère and Miette, the parallel is even more precise: "la terre engraissée suait la vie" (V, 259). The forbidding aspect of a graveyard is enlivened by "la vie ardente et nouvelle qui a poussé dans cet ancien champ d'éternel repos" (I, 41-42). The new life is found not only in nature but also in human activity. Originally a cause of revulsion—"Pendant plusieurs années le terrain de l'ancien cimetière Saint-Mittre resta un objet d'épouvante" (39)—the *aire* undergoes a gradual transformation in the minds of the townspeople until it becomes an acceptable place of leisure: "peu à peu, les années aidant, on s'habitua à ce coin vide; on s'assit sur l'herbe des bords, on traversa le champ, on le peupla" (39). Eventually it becomes the favorite playground of neighborhood children and the usual campsite of gypsies, both of whom replace its deathly silence with their animation: "Le champ mort et désert... est ainsi devenu un lieu retentissant, qu'emplissent de bruit les querelles des bohémiens et les cris aigus des jeunes vauriens du faubourg" (40). A sawmill is installed, adding to the bustle, "servant de basse sourdine et continue aux vois aigres" (40). Moreover, by its activity, it converts the field into a place of productive activity, instead of an abandoned space harboring only decay and rot. Together, man and nature seem to rehabilitate the *aire Saint-Mittre*.

If then the old cemetery represents the Rougon-Macquart family, it is too simplistic to see them as simply marked by death, for there is a force of life that resists this predetermination and seeks to overcome it. If one looks at the family members throughout the series, several characters can be found who struggle to oppose the power of death in their own lives and in the world: Gervaise seeks to carve out a decent existence in Paris despite her hereditary weakness; Pauline Quenu assumes the role of mother for a newborn child neglected by his parents; Etienne Lantier fights to improve the lot of miners and free them from the deadly grip of the capitalist system; Pascal cuts himself off from his family to study life scientifically in hopes of ameliorating it for all. There is, then, an unmistakable current of resistance to the deathly inheritance that hangs over the family; through their personal battles, they participate in the epic struggle between life and death that is the central theme of the Rougon-Macquart series[4]. The description of the *aire*

Saint-Mittre shows from the very first page of the series the titanic battle that will be waged through all twenty volumes.

For battle it is. In his presentation of the former graveyard, Zola first establishes a potent symbol of the enduring power of death, then undercuts it by showing the rebirth of life in the same setting. But no sooner is this re-evaluation finished than it in turn is thrown into doubt. The next to last paragraph of the *aire's* initial description begins with the affirmation "Personne, d'ailleurs, ne songe plus aux morts qui ont dormi sous cette herbe" (41); but the paragraph ends by showing that the old men do indeed remember: "les vieux. . . parfois parlent encore entre eux des os qu'ils ont vu jadis charrier dans les rues de Plassans, par le tombereau légendaire" (42). The original usage of this public place can hardly be forgetten when the transport of the remains is not simply preserved in the collective memory but has attained the status of legend[5]; the paragraph thus changes course in the middle, ultimately affirming what it sought to deny. Furthermore, many of the very details that create the impression of a sheltering space for new life cut both ways, undermining that interpretation. The rich vegetation is itself ambiguous, for if the citizens of Plassans are correct in their attitude toward the pears, these are not so much a victory of life over death as the reincarnation of that death, coming back from the grave to pollute the world again under a deceptive form like some kind of Baudelairean flowers of evil. The sawmill also casts doubt on the impression of a pleasant, nurturing environment. By the very act of chopping wood, it can be seen as a force of destruction, counterbalancing any fertility of the field by converting it into a place where vegetation is destroyed for man's commercial benefit. The products of this business also underline its fundamental character: the beams are described as "gisant çà et là," (39), scarcely an innocuous image in a former graveyard; "pareilles à des faisceaux de hautes colonnes renversées sur le sol" (39) like a ruined city; "sortes de mâts posés parallèlement" (39), a position that contradicts any connotations of motion in the idea of a mast and suggests if anything a shipwreck. These implications of death become explicit a few pages later when Silvère crosses the *aire:* "ce flot de mâts couchés, immobiles, comme raidis de sommeil et de froid, rappelait les morts du vieux cimetière" (42). The fact that the lumber often is left for several years rotting on site calls into question the concept of the mill as a dynamic place of production; if one were to seek a parallel in the rest of the series, it would not be the bustling activity of the department store in *Au Bonheur des dames* but the barren landscape of *Germinal* with its geometrically straight canal like the "cube parfait" (41) of boards in the field. Death has the last word in the inital description of the field, and the exuberant tableau of its springtime ebullience is wiped away by a startlingly different scene: at night, it becomes "pareille à un grand trou noir," in which even the gypsies' campfire gives off only a "lueur mourante" and "des ombres disparaissent silencieusement dans la masse épaisse des ténèbres" (42). All the positive connotations of the preceding pages are carefully cancelled: black replaces green, fleeting shadows take the place of playful children, silence overcomes the sounds of voices and sawmill. Most importantly, the terms *trou noir* and *mourantes,* applied to a former cemetery, evoke the dead whose presence has been so painstakingly covered by both the people of Plassans and Zola himself. The passage ends with the final note: "L'hiver surtout, le lieu devient sinistre" (42). When the very next sentence shows Silvère walking into precisely this frightening nocturnal, winter landscape, the implication is self-evident: the deathly power of the *aire Saint-Mittre* has not been erased and still poses a very real threat.

The parallels with the Rougon-Macquart family are clear. This same struggle between life and death is waged not only by them but within them, and many characters are divided between these opposing forces: Serge Mouret must choose between love and faith; Etienne Lantier's very opposition to the deadly system of the mine is strengthened by his inherited nervous excitability; Pascal's scientific pursuits lead him to the solitary existence of a bachelor until late in life, and many critics find the family nerves in him despite his denials. But the opposition of life and death that the old cemetery represents can perhaps be best understood by an examination of its implications in *La Fortune des Rougon*.

The novel's plot is essentially the story of Pierre and Félicité Rougon's ascent to power. While their scheming involves little actual bloodshed, it is characterized by extreme ruthlessness. The talk in their salon is full of violent metaphors against the Second Republic: "Il s'agissait uniquement de tuer la République" (III, 114); "La grande impure, la République, venait d'être assassinée" (114). Such action is perceived as the quickest route to fortune: "Ce fut la République que volèrent ces bandits à l'affût; après qu'on l'eut égorgée, ils aidèrent à la détrousser" (114). Even M.

de Carnavant, more intelligent and less impetuous than the other members of the clique, advocates such policies, cheerfully telling Félicité: "Le sang est un bon engrais. Il sera beau que les Rougon, comme certaines illustres familles, datent d'un massacre" (III, 139)[6]. Pierre and Félicité's dreams of wealth are inextricably linked—in their own minds—to bloodshed: on the eve of their triumph they imagine "une pluie de sang, dont les gouttes larges se changeaient en pièces d'or sur le carreau" (VI, 328). The Rougon begin by the symbolic act of poisoning the Liberty Tree in front of the Sub-Prefecture; later, they hope for the death of M. Peirotte, whose job Pierre covets, and feel responsible when it happens: "cette mort subite et affreuse lui [Félicité] fit passer un petit souffle froid sur le visage. Elle se rappela son souhait; c'était elle qui avait tué cet homme" (VII, 366). But before the struggle is over they move beyond metaphors and wishes to the cold reality of killing. The prophecy of their dream is fulfilled in the ambush, in which a group of Republicans are tricked into attacking the city hall, just to provide corpses on the pavement as proof of the real danger from which Pierre has saved the town. But the critical element in this episode is Antoine Macquart's role: Pierre and Félicité talk him—Pierre's own half-brother—into leading the group in hopes of ridding themselves of him. Nor does Pierre leave it to the chance of bullets fired randomly in the dark: "Macquart aperçut distinctement, dans la lueur fauve de la poudre, Rougon qui cherchait à viser. Il crut voir le canon du fusil dirigé sur lui" (VI, 343). Though the attempt fails, Pierre is deeply aware of his personal responsibility for the death of the others:

> . . . lorsque, pour courir à la rue de la Banne, il traversa la place, dont la lune s'était retirée, il posa le pied sur la main d'un des cadavres, crispée au bord d'un trottoir. Il faillit tomber. Cette main molle, qui s'écrasait sous son talon, lui causa une sensation indéfinissable de dégoût et d'horreur. (346)

He hurries home, "croyant sentir derrière son dos un poing sanglant qui le poursuivit" (346). Not content to kill those around them, the Rougon-Macquart have become a source of death for each other as well; following the prediction of the *aire Saint-Mittre,* they cannot shake off the grip of death that holds them all, and it returns to haunt them.

But it is in the very different story of Silvère that many of the novel's themes reach their fullest development. He is at first view quite unlike most of his relatives, and offers the best hope, along with Jean Macquart and Pascal, of overcoming the family curse. Like Pascal, he stands apart from the machinations of his uncles and cousins; when Pierre, invoking his authority as "chef de la famille," tries to keep him from leaving Tante Dide's house to follow the insurgent army, Silvère retorts: "Est-ce que je suis de votre famille! . . . Vous m'avez toujours renié" (IV, 205). His utopian republican beliefs separate him sharply from the reactionary tendancies of Pierre and the self-interested extremism of Antoine; perhaps more important is his attitude toward violence. Carried away by revolutionary rhetoric, he advocates the extermination of enemies of liberty as an abstract concept, but is horrified when such ideas become concrete: "Lui qui n'aurait pas écrasé une mouche, il parlait à toute heure de prendre les armes" (185). He never joins in the underhanded political intrigue that so completely preoccupies other members of the family, despite Macquart's best efforts to recruit him as an ally in his personal vendetta against Pierre:

> Le généreux enfant parlait bien avec fièvre de prendre les armes et de massacrer les ennemis de la République; mais, dès que ces ennemis sortaient du rêve et se personnifiaient dans son oncle Pierre ou dans toute autre personne de sa connaissance, il comptait sur le ciel pour lui éviter l'horreur du sang versé. (193)

Silvère lives a life utterly unlike that of the other protagonists of the novel, a fact represented symbolically by his living outside Plassans in the old shack, in fact only a few hundred meters distant but pyschologically far removed from the petty world of plot and counterplot where his relatives live. But the symbol has a darker side: by moving away from Pierre and Antoine, he moves into the orbit of Tante Dide.

Death already plays a major role in dictating the conditions of Silvère's existence. It is his orphanage that not only brought him to Plassans in the first place but also left him without a guardian, preparing the way for his grandmother to take him in. Similarly, his relationship with Miette reinforces the power of death over him, for her life too has been directed by multiple deaths: her mother died when she was very young, her father was sent to prison when she was nine, the grandfather who took her in died before long, causing her to come to the Jas-Meiffren, where her aunt Eulalie died a few years later, leaving her to the mercy of her heartless uncle and cousin[7]. With all these tragedies as the backdrop for their union, Silvère and Miette may be condemned from the start in their efforts to throw off the Rougon-Macquart curse.

Their budding love offers a charming alternative to the hatred and greed that fill the rest of the novel. But the places where they meet hint at the fascination with death that gradually possesses them. After their initial meeting at the wall between Tante Dide's little house and the Jas-Meiffren, it is the well that first permits them to converse. But this space is a "trou humide" (V, 229, 230), filled with "le silence de l'eau morte" (233), in which the reflection makes them appear to one another at the bottom, below the ground. The temptation to descend into this dark space is strong: "Il leur prenait la folle idée de descendre, d'aller s'asseoir sur une rangée de grosses pierres qui formaient une espèce de banc circulaire, à quelques centimètres de la nappe" (231). But vaguely aware of the clear burial symbolism of such an act, they shy away from it: "quand ils se demandaient ce qu'il pouvait bien y avoir là-bas, leurs frayeurs vagues revenaient" (231)[8]. Yet their pleasure in visiting each other through the well stems from the imaginary accomplishment of this descent they consciously refuse: "Mais eux ne voyaient plus la matinale ondée de soleil, n'entendaient plus les mille bruits qui montaient du sol : ils étaient au fond de leur cachette verte, sous la terre, dans ce trou mystérieux et vaguement effrayant" (232). If one thinks of this attitude in terms of the *aire Saint-Mittre,* Silvère and Miette are attracted not by the force of new life but by the lingering presence of death.

Their other meeting places are strikingly similar. All partake of the same characteristics found in the well: darkness, constriction, dampness, and overgrowth with weeds. Macquart and Tante Dide's old door in the wall, abandoned for so many years, is "noire d'humidité. . . la serrure et les gonds rongés de rouille" (236), and blocked by the vegetation that has grown up in front of it. Along the banks of the Viorne, "sous le frisson de ce ciel, de ces eaux, de cette ombre" they lie "couchés sur le dos, en pleine herbe" (251); when they swim in it they find "les ténèbres des bords" (253), and Miette "croyait voir, aux deux bords, les feuillages s'épaissir, se pencher vers eux, draper leur retraite de rideaux énormes" (253). But it is the *aire Saint-Mittre* that becomes their favorite place; not just any part of it, but the alley against the back wall, where the remains were thrown when the cemetery was moved and where bones still can be found: "Jamais ils ne dépassaient le bout de ce cul-de-sac étroit, revenant sur leurs pas, à chaque fois" (244). In this hidden space, "L'herbe épaisse étouffait le bruit de leurs pas. Ils étaient noyés dans un flot de ténèbres, bercés entre deux rives sombres" (244). Moss is found in almost all these settings: the well is "tapissé de mousse" (230); the door is "verte de mousse" (236); the walls of the old cemetery are "tendus de mousse" (I, 41). This insistant repetition of moss reaches its conclusion in the *aire*, where it is found on the oldest object in the novel and the one around which everything else in this deathly universe revolves: the gravestone. When first presenting this stone, Zola states that "la mousse la rongeait lentement" (43), and when Miette sees "des caractères à demi rongés" on it, "Il fallut que Silvère, avec son couteau, enlevât la mousse" (V, 259). If other vegetation in the novel can be construed as a sign of life, the moss, growing only where all activity is absent, is clearly a symbol of death. The parallels suggest that the earlier places are prefigurations of the *aire*, in which all these lugubrious aspects are bound together and reach their ultimate consequences. For it is here that the unmistakable significance of these decors becomes explicit: they represent the grave[9].

The conception of love shared by Silvère and Miette is intimately bound up with death. Thirsting for the same kind of infinite perfection in his personal life as he seeks in the political realm, Silvère can only be satisfied by a timeless, unchanging, heavenly union. The enticing atmosphere of the former cemetery contributes to these desires in the young lovers, and they perceive its influence over them: "Vaguement, avec leur imagination vive, ils se disaient que leur amour avait poussé, comme une belle plante robuste et grasse, dans ce terreau, dans ce coin de terre fertilisé par la mort" (V, 258). The field's sensual aura fails to push them to the sexual act, for what they gather from it is not desire for procreation but desire for death: "ce fut là, sur la pierre tombale, au milieu des ossements cachés sous les herbes grasses, qu'ils respirèrent leur amour de la mort, cet âpre désir de se coucher ensemble dans la terre" (260). This latent death wish comes to the fore finally when they are faced with their nascent sexuality: unhappy over the guilt they feel from their first kiss, Silvère declares: "Il vaut mieux mourir. . . il vaut mieux mourir" (216), to which Miette replies: "Oui. . . il vaut mieux mourir" (216). But death is seen as far more than just a refuge from present circumstances; to their eyes, it is desirable in itself:

> Miette comptait bien mourir avec Silvère; celui-ci n'avait parlé que de lui, mais elle sentait qu'il l'emporterait avec joie dans la terre. Ils s'y aimeraient plus librement qu'au grand soleil. Tante Dide mourrait, elle aussi, et viendrait les rejoindre. Ce fut comme un pressentiment rapide, un souhait d'une étrange volupté que le ciel, par les voix désolées du tocsin, leur promettait de bientôt satisfaire. Mourir! mourir! (217)[10]

In this dream the latent desires present throughout their liaison finally become clear to them.

But there is a current of resistance to this valorization of death. Curiously, the *aire Saint-Mittre* itself contains forces that oppose the kind of love the young couple feels, pushing them to the creation of new life: "Cette odeur âcre et pénétrante qu'exhalaient les tiges brisées, c'était la senteur féconde, le suc puissant de la vie... Les morts, les vieux morts, voulaient les noces de Miette et de Silvère" (V, 258). Such an influence is unexpected in a field of death, and can be interpreted simply as the return of death to haunt the living, like the pears that grow from corpses; but the *aire* is a complex symbol, containing forces of life alongside those of death, and the voices of the dead here should be seen as the culmination of the efforts to reclaim the field and make it a place of life. Throughout most of the novel Silvère and Miette are too absorbed in their desire for death to understand this call; instead of taking up the torch from the departed, they only seek to join them. But some of this message seems to get through to them subconsciously. The emotional crisis the young lovers undergo on the road to Orchères stems from their realization that there is more to love than what they have experienced. Silvère seems to guess something is lacking in their love when he is first presented as "timide et inquiet, ayant honte à son insu de se sentir incomplet et de ne savoir comment se compléter" (I, 45). Miette is first of the two to comprehend that, despite their desire for death, life has pleasures that they have not tasted: "Je ne veux pas mourir sans que tu m'aimes" (V, 217). She is not fully conscious of her feelings and cannot explain what it is that she wants, but instinctively she senses the existence of a love centered around life rather than death: "Sa nature puissante et libre avait le secret instinct des fécondités de la vie. C'est ainsi qu'elle refusait la mort, si elle devait mourir ignorante" (218). The pure, Platonic love they share is clearly something Zola treasures, for he summarizes their two years together with the statement: "Leur idylle traversa les pluies glacées de décembre et les brûlantes sollicitations de juillet, sans glisser à la honte des amours communes; elle garda son charme exquis de conte grec, son ardente pureté" (260). But if sex is not something to be exploited for mere amusement, it is the source of life, and should be used to create new life[11]. In keeping with their fascination with death, Silvère and Miette refuse to continue the chain of being; contrary to the frequently claimed association of sex and death in Zola's works, it seems here that only sexless love is connected to death.

Significantly, both children die in a revolt against death. Miette's death is a renunciation of the kind of love they have experienced together. Her silent staring at Silvère as she dies expresses her new understanding:

> Il y voyait un immense regret de la vie. Miette lui disait qu'elle partait seule, avant les noces, qu'elle s'en allait sans être sa femme; elle lui disait encore que c'était lui qui avait voulu cela, qu'il aurait dû l'aimer comme tous les garçons aiment les filles. A son agonie, dans cette lutte rude que sa nature sanguine livrait à la mort, elle pleurait sa virginité. (270)

Zola carefully draws the contrast between this nascent sexuality and the feelings Miette and Silvère had in the old graveyard: in the *aire Saint-Mittre,* "on y sent courir ces souffles chauds et vagues des voluptés de la mort" (I, 41); but as she lies dying, Miette feels "désespérée de n'avoir pas goûté aux voluptés de la vie" (V, 270). She realizes too late that the union she longs for must be found in life, not death. Silvère comprehends her feelings and tries to make up for what he has not done: "Alors, désolé de la voir n'emporter de lui qu'un souvenir d'écolier et de bon camarade, il baisa sa poitrine de vierge. ... Il collait sa bouche sanglotante sur la peau de l'enfant" (270)[12]. But this sudden, visceral urge to continue living goes beyond a simple desire for sexual pleasure or even for closeness to a loved one. The sarcastic remark of the soldier who captures Silvère—"Maintenant qu'elle est morte, tu ne veux peut-être pas coucher avec" (273)—has unintended depth to it, for it points out the repugnancy of such an idea and thus of the entire idea of love by which the boy has lived. At the time of his execution, Silvère is disappointed by the brutality of the whole affair: "Il aurait voulu mourir dans une douceur infinie" (VII, 370). Instead of the beauty he imagined, he is forced to face the harsh reality of a vengeful murderer; death, he learns, is not a touching apotheosis but an ugly, dreadful event. Despite his grief over the death of Miette, he feels a sudden rebellion against death when he sees the avowed enemy of Miette and himself taking pleasure in his imminent execution: "Silvère, en reconnaissant cette tête. . . éprouva une rage sourde, un besoin de vivre" (VII, 375). Both the young lovers reject their desire for death when it is about to be realized.

The death of Silvère restores the *aire Saint-Mittre* to its original status as a place of death. Significantly, it is called "l'ancien cimetière" throughout the novel (I, 38, 39, 41; V, 249, 258, 259, 260), but becomes simply "le cimetière" (VII, 373) at the end when used for the execution. All the efforts by man and nature to change its value—the vegetation, the changing of its name, its role as a shelter to children and innocent lovers—fail to alter its fundamental identity. The field seems to have a destiny that cannot be avoided, and its description in the opening pages is a prophecy that is ultimately fulfilled. By returning, both symbolically and physically, to its point of origin, the novel shows a cyclical return of the past; of a history of violence and destruction that must be repeated.

The threat of the *aire Saint-Mittre* is realized in *La Fortune des Rougon*: the death of so many family members even before the beginning of the central action; the murderous, fratricidal plots of Pierre Rougon and Antoine Macquart; the criminal negligence of Aristide in allowing his cousin to be killed without interfering; the scheming machinations of Eugène in preparing the coup d'état; and the murder of the peaceful, idealistic Silvère all show the power this curse of death exerts over all. The final paragraph summarizes the most egregious of the family's sins in the novel:

> Oublié sous le lit de la pièce voisine, se trouvait encore un soulier au talon sanglant. Le cierge qui brûlait auprès de M. Peirotte, de l'autre côté de la rue, saignait dans l'ombre comme une blessure ouverte. Et, au loin, au fond de l'aire Saint-Mittre, sur la pierre tombale, une mare de sang se caillait. (VII, 377)

The description of the *aire Saint-Mittre* in the opening pages foreshadows the course of the novel: like the old cemetery, the Rougon-Macquart have gone from a somber heritage of death to frenetic efforts to overcome that heritage, only to finish by affirming the enduring power of the curse. Interestingly, Zola's remarks on the recently defunct Second Empire in the Preface apply equally well to *La Fortune des Rougon* and the entire *Rougon-Macquart* series: after the unexpected events of Sedan, the series "s'agite dans un cercle fini" (36), exactly like the novel which ends with the location and the themes of its beginning. Furthermore, Zola states, it has it has become "le tableau d'un règne mort" (36); but when one considers the murderous schemes employed to found the Empire here and to sustain it in later novels, the period is not only a *règne mort* but also a *règne de mort,* an apt characterization of this space controlled by death that is the Rougon-Macquart. There is, of course, a force of life in the *aire* that strives to overcome this deathliness, and so there is among the Rougon-Macquart, in such characters as Pascal and Silvère. But it is death that reigns triumphant at the end of the novel[13]. The first volume of the series casts a long shadow from which all the others will attempt to escape into the light of life.

La Faute de l'abbé Mouret:
The Struggle

Perhaps nowhere in the *Rougon-Macquart* series are the themes of life and death so prominent as in *La Faute de l'abbé Mouret*. The novel frequently seems to be a vast stage on which the elemental forces of life and death, creation and destruction, struggle for dominance, dwarfing the human protagonists. Yet the symbolism that reinforces these themes is far from simple—F.W.J. Hemmings declares: "Symbolism runs riot, and it is hard to disentangle, harder still to make sense of" (Hemmings, *Emile Zola* 105)—and has led to disputes over Zola's attitude toward sexuality, his view of nature, and the fundamental meaning of the novel. All of these questions must be addressed in order to elucidate the attitude towards life and death expressed in the book.

Serge Mouret's small church is the setting for much of the novel, and it serves as the point of encounter for the competing forces of life and death. It symbolizes, through its evolution, not only the stance of the Catholic Church but also Serge's own conflicting beliefs and emotions. Placed on a hill along with a cemetery and the bustling life of Désirée's barnyard, it is thus situated between life and death. This ambivalence is reflected by the interior of the church when it is first presented to the reader in the second chapter of Part I[1]. Near the high altar stands "une horloge à poids, enfermée dans une armoire de noyer et dont les coups sourds ébranlaient l'église entière, pareils aux battements d'un coeur énorme, caché quelque part sous les dalles" (47). The comparison of the clock to a beating heart suggests that the church is a living being; yet the fact that it is enclosed hints at entombment, an image that becomes more explicit when it is stated that the sound seems to come from beneath the floor, a common place of burial (Ariès 52-57, 82-94). Even this is ambiguous: it may evoke the idea of death, with the implication that even what seems alive in the church is in fact dead; or again, it can be interpreted as a sign that the power of life is irresistible, making even the hearts of the dead beat once more in their graves.

The specifically religious objects in the church reflect a similar ambiguity. The stations of the Way of the Cross, depictions of Christ's suffering and death, are briefly mentioned, but it is the two altars that face each other across the nave that are most important:

> Celui de gauche, consacré à la Sainte Vierge, avait une grande Mère de Dieu en plâtre doré, portant royalement une couronne d'or fermée sur ses cheveux châtains; elle tenait, assis sur son bras gauche, un Jésus nu et souriant, dont la petite main soulevait le globe étoilé du monde; elle marchait au milieu de nuages, avec des têtes d'anges ailées sous les pieds. L'autel de droite, où se disaient les messes de mort, était surmonté d'un Christ en carton peint faisant pendant à la Vierge; le Christ, de la grandeur d'un enfant de dix ans, agonisait d'une effrayante façon, la tête rejetée en arrière, les côtes saillantes, le ventre creusé, les membres tordus, éclaboussés de sang. (47)

Both figures are first introduced as statues, with their artificial nature underlined by the mention of the materials of which they are made: "une Mère de Dieu en plâtre doré," "un Christ en carton peint". But a few lines later both are made to seem real: the Virgin Mary "marchait," Christ "agonisait" and is covered not with paint but with blood. They thus become more potent representatives of the forces they demonstrate, not mere likenesses, but real, living—or dying—people.

The two altars are clearly intended as symbols of life and death. But their juxtaposition establishes an ironic tension that is not easily resolved. By most interpretations, the Virgin with the Christ Child would be a sign of life, as children assure the continuation of life; of fertility, as any mother with child shows. The fact that it is a virgin who is the mother renders these impressions, according to Christian teaching, all the more forceful, since divine intervention caused this birth; God and his Church, it seems, produce life. From this orthodox point of view, the juxtaposition of the dying Christ with the first altar only reinforces these themes: the Crucifixion released man from sin and the power of death; moreover, the death of Jesus was followed by the resurrection, the return to life of a dead man, the greatest possible affirmation of the power of God as a bringer of life. But another, non-Christian interpretation of the two scenes is also possible. The idea of a virgin bearing a child is impossible if removed from a religious context, and chastity itself constitutes a refusal to produce new life; Hemmings comments: "le chaste, n'est-il pas celui qui se refuse à engendrer la vie? la vierge, celle qui se dérobe aux devoirs de la maternité?" ("Zola et la religion" 132). Furthermore, the opposition between the altar of the Virgin and that of the Crucifixion may be seen as the story of a life that failed, since the promise of the young child proves abortive, leading only to the violent death of the man. Significantly, no image of the resurrection is to be found in the church. Although one might be tempted to resolve the ambiguity by appealing to Zola's known attitude toward Christianity, there is nothing in the description of the altars to indicate how the reader is to understand their value in relation to one another. The church can be, it seems, a bringer of life or death.

This uncertainty of meaning continues when the church is confronted with nature. The "grande lutte de la nature et de la religion" (quoted in Greaves, "Mysticisme et pessimisme" 148) that Zola foresaw in his *ébauche* bursts in upon Serge's celebration of mass:

> Le soleil, à l'appel du prêtre, venait à la messe. Il éclaira de larges nappes dorées la muraille gauche, le confessionnal, l'autel de la Vierge, la grande horloge. . . .Même la campagne entrait avec le soleil: à une des fenêtres, un gros sorbier se haussait, jetant des branches par les carreaux cassés, allongeant ses bourgeons comme pour regarder à l'intérieur. . . .Un moineau vint se poser au bord d'un trou; il regarda, puis s'envola; mais il reparut presque aussitôt et, d'un vol silencieux, s'abattit entre les bancs, devant l'autel de la Vierge. Un second moineau le suivit. Bientôt, de toutes les branches du sorbier, des moineaux descendirent, se promenant tranquillement à petits sauts, sur les dalles. (48-49)

Interpretations of this passage differ. Henri Guillemin asks "Où est-elle donc, l'Anti-Physis, si les oiseaux et le soleil y sont de la sorte accueillis?" (quoted in Hemmings, "Zola et la religion" 132), to which Hemmings responds: "Accueillis? Mais ne voit-on pas que les oiseaux et le soleil sont des intrus? L'église subit malgré elle cet envahissement de la nature" ("Zola et la religion" 132). There is truth in both positions, for different parts of the church are shown to react differently to the arrival of nature in their midst. The altar of the Virgin, warmed by the sunlight, is chosen by the birds; in response, the statue of Mary seems to welcome them: "un d'eux alla se poser sur le voile d'or de la Vierge qui souriait" (50). But the altar which represents the Crucifixion remains as somber as before: "Seul, au milieu de cette vie montante, le grand Christ, resté dans l'ombre, mettait la mort, l'agonie de sa chair barbouillée d'ocre, éclaboussée de laque" (49). Contrary to the image of Mary, the figure of Christ appears not more but rather less real when faced with nature: its limbs were "éclaboussés de sang" only a page earlier, but now its flesh is only "barbouillée d'ocre, éclaboussée de laque." It seems that death is swept away, made unreal by the vital force of nature entering the church. Nature is clearly in conflict with at least part of the church; as Serge prepares for communion, Zola states ironically that he "n'entendait point cet envahissement de la nef par la tiède matinée de mai, ce flot montant de soleil, de verdures, d'oiseaux, qui débordait jusqu'au pied du Calvaire où la nature damnée agonisait" (50). The celebration of the mass, intended to affirm the power of the church over the world, shows if anything the opposite, since all the energy of the scene belongs not to the priest but to the things that are disturbing the ceremony. As if the sun and birds were not enough, the mass is further interrupted by Serge's sister Désirée, who arrives carrying an armful of newly-hatched chicks. Even the hen, following her, "menaçait d'entrer dans l'église" (51). Désirée and the chicks leave Serge to finish mass, but the other representatives of nature cannot be so easily sent away, and they remain in control of the church after the priest's departure: "l'astre demeura seul maître de l'église" (52). It stages a celebration of its own, a pagan rite "célébrant les fécondités de mai" (52), as though in response—perhaps more accurately rebuttal—to the mass (Hemingway 31).

Yet it would be wrong to conclude simply that the church is an enemy of nature. The Virgin seems to welcome the intrusive burst of spring, and perhaps even Christ, the sign of death, can be won over: "la grande Vierge, le grand Christ lui-même, prenaient un frisson de sève, comme si la mort était vaincue par l'éternelle jeunesse de la terre" (52). Life and death are indeed in conflict, but in this first skirmish it is still unclear on which side the church, and the Church, will come down. Significantly, Serge remains oblivious to this light and activity, and it is la Teuse who tries to chase away both Desirée and the birds. Completely absorbed in religious fervor, the young priest is unaware of the conflict in his sanctuary, just as he in unaware of the conflict in his soul, a secret rift that will erupt to cause his breakdown at the end of Part I.

The church is next seen later the same day, when the girls of les Artaud come to decorate the church for the Marian month of May (I, 13). That they place their branches in the chapel of the Virgin is only logical, since it is a celebration of her, but this fact emphasizes the role of Mary as welcomer of nature as in the earlier chapter. When they have finished, "L'autel de la Vierge était un bosquet, un enfoncement de taillis, avec une pelouse verte sur le devant" (115). Though Serge is conscious this time that natural objects are entering his church, they are still something distant and foreign for him. La Teuse directs the ceremony, and the priest is scarcely more than an observer; her speech is reported in direct quotes throughout the chapter, but his is given mostly in indirect discourse: "'Voulez-vous me laisser faire, monsieur le curé?' demanda-t-elle. . . . Il consentit" (11); "'Maintenant, nous allons mettre des touffes entre les chandeliers, à moins que vous ne préfériez une guirlande qui courrait le long des gradins.' Le prêtre se décida pour de grosses touffes" (113-14). But the young priest eventually feels uncomfortable with this ceremony. It is difficult to say whether it is the greenery or the girls that unsettles him, for the two are closely associated:

> . . . il commençait à être gêné au milieu de ces grandes filles éhontées, emplissant l'église, avec leurs brassées de verdure. Elles se poussaient jusqu'au degré de l'autel, l'entouraient d'un coin de forêt vivante, lui apportaient le parfum rude des bois odorants, comme un souffle monté de leurs membres de fortes travailleuses. (114)

When his speech is at last given directly, as though he is taking the initiative, it is to hasten this activity that makes him nervous: "'Dépêchons, dépêchons!' dit-il en tapant légèrement dans ses mains" (114). In contrast to his impassivity during mass, Father Mouret is starting to feel the tension between the church and nature, to look on the latter as an intruder.

But his feelings are divided. In the following chapter, when he is alone in the church at night, he is glad to be free of the presence of nature: "il n'avait plus la distraction de la clarté crue des fenêtres, des gaietés du matin entrant avec le soleil, de la vie du dehors, des moineaux et des branches envahissant la nef par les carreaux cassés. A cette heure de la nuit, la nature était morte" (I, 14, p. 117-18). Yet at the same time, he turns his back on the chapel of the dead and its image of the Crucifixion: "Il oubliait le Christ lamentable, le supplicié barbouillé d'ocre et de laque, qui agonisait derrière lui, dans la chapelle des Morts" (117). Once again, while the statue of Christ is reduced to a mere likeness, the image of Mary becomes more real: "Il la voyait venir à lui, du fond de sa niche verte" (118). It is simple for him to accept the Virgin decked in green branches, for he thinks of her as a flower or a garden, and the description of his devotion to her since his seminary days is replete with comparisons between her and the natural world. She is for him "un paradis terrestre, fait d'une terre vierge, avec des parterres de fleurs vertueuses, des prairies vertes d'espérance" (121), "la Rose mystique, une grande fleur éclose au paradis" (125); "Et lui, se promenait dans ce jardin, à l'ombre, au soleil, sous l'enchantement des verdures" (121); "Quand, seul dans sa cellule, ayant le temps d'aimer, il s'agenouillait sur le carreau, tout le jardin de Marie poussait autour de lui, avec ses hautes floraisons de chasteté" (122). This last passage touches the crux of Serge's dilemma: he thinks of the Virgin in orthodox Catholic terms as the embodiment of chastity, far removed from any hint of sexuality, yet he associates her with the fertility and reproductive power of nature. His devotion to her is in fact sublimated sexual desire[2]. At the end of this chapter, he begins to recognize the contradiction and its implications for his Mariolatry:

> La maternité de Marie, toute glorieuse et pure qu'elle se révélât, cette taille ronde de femme faite, cet enfant nu qu'elle portait sur un bras, l'inquiétaient, lui semblaient continuer au ciel la poussée débordante de génération au milieu de laquelle il marchait depuis le matin. Comme les vignes des coteaux pierreux, comme les arbres du Paradou, comme le troupeau humain des Artaud, Marie apportait l'éclosion, engendrait la vie. (127)

The same opposition established by the two altars reappears here: the Virgin

Mary represents fertility and procreation, while all the rest of the faith glorifies death. Though this view of Catholicism could certainly be disputed, it is clearly the view of Serge. He is made uncomfortable by the connection he is beginning to perceive between his idol and the nature he despises. Which way he will turn to resolve the dilemma is not yet clear.

The church is not seen again until Part III, after Serge's return from Paradou. Many of the same objects invested with symbolic value in Part I are once again present, but seen differently. It is unclear whether the apparent battle between the church and nature outside has been settled: "Au-dehors, sur les branches du sorbier, dont la verdure semblait avoir enfoncé les vitres, on entendait le réveil bruyant des moineaux" (III, 1, 261). The tree seems to have solidified, even expanded, its conquest of space inside the church, but the birds stay outside this time, instead of coming in to disrupt the religious service. The sun, leader of the previous attack, "n'entrait pas encore par les larges fenêtres" (261). The statue of Christ is again "barbouillé d'ocre et de laque" (261), a less vivid representation of death than when it was covered with *sang* in I, 2, but no mention at all is made of the statue of the Virgin. Her value as a sign of life and fecundity was, as noted earlier, problematic, but the situation is made simpler by her apparent absence here: against a clear sign of death, no opposition, even ambiguous, is offered. At this point the images of the Way of the Cross, briefly alluded to in I, 2, are shown in greater detail: "Le long des murs, les gravures violemment enluminées du chemin de la Croix étalaient la brutalité assombrie de leurs taches jaunes, bleues et rouges" (264). Here, too, the clock begins to take on a clearer symbolic value: "L'horloge, dans sa caisse de bois, eut un arrachement de mécanique poitrinaire" (264). The church is becoming more and more a disquieting place, filled with violence, sickness, and death.

But the forces of life are resisting this morbidity, and with some success. In addition to the *sorbier,* other plants have made their way into the church. Earlier, in I, 2, "les herbes barraient le seuil" (47) of the unused main door to the church: an image of hostility, but of immobility, for something that blocks the way seems motionless. Later in the chapter, when the sun bursts in on the mass, "par les fentes de la grande porte, on voyait les herbes du perron qui menaçaient d'envahir la nef" (49). During Serge's absence the grass has evidently made progress, for here in III, 1, "les herbes du perron, devenues géantes, laissaient passer sous la grande-porte de longues pailles mûres, peuplées de petites sauterelles brunes" (264): they have penetrated the space that they were formerly content to leave blocked but untouched. The grass is perhaps intended as a parallel to Serge's tonsure, which also was overgrown during his stay in Paradou. He can, and does, cut his hair to re-establish the tonsure, symbol of his priesthood and therefore of his chastity, but he cannot stop the steady, creeping growth of nature in places he wants to keep sterile, his church and his innermost thoughts and desires.

Furthermore, these is now a real mother in the church, Rosalie, and a real baby, replacing the artificial mother and child of the forgotten statue of Mary. The child's very presence at his mother's wedding shows that this new life has been produced by wanton disregard for Catholic teachings on sex. Life, it seems, comes on the condition of rejecting the Church. But the most important sign of the power of life in this chapter is perhaps not the baby and his mother, but an anthole that appears briefly at the very end.

> [La Teuse] aperçut Catherine, que Vincent était venu rejoindre. Tous les deux se penchaient anxieusement au-dessus du trou de fourmis. Catherine, avec une longue paille, fouillait dans le trou si violemment qu'un flot de fourmis effarées coulait sur la dalle. Et Vincent disait qu'il fallait aller jusqu'au fond, pour trouver la reine.
>
> "Ah! les brigands!" cria la Teuse. "Qu'est-ce que vous faites là? Voulez-vous bien laisser ces bêtes tranquilles! C'est le trou de fourmis à Mlle Désirée..." (268-69)

Unlike all the other living things in the church, the ants have not come in from outside; rather they are rising up from below, emerging inside the church and establishing their home there. The interest that Vincent displays in finding the queen suggests an awakening of sexuality, a desire to explore the origins of female fertility. The act of penetrating an opening for this purpose could be interpreted as a representation of the sexual act; in the church they are learning not chastity but sexuality. The ant colony constitutes a bustling center of life within a space that is shown more and more as a place of death. Significantly, Serge's sister Désirée has already found it and claimed it as her own. In itself this is not surprising, since she spends her life joyfully caring for animals; but all her livestock, like the birds that she apparently no longer feeds inside the church, are excluded from the sacred space; in I, 2, she and her animals were chased out by la Teuse. The ants are the first to establish themselves permanently within the walls of the church. Furthermore, Désirée's protection assures them of a safe home in the church, since Serge does not want to hurt her feelings. La Teuse, who spends most of her time during religious ceremonies cleaning the church, might be expected to sweep the ants away along with the dust, but she defends them from the children instead. If the action of Catherine and Vincent is an attack on the ants, it fails, and they remain where they were. The space under the floor of the church is taken not by tombs but by living animals; what should be the most definite place of death in the building has become a refuge of life.

When Serge decides to distract himself by repairing and decorating the interior of the church, he wants to spend his time inside in order to avoid the nature he would face on the other side of the walls: "Il vivait ses journées au milieu des plâtras, plus tranquille, presque souriant, oubliant le dehors, les arbres, le soleil, les vents tièdes, qui le troublaient" (III, 4, p. 280). He is careful to avoid placing any real flowers next to the altar, using instead "vases de porcelaine plantés de rose artificielles" (279). When he says a high mass in this newly done decor, "les bouquets artificiels, posés sur les gradins de l'autel, avaient eux-mêmes une joie humide de fleurs naturelles fraîchement cueillies" (III, 6, p. 294); but, despite their appearance, they are not alive.

Tellingly, he limits his work to the high altar, neglecting the altar of the Virgin so much that la Teuse reproaches him for it. Standing in the chapel of the Virgin, she declares: "L'autel est comme une de ces tombes qu'on abandonne dans les cimetières" (III, 4, p. 282). Her comparison is striking, for it suggests that the Virgin, previously offering a kind of resistance to the affirmation of death made by the image of the Crucifixion, has become incapable of fulfilling this role. The servant's attempts to remedy the situation are fruitless: Brother Archangias mocks the idea of beautifying the chapel, while Serge stays out of the argument, withdrawn into passive silence. Unlike the priest, la Teuse has brought real flowers into the church, placing them in front of the altar of Mary. But the altar, formerly the place where the birds assembled, no longer seems to welcome living things, for all that is left of the flowers is "deux bouquets séchés oubliés sur les gradins" (281). "Vous voyez bien que c'est comme dans les cimetières," she tells Serge (282). The priest takes the withered bouquets in his hands, but, at Brother Archangias's command, throws them out onto the pile of manure.

But Father Mouret cannot keep nature out of his church: although the anthole is not mentioned again, the birds remain a constant presence, and his efforts to repair the broken windows must accommodate them: "Désirée criait qu'il ne fallait pas boucher tous les carreaux, afin que les moineaux pussent entrer; et, pour ne pas la faire pleurer, le prêtre en oubliait deux ou trois, à chaque fenêtre" (III, 4, p. 279). It is important to note how completely this defeats his purpose. His intention is to block nature and its urges out of his mind, and much of what he does to remodel the church consists of painting and whitewashing, as though to hide something unpleasant under a veneer of purity[3]. But his inability to cut off access to his own church from birds that fly in through the windows signifies an incapacity to keep nature out of where it is not wanted, specifically to eliminate forbidden thoughts from his mind. The power of nature will have its way, despite his efforts. For now, however, he is willing to compromise with it.

But when Albine comes to see him in the church (III, 8), no such compromise is possible, for the church has become an unequivocal domain of death. The clock that seems to represent any vitality in the building is even sicker than last time: "Cinq heures sonnèrent, arrachées coup à coup de la poitrine fêlé de l'horloge" (313). The holy images of the nave are finally presented in their full horror:

> Une agonie lamentable emplissait la nef, éclaboussée du sang qui coulait du grand Christ; tandis que, le long des murs, les quatorze images de la Passion étalaient leur drame atroce, barbouillé de jaune et de rouge, suant l'horreur. C'etait la vie qui agonisait là, dans ce frisson de mort, sur ces autels pareils à des tombeaux, au milieu de cette nudité de caveau funèbre. Tout parlait de massacre, de nuit, de terreur, d'écrasement, de néant. Une dernière haleine d'encens traînait, pareille au dernier souffle attendri de quelque trépassé, étouffée jalousement sous les dalles. (313)

The last sentence suggests that the church is responsible for death, killing those who dare to be alive within it. Albine recognizes what it is doing to Serge and tells him: ". . . ici, tu es dans une fosse. . . . comme si tu étais couché vivant dans la terre. . . . tu vis au milieu de la mort" (314) (Dezalay 112-113). At first the priest denies her statements, insisting "Non, tout revit, tout s'épure, tout remonte à la source de lumière" (314). But in his effort to convert Albine, all he can find to show her is the images of suffering and death of the Way of the Cross. Finally he bursts out with a declaration of his true faith: "Tu avais raison, c'est la mort qui est ici, c'est la mort que je veux. . . Entends-tu! je nie la vie, je la refuse, je crache sur elle" (317). The Church, he announces proudly, "est la mort inexpugnable" (318). Here, then, is his resolution of his interior conflict between religion and nature. Reacting against the urges of natural instinct that caused his forbidden love for Albine, he lashes out with hatred toward the living world, proud that his religion is a cult of death. All nature, all life is banished from his church and from his heart, death alone is held up as something positive. No more compromise is offered; instead, Serge proclaims war between nature and Catholicism: "C'est la guerre entre nous, séculaire, implacable" (318). The Church, he tells her, will triumph over nature: "La petite église deviendra si colossale, elle jettera une telle ombre que toute la nature crèvera" (318). The former ambiguity of the small church and of Serge himself, seeking separation from the living world but revering a child-bearing mother, is abolished: the Church is the enemy of all life, the champion of death, seeking to destroy all that lives.

Yet Serge is still torn, and if he manages to control his desire for Albine while she is there, he gives in to it once he is alone. The following chapter (III, 9) shows all the violent internal conflicts to which he is more than ever subject. Gone is the effortless refusal of the flesh that characterized his life before he went to Paradou; now, "La tentation devenait sa vie sur la terre. Avec l'âge, avec la faute, il entrait dans le combat éternel" (323). Having understood the sexual nature of his love for the Virgin Mary, he has abandoned her, as shown by his refusal to redecorate her chapel; but the more she appears to him as an object of sexual desire, the more he finds that he is unable to free himself of her: ". . . il la délaissait simplement, cachait ses images, désertait son autel. Mais elle restait au fond de son coeur, comme un amour inavoué, toujours présente" (324). Furthermore, when he does pray to her, "C'etait Albine qui se présentait, dans le voile blanc, l'écharpe bleue nouée à la ceinture, avec des roses d'or sur ses pieds nus" (324). Sexuality, and all of nature with it, cannot be denied.

But if Serge is still divided, the Church as an institution is not. As he bluntly told Albine, it is the bitter enemy of life and nature. He predicted the Church's triumph, but in a prophetic vision, he sees quite the opposite happen: "Ce furent d'abord, au fond de l'horizon, les collines, chaudes encore de l'adieu du couchant, qui tressaillirent et qui parurent s'ébranler avec le piétinement sourd d'une armée en marche" (331). They are quickly joined by the rocks of the roads, the weeds of the fields, the trees; soon the inhabitants of les Artaud swell the throng, followed by Désirée's farm animals. Sinewy plants drill their roots into the walls and ceiling of the church, making its plaster crumble to dust, and the statue of Christ is left hanging precariously on the cross, held on by only one nail. The entire assault on the church is sexual in nature: ponds and fields bring "des conceptions de semences, des éclosions de racines, des copulations de plantes" (331); all these together make up a "peuple en rut... tempête de vie. .. emportant tout devant elle, dans le tourbillon d'un accouchement colossal" (332). "Les Artaud forniquaient par terre, plantaient de proche en proche une forêt d'hommes" (332); among the animals, "Les femelles, dans la melée, lâchaient de leurs entrailles un enfantement continu de nouveaux combattants" (332). Having condemned procreation, the church will be destroyed by what it seeks to obliterate.

The final assault is made by the ash tree that has been progressively entering the church since the mass celebrated at the beginning of the novel.

> Puis, brusquement, ce fut la fin. Le sorbier, dont les hautes branches pénétraient déjà sous la voûte, par les carreaux cassés, entra violemment, d'un jet de verdure formidable. Il se planta au milieu de la nef. Là, il grandit démesurément; son tronc devint colossal, au point de faire éclater l'église, ainsi qu'une ceinture trop étroite.... Sa forêt de branches était une forêt de membres, de jambes, de bras, de torses, de ventres, qui suaient la sève; des chevelures de femme pendaient; des têtes d'homme faisaient éclater l'écorce, avec des rires de bourgeons naissants; tout en haut, les couples d'amants, pâmés au bord de leurs nids, emplissaient l'air de la musique de leur jouissance et de l'odeur de leur fécondité. (333-334)

Every detail of the passage underlines the obvious sexual character of this invasion: the tree grows and swells like an erect phallus, the men's heads also cause an orgasmic explosion; so that one can say that the church is sexually violated by this assault of nature, destroyed not only for but also by the power of procreation. Serge was right when he declared its hostility toward life; what he did not foresee was the triumph of life that would sweep the church, both the building and the institution, away. The statue of Christ, "arraché de la croix, resta pendu un moment à une des chevelures de femme flottantes, fut emporté, roulé, perdu, dans la nuit noire, au fond de laquelle it tomba avec un retentissement" (334). In a final, ultimate show of sexual power, "L'arbre de la vie venait de crever le ciel" (334); the image suggests sexual penetration. Heaven itself, ultimate stronghold of the Christian God, is violated, perhaps even impregnated. Hemmings points out that the real "arbre de la vie" of the novel is not this ash tree but rather the tree in the Paradou garden under which Serge at Albine make love; in the passage describing that tree, he notes, "Il s'agit tout simplement d'un phallus" ("Zola et la religion" 134). The observation is equally true here; by the conflation of the two trees, Zola shows that this irresistible force of life is not something safely distant, confined within the walls of a garden, hidden so carefully that Abline took days to find it, but rather something close, immediate, constantly present, always ready to enter human life, even the life of a priest.

But nature's greatest triumph in this scene comes perhaps not from the destruction of the church but from Serge's reaction to it. "L'abbé Mouret applaudit furieusement" (334). Far from sympathizing with the church he serves, he is pleased to see it collapse. One might argue that this is only to be expected, since the entire scene is not real but a product of the priest's imagination; but it is significant that, in this struggle between the two halves of himself, he ends up forcefully endorsing the cause of nature. This goes beyond his sin in the garden, for then he was suffering from amnesia and did not understand—at least not from a Catholic point of view—what he was doing. Here, for the first time, he knowingly rises up in furious revolt against his religion.

The arrival of Désirée which ends the chapter seems at first anticlimactic, for it returns the reader to reality after the tumultuous flights of Serge's imagination. But, on closer inspection, it continues and completes the vision. When she enters the church, "Elle tenait une lampe" (334); throughout the novel, starting with the sunlight that invades the church during mass in I, 2, light is associate with the creative power of life. Désirée's entrance with a lamp constitutes therefore another such intrusion of life-bringing light into the darkness of the church. Serge is bewildered by what he sees when awoken from his hallucination: "Il ne comprit plus, il resta dans un doute affreux, entre l'église invincible, repoussant de ses cendres, et Albine toute-puissante, qui ébranlait Dieu d'une seule de ses haleines" (334). The church is still standing, but this is no real triumph, since the attack under which he thought it had succumbed has not—not yet—taken place. The essential point is that when Father Mouret returns to reality, nature is indeed entering the church, in the form of his sister, who is nature personified. Her arrival is not violent like what he sees in his vision, but it is possibly even more menacing because of its simple realism. This is not the first time Désirée has entered the church; this time, however, she cannot be so easily dismissed, and instead of leaving Serge alone to continue his contemplation, she leads him out of the church. Désirée's presence, then, is the concrete continuation of what the young priest saw in his mind; she joins the forces of nature in their assault on the church and shows that they cannot be kept out. The contrast between her calm, smiling demeanor and the destructive hostility of nature in Serge's dream hints that, if nature is not willingly accepted, it will become violent and destroy its enemies.

The novel's last scene in the church stands in counterpoint to this. On the surface, it seems to show the glorious triumph of Catholicism over the power of temptation and sin. Back from Paradou, having found that he no longer desires Albine, Father Mouret finds his church, even in its poverty, comforting, "sans souffles d'angoisse, venus de la campagne. Elle gardait un silence solennel. Seule, une haleine de miséricorde semblait l'emplir" (III, 13, p. 354). But this atmosphere of serene holiness is subtly undermined by what follows. Serge kneels in prayer before the statue of Christ on the cross: his journey of faith has led him to a sign of death, for, as Hemmings remarks, "pour un Zola qui ne croyait pas à la résurrection, c'est un dieu mort que semble glorifier le catholicisme en la personne du crucifié" ("Zola et la religion" 132). Futhermore, the image of Christ is once again called "le grand Christ de carton peint" (354); in this hour of victory for the Church, the holy image is reduced to a clumsy imitation. Zola seems to be telling the reader that this God is no more real than his statues. The rest of the church is also shown: "L'église était victorieuse; elle restait debout, au-dessus de la tête du prêtre, avec ses autels, son confessionnal, sa chaire, ses croix, ses images saintes" (355). The statement is curious, for Serge has already seen that the imagined destruction of the church did not actually occur. The repetition here indicates a lack of confidence on his part: even in the church's apparent triumph, he still needs to reassure himself that it is really there, that it has withstood the assault of nature. If the church symbolizes his own sentiments, one must wonder if he is truly as safe from his former desires as he believes he is.

But the church also represents Roman Catholicism in its entirety. In this respect, it reaffirms in this chapter Serge's declarations when he chased Albine away. The enumeration of the objects in the church is followed by the statement: "Le monde n'existait plus" (355), which is indeed the priest's attitude at this point. In a cry of devotion he exclaims: "En dehors de la vie, en dehors des créatures, en dehors de tout, je suis à vous, ô mon Dieu! à vous seul, éternellement!" (355). Serge has managed to return to the Church and its teaching, but only at the price of a complete refusal of life. This is, to Zola's mind, the reality of Christian faith; by its hostility toward nature and therefore life, it constitutes, in the final analysis, a form of nihilism. The possibility of welcoming nature shown in the early part of the novel is not true Christianity but rather Serge's projection of sexual instincts into religion. Christianity is in fact, Zola states, a religion of death.

Yet if the church is a place of death, its power over those who enter it is limited. Four religious ceremonies take place in it during the novel, first the mass (I, 2), then the exercises for the month of Mary (I, 13), next, a wedding (III, 1), and finally another mass (III, 6). All four are interrupted by some kind of nature. The sun and birds burst in on the first mass; during the decoration of the chapel for May, the girls push each other, laugh, roll on the floor, mimic la Teuse. This irreverent joy continues when they go to the wedding. Their bawdy conversation and wild laughter stands in counterpoint to the solemnity of the service: "Elles finirent par se cacher derrière le baptistère, se pinçant, se tordant avec des déhanchements de grandes vauriennes, étouffant des rires dans leurs poings fermés" (262); "elles partirent de rire toutes les trois" (262); "la rousse faillit tomber à la renverse, tant elle éclata. Elle se laissa aller contre le mur, les poings aux côtes, riant à se crever" (263). The high mass celebrated in Part III is also disturbed, not so intentionally it is true, by the arrival of Serge's uncle Pascal. Dedicated to the science of life, he has little sympathy with religion, telling his nephew afterwards: "Sais-tu que tu m'as fait avaler la moitié d'une messe? Il y a longtemps que ça ne m'était arrivé" (295). He, then, is yet another agent of nature against the church, and when he enters, "un murmure courut parmi les paysannes" (294). This is obviously not so strong a disruption as the others, but it is nonetheless an influence that interrupts the peaceful flow of the sacrament. Whenever a sacrament is celebrated, cheerful spontaneity seems to burst out at every turn, despite the deathly seriousness of the church.

But the strongest current of resistance to this power of death clearly comes from Paradou. It is depicted from the beginning as the domain of a vivacious, triumphant nature that overcomes all attempts to place limits on it or to channel its energy. The garden was built as a typical chateau of the Louis XV period; following the example of Versailles, it had nature under strict control: flowers were planted in carefully sculpted *parterres*, fruit trees stood in neat orchards, marble statues adorned the straight paths and stairways that led through it. But long before Serge comes to Paradou, all this classical order has been overrun:

> Laissée à elle-même, libre de grandir sans honte, la nature s'abandonnait davantage à chaque printemps. . . . Et elle semblait mettre une rage à bouleverser ce que l'effort de l'homme avait fait; elle se révoltait, lançait des débandades de fleurs au milieu des allées, attaquait les rocailles du flot montant de ses mousses, nouait au cou les marbres qu'elle abattait à l'aide de la corde flexible de ses plantes grimpantes; elle cassait les dalles des bassins, des escaliers, des terrasses, en y enfonçant des arbustes; elle rampait jusqu'à ce qu'elle possédât les moindres endroits cultivés, les pétrissant à sa guise, y plantait comme un drapeau de rébellion quelque graine ramassée en chemin, une verdure humble dont elle faisait une gigantesque verdure. (II, 7, p. 182)

Here is found the full force of nature only hinted at in the small attacks on Serge's church. If the church is death, the garden is life.

The center of Paradou, origin of the life force that emanates throughout the garden, is the legendary tree. The *arbre de vie* is presented, when the young lovers finally come to it together, as a source of life:

> Il avait une taille géante, un tronc qui respirait comme une poitrine, des branches qu'il étendait au loin, pareilles à des membres protecteurs. Il semblait bon, robuste, puissant, fécond; il était le doyen du jardin, le père de la forêt, l'orgueil des herbes. . . . De sa voûte verte, tombait toute la joie de la création: des odeurs de fleurs, des chants d'oiseaux, des gouttes de lumière,

> des réveils frais d'aurore, des tiédeurs endormies du crépuscule. Sa sève avait une telle force, qu'elle coulait de son écorce; elle le baignait d'une buée de fécondation; elle faisait de lui la virilité de la terre. . . . Par moments, les reins de l'arbre craquaient; ses membres se raidissaient comme ceux d'une femme en couches; la sueur de vie qui coulait de son écorce pleuvait plus largement sur les gazons d'alentour, exhalant la mollesse d'un désir, noyant l'air d'abandon, pâlissant la clairière d'une jouissance. . . .Il n'était plus qu'une volupté. (II, 15, p. 243-44)

After remarking "Il s'agit tout simplement d'un phallus" ("Zola et la religion" 134), Hemmings asserts that Zola does not just attack Catholicism in *La Faute de l'abbé Mouret* but seeks to replace it with a rival cult of pagan origin (134-35).[4] One understands his claim here, for the tree is presented as an anti-church: it has a "voûte" (243) overhead, and stands "au fond d'un tabernacle de silence et de demi-jour" (243); but at the same time it is filled with "Une langueur d'alcôve" (244), it is a "chambre vide, où l'on sentait quelque part, derrière les rideaux tirés, dans un accouplement ardent, la nature assouvie aux bras du soleil" (244). In place of the church of death, the garden offers a shrine of procreation.

Yet this Tree of Life is not at once presented as the solution to all Father Mouret's problems. Even during his period of amnesia, released from Catholic morality, he is nonetheless hesitant to search for such a tree, telling Albine: "Ça doit être défendu de s'asseoir sous un arbre dont l'ombrage donne un tel frisson" (II, 8, p. 194), to which she replies: "Oui, c'est défendu. . . . Tous les gens du pays m'ont dit que c'était défendu" (194). Furthermore, it is important to note that the tree is not only forbidden but also dangerous; the nobleman who owned Paradou a century before took his mistress there, Albine recounts:

> C'est là qu'elle est morte et enterrée. . . . C'est la joie de s'être assise là qui l'a tuée. L'arbre a une ombre dont le charme fait mourir. Moi, je mourrais volontiers ainsi. Nous nous coucherions aux bras l'un de l'autre; nous serions morts, personne ne nous trouverait plus. (II, 8, p. 193)

Love in general, or at least sexual love, seems to be a cause of death. Albine's room in the pavilion, where Serge recovers from his breakdown and stays for the rest of his time in Paradou, is a nest of sensuality, decorated with statues of Cupid and figures of satyrs with women; and before any mention of the tree, she claims: "La dame était morte dans cette chambre" (II, 8, p. 192). The next day, Serge sternly repeats his refusal to look for the tree as they set out into the garden: "Il faut être sage, n'est-ce pas? Je ne veux pas que tu cherches ni ta clairière, ni ton arbre, ni ton herbe où l'on meurt. Tu sais que c'est défendu" (II, 9, p. 196). This attitude cannot be explained away as a remnant of his Catholic education, for the girl again shares his point of view: "Elle rougit légèrement" (196), a fact that would be meaningless if she did not understand and at least partially agree with him. This is not to say that she takes the stance of a Brother Archangias; she still wants to see the tree, and, after promising Serge not to look for it, she adds: "Pourtant, si nous trouvions, sans chercher, par hasard, est-ce que tu ne t'assoirais pas?" (196). But she clearly accepts the idea that the tree is not permitted to them, and must be approached cunningly if at all.

    The two continue to struggle with this problem through most of Part II. Albine first searches for the tree furtively, blushing again when she is caught in the act by Serge. Later, when they are upset from unsatisfied sexual desire and are avoiding each other, she runs through Paradou alone looking for the fabled clearing, and Serge does nothing to stop her. When she finally finds it, she dares to rebel against the moral or psychological force that forbids it to them: "C'est un mensonge, ce n'est pas défendu," she decides (II, 14, p. 240); "Non, ce n'est pas défendu... Cette histoire-là est bonne pour les bêtes. Ceux qui l'ont répandue autrefois avaient intérêt à ce qu'on n'allât pas les déranger dans l'endroit le plus délicieux du jardin" (240). It would be worth dying to experience the delights of this tree, she tells him, but that is a mere hypothetical to her, for she also expressly denies the link between the tree and death: "Mais nous ne mourrons pas... nous vivrons pour nous aimer... C'est un arbre de vie, un arbre sous lequel nous serons plus forts, plus sains, plus parfaits" (241).

    This psychological struggle on the part of Serge and Albine to accept sexuality reveals a fundamental tension found throughout *Les Rougon-Macquart*. It is often asserted that for Zola, sex and death are intimately associated[5]. In *La Fortune des Rougon*, for example, it is a graveyard that encourages the budding love of Silvère and Miette, and later the same graveyard yard welcomes them among the dead. Similarly, the sexual act of

Serge and Albine abruptly ends their dream-like romance, and ultimately leads to the death of Albine, whatever its exact cause. Many critics have interpreted this to mean that Zola has a fundamental ambivalence, even disgust, toward sex. More than one answer can be given to this claim. First, Zola does indeed cherish a kind of naive, innocent love, like that of Silvère and Miette, or of Serge and Albine. Repeated statements by the narrator in *La Fortune des Rougon* insist on the beauty of such an idyll, different from the vulgar rush to sexual gratification of so many liaisons, and in the same way, it is clear that Zola admires the childlike affection of the young lovers in Paradou. It is entirely different from the simple, crass lust that motivates other characters of the *Rougon-Macquart* series, perhaps most clearly the Comte de Muffat in *Nana*. Such insatiate desires constitute for Zola one facet of the enormous, greedy appetite that was unleashed by the Second Empire, and he condemns them just as he condemns the endless thirst for money of Aristide Saccard or the craving for power of Saccard's brother Eugène Rougon. In this kind of sexuality, the desire to produce new life is shunted aside to make way for pure pleasure-seeking. It is at first surprising to see that the paintings of the blue room in the Paradou pavilion, the garden's companion in teaching Serge and Albine about sexual love, portray sex as an act of violence: "Ils me font peur, à la fin," Albine concludes, "Les hommes ressemblent à des bandits, les femmes ont des yeux mourants de personnes qu'on tue" (II, 14, p. 234). But the pavilion was built for the mistress of a rich lord, a domain of sensual pleasure of the same kind as Zola disapproves in his own time. Indeed, the XVIIIth century is generally a time of corruption to his eyes; the last chapter of *La Curée* depicts *petites maisons* of that period, pleasure houses for the sexual enjoyment of the idle rich. Significantly, they are being torn down in Aristide Saccard's land speculations: one form of corrupt desire has supplanted another. The one character of *La Faute de l'abbé Mouret* who is a relic of the Enlightenment, Jeanbernat, has learned nothing but nihilism from his reading, a nihilism that Zola clearly does not share. Tellingly, the old man lives at the entrance to the Paradou garden, yet never sets foot in it. Even his name indicates how the reader should look at him: in Provençal, it means "simpleton" (Pasco 209). His bitter denial of any value to life constitutes a more extreme but by no means contradictory form of the non-productive sexuality represented by the paintings in the blue room. For Zola, idyllic love like that between Serge and

Albine has value not because it is completely Platonic—it is not, and Zola approves of their sexual intercourse—but because it is sincere, tender, and avoids unbridled lust. The quest for sensual pleasure is not as anti-natural in its outlook as the religion of chastity; it is not the complete refusal, but still a perversion, of the goal of sexuality.

A surprising passage later in the same chapter underlines the same message about sexuality. In the midst of the garden's usual luxuriant growth pops up a strange section "qui était comme le cimetière du parterre" (187). The flowers here are quite distinct from the rest of the former arrangements, for they exude an aura not of life but of death: "Des cortèges de pavots s'en allaient à la file, puant la mort" (187); "Des daturas trapus élargissaient leurs cornets violâtres, où des insectes, las de vivre, venaient boire le poison du suicide" (187); next to them, "Des soucis, sous leurs feuillages engorgés, ensevelissaient leurs fleurs, des corps d'étoiles agonisants, exhalant déjà la peste de leur décomposition" (187). But the most important element of this unsettling decor is a statue: "Au milieu du champ mélancolique, un Amour de marbre restait debout, mutilé, le bras qui tenait l'arc tombé dans les orties, souriant encore sous les lichens dont sa nudité d'enfant grelottait" (187). Tellingly, the figure has lost its bow arm and cannot shoot its arrows of love, a mishap that suggests castration. It may represent the same kind of selfish, pleasure-oriented love as the paintings in the pavilion, or simply love in general; in either case, the lesson to be learned is not that love as such leads to death, only that love separated from procreation does so. It stands as a warning of the fate that may—and eventually does—befall Serge if he denies his sexuality.

Three other passages of Part II cast a similar shadow over the cheerful exuberance of the rest of Paradou. All three occur in chapter 12, when Serge and Albine are nervously trying to come to grips with their half-understood sexual urges. Like the *cimetière*, these other parts of the garden contain ugly, misshapen plants that emit an atmosphere of death and decomposition: "les abiès, droits et graves, pareils à d'anciennes pierres sacrées, noires encore du sang des victimes" (225); "Les cereus plantaient des végétations honteuses, des polypiers énormes, maladies de cette terre trop chaude, débauches d'une sève empoisonnée" (227); "la rue, d'une odeur de chair fétide; la valériane brûlante, toute trempée de sa sueur aphrodisiaque" (225). This last phrase in particular indicates a connection between love and death, and it is tempting to view the passage as a sign that the two must go together. But one must not forget the position of these descriptions in the plot of the novel. It is precisely when the young lovers are struggling to comprehend their sexuality that nature takes on this frightening aspect, symbol of their "angoisse de la sensualité *non assumée*," Oliver Got points out (151; emphasis added). It is not sexuality itself but unsatisfied sexuality that leads to ugly, dying forms in nature. No such disturbing vegetation is to be found in the chapters immediately following the *faute*, nor when Serge returns to Paradou in Part III and feels no sexual desire.

Furthermore, it should be added that these misshapen plants often take the form of animals, "un jaillissement de bêtes sans nom entrevues dans un cauchemar, de monstres tenant de l'araignée, de la chenille, du cloporte" (227), "tortues verdâtres" (227). But the animal form that recurs again and again is that of snakes: "un auracaria surtout était étrange, avec ses bras réguliers, qui ressemblaient à une architecture de reptiles, entés les uns sur les autres, hérissant leurs feuilles imbriquées comme des écailles de serpents en colère" (225-26); "Les échinocactus. . . ressemblaient à des nids de jeunes vipères nouées" (227); "les aloès. . . poussés en tas sur une tige, ainsi que des floraisons charnues, dardant de toutes parts des langues agiles de couleuvre" (227). This constant presence of snakes is clearly due at least in part to the snake in the Genesis story, and its role here is similar, for the vegetation pushes the lovers toward the forbidden tree. But the Biblical story is turned on its head in the novel, the just Jahweh being replaced by the repulsive Archangias; in the same way, the bringer of evil in Genesis becomes a bringer of life. To Zola's mind the supposed sin in the garden is no sin at all, and the snakes are not a warning against something he considers good. If anything, they warn of the dangers of not allowing human sexuality to run its natural course.

When Serge and Albine ultimately do consummate their union, there is no hint of death about it. The act is "l'entrée des deux enfants dans l'éternité de la vie" (II, 15, p. 248). Unlike the false promise of the Virgin in Serge's church, Albine embodies true fertility, and her intercourse with Serge makes her pregnant (III, 15, p.363). It is true that this newly created life never comes to fruition, since Albine kills herself first, but this is the fault of the religion that forbids her relationship with the priest, not of Albine herself. Critics seem to be unanimous that Serge's real crime is not his sexual union with the girl but rather his abandonment of her: "La faute de l'abbé Mouret est de ne pas oser aller jusqu'au bout de sa 'faute,'" states Mieke Bal (166), while Grant declares: "The failure is not that of idyllic love: the evil is the sterile message of Rome" (285).[6] Zola's fundamental thesis in the novel is that Albine is right to rebel against the authority that forbids sexuality. Her death and that of her child result only from Serge's reaction; the sexual act itself is the source of all life.

It is curious, then, that Albine feels guilt immediately after their intercourse. While other details of the text—the four rivers that flow from the garden, the forbidden tree, Brother Archangias's vigilant watch at the hole in the wall, like the angel that prevented Adam and Eve from returning—establish an ironic link between Paradou and the Biblical Garden of Eden, an anti-Bible celebrating the *faute,* Albine's worry and need to cover her naked body seem to contradict Zola's fundamental thesis that procreation is good. If she represents naive, spontaneous nature, critics have asked, why would she feel guilty for following her instincts?[7] The question seems poorly formulated when one remembers that both Serge and Albine repeatedly state before the discovery of the tree of life that it is forbidden. That the girl should feel some lingering anxiety despite her earlier declarations is not entirely surprising; the tragedy is that while she can once again free herself from such constraints, Serge cannot. But there is a deeper significance behind this guilt: it shows that Serge's course has been traced out for him ahead of time; and no deviations are possible. Starting his liaison with Albine as a re-creation of the Genesis story, he is unable to break away from the original tale, and must live it out in every detail, losing paradise. The biblical subtext becomes a dominant force, controlling his very thoughts, trapping him. This state of dependence on a pre-existing text serves as a metaphor for the hidden, underlying motor of Serge's life: heredity. Like all the Rougon-Macquarts, the conditions of his existence are dictated to him by this irresistible force; his life story—or at the very least the parameters of it—is already written for him, and all he can do is live it out to its bitter conclusion. Significantly, it is not just any activity but the creation of new life that this curse of death causes him to reject, making his choice a refusal of life twice over.

But if sex is not deadly, death nevertheless enters Paradou. When Serge returns to the garden in Part III, he finds it very different:

> L'automne venait, les arbres étaient soucieux, avec leurs têtes jaunies qui se dépouillaient feuille à feuille. Dans les sentiers, il y avait déjà un lit de verdure morte, trempé d'humidité, où les pas semblaient étouffer des soupirs. Au fond des pelouses, une fumée flottait, noyant de deuil les lointains bleuâtres. Et le jardin entier se taisait, ne soufflant plus que des haleines mélancoliques, qui passaient pareilles à des frissons. (III, 12, p. 345).

The change in the vegetation underlines the alteration that Serge himself has undergone since his departure from the garden. But the essential point is that the change in Paradou would have come regardless; or if not, the garden is a completely unreal place, unrelated to the world outside. Throughout the *Rougon-Macquart* one finds several imagined paradises: Silvère's vision of a socialist heaven on earth in *La Fortune des Rougon,* Étienne Lantier's similar ideas in *Germinal,* Angélique's dream of a fairytale wedding to a handsome prince in *Le Rêve*. The latter seems to carry the same message as *La Faute de l'abbé Mouret*: the heroine dies on the cathedral steps immediately after her wedding; like Albine, she lives an artificial existence in a closed environment, and cannot survive in the real world. The garden, in its perpetual state of perfect harmony, seems equally unreal: the old lines of the classical landscaping are the only thing consumed; there are no predatory animals; there is no struggle for survival. Significantly, the blackbirds that Albine takes to Désirée in les Artaud die (III, 7, p. 300), despite the latter's status as a mother goddess of strong, fertile nature. The birds are the product of a sheltered environment, protected on all sides by a wall, and are unable to survive in the reality of the outside world. Ultimately, the same hold true for Albine herself.

The most obvious attempt to find an eternal paradise is of course that of religion, found in Serge's attitude throughout Parts I and III; surprisingly, Paradou is in many ways similar to the church: both are centered around a tree; the *arbre de vie* or the cross; both are the domain of one individual who makes them a home, Serge or Albine; both are surrounded by a wall to keep out a hostile exterior world. In both cases the efforts at seclusion fail: the priest cannot keep nature out of his church, birds, ants, and grass get into it, foreshadowing the cataclysmic invasion he anticipates in his vision; similarly, the wall around the garden has a hole in it, through which, Albine warns, "la mort entrera" (II, 17, p. 254). Her prophecy is quickly fulfilled: the sight of les Artaud reminds Serge of his earlier life and induces him to return to his church, directly causing the death of Albine and her unborn child. This is not to say that Zola disapproves of Paradou, which is clearly not the case; like the political aspirations found in other novels of the series, the garden represents a beautiful dream, dear to Zola, but one that he knows cannot be realized. Zola's message is that we should not hide in artificial paradises of religion, of art, of ideology; instead, we must choose our lives based not on blissful ignorance but on knowledge of what the world truly is. Paradou joins the lists of tempting but impracticable solutions to the world's problems that fill the *Rougon-Macquart* series.

Both central characters and settings of the novel are thus ultimately rejected as models; neither Serge nor Albine offers a philosophical system or praxis that will bring life to the world. But there is a third character who animates a third area: Serge's sister Désirée, with her barnyard. From the beginning, this space clearly stands in opposition to the priest's world view, as Désirée's boisterous arrival with the newborn chicks during mass indicates: "Une odeur forte de basse-cour venait par la porte ouverte, soufflant comme un ferment d'éclosion dans l'église" (I, 2, p. 51). The priest is vaguely conscious of the threat this poses to him and his faith, and as Désirée tries to show him her animals later that day, "l'abbé Mouret reculait de quelques pas, en face de cette intensité de vie vorace" (I, 11, p. 99). Shortly before his breakdown, he suddenly realizes that his growing uneasiness stems from his visit to the barnyard: "Brusquement, l'abbé Mouret se souvint. La fièvre dont il entendait la poursuite l'avait atteint dans la basse-cour de Désirée, en face des poules chaudes encore de leur ponte et des mères lapines s'arrachant les poiles du ventre" (I, 16, p. 142). It is perhaps surprising that Paradou, which he has seen for the first time this same day, is not the ultimate source of his malaise, a fact that subtly hints that the true domain of life is not the dreamlike garden but the coarse farm enclosure. It is the earthy, smelling reality of sweat, of digestion, of excrement, and of reproduction that lies at the source of his nausea, and it is in the barnyard that they appear. The festering, malodorous world of livestock in which Désirée lives disturbs her brother, for it is as far from his dreams of disembodied spirit as anything can get.

Désirée's affection for animals is the central part of her identity. It is specifically their reproductive force that she enjoys:

> Des tas de fumier, des bêtes accouplées, se degageait un flot de génération, au milieu duquel elle goûtait les joies de la fécondité. . . . elle portait ses lapines au mâle, avec des rires de belle fille calmée; elle éprouvait des bonheurs de femme grosse à traire sa chèvre. Rien n'était plus sain. Elle s'emplissait innocemment de l'odeur, de la chaleur de la vie. . . . elle était comme la mère commune, la mère naturelle, laissant tomber de ses doigts, sans un frisson, une sueur d'engendrement. (I, 11, p.72)

It is Désirée and the barnyard that show a clear alternative to the sterile message of the church and the impossible perfection of Paradou. This becomes most evident at the very end of the novel, when the birth of a calf brings an outburst of life amidst the lugubrious pomp of Albine's funeral: "'Serge! Serge!' cria-t-elle plus fort, en tapant des mains, 'la vache a fait un veau!'" (III, 16, p. 373). It is important that all the animals join in this song of joy: "La chèvre bêlait. Les canards, les oies, les dindes claquaient du bec, battaient des ailes. Les poules chantaient l'oeuf, toutes ensembles. Le coq fauve Alexandre jetait son cri de clairon" (373). Désirée has succeeded where Albine failed, and it is she who brings a forceful rebuttal to the apparent triumph of death.

But death, conspicuously absent from Paradou, is not banished from the barnyard. One might expect Désirée, emblem of fertility, to react strongly against it, but she accepts it as cheerfully as she does birth: "Personne comme elle ne tranchait la tête d'une oie d'un seul coup de hachette ou n'ouvrait le gosier d'une poule avec une paire de ciseaux. Son amour des bêtes acceptait très gaillardement ce massacre" (III, 16, p. 367). Pasco puts forward the curious argument that this makes Désirée no better than Brother Archangias: "However violently the latter two hate each other, in the end they represent but slight variations of the same ethos. Both negate humanity. Archangais wants to kill anything physical; Désirée dances while she bleeds Mathieu [her pig] and laughs while her bloodthirsty chickens tear each other to shreds" (211). But an essential distinction separates the two: while the brother wants to destroy all nature and all life, Désirée celebrates life every bit as fervently as death. She rejoices over the death of the pig because it is constructive for the continuation of more life, not out of simple desire to kill. Her joy in this chapter comes not only from the death of the pig but also from the birth of a calf, expected at any moment: "Il faut dire qu'à l'heure même où le boucher saignait Mathieu, Désirée avait eu une grosse émotion en entrant dans l'écurie. Lise, la vache, était en train d'y accoucher. Alors, saisie d'une joie extraordinaire, elle avait achevé de perdre la tête" (III, 16, p. 367). She is excited by the cycle of life, a point which Zola underlines perhaps too heavily by her declaration: "Un s'en va, un autre arrive!" (367).

At the same time as the birth of the calf illustrates this cycle symbolically, another event shows concretely that the death of the pig is a positive, constructive event. As the blood drips from the carcass, "une petite poule blanche, l'air très délicat, piquait une à une les gouttes de sang" (368). La Teuse has already furiously driven away hens drinking the blood (368), but Désirée tells Mathieu: "Hein! mon gros, tu leur as assez de fois volé leur soupe pour qu'elles te mangent un peu le cou maintenant" (369). It is at first surprising to see the white hen, seemingly so harmless, drinking blood. But all the scenes in the barnyard contain violence. When Désirée guides her brother through it in Part I, she tells him of another, more disturbing incident, involving the mutilation not of a cadaver but of a living animal: "Avant-hier, elle [a hen] s'est écorché la patte. Quand les autres ont vu le sang, elles sont devenues comme folles. Toutes la suivaient, la piquaient, lui buvaient le sang, si bien que le soir elles lui avaient mangé la patte" (I, 11, p. 99). All the animals are extremely gluttonous: the chickens throw themselves wildly after a handful of rice and fight over a worm; the rabbits eagerly devour clover from the graveyard; the pig eats virtually anything. Désirée's attitude is a simple acceptance of life for what it is, with all its flaws, in stark contrast with the idealistic solutions pursued by Albine and Serge. Her position is remarkably similar to that of Pascal in the last volume of the series: "il ne croyait pas à une humanité d'idylle vivant dans une nature de lait, il voyait au contraire les maux et les tares" (*Le Docteur Pascal* II, 98). Interestingly, this passage comes immediately after a discussion of Serge's liaison with Albine, thus inviting an intertextual reading. Throughout *Les Rougon-Macquart*, Zola depicts life as an activity, even a struggle, perhaps best symbolized by the battle against the sea waged by the villagers of *La Joie de vivre*; in such an existence, unpleasant realities must be faced, work must continue, and the dynamic is in every way superior to the static. Only in the barnyard is such moving, advancing, struggling life found in *La Faute de l'abbé Mouret*. Zola refuses to idealize nature in the barnyard, showing it instead as it is, beautiful, but at times frightening; consuming avidly as the precondition for producing new life.

But if Désirée points the way to the acceptance and continuation of life, she is limited in her own pursuit of it. The comparison with Pascal is revealing, for, like him, she is an observer of life rather than a creator. Paradoxically, her mental disorder—the concrete, scientific side of the family curse of death—makes her into a mother goddess of fertility. But she is fully satisfied with vicarious sexuality—"Quelque chose d'elle se contentait dans la ponte des poules" (I, 11, p. 94)—watching the animals, and feels no sexual desire herself. La Teuse tells Serge: "elle vous aurait donné de fiers neveux, monsieur le curé" (I, 10, p. 91), but Désirée's own childish innocence in the midst of her animals in heat makes this impossible. It is important to realize the limits of the *deus ex machina* happy ending she brings to the novel: Albine, her child, and that of Rosalie are all dead, and the birth of the calf, though heavy with symbolic value, cannot change this; only the birth of a child could constitute a full triumph of life, and this Désirée cannot bring. The savior who will lift the curse of death must come from elsewhere.

L'Assommoir: A World of Death

The visit to the Louvre in Chapter III of *L'Assommoir* constitutes one of the more surprising passages of the *Rougon-Macquart*: it seems to have little purpose in the text, and on first reading, one may wonder why it is included. This parallels the reaction of the characters of the novel to this unusual group of visitors: "le bruit avait dû se répandre qu'une noce visitait le Louvre; des peintres accouraient, la bouche fendue d'un rire; des curieux s'asseyaient à l'avance sur des banquettes, pour assister commodément au défilé" (III, 103)[1]. The working class wedding party, dressed up in their Sunday best, seem comically out of place in the museum, and this appears to be one of Zola's themes in the passage: the profound divorce that separates the blue-collar world from that of art and education. Their reaction to the works of art underlines how foreign such things are to them: Coupeau thinks the Mona Lisa looks like one of his aunts, Gervaise complains that the subject of the paintings is not written on the frame so that they can understand more easily, "Boche et Bibi-la-Grillade ricanaient, en se montrant du coin de l'oeil les femmes nues; les cuisses de l'Antiope surtout leur causèrent un saisissement" (102). Even M. Madinier, the self-important semi-bourgeois leader of the group who proposed the visit in the first place, is less familiar with the art than he wants to admit, taking Titian's mistress for that of Henri IV. But Zola's purposes in this short episode are far deeper and more varied than this demonstration of the gulf between bourgeois and *ouvrier*. By both the objects that are shown and the events that occur, the visit to the Louvre is a microcosm of the novel and foreshadows the fate of the central characters.

Many of Zola's novels contain subtexts that serve as models for the plot. These can be literary texts, like the performance of *Phèdre* that presages Renée's adulterous affair with Maxime in *La Curée* or the Genesis text that underlies *La Faute de l'abbé Mouret*. Physical objects play the same role in other novels: the tombs of the *aire Saint-Mittre* warn of the death that awaits Silvère and Miette in *La Fortune des Rougon,* and the maudlin portrait of Camille in *Thérèse Raquin* foreshadows his death by drowning, caused by the artist who painted the picture. This last case is interesting, for Zola calls *L'Assommoir* "un tableau qui porte sa morale en soi" (quoted without attribution in Gaillard 31), thus inviting a comparison between the paintings seen by the wedding party and the plot of the novel.

Three paintings are mentioned by name in the passage: Géricault's *Radeau de la Méduse,* Veronese's *Noces de Cana,* and Rubens's *Kermesse.* The first and the last stand out by the attention given them by the entire wedding party at M. Madinier's behest: "Puis, au bout, M. Madinier les arrêta brusquement devant le *Radeau de la Méduse;* et il leur expliqua le sujet. Tous, saisis, immobiles, ne disaient rien. Quand on se remit à marcher, Boche résuma le sentiment général: c'était tapé" (102). Later, Madinier takes on a similar air of importance to present an altogether different painting, the drunken revelry depicted in the *Kermesse*. But it is the tableau of the wedding in Cana, apparently observed only by Gervaise, that shows most clearly the link between the works of art and those who are viewing them: it depicts a wedding celebration, the very event that brought the group here following the marriage of Gervaise and Coupeau. It seems then that the Veronese painting—and perhaps other elements of the visit—constitutes a *mise en abîme* of the novel. The parallel between a wedding attended by Christ, scene of his first miracle, and the wedding in the novel would seem to sanctify the latter; the *Kermesse,* on the other hand, a depiction of drunken carousal, is more disquieting if associated with the plot of the book. But it is the painting of the raft of the Medusa that proves most important, and, studied closely, it carries in it most of the themes that are developed in the rest of the book.

Géricault took the subject of his painting from an infamous shipwreck of 1816. On July 2 of that year, the French frigate Méduse ran aground off the coast of Africa while leading an expedition of colonists and soldiers to Senegal. No other ships of the convoy were there to help, the flagship having outpaced them all; therefore, when it was determined that the ship had to be

abandoned, the only resources available were those of the Méduse herself. Her six lifeboats could only accommodate two hundred and fifty of the ship's company of four hundred; for the remaining hundred and fifty a raft of some sixty-five by twenty-eight feet was built. Far too small for this load, it immediately sank several feet under the weight of its passengers, who had to stand with water up to their waists. The crews of the lifeboats were supposed to tow the raft to shore, but they quickly cut the ropes connecting their vessels to it and left the raft to drift with neither means of navigation nor adequate foodstuffs for even a short journey. The first night, several people were washed overboard or got their feet tangled in the ropes that held the beams together and drowned. The next day, despairing sailors and soldiers drank themselves into intoxicated fury and tried to destroy the raft; after a bloody skirmish that killed many individuals on both sides the mutiny was put down by the officers and colonists.

Increasing hunger drove the survivors to eat the flesh of the dead and to drink sea water or urine. It became clear that the remaining provisions would not suffice for them all; at a council of the relatively healthy passengers, it was decided to sacrifice the wounded by throwing them overboard in order to save the wine for the others. The fifteen who remained held out for another seven days until they were rescued by the ship Argus, part of the original convoy, sent to look for them. Five of them died in the following days; of the original hundred and fifty, ten had survived (Either 7-9). The emphasis placed on Géricault's depiction of this tragedy, "à la symbolique si évidente!" Colette Becker remarks, suggests in Chapter III how Gervaise and Coupeau will end up; one might say that their lives are a shipwreck of false hope and slow death, like that of the raft's passengers. Moreover, it is not simply the general plight of abandonment to death but also individual details that link *L'Assommoir* to the *Radeau de la Méduse* and the rest of the museum episode.

The raft is first and foremost a place of death: those who died on it far outnumber the survivors, and in the painting the collapsed bodies of the dead and the dying dominate the scene. Similarly, the physical locations of *L'Assommoir* are places of death. From the first page of the novel, Paris appears to Gervaise as a frightening presence. The area around the Hôtel Boncoeur, where Gervaise is first seen, is a bad neighborhood: behind the customs wall, "elle entendait parfois des cris d'assassinés" (I, 36), and she looks in every dark corner of it, "avec la peur d'y découvrir le corps de Lantier, le ventre troué de coups de couteau" (36). Moreover, the hotel is surrounded by places that seem ominous: "Elle regardait à droite, du côté du boulevard de Rochechouart, où des groupes de bouchers, devant les abattoirs, stationnaient en tabliers sanglants; et le vent frais apportait une puanteur par moments, une odeur fauve de bêtes massacrées" (36). The significance of this slaughterhouse is underlined when the workers going down the street are compared, as so often in Zola's works, to animals: "Il y avait là un piétinement de troupeau" (37). Moreover, the word *abattoir* sounds very similar to *assommoir;* the association of the two words makes the title ring even more threatening.

On the other side of the hotel stands the Lariboisière hospital. Place of birth and healing but also of sickness and dying, a hospital can be a sign of life or of death; the fact that it is under construction at the time Gervaise sees it would seem to suggest the former: it is being built up, growing in size and solidity. But a few pages later Gervaise sees only its negative aspect: "Elle allait, les regards perdus, des vieux abattoirs noirs de leur massacre et de leur puanteur, à l'hôpital neuf, blafard, montrant, par les trous encore béants de ses rangées de fenêtres, des salles nues où la mort devait faucher" (39-40). The reprise of the scene at the end of the chapter after Lantier's departure sums up Gervaise's anxiety about living in Paris: "elle enfila d'un regard les boulevards extérieurs, à droite, à gauche, s'arrêtant aux deux bouts, prise d'une épouvante sourde, comme si sa vie, désormais, allait tenir là, entre un abattoir et un hôpital" (61).

Even in the relatively successful early years of her marriage to Coupeau, Gervaise continues to distrust the hospital; when her husband is injured falling from a roof, she refuses to let him be taken there. The women of the neighborhood approve her choice to take care of him at home instead: "à l'hôpital les médecins faisaient passer l'arme à gauche aux malades trop détériorés, histoire de ne pas se donner l'embêtement de les guérir" (IV, 139). Years later, she is much less protective of Coupeau when he gets sick and is carried to the hospital; but despite her diminished love for him, she is nonetheless struck by the morbid atmosphere inside: the sick have "des mines de trépassés," and the ward seems to ooze death: "une jolie crevaison là-dedans, une odeur de fièvre à suffoquer et une musique de poitrinaire à vous faire cracher vos poumons; sans compter que la salle avait l'air d'un petit

Père-Lachaise, bordée de lits tout blancs, une vraie allée de tombeaux" (X, 347).

This landscape reappears near the end of the novel, when Gervaise tries to prostitute herself on the sidewalk between the two buildings. In the first chapter, the hospital was under construction; here, the slaughterhouse is being torn down, a fact that underscores the atmosphere of decay and death it exudes: "la façade éventrée montrait des cours sombres, puantes, encore humides de sang" (XII, 417). Moreover, Gervaise sees for the first time a different part of the hospital: "une porte, dans la muraille, terrifiait le quartier, la porte des morts, dont le chêne solide, sans une fissure, avait la sévérité et le silence d'une pierre tombale" (417). Gervaise tries to avoid this unhappy stretch of sidewalk, but throughout the evening she continually finds herself returning to it:

> Elle partait des abattoirs, dont les décombres puaient le sang. Elle donnait un regard à l'ancien hôtel Boncoeur, fermé et louche. Elle passait devant l'hôpital de Lariboisière, comptait machinalement le long des façades les fenêtres éclairées, brûlant comme des veilleuses d'agonisant, avec des lueurs pâles et tranquilles. . . . Elle descendait encore vers l'hôpital, elle remontait vers les abattoirs. C'était sa promenade dernière, des cours sanglantes où l'on assommait, aux salles blafardes où la mort raidissait les gens dans les draps de tout le monde. Sa vie avait tenu là. (420)

The progressive worsening of the scene clearly reflects Gervaise's situation; the reprise of the first chapter, with "comme si, désormais, sa vie allait tenir là" finding its answer in "Sa vie avait tenu là," shows her premonition was correct, that she was condemned from the very beginning. Her fall is not the result of bad choices or behavior on her part but the inevitable conclusion of a merciless *fatalité* that hung over her the entire time. Whether one ascribes her fate to the curse of the Rougon-Macquarts or to the squalid life of the working class, Gervaise was doomed from the start.

The horror of this decor stems not only from the frightening aspect of the two buildings in question but also from its very narrowness; the slaughterhouse and the hospital are perceived as limits that fill the horizon and deny access to any broader space[2]. This claustrophobic feeling is reinforced by the fact that the space between the two is filled by a wall that separates the *faubourg* from Paris; like the refugees from the Méduse, the characters of *L'Assommoir* are forced to live in a narrow, sharply demarcated area. Many studies have examined the question of space in the novel[3]; in general, it seems that Gervaise's living space expands and contracts as her fortunes wax and wane. She begins in a cramped room of the Hôtel Boncoeur; after their marriage, she and Coupeau move to a more comfortable apartment on rue Neuve de la Goutte d'Or that consists of "une grande chambre, avec un cabinet et une cuisine" (IV, 121), then to the shop on the rue de la Goutte d'Or, the pinnacle of her success and the largest of her dwellings: the shop itself is big enough to hold the ironing table, "une table immense" (V, 153), while the living quarters comprise three rooms. But as her situation worsens, she is forced into progressively narrower spaces. Unable to pay the rent on the street-level apartment, the family moves into a dark, tiny apartment on the sixth floor, and after Coupeau's death Gervaise eventually ends up in the smallest, most closed lodging conceivable, Père Bru's closet under the stairs. Coupeau's fate parallels this: he goes from the vast expanses of the rooftops of Paris to the closed rooms of the *Assommoir* and other bars and ends his life in a padded cell at Sainte-Anne. These narrowing dimensions foreshadow the ultimate tight space that will end the series for both of them: the grave.

Few places could constitute a tighter, more constricting space than a hole. Throughout the novel runs the theme of the *trou*, usually designating a dwelling place. Jacques Dubois argues that it is a positive term, constituting an enclosed, private space that provides shelter from a menacing environment (105-117), and there are passages in which this interpretation appears correct: among Gervaise's simple desires in life is the hope to have "un trou un peu propre pour dormir" (II, 69). But even this statement becomes ambiguous when sleep is considered a euphemism for death, as later in the novel: Gervaise despairingly tells Père Bazouge "Emmenez-moi faire dodo" (XII, 428), and the last sentence of the book is his final word to her after she has died: "Fais dodo, ma belle" (XIII, 445). Though this is clearly not what Gervaise means when she describes her ambitions, she herself brings up the subject of death immediately after this statement, adding "on peut à la fin avoir le désir de mourir dans son lit" (69), establishing, with ironic ignorance, the link between the "trou pour dormir" and death. Indeed, despite her hope for a safe place to live, the word *trou* is most often used to describe something dangerous, even in the first chapters. When Gervaise learns of Lantier's departure, "C'était un trou de ténèbres au fond duquel il lui semblait tomber" (I, 53); in the hotel room he has vacated, "le coin occupé jusque-là par la malle paraissait à Gervaise faire un trou immense" (I, 61). The danger Coupeau faces perched on rooftops comes from "le trou béant de la rue" (IV, 135); "Arrivé devant le trou" (135), he calmly works, but only a few minutes later he will fall into it, setting off the chain of events that lead to both his own death and that of Gervaise. The money spent on medical care during his recovery makes a "trou" in their savings (142). As the novel progresses the term is indeed used to describe places of refuge, but they seem to be less proper homes that allow a decent life than filthy hideouts of vice, leading ultimately to the kind of death Gervaise suffers. "Chacun dans son trou," Gervaise tells maman Coupeau in response to reproaches about her liaison with Lantier (IX, 290): each of the neighbors has a *trou* that he fills with his corruption. Even the watchmaker, raised to semi-bourgeois status by his occupation and for a time the object of Gervaise's esteem, is nearly arrested for incest with his own daughter; significantly, his shop was first presented as being "au fond d'un trou, grand comme une armoire" (V, 157). In the disintegration of her life, Gervaise "se rendormait dans son trou, en évitant de songer à ce qui arriverait forcément un jour" (IX, 297): the *trou* is not a shelter from harsh surroundings but rather a false protection from reality; it contributes to the laziness and lackadaisical attitude that bring on Gervaise's final fall. Maman Coupeau's grave is twice called a "trou" (320); Père Bru's closet is a "trou sans air" (X, 324), and both he and Gervaise die in it as their last home before the final hole of the grave. The narrowing of space reaches its logical conclusion in the act of burial, when the last opening of the hole is filled.

It seems, then, that any positive connotations the term *trou* has are quickly undermined, like Gervaise's hopes of a pleasant life. But it is not only such cramped spaces that are threatening; Becker demonstrates that even places that seem welcoming at first turn out to be no different from their frightening counterparts. The colors, odors, and comparisons used to describe them make Gervaise's shop and Goujet's forge very similar to the Hôtel Boncoeur and Père Colombe's *Assommoir* (Becker 56-57). One area that seems to offer some escape from the oppressive urban environment is a field in which Gervaise and Goujet stop during one of her visits to his forge:

... ils filèrent à gauche, toujours silencieux, et s'engagèrent dans un terrain vague. C'était, entre une scierie mécanique et une manufacture de boutons, une bande de prairie restée verte, avec des plaques jaunes d'herbe grillée; une chèvre, attachée à un piquet, tournait en bêlant; au fond, un arbre mort s'émiettait au grand soleil. (VIII, 267)

Becker points out that the horizon is blocked by the "hautes maisons jaunes et grises" of the Butte Montmartre and that the two must tip their heads back to see the sky; "Zola les enferme dans un paysage sans issue et marqué de la présence de la mort" (Becker 46). The important qualifier *restée* applied to the strip of grass emphasizes that it is all that remains of what must once have been a much larger expanse of greenery; the dead tree shows that fate that awaits everything in this supposedly fertile place. But perhaps the most important point to note about this area is that it recalls, almost inevitably, the *aire Saint-Mittre* of *La Fortune des Rougon*. Both are called a *terrain vague;* both offer temporary shelter to an idyll of Platonic love; both are the site of a sawmill, the only difference being that the Parisian one is mechanical instead of man-operated.[4] The *aire Saint-Mittre* is the place of death that represents the entire Rougon-Macquart family; the echo of it here shows that Gervaise is under the same curse as her relatives. From the beginning of the novel, she longs for the open countryside of her youth: in the public laundry, she tells Mme Boche: "Nous allions à la rivière. . . ça sentait meilleur qu'ici. . . Il fallait voir, il y avait un coin sous les arbres. . . avec de l'eau claire qui courait. . . Vous savez, à Plassans. . ." (I, 47). The open field in Paris is, to her imagination, a return to this happier place; but a return to Plassans means a return to her family, whom she has come to Paris specifically to avoid, and to the curse that hangs over them, symbolized by the *aire Saint-Mittre*. Like the goat, she is tied to a place of death and cannot escape (Becker 46)[5]. "Au lieu de champs verdoyants," David Baguley comments, "elle ne trouve, au bout de sa quête, qu'un 'coin de verdure au Père Lachaise'" (Baguley 95).

The large apartment house on rue de la Goutte d'Or also offers a similar false promise of shelter. Gervaise finds it rather attractive when she first sees it from the outside, but its interior is less appealing. The Lorilleux, and later the Coupeaus, live on the sixth floor; Lewis Kamm notes that "the heroine's moral descent. . . [is] followed by her physical ascent" (quoted in Moore 6). In Paris under the Second Empire, and still today, the floor one lives on in a building is more or less inversely proportional to one's social and economic position. Balzac illustrates this point by Père Goriot's successive lodgings in the Maison Vauquer, and it is difficult to find a single one of Zola's novels that takes place in Paris without mentioning someone starving "dans une mansarde." In the apartment house of *L'Assommoir*, Zola incorporates this social fact into his thematics of burial by changing the ascension to higher floors into a descent. From the bottom of the stairwell, Gervaise looks up and sees three gaslights; "le dernier, tout en haut, avait l'air d'une étoile tremblotante dans un ciel noir" (II, 80). But when she reaches the top and looks down, "maintenant c'était le bec de gaz d'en bas qui semblait une étoile, au fond du puits étroit des six étages" (81). The movement of the perceived star may be seen as a symbol of Gervaise's aspirations, which will always elude her; furthermore, it changes this sixth floor from a place of elevation to a dark underworld, foreshadowing the mines of *Germinal*. Even once she is back down in the courtyard, Gervaise continues to feel buried by the heavy mass of the building: "il sembla à Gervaise que la maison était sur elle, écrasante, glaciale à ses épaules" (89). Her fear is a premonition, for at the end of the book one can say that the house is her grave.

Moreover, the trip to the Lorilleux' apartment is not over when she arrives at the top of the stairs; Coupeau leads her down several twisting corridors. The apartment house, like the area around Goujet's forge, and Paris itself, is a labyrinth, as many critics have noted (Baguley, Becker, Maurin); the labyrinth, Baguley comments, constitutes "le décor symbolique de la condition humaine liée à la conscience du temps et à la malédiction de la mort" (Baguley 86, stating an idea taken from Gilbert Durand, *Les Structures anthropologiques de l'imaginaire*, p. 117). During her evening on the sidewalk in Chapter XII, Gervaise sees a train leaving the city and wishes she could follow it, but she is trapped in this maze that will hold her until death.

Narrow, constricting space that chokes the life out of its inhabitants; a prison from which broader horizons can be seen but not reached; a supposed refuge that proves to be a deathtrap: such a description might be applied equally well to the *Radeau de la Méduse*. More generally, all paintings, regardless of content, consist of a similar kind of space, enclosed within a frame that limits their extension. Furthermore, shortly after viewing the Géricault painting, the wedding party loses its way in the museum, another maze, and nearly gets locked in (Becker 47). Like Gervaise in her desperate course back and forth on the sidewalk between the hospital and the slaughterhouse, they go in circles, retracing their steps through places they have already been, escaping from the gallery of drawings only to find themselves in it again soon after. Significantly, in their aimless wanderings—like those of a raft adrift in the ocean—they arrive by accident in the naval museum amidst "vaisseaux grands comme des joujoux," reminders of the shipwreck scene they observed shortly before, sign of their ultimate destination. The presence of the small sailing vessels reveals the function of the episode in the novel: like the model ships, it serves as a pattern for something larger constructed on the same plan.

Géricault's painting depicts a group of people who are lost in a vast expanse of water that surrounds them. Similarly, water plays an important—and destructive—role in *L'Assommoir*. If Gervaise remembers the river in Plassans as an idyll from her youth, it is one of the rare times in the novel that water has positive connotations. The novel can be characterized as the story of Gervaise's search for this lost happiness; symbolically, the waters she encounters in Paris are not pure and life-giving like those she recalls but dirty and harmful. In the courtyard of the apartment house stands a fountain "dont le robinet entretenait là une continuelle humidité" (II, 73). The water that flows from the dyer's shop shows how nefarious this water is: first, the stream from the establishment is "une eau rose très tendre" (II, 72); following the visit to the Lorilleux to arrange the marriage, the stream starts to appear threatening: "du fond de ces ténèbres, dans le coin humide, des gouttes d'eau, sonores au milieu du silence, tombaient une à une du robinet mal tourné" (89). Already, the water in the courtyard forms a barrier that she must jump over to escape: "Et elle dut, pour sortir, sauter par-dessus une grande mare, qui avait coulé de la teinturerie" (89). But like the house, the water manages to conceal its true nature and appear welcoming: "Ce jour-là, la mare était bleue, d'un azur profond de ciel d'été, où la petite lampe de nuit du concierge allumait des étoiles" (89). These stars, like that of the lamp in the stairwell, are artificial: "en dépit de tout ce n'est qu'une mare," comment Cassard and Joinville. The term *étoiles* suggests that they are heavenly bodies above, when in fact they are below, offering a promise of ascension that, like the sky-blue color, will turn out to be completely misleading. The water takes on a very different aspect when Gervaise is cold and starved: "Il lui fallut enjamber un ruisseau noir, une mare lâchée par la teinturerie, fumant et s'ouvrant un lit boueux dans la blancheur de la neige. C'était une eau couleur de ses pensées. Elles avaient coulé, les eaux bleu tendre et rose tendre!" Interestingly, the floor of the galerie d'Apollon in the Louvre shines like a smooth pond: "le parquet surtout émerveilla la société, un parquet luisant, clair comme un miroir, où les pieds des banquettes se reflétaient. Mademoiselle Remanjou fermait les yeux parce qu'elle croyait marcher sur de l'eau" (III, 102, quoted in Cassard and Joinville 67). Here again, what appears to be clear, pure water is not.

Working in the laundry business, Gervaise is naturally surrounded by water. But her life seems filled with water to an extent that her occupation alone cannot explain. Nearly all the important locations of the novel are damp, humid places that engender mildew and rot (Becker 56-57). This includes not only obviously negative places like the apartment house and the Hôtel Boncoeur with its "persiennes pourries par la pluie" (I, 36) but also the apartment behind Gervaise's shop, where "les murs pissaient l'humidité, et on ne voyaient plus clair dès trois heures de l'après-midi" (V, 154), and even Goujet's forge, often considered a refuge from the hostile environment, but whose entrance is blocked by a "une mare d'eau bourbeuse" (VI, 183). It is rain that pushes Gervaise to enter the Assommoir on the night when she first gets drunk with Coupeau: "elle n'avait pas envie de fondre comme un pain de savon, sur le trottoir" (X, 353, quoted in Cassard and Joinville 64). This constant presence of water symbolizes the threat of death that hangs heavy over this world, for, according to Bachelard, "l'eau fournit le symbole d'une vie spéciale attirée par une mort spéciale" (*L'Eau et les Rêves,* quoted without page number in Cassard and Joinville 70).

But the most important liquid, and the deadliest danger, is clearly alcohol. Surely it is not a coincidence that Zola places his alcoholic characters on a street whose very name suggests drops of liquor, rue de la Goutte d'Or. Before his marriage with Gervaise, Coupeau is called Cadet-Cassis by his friends because of his aversion to strong drink. After his accident, he takes to alcohol, going to bars during his recuperation, getting drunk from time to time, but without serious consequences: "Maintenant, les jours où il allait regarder travailler les autres, il entrait volontiers boire un canon chez le marchand de vin. . . . Ça ne déshonorait personne. . . .Autrefois, on avait bien raison de le blaguer, attendu qu'un verre de vin n'a jamais tué un homme" (IV, 146). Hard liquor, on the other hand, Coupeau considers a very different question: "Mais il se tapait la poitrine en faisant un honneur de ne boire que du vin; toujours du vin, jamais de l'eau-de-vie; le vin prolongeait l'existence, n'indisposait pas, ne soûlait pas" (146). The temperance societies in France at Zola's time agreed, condemning hard liquor but tolerating wine. Zola was very critical of these societies, seeing them as reactionary institutions that sought to blame the working class for alcoholism without attempting to deal with its underlying causes (Barrows 204-05, 210). In this light, Coupeau's profession that "un verre de vin n'a jamais tué un homme" sounds defensive, as though he hopes to deflect anticipated criticism. In any case, the question of whether wine is dangerous by itself proves to be irrelevant, since Coupeau is unable to stop there and eventually turns to the *eau-de-vie* he formerly condemned. Alcohol, Zola warns, is a slippery slope to start down. The term *eau-de-vie* grows increasingly ironic as the substance destroys Coupeau and Gervaise, for as Baguley observes: "Cette eau-de-vie... devient eau-de-mort" (87).

If the surrounding water of the *Radeau de la Méduse* can be interpreted, by extension, as a symbol of the alcohol that fills the novel, the other two paintings named in the visit to the Louvre deal more directly with this theme. The wedding in Cana, subject of Veronese's work, is the site of Jesus's first miracle, the changing of water into wine. On the one hand, this can be interpreted to confirm Coupeau's statement, showing wine to be a blessed, even divine, substance; it was considered a gift of the gods in the ancient world, and is the medium of communion with God in the Catholic Church. But *L'Assommoir* follows *La Faute de l'abbé Mouret*, in which Christ is portrayed as a god of death. For the agnostic author of the latter, the miracles of the Gospels are falsehoods, and his intention in presenting the Veronese painting in *L'Assommoir* may be to show the emptiness of praises of alcohol: if the miracle account is untrue, so may be all the positive claims made about wine and liquor. This interpretation is confirmed by the third painting named in the text, Rubens's *Kermesse,* a scene of drunken revelry that shocks the women of the wedding party. The juxtaposition of the two paintings dealing with drink is striking: although the Gospel account declares that Christ changed the water into wine toward the end of the feast, after everyone had already had plenty to drink, all the figures in Veronese's canvas

appear none the worse from it; they are sitting properly, dressed in fine clothes that remain spotless through the festivities. Rubens, on the other hand, shows drunken men throwing themselves on women in what seems to be a premonition of Coupeau's insistence on kissing Gervaise in her shop when he is drunk: "Et le gros baiser qu'ils échangèrent à pleine bouche, au milieu des saletés du métier, était comme une première chute, dans le lent avachissement de leur vie" (V, 165). Zola underlines the connection between the two scenes by frequent use of the slang of the period, in which *noce* is a term for any wild celebration, invariably involving copious alcohol. The changing of water into wine prefigures Coupeau's more alarming switch from wine to spirits; together, the two paintings warn that the dignified feasting of the first scene can all too easily end up in the intoxicated dissolution of the second.

    The deadly consequences of such behavior are apparent in all the major feast scenes of *L'Assommoir*. At the wedding dinner, the company manages to keep its propriety, following more or less the example of the Veronese wedding feast: "Coupeau, voyant en face de lui le visage inquiet de Gervaise, se leva en déclarant qu'on ne boirait plus. . . . il ne fallait pas maintenant se cocarder cochonnément. . . . on s'était réuni pour porter une santé au conjungo, et non pour se mettre dans les brindezingues" (III, 114). But he is unable to stop those who want to continue: "Boche, Gaudron, Bibi-la-Grillade, surtout Mes-Bottes, très allumés tous les quatre, ricanèrent, la langue épaissie, ayant une sacrée coquine de soif, qu'il fallait pourtant arroser" (III, 114). Though debauchery is avoided, the evening ends on a somber note with the appearance of Père Bazouge, the undertaker: dressed all in black, he confronts the group with the inevitably of death: "Ça ne vous empêchera pas d'y passer un jour. . . . Quand on est mort, c'est pour longtemps" (III, 119). Significantly, Bazouge is always drunk, a fact that underlines the connection between excessive drinking and death.

    The great dinner that forms the centerpiece of the novel also begins quite properly: "la table avec ses quatorze couverts, son linge blanc, ses morceaux de pain coupés à l'avance" (VII, 224) all seem so dignified, so rich and elegant, that the Lorilleux "louchaient. . . avaient le bec de travers" (224). But the celebration eventually descends into Bacchanalian revelry:

    Personne de la société ne parvint jamais à se rappeler au juste comment la noce se termina.... Le lendemain, madame Boche se vantait d'avoir allongé deux calottes à Boche, dans un coin, où il causait de trop près avec la charbonnière.

... Ce que chacun déclarait peu propre, c'était la conduite de Clémence, une fille à ne pas inviter, décidément; elle avait fini par montrer tout ce qu'elle possédait, et s'était trouvée prise d'un mal de coeur, au point d'abîmer entièrement un des rideaux de mousseline. Les hommes, au moins, sortaient dans la rue; Lorilleux et Poisson, l'estomac dérangé, avaient filé raide jusqu'à la boutique du charcutier. (VII, 248)

The contrast between the beginning and the end of the feast clearly fulfills the prophecy of the Veronese and Rubens paintings; moreover, Baguley remarks: "c'est comme si la fête de Gervaise était un appel au culte de Dionysos et une invocation du dieu qui vient subvertir l'ordre et entraîner aux excès les bacchantes des Batignolles" (Baguley 88). Zola invites this judgment by calling the wine-induced gaiety that spills out from the shop into the neighborhood "un bacchanal de tous les diables" (VII, 235). This Dionysian influence contrasts with the clear, pure galérie d'Apollon crossed by the wedding party—almost exactly the same group of characters as in this second festivity—in the Louvre. In Nietzschean terms, Gervaise and her companions have passed from the staid, ordered realm of Apollo to the wild hedonism of Dionysos (Baguley 88).

Despite its joyful nature, the great dinner is full of reminders of death. During the long month of anticipation that precedes the feast, everyone agrees that "Il fallait une rigolade à mort" (VII, 213). Images of burial appear repeatedly during the dinner: the group refuses to let Coupeau carve the duck because "quand il découpait, il faisait un vrai cimetière dans le plat" (231). But preventing Coupeau from carving the bird will not keep a different kind of cemetery from appearing amidst the food and drink: as empty bottles pile up, the narrator states: "le tas de négresses mortes grandissait, un cimetière de bouteilles sur lequel on poussait les ordures de la nappe" (232). The act of throwing garbage onto it prefigures the lack of respect given to the dead—maman Coupeau, Coupeau, Gervaise—later in the novel. The chapter ends with a stray cat: "le chat d'une voisine qui avait profité d'une fenêtre ouverte, croqua les os de l'oie, acheva d'enterrer la bête, avec le petit bruit de ses dents fines" (249). It is perhaps not stretching the point too far to see in the verb *croquer* an echo of the *croque-mort* whose profession is to bury

the dead and whose arrival ended the last feast episode.

It is interesting that on this festive occasion much of the conversation and song turns around the subject of death. Gervaise refuses to drink to the idea of holding another such feast in fifty years: "Non, non. . . je serais trop vieille. Allez, il vient un jour où l'on est content de partir" (234). Later, "on parlait d'une femme qu'on avait trouvée pendue le matin, dans la maison d'à côté" (242). Each person present sings a song; like the paintings in the Louvre, they make up a subtext that comments on the action of the novel. Gervaise chooses *Ah! Laissez-moi dormir,* whose refrain expresses a "souhait d'un sommeil peuplé de beaux rêves" (240), an image similar to that used by Bazouge and by Gervaise herself to characterize death later in the novel. When his turn arrives, Goujet offers a song of farewell, *les Adieux d'Abd-el-Kader.* Madame Lerat's contribution, *L'Enfant du bon Dieu,* the story of an abandoned child protected by God, brings Gervaise to tears: "il lui semblait que la chanson disait son tourment, qu'elle était cette enfant perdue, abandonnée, dont le bon Dieu allait prendre la défense" (242). But throughout the novel, there is no God nor even a person to take care of her; in her final desperation, it is Père Bazouge who, by a heavily ironic substitution, assumes the role of protector.

It is the return of Lantier that upsets Gervaise so much. She anticipates disaster at the beginning of the meal, when she notices that they are thirteen at the table. To avoid the unlucky number she invites Père Bru, the indigent old worker reduced to begging, but he brings more talk of death to the party, speaking of his sons who died in the Crimean War and regretting that he is still alive himself. His presence is powerless to ward off the true threat posed by Lantier's return. The hat maker is in large part responsible for Coupeau's slide from occasional drunkenness to outright alcoholism, so his arrival is indeed the kind of disaster Gervaise feared earlier. On both the symbolic and the narrative level, the dinner ends with the approach of death: the hungry, marauding cat taking advantage of the residents' drunken sleep parallels the insidious Lantier who will also take them unawares and exploit their weakness for alcohol.

The novel's third festive scene is even more disturbing. When Gervaise goes into the Assommoir to find Coupeau, he and his comrades are already completely drunk; there is no dignified beginning to put any limits on how low they will sink by the end. Images of death abound in the passage.

Gervaise is angry to see that while she freezes outside, they are comfortable: "Etait-il Dieu possible que des hommes pussent lâcher leurs femmes et leur chez eux pour s'enfermer ainsi dans un trou où ils étouffaient!" (X, 353). This description recalls Père Bru's niche, described at the beginning of the same chapter as a "trou sans air" (324), and shows that, despite its appearance as a protective space, the bar is in fact a deathtrap. Bec-Salé writes the name Eulalie on the table in front of himself, and though he means a woman of the area with whom he is romantically involved, the name recalls Eulalie Bijard, the nine-year-old girl who appears at the end of the chapter. Like her mother before her, Eulalie dies from the severe abuse she suffers at the hands of her father, a violent alcoholic; the presence of her name here suggests that the drinkers are also destined to die from alcohol in their own, more direct way.

The bar seems to be filled with shining gold, a substance that is almost always a sign of death throughout *Les Rougon-Macquart,* starting with Pascal's vision of his family's destiny in *La Fortune des Rougon:* "Il crut entrevoir un instant, comme au milieu d'un éclair, l'avenir des Rougon-Macquart, une meute d'appétits lâchés et assouvis, dans un flamboiement d'or et de sang" (362). In Père Colombe's establishment, the men drink "du casse-gueule qui luisait pareil à de l'or" (354); after finishing a milder drink, Gervaise is attracted by this liquor: "'Qu'est-ce que vous buvez donc là?' demanda-t-elle sournoisement aux hommes, l'oeil allumé par la belle couleur d'or de leurs verres" (357). After two glasses of it she is happy with this way of spending the household's money with her husband: "on se la mettait sur la torse au moins, on la buvait limpide et luisante comme du bel or liquide" (357).

But it is the distillery that shows most forcefully the threat posed by alcohol. If *L'Assommoir* is a labyrinth inhabited by a Minotaur (Becker 44), the still is that monster, and all the warnings of the paintings in the Louvre converge on this point. When first presented early in the book, it seems relatively harmless:

> ... la curiosité de la maison était, au fond, de l'autre côté d'une barrière de chêne, dans une cour vitrée, l'appareil à distiller que les consommateurs voyaient fonctionner, des alambics aux longs cols, des serpentins descendant sous terre, une cuisine du diable devant laquelle venaient rêver les ouvriers soûlards. (II, 62)

The equipment is safely distant, shut into a courtyard and separated from the customers by a barrier, just as three items of the sentence separate it from the subject. But certain details allow for a less reassuring image of the distillery. The word *serpentins* almost inevitably makes one think of snakes, the incarnation of evil in Biblical mythology; the phrase *cuisine du diable* may be more a term for something strange and complicated than a reference to anything hellish, but coming after *serpentins* it adds to the impression that the distillery is somehow dangerous. Underground passages are dark, deathly places, as seen in the description of the apartment house; the fact that parts of the still go beneath the earth reinforces this aura of deadliness, as though it will lead its devotees to the grave. The *ouvriers soûlards* stand as an example of its nefarious influence. Like other passages of the novel, the description of the distilling equipment contains subtle warnings of the dangers that will later become apparent. Gervaise feels vaguely the threat of its slow, quiet work:

> L'alambic, sourdement, sans une flamme, sans une gaieté dans les reflets éteints de ses cuivres, continuait, laissait couler sa sueur d'alcool, pareil à une source lente et entêtée, qui à la longue devait envahir la salle, se répandre sur les boulevards extérieurs, inonder le trou immense de Paris. Alors, Gervaise, prise d'un frisson, recula . . . (70)

The *trou* of Paris is not a protective space but rather a trap, since it is menaced by the slowly rising flood; coming only a page after Gervaise's expressed desire for a "trou un peu propre," it warns early in the novel that no *trou*, even one so vast as Paris, can give safety. Here again the image of liquid as something dangerous appears, and references to water or alcohol in the rest of the novel ring as echoes of this threatened flood.

The still is not seen again until Gervaise's visit to Coupeau and his drinking companions in the Assommoir. She finds the atmosphere of the bar disturbing, with its air full of tobacco smoke and alcohol; but none of this is the real danger:

> Puis, brusquement, elle eut la sensation d'un malaise plus inquiétant derrière son dos. Elle se tourna, elle aperçut l'alambic, la machine à soûler, fonctionnant sous le vitrage de l'étroite cour, avec la trépidation profonde de

> sa cuisine d'enfer. Le soir, les cuivres étaient plus mornes, allumés seulement sur leur rondeur d'une large étoile rouge; et l'ombre de l'appareil, contre la muraille du fond, dessinait des abominations, des figures avec des queues, des monstres ouvrant leurs mâchoires comme pour avaler le monde. (X, 355)

For the first time, the distillery is called a *machine à soûler,* revealing its true nature that was hinted at earlier. Here, the expression *cuisine d'enfer* assumes all the frightening connotations that were latent in it. Although the equipment is supposedly less bright here than during the day, this is the only time any color is attributed to it, making it more striking as it grows increasingly dangerous. Its *étoile rouge* echoes the false stars that appeared earlier in the apartment house, but here this theme of inversion reaches its conclusion, for the star, far from being a heavenly body, takes on an infernal color. The *serpentins* of the previous description show their full animal nature, since it is undoubtedly they that cast the shadows of tailed beasts.

But even this passage is attenuated by certain words: it is not the distillery itself but only its shadow that appears so frightening; the threat of attack is diminished by *comme,* which changes the act of swallowing the world into a metaphor instead of a real action. A final passage bridges this gap between impression and reality, for Gervaise's drunken imaginings are presented as actual events: "elle voyait la machine se remuer, elle se sentait prise par ses pattes de cuivre, pendant que le ruisseau coulait maintenant au travers de son corps" (358). "L'eau qu'on boit devient l'eau qui boit," comment Cassard and Joinville (71). The act of consumption has a great symbolic importance in *L'Assommoir,* as it does throughout *Les Rougon-Macquart.* The life of Gervaise and the other characters is a "lutte énorme contre la faim" (V, 149), as Gervaise herself reflects when she takes the bold step of renting her own shop. In this struggle, one must eat or be eaten, and Gervaise's great moment of triumph is a sumptuous meal. Lantier lives comfortably by eating, both metaphorically and literally, Gervaise's business, then that of Virginie. But the greatest threat of being devoured comes from the sordid environment: in the opening pages of the novel, Gervaise watches the flow of workers in the morning "vers Paris, qui, un à un, les dévorait, par la rue béante" (I, 38). During her visit to the large apartment building with Coupeau, she notices that the "pierres d'attente semblaient des mâchoires caduques, bâillant dans le vide" (II, 72): jaws, but *caduques,* not immediately threatening. Years later, once the gaping mouth of the still has devoured Gervaise, the house also seems to come alive as a hungry monster: "le porche, béant et délabré, semblait une gueule ouverte" (XII, 426). The theme of the hole ties in with this, for a hole can also be a ravenous mouth, as the "trou béant de la rue" (IV, 135) that swallows Coupeau in his accident. But it is the gaping jaws of the distillery that, more than anything else, consume Gervaise and her husband; since alcohol is the deadliest *assommoir*, the still is the only one of these threatening mouths that is shown actually to attack. This third feast ends with an even more frightening threat of death than the two preceding celebrations.

Coupeau, of course, was an alcoholic long before this scene; by following him, Gervaise brings to fulfillment the prediction of the paintings in the Louvre. Their drunkenness leads them to imitate the third canvas, the *Radeau de la Méduse*: like the besotted soldiers and sailors who fought with the other passengers and tried to destroy the raft, Gervaise and Coupeau become violent toward each other. Early on, Bijard's violence toward his wife warns about the dangers of alcoholism not only for the alcoholic himself but also for those around him; the death of Lalie demonstrates this even more poignantly. Other subtler passages contain a similar message: Coupeau and Lantier, drinking together, are served "un vin couleur de sang qu'on aurait coupé au couteau" (VIII, 278). Lantier reads in a newspaper: "'Un fils a tué son père à coups de bêche, pour lui voler trente sous'" (279); the motives for the son's actions are not given, but one may hazard a guess that the money went for alcohol, especially when Gervaise behaves in the same way toward Coupeau: "Un jour, Coupeau lui ayant chipé deux bons pains pour les revendre et les boire, elle avait failli le tuer d'un coup de pelle, affamée, enragée par le vol de ce morceau de pain" (XII, 403). Although food, not drink, is her immediate concern, it is alcohol that brought the situation about. Their affection for their daughter also evaporates; once Nana has run away several times, Gervaise "l'aurait trouvée en train de crever par terre, la peau nue sur le pavé, qu'elle serait passée sans dire que ce chameau venait de ses entrailles" (XI, 392). Nana responds by despising her parents, especially Coupeau: "Elle attendait de gagner de l'argent, disait-elle, pour lui payer de l'eau-de-vie et le faire crever plus vite" (X, 350-51). Gervaise and Coupeau began their marriage as a model household, but like those stranded on the raft, they eventually lose all feeling for others and think only of themselves.

Their personal tragedy is that they become causes of death for each other.

Furthermore, the more successful characters of the novel generally refuse to give any help to those in difficulty. The money and support offered to Gervaise by Goujet and his mother are isolated examples of charity; the Poissons, the Boches, even the Lorilleux, Coupeau's own family, refuse to give food, money, or even simple moral support and encouragement to Gervaise and Coupeau, no matter how desperate their situation. Nana often lives in luxury as the *femme entretenue* of one rich man or another, but never thinks to send anything to her starving parents. If Gervaise and Coupeau are on the raft of the Méduse, these others are in the surrounding lifeboats; like those in the actual shipwreck, they cut the ties that connect them to their unfortunate companions and leave them to survive as best they can on their own.

But Gervaise's downward slide begins long before she takes to drink. Before their marriage, she enumerates to Coupeau several goals for her life: to work, to have a decent place to live and food to eat, to raise her children well, not to be beaten, to die in her bed. Later in life, she reflects bitterly that every one of these desires ends up unfulfilled (XII, 427); but in between there is a moment when she feels that she has everything she ever wanted: "Elle rappelait son idéal d'autrefois, lorsqu'elle se trouvait sur le pavé: travailler, manger du pain, avoir un trou à soi, élever ses enfants, ne pas être battue, mourir dans son lit. Et maintenant son idéal était dépassé; elle avait tout, et en plus beau" (V, 159). This very success is a large factor in her eventual downfall: content with her situation, she grows lazy and loses the work ethic that brought her what she has. Even at the apparent apogee of her career, her feast in Chapter VII, she already is beginning to change her ways: when a client arrives just before the dinner to demand her clothes for which she has been waiting several days, "Gervaise s'excusa, mentit avec aplomb. . . . Puis, lorsque l'autre fut partie, elle éclata en mauvaises paroles. C'est vrai, si l'on écoutait les pratiques, on ne prendrait pas même le temps de manger, on se tuerait la vie entière pour leurs beaux yeux!" (217). Zola's comment on his own work in the preface to the novel illuminates the importance of having a goal toward which one moves: ". . . le plan général est arrêté, et je le suis avec une rigueur extrême. . . . C'est ce qui fait ma force. J'ai un but auquel je vais" (33). One might say the same of Gervaise in the early chapters of the novel. But once she has reached her objective, she relaxes, and is unable to make the effort necessary to keep what she has obtained for herself and her family. "Sa tranquillité d'abord; le reste, elle s'en battait l'oeil. Les dettes, toujours croissantes pourtant, ne la tourmentaient plus. Elle perdait de sa probité; on paierait ou on ne paierait pas, la chose restait vague, elle préférait ne pas savoir" (296). Moore suggests that the act of walking is a metaphor for living in the novel, since Gervaise's limp makes walking difficult for her, and she ultimately fails at both endeavors (Moore 8). The argument is persuasive, for Zola always shows life as an activity, in which energy is needed and immobility is death. As she approaches her end, Gervaise becomes less and less active, refusing to work, drifting aimlessly through her existence. Her pointless wandering back and forth on the same stretch of sidewalk symbolizes the lack of direction in her life. She has become like the shipwreck victims on the raft, dying because of their inability to steer a course toward a goal.

But it is not just environment that destroys Gervaise and Coupeau; the other great determining force in Zola's works, heredity, also plays an important role. Both come from families with a history of alcoholism: both of Gervaise's parents are heavy drinkers, and she herself often got drunk with her mother: "elle raconta qu'autrefois, avec sa mère, elle buvait de l'anisette, à Plassans. Mais elle avait failli en mourir un jour, et ça l'avait dégoûtée; elle ne pouvait plus voir les liqueurs" (II, 68). She stays away from strong drink for years, but this influence of her past is so pervasive that a single glass of liquor is enough to push her back into alcoholism. Coupeau did not drink himself but has a similar background: "Le papa Coupeau, qui était zingueur comme lui, s'était écrabouillé la tête sur le pavé de la rue Coquenard, en tombant, un jour de ribote, de la gouttière du No. 25; et ce souvenir, dans la famille, les rendait tous sages" (II, 69). Even Goujet and his mother, models of diligent, well-regulated living, have a disturbing heritage: "Derrière la paix muette de leur vie, se cachait tout un chagrin ancien: le père Goujet, un jour d'ivresse furieuse, à Lille, avait assommé un camarade à coups de barre de fer, puis s'était étranglé dans sa prison" (IV, 129). The sordid environment produces alcoholics, alcoholics produce a sordid environment: long before the plot of the novel begins, the characters are already locked into a vicious circle that destroys its victims.

Yet even heredity and environment together cannot account for all the signs of death that surround Gervaise. Madame Lorilleux says that Gervaise looks like "cette femme d'en face qui est morte de la poitrine" (II, 86); her comment may be motivated by simple spite to prevent Coupeau from marrying Gervaise, but other statements cannot be so easily explained. Gervaise herself tells Coupeau that she "ressemblait à sa mère, une grosse travailleuse, morte à la peine" but is much less solidly built (II, 67). Her wedding dress is bought "pour dix francs au mari d'une blanchisseuse, morte dans la maison de madame Fauconnier" (III, 91): the fact that she and the dead woman work at the same job in the same place explains why she knows about the opportunity to buy the dress, but it also hints that Gervaise will go the same way. Later, as she grows lazy and her shop slowly sinks toward bankruptcy, the clothes seen in earlier chapters are replaced by "guenilles grises, laissées par des clientes mortes à l'hôpital" (IX, 296). All these subtle hints create an atmospere of death around Gervaise, and it seems that more than just the circumstances of her existence weighs down on her, she is doomed by an almost supernatural curse. Her leg symbolizes this; Baguley remarks: "Le 'malheur de sa jambe' devient le signe de sa prédestination au malheur" (84). Oscar Wilde insists on the inevitability of Gervaise's fate: "le principe scientifique de l'hérédité, c'est Némésis sans son masque. C'est la dernière des Parques, et la plus terrible" (quoted in Baguley 84). This comparison of the forces that shape destiny in *L'Assommoir* with classical mythology is interesting, for Duncan points out that the Lorilleux represent the Fates: "It can be no accident that Zola has given the Lorilleux the work of drawing wire so like the task of spinning, then mesuring and severing the skein. They are the Parcae of the city's lower depths" (57). But this goes beyond the level of heredity described by Wilde, it is something less palpable and more destructive, a strange, inescapable kind of destiny, that condemns Gervaise. If her life is represented by the *Radeau de la Méduse*, fate places her on the raft before the tragic events of her downfall even begin.

Finally, there is a connection between the museum episode as a whole and the characters of *L'Assommoir* that should not be overlooked. Early in the visit, as the wedding party makes its way through the Near Eastern antiquities, they encounter "dieux de marbre noir muets dans leur raideur hiératique, les bêtes monstrueuses, moitié chattes et moitié femmes, avec des figures de mortes" (III, 101). The blackness, the rigidity, the silence of these statues all emphasize the simple fact that they are dead. A museum is a place for the display of things that are not alive. The coldness of the room, like a subterranean passage, underlines the point: "Fichtre! il ne faisait pas chaud; la salle aurait fait une fameuse cave" (101). To be on display in a museum is to be, not necessarily deceased—statues and paintings were never alive—but not living. The members of the group become a display for the other people in the Louvre: "des peintres accouraient. . . des curieux s'asseyaient à l'avance sur des banquettes, pour assister commodément au défilé" (103). This warns of the reification that will threaten the characters later, when Gervaise becomes "un tas de quelque chose de pas propre" (XI, 382), before ultimately ending up as a corpse.

In the morbid world of *L'Assommoir*, it is not surprising that death holds a certain fascination for several of the characters. Even in her happy early years of marriage with Coupeau, there is a moment in her semi-delirious fatigue after childbirth when Gervaise feels the attraction of death: "il lui semblait être morte, d'une mort très douce, du fond de laquelle elle était heureuse de regarder les autres vivre" (IV, 127). Both Gervaise and Mes-Bottes feel the desire to take the spout of the distillery equipment between their teeth in order to drink more, regardless of how much it may harm them. Nana is eager to see the dead maman Coupeau: "La petite comprit, allongea le menton pour mieux voir sa grand'mère, avec sa curiosité de gamine vicieuse. . . elle était un peu tremblante, étonnée et satisfaite en face de cette mort qu'elle se promettait depuis deux jours, comme une vilaine chose, cachée et défendue aux enfants" (IX, 306). After the funeral, "Nana pleura, trépigna. Elle voulait coucher dans le lit de maman Coupeau. . . . les morts lui causaient seulement une grosse curiosité" (IX, 323). Bazouge exercises a similar attraction over Gervaise when they live next door to each other:

> Oui, le pis était que, dans ses terreurs, Gervaise se trouvait attirée jusqu'à coller son oreille contre le mur, pour mieux se rendre compte. Bazouge lui faisait l'effet que les beaux hommes font aux femmes honnêtes: elles voudraient les tâter, mais elles n'osent pas; la bonne éducation les retient. Eh bien! si la peur ne l'avait pas retenue, Gervaise aurait voulu tâter la mort, voir comment c'était bâti. (X, 339)

Bazouge calls himself "le consolateur des dames" (IX, 316), and tells Gervaise: "Vous serez peut-être bien contente d'y passer un jour" (III, 119), a prophecy that is eventually fulfilled. Nor is he alone in this point of view, for many characters in the novel speak of death as something desirable. Even in her great triumph, the feast in Chapter VII, Gervaise declares: "il vient un jour où l'on est content de partir" (234). Clémence does not seem serious when she says: "ce rhume-là ne me rendra pas le service de m'emporter" (VI, 201), but Père Bru is in earnest with his statement: "le malheur, c'est que je ne sois pas mort" (VII, 327). This attitude reaches its pinnacle when Gervaise goes to Père Bazouge and asks him to take her away; when he says he cannot, she regrets having eaten the food Goujet gave her: "la misère ne tuait pas assez vite" (XII, 429). Never is death so triumphant as when its victims actively seek it.

But a ray of hope shines through this gloom. Despite frequent talk of the horrors of life and the value of death as a liberator, none of the characters of *L'Assommoir* resorts to suicide. Other than the death of Goujet's father, placed in a distant past and apparently motivated more by fear of punishment for the murder he committed than by despair over his existence, the only mention of an actual suicide in the novel is the woman who hangs herself next door to the laundry shop (VII, 242); it seems like an omen, but for once a sign of impending disaster proves false. In the frightful apartment house, the residents turn to theft and prostitution, (X, 335), but not suicide. Even in his fatal drunken delirium, Coupeau refuses to kill himself; seeing a mass of water, he cries: "C'est pour que je me tue. Non, je ne me jetterai pas!" (XIII, 433). The death of Lalie so crushes Gervaise "qu'elle se serait volontiers allongée sous les roues d'un omnibus, pour en finir" (XII, 410), but she does not. Leaving the Goujets' apartment after madame Goujet has reprimanded her on her dissolute lifestyle, Gervaise thinks to herself: "à moins de crever tout de suite, on ne pouvait pourtant pas s'arracher le coeur soi-même" (VIII, 295), and could kill herself by jumping out her sixth-floor window, but never does. Like Père Bru, she will die of poverty in a dark closet, but will not take her own life.

Gaillard comments that, despite their terrible lot, the working class people as a whole have great energy and vitality in *L'Assommoir*: "Tout au long du roman se lit, en effet, l'extraordinaire vitalité d'une population jeune" (39-40). Perhaps the strongest sign of this is found in the death of maman Coupeau; her dead face is "aminci au dernier hoquet par la passion de la vie" (IX, 306). Like Silvère and Miette in *La Fortune des Rougon*, she feels a great longing for life in her final moments, and dies in a revolt against death.

This is quite different from the suicide of Albine in *La Faute de l'abbé Mouret* and leads to the vehement denunciation of suicide of *La Joie de vivre*. Even in a dark, hopeless world, Zola shows, man can reaffirm life by his refusal to accept death.

Une Page d'amour:
Between Life and Death

A critical event in the action of *Une Page d'amour* occurs when Hélène Grandjean, the protagonist, rides on a swing. During a visit to her neighbor, Docteur Henri Deberle, the young widow accedes to the demands of the others present in the garden and sits on the swing, allowing herself to be pushed by her old friend monsieur Rambaud. "La scène. . .annonce comme un résumé le roman," observes Colette Becker (33). Not only does the sequence of events here parallel the plot of the novel, but the major themes are also symbolized by the swing.

The use of a swing as a symbol already had a long history in the visual arts. In the Eighteenth Century, women sitting on swings appeared in the works of Watteau and Fragonard; these scenes were imbued with a sentimental or erotic note, for almost invariably, the woman was flanked by men, and the swing symbolized her fickle course between two suitors (Hirdt 134). A play of 1859 entitled *La Balançoire* followed this line (Hirdt 137-38), and Zola's text inscribes itself in the same tradition, with an important variation on the theme: in a "lutte entre sa maternité et son amour" (III, 3, p.202)[1], Hélène is forced to choose between her devotion to her daughter Jeanne and her love for Henri. But Zola uses the swing to represent more than this emotional conflict; the swing symbolizes the novel's central themes of elevation and descent, action and inaction.

A swing can be considered a means of reaching heights above the ground. This immediately suggests a connection with Hélène's apartment in Passy: the building is "bâtie à pic sur la hauteur" (I, 5, p.94), and the apartment itself is on the third floor. Hélène seems to be in her element when she is raised up into the air; just as Mme Deberle is at home receiving guests in her salon, "vivant là-dedans comme dans un air qui lui était propre" (I, 2, p. 62), so the young widow seems in her proper place on the swing, "à l'aise. . . vivant dans l'air comme dans une patrie" (I, 2, p. 91). Furthermore, this elevation is inextricably linked with inaction and ignorance. Although she has a wonderful view of Paris from the vantage point of her apartment window, Hélène knows nothing of the city. To Jeanne's questions about the identity of the Institut, the Tuileries garden, the palais de l'Industrie, she can only answer time after time: "Je ne sais pas" (I, 5, p.102); Jeanne concludes: "Nous ne savons rien" (102). Significantly, they prefer not to know any more: "Cela était très doux, de l'avoir là et de l'ignorer. . . . C'était comme si elles se fussent arrêtées au seuil d'un monde, dont elles avaient l'éternel spectacle, en refusant d'y descendre" (102). The verb *refusant* underlines the determination of the two, especially Hélène, to avoid any contact with or knowledge of the city, of anything broader than the closed intimacy of their existence in the apartment. The city is at times frightening for them: "Souvent, Paris les inquiétait, lorsqu'il leur envoyait des haleines chaudes et troublantes" (102). When Hélène thinks of it as an ocean, "il n'était pas jusqu'au grondement continu de la ville qui ne lui apportât l'illusion de la marée montante, battant contre les rochers d'une falaise" (95). Her wish is to watch the activity of the city from above without participating, and any hint that Paris may rise to touch her elevated viewpoint is seen as a threat. "Our abiding image of Hélène," Brian Nelson remarks, "is of a passive onlooker" (12). The metaphorical significance of Hélène's ignorance of Paris is spelled out clearly the last time she looks at it from above: "il était la vie" (V, 5, p. 349). Hélène, like Serge Mouret, has placed herself outside life itself.

One may be tempted to associate her valorization of elevation with the towers in which Julien Sorel and Fabrice del Dongo find happiness, but for Zola such a position above the world is only another form of closure. Tellingly, the apartment's vertical separation from all around it is accompanied by claustrophobic narrowness (Nelson 7), which the windows looking out on Paris cannot cure.[2] As she grows to love Henri, Hélène realizes how restricting her way of life truly is:

En haut, dans sa chambre, dans cette douceur cloîtrée qu'elle retrouvait,

> Hélène se sentit étouffer. La pièce l'étonnait, si calme, si bien close, si endormie sous les tentures de velours bleu, tandis qu'elle y apportait le souffle court et ardent de l'émotion qui l'agitait. Etait-ce sa chambre, ce coin mort de solitude où elle manquait d'air? (II, 5, p. 154)

Comparisons of Hélène's situation to that of other protagonists in *Les Rougon-Macquart* are revealing. In *L'Assommoir*, residency in the shop at ground level, open to the street, marks Gervaise's success, while the narrow apartment on the sixth floor is the sign of her failure and ultimate death; despite its pleasant furnishings, Hélène's apartment clearly follows the example of the latter. The terms *cloîtrée* and *coin mort de solitude* recall the condition of Hélène's nephew Serge Mouret before his sojourn in the Paradou garden; he, too, is happy to live on a hill, separated from the village below. Like the priest, Hélène is entrapped—voluntarily—in an environment that leaves her completely ignorant of life. Her enjoyment of the swing, though it marks an important step in her process of opening herself to the world, casts doubt upon that very opening by the fact that it is yet another way of attaining elevation and therefore isolation.

Her reflections on her past confirm the impression given by her apartment. Like Serge Mouret's seminary, her childhood home was a dull, closed place, neither giving nor inspiring passion of any kind, a condition which Zola presents metaphorically by the statement: "Jamais elle n'avait aperçu un rayon de soleil dans sa chambre d'enfant" (I, 5, p. 96). Thinking about her youth, she remembers that "jusqu'à son mariage, rien ne tranchait dans cette succession de jours semblables" (96-97). Her marriage itself is anything but a love match, and was undoubtedly dispatched as quickly and unemotionally as its description in the text: "Puis, on les avait mariés" (97); afterward, "une vie grise avait recommencé" (97). She cried over the death of her husband; "Ensuite, les jours avaient coulé encore" (97). There is, of course, much to be said for such a quiet, uneventful life, turned inward; tellingly, in his preparatory dossier Zola named her Agathe (Becker 19), the Greek word for good. Many of the most active, outgoing characters in the *Rougon-Macquart* are morally degenerate; Aristide Saccard's wild life of speculation, consumption, and greed immediately comes to mind as an example. He, too, overlooks Paris from above, during dinner at a restaurant on the butte Montmartre (Becker 30), but, unlike Hélène, he descends into the city to join in its activity. Hélène's isolation enables her to avoid the extreme behavior indulged in by so many members of her family: "Elle avail vécu plus de trente années dans une dignité et dans une fermeté absolues . . . . Quand elle interrogeait son passé, elle ne trouvait pas une faiblesse d'une heure, elle se voyait d'un pas égal suivre une route unie et toute droite" (I, 5, p. 98). When her nascent love for Henri suggests the possibility of different behavior, other—perhaps greater—kinds of happiness, she reassures herself: "La seule existence vraie était la sienne, qui se déroulait au milieu d'une paix si large" (98). Zola clearly respects Hélène's integrity, describing her as *pure, chaste, correcte, grave, droite, raisonnable, ferme,* in possession of such qualities as *majesté, honnêteté, pudeur,* and *hauteur* (Nelson 2), but this last hints at the kind of elevation represented by her apartment, an elevation that bears the negative connotations of isolation and separation from the world. Henri Deberle's first impression of her reinforces this sense of rigidity: "elle était une Junon châtaine," that is to say a goddess, someone who looks down upon the world from above, participating in it or not as she pleases; "son profil prenait une pureté grave de statue" (I, 1, p. 57), and when she rides the swing, she appears to him "superbe, grande et forte, avec sa pureté de statue antique" (I, 4, 92). Her upright behavior is associated with cold, rigid lifelessness. She perceives this herself when she falls in love with Henri: "Ah! quelle duperie, cette rigidité, ce scrupule du juste qui l'enfermaient dans les jouissances stériles des dévotes! Non, non, c'était assez, elle voulait vivre!" (II, 5, p. 158). Hélène carries honesty and propriety to an extreme, making of them a kind of moral straitjacket that severely limits her knowledge and experience of the world.

Her friend l'abbé Jouve tries to warn her against the dangers of this kind of life. "Vous vous enfermez trop, vous ne menez pas assez la vie de tout le monde" (III, 2, p. 123), he tells her: "L'existence que vous menez ici n'est pas bonne. Ce n'est point à votre âge qu'on se cloître comme vous le faites. . . . Il y a mille dangers, des dangers de santé et d'autres dangers encore" (123). He proves to be right, for Hélène is once again making the same mistake as Serge Mouret: her virtue is based less on reasoned choice between alternatives than on ignorance of any alterative; once she discovers what the outside has to offer, she will no longer be content to stay within the narrow confines of her existence. She is setting herself up for a fall. The scene on the swing represents this clearly. Hélène is harmed when she jumps off it: "elle sauta. . . Hélène avait poussé une plainte sourde. Elle était tombée sur le gravier d'une allée, et elle ne put se relever" (I, 4, p. 92). On both the literal and the metaphorical levels, Hélène's injury results not only from the dangers of her love for Henri but also from her elevation: had she not placed herself above others, she would not have fallen so abruptly. The swing can be taken as a sign that some kind of descent from an elevated position is inevitable: as surely as it goes up, it comes down again. The problem Hélène faces is to descend gently into the world she has left, to come down to society without falling into its vices. If the motion of the swing represents alternatives to be chosen between, they are not simply virtue and vice (Hirdt 130)[4] but rather the extremes of rigidity and dissolution, both of which must be avoided.

All of Hélène's attempts to escape these extremes fail. To go down to the house of Mère Fétu, she must follow the steeply sloped Passage des Eaux, "une ruelle escarpée qui descend sur le quai, des hauteurs de Passy" (I, 3, p. 73). The risk of falling is clear: "en bas, elle levait les yeux. La vue de cette pente si raide, où elle venait de se risquer, lui donnait une légère peur" (78). "Car la descente," Gilbert Durand states, "risque à tout instant de se confondre et de se transformer en chute" (227). This danger is ultimately realized when her moral fall with Henri occurs in the house at the bottom of the passage. Moreover, the alley is problematic as a sign of descent, a supposed opposite of the apartment: although Hélène feels that "c'était un grand charme que cet escalier recueilli et ombragé, pareil à un chemin creux dans les forêts," (I, 3, p. 78), this very description betrays the narrowness of the passage, "un étrange escalier étranglé entre les murs des jardins voisins" (73). It is almost always empty, and is still separated from others by constricting walls. This dangerous tightness is revealed by the mournful cries of a cat trapped in a well in the Passage, turning the almost pastoral setting into a place of death and destroying its charm: "[Hélène] pressa le pas, avec la pensée qu'elle n'oserait de longtemps se risquer le long de l'escalier, de peur d'y entendre ce miaulement de mort" (8). She does not understand, however, that her situation in this narrow alley is alarmingly similar to that of the cat in the well; were it not for the animal's desperate whines, she would be happy to stay there. The Passage des Eaux gives the illusion of a descent into the world seen from Hélène's window, but it is marked by the same kind of isolation as the apartment.

Effectively barred by this incident from the one place outside her house where she feels comfortable, Hélène continues her cautious attempts to open herself to the world by finding another such place, the Deberles' garden. She spends there most of her time outside her dwelling, but the garden is in many ways marked by the same limitations as the Passage des Eaux. "C'était un jardin bourgeois. . . .un tel rideau de verdure avait grandi là, que de la rue aucun regard ne pouvait pénétrer. . . derrière ce premier mur de faux ébéniers" (I, 4, p. 82-83). Despite its appearance as a refuge of nature in the city, it gives only, "dans cet étranglement des constructions voisines, l'illusion d'un coin de parc" (83); like the field where Gervaise and Goujet find refuge from their urban surroundings in *L'Assommoir,* the garden offers only false promises. It is important that Zola calls it a "jardinet parisien, que l'on balayait comme un salon" (83), for the salon is, throughout the *Rougon-Macquart,* the place *par excellence* of hypocrisy, false appearance, bourgeois society that forbids any genuine experience. The artificial nature of Parisian society is demonstrated by several scenes in *Une Page d'amour*: the children's ball (II, 4) hints that everyone in salons is wearing a mask, and the adults do not show their real identity any more than the costumed children; on a visit to Juliette, Hélène finds her rehearsing a play with some friends (IV, 3), a clear symbol that all appearance of love in her world is mere playacting. Juliette's affair with Malignon began "une nuit quand ils regardaient la mer ensemble, comme des amants d'opéra-comique" (IV, 4, p. 272), and when she goes to see him in the secret apartment he has had furnished for their rendezvous, he "s'apprêtait à la serrer dans ses bras, d'un geste passionné qu'il avait médité" (270). It is into this realm of artificial sentiments and studied gestures that Hélène falls when she tries to break her isolation and participate in the world. Ironically, she becomes enmeshed in these falsehoods, for Juliette's abortive meeting with Malignon ends up as a kind of dress rehearsal for Hélène's own encounter with Henri. The swing is located in this bourgeois garden, and the passage describing Hélène's ride on it, during which her love for Henri first blossoms, can be seen as a warning of these dangers: by its history in the visual arts, it is closely associated with the aristocratic society of the XVIIIth Century, and the figures who appear in the paintings of Watteau and Fragonard are elegant lords and ladies. This social context, the world depicted in literature by Marivaux and Laclos, is severely judged by Zola throughout *Les Rougon-Macquart,* when it appears in the *petites maisons* of *La Curée* and the ceiling paintings of Albine's room in *La Faute de l'abbé Mouret*[5]. As though to underline the connection between the bourgeois society of Passy and the aristocracy of the preceding century, Malignon insists that Lucien dress as a "marquis Louis XV" (II, 3, p. 135) for the costume ball. Henri's skill in controlling Hélène in their unexpected meeting is a seduction reminiscent of the chevalier de Valmont. The swing is too intimately bound up with this world of false love and manipulation to start any liaison of lasting value. Hélène's descent to the garden has led her only to the artificial bourgeois world, not to true experience of the real world. Her efforts to come out of her shell and find genuine love are doomed to failure from the start.

Death is the result of this transgression. A childhood memory flashes into Hélène's mind as a warning: "lorsqu'elle était jeune fille, rue des Petites Maries, elle avait manqué mourir dans une petite pièce sans air, devant un grand feu de charbon" (IV, 4, p. 277). Too weak to resist Henri, she yields to the same kind of seductive torpor:

> ...le seul souvenir de sa jeunesse demeurait encore, une pièce où il faisait une chaleur aussi forte... et elle se rappelait qu'elle avait éprouvé un anéantissement pareil, que cela n'était plus doux, que les baisers dont Henri la couvrait ne lui donnait pas une mort lente plus voluptueuse.... comme prise d'un besoin de sommeil, elle s'abattit sur l'épaule d'Henri, elle se laissa emporter. (279).

Like adultery, death has an irresistible charm that ensnares her even as she perceives its danger[6]. But if Hélène's innocence is killed, it is Jeanne who actually dies as a result of her mother's fault. Sitting at the window during the storm, she, too, is overcome by sleep: "Il [Paris] n'apportait plus à Jeanne qu'un besoin de sommeil.... Elle fermait ses paupières appesanties.... Jeanne dormait" (IV, 5, p. 289). The physical illness and emotional collapse she suffers lead directly to her death, and Hélène tells Henri: "Vous voyez bien que nous l'avons tuée" (V, 3, p. 321). But it is not right to say, as Hemmings does (129-132), that love destroyed her; like Albine after Serge's rejection of her, Jeanne dies not from love but from lack of love.

It is true, however, that she suffers for her mother's transgression. This role of sacrificial lamb is hinted at in the first chapter, when Jeanne is compared to Jesus: "On aurait dit un Christ enfant" (I, 1, p. 54). Her reaction to Hélène's accident on the swing foreshadows how her mother's moral fall will affect her: "Jeanne pleurait si fort, que monsieur Rambaud, défaillant lui-même, dut la prendre dans ses bras" (I, 4, p. 92); once Hélène is able to walk again, "s'appuyant sur lui [Dr. Bodin] et sur monsieur Rambaud, elle remonta chez elle. Jeanne la suivait, toute secouée de larmes" (93). Jeanne seems to suffer much more from the fall than does Hélène herself; she must be comforted by monsieur Rambaud, who commiserates with her. Hélène, also badly shaken by her fall, leans on monsieur Rambaud for support. This constitutes a résumé of the events to come, from Hélène's transgression with Henri to her marriage with monsieur Rambaud; the tragedy is that the second fall will so devastate Jeanne that she dies.

But the underlying problem is much deeper than this: Jeanne lives under a shadow of death from the beginning of the novel, before her mother even knows Henri Deberle. During one of her serious attacks, Hélène explains her family history to Henri and Dr. Bodin, telling of "son aïeule enfermée dans la maison des aliénés des Tulettes. . . sa mère morte tout d'un coup d'une phtisie aiguë, après une vie d'affolement et de crises nerveuses. . . . Jeanne. . . était tout le portrait de l'aïeule; mais elle restait plus frêle" (III, 3, p. 204). The scientific, medical side of this inheritance is clear; but Jeanne also suffers from the kind of mysterious, unavoidable fate that entraps Gervaise or François and Marthe Mouret. Early in the novel, she warns that if M. Rambaud kissed her mother, "j'en mourrais" (II, 2, p. 129), a declaration that produces its ominous echo when Hélène rushes off to Malignon's apartment and Jeanne cries: "je mourrai, si tu me laisses. Entends-tu, je mourrai" (IV, 3, p. 267). The change of tense makes the threat more powerful as the danger approaches; the repetition gives the impression that a prophecy is being fulfilled. Hélène's intention in leaving, of course, is not to meet with Henri but to save Juliette from discovery during her rendezvous with Malignon; but this only reinforces the feeling that destiny is controlling events, driving Hélène to commit the very acts against which she has been warned.

Yet if a fall leads to Jeanne's death, ascension presents its own dangers. In the swing scene, the girl's fragility is linked to flight:

Jeanne adorait se balancer. Il lui semblait qu'elle devenait un oiseau, disait-

> elle. Ce vent qui lui soufflait au visage, cette brusque envolée, ce va-et-vient continu, rythmé comme un coup d'aile, lui causait l'émotion délicieuse d'un départ pour les nuages. Elle croyait s'en aller là-haut. Seulement, ça finissait toujours mal. Une fois, on l'avait trouvée cramponnée aux cordes de la balançoire, évanouie, les yeux grands ouverts, pleins de l'effarement du vide. Une autre fois, elle était tombée, raidie comme une hirondelle frappée d'un grain de plomb. (I, 4, p. 89)

Durand states that "l'archétype profond de la rêverie du vol n'est pas l'oiseau animal mais l'ange, et. . . tout élévation est. . . essentiellement angélique" (148). This observation goes to the heart of Jeanne's sentiments, for the expressions *départ pour les nuages* and *s'en aller là-haut* hint at heavenly exaltation. But Zola has already shown in *La Faute de l'abbé Mouret* that such dreams are in fact a desire for death, a point underscored by the sudden death of the appropriately named Angélique in *Le Rêve*. It is not surprising, then, that the bird imagery of the passage ends with the vision of a dead swallow. Jeanne had a pet bird once, "un moineau; celui-là était mort, elle l'avait ramassé un matin par terre, dans la cage" (IV, 5, p. 281-82). Shortly after recalling this, she opens the window, an act that will lead directly to her fatal illness, and soon feels the presence of a bird overhead: "Elle avait, au-dessus d'elle, la sensation d'un oiseau géant, les ailes élargies" (283). The childhood memories that flash through Hélène's mind as she gives in to Henri show the connection between flight and death: immediately after the room in which "elle avait manqué mourir," she recalls: "Un autre jour, en été, les fenêtres étaient ouvertes, et un pinson égaré dans la rue noire avait d'un coup d'aile fait le tour de sa chambre. Pourquoi donc songeait-elle à sa mort, pourquoi voyait-elle cet oiseau s'envoler?" (IV, 4, p. 277). Jeanne's last thoughts before death are remarkably similar: "Peut-être rêvait-elle qu'elle était peu à peu très légère, qu'elle s'envolait comme un oiseau. Enfin, elle allait donc savoir, elle se poserait sur les dômes et sur les flèches. . . en sept ou huit coups d'aile" (V, 3, p. 328). Other images of ascension in the novel seem to represent peaceful tranquillity, but when examined more closely carry with them warnings of a more somber meaning. In the sky above Paris, when Hélène first looks out at it, "des pans de fumée jaune se détachaient avec le coup d'aile d'un oiseau géant, puis se fondaient dans l'air qui semblait les boire" (I, 5, p. 95). Rising on high, it seems, is tantamount to ceasing to exist. "Les fumées de la Manutention montaient toutes droites, en flocons qui se perdaient très haut" (102-103). Their description as *toutes droites* may be intended to recall Hélène's narrow life, "une route unie et toute droite" (98); in any case, the dissipation of the smoke suggests an end of existence, an image that becomes clearer when Hélène watches the same smoke during Jeanne's gravest danger of death: "le jour où elle l'avait crue perdue, elle était restée longtemps, suffoquée, étranglée, suivant des yeux les fumées de la Manutention qui s'envolaient" (III, 5, p. 219). For Zola, ascension is not a form of liberation, leading to a better life, but simply a kind of death. He warns that religious or romantic aspirations to elevation amount to a desire for death, since that is their inevitable conclusion.

The five tableaux of Paris, often criticized as gratuitous description,[7] underscore this lesson, and consequently carry the fundamental message of the novel as much as if not more than the plot. Though many critics have noted the artistic merits of these passages and their role as reflections of Hélène's sentiments[8], few have searched deeper for the underlying thematic significance of the city. The historical inaccuracies Zola willfully committed by including the Opera and the dome of Saint-Augustin, neither of which had been constructed at the time of the action in 1853-54, show that the tableaux have less realistic than symbolic value. Philip Walker's characterization of description in Zola's works as "the truthward ascent from fact to symbol, from an objective view of the world to an all-embracing religious and philosophical vision" (57) must be applied to these passages of *Une Page d'amour*. Throughout, there is a dialectic of city and sky, with each influencing or reacting to the other. When Hélène first looks out from her window, it is the sky that has "une gaieté tendre de l'infini, pendant que la ville. . . paresseuse et somnolente, ne se décidait à se montrer sous ses dentelles" (I, 5, p. 95). Soon, however, Paris rises to the challenge and "se déployait, aussi grand que le ciel" (99); henceforth, it is the city, not the sky, that appears "infini" (99, 102). This rivalry between the two becomes most evident in the third tableau, in III, 5, in which Hélène and l'abbé Jouve watch as night comes over Paris. First, darkness reigns; then stars appear in the sky above; finally, they are answered by the lights of the city:

> Dans la mer de ténèbres qui dormait devant eux, une étincelle avait lui. . . . Et, une à une, d'autres étincelles parurent. Elles naissaient dans la nuit avec un

> brusque sursaut, tout d'un coup, et restaient fixes, scintillantes comme des étoiles. Il semblait que ce fût un nouveau lever d'astres, à la surface d'un lac sombre. . . . une constellation s'élargit, étrange et magnifique. Hélène ne parlait toujours pas, suivant du regard ces scintillements, dont les feux continuaient le ciel au-dessous de l'horizon, dans un prolongement de l'infini, comme si la terre eût disparu et qu'on eût aperçu de tous côtés la rondeur céleste. (III, 5, p. 223)

The description is reminiscent of a passage in *L'Assommoir* in which a lamp at the bottom of a stairwell and a gas light reflected in a puddle seem like stars to Gervaise, giving the impression that the sky is below. This inversion of directions is mere illusion, offering a promise of happiness on earth that is never fulfilled. But Zola's intentions in *Une Page d'amour* seem quite different. As in the first tableau, Paris wakes up and imitates the sky, but on a far vaster scale, with a depth and immensity unequaled by the heavens. The juxtaposition of earthly and cosmic light echoes that in Hugo's "Magnitudo parvi," of which Zola's text may be a conscious imitation. But Zola goes beyond the Hugolian poem, carrying to its logical conclusion a line of thought that Hugo begins. While Hugo is tempted by this inversion of earth and sky and engages in a metaphysics of the below, he sees this as a way to communicate with, not to abolish, heaven. Zola, on the other hand, gives to the fire on earth such profundity that the stars end up seeming a pale imitation. The city, and earthly existence, reaffirm themselves as rivals of the heavens and their promise, with all the metaphysical significance frequently attributed to the life of heaven. Like all material things in the vision of Hugo's shepherd, the city disappears, leaving only lights suspended in the air: "Paris, qu'on ne voyait pas, en était reculé au fond de l'infini, aussi vaste qu'un firmament" (225). Zola's message is that everything man so often seeks in the sky or in an eternal afterlife is to be found here on earth. Fittingly, as Hélène looks out upon this immense spectacle, "Le vaste horizon de Paris, au crépuscule, la touchait d'une profonde impression religieuse" (221), for the passage bears witness to Zola's religion of human life, already sketched in *La Faute de l'abbé Mouret* and to be developed further in *La Joie de vivre* and *Le docteur Pascal*. The discredit cast upon a life of enclosed solitude in the novel may be intended as a subtle reproach against the attitude of Stendhal, who wanted to stay aloof from all but a "happy few" and prized elevated isolation for his characters, or of Flaubert, who withdrew from the world into solitary devotion to art. Similarly, the refusal of an upward-looking life can be seen as a refusal of Romantic and religious aspirations. Like enclosure, elevation is a refusal to participate in life; the fullness of existence is to be found not on high but here below. Zola stands like Aristotle in Raphael's *Academy of Athens* against the Plato of traditional thinkers: while they point to the sky, he gestures down toward the earth.

At times the sky seems to cast a shadow of death over the city, threatening to bury it: "une cendre rousse. . . ensevelissait les faubourgs détruits" (II, 5, p. 160); "une cendre fine semblait pleuvoir sur la grande ville, qu'elle ensevelissait lentement, sans relâche" (III, 5, p. 218). But each of these images is quickly followed by flashes of fire, the afternoon sunlight reflected by rooftops or the stars coming out at night; like a phoenix, Paris is reborn from its ashes. The hostility that opposes the two becomes most evident in the fourth tableau, when Jeanne observes the storm. It constitutes a violent attack on the city, an attack that appears devastating: "la barre des grosses gouttes enfilait les avenues des quais. . . . derrière cette trame de plus en plus épaisse, la ville pâlit, sembla se fondre" (IV, 5, p. 283). Soon after, "la masse énorme de l'Opéra faisait penser à un vaisseau démâté, la carène prise entre deux rocs, résistante aux assauts de la tempête" (288); "les coups de pluie frappèrent la ville à toutes places; on eût dit que le ciel se jetait sur la terre; des rues s'abîmaient, coulant à fond et surnageant, dans des secousses dont la violence semblait annoncer la fin de la cité" (288). At the end of the scene, the city seems "comme détruite et morte" (288), "englouti" (288), "un Paris fantôme, aux lignes tremblantes, qui paraissait se dissoudre" (289).

The last tableau, of Paris under the snow, appears at first glance to continue this thematics of death. The city seems as dead as the cemetery from which Hélène looks upon "sa débâcle qui le figeait dans une immobilité de mort" (V, 5, p. 345). Immobility is indeed a characteristic of death, and the motionlessness of everything in Hélène's apartment, where each object stays in its place, underlines its lack of vitality. The descriptions of Paris, on the other hand, are full of motion: the image of the city as an ocean, Nathan Kranowski points out, "est utilisée essentiellement pour souligner l'aspect dynamique de la ville dont la variété infinie suggère le mouvement perpétuel" (52). Every one of the five tableaux draws attention to the streets along the river, which are always bustling with activity: "les passants, une foule active de points noirs emportés dans un mouvement de fourmilière; la caisse jaune d'un omnibus jetait une étincelle; des camions et des fiacres traversaient le pont" (I, 5, p. 99); "les fiacres et les omnibus se croisaient au milieu d'une poussière orange, parmi la foule des passants, dont le noir fourmillement blondissait et s'éclairait de gouttes de lumière" (II, 5, p. 159); "une lueur rapide, les lanternes d'un fiacre ou d'un omnibus, coupait l'ombre de la fusée continue d'une étoile filante. . . . Sur le pont des Invalides, les étoiles se croisaient sans relâche" (III, 5, p. 225); "Jeanne regardait. . . la vie des rues recommencer, après cette rude pluie. . . Les fiacres repreraient leurs cahots ralentis; tandis que les omnibus. . . passaient avec un redoublement de sonorité. . . des passants abrités sous les arbres se hasardaient d'un trottoir à l'autre" (IV, 5, p . 282). This last passage is especially important, for the phrase *la vie des rues recommencer* suggests that all this motion of people and vehicles has not simply a descriptive role but also a metaphorical significance. The city represents life itself, with all its activity and variety; Zola underlines the point heavily at the conclusion of Hélène's reflection on Paris, when she tells herself: "il était la vie" (V, 5, p. 349). This effervescent force cannot be kept down, and the immobility Hélène sees from the graveyard soon gives way to movement: "Des cochers restaient immobiles, raidis dans leurs manteaux gelés. Sur la neige, d'autres voitures, une à une, péniblement, avançaient" (347). This slow, faltering movement leads to the steady, unstoppable flowing of the river, for even "Dans l'immobilité de cette mer de glace, la Seine roulait des eaux terreuses" (348). It, more than the activity of the streets, shows that life cannot be stopped. The destruction of Paris, threatened during the storm, will never occur; as she views the city for the last time, Hélène reflects that it is "comme immortelle" (349). The Opera, depicted as a battered ship in the previous tableau, stands solid like a mountain here (349); the ship image may be intended as a subtle allusion to the motto of Paris, for the entire symbolic landscape of buildings, river, and human activity, holding firm against all buffets, mutely proclaims *fluctuat nec mergitur*.

This deathless metropolis carries the important message of the continuation of life, a message that is not just descriptive but prescriptive also. *Une Page d'amour* is a story about living after tragedy: Hélène must carry on, first after the death of her husband, then after that of her daughter.

Several passages of the book underline the lesson that one must continue after such painful experiences. Surprisingly for a priest, l'abbé Jouve seems to speak for Zola when he warns Hélène against the dangers of isolation and tells her to remarry. His own family history teaches this: to Juliette's question about the priest: "N'a-t-il pas un frère?" Hélène answers: "Oui, sa mère s'était remariée" (I, 2,p. 64). This can only mean after the death of her first husband, since divorce was impossible at the time. Monsieur Rambaud is therefore the product of a second marriage; he, in turn, will become Hélène's second husband after the death of Jeanne, continuing his life with her after the death of his brother. The Deberles' child naïvely follows the same logic at Jeanne's funeral: "Lucien, puisque sa petite femme était morte, en cherchait une autre.....il paraissait se décider pour Marguerite.... Il ne la quittait plus" (V, 4, p, 332). Clearly, life will continue, with or without the active participation of each person; but Zola shows that, like his mythical Paris, one must gather one's strength and continue to lead an active life in spite of all difficulties.

Whether or not Hélène has learned this lesson at the end of the novel is unclear. She has finally married Monsieur Rambaud, but Paris remains as foreign to her as it ever was, and her new life as Mme Rambaud sounds much like her former existence before meeting Henri: "elle redevenait très calme, sans un désir, sans une curiosité, continuant sa marche lente sur la route toute droite. Sa vie reprenait, avec sa paix sévère et son orgueil de femme honnête" (V, 5, p. 347). She and her new husband are moving away from Paris to live by the sea in the Midi. This is, of course, exactly what Zola himself did after the publication of *L'Assommoir,* writing *Une Page d'amour* in retreat by the Mediterranean, and soon acquiring his country house in Médan. But he always continued to live in Paris and to play an active role in the political and intellectual life of the period; his campaign of articles that became *Le Roman expérimental* began only about a year after the completion of *Une Page d'amour.* "Ce qui fait la grandeur de l'homme dans l'univers zolien," Muller-Campbell states, "c'est son engagement" (169). Hélène, on the other hand, seems to be retreating from life itself, returning to her previous condition of cold isolation, especially since, as Nelson points out, Monsieur Rambaud, though honest and trustworthy, appears to offer only the dull, passionless kind of marriage she already had with Grandjean (2-3). Monsieur Rambaud was the one who pushed her while she was on the swing;

he will continue to be the motor in her life, providing a steady, dependable existence far from he bustle of the world. Seen in the light of this ending, the swing scene assumes a kind of ambiguity: the swing does indeed offer a kind of movement, releasing Hélène from the frozen rigidity of her closed life; but it inevitably goes from one point of elevation to another, a premonition that Hélène's attempts to descend from isolation will fail. Moreover, the motion of the swing leaves no possibility of free movement; it sends its rider on a predetermined course within set limits, like the "route toute droite" (V, 5, p. 347) that Hélène will follow.

The last sentence of the novel, however, leaves no ambiguity as to Jeanne's fate. Once again, a *Rougon-Macquart* novel ends in a graveyard. Visiting the grave of loved ones became a common practice in the Romantic period, and the visitor usually sought to commune with the deceased, comforted that they would meet again in the next world (Ariès 403-439, 468-550). But neither Zola nor his characters entertain any such hope in the last chapter of *Une Page d'amour:* "Jeanne, morte, restait seule en face de Paris, à jamais" (V, 5, p. 350). Death is shown as a harsh reality that cannot be papered over by promises of a joyful afterlife; nor is life in this world a paradise, either. The totality of life represented by Paris is not idyllic; it undergoes bitter hardships, as shown by the storm, and death is a part of it, for it is in Paris that Grandjean and Jeanne both die. Like Désirée's barnyard in *La Faute de l'abbé Mouret,* Paris symbolizes an active, sometimes painful life that must be understood and loved for what it is. Yet this refusal of any other existence can be liberating: delivered from false hopes of happiness after death, man is free to turn his full attention to the one reality Zola acknowledges: life on earth.

Germinal:
Life Out Of Death

Of all the frightening scenes in *Germinal* perhaps the most disturbing is that in which Etienne and Catherine are trapped in the mine during the flood. Pursued relentlessly by rising waters, threatened by starvation, surrounded by total darkness, the two face almost certain death. But an even greater horror awaits them, more terrible than any of the natural dangers: the body of Chaval, carried by the current, brushes against them. Try as they will to push it away, the corpse inexorably returns to them:

> [Etienne] donna un coup de pied au cadavre, qui s'éloigna. Mais, bientôt, ils le sentirent de nouveau qui tapait dans leurs jambes.
> – Nom de Dieu! va-t'en donc!
> Et, la troisième fois, Etienne dut le laisser. Quelque courant le ramenait. Chaval ne voulait pas partir, voulait être avec eux, contre eux. (VII, 5, p. 487)[1]

Earlier in the novel, when Etienne helps Jeanlin to hide the dead soldier's body in the abandonned tunnels of Réquillart, he feels the corpse weighing down upon him: "il eut ainsi trente échelles, deux cent dix mètres, à le sentir tomber sur lui" (VI, 4, p. 406). It is significant that Etienne and not Jeanlin, the actual murderer, carries the body, for it is he and not the child who is deeply troubled by the incident; the oppressive weight of the corpse thus becomes the symbol of his uneasy conscience. Similarly, the story "Pour une nuit d'amour," published in *Nouveaux Contes à Ninon,* shows a murderess and her accomplice in the cover-up sharing the job of carrying the body as they share guilt for the crime. In the same way, the seemingly malicious body that haunts Etienne and Catherine represents the inherited curse that led Etienne to kill Chaval and the constant menace of death that hangs over the miners throughout the novel. Their struggle against the corpse forms a microcosm of the battle against these threats waged by them, by the entire community of miners, and by the Rougon-Macquart family.

Both Etienne and Catherine live under a shadow of death that stretches back long before the beginning of *Germinal*. The Maheu family shows forcefully, as Zola foresees in the *ébauche*, "toutes les misères, toutes les fatalités qui pèsent sur le houilleur" (Grant, *Zola's Germinal* 177). Their history, as recounted by Bonnemort in the first chapter, is a series of violent deaths: his grandfather, discoverer of the first vein of coal in the region, although "très fort," died from overwork, "mort de vieillesse à soixante ans" (I, 1, p. 37); Bonnemort's father, two uncles, and three brothers all died in accidents in the mine. The product of "dégénérescence" (II, 2, p. 112), the Maheu family is afflicted by such hereditary illnesses as anemia and scrofula (I, 2, p. 42; II, 2, p. 112; II, 4, p. 133). Other conditions result from environment rather than genetics but follow the workers in the same way, since they live under the same conditions generation after generation in their "misère héréditaire" (III, 5, p. 196); in the broader community of miners, Marel points out, "dans la liste des *Personnages,* on voit que chacun d'eux incarne une des maladies chroniques de la mine" (Marel, "Jules Verne, Zola et la mine" 195). A scene in the Maheu house during the strike is a panorama of both kinds of ailments: "le grand-père toussant, crachant noir, repris de rhumatismes qui se tournaient en hydropsie, le père asthmatique, les genoux enflés d'eau, la mère et les petits travaillés de la scrofule et de l'anémie héréditaires" (IV, 5, p. 264).

But worse than the medical consequences of this heredity are its effects on the miners' psyche. In their "résignation séculaire" (IV, 1, p. 214; VII, 1, p. 435), passive obedience to the ruling class has become so ingrained in them that it is difficult to tell whether it is the result of their conditions or of true heredity. If the miners are forced to "vivre ainsi ployés" (I, 4, p. 66) in the low tunnels, this position has a clear metaphorical value: the Company is built in an "hiérarchie militaire qui, du galibot au maître-porion, les courbait les uns sous les autres" (I, 5, p. 75). Catherine is shocked to learn that Etienne struck his foreman: "Elle demeura stupéfaite, bouleversée dans ses idées héréditaires de subordination, d'obéissance passive" (I, 4, p. 68). If rebellion against the bourgeoisie is difficult for the young girl, it is perhaps even more challenging for an old man like Bonnemort, accustomed to quiet obedience, whose physical immobility reflects his attitude of resignation (Topazio 66-67). During the meeting in the forest, held to plan the continuation of the strike, he opposes his comrades' excitement with his declaration that "ça n'avait jamais bien marché, et ça ne marcherait jamais bien" (IV, 7, p. 288). Even Maheu and his wife nearly revert to their old habit of submissiveness when the time comes to send a strikers' delegation to the management: "Tous deux, au moment d'agir, malgré l'injustice de leur misère, retombaient à la résignation de la race, tremblant devant le lendemain, préférant encore plier l'échine" (IV, 2, p. 223). For them, and for all the miners of the company, heredity is the problem, in both its strict, scientific sense and its broader metaphorical meaning. In order to escape from the power of death that holds them in its grasp, they must throw off this heritage of sickness, victimization, and passivity.

Similarly, Etienne is heavily influenced by his family, by both example and heredity. His fiery socialist rhetoric echoes the tirades against the wealthy of his father Lantier in *L'Assommoir*—"Je veux la suppression du militarisme, la fraternité des peuples. . . . Je veux l'égalité des salaires, la répartition des bénéfices, la glorification du prolétariat" (VIII, p. 260)—and Lantier's last words to Etienne upon the latter's departure for the country repeat the theme: "Souviens-toi que le producteur n'est pas un esclave, mais que quiconque n'est pas un producteur est un frelon" (262). Furthermore, Etienne suffers, like all his family, from a kind of degeneration, expressed as a half medical, half mythical curse. Although some critics have attempted to minimize the importance of heredity in Etienne's character, and thus the link between *Germinal* and the Rougon-Macquart series[2], Zola insists on the importance of it in his *ébauche:* "Ne pas oublier que j'ai fait d'Etienne dans la famille un maniaque de l'assassinat" (Grant 176); "la névrose de la famille qui un jour se tournera en folie homicide. . . . Une violence de bête fauve qui s'éveille en lui par moments, un besoin de manger un homme" (Grant 199). The preparatory notes on the characters show the same vision of Etienne: "Hérédité de l'ivrognerie se tournant en folie homicide. État de crime" (Grant, *Zola's* Germinal 207). This latent neurosis is first presented when

Etienne explains his family background to Catherine; coming immediately after her astonishment at his act of revolt against authority, it shows the opposition—or link—between his inherited temperament and her own. He attributes his violence to alcohol: "Je dois dire que j'avais bu. . . et quand je bois, cela me rend fou, je me mangerais et je mangerais les autres. . . Oui, je ne peux pas avaler deux petits verres sans avoir le besoin de manger un homme" (I, 4, p. 68). Later in the novel, having drunk liquor on an empty stomach, he joins in the strikers' destructive fury, then reflects afterward on "la longue hérédité de soûlerie, ne tolérant plus une goutte d'alcool sans tomber à la furie homicide" and asks himself: "Finirait-il donc en assassin?" But his tendency toward violence runs deeper than this, for it breaks out even when he has not had any alcohol: after his first day in the mine, the sight of Catherine and Chaval together gives him "un de ces besoins de tuer où il aurait mangé un homme" (II, 5, p. 147). The same kind of irrational rage seizes him during his fight with Chaval:

> Une voix abominable, en lui, l'assourdissait. Cela montait de ses entrailles, battait dans sa tête à coups de marteau, une brusque folie du meurtre, un besoin de goûter au sang. Jamais la crise ne l'avait secoué ainsi. Pourtant, il n'était pas ivre. Et il luttait contre le mal héréditaire, avec le frisson désespéré d'un furieux d'amour qui se débat au bord du viol. Il finit par se vaincre, il lança le couteau derrière lui. . . (VI, 3, p. 398).

The fact that Etienne successfully overcomes his deadly heritage should not lead one to diminish its importance, for it remains a central element of his personality until the end of the novel; although the role of psychopath devolves upon Jacques Lantier, invented to assume his brother's original destiny in the series, Etienne only frees himself from this inherited disposition after a long struggle. Furthermore, his homicidal tendencies must be seen as part of a broader theme, that of the nervous excitability that affects, for better or for worse, nearly every member of the Rougon-Macquart family. The predisposition to revolt and violence that threatens to make him a murderer also transforms him into a fiery prophet of socialism; ironically, the very condition that pushes him to lead the miners in a rebellion against their hereditary misery places its own curse on him. Like his fellow workers in the mine, Etienne has a stamp of death placed on him by his heredity, but one that threatens to make him the killer instead of the victim.

The obstinate return of Chaval's corpse symbolizes both these blights. As the physical evidence of Etienne's attack on Chaval, it shows the apparent triumph of his primitive instincts and the lingering neurosis that continues to haunt him despite his efforts to throw it off. Furthermore, by his long abuse of Catherine, Chaval represents the system that oppresses the miners (Brady 92, Rosenberg 357); his continued persecution of her, even after death, demonstrates the enduring power of that system. The scene in the flooded mine thus symbolizes the two central problems of the novel: while the miners must learn to revolt against conditions they have always accepted, Etienne must learn to control his homicidal urges. In both cases, it is a question of how the individual confronts forces that deny his liberty, whether the fault lies with pure heredity or with a mixture of genetics and environment. From the very beginning of the *Rougon-Macquart* series, the cycles of the *aire Saint-Mittre* show heredity as a serious if not insuperable obstacle to all progress (Schor, "Zola: from window to window" 50); by placing the entire community of miners under an inherited curse of death, Zola enlarges the problem to be that not of an individual family but of society as a whole. The extremes of violence and resignation represented by Etienne and the workers of Montsou are opposing facets of the same problem; *Germinal* is the story of the battle against these two opposite but complementary kinds of heredity.

But the mine is essentially a place of death long before Catherine and Etienne are trapped in it, and the presence of a dead body only underlines its value. From the opening pages of the book it represents both sides of the curse of death. In this dark, ominous world, the four elements all bring danger: "Le feu cache en lui l'incendie, l'eau l'inondation, l'air la tempête ou l'asphyxie" (Borie 65); earth itself, constantly threatening to fall in and bury the miners, completes the scheme. In *L'Assommoir*, the distilling equipment lurked in the deadly environment of the city like the Minotaur in its labyrinth; but in *Germinal*, Auguste Dezalay points out, "le vrai Minotaure, c'est la mine" (127), itself a monster. When first presented through Etienne's eyes, "dressant sa cheminée comme une corne menaçante," the complex of buildings "lui semblait avoir un air mauvais de bête goulue, accroupie là pour manger le monde" (I, 1, p. 33). This image of the mine as a frightening animal is repeated throughout the book: it is a "bête méchante" (39), endowed with bodily functions including respiration, "soufflant toujours de la même haleine grosse et longue, l'haleine d'un ogre" (I, 6, p. 91), "la respiration grosse et lente de la machine d'épuisement, qui jour et nuit soufflait" (II, 5, p. 148), which continues even during the strike when all other activity has stopped: "il n'y avait toujours que l'échappement de la pompe soufflant son haleine grosse et longue, le reste de vie de la fosse" (IV, 3, p. 233). But digestion is the mine's most clearly marked animal trait: in Etienne's first half seen, half imagined vision of the compound as a beast, it seems "goulue, accroupie là pour manger le monde" (I, 1, p. 33), "l'air gêné par sa digestion de chair humaine" (39). The next morning, as the miners descend to work, "le puits en dévora de la sorte, d'une gueule plus ou moins gloutonne, selon la profondeur de l'accrochage où ils descendaient, mais sans un arrêt, toujours affamé, de boyaux géants capables de digérer un peuple" (I, 3, p. 52). This continues uninterrupted until finally "le puits dévorateur avait avalé sa ration quotidienne d'hommes" (60). Moreover, the entire process is carried out in a "silence vorace" (52), thus making explicit the immediate connotation of the name Voreux. Nor are these mere gratuitous images, created simply for the delight of their horror[3], for the mine's threat is devastatingly real: Bonnemort tells of his father's death in a cave-in, "le sang bu et les os avalés par les roches" (I, 1, p. 38), and a similar image is used by Hennebeau at the end of the strike when mentioning the victims of the shooting, "dont la boue du Voreux avait à peine bu le sang" (VII, 1, p. 434-35); though they are killed by soldiers and not in the mine, the image suggests the complicity of Voreux. A cave-in before the strike kills one miner and seriously injures Jeanlin (III, 5), demonstrating the real, concrete threat of death under which the miners are forced to live. The tomb-like enclosure in which Etienne and Catherine are trapped only shows more vividly what the mine has been from the beginning.

Subtler is its connection with Etienne's stamp of death. "La mine," Henri Mitterand states, "comme espace de ténèbres, est le lieu où se déchargent librement et violemment toutes les pulsions instinctives que censure ou canalise la lumière du jour : celles de la faim, du sexe, du meurtre. C'est le lieu où l'homme redevient une bête" ("Notes sur l'idéologie du mythe dans *Germinal*" 83). It is indeed significant that Etienne finally kills Chaval in the mine; in their earlier encounters, Chaval escapes without a fight when confronted during the day, and the two first come to blows at night, reflecting the influence of darkness over human violence. But the mine is not only the immediate cause of Etienne's homicidal outburst, it also reflects an analogous condition itself. In Zola's fiction, Borie notes, the machine, "très proche encore de la violence archaïque du feu intérieur qui l'anime, représente bien l'instinct de la mort à l'état brut" (83); a similar phrase could be used to describe Etienne's lurking madness. Voreux reflects his condition in several important ways: it, too, has a hidden "fêlure" (Bonnefis 220); it proves to be "un être aussi malade (respiration poussive, etc.) que l'homme, et qui est chargé d'un atavisme aussi lourd et meurtrier" (Woollen 119). Hemmings remarks that "the dark, airless galleries under the ground were the perfect symbol for the deep-buried corridors of the unconscious mind" (*Emile Zola* 193). The repeated use of the expression "manger un homme" for Etienne's desire to kill (I, 4, p. 68; II, 5, p. 147) underlines the similarity between him and the man-eating monster. The parallel between Etienne's personal story and the epic plot of the novel becomes apparent: the deadly beast shows what Etienne is in danger of becoming.

The desperate efforts by Etienne and Catherine to find a way out of the dark tunnels in which they are trapped are only a more extreme case of the miners' plight throughout the novel. The first full work day in the mine shows the workers' eagerness to escape up to the surface (I, 5); despite their long habit of the mine, they look forward to the ascent at the end of each day as a kind of delivrance. Etienne's thoughts in the elevator on the way up show again the double danger the narrow passages represent: for the laborers, the future offers only the obligation to "redescendre au fond de cet enfer, pour n'y pas même gagner son pain" (I, 6, p. 83); for himself, Etienne fears, "il finirait par étrangler quelque chef" (83). But the world above offers only false promises of escape. Zola frequently opposes the danger of tight space to the liberating power of open expanses, perhaps most notably in *L'Assommoir,* and at first glance a similar dialectic appears to be at work in *Germinal:* the terrain of the region seems to contrast sharply with the mine. Set against the constricting tunnels are the "plaine immense" (I, 6, p. 90), "vaste plateau" (II, 3, p. 116), "mer immense de terres rougeâtres" (II, 5, p. 137), "immensité noire" (148), "vaste mer de betteraves et de blé" (148), "immense plaine" (IV, 5, p. 257). But the irony of this open countryside is that it offers no more freedom than the cramped confines of the mine, for as far as the eye can see there is nothing but the same monotonous expanse of flat land. The very immensity of the region makes it all the more dreadful a prison, since it shows a land dominated by the same industry all the way to the horizon in every direction, and no offer of escape even at a distance; Roger Ripoll states: "labyrinthe souterrain ou plaine infinie, les décors en apparence opposés fonctionnent comme un même piège" ("L'avenir dans *Germinal:* destruction et renaissance" 122).

Furthermore, the deadly influence of the mine is not limited to the underground passages or even the complex of buildings, but spreads its shadow over this vast plain. The whole countryside is coated with mud, "une boue spéciale au pays du charbon, noire comme de la suie délayée, épaisse et collante à y laisser ses sabots" (II, 2, p. 107). The threat of cave-ins in the tunnels is echoed by repeated images of burial in the description of the countryside around Montsou, "d'une tristesse blafarde et morte d'ensevelissement" (II, 5, p. 137). The cortege carrying Jeanlin and the dead miner after the accident must cross a dismal plain: "une nuit lente l'ensevelissait, comme un linceul tombé du ciel livide" (III, 5, p. 203), and at the height of the strike, the miners' village "gisait" (VI, 2, p. 378), "une vision de village mort, drapé de son linceul" (378). But it is the details observed by Etienne when he surveys the area after his first day of work in le Voreux that show most clearly the harmful effects of the mine on all around it. He is most struck by a canal that crosses the company's land, used for transporting materials: "toute l'âme de cette plaine rase paraissait être là, dans cette eau géométrique qui la traversait comme une grande route, charriant la houille et le fer" (I, 6, p. 91). The canal constitutes a conquest of nature by man, putting the natural, elemental force of water to work for man's purposes; but its psychological import goes deeper. Borie declares: "le canal, si l'on nous pardonne ce pléonasme, canalise, c'est-à-dire endigue" (80). A canal is necessarily the result of human efforts to control something that otherwise would run free, to place limits on what would be useless or even dangerous if left to itself. Zola underlines this value of the canal as a force of nature subjected to human control by specifying that the one here is in fact a river that has been enclosed, "la rivière de la Scarpe canalisée" (91). It represents the soul of the region because it demonstrates the ugly fact about life there that Etienne is discovering: the Company's success is based on calculated violence against nature.

Nor is the river the only victim of the mine. As Etienne looks over the area, "il semblait que tout le noir du Voreux, toute la poussière volante de la houille se fût abattue sur la plaine, poudrant les arbres, sablant les routes, ensemençant la terre" (I, 6, p. 90)[4]. Just as it covers the countryside with thick mud, the mine casts a pall of deathliness over the entire region; the term *ensemençant* must be taken ironically, for the coal dust brings not fertility but stunted growth and sterility. The absence of trees in the surrounding plains is striking, and one possible motive for Zola's choice of northern France as setting for the novel is that it offers barren landscapes to which he could attribute a metaphorical significance. From the first page the lack of trees is noted frequently: "Aucune ombre d'arbre ne tachait le ciel" (I, 1, p. 31); Mme Hennebeau complains of living in a region "sans un arbre" (IV, 1, p. 212). The few trees that do manage to survive, weakened by the struggle, are "peupliers malingres" (II, 3, p. 116), "quelques saules rabougris" and "des files maigres de peupliers" (I, 6, p. 90); even the Forêt de Vandame, the one apparent refuge of nature in this forbidding environment, displays only "arbres dépouillés" (90). Furthermore, another detail of the panorama observed by Etienne shows the fate that awaits trees in this landscape: near the railroad tracks lies "la provision des bois, pareille à la moisson d'une forêt fauchée" (90). Like the river, they will be used for the Company's benefit. The mine and the entire capitalist system is the enemy of nature and life, and this landscape shows the inevitable results of their ruthless exploitation.

The parallels between these natural elements of the landscape and the miners are clear. Like the waters of the river, the laborers are a "force de la nature" (V, 5, p. 346; VII, 6, p. 494) whose energy is exploited for the profit of the bourgeoisie; like the trees, they are small and misshapen—"Catherine partageait le troisième lit avec sa soeur Alzire, si chétive pour ses neuf ans, qu'elle ne l'aurait même pas sentie près d'elle, sans la bosse de la petite infirme" (I, 2, p. 41)—and are sent down into the mine to be used until crushed under the weight of their burden. Tellingly, the breaking of Jeanlin's legs in the cave-in is preceded and caused by the breaking of a wooden beam supporting the ceiling of the shaft, thus subtly establishing the symbolic link between the two. Other passages of the novel show more clearly the connection between the miners and plant life, most notably trees. Bonnemort, in the worst days of the strike, "gardait son immobilité de vieil arbre tordu sous la pluie et le vent" (VI, 2, p. 388); after the shooting he is found "par terre, sa canne en morceaux, abattu comme un vieil arbre foudroyé" (VII, 1, p. 428).

Yet, surprisingly, there are large, full-grown trees in the panorama Etienne views his first evening there. The canal is lined by "grands arbres," and at a time of year when the fields of wheat and beets lie bare, it has "berges vertes" (I, 6, p. 91). The key to this greenery is its proximity to the waterway; the old trees, like the "eau géométrique" of the canal, are arranged in straight lines laid out by men. Long life, it seems, depends on adherence to the straight and narrow course prescribed by the Company; in a system in which calculated violence lurks behind the scenes, revolt leads almost inevitably to death, as shown by the fate of the Maheu family in the strike. More than any other character, Bonnemort personnifies such resigned obedience to authority, which is what has enabled him to live so long and become a "vieil arbre"[5]. The same image appears in the description of la Piolaine, the Grégoires' estate: "L'avenue de vieux tilleuls, plantée de la grille au perron, était une des curiosités de cette plaine rase, où l'on comptait les grands arbres" (II, 1, p. 95). The trees can be taken as symbols of Grégoire's own heritage of rich, illustrious ancestors, standing like a gallery of family portraits; but it seems more in keeping with the thematics already established to view them as representative of the workers who are responsible—even more than Grégoire's wealthy forebears—for his present riches. Like the trees along the canal, these too are geometrically arranged in obedience to the masters' will, and may be intended to foreshadow the miners' behavior in Part V, when they stop their riot for a moment and let the Grégoires pass unmolested through the middle of the uprising (V, 6). Other plants in the novel are similarly regimented; between the "géométriques, parallèles" apartment blocks of the *coron*, the streets are "divisées en jardins égaux" (I, 2, p. 40), just as their owners are strictly controlled by the Company in every aspect of their lives.

Every aspect, that is, but one. The miners' sole liberty in their miserable existence lies in rampant sexuality. This prized recreation appears first when Maheu returns home from work; getting out of the tub, he pushes his wife toward the table, "goguenardant en brave homme qui jouit du seul bon moment de la journée, appelant ça prendre son dessert, et un dessert qui ne coûtait rien" (II, 4, p. 133). The fact that this begins in the bathtub is important, for it is in sexuality that the miners' energy, strictly channeled like the waters of the canal, breaks free; the waters of the bath, unlike those of the canal, are not controlled by the Company. The scene is undoubtedly repeated in countless houses throughout the village: "c'était également chez les camarades du coron l'heure des bêtises, où l'on plantait plus d'enfants qu'on n'en voulait" (133). The verb *planter* emphasizes the link between the miners and the vegetable realm. Only a page later, Maheu is shown working in his garden: "lui s'entendait très bien à la culture et obtenait même des artichauts" (134); Maheu's exceptional skill at drawing plants from the earth parallels his power at producing children with his wife, since they have seven sons and daughters. In the next plot, Bouteloup, the lover who shares Levaque's wife, plants vegetables in Levaque's garden, and the conversation in this environment turns to questions of sex: "La Pierronne partit furieuse, lorsque Levaque voulut tâter si elle avait la cuisse ferme" (135). The brief description of spring and early summer in Part III underlines this connection between plant growth and human sexuality:

> En juin, les blés étaient grands déjà. . . . C'était une mer sans fin, ondulante au moindre vent, qu'il voyait s'étaler et croître de jour en jour, surpris parfois comme s'il la trouvait le soir plus enflée de verdure que le matin. Les peupliers du canal s'empanachaient de feuilles. Des herbes envahissaient le terri, des fleurs couvraient les prés, toute une vie germait, jaillissait de cette terre. . . (III, 1, p. 154).

The swelling fertility of nature reflects that of the working class women in the novel, who are similarly swollen with reproductive power. The Maheus' baby girl Estelle is "à demi étouffée sous la coulée énorme des seins" of her mother (II, 2, p. 105); later, "Etienne regardait fixement ce sein énorme" (IV, 3, p. 237), "cette coulée de chair blanche" (239). Mothers unabashedly nurse their babies in public during the *ducasse:* "les mères ne se gênaient plus, sortaient des mamelles longues et blondes comme des sacs d'avoine" (III, 2, p. 172). The appropriately named widow Désir has "une paire de seins dont un seul réclamait un homme, pour être embrassé" (IV, 4, p. 243), and manages to delay the police even after they break down the door because "le gorge et le ventre faisaient encore barricade" (255). This protective role of her abundant flesh seems comical, but carries a serious message with it: the miners' greatest power lies in their fertility, and it is there that a solution to their problems must be sought. The clearest example of this sexual potency is found in la Mouquette, "dont la gorge et le derrière énormes crevaient la veste et la culotte" (I, 3, p. 53). Her appearance, like that of the widow, seems comical to the men of the novel, but it too teaches an important lesson: her sexuality is seeking to break loose from the restricting confines of her work clothes, just as the community of miners hopes to break out of their subjugation. The grass that "envahissai[en]t le terri," like the growth that invades Serge Mouret's church, while emphasizing the confrontational relationship between the Company and nature, hints at the course that must be followed: it is not destruction but creation that will overcome the deadly power of the beast. While Etienne plays an important role in awakening the community from its resignation, the ultimate solution lies among the miners themselves, by harnessing their procreative power to place the entire force of nature on their side.

The effervescent nature of spring is followed immediately in the text by the sexual trysts of young miners, who use the blossoming fields as their meeting place:

> Maintenant, lorsque Etienne se promenait, le soir, ce n'était plus derrière le terri qu'il effarouchait des amoureux. Il suivait leur sillage cans les blés, il devinait leur nids d'oiseaux paillards, aux remous des épis jaunissants et des grands coquelicots rouges. Zacharie et Philomène y retournaient par une habitude de vieux ménage; la mère Brûlé, toujours aux trousses de Lydie, la dénichait à chaque instant avec Jeanlin, terrés si profondément ensemble, qu'il fallait mettre le pied sur eux pour les décider à s'envoler; et quant à la Mouquette, elle gîtait partout, on ne pouvait traverser un champ, sans voir sa tête plonger, tandis que ses pieds seuls surnageaient, dans des culbutes à pleine échine. (III, 1, p. 154-55)

This passage contains all four of the elements that are "les instruments naturels de la persécution des hommes" (Mitterand, "Notes sur l'idéologie du mythe dans *Germinal* 83); but here they are transformed into positive, life-giving forces. Zola begins the description of spring: "Etienne, un jour, au sortir du puits, avait reçu à la face cette bouffée tiède d'avril, une bonne odeur de terre jeune, de verdure tendre, de grand air pur . . . une haleine tiède soufflait" (154). The warm breeze contrasts sharply with the bitterly cold gusts that assaulted him his first night in the region; the *air pur* stands in opposition to the *grisou* and poisonous exhalation of the mine. Similarly, the infernal subterranean fires find their answer in the pleasant warmth of the sun which, Etienne feels, "le chauffait davantage, après ses dix heures de travail dans l'éternel hiver du fond" (154); by making the days longer, the sun wins a victory of sorts over the darkness of the mine, which is no longer continued even above ground for most of the day. The water images used in both paragraphs—*mer, plonger, surnager*—tie in with the importance of water in the novel. Throughout his works, Zola repeatedly uses the image of an ocean or a flood to portray any great expanse or swelling, and it would be a mistake to attribute too much importance to a simple figure of speech. But in a novel that culminates in a devastating inundation, such images must be seen as part of a carefully planned theme of water. Their presence here demonstrates that, despite the frequently negative view of water as a destructive agent in *Germinal*, it can in fact be, like sexuality, a life-giving force. Earth, finally, undergoes a similar change here. Usually seen by the miners as a cruel enemy, loathe to yield her riches but eager to kill, the earth can nevertheless give shelter to the oppressed. It is the earth, by its fertility, that offers the hidden lairs for these rendezvous; the idea that the ground itself and not just plants is responsible for the places of protection is reinforced by the terms *terrés* and *gîtait*. All four elements, then, can be either positive or negative, creative or destructive; they are caught in a tug of war between the forces of life and death, in which life is equated specifically with reproduction and growth; victory will go to the power that can assume control of the elements.

The animal imagery used to describe these rendezvous, while showing the crude lust of the young laborers, also serves to emphasize their connection with the nature presented just before, and is thus redeemed as an at least partially positive element of their character. Such associations often carry heavily negative connotations, as when the workers are called *bétail*, but also underline their intimate connection with nature in opposition to the anti-natural Company. The sexuality of the bourgeois characters, on the other hand, is very different from that of the miners. The upper class of the period used its apparent self-control in such areas as sex and drink to justify its domination of the proletariat; if they control the waters of the canal in *Germinal*, this power is achieved at the price of sacrificing of their own sexuality. Zola originally planned to give the Hennebeaus two daughters (Grant, *Zola's* Germinal 87), but later decided to have them live apart, with no sexual union. Mme Hennebeau is called a "Cérès dorée par l'automne"

(IV, 1, p. 210), but the name appears heavily ironic in light of the fact that she and her husband have no children and do not even sleep together[6]; the mention of autumn seems intended to suggest less a time of harvest than the opposite of spring with its fecundity and promise of growth. While her yearning husband is condemned to permanent frustration, Mme Hennebeau carries on an adulterous affair with her own nephew, Paul Négrel, even as she arranges his marriage with Cécile Grégoire. But their liaison is far from the primitive lust of the miners, whose very animalistic nature excuses them; Mme Hennebeau and Négrel have only a "joujou pervers" (V, 5, p. 341), deprived not only of love but even of true desire. The other bourgeois families of the novel, while enjoying a more stable personal life, are also far from the prolific fertility of the working class. Interestingly, the presence of vegetable life for them symbolizes personal fecundity as it did for the miners: the childless Hennebeaus apparently have no trees on their property, while the Grégoires, parents of a late-born daughter, have both the *tilleuls* of their driveway and "le verger et le potager, célèbres par leurs fruits et leurs légumes, les plus beaux du pays" (II, 1, p. 95), just as they believe their beloved Cécile to be. It should also be noted that, as the Company and all capitalists are portrayed as enemies of life, the number of children each family has reflects the precise level of complicity or guilt that can be assigned to it. The Hennebeau are quite reserved, and Mme Hennebeau frequently displays contempt for the miners; the Grégoires are more sympathetic in their naivete; Deneulin, father of two young girls, is the closest to the workers of anyone in his social and economic class: "il se faisait aimer souvent, les ouvriers respectaient surtout en lui l'homme de courage, sans cesse dans les tailles avec eux, le premier au danger, dès qu'un accident épouvantait la fosse" (V, 1, p. 299). In both nature and human relations, fertility and capitalism stand as rival poles of attraction.

    This opposition appears most clearly at the abandoned mine of Réquillart. The old buildings are an enemy that has been invaded and overcome by the force of nature: amid "palissades rompues," "débris de deux hangars qui s'étaient écroulés," "carcasses des grands chevalets restés debout," "anciens bois à moitié pourris," "une végétation drue reconquérait ce coin de terre, s'étalait en herbe épaisse, jaillissait en jeunes arbres déjà forts" (II, 5, p. 141). If nature bursts in with violence, that violence is still a creative force, unmistakably different from the unredeemed destructiveness of the Company. Appropriately, the young lovers of the mining community have taken this area as their mating ground: "C'était le rendez-vous commun, le coin écarté et désert, où les herscheuses venaient faire leur premier enfant" (141). Again, the thick vegetation provides a modicum of privacy: "il y avait des trous perdus pour toutes, les galants les culbutaient sur les poutres, derrière les bois, dans les berlines" (141); as was the case with the four elements, so the very tools of the mine are converted to a positive function, and the narrow space, no longer threatening, becomes protective. To summarize the importance of this area, Zola once again uses the verb *planter* to insist on the link between fertility in man and in nature: "il semblait que ce fût, autour de la machine éteinte, près de ce puits las de dégorger de la houille, une revanche de la création, le libre amour qui, sous le coup de fouet de l'instinct, plantait des enfants dans les ventres des filles, à peine femmes" (141-42). Interestingly, Réquillart echoes the *aire Saint-Mittre* of *La Fortune des Rougon*: both are called *terrain vague*; both are the chosen place of meeting for young lovers; both acquire a political dimension by sheltering those who are oppressed by society and who eventually rebel against the system in power; in both cases, the female protagonist dies in the struggle. There are, of course, important differences, most notably the fact that the *aire* is home to the innocent, asexual tryst of Silvère and Miette, whereas Réquillart welcomes an early promiscuity that can be disturbing both morally and socially. Etienne reflects:

> toutes ces filles, éreintées de fatigue, qui étaient encore assez bêtes, le soir, pour fabriquer des petits, de la chair à travail et à souffrance! Jamais ça ne finirait, si elles s'emplissaient toujours de meurt-de-faim. Est-ce qu'elles n'auraient pas dû plutôt se boucher le ventre, serrer les cuisses, ainsi qu'à l'approche d'un malheur? (143)

The argument has a point, for the great number of workers needing a job in the region assures the continuation of low wages and poor working conditions, and the Maheus complain several times about the hardship of having so many mouths to feed at home, children who will devour income for years before they can begin to produce any. But it is significant that Etienne's attitude against procreation is phrased in the form of a question, for the ultimate answer must be no. Sexuality is the miners' one force, the one aspect of life in which they are far more powerful than their bourgeois masters. The vegetation shows the strength of productive nature against the deadly force of the mine, and Réquillart continues to function as a source of life throughout the book. In Zola's original plans, it was the site of strike meetings (Grant, *Zola's* Germinal 176), one might say the fertile ground in which the seeds of social change were sown; it may be the violent, destructive character the strike eventually assumes that led Zola to withdraw this role from the abandonned pit. If the old mine seems sinister when Jeanlin uses it for his more and more disturbing crimes (IV, 6; VI, 4), it gains value as a protective mother by sheltering Etienne from the authorities (VI, 1). In another change from the *ébauche,* Réquillart replaces an active mine as the point from which the rescue operation for Etienne and Catherine is carried out (Grant, *Zola's* Germinal 179-80), bringing its promise of salvation to fruition. Réquillart shows the inevitable triumph of life over death, if energy is turned to creative purposes. Destruction of the old order may be necessary, but should be carried out by acts of creation which overwhelm by productivity, or even co-opt opposing forces into their own camp. If there is to be a solution to the miners' subjection, it must be found in their creative power.

The most important images of revolt and preparation for change in the novel are expressed in terms of this life-giving force. Already on Etienne's first day in the mine, "une rebellion germait" (I, 5, p. 81), and the army of insurgent workers is repeatedly described throughout the novel as a crop growing from a seed: "le mineur s'éveillait au fond, germait dans la terre ainsi qu'une vraie graine; et l'on verrait un matin ce qu'il pousserait au beau milieu des champs; oui, il pousserait des hommes, une armée d'hommes qui rétablirait la justice" (III, 3, p. 179); "Une armée poussait des profondeurs des fosses, une moisson de citoyens dont la semence germait et ferait éclater la terre, un jour de grand soleil" (IV, 7, p. 289). The concept is strikingly similar to the passage in *La Faute de l'abbé Mouret* in which nature attacks and destroys the church; as in the earlier novel, Zola portrays nature as a sexual force, using verbs like *éclater* with connotations of orgasm. Serge Mouret's church is, in his hallucination, demolished by the creative power of plants, such that the event seems an act of creation perhaps even more than of destruction, and affirms the triumph of life over death. Furthermore, the citizens of les Artaud, clearly an integral part of nature, join in the assault by producing numerous offspring. In the same way, the miners' great fertility is the key to their eventual victory. Despite occasional lamentations on the troubles of raising so many children, and despite their tendency to reckless destruction, some of the miners seem to have occasional glimpses of the strength that lies in this inexhaustible source of manpower. At the height of the revolt the miner women carry their babies with them: "Quelques-unes tenaient leur petit entre les bras, le soulevaient, l'agitaient, ainsi qu'un drapeau de deuil et de vengeance" (V, 5, p. 344). While this act is in part motivated by the desire of "femelles lasses d'enfanter des meurt-de-faim" (344) to show their poverty for all to see, it seems also to be a threat, with the children held up as a warning to those who would harm their parents[7]. Levaque seems to understand the force of numbers during the confrontation with the soldiers, for he tells one: "Il y a dix mille derrière nous. Oui, vous pouvez nous tuer, il y en aura dix mille à tuer" (VI, 5, p. 415); although he may have in mind only the masses of miners currently involved in the strike, his statement carries great force because of the demographic weight behind it. La Maheude carries Estelle into the fray with her, and to the sergeant who asks "ce qu'elle venait faire, avec ce pauvre mioche" replies contemptuously: "Qu'est-ce que ça te fout?... Tire dessus, si tu l'oses" (417). Starting from their initial "résignation séculaire" (IV, 1, p. 214), the miners grow to understand the moral and strategic power they possess by their fertility: on the social and political level, it offers them almost unlimited manpower for their struggle; on the more important symbolic level, it gives the only means of resistance against the force of death that has crushed them for generations.

If procreation is the miners' great force, exploitation of that sexual power is the greatest possible abuse, completing the economic exploitation that makes it possible. Earlier in *Les Rougon-Macquart* Zola expressed his condemnation of sex used for mere pleasure, separated from the production of children, in his severe judgment of Nana and her lovers or of the shameless affairs of the petite bourgeoisie in *Pot-Bouille*. Although there is a general separation between the social classes in *Germinal,* there are cases in which the two mix, always for the benefit of the more powerful. Frequently, they duplicate on a lower level the exploitation of proletariat by bourgeois: Pierronne sleeps with the *maître-porion* Dansaert to gain a higher standard of living, Maigrat extorts sexual favors from the women of the village in exchange for his groceries. Jeanlin rejoices in dominating his comrades in crime, Lydie and Bébert, who are forced to run all the risks of their petty thefts and give him all the profits. But Jeanlin's abuse does not end there; considering the girl his wife, he not only approximates sexual intercourse with her as best he can but also copies the darker side of male-female relations in his environment: "Il battait Lydie comme on bat une vraie femme" (IV, 6, p. 271). He makes it clear to both that she is his property, off limits to Bébert: "si Bébert touche à Lydie en chemin, je le saurai, je vous ficherai des claques" (272). Like their parents, they timidly accept the authority of a seemingly inescapable power:

> Lentement, une grande affection était née entre eux, dans leur commune terreur. Lui, toujours, songeait à la prendre, à la serrer très fort entre ses bras, comme il voyait faire aux autres; et elle aussi aurait bien voulu, car ça l'aurait changée, d'être ainsi caressée gentiment. Mais ni lui ni elle ne se serait permis de désobéir. Quand ils s'en allèrent, bien que la nuit fût très noire, ils ne s'embrassèrent même pas, ils marchèrent côte à côte, attendris et désespérés, certains que, s'ils se touchaient, le capitaine par-derrière leur allongerait des claques. (272)

Similarly, Chaval mistreats Catherine during their liaison; she explains to her mother: "Oh! s'il n'y avait que moi, pour ce que ça m'amuse!. . . C'est lui. Quand il veut, je suis bien forcée de vouloir, n'est-ce pas? parce que, tu vois, il est le plus fort" (IV, 3, p. 237-38). Zola originally planned to make Catherine's lover a *porion,* and the relations between her and Chaval are very much like those between foreman and worker; her initial submission to him is described in terms nearly identical to those of the miners' obedience to the Company: "elle tomba à la renverse sur les vieux cordages, elle cessa de se défendre, subissant le mâle avant l'âge, avec cette soumission héréditaire, qui, dès l'enfance, culbutait en plein vent les filles de sa race" (II, 5, p. 146). Just as the other adolescents' freely chosen meetings amidst abandoned mining equipment constitute a victory over the oppressive system of the mine, so Catherine's submission to greater force on top of the *vieux cordages* reaffirms the ability of the strong to exploit the weak. Significantly, none of these liaisons produces any children, in sharp contrast to the usual outcome among the miners, demonstrated by Zacharie and Philomène with their two children; the sterility of these unions shows their value in Zola's eyes. Seen from this point of view, Catherine's affair with Chaval parallels again the relations between oppressor and oppressed: not only do they not produce children, but Chaval is glad that they cannot. To her pleading "je te dis que je suis trop jeune... Vrai! plus tard, quand je serai faite au moins," he cheerfully answers "Bête! rien à craindre alors" (II, 5, p. 146). Chaval degrades sex to mere entertainment, far removed from the creation of new life, and this point of view makes him an enemy of life. While the same could be said of most of the miners, Chaval still seems more cynical; symbolically, the water imagery with which Zola describes the sexual meetings of the young miners in the summer shows how different he and Catherine are from the other couples: while one sees la Mouquette's head "plonger," "ses pieds seuls surnageaient," Catherine's eyes "se noyèrent" (III, 1, p. 155). Similarly, the lovers at Réquillart cause "herbes écrasées" (II, 5, p. 143), but when Catherine and Chaval leave a place, "les tiges immobiles restèrent mortes ensuite" (III, 1, p. 155).

This same theme of creation and destruction reveals Zola's attitude toward Souvarine. The Russian anarchist refuses any union, sexual or emotional, with another human being:

> Une herscheuse, pour quoi faire? La femme était pour lui un garçon, un camarade, quand elle avait la fraternité et le courage d'un homme. Autrement, à quoi bon se mettre au coeur une lâcheté possible? Ni femme, ni ami, il ne voulait aucun lien, il était libre de son sang et du sang des autres. (III, 1, p. 156).

Coming only a page after the passage in which the workers' sexuality is associated with the ebullient force of nature, Souvarine's position constitutes a refusal of life itself. Later in the book he condemns his own love for a woman in Russia: "Nous étions coupables de nous aimer... Oui, cela est bon qu'elle soit morte, il naîtra des héros de son sang, et moi, je n'ai plus de lâcheté au coeur... Ah! rien, ni parents, ni femme, ni ami!" (VII, 2, p. 438). His stance toward the existing world and the possibility of progress grows harder as the novel advances: when he first appears, the destruction he advocates has a positive goal: "quand il ne restera plus rien de ce monde pourri, peut-être en repoussera-t-il un meilleur" (III, 1, p. 157). Later, questioned by Etienne, he states his goal: "Tout détruire" (IV, 4, p. 248); he still may have a constructive goal, to arrive "à un monde nouveau, au recommencement de tout," (248), but refuses to think beyond acts of destruction: "Tous les raisonnements sur l'avenir sont criminels, parce qu'ils empêchent la destruction pure et entravent la marche de la révolution" (249). Their last political conversation ends with Souvarine's renunciation of anything other than annihilation of the world: "le machineur cria d'une voix farouche que, si la justice n'était pas possible avec l'homme, il fallait que l'homme disparût. Autant de sociétés pourries, autant de massacres, jusqu'à l'extermination du dernier être" (VII, 2, p. 437). His hatred of life is reminiscent of Serge Mouret's enmity against the world, but, as Borie points out, Souvarine goes even further than the priest: "L'anarchiste apparaît comme un sectateur de la mort, non plus adorateur passif, résigné et morose à la manière de l'abbé Mouret, mais serviteur actif, séditieux et pourtant désespéré" (111). The very concept of changing the world through constructive steps, symbolized by the vegetation at Réquillart, is utterly foreign to Souvarine; starting from demolition as a means to bring about a better world, he ends up preaching—and practicing—destruction for its own sake as an expression of rage against a world he despairs of ever changing. Interestingly, the same attitude reappears later in the series, among the activists of the Commune in *La Débâcle,* represented by Maurice, and is forcefully rejected by Jean Macquart. In both interpersonal relations and political action, Souvarine is incapable of any kind of constructive position. After sabotaging le Voreux, he is surprised to find Etienne among those descending, but makes only a feeble effort to stop him, keeping the danger secret. It is specifically Etienne's love for Catherine that leads Souvarine to renounce the attempt to save him: "les yeux du machineur allèrent de la jeune fille au camarade; tandis qu'il reculait d'un pas, avec un geste de brusque abandon. Quand il y avait une femme dans le coeur d'un homme, l'homme était fini, il pouvait mourir" (VII, 2, p. 445). Ironically, his very desire to be "libre. . . du sang des autres" makes him guilty of the blood of countless workers, including his comrade Etienne. In a book in which hope for the future is always expressed in terms of fertility and germination, Souvarine's refusal of love marks a political philosophy that is bankrupt.

The conflict between these opposing forces of life and death can be traced through five major events: the meeting in the forest of Vandame, the attack on the mines, the bloody confrontation with the soldiers, the time when

Etienne and Catherine are trapped in the mine together, and Etienne's departure in the last chapter. The assembly held in the forest shows the conflict between creation and destruction as tools for progress. By placing the meeting here instead of in a tavern like the first meeting, Zola suggests that the miners are turning to nature, the ultimate source of man's life, to gain strength for the continuation of the strike. Etienne makes more or less this argument to the assembled crowd: "Ici, nous sommes libres, nous sommes chez nous, personne ne viendra nous faire taire, pas plus qu'on ne fait taire les oiseaux et les bêtes" (IV, 7, p. 283). Later in the meeting, he uses the familiar image of a growing seed to describe the revolutionary change under way in the working class: "Une armée poussait des profondeurs des fosses, une moisson de citoyens dont la semence germait et ferait éclater la terre, un jour de grand soleil" (289). But the miners' voices, responding to Etienne's call for radical action, are likened not to young plants but to old, dead foliage, producing "un bruit de feuilles sèches" (285); as they grow more and more excited they become "un tonnerre" (283), an "ouragan de ces trois mille voix" (292), thus replacing the nurturing breeze of April with a violent storm. As Davoine remarks, it is during this assembly that the miners turn into frightening carnivorous animals: "A partir de cette scène (IV, 7) et jusqu'à la fin de la grève, le troupeau de bétail est devenue [sic] horde de loups" ("Métaphores animales dans *Germinal*" 388, quoted in Fuller, "The Infertile Rabbit" 349). Their angry outburst is called "tout un rut de peuple" (286), an image that shows that their sexual energy is being perverted into violence and brutality. Clear signs of destructiveness follow: "c'était sous l'air glacial, une furie de visages, des yeux luisants, des bouches ouvertes. . . les hommes, les femmes, les enfants, affamés et lâchés au juste pillage" (286). That Zola sympathizes with them is clear; but he portrays their urge to violence as a dangerous reaction that must be understood but ultimately condemned.

The forest itself carries a warning against such action. Despite Etienne's association between the strikers and the animals of the woods, the trees that surround them remain deaf to their fervor: "les hêtres, debout dans leur force, avec les délicates ramures de leurs branches, noires sur le ciel blanc, n'apercevaient ni n'entendaient les êtres misérables qui s'agitaient à leur pied"(291; Sondrup 171). The blackness of their branches against the moonlit sky suggests that they, and nature with them, are in fact opposed to the savage violence that is developping during the scene. Furthermore, it is problematic to view the great old trees as symbols of the triumphant power of nature, for they already bear the signs of exploitation by the capitalist system. The assembly is held not in the forest itself but in a clearing, "dans cette vaste clairière qu'une coupe de bois venait d'ouvrir" (282), amid signs of violence practiced against nature: "des géants abattus gisaient encore dans l'herbe, tandis que, vers la gauche, un tas de bois débité alignait son cube géométrique" (282). Bonnemort pointed out earlier that many previous strike meetings were held in this same forest, and now tells the crowd about the other strikes: "il en avait tant vu! Toutes aboutissaient sous ces arbres" (288). He tells how strikes always end: "Et les soldats du roi arrivaient, et ça finissait par des coups de fusil" (288-89). The present strike, he warns, will inevitably follow the same course as its predecessors, which is indeed what eventually happens; when it too ends in *coups de fusil,* Bonnemort himself is found "abattu comme un vieil arbre foudroyé" (VII, 1, p. 428). The trees of Vandame can be seen as representatives of the previous strikers who met there: they have been chopped down and cut into lumber for the Company's use; as with the "eau géométrique" of the canal and the "géométriques, parallèles" buildings of the *coron* with their checkerboard gardens, the presence of straight lines in the *cube géométrique* symbolizes the rigid law that controls their fate. This could be taken as a sign of the need for rebellion, to avoid this destiny that seems inescapable under the present system; but the fact that these symbols appear specifically where past strike meetings were held and where the miners turn to violence in this strike suggests that their energy is misdirected, and will only bring upon them the fate of the trees. To Zola's moral revulsion against bloodshed is added a practical argument: such actions are doomed to failure as instruments of social change.

Other elements of the chapter underline this message that the miners' justifiable anger is being misdirected into pointless destruction. The very fact that the meeting is held at night suggests that, despite their efforts to liberate themselves from their miserable situation, they are in fact returning to the darkness of the mine. The rising moon offers only false promises of liberation from the power of darkness: Philip Walker rightly sees it as a "symbol of the mad violence of the strike" ("Prophetic Myths in Zola" 449), a position that Steven Sondrup confirms by comparisons of the chapter to other scenes in literature in which the oppressed assemble at night to organize resistance. Their pent up emotions prove impossible to control or to channel into productive avenues, and the meeting descends into ominous chaos at the end:

> ... la Maheude se retrouva près de Maheu, et l'un et l'autre, sortis de leur bon sens, emportés dans la lente exaspération dont ils étaient travaillés depuis des mois, approuvèrent Levaque, qui renchérissait en demandant la tête des ingénieurs. . . . Bonnemort et Mouque causaient à la fois, disaient des choses vagues et violentes, qu'on ne distinguait pas. Par blague, Zacharie réclama la démolition des églises, pendant que Mouquet, sa crosse à la main, en tapait la terre, histoire simplement d'augmenter le bruit. Les femmes s'enrageaient: la Levaque, les poings aux hanches, s'empoignait avec Philomène, qu'elle accusait d'avoir ri; la Mouquette parlait de démonter les gendarmes à coups de pied quelque part; la Brûlé, qui venait de gifler Lydie, en la retrouvant sans panier ni salade, continuait d'allonger des claques dans le vide, pour tous les patrons qu'elle aurait voulu tenir. (292)

The frustrated strikers are turning from passive disobedience to active confrontation, and the individual details of the crowd warn of the true nature of their outburst. In their fury they are willing to attack whatever victim can be found, even turning on one another, rather than directing their anger toward those truly responsible for their suffering. It is significant that Mouquet adds to the noise not by shouting or clapping but by striking the ground with his lacrosse stick, for the entire group will soon resort to almost random acts of violence scarcely more purposeful than his pointless beating on the earth.

But it is Jeanlin who represents the greatest danger: while others are genuinely interested in advancing the miners' cause, he only wishes to exploit the opportunity for personal amusement through crime. Zacharie has an equivalent attitude, but limits himself to speaking; Jeanlin will not be satisfied so easily. At the beginning of the assembly he climbs on top of the lumber pile, thus carelessly resting on the symbol of the very exploitation the meeting is intended to throw off; if the Company uses such violence to attain its goals, violence is itself a goal for Jeanlin. Jeanlin's symbolic value as an enemy of life and fertility becomes most evident when he attacks and nearly kills the rabbit Pologne (IV, 6); this vicious sport leads him directly into the forest meeting, and Pologne lies wounded in his basket throughout the assembly, showing once again the gulf that separates it from the potential for creation (Fuller, "The Symbolic and Structural Function of Jeanlin" 63). The rabbit is the clearest symbol of fertility in the book, and Jeanlin's attack on her makes him an enemy of life, especially when one remembers that his violence makes her sterile (Fuller, "The Infertile Rabbit" 348-49). More than anyone else in the clearing he represents a move toward such destructive behavior at the end of the meeting: "il hurla plus fort, il ouvrit son couteau neuf, dont il brandissait la lame, glorieux de la faire luire" (292). This threat is to become real only too soon, when he kills the young recruit Jules with the same knife. The others present at the forest meeting are saved by their free sexuality and creative potential from becoming like Jeanlin; nevertheless, in their anger and excitement, they neglect this source of power and turn to violence as the solution to their problems.

The very project to force a work stoppage at Jean-Bart is illogical: owned by Deneulin, the mine is the chief competition of the hated Compagnie de Montsou against which the strike is directed. Its continuing operation is if anything a help to the strikers, forcing its rival to compromise with the strikers under the threat of losing its markets. But the strikers see all functioning mines in the same light as enemies of the working class, and destroy the equipment of Jean-Bart, despite the efforts of Maheu and Etienne to control their excesses: "Vainement, il [Etienne] réclamait du sang-froid, il criait qu'on ne devait pas donner raison à leurs ennemis par des actes de destruction inutile" (V, 3, p. 321). Nor does the group stop there; growing every minute, it advances across the countryside to attack other installations. It is significant that Jeanlin places himself at the head: "Jeanlin, en tête, galopait en sonnant dans sa corne une musique barbare" (V, 4, p. 326), for the entire group is rapidly becoming the blind destructive force that he represents.

Just as the canal symbolized the miners' subjection, their ferocious outburst is depicted as a free-flowing stream, "coulant naturellement là, ainsi qu'une eau débordée qui suit les pentes" (V, 3, p. 319); growing in strength, it soon becomes a violent river that crushes all in its path, "coulant de nouveau sur la route en un torrent débordé. La voie de sortie était trop étroite, des palissades furent rompues" (V, 3, p. 325). It is immediately after this that Etienne drinks his brandy, another destructive liquid, followed quickly by a miner's proposal to let water finish off Jean-Bart: "Faut arrêter la pompe! faut que les eaux démolissent Jean-Bart!" (V, 4, p. 327). Although Etienne manages to turn the group aside toward a different target, they are clearly getting more and more out of control. The strikers arrive at Madeleine as a "flot grondant"; at their next stop, Crèvecoeur, "l'eau, jetée à pleins seaux dans les foyers, faisait éclater les grilles de fonte" (330). They find a new way to use water as a weapon by forcing the traitor Chaval to dip his head in a frozen puddle. Négrel and his party, hidden in a barn, see them pass like a torrent: "le flot roulait sur Montsou" (V, 5, p. 346); once the group has gone by, "La bande, au loin, ruisselait dans Montsou" (347). Interestingly, in their spontaneous course from mine to mine, they twice pass the canal, which stretches into the distance like a "long ruban de glace" (327). Its immobility underlines the sudden frenetic activity of the strikers, in contrast to those who are still controlled by their superiors like the frozen canal waters. But even ice can become a sign of violent revolt: the trees on the bank are "changées par la gelée en candélabres géants" (327). Fire, it seems, threatens to follow water as a force of destruction, and the old trees in their straight lines may wield it.

The water becomes increasingly associated with or replaced by blood as the strikers' ferocity reaches a crescendo: "la route sembla charrier du sang" (345), "C'était la vision rouge de la révolution. . . . il ruissellerait du sang des bourgeois" (345-46). The destruction of the pump at Gaston-Marie is portrayed as an act of murder: "Il ne suffisait pas qu'elle s'arrêtât au dernier souffle expirant de la vapeur, on se jetait sur elle comme sur une personne vivante, dont on voulait la vie" (V, 4, p. 334). No sooner is this accomplished than the crowd turns on Chaval; Etienne, enflamed with alcohol, challenges him to a knife fight: "Ses poings se fermaient, ses yeux s'allumaient d'une fureur homicide, l'ivresse se tournait chez lui en un besoin de tuer. 'Es-tu prêt? Il faut que l'un de nous deux y reste. . . Donnez-lui un couteau. J'ai le mien.'" (335). Only Catherine's intervention saves Chaval from certain death. Next it is Cécile Grégoire who narrowly escapes strangulation by Bonnemort. The strikers' fury reaches its climax in the death of Maigrat. While the miners are not fully responsible for his death—he is killed falling from a roof, and one can only speculate on what might have happened otherwise—the women of the group, "prises de l'ivresse du sang" (V, 6, p. 361), immediately band together to commit even more frightful acts on his corpse:

> Déjà, la Mouquette le déculottait, tirait le pantalon, tandis que la Levaque soulevait les jambes. Et la Brûlé, de ses mains sèches de vieille, écarta les cuisses nues, empoigna cette virilité morte. Elle tenait tout, arrachant, dans un effort qui tendait sa maigre échine et faisait craquer ses grands bras. Les peaux molles résistaient, elle dut s'y reprendre, elle finit par emporter le lambeau, un paquet de chair velue et sanglante, qu'elle agita, avec un rire de triomphe:
> – Je l'ai! je l'ai!
> Des voix aiguës saluèrent d'imprécations l'abominable trophée.
> – Ah! bougre, tu n'empliras plus nos filles!
> – Oui, c'est fini de te payer sur la bête, nous n'y passerons plus toutes, à tendre le derrière pour avoir un pain. (362)

It is significant that Mouquette, the embodiment of unrestrained sexuality, leads the effort; interestingly, she proposed a similar treatment for Chaval not long before when he was the miners' chief victim, "parlait de le déculotter, pour voir s'il était encore un homme" (V, 4, p. 335). In both cases it is a matter of a sexually potent woman turning the tables on a man who exploits women; but here the miner women go from questioning the sexual power of their antagonist to attacking and destroying it. While Zola clearly disapproves of their savage behavior, calling it "sauvagerie abominable" in the *ébauche* (Grant, *Zola's* Germinal 177), it has nevertheless a positive aspect by its value as a repossession of sexual power, an assertion of liberty from the sexual dominance of others. By rejecting violently the most degrading form of their servitude, they affirm their control over their own bodies and thus their very being and destiny, far more forcefully than by the destruction of their workplace. Maigrat, of course, is not a rich bourgeois, but is protected by the Company, and represents its domination over the mining community, especially since he, unlike Hennebeau or Grégoire, perpetrates the sexual exploitation of the miner women. But the symbolic value of the act is much broader: by castrating their enemy, the miners affirm their superior procreative power not only over traitors of their own class but also over the bourgeoisie that oppresses them. The wealthy characters of the novel already were much more restrained—or perhaps more accurately inhibited—in their sexuality than the working class; just before this violent climax, Hennebeau bitterly envies the strikers: "Il leur en aurait fait cadeau volontiers, de ses gros appointements, pour avoir, comme eux, le cuir dur, l'accouplement facile et sans regret. . . . Ah! vivre en brute, ne rien posséder à soi, battre les blés avec la herscheuse la plus laide, la plus sale, et être capable de s'en contenter" (V, 5, p. 349). He, too, appears castrated, doomed to the eternal frustration of a eunuch; symbolically, the emasculation of Maigrat makes this impotence irreversible and extends it to the entire bourgeoisie.

But the castration is more than an act of destruction; paradoxically, it also constitutes an accession to creative power. The children earlier held up as a "drapeau de deuil et de vengeance" (V, 5, p. 344) are replaced by this flesh, carried on a pole "ainsi qu'un drapeau" (V, 6, p. 362). The very source of human fertility is now the miners' battle standard; the value of the severed phallus as a symbol of procreation is underlined when Deneulin's daughters mistake it for a rabbit skin (Fuller, "The Infertile Rabbit," p. 343). Furthermore, the castration of a god was always in Greek mythology the critical event in causing a changing of the power structure, replacing the supremacy of Ouranos with that of Kronus or the rule of Kronus with that of Zeus; the castration performed by the miners suggests that they also will accede to power over their former, now emasculated rulers. If Zola's message is that the miners should rely on creative rather than destructive power to change their lives, the attack on Maigrat succeeds in incorporating both strategies. Properly understood and directed, procreative power will offer the liberation that violence cannot.

Subsequent events in the strike continue the opposition of creation and destruction. Jeanlin sinks to the depths of the barbarism he showed earlier and kills the young soldier Jules with his knife. Significantly, it bears the word *Amour* on its handle (VI, 4, p. 405), a fact which some critics have taken to indicate an ambivalence toward love and sexuality on Zola's part, a belief that destruction and creation of life are not opposed but complementary to each other[8]. But Jeanlin's imitation of love is a twisted mockery throughout the novel, based on attempted sexual acts he cannot perform and cruel domination of his pretended wife Lydie; the very presence of the knife shows the relations of power between them, for she stole it for him at his orders. Interestingly, Jeanlin's position is similar to that of Souvarine and M. Hennebeau: by choice or by fate, all three live without love; while Souvarine eventually sabotages the mine, killing many workers, M. Hennebeau, though a relatively sympathetic character, represents the Company and the capitalist system ultimately responsible for the miners' miserable lot. One can discern a hierarchy among them: Hennebeau, who wishes for closeness with his wife, bears the least personal guilt for the blood of others; Souvarine, refusing intimacy, kills many by his sabotage, but does not directly assail another human being; Jeanlin, who personifies a frightening perversion of love, becomes a psychopathic killer. Zola's message in placing the word *Amour* on the blade of his knife is not that love causes death but, on the contrary, that its absence or perversion is deadly; it is not sexuality that is intimately associated with violence but rather frustrated sexuality that seeks an alternate outlet in violence.

But the power of death, ascendant in the forest meeting, is on the wane, and even the massacre at the mine entrance, an apparent victory for the forces of destruction, only serves to show their inevitable defeat. Just before the bloody confrontation, Lydie and Bébert, victims of Jeanlin's tyranny, finally rebel against him. Still not daring to challenge him directly, they affirm their independence behind his back in the same way as the adults, by assuming control over their bodies:

> ils avaient fini par s'embrasser, malgré sa défense, quittes à recevoir une gifle de l'invisible, ainsi qu'il les en menaçait. La gifle ne venant pas ils continu-
> aient de se baiser doucement, sans avoir l'idée d'autre chose, mettant dans cette caresse leur longue passion combattue, tout ce qu'il y avait en eux de martyrisé et d'attendri. (VI, 4, p. 410)

Their innocence and their age prevent them from producing children, but they have taken an important step forward by hugging when and whom they want instead of obeying a master; shot by the soldiers, Lydie dies in Bébert's arms. Catherine is saved from death in the same massacre by her friend: "la Mouquette recevait deux balles dans le ventre. Elle avait vu les soldats épauler, elle s'était jetée, d'un mouvement instinctif de bonne fille, devant Catherine, en lui criant de prendre garde; et elle poussa un grand cri, elle s'étala sur les reins, culbutée par la secousse" (VI, 5, p. 421). Her sacrifice is doubly significant: first, it demonstrates the life-giving power of sexuality, since it is this completely sexual creature who, apparently alone among the crowd of strikers, gives her life to save another. More important, Catherine becomes fertile for the first time immediately after this: la Maheude finds blood on her, "le flot de la puberté qui crevait enfin, dans la secousse de cette journée abominable" (VII, 1, p. 427). Mouquette's fertility seems to be passed on to Catherine, bringing the promise of life out of death and denying victory to the forces of destruction. The vocabulary employed to describe the event underlines this reversal of situation: *flot* is used up to this point in the novel to describe menacing, harmful water or powers associated with it; *crever* appears repeatedly as a term for death in the phrase *crever de faim* and similar expressions; one of the mines is named Crèvecoeur. The rehabilitation of these words teaches the same lesson as the fecundity they describe: death cannot win, its weapons will inevitably be taken over and transformed into forces of life. Furthermore, Catherine, always obedient to Chaval, rebels against the system for the first time in this scene:

> Et, soudain, au milieu de ces furies, on aperçut Catherine, les poings en l'air, brandissant elle aussi des moitiés de brique, les jetant de toute la force de ses petits bras. Elle n'aurait pu dire dire pourquoi elle suffoquait, elle crevait d'une envie de massacrer le monde. Est-ce que ça n'allait pas être bientôt fini, cette sacrée existence de malheur? Elle en avait assez. (419)

If this revolt accompanies the shooting as a cause of her newfound fertility, it shows that civil freedom and the release of procreative power go hand in hand.

It is in the mine, when Etienne and Catherine are trapped by the flood, that this transformation is completed, for it is here that the titanic struggle between life and death reaches its climax[9]. At first, the grip of death on the miners seems tighter than ever. The very fact of their presence in le Voreux shows the defeat of the strike and the continuing power of the Company and the capitalist system. Once again, the four elements persecute them: the thin air threatens them with suffocation, *grisou* can explode into an inferno at any moment, the earth falls in on every side, cutting them off from the outside world; most important, another flood, this time in the literal sense, wreaks havoc in the mine, spreading death by drowning and cave-ins. Catherine and Etienne come full circle by returning to the *veine Guillaume* where they spent their first day together and where the surprise reappearance of Chaval shows the continuing presence of exploiters. But it is Etienne's fight with Chaval that seems to be the greatest triumph of death, for his ancestral urge to kill finally overpowers him:

> Etienne, à ce moment, devint fou. Ses yeux se noyèrent d'une vapeur rouge, sa gorge s'était congestionné d'un flot de sang. Le besoin de tuer le prenait, irrésistible, un besoin physique, l'excitation sanguine d'une muqueuse qui détermine un violent accès de toux. Cela monta, en dehors de sa volonté, sous la poussée de la lésion héréditaire. Il avait empoigné, dans le mur, une feuille de schiste, et il l'ébranlait, et il l'arrachait, très large, très lourde. Puis, à deux mains, avec une force décuplée, il l'abattit sur le crâne de Chaval. (VII, 5, p. 482-83)

His own reaction to what he has done relates it explicitly to the pointless ferocity of Jeanlin: "Il eut ensuite un orgueil, l'orgueil du plus fort. Le petit soldat lui était apparu, la gorge trouée d'un couteau, tué par un enfant. Lui aussi, avait tué" (483). But despite his initial response, what he has done is in fact quite different from the child's wanton act of murder and from the earlier times when he threatened to kill Chaval. The rivalry between them centers, as it has from the beginning, on Catherine, whose love or at least possession both seek. Chaval tries to regain her from the moment she and Etienne find refuge in the passage where he is sitting: "Ah! c'est toi, Catherine! Tu t'es cassé le nez, et tu as voulu rejoindre ton homme. Bon! bon! nous allons la danser ensemble" (VII, 5, p. 479). Far from attacking his rival in anger, Etienne does his best to get along with Chaval while they are trapped together, speaking to him "comme s'ils s'étaient quittés bons amis, une heure plus tôt" (479). He turns his back while Chaval, "dans son entêtement de jaloux qui ne voulait pas mourir sans la ravoir, devant l'autre" (482), sells food to Catherine for kisses; Etienne even encourages her to accept the trade in order to avoid starvation, and only interferes when the girl herself objects to her former lover's advances. Chaval's attempt to reclaim her parallels closely the first time he kissed her during Etienne's first day in the mine: "il l'empoigna par les épaules, lui renversa la tête, lui écrasa la bouche sous un baiser brutal" (I, 4, p. 71); "il la reprit, et il la serra, par bravade, lui écrasant sur la bouche ses moustaches rouges" (VII, 5, p. 482). The repetition is intended, by both Chaval and Zola, to suggest that they have returned to the *status quo ante;* Chaval's renewed abuse of Catherine serves as a symbol of the Company's continuing power over the entire community of miners. But it is at this point that Etienne interferes, not to settle a personal grudge or to satisfy a primal urge to kill, but to save the girl from mistreatment. Earlier, his inaction allowed Chaval to take control of Catherine, a control which was exercised brutally for nearly a year; by refusing to tolerate such a situation now, he frees her from her subjugation. Symbolically, the first step in her growth to fertility, her first period, occurs shortly after Chaval chases her out of his house; Zola originally planned to make it happen as a direct result of her emotion during the first fight between Etienne and Chaval, and while it is the shooting that becomes its immediate cause in the final version, the proximity of her separation from Chaval must not be ignored as an additional stimulant. The next step is accomplished here in the mine, when she refuses Chaval and Etienne supports her position with physical force. Her nascent fecundity is released from the control of an oppressor who represents the power of death; the greatest force of nature, key to the miners' eventual victory, is now in their control. Like Maigrat's death and castration, the death of Chaval is a frightening act of violence, but also a liberation of procreative power from the subjection in which it was held.

Seen in this light, the killing of Chaval releases not only Catherine but also Etienne from a curse. "When Etienne finally kills Chaval," Grant remarks, "he acts almost as much in self-defense as under the domination of an irresistible, hereditary impulse" (*Zola's* Germinal 66); in the *ébauche*, still planning for Catherine's first lover to be an inspector of the Company, Zola foresees "Etienne tuant l'inspecteur comme défense personnelle" (Grant, *Zola's* Germinal 180). Rosenberg's paradoxical judgment seems correct: "His act symbolizes his renunciation of his own animal instinctuality" (358). It is undeniable that Etienne's motives are mixed when he attacks Chaval, but by putting off this desired murder until a time when it is justifiable, Etienne avoids being the homicidal maniac his heredity threatened to make him. Interestingly, in *La Joie de vivre,* written immediately before *Germinal,* Pauline Quenu achieves a similar victory over the darker side of her own heredity, not a desire to kill but the desire for money. She struggles with herself but manages to overcome ancestral greed and selflessly takes care of her adopted family, disproving the metaphorical dimension of her uncle's statement "Il faut obéir aux morts" (*La Joie de vivre* I, 61). It seems that, approaching the two-thirds point in the *Rougon-Macquart* series, Zola wanted to offer some solution to the family curse, and if it is not entirely erased in Etienne, it is clearly on the ebb.

But the battle is not won with the death of Chaval. Though Catherine is now freed from Chaval, his corpse continues to separate her from Etienne: "Ce n'était pas la peine de lui casser la tête pour qu'il revînt entre lui et elle, entêté dans sa jalousie. Jusqu'au bout, il serait là, même mort, pour les empêcher d'être ensemble" (487). Their inability or hesitation to join, romantically or sexually, starts early in the novel, precisely when Chaval first forces himself on Catherine. Her nonchalant descriptions of what she and Chaval do together trouble Etienne and herself: "Tous les deux détournaient la tête, restaient parfois une heure sans se parler, avec l'air de se haïr pour des choses enterrées en eux, et sur lesquelles ils ne s'expliquaient point" (III, 1, p. 154). The term *enterrées* suggests that there is something deep within them that keeps them apart, which is indeed the case when they live in the same room in the Maheu house: "Plus ils vivaient côte à côte, et plus une barrière s'élevait, des hontes, des répugnances, des délicatesses d'amitié, qu'ils n'auraient pu expliquer eux-mêmes" (III, 3, p. 184). In stark contrast to the rest of the mining community, Catherine and Etienne are very hesitant to indulge their sexual desire. This may in fact be a positive aspect of their personality, since sex has value for Zola only as a means of producing new life, and consequently would be pointless as long as Catherine is incapable of motherhood; to their credit, they refuse to degrade it by using it for simple pleasure. But once she has reached puberty, their reluctance has no such justification, and threatens to make them repeat the love story of Silvère and Miette in *La Fortune des Rougon,* whose innocence, though admired by Zola, condemns them to sterility. Etienne's hesitancy seems to be bound up with all the traits that make him different from the miners, most notably the nervous excitability that flows from his troubled heredity; by keeping him from procreation, it becomes once again a curse of death. The returning corpse symbolizes the continuing influence of this malediction even after he has killed Chaval.

But the power of life is already asserting itself in this forbidding atmosphere, only growing stronger from the battle. Catherine's immediate reaction to the death of Chaval is to tell Etienne: "Ah! tue-moi aussi, ah! mourons tous les deux" (483), and her stated wish seems on the verge of being fulfilled as the water continues to rise and the last lamp goes out; she declares: "La mort souffle la lampe" (484). The very danger, however, spurs them to fight desperately against death: "Pourtant, devant cette menace, leur instinct luttait, une fièvre de vivre les ranima" (484). Hope of survival fills them when they hear the rescuers digging toward them. In the face of this renewed promise of life, the immediate signs of death, on both the material and the symbolic levels, recede: "L'eau baissait, le corps de Chaval s'éloigna" (488). The remaining fear of the body only serves to bring about the final triumph of life, driving them into each other's arms:

> – Je te dis qu'il vient, qu'il va nous empêcher encore d'être ensemble! . . . Ça le reprend, sa jalousie. . . Oh! renvoie-le, oh!, garde-moi, garde-moi toute entière. D'un élan, elle s'était pendue à lui, elle chercha sa bouche et y colla passionnément la sienne. Les ténèbres s'éclairèrent, elle revit le soleil, elle retrouva un rire calmé d'amoureuse. Lui, frémissant de la sentir ainsi contre sa chair, demie-nue sous la veste et la culotte en lambeaux, l'empoigna, dans un réveil de sa virilité. Et ce fut enfin leur nuit de noces, au fond de cette tombe, sur ce lit de boue, le besoin de ne pas mourir avant d'avoir eu leur bonheur, l'obstiné besoin de vivre, de faire de la vie une dernière fois. Ils s'aimèrent dans le désespoir de tout, dans la mort. (490)

The scene replays Chaval's first possession of Catherine yet another time, but with its significance changed competely. This time it is she who almost violently kisses a man, and when he seizes her, it is with her complete approval. Moreover, she is capable of bearing children, so the sexual act now assumes a significance it could not have when she was with Chaval; Borie remarks that, for Zola, "on ne peut vraiment faire l'amour à une femme qu'en la rendant mère; la fécondité de la femme signifie donc la virilité du héros" (47). By having sex they affirm their freedom from the exploitation of the Company, the sterility caused by the mine, the conflicting emotions brought about by dark heredity. Their love thus becomes a cry of defiance against death, a rebellion of life in the midst of devastation. Building on the theme established by the vegetation at Réquillart and continued by Catherine's first period directly after the shooting, it shows that the forces of creation will always have an answer ready to meet the power of destruction, even in a tomb-like deathtrap. By so blackening the circumstances of their long-awaited consummation, Zola renders all the more powerful this affirmation of life in the face of death. *La Joie de vivre* ends on a similar note, with an impassioned condemnation of suicide by an invalid; in *Germinal,* the hero not only overcomes his family curse but also brings to fruition his fertility and that of his lover. Etienne goes beyond his relative by engaging in intercourse with his lover—an act which Pauline Quenu never accomplishes—thus allowing the possiblity of producing new life. From the very jaws of death, Etienne and Catherine bring forth life.

The last chapter clearly reflects this victory over death. Its value becomes apparent when it is contrasted with the one other time that birth is mentioned in *Germinal,* in the cave-in episode (III, 5): the miner Chicot dies on the very day on which his wife is in labor, and the birth of the child—if it occurs—seems forgotten by both Zola and the miners, overwhelmed by the death of the father. Death, it seems, will jealously compensate for any new life. But in the last chapter, Catherine's death in the mine is shown to be an impregnation that breaks this cycle, for it leads not to the birth of one person but to the increased fertility of the entire countryside; Borie declares: "même si Catherine doit mourir, cette semence-là ne sera pas perdue, la fécondation malgré tout aura lieu" (111-12). Following her lead, the area around Montsou has thrown off the ironically named *semence* of deadly coal dust and is bringing forth effervescent new life on every side:

> Maintenant, en plein ciel, le soleil d'avril rayonnait dans sa gloire, échauffant la terre qui enfantait. Du flanc nourricier jaillissait la vie, les bourgeons crevaient en feuilles vertes, les champs tressaillaient de la poussée des herbes. De toutes parts, des graines se gonflaient, s'allongeaient, gerçaient la plaine. . . . Un débordement de sève coulait avec des voix chuchotantes, le bruit des germes s'épandait en un grand baiser. (VII, 6, p. 502)

The deadly influence of the mine over the surrounding area has been removed, replaced by the vital force of nature briefly seen earlier in the novel. Each of the four elements is definitively won over to the side of creation in this last chapter. Water, long held prisoner in the canal, then a dreadful force of annihilation, fulfills the productive potential offered in Catherine's *flot de la puberté*, becoming the life-giving sap of growing plants in a *débordement de sève*, where even the image of a rushing torrent only serves to make it more positive. Similarly, Bonnemort's feet, swollen with water that made him unable to walk, are answered at the end by la Maheude: with "la gorge et le ventre comme enflés encore de l'humidité des tailles" (495), she appears pregnant, and the formerly destructive water becomes, on the symbolic level, a source of fertility. The fact that this condition results from her job in the mine makes the image stronger, showing that this power of life cannot be crushed and only grows from its repression. The statement in the final paragraph "des graines se gonflaient" (502) completes the transformation.

La Maheude's new job in Tartaret also illustrates the miners' eventual victory over and acquisition of air and fire. True, her position is a harsh, lamentable one, but by operating a fan to bring fresh air to the unventilated passages she replaces the stale, unhealthy air that caused Catherine to faint earlier in this same place with fresh, safe air. As he walks away, Etienne thinks he can hear "la Maheude . . . dont le souffle montait si rauque, accompagné par le ronflement du ventilateur" (502). The disquieting *ronflement* of the mine that greets him upon his arrival, exhaling poisonous gas, has been replaced by life-giving breath, *pneuma*, spirit. A parallel change has occurred on the surface, where the biting winter wind has given way to the pleasant air of spring: "Il faisait bon respirer cet air si pur du printemps" (492). Both above and below ground, the deadly air and hurricane of wanton rage have been replaced by this beneficent breeze. It is also worth noting that her job operating the fan suggests an ultimate victory over machines, harnessing them to make man's life better instead of more miserable, as Goujet hoped for in *L'Assommoir;* this battle is not yet won, but la Maheude's job, coming swiftly after the death of the Voreux monster, hints that it will be. In the same way, the installation of the fan does not constitute a complete victory over the fire of Tartaret, but offers a beginning. The true recuperation of fire occurs not under ground but at the surface, where a "chaleur de vie gagnait" (499), and in the sky. The heavenly lights, rarely depicted in the novel, have evolved from the infernal coke fires of the first chapter, in which "il n'y avait d'autres levers d'astres, à l'horizon menaçant, que ces feux nocturnes des pays de la houille et du fer" (I, 1, p. 35), to the primal moon of the forest meeting, to the "rayons enflammés" (VII, 6, p. 502) of the sun (Walker, "Prophetic Myths in Zola" 449). Its salutary influence on the blossoming countryside is evident: the growing seeds are "travaillés d'un besoin de chaleur et de lumière" (502), and the sun seems to draw young sprouts out of the ground: "la vie de la terre montait avec le soleil" (492). As with water and air, the victory consists not in an elimination of fire but rather in its assimilation into the power of life.

But the greatest change is in the final element, earth. Long portrayed as a deadly enemy, it becomes the nurturing mother that supports all this new life, as Zola describes it in *La Terre*: "l'immortelle, la mère... qui refait continuellement de la vie" (V, 6, p. 482). Zola is insistent in the *ébauche* that the consummation of Catherine's and Etienne's love should take place at the bottom of the mine: "Il me faut arranger Étienne pour qu'il travaille au fond; je le préférerais mécanicien, mais je l'arrangerai pour que je puisse obtenir ses amours avec Catherine au fond" (Grant, *Zola's* Germinal 175). Their sexual union converts the earth into a protective womb, in which the miners are no longer trapped but rather sheltered until the day of their emergence for final victory over the Company, the capitalist system, and the power of death; Borie comments: "la terre, la mère, est grosse, l'enfant, les camarades, sont dans ce ventre, vivant et travaillant : il en font résonner les parois et préparent enfin le véritable accouchement" (112). Once again, they are represented by trees, as the earth puts forth "jeunes arbres" (502); the expression repeats that used for the growth at Réquillart, and shows that the fall of Bonnemort as an old tree struck by lightning will not prevent others from rising up to take his place. The connection between miners and plants becomes clearer in the next sentence: "Encore, encore, de plus en plus distinctement, comme s'il se fussent rapprochés du sol, les camarades tapaient" (502). Protected by mother earth, imbued with the force of water and the life-sustaining breath of air, warmed by the nurturing heat of fire, the miners are quickly becoming an irresistible power. Earlier called a *force de la nature* in their destructive fury, they have learned to channel this energy into creation; the power of death, both crushing them from without and corrupting them from within, has been eradicated.

Similarly, Etienne is cured of his family curse. In the *ébauche*, Zola planned to have him get worse at the end of the novel: "Ne pas oublier que j'ai fait d'Étienne dans la famille un maniaque de l'assassinat. Il faut que je termine en indiquant cela" (Grant, *Zola's Germinal* 176); "l'idée du meurtre s'emparant de lui à la fin" (184); "à la fin fuite pour éviter le meurtre" (199). But in the final version of *Germinal* there is no mention of his desire to kill after the death of Chaval; moreover, he renounces violence as a political tool: "il songeait à présent que la violence peut-être ne hâtait pas les choses. Des câbles coupés, des rails arrachés, des lampes cassées, quelle inutile besogne! Cela valait bien la peine de galoper à trois mille, en une bande dévastatrice! Vaguement, il devinait que la légalité, un jour, pouvait être plus terrible" (501). Like the community of miners, he has joined with the creative force of nature to tap into its irresistible strength.

It may seem too optimistic to see the novel as a progression from resignation to useless destruction to constructive power, and many critics have seen the novel's ending as hopeless or ironic. But the myths that underlie the text suggest rather that progress has been made toward a better existence. True, the strike has failed and the miners are shown returning to work, in passages clearly reminiscent of the beginning chapters, thus making the novel itself a circle. Similarly, the echoes of the Persephone myth contained in Catherine's story could be interpreted to say that spring has followed the harsh winter of the strike, but will in turn be followed by winter, in an endless cycle that makes progress impossible. But other myths are more clearly at work in the last chapter, and indicate that the advance is real. Maigrat's castration echoed a myth of change, in which one reigning power is replaced by another, and both characters and narrator appear confident that this will indeed occur for the miners. The most important subtext here, however, is that of the men sprouted from dragon's teeth sown by Cadmus, men who rose out of the ground, fought, and founded the city of Thebes (Seassau 130). In what is almost certainly an intended reference to this legend, Zola declares: "Des hommes poussaient, une armée noire, vengeresse, qui germait lentement dans les sillons, grandissait pour les récoltes du siècle futur, et dont la germination allait faire bientôt éclater la terre" (502). They, too, will change the world, establishing the kind of new city Zola imagines in his *Evangiles*. More generally, *Germinal* reproduces the mythic paradigm of the initiation of a young man into a new life, the rites of passage that teach him the mysteries of life and enable him to emerge wiser and stronger (Brady 92-95, Pasco 747-48, Rosenberg). These subtexts all combine to show that an important change has occurred, that the hopeful tone of the last chapter is not ironic but to be taken seriously as the promise of a better future.

There is, however, another possible ambiguity at the end of the text: even if real, the changes brought about in the course of the novel may be unsettling when one sees the threat of violence that still remains in the last sentence. Other passages of the chapter convey this same image: the miners feel a need to "reprendre la lutte et de se venger" (493), and Etienne regains his faith in "une révolution prochaine, la vraie, celle des travailleurs, dont l'incendie embraserait la fin du siècle de cette pourpre de soleil levant, qu'il regardait saigner au soleil" (500). But it is on the next page that he renounces violence as a tool and sees the value of peaceful political and social action. The specific nature of this inevitable transformation of society is left uncertain, much as Zola writes in a letter in December 1885:

> Hâtez-vous d'être justes, autrement, voilà le péril: la terre s'ouvrira et les nations s'engloutiront dans un des plus effroyables bouleversements de l'histoire.... Oui, un cri de pitié, un cri de justice, je ne veux pas davantage. Si le sol continue à craquer, si demain les désastres annoncés épouvantent le monde, c'est qu'on ne m'aura pas entendu. (Mitterand, *"Germinal* et les idéologies 142).

Zola clearly hopes that the transformation of society will be brought about peacefully, and hints at the end of *Germinal* that this is not only possible but also probable. The phrase "le bruit des germes s'épandait en un grand baiser" suggests a harmony and peace; moreover, when compared to Souvarine's contempt for all love, it shows an attitude far removed from his, one that translates on the political level into policies of reconciliation and non-violent action. Even the vengeful army of miners is portrayed as a force of nature, not simply by its immense power like the flood, but also by its creative potential. The violence of the last sentence is condensed in the word *éclater*, which connotes both the sprouting of plants and sexual intercourse; furthermore, the object of this verb is *la terre*, thus making explicit the image of the miners bursting forth from below like the plants that appear in the spring, not to destroy the world but to make it fruitful. A confrontation may still be necessary, Zola warns, but the miners have learned to use their vast untapped energy constructively instead of destructively, and if another revolt is occurs, it will be like the assault of nature on Serge Mouret's church, like the weeds that invade the slagheap, like the plants at Réquillart: destructive only in the measure that it fills dead space with swelling life. The miners have already won the elements over to their side; in the same way, they will transform the world not by the kind of demolition Souvarine advocates but by this process of changing deadly powers into forces of life. *Au Bonheur des dames* already showed the possibility of such a change coming to an entire dehumanizing system, and Etienne's embrace with Négrel at the time of his rescue hints at the possibility of ultimate reconciliation. This is the path that Etienne is taking and the path that the miners will undoubtedly follow. Like Etienne and Catherine trapped in le Voreux, they have learned to change the valley of death into a garden of life.

Le Docteur Pascal: **The Triumph of Life**

After lurking in the background like a mysterious, unseen force through eighteen novels, Adélaïde Fouque, ancestor of all the Rougons and Macquarts, finally reappears in *Le Docteur Pascal.* Two short but crucial scenes present the old woman in the asylum of les Tulettes; both times, she is accompanied by the young Charles Saccard. Together, Tante Dide and Charles form a kind of anti-Pascal, representing the antithesis of everything that Pascal values, and the two episodes show both the enduring power and the limits of the curse of death that haunts the family.

Adélaïde Fouque is a continuing embarrassment to the family: not only does she show clearly the *fêlure* that they have inherited, she is also a witness of the crimes that first established their fortune. Félicité, self-appointed guardian of the Rougon reputation, wants nothing more than to be rid of her: "Quel soulagement, le beau matin où elle enterrerait ce témoin gênant du passé. . . qui évoquait, vivantes, les abominations de la famille!" (IX, 243)[1]. Short of killing the old lady, the family keeps her locked up in the asylum of Les Tulettes, out of sight and—they hope—out of the minds of their neighbors in Plassans. The very name given to her, Tante Dide, may be a "surnom caressant" (III, 112), but it also seems to be an attempt to deny her role as progenitor; if the family cannot erase her entire existence, they will relegate her to the position of an aunt, consequently not a direct ascendant. Charles, too, is an embarrassment: physically frail, possessing the mind of a small child despite his fifteen years, he shows the logical conclusion of this genetic disorder carried to its ultimate degree. Like his great-great-grandmother, his very existence is a badge of shame: he was born from the union of Maxime Saccard and a household servant, and is the living sign of the unrestrained appetite for pleasure that drives both Maxime and his father Aristide Saccard. This frenetic lust for sex and money is itself the form that the family curse takes in them; furthermore, it is perhaps not a coincidence that Charles is produced by a scandalous union of socially unequal parents, for such is the origin of the Rougon-Macquart themselves, derived from the reasonably well-off Adélaïde Fouque's marriage to the peasant Rougon and her adulterous affair with the smuggler Macquart. From every angle, Charles points back to Tante Dide; the curse, it seems, is reproducing itself like a virus.

Félicité's solution to the problem, as with Adélaïde, is to keep Charles out of sight, sending him off to the relative isolation of Pascal's modest estate or Antoine Macquart's house in Les Tulettes, from which he is in turn dispatched to spend the day with his great-great-grandmother in the asylum. But the strategy backfires, for the juxtaposition of the two only brings out more clearly Charles's resemblance to Tante Dide:

> . . . cette ressemblance qui avait franchi trois générations, qui sautait de ce visage desséché de centenaire, de ces traits usés, à cette délicate figure d'enfant, comme effacée déjà elle aussi, très vieille et finie par l'usure de la race. En face l'un de l'autre, l'enfant imbécile, d'une beauté de mort, était comme la fin de l'ancêtre, l'oubliée. (III, 114)

The guardian assigned to the cell declares: "ils ne peuvent pas se renier. Qui a fait l'un a fait l'autre. C'est tout craché" (IX, 254).

The resemblance between Tante Dide and Charles goes beyond physical or even psychological traits to attain a mythical dimension. For if one examines what exactly it is that Charles has inherited from his ancestor, her most striking characteristic is deathliness. Already cadaverous in *La Fortune des Rougon,* Adélaïde Fouque is more than a hundred years old in *Le Docteur Pascal* and seems more dead than alive: "Sa chair était comme mangée par l'âge, la peau seule demeurait sur les os" (III, 112), "avec ses yeux qui vivaient seuls" (IX, 254). Charles similarly has a constant aura of death about him: "sa beauté inquiétante avait une ombre de mort" (III, 104); like Tante Dide, he is a specter of death who haunts his entire family. Significantly, the other character of the series who strongly resembled Tante

Dide, Jeanne Grandjean of *Une Page d'amour,* died in childhood, a fate strikingly similar to that which awaits Charles. Proximity to Tante Dide is proximity to death.

Charles is almost invariably described as a prince, "à la royale chevelure blonde" (III, 105); "sa royale chevelure" (116; IX, 247, 255); "son air royal d'imbécillité maladive" (III, 118); "ce fils de prince" (IX, 247). Even in death, "il restait divinement beau, la tête, couchée dans le sang, au milieu de sa royale chevelure blonde épandue, pareil à un de ces petits dauphins exsangues, qui n'ont pu porter l'exécrable héritage de leur race" (257). The reference to race is important, since Charles does in fact suffer from the heredity of the Rougon-Macquarts, and they are the line that produced him. Their pretended royal status is frequently noted, most commonly in regard to Félicité. She lives, after the fall of the Second Empire, as "la reine détrônée d'un régime déchu" (I, 61), "dans son attitude de reine, portant noblement le deuil du régime déchu" (XIII, 357), much as Charles seems the "petit dauphin efféminé d'une antique race déchue" (III, 105). The survey of the family afforded by Pascal's dossiers in Chapter V provides other examples: Eugène Rougon approaches royalty closely in the literal sense by his political power, "en marche pour sa royauté triomphante de vice-empereur" (V, 152); in commerce, Octave Mouret arrives in the capital "résolu à demander aux femmes la royauté de Paris" (153). Pascal finds the death of Antoine Macquart fitting, almost glorious: "le voilà qui meurt royalement, comme le prince des ivrognes" (IX, 251). This last case suggests the true nature of the royalty of both Macquart himself and the rest of the family: an ironically named sickness passed on from generation to generation. Yet, paradoxically, Félicité wants to destroy any clear sign of this tainted blood–Macquart, Tante Dide, Pascal's papers–in order to preserve the royalty of the family. She makes no apologies for burning the dossiers, telling Clotilde: "je n'ai eu qu'une ambition, qu'une passion, la fortune et la royauté des nôtres" (XIII, 365). She succeeds in her aim, and in the closing pages Clotilde sees the crowd assembling for the dedication of the Asile Rougon by Félicité, "dont elle serait la reine applaudie, au milieu d'un concours énorme de population" (XIV, 372). Yet it is the sickly Charles, the most deeply Rougon of all the characters and the most clearly royal, who shows the underlying nature of this royalty.

But the concept of royalty is more and more associated with Pascal as the novel advances. As early as Chapter II, his kingship is hinted at: "rayonnant, le visage éclairé par la blancheur de la barbe, d'une vigueur encore qui la [Clotilde] lui faisait soulever pour franchir les ruisseaux.... On aurait dit un de ces anciens rois qu'on voit dans les tableaux, un de ces rois puissants et doux qui ne vieillissent plus" (91). His portrait suggests a happy blending of the wisdom of age and the strength of youth, perhaps most similar to the Charlemagne of the *Chanson de Roland.* Later descriptions of him reinforce this impression. Walking through the old quarter of Plassans he is perceived as a "maître royal et reverdissant" (VIII, 227), a term that suggests a rebirth like an old tree putting out new leaves, and he himself thinks of Clotilde as a "sujette qui s'était donnée à son vieux roi" (XI, 297). She shares this idea, and tells Félicité of her only desire: "se dévouer à son prince" (303). Her attitude is of central importance, for Pascal's own royalty is increasingly dependent on her once they fall in love. His strength no longer derives entirely from within but rather from the support of his younger companion, and during their walk in Plassans she is "la belle jeune fille soutenant le maître royal" (VIII, 227). His dream of "une de ces pèlerines d'amour... qui avait suivi une étoile pour venir rendre la santé et la force à un vieux roi" (VII, 196-97) is realized, since by their union she gives him the youthful vigor he can no longer find in his work: "Ah! la jeunesse, il en avait une faim dévorante.... Il n'y avait que la jeunesse de bonne et de désirable. ... Ah! recommencer, être jeune encore, avoir à soi, dans une étreinte, toute la femme jeune!" (198). It is precisely this youth that he finds in Clotilde, always presented as a kind of royalty: to his eyes, she is an "apparition de royale jeunesse" (199); later, "elle lui fit le royal cadeau de son corps" (X, 283), a "royal festin de jeunesse" (285; XII, 329), a "festin royal" (XIII, 354), and Pascal reflects afterward on "ce corps frais, sentant bon la jeunesse, qui s'était royalement donné" (XI, 308). It is a royalty of love, of health, of harmony with the world that Pascal receives from and shares with Clotilde; tellingly, nature displays a similar royalty in the summer: "c'était le royal été qui dressait sa tente bleue, éblouissante d'or" (X, 272). Together, Pascal and Clotilde embody the creative power of nature, which culminates in the conception of their child. This triumphant kingliness of health and joy is diametrically opposed to the morbid royalty of Charles. If Charles is the prince of death, Pascal is the lord of life.

This royalty shared by Pascal and Clotilde is elevated to a higher level by its conflation with divinity. Before they become lovers, Pascal's dream of a girl who follows a star to find her king immediately calls to mind the Magi on their voyage to Bethlehem. His union with Clotilde is explicitly compared to that of David and the Shunammite girl Abishag in the Bible by the lovers themselves. Pascal continues his reverie by meditating on the story; after they have consummated their union, it becomes a recurring topos for them: "Clotilde s'amusa plusieurs jours à un grand pastel, où elle évoquait la scène tendre du vieux roi David et d'Abisaïg, la jeune Sunamite. . . . elle termina les visages en quelques coups de crayon : le vieux roi David, c'était lui, et c'était elle, Abisaïg, la Sunamite" (VIII, 228); "le vieux roi David, ainsi que Pascal se nommait parfois en plaisantant, sortit au bras d'Abisaïg" (X, 277). The narrator echoes the theme: "La Sunamite sommeillait, la joue sur le coeur de son roi" (VIII, 237); "David continua sa marche au bras d'Abisaïg" (X, 279); "ils durent rentrer à la Souleiade, tous les deux, le vieux roi mendiant et sa sujette soumise, Abisaïg dans sa fleur de jeunesse, qui ramenait David vieillissant" (281). The image is more than a simple rhetorical expression, for despite his sometimes militant agnosticism Zola reveals in *Le Docteur Pascal* an ardent faith in a pantheistic, unanimistic divinity whose principle resides in the eternal creation of new life: "La vie était l'unique manifestation divine. La vie, c'était Dieu, le grand moteur, l'âme de l'univers" (II, 85). The devil, insofar as such an entity exists for Zola, may be found in the tainted genes of the Rougon-Macquarts that attain their ultimate expression in Charles; the divine is all around us in nature. Like the miners at the end of *Germinal,* Pascal has learned to place himself on the side of nature and thus to break the bonds of death that have shackled his family through nineteen volumes of the series.

The royalty of Charles and thus of the Rougon-Macquart family points to Pascal in another important way. In both the scenes in the asylum, Charles is constantly occupied with the same activity: cutting out paper pictures of kings. The obvious parallel between the images and his own appearance is drawn: "D'une pâleur de lis, il ressemblait vraiment à un fils de ces rois qu'il découpait" (III, 114), a resemblance that his clothing heightens: his "veste et. . . culotte de velours noir, soutachées de ganse d'or" (114), almost inevitably link him to the "roi de pourpre au manteau d'or" (112). Surely it is no coincidence that he wears the same costume during the second visit to Les Tulettes months later, once again looking like the "rois d'or et de pourpre" (IX, 255). These details clearly underline the ironically named royalty that is the boy's most striking characteristic. But the equation can be inverted to shed light on his pictures: if Charles is royal and the images depict kings, they can be construed as a representation of his own family. The interpretation seems logical when one remembers that it is only in the presence of Tante Dide that he cuts out these pictures, and that he and the old lady together already form a summary of the family, from the roots of the family tree to its farthest branch four generations later. Moreover, Pascal is deeply moved by the sight of all five generations united during the first visit to the asylum:

> C'était que, devant ses yeux, s'évoquait toute la lignée, la branche légitime et la branche bâtarde, qui avaient poussé de ce tronc, lésé déjà par la névrose. Les cinq générations étaient là en présence. . . . la chaîne se déroulait, dans son hérédité logique et implacable. . . (III, 114)

It is fitting, then, that a portrait gallery of the Rougon-Macquarts should be found in a situation that already evokes this line by the very presence of the characters.

But Charles is not the only character of the novel to collect paper representations of the family: his cut-outs must be seen as an answer or a challenge to Pascal's dossiers. Once again, Charles and Pascal are placed beside one another, in a way that brings out the differences between them. The very fact that they each gather such collections separates them: for Charles, it is an effortless pastime, requiring neither intelligence nor virtue, both of which he lacks so completely, which is why he is visiting his great-great-grandmother in an asylum instead of studying in school. For Pascal, on the other hand, the compilation of information on his relatives is a heroic, even Promethean, endeavor, unlike anything achieved by anyone else in the family, and offers the hope of a cure for their ailments and those of all humanity. In short, Charles's feeble accomplishment shows how much of a sickly Rougon he is, while Pascal's dossiers justify his claim to be unlike the Rougons and the Macquarts; the pictures of kings are a static group that can show but not help solve a problem, whereas the scientific studies are moving toward the conquest of infirmities.

The fate of these two collections traces both the family curse and the possibility of redemption. While Pascal's documents are destroyed by fire, the pictures of kings are covered with blood when Charles bleeds to death: "Les gouttes devinrent un filet mince qui coula sur l'or des images. Une petite mare les noya" (IX, 255); "Les images étaient inondées" (256). The sentence continues: "le velours noir de la veste et de la culotte, soutachées d'or, se souillait de longues rayures" (256), carefully continuing the parallel between the paper kings and Charles. The spilling of blood on these images that represent the Rougon-Macquart family shows the heritage they share, the sickness and violence that constitute their collective story. The juxtaposition of blood and gold is important, for it points back to vision of the family's future imagined by Pascal at the beginning of the cycle in *La Fortune des Rougon:* "Il crut entrevoir un instant, comme au milieu d'un éclair, l'avenir des Rougon-Macquart, une meute d'appétits lâchés et assouvis, dans un flamboiement d'or et de sang" (VII, 362). The fire imagery of *flamboiement,* combined with blood and gold, shows the destructive character of such unrestrained desires, a fact clearly demonstrated throughout the series from the death of Silvère shortly after Pascal's vision to Nana's ruining of powerful men to the homicidal fury of Jacques Lantier. In this sense the episode of Charles's death echoes Chapter V of *Le Docteur Pascal,* the famous night scene in which Pascal reveals his dossiers to Clotilde, for both events trace the history of the family through all its shameful past. The blood dripping on the pictures teaches a double lesson: actively, several of the Rougon-Macquarts are guilty of spilling blood to acquire riches or power; passively, they all suffer, regardless of individual guilt or innocence, from this tainted blood.

Charles's blood is subtly linked to that of earlier tragedies in the series. Tante Dide's personal odyssey as remembered by Pascal is a string of tragedies consisting of the deaths of those closest to her, first Rougon, then Macquart, next Silvère: "Du sang, toujours, l'éclaboussait" (III, 113). She herself sees the death of Charles as the continuation—or perhaps more accurately the repetition—of these violents deaths, crying: "Le gendarme! le gendarme!" (IX, 258), and her descendants who are présent draw the same conclusion as before: "Du sang, toujours, l'avait éclaboussée" (258). Charles's own reaction to the crisis shows the power exerted over him by his heredity as a Rougon: frightened, he calls for his mother, that is to say, the part of his lineage that lies outside the Rougon-Macquart family. But it is the old Adélaïde Fouque, "notre mère à tous" as Antoine Macquart calls her (III, 110), who is present instead, as though to show which side of Charles's heritage will continue to dominate. Death makes Charles even more like his great-great-grandmother than he was already: just as she seems a corpse, "ne gardant de vivants que ses yeux" (III, 113), "ses yeux qui vivaient seuls" (IX, 254), "yeux vides et limpides" (254), the same affect appears in him as he approaches death: "Toute la face de cire était morte déjà, lorsque les yeux vivaient encore. Ils gardaient une limpidité, une clarté" (257). Significantly, the two stare at one another intently with these matching eyes in the final moments of the boy's life: "près d'expirer, il ouvrit ses grands yeux, il les fixa sur la trisaïeule, qui put y suivre la lueur dernière" (257). Despite—or perhaps because of—the insanity of the one and the mental weakness of the other, they seem to understand in some instinctive way what is happening, to comprehend the linear connection between their fates, for each sees in the other the cause or effect of his own plight. Charles is a latter day Silvère, killed by his family; a phrase used to describe the blood dripping from Charles's nose—"la mare de sang qui se caillait" (IX, 257)—quotes almost exactly the last words of *La Fortune des Rougon* describing the pool of blood left from the execution of Silvère: "une mare de sang se caillait" (VII, 377). The fact that Charles dies naturally, without the intentional use of violence, only proves the inevitability of his death and the frightening character of his family, which has destroyed him without effort or even intent. The fundamental law of the *Rougon-Macquart* series reasserts itself: history must be repeated over and over again.

But many hints suggest that the situation is not as bleak as might appear. If the repetition of the blood-splattering image, almost word for word, shows that the same irresistible force of death is at work here as at the beginning of the series, the shift from the imperfect to the pluperfect makes it a thing of the past, consigned to a period that is effectively closed. Similarly, the description of Charles as a prince states that he is the last of his line: "pareil à un de ces petits rois exsangues qui finissent une race" (III, 104). But the clearest indication of the passing of the curse comes from the water images that relate to both Charles and Tante Dide. The old lady seems dead except for her eyes, "ses yeux d'eau de source" (III, 113), "ses clairs yeux d'eau de source, dans son mince visage desséché" (IX, 255). It may seem to be a simple figure of speech connoting limpidity, but the description of Charles's death reveals its deeper significance. The bleeding does not alarm the boy when he wakes up, "il était accoutumé à cette source sanglante qui sortait de lui, au moindre heurt" (256); finally, "Charles était mort sans une secousse, épuisé comme une source dont toute l'eau s'est écoulée" (257). Adélaïde Fouque, mother of the entire family, is the *source*—in both senses of the term—the poisoned well from which they sprung; Charles is the final product of that tainted lineage, in which it runs dry. The grasp of death has finally lost its power, and he will be its last victim.

But the clearest sign that the curse of death has finally been lifted comes from Tante Dide. More than once it is hinted that she has some paradoxical role as a redeemer for her family. At the end of *La Fortune des Rougon,* she is locked up in the asylum, Pascal tells Clotilde, "comme une figure spectrale de l'expiation et de l'attente" (V, 152), only to live on year after year, "ce spectre de l'attente et de l'expiation" (IX, 243). The terms *spectrale* and *spectre* are not surprising, for a ghost represents the dead who refuse to stay in the grave, who come forth to harry the living, which is precisely the role of heredity in *Les Rougon-Macquart,* a heredity most clearly symbolized by the continuing existence of the old lady. The other terms are less immediately clear, however, and one may well ask what she is waiting for and for what fault she is atoning. The first mention of expiation refers to the events surrounding the family's accession to power in 1851, most specifically the death of Silvère, events over which Tante Dide had no control and for which she can hardly be held accountable. But from the objective point of view of heredity, the ancestor causes and is consequently responsible for the actions of descendants. In the sight of five generations of the family united, Pascal sees the "hérédité logique et implacable" (III, 114) that governs their destinies. Adélaïde Fouque is herself a victim of heredity, of course, suffering from her forebears in the same way as her offspring suffer from her, but that is beside the point. Much as one might find in a Greek tragedy, the price must be paid, justly or not, for all the ramifications of the original fault that is lost in a mysterious past; Tante Dide, as the one immediate ancestor of all the Rougons and Macquarts, is condemned to expiate their sins[2].

This expiation reaches its climax in the death of Charles. As the one observer of the incident, she is unable to stop the flow of destiny: "Un grand cri de la folle, un appel de terreur aurait suffi. Mais elle ne criait pas, elle n'appelait pas, immobile, avec ses yeux fixes d'ancêtre qui regardait s'accomplir le destin" (IX, 256). The inexorable power of fate, powerful in Zola's early works such as *Thérèse Raquin* and *Madeleine Férat*, reasserts itself here, and if it is almost scientific in causing the inevitable death of the hemophiliac child, it reaches its full mythical dimension in Tante Dide, for just as Charles is destined to die, she is destined to watch it happen powerlessly. She is a kind of modern Cassandra, forced to observe a tragedy she cannot avert; unlike Mme Raquin, she has no final triumph. Passing on her *fêlure* is her crime, and she is punished for it by having to see its ultimate result, the destruction of her great-great-grandson. By this suffering she is finally able to atone for her guilt, and thus for the guilt of all the crimes of her descendants that stem from it. The principle of being punished by one's own sins is upheld.

It is tempting to regard her death immediately after this as the punishment she receives for the death of Charles. But a different light is cast on the event by the other term applied to her: she is a figure of expiation and *attente*. More than once it is stated that there is no reason why she should ever die: "la folie pouvait rester indéfiniment stationnaire, sans amener la mort" (III, 112); "Comme le disait la gardienne, il n'y avait plus de raison pour qu'elle mourût jamais" (IX, 243). The death of Charles, leading directly to her own, finally breaks the circle in which she is caught, thus offering an explanation for the puzzling word *attente:* the curse that holds Adélaïde Fouque condemns her to live on until the last victim of her heredity dies; seen from this perspective, death is for her not a punishment but a release, granting the rest that has been denied her for so long. This lends deeper meaning to the words *spectre* and *spectrale,* for her situation is precisely that of a ghost, already effectively dead but unable to find repose. When she dies, it is not only her surviving descendants but also Tante Dide herself who is freed from the curse that has weighed down upon the family. While it seems paradoxical to state that she is released from the power of death by dying, one must realize that she passes from a disturbing, unnatural condition to the normal close of a human life. Shortly before these cataclysmic events Pascal tells Clotilde: "Mourir n'est rien, c'est dans l'ordre. . . . Mais souffrir, pourquoi?" (IX, 242). The frightening state of death in life, poisoning it from within, has given way to death plain and simple. The door is opened to unencumbered life.

It is Pascal who must provide this new life. He has struggled to do so for decades, long before there was any clear hope that the curse of death could be lifted. Tellingly, he lives on an estate remarkably similar to Paradou of *La Faute de l'abbé Mouret:* both are the remains of a formerly impressive domain; both harbor rich, ebullient growth, in contrast to the arid land around them. Looking down from the terrace, Clotilde surveys a barren landscape: "des murs de pierres sèches soutenaient les terres rouges, où les dernières vignes étaient mortes; et, sur ces sortes de marches géantes, il ne poussait plus que des files chétives d'oliviers et d'amandiers, au feuillage grêle" (II, 78). Inside the wall, on the other hand, there is an orchard, a vegetable garden, a pine grove, and a "bouquet d'énormes platanes" (79) that grow directly outside Pascal's window. Their role as protectors of life is emphasized: "Sous ces géants, aux troncs monstrueux, il faisait à peine clair, un jour verdâtre, d'une fraîcheur exquise, par les jours brûlants de l'été" (79). By his life's work and his philosophy, Pascal is himself such a sheltering giant. When the novel begins in 1873, he has already devoted more than thirty years to the study of life in all its phenomena. But his scientific endeavors are perhaps less important than his fundamental faith: "En somme, le docteur Pascal n'avait qu'une croyance, la croyance à la vie. La vie était l'unique manifestation divine. La vie, c'était Dieu, le grand moteur, l'âme de l'univers" (85). In sharp contrast to the shadow of death cast by his grandmother, he seems to bring life to those around him, saving Sophie Guiraude and Clotilde from their hereditary weaknesses. His strategy for dealing with sickness in general and his family's hereditary disorder in particular is the antithesis of Félicité's approach to the problem. Much like Zola's own attitude toward the depiction of social ills in literature,[3] Pascal wants not to hide sickness but to bring it out into the open: "Tout dire, ah! oui, pour tout connaître et tout guérir!" (IV, 134); "Il n'y a ni santé, ni même beauté possible, en dehors de la réalité" (128); "Aucun bonheur n'est possible dans l'ignorance" (VIII, 235). It is this ardent belief in the value of truth that leads him to keep dossiers on the members of his family for thirty years, dossiers which his mother wants to eliminate just as she wants to eliminate compromising relatives. But Pascal's scientific pursuits are of little success in treating his family; he tried to cure Charles, but to no avail: "Pascal, attendri, songeant à une guérison, n'avait abandonné cette cure impossible qu'après l'avoir eu chez lui pendant près d'un an" (III, 105). He is seized by a curious hesitation when it comes to treating Tante Dide: "des scrupules lui étaient venus, une sorte de terreur sacrée" (116). This figure of mythical dimensions remains outside the realm of science where no doctor can help, for she is not simply old and insane but marked with a stamp of death from her earliest years, so that changing her would be tantamount to raising the dead. Pascal considers such attempts once again when the family visits her in the asylum in Chapter III: "Ah! si j'osais, si elle était jeune encore. . ." But Clotilde tells him: "Non, non, maître, tu ne peux refaire de la vie" (116).

If the fertility of La Souleiade offers the hope of new life, this potential is condensed in a copse of plane trees behind the house:

> .... le charme de ce coin si ombreux était une fontaine, un simple tuyau de plomb scellé dans un fût de colonne, d'où coulait perpétuellement, même pendant les plus grandes sécheresses, un filet d'eau de la grosseur du petit doigt, qui allait, plus loin, alimenter un large bassin moussu. . . . Quand tous les puits du voisinage se tarissaient, la Souleiade gardait sa source, de qui les grands platanes étaient sûrement les fils centenaires. Nuit et jour, depuis des siècles, ce mince filet d'eau, égal et continu, chantait sa même chanson pure, d'une vibration de cristal. (79-80)

In several ways this fountain is a reply to the spring of bad blood found in Tante Dide. Just as the old woman, by a sliding metaphor that makes her both the spring and the tree that grows from it, is called an "arbre séculaire" (III, 112), "centenaire" (IX, 254), and Pascal comments on her death and that of Charles: "les vieux arbres tombent et les jeunes meurent sur pied" (258), so the spring in La Souleiade gives rise to its "fils centenaires," the great plane trees; the term *fils* clearly indicates their symbolic value. But while Tante Dide is a weak, rotting old trunk, "dont it ne reste que l'écorce" (III, 112), who passes on her infirmity to her offspring, the trees on Pascal's land are "géants, aux troncs monstrueux" (II, 79), and provide in the searing heat "un jour verdâtre, d'une fraîcheur exquise, par les jours brûlants de l'été" (79). The fountain, it seems, produces life, which in turn makes possible more life, in a continuous chain, a far cry from the sickly influence of the *source*—in both senses of the term—of the Rougon-Macquarts. Furthermore, the water of the fountain is called a *filet*, precisely the term used to describe the blood flowing from Charles as he slowly dies.

The position of this fountain is ambiguous. The windows of Pascal's bedroom look out over it, suggesting that he participates in its life-giving action; but it is first presented when Clotilde visits it alone after her first dispute with Pascal over his scientific work, and his windows stay shut throughout the morning, keeping out Clotilde, the trees, and the sound of the fountain. It is this scientific research that occupies him, causing his separation from both Clotilde and the garden. Pascal's own attitude is equally ambiguous. When he finally emerges for a late lunch with Clotilde, he brings his own curative water with him, the substance he has been preparing in his room: "une petite bouteille d'un liquide trouble, opalin, irisé de reflets bleuâtres, qu'il regarda longtemps à la lumière, comme s'il avait tenu le sang régénérateur et sauveur du monde" (II, 87). Zola distances himself from the elation of his hero by the expression *comme si,* hinting that Pascal makes too much of his discovery. It is he, however, who wants to enjoy nature: "Le docteur voulut aller prendre le café sous les platanes, en disant qu'il avait besoin d'air, après s'être enfermé toute la matinée. Le café fut donc servi sur la table de pierre, près de la fontaine" (II, 89). He seems to vacillate between rival poles of attraction: his studies, symbolized by the great cabinet containing his dossiers, and the gentle charm of the fountain. The intellectual and the emotional are divided.

Just as Pascal has his own water, so he has his own tree to rival both Tante Dide and the trees around the fountain: the genealogical table of the Rougon-Macquarts, invariably called the *Arbre* (V, 148, 158, 161; VI, 180; XI, 298; XII, 342; XIII, 360; XIV, 381). This chart symbolizes Pascal's life of scientific inquiry, the years of effort that went into his studies on heredity, the dossiers on individual members of his family, and all his other efforts in biology, geology, and related fields. It is not only Pascal's creation but also, one can say with only slight exaggeration, his procreation. He protects his writings with the fervor of a father defending his offspring, thinking to himself: "Les découvertes qu'il a faites, les manuscrits qu'il compte laisser, c'est son orgueil, ce sont des êtres, du sang à lui, des enfants, et en les détruisant, en les brûlant, on brûlerait de sa chair" (IV, 137). Later, he reflects that he has sacrificed the chance for children to produce these scholarly works instead: "Ah! que n'avait-il vécu! Certaines nuits, il arrivait à maudire la science, qu'il accusait de lui avoir pris le meilleur de sa virilité" (VI, 196); it is the love of a woman that he misses in this passage, but, as he states several times, such love can only have the production of children as its goal. He remembers his youthful strength, "une vigueur bien portante de jeune chêne" (198) which he has lost; interestingly, the cabinet containing his works is made of oak, as though to demonstrate that it has taken the force of this wood from him, leaving him only paper. Pascal is, despite all his love of life, less a participant than an observer of the life of the world; for him, it is something to be studied, analyzed, categorized, but not something in which he plays an active role. The same reproach, of course, can be made of the naturalist novelist, and Zola's oblique criticism of the obviously autobiographical Pascal may be a self-criticism, a sign of the determination to participate more fully in events of his time that led a few years later to his role in the Dreyfus affair[4]. Pascal's vial of liquid and genealogical chart show the intellectualization of life; as such, they stand opposed to both the poisoned spring and monstrous tree of the Rougon-Macquart family and the fountain in his yard with the trees that grow around it.

Clotilde offers another possible kind of creation, producing a plant of her own. Approaching the world from an emotional, mystical point of view, she sees it as the product of love more than of gravity or thermodynamics. "Des médiateurs passaient, des anges, des saints, des souffles surnaturels, modifiant la matière, lui donnant la vie; ou bien encore ce n'était qu'une même force, l'âme du monde, travaillant à fondre les choses et les êtres en un final baiser d'amour" (IV, 127). Her drawings show both her own attitude and that of Pascal. He uses her ability to contribute to science, having her draw plants for his articles on botany; but she prefers to create imaginary flowers that express her desires:

> C'était ainsi parfois, chez elle, des sautes brusques, un besoin de s'échapper en fantaisies folles, au milieu de la plus précise des reproductions. Tout de suite elle se satisfaisait, retombait toujours dans cette floraison extraordinaire, d'une fougue, d'une fantaisie telles que jamais elle ne se répétait, créant des roses au coeur saignant, pleurant des larmes de soufre, des lis pareils à des urnes de cristal, des fleurs même sans forme connue, élargissant des rayons d'astre, laissant flotter des corolles ainsi que des nuées. Ce jour-là, sur la feuille sabrée à grands coups de crayon, c'était une pluie d'étoiles pâles, tout un ruissellement de pétales infiniment doux; tandis que, dans un coin, un épanouissement innommé, un bouton aux chastes voiles, s'ouvrait. (I, 56-57)

The *roses au coeur saigant, pleurant des larmes de soufre* clearly suggest a dissatisfaction with her present situation, leading her to satisfy herself, as Zola puts it, in her imagination. The sexual imagery, reminiscent of the Paradou garden of *La Faute de l'abbé Mouret*, is evident, most clearly in the final *bouton aux chastes voiles* that is starting to open. But Clotilde's drawings express an existential anxiety that runs much deeper than frustrated sexual desire; what she seeks is not mere sexual fulfilment but enduring love, contact with the infinite, sure values after the social and philosphical upheavals of the nineteenth century. It is exactly such questions that she wrestles with in Chapter IV, when Pascal finds her outside at night watching the stars. Stars suggest the infinity of space and the promise of heaven; significantly, they play a major role in Clotilde's search for enduring happiness, beginning with her drawings. The *rayons d'astres* and *pluie d'étoiles* hint at the metaphysical quest that lies behind her sketches, a symbol that only becomes clear in the nocturnal scene of Chapter IV. While she tries to bring Pascal to traditional religion, he rejects her mysticism, in what seems a conscious imitation of Raphael's *Academy of Athens:* "Clotilde leva le bras, comme pour montrer l'infini de ce ciel frissonnant. Mais, d'un geste prompt, Pascal lui avait repris la main, la maintenait dans la sienne, vers la terre" (IV, 136). His message is clear: divinity and the ultimate source of all values must be found here on earth.

Ultimately their dispute is settled when both find fulfillment in another kind of divinity, love. Interestingly, Zola creates a situation in which numerous obstacles must be overcome before the lovers can come together, but each apparent barrier only strengthens their union. The most obvious of these is that they are uncle and niece, making sex between them uncomfortably close to incest, if not actually fulfilling its legal and medical definition. Comprehending his romantic and sexual desire for Clotilde, Pascal attempts to hide his feelings, telling himself: "Ce serait de sa part le pire des crimes, un abus de confiance, une séduction basse" (VII, 201). A little detail of the description of Clotilde's room in Chapter II echoes this theme, for the chamber is full of sphinxes: "il y avait là, pour tenture, une ancienne indienne imprimée, représentant des bustes de sphinx" (II, 75), and the bedposts "portaient aussi des bustes de sphinx, pareils à ceux de la tenture" (76). While this may seem at first an insignificant element of the Empire furniture, the sphinx recalls the story of Oedipus, the quintessential tale of incest and its devastating results. Moreover, the sphinxes on the cloth are shown "dans des enroulements de couronnes de chêne" (75); Pascal misses his youthful "vigueur bien portante de jeune chêne" (VII, 198) before Clotilde rejuvenates him, and it is in this room, in this bed, that she restores him to such health. The presence of the sphinxes is therefore perhaps not fortuitous, and could be construed as a warning of the dangers of incestuous love. But Pascal and Clotilde defy such omens. The only tragedy that ends their idyll is their separation; far from bringing a plague upon them and their kin, their love proclaims freedom for them and their posterity from the curse that has oppressed the Rougon-Macquarts for so long. The description of their first night of love insists that it is not the frightful transgression Pascal feared but a blessed union:

> Ce ne fut pas une chute, la vie glorieuse les soulevait, ils s'appartinrent au milieu d'une allégresse. La grande chambre complice, avec son antique mobilier, s'en trouva comme emplie de lumière. Et il n'y avait plus peur, ni souffrances, ni scrupules: ils étaient libres, elle se donnait, en le sachant, en le voulant, et il acceptait le don souverain de son corps... Le lieu, le temps, les âges avaient disparu. Il ne restait que l'immortelle nature, la passion qui possède et qui crée, le bonheur qui veut être. (VII, 209)

Many subtexts concerning sexuality underlie *Le Docteur Pascal,* perhaps most obviously *La Faute de l'abbé Mouret.* Several details of this passage recall the earlier novel: the glorification of the sexual act—diametrically opposed to its value in most of Zola's fiction—the complicity of the eighteenth-century decor, the participation in nature. Pascal and Clotilde seem therefore to be reliving the tryst of Serge and Albine, a view confirmed by the narrator's statement about Clotilde, when they walk past the former Paradou: "Elle était Albine" (VIII, 231). Given the unfortunate end of the earlier love affair, this conflation would seem to suggest that, as so often in *Les Rougon-Macquart,* the protagonists of *Le Docteur Pascal* are condemned to repeat the errors of the past. Moreover, Serge Mouret was himself already reliving an older text, the story of Adam and Eve in Genesis. Unable to tear himself away from his religion, he cannot free himself from the Biblical story. His renunciation of sexuality and abandonment of Albine stem from his inability to change the text he is living; bound by the outcome in Genesis, he is condemned to suffer guilt over his act and to be expelled from paradise. His problem typifies the painful situation of all his relatives, for living one's life simply as a re-enactment of a pre-existing document is to have no freedom, to be driven by forces beyond one's control; if such determining stories are considered a metaphor for heredity, this is precisely the plight of the Rougon-Macquarts. By their association with Serge and Albine, Pascal and Clotilde appear in danger of finding their lives predetermined by this multilayered subtext; moreover, yet another text underlies their union, that of David and Abishag. The Biblical monarch and his servant do not come to disaster, but they have no sexual relations. Yet neither Oedipus, nor Adam, nor David, nor Serge can prevent Pascal from having sexual union with Clotilde, and all the dire omens and threatening subtexts come to naught. By ignoring this limit and recreating the story as they wish, they assume a kind of power unknown to their forebears. Pascal and Clotilde are the first to break the cycle, and their connection with an earlier story serves to show not their servitude to genetics or fate but their liberty, for they rewrite the story to say what they want it to say and give it a different ending. It is no coincidence that Pascal represents Zola, for he is the first character of the series to assume authorial power to write his own story; tellingly, he fulfills the impossible dream of every writer by recording his own death in his opus, the family tree: "Enfin, quand il se fut trouvé, sa main se raffermit, il s'acheva, d'une écriture haute et brave: 'Meurt, d'une maladie de coeur, le 7 novembre 1873'" (XII, 342). But the very essence of his unique power that distinguishes him from the rest of his family is his ability to create life, and his last entry is not a closure but an opening on the future: "Ses doigts ne pouvaient plus tenir le crayon. Pourtant, en lettres défaillantes, où passait la tendresse torturée, le désordre éperdu de son pauvre coeur, il ajouta encore: 'L'enfant inconnu, à naître en 1874. Quel sera-t-il?'" (342). Pascal changes the royalty given to him—that of the Rougon-Macquarts and that of David—to make it into something beautiful and creative that eclipses its origins.

Both the lovers are changed by their new intimacy. Though much is made by Clotilde of her submission to Pascal, he in fact changes as much as she does, replacing his detached analysis of the world with zestful participation in it, but through love for his companion instead of scientific study; David Baguley aptly comments: "le docteur prend un pas décisif, en admettant la femme dans sa chambre, dans son 'tabernacle,' et, avec elle, la vie, la nature et le potentiel de régénération qu'il avait erronément cherché ailleurs" (152-53). The theme of stars as signs of the divine continues throughout the novel and shows the transcendent value of love. The jewels that Pascal gives Clotilde after their first night of love are called "étoiles" (VIII, 221); the latent implications of her earlier drawings are brought out when she depicts the two of them as David and Abishag, "Sur un fond de fleurs jetées, des fleurs en pluie d'étoiles," "il sortait d'eux comme un rayonnement d'astre" (228). The infinite that she sought in faith is found in love. This love becomes increasingly associated with procreation and maternity toward the end of the book; the last present Pascal gives to Clotilde, a pearl necklace that she keeps even after selling all the other jewels, is frequently described as "étoiles laiteuses" (X, 269; XI, 291; XIV, 383). In this last case the symbolism is underlined by Zola, for the necklace appears "Quand elle avait dégrafé son corsage, et que sa gorge, sa nudité de mère s'était montrée" (383): the promise of the milky white pearls reaches fruition as she nurses her child.

Pascal and Clotilde assume a kind of divinity themselves that is again associated with the heavenly bodies and with fire in general. The star-like shining they emit in the drawing has many echoes in the novel. On the first page, Pascal is shown in a kind of halo: "il demeura près de l'armoire, lisant la note, sous un rayon doré qui tombait de la fenêtre. . . . dans cette clarté d'aube" (I, 53). The use of the term *aube*—despite the fact that the scene actually takes place in the afternoon—clearly indicates that the light about Pascal is the dawning of a new day, a new era; it is not oppressive heat like that all around the house but light that he exudes. Fire is of course a destructive force, perhaps more so here than in any other volume of the series, since it consumes both Pascal's papers and the old Antoine Macquart. When associated with Félicité, the perpetrator of one of these actions and the complicit witness of the other, it appears deadly; but Pascal's almost magic power is to change this force of evil into something beneficial. He begins his long explanation of the dossiers to Clotilde in Chapter V by providing more light: "Un grand besoin de clarté l'avait pris, il aurait voulu l'aveuglante lumière du soleil; et il jugea encore que les trois bougies n'éclairaient point, il passa dans sa chambre prendre les candélabres à deux branches qui s'y trouvaient. Les sept bougies flambèrent" (V, 148). In a novel replete with religious images, it is perhaps not stretching the point too far to consider the seven candles as a reflection of the sevenfold spirit of God found in Revelation, employed here to illuminate the revelation of a secular religion. The candles are mentioned again near the end of the chapter, showing a steadiness of purpose that contrasts with the violent storm outside and the upheaval of Clotilde's ideas: "Dans l'air qui se calmait, les bougies achevaient de brûler, d'une haute flamme tranquille" (164). The same candelabra reappears at Pascal's wake, showing the difference between him and his mother: "Quel calme souverain, quelle paix immortelle, à côté de la sauvagerie destructive qui avait empli la salle voisine de fumée et de cendre! Une sérénité sacrée tombait de l'ombre, les deux cierges brûlaient, d'une pure flamme immobile, sans un frisson" (XIII, 367). Interestingly, the two trees that grow on the terrace of La Souleiade are called "deux énormes cierges" (II, 78), hinting at the connection between science, love, and nature. Similarly, the sun is frequently depicted as a deadly scourge upon the land: "l'on aperçut, sous le ciel d'un bleu violâtre d'incendie, la vaste campagne brûlée, comme endormie et morte dans cet anéantissement de fournaise" (I, 60); but Pascal and Clotilde draw strength from the sun:

> Tous les grands soleils amassés, qui semblaient avoir cuit cette campagne, leur coulaient dans les veines; et ils en étaient plus vivants et plus beaux, sous le ciel toujours bleu, d'où tombait la claire flamme d'une perpétuelle passion.
> ... lui, refleurissant, sentait la sève brûlante du sol lui remonter dans les membres, en un flot de virile joie. (VIII, 231)

Furthermore, Baguley points out that Pascal is increasingly associated with the sun toward the end of the novel: as Pascal slowly dies, the sun sets; once he is dead, it has disappeared (159). Like Prometheus, Pascal has taken control of fire; it is not through the so-called alchemy of his research but by the power of love that he has accomplished this.

But the dichotomy between science and myth proves to be, in the final analysis, a false choice. In the same way as Zola is able to write *Les Rougon-Macquart* only by mixing science with fiction—indeed, the most important unifying element of the series, the family curse, is itself a fusion of the two—so Pascal succeeds in joining science with myth, valuing both his written works and his unborn son. The gap between such seemingly disparate ways of thinking is diminished when one recalls Pascal's declaration of faith in science, which he himself frames in religious terms:

> Veux-tu que je te dise mon *Credo* à moi, puisque tu m'accuses de ne pas vouloir du tien. . . Je crois que l'avenir de l'humanité est dans le progrès de la raison par la science. Je crois que la poursuite de la vérité par la science est l'idéal divin que l'homme doit se proposer. . . . Oui, je crois au triomphe final de la vie. (II, 90)

After his death, Clotilde reflects on the synthesis of the two principles she has attained in herself after her conversion to Pascal's science: "elle comprit que la chimérique n'était pas morte tout entière en elle. Un léger bruit venait de voler dans le profond silence, et elle avait levé la tête : quel était le médiateur divin qui passait?" (XIV, 378). Moreover, she recognizes that, despite their violent quarrels, Pascal never ruled out the infinite and the mysterious: "Si loin que la science recule les bornes des connaissances humaines, il est un point sans doute qu'elle ne franchira pas; et c'était là, précisément, que Pascal plaçait l'unique intérêt à vivre" (378). Pascal's own actions justify this interpretation. Although he largely abandons science while in love with Clotilde, he still sees it as having great value, and is unshaken in his determination to turn his works over to his medical colleague Ramond. His very death demonstrates the successful blending of the two apparently contradictory sides of his nature, for he concerns himself in his last minutes with two things: the desire to see Clotilde again, and the professorial lecture to Ramond on the successive stages of his collapse. His own earlier cold objectivity and Clotilde's ardent quest for the mysterious can and do go together; she summarizes the point: "Puisque toujours il faudra apprendre, en se résignant à ne jamais tout connaître, n'était-ce pas vouloir le mouvement, la vie elle-même, que de réserver le mystère, un éternel doute et un éternel espoir?" (379).

In this last chapter Clotilde herself becomes a spring on several levels. Like Pascal, she is an anti-Tante Dide, a source of life instead of poison. The theme of water as a life-giving substance reaches fulfillment here when Clotilde accedes to a higher level, offering not elemental water but milk to the baby. In this same chapter the recurring images of water reach their climax: "La vie, la vie qui coule en torrent, qui continue et recommence, vers l'achèvement ignoré! la vie où nous baignons, la vie aux courants infinis et contraires, toujours mouvante et immense, comme une mer sans bornes!" (XIV, 385). It is surprising that Zola chooses to end the passage with the sea instead of the larger ocean; the former may have been chosen as a conscious or unconscious play on words between *mer* and *mère*. A mother and child together, Zola comments, symbolize hope for the future "Quand même, elle était l'espérance. Une mère qui allaite, n'est-ce pas l'image du monde continué et sauvé?" (XIV, 386). The sight of Clotilde with the baby is set against the ceremony taking place outside, where Félicité is laying the cornerstone of the Asile Rougon. Nearly all the older characters of the novel are concerned with leaving some kind of monument behind them to continue their life's work after they die. Antoine Macquart leaves all his money for the construction of an elaborate tomb for himself; though never stated, his intention is clearly to irritate Félicité by frustrating her plans to eliminate all memory of him, and he names Pascal executor as the one member of the family who can be counted on not to be manipulated by the old woman. Félicité's project continues her life-long pursuit of fame for the family; but the fact that she establishes an old age home bearing the name Rougon shows that the family dynasty is running out of steam. Like the future residents of the *Asile*, the formerly powerful members who fulfilled her dreams—Aristide, Eugène, Félicité herself—have nothing ahead of them but decline and death. Ironically, in their duel to the death, Macquart and Félicité leave monuments that are in essence the same.

While Pascal is not immune to this desire to leave something behind after death, it takes a substantially different form in him. His plans for this trace his evolution from detached scientist to lover and father. He has long planned to deliver his works to Ramond upon his death; when he returns to work on them after his idyll with Clotilde, he tells her: "il ne pouvait laisser son oeuvre inachevée. . . s'il voulait ériger un monument durable!" (XI, p. 299). But the fact that he is only feigning enthusiasm for science to achieve separation from Clotilde hints that his true legacy will be found elsewhere. The metaphor depicting his works as children earlier in the novel is reversed toward the end, making a child the great opus that he hopes to create. It is the apparent inability to produce children that makes him see his union with Clotilde as illegitimate, and at the moment of her departure he murmurs to himself: "Oui, l'oeuvre rêvée, la seule vraie et bonne, l'oeuvre que je n'ai pu faire" (312). The image is repeated when he learns that Clotilde is pregnant: "Ah! c'était l'oeuvre vraie, la seule bonne, la seule vivante, celle qui le comblait de bonheur et d'orgueil" (XII, 329). Although his works are destroyed by Félicité, his greater achievement endures, not papers but a living son. In contrast to the petty schemes of his mother and uncle, Pascal leaves something of inestimable value, something that offers not decrepitude and death but new life. The child, coming after the death of his father and the destruction of the dossiers, "son petit bras en l'air, tout droit, dressé comme un drapeau d'appel à la vie" (XIV, 386), proclaims the triumph of life.

The distance that has been covered since the opening pages of the novel is apparent if one compares this end to the beginning. Many of Zola's works form a kind of circle, with the last chapter repeating or reversing the first; this is the case in *La Fortune des Rougon, Le Ventre de Paris, Son Excellence Eugène Rougon,* and *Germinal.* In similar fashion, the last pages of *Le Docteur Pascal* are carefully planned to parallel the opening of Chapter I: both take place in the workroom on a hot, sunny afternoon; both show the contrast between the philosophy of la Souleiade's residents and that of Félicité; both show competing ideas of reality as seen from scientific or messianic perspectives. But these similarities only set the stage for the important differences. Pascal is of course absent from the last chapter, but his place is taken by the newborn child, offering hope for the future. The dossiers, along with the rest of his written works, have been almost entirely destroyed, but this gap too is filled by the arrival of the child, for Clotilde uses the great cabinet to keep things for the baby:

> C'était dans cette armoire, si pleine autrefois des manuscrits du docteur, et vide aujourd'hui, qu'elle avait rangé la layette de l'enfant. Elle semblait sans fond, immense, béante; et, sur les planches nues et vastes, il n'y avait plus que les langes délicates, les petites brassières, les petits bonnets, les petits chaussons, les tas de couches, toute cette lingerie fine, cette plume légère d'oiseau encore au nid. Où tant d'idées avaient dormi en tas, où s'était accumulé pendant trente années l'obstiné labeur d'un homme, dans un débordement de paperasses, il ne restait que le lin d'un petit être, à peine des vêtements, les premiers linges qui le protégeaient pour une heure, et dont il ne pourrait bientôt plus se servir. L'immensité de l'antique armoire en paraissait égayée et toute rafraîchie. (XIV, 380-81)

Despite the deprecating *il n'y avait plus que* and the repetition of *petits*, the impression given is nonetheless that something greater and nobler has taken over the cabinet; in comparison, Pascal's work over the decades is reduced to *paperasses* and a jumble of disparate ideas piled upon one another, sleeping in the dark. Despite the tragedy of their loss, clear progress has been made by their replacement with a child. The destruction of the papers, though a criminal act on the level of plot, has a kind of redeeming value on the symbolic level, for it consummates the liberation from the past; all the frightening characters of the family go up in smoke like Antoine Macquart, clearing the way for a future that will not be darkened by their shadow[5]. As the baby clothes replace the papers, so Pascal's son replaces his tainted forebears, and the symbol for the family and for humanity becomes not a record of sickness and crimes but the promise of progress. The appropriation of the great cabinet for the child's clothes makes him the successor to its previous contents, the dossiers and thus the entire Rougon-Macquart family. This sign of rebirth and continuation becomes the new symbol of the family and of humanity, replacing all the negative signs that have passed away. These changes from the first chapter to the last show the results of the ending of the family curse attained by the deaths of Tante Dide and Charles. Clotilde's confidence in her child despite the family's dark past is therefore justified: "Il reprendrait l'expérience, relèverait les murs, rendrait une certitude aux hommes tâtonnants, bâtirait la cité de justice, où l'unique loi du travail assurerait le bonheur" (XIV, 385). The possibility that he will be an agent of destruction is mentioned briefly but never seriously entertained. The conclusion of the novel thus offers a hope that was not possible at the beginning. But the term conclusion is misleading, for the presence of the baby is an opening on the future. In this respect *Le Docteur Pascal* follows in the line of *La Faute de l'abbé Mouret* and mostly clearly *Germinal* by refusing to come to an end; instead, it invites, almost demands a continuation, even if only in the mind of the reader, a continuation that will take up the most positive elements of the work and bring them to complete fruition[6].

Conclusion

The passage that depicts Pascal's child is the conclusion not only of *Le Docteur Pascal* but also of the entire *Rougon Macquart* series. With unmistakable symbolism, the series that begins with a desecrated graveyard ends with a newborn baby. A new symbol has been found for the Rougon-Macquart family, completely different from the sign of an inescapable heredity consuming victim after victim. Indeed, parallels can be found between the *aire Saint-Mittre* of *La Fortune des Rougon* and la Souleiade, suggesting that the graveyard has been replaced by its opposite. Both are located a short distance outside the walls of Plassans; both protect lovers who defy social conventions to be together; the traces of the dead still found in the *aire* after it is expropriated are answered by the dossiers in Pascal's cabinet, also a record of ghosts from the past. But once again the similarities only serve to underline the differences. In contrast to Silvère and Miette, Pascal and Clotilde are not dominated by their family's past, they escape the grip of death and defeat it resoundingly by producing a child free of his ancestor's tainted blood. While the cemetery was a warning and a threat, the child is a promise, and the place of death is replaced by a place of life. The entire series can be seen as repeated efforts to overcome the curse on the family and the oppressive regime and general human suffering with which it is associated. *La Curée,* coming immediately after *La Fortune des Rougon,* repeats the deadly message of its predecessor by showing perhaps more clearly than any other novel of the series the frenzied desires of some family members and their destructive results. Successive volumes deal with the abortive attempts of individuals and groups to change the existing order, as in *Le Ventre de Paris* and *L'Assommoir*, or with the violent campaigns of those who uphold it, in *La Conquête de Plassans, Son Excellence Eugène Rougon,* and—unwittingly on the part of the protagonist—*Nana*. Hélène Grandjean's existence in *Une Page d'amour* parallels that of Pascal: she lives apart from the world until love draws her out; but in her case it brings the death of her daughter Jeanne. The only legitimate opportunity for change comes in *La Faute de l'abbé Mouret;* but despite its encouraging conclusion, it too reaffirms the power of death, if only temporarily. Yet it offers hope nonetheless, by the fact that life can be created and sustained; it is Serge's choice to refuse this, and a different individual might make a different choice. In the middle of the series other members of the family do make different choices: after amassing a fortune in business, Octave Mouret is softened by love to change his immense system into a life-enriching force of socialism for its employees in *Au Bonheur des dames;* it is not surprising when Pascal tells Clotilde that Octave now has two children. But it is Pauline Quenu who takes the first great step forward in *La Joie de vivre* by conquering her inherited greed and sacrificing herself to care for a child; Etienne Lantier takes the next step in *Germinal* by making love to Catherine as an affirmation of life in the very jaws of death. But the heritage of death must play itself out through Claude Lantier's suicide in *L'Oeuvre* and the violence of *La Terre, La Bête humaine,* and *La Débâcle* before the curse can be lifted and a new birth of life achieved. With the end of *Le Docteur Pascal,* the Rougon-Macquart series completes its upward march from death to life.

Just as Zola's early works were haunted by death, much like *La Fortune des Rougon,* the novels that follow *Le Docteur Pascal* continue its celebration of life. Battles must still be fought in the *Trois Villes,* but now the way forward is clear to Zola, and, increasingly, to his protagonist Pierre Froment. The *Quatre Evangiles,* bringing to fruition the promise of children fulfilling their parents' dreams, show the full triumph of life, even more forcefully—and dogmatically—than any of the *Rougon-Macquart*. It seems that the conflict of life and death is the central thread of Zola's entire artistic and philosophical opus, not only in the *Rougon-Macquart* but in all his works. It is in his great twenty-volume series, however, that he undertakes the most detailed and successful exploration of this theme.

La Fortune des Rougon: **The Shadow of Death**

  1. Zola was perhaps motivated to use a former graveyard as a symbol by the fact that the house where he was born "was said to stand on the site of a burial-ground in which had once been interred the mortal remains of Molière and La Fontaine" (Hemmings 3).

  2. Page numbers refer to the Garnier Flammarion edition. Roman numerals indicate chapter numbers. Page numbers given without chapter are found in the same chapter as the reference they follow.

  3. Colette Becker observes: "Le destin est inscrit sur la pierre tombale qui les protège" (Becker 56).

  4. Proulx believes that the greatest of Zola's themes is "le grand conflit de la Vie et de la Mort" (Proulx 106, quoted in Gingell 351).

  5. Similarly, the statement that the old family estate "allait devenir un souvenir légendaire" (II, 92) seems at first glance to show the triumph of Pierre's efforts to hide the past, but actually hints that the attempt is doomed to failure.

  6. Clearly it is the Bonaparte family that Zola has in mind, not founded but returned to power by the events of 1851. This becomes more evident when one considers the preceding sentence in the text, which speaks of the way in which one "fonde une nouvelle dynastie," an ironic hyperbole when applied to the petty machinations of Pierre Rougon but an accurate assessment of Louis Napoleon's success. The greed and violence of the Rougons' plot is a microcosm of Napoleon III's coup d'état.

  7. Citing the parallels between Macquart's death at the hands of a border guard and the guard Chantegreil kills, Olivier Got sees in Miette "une réincarnation de Tante Dide" (Got 150), thus reinforcing the impression that Silvère is escaping from his family only to run into them again.

  8. Martin Kanes remarks: "The descent of their images into the water is continually associated with implications of mortality" ("*La Fortune des Rougon* and the Thirty-Third Cousin" 40).

NOTES 163

9. Commenting specifically on the narrow space of these places, Robert Ricatte declares: "ce rétrécissement de l'espace autour des deux adolescents est comme le pressentiment et l'apprentissage d'un lieu plus étroit encore, la tombe" (Ricatte 104).

10. Ricatte states: "c'est de nécrophilie qu'il s'agit, oserait-on dire si l'étymologie gardait à ce mot une signification tolérable. La mort n'est pas sur les jeunes gens comme une menace extérieure, elle est dans leur coeur. Parce que leur amour reste chaste, ils appellent la mort pour y dormir ensemble jusqu'à la fin du monde, et inversement, s'il résistent à l'appel de leurs sens, c'est que le goût de la mort les pénètre d'une plus haute volupté" (Ricatte 102).

11. Clayton Alcorn sees in adolescence a period of life characterized for Zola by "the irreconcilable desires for chastity and sensuality, purity and fecundity, in the same individual" (Alcorn 2665A). This conflict is perhaps more evident for Silvère and Miette than for any other couple in the *Rougon-Macquart*.

12. Anne Belgrand comments: "Silvère a répondu trop tard aux appels répétés d'une nature complice" (Belgrand 57).

13. Got considers life and death "indissolublement liées" but states that at the end of *La Fortune des Rougon* "la mort l'emporte" (Got 164).

La Faute de l'abbé Mouret: **The Struggle**

1. Henceforth chapters will be designated by Roman numerals for the section, followed by Arab numerals for the specific chapter. Page numbers will be given from the Garnier-Flammarion edition. Page numbers given without chapter number are in the same chapter as the reference that precedes them.

2. See Borie; Greaves, "Mysticisme et pessimisme." David Baguley demonstrates that in many of Zola's novels a "tache rouge" represents guilty, inadmissible sexual desire; when Father Mouret's church is first presented to the reader in I, 2, the *veilleuse* that indicates the actual presence in the tabernacle is "pareille à une tache rouge" (18). In the church, all sexual desire is forbidden and therefore suppressed.

3. Philippe Hamon points out this symbolic value of the remodeling and gives similar examples from other works of Zola in his notes at the end of the Livre de Poche edition of *Faute*, 411-12.

4. Philip Walker comments on the symbolism in *Faute*: "Zola's own pose in the novel is, of course, vigorously neopagan" (446).

5. See Borie, Ripoll, Walker, Minogue; Hemmings, *Emile Zola*; Greaves, "Religion et realité dans Zola."

6. Walker states: "The tragedy of the novel results from Serge's inability to accept

the happiness that has been offered him. Incapable of freeing himself from his ingrained scruples, he is easily led back by the sadistic Archangias to his parish, where he spends his days and nights in anguished supplication before the Cross" (446). Hemmings offers the judgment: "The act of love (corresponding to the eating of the apple) performed by this new Eve and Adam, beneath a tree which is less the 'arbre du mal' than the Tree of Life, is surely not meant to be regarded by the reader as a transgression. Serge and Albine are complying with the natural law, the only law that Zola consciously and willingly recognized" (*Emile Zola* 107). Denise Muller Campbell, discussing the sum of Zola's works, declares: "Zola ne condamne jamais la procréation. Il stigmatise l'abandon de la femme et l'abus de l'acte sexuel" (177).

7. See Grant; Hemmings, *Emile Zola*, pp. 101-105; Minogue; Hemingway.

L'Assommoir: A World of Death

1. Page numbers refer to the Garnier Flammarion edition, 1969.

2. One might argue that the *porte des morts* shows the one exit offered; as her situtation deteriorates, Gervaise thinks more and more of suicide as a means of escape.

3. See Baguley, Becker, Belgrand, Butler, Dubois, Duncan, Gaillard, Maurin, Moore, Walker.

4. This difference may make the empty field of *L'Assommoir* even more a place of death than that of *La Fortune des Rougon*, since machines usurping man's work are an ominous sign in Zola's fiction. Goujet is deeply troubled by the machines that threaten his job.

5. Anne Belgrand also notes that despite its passing similarity to the countryside, the field is in fact another closed space offering no exit (Belgrand 7).

Une Page d'amour: Between Life and Death

1. References are to the parts, chapters, and page numbers in the Garnier Flammarion edition, 1973.

2. Naomi Schor comments: "the theme of the voyeur leads inevitably to the problem of enclosure. For the window exists in space, and in its everyday function acts as a tie between a closed interior space and an open exterior space" ("From window to window" 47). In a similar vein, Philippe Bonnefis states that in Naturalist fiction "il n'est de dedans que dans un rapport à un dehors" and notes "l'indécision de la limite des deux côtés de laquelle dehors et dedans pourraient garantir leur différence" (163).

3. A passage from the description of Paris under the snow reflects this connection between extreme purity and sterility: "Saint-Augustin, l'Opéra, la tour Saint-Jacques étaient comme des monts où règnent les neiges éternelles; plus près, les pavillons des Tuileries et

du Louvre, reliés par les nouveaux bâtiments, dessinaient l'arête d'une chaîne aux sommets immaculés" (V, 5, p. 349). Immaculate innocence, it seems, can be maintained only through coldness and inaccessibility.

4. Willi Hirdt states: "Die Schaukel wird zum Symbol einer amourösen Affäre, des Schwankens zwischen Plicht und Neigung, das die Lage Hélènes zunehmend auswegloser macht" (130).

5. Jean Borie points out the similarity between Malignon's apartment, the paintings on Albine's ceiling, and the *petites maisons* discovered by Saccard (197).

6. Placing this scene in parallel with the death of Albine in *La Faute de l'abbé Mouret*, Borie declares: "Qu'importe que cette mort nous soit par ailleurs présentée comme une sorte d'évanouissement poétique, harmonieusement accordé à la pureté de l'héroïne? Nous voyons bien qu'il s'agit d'une punition" (199). While this judgment seems questionable as regards Albine, it is clearly true for Hélène.

7. Flaubert, though an admirer of *Une Page d'amour*, nevertheless told Zola in a letter: "Voici mes réserves: trop de descriptions de Paris" (*Page* 369); Mallarmé, after praising the book, declared: "Toutefois (ma seule critique. . .) je n'arrive pas à trouver le lien moral ou dû à une nécessité du sujet, qui existe en cette juxtaposition des ciels, de Paris, etc. et du récit" (*Page* 371). Nathan Kranowski also finds fault with the recurrent descriptions (54).

8. Colette Becker, P. Citron, Raymonde Debray-Genette, Philippe Hamon, and Joy Newton comment on Zola's artistry in these descriptions and study them in relation to the Impressionist painters of the period; Citron and Stefan Max show that in each tableau Paris reflects Hélène's mood.

Germinal: Life out of Death

1. References are given to the sections, chapters, and page numbers in the Garnier-Flammarion edition, 1968. Page numbers given alone are in the same chapter as the reference they follow.

2. André Wurmsev denies the importance of heredity throughout the series and declares: "Qu'Etienne Lantier ait une hérédité fâcheuse est superfétatoire : l'ombre de *L'Assommoir* pèse peu sur *Germinal*" (143-44). Joseph Sungolowski sees only a "lien factice" between *Germinal* and *Les Rougon-Macquart*; for him, the family curse is merely "quelques tares héréditaires" which "se réveillent sourdement" in Etienne (42). In "Une source possible de *Germinal?*" Henri Marel suggests that Etienne was chosen as protagonist simply because he was "le seul disponible" (51), implying that the novel can easily be separated from the series and that heredity is of little importance in *Germinal*. In "A propos de *Germinal* et des *Rougon-Macquart*," however, written three years later, he states that "il semble exister dans l'oeuvre de Zola des lignes de force, des éléments de permanence plus ou moins conscients qui unissent plus solidement qu'on ne le croirait les

ouvrages autonomes aux autres romans" (94). Still, the examples he gives do not include heredity.

    3. Phillip Duncan argues that many of Zola's animalistic machines "do not, in any event, represent Zola's actual fears for the well-being of the working class and are not the sincere expression of his personal judgement" (12). He offers as one explanation for their presence in Zola's fiction the idea that "Zola had a weakness for the grotesque; he simply could not resist conjuring up such horrific demons for their gothic effect" (12). While this may be true of some machines, it is not of le Voreux, which clearly constitutes a very real danger.

    4. Allan Pasco argues that the term *ensemençant* must be taken seriously as part of the thematics of germination leading to the eventual triumph of the working class: "Black coal dust inhaled by the oppressed 'ensemence la terre'. . . with 'une armée noire, vengeresse, qui germait lentement dans les sillons'." But there is no hint of any such growth in the passage in question, and the dust only casts its shadow of death upon the surrounding landscape. The positive images of growth that offer hope of change are based upon plants and not the lifeless coal.

    5. Henri Mitterand points out that the help la Maheude receives from the Grégoires is contingent on her submissive attitude toward them and the Company: "La Maheude est une 'bonne ouvrière' aussi longtemps qu'elle accepte l'ordre du monde" ("*Germinal* et les idéologies" 147). She represents the possibility of life for the miners by her fertility, just as Bonnemort does by his longevity; both are able to continue only because of their obedience to the established order.

    6. Philip Walker considers the appellation to be ironic ("Prophetic Myths in Zola" 450). Pasco argues that it "should be read in a straightforward manner. Ceres was sterile, and the world suffered, while Proserpina was hidden in the depths of the underworld. Mme Hennebeau is sterile, and she is a representative of the bourgeois class. The fact of her isolation from the people and her oblivion to them makes her a symbolic reincarnation of Ceres cut off from her soul-partner" (745). Walker's position seems more convincing: it is difficult to imagine the miners condemned to live under the earth as Mme Hennebeau's children or soul-partners in any sense, nor does she seem capable of becoming fertile under any circumstances.

    7. E. Gingell states: ". . . the conditions of *Germinal* turn the obvious symbolism upside down and the child becomes a flag of mourning rather than of life" (350). Discussing the role of children in *Germinal*, Carol Fuller also sees those carried in this passage as a negative symbol of suffering: "But the role of the child differs in this novel from the positive symbolism of later works, particularly that of *Le Docteur Pascal*. For children and procreation form the insidious trap which holds the woman to her family role without any hope for the future other than to be supported by the children she has created." For her, the children carried by their mothers during the revolt are "linked to sexuality, misery and poverty" ("The Infertile Rabbit" 353). While there is much truth to this argument, the positive role of children as future supporters must be given more attention.

8. According to Rachelle Rosenberg, in the forest meeting, "From an archetypal point of view, even the destructive nature of the activity of the miners at this stage can be called developmental" because it allows the male ego to assert itself as a force seeking independance from Neumann's "mistress of wild beasts" (353). For Roger Ripoll, "Destruction et renaissance ne sont pas contradictoires mais inséparables" ("L'avenir dans *Germinal*," p. 130); following this argument, Claude Seassau declares: "non seulement les deux principaux mythes, Mort et Renaissance, s'opposent, mais ce dernier se fonde sur le premier" (131). Philip Walker finds in several of Zola's works a tendency "to regard catastrophe and violence as potentially beneficent forces of nature" ("Prophetic Myths in Zola" 449). In a discussion at the London, Canada colloquium of 1971, David Baguley sees violence as the necessary agent of change for Zola: "Pour qu'il y ait régénération, il faut que l'état préalable soit détruit," but Elliott Grant points out that Zola shows in some works the possibility of social progress through evolution rather than violent upheaval. Robert Niess sees no positive role for violence in Zola's works (Aubéry 154-156).

9. Rosenberg comments: "Trapped within the mine, Catherine, Etienne, and Chaval are entangled in a situation whose mythological and archetypal aspects are unmistakable" (357).

Le Docteur Pascal: **The Triumph of Life**

1. References are given to the chapters and page numbers in the Garnier-Flammarion edition. Page numbers given without a chapter number are in the same chapter as the quote they follow.

2. In this context it is easy to understand Neide de Faria's characterization of the Rougon-Macquart as "Atréides du XIXe siècle" (*Structure et unité dans "Les Rougon-Macquart"* 42-43, quoted in Kellner 107).

3. "Elargissez encore le rôle des sciences expérimentales, étendez-les jusqu'à l'étude des passions et à la peinture des moeurs; vous obtenez nos romans qui recherchent les causes, qui les expliquent, qui amassent les documents humains, pour qu'on puisse être le maître du milieu et de l'homme, de façon à développer les bons éléments et à exterminer les mauvais.... sur les documents vrais que les naturalistes apportent, on pourra sans doute un jour établir une société meilleure, qui vivra par la logique et par la méthode" ("Lettre à la jeunesse," III, in *Le Roman expérimental*, p. 121).

4. Axel Preiss notes Pascal's problem and its relation to Zola: "Comment organiser alors notre représentation du monde? D'abord en essayant de savoir où nous situer nous-mêmes dans ce puzzle infini qu'est la réalité, en acceptant de figurer dans la structure que nous venons d'inventer. C'est toute la difficulté de Pascal, ne voulant pas se résigner à 'en être', c'est toute l'ambition de Zola, qui fait son propre portrait à travers le docteur Pascal" (Preiss 125).

5. Catherine Toubin and Yves Malinas comment: "Par le feu, Félicité Rougon purifie son fils mort aussi bien que l'enfant futur" (19). Sven Kellner remarks: "Il convient

cependant de souligner que cette destruction par le feu dont le lecteur est témoin dans *Le Docteur Pascal* n'est pas seulement l'expression d'une simple pyrophobie innée mais aussi le symbole d'un rachat moral sous la plume de l'auteur. . . . le feu joue dans ce roman un rôle purificatoire" (178-79). Linking the incineration of the documents to Antoine Macquart's spontaneous combustion, he declares: "Dans les deux cas, le dénominateur commun est donc *le feu* qui, jouant un rôle purificatoire, devient ainsi un *symbole de pureté*" (125).

6. Lewis Kamm's comment on other novels of the series can be applied to *Le Docteur Pascal*: "Such works as *Germinal*, *La Terre*, and *La Débâcle* end on optimistic notes, not because they present the beginning of a new cycle, inevitably condemned to repeat the previous one, but because they present a beginning, or, if one prefers, a transition to something else. The novel's endings are open because the linear time which is at the very heart of their form is itself infinitely open." (*The Object in Zola's* Rougon-Macquart, quoted in Boswell 132).

Works Cited

La Fortune des Rougon: The Shadow of Death

Alcorn, Clayton Reed, Jr. "The Children in the *Rougon-Macquart.*" *Dissertation Abstracts International* 1968:2665A.

Becker, Colette. "Les 'machines à pièces de cent sous' des Rougon." *Romantisme* 40 (1983): 141-52.

Belgrand, Anne. "Le Couple Silvère-Miette dans *La Fortune des Rougon.*" *Romantisme* 62 (1988): 51-59.

Colatrella, Carol A. "The tragedy of the human beast: The *roman-fleuves* of Balzac, Zola, and Faulkner." *Dissertation Abstracts International* 48.7 (Jan. 1988): 1761A.

Dezalay, A. "Ordre et désordre dans *les Rougon-Macquart:* L'exemple de *La Fortune des Rougon.*" *Travaux de linguistique et de littérature* 11.2 (1973): 71-81.

Gingell, E. "The Theme of Fertility in Zola's *Rougon-Macquart.*" *Forum for Modern Language Studies* 13 (1977): 350-358.

Got, Olivier. "L'idylle de Miette et de Silvère dans *La Fortune des Rougon:* Structure d'un mythe." *Les Cahiers naturalistes* 46 (1973): 146-164.

Hemmings, F.W.J. *Emile Zola.* Oxford: Clarendon Press, 1966.

Kamm, Lewis. "The Structural and Functional Manifestation of Space in Zola's *Rougon-Macquart*" *Nineteenth-Century French Studies* 3.3&4 (1975): 224-236.

Kanes, Martin. "*La Fortune des Rougon* and the Thirty-Third Cousin." *L'Esprit créateur* 11.4 (1971): 36-44.

—————. "Zola, Balzac, and 'La Fortune des Rogron.'" *French Studies* 18.3 (July 1964): 203-212.

Ricatte, Robert. "A propos de la *Fortune des Rougon.*" *Les Cahiers naturalistes* 19 (1961): 97-106.

Ripoll, Roger. "La vie aixoise dans *Les Rougon-Macquart*." *Les Cahiers naturalistes* 43 (1972): 39-54.

Schor, Naomi. "Mythe des origines, origines des mythes: *La Fortune des Rougon*." *Les Cahiers naturalistes* 52 (1978): 124-134.

La Faute de l'abbe Mouret: **The Struggle**

Ariès, Philippe. *L'Homme devant la mort*. Paris: Seuil, 1977.

Baguley, David. "Image et symbole: la tache rouge dans l'oeuvre de Zola." *Les Cahiers naturalistes* 39 (1970): 36-41.

Bal, Mieke. "Quelle est la faute de l'abbé Mouret?" *Australian Journal of French Studies* 23.2 (1986): 149-68.

Bonnefis, Philippe. "Le Bestiaire d'Émile Zola." *Europe* 468-69 (Apr.-May 1968): 97-109.

Borie, Jean. "Les Fatalités du corps dans les *Rougon-Macquart*." *Temps modernes* 24: 1567-91.

Dezalay, Auguste. "Le Thème du souterrain chez Zola." *Europe* 468-69 (Apr.-May 1968): 110-121.

Estang, Luc. "Zola et la passion de la vie." *Les Cahiers naturalistes* 42 (1971): 163-170.

Got, Olivier. "Zola et le jardin mythique." *Les Cahiers naturalistes* 62 (1988): 143-152.

Grant, Richard B. "Confusion of Meaning in Zola's *La Faute de l'abbé Mouret*." *Symposium* 13 (1959): 284-89.

Greaves, A. A. "Mysticisme et pessimisme dans *La Faute de l'abbé Mouret*." *Les Cahiers naturalistes* 36 (1968): 148-55.

———. "Religion et réalité dans Zola." *Europe* 468-69 (Apr.-May 1968): 122-29.

Hamon, Philippe. Commentary and notes. *La Faute de l'abbé Mouret*. By Émile Zola. Livre de Poche. Paris: Fasquelle, 1985. 389-413.

Hemingway, Maurice. "Naturalism and Decadence in Zola's *La Faute de l'abbé Mouret* and Pardo Bazán's *La Madre naturaleza*." *Revue de littérature comparée* 61.1 (241) (Jan.-Mar. 1987): 31-46.

Hemmings, F.W.J. *Emile Zola*. London: Oxford University Press, 1966.

———————. "Zola et la religion." *Europe* 468-69 (Apr.-May 1968): 129-135.

Minogue, Valerie. "Zola's Mythology: that forbidden tree." *Forum for Modern Language Studies* 14.3 (July 1978): 217-230.

Muller-Campbell, E. Denise. "Le thème de la culpabilité masculine dans l'oeuvre d'Emile Zola." *Les Cahiers naturalistes* 46 (1973): 165-181.

Pasco, Allan H. "Literary History and Quinet in the meaning of *La Faute de l'abbé Mouret.*" *Forum for Modern Language Studies* 14.3 (July 1978): 208-216.

Ripoll, Roger. "Le Symbolisme végétal dans *La Faute de l'abbé Mouret:* réminiscences et obsessions." *Les Cahiers naturalistes* 31 (1966): 11-22.

Sabatier, Robert. "Zola, poète de la nature." *Les Cahiers naturalistes* 40 (1970): 101-107.

Simon, Pierre-Henri. "Un des derniers disciples de Rousseau." *Les Cahiers naturalistes* 38 (1969): 105-14.

Walker, Philip. "Prophetic Myths in Zola." *Publications of the Modern Language Association* 74 (1959): 444-52.

L'Assommoir: A World of Death

Baguley, David. "Rite et tragédie dans *L'Assommoir.*" *Les Cahiers naturalistes* 52 (1978): 80-96.

Barrows, Susanna. "After the Commune. Alcoholism, Temperance, and Literature in the Early Third Republic." *Consciousness and Class Experience in Nineteenth-Century Europe.* Ed. John M. Merriman. New York: Holmes and Meier Publishers, 1979.

Becker, Colette. "La condition ouvrière dans *L'Assommoir:* un inéluctable enlisement." *Les Cahiers naturalistes* 52 (1978): 42-57.

Belgrand, Anne. "Espace clos, espace ouvert dans *L'Assommoir.*" *Espaces romanesques.* Ed. Michel Crouzet. Presses universitaires de France, 1982. 5-14.

Butler, R. "Structure des recurrences dans *L'Assommoir.*" *Les Cahiers naturalistes* 57 (1983): 60-73.

Cassard, Marie-Josée, and Pascale Joinville. "Le thème de l'eau dans *L'Assommoir.*" *Les Cahiers naturalistes* 55 (1981): 63-73.

Dubois, Jacques. "Les refuges de Gervaise: Pour un décor symbolique de *L'Assommoir.*" *Les Cahiers naturalistes* 30 (1965): 105-117.

Duncan, Phillip A. "Symbols of the Benign and the Malevolent in Zola's *L'Assommoir.*" *French Review* 54.1 (1980): 52-57.

Either, Lorenz. *Géricault's "Raft of the Medusa.."* London: Phaidon Press, 1972.

Gaillard, Jeanne. "Réalités ouvrières et réalisme dans *L'Assommoir.*" *Les Cahiers naturalistes* 52 (1978): 31-41.

Guillemin, Henri. *Présentation des "Rougon-Macquart."* Gallimard, 1964.

Hemmings, F.W.J. *Emile Zola.* London: Oxford University Press, 1966.

Maurin, Mario. "Zola's Labyrinths." *Yale French Studies* 42 (1969): 89-104.

Moore, Mary Jane Evans. "The Spatial Dynamics of *L'Assommoir.*" *Kentucky Romance Quarterly* 29.1 (1982): 3-14.

Morel, Pierre. "La Machine à mesurer le temps dans l'oeuvre romanesque de Zola." *Revue d'histoire littéraire de la France* 88 (1988): 699-709.

Newton, Joy, and Basil Jackson. "Zola et l'expression du temps: horlogerie obsessionnelle dans *L'Assommoir.*" *Nottingham French Studies* 17.1 (1978): 52-57.

Schor, Naomi. "Sainte-Anne: Capitale du délire." *Les Cahiers naturalistes* 52 (1978): 97-108.

Vanderlip, Eldad Cornelis. "Fate in the Novels of Zola and Couperus; A Comparison with the Greek Concept of Fate." *Dissertation Abstracts* 20 (1960): 1358.

Walker, Philip. "*L'Assommoir* et la pensée religieuse de Zola." *Les Cahiers naturalistes* 52 (1978): 68-79.

Une Page d'amour: Between Life and Death

Ariès, Philippe. *L'Homme devant la mort.* Paris: Seuil, 1977.

Becker, Colette. Introduction. *Une Page d'amour.* By Emile Zola. Paris: Garnier-Flammarion, 1973. 13-34.

Bonnefis, Philippe. "Intérieurs naturalistes." *Intime, intimité, intimisme.* Ed. Raphäel Molho and Pierre Reboul. Lille: Editions universitaires, 1976. 163-198.

Borie, Jean. *Zola et les mythes ou de la nausée au salut.* Paris: Éditions du Seuil, 1971.

Brombert, Victor. *La Prison romantique.* Paris: Librairie José Corti, 1975.

WORKS CITED

Citron, P. "Quelques aspects romantiques du Paris de Zola." *Les Cahiers naturalistes* 24-25 (1963): 47-55.

Debray-Genette, Raymonde. "La Pierre descriptive." *Poétique* 11.43 (1980): 293-304.

Durand, Gilbert. *Les Structures anthropologiques de l'imaginaire: introduction à l'archétypologie générale.* Paris: Dunod, 1985.

Gilman, Stephen. *The Tower as Emblem.* Frankfurt: Vittorio Klosterman, 1967.

Guillemin, Henri. *Présentation des "Rougon-Macquart."* Gallimard, 1964.

Hamon, Philippe. "A propos de l'impressionnisme de Zola." *Les Cahiers naturalistes* 34 (1967): 139-147.

Hemmings, F.W.J. *Émile Zola.* London: Oxford University Press, 1966.

Hirdt, Willi. "Zur Schaukelszene in Zolas Roman *Une Page d'amour:* Eine komparatische Motivstudie." *Arcadia* 21.2 (1985): 129-144.

Kranowski, Nathan. *Paris dans les romans d'Émile Zola.* Paris: Presses universitaires de France, 1968.

Max, Stefan. *Les Métamorphoses de la grande ville dans les "Rougon-Macquart."* Paris: Librairie A. G. Nizet, 1966.

Muller-Campbell, E. Denise. "Le thème de la culpabilité masculine dans l'oeuvre d'Emile Zola." *Les Cahiers naturalistes* 46 (1973): 165-181.

Nelson, Brian. "Zola and the Ambiguities of Passion: *Une Page d'amour.*" *Essays in French Literature* 10 (1973): 1-22.

Newton, Joy. "Emile Zola impressionniste." *Les Cahiers naturalistes* 33 (1967): 39-52.

Schor, Naomi. "Individu et foule chez Zola : structures de médiation." *Les Cahiers naturalistes* 56 (1982): 26-33.

———. "Zola: from window to window." *Yale French Studies* 42 (1969): 38-51.

Walker, Philip. "The mirror, the window, and the eye in Zola's fiction." *Yale French Studies* 42 (1969): 52-67.

Zamparelli, Thomas. "Zola and the quest for the absolute in art " *Yale French Studies* 42 (1969): 143-58.

Germinal: Life Out of Death

Alcorn, Clayton Reed, Jr. "The Children in the *Rougon-Macquart*." *Dissertation Abstracts International* 29 (1969): 2665A.

――――. "The Child and Milieu in the *Rougon-Macquart*." *Yale French Studies* 42 (1969): 105-114.

Aubéry, Pierre, et al. "Discussion." *Les Cahiers naturalistes* 42 (1971): 153-60.

Bonnefis, Philippe. "Hydrographies naturalistes." *Les Cahiers naturalistes* 50 (1976): 213-223.

Borie, Jean. *Zola et les mythes ou de la nausée au salut.* Paris: Éditions du Seuil, 1971.

Brady, Patrick. "Structuration archétypologique de *Germinal.*" *Cahiers internationaux de symbolisme* 24-25 (1973): 87-97.

Cogny, Pierre. "Ouverture et clôture dans *Germinal.*" *Les Cahiers naturalistes* 50 (1976): 67-73.

Darbouze, Gilbert. "Dégénérescence et régénérescence dans les romans d'Emile Zola et de Manuel Zeno Gandia. Etude comparative." *Dissertation Abstracts International* 41 (1981): 1626-27A.

Dezalay, Auguste. "Le Fil d'Ariane : de l'image à la structure du labyrinthe." *Les Cahiers naturalistes* 40 (1970): 121-34.

Duncan, Phillip A. "Zola's Machine-Monsters." *Romance Notes* 3.2 (1962): 10-12.

Féral, Josette. "La sémiotique des couleurs dans *Germinal.*" *Les Cahiers naturalistes* 49 (1978): 136-48.

Fuller, Carol S. "The Symbolic and Structural Function of Jeanlin." *The French Review* 54.1 (Oct. 1980): 58-65.

――――. "The Infertile Rabbit: Ambiguities of Creation and Destruction in *Germinal.*" *Nineteenth-Century French Studies* 10.3-4 (Spring-Summer 1982): 340-359.

Gingell, E. "The Theme of Fertility in Zola's *Rougon-Macquart*." *Forum for Modern Language Studies* 13.4 (Oct. 1977): 350-57.

Gouraige, Ghislain. "Le Naturalisme et l'amour." *Les Cahiers naturalistes* 44 (1972): 188-200).

WORKS CITED

Grant, Elliott M. "Marriage or Murder: Zola's Hesitations concerning Cécile Grégoire." *French Studies* 15 (1961): 41-46.

——————. *Zola's "Germinal."* Amsterdam: Leicester University Press, 1962.

Guedj, Aimé. "Les révolutionnaires de Zola." *Les Cahiers naturalistes* 36 (1968): 123-37.

Hambly, Peter. "La genèse de *Germinal*. Les grèves et la société." *Les Cahiers naturalistes* 41 (1971): 96-112.

Hemmings, F.W.J. "Fire in Zola's fiction: variations on an elemental theme." *Yale French Studies* 41 (1969): 26-37.

——————. *Emile Zola.* London: Oxford University Press, 1966.

Hewitt, Winston Russell. "Man and Nature in the Prose Works of Emile Zola." *Dissertation Abstracts International* 24 (1964): 2032-33A.

Kaminska, Jurate D. "*Germinal:* structures de la pulsion." *Les Cahiers naturalistes* 59 (1985): 113-24.

Kamm, Lewis. "People and Things in Zola's *Rougon-Macquart:* Reification Rehumanized." *Philological Quarterly* 53.1 (1974): 100-09.

King, Rebecca Kaye. "The Fusion of Hellenic Myth and Social Novel in Zola's *Rougon-Macquart.*" *Dissertation Abstracts International* 41 (1980): 692A.

Lapp, John C. "De nouvelles épreuves corrigées par Zola: *Germinal.*" *Les Cahiers naturalistes* 21 (1962): 223-26.

Marel, Henri. "Une source possible de *Germinal?*" *Les Cahiers naturalistes* 39 (1970): 49-60.

——————. "A propos de *Germinal* et des *Rougon-Macquart.*" *Les Cahiers naturalistes* 45 (1973): 94-96.

——————. "Etienne Lantier et les chefs syndicalistes." *Les Cahiers naturalistes* 50 (1976): 26-39.

——————. "Jules Verne, Zola et la mine." *Les Cahiers naturalistes* 54 (1980): 187-200.

Mitterand, Henri. "The calvary of Catherine Maheu: the description of a page in *Germinal.*" *Yale French Studies* 42 (1969): 115-25.

——————. "*Germinal* et les idéologies." *Les Cahiers naturalistes* 42 (1971): 141-52.

———. "Notes sur l'idéologie du mythe dans *Germinal*." *Pensée* 156 (1972): 81-86.

Niess, Robert J. "Le thème de la violence dans *Les Rougon-Macquart*." *Les Cahiers naturalistes* 42 (1971): 131-39.

Pasco, Allan H. "Myth, Metaphor, and Meaning in *Germinal*." *The French Review* 46 (1973): 739-49.

Petrey, Sandy. "The Revolutionary Setting of *Germinal*." *The French Review* 43.1 (Oct. 1969): 54-63.

Racault, Jean-Michel. "A propos de l'espace romanesque : le prologue et l'épilogue de *Germinal*." *Les cahiers naturalistes* 58 (1984): 71-89.

Ripoll, Roger. "L'avenir dans *Germinal:* destruction et renaissance." *Les Cahiers naturalistes* 50 (1976): 115-33.

———. "Zola juge de Victor Hugo (1871-1877)." *Les Cahiers naturalistes* 46 (1973): 182- 202.

Rosenberg, Rachelle A. "The Slaying of the Dragon: An Archetypal Study of Zola's *Germinal*." *Symposium* 26 (1972): 349-62.

Salvan, Albert J. "Un document retrouvé. 'M. Émile Zola et *Germinal*.' de Henry Céard. traduit de l'espagnol, présenté et annoté." *Les Cahiers naturalistes* 35 (1968): 42-60.

Schor, Naomi. "Le cycle et le cercle: temps, espace et révolution dans quatre romans de Zola." *Dissertation Abstracts International* 31 (1970): 1292A.

———. "Zola: from window to window." *Yale French Studies* 42 (1969): 38-51.

Seassau, Claude. "*Germinal* ou les modalités épiques d'une épopée subvertie." *Les Cahiers naturalistes* 60 (1986): 121-31.

Sondrup. Steven P. "The Intertextual Landscape of Zola's *Germinal*." *Symposium* 36.1 (Spring 1982): 166-81.

Sungolowski, Joseph. "Vue sur *Germinal* après une lecture de *La Peste*." *Les Cahiers naturalistes* 39 (1970): 42-48.

Topazio, Virgil. "A Study of Motion in *Germinal*." *Kentucky Foreign Language Quarterly* 13 supplement (1976): 60-70.

Vanderlip, Eldad Cornelis. "Fate in the Novels of Zola and Couperus; A Comparison with the Greek Concept of Fate." *Dissertation Abstracts International* 20 (1960): 1358.

Vissière, Jean-Louis. "Politique et prophétie dans *Germinal.*" *Les Cahiers naturalistes* 20 (1962): 166-67.

Walker, Philip. "The 'Ebauche' of *Germinal.*" *Publications of the Modern Language Association* 80 (1965): 571-83.

―――――. "*Germinal* and Zola's Youthful 'New Faith' Based on Geology." *Symposium* 36 (1982): 257-272.

―――――. "*Germinal* et la pensée religieuse de Zola." *Les Cahiers naturalistes* 50 (1976): 134-45.

―――――. "Prophetic Myths in Zola." *Publications of the Modern Language Association* 74 (1959): 444-52.

―――――. "Remarques sur l'image du serpent dans *Germinal.*" *Les Cahiers naturalistes* 31 (1966): 83-85.

Woollen, Geoff. "Zola : la machine en tous ses effets." *Romantisme* 13: 115-24.

Wurmsev, André. "Les marxistes, Balzac, et Zola." *Les Cahiers naturalistes* 28 (1964): 137-48.

Zimmerman, Melvin. "L'homme et la nature dans *Germinal.*" *Les Cahiers naturalistes* 44 (1972): 212-218.

Le Docteur Pascal: The Triumph of Life

Baguley, David. "Du naturalisme au mythe : l'alchimie du docteur Pascal." *Les Cahiers naturalistes* 48 (1974): 141-63.

Beizer, Janet L. "Remembering and Repeating the *Rougon-Macquart:* Clotilde's Story." *L'Esprit Créateur* 25.4: 51-58.

Belgrand, Anne. "Les dénouements dans *Les Rougon-Macquart.*" *Annales* 43.4 (July-August 1988): 85-93.

Bertrand-Jennings, Chantal. "Zola ou l'envers de la science: de *La Faute de l'abbé Mouret* au *Docteur Pascal.*" *Nineteenth-Century French Studies* 9: 93-107.

Borie, Jean. "L'artiste comme médecin: Zola, Ibsen et le problème de la tragédie." *Le Statut de la littérature: mélanges offerts à Paul Bénichou.* Ed. Marc Fumaroli. Geneva: Droz, 1982. 335-54.

―――――. "Zola et Ibsen." *Les Cahiers naturalistes* 55 (1981): 10-22.

Boswell, Colin. "Zola's Parting Shots." *Zola and the Craft of Fiction* (Essays in Honour of F.W.J. Hemmings). Ed. Robert Lethbridge and Terry Keefe. London: Leicester University Press, 1990. 112-132.

Butor, Michel. "Au feu des pages." *Les Cahiers naturalistes* 34 (1967): 101-13.

Durin, Jacques. "Zola éducateur." *Les Cahiers naturalistes* 57 (1983): 5-17.

Farrag, Aida. "Zola, Dickens, and Spontaneous Combustion Again." *Romance Notes* 19.2 (winter 1978): 190-95.

Gaillard, Françoise. "Genèse et généalogie (Le cas du *Docteur Pascal*)." *Romantisme* 11[31] (1981): 181-196.

Girard, Marcel. "Cézanne et Zola : Les baignades au bord de l'Arc." *Les Cahiers naturalistes* 60 (1986): 28-40.

Granet, Michel. *Le Temps retrouvé par Zola dans son roman "Le Docteur Pascal" (variations didactiques)*. Paris: Les publications universitaires, 1980.

Kellner, Sven. *"Le Docteur Pascal" de Zola: Rétrospective des Rougon-Macquart, Livre de Documents, Roman à Thèse*. Östen Södergard, 1980.

Mouchard, Claude. "Naturalisme et anthropologie (à partir du *Docteur Pascal*)." *Le Naturalisme*. Ed. Pierre Cogny. Paris: Union générale d'éditions, 1978. 391-406.

Nelson, Brian. "Zola's Ideology: The Road to Utopia." *Critical Essays on Emile Zola*. Ed. David Baguley. Boston: G.K. Hall & Co., 1986. 161-171.

Preiss, Axel. "Pascal, ou la biodicée médicale." *Les Cahiers naturalistes* 57 (1983): 116-131.

Sanders, J. "Emile Zola: le transplanté et l'arbre." *Fiction, Form, Experience: the french [sic] novel from naturalism to the present*. Ed. Grant E. Kaiser. Montreal: Editions France-Québec, 1976. 53-66.

Schober, Rita. "*Le Docteur Pascal* ou le sens de la vie." *Les Cahiers naturalistes* 53 (1979): 53-74.

Serres, Michel. Zola: *Feux et signaux de brume*. Paris: Grasset, 1975.

Toubin, Catherine, and Yves Malinas. "Les clés et les portes (Essai sur la symbolique du *Dr Pascal*)." *Les Cahiers naturalistes* 41 (1971): 15-21.

Wolfzettel, Friedrich. "*Le Docteur Pascal* und seine Bedeutung für den Rougon-Macquart-Zyklus Zolas." *Die Neueren Sprachen* 21 (1972): 148-160.

OHIO UNIVERSITY LIBRARY
Please return this book as soon as you have finished with it. In order to avoid a fine it must be returned by the latest date stamped below. All books are subject to recall after two weeks or immediately if needed for reserve.

CF